SAMMLUNG TUSCULUM

Artemis & Winkler

Dieser Marmorkopf des Xenophon wurde 1940 auf einem Kairoer
Antiquitätenmarkt von Achille Adriani gefunden und befindet sich heute im
Museum von Alexandria (vgl. A. Adriani: Archeologia Classica I (1949)
39–45 und Tafel XI).

XENOPHON

KYRUPÄDIE

Die Erziehung des Kyros

Griechisch – deutsch

*Herausgegeben und übersetzt
von Rainer Nickel*

ARTEMIS & WINKLER

Sammlung Tusculum
Herausgegeben von
Karl Bayer, Manfred Fuhrmann,
Gerhard Jäger

Die Deutsche Bibliothek – CIP-Einheitsaufnahme

Xenophon: Kyrupädie · die Erziehung des Kyros :
griechisch-deutsch / Xenophon.
Hrsg. und übers. von Rainer Nickel.
München ; Zürich : Artemis und Winkler, 1992
(Sammlung Tusculum)
Einheitssacht.: Cyropaedia
ISBN 3-7608-1670-3
NE: Nickel, Rainer [Hrsg.]

Artemis & Winkler Verlag
© 1992 Artemis Verlags GmbH, München
Alle Rechte, einschließlich derjenigen des auszugsweisen
Abdrucks und der photomechanischen Wiedergabe, vorbehalten.
Satz und Druck: C. H. Beck'sche Druckerei,
Nördlingen
Printed in Germany

INHALT

ΚΥΡΟΥ ΠΑΙΔΕΙΑ Α΄

I

1 Ἔννοιά ποθ᾽ ἡμῖν ἐγένετο ὅσαι δημοκρατίαι κατε-
λύθησαν ὑπὸ τῶν ἄλλως πως βουλομένων πολιτεύεσθαι
μᾶλλον ἢ ἐν δημοκρατίᾳ, ὅσαι τ᾽ αὖ μοναρχίαι, ὅσαι τε
ὀλιγαρχίαι ἀνῄρηνται ἤδη ὑπὸ δήμων, καὶ ὅσοι τυραννεῖν
ἐπιχειρήσαντες οἱ μὲν αὐτῶν καὶ ταχὺ πάμπαν κατελύ-
θησαν, οἱ δέ, κἂν ὁποσονοῦν χρόνον ἄρχοντες διαγένωνται, θαυμάζονται ὡς σοφοί τε καὶ εὐτυχεῖς ἄνδρες γεγενημένοι. Πολλοὺς δ᾽ ἐδοκοῦμεν καταμεμαθηκέναι καὶ ἐν
ἰδίοις οἴκοις τοὺς μὲν ἔχοντας καὶ πλείονας οἰκέτας, τοὺς
δὲ καὶ πάνυ ὀλίγους, καὶ ὅμως οὐδὲ τοῖς ὀλίγοις τούτοις
πάνυ τι δυναμένους χρῆσθαι πειθομένοις τοὺς δεσπότας.

2 Ἔτι δὲ πρὸς τούτοις ἐνενοοῦμεν ὅτι ἄρχοντες μέν εἰσι
καὶ οἱ βουκόλοι τῶν βοῶν καὶ οἱ ἱπποφορβοὶ τῶν ἵππων,
καὶ πάντες δὲ οἱ καλούμενοι νομεῖς ὧν ἂν ἐπιστατῶσι
ζῴων εἰκότως ἂν ἄρχοντες τούτων νομίζοιντο· πάσας τοίνυν ταύτας τὰς ἀγέλας ἐδοκοῦμεν ὁρᾶν μᾶλλον ἐθελού-
σας πείθεσθαι τοῖς νομεῦσιν ἢ τοὺς ἀνθρώπους τοῖς ἄρχουσι. Πορεύονταί τε γὰρ αἱ ἀγέλαι ᾗ ἂν αὐτὰς εὐθύνω-
σιν οἱ νομεῖς, νέμονταί τε χωρία ἐφ᾽ ὁποῖα ἂν αὐτὰς ἐπά-
γωσιν, ἀπέχονταί τε ὧν ἂν αὐτὰς ἀπείργωσι· καὶ τοῖς καρ-
ποῖς τοίνυν τοῖς γιγνομένοις ἐξ αὐτῶν ἐῶσι τοὺς νομέας
χρῆσθαι οὕτως ὅπως ἂν αὐτοὶ βούλωνται. Ἔτι τοίνυν οὐδεμίαν πώποτε ἀγέλην ᾐσθήμεθα συστᾶσαν ἐπὶ τὸν νομέα
οὔτε ὡς μὴ πείθεσθαι οὔτε ὡς μὴ ἐπιτρέπειν τῷ καρπῷ
χρῆσθαι, ἀλλὰ καὶ χαλεπώτεραί εἰσιν αἱ ἀγέλαι πᾶσι τοῖς

ERSTES BUCH

I.

(1) Schon manchmal haben wir darüber nachgedacht, wie viele Demokratien von Leuten zugrunde gerichtet wurden, die lieber in irgendeiner anderen Staatsform leben wollten als in einer Demokratie, wie viele Monarchien und Oligarchien schon von Anhängern der Demokratie beseitigt wurden und wie viele, die als Tyrannen zu herrschen versuchten, entweder ganz schnell wieder gestürzt oder aber auch als weise und glückliche Männer bewundert wurden, wenn sie sich nur eine Zeitlang an der Macht halten konnten. Wir glaubten aber auch festgestellt zu haben, daß viele Herren in ihren eigenen Häusern mit teils sehr vielen, teils aber auch ganz wenigen Dienern völlig unfähig waren, sogar diese wirklich kleine Schar so zu führen, daß sie ihnen gehorchte.

(2) Darüber hinaus dachten wir daran, daß doch auch die Rinderhirten Herren ihrer Rinder und die Pferdepfleger Herren ihrer Pferde sind und daß überhaupt alle, die man Hirten nennt, selbstverständlich als Herren der Tiere gelten, für die sie zuständig sind. Allerdings schienen uns alle diese Tierherden ihren Hirten bereitwilliger zu gehorchen als die Menschen ihren Herren. Denn die Herden gehen dorthin, wo die Hirten sie hinführen, sie weiden an den Plätzen, wo man sie hinbringt, und sie laufen nicht dorthin, wo sie nicht hinlaufen sollen. Außerdem lassen sie es zu, daß die Hirten den Ertrag, den sie erbringen, so nutzen, wie diese es jeweils wünschen. Wir haben aber auch noch nie gehört, daß sich eine Herde gegen ihren Hirten zusammengeschlossen hätte, um den Gehorsam zu verweigern oder um den Hirten an der Nutzung des Ertrags zu hindern. Die Herden sind sogar gegenüber allen fremden

ἄλλοις ἢ τοῖς ἄρχουσί τε αὐτῶν καὶ ὠφελουμένοις ἀπ' αὐ-
τῶν· ἄνθρωποι δὲ ἐπ' οὐδένας μᾶλλον συνίστανται ἢ
ἐπὶ τούτους οὓς ἂν αἴσθωνται ἄρχειν αὐτῶν ἐπιχει-
ροῦντας.

3 Ὅτε μὲν δὴ ταῦτα ἐνεθυμούμεθα, οὕτως ἐγιγνώσκο-
μεν περὶ αὐτῶν ὡς ἀνθρώπῳ πεφυκότι πάντων τῶν ἄλλων
ῥᾷον εἴη ζῴων ἢ ἀνθρώπων ἄρχειν. Ἐπειδὴ δὲ ἐνενοήσα-
μεν ὅτι Κῦρος ἐγένετο Πέρσης, ὃς παμπόλλους μὲν ἀνθρώπους ἐκτήσατο πειθομένους αὐτῷ, παμπόλλας δὲ πόλεις,
πάμπολλα δὲ ἔθνη, ἐκ τούτου δὴ ἠναγκαζόμεθα μετανοεῖν
μὴ οὔτε τῶν ἀδυνάτων οὔτε τῶν χαλεπῶν ἔργων ᾖ τὸ
ἀνθρώπων ἄρχειν, ἄν τις ἐπισταμένως τοῦτο πράττῃ.
Κύρῳ γοῦν ἴσμεν ἐθελήσαντας πείθεσθαι τοὺς μὲν ἀπέχοντας παμπόλλων ἡμερῶν ὁδόν, τοὺς δὲ καὶ μηνῶν, τοὺς
δὲ οὐδ' ἑωρακότας πώποτ' αὐτόν, τοὺς δὲ καὶ εὖ εἰδότας
ὅτι οὐδ' ἂν ἴδοιεν, καὶ ὅμως ἤθελον αὐτῷ ὑπακούειν.

4 Καὶ γάρ τοι τοσοῦτον διήνεγκε τῶν ἄλλων βασιλέων,
καὶ τῶν πατρίους ἀρχὰς παρειληφότων καὶ τῶν δι' ἑαυτῶν κτησαμένων, ὥσθ' ὁ μὲν Σκύθης, καίπερ παμπόλλων
ὄντων Σκυθῶν, ἄλλου μὲν οὐδενὸς δύναιτ' ἂν ἔθνους ἐπάρ-
ξαι, ἀγαπῴη δ' ἂν εἰ τοῦ ἑαυτοῦ ἔθνους ἄρχων διαγένοιτο,
καὶ ὁ Θρᾷξ Θρᾳκῶν καὶ ὁ Ἰλλυριὸς Ἰλλυριῶν, καὶ τἆλλα
δὲ ὡσαύτως ἔθνη ὅσα ἀκούομεν· τὰ γοῦν ἐν τῇ Εὐρώπῃ,
ἔτι καὶ νῦν αὐτόνομα εἶναι λέγεται καὶ λελύσθαι ἀπ' ἀλ-
λήλων· Κῦρος δὲ παραλαβὼν ὡσαύτως οὕτω καὶ τὰ ἐν τῇ
Ἀσίᾳ ἔθνη αὐτόνομα ὄντα ὁρμηθεὶς σὺν ὀλίγῃ Περσῶν
στρατιᾷ ἑκόντων μὲν ἡγήσατο Μήδων, ἑκόντων δὲ Ὑρκανίων, κατεστρέψατο δὲ Σύρους, Ἀσσυρίους, Ἀραβίους,
Καππαδόκας, Φρύγας ἀμφοτέρους, Λυδούς, Κᾶρας, Φοίνικας, Βαβυλωνίους, ἦρξε δὲ καὶ Βακτρίων καὶ Ἰνδῶν καὶ

Tieren feindseliger eingestellt als gegenüber ihren Hirten, die sie beherrschen und ihren Nutzen aus ihnen ziehen. Die Menschen hingegen schließen sich gegen niemanden lieber zusammen als gegen diejenigen, bei denen sie damit rechnen, daß sie über sie zu herrschen versuchen.

(3) Derartige Beobachtungen führten uns nun zu folgender Erkenntnis: Einem Menschen dürfte es aufgrund seiner natürlichen Veranlagung leichter fallen, über alle anderen Lebewesen zu herrschen als über Menschen. Nachdem wir aber erfahren hatten, daß es Kyros, den Perserkönig, gab, der sehr viele Menschen, sehr viele Städte und sehr viele Völker dazu veranlaßt hatte, ihm zu gehorchen, sahen wir uns gezwungen, unsere Meinung zu ändern; jetzt hatten wir begriffen, daß es weder unmöglich noch schwierig ist, über Menschen zu herrschen, wenn man nur etwas davon versteht. Wir wissen jedenfalls, daß Menschen Kyros freiwillig gehorcht haben, die eine Strecke von vielen Tagen und Monaten von ihm entfernt waren, und andere, die ihn nie gesehen hatten und genau wußten, daß sie ihn auch nicht sehen würden; sie waren trotzdem bereit, auf ihn zu hören. (4) Denn er unterschied sich so sehr von allen anderen Königen, ob sie nun ihre Herrschaft von ihren Vorfahren ererbt oder aus eigener Kraft erworben hatten, daß es ihm ganz anders erging als etwa dem König der Skythen: Obwohl es doch sehr viele Skythen gab, war er unfähig, noch ein anderes Volk zu unterwerfen, und mußte sich damit zufrieden geben, bei seinem eigenen Volk an der Macht zu bleiben. Auch der König der Thraker konnte nur über die Thraker und der König der Illyrer nur über die Illyrer herrschen. Dasselbe gilt für alle übrigen Völker, die wir kennen. Was die Völker in Europa betrifft, so sollen sie auch heute noch selbständig und voneinander unabhängig sein. Kyros aber fand auch die Völker Asiens in einem solchen Zustand der Selbständigkeit vor. Dann zog er mit einem kleinen persischen Heer aus, und die Meder folgten ihm ebenso freiwillig wie die Hyrkanier. Er unterwarf die Syrer, die Assyrer, die Araber, die Kappadokier, die Einwohner beider Phrygien, die Lyder, Karier, Phönikier und Babylonier. Er machte sich zum Herrn über die

Κιλίκων, ὡσαύτως δὲ Σακῶν καὶ Παφλαγόνων καὶ Μαγα-
διδῶν, καὶ ἄλλων δὲ παμπόλλων ἐθνῶν, ὧν οὐδ' ἂν τὰ
ὀνόματα ἔχοι τις εἰπεῖν, ἐπῆρξε δὲ καὶ Ἑλλήνων τῶν ἐν
τῇ Ἀσίᾳ, καταβὰς δ' ἐπὶ θάλατταν καὶ Κυπρίων καὶ Αἰγυπτίων. 5 Καὶ τοίνυν τούτων τῶν ἐθνῶν ἦρξεν οὔτε αὐτῷ
ὁμογλώττων ὄντων οὔτε ἀλλήλοις, καὶ ὅμως ἐδυνήθη
ἐφικέσθαι μὲν ἐπὶ τοσαύτην γῆν τῷ ἑαυτοῦ φόβῳ, ὥστε
καταπλῆξαι πάντας καὶ μηδένα ἐπιχειρεῖν αὐτῷ, ἐδυνήθη δὲ ἐπιθυμίαν ἐμβαλεῖν τοσαύτην τοῦ πάντας αὐτῷ
χαρίζεσθαι ὥστε ἀεὶ τῇ αὐτοῦ γνώμῃ ἀξιοῦν κυβερνᾶσ-
θαι, ἀνηρτήσατο δὲ τοσαῦτα φῦλα ὅσα καὶ διελθεῖν ἔργον ἐστίν, ὅποι ἂν ἄρξηταί τις πορεύεσθαι ἀπὸ τῶν βασιλείων, ἤν τε πρὸς ἕω ἤν τε πρὸς ἑσπέραν ἤν τε πρὸς
ἄρκτον ἤν τε πρὸς μεσημβρίαν. 6 Ἡμεῖς μὲν δὴ ὡς
ἄξιον ὄντα θαυμάζεσθαι τοῦτον τὸν ἄνδρα ἐσκεψάμεθα τίς
ποτ' ὢν γένναν καὶ ποίαν τινὰ φύσιν ἔχων καὶ ποίᾳ τινὶ
παιδευθεὶς παιδείᾳ τοσοῦτον διήνεγκεν εἰς τὸ ἄρχειν ἀνθρώπων. Ὅσα οὖν καὶ ἐπυθόμεθα καὶ ᾐσθῆσθαι δοκοῦμεν
περὶ αὐτοῦ, ταῦτα πειρασόμεθα διηγήσασθαι.

II

1 Πατρὸς μὲν δὴ ὁ Κῦρος λέγεται γενέσθαι Καμβύσου,
Περσῶν βασιλέως· ὁ δὲ Καμβύσης οὗτος τοῦ Περσειδῶν
γένους ἦν· οἱ δὲ Περσεῖδαι ἀπὸ Περσέως κλήζονται· μητρὸς δὲ ὁμολογεῖται Μανδάνης γενέσθαι· ἡ δὲ Μανδάνη
αὕτη Ἀστυάγους ἦν θυγάτηρ, τοῦ Μήδων βασιλέως. Φῦναι δὲ ὁ Κῦρος λέγεται καὶ ᾄδεται ἔτι καὶ νῦν ὑπὸ τῶν
βαρβάρων εἶδος μὲν κάλλιστος, ψυχὴν δὲ φιλανθρωπότα-

Baktrier, Inder, Kilikier und ebenso über die Saken, die Paphlagonier und Magadider und über viele andere Völker, deren
Namen niemand nennen könnte. Er herrschte außerdem über
die Hellenen in Kleinasien, und nachdem er sich auf einen
Krieg zur See eingelassen hatte, brachte er auch die Kyprier
und die Ägypter unter seine Herrschaft. (5) Er herrschte also
über diese Völker, die weder seine Sprache verstanden noch in
der Lage waren, sich untereinander in derselben Sprache zu
verständigen, und dennoch gelang es ihm, seine Herrschaft
über ein so großes Reich durch seine Autorität zu festigen, so
daß er allen den Mut zum Widerstand nahm und niemand
versuchte, sich gegen ihn aufzulehnen. Außerdem gelang es
ihm, in allen Menschen den heftigen Wunsch zu wecken, ihm
gefällig zu sein, so daß sie es stets für richtig hielten, sich seiner
Entscheidung zu beugen. Er hatte aber so viele Nationen an
sich gefesselt, daß es schwierig wäre, alle Länder auch nur zu
bereisen, in welche Richtung man auch immer von seiner
Hauptstadt aus aufbrechen wollte, ob nach Osten, Westen,
Norden oder Süden. (6) Da nun dieser Mann so bewundernswert ist, haben wir untersucht, woher er eigentlich stammte,
welche natürlichen Anlagen er hatte und welche Erziehung er
genoß, um dann ein so außerordentlich tüchtiger Herrscher
über die Menschen zu werden. Wir wollen also darzulegen
versuchen, was wir erfuhren und über ihn herausgefunden zu
haben glauben.

II.

(1) Der Vater des Kyros soll der Perserkönig Kambyses gewesen sein. Dieser Kambyses stammte aus der Familie der
Persiden. Die Persiden verdanken Perseus ihren Namen. Man
stimmt darin überein, daß Mandane seine Mutter war. Sie war
die Tochter des Mederkönigs Astyages. Von Kyros aber erzählen und singen die Perser auch heute noch, er sei überaus
schön und äußerst menschenfreundlich, lernbegierig und ehr-

τος καὶ φιλομαθέστατος καὶ φιλοτιμότατος, ὥστε πάντα μὲν πόνον ἀνατλῆναι, πάντα δὲ κίνδυνον ὑπομεῖναι τοῦ ἐπαινεῖσθαι ἕνεκα.

2 Φύσιν μὲν δὴ τῆς μορφῆς καὶ τῆς ψυχῆς τοιαύτην ἔχων διαμνημονεύεται· ἐπαιδεύθη γε μὴν ἐν Περσῶν νό-μοις· οὗτοι δὲ δοκοῦσιν οἱ νόμοι ἄρχεσθαι τοῦ κοινοῦ ἀγα-θοῦ ἐπιμελούμενοι οὐκ ἔνθεν ὅθενπερ ἐν ταῖς πλείσταις πόλεσιν ἄρχονται. Αἱ μὲν γὰρ πλεῖσται πόλεις ἀφεῖσαι παιδεύειν ὅπως τις ἐθέλει τοὺς ἑαυτοῦ παῖδας, καὶ αὐτοὺς [τοὺς] πρεσβυτέρους ὅπως ἐθέλουσι διάγειν, ἔπειτα προσ-τάττουσιν αὐτοῖς μὴ κλέπτειν μηδὲ ἁρπάζειν, μὴ βίᾳ εἰς οἰκίαν παριέναι, μὴ παίειν ὃν μὴ δίκαιον, μὴ μοιχεύειν, μὴ ἀπειθεῖν ἄρχοντι, καὶ τἆλλα τὰ τοιαῦτα ὡσαύτως· ἢν δέ τις τούτων τι παραβαίνῃ, ζημίαν αὐτοῖς ἐπέθεσαν.

3 Οἱ δὲ Περσικοὶ νόμοι προλαβόντες ἐπιμέλονται ὅπως τὴν ἀρχὴν μὴ τοιοῦτοι ἔσονται οἱ πολῖται οἷοι πονηροῦ τινος ἢ αἰσχροῦ ἔργου ἐφίεσθαι. Ἐπιμέλονται δὴ ὧδε· ἔστιν αὐτοῖς Ἐλευθέρα Ἀγορὰ καλουμένη, ἔνθα τά τε βα-σίλεια καὶ τἆλλα ἀρχεῖα πεποίηται. Ἐντεῦθεν τὰ μὲν ὤνια καὶ οἱ ἀγοραῖοι καὶ αἱ τούτων φωναὶ καὶ ἀπειροκαλίαι ἀπελήλανται εἰς ἄλλον τόπον, ὡς μὴ μιγνύηται ἡ τούτων τύρβη τῇ τῶν πεπαιδευμένων εὐκοσμίᾳ. **4** Διήρηται δὲ αὕτη ἡ ἀγορὰ ἡ περὶ τὰ ἀρχεῖα τέτταρα μέρη· τούτω δ' ἔστιν ἓν μὲν παισίν, ἓν δὲ ἐφήβοις, ἄλλο τελείοις ἀνδρά-σιν, ἄλλο τοῖς ὑπὲρ τὰ στρατεύσιμα ἔτη γεγονόσι. Νόμῳ δ' εἰς τὰς ἑαυτῶν χώρας ἕκαστοι τούτων πάρεισιν, οἱ μὲν παῖδες ἅμα τῇ ἡμέρᾳ καὶ οἱ τέλειοι ἄνδρες, οἱ δὲ γεραί-τεροι ἡνίκ' ἂν ἑκάστῳ προχωρῇ, πλὴν ἐν ταῖς τεταγμέναις ἡμέραις, ἐν αἷς αὐτοὺς δεῖ παρεῖναι. Οἱ δὲ ἔφηβοι καὶ κοιμῶνται περὶ τὰ ἀρχεῖα σὺν τοῖς γυμνικοῖς ὅπλοις

geizig gewesen, so daß er jede Anstrengung ertrug und jede
Gefahr auf sich nahm, um Achtung und Anerkennung zu erringen.

(2) Derartige körperliche und charakterliche Eigenschaften
hat er besessen, wie man erzählt. Erzogen wurde er nach den
Gesetzen der Perser. Das Prinzip dieser Gesetze ist offensichtlich das Gemeinwohl, ein Prinzip also, von dem die Gesetze in
den meisten Staaten nicht ausgehen. Denn die meisten Staaten
überlassen es dem Einzelnen, seine Kinder nach eigenen Vorstellungen zu erziehen, und gestatten es sogar den Erwachsenen, ihr Leben nach eigenem Gutdünken zu führen. Darüber
hinaus verbieten sie den Menschen lediglich zu stehlen, zu
rauben, mit Gewalt in ein Haus einzudringen, jemanden wi-
derrechtlich zu schlagen, die Ehe zu brechen, der Obrigkeit
den Gehorsam zu verweigern usw. Wenn aber jemand eines
dieser Gesetze übertritt, wird er bestraft.

(3) Die persischen Gesetze hingegen sorgen im voraus dafür, daß es überhaupt keine Bürger gibt, die eine üble oder
schändliche Tat begehen wollen. Sie sorgen dafür auf folgende
Weise: Es gibt bei ihnen einen sogenannten freien Platz, wo
das königliche Schloß und die übrigen Regierungsgebäude stehen. Von diesem Platz werden Marktwaren und Händler, ihr
Geschrei und ihre Derbheiten ferngehalten und an einen anderen Ort verwiesen, damit dieses Getümmel die Ordnung der
Erzieher und Zöglinge nicht stört. (4) Dieser Platz in der Nähe
der Regierungsgebäude ist in vier Abschnitte unterteilt. Einer
von diesen ist für Kinder, einer für Jugendliche, ein anderer
für erwachsene Männer und einer für die Alten bestimmt, die
das wehrfähige Alter überschritten haben. Alle Perser sind
gesetzlich verpflichtet, sich auf den ihnen zugewiesenen Plätzen einzufinden: die Kinder und die erwachsenen Männer bei
Tagesanbruch, die Älteren, wann es jedem einzelnen paßt,
außer an bestimmten Tagen, an denen sie erscheinen müssen.
Die Jugendlichen aber übernachten mit ihren Übungswaffen in
der Nähe der Regierungsgebäude; die Verheirateten sind nicht
dazu verpflichtet. Von diesen aber wird es nicht verlangt,

πλὴν τῶν γεγαμηκότων· οὗτοι δὲ οὔτε ἐπιζητοῦνται. ἢν μὴ προυρρηθῇ παρεῖναι, οὔτε πολλάκις ἀπεῖναι καλόν.

5 Ἄρχοντες δ' ἐφ' ἑκάστῳ τούτων τῶν μερῶν εἰσι δώδεκα· δώδεκα γὰρ καὶ Περσῶν φυλαὶ διήρηνται. Καὶ ἐπὶ μὲν τοῖς παισὶν ἐκ τῶν γεραιτέρων ᾑρημένοι εἰσὶν οἳ ἂν δοκῶσι τοὺς παῖδας βελτίστους ἀποδεικνύναι· ἐπὶ δὲ τοῖς ἐφήβοις ἐκ τῶν τελείων ἀνδρῶν οἳ ἂν αὖ τοὺς ἐφήβους βελτίστους δοκῶσι παρέχειν· ἐπὶ δὲ τοῖς τελείοις ἀνδράσιν οἳ ἂν δοκῶσι παρέχειν αὐτοὺς μάλιστα τὰ τεταγμένα ποιοῦντας καὶ τὰ παραγγελλόμενα ὑπὸ τῆς μεγίστης ἀρχῆς· εἰσὶ δὲ καὶ τῶν γεραιτέρων προστάται ᾑρημένοι, οἳ προστατεύουσιν ὅπως καὶ αὐτοὶ τὰ καθήκοντα ἀποτελῶσιν. Ἃ δὲ ἑκάστῃ ἡλικίᾳ προστέτακται ποιεῖν διηγησόμεθα, ὡς μᾶλλον δῆλον γένηται ᾗ ἐπιμέλονται ὡς ἂν βέλτιστοι εἶεν οἱ πολῖται.

6 Οἱ μὲν δὴ παῖδες εἰς τὰ διδασκαλεῖα φοιτῶντες διάγουσι μανθάνοντες δικαιοσύνην· καὶ λέγουσιν ὅτι ἐπὶ τοῦτο ἔρχονται ὥσπερ παρ' ἡμῖν οἱ τὰ γράμματα μαθησόμενοι. Οἱ δ' ἄρχοντες αὐτῶν διατελοῦσι τὸ πλεῖστον τῆς ἡμέρας δικάζοντες αὐτοῖς. Γίγνεται γὰρ δὴ καὶ παισὶ πρὸς ἀλλήλους ὥσπερ ἀνδράσιν ἐγκλήματα καὶ κλοπῆς καὶ ἁρπαγῆς καὶ βίας καὶ ἀπάτης καὶ κακολογίας καὶ ἄλλων οἵων δὴ εἰκός. Οὓς δ' ἂν γνῶσι τούτων τι ἀδικοῦντας, τιμωροῦνται. 7 Κολάζουσι δὲ καὶ οὓς ἂν ἀδίκως ἐγκαλοῦντας εὑρίσκωσι. Δικάζουσι δὲ καὶ ἐγκλήματος οὗ ἕνεκα ἄνθρωποι μισοῦσι μὲν ἀλλήλους μάλιστα, δικάζονται δὲ ἥκιστα, ἀχαριστίας, καὶ ὃν ἂν γνῶσι δυνάμενον μὲν χάριν ἀποδιδόναι, μὴ ἀποδιδόντα δέ, κολάζουσι καὶ τοῦτον ἰσχυρῶς. Οἴονται γὰρ τοὺς ἀχαρίστους καὶ περὶ θεοὺς ἂν μάλιστα ἀμελῶς ἔχειν καὶ περὶ γονέας καὶ πατρίδα καὶ φί-

wenn ihre Anwesenheit nicht ausdrücklich befohlen ist, doch
gilt es auch nicht als ehrenhaft, häufig zu fehlen.

(5) Für jeden einzelnen dieser vier Abschnitte sind zwölf
Beamte zuständig; denn die Perser bestehen aus zwölf Stäm-
men. Für die Kinder werden aus der Gruppe der Älteren solche Männer ausgewählt, die die Gewähr dafür bieten, auf die
Kinder den besten Einfluß auszuüben, für die Jugendlichen
aus der Gruppe der erwachsenen Männer solche, die die Gewähr dafür bieten, die Jugendlichen am besten auszubilden,
für die erwachsenen Männer solche, die die Gewähr dafür
bieten, diese mit besonderem Erfolg dazu anzuhalten, die Anordnungen und Befehle der Regierung auszuführen. Aber
auch für die Älteren werden Führer ausgewählt, die diese dazu
anhalten, ebenfalls ihren Pflichten nachzukommen. Was aber
einer jeden Altersgruppe zu leisten auferlegt ist, werden wir
gleich darstellen, damit noch besser zu erkennen ist, wie sich
die Perser darum bemühen, daß ihre Bürger so tüchtig wie
möglich werden.

(6) Die Kinder, die die Schule besuchen, verbringen ihre
Zeit mit dem Lernen der Gerechtigkeit. Man sagt auch, daß
sie zu diesem Zweck in die Schule gehen, wie die Kinder bei
uns zum Lernen des Lesens und Schreibens. In Rechtsstreitig-
keiten treffen ihre Erzieher den ganzen Tag über Entscheidungen für sie. Denn bei Knaben kommt es ebenso wie bei erwachsenen Männern vor, daß sie sich gegenseitig des Dieb-
stahls, des Raubes, der Gewalttätigkeit, des Betrugs, der Be-
leidigung und anderer Delikte beschuldigen, wie sie eben einfach vorkommen. Sie bestrafen alle, die sie einer derartigen
Schandtat überführt haben. (7) Sie weisen aber auch jeden
zurecht, bei dem es sich herausstellt, daß er jemanden zu Unrecht anklagt. Sie sitzen aber auch über ein Vergehen zu Gericht, für das die Menschen einander zwar am meisten hassen,
aber so gut wie nie vor Gericht gestellt werden: über die Undankbarkeit, und sie bestrafen denjenigen hart, von dem sie
wissen, daß er zwar Dankbarkeit zeigen kann, es aber nicht
tut. Sie glauben nämlich, daß die Undankbaren auch die Göt-

λους. Ἕπεσθαι δὲ δοκεῖ μάλιστα τῇ ἀχαριστίᾳ ἡ ἀναισ-
χυντία· καὶ γὰρ αὕτη μεγίστη δοκεῖ εἶναι ἐπὶ πάντα τὰ
αἰσχρὰ ἡγεμών. 8 Διδάσκουσι δὲ τοὺς παῖδας καὶ σω-
φροσύνην· μέγα δὲ συμβάλλεται εἰς τὸ μανθάνειν σωφρονεῖν αὐτοὺς ὅτι καὶ τοὺς πρεσβυτέρους ὁρῶσιν ἀνὰ πᾶσαν
ἡμέραν σωφρόνως διάγοντας. Διδάσκουσι δὲ αὐτοὺς καὶ
πείθεσθαι τοῖς ἄρχουσι· μέγα δὲ καὶ εἰς τοῦτο συμβάλλεται
ὅτι ὁρῶσι τοὺς πρεσβυτέρους πειθομένους τοῖς ἄρχουσιν ἰσχυρῶς. Διδάσκουσι δὲ καὶ ἐγκρατεῖς εἶναι γαστρὸς
καὶ ποτοῦ· μέγα δὲ καὶ εἰς τοῦτο συμβάλλεται ὅτι ὁρῶσι
τοὺς πρεσβυτέρους οὐ πρόσθεν ἀπιόντας γαστρὸς ἕνεκα
πρὶν ἂν ἀφῶσιν οἱ ἄρχοντες, καὶ ὅτι οὐ παρὰ μητρὶ σι-
τοῦνται οἱ παῖδες, ἀλλὰ παρὰ τῷ διδασκάλῳ. ὅταν οἱ
ἄρχοντες σημήνωσι. Φέρονται δὲ οἴκοθεν σῖτον μὲν ἄρτον,
ὄψον δὲ κάρδαμον, πιεῖν δέ, ἤν τις διψῇ, κώθωνα, ὡς ἀπὸ
τοῦ ποταμοῦ ἀρύσασθαι. Πρὸς δὲ τούτοις μανθάνουσι
τοξεύειν καὶ ἀκοντίζειν. Μέχρι μὲν δὴ ἓξ ἢ ἑπτακαίδεκα
ἐτῶν ἀπὸ γενεᾶς οἱ παῖδες ταῦτα πράττουσιν, ἐκ τούτου
δὲ εἰς τοὺς ἐφήβους ἐξέρχονται.

9 Οὗτοι δ' αὖ οἱ ἔφηβοι διάγουσιν ὧδε· δέκα ἔτη ἀφ'
οὗ ἂν ἐκ παίδων ἐξέλθωσι, κοιμῶνται μὲν περὶ τὰ ἀρχεῖα,
ὥσπερ προείρηται, καὶ φυλακῆς ἕνεκα τῆς πόλεως καὶ
σωφροσύνης· δοκεῖ γὰρ αὕτη ἡ ἡλικία μάλιστα ἐπιμελείας
δεῖσθαι· παρέχουσι δὲ καὶ τὴν ἡμέραν ἑαυτοὺς τοῖς ἄρχουσι χρῆσθαι, ἤν τι δέωνται ὑπὲρ τοῦ κοινοῦ. Καὶ ὅταν
μὲν δέῃ τι, πάντες μένουσι περὶ τὰ ἀρχεῖα· ὅταν δὲ ἐξίῃ βασιλεὺς ἐπὶ θήραν, τὰς ἡμισείας φυλακὰς καταλείπει· ποιεῖ
δὲ τοῦτο πολλάκις τοῦ μηνός. Ἔχειν δὲ δεῖ τοὺς ἐξιόντας

ter, ihre Eltern, ihr Vaterland und ihre Freunde in besonderem Maße vernachlässigen. Außerdem ist mit der Undankbarkeit offensichtlich sehr oft auch die Schamlosigkeit verbunden, und diese, so scheint es, führt mit größter Sicherheit zu allen möglichen Schandtaten. (8) Sie lehren die Knaben aber auch Selbstbeherrschung. Das Lernen der Selbstbeherrschung wird dadurch ganz besonders gefördert, daß die Knaben auch die Älteren den ganzen Tag in Selbstbeherrschung verbringen sehen. Sie lehren sie auch den Gehorsam gegenüber der Obrigkeit. Das wird auch dadurch sehr gefördert, daß sie sehen, wie die Älteren der Obrigkeit bedingungslos gehorchen. Sie lehren sie aber auch, beim Essen und Trinken Maß zu halten. Das wird auch dadurch sehr unterstützt, daß sie die Älteren nie weggehen sehen, um ihren Hunger zu stillen, bevor sie nicht von ihren Vorgesetzten entlassen werden, und daß die Knaben nicht bei ihrer Mutter essen, sondern bei ihrem Lehrer, sobald die Vorgesetzten ein entsprechendes Zeichen geben. Sie bringen sich von zu Hause als Hauptnahrungsmittel Brot und als Beilage Kresse mit; wenn sie Durst bekommen, benutzen sie zum Trinken einen Becher, mit dem sie Wasser aus dem Fluß schöpfen können. Außerdem lernen sie Bogenschießen und Speerwerfen. Damit beschäftigen sich die Knaben bis zum sechzehnten oder siebzehnten Lebensjahr; darauf treten sie in die Gruppe der jungen Männer ein.

(9) Diese jungen Männer verbringen ihre Zeit folgendermaßen: Sobald sie die Gruppe der Knaben verlassen haben, wohnen und schlafen sie zehn Jahre lang in der Nähe der Regierungsgebäude, wie wir bereits gesagt haben, um die Stadt zu beschützen und ein vernunftbestimmtes Verhalten zu üben. Denn diese Altersgruppe bedarf erfahrungsgemäß besonderer Fürsorge. Aber auch tagsüber stehen sie der Regierung zur Verfügung, wenn man sie zum Wohle der Allgemeinheit benötigt. Wenn es erforderlich ist, dann bleiben alle in der Nähe der Regierungsgebäude. Wenn aber der König auf die Jagd geht, dann nimmt er die Hälfte der Wache mit. Er tut dies mehrmals im Monat. Diejenigen, die auf die Jagd gehen, müs-

τόξα καὶ παρὰ τὴν φαρέτραν ἐν κολεῷ κοπίδα ἢ σάγαριν, ἔτι δὲ γέρρον καὶ παλτὰ δύο, ὥστε τὸ μὲν ἀφεῖναι, τῷ δ', ἂν δέῃ, ἐκ χειρὸς χρῆσθαι.

10 Διὰ τοῦτο δὲ δημοσίᾳ τοῦ θηρᾶν ἐπιμέλονται, καὶ βασιλεὺς ὥσπερ καὶ ἐν πολέμῳ ἡγεμών ἐστιν αὐτοῖς καὶ αὐτός τε θηρᾷ καὶ τῶν ἄλλων ἐπιμελεῖται ὅπως ἂν θηρῶσιν, ὅτι ἀληθεστάτη αὐτοῖς δοκεῖ εἶναι αὕτη ἡ μελέτη τῶν πρὸς τὸν πόλεμον. Καὶ γὰρ πρῷ ἀνίστασθαι ἐθίζει καὶ ψύχῃ καὶ θάλπῃ ἀνέχεσθαι, γυμνάζει δὲ καὶ ὁδοιπορίαις καὶ δρόμοις, ἀνάγκη δὲ καὶ τοξεῦσαι θηρίον καὶ ἀκοντίσαι ὅπου ἂν παραπίπτῃ. Καὶ τὴν ψυχὴν δὲ πολλάκις ἀνάγκη θήγεσθαι ἐν τῇ θήρᾳ, ὅταν τι τῶν ἀλκίμων θηρίων ἀνθιστῆται· παίειν μὲν γὰρ δήπου δεῖ τὸ ὁμόσε γιγνόμενον, φυλάξασθαι δὲ τὸ ἐπιφερόμενον· ὥστε οὐ ῥᾴδιον εὑρεῖν τί ἐν τῇ θήρᾳ ἄπεστι τῶν ἐν τῷ πολέμῳ παρόντων. 11 Ἐξέρχονται δὲ ἐπὶ τὴν θήραν ἄριστον ἔχοντες πλέον μέν, ὡς εἰκός, τῶν παίδων, τἆλλα δὲ ὅμοιον. Καὶ θηρῶντες μὲν οὐκ ἂν ἀριστήσαιεν, ἢν δέ τι δέῃ θηρίου ἕνεκα ἐπικαταμεῖναι ἢ ἄλλως βουληθῶσι διατρῖψαι περὶ τὴν θήραν, τὸ ἄριστον τοῦτο δειπνήσαντες τὴν ὑστεραίαν αὖ θηρῶσι μέχρι δείπνου, καὶ μίαν ἄμφω τούτω τὼ ἡμέρα λογίζονται, ὅτι μιᾶς ἡμέρας σῖτον δαπανῶσι. Τοῦτο δὲ ποιοῦσι τοῦ ἐθίζεσθαι ἕνεκα, ἵν' ἐάν τι καὶ ἐν πολέμῳ δεήσῃ, δύνωνται τοῦτο ποιεῖν. Καὶ ὄψον δὲ τοῦτο ἔχουσιν οἱ τηλικοῦτοι ὅ τι ἂν θηράσωσιν, εἰ δὲ μή, τὸ κάρδαμον. Εἰ δέ τις αὐτοὺς οἴεται ἢ ἐσθίειν ἀηδῶς, ὅταν κάρδαμον μόνον ἔχωσιν ἐπὶ τῷ σίτῳ, ἢ πίνειν ἀηδῶς, ὅταν ὕδωρ πίνωσιν, ἀναμνησθήτω

sen einen Bogen und außer dem Köcher ein Schwert mit Scheide oder eine Axt mitnehmen, ferner einen Schild und zwei Spieße, um den einen schleudern, den anderen, falls es erforderlich ist, im Handgemenge benutzen zu können.

(10) Aber aus einem ganz bestimmten Grund wird die Jagd offiziell besonders gefördert, und der König ist wie auch im Krieg ihr Herr; er jagt nicht nur selbst, sondern sorgt auch dafür, daß die anderen jagen: Sie sind nämlich davon überzeugt, daß die Jagd die beste Vorbereitung auf die Anforderungen des Krieges ist. Denn die Jagd gewöhnt sie daran, früh aufzustehen und Kälte und Hitze zu ertragen. Sie übt sie auch im Marschieren und Laufen und macht es erforderlich, ein Tier mit dem Pfeil und dem Speer zu erlegen, wo immer es ihnen in den Weg tritt. Oft aber müssen sie auch auf der Jagd Mut beweisen, wenn ihnen ein starkes Tier entgegentritt. Denn man muß es doch wohl erlegen, wenn es nahe herankommt, und sich in acht nehmen, wenn es angreift. Demnach ließe sich wohl kaum eine Situation auf der Jagd denken, die den Gegebenheiten des Krieges nicht entspräche. (11) Die Knaben gehen aber mit einem reichlicheren Frühstück auf die Jagd, als es ihnen sonst zusteht; ansonsten aber besteht kein Unterschied. Auf der Jagd kann es vorkommen, daß sie nicht frühstücken können. Wenn sie wegen eines Tieres ihren Platz nicht verlassen dürfen oder aus einem anderen Grund die Jagd verlängern wollen, dann nehmen sie das Frühstück als Hauptmahlzeit ein und jagen am nächsten Tag erneut bis zum Abendessen. Sie betrachten dann diese beiden Tage als einen einzigen Tag, weil sie in dieser Zeit ja nur die Nahrung für einen einzigen Tag zu sich nehmen. Sie tun dies, um sich daran zu gewöhnen, damit sie es auch dann können, wenn es einmal im Krieg unumgänglich sein sollte. Als Nahrung zum Brot verzehren die jungen Leute, was sie jeweils erlegt haben. Wenn sie aber nichts erlegen, dann essen sie die Kresse zum Brot. Sollte aber jemand glauben, daß sie lustlos essen, wenn sie nur Kresse auf dem Speisezettel haben, oder lustlos trinken, wenn sie nur Wasser trinken, so muß er bedenken, wie

πῶς μὲν ἡδὺ μᾶζα καὶ ἄρτος πεινῶντι φαγεῖν, πῶς δὲ ἡδὺ ὕδωρ πιεῖν διψῶντι.

12 Αἱ δ' αὖ μένουσαι φυλαὶ διατρίβουσι μελετῶσαι τά τε ἄλλα ἃ παῖδες ὄντες ἔμαθον καὶ τοξεύειν καὶ ἀκοντίζειν, καὶ διαγωνιζόμενοι ταῦτα πρὸς ἀλλήλους διατελοῦσιν. Εἰσὶ δὲ καὶ δημόσιοι τούτων ἀγῶνες καὶ ἆθλα προτίθεται· ἐν ᾗ δ' ἂν φυλῇ πλεῖστοι ὦσι δαημονέστατοι καὶ ἀνδρικώτατοι καὶ εὐπιστότατοι, ἐπαινοῦσιν οἱ πολῖται καὶ τιμῶσιν οὐ μόνον τὸν νῦν ἄρχοντα αὐτῶν, ἀλλὰ καὶ ὅστις αὐτοὺς παῖδας ὄντας ἐπαίδευσε. Χρῶνται δὲ τοῖς μένουσι τῶν ἐφήβων αἱ ἀρχαί, ἤν τι ἢ φρουρῆσαι δεήσῃ ἢ κακούργους ἐρευνῆσαι ἢ λῃστὰς ὑποδραμεῖν ἢ καὶ ἄλλο τι ὅσα ἰσχύος τε καὶ τάχους ἔργα ἐστί. Ταῦτα μὲν δὴ οἱ ἔφηβοι πράττουσιν. Ἐπειδὰν δὲ τὰ δέκα ἔτη διατελέσωσιν, ἐξέρχονται εἰς τοὺς τελείους ἄνδρας.

13 Ἀφ' οὗ δ' ἂν ἐξέλθωσι χρόνου ἐκ τῶν ἐφήβων, οὗτοι αὖ πέντε καὶ εἴκοσιν ἔτη διάγουσιν ὧδε· πρῶτον μὲν ὥσπερ οἱ ἔφηβοι παρέχουσιν ἑαυτοὺς ταῖς ἀρχαῖς χρῆσθαι, ἤν τι δέῃ περὶ τοῦ κοινοῦ, ὅσα φρονούντων τε ἤδη ἔργα ἐστὶ καὶ ἔτι δυναμένων. Ἢν δέ ποι δέῃ στρατεύεσθαι, τόξα μὲν οἱ οὕτω πεπαιδευμένοι οὐκέτι ἔχοντες οὐδὲ παλτὰ στρατεύονται, τὰ δὲ ἀγχέμαχα ὅπλα καλούμενα, θώρακά τε περὶ τοῖς στέρνοις καὶ γέρρον ἐν τῇ ἀριστερᾷ, οἷόνπερ γράφονται οἱ Πέρσαι ἔχοντες, ἐν δὲ τῇ δεξιᾷ μάχαιραν ἢ κοπίδα. Καὶ αἱ ἀρχαὶ δὲ πᾶσαι ἐκ τούτων καθίστανται πλὴν οἱ τῶν παίδων διδάσκαλοι. Ἐπειδὰν δὲ τὰ πέντε καὶ εἴκοσιν ἔτη διατελέσωσιν, εἴησαν μὲν ἂν οὗτοι πλέον τι

gut Gerstenbrot und Weizenbrot dem Hungrigen schmecken
und was für ein köstliches Getränk das Wasser für den Dursti-
gen ist.

(12) Die jungen Männer, die zu Hause bleiben, beschäfti-
gen sich abgesehen von den Dingen, die sie sonst noch als
Knaben gelernt haben, vor allem mit dem Bogenschießen und
dem Speerwerfen und tragen in diesen Disziplinen dauernd
Wettkämpfe untereinander aus. Es finden aber auch öffentliche Wettkämpfe in diesen Disziplinen statt, und dabei werden
Kampfpreise ausgesetzt. Die Leute loben die Gruppe, die die
größte Zahl besonders erfahrener, tapferer und zuverlässiger
Mitglieder aufweist, und sie ehren nicht nur deren jeweiligen
Führer, sondern auch denjenigen, der sie erzogen hat, als sie
noch Kinder waren. Die Regierungsbehörden bedienen sich
der jungen Männer, die zu Hause bleiben, wenn es notwendig
ist, Wachdienst zu leisten, Verbrecher aufzuspüren, Diebe zu
verfolgen oder noch anderes zu tun, wozu Kraft und Schnelligkeit erforderlich sind. Das also tun die jungen Männer. Wenn
sie aber ihre zehn Jahre hinter sich gebracht haben, dann treten sie in die Gruppe der erwachsenen Männer ein.

(13) Nachdem sie aus der Gruppe der jungen Männer aus-
geschieden sind, verrichten sie 25 Jahre lang folgende Tätigkeiten: Zuerst stehen sie wie die jungen Männer den Behörden
zur Verfügung, wenn es das öffentliche Interesse erfordert.
Dabei handelt es sich um Aufgaben, die von bereits verständigen und noch kräftigen Männern zu erfüllen sind. Wenn es
aber zu einem Feldzug kommt, dann gehen die so Ausgebildeten nicht mehr mit Bogen und Speeren in die Schlacht, sondern erhalten die sogenannten Nahkampfwaffen: einen Brustpanzer für den Oberkörper und einen Schild für die linke
Hand – mit diesen Waffen sind die Perser auch auf Abbildungen zu sehen – und für die rechte Hand ein Schwert oder einen
Säbel. Auch alle Amtsträger außer den Lehrern der Knaben
werden aus dieser Gruppe ausgewählt. Wenn sie dann ihre
25 Jahre hinter sich gebracht haben, sind sie normalerweise
etwas älter als 50 Jahre. Sie treten in diesem Alter in die Grup-

γεγονότες ἢ πεντήκοντα ἔτη ἀπὸ γενεᾶς· ἐξέρχονται δὲ τηνικαῦτα εἰς τοὺς γεραιτέρους ὄντας τε καὶ καλουμένους.

14 Οἱ δ' αὖ γεραίτεροι οὗτοι στρατεύονται μὲν οὐκέτι
ἔξω τῆς ἑαυτῶν, οἴκοι δὲ μένοντες δικάζουσι τά τε κοινὰ
καὶ τὰ ἴδια πάντα. Καὶ θανάτου δὲ οὗτοι κρίνουσι, καὶ
τὰς ἀρχὰς οὗτοι πάσας αἱροῦνται· καὶ ἦν τις ἐν ἐφήβοις
ἢ ἐν τελείοις ἀνδράσιν ἐλλίπῃ τι τῶν νομίμων, φαίνουσι
μὲν οἱ φύλαρχοι ἕκαστοι καὶ τῶν ἄλλων ὁ βουλόμενος, οἱ
δὲ γεραίτεροι ἀκούσαντες ἐκκρίνουσιν· ὁ δὲ ἐκκριθεὶς ἄτιμος διατελεῖ τὸν λοιπὸν βίον.

15 Ἵνα δὲ σαφέστερον δηλωθῇ πᾶσα ἡ Περσῶν πολιτεία, μικρὸν ἐπάνειμι· νῦν γὰρ ἐν βραχυτάτῳ ἂν δηλωθείη
διὰ τὰ προειρημένα. Λέγονται μὲν γὰρ Πέρσαι ἀμφὶ τὰς
δώδεκα μυριάδας εἶναι· τούτων δ' οὐδεὶς ἀπελήλαται νόμῳ
τιμῶν καὶ ἀρχῶν, ἀλλ' ἔξεστι πᾶσι Πέρσαις πέμπειν τοὺς
ἑαυτῶν παῖδας εἰς τὰ κοινὰ τῆς δικαιοσύνης διδασκαλεῖα.
Ἀλλ' οἱ μὲν δυνάμενοι τρέφειν τοὺς παῖδας ἀργοῦντας
πέμπουσιν, οἱ δὲ μὴ δυνάμενοι οὐ πέμπουσιν. Οἳ δ' ἂν
παιδευθῶσι παρὰ τοῖς δημοσίοις διδασκάλοις, ἔξεστιν αὐτοῖς ἐν τοῖς ἐφήβοις νεανισκεύεσθαι, τοῖς δὲ μὴ διαπαι-
δευθεῖσιν οὕτως οὐκ ἔξεστιν. Οἳ δ' ἂν αὖ ἐν τοῖς ἐφήβοις
διατελέσωσι τὰ νόμιμα ποιοῦντες, ἔξεστι τούτοις εἰς τοὺς
τελείους ἄνδρας συναλίζεσθαι καὶ ἀρχῶν καὶ τιμῶν μετέχειν, οἳ δ' ἂν μὴ διαγένωνται ἐν τοῖς ἐφήβοις οὐκ ἔρχονται εἰς τοὺς τελείους. Οἳ δ' ἂν αὖ ἐν τοῖς τελείοις διαγένωνται ἀνεπίληπτοι, οὗτοι τῶν γεραιτέρων γίγνονται. Οὕτω

pe der Älteren ein: sie sind dann ja wirklich die Alten, und man nennt sie auch so.

(14) Diese Älteren verlassen ihr Land nicht mehr, um an einem Kriegszug teilzunehmen. Sie bleiben vielmehr zu Hause und sprechen in allen öffentlichen und privaten Fragen Recht. Sie entscheiden auch über Leben und Tod und wählen die Inhaber aller öffentlichen Ämter. Wenn ein junger oder ein erwachsener Mann eine der ihm vom Gesetz auferlegten Pflichten vernachlässigt, dann wird er vom Führer seiner Gruppe oder von jedem beliebigen Bürger angezeigt. Die Älteren schließen ihn aus seiner Gruppe aus, nachdem sie ihn verhört haben. Der Ausgeschlossene ist dann aber sein restliches Leben lang ehrlos.

(15) Um aber die gesamte persische Verfassung noch deutlicher darzustellen, werde ich noch ein wenig darauf eingehen. Denn aufgrund meiner bisherigen Ausführungen könnte dies jetzt in der denkbar knappsten Form erfolgen. Es soll nämlich ungefähr einhundertzwanzigtausend Perser geben. Aber keiner von ihnen ist durch das Gesetz von Ehrenämtern und Führungsaufgaben ausgeschlossen. Es ist vielmehr allen Persern möglich, ihre Kinder in die öffentlichen Schulen der Gerechtigkeit zu schicken. Doch nur diejenigen, die ihre Kinder ernähren können, ohne daß diese arbeiten müssen, schicken sie auch in die Schule. Wer dies nicht kann, verzichtet darauf. Alle, die bei den staatlichen Lehrern erzogen wurden, dürfen ihre Jugendzeit in der Gruppe der jungen Männer verbringen; denen aber, die diese Erziehung nicht genossen haben, ist dies nicht erlaubt. Diejenigen nun, die in der Gruppe der jungen Männer von Anfang bis Ende ihre Pflicht getan haben, dürfen sich den erwachsenen Männern anschließen und Führungsaufgaben und Ehrenämter übernehmen. Wer aber nicht die ganze Zeit in der Gruppe der jungen Männer verbracht hat, darf nicht in die Gruppe der erwachsenen Männer aufgenommen werden. Wer sich schließlich unter den erwachsenen Männern tadellos geführt hat, kommt zu den älteren Männern. So besteht die Gruppe der Älteren nur aus Männern, die ordnungs-

μὲν δὴ οἱ γεραίτεροι διὰ πάντων τῶν καλῶν ἐληλυθότες καθίστανται· καὶ ἡ πολιτεία αὕτη, ᾗ οἴονται χρώμενοι βέλτιστοι ἂν εἶναι. 16 Καὶ νῦν δὲ ἔτι ἐμμένει μαρτύρια καὶ τῆς μετρίας διαίτης αὐτῶν καὶ τοῦ ἐκπονεῖσθαι τὴν δίαιταν. Αἰσχρὸν μὲν γὰρ ἔτι καὶ νῦν ἐστι Πέρσαις καὶ τὸ ἀποπτύειν καὶ τὸ ἀπομύττεσθαι καὶ τὸ φύσης μεστοὺς φαίνεσθαι, αἰσχρὸν δέ ἐστι καὶ τὸ ἰόντα ποι φανερὸν γενέσθαι ἢ τοῦ οὐρῆσαι ἕνεκα ἢ καὶ ἄλλου τινὸς τοιούτου. Ταῦτα δὲ οὐκ ἂν ἐδύναντο ποιεῖν, εἰ μὴ καὶ διαίτῃ μετρίᾳ ἐχρῶντο καὶ τὸ ὑγρὸν ἐκπονοῦντες ἀνήλισκον, ὥστε ἄλλῃ πῃ ἀποχωρεῖν. Ταῦτα μὲν δὴ κατὰ πάντων Περσῶν ἔχω λέγειν· οὗ δὲ ἕνεκα ὁ λόγος ὡρμήθη, νῦν λέξομεν τὰς Κύρου πράξεις ἀρξάμενοι ἀπὸ παιδός.

III

1 Κῦρος γὰρ μέχρι μὲν δώδεκα ἐτῶν ἢ ὀλίγῳ πλεόνων ταύτῃ τῇ παιδείᾳ ἐπαιδεύθη, καὶ πάντων τῶν ἡλίκων διαφέρων ἐφαίνετο καὶ εἰς τὸ ταχὺ μανθάνειν ἃ δέοι καὶ εἰς τὸ καλῶς καὶ ἀνδρείως ἕκαστα ποιεῖν. Ἐκ δὲ τούτου τοῦ χρόνου μετεπέμψατο Ἀστυάγης τὴν ἑαυτοῦ θυγατέρα καὶ τὸν παῖδα αὐτῆς· ἰδεῖν γὰρ ἐπεθύμει, ὅτι ἤκουεν αὐτὸν καλὸν καὶ ἀγαθὸν εἶναι. Ἔρχεται δὲ αὐτή τε ἡ Μανδάνη πρὸς τὸν πατέρα καὶ τὸν Κῦρον τὸν υἱὸν ἔχουσα. 2 Ὡς δὲ ἀφίκετο τάχιστα καὶ ἔγνω ὁ Κῦρος τὸν Ἀστυάγην τῆς μητρὸς πατέρα ὄντα, εὐθύς, οἷα δὴ παῖς φύσει φιλόστοργος ὢν ἠσπάζετό τε αὐτὸν ὥσπερ ἂν εἴ τις πάλαι συντεθραμμένος καὶ πάλαι φιλῶν ἀσπάζοιτο, καὶ ὁρῶν δὴ αὐτὸν κεκοσμημένον καὶ ὀφθαλμῶν ὑπογραφῇ καὶ χρώματος ἐντρίψει καὶ κόμαις προσθέτοις, ἃ δὴ νόμιμα ἦν ἐν Μήδοις· ταῦτα γὰρ πάντα Μηδικά ἐστι, καὶ οἱ πορφυροῖ χιτῶνες καὶ οἱ κάνδυες καὶ οἱ στρεπτοὶ περὶ τῇ δέρῃ

gemäß und ohne Makel alle Altersgruppen durchlaufen haben.
– Das also ist die Verfassung, mit deren Hilfe sie ein Höchstmaß an Vollkommenheit zu erreichen glauben. (16) Es gibt
auch heute noch Beweise für ihre maßvolle Lebensweise und
eine gesunde Verarbeitung und Verdauung der Nahrung.
Denn es gilt bei den Persern auch heute noch als unanständig,
auszuspucken, sich zu schneuzen und zu zeigen, daß man Blä-
hungen hat. Außerdem ist es unanständig, vor den Augen anderer beiseite zu gehen, um zu urinieren oder Entsprechendes
zu verrichten. Das könnten sie aber nicht durchhalten, wenn
sie in der Nahrungsaufnahme nicht maßvoll wären und die
aufgenommene Flüssigkeit durch Arbeit und Bewegung nicht
so aufbrauchten, daß sie irgendwie anders abginge. Das kann
ich also über alle Perser erzählen. Um aber zum Thema der
Darstellung zu kommen, werden wir jetzt auf die Taten des
Kyros eingehen, indem wir mit der Kindheit beginnen.

III.

(1) Kyros erhielt diese Erziehung bis zum Alter von zwölf
Jahren oder noch ein wenig länger. Er zeichnete sich offensichtlich dadurch vor allen Altersgenossen aus, daß er schnell
lernte, was er sollte, und mit Geschicklichkeit und Mut alles
tat, was man von ihm erwartete. In dieser Zeit ließ Astyages
seine Tochter und deren Sohn zu sich holen. Denn er wollte
den Jungen sehen, weil er immer wieder hörte, daß er so schön
und charaktervoll war. Mandane reiste also mit Kyros, ihrem
Sohn, zu ihrem Vater. (2) Aber sobald Kyros angekommen
war und erfahren hatte, daß Astyages der Vater seiner Mutter
war, umarmte er ihn sofort, wie es ein ganz alter, vertrauter
Freund tut; denn er war ein von Natur aus freundlicher und
liebenswürdiger Junge, und er sah, daß sich der Großvater mit
bemalten Augenlidern, geschminkter Haut und einer Perücke
geschmückt hatte, wie es bei den Medern üblich war; denn
alles dies ist medisch: die purpurnen Gewänder, Röcke, Hals-

καὶ τὰ ψέλια περὶ ταῖς χερσίν, ἐν Πέρσαις δὲ τοῖς οἴκοι καὶ νῦν ἔτι πολὺ καὶ ἐσθῆτες φαυλότεραι καὶ δίαιται εὐτελέστεραι· ὁρῶν δὴ τὸν κόσμον τοῦ πάππου, ἐμβλέπων αὐτῷ ἔλεγεν· Ὦ μῆτερ, ὡς καλός μοι ὁ πάππος. Ἐρωτησάσης δὲ αὐτὸν τῆς μητρὸς πότερος καλλίων αὐτῷ δοκεῖ εἶναι, ὁ πατὴρ ἢ οὗτος, ἀπεκρίνατο ἄρα ὁ Κῦρος· Ὦ μῆτερ, Περσῶν μὲν πολὺ κάλλιστος ὁ ἐμὸς πατήρ, Μήδων μέντοι ὅσων ἑόρακα ἐγὼ καὶ ἐν ταῖς ὁδοῖς καὶ ἐπὶ ταῖς θύραις πολὺ οὗτος ὁ ἐμὸς πάππος κάλλιστος. 3 Ἀντασπαζόμενος δὲ ὁ Ἀστυάγης αὐτὸν καὶ στολὴν καλὴν ἐνέδυσε καὶ στρεπτοῖς καὶ ψελίοις ἐτίμα καὶ ἐκόσμει. καὶ εἴ ποι ἐξελαύνοι, ἐφ' ἵππου χρυσοχαλίνου περιῆγεν, ὥσπερ καὶ αὐτὸς εἰώθει πορεύεσθαι. Ὁ δὲ Κῦρος ἅτε παῖς ὢν καὶ φιλόκαλος καὶ φιλότιμος ἥδετο τῇ στολῇ, καὶ ἱππεύειν μανθάνων ὑπερέχαιρεν· ἐν Πέρσαις γάρ, διὰ τὸ χαλεπὸν εἶναι καὶ τρέφειν ἵππους καὶ ἱππεύειν ἐν ὀρεινῇ οὔσῃ τῇ χώρᾳ, καὶ ἰδεῖν ἵππον πάνυ σπάνιον ἦν.

4 Δειπνῶν δὲ δὴ ὁ Ἀστυάγης σὺν τῇ θυγατρὶ καὶ τῷ Κύρῳ, βουλόμενος τὸν παῖδα ὡς ἥδιστα δειπνεῖν, ἵνα ὡς ἥκιστα τὰ οἴκαδε ποθοίη. προσήγαγεν αὐτῷ καὶ παροψίδας καὶ παντοδαπὰ ἐμβάμματα καὶ βρώματα· τὸν δὲ Κῦρον ἔφασαν λέγειν · Ὦ πάππε, ὅσα πράγματα ἔχεις ἐν τῷ δείπνῳ, εἰ ἀνάγκη σοι ἐπὶ πάντα τὰ λεκάρια ταῦτα διατείνειν τὰς χεῖρας καὶ ἀπογεύεσθαι τούτων τῶν παντοδαπῶν βρωμάτων. Τί δέ, φάναι τὸν Ἀστυάγην, οὐ γὰρ πολύ σοι δοκεῖ εἶναι κάλλιον τόδε τὸ δεῖπνον τοῦ ἐν Πέρσαις; Τὸν δὲ Κῦρον πρὸς ταῦτα ἀποκρίνασθαι λέγεται· Οὔκ. ὦ πάππε, ἀλλὰ πολὺ ἁπλουστέρα καὶ εὐθυτέρα παρ' ἡμῖν ἡ ὁδός ἐστιν ἐπὶ τὸ ἐμπλησθῆναι ἢ παρ' ὑμῖν· ἡμᾶς μὲν γὰρ ἄρτος καὶ κρέας εἰς τοῦτο ἄγει, ὑμεῖς δὲ εἰς μὲν τὸ αὐτὸ ἡμῖν σπεύδετε, πολλοὺς δέ τινας ἑλιγμοὺς ἄνω καὶ κάτω πλανώμενοι μόλις ἀφικνεῖσθε ὅποι ἡμεῖς πάλαι ἥκομεν.

ketten. Armreifen. Die Perser zu Hause haben aber auch heute noch längst nicht so schöne Kleider, und ihre Lebensweise
ist ja auch einfacher. Als er nun den Schmuck seines Großvaters sah, schaute er ihn an und sagte: „Ach, Mutter, wie schön
ist doch mein Großvater." Als ihn daraufhin seine Mutter fragte, wen er denn schöner finde, seinen Vater oder seinen Großvater, antwortete Kyros: „Liebe Mutter, der bei weitem schönste Perser ist mein Vater, der bei weitem schönste aller Meder,
die ich unterwegs und am Hof gesehen habe, ist mein Großvater hier." (3) Da nahm ihn der Großvater in die Arme, ließ
ihm ein schönes Gewand anziehen und beschenkte und
schmückte ihn mit Halsketten und Armspangen, und wenn er
ausritt, nahm er ihn auf einem Pferd mit goldenem Zaumzeug
mit, wie er es auch selbst benutzte, wenn er unterwegs war. Da
Kyros aber ein Junge war, der schöne Dinge liebte und sich
gern beschenken ließ, freute er sich über das Gewand und war
überaus glücklich darüber, daß er reiten lernen durfte. Denn
in Persien gab es nur ganz selten ein Pferd zu sehen, weil es
dort aufgrund der gebirgigen Landschaft schwierig war, Pferde
zu halten und zu reiten.

(4) Als nun Astyages einmal mit seiner Tochter und mit
Kyros bei Tisch saß, wollte er, daß es dem Jungen besonders
gut schmecke, damit er weniger Heimweh habe. Er ließ ihm
also erlesene Leckerbissen, verschiedenartige Soßen und Speisen vorsetzen. Kyros soll daraufhin gesagt haben: „Ach, Großvater, wieviele Schwierigkeiten hast du doch beim Essen,
wenn du deine Hände zu allen diesen Schüsseln hin ausstrek-
ken und von diesen vielen verschiedenen Speisen kosten
mußt." – „Wieso denn?" fragte Astyages. „Schmeckt dir denn
hier das Essen nicht viel besser als zu Hause in Persien?" Darauf soll Kyros geantwortet haben: „Nein, Großvater, bei uns
ist der Weg zum Sattwerden viel einfacher und direkter als bei
euch; denn uns führen Brot und Fleisch dorthin, ihr aber strebt
dasselbe Ziel an wie wir, macht viele Umwege bergauf und
bergab und kommt dann unter großen Mühen dort an, wo wir
schon längst eingetroffen sind." (5) „Aber, mein Junge", sagte

5 Ἀλλ', ὦ παῖ, φάναι τὸν Ἀστυάγην, οὐκ ἀχθόμενοι ταῦτα περιπλανώμεθα· γευόμενος δὲ καὶ σύ, ἔφη, γνώσῃ ὅτι ἡδέα ἐστίν. Ἀλλὰ καὶ σέ, φάναι τὸν Κῦρον, ὁρῶ, ὦ πάππε, μυσαττόμενον ταῦτα τὰ βρώματα. Καὶ τὸν Ἀστυάγην ἐπερέσθαι· Καὶ τίνι δὴ σὺ τεκμαιρόμενος, ὦ παῖ, ταῦτα λέγεις; Ὅτι σε, φάναι, ὁρῶ, ὅταν μὲν τοῦ ἄρτου ἅψῃ, εἰς οὐδὲν τὴν χεῖρα ἀποψώμενον, ὅταν δὲ τούτων τινὸς θίγῃς, εὐθὺς ἀποκαθαίρεις τὴν χεῖρα εἰς τὰ χειρόμακτρα, ὡς πάνυ ἀχθόμενος ὅτι καταπλέα σοι ἀπ' αὐτῶν ἐγένετο. 6 Πρὸς ταῦτα δὲ τὸν Ἀστυάγην εἰπεῖν· Εἰ τοίνυν οὕτω γιγνώσκεις, ὦ παῖ, ἀλλὰ κρέα γε εὐωχοῦ, ἵνα νεανίας οἴκαδε ἀπέλθῃς. Ἅμα δὲ ταῦτα λέγοντα πολλὰ αὐτῷ παραφέρειν καὶ θήρεια καὶ τῶν ἡμέρων. Καὶ τὸν Κῦρον, ἐπεὶ ἑώρα πολλὰ τὰ κρέα, εἰπεῖν· Ἦ καὶ δίδως, φάναι, ὦ πάππε, πάντα ταῦτά μοι τὰ κρέα ὅ τι ἂν βούλωμαι αὐτοῖς χρῆσθαι; Νὴ Δία, φάναι, ὦ παῖ, ἔγωγέ σοι. 7 Ἐνταῦθα δὴ τὸν Κῦρον λαβόντα τῶν κρεῶν διαδιδόναι τοῖς ἀμφὶ τὸν πάππον θεραπευταῖς, ἐπιλέγοντα ἑκάστῳ· Σοὶ μὲν τοῦτο δίδωμι ὅτι προθύμως με ἱππεύειν διδάσκεις. σοὶ δ' ὅτι μοι παλτὸν ἔδωκας· νῦν γὰρ τοῦτ' ἔχω· σοὶ δ' ὅτι τὸν πάππον καλῶς θεραπεύεις, σοὶ δ' ὅτι μου τὴν μητέρα τιμᾷς. Τοιαῦτα ἐποίει, ἕως διεδίδου πάντα ἃ ἔλαβε κρέα.

8 Σάκᾳ δέ, φάναι τὸν Ἀστυάγην, τῷ οἰνοχόῳ, ὃν ἐγὼ μάλιστα τιμῶ, οὐδὲν δίδως; Ὁ δὲ Σάκας ἄρα καλός τε ὢν ἐτύγχανε καὶ τιμὴν ἔχων προσάγειν τοὺς δεομένους Ἀστυάγους καὶ ἀποκωλύειν οὓς μὴ καιρὸς αὐτῷ δοκοίη εἶναι προσάγειν. Καὶ τὸν Κῦρον ἐπερέσθαι προπετῶς ὡς ἂν παῖς μηδέπω ὑποπτήσσων· Διὰ τί δή, ὦ πάππε, τοῦτον οὕτω τιμᾷς; Καὶ τὸν Ἀστυάγην σκώψαντα εἰπεῖν· Οὐχ

Astyages, „diese Umwege sind uns nicht lästig; wenn aber
auch du einmal kostest, dann wirst du erkennen, wie angenehm das ist." – „Aber, Großvater," sagte Kyros, „ich sehe,
daß auch du diese Speisen verabscheust." Darauf fragte Astyages: „Woran siehst du das denn, mein Junge?" Er antwortete:
„Ich sehe, daß du dir die Hand nicht abwischst, wenn du das
Brot angefaßt hast; wenn du aber etwas von diesen Dingen
berührt hast, dann putzt du dir sofort die Hand an dem Hand-
tuch ab, als ob du dich davor ekeltest, daß du dich an den
Speisen schmutzig gemacht hast." (6) Darauf sagte Astyages:
„Wenn du es so siehst, mein Junge, dann laß dir doch wenigstens das Fleisch schmecken, damit du als kräftiger Kerl nach
Hause zurückkommst." Während er das sagte, ließ er ihm viel
Fleisch von wilden und zahmen Tieren vorsetzen. Als Kyros
das viele Fleisch sah, sagte er: „Lieber Großvater, gibst du mir
auch wirklich dieses ganze Fleisch, damit ich es nach Belieben
verwenden kann?" Er antwortete: „Ja, beim Zeus, mein Junge, das tue ich." (7) Da nahm Kyros, wie es heißt, von dem
Fleisch und verteilte es an die Diener des Großvaters, wobei er
zu jedem einzelnen sagte: „Für dich, weil du mir so bereitwillig
das Reiten beibringst, für dich, weil du mir einen Speer geschenkt hast; denn jetzt besitze ich endlich diesen Speer, (den
ich mir schon so lange gewünscht habe); für dich, weil du
meinem Großvater so treu dienst, für dich, weil du zu meiner
Mutter immer so höflich bist." Das tat er, bis er alles Fleisch,
was er bekommen hatte, verteilt hatte.

(8) „Sakas aber, dem Mundschenk, den ich ganz besonders
schätze, gibst du nichts?" fragte der Großvater. Sakas war
nämlich ein tüchtiger Mann und hatte die Aufgabe, diejenigen
vorzulassen, die Astyages sprechen wollten, oder abzuweisen,
wenn sie ihm nicht paßten. Da Kyros ein Junge war, den man
noch nicht eingeschüchtert hatte, stellte er die kecke Gegen-
frage: „Warum, Großvater, schätzt du diesen Mann denn so
sehr?" Astyages erwiderte scherzend: „Siehst du nicht, wie
schön und anmutig er den Wein eingießt?" Die Mundschenken

ὁρᾶς, φάναι, ὡς καλῶς οἰνοχοεῖ καὶ εὐσχημόνως; Οἱ δὲ
τῶν βασιλέων τούτων οἰνοχόοι κομψῶς τε οἰνοχοοῦσι καὶ
καθαρείως ἐκχέουσι καὶ διδόασι τοῖς τρισὶ δακτύλοις
ὀχοῦντες τὰς φιάλας καὶ προσφέρουσιν ὡς ἂν ἐνδοῖεν τὸ
ἔκπωμα εὐληπτότατα τῷ μέλλοντι πίνειν. 9 Κέλευσον δή,
φάναι, ὦ πάππε, τὸν Σάκαν καὶ ἐμοὶ δοῦναι τὸ ἔκπωμα,
ἵνα κἀγὼ καλῶς σοι πιεῖν ἐκχέας ἀνακτήσωμαι σε, ἢν
δύνωμαι· καὶ τὸν κελεῦσαι δοῦναι. Λαβόντα δὲ τὸν Κῦρον
οὕτω μὲν δὴ εὖ κλύσαι τὸ ἔκπωμα ὥσπερ τὸν Σάκαν ἑώρα,
οὕτω δὲ στήσαντα τὸ πρόσωπον σπουδαίως καὶ εὐσχημόνως πως προσενεγκεῖν καὶ ἐνδοῦναι τὴν φιάλην τῷ πάππῳ
ὥστε τῇ μητρὶ καὶ τῷ Ἀστυάγει πολὺν γέλωτα παρασχεῖν.
Καὶ αὐτὸν δὲ τὸν Κῦρον ἐκγελάσαντα ἀναπηδῆσαι πρὸς τὸν
πάππον καὶ φιλοῦντα ἅμα εἰπεῖν· Ὦ Σάκα, ἀπόλωλας·
ἐκβαλῶ σε ἐκ τῆς τιμῆς· τά τε γὰρ ἄλλα, φάναι, σοῦ κάλλιον οἰνοχοήσω καὶ οὐκ ἐκπίομαι αὐτὸς τὸν οἶνον. Οἱ
γὰρ τῶν βασιλέων οἰνοχόοι, ἐπειδὰν διδῶσι τὴν φιάλην,
ἀρύσαντες ἀπ' αὐτῆς τῷ κυάθῳ εἰς τὴν ἀριστερὰν χεῖρα
ἐγχεάμενοι καταρροφοῦσι, τοῦ δὴ εἰ φάρμακα ἐκχέοιεν μὴ
λυσιτελεῖν αὐτοῖς. 10 Ἐκ τούτου δὴ ὁ Ἀστυάγης ἐπισ-
κώπτων· Καὶ τί δή, ἔφη, ὦ Κῦρε, τἄλλα μιμούμενος τὸν
Σάκαν οὐ κατερρόφησας τοῦ οἴνου; Ὅτι, ἔφη, νὴ Δία,
ἐδεδοίκειν μὴ ἐν τῷ κρατῆρι φάρμακα μεμιγμένα εἴη. Καὶ
γὰρ ὅτε εἱστίασας σὺ τοὺς φίλους ἐν τοῖς γενεθλίοις, σαφῶς κατέμαθον φάρμακα ὑμῖν αὐτὸν ἐκχέοντα. Καὶ πῶς
δὴ σὺ τοῦτο, ἔφη, ὦ παῖ, κατέγνως; Ὅτι, νὴ Δί', ὑμᾶς
ἑώρων καὶ ταῖς γνώμαις καὶ τοῖς σώμασι σφαλλομένους.
Πρῶτον μὲν γὰρ ἃ οὐκ ἐᾶτε ἡμᾶς τοὺς παῖδας ποιεῖν,
ταῦτα αὐτοὶ ἐποιεῖτε. Πάντες μὲν γὰρ ἅμα ἐκεκράγειτε,
ἐμανθάνετε δὲ οὐδὲν ἀλλήλων, ᾔδετε δὲ καὶ μάλα γελοίως,

der medischen Könige verrichten ihre Aufgabe sehr geschickt, gießen den Wein sauber ein, fassen die Schale mit drei Fingern und reichen demjenigen, der trinken will, das Trinkgefäß so hin, daß er es möglichst bequem zu fassen bekommt. (9) „Großvater", sagte Kyros, „befiehl dem Sakas, daß er mir die Schale gebe, damit auch ich, wenn ich dir schön eingeschenkt habe, deine Gunst erringe, falls ich es schaffe." Astyages forderte Sakas auf, dem Jungen die Schale zu geben. Kyros nahm sie und spülte sie so gut aus, wie er es bei Sakas gesehen hatte. Dann machte er ein ebenso feierliches Gesicht wie Sakas, brachte die Schale mit anmutigen Bewegungen herbei und reichte sie dem Großvater, so daß er seine Mutter und Astyages zu einem lauten Lachen veranlaßte. Kyros mußte ebenfalls lachen, sprang zu seinem Großvater hin und küßte ihn mit den Worten: „Sakas, du bist erledigt. Ich werde dich aus deinem Amt vertreiben. Denn ich werde den Wein nicht nur besser eingießen als du, sondern auch nicht selbst austrinken." Wenn nämlich die Weinschenken der Könige die Schale übergeben, schöpfen sie mit dem Schöpflöffel ein wenig heraus, gießen es in die linke Hand und schlürfen es auf; dadurch wird bezweckt, daß sie nichts davon haben, falls sie den Wein vergiften sollten. (10) Darauf fragte Astyages im Scherz: „Warum hast du denn von dem Wein nicht getrunken, Kyros, da du doch Sakas in allem anderen nachgeahmt hast?" – „Weil ich, beim Zeus, Angst hatte, daß im Krug Gift beigemischt war. Denn als du deinen Freunden an deinem Geburtstag ein Festmahl gabst, habe ich genau gesehen, daß er euch Gift beigemischt hat." – „Und wie, mein Junge, hast du das festgestellt?" – „Weil ich, beim Zeus, sah, daß ihr nicht mehr vernünftig denken und euch nicht mehr richtig bewegen konntet. Zunächst habt ihr nämlich das getan, was ihr uns Kindern verbietet. Denn ihr habt alle durcheinander geschrien, ohne euch gegenseitig zu verstehen. Ihr habt auch ganz lächerlich gesungen, und obwohl ihr denjenigen, der sang, gar nicht verstehen konntet, habt ihr geschworen, daß er ausgezeichnet gesungen habe. Jeder von euch rühmte sich seiner Kraft; aber jedesmal wenn ihr dann

οὐκ ἀκροώμενοι δὲ τοῦ ᾄδοντος ὠμνύετε ἄριστα ᾄδειν·
λέγων δὲ ἕκαστος ὑμῶν τὴν ἑαυτοῦ ῥώμην, ἐπεὶ ἀνασ-
ταίητε ὀρχησόμενοι, μὴ ὅπως ὀρχεῖσθαι ἐν ῥυθμῷ, ἀλ-
λ' οὐδ' ὀρθοῦσθαι ἐδύνασθε. Ἐπελέλησθε δὲ παντάπασι σύ
τε ὅτι βασιλεὺς ἦσθα, οἵ τε ἄλλοι ὅτι σὺ ἄρχων. Τότε γὰρ
δὴ ἔγωγε καὶ πρῶτον κατέμαθον ὅτι τοῦτ' ἄρ' ἦν ἡ ἰσηγο-
ρία ὃ ὑμεῖς τότ' ἐποιεῖτε· οὐδέποτε γοῦν ἐσιωπᾶτε. Καὶ ὁ
Ἀστυάγης εἶπεν· 11 Ὁ δὲ σὸς πατήρ, ὦ παῖ, πίνων οὐ
μεθύσκεται; Οὐ μὰ Δί', ἔφη. Ἀλλὰ πῶς ποιεῖ; Διψῶν
παύεται, ἄλλο δὲ κακὸν οὐδὲν πάσχει· οὐ γάρ, οἶμαι, ὦ
πάππε, Σάκας αὐτῷ οἰνοχοεῖ. Καὶ ἡ μήτηρ εἶπεν· Ἀλλὰ
τί ποτε σύ, ὦ παῖ, τῷ Σάκᾳ οὕτω πολεμεῖς; Τὸν δὲ Κῦρον
εἰπεῖν· Ὅτι νὴ Δία, φάναι, μισῶ αὐτόν· πολλάκις γάρ με
πρὸς τὸν πάππον ἐπιθυμοῦντα προσδραμεῖν οὗτος ὁ μια-
ρώτατος ἀποκωλύει. Ἀλλ' ἱκετεύω, φάναι, ὦ πάππε, δός
μοι τρεῖς ἡμέρας ἄρξαι αὐτοῦ. Καὶ τὸν Ἀστυάγην εἰπεῖν·
Καὶ πῶς δὴ ἂν ἄρξαις αὐτοῦ; Καὶ τὸν Κῦρον φάναι· Στὰς ἂν
ὥσπερ οὗτος ἐπὶ τῇ εἰσόδῳ, ἔπειτα ὁπότε βούλοιτο εἰσιέναι ἐπ' ἄριστον, λέγοιμ' ἂν ὅτι οὔπω δυνατὸν τῷ ἀρίστῳ
ἐντυχεῖν· σπουδάζει γὰρ πρός τινας· εἰ δὲ πάλιν ἥκοι ἐπὶ
τὸ δεῖπνον, λέγοιμ' ἂν ὅτι λοῦται· εἰ δὲ πάνυ σπουδάζοι
φαγεῖν, εἴποιμ' ἂν ὅτι παρὰ ταῖς γυναιξίν ἐστιν, ἕως πα-
ρατείναιμι τοῦτον ὥσπερ οὗτος ἐμὲ παρατείνει ἀπὸ σοῦ
κωλύων. 12 Τοσαύτας μὲν αὐτοῖς εὐθυμίας παρεῖχεν ἐπὶ
τῷ δείπνῳ· τὰς δ' ἡμέρας, εἴ τινος αἴσθοιτο δεόμενον ἢ
τὸν πάππον ἢ τὸν τῆς μητρὸς ἀδελφόν, χαλεπὸν ἦν ἄλλον
φθάσαι τοῦτο ποιήσαντα· ὅ τι γὰρ δύναιτο ὁ Κῦρος ὑπερ-
έχαιρεν αὐτοῖς χαριζόμενος.

13 Ἐπειδὴ δὲ ἡ Μανδάνη παρεσκευάζετο ὡς ἀπιοῦσα
πάλιν πρὸς τὸν ἄνδρα, ἐδεῖτο αὐτῆς ὁ Ἀστυάγης καταλιπεῖν τὸν Κῦρον. Ἡ δὲ ἀπεκρίνατο ὅτι βούλοιτο μὲν

aufstandet, um zu tanzen, wart ihr nicht mehr fähig, aufrecht
zu stehen, geschweige denn im Takt zu tanzen. Du hattest
völlig vergessen, daß du der König bist, und die anderen wußten nicht mehr, daß du ihr Herr bist. Da habe ich auch zum
ersten Mal begriffen, daß es die sogenannte Redefreiheit war,
die ihr damals genossen habt. Ihr wart nämlich kein einziges
Mal still." (11) Darauf fragte Astyages: „Wenn dein Vater,
mein Junge, trinkt, wird er dann nicht betrunken?" – „Nein,
beim Zeus", war die Antwort. „Aber wie schafft er das?" –
„Er hat ganz einfach keinen Durst mehr; aber sonst geht es
ihm nicht weiter schlecht. Denn, soweit ich sehe, schenkt ihm
ja auch kein Sakas ein, Großvater." Da fragte die Mutter:
„Aber wie kommt es eigentlich, daß du Sakas so böse bist?"
Kyros antwortete: „Weil ich ihn hasse, beim Zeus. Wenn ich
nämlich zu meinem Großvater will, läßt mich dieser schreckliche Kerl oft nicht zu ihm hinein. Aber ich bitte dich, Großvater, laß mich einmal drei Tage lang sein Herr sein." Darauf
fragte Astyages: „Und was würdest du dann mit ihm anfangen?" – „Ich würde mich wie er an den Eingang stellen, dann
würde ich ihm sagen, wenn er zum Frühstücken gehen wollte,
daß man noch kein Frühstück bekommen könne, weil der König noch mit einigen Leuten zu tun habe. Wenn er aber wie-
derkäme, um zu essen, würde ich ihm sagen, der König sei im
Bad. Hätte er aber ganz großen Hunger, so würde ich ihm
sagen, der König sei bei den Frauen. Ich würde ihn genauso
lange hinhalten, wie er mich hinhält, wenn er mich von dir
fernhält." (12) Auf diese Weise pflegte er sie bei Tisch zu
erheitern. Wenn er tagsüber bemerkte, daß sein Großvater
oder der Bruder seiner Mutter irgendeinen Wunsch hatte,
dann hätte man kaum jemanden finden können, der diesen
Wunsch besser erfüllt hätte. Denn Kyros hatte ein außeror-
dentliches Vergnügen daran, ihnen nach Kräften gefällig zu
sein.

(13) Als nun Mandane sich anschickte, wieder zu ihrem
Mann zurückzukehren, wurde sie von Astyages gebeten, Kyros bei ihm zu lassen. Sie entgegnete aber, sie wolle ihrem

ἅπαντα τῷ πατρὶ χαρίζεσθαι, ἄκοντα μέντοι τὸν παῖδα
χαλεπὸν εἶναι νομίζειν καταλιπεῖν. Ἔνθα δὴ ὁ Ἀστυάγης
λέγει πρὸς τὸν Κῦρον· 14 Ὦ παῖ, ἢν μένῃς παρ' ἐμοί,
πρῶτον μὲν τῆς παρ' ἐμὲ εἰσόδου σοι οὐ Σάκας ἄρξει,
ἀλλ' ὅταν βούλῃ εἰσιέναι ὡς ἐμέ, ἐπὶ σοὶ ἔσται· καὶ χάριν σοι εἴσομαι ὅσῳ ἂν πλεονάκις εἰσίῃς ὡς ἐμέ. Ἔπειτα
δὲ ἵπποις τοῖς ἐμοῖς χρήσῃ καὶ ἄλλοις ὁπόσοις ἂν βούλῃ,
καὶ ὅταν ἀπίῃς, ἔχων ἄπει οὓς ἂν αὐτὸς ἐθέλῃς. Ἔπειτα
δὲ ἐν τῷ δείπνῳ ἐπὶ τὸ μετρίως σοι δοκοῦν ἔχειν ὁποίαν
⟨ἂν⟩ βούλῃ ὁδὸν πορεύσῃ. Ἔπειτα τά τε νῦν ὄντα ἐν τῷ
παραδείσῳ θηρία δίδωμί σοι καὶ ἄλλα παντοδαπὰ συλλέξω,
ἃ σύ, ἐπειδὰν τάχιστα ἱππεύειν μάθῃς, διώξῃ καὶ τοξεύων
καὶ ἀκοντίζων καταβαλεῖς ὥσπερ οἱ μεγάλοι ἄνδρες. Καὶ
παῖδας δέ σοι ἐγὼ συμπαίστορας παρέξω, καὶ ἄλλα ὅσα
ἂν βούλῃ λέγων πρὸς ἐμὲ οὐκ ἀτυχήσεις. 15 Ἐπεὶ δὲ
ταῦτα εἶπεν ὁ Ἀστυάγης, ἡ μήτηρ διηρώτα τὸν Κῦρον πότερα βούλοιτο μένειν ἢ ἀπιέναι. Ὁ δὲ οὐκ ἐμέλλησεν, ἀλλὰ
ταχὺ εἶπεν ὅτι μένειν βούλοιτο. Ἐπερωτηθεὶς δὲ πάλιν
ὑπὸ τῆς μητρὸς διὰ τί, εἰπεῖν λέγεται· Ὅτι οἴκοι μὲν τῶν
ἡλίκων καὶ εἰμὶ καὶ δοκῶ κράτιστος εἶναι, ὦ μῆτερ, καὶ
ἀκοντίζων καὶ τοξεύων, ἐνθάδε δὲ εὖ οἶδ' ὅτι ἱππεύων ἧτ-
των εἰμὶ τῶν ἡλίκων· καὶ τοῦτο εὖ ἴσθι, ὦ μῆτερ, ἔφη, ὅτι
ἐμὲ πάνυ ἀνιᾷ. Ἢν δέ με καταλίπῃς ἐνθάδε καὶ μάθω ἱππεύειν, ὅταν μὲν ἐν Πέρσαις ὦ, οἶμαί σοι ἐκείνους τοὺς
ἀγαθοὺς τὰ πεζικὰ ῥαδίως νικήσειν, ὅταν δ' εἰς Μήδους
ἔλθω, ἐνθάδε πειράσομαι τῷ πάππῳ ἀγαθῶν ἱππέων κράτιστος ὢν ἱππεὺς συμμαχεῖν αὐτῷ.

Τὴν δὲ μητέρα εἰπεῖν· 16 Τὴν δὲ δικαιοσύνην, ὦ παῖ,
πῶς μαθήσῃ ἐνθάδε, ἐκεῖ ὄντων σοι τῶν διδασκάλων; Καὶ

Vater zwar jeden Wunsch erfüllen, doch halte sie es für schwierig, den Jungen gegen seinen Willen bei ihm zurückzulassen. Da sagte Astyages zu Kyros: (14) „Mein Junge, wenn du bei mir bleibst, wird erstens Sakas nicht mehr darüber bestimmen, wann du zu mir kommen kannst, sondern du wirst selbst entscheiden, wann du zu mir kommen willst, und ich werde dir um so dankbarer sein, je häufiger du zu mir kommst. Zweitens werden dir meine eigenen und so viele andere Pferde, wie du willst, zur Verfügung stehen, und wenn du abreist, kannst du so viele Pferde mitnehmen, wie du möchtest. Drittens kannst du so maßvoll essen, wie du es für richtig hältst. Viertens gebe ich dir die Tiere, die augenblicklich im Tiergarten sind, und ich werde dir noch andere dorthin bringen lassen, die du, sobald du reiten kannst, jagen und mit dem Bogen und dem Speer erlegen wirst, wie es die erwachsenen Männer tun. Ich werde dir außerdem Jungen zu Spielkameraden geben, und du sollst nicht enttäuscht werden, wenn du mir noch andere Dinge nennst, die du gern hättest." (15) Als Astyages dies gesagt hatte, wurde Kyros von seiner Mutter gefragt, ob er bleiben oder mit nach Hause fahren wolle. Er wollte nicht nach Hause, sondern erklärte sofort, er wolle bleiben. Als er dann noch von seiner Mutter nach dem Grund gefragt wurde, soll er geantwortet haben: „Weil ich zu Hause im Speerwerfen und im Bogenschießen besser bin als meine Altersgenossen und auch einen entsprechenden Ruf habe, Mutter, hier aber, wie ich genau weiß, meinen Altersgenossen im Reiten unterlegen bin; und du mußt wissen, Mutter, daß mich das sehr kränkt. Wenn du mich aber hierläßt und ich reiten lerne, dann werde ich dir, wie ich glaube, sobald ich in Persien bin, die Perser, die tüchtige Kämpfer zu Fuß sind, ohne weiteres schlagen; wenn ich aber wieder zu den Medern komme, werde ich versuchen, meinem Großvater hier der beste seiner guten Reiter zu sein und ihm in seiner Reiterei zu dienen."

Darauf fragte die Mutter: (16) „Aber, mein Junge, wie willst du hier die Gerechtigkeit lernen, da doch keine Lehrer dort sind?" Kyros antwortete: „Aber Mutter, das kenne ich

τὸν Κῦρον φάναι· 'Αλλ', ὦ μῆτερ, ἀκριβῶς ταύτην γε οἶδα.
Πῶς σὺ οἶσθα; τὴν Μανδάνην εἰπεῖν· Ὅτι, φάναι, ὁ δι-
δάσκαλός με ὡς ἤδη ἀκριβοῦντα τὴν δικαιοσύνην καὶ ἄλλοις καθίστη δικάζειν. Καὶ τοίνυν, φάναι, ἐπὶ μιᾷ ποτε
δίκῃ πληγὰς ἔλαβον ὡς οὐκ ὀρθῶς δικάσας. 17 Ἦν δὲ
ἡ δίκη τοιαύτη· Παῖς μέγας μικρὸν ἔχων χιτῶνα ἕτερον
παῖδα μικρὸν μέγαν ἔχοντα χιτῶνα ἐκδύσας αὐτὸν τὸν μὲν
ἑαυτοῦ ἐκεῖνον ἠμφίεσε, τὸν δ' ἐκείνου αὐτὸς ἐνέδυ. Ἐγὼ
οὖν τούτοις δικάζων ἔγνων βέλτιον εἶναι ἀμφοτέροις τὸν
ἁρμόττοντα ἑκάτερον χιτῶνα ἔχειν. Ἐν δὲ τούτῳ με ἔπαι-
σεν ὁ διδάσκαλος, λέγων ὅτι ὁπότε μὲν κατασθείην τοῦ
ἁρμόττοντος κριτής, οὕτω δέοι ποιεῖν, ὁπότε δὲ κρῖναι πο-
τέρου ὁ χιτὼν εἴη, τοῦτ' ἔφη σκεπτέον εἶναι τίς κτῆσις δι-
καία ἐστί, πότερα τὸν βίᾳ ἀφελόμενον ἔχειν ἢ τὸν ποιησά-
μενον ἢ πριάμενον κεκτῆσθαι. Ἐπεὶ δ', ἔφη, τὸ μὲν νόμιμον δίκαιον εἶναι, τὸ δὲ ἄνομον βίαιον, σὺν τῷ νόμῳ ἐκέλευεν ἀεὶ τὸν δικαστὴν τὴν ψῆφον τίθεσθαι. Οὕτως ἐγώ
σοι, ὦ μῆτερ, τά γε δίκαια παντάπασιν ἤδη ἀκριβῶ· ἦν δέ
τι ἄρα προσδέωμαι, ὁ πάππος με, ἔφη, οὗτος ἐπιδιδάξει.

18 'Αλλ' οὐ ταὐτά, ἔφη, ὦ παῖ, παρά τε τῷ πάππῳ καὶ
ἐν Πέρσαις δίκαια ὁμολογεῖται· οὗτος μὲν γὰρ τῶν ἐν Μήδοις πάντων ἑαυτὸν δεσπότην πεποίηκεν, ἐν Πέρσαις δὲ τὸ
ἴσον ἔχειν δίκαιον νομίζεται. Καὶ ὁ σὸς πρῶτος πατὴρ τὰ
τεταγμένα μὲν ποιεῖ τῇ πόλει, τὰ τεταγμένα δὲ λαμβάνει,
μέτρον δὲ αὐτῷ οὐχ ἡ ψυχή, ἀλλ' ὁ νόμος ἐστίν. Ὅπως
οὖν μὴ ἀπόλῃ μαστιγούμενος, ἐπειδὰν οἴκοι ᾖς, ἂν παρὰ
τούτου μαθὼν ἥκῃς ἀντὶ τοῦ βασιλικοῦ τὸ τυραννικόν, ἐν
ᾧ ἔστι τὸ πλέον οἴεσθαι χρῆναι πάντων ἔχειν. 'Αλλ' ὅ γε

doch alles schon ganz genau." – „Wieso kennst du das schon?"
fragte Mandane. „Weil mich der Lehrer als einen, der schon
etwas von der Gerechtigkeit versteht, dazu bestimmt hat, auch
über andere zu richten. Nur einmal habe ich wegen eines Rich-
terspruches Schläge bekommen, da ich angeblich nicht richtig
entschieden hatte. (17) Es handelte sich um den folgenden
Fall: Ein großer Junge mit einem kurzen Hemd hatte einem
kleinen Jungen dessen langes Hemd ausgezogen und ihm sein
eigenes angezogen; er selbst war in dessen Hemd geschlüpft.
Ich saß nun über diese beiden zu Gericht und entschied, daß es
besser sei, wenn beide das ihnen jeweils passende Hemd trügen. Daraufhin schlug mich der Lehrer und sagte, daß ich so zu
handeln hätte, wenn ich Richter wäre über das Passende; wenn
ich aber entscheiden müßte, wem das Hemd gehöre, dann
hätte ich zu prüfen, wer der rechtmäßige Besitzer sei: wer es
mit Gewalt an sich genommen habe oder wer es sich habe
machen lassen oder wer es gekauft habe und dann sein eigen
nenne. Da aber das Gesetzmäßige gerecht und das Gesetzlose
willkürlich sei, müsse der Richter stets im Sinne des Gesetzes
entscheiden, führte der Lehrer aus. Wie du siehst, Mutter,
habe ich auf diese Weise schon umfassend gelernt, was das
Gerechte ist. Wenn ich aber noch weitere Kenntnisse benötige, dann wird sie mir mein Großvater schon noch beibringen."
(18) „Aber, mein Junge, bei deinem Großvater und bei den
Persern gilt nicht dasselbe als gerecht. Er hat sich nämlich zum
unumschränkten Herrscher über die Meder aufgeworfen. Bei
den Persern hingegen wird die Gleichheit für gerecht gehalten,
und dein Vater ist der erste Mann, der ausführt, was ihm vom
Staat aufgetragen wurde, und der bekommt, was ihm vom
Staat zugewiesen wird. Nicht sein persönlicher Wille, sondern
das Gesetz ist für ihn der Maßstab seines Handelns. Hoffent-
lich wirst du nicht umgebracht, wenn du nach Hause kommst,
nachdem du von deinem Großvater kein königliches, sondern
ein tyrannisches Verhalten gelernt hast, mit dem der Glaube
verbunden ist, mehr haben zu müssen als alle anderen." –
„Aber dein Vater", sagte Kyros, „versteht sich doch besser

σὸς πατήρ, εἶπεν ὁ Κῦρος, δεινότερός ἐστιν, ὦ μῆτερ, διδάσκειν μεῖον ἢ πλέον ἔχειν· ἢ οὐχ ὁρᾷς, ἔφη, ὅτι καὶ Μήδους ἅπαντας δεδίδαχεν ἑαυτοῦ μεῖον ἔχειν· Ὥστε θάρρει,
ὡς ὅ γε σὸς πατὴρ οὔτ᾽ ἄλλον οὐδένα οὔτ᾽ ἐμὲ πλεονεκτεῖν μαθόντα ἀποπέμψεται.

IV

1 Τοιαῦτα μὲν δὴ πολλὰ ἐλάλει ὁ Κῦρος· τέλος δὲ ἡ
μὲν μήτηρ ἀπῆλθε, Κῦρος δὲ κατέμεινε καὶ αὐτοῦ ἐτρέφετο. Καὶ ταχὺ μὲν τοῖς ἡλικιώταις συνεκέκρατο ὥστε
οἰκείως διακεῖσθαι, ταχὺ δὲ τοὺς πατέρας αὐτῶν ἀνήρ-
τητο, προσιὼν καὶ ἔνδηλος ὢν ὅτι ἠσπάζετο αὐτῶν τοὺς
υἱεῖς, ὥστε καὶ εἴ τι τοῦ βασιλέως δέοιντο, τοὺς παῖδας
ἐκέλευον τοῦ Κύρου δεῖσθαι διαπράξασθαι σφίσιν, ὁ δὲ Κῦρος, ὅ τι δέοιντο αὐτοῦ οἱ παῖδες, διὰ τὴν φιλανθρωπίαν
καὶ φιλοτιμίαν περὶ παντὸς ἐποιεῖτο διαπράττεσθαι,
2 καὶ ὁ Ἀστυάγης δὲ ὅ τι δέοιτο αὐτοῦ ὁ Κῦρος οὐδὲν
ἐδύνατο ἀντιλέγειν μὴ οὐ χαρίζεσθαι. Καὶ γὰρ ἀσθενή-
σαντος αὐτοῦ οὐδέποτε ἀπέλειπε τὸν πάππον οὐδὲ κλαίων
ποτὲ ἐπαύετο, ἀλλὰ δῆλος ἦν πᾶσιν ὅτι ὑπερεφοβεῖτο μή
οἱ ὁ πάππος ἀποθάνοι· καὶ γὰρ ἐκ νυκτὸς εἴ τινος δέοιτο
Ἀστυάγης πρῶτος ᾐσθάνετο Κῦρος καὶ πάντων ἀοκνό-
τατα ἀνεπήδα ὑπηρετήσων ὅ τι οἴοιτο χαριεῖσθαι, ὥστε
παντάπασιν ἀνεκτήσατο τὸν Ἀστυάγην.
3 Καὶ ἦν μὲν ἴσως ὁ Κῦρος πολυλογώτερος, ἅμα μὲν διὰ
τὴν παιδείαν, ὅτι ἠναγκάζετο ὑπὸ τοῦ διδασκάλου καὶ διδόναι λόγον ὧν ἐποίει καὶ λαμβάνειν παρ᾽ ἄλλων, ὁπότε
δικάζοι, ἔτι δὲ καὶ διὰ τὸ φιλομαθὴς εἶναι πολλὰ μὲν αὐτὸς ἀεὶ τοὺς παρόντας ἀνηρώτα πῶς ἔχοντα τυγχάνοι, καὶ
ὅσα αὐτὸς ὑπ᾽ ἄλλων ἐρωτῷτο, διὰ τὸ ἀγχίνους εἶναι, ταχὺ

darauf, Mutter, andere zu lehren, mit weniger zufrieden zu
sein als mehr haben zu wollen. Oder siehst du nicht, daß er
auch allen Medern beigebracht hat, weniger als er selbst zu
haben? Daher sei davon überzeugt, daß dein Vater weder in
mir noch in einem anderen das Bedürfnis wecken wird, mehr
haben zu wollen."

IV.

(1) Kyros äußerte noch viele ähnliche Gedanken. Schließlich reiste seine Mutter ab. Kyros aber blieb und wuchs dort
auf. Zu seinen Altersgenossen hatte er bald einen engen Kontakt gefunden, so daß ein tiefes Vertrauensverhältnis entstand.
Nach kurzer Zeit hatte er auch deren Väter für sich eingenommen, indem er sie besuchte und ihnen zeigte, daß er ihre Söhne gern hatte. Wenn sie dann einen Wunsch an den König
hatten, forderten sie ihre Söhne auf, Kyros zu bitten, sich für
sie einzusetzen. Aufgrund seiner Menschenfreundlichkeit und
seines Ehrgeizes setzte Kyros alles daran, das zu tun, worum
ihn die Jungen baten, (2) und Astyages war es nicht möglich,
Kyros eine Bitte abzuschlagen. Denn wenn der Großvater einmal krank war, ließ Kyros ihn nie allein und hörte nicht auf zu
weinen; er hatte offensichtlich Angst, daß ihm der Großvater
sterben würde. Wenn nämlich Astyages nachts einen Wunsch
hatte, merkte es Kyros als erster, und schneller als alle anderen sprang er aus dem Bett, um alles für ihn zu tun, wovon er
annahm, daß es ihm angenehm sei, so daß er Astyages ganz für
sich gewann.
(3) Kyros war wohl redseliger als andere. Das lag einerseits
an seiner Erziehung: Denn er wurde von seinem Lehrer dazu
angehalten, über seine Handlungen Rechenschaft abzulegen
und von anderen Kritik zu verlangen, wenn er eine Entscheidung traf. Andererseits pflegte er in seiner Wißbegierde seine
Mitmenschen ständig nach allem Möglichen zu fragen, und die
Fragen, die er von anderen gestellt bekam, konnte er aufgrund

ἀπεκρίνετο, ὥστ' ἐκ πάντων τούτων ἡ πολυλογία συνελέ-
γετο αὐτῷ· ἀλλ' ὥσπερ γὰρ ἐν σώμασιν, ὅσοι νέοι ὄντες
μέγεθος ἔλαβον, ὅμως ἐμφαίνεται τὸ νεαρὸν αὐτοῖς ὃ κα-
τηγορεῖ τὴν ὀλιγοετίαν, οὕτω καὶ Κύρου ἐκ τῆς πολυλο-
γίας οὐ θράσος διεφαίνετο, ἀλλ' ἁπλότης καὶ φιλοστορ-
γία, ὥστε καὶ ἐπεθύμει ἄν τις ἔτι πλείω αὐτοῦ ἀκούειν ἢ
σιωπῶντι παρεῖναι.

4 Ὡς δὲ προῆγεν αὐτὸν ὁ χρόνος σὺν τῷ μεγέθει εἰς
ὥραν τοῦ πρόσηβον γίγνεσθαι, ἐν τούτῳ δὴ τοῖς μὲν λόγοις μανοτέροις ἐχρῆτο καὶ τῇ φωνῇ ἡσυχαιτέρᾳ, αἰδοῦς
δ' ἐνεπίμπλατο ὥστε καὶ ἐρυθραίνεσθαι ὁπότε συντυγχά-
νοι τοῖς πρεσβυτέροις, καὶ τὸ σκυλακῶδες τὸ πᾶσιν προσ-
πίπτειν οὐκέθ' ὁμοίως προπετὲς εἶχεν. Οὕτω δὴ ἡσυχαί-
τερος μὲν ἦν, ἐν δὲ ταῖς συνουσίαις πάμπαν ἐπίχαρις. Καὶ
γὰρ ὅσα διαγωνίζονται πολλάκις ἥλικες πρὸς ἀλλήλους,
οὐχ ἃ κρείττων ᾔδει ὤν, ταῦτα προυκαλεῖτο τοὺς συνόντας, ἀλλ' ἅπερ εὖ ᾔδει ἑαυτὸν ἥττονα ὄντα, ταῦτα ἐξῆρχε,
φάσκων κάλλιον αὐτῶν ποιήσειν, καὶ κατῆρχεν ἤδη ἀνα-
πηδῶν ἐπὶ τοὺς ἵππους ἢ διατοξευσόμενος ἢ διακοντιού-
μενος ἀπὸ τῶν ἵππων οὔπω πάνυ ἔποχος ὤν, ἡττώμενος
δὲ αὐτὸς ἐφ' ἑαυτῷ μάλιστα ἐγέλα. 5 Ὡς δ' οὐκ ἀπε-
δίδρασκεν ἐκ τοῦ ἡττᾶσθαι εἰς τὸ μὴ ποιεῖν ἃ ἥττῶτο,
ἀλλ' ἐκαλινδεῖτο ἐν τῷ πειρᾶσθαι αὖθις βέλτιον ποιεῖν,
ταχὺ μὲν εἰς τὸ ἴσον ἀφίκετο τῇ ἱππικῇ τοῖς ἥλιξι, ταχὺ δὲ
παρῄει διὰ τὸ ἐρᾶν τοῦ ἔργου, ταχὺ δὲ καὶ τὰ ἐν τῷ παραδείσῳ θηρία ἀνηλώκει διώκων καὶ βάλλων καὶ κατακαίνων,
ὥστε ὁ Ἀστυάγης οὐκέτ' εἶχεν αὐτῷ συλλέγειν θηρία. Καὶ
ὁ Κῦρος αἰσθόμενος ὅτι βουλόμενος οὐ δύναιτό οἱ ζῶντα
πολλὰ παρέχειν, ἔλεγε πρὸς αὐτόν· Ὦ πάππε, τί σε δεῖ
θηρία ζητοῦντα πράγματ' ἔχειν; Ἀλλ' ἐὰν ἐμὲ ἐκπέμπῃς

seines Scharfsinns stets sofort beantworten. Daraus erwuchs
dann allmählich seine Redseligkeit. Doch wie an den Körpern
der Jungen trotz ihrer beträchtlichen Größe zu sehen ist, daß
sie noch recht jung sind, so war auch Kyros' Redseligkeit kein
Zeichen von Dreistigkeit, sondern von kindlicher Einfalt und
Freundlichkeit. Daher hätte man ihm wohl gern noch mehr
zuhören wollen, statt ihn schweigend in seiner Nähe zu haben.

(4) Als er aber mit der Zeit größer wurde und allmählich
zum jungen Mann heranwuchs, redete er seltener und mit ru-
higerer Stimme. Er wurde so schüchtern und zurückhaltend,
daß er sogar errötete, wenn er mit den Älteren zusammenkam,
und sein bedenkenloses Vertrauen zu allen Menschen ging allmählich zurück. So wurde er zwar ruhiger, blieb aber im Umgang mit anderen durchaus liebenswürdig. Denn in den unter
den jungen Leuten üblichen Wettkämpfen forderte er seine
Kameraden nicht heraus, wenn er wußte, daß er besser war,
sondern ließ sich nur auf die Disziplinen ein, bei denen er
genau wußte, daß er schwächer war. Dabei sagte er, er wolle
es besser machen als sie. Er fing schon an, aufs Pferd zu steigen, um vom Pferd herab mit Pfeil und Bogen zu schießen
oder den Speer zu schleudern, als er noch gar nicht richtig im
Sattel sitzen konnte. Wenn er aber unterlag, dann lachte er
selbst am meisten über sich. (5) Weil ihn aber Mißerfolge
nicht dazu bringen konnten, von den Tätigkeiten abzulassen,
die ihm mißlangen, sondern er unablässig darauf hinarbeitete,
es das nächste Mal besser zu machen, brachte er es in der
Reitkunst in Kürze ebenso weit wie seine Altersgenossen;
dann überflügelte er sie bald, weil diese Kunst zu seiner Leidenschaft wurde, und nach kurzer Zeit hatte er die Tiere im
Tierpark, indem er sie hetzte, traf und erlegte, so weit ausge-
rottet, daß ihm Astyages keine lebenden Tiere mehr beschaffen konnte. Als Kyros merkte, daß ihm Astyages beim besten
Willen keine größere Zahl lebender Tiere mehr zur Verfügung
stellen konnte, sagte er zu ihm: „Lieber Großvater, warum
mußt du dich bei der Suche nach den Tieren so anstrengen?
Doch wenn du mich mit meinem Onkel auf die Jagd schickst,

ἐπὶ θήραν σὺν τῷ θείῳ, νομιῶ. ὅσα ἂν ἴδω θηρία. σέ μοι
ταῦτα τρέφειν. 6 Ἐπιθυμῶν δὲ σφόδρα ἐξιέναι ἐπὶ τὴν
θήραν οὐκέτι ὁμοίως λιπαρεῖν ἐδύνατο ὥσπερ παῖς ὤν,
ἀλλ' ὀκνηρότερον προσῄει. Καὶ ἃ πρόσθεν τῷ Σάκᾳ ἐμέμ-
φετο ὅτι οὐ παρίει αὐτὸν πρὸς τὸν πάππον, αὐτὸς ἤδη
Σάκας ἑαυτῷ ἐγίγνετο· οὐ γὰρ προσῄει, εἰ μὴ ἴδοι εἰ καιρὸς εἴη, καὶ τοῦ Σάκα ἐδεῖτο πάντως σημαίνειν αὐτῷ ὁπότε
ἐν καιρῷ εἴη εἰσιέναι καὶ ὅποτε οὐκ ἐν καιρῷ· ὥστε ὁ Σάκας ὑπερεφίλει ἤδη ὥσπερ καὶ οἱ ἄλλοι πάντες.

7 Ἐπεὶ δ' οὖν ἔγνω ὁ Ἀστυάγης σφόδρα αὐτὸν ἐπιθυμοῦντα τῆς ἔξω θήρας, ἐκπέμπει αὐτὸν σὺν τῷ θείῳ καὶ φύλακας συμπέμπει ἐφ' ἵππων πρεσβυτέρους, ὅπως ἀπὸ τῶν
δυσχωριῶν φυλάττοιεν αὐτὸν καὶ εἰ τῶν ἀγρίων τι φανείη
θηρίων. Ὁ οὖν Κῦρος τῶν ἑπομένων προθύμως ἐπυνθάνετο
ποίοις οὐ χρὴ θηρίοις πελάζειν καὶ ποῖα χρὴ θαρροῦντα
διώκειν. Οἱ δ' ἔλεγον ὅτι ἄρκτοι τε πολλοὺς ἤδη πλη-
σιάσαντας διέφθειραν καὶ κάπροι καὶ λέοντες καὶ παρδά-
λεις, αἱ δὲ ἔλαφοι καὶ δορκάδες καὶ οἱ ἄγριοι οἶες καὶ οἱ
ὄνοι οἱ ἄγριοι ἀσινεῖς εἰσιν. Ἔλεγον δὲ καὶ τοῦτο, τὰς
δυσχωρίας ὅτι δέοι φυλάττεσθαι οὐδὲν ἧττον ἢ τὰ θηρία·
πολλοὺς γὰρ ἤδη αὐτοῖς τοῖς ἵπποις κατακρημνισθῆναι.

8 Καὶ ὁ Κῦρος πάντα ταῦτα ἐμάνθανε προθύμως· ὡς δὲ
εἶδεν ἔλαφον ἐκπηδήσασαν, πάντων ἐπιλαθόμενος ὧν
ἤκουσεν, ἐδίωκεν οὐδὲν ἄλλο ὁρῶν ἢ ὅπῃ ἔφευγε. Καί πως
διαπηδῶν αὐτῷ ὁ ἵππος πίπτει εἰς γόνατα, καὶ μικροῦ
κἀκεῖνον ἐξετραχήλισεν. Οὐ μὴν ἀλλ' ἐπέμεινεν ὁ Κῦρος
μόλις πως, καὶ ὁ ἵππος ἐξανέστη. Ὡς δ' εἰς τὸ πεδίον
ἦλθεν, ἀκοντίσας καταβάλλει τὴν ἔλαφον, καλόν τι χρῆμα
καὶ μέγα. Καὶ ὁ μὲν δὴ ὑπερέχαιρεν· οἱ δὲ φύλακες προσελάσαντες ἐλοιδόρουν αὐτὸν καὶ ἔλεγον εἰς οἷον κίδυνον

dann werde ich mir vorstellen, daß du alle Tiere, die ich sehe, für mich aufziehst." (6) Aber obwohl er sehr gern auf die Jagd gehen wollte, konnte er nicht mehr so inständig bitten wie als Knabe, sondern er begegnete seinem Großvater mit größerer Zurückhaltung. Wenn er früher Sakas vorgeworfen hatte, daß er ihn nicht zu seinem Großvater vorlasse, so wurde er jetzt sein eigener Sakas. Denn er pflegte nur noch zu seinem Großvater zu gehen, wenn er sah, daß es ihm paßte, und er bat Sakas, ihm immer zu sagen, wann es angebracht war hinzugehen und wann es nicht angebracht war. Deshalb liebte ihn Sakas jetzt ebenso sehr wie alle anderen.

(7) Als aber Astyages erkannte, daß Kyros sehr gern außerhalb des Parks jagen wollte, schickte er ihn mit seinem Onkel hinaus und gab ihm erfahrene Begleiter zu Pferde mit, die ihn davor bewahren sollten, auf gefährliches Gelände zu geraten, und ihn vor wilden Tieren zu schützen hätten. Kyros erkundigte sich aufmerksam bei seinen Begleitern, welchen Tieren man sich nicht nähern dürfe und welche man mit Entschlossenheit verfolgen müsse. Die Männer wiesen ihn darauf hin, daß Bären, Wildschweine, Löwen und Panther schon viele Menschen getötet hätten, die ihnen zu nahe gekommen seien, während Hirsche, Gazellen, wilde Schafe und Wildesel ungefährlich seien. Sie sagten aber auch, daß man sich vor dem gefährlichen Gelände ebenso in acht nehmen müsse wie vor den wilden Tieren. Denn schon viele seien mit ihren Pferden abgestürzt. (8) Kyros nahm dies alles bereitwillig zur Kenntnis. Als er aber plötzlich einen Hirsch aufspringen sah, vergaß er alles, was er gehört hatte, und setzte ihm nach, wobei er nichts anderes im Auge hatte als den Fluchtweg des Hirsches. Bei einem Sprung brach ihm sein Pferd aus irgendeinem Grund in die Knie und hätte ihn beinahe abgeworfen. Er schaffte es aber gerade noch, im Sattel zu bleiben, und das Pferd kam wieder auf die Beine. Als er aber ebenes Gelände erreichte, traf er den Hirsch, ein prächtiges Tier, mit dem Speer. Er freute sich sehr darüber. Die Männer aber, die auf ihn aufpassen sollten, sprengten heran, schalten ihn, daß er sich einer solchen Gefahr

ἔλθοι, καὶ ἔφασαν κατερεῖν αὐτοῦ. Ὁ οὖν Κῦρος εἱστήκει
καταβεβηκώς, καὶ ἀκούων ταῦτα ἠνιᾶτο. Ὡς δ' ἤσθετο
κραυγῆς, ἀνεπήδησεν ἐπὶ τὸν ἵππον ὥσπερ ἐνθουσιῶν, καὶ
ὡς εἶδεν ἐκ τοῦ ἐναντίου κάπρον προσφερόμενον, ἀντίος
ἐλαύνει καὶ διατεινάμενος εὐστόχως βάλλει εἰς τὸ μέτωπον καὶ κατέσχε τὸν κάπρον. 9 Ἐνταῦθα μέντοι ἤδη
καὶ ὁ θεῖος αὐτῷ ἐλοιδορεῖτο. τὴν θρασύτητα ὁρῶν. Ὁ
δ' αὐτοῦ λοιδορουμένου ὅμως ἐδεῖτο ὅσα αὐτὸς ἔλαβε,
ταῦτα ἐᾶσαι αὐτὸν εἰσκομίσαντα δοῦναι τῷ πάππῳ. Τὸν δὲ
θεῖον εἰπεῖν φασιν· Ἀλλ' ἢν αἴσθηται ὅτι ἐδίωκες, οὐ σοὶ
μόνον λοιδορήσεται, ἀλλὰ καὶ ἐμοί, ὅτι σε εἴων. Καὶ ἢν
βούληται, φάναι αὐτόν, μαστιγωσάτω. ἐπειδάν γε ἐγὼ δῶ
αὐτῷ. Καὶ σύγε, εἰ βούλει, ἔφη, ὦ θεῖε, τιμωρησάμενος ὅ
τι βούλει τοῦτο ὅμως χάρισαί μοι. Καὶ ὁ Κυαξάρης μέντοι
τελευτῶν εἶπε· Ποίει ὅπως βούλει· σὺ γὰρ νῦν γε ἡμῶν
ἔοικας βασιλεὺς εἶναι. 10 Οὕτω δὴ ὁ Κῦρος εἰσκομίσας
τὰ θηρία ἐδίδου τε τῷ πάππῳ καὶ ἔλεγεν ὅτι αὐτὸς ταῦτα
θηράσειεν ἐκείνῳ. Καὶ τὰ ἀκόντια ἐδείκνυ μὲν οὔ, κατέθηκε
δὲ ᾑματωμένα ὅπου ᾤετο τὸν πάππον ὄψεσθαι. Ὁ δὲ Ἀστυάγης ἄρα εἶπεν· Ἀλλ', ὦ παῖ, δέχομαι μὲν ἔγωγε ἡδέως
ὅσα μοι δίδως, οὐ μέντοι δέομαί γε τούτων οὐδενός, ὥστε
σε κινδυνεύειν. Καὶ ὁ Κῦρος ἔφη· Εἰ τοίνυν μὴ σὺ δέῃ, ἱκετεύω, ὦ πάππε, ἐμοὶ δὸς αὐτά, ὅπως τοῖς ἡλικιώταις ἐγὼ
διαδῶ. Ἀλλ', ὦ παῖ, ἔφη ὁ Ἀστυάγης, καὶ ταῦτα λαβὼν
διαδίδου ὅτῳ σὺ βούλει καὶ τῶν ἄλλων ὁπόσα θέλεις.
11 Καὶ ὁ Κῦρος λαβὼν ἐδίδου τε ἄρας τοῖς παισὶ καὶ ἅμα
ἔλεγεν· Ὧ παῖδες, ὡς ἄρα ἐφλυαροῦμεν ὅτε τὰ ἐν τῷ παραδείσῳ θηρία ἐθηρῶμεν· ὅμοιον γὰρ ἔμοιγε δοκεῖ εἶναι
οἱόνπερ εἴ τις δεδεμένα ζῷα θηρῴη. Πρῶτον μὲν γὰρ ἐν μικρῷ χωρίῳ ἦν, ἔπειτα λεπτὰ καὶ ψωραλέα, καὶ τὸ μὲν αὐ-

ausgesetzt habe, und sagten, sie würden sich über ihn beschweren. Kyros aber war schon abgestiegen und stand neben seinem Pferd. Er ärgerte sich, als er diese Worte hörte. Als er aber plötzlich Geschrei vernahm, sprang er in seinem Jagdfieber wieder auf sein Pferd; und als er sah, wie ein Wildschwein direkt auf ihn zu stürzte, sprengte er ihm entgegen, zielte genau, traf das Tier in die Stirn und erlegte es. (9) Da schimpfte allerdings auch sein Onkel mit ihm, als er seine Tollkühnheit sah. Trotz dieser Schelte bat er ihn, es zuzulassen, daß er seine ganze von ihm selbst erlegte Beute mitnehmen könne, um sie seinem Großvater zu übergeben. Der Onkel soll darauf erwidert haben: „Wenn er aber erfährt, daß du die Tiere verfolgt hast, wird er nicht nur dich ausschimpfen, sondern auch mich, weil ich dich nicht daran hinderte." – „Wenn er mag, dann soll er mich schlagen, aber erst nachdem ich ihm die Beute überreicht habe, und auch du, mein Onkel, kannst mich ruhig so bestrafen, wie du willst. Tu mir aber trotzdem diesen Gefallen." Schließlich sagte Kyaxares: „Mach, was du willst. Denn du benimmst dich ja schon jetzt wie unser König." (10) So brachte Kyros dann die Tiere nach Hause, übergab sie seinem Großvater und sagte, er habe sie selbst für ihn gejagt. Er zeigte ihm die blutbeschmierten Speere zwar nicht, legte sie aber dort hin, wo er meinte, der Großvater werde sie sehen. Astyages sagte daraufhin: „Ich nehme zwar gern an, was du mir gibst, mein Junge. Ich brauche aber keines dieser Tiere so sehr, daß du dein Leben dafür aufs Spiel setzt." Kyros entgegnete: „Wenn du sie also nicht brauchst, dann, Großvater, gib sie mir zurück, damit ich sie unter meinen Kameraden verteilen kann." – „Gut, mein Junge", sagte Astyages, „nimm diese Tiere und auch von den anderen, wieviele du willst, und gib sie, wem du möchtest." (11) Kyros nahm sie mit und gab sie den anderen Jungen. Dabei sagte er: „Ihr Jungen, was haben wir doch für ein kindisches Spiel getrieben, als wir die Tiere im Park jagten. Das scheint mir so zu sein, als ob man gefesselte Tiere jagte. Denn einerseits fand das Ganze auf einer eng begrenzten Fläche statt, und andererseits waren die Tiere klein

τῶν χωλὸν ἦν, τὸ δὲ κολοβόν· τὰ δ' ἐν τοῖς ὄρεσι καὶ λειμῶσι θηρία ὡς μὲν καλά, ὡς δὲ μεγάλα, ὡς δὲ λιπαρὰ ἐφαίνετο. Καὶ αἱ μὲν ἔλαφοι ὥσπερ πτηναὶ ἥλλοντο πρὸς τὸν οὐρανόν, οἱ δὲ κάπροι ὥσπερ τοὺς ἄνδρας φασὶ τοὺς ἀνδρείους ὁμόσε ἐφέροντο· ὑπὸ δὲ τῆς πλατύτητος οὐδὲ ἁμαρτεῖν οἷόν τ' ἦν αὐτῶν· καλλίω δέ, ἔφη, ἔμοιγε δοκεῖ καὶ τεθνηκότα εἶναι ταῦτα ἢ ζῶντα ἐκεῖνα τὰ περιῳκοδομημένα. Ἀλλ' ἆρα ἄν, ἔφη, ἀφεῖεν καὶ ὑμᾶς οἱ πατέρες ἐπὶ τὴν θήραν; Καὶ ῥᾳδίως γ' ἄν, ἔφασαν, εἰ Ἀστυάγης κελεύοι. Καὶ ὁ Κῦρος εἶπε· Τίς οὖν ἂν ἡμῖν Ἀστυάγει μνησθείη; 12 Τίς γὰρ ἄν, ἔφασαν, σοῦ γε ἱκανώτερος πεῖσαι; Ἀλλά, μὰ τὴν Ἥραν, ἔφη, ἐγὼ μὲν οὐκ οἶδ' ὅστις ἄνθρωπος γεγένημαι· οὐδὲ γὰρ οἷός τ' εἰμὶ λέγειν ἔγωγε οὐδ' ἀναβλέπειν πρὸς τὸν πάππον ἐκ τοῦ ἴσου ἔτι δύναμαι. Ἢν δὲ τοσοῦτον ἐπιδιδῶ, δέδοικα, ἔφη, μὴ παντάπασι βλὰξ τις καὶ ἠλίθιος γένωμαι· παιδάριον δ' ὢν δεινότατος λαλεῖν ἐδόκουν εἶναι. Καὶ οἱ παῖδες εἶπον· Πονηρὸν λέγεις τὸ πρᾶγμα εἶναι, εἰ μηδ' ὑπὲρ ἡμῶν, ἄν τι δέῃ, δυνήσῃ πράττειν, ἀλλ' ἄλλου τινὸς τὸ ἐπὶ σοὶ ἀνάγκη ἔσται δεῖσθαι ἡμᾶς. 13 Ἀκούσας δὲ ταῦτα ὁ Κῦρος ἐδήχθη, καὶ σιγῇ ἀπελθὼν διακελευσάμενος ἑαυτῷ τολμᾶν εἰσῆλθεν, ἐπιβουλεύσας ὅπως ἂν ἀλυπότατα εἴποι πρὸς τὸν πάππον καὶ διαπράξειεν αὐτῷ τε καὶ τοῖς παισὶν ὧν ἐδέοντο. Ἤρξατο οὖν ὧδε. Εἰπέ μοι, ἔφη, ὦ πάππε, ἤν τις ἀποδράσῃ σε τῶν οἰκετῶν καὶ λάβῃς αὐτόν, τί αὐτῷ χρήσῃ; Τί ἄλλο, ἔφη, ἢ δήσας αὐτὸν ἐργάζεσθαι ἀναγκάσω; Ἢν δὲ αὐτόματός σοι πάλιν ἔλθῃ, πῶς ποιήσεις; Τί δέ, ἔφη, εἰ μὴ μαστιγώσας γε, ἵνα μὴ αὖθις τοῦτο ποιῇ, ἔπειτα ἐξ ἀρχῆς χρήσομαι; Ὥρα ἄν, ἔφη ὁ Κῦρος, σοὶ παρασκευάζεσθαι εἴη ὅτῳ μασ-

und schäbig. Einige waren lahm, andere verstümmelt. Wie schön, wie groß und wie stark waren dagegen die Tiere, die wir in den Bergen und in den Ebenen gesehen haben. Die Hirsche schnellten wie die Vögel in die Höhe. Die Eber stürmten heran, wie die tapferen Männer, so sagt man, auf den Feind losgehen. Da es so viele waren, konnte man sie nicht verfehlen. Ja, wirklich, diese Tiere finde ich, selbst wenn sie tot sind, noch viel schöner als jene, die zwar noch leben, aber eingesperrt sind. Aber würden euch denn eure Väter auf die Jagd gehen lassen?" – „Ohne weiteres", antworteten diese, „wenn Astyages es befehlen würde." Darauf fragte Kyros: „Wer aber könnte dies für uns bei Astyages vorbringen?" (12) „Wer", erwiderten diese, „wäre eher dazu in der Lage, Astyages zu überreden, als du?" – „Aber, bei der Hera, ich weiß gar nicht, was für ein Mensch aus mir geworden ist. Denn ich bin nicht mehr imstande, mit meinem Großvater zu sprechen, und ich kann ihm nicht mehr so wie sonst in die Augen sehen. Wenn das so weitergeht, dann – so fürchte ich – werde ich noch völlig zum Tölpel und Dummkopf. Als ich noch ein Kind war, konnte ich doch offensichtlich ganz ausgezeichnet reden." Die Jungen erwiderten: „Es ist schlimm, daß du auch für uns nichts ausrichten kannst, wenn es erforderlich ist, sondern daß wir jemand anders an deiner Stelle bitten müssen." (13) Diese Worte schmerzten Kyros, und er ging fort, ohne noch etwas zu sagen. Dann faßte er sich ein Herz und ging zu seinem Großvater. Er hatte sich aber schon vorher überlegt, wie er am geschicktesten mit dem Großvater sprechen und für sich und die anderen Jungen erreichen könne, was sie wollten. Daher begann er folgendermaßen: „Sag mir, Großvater, wenn dir einer deiner Sklaven fortläuft und du ihn wieder zurückbekommst, was machst du dann mit ihm?" – „Was sonst, als ihn zu fesseln und zur Arbeit zu zwingen?" – „Wenn er aber freiwillig zurückkommt, was wirst du dann mit ihm anfangen?" – „Was sollte ich sonst tun, als ihn auspeitschen zu lassen, damit er dies nicht wieder tut, und ihn daraufhin wieder wie zuvor einzusetzen?" – „Demnach dürfte es Zeit sein", sagte Kyros, „daß du dich

τιγώσεις με, ὡς βουλεύομαί γε ὅπως σε ἀποδρῶ λαβὼν
τοὺς ἡλικιώτας ἐπὶ θήραν. Καὶ ὁ Ἀστυάγης· Καλῶς, ἔφη,
ἐποίησας προειπών· ἔνδοθεν γάρ, ἔφη. ἀπαγορεύω σοι μὴ
κινεῖσθαι. Χαρίεν γάρ, ἔφη, εἰ ἕνεκα κρεαδίων τῇ θυγατρὶ
τὸν παῖδα ἀποβουκολήσαιμι.

14 Ἀκούσας δὴ ταῦτα ὁ Κῦρος ἐπείθετο μὲν καὶ ἔμε-
νεν, ἀνιαρὸς δὲ καὶ σκυθρωπὸς ὢν σιωπῇ διῆγεν. Ὁ μέντοι
Ἀστυάγης ἐπεὶ ἔγνω αὐτὸν λυπούμενον ἰσχυρῶς. βουλόμενος αὐτῷ χαρίσασθαι ἐξάγει ἐπὶ θήραν, καὶ πεζοὺς πολλοὺς καὶ ἱππέας συναλίσας καὶ τοὺς παῖδας καὶ συνελά-
σας εἰς τὰ ἱππάσιμα χωρία τὰ θηρία ἐποίησε μεγάλην
θήραν. Καὶ βασιλικῶς δὲ παρὼν αὐτὸς ἀπηγόρευε μηδένα
βάλλειν, πρὶν Κῦρος ἐμπλησθείη θηρῶν. Ὁ δὲ Κῦρος οὐκ
εἴα κωλύειν, ἀλλ'· Εἰ βούλει, ἔφη, ὦ πάππε, ἡδέως με
θηρᾶν, ἄφες τοὺς κατ' ἐμὲ πάντας διώκειν καὶ διαγωνίζεσθαι ὅπως ⟨ἂν⟩ ἕκαστος κράτιστα δύναιτο.

15 Ἐνταῦθα δὴ ὁ Ἀστυάγης ἀφίησι, καὶ στὰς ἐθεᾶτο
ἁμιλλωμένους ἐπὶ τὰ θηρία καὶ φιλονικοῦντας καὶ διώκοντας καὶ ἀκοντίζοντας. Καὶ Κύρῳ ἥδετο οὐ δυναμένῳ
σιγᾶν ὑπὸ τῆς ἡδονῆς, ἀλλ' ὥσπερ σκύλακι γενναίῳ ἀνα-
κλάζοντι, ὁπότε πλησιάζοι θηρίῳ, καὶ παρακαλοῦντι ὀνομαστὶ ἕκαστον. Καὶ τοῦ μὲν καταγελῶντα αὐτὸν ὁρῶν
ηὐφραίνετο, τὸν δέ τινα καὶ ἐπαινοῦντα αὐτὸν ᾐσθάνετο
οὐδ' ὁπωστιοῦν φθονερῶς. Τέλος δ' οὖν πολλὰ θηρία ἔχων
ὁ Ἀστυάγης ἀπῄει. Καὶ τὸ λοιπὸν οὕτως ἥσθη τῇ τότε
θήρᾳ ὥστε ἀεί, ὁπότε οἷόν τ' εἴη, συνεξῄει τῷ Κύρῳ καὶ
ἄλλους τε πολλοὺς παρελάμβανε καὶ τοὺς παῖδας, Κύρου ἕνεκα. Τὸν μὲν δὴ πλεῖστον χρόνον οὕτω διῆγεν ὁ
Κῦρος, πᾶσιν ἡδονῆς μὲν καὶ ἀγαθοῦ τινος συναίτιος ὤν,
κακοῦ δὲ οὐδενί.

darauf vorbereitest, mich auszupeitschen, da ich die Absicht habe, dir fortzulaufen, um mit meinen Kameraden auf die Jagd zu gehen." Darauf erwiderte Astyages: „Gut, daß du es vorher gesagt hast. Denn ich verbiete dir, das Haus zu verlassen. Denn es wäre schon lustig, wenn ich für ein paar Stück Fleisch den Sohn meiner Tochter umkommen ließe."

(14) Nachdem Kyros diese Worte gehört hatte, gehorchte er und blieb zu Hause. Er war aber traurig, starrte finster vor sich hin und redete kein Wort mehr. Aber als Astyages bemerkte, daß er so niedergeschlagen war, wollte er ihm eine Freude machen und nahm ihn auf die Jagd mit. Er hatte dazu viele Männer ohne Pferde, Reiter und auch die Jungen zusammenkommen lassen. Die Tiere ließ er in einem Gelände zusammentreiben, das für Pferde geeignet war, und man veranstaltete dann eine große Jagd. Er selbst war in königlicher Pracht dabei und erlaubte niemandem zu schießen, bis Kyros genug vom Jagen hatte. Kyros aber war mit diesem Verbot gar nicht einverstanden, sondern sagte: „Wenn du, Großvater, den Wunsch hast, daß ich Freude an der Jagd habe, dann laß alle meine Begleiter die Tiere hetzen und mit mir um die Wette jagen, so gut es ein jeder kann."

(15) Daraufhin gab Astyages nach und beobachtete von seinem Platz aus, wie sie mit den Tieren kämpften und sich gegenseitig zu übertreffen versuchten, während sie das Wild verfolgten und erlegten. Er hatte seine Freude an Kyros, der vor lauter Vergnügen nicht ruhig bleiben konnte, sondern wie ein edler Hund aufheulte, wenn er an ein Tier herankam, und jeden einzelnen bei seinem Namen rief und anfeuerte. Astyages freute sich, als er sah, wie Kyros den einen auslachte und den anderen lobte, ohne irgendwie neidisch zu sein. Schließlich zog Astyages mit großer Jagdbeute nach Hause. Er hatte so viel Spaß an dieser Jagd, daß er auch später, wenn es irgendwie möglich war, mit Kyros jagen ging und Kyros zuliebe sowohl viele andere als auch die Jungen mitnahm. Auf diese Weise verbrachte Kyros die meiste Zeit und bereitete allen Freude, tat jedem Gutes und fügte niemandem Schaden zu.

16 Ἀμφὶ δὲ τὰ πέντε ἢ ἑκκαίδεκα ἔτη γενομένου αὐτοῦ, ὁ υἱὸς τοῦ τῶν Ἀσσυρίων βασιλέως γαμεῖν μέλλων ἐπεθύμησε καὶ αὐτὸς θηρᾶσαι ἐς τοῦτον τὸν χρόνον. Ἀκούων οὖν ἐν τοῖς μεθορίοις τοῖς τε αὐτῶν καὶ τοῖς Μήδων πολλὰ θηρία εἶναι ἀθήρευτα διὰ τὸν πόλεμον, ἐνταῦθα ἐπεθύμησεν ἐξελθεῖν. Ὅπως οὖν ἀσφαλῶς θηρῴη, ἱππέας τε προσέλαβε πολλοὺς καὶ πελταστάς, οἵτινες ἔμελλον αὐτῷ ἐκ τῶν λασίων τὰ θηρία ἐξελᾶν ἐς τὰ ἐργάσιμά τε καὶ εὐήλατα. Ἀφικόμενος δὲ ὅπου ἦν αὐτοῖς τὰ φρούρια καὶ ἡ φυλακή, ἐνταῦθα ἐδειπνοποιεῖτο, ὡς πρῲ τῇ ὑστεραίᾳ θηράσων.

17 Ἤδη δὲ ἑσπέρας γιγνομένης ἡ διαδοχὴ τῇ πρόσθεν φυλακῇ ἔρχεται ἐκ πόλεως καὶ ἱππεῖς καὶ πεζοί. Ἔδοξεν οὖν αὐτῷ πολλὴ στρατιὰ παρεῖναι· δύο γὰρ ὁμοῦ ἦσαν φυλακαί, πολλοὶ δὲ οὓς αὐτὸς ἧκεν ἔχων ἱππέας καὶ πεζούς. Ἐβουλεύσατο οὖν κράτιστον εἶναι λεηλατῆσαι ἐκ τῆς Μηδικῆς, καὶ λαμπρότερόν τ' ἂν φανῆναι τὸ ἔργον τῆς θήρας καὶ ἱερείων ἂν πολλὴν ἀφθονίαν ἐνόμιζε γενήσεσθαι. Οὕτω δὴ πρῲ ἀναστὰς ἦγε τὸν στρατόν, καὶ τοὺς μὲν πεζοὺς κατέλιπεν ἀθρόους ἐν τοῖς μεθορίοις, αὐτὸς δὲ τοῖς ἵπποις προσελάσας πρὸς τὰ τῶν Μήδων φρούρια, τοὺς μὲν βελτίστους καὶ πλείστους ἔχων μεθ' ἑαυτοῦ ἐνταῦθα κατέμεινεν, ὡς μὴ βοηθοῖεν οἱ φρουροὶ τῶν Μήδων ἐπὶ τοὺς καταθέοντας, τοὺς δ' ἐπιτηδείους ἀφῆκε κατὰ φυλὰς ἄλλους ἄλλοσε καταθεῖν, καὶ ἐκέλευε περιβαλλομένους ὅτῳ τις ἐντυγχάνοι ἐλαύνειν πρὸς ἑαυτόν. Οἱ μὲν δὴ ταῦτα ἔπραττον.

18 Σημανθέντων δὲ τῷ Ἀστυάγει ὅτι πολέμιοί εἰσιν ἐν τῇ χώρᾳ, ἐκβοηθεῖ καὶ αὐτὸς πρὸς τὰ ὅρια σὺν τοῖς περὶ αὐτὸν καὶ ὁ υἱὸς αὐτοῦ ὡσαύτως σὺν τοῖς παρατυχοῦσιν ἱππόταις, καὶ τοῖς ἄλλοις δὲ ἐσήμαινε πᾶσιν ἐκβοηθεῖν.

(16) Als Kyros ungefähr fünfzehn oder sechzehn Jahre alt war, hatte der Sohn des Assyrerkönigs, der gerade im Begriff war zu heiraten, den Wunsch, zu diesem Zeitpunkt selbst auf die Jagd zu gehen. Als er nun hörte, daß es im Grenzgebiet zwischen Assyrien und Medien viele Tiere gab, die wegen des Krieges nicht gejagt werden konnten, bekam er Lust, sich dorthin zu begeben. Um gefahrlos jagen zu können, nahm er viele Reiter und Leichtbewaffnete mit, die ihm das Wild aus seinen Verstecken auf das bebaute und ebene Gelände treiben sollten. Als er nun bei den assyrischen Grenzposten angekommen war, ließ er ein Essen zubereiten, da er am nächsten Tag in aller Frühe mit der Jagd beginnen wollte.

(17) Es war schon Abend, als die Ablösung der bisherigen Wachmannschaft zu Pferde und zu Fuß aus der Hauptstadt anrückte. Er glaubte nun, eine große Streitmacht bei sich zu haben. Denn es waren zwei Wachmannschaften zugleich anwesend, und er selbst war mit vielen Reitern und Soldaten zu Fuß gekommen. Daher hielt er es für das Beste, die Tiere vom medischen Gebiet wegzutreiben, und er glaubte, daß die Jagd auf diese Weise erfolgreicher sei und die Ausbeute an Opfertieren groß werde. So stand er in aller Frühe auf und rückte mit seinem Heer aus. Dabei ließ er alle Soldaten zu Fuß im Grenzgebiet zurück. Er selbst aber setzte sich mit seiner Reiterei in Richtung auf die Grenzbefestigungen der Meder in Marsch. Dazu nahm er die größte Zahl seiner tüchtigsten Reiter mit und machte dann in diesem Gebiet halt, um die medischen Wachtposten daran zu hindern, seine Leute bei ihrem Streifzug zu stören. Er ließ die dazu geeigneten Leute in einzelnen Gruppen an verschiedenen Stellen nach Medien eindringen und gab den Befehl, alle Tiere, auf die sie stießen, zu fangen und zu ihm zu schaffen. Das taten sie dann auch.

(18) Als Astyages gemeldet worden war, daß Feinde in sein Land eingedrungen waren, begab er sich selbst mit seinem Gefolge und seinem Sohn mit den gerade verfügbaren Reitern an die Grenze. Außerdem gab er allen anderen den Befehl, ebenfalls auszurücken. Als sie aber sahen, daß eine große assy-

Ὡς δὲ εἶδον πολλοὺς ἀνθρώπους τῶν Ἀσσυρίων συντεταγμένους καὶ τοὺς ἱππέας ἡσυχίαν ἔχοντας, ἔστησαν καὶ
οἱ Μῆδοι. Ὁ δὲ Κῦρος ὁρῶν ἐκβοηθοῦντας καὶ τοὺς ἄλλους
πανσυδί, ἐκβοηθεῖ καὶ αὐτὸς πρῶτον τότε ὅπλα ἐνδύς,
οὔποτε οἰόμενος· οὕτως ἐπεθύμει αὐτοῖς ἐξοπλίσασθαι.
Μάλα δὲ καλὰ ἦν καὶ εὖ ἁρμόττοντα αὐτῷ ἃ ὁ πάππος περὶ
τὸ σῶμα ἐπεποίητο. Οὕτω δὴ ἐξοπλισάμενος προσήλασε
τῷ ἵππῳ. Καὶ ὁ Ἀστυάγης ἰδὼν ἐθαύμασε μὲν τίνος κελεύσαντος ἥκοι, ὅμως δὲ εἶπεν αὐτῷ μένειν παρ' ἑαυτόν.
19 Ὁ δὲ Κῦρος, ὡς εἶδε πολλοὺς ἱππέας ἐναντίους,
ἤρετο· Ἦ οὗτοι, ἔφη, ὦ πάππε, πολέμιοί εἰσιν, οἳ ἐφεστή-
κασι τοῖς ἵπποις ἠρέμα; Πολέμιοι μέντοι, ἔφη. Ἦ καὶ ἐκεῖνοι, ἔφη, οἱ ἐλαύνοντες; Κἀκεῖνοι μέντοι. Νὴ τὸν Δί', ἔφη,
ὦ πάππε, ἀλλ' οὖν πονηροί γε φαινόμενοι καὶ ἐπὶ πονηρῶν
ἱππαρίων ἄγουσιν ἡμῶν τὰ χρήματα· οὐκοῦν χρὴ ἐλαύνειν
τινὰς ἡμῶν ἐπ' αὐτούς. Ἀλλ' οὐχ ὁρᾷς, ἔφη, ὦ παῖ, ὅσον
τὸ στῖφος τῶν ἱππέων ἕστηκε συντεταγμένον· οἳ, ἢν ἐπ'
ἐκείνους ἡμεῖς ἐλαύνωμεν, ὑποτεμοῦνται ἡμᾶς πάλιν [ἐκεῖ-
νοι]· ἡμῖν δὲ οὔπω ἡ ἰσχὺς πάρεστιν. Ἀλλ' ἢν σὺ μένῃς,
ἔφη ὁ Κῦρος, καὶ ἀναλαμβάνῃς τοὺς προσβοηθοῦντας,
φοβήσονται οὗτοι καὶ οὐ κινήσονται. οἱ δ' ἄγοντες εὐθὺς
ἀφήσουσι τὴν λείαν, ἐπειδὰν ἴδωσί τινας ἐπ' αὐτοὺς ἐλαύνοντας.

20 Ταῦτ' εἰπὼν ἔδοξέ τι λέγειν τῷ Ἀστυάγει· καὶ ἅμα
θαυμάζων ὡς καὶ ἐφρόνει καὶ ἐγρηγόρει κελεύει τὸν υἱὸν
λαβόντα τάξιν ἱππέων ἐλάσαι ἐπὶ τοὺς ἄγοντας τὴν λείαν.
Ἐγὼ δέ, ἔφη, ἐπὶ τούσδε, ἢν ἐπὶ σὲ κινῶνται, ἐλῶ, ὥστε
ἀναγκασθήσονται ἡμῖν προσέχειν τὸν νοῦν. Οὕτω δὴ ὁ
Κυαξάρης λαβὼν τῶν ἐρρωμένων ἵππων τε καὶ ἀνδρῶν προσελαύνει. Καὶ ὁ Κῦρος ὡς εἶδεν ὁρμωμένους, συνεξορμᾷ
εὐθύς, καὶ αὐτὸς πρῶτος ἡγεῖτο ταχέως, καὶ ὁ Κυαξάρης

rische Streitmacht in Schlachtordnung aufgestellt war und ihre Reiter unbeweglich dastanden, machten auch die Meder halt. Als Kyros die anderen in großer Eile ausrücken sah, machte er sich selbst ebenfalls auf den Weg. Er hatte sich damals zum ersten Mal eine Rüstung angelegt, obwohl er doch meinte, daß es niemals dazu kommen würde: so groß war sein Wunsch, die Rüstung anzulegen. Sie war auch sehr schön und paßte ihm gut. Denn der Großvater hatte sie ihm anmessen lassen. So gerüstet ritt er zu seinem Großvater. Als Astyages ihn sah, fragte er sich zwar, wer ihm wohl befohlen habe, zu ihm zu kommen, doch ließ er ihn an seiner Seite bleiben. (19) Als Kyros die vielen Reiter auf der anderen Seite sah, fragte er: „Großvater, sind das Feinde, die da so ruhig auf ihren Pferden sitzen?" – „Gewiß, es sind Feinde." – „Auch diejenigen, die da dauernd hin und her reiten?" – „Ja, auch diese". – „Aber, beim Zeus, Großvater, es sind auf jeden Fall recht kümmerliche Gestalten, und sie sitzen auf elenden Gäulen und nehmen uns unser Eigentum weg. Also müssen einige von uns gegen sie vorgehen". – „Aber siehst du denn nicht, mein Junge, wie groß die Reitertruppe ist, die dort in Schlachtordnung aufgestellt ist? Wenn wir sie angreifen, werden sie uns den Weg abschneiden. Unsere Hauptmacht ist doch wohl noch nicht da." – „Aber wenn du wartest", sagte Kyros, „bis du deine Verstärkung bekommst, werden unsere Leute hier Angst bekommen und sich nicht von der Stelle rühren, die Räuber aber werden ihre Beute sofort fahrenlassen, sobald sie irgendwelche Angreifer auf sich zureiten sehen."

(20) Kyros' Worte schienen Astyages vernünftig zu sein. Zugleich wunderte er sich über dessen Klugheit und Aufmerksamkeit. Dann befahl er seinem Sohn, mit einer Reiterabteilung gegen die Räuber vorzugehen. „Ich werde die assyrischen Reiter angreifen, wenn sie sich gegen dich in Bewegung setzen, so daß sie gezwungen sind, ihre Aufmerksamkeit auf uns zu richten." Da wählte Kyaxares besonders gute Pferde und Männer aus und rückte vor. Als Kyros sah, wie sie losritten, brach auch er sofort auf und erreichte nach kurzer Zeit die

μέντοι ἐφείπετο, καὶ οἱ ἄλλοι δὲ οὐκ ἀπελείποντο. Ὡς δὲ
εἶδον αὐτοὺς πελάζοντας οἱ λεηλατοῦντες, εὐθὺς ἀφέντες
τὰ χρήματα, ἔφευγον. 21 Οἱ δ' ἀμφὶ τὸν Κῦρον ὑπετέμ-
νοντο, καὶ οὓς μὲν κατελάμβανον εὐθὺς ἔπαιον, πρῶτος δὲ
ὁ Κῦρος, ὅσοι δὲ παραλλάξαντες αὐτῶν ἔφθασαν, κατόπιν
τούτους ἐδίωκον, καὶ οὐκ ἀνίεσαν, ἀλλ' ᾕρουν τινὰς αὐτῶν.
Ὥσπερ δὲ κύων γενναῖος ἄπειρος ἀπρονοήτως φέρεται
πρὸς κάπρον, οὕτω καὶ ὁ Κῦρος ἐφέρετο, μόνον ὁρῶν τὸ
παίειν τὸν ἁλισκόμενον, ἄλλο δ' οὐδὲν προνοῶν.

Οἱ δὲ πολέμιοι ὡς ἑώρων πονοῦντας τοὺς σφετέρους,
προὐκίνησαν τὸ στῖφος, ὡς παυσομένους τοῦ διωγμοῦ,
ἐπεὶ σφᾶς ἴδοιεν προορμήσαντας. 22 Ὁ δὲ Κῦρος οὐδὲν
μᾶλλον ἀνίει, ἀλλ' ὑπὸ τῆς χαρμονῆς ἀνακαλῶν τὸν θεῖον
ἐδίωκε καὶ ἰσχυρὰν τὴν φυγὴν τοῖς πολεμίοις ἐποίει κατέχων καὶ ὁ Κυαξάρης μέντοι ἐφείπετο, ἴσως καὶ αἰσχυνό-
μενος τὸν πατέρα, καὶ οἱ ἄλλοι δὲ εἴποντο, προθυμότεροι
ὄντες ἐν τῷ τοιούτῳ εἰς τὸ διώκειν καὶ οἱ μὴ πάνυ πρὸς
τοὺς ἐναντίους ἄλκιμοι ὄντες. Ὁ δὲ Ἀστυάγης ὡς ἑώρα
τοὺς μὲν ἀπρονοήτως διώκοντας, τοὺς δὲ πολεμίους
ἀθρόους τε καὶ τεταγμένους ὑπαντῶντας, δείσας περί τε
τοῦ υἱοῦ καὶ τοῦ Κύρου μὴ εἰς παρεσκευασμένους ἀτάκ-
τως ἐμπεσόντες πάθοιέν τι, ἡγεῖτο εὐθὺς πρὸς τοὺς πολεμίους. 23 Οἱ δ' αὖ πολέμιοι ὡς εἶδον τοὺς Μήδους προ-
κινηθέντας, διατεινάμενοι οἱ μὲν τὰ παλτὰ οἱ δὲ τὰ τόξα
ἔστησαν, ὡς ἄν, ἐπειδὴ εἰς τόξευμα ἀφίκοιντο, στησο-
μένους, ὥσπερ τὰ πλεῖστα εἰώθεσαν ποιεῖν. Μέχρι γὰρ
τοσούτου, ὁπότε ἐγγύτατα γίγνοιντο, προσήλαυνον ἀλλή-

Spitze der Abteilung. Kyaxares aber ritt hinter ihm, und die
anderen schlossen sich an. Als die Leute, die die erbeuteten
Tiere fortschaffen wollten, die Herankommenden erblickten,
ließen sie ihre Beute sogleich fahren und ergriffen die Flucht.
(21) Kyros und seine Männer schnitten ihnen den Weg ab und
hieben diejenigen, die sie erwischen konnten, sofort nieder.
Kyros aber ging als erster auf sie los. Sie setzten auch denen
nach, die ihnen entkommen waren, und ließen nicht eher von
ihnen ab, bis sie einige gefangen hatten. Wie ein edler Hund,
der noch unerfahren ist und sich blindlings auf den Eber stürzt,
so ging auch Kyros auf sie los. Er hatte kein anderes Ziel, als
jeden, dessen er habhaft werden konnte, niederzuhauen, ohne
an etwas anderes zu denken.

Als die Feinde ihre eigenen Leute in so großer Bedrängnis
sahen, ließen sie ihre Truppen vorrücken, weil sie meinten,
daß die Meder mit ihrer Verfolgungsjagd aufhören würden,
wenn sie sie angreifen sähen. (22) Kyros aber ließ sich nicht
mehr aufhalten, sondern vor Freude jubelte er seinem Onkel
zu, setzte die Verfolgung fort und veranlaßte die Feinde, indem er auf sie losstürmte, zu einer gewaltigen Flucht. Kyaxares folgte ihm zwar, aber vielleicht nur, weil er sich vor seinem
Vater schämte. Auch die anderen schlossen sich an. Denn in
einer derartigen Lage waren auch diejenigen eher zur Verfolgung bereit, die sich sonst vor den Feinden nicht gerade besonders tapfer zeigten. Als aber Astyages auf der einen Seite die
unvorsichtigen Verfolger und auf der anderen Seite die Feinde
sah, die ihnen in geschlossener Schlachtordnung entgegentra-
ten, bekam er Angst um seinen Sohn und um Kyros. Er fürchtete, daß ihnen etwas zustoße, wenn sie sich ohne Ordnung auf
eine gut vorbereitete Streitmacht stürzten. Deshalb führte er
seine Männer sofort gegen die Feinde. (23) Als die Assyrer
die Meder anrücken sahen, brachten sie ihre Speere und Bogen in Kampfstellung. Denn sie erwarteten, daß die Meder,
wie sie es meistens zu tun pflegten, halt machten, bevor sie in
Schußweite kamen. Die feindlichen Linien rückten nämlich so
weit aneinander heran, wie es ging, und dann fand nur ein

λοις καὶ ἠκροβολίζοντο πολλάκις μέχρι ἑσπέρας. Ἐπεὶ δὲ ἑώρων τοὺς μὲν σφετέρους φυγῇ εἰς ἑαυτοὺς φερομένους, τοὺς δ' ἀμφὶ τὸν Κῦρον ἐπ' αὐτοὺς ὁμοῦ ἀγομένους, τὸν δὲ Ἀστυάγην σὺν τοῖς ἵπποις ἐντὸς γιγνόμενον ἤδη τοξεύματος, ἐκκλίνουσι καὶ φεύγουσιν· οἱ δὲ ἅτε ὁμόθεν διώκοντες ἀνὰ κράτος ἤρουν πολλούς· καὶ τοὺς μὲν ἁλισκομένους ἔπαιον καὶ ἵππους καὶ ἄνδρας, τοὺς δὲ πίπτοντας ἔκαινον· καὶ οὐ πρόσθεν ἔστησαν πρὶν ἢ πρὸς τοῖς πεζοῖς τῶν Ἀσσυρίων ἐγένοντο. Ἐνταῦθα μέντοι δείσαντες μὴ καὶ ἐνέδρα τις μείζων ὑπείη, ἐπέσχον. 24 Ἐκ τούτου δὴ ἀνήγαγεν ὁ Ἀστυάγης, μάλα χαίρων τῇ ἱπποκρατίᾳ, καὶ τὸν Κῦρον οὐκ ἔχων ὅ τι χρὴ λέγειν, αἴτιον μὲν ὄντα εἰδὼς τοῦ ἔργου, μαινόμενον δὲ γιγνώσκων τῇ τόλμῃ. Καὶ γὰρ τότε ἀπιόντων οἴκαδε τῶν ἄλλων μόνος ἐκεῖνος οὐδὲν ἄλλο ἢ τοὺς πεπτωκότας περιελαύνων ἐθεᾶτο, καὶ μόλις αὐτὸν ἀφελκύσαντες οἱ ἐπὶ τοῦτο ταχθέντες προσήγαγον τῷ Ἀστυάγει, μάλα ἐπίπροσθεν ποιούμενον τοὺς προσάγοντας, ὅτι ἑώρα τὸ πρόσωπον τοῦ πάππου ἠγριωμένον ἐπὶ τῇ θέᾳ τῇ ἑαυτοῦ.

25 Ἐν μὲν δὴ Μήδοις ταῦτα ἐγεγένητο, καὶ οἵ τε ἄλλοι πάντες τὸν Κῦρον διὰ στόματος εἶχον καὶ ἐν λόγῳ καὶ ἐν ᾠδαῖς, ὅ τε Ἀστυάγης καὶ πρόσθεν τιμῶν αὐτὸν τότε ὑπερεξεπέπληκτο ἐπ' αὐτῷ. Καμβύσης δὲ ὁ τοῦ Κύρου πατὴρ ἤδετο μὲν πυνθανόμενος ταῦτα, ἐπεὶ δ' ἤκουσεν ἔργα ἀνδρὸς ἤδη διαπραττόμενον τὸν Κῦρον, ἀπεκάλει, ὅπως τὰ ἐν Πέρσαις ἐπιχώρια ἀποτελοίη. Καὶ τὸν Κῦρον δὴ ἐνταῦθα λέγεται εἰπεῖν ὅτι ἀπιέναι βούλοιτο, μὴ ὁ πατήρ τι ἄχθοιτο καὶ ἡ πόλις μέμφοιτο. Καὶ τῷ οὖν Ἀστυάγει ἐδόκει εἶναι ἀναγκαῖον ἀποπέμπειν αὐτόν. Ἔνθα δὴ ἵππους τε αὐτῷ δοὺς οὓς αὐτὸς ἐπεθύμει λαβεῖν καὶ ἄλλα συσκευάσας παντοδαπὰ ἀπέπεμπε καὶ διὰ τὸ φιλεῖν

Geplänkel statt, das oft bis zum Abend dauerte. Als die Assyrer aber sahen, daß ihre Leute in wilder Flucht auf ihre eigenen Reihen zurannten, daß Kyros und seine Männer auf diese
losstürmten und daß Astyages mit seinen Reitern schon in
Schußweite war, machten sie kehrt und flohen. Da die Meder
ihnen unverzüglich nachsetzten und sie mit aller Kraft verfolgten, machten sie viele Gefangene. Sie schlugen alles, was ihnen in die Hände fiel, Pferde und Männer, nieder. Außerdem
brachten sie alle um, die hingestürzt waren. Sie machten nicht
eher halt, als bis sie zum Fußvolk der Assyrer gelangt waren.
Hier jedoch ließen sie von der Verfolgung ab, weil sie fürchteten, daß ihnen ein größerer Hinterhalt drohen könnte.
(24) Darauf zog Astyages seine Truppen wieder zurück. Er
freute sich sehr über den Erfolg seiner Reiterei und wußte
nicht, was er zu Kyros sagen sollte. Es war ihm zwar klar, daß
Kyros den Sieg ermöglicht hatte, aber er hatte auch die gefährliche Tollkühnheit seines Enkels mitansehen müssen. Tatsächlich ritt Kyros, als die anderen sich schon auf dem Heimweg
befanden, allein über das Schlachtfeld, nur um sich die Gefallenen anzusehen, und mit großer Mühe brachten ihn die Leute, die eigens den Befehl dazu erhalten hatten, davon ab und
begleiteten ihn zu Astyages. Er hielt sich dabei hinter seinen
Begleitern; denn er sah, daß der Großvater ein zorniges Gesicht bekam, als er ihn sah.
(25) Das also war in Medien geschehen, und alle Welt
sprach von Kyros. Man rühmte ihn mit Worten und in Liedern, und Astyages, der schon vorher sehr viel von ihm gehalten hatte, war jetzt über alle Maßen begeistert von ihm. Kyros'
Vater Kambyses freute sich, als er dies erfuhr. Als er aber
hörte, daß Kyros schon die Taten eines Mannes vollbrachte,
rief er ihn nach Hause zurück, damit er die bei den Persern
üblichen Pflichten erfülle. Da soll Kyros gesagt haben, er wolle
nach Hause gehen, damit sein Vater ihm nicht böse sei und das
Volk ihn nicht tadle. Auch Astyages hielt es für notwendig,
Kyros nach Hause zu schicken. Darauf schenkte er ihm die
Pferde, die er haben wollte, und gab ihm noch viele andere

αὐτὸν καὶ ἅμα ἐλπίδας ἔχων μεγάλας ἐν αὐτῷ ἄνδρα ἔσεσθαι ἱκανὸν καὶ φίλους ὠφελεῖν καὶ ἐχθροὺς ἀνιᾶν. Ἀπιόντα
δὲ τὸν Κῦρον προύπεμπον πάντες καὶ παῖδες καὶ ἥλικες
καὶ ἄνδρες καὶ γέροντες ἐφ' ἵππων καὶ Ἀστυάγης αὐτός,
καὶ οὐδένα ἔφασαν ὅντιν' οὐ δακρύοντ' ἀποστρέφεσθαι.
26 Καὶ Κῦρον δὲ αὐτὸν λέγεται σὺν πολλοῖς δακρύοις
ἀποχωρῆσαι. Πολλὰ δὲ δῶρα διαδοῦναί φασιν αὐτὸν τοῖς
ἡλικιώταις ὧν Ἀστυάγης αὐτῷ ἐδεδώκει, τέλος δὲ καὶ ἣν
εἶχε στολὴν Μηδικὴν ἐκδύντα δοῦναί τινι, δηλοῦνθ' ὅτι
τοῦτον μάλιστα ἠσπάζετο. Τοὺς μέντοι λαβόντας καὶ δε-
ξαμένους τὰ δῶρα λέγεται Ἀστυάγει ἀπενεγκεῖν, Ἀστυάγην δὲ δεξάμενον Κύρῳ ἀποπέμψαι, τὸν δὲ πάλιν τε
ἀποπέμψαι εἰς Μήδους καὶ εἰπεῖν· Εἰ βούλει, ὦ πάππε,
ἐμὲ καὶ πάλιν ἰέναι ὡς σὲ ἡδέως καὶ μὴ αἰσχυνόμενον, ἔα
ἔχειν εἴ τῴ τι ἐγὼ δέδωκα· Ἀστυάγην δὲ ταῦτα ἀκούσαντα
ποιῆσαι ὥσπερ Κῦρος ἐπέστειλεν.

27 Εἰ δὲ δεῖ καὶ παιδικοῦ λόγου ἐπιμνησθῆναι, λέγεται, ὅτε Κῦρος ἀπῄει καὶ ἀπηλλάττοντο ἀπ' ἀλλήλων,
τοὺς συγγενεῖς φιλοῦντας τῷ στόματι ἀποπέμπεσθαι αὐτὸν νόμῳ Περσικῷ· καὶ γὰρ νῦν ἔτι τοῦτο ποιοῦσι Πέρσαι·
ἄνδρα δή τινα τῶν Μήδων μάλα καλὸν κἀγαθὸν ὄντα ἐκπεπλῆχθαι πολύν τινα χρόνον ἐπὶ τῷ κάλλει τοῦ Κύρου,
ἡνίκα δὲ ἑώρα τοὺς συγγενεῖς φιλοῦντας αὐτόν, ὑπολειφ-
θῆναι· ἐπεὶ δ' οἱ ἄλλοι ἀπῆλθον, προσελθεῖν τῷ Κύρῳ καὶ
εἰπεῖν· Ἐμὲ μόνον οὐ γιγνώσκεις τῶν συγγενῶν, ὦ Κῦρε;
Τί δέ, εἰπεῖν τὸν Κῦρον, ἦ καὶ σὺ συγγενὴς εἶ; Μάλιστα,
φάναι. Ταῦτ' ἄρα, εἰπεῖν τὸν Κῦρον, καὶ ἐνεώρας μοι πολ-
λάκις· δοκῶ γάρ σε γιγνώσκειν τοῦτο ποιοῦντα. Προσελθεῖν γάρ σοι, ἔφη, ἀεὶ βουλόμενος νὴ τοὺς θεοὺς

Dinge mit, weil er ihn liebte und zugleich große Hoffnungen
hatte. daß in Kyros ein tüchtiger Mann stecke, der einmal
fähig sein werde, seinen Freunden zu nützen und seinen Feinden zu schaden. Als Kyros abreiste, begleiteten ihn alle auf
ihren Pferden: Kinder, seine Altersgenossen, Männer, Greise
und Astyages selbst, und es heißt, daß es niemanden gab, der
sich nicht unter Tränen von ihm verabschiedete. (26) Auch
Kyros soll heftig geweint haben, als er abreiste. Es heißt, er
habe seinen Kameraden vieles von dem geschenkt, was Astyages ihm gegeben hatte. Schließlich soll er auch noch sein medisches Gewand ausgezogen und jemandem geschenkt haben,
um ihm damit zu zeigen, daß er ihn ganz besonders liebte.
Doch diejenigen, die die Geschenke empfangen und angenom-
men hatten, sollen sie Astyages zurückgegeben haben. Astyages aber soll sie in Empfang genommen und Kyros nachge-
schickt haben. Er aber soll sie wieder an die Meder zurückge-
schickt und Astyages folgendes mitgeteilt haben: „Großvater,
wenn du willst, daß ich wieder gern zu dir komme, ohne mich
schämen zu müssen, dann laß jeden das behalten, was ich ihm
geschenkt habe." Astyages soll Kyros daraufhin diesen
Wunsch erfüllt haben.

(27) Es sei noch an eine amüsante Liebesgeschichte erinnert: Als Kyros abreiste und man sich voneinander trennte,
sollen ihn die Verwandten nach persischer Sitte beim Abschied
auf den Mund geküßt haben. Das tun die Perser nämlich auch
heute noch so. Ein Meder aber, ein in jeder Hinsicht tüchtiger
und anständiger Mann, soll von Kyros' Schönheit lange Zeit
ganz hingerissen gewesen sein. Als er aber sah, wie Kyros von
den Edlen geküßt wurde, habe er sich zurückgehalten. Als die
anderen schon fortgegangen waren, sei er mit folgenden Worten an Kyros herangetreten: „Bin ich denn der einzige von den
Edlen des Königs, den du nicht kennst, Kyros?" – „Wieso?"
fragte Kyros. „Bist du auch ein Edler?" – „Ja." – „Deshalb
hast du mich so oft angeschaut: Ich glaube nämlich zu erkennen, daß du dies tust." – „Immer wenn ich mich dir nähern
wollte, schämte ich mich, bei den Göttern." – „Das wäre aber

ἠσχυνόμην. Ἀλλ' οὐκ ἔδει, φάναι τὸν Κῦρον, συγγενῆ γε ὄντα· ἅμα δὲ προσελθόντα φιλῆσαι αὐτόν. 28 Καὶ τὸν Μῆδον φιληθέντα ἐρέσθαι· Ἦ καὶ ἐν Πέρσαις νόμος ἐστὶν οὗτος συγγενεῖς φιλεῖν; Μάλιστα, φάναι, ὅταν γε ἴδωσιν ἀλλήλους διὰ χρόνου ἢ ἀπίωσί ποι ἀπ' ἀλλήλων. Ὥρα ἂν εἴη σοι, ἔφη ὁ Μῆδος, πάλιν φιλεῖν ἐμέ· ἀπέρχομαι γάρ, ὡς ὁρᾷς, ἤδη· καὶ τὸν Κῦρον φιλήσαντα πάλιν ἀπο- πέμπειν καὶ ἀπιέναι. Καὶ ὁδόν τε οὔπω πολλὴν διηνύσθαι αὐτοῖς καὶ τὸν Μῆδον ἥκειν πάλιν ἱδρῶντι τῷ ἵππῳ· καὶ τὸν Κῦρον ἰδόντα· Ἀλλ' ἦ, φάναι, ἐπελάθου τι ὧν ἐβού- λου εἰπεῖν; Μὰ Δία, φάναι, ἀλλ' ἥκω διὰ χρόνου. Καὶ τὸν Κῦρον εἰπεῖν· Νὴ Δί', ὦ σύγγενες, δι' ὀλίγου γε. Ποίου ὀλίγου; εἰπεῖν τὸν Μῆδον· οὐκ οἶσθα, φάναι, ὦ Κῦρε, ὅτι καὶ ὅσον σκαρδαμύττω χρόνον, πάνυ πολύς μοι δοκεῖ εἶναι, ὅτι οὐχ ὁρῶ σε τότε τοιοῦτον ὄντα; Ἐνταῦθα δὴ τὸν Κῦρον γελάσαι τε ἐκ τῶν πρόσθεν δακρύων καὶ εἰπεῖν αὐτῷ θαρρεῖν ἀπιόντα, ὅτι παρέσται αὐτοῖς ὀλίγου χρό- νου, ὥστε ὁρᾶν ἐξέσται κἂν βούληται ἀσκαρδαμυκτί.

V

1 Ὁ μὲν δὴ Κῦρος οὕτως ἀπελθὼν εἰς Πέρσας ἐνιαυ- τὸν λέγεται ἐν τοῖς παισὶν ἔτι γενέσθαι. Καὶ τὸ μὲν πρῶ- τον οἱ παῖδες ἔσκωπτον αὐτὸν ὡς ἡδυπαθεῖν ἐν Μήδοις μεμαθηκὼς ἥκοι· ἐπεὶ δὲ καὶ ἐσθίοντα αὐτὸν ἑώρων ὥσπερ αὐτοὶ ἡδέως καὶ πίνοντα, καὶ εἴ ποτε ἐν ἑορτῇ εὐωχία γένοιτο, ἐπιδιδόντα μᾶλλον αὐτὸν τοῦ ἑαυτοῦ μέρους ᾐσθάνοντο ἢ προσδεόμενον, καὶ πρὸς τούτοις δὲ τἆλλα

nicht nötig gewesen", erwiderte Kyros, „da du doch ein Edler
bist." Mit diesen Worten ging er auf ihn zu und küßte ihn.
(28) Darauf fragte ihn der Meder: „Ist es auch bei euch Persern Sitte, die Edlen zu küssen?" – „Ja", antwortete Kyros,
„wenn sie sich nach langer Zeit wiedersehen oder sich voneinander trennen, um zu verreisen." – „Dann dürfte es jetzt also
angebracht sein", sagte der Meder, „daß du mich noch ein
zweites Mal küßt. Denn wie du siehst, gehe ich jetzt fort." So
küßte Kyros ihn ein zweites Mal, schickte ihn darauf fort und
ritt los. Sie hatten noch keine große Strecke zurückgelegt, als
der Meder erneut auf einem schwitzenden Pferd angeprescht
kam. Als Kyros ihn sah, fragte er ihn: „Hast du etwas vergessen, was du mir sagen wolltest?" – „Nein, beim Zeus, sondern
ich bin jetzt doch nach längerer Zeit wieder bei dir angekommen." Darauf sagte Kyros: „Beim Zeus, das stimmt nicht,
sondern schon nach kurzer Zeit." – „Wieso schon nach kurzer
Zeit?" fragte der Meder. „Weißt du denn nicht, mein Kyros,
daß mir selbst ein Augenblick furchtbar lang vorkommt, weil
ich dich nicht sehen kann, wo du doch so schön bist?" Da hörte
Kyros auf, noch weiter Tränen zu vergießen, und fing an zu
lachen. Dann sagte er zu ihm, er solle ruhig nach Hause gehen.
Denn er werde in Kürze wieder bei ihnen sein. Folglich werde
es ihm möglich sein, ihn wiederzusehen, und wenn er wolle,
auch länger als nur einen Augenblick lang.

V.

(1) Nachdem Kyros Medien unter diesen Umständen verlassen hatte, soll er noch ein Jahr in der Gruppe der Knaben
geblieben sein. Zuerst verspotteten ihn die Knaben, weil sie
glaubten, er habe sich bei den Medern ein weichliches Leben
angewöhnt. Als seine Altersgenossen aber sahen, daß er mit
demselben Genuß aß und trank wie sie selbst, und als sie
merkten, daß er, wenn es einmal anläßlich eines Festes ein
reichliches Mahl gab, lieber von seinem Teil etwas abgab, als

κρατιστεύοντα αὐτὸν ἑώρων περὶ ἅπαντα, ἐνταῦθα δὴ πάλιν ὑπέπτησσον αὐτῷ οἱ ἥλικες. Ἐπεὶ δὲ διῆλθε τὴν παιδείαν ταύτην καὶ εἰσῆλθεν εἰς τοὺς ἐφήβους, ἐν τούτοις αὖ
ἐδόκει κρατιστεύειν καὶ μελετῶν ἃ χρῆν καὶ καρτερῶν ἃ
ἔδει καὶ αἰδούμενος τοὺς πρεσβυτέρους καὶ πειθόμενος
τοῖς ἄρχουσι.

2 Προϊόντος δὲ τοῦ χρόνου ὁ μὲν Ἀστυάγης ἐν τοῖς
Μήδοις ἀποθνήσκει, ὁ δὲ Κυαξάρης ὁ τοῦ Ἀστυάγους παῖς,
τῆς δὲ Κύρου μητρὸς ἀδελφός, τὴν ἀρχὴν ἔλαβε τὴν τῶν
Μήδων. Ὁ δὲ τῶν Ἀσσυρίων βασιλεὺς κατεστραμμένος
μὲν πάντας Σύρους, φῦλον οὐ μικρόν, ὑπήκοον δὲ πεποιη-
μένος τὸν Ἀραβίων βασιλέα, ὑπηκόους δὲ ἔχων ἤδη καὶ
Ὑρκανίους, πολιορκῶν δὲ Βακτρίους, ἐνόμιζεν, εἰ τοὺς
Μήδους ἀσθενεῖς ποιήσειε, πάντων γε τῶν πέριξ ῥᾳδίως
ἄρξειν· ἰσχυρότατον γὰρ τῶν ἐγγὺς φύλων τοῦτο ἐδόκει
εἶναι. 3 Οὕτω δὴ διαπέμπεται πρός τε τοὺς ὑπ' αὐτὸν
πάντας καὶ πρὸς Κροῖσον τὸν Λυδῶν βασιλέα καὶ πρὸς τὸν
Καππαδοκῶν καὶ πρὸς Φρύγας ἀμφοτέρους καὶ πρὸς Παφλαγόνας καὶ Ἰνδοὺς καὶ πρὸς Κᾶρας καὶ Κίλικας, τὰ μὲν
καὶ διαβάλλων πρὸς αὐτοὺς Μήδους καὶ Πέρσας, λέγων
ὡς μεγάλα τ' εἴη ταῦτα τὰ ἔθνη καὶ ἰσχυρὰ καὶ συνεστη-
κότα εἰς τὸ αὐτό, καὶ ἐπιγαμίας ἀλλήλοις πεποιημένοι εἶεν,
καὶ κινδυνεύοιεν, εἰ μή τις αὐτοὺς φθάσας ἀσθενώσοι, ἐπὶ
ἓν ἕκαστον τῶν ἐθνῶν ἰόντες καταστρέψασθαι. Οἱ μὲν δὴ καὶ
τοῖς λόγοις τούτοις πειθόμενοι συμμαχίαν αὐτῷ ποιοῦνται,
οἱ δὲ καὶ δώροις καὶ χρήμασιν ἀναπειθόμενοι· πολλὰ γὰρ
καὶ ταῦτα ἦν αὐτῷ.

4 Κυαξάρης δέ, ὁ τοῦ Ἀστυάγους παῖς, ἐπεὶ ᾐσθάνετο
τὴν ἐπιβουλὴν καὶ τὴν παρασκευὴν τῶν συνισταμένων
ἐφ' ἑαυτόν, αὐτός τε εὐθέως ὅσα ἐδύνατο ἀντιπαρεσκευάζετο καὶ εἰς Πέρσας δὲ ἔπεμπε πρός τε τὸ κοινὸν καὶ πρὸς
Καμβύσην, τὸν τὴν ἀδελφὴν ἔχοντα καὶ βασιλεύοντα ἐν

noch mehr zu verlangen, und als sie feststellen mußten, daß er
ihnen außerdem auch sonst in allem überlegen war, da ordne-
ten sie sich ihm wieder unter. Nachdem er nun diese Erziehung
hinter sich gebracht hatte, kam er in die Gruppe der jungen
Männer. Auch unter diesen war er offensichtlich der Beste,
indem er seine Pflichten erfüllte, Ausdauer zeigte, die Alten
achtete und den Vorgesetzten gehorchte.

(2) Nach einiger Zeit starb Astyages in Medien, und Kyaxares, Astyages' Sohn und Bruder von Kyros' Mutter, wurde
König der Meder. Der Assyrerkönig hatte inzwischen ganz
Syrien mit seiner zahlreichen Bevölkerung unterworfen und
den König von Arabien von sich abhängig gemacht. Hyrkanien
gehörte bereits zu seinem Herrschaftsbereich. Außerdem setzte er Baktrien unter starken Druck. Wenn er die Meder schwäche, so meinte er, könne er ohne weiteres alle Völker in der
Umgebung Assyriens beherrschen. Denn offensichtlich stellten die Meder die stärkste Macht unter allen assyrischen Nachbarn dar. (3) So schickte er an alle, die seiner Herrschaft un-
terstanden, Gesandte: an Kroisos, den König von Lydien, an
den König von Kappadokien, an beide phrygischen Staaten,
nach Paphlagonien, nach Indien, nach Karien und nach Kilikien. Er stellte Meder und Perser bei seinen Unterworfenen in
ein schlechtes Licht, indem er erklärte, diese beiden Völker
seien groß und stark, außerdem verbündet und miteinander
verschwägert. Wenn man ihnen nicht zuvorkomme und sie
schwäche, würden sie, so sei zu fürchten, ihre Nachbarvölker
nacheinander angreifen und unterwerfen. Die einen schlossen
bereits unter dem Eindruck dieser Feststellungen ein Bündnis
mit dem König von Assyrien, die anderen wurden erst durch
den Einsatz umfänglicher Geldmittel dazu gebracht, die dem
Assyrerkönig in großer Menge zur Verfügung standen.

(4) Als aber Kyaxares, der Sohn des Astyages, von diesem
Plan und der Aufrüstung der Staaten, die sich gegen ihn verbündet hatten, erfuhr, traf er sofort die ihm möglichen Gegenmaßnahmen und schickte Gesandte an die persische Volksver-
tretung und an Kambyses, den Mann seiner Schwester und

Πέρσαις. Ἔπεμπε δὲ καὶ πρὸς Κῦρον, δεόμενος αὐτοῦ πειρᾶσθαι ἄρχοντα ἐλθεῖν τῶν ἀνδρῶν, εἴ τινας πέμποι στρατιώτας τὸ Περσῶν κοινόν. Ἤδη γὰρ καὶ ὁ Κῦρος διατετε-
λεκὼς τὰ ἐν τοῖς ἐφήβοις δέκα ἔτη ἐν τοῖς τελείοις ἀνδράσιν
ἦν. 5 Οὕτω δή, δεξαμένου τοῦ Κύρου, οἱ βουλεύοντες
γεραίτεροι αἱροῦνται αὐτὸν ἄρχοντα τῆς εἰς Μήδους στρατιᾶς. Ἔδοσαν δὲ αὐτῷ καὶ προσελέσθαι διακοσίους τῶν
ὁμοτίμων, τῶν δ' αὖ διακοσίων ἑκάστῳ τέτταρας ἔδωκαν
προσελέσθαι καὶ τούτους ἐκ τῶν ὁμοτίμων· γίγνονται μὲν
δὴ οὗτοι χίλιοι· τῶν δ' αὖ χιλίων τούτων ἑκάστῳ ἔταξαν
ἐκ τοῦ δήμου τῶν Περσῶν δέκα μὲν πελταστὰς προσελέσθαι, δέκα δὲ σφενδονήτας, δέκα δὲ τοξότας· καὶ οὕτως
ἐγένοντο μύριοι μὲν τοξόται, μύριοι δὲ πελτασταί, μύριοι
δὲ σφενδονῆται· χωρὶς δὲ τούτων οἱ χίλιοι ὑπῆρχον. Τοσαύτη μὲν δὴ στρατιὰ τῷ Κύρῳ ἐδόθη.

6 Ἐπεὶ δὲ ᾑρέθη τάχιστα, ἤρξατο πρῶτον ἀπὸ τῶν
θεῶν· καλλιερησάμενος δὲ τότε προσῃρεῖτο τοὺς διακο-
σίους· ἐπεὶ δὲ προσείλοντο καὶ οὗτοι δὴ τοὺς τέτταρας
ἕκαστοι, συνέλεξεν αὐτοὺς καὶ εἶπε τότε πρῶτον ἐν αὐτοῖς τάδε· 7 Ἄνδρες φίλοι, ἐγὼ προειλόμην μὲν μᾶλλον
ὑμᾶς, οὐ νῦν πρῶτον δοκιμάσας. ἀλλ' ἐκ παίδων ὁρῶν
ὑμᾶς, ἃ μὲν καλὰ ἡ πόλις νομίζει, προθύμως ταῦτα ἐκπο-
νοῦντας, ἃ δὲ αἰσχρὰ ἡγεῖται εἶναι, παντελῶς τούτων ἀπε-
χομένους. Ὧν δ' ἕνεκα αὐτός τε οὐκ ἄκων εἰς τόδε τὸ τέλος κατέστην καὶ ὑμᾶς παρεκάλεσα δηλῶσαι ὑμῖν βούλομαι. 8 Ἐγὼ γὰρ κατενόησα ὅτι οἱ πρόγονοι χείρους
ἡμῶν οὐδὲν ἐγένοντο· ἀσκοῦντες γοῦν κἀκεῖνοι διετέλεσαν
ἅπερ ἔργα ἀρετῆς νομίζεται· ὅ τι μέντοι προσεκτήσαντο
τοιοῦτοι ὄντες ἢ τῷ τῶν Περσῶν κοινῷ ἀγαθὸν ἢ αὑτοῖς,
τοῦτ' οὐ δύναμαι κατιδεῖν. 9 Καίτοι ἐγὼ οἶμαι οὐδεμίαν

König von Persien. Auch an Kyros schickte er Gesandte und
bat ihn, sich darum zu bemühen, als Befehlshaber der Truppen
zu Hilfe kommen zu dürfen, wenn die persische Volksvertre-
tung Soldaten schicke. Kyros hatte nämlich schon seine zehn
Jahre in der Gruppe der jungen Männer hinter sich gebracht
und gehörte bereits der Gruppe der erwachsenen Männer an.
(5) Er kam diesem Wunsch gern nach, und der Rat der Alten
wählte ihn tatsächlich zum Befehlshaber des für Medien bestimmten Heeres. Man gab ihm die Erlaubnis, sich noch zweihundert Homotimen auszusuchen. Jedem einzelnen dieser
zweihundert Männer wurde wiederum erlaubt, sich vier weitere Männer aus der obersten Adelsklasse auszusuchen. Das ergab insgesamt tausend Mann. Jeder dieser Tausend sollte aus
dem persischen Volk zehn Speerwerfer, zehn Schleuderer und
zehn Bogenschützen auswählen. Damit standen insgesamt je
zehntausend Bogenschützen, Speerwerfer und Schleuderer zur
Verfügung. Außerdem waren ja auch noch die tausend Adligen da. So groß war also das Heer, das man Kyros gab.
(6) Sobald er zum Befehlshaber gewählt worden war, hielt
er zuerst einen Gottesdienst ab. Als das Opfer günstig ausgefallen war, wählte er die Zweihundert aus. Nachdem sich auch
diese ihre jeweils vier Männer ausgewählt hatten, ließ er sie
alle zusammenkommen. Darauf hielt er vor ihnen zunächst die
folgende Rede: (7) „Meine Freunde, ich habe euch allen anderen vorgezogen, nicht weil ich eure Fähigkeiten erst jetzt erkannt hätte, sondern weil ich sah, daß ihr von Kindheit an alles
bereitwillig getan habt, was in unserem Staat für gut gehalten
wird, und daß ihr euch ganz und gar von allem fernhieltet, was
in unserem Staat als schlecht gilt. Weshalb ich selbst diese
Aufgabe nicht ungern übernommen und euch hierher gerufen
habe, will ich euch erklären. (8) Ich bin nämlich zu der Auffassung gekommen, daß unsere Vorfahren nicht schlechter waren, als wir es sind. Denn auch sie haben fortwährend Leistungen vollbracht, die als Taten tüchtiger Männer anzuerkennen
sind. Allerdings kann ich nicht erkennen, inwieweit diese tüch-

ἀρετὴν ἀσκεῖσθαι ὑπ' ἀνθρώπων ὡς μηδὲν πλέον ἔχωσιν οἱ ἀγαθοὶ γενόμενοι τῶν πονηρῶν, ἀλλ' οἵ τε τῶν παραυτίκα ἡδονῶν ἀπεχόμενοι οὐχ ἵνα μηδέποτε εὐφρανθῶσι, τοῦτο πράττουσιν, ἀλλ' ὅπως διὰ ταύτην τὴν ἐγκράτειαν πολλαπλάσια εἰς τὸν ἔπειτα χρόνον εὐφρανούμενοι οὕτω παρασκευάζονται· οἵ τε λέγειν προθυμούμενοι δεινοὶ γενέσθαι οὐχ ἵνα εὖ λέγοντες μηδέποτε παύσωνται, τοῦτο μελετῶσιν, ἀλλ' ἐλπίζοντες τῷ λέγειν εὖ πείθοντες πολλοὺς ἀνθρώπους μεγάλα ἀγαθὰ διαπράξασθαι· οἵ τε αὖ τὰ πολεμικὰ ἀσκοῦντες οὐχ ὡς μαχόμενοι μηδέποτε παύσωνται, τοῦτ' ἐκπονοῦνται, ἀλλὰ νομίζοντες καὶ οὗτοι τὰ πολεμικὰ ἀγαθοὶ γενόμενοι πολὺν μὲν ὄλβον, πολλὴν δὲ εὐδαιμονίαν, μεγάλας δὲ τιμὰς καὶ ἑαυτοῖς καὶ τῇ πόλει περιάψειν. 10 Εἰ δέ τινες ταῦτα ἐκπονήσαντες πρίν τινα καρπὸν ἀπ' αὐτῶν κομίσασθαι περιεῖδον αὑτοὺς γήρᾳ ἀδυνάτους γενομένους, ὅμοιον ἔμοιγε δοκοῦσι πεπονθέναι οἷον εἴ τις γεωργὸς ἀγαθὸς προθυμηθεὶς γενέσθαι καὶ εὖ σπείρων καὶ εὖ φυτεύων, ὁπότε αὐτὸν καρποῦσθαι ταῦτα δέοι, ἐῴη τὸν καρπὸν ἀσυγκόμιστον εἰς τὴν γῆν πάλιν καταρρεῖν. Καὶ εἴ τίς γε ἀθλητὴς πολλὰ πονήσας καὶ ἀξιόνικος γενόμενος ἀναγώνιστος διατελέσειεν, οὐδ' ἂν οὗτος ἔμοιγε δοκεῖ δικαίως ἀναίτιος εἶναι ἀφροσύνης.

11 'Αλλ' ἡμεῖς, ὦ ἄνδρες, μὴ πάθωμεν ταῦτα, ἀλλ' ἐπείπερ σύνισμεν ἡμῖν αὐτοῖς ἀπὸ παίδων ἀρξάμενοι ἀσκηταὶ ὄντες τῶν καλῶν καὶ τῶν ἀγαθῶν ἔργων, ἴωμεν ἐπὶ τοὺς πολεμίους, οὓς ἐγὼ σαφῶς ἐπίσταμαι αὐτὸς ἰδὼν ἰδιώτας ὄντας ὡς πρὸς ὑμᾶς ἀγωνίζεσθαι. Οὐ γάρ τί πω οὗτοι ἱκανοί εἰσιν ἀγωνισταί, οἳ ἂν τοξεύωσι ἢ ἀκοντίζωσι ἢ ἱππεύωσιν ἐπιστημόνως, ἢν δέ που πονῆσαι δέῃ, τούτῳ λείπωνται, ἀλλ' οὗτοι ἰδιῶταί εἰσι κατὰ τοὺς πόνους· οὐδέ γε οἵτινες ἀγρυπνῆσαι δέον ἡττῶνται τούτου, ἀλλὰ καὶ

tigen Männer zum Wohle des persischen Gemeinwesens oder zu ihrem eigenen Nutzen gewirkt haben. (9) Ich glaube jedoch, daß kein Mensch auf die Dauer große Leistungen erbringen würde, wenn er nicht aufgrund seiner Tüchtigkeit Vorteile gegenüber den Untüchtigen hätte, sondern wer sich gegenwärtige Freuden versagt, tut dies nicht, um auf jede Lust für immer zu verzichten. Er handelt vielmehr so, um sich mit diesem Verzicht vielfältige Freuden für die Zukunft zu verschaffen. Wer ein tüchtiger Redner werden will, tut dies nicht mit der Absicht, sein Leben lang gute Reden zu halten, sondern weil er hofft, mit seiner Redekunst viele Menschen zu beeinflussen und sich auf diese Weise große Vorteile zu verschaffen. Wer ferner die Kriegskunst erlernt, nimmt diese Mühe nicht auf sich, um ununterbrochen zu kämpfen, sondern weil er glaubt, sich und seinem Volk als tüchtiger Soldat großen Reichtum, Glück und Ruhm verschaffen zu können. (10) Wenn sich aber jemand derartigen Anstrengungen unterzogen hat und es dann so weit kommen ließ, daß er vor Altersschwäche die Früchte seiner Mühen nicht mehr ernten konnte, dann ist ihm meiner Meinung nach dasselbe widerfahren wie einem Mann, der ein tüchtiger Bauer sein wollte, gut säte und pflanzte, dann aber, als es Zeit wurde zu ernten, die Früchte nicht einsammelte und der Erde wieder zurückgab. Ebenso scheint mir ein Sportler, der sich zahlreichen Anstrengungen unterzog und, obwohl er den Sieg verdient hätte, sein ganzes Leben lang auf den Kampf verzichtete, mit Recht als schwachsinnig zu gelten.

(11) Aber wir, ihr Männer, wollen uns diesen Vorwurf nicht zuziehen, sondern weil uns bewußt ist, daß wir von Kindheit an tüchtige Taten vollbracht haben, wollen wir die Feinde angreifen, von denen ich genau weiß, daß sie unfähig sind, den Kampf mit uns durchzustehen. Denn diejenigen sind noch keine fähigen Kämpfer, die zwar mit dem Bogen, dem Speer und dem Pferd sachgerecht umgehen, dann aber versagen, wenn es gilt, Anstrengungen zu ertragen. Es sind vielmehr Schwächlinge. Dasselbe gilt für diejenigen, die vom Schlaf überwältigt werden, wenn es notwendig ist, wach zu bleiben. Es sind keine

οὗτοι ἰδιῶταί εἰσι κατὰ τὸν ὕπνον· οὐδέ γε οἱ ταῦτα μὲν
ἱκανοί, ἀπαίδευτοι δὲ ὡς χρὴ καὶ συμμάχοις καὶ πολεμίοις
χρῆσθαι, ἀλλὰ καὶ οὗτοι δῆλον ὅτι τῶν μεγίστων παιδευ-
μάτων ἀπείρως ἔχουσιν.   12 Ὑμεῖς δὲ νυκτὶ μὲν δήπου
ὅσαπερ οἱ ἄλλοι ἡμέρᾳ δύνασθε χρῆσθαι, πόνους δὲ τοῦ
ζῆν ἡδέως ἡγεμόνας νομίζετε, λιμῷ δὲ ὅσαπερ ὄψῳ δια-
χρῆσθε, ὑδροποσίαν δὲ ῥᾷον τῶν λεόντων φέρετε, κάλλιστον δὲ πάντων καὶ πολεμικώτατον κτῆμα εἰς τὰς ψυχὰς
συγκεκόμισθε· ἐπαινούμενοι γὰρ μᾶλλον ἢ τοῖς ἄλλοις
ἅπασι χαίρετε. Τοὺς δὲ τοῦ ἐπαίνου ἐραστὰς ἀνάγκη ἐπὶ
τοῦτο πάντα μὲν πόνον, πάντα δὲ κίνδυνον ἡδέως ὑποδύεσθαι.   13 Εἰ δὲ ταῦτα ἐγὼ λέγω περὶ ὑμῶν ἄλλῃ γιγνώσκων, ἐμαυτὸν ἐξαπατῶ. Ὅ τι γὰρ μὴ τοιοῦτον ἀποβήσεται παρ' ὑμῶν, εἰς ἐμὲ τὸ ἐλλεῖπον ἥξει. Ἀλλὰ πιστεύω
τοι τῇ πείρᾳ καὶ τῇ ὑμετέρᾳ καὶ τῇ τῶν πολεμίων μὴ ψεύ-
σειν με ταύτας τὰς ἀγαθὰς ἐλπίδας. Ἀλλὰ θαρροῦντες
ὁρμώμεθα, ἐπειδὴ καὶ ἐκποδὼν ὑμῖν γεγένηται τὸ δόξαι τῶν
ἀλλοτρίων ἀδίκως ἐφίεσθαι. Νῦν γὰρ ἔρχονται μὲν οἱ πολέμιοι ἄρχοντες ἀδίκων χειρῶν, καλοῦσι δὲ ἡμᾶς ἐπικούρους
οἱ φίλοι· τί οὖν ἐστιν ἢ τοῦ ἀλέξασθαι δικαιότερον ἢ τοῦ
τοῖς φίλοις ἀρήγειν κάλλιον;   14 Ἀλλὰ μὴν διὰ τοῦτο
ὑμᾶς οὐχ ἥκιστα οἶμαι θαρρεῖν τὸ μὴ παρημεληκότα με
τῶν θεῶν τὴν ἔξοδον ποιεῖσθαι· πολλὰ γάρ μοι συνόντες
ἐπίστασθε οὐ μόνον τὰ μεγάλα, ἀλλὰ καὶ τὰ μικρὰ πειρώμενον ἀεὶ ἀπὸ θεῶν ὁρμᾶσθαι. Τέλος εἶπε· Τί δεῖ ἔτι λέγειν; Ἀλλ' ὑμεῖς μὲν τοὺς ἄνδρας ἑλόμενοι καὶ ἀναλαβόν-
τες καὶ τἆλλα παρασκευασάμενοι ἴτε ἐς Μήδους· ἐγὼ
δ' ἐπανελθὼν πρὸς τὸν πατέρα πρόειμι δή, ὅπως τὰ τῶν πολεμίων ὡς τάχιστα μαθὼν οἷά ἐστι παρασκευάσω ὅ τι ἂν

fähigen Kämpfer, sondern Weichlinge. Dasselbe trifft auch auf
diejenigen zu, die zwar Anstrengungen und Mangel an Schlaf
ertragen können, aber keine Ahnung haben, wie man mit Bundesgenossen und Gegnern umzugehen hat. Denn diesen fehlen
offenkundig die wichtigsten Kenntnisse. (12) Ihr dagegen
dürftet doch wohl in der Lage sein, die Nacht ebenso zu nutzen
wie die anderen den Tag. Ihr seid davon überzeugt, daß Anstrengungen zu einem angenehmen Leben führen. Ihr betrachtet den Hunger als Würze. Ihr ertragt es leichter als die Löwen, nur Wasser zu trinken. Den schönsten und für den
Kampf wertvollsten Besitz tragt ihr in euren Herzen: Denn ihr
freut euch über den Ruhm mehr als über alles andere. Wer
aber Ruhm begehrt, muß dafür jede Anstrengung und jede
Gefahr mit Freude auf sich nehmen. (13) Wenn ich dies aber
sagte, obwohl ich anders über euch dächte, dann würde ich
mich selbst betrügen. Denn wenn das, was ich von euch erwarte, nicht eintreffen wird, dann werde ich der Leidtragende
sein. Aber ich glaube aufgrund meiner Erfahrung mit euch und
mit unseren Gegnern, daß ich mich in meiner Hoffnung auf
Erfolg nicht täuschen werde. Also wollen wir mutig aufbrechen, da uns ja auch nicht unterstellt werden kann, wir streb-
ten zu Unrecht nach fremdem Eigentum. Denn jetzt beginnen
die Feinde mit unrechtmäßigen Kriegshandlungen und greifen
uns an, und unsere Freunde rufen uns zu Hilfe. Was ist denn
gerechter, als sich zur Wehr zu setzen, oder schöner, als den
Freunden zu helfen? (14) Aber auch das wird euch sicherlich
Mut machen, daß ich den Göttern vor unserem Aufbruch die
ihnen gebührenden Ehren erwiesen habe. Denn ihr, die ihr
seit langem mit mir zusammen seid, wißt, daß ich mich stets
der Götter vergewissere, nicht nur wenn ich große, sondern
auch wenn ich kleine Dinge in Angriff nehme." Zum Schluß
sagte er: „Was gibt es noch zu sagen? Wählt ihr eure Männer
aus, nehmt sie mit, macht euch auch sonst fertig und marschiert nach Medien. Ich gehe noch einmal zu meinem Vater,
und dann reite ich euch voraus, um mich möglichst schnell
über die Lage der Feinde zu unterrichten und um vorzuberei-

δύνωμαι, ὅπως ὡς κάλλιστα σὺν θεῷ ἀγωνιζώμεθα. Οἱ
μὲν δὴ ταῦτα ἔπραττον.

VI

1 Κῦρος δὲ ἐλθὼν οἴκαδε καὶ προσευξάμενος Ἑστίᾳ
πατρῴᾳ καὶ Διὶ πατρῴῳ καὶ τοῖς ἄλλοις θεοῖς ὡρμᾶτο
ἐπὶ τὴν στρατείαν· συμπρούπεμπε δὲ αὐτὸν καὶ ὁ πατήρ.
Ἐπεὶ δὲ ἔξω τῆς οἰκίας ἐγένοντο, λέγονται ἀστραπαὶ καὶ
βρονταὶ αὐτῷ αἴσιοι γενέσθαι. Τούτων δὲ φανέντων οὐδὲν
ἄλλο ἔτι οἰωνιζόμενοι ἐπορεύοντο, ὡς οὐδένα ἂν λήσοντα
τὰ τοῦ μεγίστου θεοῦ σημεῖα.

2 Προϊόντι δὲ τῷ Κύρῳ ὁ πατὴρ ἤρχετο λόγου τοιοῦδε·
Ὦ παῖ, ὅτι μὲν οἱ θεοὶ ἵλεῴ τε καὶ εὐμενεῖς πέμπουσί σε
καὶ ἐν ἱεροῖς δῆλον καὶ ἐν οὐρανίοις σημείοις· γιγνώσκεις
δὲ καὶ αὐτός. Ἐγὼ γάρ σε ταῦτα ἐπίτηδες ἐδιδαξάμην,
ὅπως μὴ δι' ἄλλων ἑρμηνέων τὰς τῶν θεῶν συμβουλίας
συνίῃς, ἀλλ' αὐτὸς καὶ ὁρῶν τὰ ὁρατὰ καὶ ἀκούων τὰ
ἀκουστὰ γιγνώσκῃς καὶ μὴ ἐπὶ μάντεσιν ᾖς, εἰ βού-
λοιντό σε ἀπατᾶν ἕτερα λέγοντες ἢ τὰ παρὰ τῶν θεῶν
σημαινόμενα, μηδ' αὖ, εἴ ποτε ἄρα ἄνευ μάντεως γένοιο,
ἀποροῖο θείοις σημείοις ὅ τι χρῷο, ἀλλὰ γιγνώσκων διὰ
τῆς μαντικῆς τὰ παρὰ τῶν θεῶν συμβουλευόμενα, τούτοις
πείθοιο. **3** Καὶ μὲν δή, ὦ πάτερ, ἔφη ὁ Κῦρος, ὧν ἂν
ἵλεῳ οἱ θεοὶ ὄντες ἡμῖν συμβουλεύειν θέλωσιν, ὅσον δύναμαι κατὰ τὸν σὸν λόγον, διατελῶ ἐπιμελούμενος. Μέμνημαι γάρ, ἔφη, ἀκούσας ποτέ σου ὅτι εἰκότως ἂν καὶ παρὰ
θεῶν πρακτικώτερος εἴη ὥσπερ καὶ παρ' ἀνθρώπων ὅστις
μή, ὁπότε ἐν ἀπόροις εἴη, τότε κολακεύοι, ἀλλ' ὅτε τὰ

ten, was ich kann, damit wir möglichst erfolgreich mit Gottes
Hilfe kämpfen." Seine Leute führten diese Befehle aus.

VI.

(1) Kyros aber ging nach Hause, betete zu den Göttern der
Vorfahren, zu Hestia, zu Zeus und zu den anderen Göttern
und brach dann zu seinem Feldzug auf. Sein Vater begleitete
ihn zuerst. Als sie den Königspalast verlassen hatten, sollen
ihm Blitze und Donnerschläge Glück verheißen haben. Nach
diesen Erscheinungen brachen sie auf, ohne nach weiteren
Vorzeichen zu fragen, weil sie davon überzeugt waren, daß
niemandem die Vorzeichen des höchsten Gottes verborgen
bleiben würden.

(2) Unterwegs begann der Vater mit Kyros das folgende
Gespräch: „Mein Sohn, daß dich die Götter gnädig und wohlwollend begleiten, ist an den Opfern und himmlischen Zeichen
zu erkennen. Das siehst du auch selbst. Denn ich habe dir
diese Kunst sorgfältig beigebracht, damit du bei der Deutung
von Beschlüssen der Götter nicht auf fremde Hilfe angewiesen
bist, sondern selbst Erkenntnisse gewinnst, indem du das
Sichtbare siehst und das Hörbare hörst, und damit du nicht
Sehern ausgeliefert bist, die dich nur betrügen wollen und deshalb nicht das verkünden, was die göttlichen Zeichen wirklich
sagen. Außerdem wollte ich damit erreichen, daß du, wenn du
einmal keinen Seher zur Verfügung hast, mit den göttlichen
Zeichen etwas anzufangen weißt und ihnen Folge leisten
kannst, weil du mit Hilfe deiner Seherkunst die Ratschlüsse
der Götter verstehst." (3) „Lieber Vater", erwiderte Kyros,
„so gut ich kann, bemühe ich mich ganz im Sinne deiner Worte
ständig darum, daß die Götter uns gnädig sind und uns bereitwillig Ratschläge geben. Denn ich erinnere mich, von dir einmal gehört zu haben, daß man selbstverständlich bei Göttern
wie auch bei Menschen mehr erreicht, wenn man nicht erst
dann freundlich zu ihnen ist, sobald man in Not ist, sondern

ἄριστα πράττοι, τότε μάλιστα τῶν θεῶν μεμνῇτο· καὶ τῶν
φίλων δ' ἔφησθα χρῆναι ὡσαύτως ἐπιμελεῖσθαι. 4 Οὐκοῦν νῦν, ἔφη, ὦ παῖ, δι' ἐκείνας τὰς ἐπιμελείας ἥδιον μὲν
ἔρχῃ πρὸς τοὺς θεοὺς δεησόμενος, ἐλπίζεις δὲ μᾶλλον
τεύξεσθαι ὧν ἂν δέῃ, ὅτι συνειδέναι σαυτῷ δοκεῖς οὐπώ-
ποτ' ἀμελήσας αὐτῶν; Πάνυ μὲν οὖν, ἔφη, ὦ πάτερ, ὡς
πρὸς φίλους μοι ὄντας τοὺς θεοὺς οὕτω διάκειμαι.

5 Τί γάρ, ἔφη, ὦ παῖ, μέμνησαι ἐκεῖνα ἅ ποτε ἐδόκει
ἡμῖν, ὡς ἅπερ δεδώκασιν οἱ θεοὶ μαθόντας ἀνθρώπους βέλτιον πράττειν ἢ ἀνεπιστήμονας αὐτῶν ὄντας καὶ ἐργαζο-
μένους μᾶλλον ἀνύτειν ἢ ἀργοῦντας καὶ ἐπιμελουμένους
ἀσφαλέστερον ἂν διάγειν ἢ ἀφυλακτοῦντας τούτων· παρέχοντας οὖν τοιούτους ἑαυτοὺς οἵους δεῖ, οὕτως ἡμῖν
ἐδόκει δεῖν καὶ αἰτεῖσθαι τἀγαθὰ παρὰ τῶν θεῶν; 6 Ναὶ
μὰ Δί', ἔφη ὁ Κῦρος, μέμνημαι μέντοι ταῦτα ἀκούσας
σου· καὶ γὰρ ἀνάγκη ἦν πείθεσθαι τῷ λόγῳ. Καὶ οἶδά σε
ἐπιτιθέντα αὐτῷ ὡς οὐδὲ θέμις εἴη αἰτεῖσθαι παρὰ τῶν θεῶν
οὔτε ἱππεύειν μὴ μαθόντας ἱππομαχοῦντας νικᾶν, οὔτε μὴ
ἐπισταμένους τοξεύειν τοξεύοντας κρατεῖν τῶν ἐπισταμένων, οὔτε μὴ ἐπισταμένους κυβερνᾶν σῴζειν εὔχεσθαι ναῦς
κυβερνῶντας, οὐδὲ μὴ σπείροντάς γε σῖτον εὔχεσθαι καλὸν αὐτοῖς σῖτον φύεσθαι, οὐδὲ μὴ φυλαττομένους γε ἐν
πολέμῳ σωτηρίαν αἰτεῖσθαι· παρὰ γὰρ τοὺς τῶν θεῶν θεσ-
μοὺς ταῦτα καὶ τὰ τοιαῦτα πάντα εἶναι· τοὺς δὲ ἀθέμιτα
εὐχομένους ὁμοίως ἔφησθα εἰκὸς εἶναι παρὰ θεῶν ἀτυχεῖν
ὥσπερ καὶ παρὰ ἀνθρώπων ἀπρακτεῖν τοὺς παράνομα δεο-
ἱμένους.

7 — Ἐκείνων δέ, ὦ παῖ, ἐπελάθου ἅ ποτε ἐγὼ καὶ σὺ
ἐλογιζόμεθα ὡς ἱκανὸν εἴη καὶ καλὸν ἀνδρὶ ἔργον, εἴ τις δύ-

dann am meisten an die Götter denkt, wenn es einem besonders gut geht. Du hast aber auch gesagt, daß man sich mit derselben Sorgfalt um die Freunde kümmern müsse." (4) „Mein Sohn, kannst du denn nicht dank jener Sorgfalt und Gewissenhaftigkeit freudiger vor die Götter hintreten, um sie um etwas zu bitten, und hast du nicht mehr Recht zu erwarten, daß du bekommst, worum du bittest, weil du weißt, daß du die Götter nie vernachlässigt hast?" – „Ganz sicher, Vater. Denn ich habe zu den Göttern das gleiche Verhältnis wie zu Freunden."

(5) „Inwieweit erinnerst du dich, mein Sohn", fragte Kambyses, „an unsere gemeinsame Überzeugung, daß es den Menschen, die wissen, was ihnen die Götter gegeben haben, besser geht als denen, die es nicht wissen, daß diejenigen, die handeln, mehr erreichen als die Untätigen, daß die Aufmerksamen sicherer leben als die Unvorsichtigen und daß schließlich – so schien es uns – erst diejenigen, die die von ihnen erwarteten Leistungen erbringen, auch die Götter um ihr Glück bitten dürfen?" (6) „Ja, beim Zeus", sagte Kyros, „ich erinnere mich tatsächlich daran, derartiges von dir gehört zu haben, und es war für mich unumgänglich, deinen Ausführungen zuzustimmen. Ich weiß auch noch, daß du hinzufügtest, es sei nicht richtig, die Götter um den Sieg in einem Reitergefecht zu bitten, ohne reiten zu können, oder sie zu bitten, daß man als Bogenschütze die Fachleute übertreffe, ohne das Bogenschießen zu beherrschen, oder daß man als Steuermann Schiffe mit glücklicher Hand lenke, ohne steuern zu können, oder sie zu bitten, daß man reichlich ernte, wenn man gar kein Korn gesät habe, oder Hilfe im Krieg zu verlangen, wenn man sich nicht selbst schütze. Das alles stehe nämlich nicht im Einklang mit den göttlichen Gesetzen. Wenn man aber Götter um etwas Ungebührliches bitte, dann müsse man selbstverständlich – so hast du gesagt – ebenso scheitern, wie man erfolglos bleibe, wenn man von Menschen etwas Gesetzwidriges verlange."

(7) „Hast du aber vergessen, mein Sohn, was wir beide einmal gemeinsam überlegt haben, daß es eine befriedigende und

ναιτο ἐπιμεληθῆναι ὅπως αὐτός τε καλὸς κἀγαθὸς δοκίμως
γένοιτο καὶ ὅπως τὰ ἐπιτήδεια αὐτός τε καὶ οἱ οἰκέται
ἱκανῶς ἔχοιεν; Τὸ δέ, τούτου μεγάλου ἔργου ὄντος, οὕτως
ἐπίστασθαι ἀνθρώπων ἄλλων προστατεύειν ὅπως ἕξουσι
πάντα τὰ ἐπιτήδεια ἔκπλεω καὶ ὅπως ἔσονται πάντες
οἵους δεῖ, τοῦτο θαυμαστὸν δήπου ἡμῖν τότε ἐφαίνετο
εἶναι. 8 Ναὶ μὰ Δί', ἔφη, ὦ πάτερ, μέμνημαι καὶ τοῦτό
σου λέγοντος· συνεδόκει καὶ ἐμοὶ ὑπερμέγεθες εἶναι ἔργον τὸ καλῶς ἄρχειν· καὶ νῦν γ', ἔφη, ταὐτά μοι δοκεῖ
ταῦτα, ὅταν πρὸς αὐτὸ τὸ ἄρχειν σκοπῶν λογίζωμαι.
Ὅταν μέντοι πρὸς ἄλλους ἀνθρώπους ἰδὼν κατανοήσω
οἵοι ὄντες διαγίγνονται ἄρχοντες καὶ οἵοι ὄντες ἀνταγω-
νισταὶ ἡμῶν ἔσονται, πάνυ μοι δοκεῖ αἰσχρὸν εἶναι τὸ
τοιούτους αὐτοὺς ὄντας ὑποπτῆξαι καὶ μὴ θέλειν ἰέναι
αὐτοῖς ἀνταγωνιουμένους· οὓς, ἔφη, ἐγὼ αἰσθάνομαι ἀρξάμενος ἀπὸ τῶν ἡμετέρων φίλων τούτων ἡγουμένους δεῖν
τὸν ἄρχοντα τῶν ἀρχομένων διαφέρειν τῷ καὶ πολυτε-
λέστερον δειπνεῖν καὶ πλέον ἔχειν ἔνδον χρυσίον καὶ
πλείονα χρόνον καθεύδειν καὶ πάντα ἀπονώτερον τῶν ἀρχομένων διάγειν. Ἐγὼ δὲ οἶμαι, ἔφη, τὸν ἄρχοντα οὐ τῷ
ῥᾳδιουργεῖν χρῆναι διαφέρειν τῶν ἀρχομένων, ἀλλὰ τῷ
προνοεῖν τε καὶ φιλοπονεῖν προθυμούμενον. 9 Ἀλλά τοι,
ἔφη, ὦ παῖ, ἔστιν ἃ οὐ πρὸς ἀνθρώπους ἀγωνιστέον,
ἀλλὰ πρὸς αὐτὰ τὰ πράγματα, ὧν οὐ ῥᾴδιον εὐπόρως περιγενέσθαι. Αὐτίκα δήπου οἶσθα ὅτι, εἰ μὴ ἕξει τὰ ἐπιτήδεια ἡ στρατιά, καταλελύσεταί σου ἐὐθὺς ἡ ἀρχή. Οὐκοῦν
ταῦτα μέν, ἔφη, ὦ πάτερ, Κυαξάρης φησὶ παρέξειν τοῖς ἐντεῦθεν ἰοῦσι πᾶσιν, ὁπόσοι ἂν ὦσι. Τούτοις δὴ σύ, ἔφη, ὦ
παῖ, πιστεύων ἔρχῃ τοῖς παρὰ Κυαξάρου χρήμασιν; Ἔγωγ',
ἔφη ὁ Κῦρος. Τί δέ, ἔφη, οἶσθα ὁπόσα αὐτῷ ἔστι; Μὰ τὸν

schöne Leistung für einen Mann sei, wenn er es sich zu seiner
Aufgabe machen könne, nicht nur durch Anständigkeit und
Tüchtigkeit Ansehen zu gewinnen, sondern auch sich selbst
und seinen Hausgenossen gute Lebensbedingungen zu schaffen? Aber da dies schon eine bedeutende Leistung ist, schien
es uns damals doch wirklich bewundernswert zu sein, die Fähigkeit zu besitzen, andere Menschen so zu führen, daß sie
über alles Lebensnotwendige reichlich verfügen und daß sie
alle so werden, wie es sein muß." (8) Kyros entgegnete: „Ja,
beim Zeus, ich erinnere mich daran, daß du auch das gesagt
hast, Vater. Auch mir schien das richtige Herrschen eine außerordentlich große Leistung zu sein. Ich bin auch jetzt noch
derselben Meinung, wenn ich über das Wesen der Herrschaft
nachdenke. Wenn ich mir allerdings andere Menschen ansehe
und mir überlege, wie die Leute sind, die die Herrschaft haben
und die unsere Gegner sein werden, dann muß ich es wirklich
für eine Schande halten, sich solchen Leuten zu unterwerfen
und nicht gegen sie kämpfen zu wollen. Beginnend mit unseren Freunden hier, den Medern, stelle ich folgendes fest: Man
ist allgemein der Ansicht, der Herrscher müsse sich von den
Beherrschten dadurch unterscheiden, daß er reichlicher ißt,
mehr Geld zu Hause hat, länger schläft und in jeder Hinsicht
bequemer lebt als die Beherrschten. Ich aber glaube, daß sich
der Herrscher von den Beherrschten nicht durch Weichlichkeit
und Untätigkeit, sondern durch Fürsorge und Bereitschaft zur
Anstrengung und Entbehrung unterscheiden muß." (9) „Aber,
mein Sohn, es gibt Situationen, wo man nicht gegen Menschen
kämpfen muß, sondern mit den Umständen, die sich nicht
ohne weiteres bewältigen lassen. Du weißt doch wohl auch,
daß dir die Führung sofort verloren geht, wenn das Heer nicht
mehr über die erforderliche Verpflegung verfügt." – „Kyaxares sagt doch, daß er die Verpflegung für alle unsere Leute, die
von hier aus aufbrechen, zur Verfügung stellen werde." –
„Mein Sohn, du verläßt dich also auf die Mittel, die von Kyaxares zur Verfügung gestellt werden sollen?" – „Ja", war Kyros' Antwort. „Weißt du denn, was er überhaupt besitzt?" –

Δί', ἔφη ὁ Κῦρος, οὐ μὲν δή. Ὅμως δὲ τούτοις πιστεύεις
τοῖς ἀδήλοις; Ὅτι δὲ πολλῶν μέν σοι δεήσει, πολλὰ δὲ
αὐτὸν νῦν ἀνάγκη δαπανᾶν, οὐ γιγνώσκεις· Γιγνώσκω,
ἔφη ὁ Κῦρος. Ἢν οὖν, ἔφη, ἐπιλίπῃ αὐτὸν ἡ δαπάνη ἢ
καὶ ἑκὼν ψεύσηται, πῶς σοι ἕξει τὰ τῆς στρατιᾶς· Δῆλον
ὅτι οὐ καλῶς. Ἀτάρ, ἔφη, ὦ πάτερ, σύ, εἰ ἐνορᾷς τινα
πόρον καὶ ἀπ' ἐμοῦ ἂν προσγενόμενον ἕως ἔτι ἐν φιλίᾳ
ἐσμέν, λέγε. 10 Ἐρωτᾷς, ἔφη, ὦ παῖ, τοῦτο, εἴ τις ἂν
ἀπὸ σοῦ πόρος προσγένοιτο; Ἀπὸ τίνος δὲ μᾶλλον εἰκός ἐστι πόρον γενέσθαι ἢ ἀπὸ τοῦ δύναμιν ἔχοντος; σὺ
δὲ πεζὴν μὲν δύναμιν ἐνθένδε ἔχων ἔρχῃ ἀνθ' ἧς οἶδ' ὅτι
πολλαπλασίαν ἄλλην οὐκ ἂν δέξαιο, ἱππικὸν δέ σοι ὅπερ
κράτιστον, τὸ Μήδων, σύμμαχον ἔσται. Ποῖον οὖν ἔθνος
τῶν πέριξ οὐ δοκεῖς καὶ χαρίζεσθαι βουλόμενον ὑμῖν
ὑπηρετήσειν καὶ φοβούμενον μή τι πάθῃ; Ἃ χρή σε κοινῇ
σὺν Κυαξάρῃ σκοπεῖσθαι μήποτε ἐπιλίπῃ τι ὑμᾶς ὧν δεῖ
ὑπάρχειν, καὶ ἔθους δὲ ἕνεκα μηχανᾶσθαι προσόδου πόρον. Τόδε δὲ πάντων μάλιστά μοι μέμνησο μηδέποτε ἀνα-
μένειν τὸ πορίζεσθαι τὰ ἐπιτήδεια ἔστ' ἂν ἡ χρεία σε
ἀναγκάσῃ· ἀλλ' ὅταν μάλιστα εὐπορῇς, τότε πρὸ τῆς ἀπο-
ρίας μᾶλλον μηχανῶ. Καὶ γὰρ τεύξῃ μᾶλλον παρ' ὧν ἂν
δέῃ μὴ ἀπορεῖν δοκῶν, καὶ ἀναίτιος ἔσῃ παρὰ τοῖς σαυτοῦ στρατιώταις· ἐκ τούτου δὲ μᾶλλον καὶ ὑπὸ τῶν ἄλλων
αἰδοῦς τεύξῃ, καί, ἤν τινας βούλῃ εὖ ποιῆσαι τῇ δυνάμει ἢ κακῶς, μᾶλλον ἕως ἂν ἔχωσι τὰ δέοντα οἱ στρατιῶται

„Bei Gott, nein, das weiß ich leider nicht." – „Trotzdem verläßt du dich auf etwas, was du nicht weißt? Ist dir denn nicht klar, daß du viel benötigen wirst und daß auch er jetzt vieles aufzubringen hat?" – „Das ist mir klar", erwiderte Kyros. „Wenn ihm seine Mittel ausgehen oder er dich absichtlich hintergeht, wie wird es dann mit der Verpflegung deines Heeres aussehen?" – „Sicher nicht gut. Aber, Vater, wenn du irgendwelche Hilfsmittel siehst, über die ich selbst verfügen kann, dann nenn sie mir doch, solange wir uns noch auf persischem Boden befinden." (10) „Du fragst mich, mein Sohn, ob es irgendwelche Mittel gibt, über die du ohne fremde Hilfe verfügen könntest? Wer ist denn überhaupt eher in der Lage, derartige Mittel zu erschließen als jemand, der über eine Streitmacht verfügt? Du brichst von hier mit einem Fußvolk auf, gegen das du, wie ich weiß, kein anderes, und sei es auch noch so groß, eintauschen würdest, und die medische Reiterei, die beste der Welt, wird an deiner Seite kämpfen. Welches von unseren Nachbarvölkern ist deiner Meinung nach wohl nicht bereit, euch zur Verfügung zu stehen, weil es euch einen Gefallen tun will und weil es Angst hat, daß es sich sonst irgendwelchen Zwangsmaßnahmen aussetzen würde? Das mußt du zusammen mit Kyaxares im Auge behalten, damit euch die Mittel, die ihr braucht, niemals ausgehen. Außerdem muß es dir zur Gewohnheit werden, darauf zu achten, die Versorgung der Truppe stets sicherzustellen. Vor allem aber denk daran, daß du niemals so lange mit der Beschaffung der Lebensmittel wartest, bis dich die Not dazu zwingt, sondern wenn du über besonders reichliche Mittel verfügst, dann sorg bereits für Nachschub, bevor der Mangel eintritt. Denn du wirst von denen, die du um etwas bittest, leichter etwas bekommen, solange du noch nicht den Eindruck erweckst, in Not zu sein, und außerdem wirst du dir dann auch keine Vorwürfe von deinen Soldaten gefallen lassen müssen. Du wirst aufgrund dessen auch mehr Autorität haben, und wenn du Soldaten wirkungsvoll belohnen oder bestrafen willst, dann werden sie sich diese Maßnahmen lieber von dir gefallen lassen, solange sie haben,

ὑπηρετήσουσί σοι. καὶ πειστικωτέρους. σάφ᾽ ἴσθι. λόγους
δυνήσῃ τότε λέγειν, ὅτανπερ καὶ ἐνδείκνυσθαι μάλιστα
δύνῃ καὶ εὖ ποιεῖν ἱκανὸς ὢν καὶ κακῶς.

11 Ἀλλ᾽, ἔφη, ὦ πάτερ. ἄλλως τέ μοι καλῶς δοκεῖς
ταῦτα λέγειν πάντα, καὶ ὅτι ὧν μὲν νῦν λήψονται οἱ στρατιῶται, οὐδεὶς αὐτῶν ἐμοὶ τούτων χάριν εἴσεται· ἴσασι γὰρ
ἐφ᾽ οἷς αὐτοὺς Κυαξάρης ἐπάγεται συμμάχους. Ὁ τι
δ᾽ ἂν πρὸς τοῖς εἰρημένοις λαμβάνῃ τις. ταῦτα καὶ τιμὴν νο-
μιοῦσι καὶ χάριν τούτων εἰκὸς πλείστην εἰδέναι τῷ διδόντι.
Τὸ δ᾽ ἔχοντα δύναμιν ᾗ ἔστι μὲν φίλους εὖ ποιοῦντα ἀν-
τωφελεῖσθαι, ἔστι δὲ ἐχθροὺς ἔχοντα πειρᾶσθαί τι κτᾶσθαι
ἀπ᾽ αὐτῶν, ἔπειτ᾽ ἀμελεῖν τοῦ πορίζεσθαι, οἴει σύ, ἔφη,
ἧττόν τι τοῦτο εἶναι αἰσχρὸν ἢ εἴ τις ἔχων μὲν ἀγρούς,
ἔχων δὲ ἐργάτας οἷς ἂν ἐργάζοιτο, ἔπειτ᾽ ἐῴη τὴν γῆν
ἀργοῦσαν ἀνωφέλητον εἶναι; Ὡς γ᾽ ἐμοῦ, ἔφη, μηδέποτε ἀμελήσοντος τοῦ τὰ ἐπιτήδεια τοῖς στρατιώταις συμ-
μηχανᾶσθαι μήτ᾽ ἐν φιλίᾳ μήτ᾽ ἐν πολεμίᾳ οὕτως ἔχε τὴν
γνώμην.

12 Τί γάρ, ἔφη, ὦ παῖ, τῶν ἄλλων, ὧν ἐδόκει ποθ᾽ ἡ-
μῖν ἀναγκαῖον εἶναι μὴ παραμελεῖν. ἦ μέμνησαι; Εὖ γάρ,
ἔφη, μέμνημαι ὅτι ἐγὼ μὲν πρὸς σὲ ἦλθον ἐπ᾽ ἀργύριον,
ὅπως ἀποδοίην τῷ φάσκοντι στρατηγεῖν με πεπαιδευκέ-
ναι, σὺ δὲ ἅμα διδούς μοι ἐπηρώτας ὡδέ πως· Ἀρά γε,
ὦ παῖ, ἐν τοῖς στρατηγικοῖς καὶ οἰκονομίας τί σοι ἐπεμνήσθη ὁ ἀνὴρ ᾧ τὸν μισθὸν φέρεις; Οὐδὲν μέντοι ἧττον οἱ
στρατιῶται τῶν ἐπιτηδείων δέονται ἢ οἱ ἐν οἴκῳ οἰκέται.
Ἐπεὶ δ᾽ ἐγώ σοι λέγων τἀληθῆ εἶπον ὅτι οὐδ᾽ ὁτιοῦν
περὶ τούτου ἐπεμνήσθη, ἐπήρου με πάλιν εἴ τί μοι ὑγιείας

was sie brauchen. Und sei dir auch darüber im klaren: Deine Worte werden dann mehr Überzeugungskraft haben, wenn du ohne Schwierigkeiten zeigen kannst, daß du in der Lage bist, zu belohnen und zu bestrafen."

(11) „Vater, du scheinst mir nicht nur auch sonst in jeder Hinsicht recht zu haben, sondern auch darin, daß mir keiner von meinen Soldaten für die Dinge dankbar sein wird, die sie jetzt bekommen werden. Denn sie kennen ja die Bedingungen, unter denen sie von Kyaxares als Bundesgenossen in Anspruch genommen werden. Was sie aber über das Versprochene hinaus erhalten, werden sie für eine besondere Auszeichnung halten und dafür selbstverständlich dem, der es ihnen verschafft, besonders dankbar sein. Wer über die Mittel verfügt, mit denen er seinen Freunden Gutes tun könnte, um daraus wieder Nutzen zu ziehen, und mit denen er versuchen könnte, sich auf Kosten seiner Feinde, falls er welche hat, zu bereichern, dann aber darauf verzichtet, seine Möglichkeiten zu nutzen, ist das deiner Ansicht nach etwa weniger zu verabscheuen, als wenn jemand Äcker und Arbeiter hätte, mit denen er arbeiten könnte, dann aber sein Land unbearbeitet und nutzlos liegen ließe? Sei davon überzeugt, daß ich mich stets für die Versorgung meiner Soldaten in der Heimat und im Feindesland einsetzen werde."

(12) „Inwieweit", fragte Kambyses, „erinnerst du dich an die anderen Dinge, die unserer Meinung nach nicht vernachlässigt werden dürfen, mein Sohn?" – „Ich erinnere mich genau; als ich dich um Geld anging, um es dem Mann zu geben, der behauptete, er habe mir die Feldherrnkunst beigebracht, da hast du es mir gegeben und gleichzeitig etwa folgende Frage gestellt: ‚Mein Sohn, hat dir der Mann, dem du das Honorar bringst, im Zusammenhang mit den Kenntnissen des Feldherrn auch etwas über die Ökonomie vermittelt? Die Soldaten sind doch ebenso wie die Angehörigen des Hauses auf Versorgung mit Lebensmitteln angewiesen.‘ Als ich dir aber wahrheitsgemäß sagte, daß er darüber nicht gesprochen habe, fragtest du mich weiter, ob er zu mir über Gesundheit und körper-

πέρι ἔλεξε καὶ ῥώμης, ὡς δεῆσον τούτων ὥσπερ καὶ τῆς
στρατηγίας τὸν στρατηγὸν ἐπιμελεῖσθαι. 13 Ὡς δὲ καὶ
ταῦτ' ἀπέφησα, ἐπήρου με αὖ πάλιν εἴ τινας τέχνας ἐδί-
δαξεν, αἳ τῶν πολεμικῶν ἔργων κράτιστοι ἂν σύμμαχοι
γένοιντο. Ἀποφήσαντος δέ μου καὶ τοῦτο, ἀνέκρινας αὖ
σὺ καὶ τόδε εἴ τί μ' ἐπαίδευσεν ὡς ἂν δυναίμην στρατιᾷ
προθυμίαν ἐμβαλεῖν, λέγων ὅτι τὸ πᾶν διαφέρει ἐν παντὶ
ἔργῳ προθυμία ἀθυμίας. Ἐπεὶ δὲ καὶ τοῦτο ἀνένευον,
ἤλεγχες αὖ σὺ εἴ τινα λόγον ποιήσαιτο διδάσκων περὶ
τοῦ πείθεσθαι τὴν στρατιάν, ὡς ἄν τις μάλιστα μηχανῷτο.
14 Ἐπεὶ δὲ καὶ τοῦτο παντάπασιν ἄρρητον ἐφαίνετο,
τέλος δή μ' ἐπήρου τί ποτε διδάσκων στρατηγίαν φαίη με
διδάσκειν. Κἀγὼ δὴ ἐνταῦθα ἀπεκρινάμην ὅτι τὰ τακτικά. Καὶ σὺ γελάσας διῆλθές μοι παρατιθεὶς ἕκαστον τί
εἴη ὄφελος στρατιᾷ τακτικῶν ἄνευ τῶν ἐπιτηδείων, τί
δ' ἄνευ τοῦ ὑγιαίνειν, τί δ' ἄνευ τοῦ ἐπίστασθαι τὰς ηὑρη-
μένας εἰς πόλεμον τέχνας, τί δ' ἄνευ τοῦ πείθεσθαι. Ὡς
δέ μοι καταφανὲς ἐποίησας ὅτι μικρόν τι μέρος εἴη στρατηγίας τὰ τακτικά, ἐπερομένου μου εἴ τι τούτων σύ με
διδάξαι ἱκανὸς εἴης, ἀπιόντα με ἐκέλευσας τοῖς στρατηγικοῖς νομιζομένοις εἶναι ἀνδράσι διαλέγεσθαι καὶ πυνθάνεσθαι πῇ ἕκαστα τούτων γίγνεται.

15 Ἐκ τούτου δὴ ἐγὼ συνῆν τούτοις οὓς μάλιστα φρονίμους περὶ τούτων ἤκουον εἶναι. Καὶ περὶ μὲν τροφῆς
ἐπείσθην ἱκανὸν εἶναι ὑπάρχον ὅ τι Κυαξάρης ἔμελλε παρέξειν ἡμῖν, περὶ δὲ ὑγιείας, ἀκούων καὶ ὁρῶν ὅτι καὶ πόλεις αἱ χρήζουσαι ὑγιαίνειν ἰατροὺς αἱροῦνται καὶ οἱ στρα-
τηγοὶ τῶν στρατιωτῶν ἕνεκεν ἰατροὺς ἐξάγουσιν, οὕτω καὶ
ἐγώ, ἐπεὶ ἐν τῷ τέλει τούτῳ ἐγενόμην, εὐθὺς τούτου ἐπε-

liche Kraft gesprochen habe, da es doch nötig sei, daß sich der
Feldherr um diese Dinge ebenso kümmere wie um die Führung des Heeres. (13) Als ich aber auch dies verneinen mußte,
fragtest du mich, ob er mich irgendwelche Kriegslisten gelehrt
habe, die zur Bewältigung militärischer Aufgaben besonders
hilfreich seien. Als ich aber auch diese Frage verneinte, hast
du weitergefragt, ob er mir die Fähigkeit beigebracht habe, bei
einem Heer Mut und Einsatzbereitschaft zu wecken. Dabei
hast du darauf hingewiesen, daß sich bei jeder Tätigkeit Mut
und Mutlosigkeit grundsätzlich voneinander unterscheiden.
Als ich auch in diesem Punkt abwinkte, wolltest du wissen, ob
er mich über den Gehorsam des Heeres und die Möglichkeiten
seiner Förderung unterrichtet habe. (14) Aber auch davon
war offensichtlich überhaupt nicht die Rede gewesen. Schließlich hast du gefragt, was er mir denn eigentlich auf dem Gebiet
der Feldherrnkunst beigebracht habe. Ich antwortete daraufhin: Taktik. Du hast darüber gelacht und bist mit mir jeden
einzelnen Punkt dieses Themas durchgegangen und hast dargelegt, worin für ein Heer der Nutzen der Taktik ohne Versorgung, ohne Gesundheit, ohne Kenntnis von Kriegslisten und
ohne Gehorsam bestehe. So hast du mir deutlich gemacht, daß
die Taktik nur ein kleiner Teil der Feldherrnkunst ist. Als ich dich
fragte, ob du bereit seist, mich hierin zu unterweisen, hast du
mich aufgefordert, zu den Männern zu gehen, die als gute
Feldherrn gelten, mit ihnen zu sprechen und sie danach zu
fragen, wie es sich mit allen diesen Dingen im einzelnen verhalte.

(15) Daraufhin war ich mit den Leuten zusammen, von denen ich gehört hatte, daß sie die besten Fachleute auf diesem
Gebiet seien. Was nun die Verpflegung angeht, so habe ich
mich davon überzeugt, daß das, was Kyaxares uns zur Verfügung stellen wollte, ausreichte. Was die Gesundheit betrifft, so
hörte und sah ich, daß die Staaten, denen an der Gesundheit
gelegen ist, Ärzte einsetzen und daß die Feldherrn zum Wohle
ihrer Soldaten Ärzte einstellen. In diesem Sinne habe auch ich
mich sofort, als ich in dieses Amt eingesetzt wurde, um die
ärztliche Versorgung gekümmert, und ich glaube, mein lieber

μελήθην, καὶ οἶμαι, ἔφη, ὦ πάτερ, πάνυ ἱκανοὺς τὴν ἰατρι-
κὴν τέχνην ἕξειν μετ' ἐμαυτοῦ ἄνδρας. Πρὸς τοῦτο δὴ ὁ
πατὴρ εἶπεν. 16 'Αλλ', ὦ παῖ, ἔφη, οὗτοι μὲν οὓς λέγεις, ὥσπερ ἱματίων ῥαγέντων εἰσί τινες ἀκεσταί, οὕτω καὶ
οἱ ἰατροί, ὅταν τινὲς νοσήσωσι, τότε ἰῶνται τούτους· σοὶ
δὲ τούτου μεγαλοπρεπεστέρα ἔσται ἡ τῆς ὑγιείας ἐπιμέ-
λεια· τοῦ γὰρ ἀρχὴν μὴ κάμνειν τὸ στράτευμα, τούτου
σοι δεῖ μέλειν. Καὶ τίνα δή, ἔφη, ὦ πάτερ, ὁδὸν ἰὼν τοῦτο
πράττειν ἱκανὸς ἔσομαι; Ἦν μὲν δήπου χρόνον τινὰ μέλ-
λῃς ἐν τῷ αὐτῷ μένειν, ὑγιεινοῦ πρῶτον δεῖ στρατοπέδου
μὴ ἀμελῆσαι· τούτου δὲ οὐκ ἂν ἁμάρτοις, ἄνπερ μέλῃ σοι.
Καὶ γὰρ λέγοντες οὐδὲν παύονται οἱ ἄνθρωποι περί τε
τῶν νοσηρῶν χωρίων καὶ περὶ τῶν ὑγιεινῶν· καὶ μάρτυρες
δὲ σαφεῖς ἑκατέροις αὐτῶν παρίστανται τά τε σώματα καὶ
τὰ χρώματα. Ἔπειτα δὲ οὐ τὰ χωρία μόνον ἀρκέσει σκέψασθαι, ἀλλὰ μνήσθητι σὺ πῶς πειρᾷ σαυτοῦ ἐπιμελεῖσθαι
ὅπως ὑγιαίνῃς.

Καὶ ὁ Κῦρος εἶπε. 17 Πρῶτον μέν, νὴ Δία, πειρῶμαι
μηδέποτε ὑπερεμπίμπλασθαι· δύσφορον γάρ· ἔπειτα δὲ ἐκ-
πονῶ τὰ εἰσιόντα· οὕτω γάρ μοι δοκεῖ ἥ τε ὑγίεια μᾶλλον
παραμένειν καὶ ἰσχὺς προσγίγνεσθαι. Οὕτω τοίνυν δή, ἔφη,
ὦ παῖ, καὶ τῶν ἄλλων δεῖ ἐπιμελεῖσθαι. Ἡ καὶ σχολή, ἔφη,
ὦ πάτερ, ἔσται σωμασκεῖν τοῖς στρατιώταις; Οὐ μὰ Δί',
ἔφη ὁ πατήρ, οὐ μόνον γε, ἀλλὰ καὶ ἀνάγκη. Δεῖ γὰρ
δήπου στρατιάν, εἰ μέλλει πράξειν τὰ δέοντα, μηδέποτε
παύεσθαι ἢ τοῖς πολεμίοις κακὰ πορσύνουσαν ἢ ἑαυτῇ
ἀγαθά· ὡς χαλεπὸν μὲν καὶ ἕνα ἄνθρωπον ἀργὸν τρέφεσθαι, πολὺ δ' ἔτι χαλεπώτερον, ὦ παῖ, οἶκον ὅλον, πάντων δὲ χαλεπώτατον στρατιὰν ἀργὸν τρέφειν. Πλεῖστά τε
γὰρ τὰ ἐσθίοντα ἐν στρατιᾷ καὶ ἀπ' ἐλαχίστων ὁρμώμενα

Vater, daß ich Männer bei mir haben werde, die die ärztliche Kunst beherrschen." Dazu sagte der Vater: (16) „Die Ärzte, mein Junge, von denen du sprichst, sind Kleiderflickern vergleichbar. Sie behandeln die Leute erst dann, wenn sie schon krank sind. Du wirst aber eine weitaus wichtigere Aufgabe haben: die Erhaltung der Gesundheit. Du mußt nämlich dafür sorgen, daß deine Soldaten gar nicht erst krank werden." – „Auf welche Weise werde ich das leisten können, mein Vater?" – „Wenn du einmal eine Zeitlang an derselben Stelle bleiben willst, dann mußt du dich zuerst um einen gesunden Lagerplatz kümmern. Diesen wirst du gewiß finden, wenn du dich darum bemühst. Denn die Menschen reden doch ununterbrochen über ungesunde und gesunde Gegenden. Der körperliche Zustand und die Hautfarbe ihrer Bewohner sind deutliche Zeichen dafür, ob eine Gegend gesund oder ungesund ist. Sodann wird es aber nicht genügen, nur die Lagerplätze in Augenschein zu nehmen. Vielmehr mußt du auch daran denken, wie du für deine eigene Gesundheit Vorsorge treffen kannst."

Darauf sagte Kyros: (17) „Zuerst, beim Zeus, achte ich darauf, daß ich mir niemals den Magen überfülle. Denn das ist unerträglich. Dann aber arbeite ich alles, was ich gegessen und getrunken habe, durch körperliche Anstrengung wieder ab. Denn ich meine, daß ich auf diese Weise meine Gesundheit stärke und zugleich an Kraft zunehme." Der Vater erwiderte: „Darauf mußt du aber auch bei den anderen achten, mein Sohn." – „Werden aber die Soldaten genug Zeit für körperliches Training haben, Vater?" – „Sie werden sie, beim Zeus, nicht nur haben; sie müssen sie einfach haben. Denn ein Heer, das seine Pflichten erfüllen soll, darf doch wohl niemals damit aufhören, den Feinden Nachteile oder sich selbst Vorteile zu verschaffen. Denn es ist schon schwierig, auch nur einen einzigen untätigen Menschen zu ernähren. Noch viel schwerer aber ist ein ganzer Haushalt und am allerschwersten ein Heer zu unterhalten, das untätig ist, mein Sohn. Denn in einem Heer gibt es sehr viele Esser, die zunächst mit sehr wenig auskom-

καὶ οἷς ἂν λάβῃ δαψιλέστατα χρώμενα, ὥστε οὔποτε ἀργεῖν προσήκει στρατιάν. 18 Λέγεις σύ, ἔφη, ὦ πάτερ, ὡς ἐμοὶ δοκεῖ, ὥσπερ οὐδὲ γεωργοῦ ἀργοῦ οὐδὲν ὄφελος, οὕτως οὐδὲ στρατηγοῦ ἀργοῦ οὐδὲν ὄφελος εἶναι. Τὸν δέ γε ἐργάτην στρατηγὸν ἔγωγε, ἔφη, ἀναδέχομαι, ἢν μή τις θεὸς βλάπτῃ, ἅμα καὶ τὰ ἐπιτήδεια μάλιστα ἔχοντας τοὺς στρατιώτας ἀποδείξειν καὶ τὰ σώματα ἄριστα ἔχοντας παρασκευάσειν. Ἀλλὰ μέντοι, ἔφη, τό γε μελετᾶσθαι ἕκαστα τῶν πολεμικῶν ἔργων, ἀγῶνας ἄν τίς μοι δοκεῖ, ἔφη, ὦ πάτερ, προειπὼν ἑκάστοις καὶ ἆθλα προτιθεὶς μάλιστ' ἂν ποιεῖν εὖ ἀσκεῖσθαι ἕκαστα, ὥστε ὁπότε δέοιτο ἔχειν ἂν παρεσκευασμένοις χρῆσθαι. Κάλλιστα λέγεις, ἔφη, ὦ παῖ· τοῦτο γὰρ ποιήσας, σάφ' ἴσθι, ὥσπερ χοροὺς τὰς τάξεις ἀεὶ τὰ προσήκοντα μελετώσας θεάσῃ.

19 Ἀλλὰ μήν, ὁ Κῦρος ἔφη, εἴς γε τὸ προθυμίαν ἐμβαλεῖν στρατιώταις οὐδέν μοι δοκεῖ ἱκανώτερον εἶναι ἢ τὸ δύνασθαι ἀγαθὰς ἐλπίδας ἐμποιεῖν ἀνθρώποις. Ἀλλ', ἔφη, ὦ παῖ, τοῦτό γε τοιοῦτόν ἐστιν οἷόνπερ εἴ τις κύνας ἐν θήραις ἀνακαλοῖτο ἀεὶ τῇ κλήσει οἷαπερ ὅταν τὸ θηρίον ὁρᾷ. Τὸ μὲν γὰρ πρῶτον προθύμως εὖ οἶδ' ὅτι ἔχει ὑπακουούσας· ἢν δὲ πολλάκις ψεύδηται αὐτάς, τελευτῶσαι οὐδ' ὁπόταν ἀληθῶς ὁρῶν καλῇ πείθονται αὐτῷ. Οὕτω καὶ τὸ περὶ τῶν ἐλπίδων ἔχει· ἢν πολλάκις προσδοκίας ἀγαθῶν ἐμβαλὼν ψεύδηταί τις, τελευτῶν οὐδ' ὁπόταν ἀληθεῖς ἐλπίδας λέγῃ ὁ τοιοῦτος πείθειν δύναται. Ἀλλὰ τοῦ μὲν αὐτὸν λέγειν ἃ μὴ σαφῶς εἰδείη εἴργεσθαι δεῖ, ὦ παῖ· ἄλλοι δ' ἐνίοτε[1] λέγοντες ταὐτὸ ἂν διαπράττοιεν, τὴν δ' ἑαυτοῦ παρακέλευσιν

---

[1] Statt ἐνίοτε lies ἐνετοί.

men, dann aber alles, was ihnen in die Hände gerät, sehr reichlich genießen. Folglich darf ein Heer niemals untätig sein." Da
sagte Kyros: (18) „Vater, du meinst offensichtlich, daß ein
untätiger Feldherr ebenso wenig taugt wie ein untätiger Bauer.
Ich verbürge mich aber dafür, daß ein tatkräftiger Feldherr,
wenn nicht gerade ein Gott es verhindert, dafür sorgen wird,
daß seine Soldaten bestens versorgt sind und sich in einem
hervorragenden körperlichen Zustand befinden. Was dann
noch die Übung in den verschiedenen militärischen Disziplinen betrifft, so scheint mir, mein Vater, derjenige, der in diesen Disziplinen Wettkämpfe ansetzt und Siegespreise in Aussicht stellt, die besten Voraussetzungen für umfassende Übungen zu schaffen, so daß er im Ernstfall gut vorbereitete und
ausgebildete Soldaten zur Verfügung hat." Kambyses erwiderte: „Ich freue mich sehr über deine Worte, mein Sohn. Denn
wenn du so verfährst, dann wirst du, davon kannst du überzeugt sein, deine Truppen wie Chöre stets die notwendigen
taktischen Bewegungen präzise durchführen sehen."
(19) Kyros entgegnete: „Aber das beste Mittel, den Soldaten Mut und Einsatzbereitschaft einzuflößen, ist meines
Erachtens die Fähigkeit, den Leuten Hoffnung auf Erfolg zu
machen." – „Doch dann, mein Sohn, kann es einem genauso
gehen wie einem Jäger, der seine Hunde ununterbrochen mit
demselben Ruf anfeuert, den er auch benutzt, wenn die Beute
in Sicht ist. Denn zuerst gehorchen sie ihm, da bin ich sicher,
bereitwillig. Täuscht er sie aber mehrfach, so gehorchen sie
ihm am Ende nicht einmal dann, wenn er sie anfeuert, sobald
er tatsächlich ein Tier sieht. Dasselbe gilt auch für die Hoffnungen, die man jemandem macht. Wer mehrfach Erwartun-
gen auf einen Gewinn weckt, ohne zu halten, was er versprach,
kann am Ende bei niemandem mehr etwas erreichen, selbst
wenn er wirklich begründete Hoffnungen weckt. Man muß
sich aber auch davor hüten, mein Sohn, etwas zu sagen, was
man nicht ganz sicher weiß, mögen auch andere dasselbe erreichen, wenn sie sich zu falschen Aussagen haben verleiten lassen. Es ist aber unerläßlich, das Vertrauen auf die eigenen

εἰς τοὺς μεγίστους κινδύνους δεῖ ὡς μάλιστα ἐν πίστει διασῴζειν. Ἀλλὰ ναὶ μὰ τὸν Δί', ἔφη ὁ Κῦρος, ὦ πάτερ, καλῶς μοι δοκεῖς λέγειν, καὶ ἐμοὶ οὕτως ἥδιον.

20 Τό γε μὴν πειθομένους παρέχεσθαι τοὺς στρατιώτας, οὐκ ἀπείρως μοι δοκῶ αὐτοῦ ἔχειν, ὦ πάτερ· σύ τε
γάρ με εὐθὺς τοῦτο ἐκ παιδίου ἐπαίδευες, αὐτὸν πείθεσθαι
ἀναγκάζων· ἔπειτα τοῖς διδασκάλοις παρέδωκας, καὶ ἐκεῖνοι αὖ τὸ αὐτὸ τοῦτο ἔπραττον· ἐπεὶ δ' ἐν τοῖς ἐφήβοις
ἦμεν, ὁ ἄρχων ἡμῶν αὐτοῦ τούτου ἰσχυρῶς ἐπεμελεῖτο·
καὶ οἱ νόμοι δέ μοι δοκοῦσιν οἱ πολλοὶ ταῦτα δύο μάλιστα
διδάσκειν, ἄρχειν τε καὶ ἄρχεσθαι. Καὶ τοίνυν κατανοῶν
περὶ τούτων ἐν πᾶσιν ὁρᾶν μοι δοκῶ τὸ προτρέπον πείθεσθαι μάλιστα ὂν τὸ τὸν μὲν πειθόμενον ἐπαινεῖν τε καὶ
τιμᾶν, τὸν δὲ ἀπειθοῦντα ἀτιμάζειν τε καὶ κολάζειν.
21 Καὶ ἐπὶ μέν γε τὸ ἀνάγκῃ πείθεσθαι, ἔφη, αὕτη, ὦ παῖ,
ἡ ὁδός ἐστιν· ἐπὶ δὲ τὸ κρεῖττον τούτου πολύ, τὸ ἑκόντας
πείθεσθαι, ἄλλη ἐστὶ συντομωτέρα ὁδός. Ὃν γὰρ ἂν ἡγήσωνται περὶ τοῦ συμφέροντος ἑαυτοῖς φρονιμώτερον ἑαυτῶν
εἶναι, τούτῳ οἱ ἄνθρωποι ὑπερηδέως πείθονται. Γνοίης δ'
ἂν ὅτι τοῦθ' οὕτως ἔχει ἐν ἄλλοις τε πολλοῖς καὶ δὴ καὶ
ἐν τοῖς κάμνουσιν, ὡς προθύμως τοὺς ἐπιτάξοντας ὅ τι
χρὴ ποιεῖν καλοῦσι, καὶ ἐν θαλάττῃ δὲ ὡς προθύμως τοῖς
κυβερνήταις οἱ συμπλέοντες πείθονται, καὶ οὕς γ' ἂν νομί-
ζωσί τινες βέλτιον αὐτῶν ὁδοὺς εἰδέναι, ὡς ἰσχυρῶς τούτων οὐδ' ἀπολείπεσθαι θέλουσιν. Ὅταν δὲ οἴωνται πειθόμενοι κακόν τι λήψεσθαι, οὔτε ζημίαις πάνυ τι θέλουσιν
εἴκειν οὔτε δώροις ἐπαίρεσθαι. Οὐδὲ γὰρ δῶρα ἐπὶ τῷ ἑαυτοῦ κακῷ ἑκὼν οὐδεὶς λαμβάνει.

22 Λέγεις σύ, ἔφη, ὦ πάτερ, εἰς τὸ πειθομένους ἔχειν
οὐδὲν εἶναι ἀνυτικώτερον τοῦ φρονιμώτερον δοκεῖν εἶναι
τῶν ἀρχομένων. Λέγω γὰρ οὖν, ἔφη. Καὶ πῶς δή τις ἄν, ὦ

Worte der Ermunterung gerade im Blick auf die größten Gefahren so weit wie möglich zu erhalten." – „Beim Zeus, mein
Vater, ich finde, du hast recht, und so ist es mir auch lieber."

(20) „Was nun die Maßnahmen betrifft, die den Gehorsam
der Soldaten erhalten, so glaube ich, darin einige Erfahrung zu
haben, mein Vater. Denn du hast es mir von Kindheit an
beigebracht, indem du mich zwangst, dir zu gehorchen. Dann
hast du mich den Lehrern übergeben, und jene haben wieder
genau dasselbe getan. Als wir dann in der Gruppe der jungen
Männer waren, hat unser Leiter ebenfalls streng darauf geachtet. Auch die meisten Gesetze scheinen mir vor allem diese
beiden Dinge zu lehren: zu befehlen und zu gehorchen. Wenn
ich nun darüber nachdenke, dann meine ich in allen Dingen
den wirkungsvollsten Antrieb zum Gehorchen darin zu sehen,
daß man den, der gehorcht, lobt und ehrt, während man den,
der den Gehorsam verweigert, verachtet und bestraft."
(21) „Ja, mein Sohn", sagte Kambyses, „das ist der Weg zum
erzwungenen Gehorsam. Es gibt aber noch einen anderen,
kürzeren Weg zum freiwilligen Gehorsam, der weit besser ist.
Denn die Menschen gehorchen sehr gern jedem, von dem sie
annehmen, daß er über alles, was ihnen nützlich ist, besser
Bescheid weiß als sie selbst. Du weißt doch wohl, daß dies zum
Beispiel ganz besonders für Kranke gilt: Wie bereitwillig rufen
sie die Ärzte zu sich, die ihnen verordnen sollen, was notwendig ist. Wie bereitwillig gehorchen die Reisenden auf See den
Schiffsführern. Wie sorgfältig achtet man darauf, diejenigen
nicht aus den Augen zu verlieren, von denen man meint, daß
sie die Wege besser kennen als man selbst. Wenn man aber
annehmen muß, daß man durch Gehorsam einen Nachteil erleidet, dann läßt man sich weder durch Strafen noch durch
Belohnungen dazu bewegen. Denn niemand nimmt freiwillig
Belohnungen zu seinem eigenen Nachteil an."
(22) „Du sagst, mein Vater, daß man die Bereitschaft zum
Gehorsam durch nichts so wirksam erreichen kann wie dadurch, daß man für sachverständiger gilt als die Untergebenen." – „Richtig." – „Aber, mein Vater, wie könnte man sich

πάτερ, τοιαύτην δόξαν τάχιστα περὶ αὐτοῦ παρασχέσθαι
δύναιτο; Οὐκ ἔστιν, ἔφη, ὦ παῖ, συντομωτέρα ὁδὸς περὶ
ὧν ἂν βούλῃ δοκεῖν φρόνιμος εἶναι ἢ τὸ γενέσθαι περὶ τούτων φρόνιμον. Καθ' ἓν δ' ἕκαστον σκοπῶν γνώσῃ ὅτι ἐγὼ
ἀληθῆ λέγω. Ἢν γὰρ βούλῃ μὴ ὢν ἀγαθὸς γεωργὸς δοκεῖν εἶναι ἀγαθός, ἢ ἱππεὺς ἢ ἰατρὸς ἢ αὐλητὴς ἢ ἄλλ' ὁ-
τιοῦν, ἐννόει πόσα σε δέοι ἂν μηχανᾶσθαι τοῦ δοκεῖν
ἕνεκα. Καὶ εἰ δὴ πείσαις ἐπαινεῖν τέ σε πολλούς, ὅπως
δόξαν λάβοις, καὶ κατασκευὰς καλὰς ἐφ' ἑκάστῳ αὐτῶν
κτήσαιο, ἄρτι τε ἐξηπατηκὼς εἴης ἂν καὶ ὀλίγῳ ὕστερον,
ὅπου πεῖραν δοίης, ἐξεληλεγμένος ἂν προσέτι καὶ ἀλαζὼν
φαίνοιο. 23 Φρόνιμος δὲ περὶ τοῦ συνοίσειν μέλλοντος
πῶς ἄν τις τῷ ὄντι γένοιτο; Δῆλον, ἔφη, ὦ παῖ, ὅτι, ὅσα
μὲν ἔστι μαθόντα εἰδέναι, μαθὼν ἄν, ὥσπερ τὰ τακτικὰ
ἔμαθες· ὅσα δὲ ἀνθρώποις οὔτε μαθητὰ οὔτε προορατὰ ἀνθρωπίνῃ προνοίᾳ, διὰ μαντικῆς ἂν παρὰ θεῶν πυνθανόμενος φρονιμώτερος ἄλλων εἴης· ὅ τι δὲ γνοίης βέλτιον ὂν
πραχθῆναι, ἐπιμελόμενος ἂν τούτου ὡς ἂν πραχθείη. Καὶ
γὰρ τὸ ἐπιμελεῖσθαι οὗ ἂν δέῃ φρονιμωτέρου ἀνδρὸς ἢ τὸ
ἀμελεῖν.

24 Ἀλλὰ μέντοι ἐπί γε τὸ φιλεῖσθαι ὑπὸ τῶν ἀρχομένων, ὅπερ ἔμοιγε ἐν τοῖς μεγίστοις δοκεῖ εἶναι, δῆλον ὅτι ἡ
αὐτὴ ὁδὸς ἥπερ εἴ τις ὑπὸ τῶν φίλων στέργεσθαι ἐπιθυ-
μοίη· εὖ γὰρ οἶμαι δεῖν ποιοῦντα φανερὸν εἶναι. Ἀλλὰ
τοῦτο μέν, ἔφη, ὦ παῖ, χαλεπὸν τὸ ἀεὶ δύνασθαι εὖ ποιεῖν
οὓς ἄν τις ἐθέλῃ· τὸ δὲ συνηδόμενόν τε φαίνεσθαι, ἤν τι
ἀγαθὸν αὐτοῖς συμβαίνῃ, καὶ συναχθόμενον, ἤν τι κακόν,
καὶ συνεπικουρεῖν προθυμούμενον ταῖς ἀπορίαις αὐτῶν,

einen derartigen Ruf möglichst schnell erwerben?" – „Es gibt,
mein Sohn, keinen schnelleren Weg, auf dem jeweils gewünschten Gebiet den Ruf eines Sachverständigen zu erwerben, als dort wirklich ein Sachverständiger zu werden. Sobald
du dir einzelne Beispiele ansiehst, wirst du erkennen, daß ich
recht habe. Wenn du nämlich den Ruf eines guten Landwirtes
haben willst, ohne es in Wirklichkeit zu sein, oder eines guten
Reiters, Arztes, Flötenspielers usw., dann bedenke, was du
alles um dieses Rufes willen anstellen müßtest. Wenn du auch,
um anerkannt zu werden, viele dazu bringen könntest, dich zu
loben, und wenn du dir auch schöne Geräte und Werkzeuge
für jede einzelne dieser Künste anschafftest, so könntest du die
Leute doch nur einen Augenblick lang täuschen, und ein wenig
später, sobald du eine Probe deines Könnens abgeben müßtest, würdest du entlarvt und ständest außerdem noch als Prahler da." (23) „Wie könnte man nun wirklich zu einem Fachmann werden, der über das Nützliche Bescheid weiß?" –
„Ganz einfach, mein Sohn, indem du alles, was man lernen
und wissen kann, lernst, wie du auch die Taktik gelernt hast.
Was Menschen aber weder lernen noch mit ihrem menschlichen Verstand voraussehen können, kannst du mit Hilfe der
Seherkunst von den Göttern erfahren, und dann wirst du wohl
klüger sein als andere. Wenn du einmal erkannt hast, daß man
etwas Bestimmtes tun sollte, dann kümmere dich darum, daß
es auch getan wird. Denn es ist ein Zeichen größerer Klugheit,
sich für das Notwendige einzusetzen, als es nicht zu tun.

(24) Doch die Liebe der Untergebenen, die meines Erachtens zu den größten Werten gehört, erwirbt man sich offensichtlich auf demselben Weg, auf dem man auch die Zuneigung der Freunde gewinnt. Man muß sich, wie ich meine, als
ihr Wohltäter erweisen. Aber, mein Sohn, man ist nicht immer
so ohne weiteres in der Lage, denen Gutes zu tun, bei denen
man es will. Aber man muß ihnen mehr noch dadurch zur Seite
stehen, daß man sich erkennbar mit ihnen freut, wenn ihnen
etwas Gutes zuteil wird, daß man mit ihnen leidet, wenn ihnen
etwas Schlimmes passiert, daß man bereit ist, ihnen in ihren

καὶ φοβούμενον μή τι σφαλῶσι, καὶ προνοεῖν πειρώμενον ὡς μὴ σφάλλωνται, ταῦτά πως δεῖ μᾶλλον συμπαρομαρτεῖν. 25 Καὶ ἐπὶ τῶν πράξεων δέ, ἢν μὲν ἐν θέρει ὦσι, τὸν ἄρχοντα δεῖ τοῦ ἡλίου πλεονεκτοῦντα φανερὸν εἶναι, ἢν δὲ ἐν χειμῶνι, τοῦ ψύχους, ἢν δὲ δέῃ μοχθεῖν, τῶν πόνων· πάντα γὰρ ταῦτα εἰς τὸ φιλεῖσθαι ὑπὸ τῶν ἀρχομένων συλλαμβάνει. Λέγεις σύ, ἔφη, ὦ πάτερ, ὡς καὶ καρτερώτερον δεῖ πρὸς πάντα τὸν ἄρχοντα τῶν ἀρχομένων εἶναι. Λέγω γὰρ οὖν, ἔφη· θάρρει μέντοι, ὦ παῖ· εὖ γὰρ ἴσθι ὅτι τῶν ὁμοίων σωμάτων οἱ αὐτοὶ πόνοι οὐχ ὁμοίως ἅπτονται ἄρχοντός τε ἀνδρὸς καὶ ἰδιώτου, ἀλλ᾽ ἐπικουφίζει τι ἡ τιμὴ τοὺς πόνους τῷ ἄρχοντι καὶ τὸ αὐτὸν εἰδέναι ὅτι οὐ λανθάνει ὅ τι ἂν ποιῇ.

26 Ὁπότε δέ, ὦ πάτερ, ἤδη ἔχοιεν μὲν τὰ ἐπιτήδεια οἱ στρατιῶται, ὑγιαίνοιεν δέ, πονεῖν δὲ δύναιντο, τὰς δὲ πολεμικὰς τέχνας ἠσκηκότες εἶεν, φιλοτίμως δ᾽ ἔχοιεν πρὸς τὸ ἀγαθοὶ φαίνεσθαι, τὸ δὲ πείθεσθαι αὐτοῖς ἥδιον εἴη τοῦ ἀπειθεῖν, οὐκ ἂν τηνικαῦτα σωφρονεῖν ἄν τίς σοι δοκοίη διαγωνίζεσθαι βουλόμενος πρὸς τοὺς πολεμίους ὡς τάχιστα; Ναὶ μὰ Δί᾽, ἔφη, εἰ μέλλοι γε πλέον ἕξειν· εἰ δὲ μή, ἔγωγ᾽ ἂν ὅσῳ οἰοίμην καὶ αὐτὸς βελτίων εἶναι καὶ τοὺς ἑπομένους βελτίονας ἔχειν, τόσῳ ἂν μᾶλλον φυλαττοίμην, ὥσπερ καὶ τἆλλα ἃ ἂν οἰώμεθα πλείστου ἡμῖν ἄξια εἶναι, ταῦτα πειρώμεθα ὡς ἐν ἐχυρωτάτῳ ποιεῖσθαι.

27 Πλέον δ᾽ ἔχειν, ὦ πάτερ, πολεμίων πῶς ἄν τις δύναιτο μάλιστα; Οὐ μὰ Δί᾽, ἔφη, οὐκέτι τοῦτο φαῦλον, ὦ παῖ, οὐδ᾽ ἁπλοῦν ἔργον ἐρωτᾷς· ἀλλ᾽ εὖ ἴσθι ὅτι δεῖ τὸν μέλλοντα τοῦτο ποιήσειν καὶ ἐπίβουλον εἶναι καὶ κρυψίνουν καὶ δολερὸν καὶ ἀπατεῶνα καὶ κλέπτην καὶ ἅρπαγα

Nöten zu helfen, daß man besorgt darum ist, es könne ihnen
etwas zustoßen, und daß man versucht, sie vor Unglück zu
bewahren. (25) Sobald im Sommer oder im Winter Leistungen
zu vollbringen sind, muß der Befehlshaber zeigen, daß er mehr
Sonnenhitze und mehr Kälte erträgt als seine Untergebenen.
Wenn unter großen Mühen etwas auszuführen ist, muß er beweisen, daß er größere Anstrengungen aushält. Denn alles
dies führt dazu, daß er von seinen Untergebenen geliebt wird."
– „Du meinst also, Vater, daß der Befehlshaber in jeder Hinsicht stärker sein muß als seine Untergebenen." – „Ganz recht.
Doch laß dich dadurch nicht entmutigen, mein Sohn. Denn du
mußt genau wissen, daß dieselben Anstrengungen den Befehlshaber und den einfachen Soldaten trotz gleicher körperlicher Beanspruchung nicht in gleicher Weise bedrücken. Das
hohe Amt und das Bewußtsein, daß niemandem verborgen
bleibt, was er tut, machen es dem Befehlshaber leichter, seine
Anstrengungen zu ertragen."

(26) „Wenn aber, lieber Vater, die Soldaten schon über alles, was sie brauchen, verfügen, wenn sie gesund sind, sich
anstrengen können, in den Künsten des Krieges geübt sind,
ehrgeizig ihre Tüchtigkeit beweisen wollen und außerdem lieber gehorsam als ungehorsam sind, erwiese sich dann deiner
Meinung nach ein Feldherr nicht als vernünftig, wenn er möglichst bald mit den Feinden kämpfen wollte?" – „Ja, beim
Zeus, wenn er auf diese Weise einen Vorteil erzielen könnte.
Andernfalls würde ich mich um so mehr in acht nehmen, je
höher ich meine eigene Leistungsfähigkeit und die Kampfkraft
meiner Soldaten einschätzte. Denn wir versuchen doch auch
auf alle anderen Dinge, die wir für besonders wertvoll halten,
möglichst gut aufzupassen."

(27) „Auf welche Weise könnte man es am besten erreichen, Vater, einen Vorteil vor den Feinden zu haben?" –
„Mein Sohn, das ist, beim Zeus, keine unbedeutende und einfache Frage mehr. Aber du mußt wirklich wissen, daß derjenige, der dies erreichen will, listig, verschlagen und schlau, ein
Betrüger, ein Dieb, ein Räuber sein und den festen Willen

καὶ ἐν παντὶ πλεονέκτην τῶν πολεμίων. Καὶ ὁ Κῦρος ἐπιγελάσας εἶπεν· Ὦ Ἡράκλεις, οἷον σὺ λέγεις, ὦ πάτερ,
δεῖν ἄνδρα με γενέσθαι. Οἷος ἂν ⟨ὤν⟩, ἔφη, ὦ παῖ, δικαιό-
τατός τε καὶ νομιμώτατος ἀνὴρ εἴης. 28 Πῶς μήν, ἔφη,
παῖδας ὄντας ἡμᾶς καὶ ἐφήβους τἀναντία τούτων ἐδιδά-
σκετε; Ναὶ μὰ Δί', ἔφη, καὶ νῦν γε πρὸς τοὺς φίλους τε
καὶ πολίτας· ὅπως δέ γε τοὺς πολεμίους δύναισθε κακῶς
ποιεῖν οὐκ οἶσθα μανθάνοντας ὑμᾶς πολλὰς κακουργίας;
Οὐ δῆτα, ἔφη, ἔγωγε, ὦ πάτερ. Τίνος μὴν ἕνεκα, ἔφη,
ἐμανθάνετε τοξεύειν; τίνος δ' ἕνεκα ἀκοντίζειν; τίνος δ'
ἕνεκα δολοῦν ὗς ἀγρίους πλέγμασι καὶ ὀρύγμασι; τί
δ' ἐλάφους ποδάγραις καὶ ἁρπεδόναις; τί δὲ λέουσι καὶ
ἄρκτοις καὶ παρδάλεσιν οὐκ εἰς τὸ ἴσον καθιστάμενοι ἐμά-
χεσθε, ἀλλὰ μετὰ πλεονεξίας τινὸς αἰεὶ ἐπειρᾶσθε ἀγωνίζεσθαι πρὸς αὐτά; Ἦ οὐ πάντα γιγνώσκεις ταῦτα ὅτι
κακουργίαι τέ εἰσι καὶ ἀπάται καὶ δολώσεις καὶ πλεονεξίαι; 29 Ναὶ μὰ Δί', ἔφη ὁ Κῦρος. θηρίων γε· ἀνθρώπων
δὲ εἰ καὶ δόξαιμι βούλεσθαι ἐξαπατῆσαί τινα, πολλὰς πληγὰς οἶδα λαμβάνων. Οὐδὲ γὰρ τοξεύειν, οἶμαι, οὐδ' ἀκοντίζειν ἄνθρωπον ἐπετρέπομεν ὑμῖν, ἀλλ' ἐπὶ σκοπὸν βάλλειν ἐδιδάσκομεν, ἵνα γε νῦν μὲν μὴ κακουργοῖητε τοὺς φίλους, εἰ δέ ποτε πόλεμος γένοιτο, δύναισθε καὶ ἀνθρώπων
στοχάζεσθαι.

Καὶ ἐξαπατᾶν δὲ καὶ πλεονεκτεῖν οὐκ ἐν ἀνθρώποις ἐπαι-
δεύομεν ὑμᾶς, ἀλλ' ἐν θηρίοις, ἵνα μηδ' ἐν τούτοις τοὺς
φίλους βλάπτοιτε, εἰ δέ ποτε πόλεμος γένοιτο, μηδὲ τούτων ἀγύμναστοι εἴητε. 30 Οὐκοῦν, ἔφη, ὦ πάτερ, εἴπερ
χρήσιμά ἐστιν ἀμφότερα ἐπίστασθαι, εὖ τε ποιεῖν καὶ κακῶς ἀνθρώπους, καὶ διδάσκειν ἀμφότερα ταῦτα ἔδει ἐν

haben muß, den Feinden mit allen Mitteln überlegen zu sein." Da mußte Kyros lachen: „Beim Herakles, was für ein Mann muß ich deinen Worten nach werden." – „Du müßtest so sein, mein Sohn, daß du dabei zugleich der gerechteste und gesetzestreueste Mann bliebest." (28) „Wieso habt ihr uns, als wir noch Kinder und junge Männer waren, völlig andere Eigenschaften beigebracht?" – „Beim Zeus, ihr sollt euch auch heute noch so gegenüber Freunden und Mitbürgern verhalten, wie ihr es damals gelernt habt. Doch weißt du nicht, daß ihr auch viele Ränke lernt, damit ihr euren Feinden schaden könnt?" – „Nein, das weiß ich nicht, Vater." – „Wozu lerntet ihr denn das Bogenschießen? Wozu das Speerwerfen? Wozu lerntet ihr es, Wildschweine mit Netzen und in Gruben und Hirsche mit Schlingen und Stricken zu fangen? Weshalb habt ihr mit Löwen, Bären und Panthern nicht unter gleichen Bedingungen gekämpft, sondern stets versucht, sie unter Ausnutzung eines Vorteils zu erlegen? Erkennst du nicht, daß alle diese Handlungen üble Taten, Täuschungen und Betrügereien sind und in unredlicher Ausnutzung von Vorteilen bestehen?" (29) „Ja, beim Zeus", erwiderte Kyros, „doch nur Tieren gegenüber. Wenn ich aber nur den Eindruck erweckte, einen Menschen betrügen zu wollen, dann – das weiß ich genau – erhielte ich viele Schläge." – „Ja. Denn, wie ich meine, haben wir euch nicht erlaubt, mit dem Bogen auf Menschen zu schießen oder mit dem Speer zu werfen, sondern euch gelehrt, ein Ziel zu treffen, damit ihr im Augenblick euren Freunden nichts Böses antut, später aber, wenn einmal ein Krieg ausbricht, auch auf Menschen zielen könnt.

Wir haben euch auch nicht beigebracht, Täuschung und hinterlistige Ausnutzung von Vorteilen gegenüber Menschen, sondern nur gegenüber Tieren anzuwenden, nicht damit ihr auf diese Weise euren Freunden schaden könnt, sondern damit ihr in diesen Fertigkeiten nicht ungeübt seid, wenn einmal ein Krieg ausbricht." (30) „Wenn es also nützlich ist, Vater, beides zu verstehen, den Menschen zu nützen und zu schaden, dann wäre es auch erforderlich, beides auch im Blick auf Men-

ἀνθρώποις. 31 Ἀλλὰ λέγεται, ἔφη, ὦ παῖ, ἐπὶ τῶν ἡμετέρων προγόνων γενέσθαι ποτὲ ἀνὴρ διδάσκαλος τῶν παίδων,
ὃς ἐδίδασκεν ἄρα τοὺς παῖδας τὴν δικαιοσύνην, ὥσπερ σὺ
κελεύεις, μὴ ψεύδεσθαι καὶ ψεύδεσθαι, καὶ μὴ ἐξαπατᾶν καὶ
ἐξαπατᾶν, καὶ μὴ διαβάλλειν καὶ διαβάλλειν, καὶ μὴ πλεονεκτεῖν καὶ πλεονεκτεῖν. Διώριζε δὲ τούτων ἅ τε πρὸς τοὺς
φίλους ποιητέον ἦν καὶ ἃ πρὸς τοὺς ἐχθρούς. Ἔτι δὲ καὶ
ταῦτα ἐδίδασκεν ὡς καὶ τοὺς φίλους δίκαιον εἴη ἐξαπατᾶν
ἐπί γε ἀγαθῷ, καὶ κλέπτειν τὰ τῶν φίλων ἐπὶ ἀγαθῷ.
32 Ταῦτα δὲ διδάσκοντα ἀνάγκη καὶ γυμνάζειν ἦν πρὸς
ἀλλήλους τοὺς παῖδας ταῦτα ποιεῖν, ὥσπερ καὶ ἐν πάλῃ
φασὶ τοὺς Ἕλληνας διδάσκειν ἐξαπατᾶν, καὶ γυμνάζειν δὲ
τοὺς παῖδας πρὸς ἀλλήλους τοῦτο δύνασθαι ποιεῖν. Γενόμενοι οὖν τινες οὕτως εὐφυεῖς καὶ πρὸς τὸ ἐξαπατᾶν
καὶ πρὸς τὸ πλεονεκτεῖν, ἴσως δὲ καὶ πρὸς τὸ φιλοκερδεῖν
οὐκ ἀφυεῖς ὄντες, οὐκ ἀπείχοντο οὐδ᾽ ἀπὸ τῶν φίλων τὸ μὴ
οὐχὶ πλεονεκτεῖν αὐτῶν πειρᾶσθαι. 33 Ἐγένετο οὖν ἐκ
τούτων ῥήτα, ᾗ καὶ νῦν χρώμεθα ἔτι, ἁπλῶς διδάσκειν
τοὺς παῖδας ὥσπερ τοὺς οἰκέτας πρὸς ἡμᾶς αὐτοὺς δι-
δάσκομεν ἀληθεύειν καὶ μὴ ἐξαπατᾶν μηδὲ κλέπτειν μηδὲ
πλεονεκτεῖν, τὸν δὲ παρὰ ταῦτα ποιοῦντα, κολάζειν, ὅπως
σὺν τοιούτῳ ἔθει ἐθισθέντες πρᾳότεροι πολῖται γένοιντο.
34 Ἐπεὶ δὲ ἔχοιεν τὴν ἡλικίαν ἥνπερ καὶ σὺ νῦν ἔχεις,
ἤδη καὶ τὰ πρὸς τοὺς πολεμίους νόμιμα ἐδόκει ἀσφαλὲς
εἶναι διδάσκειν. Οὐ γὰρ ἂν ἔτι ἐξενεχθῆναι δοκεῖτε πρὸς τὸ
ἄγριοι πολῖται γενέσθαι ἐν τῷ αἰδεῖσθαι ἀλλήλους συντε-
θραμμένοι· ὥσπερ γε καὶ περὶ ἀφροδισίων οὐ διελεγόμεθα
πρὸς τοὺς ἄγαν νέους, ἵνα μὴ πρὸς τῇ ἰσχυρᾷ ἐπιθυμίᾳ

schen zu lehren." (31) „Mein Sohn, man erzählt sich, daß es
zur Zeit unserer Vorfahren einmal einen Lehrer für die Jungen
gab, der die Jungen die Gerechtigkeit so lehrte, wie du es
verlangst, d. h. ihnen beibrachte, nicht zu lügen und doch zu
lügen, nicht zu betrügen und doch zu betrügen, nicht zu verleumden und doch zu verleumden, einen Vorteil nicht hinterli-
stig zu nutzen und es doch zu tun. Dabei unterschied er jedoch
zwischen dem, was man gegenüber seinen Freunden, und dem,
was man gegenüber seinen Feinden tun müsse. Er brachte
ihnen auch noch bei, daß es gerecht sei, seine Freunde zu
täuschen und ihnen ihren Besitz zu stehlen, wenn es zu ihrem
Nutzen sei. (32) Während er dies lehrte, mußte er die Knaben
auch darin üben, diese Fähigkeiten gegenseitig anzuwenden,
wie auch die Griechen beim Ringkampf, so sagt man, das Täuschen lehren und die Jungen darin üben, daß sie die Täuschungsmanöver auch gegeneinander durchführen können.
Einige waren nun so befähigt, geschickt zu täuschen und zu
überrumpeln – das Streben nach Vorteilen gehörte wohl zu
ihren natürlichen Anlagen –, daß sie nicht darauf verzichteten,
ihre Fähigkeit zum Übervorteilen sogar an ihren Freunden zu
erproben. (33) Deshalb wurde die auch heute noch geltende
Bestimmung erlassen, die Jungen ganz einfach nur dazu zu
erziehen, daß sie die Wahrheit sagen, nicht betrügen und niemanden übervorteilen wollen, wie wir es ja auch unsere Diener für den Umgang mit uns selbst lehren, und jeden, der
gegen diese Bestimmung verstößt, zu bestrafen, damit sie sich
an diese Einstellung gewöhnen und zu fügsameren Bürgern
werden. (34) Wenn sie dann aber das Alter erreichten, das du
jetzt hast, dann schien es unbedenklich zu sein, sie auch das
richtige Verhalten gegenüber den Feinden zu lehren. Denn
dann ist offensichtlich nicht mehr zu befürchten, daß ihr euch
zu bösartigen und gemeingefährlichen Mitbürgern entwickelt,
da ihr in gegenseitiger Achtung voreinander aufgewachsen
seid. So haben wir ja auch nie mit allzu jungen Menschen über
sexuelle Fragen gesprochen, damit vermieden wird, daß sich
bei ihnen mit dem heftigen Geschlechtstrieb Leichtsinn und

αὐτοῖς ῥᾳδιουργίας προσγενομένης ἀμέτρως αὐτῇ χρῶντο οἱ νέοι.

35 Νὴ Δί', ἔφη· ὡς τοίνυν ὀψιμαθῆ ὄντα ἐμὲ τούτων τῶν πλεονεξιῶν, ὦ πάτερ, μὴ φείδου εἴ τι ἔχεις διδάσκειν ὅπως πλεονεκτήσω ἐγὼ τῶν πολεμίων. Μηχανῶ τοίνυν, ἔφη, ὅπως εἰς τὴν δύναμιν τεταγμένοις τοῖς σαυτοῦ ἀτάκτους λαμβάνῃς τοὺς πολεμίους καὶ ὡπλισμένοις ἀόπλους καὶ ἐγρηγορόσι καθεύδοντας καὶ φανερούς σοι ὄντας ἀφανὴς αὐτὸς ὢν ἐκείνοις καὶ ἐν δυσχωρίαις αὐτοὺς γιγνομένους ἐν ἐρυμνῷ αὐτὸς ὢν ὑποδέξῃ. 36 Καὶ πῶς ἄν, ἔφη, τις τοιαῦτα, ὦ πάτερ, ἁμαρτάνοντας δύναιτ' ἂν τοὺς πολεμίους λαμβάνειν; "Οτι, ἔφη, ὦ παῖ, πολλὰ μὲν τούτων ἀνάγκη ἐστὶ καὶ ὑμᾶς καὶ τοὺς πολεμίους πάσχειν· σιτοποιεῖσθαί τε γὰρ ἀνάγκη ἀμφοτέρους, κοιμᾶσθαί τε ἀνάγκη ἀμφοτέρους καὶ ἕωθεν ἐπὶ τὰ ἀναγκαῖα σχεδὸν ἅμα πάντας ἀποχωρεῖν δεῖσθαι, καὶ ταῖς ὁδοῖς ὁποῖαι ἂν ὦσι τοιαύταις ἀνάγκη χρῆσθαι. "Α χρή σε πάντα κατανοοῦντα, ἐν ᾧ μὲν ἂν ὑμᾶς γιγνώσκῃς ἀσθενεστάτους γιγνομένους, ἐν τούτῳ μάλιστα φυλάττεσθαι, ἐν ᾧ δ' ἂν τοὺς πολεμίους αἰσθάνῃ εὐχειρωτοτάτους γιγνομένους, ἐν τούτῳ μάλιστα ἐπιτίθεσθαι.

37 Πότερον δ', ἔφη ὁ Κῦρος, ἐν τούτοις μόνον ἔστι πλεονεκτεῖν ἢ καὶ ἐν ἄλλοις τισί; Καὶ πολύ γε μᾶλλον, ἔφη, ὦ παῖ· ἐν τούτοις μὲν γὰρ ὡς ἐπὶ τὸ πολὺ πάντες ἰσχυρὰς φυλακὰς ποιοῦνται, εἰδότες ὅτι δέονται. Οἱ δ' ἐξαπατῶντες τοὺς πολεμίους δύνανται καί, θαρρῆσαί τι ποιήσαντες, ἀφυλάκτους λαμβάνειν καί, διῶξαι παραδόντες ἑαυτούς, ἀτάκτους ποιῆσαι καί, εἰς δυσχωρίαν φυγῇ ὑπα-

Leichtfertigkeit verbinden und die jungen Leute auf diesem Gebiet jedes Maß verlieren."

(35) „Ja, beim Zeus", sagte Kyros. „Da ich nun schon diese Techniken der Übervorteilung erst spät lerne, mein Vater, verzichte nicht darauf, mir beizubringen, wenn du es kannst, wie ich die Feinde übervorteilen kann." Kambyses entgegnete: „Sorge dafür, daß du die Feinde nach Möglichkeit überraschst, solange sie ihre Kampfstellung noch nicht bezogen haben, während dein eigenes Heer in Schlachtordnung aufmarschiert ist, solange sie noch unbewaffnet sind, während deine Leute bereits bewaffnet sind, und solange sie noch schlafen, während deine Männer schon ausgeschlafen sind, und setze alles daran, daß du sie angreifst, wenn du sie genau siehst, ohne selbst von ihnen gesehen zu werden, und wenn sie sich auf ungünstigem Gelände befinden, während du selbst auf sicherem Boden stehst." (36) „Aber wie könnte man wohl die Feinde bei derartigen Fehlern überraschen?" – „Mein Sohn, es ist unumgänglich, daß sich die Feinde ebenso wie ihr selbst immer wieder in dieser Lage befinden: Denn beide müßt ihr essen, beide müßt ihr schlafen, beide müßt ihr am frühen Morgen fast alle zu gleicher Zeit austreten gehen und beide müßt ihr die Wege so benutzen, wie sie gerade sind. Du mußt dies alles bedenken und dann besonders vorsichtig sein, wenn du siehst, daß ihr euch am wenigsten wehren könnt. Wenn du aber die Feinde in einer Situation siehst, wo sie sich besonders leicht überwältigen lassen, darfst du dir die Gelegenheit nicht entgehen lassen, sie anzugreifen."

(37) „Gibt es nur unter diesen oder auch unter anderen Umständen eine Möglichkeit, die Feinde zu überrumpeln?" fragte Kyros. – „Ja, mein Sohn, es gibt dafür noch viele andere Gelegenheiten. Denn unter diesen Umständen trifft jeder in der Regel wirksame Vorsichtsmaßnahmen, weil er weiß, daß es nötig ist. Wer die Feinde täuschen will, kann sie dazu veranlassen, sich sicher zu fühlen und unvorsichtig zu sein, um sie dann zu überraschen. Er kann sich von ihnen verfolgen lassen, um sie durcheinanderzubringen, und wenn er sie auf der Flucht in

γαγόντες, ἐνταῦθα ἐπιτίθεσθαι. 38 Δεῖ δή. ἔφη. ὦ παῖ. φι-
λομαθῆ σε τούτων ἁπάντων ὄντα οὐχ οἷς ἂν μάθῃς τούτοις
μόνοις χρῆσθαι, ἀλλὰ καὶ αὐτὸν ποιητὴν εἶναι τῶν πρὸς
τοὺς πολεμίους μηχανημάτων, ὥσπερ καὶ οἱ μουσικοὶ οὐχ
οἷς ἂν μάθωσι τούτοις μόνον χρῶνται, ἀλλὰ καὶ ἄλλα νέα
πειρῶνται ποιεῖν. Καὶ σφόδρα μὲν καὶ ἐν τοῖς μουσικοῖς
τὰ μέλη[1] τὰ ἀνθηρὰ εὐδοκιμεῖ, πολὺ δὲ καὶ ἐν τοῖς πολεμικοῖς μᾶλλον τὰ καινὰ μηχανήματα εὐδοκιμεῖ· ταῦτα γὰρ
μᾶλλον καὶ ἐξαπατᾶν δύναται τοὺς ὑπεναντίους. 39 Εἰ
δὲ σύ γε, ἔφη, ὦ παῖ, μηδὲν ἄλλο ἢ μετενέγκοις ἐπ᾽ ἀνθρώπους τὰς μηχανὰς ἃς καὶ ἐπὶ τοῖς μικροῖς θηρίοις ἐμη-
χανῶ, οὐκ οἴει ἂν πρόσω πάνυ ἐλάσαι τῆς πρὸς τοὺς πολεμίους πλεονεξίας; Σὺ γὰρ ἐπὶ μὲν τὰς ὄρνιθας ἐν τῷ ἰσχυροτάτῳ χειμῶνι ἀνιστάμενος ἐπορεύου νυκτός, καί, πρὶν
κινεῖσθαι τὰς ὄρνιθας, ἐπεποίητό σοι αἱ πάγαι αὐταῖς καὶ
τὸ κεκινημένον χωρίον ἐξείκαστο τῷ ἀκινήτῳ· ὄρνιθες
δ᾽ ἐπεπαίδευντό σοι ὥστε σοὶ μὲν τὰ συμφέροντα ὑπηρετεῖν,
τὰς δὲ ὁμοφύλους ὄρνιθας ἐξαπατᾶν· αὐτὸς δὲ ἐνήδρευες,
ὥστε ὁρᾶν μὲν αὐτάς, μὴ ὁρᾶσθαι δὲ ὑπ᾽ αὐτῶν· ἠσκήκεις
δὲ φθάνων ἕλκειν ἢ τὰ πτηνὰ φεύγειν.

40 Πρὸς δ᾽ αὖ τὸν λαγῶ, ὅτι μὲν ἐν σκότει νέμεται, τὴν
δ᾽ ἡμέραν ἀποδιδράσκει, κύνας ἔτρεφες αἳ τῇ ὀσμῇ αὐτὸν
ἀνηύρισκον. Ὅτι δὲ ταχὺ ἔφευγεν, ἐπεὶ εὑρεθείη, ἄλλας
κύνας εἶχες ἐπιτετηδευμένας πρὸς τὸ κατὰ πόδας αἱρεῖν.
Εἰ δὲ καὶ ταύτας ἀποφύγοι, τοὺς πόρους αὐτῶν ἐκμανθά-
νων καὶ πρὸς οἷα χωρία φεύγοντες αἱροῦνται οἱ λαγῷ, ἐν
τούτοις δίκτυα δυσόρατα ἐνεπετάννυες ἄν, καὶ τῷ σφόδρα
φεύγειν αὐτὸς ἑαυτὸν ἐμπίπτων συνέδει. Τοῦ δὲ μηδ᾽ ἐντεῦθεν διαφεύγειν σκοποὺς τοῦ γιγνομένου καθίστης, οἳ
ἐγγύθεν ταχὺ ἔμελλον ἐπιγενήσεσθαι· καὶ αὐτὸς μὲν σὺ

---

[1] Statt τὰ μέλη lies τὰ νέα καὶ.

ungünstiges Gelände gelockt hat, dort über sie herfallen.
(38) Du mußt in allen diesen Dingen zum Lernen bereit sein,
mein Sohn, aber nicht nur das anwenden, was du gelernt hast,
sondern auch selbst Kriegslisten erfinden, wie auch die Musi-
ker nicht nur anwenden, was sie gelernt haben, sondern auch
neue Formen zu entwickeln versuchen. Wenn das Neue und
Unverbrauchte sogar in der Musik großen Ruhm einbringt,
dann gilt das noch viel mehr für neue Kriegslisten im militärischen Bereich. Denn diese können die Gegner noch besser
täuschen. (39) Wenn du aber, mein Sohn, nichts anderes als
die Kunstgriffe, die du schon bei kleinen Tieren anwandtest,
auf Menschen übertragen würdest, meinst du nicht, daß du
damit in der Überrumpelung der Feinde schon ziemlich großen
Erfolg hättest? Denn im härtesten Winter pflegtest du mitten
in der Nacht aufzustehen und auf Vogeljagd zu gehen, und
bevor die Vögel sich rührten, hattest du schon die Netze für sie
ausgelegt, und die Falle war bereits dem übrigen Gelände vollständig angepaßt. Du hattest Vögel abgerichtet, so daß sie dir
helfen und artverwandte Vögel anlocken konnten. Du selbst
legtest dich auf die Lauer, so daß du sie sehen konntest, ohne
von ihnen gesehen zu werden. Du hattest geübt, das Netz
zuzuziehen, bevor die Vögel fortfliegen konnten.
(40) Für die Jagd auf den Hasen hast du, weil er nur bei
Dunkelheit auf Futtersuche geht und tagsüber fortläuft, Hunde ausgebildet, die ihn mit ihrer guten Nase aufspüren konnten. Weil er aber gewöhnlich davonlief, wenn er gefunden
wurde, hattest du andere Hunde, die dazu abgerichtet waren,
ihn im Sprung zu fassen. Wenn er aber auch diesen Hunden
entkam, machtest du die Fährte des Hasen ausfindig und legtest schwer sichtbare Fallen an den Stellen aus, wo die Hasen
sich auf der Flucht gewöhnlich hinretteten, und in seiner blinden Flucht stürzte sich dann der Hase in die Falle und fesselte
sich selbst. Damit der gefangene Hase von dort aber nicht
wieder flüchten konnte, hast du dafür gesorgt, daß sich dort
Wächter auf die Lauer legten, die aus kurzer Entfernung auf
den Hasen zurennen sollten. Du selbst kamst von hinten und

ὄπισθεν κραυγῇ οὐδὲν ὑστεριζούσῃ τοῦ λαγὼ βοῶν ἐξέ-
πληττες αὐτὸν ὥστε ἄφρονα ἀλίσκεσθαι, τοὺς δ' ἔμπροσθεν
σιγᾶν διδάξας ἐνεδρεύοντας λανθάνειν ἐποίεις. 41 Ὥσπερ οὖν προεῖπον, εἰ τοιαῦτα ἐθελήσαις καὶ ἐπὶ τοῖς
ἀνθρώποις μηχανᾶσθαι, οὐκ οἶδ' ἔγωγε εἴ τινος λείποιο
ἂν τῶν πολεμίων. Ἢν δέ ποτε ἄρα ἀνάγκη γένηται καὶ
ἐν τῷ ἰσοπέδῳ καὶ ἐκ τοῦ ἐμφανοῦς καὶ ὡπλισμένους ἀμφοτέρους μάχην συνάπτειν, ἐν τῷ τοιούτῳ δή, ὦ παῖ, αἱ ἐκ
πολλοῦ παρεσκευασμέναι πλεονεξίαι μέγα δύνανται. Ταύτας δὲ ἐγὼ λέγω εἶναι, ὅταν τῶν στρατιωτῶν εὖ μὲν τὰ σώματα ἠσκημένα ᾖ, εὖ δὲ αἱ ψυχαὶ τεθηγμέναι, εὖ δὲ αἱ
πολεμικαὶ τέχναι μεμελετημέναι ὦσιν.

42 Εὖ δὲ χρὴ καὶ τοῦτο εἰδέναι ὅτι ὁπόσους ἂν ἀξιοῖς
σοι πείθεσθαι, καὶ ἐκεῖνοι πάντες ἀξιώσουσι σὲ πρὸ ἑαυτῶν βουλεύεσθαι. Μὴ οὖν ποτε ἀφροντίστως ἔχε, ἀλλὰ
τῆς μὲν νυκτὸς προσκόπει τί σοι ποιήσουσιν οἱ ἀρχόμενοι, ἐπειδὰν ἡμέρα γένηται, τῆς δ' ἡμέρας ὅπως τὰ εἰς
νύκτα κάλλιστα ἕξει. 43 Ὅπως δὲ χρὴ τάττειν εἰς μάχην στρατιὰν ἢ ὅπως ἄγειν ἡμέρας ἢ νυκτὸς ἢ στενὰς ἢ
πλατείας ὁδοὺς ἢ ὀρεινὰς ἢ πεδινάς, ἢ ὅπως στρατοπεδεύεσθαι, ἢ ὅπως φυλακὰς νυκτερινὰς καὶ ἡμερινὰς καθιστάναι, ἢ ὅπως προσάγειν πρὸς πολεμίους ἢ ἀπάγειν
ἀπὸ πολεμίων, ἢ ὅπως παρὰ πόλιν πολεμίαν ἄγειν ἢ ὅπως
πρὸς τεῖχος ἄγειν ἢ ἀπάγειν, ἢ ὅπως νάπη ἢ ποταμοὺς
διαβαίνειν, ἢ ὅπως ἱππικὸν φυλάττεσθαι ἢ ὅπως ἀκοντιστὰς ἢ τοξότας, καὶ εἴ γέ σοι κατὰ κέρας ἄγοντι οἱ
πολέμιοι ἐπιφανεῖεν, πῶς χρὴ ἀντικαθιστάναι, καὶ εἴ σοι
ἐπὶ φάλαγγος ἄγοντι ἄλλοθέν ποθεν οἱ πολέμιοι φαίνοιντο
ἢ κατὰ πρόσωπον, ὅπως χρὴ ἀντιπαράγειν, ἢ ὅπως τὰ
τῶν πολεμίων ἄν τις μάλιστα αἰσθάνοιτο, ἢ ὅπως τὰ σὰ
οἱ πολέμιοι ἥκιστα εἰδεῖεν, ταῦτα δὲ πάντα τί ἂν ἐγὼ λέ-

setztest den Hasen mit einem Schrei aus nächster Entfernung
so in Schrecken, daß er betäubt wurde und gefangen werden
konnte. Den Männern weiter vorn, die du dazu angehalten
hattest, ganz still zu sein, gabst du die Anweisung, im Verborgenen auf der Lauer zu liegen. (41) Wie gesagt, wenn du derartige Listen auch bei Menschen anwenden wolltest, dann
weiß ich nicht, ob du damit überhaupt deinen Feinden unterlegen sein könntest. Sollte sich aber einmal die Notwendigkeit
ergeben, auf ebenem Gelände eine offene Schlacht zwischen
zwei gleich gut gerüsteten Verbänden zu liefern, dann, mein
Sohn, gibt die durch lange Schulung erworbene Überlegenheit
den Ausschlag. Diese, so meine ich, liegt dann vor, wenn die
Soldaten ein gutes Training hinter sich haben, wenn sie sich in
einer guten seelischen Verfassung befinden und in den Techniken des Kampfes gut ausgebildet sind.

(42) Du mußt aber auch genau wissen, daß alle diejenigen,
von denen du Gehorsam verlangst, auch von dir erwarten, daß
du für sie denkst und entscheidest. Sei deshalb niemals unver-
nünftig, sondern überleg dir nachts, was deine Untergebenen
am nächsten Tag für dich tun sollen, und tagsüber, wie die
Nacht am besten zu verbringen ist. (43) Wie man ein Heer
zum Kampf aufstellen oder wie man es bei Tage, bei Nacht,
auf engen, auf breiten, auf steilen oder ebenen Wegen führen,
wie man ein Lager aufschlagen, wie man Wachen bei Tag und
bei Nacht aufstellen, wie man Feinde angreifen oder sich vor
ihnen zurückziehen, wie man an einer feindlichen Stadt vor-
beimarschieren, wie man gegen eine Mauer vorrücken oder
von ihr abrücken, wie man Täler oder Flüsse überqueren, wie
man vor einem Reiterverband, vor Speerwerfern oder Bogenschützen Deckung nehmen muß und welche Stellung du beziehen mußt, wenn dir die Feinde entgegentreten, während du
dein Heer in Marschkolonne führst, und wie du reagieren
mußt, wenn dich die Feinde, während du dein Heer in Kampflinie führst, an den Flanken oder von vorn angreifen, oder wie
man die Pläne der Feinde am besten durchschaut oder wie man
ihnen seine eigene Absicht am wenigsten verrät – wie könnte

γομί σοι; "Οσα τε γὰρ ἐγὼ ᾔδειν, πολλάκις ἀκήκοας,
ἄλλος τε ὅστις ἐδόκει τι τούτων ἐπίστασθαι, οὐδενὸς αὐτῶν
ἠμέληκας οὐδ' ἀδαὴς γεγένησαι. Δεῖ οὖν πρὸς τὰ συμ-
βαίνοντα, οἶμαι, τούτοις χρῆσθαι ὁποίοις ἂν συμφέρειν σοι
ἀεὶ τούτων δοκῇ.

44 Μάθε δέ μου καὶ τάδε, ἔφη, ὦ παῖ, τὰ μέγιστα ·
παρὰ γὰρ ἱερὰ καὶ οἰωνοὺς μήτε σαυτῷ μηδέποτε μήτε
στρατιᾷ κινδυνεύσῃς, κατανοῶν ὡς ἄνθρωποι μὲν αἱροῦνται πράξεις εἰκάζοντες, εἰδότες δὲ οὐδὲν ἀπὸ ποίας ἔσται
αὐτοῖς τὰ ἀγαθά. 45 Γνοίης δ' ἂν ἐξ αὐτῶν τῶν γιγνομένων · πολλοὶ μὲν γὰρ ἤδη πόλεις ἔπεισαν καὶ ταῦτα οἱ
δοκοῦντες σοφώτατοι εἶναι πόλεμον ἄρασθαι πρὸς τούτους ὑφ' ὧν οἱ πεισθέντες ἐπιθέσθαι ἀπώλοντο, πολλοὶ
δὲ πολλοὺς ηὔξησαν καὶ ἰδιώτας καὶ πόλεις ὑφ' ὧν αὐξη-
θέντων τὰ μέγιστα κακὰ ἔπαθον, πολλοὶ δὲ οἷς ἐξῆν φίλοις
χρῆσθαι καὶ εὖ ποιεῖν καὶ εὖ πάσχειν, τούτοις δούλοις
μᾶλλον βουληθέντες ἢ φίλοις χρῆσθαι, ὑπ' αὐτῶν τούτων
δίκην ἔδοσαν · πολλοῖς δ' οὐκ ἤρκεσεν τὸ μέρος ἔχουσι
ζῆν ἡδέως, ἐπιθυμήσαντες δὲ πάντων κύριοι εἶναι, διὰ
ταῦτα καὶ ὧν εἶχον ἀπέτυχον · πολλοὶ δὲ τὸν πολύευκτον
χρυσὸν κτησάμενοι, διὰ τοῦτον ἀπώλοντο. 46 Οὕτως ἥ
γε ἀνθρωπίνη σοφία οὐδὲν μᾶλλον οἶδε τὸ ἄριστον αἱρεῖσθαι ἢ εἰ κληρούμενος ὅ τι λάχοι τοῦτό τις πράττοι. Θεοὶ
δέ, ὦ παῖ, αἰεὶ ὄντες πάντα ἴσασι τά τε γεγενημένα καὶ τὰ
ὄντα καὶ ὅ τι ἐξ ἑκάστου αὐτῶν ἀποβήσεται. καὶ τῶν συμ-
βουλευομένων ἀνθρώπων οἷς ἂν ἵλεῳ ὦσι προσημαίνου-
σιν ἅ τε χρὴ ποιεῖν καὶ ἃ οὐ χρή. Εἰ δὲ μὴ πᾶσιν ἐθέλουσι
συμβουλεύειν, οὐδὲν θαυμαστόν · οὐ γὰρ ἀνάγκη αὐτοῖς
ἐστιν ὧν ἂν μὴ θέλωσιν ἐπιμελεῖσθαι.

ich dir das alles sagen? Was ich nämlich selbst weiß, hast du oft
genug gehört. Außerdem hattest du noch andere Fachleute zur
Verfügung, und du hast gut gelernt. Du brauchst diese Kenntnisse nur zu gegebener Zeit anzuwenden, soweit es dir jeweils
angebracht erscheint.

(44) Laß dir aber auch noch folgendes sagen, mein Sohn,
was das Wichtigste ist: Du und dein Heer, ihr dürft niemals
etwas wagen, was im Widerspruch zu Opfern und Vogelzei-
chen steht. Bedenke, daß sich Menschen nur auf Vermutungen
hin zum Handeln entscheiden und nicht wissen, welche Tat
ihnen den Erfolg bringen wird. (45) Du kannst es aus der
Geschichte lernen. Viele – und zwar Leute, die als die größten
Fachleute galten – haben nämlich schon Staaten geraten, einen
Krieg gegen diejenigen anzufangen, von denen sie dann vernichtet wurden, nachdem sie sich zum Angriff haben überreden lassen. Viele haben schon vielen einzelnen und vielen Ge-
meinschaften sehr genützt. Aber dennoch haben diese ihren
Wohltätern die größten Schandtaten zugefügt. Viele, denen es
möglich war, andere zu Freunden zu haben, ihnen Gutes zu
tun und von ihnen Gutes zu erfahren, zogen es vor, diese zu
ihren Sklaven zu machen. Die Folge war, daß diese dann eines
Tages Rache an ihnen nahmen. Vielen genügte es nicht, mit
dem, was sie besaßen, angenehm zu leben. Sie wollten alles
haben. Folglich verloren sie auch noch das, was sie hatten.
Viele sind schon zugrunde gegangen, nachdem sie endlich im
Besitz ihres langersehnten Reichtums waren. (46) So ist die
menschliche Weisheit ebensowenig in der Lage, das Beste zu
wählen, wie jemand, der durch das Los ermittelt, was er tun
soll. Die ewigen Götter aber, mein Sohn, wissen alles, was
war, was ist und was in jedem einzelnen Fall sein wird, und
wenn die Menschen sie um Rat fragen, dann zeigen sie denjenigen, denen sie gnädig sind, was sie tun müssen und was sie
nicht tun dürfen. Wenn sie aber nicht jedem einen Rat geben
wollen, so ist das nicht verwunderlich. Denn sie sind nicht
verpflichtet, für diejenigen zu sorgen, für die sie nicht sorgen
wollen."

ΚΥΡΟΥ ΠΑΙΔΕΙΑ Β

I

1 Τοιαῦτα μὲν δὴ ἀφίκοντο διαλεγόμενοι μέχρι τῶν ὁρίων τῆς Περσίδος· ἐπεὶ δ' αὐτοῖς ἀετὸς δεξιὸς φανεὶς προηγεῖτο, προσευξάμενοι θεοῖς καὶ ἥρωσι τοῖς Περσίδα γῆν ἔχουσιν ἵλεως καὶ εὐμενεῖς πέμπειν σφᾶς, οὕτω διέβαινον τὰ ὅρια. Ἐπειδὴ δὲ διέβησαν, προσηύχοντο αὖθις θεοῖς τοῖς Μηδίαν γῆν ἔχουσιν ἵλεως καὶ εὐμενεῖς δέχεσθαι αὐτούς. Ταῦτα δὲ ποιήσαντες, ἀσπασάμενοι ἀλλήλους, ὥσπερ εἰκός, ὁ μὲν πατὴρ πάλιν εἰς Πέρσας ἀπῄει, Κῦρος δὲ εἰς Μήδους πρὸς Κυαξάρην ἐπορεύετο.

2 Ἐπεὶ δὲ ἀφίκετο ὁ Κῦρος εἰς Μήδους πρὸς Κυαξάρην, πρῶτον μέν, ὥσπερ εἰκός, ἠσπάσαντο ἀλλήλους, ἔπειτα δὲ ἤρετο τὸν Κῦρον ὁ Κυαξάρης πόσον τι ἄγοι τὸ στράτευμα. Ὁ δὲ ἔφη· Τρισμυρίους μὲν οἷοι καὶ πρόσθεν ἐφοίτων πρὸς ὑμᾶς μισθοφόροι· ἄλλοι δὲ καὶ τῶν οὐδεπώποτε ἐξελθόντων προσέρχονται τῶν ὁμοτίμων. Πόσοι τινές; ἔφη ὁ Κυαξάρης. **3** Οὐκ ἂν ὁ ἀριθμός σε, ἔφη ὁ Κῦρος, ἀκούσαντα εὐφράνειεν· ἀλλ' ἐκεῖνο ἐννόησον ὅτι ὀλίγοι ὄντες οὗτοι οἱ ὁμότιμοι καλούμενοι πολλῶν ὄντων τῶν ἄλλων Περσῶν ῥᾳδίως ἄρχουσιν. Ἀτάρ, ἔφη, δέει τι αὐτῶν ἢ μάτην ἐφοβήθης, οἱ δὲ πολέμιοι οὐκ ἔρχονται; Ναὶ μὰ Δί', ἔφη, καὶ πολλοί γε. **4** Πῶς τοῦτο σαφές; Ὅτι, ἔφη, πολλοὶ ἥκοντες αὐτόθεν ἄλλος ἄλλον τρόπον πάντες ταὐτὸ λέγουσιν. Ἀγωνιστέον μὲν ἄρα ὑμῖν πρὸς τοὺς ἄνδρας. Ἀνάγκη γάρ, ἔφη. Τί οὖν, ἔφη ὁ Κῦρος, οὐ

ZWEITES BUCH

I.

(1) Mit derartigen Gesprächen erreichten sie nun die Grenze des Perserreiches. Als auf ihrer rechten Seite ein Adler zu sehen war und ihnen vorausflog, beteten sie zu den Göttern und Heroen, die das persische Land beschützen, sie möchten sie gnädig und wohlwollend geleiten. So überschritten sie dann die Grenze. Als sie die Grenze überschritten hatten, beteten sie erneut, und zwar zu den Göttern, die das medische Gebiet schützen, daß sie sie gnädig und wohlwollend aufnähmen. Nachdem sie dies getan hatten, umarmten sie sich, wie es üblich war. Kyros' Vater kehrte wieder nach Persien zurück, und Kyros marschierte weiter nach Medien hinein zu Kyaxares.

(2) Als Kyros in Medien bei Kyaxares angekommen war, begrüßten sie sich zunächst, wie es der Sitte entsprach. Dann fragte Kyaxares Kyros, wie groß sein Heer sei. Kyros antwortete: „Dreißigtausend Mann, wie sie auch früher schon einmal in euren Diensten gestanden haben. Hinzu kommen noch Leute aus dem persischen Adel, die noch nie das Land verlassen haben." – „Wieviele?" fragte Kyaxares. (3) „Über die Zahl wirst du dich wohl nicht freuen, wenn du sie hörst. Doch bedenke, daß diese sogenannten Homotimen zwar nur wenige sind, aber ohne Schwierigkeiten über die vielen anderen Perser herrschen. Aber brauchst du sie überhaupt noch oder haben sich deine Befürchtungen als grundlos erwiesen, und rükken die Feinde gar nicht an?" – „Doch, bei Gott, sie rücken an, und es sind nicht gerade wenige." (4) „Wie sicher ist das?" – „Die vielen Leute, die von dort kommen, sagen alle auf verschiedene Weise dasselbe." – „Wir müssen also gegen sie kämpfen." – „Das ist unvermeidlich." – „Willst du mir nicht

καὶ τὴν δύναμιν ἔλεξάς μοι, εἰ οἶσθα, πόση τις ἡ προσιοῦσα, καὶ πάλιν τὴν ἡμετέραν, ὅπως εἰδότες ἀμφοτέρας πρὸς ταῦτα βουλευώμεθα ὅπως ἂν ἄριστα ἀγωνιζοίμεθα; Ἄκουε δή, ἔφη ὁ Κυαξάρης·

5 Κροῖσος μὲν γὰρ ὁ Λυδὸς ἄγειν λέγεται μυρίους μὲν ἱππέας, πελταστὰς δὲ καὶ τοξότας πλείους ἢ τετρακισμυρίους. Ἀρτακάμαν δὲ τὸν τῆς μεγάλης Φρυγίας ἄρχοντα λέγουσιν ἱππέας μὲν εἰς ὀκτακισχιλίους ἄγειν, λογχοφόρους δὲ σὺν πελτασταῖς οὐ μείους τετρακισμυρίων, Ἀρίβαιον δὲ τὸν τῶν Καππαδοκῶν βασιλέα ἱππέας μὲν εἰς ἑξακισχιλίους, τοξότας δὲ καὶ πελταστὰς οὐ μείους τρισμυρίων, τὸν Ἀράβιον δὲ Ἄραγδον ἱππέας τε εἰς μυρίους καὶ ἅρματα εἰς ἑκατὸν καὶ σφενδονητῶν πάμπολύ τι χρῆμα. Τοὺς μέντοι Ἕλληνας τοὺς ἐν τῇ Ἀσίᾳ οἰκοῦντας οὐδέν πω σαφὲς λέγεται εἰ ἕπονται. Τοὺς δὲ ἀπὸ Φρυγίας τῆς πρὸς Ἑλλησπόντῳ συμβαλεῖν φασι Γάβαιδον ἔχοντα εἰς Καΰστρου πεδίον ἑξακισχιλίους μὲν ἱππέας, πελταστὰς δὲ εἰς μυρίους. Κᾶρας μέντοι καὶ Κίλικας καὶ Παφλαγόνας παρακληθέντας οὔ φασιν ἕπεσθαι. Ὁ δὲ Ἀσσύριος αὐτὸς ὁ Βαβυλῶνά τε ἔχων καὶ τὴν ἄλλην Ἀσσυρίαν, ἐγὼ μὲν οἶμαι, ἱππέας μὲν ἄξει οὐκ ἐλάττους δισμυρίων, ἅρματα δ', εὖ οἶδ', οὐ μεῖον διακοσίων, πεζοὺς δὲ οἶμαι παμπόλλους· εἰώθει γοῦν ὁπότε δεῦρ' ἐμβάλλοι. 6 Σύ, ἔφη ὁ Κῦρος, πολεμίους λέγεις ἱππέας μὲν εἰς ἑξακισμυρίους εἶναι, πελταστὰς δὲ καὶ τοξότας πλέον ἢ εἴκοσι μυριάδας. Ἄγε δή, τῆς σῆς δυνάμεως τί φῂς πλῆθος εἶναι; Εἰσίν, ἔφη, Μήδων μὲν ἱππεῖς πλείους τῶν μυρίων· πελτασταὶ δὲ καὶ τοξόται, ἐγὼ μὲν οἶμαι, γένοιντ' ἂν ὡς ἐπὶ τῆς ἡμετέρας καὶ ἑξακισμύριοι. Ἀρμενίων δ', ἔφη, τῶν ὁμόρων ἡμῖν παρέσονται ἱππεῖς μὲν τετρακισχίλιοι, πεζοὶ δὲ καὶ δισμύριοι. Λέγεις σύ, ἔφη ὁ Κῦρος, ἱππέας μὲν ἡμῖν εἶναι μεῖον ἢ τέ-

auch sagen", fragte Kyros, „wenn du es weißt, wie groß die
anrückende feindliche Streitmacht ist und wie stark wir selbst
dagegen sind, damit wir, wenn uns beides bekannt ist, auf
dieser Grundlage überlegen können, wie wir die Schlacht am
besten schlagen."

„So höre denn", sagte Kyaxares:

(5) „Kroisos, der König von Lydien, soll zehntausend Reiter und mehr als vierzigtausend Leichtbewaffnete und Bogenschützen in den Kampf führen, Artakamas, der Herrscher von
Groß-Phrygien ungefähr achttausend Reiter und nicht weniger
als vierzigtausend Lanzenträger und Leichtbewaffnete, Ari-
baios, der König von Kappadokien, sechstausend Reiter und
nicht weniger als dreißigtausend Bogenschützen und Leichtbewaffnete, der Araber Aragdos ungefähr zehntausend Reiter,
etwa hundert Streitwagen und eine sehr große Zahl von
Schleuderern. Ob die in Kleinasien wohnenden Griechen sich
ebenfalls anschließen, ist noch nicht genau bekannt. Man sagt,
daß Gabaidos die Griechen aus Phrygien am Hellespont in der
Kaÿstros-Ebene zusammengezogen habe, und zwar sechstausend Reiter und etwa zehntausend Leichtbewaffnete. Karer,
Kilikier und Paphlagonier – so heißt es – haben sich jedoch
nicht angeschlossen, obwohl man sie dazu aufgefordert hatte.
Der Assyrerkönig, der Babylon und das übrige Assyrien beherrscht, wird vermutlich nicht weniger als zwanzigtausend
Reiter, mit Sicherheit nicht weniger als zweihundert Streitwagen und wohl auch noch zahlreiche Soldaten zu Fuß ins Feld
führen. So war es jedenfalls immer, wenn er in unser Land
einfiel." (6) „Du sagst also", entgegnete Kyros, „daß es sich
um sechzigtausend Reiter und mehr als zweihunderttausend
Leichtbewaffnete und Bogenschützen handelt. Nun sag, wie
groß ist deine Streitmacht?" – „Es sind mehr als zehntausend
medische Reiter. Außerdem dürften, wie ich glaube, an die
sechzigtausend Leichtbewaffnete und Bogenschützen auf unserer Seite stehen. Von unseren Nachbarn, den Armeniern,
werden uns viertausend Reiter und zwanzigtausend Fußsoldaten zur Verfügung gestellt." – „Du sagst also", stellte Kyros

ταρτον μέρος τοῦ τῶν πολεμίων ἱππικοῦ, πεζοὺς δὲ σχεδὸν ἀμφὶ τοὺς ἡμίσεις. 7 Τί οὖν, ἔφη ὁ Κυαξάρης, οὐκ ὀλίγους νομίζεις Περσῶν εἶναι οὓς σὺ φῂς ἄγειν· 'Αλλ' εἰ μὲν ἀνδρῶν προσδεῖ ἡμῖν, ἔφη ὁ Κῦρος, εἴτε καὶ μή, αὖθις συμβουλευσόμεθα.

Τὴν δὲ μάχην μοι, ἔφη, λέξον ἑκάστων ἥτις ἐστί. Σχεδόν, ἔφη ὁ Κυαξάρης, πάντων ἡ αὐτή· τοξόται γάρ εἰσι καὶ ἀκοντισταὶ οἵ τ' ἐκείνων καὶ οἱ ἡμέτεροι. Οὐκοῦν, ἔφη ὁ Κῦρος, ἀκροβολίζεσθαι ἀνάγκη ἐστὶ τοιούτων γε τῶν ὅπλων ὄντων. 8 'Ανάγκη γὰρ οὖν, ἔφη ὁ Κυαξάρης. Οὐκοῦν ἐν τούτῳ μὲν τῶν πλειόνων ἡ νίκη· πολὺ γὰρ ἂν θᾶττον οἱ ὀλίγοι ὑπὸ τῶν πολλῶν τιτρωσκόμενοι ἀναλωθείησαν ἢ οἱ πολλοὶ ὑπὸ τῶν ὀλίγων. Εἰ οὖν οὕτως ἔχει, ὦ Κῦρε, τί ἂν ἄλλο τις κρεῖττον εὕροι ἢ πέμπειν ἐς Πέρσας, καὶ ἅμα μὲν διδάσκειν αὐτοὺς ὅτι, εἴ τι πείσονται Μῆδοι, εἰς Πέρσας τὸ δεινὸν ἥξει, ἅμα δὲ αἰτεῖν πλέον στράτευμα; 'Αλλὰ τοῦτο μέν, ἔφη ὁ Κῦρος, εὖ ἴσθι ὅτι, οὐδ' εἰ πάντες ἔλθοιεν Πέρσαι, πλήθει γε οὐχ ὑπερβαλοίμεθ' ἂν τοὺς πολεμίους. 9 Τί μὴν ἄλλο σὺ ὁρᾷς ἄμεινον τούτου; 'Εγὼ μὲν ἄν, ἔφη ὁ Κῦρος, εἰ σὺ εἴην, ὡς τάχιστα ὅπλα ποιοίμην πᾶσι Πέρσαις τοῖς προσιοῦσιν οἷάπερ ἔχοντες ἔρχονται παρ' ἡμῶν οἱ τῶν ὁμοτίμων καλούμενοι· ταῦτα δ' ἐστὶ θώραξ μὲν περὶ τὰ στέρνα, γέρρον δὲ εἰς τὴν ἀριστεράν, κοπὶς δὲ ἢ σάγαρις εἰς τὴν δεξιάν· κἂν ταῦτα παρασκευάσῃς, ἡμῖν μὲν ποιήσεις τὸ ὁμόσε τοῖς ἐναντίοις ἰέναι ἀσφαλέστατον, τοῖς πολεμίοις δὲ τὸ φεύγειν ἢ τὸ μένειν αἱρετώτερον. Τάττομεν δέ, ἔφη, ἡμᾶς μὲν αὐτοὺς ἐπὶ τοὺς μένοντας· οἳ γε μεντἂν αὐτῶν φεύγωσι, τούτους ὑμῖν καὶ τοῖς ἵπποις νέμομεν, ὡς μὴ σχολάζωσι μήτε μένειν μήτε ἀναστρέφεσθαι. 10 Κῦρος μὲν οὕτως ἔλεξε· τῷ δὲ Κυαξάρῃ ἔδοξέ τε εὖ λέγειν, καὶ τοῦ μὲν

fest, „daß unsere Reiter weniger als ein Viertel der feindlichen
Reiterei ausmachen und daß wir an Fußsoldaten etwa die Hälfte haben." (7) Kyaxares erklärte: „Du meinst aber doch auch,
daß außerdem noch eine ganz stattliche Zahl von Persern unter deinem Kommando hinzukommt?" – „Ob wir noch mehr
Leute brauchen oder nicht, werden wir später überlegen", erwiderte Kyros.

„Beschreib mir zunächst die Kampfweise der einzelnen
Kontingente." – „Diese ist bei allen beinahe dieselbe", sagte
Kyaxares. „Denn sie haben ebenso wie wir Bogenschützen und
Leichtbewaffnete." Kyros entgegnete: „Wir müssen uns also
angesichts einer derartigen Bewaffnung auf einen Fernkampf
einstellen." (8) „So ist es", sagte Kyaxares. – „Aber in diesem
Falle liegt der Sieg bei denjenigen, die zahlenmäßig überlegen
sind. Denn wenige können viel schneller von vielen verwundet
werden als umgekehrt." – „Wenn es also so ist, mein Kyros,
was wäre dann besser, als Gesandte zu den Persern zu schicken
und ihnen zugleich deutlich zu machen, daß Persien im Falle
einer Niederlage der Meder sehr gefährdet sein werde, und die
Perser um ein größeres Heer zu bitten?" – „Du mußt allerdings wissen, daß uns die Feinde, selbst wenn uns alle Perser
zu Hilfe kämen, zahlenmäßig immer noch überlegen blieben."
(9) „Siehst du denn eine bessere Lösung?" – „An deiner Stelle", erwiderte Kyros, „würde ich alle persischen Verbündeten
möglichst schnell mit den Waffen ausrüsten, die auch unsere
sogenannten Homotimen haben: Es handelt sich um einen
Brustpanzer, einen Schild für die linke Hand, einen Säbel oder
ein Doppelbeil für die rechte Hand. Wenn du uns damit ausrü-
stest, wirst du es erreichen, daß wir im Kampf Mann gegen
Mann besonders gut geschützt sind und daß die Gegner lieber
fliehen als standhalten. Wir stellen uns denjenigen entgegen,
die Widerstand leisten, während wir diejenigen von ihnen, die
flüchten, euch und den Reitern überlassen, damit sie keine
Zeit haben, haltzumachen oder umzukehren." (10) Das waren
Kyros' Worte. Kyaxares meinte, daß er recht habe, und dachte
nicht mehr daran, Verstärkungen zu beschaffen, sondern ver-

πλείους μεταπέμπεσθαι οὐκέτι ἐμέμνητο. παρεσκεύαζε δὲ
ὅπλα τὰ προειρημένα. Καὶ σχεδόν τε ἕτοιμα ἦν καὶ τῶν
Περσῶν οἱ ὁμότιμοι παρῆσαν ἔχοντες τὸ ἀπὸ Περσῶν στράτευμα.

11 Ἐνταῦθα δὴ εἰπεῖν λέγεται ὁ Κῦρος συναγαγὼν αὐ-
τούς· Ἄνδρες φίλοι, ἐγὼ ὑμᾶς ὁρῶν αὐτοὺς μὲν καθω-
πλισμένους οὕτω καὶ ταῖς ψυχαῖς παρεσκευασμένους ὡς
εἰς χεῖρας συμμείξοντας τοῖς πολεμίοις, τοὺς δὲ ἑπομένους
ὑμῖν Πέρσας γιγνώσκων ὅτι οὕτως ὡπλισμένοι εἰσὶν ὡς
ὅτι προσωτάτω ταχθέντες μάχεσθαι, ἔδεισα μὴ ὀλίγοι καὶ
ἔρημοι συμμάχων συμπίπτοντες πολεμίοις πολλοῖς πά-
θοιτέ τι. Νῦν οὖν, ἔφη, σώματα μὲν ἔχοντες ἀνδρῶν ἥκετε
οὐ μεμπτά· ὅπλα δὲ ἔσται αὐτοῖς ὅμοια τοῖς ἡμετέροις·
τάς γε μέντοι ψυχὰς θήγειν αὐτῶν ὑμέτερον ἔργον. Ἄρχοντος γάρ ἐστιν οὐχ ἑαυτὸν μόνον ἀγαθὸν παρέχειν, ἀλλὰ
καὶ τῶν ἀρχομένων ἐπιμελεῖσθαι ὅπως ὡς βέλτιστοι ἔσονται. 12 Ὁ μὲν οὕτως εἶπεν· οἱ δ' ἥσθησαν μὲν πάντες,
νομίζοντες μετὰ πλειόνων ἀγωνιεῖσθαι· εἷς δ' αὐτῶν καὶ
ἔλεξε τοιάδε.

13 Ἀλλὰ θαυμαστά, ἔφη, ἴσως δόξω λέγειν, εἰ Κύρῳ
συμβουλεύσω τι εἰπεῖν ὑπὲρ ἡμῶν, ὅταν τὰ ὅπλα λαμβά-
νωσιν οἱ ἡμῖν μέλλοντες συμμάχεσθαι· ἀλλὰ γιγνώσκω
γάρ, ἔφη, ὅτι οἱ τῶν ἱκανωτάτων καὶ εὖ καὶ κακῶς ποιεῖν
λόγοι οὗτοι καὶ μάλιστα ἐνδύονται ταῖς ψυχαῖς τῶν
ἀκουόντων· καὶ δῶρά γε ἣν διδῶσιν οἱ τοιοῦτοι, κἂν μείω
τυγχάνῃ ὄντα ἢ τὰ παρὰ τῶν ὁμοίων, ὅμως μείζονος αὐτὰ
τιμῶνται οἱ λαμβάνοντες. Καὶ νῦν, ἔφη, οἱ Πέρσαι παρα-
στάται ὑπὸ Κύρου πολὺ μᾶλλον ἡσθήσονται ἢ ὑφ' ἡμῶν
παρακαλούμενοι, εἴς τε τοὺς ὁμοτίμους καθιστάμενοι
βεβαιοτέρως σφίσιν ἡγήσονται ἔχειν τοῦτο ὑπὸ βασιλέως τε παιδὸς καὶ ὑπὸ στρατηγοῦ γιγνόμενον ἢ εἰ ὑφ'

suchte, die genannten Waffen zu beschaffen. Bald war alles
beisammen, und die persischen Homotimen waren mit dem
persischen Heer angetreten.

(11) Da soll Kyros zu ihnen die folgenden Worte gesprochen haben, nachdem er sie um sich versammelt hatte: „Meine
Freunde, da ich sah, wie gut ihr bewaffnet seid und wie ihr
darauf brennt, den Kampf mit dem Feind aufzunehmen, und
da ich außerdem erkannt habe, daß die Perser, die euch folgen, so bewaffnet sind, daß sie nur im Fernkampf einzusetzen
sind, befürchtete ich, daß ihr geschlagen werdet, wenn ihr in so
geringer Zahl und auf euch allein gestellt auf einen zahlenmäßig überlegenen Gegner stoßt. Ihr seid mit Männern in tadelloser körperlicher Verfassung angetreten, und sie werden eine
der unsrigen entsprechende Bewaffnung erhalten. Ihren
Kampfesmut zu stärken, wird allerdings eure Aufgabe sein.
Denn es ist die Pflicht eines Führers, nicht nur sich selbst als
tapfer zu erweisen, sondern er muß auch dafür sorgen, daß
seine Leute möglichst tapfer sind." (12) Das waren Kyros'
Worte. Alle freuten sich darüber, weil sie nun annehmen
konnten, daß sie mit einer Verstärkung kämpfen würden.
Aber einer von ihnen erwiderte folgendes:

(13) „Vielleicht werdet ihr es seltsam finden, wenn ich Kyros raten werde, ein paar Worte an unserer Stelle zu sagen,
wenn unsere künftigen Kampfgefährten ihre Waffen bekommen. Aber ich denke, daß die Worte derjenigen, die die größte Macht über das Wohl und Wehe der Menschen haben, am
meisten in die Herzen ihrer Zuhörer eindringen. Auch die
Geschenke solcher Leute, selbst wenn sie geringer sind als die
Geschenke anderer ähnlich hochgestellter Persönlichkeiten,
werden von ihren Empfängern trotzdem für wertvoller gehalten. Auch unsere persischen Kameraden werden sich jetzt
mehr darüber freuen, wenn sie von Kyros statt von uns ermutigt werden, und sobald sie in die Reihen der Homotimen
eingegliedert werden, werden sie diese Entscheidung eher für
unumstößlich halten, wenn sie vom Sohn des Königs und ihrem Oberbefehlshaber getroffen wird, als wenn sie von uns

ἡμῶν τὸ αὐτὸ τοῦτο γίγνοιτο. Ἀπεῖναι μέντοι οὐδὲ τὰ
ἡμέτερα χρή, ἀλλὰ παντὶ τρόπῳ δεῖ τῶν ἀνδρῶν θήγειν
πάντως τὰ φρονήματα. Ἡμῖν γὰρ ἔσται τοῦτο χρήσιμον ὅ
τι ἂν οὗτοι βελτίονες γένωνται. 14 Οὕτω δὴ ὁ Κῦρος
καταθεὶς τὰ ὅπλα εἰς τὸ μέσον καὶ συγκαλέσας πάντας
τοὺς Περσῶν στρατιώτας ἔλεξε τοιάδε.

15 Ἄνδρες Πέρσαι, ὑμεῖς καὶ ἔφυτε ἐν τῇ αὐτῇ ἡμῖν
χώρᾳ καὶ ἐτράφητε, καὶ τὰ σώματά τε οὐδὲν ἡμῶν χείρονα
ἔχετε, ψυχάς τε οὐδὲν κακίονας ὑμᾶς προσήκει ἡμῶν ἔχειν.
Τοιοῦτοι δ' ὄντες ἐν μὲν τῇ πατρίδι οὐ μετείχετε τῶν ἴσων
ἡμῖν, οὐχ ὑφ' ἡμῶν ἀπελαθέντες, ἀλλ' ὑπὸ τοῦ τὰ ἐπιτήδεια
ἀνάγκην ὑμῖν εἶναι πορίζεσθαι. Νῦν δὲ ὅπως μὲν ταῦτα
ἕξετε ἐμοὶ μελήσει σὺν τοῖς θεοῖς· ἔξεστι δ' ὑμῖν, εἰ βούλεσθε, λαβοῦσιν ὅπλα οἷάπερ ἡμεῖς ἔχομεν εἰς τὸν αὐτὸν
ἡμῖν κίνδυνον ἐμβαίνειν, καὶ ἄν τι ἐκ τούτων καλὸν κἀγαθὸν γίγνηται, τῶν ὁμοίων ἡμῖν ἀξιοῦσθαι. 16 Τὸν μὲν
οὖν πρόσθεν χρόνον ὑμεῖς τε τοξόται καὶ ἀκοντισταὶ ἦτε
καὶ ἡμεῖς, καὶ εἴ τι χείρους ἡμῶν ταῦτα ποιεῖν ἦτε, οὐδὲν
θαυμαστόν· οὐ γὰρ ἦν ὑμῖν σχολὴ ὥσπερ ἡμῖν τούτων
ἐπιμελεῖσθαι· ἐν δὲ τῇδε τῇ ὁπλίσει οὐδὲν ἡμεῖς ὑμῶν
προέξομεν. Θώραξ μὲν γὰρ περὶ τὰ στέρνα ἁρμόττων ἑκάστῳ
ἔσται, γέρρον δὲ ἐν τῇ ἀριστερᾷ, ὃ πάντες εἰθίσμεθα φορεῖν, μάχαιρα δὲ ἢ σάγαρις ἐν τῇ δεξιᾷ, ᾗ δὴ παίειν τοὺς
ἐναντίους δεήσει οὐδὲν φυλαττομένους μή τι παίοντες ἐξα-
μάρτωμεν. 17 Τί οὖν ἂν ἐν τούτοις ἕτερος ἑτέρου διαφέ-
ροι ἡμῶν πλὴν τόλμῃ, ἣν οὐδὲν ὑμῖν ἧττον προσήκει ἢ
ἡμῖν ὑποτρέφεσθαι; Νίκης τε γὰρ ἐπιθυμεῖν, ἢ τὰ καλὰ
καὶ τἀγαθὰ κτᾶταί τε καὶ σῴζει, τί μᾶλλον ἡμῖν ἢ ὑμῖν
προσήκει; Κράτους τε, ὃ πάντα τὰ τῶν ἡττόνων τοῖς
κρείττοσι δωρεῖται, τί εἰκὸς ἡμᾶς μᾶλλον ἢ καὶ ὑμᾶς τού-

gefällt würde. Allerdings dürfen wir es an der Erfüllung unserer Pflichten nicht fehlen lassen, sondern müssen auf jede nur denkbare Weise den Mut unserer Männer stärken. Denn je besser und tapferer sie sind, desto mehr werden wir selbst davon haben." (14) Daraufhin ließ Kyros die Waffen in die Mitte legen und alle persischen Soldaten zusammenrufen. Anschließend hielt er folgende Rede:

(15) „Perser, ihr seid in demselben Land geboren und aufgewachsen wie wir, ihr seid nicht schwächer als wir und dürft in keiner schlechteren seelischen Verfassung sein als wir. Obwohl ihr so tüchtig seid, hattet ihr in der Heimat nicht dieselbe rechtliche Stellung wie wir, nicht weil wir euch davon ausgeschlossen haben, sondern weil ihr dazu gezwungen seid, für euren Lebensunterhalt zu sorgen. Jetzt aber wird es meine Aufgabe sein, mit Hilfe der Götter dafür zu sorgen, daß ihr euren Lebensunterhalt zur Verfügung habt. Es steht euch zu, dieselben Waffen wie wir in Empfang zu nehmen, wenn ihr wollt, euch derselben Gefahr wie wir auszusetzen und, wenn wir Erfolg haben, den Gewinn und den Ruhm mit uns zu teilen. (16) Bisher wart ihr Bogenschützen und Speerwerfer wie wir, und wenn ihr uns darin unterlegen wart, so war das nicht verwunderlich. Denn ihr hattet nicht dieselbe Zeit wie wir, euch darin besonders zu üben. Mit dieser Bewaffnung jedoch werden wir euch nichts mehr voraushaben. Denn jeder wird einen passenden Brustpanzer haben, ebenso einen Schild für die linke Hand, den wir alle zu tragen pflegen, einen Säbel oder ein Doppelbeil für die rechte, mit dem wir auf den Gegner einhauen müssen, ohne zu fürchten, daß wir daneben schlagen. (17) Wodurch könnten wir uns dabei sonst noch voneinander unterscheiden – außer durch den Kampfesmut, den ihr nicht weniger als wir zu entfalten habt? Denn wieso sollten wir mehr als ihr von dem Verlangen nach dem Sieg beseelt sein, der alles Schöne und Gute einbringt und bewahrt? Und was die Kampfkraft betrifft, die den Stärkeren alles schenkt, was die Schwächeren besitzen – wieso sollten wir sie in höherem Maße benötigen als ihr?" Zum Schluß

του δεῖσθαι; Τέλος εἶπεν· 18 Ἀκηκόατε πάντα· ὁρᾶτε
τὰ ὅπλα· ὁ μὲν χρῄζων λαμβανέτω ταῦτα καὶ ἀπογρα-
φέσθω πρὸς τὸν ταξίαρχον εἰς τὴν ὁμοίαν τάξιν ἡμῖν· ὅτῳ
δ' ἀρκεῖ ἐν μισθοφόρου χώρᾳ εἶναι. καταμενέτω ἐν τοῖς
ὑπηρετικοῖς ὅπλοις. 19 Ὁ μὲν οὕτως εἶπεν. Ἀκούσαντες
δὲ οἱ Πέρσαι ἐνόμισαν, εἰ παρακαλούμενοι ὥστε τὰ ὅμοια
πονοῦντες τῶν αὐτῶν τυγχάνειν μὴ ἐθελήσουσι ταῦτα
ποιεῖν, δικαίως ἂν διὰ παντὸς τοῦ αἰῶνος ἀμηχανοῦντες
βιοτεύειν. Οὕτω δὴ ἀπογράφονται πάντες ἔλαβόν τε τὰ
ὅπλα πάντες.

20 Ἐν ᾧ δὲ οἱ πολέμιοι ἐλέγοντο μὲν προσιέναι, παρῆσαν δὲ οὐδέπω, ἐν τούτῳ ἐπειρᾶτο ὁ Κῦρος ἀσκεῖν μὲν
τὰ σώματα τῶν μεθ' ἑαυτοῦ εἰς ἰσχύν, διδάσκειν δὲ τὰ
τακτικά, θήγειν δὲ τὰς ψυχὰς εἰς τὰ πολεμικά. 21 Καὶ
πρῶτον μὲν λαβὼν παρὰ Κυαξάρου ὑπηρέτας προσέταξεν
ἑκάστοις τῶν στρατιωτῶν ἱκανῶς ὧν ἐδέοντο πάντα πεποιημένα παρέχειν· τοῦτο δὲ παρασκευάσας οὐδὲν αὐτοῖς ἐλελοίπει ἄλλο ἢ ἀσκεῖν τὰ ἀμφὶ τὸν πόλεμον, ἐκεῖνο
δοκῶν καταμεμαθηκέναι ὅτι οὗτοι κράτιστοι ἕκαστα γίγνονται οἳ ἂν ἀφέμενοι τοῦ πολλοῖς προσέχειν τὸν νοῦν ἐπὶ
ἓν ἔργον τράπωνται. Καὶ αὐτῶν δὲ τῶν πολεμικῶν περιε-
λὼν καὶ τὸ τόξῳ μελετᾶν καὶ ἀκοντίῳ κατέλιπε τοῦτο μόνον αὐτοῖς τὸ σὺν μαχαίρᾳ καὶ γέρρῳ καὶ θώρακι μά-
χεσθαι· ὥστε εὐθὺς αὐτῶν παρεσκεύασε τὰς γνώμας ὡς
ὁμόσε ἰτέον εἴη τοῖς πολεμίοις, ἢ ὁμολογητέον μηδενὸς
εἶναι ἀξίους συμμάχους· τοῦτο δὲ χαλεπὸν ὁμολογῆσαι
οἵτινες ἂν εἰδῶσιν ὅτι οὐδὲ δι' ἓν ἄλλο τρέφονται ἢ ὅπως
μαχῶνται ὑπὲρ τῶν τρεφόντων. 22 Ἔτι δὲ πρὸς τούτοις ἐννοήσας ὅτι περὶ ὁπόσων ἂν ἐγγένηται ἀνθρώποις
φιλονεικία πολὺ μᾶλλον ἐθέλουσι ταῦτ' ἀσκεῖν, ἀγῶνάς

sagte er noch: (18) „Ihr habt alles gehört. Ihr seht die Waffen. Wer Lust hat, nehme sie sich und lasse sich bei dem Taxiarchen einschreiben, um denselben Rang zu erhalten wie
wir. Wem es aber genügt, in der Stellung eines Söldners zu
dienen, der bleibe in den untergeordneten Einheiten."
(19) So sprach Kyros. Als die Perser dies gehört hatten,
meinten sie, sie würden zu Recht für alle Zeit ihr Leben in
einer untergeordneten Stellung verbringen, wenn sie das Angebot, daß sie bei gleichem Einsatz denselben Gewinn er-
zielten, nicht annähmen. Folglich meldeten sich alle und
nahmen die Waffen in Empfang.

(20) In der Zeit, in der man zwar dauernd von dem bevorstehenden Angriff der Feinde sprach, sie aber noch nicht zu
sehen bekam, sorgte Kyros für Übungen zur Verbesserung der
körperlichen Verfassung seiner Leute, für Unterricht in taktischen Dingen und für die Stärkung der Kampfbereitschaft.
(21) Zunächst gab er den Helfern, die er von Kyaxares erhalten hatte, den Auftrag, jedem einzelnen seiner Soldaten alles,
was sie brauchten, ausreichend zu beschaffen. Nachdem er
dafür gesorgt hatte, ließ er sie nichts anderes tun, als die für
die Kampfhandlungen erforderlichen Übungen durchführen.
Er meinte nämlich, die Erfahrung gemacht zu haben, daß die
Soldaten in jeder Hinsicht ihre beste Form erreichten, wenn
sie nicht mit allen möglichen Dingen behelligt würden, sondern sich auf eine Sache konzentrieren konnten. Im Rahmen
der militärischen Übungen verzichtete er auf das Training mit
Bogen und Speer und erlaubte ihnen nur den Kampf mit dem
Säbel, dem Schild und dem Brustpanzer. Damit brachte er sie
ohne Umweg zu der Einsicht, daß sie entweder Mann gegen
Mann mit dem Gegner zu kämpfen hätten oder eingestehen
müßten, daß sie wertlose Mitkämpfer seien. Das können aber
diejenigen kaum zugeben, die wissen, daß sie zu keinem anderen Zweck unterhalten werden als zum Kampf für ihre Ernäh-
rer. (22) Da Kyros außerdem wußte, daß sich Menschen viel
lieber in den Tätigkeiten üben wollen, in denen ihr Ehrgeiz
geweckt wird, veranstaltete er für seine Leute Wettkämpfe in

τε αὐτοῖς προεῖπεν ἁπάντων ὁπόσα ἐγίγνωσκεν ἀσκεῖσθαι
ἀγαθὸν εἶναι ὑπὸ στρατιωτῶν, ἃ δὲ προεῖπε τάδε ἦν, ἰδιώτῃ
μὲν ἑαυτὸν παρέχειν εὐπειθῆ τοῖς ἄρχουσι καὶ ἐθελόπονον
καὶ φιλοκίνδυνον μετ' εὐταξίας καὶ ἐπιστήμονα τῶν στρατιωτικῶν καὶ φιλόκαλον περὶ ὅπλα καὶ φιλότιμον ἐπὶ πᾶσι
τοῖς τοιούτοις, πεμπαδάρχῳ δ' αὐτὸν ὄντα οἷόνπερ τὸν
ἀγαθὸν ἰδιώτην καὶ τὴν πεμπάδα εἰς τὸ δυνατὸν τοιαύτην
παρέχειν, δεκαδάρχῳ δὲ τὴν δεκάδα, ὡσαύτως δὲ λοχαγῷ
τὸν λόχον, ὡς δ' αὔτως ταξιάρχῳ, ἀνεπίκλητον αὐτὸν ὄντα,
ἐπιμελεῖσθαι καὶ τῶν ὑφ' αὑτῷ ἀρχόντων ὅπως ἐκεῖνοι αὖ
ὧν ἂν ἄρχωσι παρέξουσι τὰ δέοντα ποιοῦντας. 23 Ἄθλα
δὲ προύφηνε τοῖς μὲν ταξιάρχοις οἳ κρατίστας δόξειαν
τὰς τάξεις παρασκευάσαι χιλιάρχους ἔσεσθαι, τῶν δὲ λοχαγῶν οἳ κρατίστους δόξειαν τοὺς λόχους ἀποδεικνύναι
εἰς τὰς τῶν ταξιάρχων χώρας ἐπαναβήσεσθαι, τῶν δ' αὖ
δεκαδάρχων τοὺς κρατίστους εἰς τὰς τῶν λοχαγῶν χώρας
καταστήσεσθαι, τῶν δ' αὖ πεμπαδάρχων ὡσαύτως εἰς τὰς
τῶν δεκαδάρχων, τῶν γε μὴν ἰδιωτῶν τοὺς κρατιστεύοντας εἰς τὰς τῶν πεμπαδάρχων. Ὑπῆρχε δὲ πᾶσι τούτοις
τοῖς ἄρχουσι πρῶτον μὲν θεραπεύεσθαι ὑπὸ τῶν ἀρχομένων, ἔπειτα δὲ καὶ ἄλλαι τιμαὶ αἱ πρέπουσαι ἑκάστοις συμ-
παρείποντο. Ἐπανέτεινε δὲ καὶ μείζους ἐλπίδας τοῖς ἀξίοις
ἐπαίνου, εἴ τι ἐν τῷ ἐπιόντι χρόνῳ ἀγαθὸν μεῖζον φαίνοιτο·
24 προεῖπε δὲ νικητήρια καὶ ὅλαις ταῖς τάξεσι καὶ ὅλοις
τοῖς λόχοις, καὶ ταῖς δεκάσιν ὡσαύτως καὶ ταῖς πεμπάσιν,
αἳ ἂν φαίνωνται εὐπιστόταται τοῖς ἄρχουσιν οὖσαι καὶ
προθυμότατα ἀσκοῦσαι τὰ προειρημένα. Ἦν δὲ ταύταις τὰ
νικητήρια οἷα δὴ εἰς πλῆθος πρέπει. Ταῦτα μὲν δὴ προεί-
ρητό τε καὶ ἠσκεῖτο ὑπὸ τῆς στρατιᾶς.

25 Σκηνὰς δ' αὐτοῖς κατεσκεύασε, πλῆθος μὲν ὅσοι
ταξίαρχοι ἦσαν, μέγεθος δὲ ὥστε ἱκανὰς εἶναι τῇ τάξει

allen Disziplinen, bei denen er es für vorteilhaft hielt, daß sie
von den Soldaten geübt wurden. Er hatte dabei folgende Ziele
im Auge: Der einfache Soldat sollte seinen Vorgesetzten gern
gehorchen, zu Anstrengungen bereit sein, bereitwillig und dis-
zipliniert Gefahren auf sich nehmen, Erfahrung in militärischen Dingen gewinnen, Freude an schönen Waffen haben
und auf allen diesen Gebieten ehrgeizig sein. Ein Pempadarch
sollte dieselben Fähigkeiten haben wie ein guter einfacher Soldat und, soweit möglich, seine Pempade in diesem Sinne ausbilden. Dasselbe sollte für einen Dekadarchen und seine Dekade und für den Lochagen und seinen Lochos gelten. Der
Taxiarch sollte selbst ein tadelloser Mann sein und sich darum
kümmern, daß die ihm unterstellten Führer ihre Leute zur
Erfüllung ihrer Pflicht anhielten. (23) Er setzte folgende Preise aus: Die Taxiarchen, die erkennen ließen, daß sie ihre Abteilungen vorzüglich ausgebildet und auf den Kampf vorbereitet hatten, sollten zu Chiliarchen befördert werden. Die Lochagen, die die besten Lochen vorführen konnten, sollten in
die Positionen von Taxiarchen aufsteigen. Die tüchtigsten Dekadarchen sollten Lochagen, ebenso die besten Pempadarchen
Dekadarchen und die besten einfachen Soldaten Pempadarchen werden. Aber für alle diese Führer bestand die größte
Anerkennung darin, daß sie von ihren Untergebenen geachtet
und verehrt wurden. Hinzu kamen dann noch andere Auszeichnungen, wie sie jedem einzelnen zustanden. Außerdem
weckte er bei denen, die sich ausgezeichnet hatten, die Hoffnung, daß sie noch mehr bekämen, falls sich in absehbarer Zeit
ein besonderer Erfolg einstellen würde. (24) Ganzen Taxen,
Lochen, Dekaden und Pempaden, die sich ihren Vorgesetzten
gegenüber als besonders gehorsam erwiesen und die angeord-
neten Übungen am eifrigsten durchführten, versprach Kyros
Siegespreise. Es standen ihnen Preise zur Verfügung, die für
eine ganze Einheit geeignet waren. Das also war den Leuten
gesagt worden, und das Heer begann mit seinen Übungen.

(25) Kyros ließ ihnen so viele Zelte aufbauen, wie es Taxiarchen gab, und die Zelte waren groß genug, um jeder einzelnen

B I

ἑκάστῃ· ἡ δὲ τάξις ἦν ἑκατὸν ἄνδρες. Ἐσκήνουν μὲν δὴ οὕτω κατὰ τάξεις· ἐν δὲ τῷ ὁμοῦ σκηνοῦν ἐδόκουν μὲν αὐτῷ ὠφελεῖσθαι πρὸς τὸν μέλλοντα ἀγῶνα τοῦτο ὅτι ἑώρων ἀλλήλους ὁμοίως τρεφομένους καὶ οὐκ ἐνῆν πρόφασις μειονεξίας ὥστε ὑφίεσθαί τινας κακίω ἕτερον ἑτέρου εἶναι πρὸς τοὺς πολεμίους. Ὠφελεῖσθαι δ' ἐδόκουν αὐτῷ καὶ πρὸς τὸ γιγνώσκειν ἀλλήλους ὁμοῦ σκηγοῦντες· ἐν δὲ τῷ γιγνώσκεσθαι καὶ τὸ αἰσχύνεσθαι πᾶσι δοκεῖ μᾶλλον ἐγγίγνεσθαι, οἱ δ' ἀγνοούμενοι ῥᾳδιουργεῖν πως μᾶλλον δοκοῦσιν, ὥσπερ οἱ ἐν σκότει ὄντες. 26 Ἐδόκουν δ' αὐτῷ καὶ εἰς τὸ τὰς τάξεις ἀκριβοῦν μέγα ὠφελεῖσθαι διὰ τὴν συσκηνίαν· εἶχον γὰρ οἱ μὲν ταξίαρχοι ὑφ' ἑαυτοῖς τὰς τάξεις κεκοσμημένας ὥσπερ ὁπότε εἰς ἕνα πορεύοιτο ἡ τάξις, οἱ δὲ λοχαγοὶ τοὺς λόχους, ὡσαύτως δὲ οἱ δεκάδαρχοι τὰς δεκάδας καὶ οἱ πεμπάδαρχοι τὰς πεμπάδας. 27 Τὸ δὲ ἀκριβοῦν τὰς τάξεις σφόδρα ἐδόκει αὐτῷ ἀγαθὸν εἶναι καὶ εἰς τὸ μὴ ταράττεσθαι καὶ εἰς τό, εἰ ταραχθεῖεν, θᾶττον καταστῆναι, ὥσπερ γε καὶ λίθων καὶ ξύλων ἃ ἂν δέῃ συναρμοσθῆναι ἔστι, κἂν ὁπωσοῦν καταβεβλημένα τύχῃ, συναρμόσαι ταῦτα εὐπετῶς, ἢν ἔχῃ γνωρίσματα ὥστ' εὔδηλον εἶναι ἐξ ὁποίας ἕκαστον χώρας αὐτῶν ἐστιν. 28 Ἐδόκουν δ' ὠφελεῖσθαι αὐτῷ ὁμοῦ τρεφόμενοί καὶ πρὸς τὸ ἧττον ἀλλήλους ἂν ἐθέλειν ἀπολιπεῖν, ὅτι ἑώρα καὶ τὰ θηρία τὰ ὁμοῦ τρεφόμενα δεινὸν ἔχοντα πόθον, ἤν τις αὐτὰ διασπᾷ ἀπ' ἀλλήλων.

29 Ἐπεμέλετο δὲ καὶ τούτου ὁ Κῦρος ὅπως μήποτε ἀνίδρωτοι γενόμενοι ἐπὶ τὸ ἄριστον καὶ τὸ δεῖπνον εἰσίοιεν.

Taxis Platz zu bieten. Eine Taxis aber bestand aus hundert
Mann. So waren sie also in Gruppen zu hundert Mann in den
Zelten untergebracht. Diese gemeinsame Unterbringung
schien Kyros im Blick auf den bevorstehenden Kampf von
Vorteil zu sein: Die Soldaten konnten sehen, daß sie alle die
gleiche Verpflegung und Fürsorge erhielten, und es war ausgeschlossen, daß sich einzelne für einen mangelhaften Einsatz im
Gefecht mit den Feinden mit schlechter Behandlung rechtfertigen konnten. Ein weiterer Vorteil schien ihm auch darin zu
liegen, daß sich die Angehörigen der Zeltgemeinschaft gegenseitig kennenlernten: Wenn sich alle kennen, haben sie offensichtlich auch mehr Achtung voreinander. Wenn man sich aber
nicht kennt, scheint man eher nachlässig zu sein, als ob man im
Dunkeln wäre und sich unbeobachtet fühlte. (26) Die Zeltgemeinschaften schienen ihm auch für die genaue Aufstellung
der einzelnen Soldaten innerhalb der Taxen sehr förderlich zu
sein. Denn die Taxiarchen hielten die ihnen unterstellten Taxen in so vorzüglicher Ordnung, daß die einzelne Taxis wie ein
Mann marschierte. Dasselbe galt für die Lochagen, Dekadarchen und Pempadarchen und die ihnen unterstellten Abteilungen. (27) Die genaue Aufstellung der einzelnen Soldaten innerhalb der Taxen schien ihm ein besonders gutes Mittel zur
Vermeidung von Unordnung und zur schnelleren Wiederherstellung der Ordnung zu sein, falls es einmal zu einem Durcheinander kommen sollte, wie man auch Steine und Holzklötze,
die man ordentlich zusammensetzen muß, auch wenn sie ganz
durcheinander geworfen sind, schnell wieder zusammensetzen
kann, falls sie Zeichen aufweisen, an denen erkennbar ist, wo
jeder einzelne seinen Platz hat. (28) Das Zusammenleben der
Soldaten war seiner Meinung nach auch aus dem Grunde nützlich, weil sie dann weniger den Wunsch hatten, sich gegenseitig
im Stich zu lassen. Denn er hatte bemerkt, daß auch gemeinsam gehaltene Tiere eine große Sehnsucht haben, wenn man
sie voneinander trennt.

(29) Kyros kümmerte sich aber auch darum, daß die Soldaten niemals zum Frühstück und zur Hauptmahlzeit kamen,

Ἡ γὰρ ἐπὶ θήραν ἐξάγων ἱδρῶτα αὐτοῖς παρεῖχεν, ἢ παι-
διὰς τοιαύτας ἐξηύρισκεν αἳ ἱδρῶτα ἔμελλον παρασχήσειν,
ἢ καὶ πρᾶξαι εἴ τι ἄλλο δεόμενος τύχοι. οὕτως ἐξηγεῖτο
τῆς πράξεως ὡς μὴ ἐπανίοιεν ἀνιδρωτί. Τοῦτο γὰρ ἡγεῖτο
καὶ πρὸς τὸ ἡδέως ἐσθίειν ἀγαθὸν εἶναι καὶ πρὸς τὸ ὑγιαίνειν καὶ πρὸς τὸ δύνασθαί τι πονεῖν, καὶ πρὸς τὸ ἀλλήλοις
δὲ πρᾳοτέρους εἶναι ἀγαθὸν ἡγεῖτο τοὺς πόνους εἶναι, ὅτι
καὶ οἱ ἵπποι συμπονοῦντες ἀλλήλοις πρᾳότεροι συνεστή-
κασι. Πρός γε μὴν τοὺς πολεμίους μεγαλοφρονέστεροι γίγνονται οἳ ἂν συνειδῶσιν ἑαυτοῖς εὖ ἠσκηκότες.

30 Κῦρος δὲ αὐτῷ σκηνὴν κατεσκευάσατο ὡς ἱκανὴ
εἴη οἷς καλοίη ἐπὶ τὸ δεῖπνον. Ἐκάλει δὲ ὡς τὰ πολλὰ
τῶν ταξιάρχων οὓς καιρὸς αὐτῷ δοκοίη εἶναι, ἔστι δ᾽ ὅτε
καὶ τῶν λοχαγῶν καὶ τῶν δεκαδάρχων τινὰς καὶ τῶν πεμπαδάρχων ἐκάλει, ἔστι δ᾽ ὅτε καὶ τῶν στρατιωτῶν, ἔστι
δ᾽ ὅτε καὶ πεμπάδα ὅλην ἐκάλει καὶ δεκάδα ὅλην καὶ λόχον
ὅλον καὶ τάξιν ὅλην. Ἐκάλει δὲ καὶ ἐτίμα ὁπότε τινὰς
ἴδοι τοιοῦτόν τι ποιήσαντας ὃ πάντας[1] ἐβούλετο ποιεῖν.
Ἦν δὲ τὰ παρατιθέμενα ἀεὶ ἴσα αὐτῷ τε καὶ τοῖς καλου-
μένοις ἐπὶ δεῖπνον. 31 Καὶ τοὺς ἀμφὶ τὸ στράτευμα δὲ
ὑπηρέτας ἰσομοίρους πάντων ἀεὶ ἐποίει· οὐδὲν γὰρ ἧττον
τιμᾶν ἄξιον ἐδόκει αὐτῷ εἶναι τοὺς ἀμφὶ τὰ στρατιωτικὰ
ὑπηρέτας οὔτε κηρύκων οὔτε πρέσβεων. Καὶ γὰρ πιστοὺς
ἡγεῖτο δεῖν εἶναι τούτους καὶ ἐπιστήμονας τῶν στρατιωτικῶν καὶ συνετούς, ἔτι δὲ καὶ σφοδροὺς καὶ ταχεῖς καὶ
ἀόκνους καὶ ἀταράκτους. Πρὸς δὲ τούτοις ὅσα οἱ βέλτιστοι
νομιζόμενοι ἔχουσιν ἐγίγνωσκεν ὁ Κῦρος δεῖν τοὺς ὑπηρέτας ἔχειν, καὶ τοῦτο ἀσκεῖν ὡς μηδὲν ἀναίνοιτο ἔργον,
ἀλλὰ πάντα νομίζοιεν πρέπειν αὐτοῖς πράττειν ὅσαπερ ὁ
ἄρχων προστάττοι.

[1] Statt πάντας lies αὐτός.

ohne geschwitzt zu haben. Denn entweder schickte er sie auf die Jagd und ließ sie schwitzen, oder er erfand solche Spiele, die sie ins Schwitzen bringen sollten, oder wenn er irgendeine Aktion durchführen ließ, leitete er die Aktion so, daß niemand zurückkam, ohne geschwitzt zu haben. Er meinte nämlich, daß dies eine gute Voraussetzung dafür sei, mit Appetit zu essen, gesund zu bleiben und Anstrengungen ertragen zu können. Außerdem war er der Ansicht, daß die Anstrengungen die Verträglichkeit der Soldaten untereinander förderten, weil sich ja auch die Pferde, die sich gemeinsam anstrengen, besser vertragen. Schließlich bekommen diejenigen, die wissen, daß sie gut trainiert sind, den Feinden gegenüber mehr Mut und Kampfbereitschaft.

(30) Für sich selbst ließ Kyros ein Zelt bauen, das denen, die er zum Essen einladen wollte, genug Platz bot. Meistens lud er einige Taxiarchen ein, bei denen es ihm ratsam erschien, daß sie zugegen waren, manchmal auch einige Lochagen, Dekadarchen und Pempadarchen, manchmal auch einfache Soldaten, manchmal auch eine ganze Pempade, eine ganze Dekade, einen ganzen Lochos oder eine ganze Taxis. Er pflegte auch Leute mit einer Einladung auszuzeichnen, sobald er sah, daß sie etwas seinen Vorstellungen gemäß geleistet hatten. Er ließ sich selbst aber immer dasselbe vorsetzen wie seinen Gästen. (31) Den Helfern des Heeres räumte er in jeder Beziehung dieselben Rechte ein wie den Angehörigen der kämpfenden Truppe. Denn er meinte, daß er sie genau so auszeichnen müsse wie Herolde und Gesandte. Er glaubte nämlich auch, daß diese Leute zuverlässig, in den militärischen Dingen erfahren und verständig und außerdem energisch, schnell, furchtlos und unerschrocken sein müßten. Ferner hielt Kyros es für notwendig, daß die Helfer alle Fähigkeiten besäßen, die auch die Männer hätten, die als die besten galten, und sich daran gewöhnten, keinen Befehl zu verweigern, sondern die Überzeugung gewännen, daß es ihre Pflicht sei, alle Weisungen des Befehlshabers auszuführen.

ΙΙ

1 Ἀεὶ μὲν οὖν ἐπεμελεῖτο ὁ Κῦρος, ὁπότε συσκηνοῖεν, ὅπως εὐχαριστότατοί τε ἅμα λόγοι ἐμβληθήσονται καὶ παρορμῶντες εἰς τὸ ἀγαθόν. Ἀφίκετο δὲ καὶ εἰς τόνδε ποτὲ τὸν λόγον· Ἀρά γε, ἔφη, ὦ ἄνδρες, ἐνδεέστεροί τι ἡμῶν διὰ τοῦτο φαίνονται οἱ ἑταῖροι ὅτι οὐ πεπαίδευνται τὸν αὐτὸν τρόπον ἡμῖν, ἢ οὐδὲν ἄρα διοίσουσιν ἡμῶν οὔτ' ἐν ταῖς συνουσίαις οὔτε ὅταν ἀγωνίζεσθαι πρὸς τοὺς πολεμίους δέῃ;

2 Καὶ ὁ Ὑστάσπας ὑπολαβὼν εἶπεν· Ἀλλ' ὁποῖοι μέν τινες ἔσονται εἰς τοὺς πολεμίους οὔπω ἔγωγε ἐπίσταμαι· ἐν μέντοι τῇ συνουσίᾳ δύσκολοι ναὶ μὰ τοὺς θεοὺς ἔνιοι αὐτῶν φαίνονται. Πρώην μέν γε, ἔφη, ὁ Κυαξάρης ἔπεμψεν εἰς τὴν τάξιν ἑκάστην ἱερεῖα, καὶ ἐγένετο κρέα ἑκάστῳ ἡμῶν τρία ἢ καὶ πλείω τὰ περιφερόμενα. Καὶ ἤρξατο μὲν δὴ ἀπ' ἐμοῦ ὁ μάγειρος τὴν πρώτην περίοδον περιφέρων· ὅτε δὲ τὸ δεύτερον εἰσῄει περιοίσων, ἐκέλευσα ἐγὼ ἀπὸ τοῦ τελευταίου ἄρχεσθαι καὶ ἀνάπαλιν φέρειν. 3 Ἀνακραγὼν οὖν τις τῶν κατὰ μέσον τὸν κύκλον κατακειμένων στρατιωτῶν· Μὰ Δί', ἔφη, τῶνδε μὲν οὐδὲν ἴσον ἐστίν, εἰ ἀφ' ἡμῶν γε τῶν ἐν μέσῳ οὐδεὶς οὐδέποτε ἄρξεται. Καὶ ἐγὼ ἀκούσας ἠχθέσθην τε, εἴ τι μεῖον δοκοίη ἔχειν, καὶ ἐκάλεσα εὐθὺς αὐτὸν πρὸς ἐμέ. Ὁ δὲ μάλα γε τοῦτο εὐτάκτως ὑπήκουσεν. Ὡς δὲ τὰ περιφερόμενα ἧκε πρὸς ἡμᾶς, ἅτε, οἶμαι, ὑστάτους λαμβάνοντας, τὰ μικρότατα λελειμμένα ἦν. Ἐνταῦθα δὴ ἐκεῖνος πάνυ ἀνιαθεὶς δῆλος ἐγένετο καὶ εἶπε πρὸς αὐτόν· Τῆς τύχης, τὸ ἐμὲ νῦν κληθέντα δεῦρο τυχεῖν. 4 Καὶ ἐγὼ εἶπον· Ἀλλὰ μὴ φρόντιζε· αὐτίκα γὰρ ἀφ' ἡμῶν ἄρξεται καὶ σὺ πρῶτος λήψῃ τὸ μέγιστον. Καὶ ἐν τούτῳ περιέφερε τὸ τρίτον ὅπερ δὴ λοιπὸν ἦν τῆς περιφορᾶς· κἀκεῖνος ἔλαβε, μετ' ἐμὲ δεύτερος· ὡς δ' ὁ τρίτος ἔλαβε καὶ ἔδοξεν αὐτὸν μεῖζον ἑαυτοῦ λαβεῖν, κατα-

II.

(1) Bei den gemeinsamen Mahlzeiten im Zelt sorgte Kyros immer dafür, daß besonders angenehme und zugleich fördernde Gespräche geführt wurden. So kam es einmal zu folgender Unterhaltung: „Meint ihr, meine Freunde, daß unsere Kameraden uns gegenüber deshalb benachteiligt sind, weil sie nicht dieselbe Erziehung wie wir genossen haben, oder daß sie sich weder in unserer Gesellschaft noch im Kampf mit den Feinden von uns unterscheiden werden?"

(2) Da ergriff Hystaspas das Wort und sagte: „Wie sie sich im Kampf bewähren werden, weiß ich noch nicht. In ihrem gesellschaftlichen Umgang scheinen mir jedoch einige von ihnen, bei den Göttern, wirklich nicht ganz angenehm zu sein. Neulich schickte Kyaxares Opferfleisch an jede Taxis. Das Fleisch wurde herumgereicht, und jeder von uns bekam mindestens drei oder auch mehr Stücke. Der Koch fing bei mir an, als er das Fleisch zum ersten Mal herumreichte. Als er dann zum zweiten Mal losging, um es herumzureichen, befahl ich ihm, beim letzten in der Runde anzufangen und es dann wieder herzubringen. (3) Da schrie einer der Soldaten, die in der Mitte des Kreises saßen: ‚Beim Zeus, das ist keine Gleichheit, wenn man nie bei uns in der Mitte anfängt.' Als ich das gehört hatte, ärgerte ich mich darüber, daß sie sich benachteiligt fühlten, und rief den Mann gleich zu mir. Er gehorchte sofort, wie es sich gehört. Als aber das herumgereichte Fleisch bei uns angekommen war, waren nur noch die kleinsten Stücke übrig, da wir ja die letzten waren, die sich etwas davon nehmen konnten. Da merkte man, daß jener sehr enttäuscht war, und er murmelte vor sich hin: (4) ‚Schade, daß ich gerade jetzt hierher gerufen wurde.' Ich erwiderte: ‚Mach dir keine Gedanken. Denn der Mann mit dem Fleisch wird gleich wieder bei uns anfangen, und du wirst dann als erster das größte Stück bekommen.' In diesem Augenblick begann der Mann seine dritte Runde mit dem restlichen Fleisch. Jener nahm sich nun als zweiter nach mir ein Stück. Als aber der dritte sein Stück nahm

βάλλει ὃ ἔλαβεν ὡς ἕτερον ληψόμενος. Καὶ ὁ μάγειρος οἰόμενος αὐτὸν οὐδὲν ἔτι δεῖσθαι ὄψου. ᾤχετο παραφέρων πρὶν λαβεῖν αὐτὸν ἕτερον. 5 Ἐνταῦθα δὴ οὕτω βαρέως ἤνεγκε τὸ πάθος ὥστε ἀνήλωτο μὲν αὐτῷ ὃ εἰλήφει ὄψον, ὃ δ' ἔτι αὐτῷ λοιπὸν ἦν τοῦ ἐμβάμματος. τοῦτό πως ὑπὸ τοῦ ἐκπεπλῆχθαί τε καὶ τῇ τύχῃ ὀργίζεσθαι δυσφορούμενος ἀνέτρεψεν. Ὁ μὲν δὴ λοχαγὸς ὁ ἐγγύτατα ἡμῶν ἰδὼν συνεκρότησε τὼ χεῖρε καὶ τῷ γέλωτι ηὐφραίνετο. Ἐγὼ μέντοι, ἔφη, προσεποιούμην βήττειν· οὐδὲ γὰρ αὐτὸς ἐδυνάμην τὸν γέλωτα κατέχειν. Τοιοῦτον μὲν δή σοι ἕνα, ὦ Κῦρε, τῶν ἑταίρων ἐπιδεικνύω. Ἐπὶ μὲν δὴ τούτῳ, ὥσπερ εἰκός, ἐγέλασαν.

6 Ἄλλος δέ τις ἔλεξε τῶν ταξιάρχων· Οὗτος μὲν δή, ὦ Κῦρε, ὡς ἔοικεν, οὕτω δυσκόλῳ ἐπέτυχεν. Ἐγὼ δέ, ὡς σὺ διδάξας ἡμᾶς τὰς τάξεις ἀπέπεμψας καὶ ἐκέλευσας διδάσκειν τὴν ἑαυτοῦ ἕκαστον τάξιν ἃ παρὰ σοῦ ἐμάθομεν, οὕτω δὴ καὶ ἐγώ, ὥσπερ καὶ οἱ ἄλλοι ἐποίουν, ἐλθὼν ἐδίδασκον ἕνα λόχον. Καὶ στήσας τὸν λοχαγὸν πρῶτον καὶ τάξας δὴ ἐπ' αὐτῷ ἄνδρα νεανίαν καὶ τοὺς ἄλλους ᾗ ᾤμην δεῖν, ἔπειτα στὰς ἐκ τοῦ ἔμπροσθεν βλέπων εἰς τὸν λόχον, ἡνίκα μοι ἐδόκει καιρὸς εἶναι, προϊέναι ἐκέλευσα. 7 Καὶ ὁ ἀνήρ σοι ὁ νεανίας ἐκεῖνος προελθὼν τοῦ λοχαγοῦ πρότερος ἐπορεύετο. Κἀγὼ ἰδὼν εἶπον· Ὦ ἄνθρωπε, τί ποιεῖς; Καὶ ὃς ἔφη· Προέρχομαι ὥσπερ σὺ κελεύεις. Κἀγὼ εἶπον· Ἀλλ' οὐκ ἐγὼ σὲ μόνον ἐκέλευον, ἀλλὰ πάντας προϊέναι. Καὶ ὃς ἀκούσας τοῦτο μεταστραφεὶς πρὸς τοὺς λοχίτας εἶπεν· Οὐκ ἀκούετε, ἔφη, προστάττοντος προϊέναι πάντας. Καὶ οἱ ἄνδρες πάντες παρελθόντες τὸν λοχαγὸν ἦσαν πρὸς ἐμέ· 8 Ἐπεὶ δὲ ὁ λοχαγὸς αὐτοὺς ἀνεχώριζεν, ἐδυσφό-

und es so schien, als ob er ein größeres Stück bekommen habe
als der zweite, warf dieser sein Stück wieder hin, um ein anderes zu nehmen. Der Koch schloß daraus, daß dieser überhaupt
nichts mehr haben wollte, und setzte seine Runde fort, bevor
er sich ein anderes Stück nehmen konnte. (5) Darüber regte er
sich so sehr auf, daß ihm nicht nur das Stück, das er sich zuerst
genommen hatte, weggeschnappt wurde, sondern daß er auch
die Soße, die ihm noch geblieben war, vergoß, weil er außer
sich war vor Erregung und Zorn über sein Pech. Als der Lochage neben uns diesen Vorgang beobachtete, klatschte er in
die Hände und lachte vor Vergnügen. Ich tat allerdings so, als
ob ich husten müßte. Denn auch ich konnte mein Lachen nicht
unterdrücken. Damit, mein Kyros, beschreibe ich dir also einen unserer Kameraden." Darauf lachten alle, wie man sich
denken kann.

(6) Ein anderer Taxiarch sagte folgendes: „Hystaspas hat es
anscheinend mit einem wirklich unzufriedenen Kerl zu tun gehabt, mein Kyros. Nachdem du uns aber belehrt, die Taxen
wieder entlassen und befohlen hattest, daß jeder einzelne von
uns seiner Taxis die Dinge beibringen sollte, die wir von dir
gelernt hatten, da machte auch ich mich auf, wie die anderen
es taten, und versuchte, einen bestimmten Lochos zu instru-
ieren. Zuerst ließ ich den Lochagen, daneben einen jungen
Soldaten und dann die übrigen der Reihe nach antreten, wie
ich es für richtig hielt. Darauf nahm ich ihnen gegenüber mit
Blickrichtung zum Lochos Aufstellung, und als es mir angebracht erschien, gab ich den Befehl ‚Vorwärts'. (7) Da trat
jener junge Soldat vor den Lochagen und marschierte als erster los. Als ich das sah, rief ich: ‚Mensch, was machst du da?'
Er antwortete: ‚Ich gehe los, wie du es befiehlst.' Darauf sagte
ich: ‚Aber ich habe doch nicht dir allein, sondern allen den
Befehl gegeben voranzugehen.' Als er das gehört hatte, drehte
er sich zu den übrigen Männern des Lochos um und sagte: ‚Ihr
hört nicht, daß sein Befehl für alle gilt.' Darauf gingen alle
Männer an dem Lochagen vorbei und kamen auf mich zu.
(8) Als der Lochage sie aber kehrtmachen ließ, ärgerten sie

ρουν καὶ ἔλεγον· Ποτέρῳ δὴ πείθεσθαι χρή: νῦν γὰρ ὁ μὲν
κελεύει προϊέναι, ὁ δ' οὐκ ἐᾷ. Ἐγὼ μέντοι ἐνεγκὼν ταῦτα
πρᾴως ἐξ ἀρχῆς αὖ καταχωρίσας εἶπον μηδένα τῶν ὄπισθεν κινεῖσθαι πρὶν ἂν ὁ πρόσθεν ἡγῆται, ἀλλὰ τοῦτο μόνον ὁρᾶν πάντας, τῷ πρόσθεν ἕπεσθαι. 9 Ὡς δ' εἰς Πέρσας τις ἀπιὼν ἦλθε πρὸς ἐμὲ καὶ ἐκέλευσέ με τὴν ἐπιστολὴν ἣν ἔγραψα οἴκαδε δοῦναι, κἀγώ, ὁ γὰρ λοχαγὸς ᾔδει
ὅπου ἔκειτο ἡ ἐπιστολή, ἐκέλευσα αὐτὸν δραμόντα ἐνεγ-
κεῖν τὴν ἐπιστολήν, ὁ μὲν δὴ ἔτρεχεν, ὁ δέ τοι μετ' ἐκεῖνον ἕπεται σὺν αὐτῷ τῷ θώρακι καὶ τῇ κοπίδι, καὶ ὁ ἄλλος
δὲ πᾶς λόχος ἰδὼν ἐκεῖνον συνέτρεχεν· καὶ ἧκον οἱ ἄνδρες
φέροντες τὴν ἐπιστολήν. Οὕτως, ἔφη, ὅ γ' ἐμὸς λόχος σοι
ἀκριβοῖ πάντα τὰ παρὰ σοῦ. 10 Οἱ μὲν δὴ ἄλλοι, ὡς εἰκός, ἐγέλων ἐπὶ τῇ δορυφορίᾳ τῆς ἐπιστολῆς· ὁ δὲ Κῦρος
εἶπεν· Ὦ Ζεῦ καὶ πάντες θεοί, οἵους ἄρα ἡμεῖς ἔχομεν ἄνδρας ἑταίρους, οἵ γε εὐθεράπευτοι μὲν οὕτως εἰσὶν ὥστ' εἶναι αὐτῶν καὶ μικρῷ ὄψῳ παμπόλλους φίλους ἀνακτήσασ-
θαι, πιθανοὶ δ' οὕτως εἰσί τινες ὥστε πρὶν εἰδέναι τὸ προσταττόμενον πρότερον πείθονται. Ἐγὼ μὲν οὐκ οἶδα ποίους
τινὰς χρὴ μᾶλλον εὔχεσθαι ἢ τοιούτους στρατιώτας ἔχειν.
11 Ὁ μὲν δὴ Κῦρος ἅμα γελῶν οὕτως ἐπῄνεσε τοὺς στρατιώτας.

Ἐν δὲ τῇ σκηνῇ ἐτύγχανέ τις ὢν τῶν ταξιάρχων Ἀγλαϊτάδας ὄνομα, ἀνὴρ τὸν τρόπον τῶν στρυφνοτέρων ἀνθρώπων, ὃς οὑτωσί πως εἶπεν· Ἦ γὰρ οἴει, ἔφη, ὦ Κῦρε, τούτους ἀληθῆ λέγειν ταῦτα; Ἀλλὰ τί μὴν βουλόμενοι, ἔφη
ὁ Κῦρος, ψεύδονται; Τί δ' ἄλλο γ', ἔφη, εἰ μὴ γέλωτα
ποιεῖν ἐθέλοντες ὑπὲρ οὗ λέγουσί τε ταῦτα καὶ ἀλαζονεύον-
ται; 12 Καὶ ὁ Κῦρος· Εὐφήμει, ἔφη, μὴ λέγε ἀλαζόνας
εἶναι τούτους. Ὁ μὲν γὰρ ἀλαζὼν ἔμοιγε δοκεῖ ὄνομα κεῖσθαι ἐπὶ τοῖς προσποιουμένοις καὶ πλουσιωτέροις εἶναι ἢ
εἰσὶ καὶ ἀνδρειοτέροις καὶ ποιήσειν ἃ μὴ ἱκανοί εἰσιν ὑπισ-
χνουμένοις, καὶ ταῦτα φανεροῖς γιγνομένοις ὅτι τοῦ λα-

sich und sagten: ‚Wem sollen wir denn nun gehorchen? Denn jetzt befiehlt der eine, daß wir vorwärtsgehen, der andere verbietet es.‘ Ich ließ das jedoch ruhig über mich ergehen, ließ sie zunächst ihre Ausgangsstellung wieder einnehmen und sagte, daß sich keiner der weiter hinten Stehenden bewegen dürfe, bevor der Vordermann losgehe. Vielmehr sollten alle nur darauf achten, dem jeweiligen Vordermann zu folgen. (9) In diesem Augenblick kam ein Bote zu mir, der im Begriff war, nach Persien zu reisen, und forderte mich auf, ihm den Brief zu geben, den ich nach Hause geschrieben hatte. Da der Lochage wußte, wo der Brief lag, gab ich ihm den Auftrag, loszulaufen und den Brief zu holen. Da rannte der Lochage los, der junge Soldat folgte ihm in seiner Rüstung und mit seinem Säbel, und der ganze übrige Lochos schloß sich ihm an, als er ihn laufen sah. Dann kamen die Männer mit dem Brief zurück. So genau befolgt mein Lochos alle meine Befehle.“ (10) Die anderen lachten selbstverständlich über die Eskorte für den Brief. Kyros aber sagte: „O Zeus und alle Götter, was für Kameraden haben wir also, die so leicht zu behandeln sind, daß man sich sehr viele von ihnen schon mit einem kleinen Stück Fleisch zu Freunden machen kann, und die so gehorsam sind, daß sie schon gehorchen, bevor sie den Befehl bekommen. Ich weiß wirklich nicht, was für Soldaten man sich lieber wünschen sollte als solche.“ (11) So lobte Kyros lachend seine Soldaten.

Im Zelt befand sich aber auch ein Taxiarch namens Aglaïtadas, ein recht mürrischer Charakter, der etwa folgendes sagte: „Glaubst du denn, Kyros, daß diese Leute hiermit die Wahrheit sagen?“ – „Mit welcher Absicht sollten sie denn lügen?“ fragte Kyros. „Wollen sie uns denn nicht nur dazu bringen, über den Mann zu lachen, von dem sie ihre Geschichten erzählen, um damit zu prahlen?“ (12) Kyros antwortete: „Sei ruhig. Sag nicht, daß diese Leute Prahler sind. Denn die Bezeichnung ‚Prahler‘ scheint mir nur auf diejenigen zuzutreffen, die vorgeben, reicher und tapferer zu sein, als sie es in Wirklichkeit sind, und die versprechen, Dinge zu tun, zu denen sie nicht fähig sind, und die sich offensichtlich nur deshalb so verhalten,

βεῖν τι ἕνεκα καὶ κερδᾶναι ποιοῦσιν. Οἱ δὲ μηχανώμενοι γέλωτα τοῖς συνοῦσι μήτε ἐπὶ τῷ ἑαυτῶν κέρδει μήτ' ἐπὶ ζημίᾳ τῶν ἀκουόντων μήτε ἐπὶ βλάβῃ μηδεμιᾷ, πῶς οὐχ οὗτοι ἀστεῖοι ἂν καὶ εὐχάριτες δικαιότερον ὀνομάζοιντο μᾶλλον ἢ ἀλαζόνες; 13 Ὁ μὲν δὴ Κῦρος οὕτως ἀπελογήσατο περὶ τῶν τὸν γέλωτα παρασχόντων· αὖθις δὲ ὁ ταξίαρχος ὁ τὴν τοῦ λόχου χαριτίαν διηγησάμενος ἔφη· Ἦπου ἄν, ἔφη, ὦ Ἀγλαϊτάδα, εἴ γε κλαίειν ἐπειρώμεθά σε ποιεῖν, σφόδρ' ἂν ἡμῖν ἐμέμφου, ὥσπερ ἔνιοι καὶ ἐν ᾠδαῖς καὶ ἐν λόγοις οἰκτρὰ ἄττα λογοποιοῦντες εἰς δάκρυα πειρῶνται ἄγειν, ὁπότε γε νῦν καὶ αὐτὸς εἰδὼς ὅτι εὐφραίνειν μέν τί σε βουλόμεθα, βλάπτειν δ' οὐδέν, ὅμως οὕτως ἐν πολλῇ ἀτιμίᾳ ἡμᾶς ἔχεις. 14 Ναὶ μὰ Δί', ἔφη ὁ Ἀγλαϊτάδας, καὶ δικαίως γε, ἐπεὶ καὶ αὐτοῦ τοῦ κλαίειν καθίζοντος τοὺς φίλους πολλαχῇ ἔμοιγε δοκεῖ ἐλάττονος ἄξια διαπράττεσθαι ὁ γέλωτα αὐτοῖς μηχανώμενος. Εὑρήσεις δὲ καὶ σύ, ἢν ὀρθῶς λογίζῃ, ἐμὲ ἀληθῆ λέγοντα· κλαύμασι μέν γε καὶ πατέρες υἱοῖς σωφροσύνην μηχανῶνται καὶ διδάσκαλοι παισὶν ἀγαθὰ μαθήματα, καὶ νόμοι γε πολίτας διὰ τοῦ κλαίοντας καθίζειν ἐς δικαιοσύνην προτρέπονται· τοὺς δὲ γέλωτα μηχανωμένους ἔχοις ἂν εἰπεῖν ἢ σώματα ὠφελοῦντας ἢ ψυχὰς οἰκονομικωτέρας τι ποιοῦντας ἢ πολιτικωτέρας; 15 Ἐκ τούτου ὁ Ὑστάσπας ὧδέ πως εἶπε· Σύ, ἔφη, ὦ Ἀγλαϊτάδα, ἢν ἐμοὶ πείθῃ, εἰς μὲν τοὺς πολεμίους θαρρῶν δαπανήσεις τοῦτο τὸ πολλοῦ ἄξιον, καὶ κλαίοντας ἐκείνους πειράσῃ καθίζειν· ἡμῖν δὲ πάντως, ἔφη, τοῖσδε τοῖς φίλοις τούτου τοῦ ὀλίγου ἀξίου, τοῦ γέλωτος ἐπιδαψιλεύσῃ. Καὶ γὰρ οἶδ' ὅτι πολύς σοί ἐστιν ἀποκείμενος· οὔτε γὰρ αὐτὸς χρώμενος ἀνησίμωκας αὐτόν, οὐδὲ μὴν φίλοις οὐδὲ ξένοις

um etwas zu bekommen und sich einen Vorteil zu verschaffen.
Diejenigen aber, die die Gesellschaft zum Lachen bringen und
dies nicht zu ihrem eigenen Nutzen oder zum Schaden der
Zuhörer oder mit einer anderen bösen Absicht tun – sollten sie
nicht mit größerem Recht als witzig und charmant und nicht als
prahlerisch bezeichnet werden?" (13) So verteidigte Kyros seine Leute, die das Gelächter ausgelöst hatten. Der Taxiarch
aber, der die lustige Geschichte über den Lochos erzählt hatte,
sagte: „Aglaïtadas, wenn wir darauf aus wären, dich zum Weinen zu bringen, wie es manche tun, die in Liedern und Geschichten irgendwelche traurigen Ereignisse darstellen und ihre Zuhörer zu Tränen zu rühren versuchen, dann würdest du
uns doch wohl schreckliche Vorwürfe machen, da du uns jetzt
schon so furchtbar böse bist, obwohl du doch selbst genau
weißt, daß wir dich nur erfreuen und keinesfalls ärgern wollen." (14) „Ja, beim Zeus, und auch mit Recht", antwortete
Aglaïtadas, „denn wer seine Freunde zum Lachen zu bringen
versucht, scheint mir weitaus unwürdiger zu handeln als derjenige, der sie zum Weinen bringt. Auch du wirst es einsehen,
daß ich die Wahrheit sage, wenn du einmal richtig nachdenkst:
Mit Tränen bringen Väter ihren Söhnen Besonnenheit und
Lehrer ihren Schülern nützliche Kenntnisse bei, und Gesetze
treiben die Bürger dadurch, daß sie sie zum Weinen bringen,
zur Gerechtigkeit. Könntest du aber behaupten, daß diejenigen, die Gelächter hervorrufen, die Körperkräfte erhöhen
oder die Fähigkeit zur Verwaltung eines Hauses oder Staates
in irgendeiner Hinsicht steigern?" (15) Darauf antwortete Hystaspas etwa folgendermaßen: „Lieber Aglaïtadas, wenn du
mir folgen kannst, dann wirst du dieses so wertvolle Mittel mit
ganzer Entschlossenheit gegen deine Feinde einsetzen und versuchen, sie zum Weinen zu bringen. Uns hier aber, die wir
deine Freunde sind, wirst du doch etwas von dieser so wenig
wertvollen Sache, dem Lachen, gewähren können. Ich weiß
nämlich, daß du einen großen Vorrat davon hast. Denn du
hast ihn bisher noch nicht angetastet, geschweige denn verbraucht, bringst du doch mit Absicht weder Freunde noch Gä-

ἑκὼν εἶναι γέλωτα παρέχεις· ὥστε οὐδεμία σοι πρόφασίς ἐστιν ὡς οὐ παρεκτέον σοι ἡμῖν γέλωτα. Καὶ ὁ Ἀγλαϊτάδας εἶπε· Καὶ οἴει γε, ὦ Ὑστάσπα, γέλωτα περιποιεῖν ἐξ ἐμοῦ; καὶ ὁ ταξίαρχος εἶπε· Ναὶ μὰ Δί', ἀνόητος ἄρ' ἐστίν· ἐπεὶ ἔκ γε σοῦ πῦρ, οἶμαι, ῥᾶον ἄν τις ἐκτρίψειεν ἢ γέλωτα ἐξαγάγοιτο. 16 Ἐπὶ τούτῳ μὲν δὴ οἵ τε ἄλλοι ἐγέλασαν, τὸν τρόπον εἰδότες τοῦ Ἀγλαϊτάδα καὶ αὐτὸς ὁ Ἀγλαϊτάδας ἐπεμειδίασε. Καὶ ὁ Κῦρος ἰδὼν αὐτὸν φαιδρωθέντα· Ἀδικεῖς, ἔφη, ὦ ταξίαρχε, ὅτι ἄνδρα ἡμῖν τὸν σπουδαιότατον διαφθείρεις γελᾶν ἀναπείθων, καὶ ταῦτα, ἔφη, οὕτω πολέμιον ὄντα τῷ γέλωτι. 17 Ταῦτα μὲν δὴ ἐνταῦθα ἔληξεν. Ἐκ δὲ τούτου Χρυσάντας ὧδ' ἔλεξεν·

18 Ἀλλ' ἐγώ, ἔφη, ὦ Κῦρε καὶ πάντες οἱ παρόντες, ἐννοῶ ὅτι ἐξεληλύθασι μὲν σὺν ἡμῖν οἱ μὲν καὶ βελτίονες, οἱ δὲ καὶ μείονος ἄξιοι· ἢν δέ τι γένηται ἀγαθόν, ἀξιώσουσιν οὗτοι πάντες ἰσομοιρεῖν. Καίτοι ἔγωγε οὐδὲν ἀνισώτερον νομίζω τῶν ἐν ἀνθρώποις εἶναι τοῦ τῶν ἴσων τόν τε κακὸν καὶ τὸν ἀγαθὸν ἀξιοῦσθαι. Καὶ ὁ Κῦρος εἶπε πρὸς τοῦτο· Ἆρ' οὖν, πρὸς τῶν θεῶν, ὦ ἄνδρες, κράτιστον ἡμῖν ἐμβαλεῖν περὶ τούτου βουλὴν εἰς τὸ στράτευμα, πότερα δοκεῖ, ἤν τι ἐκ τῶν πόνων δῷ ὁ θεὸς ἀγαθόν, ἰσομοίρους πάντας ποιεῖν, ἢ σκοποῦντας τὰ ἔργα ἑκάστου πρὸς ταῦτα καὶ τὰς τιμὰς ἑκάστῳ προστιθέναι; 19 Καὶ τί δεῖ, ἔφη ὁ Χρυσάντας, ἐμβαλεῖν λόγον περὶ τούτου, ἀλλ' οὐχὶ προειπεῖν ὅτι οὕτω ποιήσεις; Ἢ οὐ σὺ καὶ τοὺς ἀγῶνας οὕτω προεῖπας καὶ τὰ ἆθλα; Ἀλλὰ μὰ Δί', ἔφη ὁ Κῦρος, οὐχ ὅμοια ταῦτα ἐκείνοις· ἃ μὲν γὰρ ἂν στρατευόμενοι κτήσωνται, κοινά, οἶμαι, ἑαυτοῖς ἡγήσονται εἶι αι· τὴν δὲ ἀρχὴν τῆς στρατιᾶς ἐμὴν ἴσως ἔτι οἴκοθεν νομίζουσιν εἶναι, ὥστε διατάττοντα ἐμὲ τοὺς ἐπιστάτας οὐδὲν οἶμαι ἀδικεῖν νομί-

ste zum Lachen. Daher kannst du dich nicht damit herausre-
den, daß es dir nicht möglich sei, uns einen Anlaß zum Lachen
zu bieten." Aglaïtadas erwiderte darauf: „Glaubst du denn,
Hystaspas, aus mir ein Lachen herausholen zu können?" Der
Taxiarch antwortete: „Mein Gott, ist das ein seltsamer
Mensch. Denn es wäre sicher leichter, Feuer aus dir herauszu-
schlagen, als dich zum Lachen zu bringen." (16) Darüber lachten die anderen; denn sie kannten Aglaïtadas' Charakter.
Aglaïtadas aber lächelte. Als Kyros sah, daß er sich aufheitern
ließ, sagte er: „Es ist nicht recht, Taxiarch, daß du uns den
ernsthaftesten Menschen verdirbst, indem du ihn zum Lachen
veranlaßt, da er doch ein so großer Gegner des Lachens ist."
(17) Damit war dieses Gespräch zu Ende. Im Anschluß daran
sagte Chrysantas folgendes:

(18) „Ich und alle Anwesenden, lieber Kyros, stellen fest,
daß teils tüchtigere und teils weniger brauchbare Leute mit uns
zusammen ausgezogen sind. Wenn wir siegen, werden alle diese den gleichen Gewinn beanspruchen. Meiner Meinung nach
gibt es jedoch keine größere Ungerechtigkeit unter den Menschen als die Tatsache, daß der Untüchtige dieselben Ansprü-
che erhebt wie der Tüchtige." Darauf erwiderte Kyros: „Bei
den Göttern, Männer, ist es nicht am besten für uns, dieses
Problem mit dem Heer zu erörtern und zu beraten, ob es
angebracht erscheint, daß alle, wenn Gott uns für unsere Anstrengungen belohnt, gleiche Anteile erhalten, oder daß wir
die Leistungen jedes einzelnen prüfen und jedem die ihm zu-
kommenden Belohnungen zuteil werden lassen?" (19) „Aber
wozu", fragte Chrysantas, „ist es denn nötig, darüber zu disku-
tieren, statt einfach mitzuteilen, daß du es so machen wirst?
Hast du denn nicht auch die Wettkämpfe und Kampfpreise in
diesem Sinne angeordnet?" – „Nein", sagte Kyros, „das ist
nicht dasselbe. Denn was sie während des Feldzuges gewinnen, werden sie, wie ich glaube, als ihren gemeinsamen Besitz
betrachten. Daß der Oberbefehl über das Heer mir zusteht,
davon sind sie wohl noch von zu Hause her überzeugt. Folglich
glauben sie wohl auch nicht, daß ich Unrecht tue, wenn ich

ζουσιν. 20 Ἡ καὶ οἴει, ἔφη ὁ Χρυσάντας, ψηφίσασθαι
ἂν τὸ πλῆθος συνελθὸν ὥστε μὴ ἴσων ἕκαστον τυγχάνειν,
ἀλλὰ τοὺς κρατίστους καὶ τιμαῖς καὶ δώροις πλεονεκτεῖν;
Ἔγωγ', ἔφη ὁ Κῦρος, οἶμαι, ἅμα μὲν ἡμῶν συναγορευόν-
των, ἅμα δὲ καὶ αἰσχρὸν ὂν ἀντιλέγειν, μὴ οὐχὶ τὸν
πλεῖστα καὶ πονοῦντα καὶ ὠφελοῦντα τὸ κοινὸν τοῦτον
καὶ μεγίστων ἀξιοῦσθαι. Οἶμαι δ', ἔφη, καὶ τοῖς κακίστοις
συμφέρον φανεῖσθαι τοὺς ἀγαθοὺς πλεονεκτεῖν. 21 Ὁ δὲ
Κῦρος ἐβούλετο καὶ αὐτῶν ἕνεκα τῶν ὁμοτίμων γενέσθαι
τοῦτο τὸ ψήφισμα· βελτίους γὰρ ἂν καὶ αὐτοὺς ἡγεῖτο
τούτους εἶναι, εἰ εἰδεῖεν ὅτι ἐκ τῶν ἔργων καὶ αὐτοὶ κρι-
νόμενοι τῶν ἀξίων τεύξονται. Καιρὸς οὖν ἐδόκει αὐτῷ εἶναι
νῦν ἐμβαλεῖν περὶ τούτου ψῆφον, ἐν ᾧ καὶ οἱ ὁμότιμοι
ὤκνουν τὴν τοῦ ὄχλου ἰσομοιρίαν. Οὕτω δὴ συνεδόκει
τοῖς ἐν τῇ σκηνῇ συμβαλέσθαι περὶ τούτου λόγους καὶ
συναγορεύειν ταῦτα ἔφασαν χρῆναι ὅστισπερ ἀνὴρ οἴοιτο
εἶναι.

22 Ἐπιγελάσας δὲ τῶν ταξιάρχων τις εἶπεν· Ἀλλ' ἐγώ,
ἔφη, ἄνδρα οἶδα καὶ τοῦ δήμου ὃς συνερεῖ ὥστε μὴ εἰκῇ
οὕτως ἰσομοιρίαν εἶναι. Ἄλλος δ' ἀντήρετο τοῦτον τίνα
λέγοι. Ὁ δ' ἀπεκρίνατο· Ἔστι, νὴ Δί', ἀνὴρ σύσκηνος
ἐμός, ὃς ἐν παντὶ μαστεύει πλέον ἔχειν. Ἄλλος δ' αὖ
ἐπήρετο αὐτόν· Ἡ καὶ τῶν πόνων; Μὰ Δί', ἔφη, οὐ μὲν
δή· ἀλλὰ τοῦτό γε ψευδόμενος ἑάλωκα· καὶ γὰρ πόνων
καὶ τῶν ἄλλων τῶν τοιούτων πρᾴως ἀεὶ ἐᾷ τὸν βουλόμενον πλέον ἔχειν. 23 Ἀλλ' ἐγὼ μέν, ἔφη ὁ Κῦρος, ὦ
ἄνδρες, γιγνώσκω τοὺς τοιούτους ἀνθρώπους οἷον καὶ
οὗτος νῦν λέγει, εἴπερ δεῖ ἐνεργὸν καὶ πειθόμενον ἔχειν
τὸ στράτευμα, ἐξαιρετέους εἶναι ἐκ τῆς στρατιᾶς. Δοκεῖ

Kampfrichter aufstelle." (20) „Meinst du denn wirklich", fragte Chrysantas, „die Masse des Heeres stimme dafür, daß jeder
einzelne nicht den gleichen Anteil erhalte, sondern die Besten
höhere Belohnungen und mehr Geschenke bekommen?" –
„Ja", antwortete Kyros, „das glaube ich. Denn einerseits sind
wir uns alle darin einig, und andererseits wäre es eine Schande,
der Forderung zu widersprechen, daß derjenige, der sich am
meisten anstrengt und der Allgemeinheit am meisten nützt,
auch den größten Lohn beanspruchen soll. Meines Erachtens
wird es auch den Schlechtesten angemessen erscheinen, daß
die Tüchtigen mehr bekommen." (21) Kyros hatte den
Wunsch, daß dieser Beschluß auch um der Homotimen willen
zustande komme. Denn er meinte, sie setzten sich noch besser
ein, wenn sie wüßten, daß auch sie selbst nach ihren Leistungen beurteilt und das bekommen würden, was sie wirklich ver-
dienten. In dem Augenblick, wo auch die Homotimen die
Gleichberechtigung der Masse befürchteten, schien es ihm angebracht zu sein, hierüber eine Abstimmung herbeizuführen.
So waren sich alle in dem Zelt darin einig, diese Frage gemeinsam zu erörtern, und sie sagten, daß jeder, der ein Mann zu
sein glaube, ihre Auffassung teilen müsse.

(22) Da lachte einer der Taxiarchen und sagte: „Ich kenne
aber einen Mann, und zwar einen einfachen Soldaten, der sicher damit einverstanden sein wird, daß nicht einfach allgemeine Gleichberechtigung herrscht." Ein anderer fragte, wen
er damit meine. Der Taxiarch gab zur Antwort: „Es ist, beim
Zeus, einer meiner Zeltgenossen, der in jeder Hinsicht mehr
haben will." Jemand anders fragte ihn daraufhin: „Auch in
Hinsicht auf Anstrengungen?" – „Um Gottes willen, das nicht.
Jetzt habe ich mich aber dabei erwischen lassen, daß ich die
Unwahrheit sagte. Denn ich sehe, daß der Mann bei Anstrengungen und bei anderen vergleichbaren Dingen stets großzügig
jedermann nachgibt, der mehr haben will als er." (23) „Ich bin
der Ansicht", sagte Kyros, „daß solche Menschen, wie dieser
sie jetzt beschreibt, aus dem Heer entfernt werden müssen,
wenn wir eine tüchtige und gehorsame Streitmacht haben wol-

γάρ μοι τὸ μὲν πολὺ τῶν ἀνθρώπων εἶναι οἷον ἕπεσθαι ᾗ ἄν τις ἡγῆται· ἄγειν δ' οἶμαι ἐπιχειροῦσιν οἱ μὲν καλοὶ κἀγαθοὶ ἐπὶ τὰ καλὰ κἀγαθά, οἱ δὲ πονηροὶ ἐπὶ τὰ πονηρά. 24 Καὶ πολλάκις τοίνυν πλείονας ὁμογνώμονας λαμβάνουσιν οἱ φαῦλοι ἢ οἱ σπουδαῖοι. Ἡ γὰρ πονηρία διὰ τῶν παραυτίκα ἡδονῶν πορευομένη ταύτας ἔχει συναναπειθούσας πολλοὺς αὐτῇ ὁμογνωμονεῖν· ἡ δ' ἀρετὴ πρὸς ὄρθιον ἄγουσα οὐ πάνυ δεινή ἐστιν ἐν τῷ παραυτίκα εἰκῇ συνεπισπᾶσθαι, ἄλλως τε καὶ ἢν ἄλλοι ὦσιν ἐπὶ τὸ πρανὲς καὶ τὸ μαλακὸν ἀντιπαρακαλοῦντες. 25 Καὶ τοίνυν, ἢν μέν τινες βλακείᾳ καὶ ἀπονίᾳ μόνον κακοὶ ὦσι, τούτους ἐγὼ νομίζω ὥσπερ κηφῆνας δαπάνῃ μόνον ζημιοῦν τοὺς κοινωνούς· οἳ δ' ἂν τῶν μὲν πόνων κακοὶ ὦσι κοινωνοί, πρὸς δὲ τὸ πλεονεκτεῖν σφοδροὶ καὶ ἀναίσχυντοι, οὗτοι καὶ ἡγεμονικοί εἰσι πρὸς τὰ πονηρά· πολλάκις γὰρ δύνανται τὴν πονηρίαν πλεονεκτοῦσαν ἀποδεικνύναι· ὥστε παντάπασιν ἐξαιρετέοι ἡμῖν οἱ τοιοῦτοί εἰσι. 26 Μηδὲ μέντοι σκοπεῖτε ὅπως ἐκ τῶν πολιτῶν ἀντιπληρώσετε τὰς τάξεις, ἀλλ' ὥσπερ ἵππους οἳ ἂν ἄριστοι ὦσιν, οὐχ οἳ ἂν πατριῶται, τούτους ζητεῖτε, οὕτω καὶ ἀνθρώπους ἐκ πάντων οἳ ἂν ὑμῖν δοκῶσι μάλιστα συνισχυριεῖν τε ὑμᾶς καὶ συγκοσμήσειν, τούτους λαμβάνετε. Μαρτυρεῖ δέ μοι καὶ τόδε πρὸς τὸ ἀγαθόν· οὔτε γὰρ ἅρμα δήπου ταχὺ γένοιτ' ἂν βραδέων ἵππων ἐνόντων οὔτε δίκαιον ἀδίκων συνεζευγμένων, οὐδέ γε οἶκος δύναται εὖ οἰκεῖσθαι πονηροῖς οἰκέταις χρώμενος, ἀλλὰ καὶ ἐνδεόμενος οἰκετῶν ἧττον σφάλλεται ἢ ὑπὸ ἀδίκων ταραττόμενος. 27 Εὖ δ' ἴστε, ἔφη, ὦ ἄνδρες φίλοι, ὅτι οὐδὲ τοῦτο μόνον ὠφελήσουσιν οἱ κακοὶ ἀφαι-

len. Denn der größte Teil der Soldaten scheint mir bereit zu
sein, dorthin zu folgen, wohin man sie führt. Die tüchtigen
Führer, glaube ich, haben es in der Hand, sie zu guten Leistungen, die schlechten zu schlechten Leistungen zu bringen.
(24) Oft ziehen nun die Schlechten mehr Gleichgesinnte auf
ihre Seite als die Tüchtigen. Denn die Schlechtigkeit, die
schnelle Vergnügungen verschafft, verlockt viele mit eben diesen Vergnügungen, sich ihr auszuliefern. Die Tugend hingegen, die auf einem steilen Weg in die Höhe führt, ist auf den
ersten Blick nicht in der Lage, jemanden ohne weiteres auf
ihre Seite zu ziehen, besonders wenn es da noch Leute gibt, die
dazu auffordern, lieber den sanftansteigenden und bequemen
Weg zu gehen. (25) Die Menschen, die nur aus Trägheit und
Faulheit schlecht sind, schaden meiner Meinung nach ihren
Mitmenschen nur dadurch, daß sie wie die Drohnen Aufwand
erfordern. Doch diejenigen, die sich bei Anstrengungen zwar
als schlechte Kameraden erweisen, aber mit Rücksichtslosig-
keit und Unverschämtheit auf ihren bloßen Vorteil bedacht
sind, stiften auch andere zu Schandtaten an. Sie können ja oft
auch beweisen, daß die Schlechtigkeit erfolgreich ist. Deshalb
müssen wir solche Leute auf jeden Fall entfernen. (26) Versucht aber nicht, eure Einheiten nur mit euren Mitbürgern
aufzufüllen, sondern wie ihr euch ja auch nur die besten und
nicht immer nur inländische Pferde aussucht, so wählt euch aus
allen Leuten die aus, von denen ihr meint, daß sie euch besonders gut unterstützen und ihr mit ihnen Ehre einlegen könnt.
Daß dies ein guter Vorschlag ist, ergibt sich für mich auch aus
folgender Bobachtung: Ein Wagen dürfte doch wohl weder
schnell sein, wenn er von langsamen Pferden gezogen wird,
noch richtig laufen, wenn das Gespann nicht richtig zusam-
menpaßt. Auch ein Haus könnte wohl kaum gut verwaltet
werden, wenn dort nur unfähige Angestellte sind. Vielmehr
wird einem Haus ohne Angestellte weniger Schaden zugefügt
als dem Haus, das von untauglichen Angestellten in Unordnung gebracht wird. (27) Seid euch darüber im klaren, meine
Freunde: Die Entfernung der Untauglichen ist nicht allein des-

ρεθέντες ὅτι κακοὶ ἀπέσονται. ἀλλὰ καὶ τῶν καταμενόντων ὅσοι μὲν ἂν ἐπίμπλαντο ἤδη κακίας, ἀποκαθαροῦνται πάλιν ταύτης, οἱ δὲ ἀγαθοὶ τοὺς κακοὺς ἰδόντες ἀτιμασθέντας πολὺ εὐθυμότερον τῆς ἀρετῆς ἀνθέξονται. 28 Ὁ μὲν οὕτως εἶπε· τοῖς δὲ φίλοις πᾶσι συνέδοξε ταῦτα· καὶ οὕτως ἐποίουν.

Ἐκ δὲ τούτου πάλιν αὖ καὶ σκώμματος ἤρχετο ὁ Κῦρος. Κατανοήσας γάρ τινα τῶν λοχαγῶν σύνδειπνον καὶ παρακλίτην πεποιημένον ἄνδρα ὑπέρδασύν τε καὶ ὑπέραισχρον, ἀνακαλέσας τὸν λοχαγὸν ὀνομαστὶ εἶπεν ὧδε. Ὦ Σαμβαύλα, ἔφη, ἀλλ' ἦ καὶ σὺ κατὰ τὸν Ἑλληνικὸν τρόπον, ὅτι καλόν ἐστι, περιάγει τοῦτο τὸ μειράκιον τὸ παρακατακείμενόν σοι; Νὴ τὸν Δί', ἔφη ὁ Σαμβαύλας, ἤδομαι γοῦν καὶ ἐγὼ συνών τε τούτῳ καὶ θεώμενος αὐτόν. 29 Ἀκούσαντες δὲ ταῦτα οἱ σύσκηνοι προσέβλεψαν· ὡς δὲ εἶδον τὸ πρόσωπον τοῦ ἀνδρὸς ὑπερβάλλον αἴσχει, ἐγέλασαν πάντες. Καί τις εἶπε· Πρὸς τῶν θεῶν, ὦ Σαμβαύλα, ποίῳ ποτέ σε ἔργῳ ἀνὴρ οὗτος ἀνήρτηται; 30 καὶ ὃς εἶπεν· Ἐγὼ ὑμῖν, νὴ τὸν Δία, ὦ ἄνδρες, ἐρῶ. Ὁποσάκις γὰρ αὐτὸν ἐκάλεσα εἴτε νυκτὸς εἴτε ἡμέρας, οὐπώποτέ μοι οὔτ' ἀσχολίαν προυφασίσατο οὔτε βάδην ὑπήκουσεν, ἀλλ' ἀεὶ τρέχων· ὁποσάκις τε αὐτῷ πρᾶξαί τι προσέταξα, οὐδὲν ἀνιδρωτὶ πώποτε αὐτὸν εἶδον ποιοῦντα. Πεποίηκε δὲ καὶ τοὺς δεκαδέας πάντας τοιούτους, οὐ λόγῳ ἀλλ' ἔργῳ ἀποδεικνὺς οἵους δεῖ εἶναι. 31 Καί τις εἶπε· Κἄπειτα τοιοῦτον ὄντα οὐ φιλεῖς αὐτὸν ὥσπερ τοὺς συγγενεῖς; Καὶ ὁ αἰσχρὸς ἐκεῖνος πρὸς τοῦτο εἶπεν· Μὰ Δί', ἔφη, οὐ γὰρ φιλόπονός ἐστιν· ἐπεὶ ἤρκει ἂν αὐτῷ, εἰ ἐμὲ ἤθελε φιλεῖν, τοῦτο ἀντὶ πάντων τῶν γυμνασίων.

halb so nützlich, weil dann keine Untauglichen mehr vorhanden sind. Vielmehr werden sich auch alle Zurückbleibenden, die von der Schlechtigkeit bereits angesteckt wurden, wieder davon befreien, und die Guten, die gesehen haben, wie die Schlechten geächtet wurden, werden noch viel entschlossener an ihrer Tüchtigkeit und Anständigkeit festhalten." (28) Das waren Kyros' Worte, die von allen seinen Freunden begrüßt wurden, und sie handelten auch entsprechend.

Darauf begann Kyros wieder mit ihnen zu scherzen. Er hatte nämlich erfahren, daß einer der Lochagen einen übermäßig stark behaarten und ungewöhnlich häßlichen Mann als Gast und Tischnachbarn mitgebracht hatte. Er sprach den Lochagen mit seinem Namen an und sagte folgendes: „Lieber Sambaulas, läßt du dich nach griechischer Sitte von diesem jungen Mann, der da neben dir sitzt, begleiten, weil er so schön ist?" – „Ja, beim Zeus", antwortete Sambaulas, „ich habe meine Freude daran, wenn ich mit ihm zusammen bin und ihn sehe." (29) Als die Zeltgenossen dies gehört hatten, schauten sie zu ihm hin. Sobald sie aber das übermäßig häßliche Gesicht des Mannes sahen, lachten sie alle. Darauf rief einer: „Bei den Göttern, Sambaulas, wie kommt es nur, daß dich dieser Mann so an sich gefesselt hat?" (30) Sambaulas erwiderte: „Das will ich euch, beim Zeus, gern sagen, Freunde. Denn sooft ich ihn bei Tage oder bei Nacht rief, hat er sich nie damit entschuldigt, er habe keine Zeit, und mir nie mit Verzögerung, sondern stets umgehend Folge geleistet. Sooft ich ihm einen Auftrag gab – niemals habe ich gesehen, daß er sich dabei nicht anstrengte. Er brachte auch alle Angehörigen seiner Dekade dazu, genauso zu sein, indem er ihnen nicht nur mit Worten, sondern auch mit Taten zeigte, wie sie sein sollten." (31) Da warf jemand ein: „Wenn er nun so ist, warum küßt du ihn dann nicht so wie die Edlen?" Der Häßliche sagte dazu: „Um Gottes willen. Er will sich doch nicht überanstrengen. Denn wenn er mich küssen wollte, dann würde ihm dies so viel Mühe machen wie alle Leibesübungen zusammengenommen."

III

1 Τοιαῦτα μὲν δὴ καὶ γελοῖα καὶ σπουδαῖα καὶ ἐλέγετο καὶ ἐπράττετο ἐν τῇ σκηνῇ. Τέλος δὲ τὰς τρίτας σπονδὰς ποιήσαντες καὶ εὐξάμενοι τοῖς θεοῖς τἀγαθὰ τὴν σκηνὴν εἰς κοίτην διέλυον. Τῇ δ' ὑστεραίᾳ ὁ Κῦρος συνέλεξε πάντας τοὺς στρατιώτας καὶ ἔλεγε τοιάδε· **2** Ἄνδρες φίλοι, ὁ μὲν ἀγὼν ἐγγὺς ἡμῖν· προσέρχονται γὰρ οἱ πολέμιοι. Τὰ δ' ἆθλα τῆς νίκης, ἢν μὲν ἡμεῖς νικῶμεν (τοῦτο γάρ, ἔφη, δεῖ λέγειν καὶ ποιεῖν), δῆλον ὅτι οἵ τε πολέμιοι ἡμέτεροι καὶ τὰ τῶν πολεμίων ἀγαθὰ πάντα· ἢν δὲ ἡμεῖς αὖ νικώμεθα..., καὶ οὕτω τὰ τῶν νικωμένων πάντα τοῖς νικῶσιν ἀεὶ ἆθλα πρόκειται. **3** Οὕτω δή, ἔφη, δεῖ ὑμᾶς γιγνώσκειν ὡς ὅταν μὲν ἄνθρωποι κοινωνοὶ πολέμου γενόμενοι ἐν ἑαυτοῖς ἕκαστοι διανοῶνται ὡς, εἰ μὴ αὐτός τις προθυμήσεται, οὐδὲν ἐσόμενον τῶν δεόντων, ταχὺ πολλά τε καὶ καλὰ διαπράττονται· οὐδὲν γὰρ αὐτοῖς ἀργεῖται τῶν πράττεσθαι δεομένων· ὅταν δ' ἕκαστος διανοηθῇ ὡς ἄλλος ἔσται ὁ πράττων καὶ ὁ μαχόμενος, κἂν αὐτὸς μαλακίζηται, τοῖς τοιούτοις,[1] ἔφη, εὖ ἴστε ὅτι πᾶσιν ἅμα πάντα ἥξει τὰ χαλεπὰ φερόμενα. **4** Καὶ ὁ θεὸς οὕτω πως ἐποίησε· τοῖς μὴ θέλουσιν ἑαυτοῖς προστάττειν ἐκπονεῖν τἀγαθά, ἄλλους αὐτοῖς ἐπιτακτῆρας δίδωσι. Νῦν οὖν τις, ἔφη, λεγέτω ἐνθάδε ἀναστὰς περὶ αὐτοῦ τούτου, ποτέρως ἂν τὴν ἀρετὴν μᾶλλον οἴεται ἀσκεῖσθαι παρ' ἡμῖν, εἰ μέλλοι ὁ πλεῖστα καὶ πονεῖν καὶ κινδυνεύειν ἐθέλων πλείστης καὶ τιμῆς τεύξεσθαι, ἢ ἂν εἰδῶμεν ὅτι οὐδὲν διαφέρει κακὸν εἶναι· ὁμοίως γὰρ πάντες τῶν ἴσων τευξόμεθα.

5 Ἐνταῦθα δὴ ἀναστὰς Χρυσάντας, εἷς τῶν ὁμοτίμων, ἀνὴρ οὔτε μέγας οὔτε ἰσχυρὸς ἰδεῖν, φρονήσει δὲ διαφέρων,

---

[1] Statt τοῖς τοιούτοις lies τούτοις.

III.

(1) Solche lustigen und ernsthaften Dinge wurden also in dem Zelt erzählt und getrieben. Nachdem sie schließlich das dritte Trankopfer dargebracht und die Götter um eine glückliche Zukunft gebeten hatten, lösten sie die Versammlung im Zelt auf, um sich zur Ruhe zu begeben. Am folgenden Tag versammelte Kyros alle Soldaten und hielt die folgende Rede: (2) „Liebe Freunde, die Schlacht steht uns unmittelbar bevor. Denn die Feinde sind im Anmarsch. Wenn wir siegen – darauf ist nämlich unser ganzes Sinnen und Trachten gerichtet –, dann sind zweifellos unsere Feinde und alle ihre Habe der Lohn unseres Sieges. Wenn wir aber besiegt werden, dann fällt ebenso alles, was den Besiegten gehört, wie üblich den Siegern als Preis zu. (3) Darum müßt ihr euch über folgendes im klaren sein: Wenn jeder einzelne Teilnehmer an diesem Krieg davon überzeugt ist, daß nichts von dem, was notwendig ist, geschehen wird, falls er sich selbst nicht mit ganzer Kraft dafür einsetzt, dann sind recht bald viele schöne Erfolge zu verzeichnen. Denn dann wird man nichts von dem, was zu tun ist, unterlassen. Wenn aber jeder denkt, daß schon jemand anders da sein wird, der etwas tut und kämpft, und sich selbst nicht anstrengt, dann – davon seid überzeugt – wird es dadurch für alle zugleich ein in jeder Hinsicht böses Ende geben. (4) Gott hat es folgendermaßen bestimmt: Er stellt den Menschen, die sich selbst nicht zur Anstrengung und zum vollen Einsatz für den Sieg bereitfinden, andere Menschen zur Seite, die sie dazu zwingen: Jetzt soll sich jemand in diesem Kreis erheben und die Frage beantworten, ob er der Ansicht ist, daß bei uns mehr Tapferkeit bewiesen wird, wenn derjenige, der die größten Anstrengungen und Gefahren auf sich nehmen will, auch den höchsten Lohn erwarten kann, oder wenn wir wissen, daß es gar nichts ausmacht, feige zu sein, da wir doch sowieso alle dasselbe bekommen werden."

(5) Da erhob sich Chrysantas, ein Homotime, kein großer oder prächtig aussehender, aber ein außerordentlich vernünfti-

ἔλεξεν ὧδε· 'Αλλ' οἶμαι μέν, ἔφη, ὦ Κῦρε, οὐδὲ διανοού-
μενόν σε ὡς δεῖ ἴσον ἔχειν τοὺς κακοὺς τοῖς ἀγαθοῖς ἐμβαλεῖν τοῦτον τὸν λόγον, ἀλλ' ἀποπειρώμενον εἴ τις ἄρα
ἔσται ἀνὴρ ὅστις ἐθελήσει ἐπιδεῖξαι ἑαυτὸν ὡς διανοεῖται,
μηδὲν καλὸν κἀγαθὸν ποιῶν, ἃ ἂν ἄλλοι τῇ ἀρετῇ κατα-
πράξωσι, τούτων ἰσομοιρεῖν. 6 'Εγὼ δ', ἔφη, εἰμὶ μὲν
οὔτε ποσὶν ταχὺς οὔτε χερσὶν ἰσχυρός, γιγνώσκω δὲ ὅτι ἐξ
ὧν ἂν ἐγὼ τῷ ἐμῷ σώματι ποιήσω, οὐκ ἂν κριθείην οὔτε
πρῶτος οὔτε δεύτερος, οἶμαι δ' οὐδὲ χιλιοστός, ἴσως δ' οὐδὲ
μυριοστός, ἀλλὰ καὶ ἐκεῖνο, ἔφη, σαφῶς ἐπίσταμαι ὅτι,
εἰ μὲν οἱ δυνατοὶ ἐρρωμένως ἀντιλήψονται τῶν πραγμάτων,
ἀγαθοῦ τινός μοι μετέσται τοσοῦτον μέρος ὅσον ἂν δίκαιον
ᾖ· εἰ δ' οἱ μὲν κακοὶ μηδὲν ποιήσουσιν, οἱ δ' ἀγαθοὶ καὶ
δυνατοὶ ἀθύμως ἕξουσι, δέδοικα, ἔφη, μὴ ἄλλου τινὸς
μᾶλλον ἢ τοῦ ἀγαθοῦ μεθέξω πλέον μέρος ἢ ἐγὼ βούλομαι. 7 Χρυσάντας μὲν δὴ οὕτως εἶπεν.

'Ανέστη δ' ἐπ' αὐτῷ Φεραύλας Πέρσης τῶν δημοτῶν,
Κύρῳ πως ἔτι οἴκοθεν συνήθης καὶ ἀρεστὸς ἀνήρ, καὶ τὸ
σῶμα οὐκ ἀφυὴς καὶ τὴν ψυχὴν οὐκ ἀγεννεῖ ἀνδρὶ ἐοικώς,
καὶ ἔλεξε τοιάδε. 8 'Εγώ, ἔφη, ὦ Κῦρε καὶ πάντες οἱ
παρόντες Πέρσαι, ἡγοῦμαι μὲν ἡμᾶς πάντας ἐκ τοῦ ἴσου
νῦν ὁρμᾶσθαι εἰς τὸ ἀγωνίζεσθαι περὶ ἀρετῆς· ὁρῶ γὰρ
ὁμοίᾳ μὲν τροφῇ πάντας ἡμᾶς τὸ σῶμα ἀσκοῦντας, ὁμοίας
δὲ συνουσίας πάντας ἀξιουμένους, ταὐτὰ δὲ πᾶσιν ἡμῖν πρόκειται. Τό τε γὰρ τοῖς ἄρχουσι πείθεσθαι πᾶσιν ἐν κοινῷ
κεῖται, καὶ ὃς ἂν φανῇ τοῦτο ἀπροφασίστως ποιῶν, τοῦτον ὁρῶ παρὰ Κύρου τιμῆς τυγχάνοντα· τό τ' αὖ πρὸς τοὺς
πολεμίους ἄλκιμον εἶναι οὐ τῷ μὲν τῷ δ' οὔ, ἀλλὰ πᾶσι
καὶ τοῦτο προκέκριται κάλλιστον εἶναι. 9 Νῦν δ', ἔφη,

ger Mann, und sagte: „Ich glaube allerdings, mein Kyros, du
willst dieses Gespräch nicht aus dem Grunde führen, weil du
meinst, daß die Feigen den Tapferen gleichgestellt sein sollen.
Du möchtest vielmehr herausfinden, ob es einen Mann geben
wird, der öffentlich erklären will, er erwarte, an den Erfolgen,
die andere mit ihrer Tapferkeit erzielen, den gleichen Anteil
zu haben, obwohl er keine eigene Leistung erbringt. (6) Ich
selbst bin weder schnell zu Fuß, noch habe ich kräftige Arme.
Es ist mir klar, daß ich im Hinblick auf meine körperliche
Leistung weder den ersten noch den zweiten und wohl nicht
einmal den tausendsten, vielleicht sogar nicht einmal den
zehntausendsten Platz erhielte. Aber ich weiß auch genau, daß
ich den angemessenen und gerechten Anteil am Gewinn erhalten werde, wenn die Starken die Dinge kräftig anpacken werden. Wenn aber die Untüchtigen nichts tun und die Tüchtigen
und Fähigen ihren Mut verlieren, dann fürchte ich, daß ich
einen größeren Teil, als mir lieb ist, von etwas ganz anderem
als dem Gewinn abbekomme." (7) Das waren Chrysantas'
Worte.

Nach ihm erhob sich Pheraulas, ein einfacher persischer Soldat, der Kyros von zu Hause her gut bekannt war und von ihm
geschätzt wurde. Er war ein gut aussehender Mann und ein
anständiger Kerl. Er sagte folgendes: (8) „Kyros und alle Perser, die ihr hier seid, ich glaube, daß wir alle jetzt unter denselben Bedingungen in den Kampf ziehen, wo sich unsere Tapferkeit bewähren soll. Ich sehe nämlich, daß wir alle unseren
Körper bei gleicher Ernährung trainieren, daß wir alle ohne
Unterschied mit den gleichen Leuten zusammen sind und daß
wir alle dieselben Aufgaben haben. Denn wir alle sind gleichermaßen verpflichtet, unseren Vorgesetzten zu gehorchen,
und wer erkennen läßt, daß er dies ohne Widerrede tut, gewinnt, wie ich sehe, Kyros' Anerkennung. Es ist nicht so, daß
der eine zum vollen Einsatz im Kampf gegen die Feinde verpflichtet wäre, der andere aber nicht, sondern das gilt für alle
ohne Ausnahme, und es ist nicht zu bestreiten, daß dies auch
das Beste ist. (9) Wir haben jetzt eine Art von Kampf vor

ἡμῖν καὶ δέδεικται μάχη ἣν ἐγὼ ὁρῶ πάντας ἀνθρώπους
φύσει ἐπισταμένους, ὥσπερ γε καὶ τἆλλα ζῷα ἐπίσταταί
τινα μάχην ἕκαστα οὐδὲ παρ' ἑνός ἄλλου μαθόντα ἢ παρὰ
τῆς φύσεως, οἷον ὁ βοῦς κέρατι παίειν, ὁ ἵππος ὁπλῇ, ὁ
κύων στόματι, ὁ κάπρος ὀδόντι. Καὶ φυλάττεσθαί δ', ἔφη,
ἅπαντα ταῦτα ἐπίσταται ἀφ' ὧν μάλιστα δεῖ, καὶ ταῦτα
εἰς οὐδενὸς διδασκάλου πώποτε φοιτήσαντα. 10 Καὶ
ἐγώ, ἔφη, ἐκ παιδίου εὐθὺς προβάλλεσθαι ἠπιστάμην πρὸ
τούτου ὅ τι ᾤμην πληγήσεσθαι· καὶ εἰ μὴ ἄλλο μηδὲν
ἔχοιμι, τὼ χεῖρε προέχων ἐνεπόδιζον ὅ τι ἐδυνάμην τὸν
παίοντα· καὶ τοῦτο ἐποίουν οὐ διδασκόμενος, ἀλλὰ καὶ
ἐπ' αὐτῷ τούτῳ παιόμενος, εἰ προβαλλοίμην. Μάχαιράν γε
μὴν εὐθὺς παιδίον ὢν ἥρπαζον ὅπου ἴδοιμι, οὐδὲ παρ' ἑνὸς
οὐδὲ τοῦτο μαθὼν ὅπως δέοι λαμβάνειν ἄλλου ἢ παρὰ τῆς
φύσεως, ὡς ἐγώ φημι. Ἐποίουν γοῦν καὶ τοῦτο κωλυόμε-
νος, οὐ διδασκόμενος, ὥσπερ καὶ ἄλλα ἔστιν ἃ εἰργόμενος
καὶ ὑπὸ μητρὸς καὶ ὑπὸ πατρὸς ὑπὸ τῆς φύσεως πράττειν ἠναγκαζόμην. Καὶ ναὶ μὰ Δία ἔπαιόν γε τῇ μαχαίρᾳ
πᾶν ὅ τι δυναίμην λανθάνειν. Οὐ γὰρ μόνον φύσει ἦν,
ὥσπερ τὸ βαδίζειν καὶ τρέχειν, ἀλλὰ καὶ ἡδὺ πρὸς τῷ
πεφυκέναι τοῦτο ποιεῖν ἐδόκει μοι εἶναι. 11 Ἐπεὶ οὖν,
ἔφη, αὕτη ἡ μάχη καταλείπεται, ἐν ᾗ προθυμίας μᾶλλον ἢ
τέχνης ἔργον ἐστί, πῶς ἡμῖν οὐχ ἡδέως πρὸς τούσδε τοὺς
ὁμοτίμους ἀγωνιστέον ὅπου γε τὰ μὲν ἆθλα τῆς ἀρετῆς
ἴσα πρόκειται, παραβαλλόμενοι δὲ οὐκ ἴσα εἰς τὸν κίνδυνον ἴμεν, ἀλλ' οὗτοι μὲν ἔντιμον βίον, ὅσπερ μόνος ἥδιστος,
τος, ἡμεῖς δὲ ἐπίπονον μέν, ἄτιμον δέ, ὅσπερ, οἶμαι, χα-
λεπώτατος; 12 Μάλιστα δέ, ὦ ἄνδρες, τοῦτό με εὐθύμως
εἰς τὸν ἀγῶνα τὸν πρὸς τούσδε παρορμᾷ ὅτι Κῦρος ὁ

Augen, auf die sich meiner Beobachtung nach alle Menschen von Natur aus verstehen, wie ja auch die übrigen Lebewesen über eine jeweils eigene Kampfesweise verfügen, die sie von keinem anderen Lehrer als von der Natur gelernt haben: So stößt zum Beispiel der Stier mit den Hörnern, das Pferd schlägt mit den Hufen, der Hund beißt mit seinem Maul, und der Eber greift mit seinen Hauern an. Alle Lebewesen verstehen es, sich vor den schlimmsten Gefahren in acht zu nehmen, und sie können dies, ohne jemals zu einem Lehrer in die Schule gegangen zu sein. (10) Ich selbst wußte mich von Kindheit an an den Stellen zu schützen, wo ich einen Schlag zu erhalten meinte. Wenn ich nichts anderes zur Verfügung hatte, hielt ich meine Hände davor und wehrte, so gut ich es konnte, die Schläge ab. Ich tat dies, ohne daß man es mir beigebracht hätte. Vielmehr bekam ich gerade dafür Schläge, daß ich mich schützte. Schon als kleines Kind nahm ich mir oft ein Schwert, wenn ich es irgendwo liegen sah, hatte aber von niemandem gelernt, wie man es anzufassen hatte. Das konnte ich, wie gesagt, von Natur aus. Ich tat dies also, ohne daß man mich darin unterwiesen hatte, ja – obwohl man mich daran zu hindern suchte, wie es ja auch anderes gab, das ich unter dem Zwang der Natur tat, obwohl es mir von Mutter und Vater verboten worden war. So schlug ich denn, beim Zeus, mit dem Schwert auf alles ein, sooft ich mich unbeobachtet glaubte. Denn das war nicht nur natürlich, wie das Gehen und Laufen, sondern ich fand es außerdem noch schön. (11) Da uns nun diese Art von Kampf aufgegeben ist, wo es mehr auf Mut als auf Können ankommt, wieso sollten wir uns dann nicht gern mit den Homotimen hier messen, wo doch der Lohn für die Tapferkeit gleich ist, wir aber nicht das gleiche Risiko eingehen, da diese ihr ehrenvolles Leben einsetzen, das allein so schön wie kein anderes ist, während wir nur eine mühevolle und ehrlose Existenz aufs Spiel setzen, wie sie meiner Meinung nach beschwerlicher nicht sein kann? (12) Am meisten aber, Kameraden, treibt mich die Tatsache zum Wettstreit mit den Homotimen, daß Kyros der Schiedsrichter sein wird, der un-

κρίνων ἔσται, ὃς οὐ φθόνῳ κρίνει, ἀλλὰ, σὺν θεῶν ὅρκῳ λέγω,
ἦ μὴν ἐμοὶ δοκεῖ [Κῦρος] οὕστινας ἂν ὁρᾷ ἀγαθοὺς φιλεῖν
οὐδὲν ἧττον ἢ ἑαυτοῦ· τούτοις γοῦν ὁρῶ αὐτὸν ὅ τι ἂν ἔχῃ
διδόντα μᾶλλον ἢ ἑαυτὸν ἔχοντα. 13 Καίτοι, ἔφη, οἶδα ὅτι
οὗτοι μέγα φρονοῦσιν ὅτι πεπαίδευνται δὴ καὶ πρὸς λιμὸν
καὶ πρὸς δίψος καὶ πρὸς ῥῖγος καρτερεῖν, κακῶς εἰδότες ὅτι
καὶ ταῦτα ἡμεῖς ὑπὸ κρείττονος διδασκάλου πεπαιδεύμεθα ἢ
οὗτοι. Οὐ γὰρ ἔστι διδάσκαλος οὐδεὶς τούτων κρείττων
τῆς ἀνάγκης, ἢ ἡμᾶς καὶ λίαν ταῦτ' ἀκριβοῦν ἐδίδαξε.
14 Καὶ πονεῖν οὗτοι μὲν δὴ τὰ ὅπλα φέροντες ἐμελέτων, ἃ
ἔστιν ἅπασιν ἀνθρώποις ηὑρημένα ὡς ἂν εὐφορώτατα εἴη,
ἡμεῖς δέ γ', ἔφη, ἐν μεγάλοις φορτίοις καὶ βαδίζειν καὶ
τρέχειν ἠναγκαζόμεθα, ὥστε νῦν ἐμοὶ δοκεῖν τὸ τῶν ὅπλων
φόρημα πτεροῖς μᾶλλον ἐοικέναι ἢ φορτίῳ. 15 Ὡς οὖν
ἐμοῦ γε καὶ ἀγωνιουμένου καί, ὁποῖος ἄν τις ᾦ, κατὰ τὴν
ἀξίαν με τιμᾶν ἀξιώσοντος, οὕτως, ἔφη, ὦ Κῦρε, γίγνωσκε.
Καὶ ὑμῖν δέ, ἔφη, ὦ ἄνδρες δημόται, παραινῶ εἰς ἔριν ὁρμᾶσθαι ταύτης τῆς μάχης πρὸς τοὺς πεπαιδευμένους
τούσδε· νῦν γὰρ ἄνδρες εἰλημμένοι εἰσὶν ἐν δημοτικῇ ἀγω-
νίᾳ. Φεραύλας μὲν δὴ οὕτως εἶπεν. 16 Ἀνίσταντο δὲ
καὶ ἄλλοι πολλοὶ ἑκατέρῳ συναγορεύοντες. Ἔδοξε δ' οὖν
κατὰ τὴν ἀξίαν τιμᾶσθαι ἕκαστον, Κῦρον δὲ τὸν κρίνοντα
εἶναι. Ταῦτα μὲν δὴ οὕτω προυκεχωρήκει.

17 Ἐκάλεσε δ' ἐπὶ τὸ δεῖπνον ὁ Κῦρος καὶ ὅλην ποτὲ
τάξιν σὺν τῷ ταξιάρχῳ, ἰδὼν αὐτὸν τοὺς ἡμίσεις. τῶν
ἀνδρῶν τῆς τάξεως ἀντιτάξαντα ἑκατέρωθεν εἰς ἐμβολήν,
θώρακας μὲν ἀμφοτέρους ἔχοντας καὶ γέρρα ἐν ταῖς ἀρισ-
τεραῖς, εἰς δὲ τὰς δεξιὰς νάρθηκας παχεῖς τοῖς ἡμίσεσιν
ἔδωκε, τοῖς δ' ἑτέροις εἶπεν ὅτι βάλλειν δεήσοι ἀνῃρημέ-
ναις ταῖς βώλοις. 18 Ἐπεὶ δὲ παρεσκευασμένοι οὕτως
ἔστησαν, ἐσήμαινεν αὐτοῖς μάχεσθαι. Ἐνταῦθα δὴ οἱ μὲν
ἔβαλλον ταῖς βώλοις καὶ ἔστιν οἳ ἐτύγχανον καὶ θωράκων

parteiisch richtet. Ich bin sogar überzeugt davon und schwöre
es bei den Göttern, daß Kyros alle tapferen Soldaten nicht
weniger liebt als sich selbst. Denn ich sehe, daß er diesen
lieber alles gibt, was er hat, als daß er es selbst behält. (13) Ich
weiß allerdings, daß die Homotimen stolz darauf sind, daß sie
dazu erzogen wurden, Hunger, Durst und Kälte zu ertragen.
Sie wissen aber kaum, daß auch wir von einem mächtigeren
Lehrer als sie dazu erzogen wurden. Denn es gibt dafür keinen
mächtigeren Lehrer als die Not, die uns dies sehr gründlich
beigebracht hat. (14) Sie übten sich im Ertragen von Anstrengungen, indem sie die leichtesten Waffen trugen, die jemals
von Menschen erfunden wurden. Wir aber waren gezwungen,
mit schwerem Gepäck zu gehen und zu laufen, so daß mir jetzt
das Gewicht meiner Waffen federleicht und gar nicht wie eine
Last vorkommt. (15) Daß ich also kämpfen und eine Belohnung beanspruchen werde, die meiner Leistung entspricht, davon sei überzeugt, Kyros. Euch, ihr Männer aus dem Volk,
rate ich, mit diesen so gut ausgebildeten Leuten einen Wettstreit in ihrer Kampfesweise zu beginnen. Denn jetzt sind diese
Herren an einem Kampf beteiligt, der von Männern aus dem
Volk getragen wird." So redete Pheraulas. (16) Es standen
aber noch viele andere auf und gaben beiden Rednern recht.
Man beschloß, daß jeder einzelne nach seinen Verdiensten
belohnt werden und daß Kyros der Schiedsrichter sein solle.
So hatte sich diese Frage also erledigt.

(17) Kyros lud auch einmal eine ganze Taxis mit ihrem Taxiarchen zum Essen ein. Er hatte gesehen, daß der Taxiarch
zwei gleich große Gruppen von Männern seiner Taxis zu einem
gegenseitigen Angriff hatte Aufstellung nehmen lassen. Beide
Gruppen trugen dabei Brustpanzer und Schilde in der linken
Hand. Außerdem ließ er die eine Hälfte dicke Stöcke in die
rechte Hand nehmen. Der anderen Hälfte gab er den Befehl,
mit Klumpen zu werfen, die sie von der Erde aufgehoben hatten. (18) Als sie sich in dieser Ausrüstung aufgestellt hatten,
gab er ihnen das Zeichen zum Kampf. Da warfen die einen mit
ihren Klumpen und trafen teils Brustpanzer und Schilde, teils

καὶ γέρρων, οἱ δὲ καὶ μηροῦ καὶ κνημῖδος. Ἐπεὶ δὲ ὁμοῦ ἐγένοντο, οἱ τοὺς νάρθηκας ἔχοντες ἔπαιον τῶν μὲν μηρούς, τῶν
δὲ χεῖρας, τῶν δὲ κνήμας, τῶν δὲ καὶ ἐπικυπτόντων ἐπὶ βώ-
λους ἔπαιον τοὺς τραχήλους καὶ τὰ νῶτα. Τέλος δὲ τρε-
ψάμενοι ἐδίωκον οἱ ναρθηκοφόροι παίοντες σὺν πολλῷ
γέλωτι καὶ παιδιᾷ. Ἐν μέρει γε μὴν οἱ ἕτεροι λαβόντες
πάλιν τοὺς νάρθηκας ταὐτὰ ἐποίησαν τοὺς ταῖς βώλοις
βάλλοντας. 19 Ταῦτα δ' ἀγασθεὶς ὁ Κῦρος, τοῦ μὲν ταξιάρχου τὴν ἐπίνοιαν, τῶν δὲ τὴν πειθώ, ὅτι ἅμα μὲν ἐγυμ-
νάζοντο, ἅμα δ' εὐθυμοῦντο, ἅμα δ' ἐνίκων οἱ εἰκασθέντες
τῇ τῶν Περσῶν ὁπλίσει, τούτοις δὴ ἡσθεὶς ἐκάλεσέ τε ἐπὶ
δεῖπνον αὐτοὺς καὶ ἐν τῇ σκηνῇ ἰδών τινας αὐτῶν ἐπιδεδεμένους, τὸν μέν τινα ἀντικνήμιον, τὸν δὲ χεῖρα, ἠρώτα
τί πάθοιεν. Οἱ δ' ἔλεγον ὅτι πληγεῖεν ταῖς βώλοις. 20 Ὁ
δὲ πάλιν ἐπηρώτα πότερον ἐπεὶ ὁμοῦ ἐγένοντο ἢ ὅτε πρόσω
ἦσαν. Οἱ δ' ἔλεγον ὅτε πρόσω ἦσαν. Ἐπεὶ δὲ ὁμοῦ ἐγένοντο, παιδιὰν ἔφασαν εἶναι καλλίστην οἱ ναρθηκοφόροι·
οἱ δ' αὖ συγκεκομμένοι τοῖς νάρθηξιν ἀνέκραγον ὅτι οὐ σφίσι
γε δοκοίη παιδιὰ εἶναι τὸ ὁμόθεν παίεσθαι· ἅμα δὲ ἐπεδεί-
κνυσαν τῶν ναρθήκων τὰς πληγὰς καὶ ἐν χερσὶ καὶ ἐν τρα-
χήλοις, ἔνιοι δὲ καὶ ἐν προσώποις. Καὶ τότε μὲν ὥσπερ
εἰκὸς ἐγέλων ἐπ' ἀλλήλοις. Τῇ δ' ὑστεραίᾳ μεστὸν ἦν τὸ
πεδίον πᾶν τῶν τούτους μιμουμένων· καὶ ἀεὶ ὁπότε μὴ ἄλλο
τι σπουδαιότερον πράττοιεν, ταύτῃ τῇ παιδιᾷ ἐχρῶντο.

21 Ἄλλον δέ ποτε ἰδὼν ταξίαρχον ἄγοντα τὴν τάξιν
ἀπὸ τοῦ ποταμοῦ ἐπὶ τὸ ἄριστον ἐφ' ἑνός, καὶ ὁπότε
δοκοίη αὐτῷ καιρὸς εἶναι, παραγγέλλοντα τὸν ὕστερον
λόχον παράγειν, καὶ τὸν τρίτον καὶ τὸν τέταρτον εἰς μέ-

Schenkel und Gamaschen. Als sie aber ins Handgemenge gerieten, da schlugen die anderen, die die Stöcke in der Hand
hatten, ihre Gegner auf die Schenkel, auf die Arme oder auf
die Schienbeine und trafen alle, die sich nach Erdklumpen
bückten, auf den Hals und auf den Rücken. Schließlich trieben
die Leute mit den Knüppeln ihre Gegner in die Flucht und
setzten ihnen nach, wobei sie ihnen unter großem Gelächter
und mit viel Spaß noch weitere Schläge beibrachten. Dann
allerdings tauschten sie ihre Rollen, und die anderen ergriffen
die Stöcke und taten dasselbe mit denen, die jetzt mit Erdklumpen warfen. (19) Kyros bewunderte den klugen Einfall
des Taxiarchen und den Gehorsam seiner Leute. Denn einerseits war das eine gute Übung, und andererseits hatten sie
Vergnügen daran, und schließlich siegten diejenigen, die mit
ihren Stöcken die persische Bewaffnung nachgeahmt hatten.
Darüber also freute er sich und lud sie zum Essen ein. Im Zelt
sah er dann einige von ihnen mit Verbänden. Der eine hatte
sich das Schienbein, der andere die Hand verbinden lassen. Da
fragte er sie, was ihnen passiert sei. Sie sagten, sie seien von
den Erdklumpen getroffen worden. (20) Darauf fragte er weiter, ob dies im Handgemenge oder im Fernkampf geschehen
sei. Sie antworteten, es sei im Fernkampf passiert. Die Stock-
träger aber behaupteten, sie hätten das größte Vergnügen im
Handgemenge gehabt. Diejenigen aber, die mit den Stöcken
zusammengeschlagen worden waren, riefen, der Nahkampf sei
für sie keine reine Freude gewesen. Zugleich zeigten sie die
Spuren der Stockschläge an den Händen und am Hals, einige
aber auch im Gesicht. Am Ende aber lachten sie, wie zu erwarten, übereinander. Am nächsten Tag war die ganze Ebene
übersät mit Leuten, die diese nachahmten, und immer wenn
sie nichts Ernsthafteres zu tun hatten, vergnügten sie sich mit
diesem Spiel.

(21) Einmal sah Kyros einen anderen Taxiarchen, der seine
Taxis einen Mann hinter dem anderen vom Fluß her zum Essen führte und, als es ihm günstig erschien, den zweiten, dann
den dritten und den vierten neben den ersten vorrücken und

τωπον, ἐπεὶ δ' ἐν μετώπῳ οἱ λοχαγοὶ ἐγένοντο. παρηγγύησεν εἰς δύο ἄγειν τὸν λόχον· ἐκ τούτου δὴ παρῆγον οἱ
δεκάδαρχοι εἰς μέτωπον· ὁπότε δ' αὖ ἐδόκει αὐτῷ καιρὸς
εἶναι, παρήγγειλεν ὡς εἰς τέτταρας ἴοι ὁ λόχος· οὕτω δὴ οἱ
πεμπάδαρχοι αὖ παρῆγον εἰς τέτταρας· ἐπεὶ δ' ἐπὶ θύραις
τῆς σκηνῆς ἐγένοντο, παραγγείλας αὖ εἰς ἕνα [ἰόντων]
εἰσῆγε τὸν πρῶτον λόχον, καὶ τὸν δεύτερον τούτου κατ'
οὐρὰν ἐκέλευσεν ἕπεσθαι, καὶ τὸν τρίτον καὶ τὸν τέταρτον
ὡσαύτως παραγγείλας ἡγεῖτο ἔσω· οὕτω δὴ εἰσαγαγὼν κα-
τέκλινεν ἐπὶ τὸ δεῖπνον ὥσπερ εἰσεπορεύοντο· τοῦτον οὖν
ὁ Κῦρος ἀγασθεὶς τῆς τε πρᾳότητος τῆς διδασκαλίας καὶ
τῆς ἐπιμελείας ἐκάλεσεν αὖ καὶ ταύτην τὴν τάξιν ἐπὶ τὸ
δεῖπνον σὺν τῷ ταξιάρχῳ.

22 Παρὼν δέ τις ἐπὶ τῷ δείπνῳ κεκλημένος ἄλλος τα-
ξίαρχος· Τὴν δ' ἐμήν, ἔφη, τάξιν, ὦ Κῦρε. οὐ καλεῖς εἰς
τὴν σκηνήν; Καὶ μήν, ὅταν γε παρίῃ ἐπὶ τὸ δεῖπνον. πάντα
ταῦτα ποιεῖ· καὶ ὅταν τέλος ἡ σκηνὴ ἔχῃ. ἐξάγει μὲν ὁ
οὐραγός, ἔφη, ὁ τοῦ τελευταίου λόχου τὸν λόχον, ὑστάτους ἔχων τοὺς πρώτους τεταγμένους εἰς μάχην· ἔπειτα
ὁ δεύτερος τοὺς τοῦ ἑτέρου λόχου ἐπὶ τούτοις, καὶ ὁ τρίτος καὶ ὁ τέταρτος ὡσαύτως. ὅπως, ἔφη. καὶ ὅταν ἀπάγειν δέῃ ἀπὸ πολεμίων, ἐπίστωνται ὡς δεῖ ἀπιέναι. Ἐπειδὰν δέ, ἔφη, καταστῶμεν ἐπὶ τὸν δρόμον ἔνθα περιπατοῦ·
μεν, ὅταν μὲν πρὸς ἕω ἴωμεν, ἐγὼ μὲν ἡγοῦμαι, καὶ ὁ
πρῶτος λόχος πρῶτος, καὶ ὁ δεύτερος ὡς δεῖ. καὶ ὁ τρίτος καὶ ὁ τέταρτος, καὶ αἱ τῶν λόχων δεκάδες καὶ πεμ-
πάδες, ἕως ἂν παραγγέλλω ἐγώ· ὅταν δ'. ἔφη, πρὸς ἑσπέραν ἴωμεν, ὁ οὐραγός τε καὶ οἱ τελευταῖοι πρῶτοι ἀφη-
γοῦνται· ἐμοὶ μέντοι ὅμως πείθονται ὑστέρῳ ἰόντι. ἵνα ἐθί-
ζωνται καὶ ἕπεσθαι καὶ ἀφηγεῖσθαι ὁμοίως πειθόμενοι.

23 Καὶ ὁ Κῦρος ἔφη. Ἦ καὶ ἀεὶ τοῦτο ποιεῖτε; Ὁπο-

eine Linie bilden ließ. Als aber die Lochagen in Linie standen,
ließ er jeden Lochos eine Zweierreihe bilden. Dadurch kamen
die Dekadarchen in die Linie. Als es ihm wiederum angebracht erschien, ließ er jeden Lochos eine Viererreihe bilden.
So traten dann die Pempadarchen zu je vier Mann in die Linie.
Als sie aber am Eingang des Zeltes angelangt waren, ließ er sie
wieder zu einem hintereinander marschieren und den ersten
Lochos in das Zelt gehen. Den zweiten ließ er dann folgen und
dem dritten und vierten gab er denselben Befehl. So führte er
seine Leute in das Zelt. Nachdem er sie auf diese Weise hin-
eingeführt hatte, ließ er sie so zum Essen Platz nehmen, wie sie
hereingekommen waren. Kyros bewunderte diesen Taxiarchen
wegen seiner Geduld und Sorgfalt bei der Ausbildung seiner
Leute und lud die Taxis mit ihrem Taxiarchen zum Essen ein.

(22) Ein anderer Taxiarch, der als geladener Gast am Essen
teilnahm, sagte zu Kyros: „Willst du nicht auch meine Taxis
einmal in dein Zelt einladen, Kyros? Immer wenn sie zum
Essen heranmarschiert, tut sie doch genau dasselbe, und wenn
das Essen im Zelt beendet ist, führt der Schlußmann des letzten Lochos seinen Lochos hinaus. Als letzte kommen dann
diejenigen, die in der Kampfaufstellung ganz vorn stehen.
Darauf führt der zweite Schlußmann die Angehörigen des
nächsten Lochos hinaus. Der dritte und der vierte machen es
genauso, damit sie wissen, wie man zurückgehen muß, falls es
einmal notwendig sein sollte, sich vor den Feinden zurückzuziehen. Sobald wir aber auf dem Platz angekommen sind, wo
wir gewöhnlich unsere Marschbewegungen durchführen, gehe
ich voran, wenn wir in Richtung Osten marschieren, darauf
folgt der erste Lochos als erster, dann der zweite, wie es sich
gehört, und schließlich der dritte und der vierte mit ihren Dekaden und Pempaden, solange mein Befehl gilt. Wenn wir
aber nach Westen marschieren, gehen der Schlußmann und die
sonst letzten als erste an der Spitze. Doch obwohl ich hinten
gehe, gehorchen sie mir genauso gut, damit sie sich daran
gewöhnen, in gleicher Weise gehorsam zu folgen und an der
Spitze zu marschieren." (23) Darauf fragte Kyros: „Macht ihr

σάκις γε, ἔφη, καὶ δειπνοποιούμεθα νὴ Δία. Καλῶ τοίνυν,
ἔφη, ὑμᾶς, ἅμα μὲν ὅτι τὰς τάξεις μελετᾶτε καὶ προσιόντες
καὶ ἀπιόντες, ἅμα δ' ὅτι καὶ ἡμέρας καὶ νυκτός, ἅμα
δ' ὅτι τά τε σώματα περιπατοῦντες ἀσκεῖτε καὶ τὰς ψυχὰς
ὠφελεῖτε διδάσκοντες. Ἐπεὶ οὖν πάντα διπλᾶ ποιεῖτε,
διπλῆν ὑμῖν δίκαιον καὶ τὴν εὐωχίαν παρέχειν. 24 Μὰ
Δί', ἔφη ὁ ταξίαρχος, μήτοι γ' ἐν μιᾷ ἡμέρᾳ, εἰ μὴ καὶ
διπλᾶς ἡμῖν τὰς γαστέρας παρέξεις. Καὶ τότε μὲν δὴ οὕτω
τὸ τέλος τῆς σκηνῆς ἐποιήσαντο. Τῇ δ' ὑστεραίᾳ ὁ Κῦρος ἐκάλεσε ταύτην τὴν τάξιν, ὥσπερ ἔφη, καὶ τῇ ἄλλῃ.
Αἰσθόμενοι δὲ ταῦτα καὶ οἱ ἄλλοι τὸ λοιπὸν πάντες αὐτοὺς
ἐμιμοῦντο.

IV

1 Ἐξέτασιν δέ ποτε πάντων τοῦ Κύρου ποιουμένου ἐν
τοῖς ὅπλοις καὶ σύνταξιν, ἦλθε παρὰ Κυαξάρου ἄγγελος
λέγων ὅτι Ἰνδῶν παρείη πρεσβεία· κελεύει οὖν σε ἐλθεῖν
ὡς τάχιστα. Φέρω δέ σοι, ἔφη ὁ ἄγγελος, καὶ στολὴν τὴν
καλλίστην παρὰ Κυαξάρου· βούλεται γάρ σε ὡς λαμπρό-
τατα καὶ εὐκοσμότατα προσελθεῖν, ὡς ὀψομένων τῶν Ἰνδῶν
ὅπως ἂν προσίῃς. 2 Ἀκούσας δὲ ταῦτα ὁ Κῦρος παρήγγειλε τῷ πρώτῳ τεταγμένῳ ταξιάρχῳ εἰς μέτωπον στῆναι,
ἐφ' ἑνὸς ἄγοντα τὴν τάξιν, ἐν δεξιᾷ ἔχοντα ἑαυτόν, καὶ τῷ
δευτέρῳ ἐκέλευσε ταὐτὸ τοῦτο παραγγεῖλαι, καὶ διὰ πάντων οὕτω παραδιδόναι ἐκέλευσεν. Οἱ δὲ πειθόμενοι ταχὺ
μὲν παρήγγελλον, ταχὺ δὲ τὰ παραγγελλόμενα ἐποίουν,
ἐν ὀλίγῳ δὲ χρόνῳ ἐγένετο τὸ μὲν μέτωπον ἐπὶ τριακο-
σίων (τοσοῦτοι γὰρ ἦσαν οἱ ταξίαρχοι), τὸ δὲ βάθος
ἐφ' ἑκατόν. 3 Ἐπεὶ δὲ κατέστησαν, ἕπεσθαι ἐκέλευσεν ὡς

das immer so?" – „So oft wir zum Essen gehen, beim Zeus." –
„Ich lade euch also ein, weil ihr beim Kommen und Gehen
taktische Operationen übt, weil ihr dies Tag und Nacht tut,
weil ihr bei diesen Marschbewegungen eure Körper trainiert
und eure geistige Ausbildung fördert. Da ihr nun alles doppelt
ausführt, ist es nur gerecht, euch auch eine doppelte Bewirtung zukommen zu lassen." (24) „Mein Gott", rief der Taxiarch, „nur nicht an einem Tag, wenn du uns nicht auch einen
doppelten Magen verschaffen willst." Dann beendeten sie mit
diesen Worten das gesellige Beisammensein. Am nächsten und
am übernächsten Tag lud Kyros diese Taxis ein, wie er es
versprochen hatte. Als das bekannt wurde, versuchten auch
alle anderen, es diesen künftig gleichzutun.

IV.

(1) Eines Tages besichtigte Kyros seine Truppen in voller
Bewaffnung und ließ sie in Schlachtordnung aufmarschieren.
Da traf ein Bote des Kyaxares ein. Er meldete, daß eine Ge-
sandtschaft aus Indien eingetroffen sei: „Er wünscht, daß du so
schnell wie möglich kommst. Ich bringe dir auch von Kyaxares", sagte der Bote, „ein besonders schönes Gewand. Er
möchte nämlich, daß du so glänzend und prächtig wie möglich
auftrittst. Denn die Inder werden sicher darauf achten, in welcher Aufmachung du vor ihnen erscheinst." (2) Als Kyros dies
gehört hatte, gab er dem am weitesten vorn stehenden Taxiarchen den Befehl vorzutreten, die Männer seiner Taxis zu einem hintereinander aufmarschieren zu lassen und selbst auf
der rechten Seite Aufstellung zu nehmen. Dann befahl er ihm,
dieselbe Anweisung dem zweiten Taxiarchen zu erteilen, und
so ließ er diesen Befehl nach und nach an alle durchgeben. Sie
gehorchten, gaben den Befehl sofort weiter und führten ihn
unverzüglich aus. In kurzer Zeit hatten sie in einer Breite von
dreihundert (denn soviele Taxiarchen gab es) und in einer Tiefe von einhundert Mann Aufstellung bezogen. (3) Als sie ihre

ἂν αὐτὸς ἡγῆται· καὶ εὐθὺς τροχάζων ἡγεῖτο. Ἐπεὶ δὲ κατενόησε τὴν ἀγυιὰν τὴν πρὸς τὸ βασίλειον φέρουσαν στε-
νοτέραν οὖσαν ἢ ὡς ἐπὶ μετώπου πάντας διιέναι, παραγγείλας τὴν πρώτην χιλιοστὺν ἕπεσθαι κατὰ χώραν, τὴν δὲ
δευτέραν κατ' οὐρὰν ταύτης ἀκολουθεῖν, καὶ διὰ παντὸς
οὕτως, αὐτὸς μὲν ἡγεῖτο οὐκ ἀναπαυόμενος, αἱ δ' ἄλλαι
χιλιοστύες κατ' οὐρὰν ἑκάστη τῆς ἔμπροσθεν εἵποντο.

4 Ἔπεμψε δὲ καὶ ὑπηρέτας δύο ἐπὶ τὸ στόμα τῆς ἀγυιᾶς,
ὅπως, εἴ τις ἀγνοοίη, σημαίνοιεν τὸ δέον ποιεῖν. Ὡς
δ' ἀφίκοντο ἐπὶ τὰς Κυαξάρου θύρας, παρήγγειλε τῷ πρώτῳ
ταξιάρχῳ τὴν τάξιν εἰς δώδεκα τάττειν βάθος, τοὺς δὲ
δωδεκάρχους ἐν μετώπῳ καθιστάναι περὶ τὸ βασίλειον, καὶ
τῷ δευτέρῳ ταὐτὰ ἐκέλευσε παραγγεῖλαι, καὶ διὰ παντὸς
οὕτως. 5 Οἱ μὲν δὴ ταῦτ' ἐποίουν· ὁ δ' εἰσῄει πρὸς τὸν
Κυαξάρην ἐν τῇ Περσικῇ στολῇ οὐδέν τι ὑβρισμένῃ. Ἰδὼν
δὲ αὐτὸν ὁ Κυαξάρης τῷ μὲν τάχει ἥσθη, τῇ δὲ φαυλότητι
τῆς στολῆς ἠχθέσθη, καὶ εἶπε· Τί τοῦτο, ὦ Κῦρε; Οἷον
πεποίηκας οὕτω φανεὶς τοῖς Ἰνδοῖς; Ἐγὼ δ', ἔφη, ἐβουλόμην σε ὡς λαμπρότατον φανῆναι· καὶ γὰρ ἐμοὶ ἂν κόσμος ἦν τοῦτο, ἐμῆς ὄντα σε ἀδελφῆς υἱόν, ὅτι μεγαλοπρε-
πέστατον φαίνεσθαι. 6 Καὶ ὁ Κῦρος πρὸς ταῦτα εἶπε·
Καὶ ποτέρως ἄν, ὦ Κυαξάρη, μᾶλλόν σε ἐκόσμουν, εἰ
πορφυρίδα ἐνδὺς καὶ ψέλια λαβὼν καὶ στρεπτὸν περιθέ-
μενος σχολῇ σαλεύων ὑπήκουόν σοι, ἢ νῦν ὅτε σὺν
τοιαύτῃ καὶ τοσαύτῃ δυνάμει οὕτω σοι ὀξέως ὑπακούω διὰ
τὸ σὲ τιμᾶν ἱδρῶτι καὶ σπουδῇ καὶ αὐτὸς κεκοσμημένος
καὶ τοὺς ἄλλους ἐπιδεικνύς σοι οὕτω πειθομένους; Κῦρος
μὲν οὖν ταῦτα εἶπεν. Ὁ δὲ Κυαξάρης νομίσας αὐτὸν ὀρθῶς
λέγειν ἐκέλευσεν ἄγειν τοὺς Ἰνδούς.

Plätze eingenommen hatten, gab er den Befehl, ihm in derselben Geschwindigkeit zu folgen, wie er ihnen vorausging, und
sofort setzte er sich im Laufschritt an der Spitze des Heeres in
Bewegung. Als er aber feststellte, daß der zur Königsburg
führende Weg so eng wurde, daß sie nicht alle in breiter Front
hindurchkommen würden, ließ er nur die ersten tausend Mann
auf dem Weg folgen und die zweiten tausend Mann mußten
sich hinter diesen einordnen und so fort. Er selbst lief, ohne
Halt zu machen, an der Spitze. Die übrigen Abteilungen zu je
eintausend Mann folgten einzeln hintereinander.

(4) Er schickte dann zwei Helfer an die Einmündung des
Weges, die allen, die nicht wußten, was sie zu tun hatten,
entsprechende Anweisungen geben sollten. Als sie beim Palast
des Kyaxares angekommen waren, wies er den ersten Taxiarchen an, seine Taxis zu zwölf Mann tief aufmarschieren und
die Dodekadarchen vor dem Palast in der ersten Reihe Aufstellung nehmen zu lassen. Dem zweiten gab er dieselbe Anweisung und so fort. (5) Sie befolgten diese Anweisung. Kyros
aber ging in seinem schlichten persischen Gewand zu Kyaxares. Als Kyaxares ihn sah, freute er sich zwar über seine
Schnelligkeit, ärgerte sich aber über sein einfaches Gewand
und sagte: „Was bedeutet das, Kyros? Wie kannst du den
Indern nur so vor Augen treten? Ich wollte, daß du möglichst
prächtig aussiehst. Denn auch für mich wäre es eine große
Zierde, wenn du als der Sohn meiner Schwester ein möglichst
stattliches Aussehen hättest." (6) Darauf erwiderte Kyros:
„Würdest du denn mehr Ehre mit mir einlegen, wenn ich mir
ein Purpurkleid anzöge, Armbänder überstreifte und eine
Halskette umlegte, dann aber deinen Befehlen nur langsam
Folge leistete, oder wenn ich, wie es jetzt der Fall ist, mit einer
so guten und so großen Streitmacht deinen Befehlen so schnell
gehorche, weil ich Achtung vor dir habe, und wenn ich mich
selbst mit Schweiß und Einsatzfreude schmücke und dir Männer vorführe, die dir so gut gehorchen?" Das waren Kyros'
Worte. Kyaxares sah ein, daß Kyros recht hatte, und ließ die
Inder hereinführen.

7 Οἱ δὲ Ἰνδοὶ εἰσελθόντες ἔλεξαν ὅτι πέμψειε σφᾶς ὁ Ἰνδῶν βασιλεὺς κελεύων ἐρωτᾶν ἐξ ὅτου ὁ πόλεμος εἴη Μήδοις τε καὶ τῷ Ἀσσυρίῳ· ἐπεὶ δὲ σοῦ ἀκούσαιμεν, ἐκέλευσεν ἐλθόντας αὖ πρὸς τὸν Ἀσσύριον κἀκείνου τὰ αὐτὰ ταῦτα πυθέσθαι· τέλος δ᾽ ἀμφοτέροις εἰπεῖν ὑμῖν ὅτι ὁ Ἰνδῶν βασιλεύς, τὸ δίκαιον σκεψάμενος, φαίη μετὰ τοῦ ἀδικουμένου ἔσεσθαι. 8 Πρὸς ταῦτα ὁ Κυαξάρης εἶπεν· Ἐμοῦ μὲν τοίνυν ἀκούετε ὅτι οὐκ ἀδικοῦμεν τὸν Ἀσσύριον οὐδέν· ἐκείνου δ᾽, εἰ δεῖσθε, ἐλθόντες νῦν πύθεσθε ὅ τι λέγει. Παρὼν δὲ ὁ Κῦρος ἤρετο τὸν Κυαξάρην· Ἦ καὶ ἐγώ, ἔφη, εἴπω ὅ τι γιγνώσκω; Καὶ ὁ Κυαξάρης ἐκέλευσεν. Ὑμεῖς τοίνυν, ἔφη, ἀπαγγείλατε τῷ Ἰνδῶν βασιλεῖ τάδε, εἰ μή τι ἄλλο Κυαξάρῃ δοκεῖ, ὅτι φαμὲν ἡμεῖς, εἴ τί φησιν ὑφ᾽ἡμῶν ἀδικεῖσθαι ὁ Ἀσσύριος, αἱρεῖσθαι αὐτὸν τὸν Ἰνδῶν βασιλέα δικαστήν. Οἱ μὲν δὴ ταῦτα ἀκούσαντες ᾤχοντο.

9 Ἐπεὶ δὲ ἐξῆλθον οἱ Ἰνδοί, ὁ Κῦρος πρὸς τὸν Κυαξάρην ἤρξατο λόγου τοιοῦδε· Ὦ Κυαξάρη, ἐγὼ μὲν ἦλθον οὐδέν τι πολλὰ ἔχων ἴδια χρήματα οἴκοθεν· ὁπόσα δ᾽ ἦν, τούτων πάνυ ὀλίγα λοιπὰ ἔχω· ἀνήλωκα δέ, ἔφη, εἰς τοὺς στρατιώτας· καὶ τοῦτο ἴσως, ἔφη, θαυμάζεις σὺ πῶς ἐγὼ ἀνήλωκα σοῦ αὐτοὺς τρέφοντος· εὖ δ᾽ ἴσθι, ἔφη, ὅτι οὐδὲν ἄλλο ποιῶν ἢ τιμῶν καὶ χαριζόμενος, ὅταν τινὶ ἀγασθῶ τῶν στρατιωτῶν. 10 Δοκεῖ γάρ μοι, ἔφη, πάντας μὲν οὓς ἄν τις βούληται ἀγαθοὺς συνεργοὺς ποιεῖσθαι ὁποίου τινὸς οὖν πράγματος, ἥδιον εἶναι εὖ τε λέγοντα καὶ εὖ ποιοῦντα παρορμᾶν μᾶλλον ἢ λυποῦντα καὶ ἀναγκάζοντα· οὓς δὲ δὴ τῶν εἰς τὸν πόλεμον ἔργων ποιήσασθαί τις βούλοιτο συνεργοὺς προθύμους, τούτους παντάπασιν ἔμοιγε δοκεῖ ἀγαθοῖς θηρατέον εἶναι καὶ λόγοις καὶ ἔργοις. Φίλους γάρ, οὐκ ἐχθρούς, δεῖ εἶναι τοὺς μέλλοντας ἀπροφασίστους

(7) Die Inder traten ein und erklärten, der König der Inder habe sie geschickt und lasse fragen, aus welchem Grund sich die Meder mit dem Assyrerkönig im Kriegszustand befänden: „Nachdem wir es von dir gehört haben, sollen wir zum Assyrerkönig gehen und ihm genau dieselbe Frage stellen. Schließlich sollen wir euch beiden sagen, der König der Inder erkläre, er werde, nachdem er erfahren habe, wer im Recht sei, auf der Seite dessen stehen, dem Unrecht geschehe." (8) Darauf sagte Kyaxares: „Nehmt von mir zur Kenntnis, daß wir dem Assyrerkönig kein Unrecht zufügen. Wenn ihr es für nötig haltet, dann könnt ihr ja jetzt gehen und ihn fragen, was er meint." Kyros, der dabeistand, fragte Kyaxares: „Soll ich meine Meinung sagen?" Kyaxares forderte ihn dazu auf. „Meldet also dem König der Inder, daß wir, falls Kyaxares nicht anderer Meinung ist, den folgenden Standpunkt vertreten: Wenn der Assyrerkönig behauptet, es werde ihm von uns Unrecht getan, dann soll er den König der Inder als Schiedsrichter anrufen." Als sie das gehört hatten, reisten sie ab.

(9) Nachdem die Inder gegangen waren, fing Kyros mit Kyaxares folgendes Gespräch an: „Kyaxares, ich bin von zu Hause hierher gekommen, ohne über eigene Mittel in größerem Umfang zu verfügen. Von dem, was ich zur Verfügung hatte, ist nur noch sehr wenig übrig. Ich habe alles für meine Soldaten aufgebraucht. Du wunderst dich vielleicht, wie ich das Geld aufbrauchen konnte, da du die Soldaten doch ernährst. Du mußt aber wissen, daß ich nichts anderes tat, als das Geld zur Ehrung und Belohnung von Soldaten zu verwenden, wenn ich besonders zufrieden mit ihnen sein konnte. (10) Ich meine nämlich, daß man alle, an denen man gute Helfer in jeder beliebigen Situation haben will, lieber mit guten Worten und Taten als mit Strafen und Zwang anspornen sollte. Alle aber, die man sich zu einsatzfreudigen Helfern in den Angelegenheiten des Krieges wünscht, muß man meines Erachtens auf jeden Fall mit guten Worten und Taten zu gewinnen versuchen. Denn es dürfen keine Feinde, sondern müssen Freunde sein, die Mitkämpfer ohne jede Einschrän-

συμμάχους ἔσεσθαι καὶ μήτε ἐπὶ τοῖς ἀγαθοῖς τοῦ ἄρχοντος φθονήσοντας μήτ' ἐν τοῖς κακοῖς προδώσοντας. 11 Ταῦτ' οὖν ἐγὼ οὕτω προγιγνώσκων χρημάτων δοκῶ προσδεῖσθαι. Πρὸς μὲν οὖν σὲ πάντα ὁρᾶν, ὃν αἰσθάνομαι πολλὰ δαπανῶντα, ἄτοπόν μοι δοκεῖ εἶναι· σκοπεῖν δ' ἀξιῶ κοινῇ καὶ σὲ καὶ ἐμὲ ὅπως σὲ μὴ ἐπιλείψει χρήματα. Ἐὰν γὰρ σὺ ἄφθονα ἔχῃς, οἶδα ὅτι καὶ ἐμοὶ ἂν εἴη λαμβάνειν ὁπότε δεοίμην, ἄλλως τε καὶ εἰ εἰς τοιοῦτόν τι λαμβάνοιμι ὃ μέλλοι καὶ σοὶ δαπανηθὲν βέλτιον εἶναι.

12 Ἔναγχος οὖν ποτέ σου μέμνημαι ἀκούσας ὡς ὁ Ἀρμένιος καταφρονοίη σου νῦν, ὅτι ἀκούει τοὺς πολεμίους προσιόντας ἐφ' ἡμᾶς, καὶ οὔτε ⟨τὸ⟩ στράτευμα πέμποι οὔτε τὸν δασμὸν ὃν ἔδει ἀπάγοι. Ποιεῖ γὰρ ταῦτα, ἔφη, ὦ Κῦρε, ἐκεῖνος· ὥστε ἔγωγε ἀπορῶ πότερόν μοι κρεῖττον στρατεύεσθαι καὶ πειρᾶσθαι ἀνάγκην αὐτῷ προσθεῖναι ἢ ἐᾶσαι ἐν τῷ παρόντι, μὴ καὶ τοῦτον πολέμιον πρὸς τοῖς ἄλλοις προσθώμεθα. 13 Καὶ ὁ Κῦρος ἐπήρετο· Αἱ δ' οἰκήσεις αὐτῷ πότερον ἐν ἐχυροῖς χωρίοις εἰσὶν ἢ καί που ἐν εὐεφόδοις; Καὶ ὁ Κυαξάρης εἶπεν· Αἱ μὲν οἰκήσεις οὐ πάνυ ἐν ἐχυροῖς· ἐγὼ γὰρ τούτου οὐκ ἠμέλουν· ὄρη μέντοι ἔστιν ἔνθα δύναιτ' ἂν ἀπελθὼν ἐν τῷ παραχρῆμα ἐν ἀσφαλεῖ γενέσθαι τοῦ μὴ αὐτός γε ὑποχείριος γενέσθαι, μηδὲ ὅσα ἐνταῦθα δύναιτο ὑπεκκομίσασθαι, εἰ μή τις πολιορκοίη προσκαθήμενος, ὥσπερ καὶ ὁ ἐμὸς πατήρ ποτε ἐποίησεν. 14 Ἐκ τούτου δὴ ὁ Κῦρος λέγει τάδε· Ἀλλ' εἰ θέλεις, ἔφη, ἐμὲ πέμψαι, ἱππέας μοι προσθεὶς ὁπόσοι δοκοῦσι μέτριοι εἶναι, οἶμαι ἂν σὺν τοῖς θεοῖς ποιῆσαι αὐτὸν καὶ τὸ στράτευμα πέμψαι καὶ ἀποδοῦναι τὸν δασμόν σοι· ἔτι δ' ἐλπίζω καὶ φίλον αὐτὸν μᾶλλον ἡμῖν γενήσεσθαι ἢ νῦν ἐστι. 15 Καὶ ὁ Κυαξάρης εἶπε· Καὶ ἐγὼ ἐλπίζω ἐκείνους ἐλθεῖν ἂν πρὸς

kung werden und den Befehlshaber weder wegen des Erfolges beneiden noch im Unglück verraten sollen. (11) Weil ich dieser Meinung bin, glaube ich Geld zu benötigen. Aber immer nur auf dich zu schauen, von dessen großen Ausgaben ich weiß, scheint mir nicht angemessen zu sein. Ich halte es vielmehr für angebracht, daß wir beide gemeinsam überlegen, wie dir dein Geld nicht ausgehen wird. Denn wenn du es im Überfluß besitzt, dann dürfte es – das weiß ich – auch mir vergönnt sein, etwas davon zu bekommen, falls ich darauf angewiesen wäre. besonders wenn ich es zu deinem Nutzen ausgeben würde.

(12) Ich erinnere mich, vor kurzem einmal von dir gehört zu haben, daß der König von Armenien dich jetzt nicht mehr anerkennt, weil er hört, daß deine Feinde gegen uns vorrükken, und daß er weder sein Heer schickt noch den Tribut zahlt, den er dir schuldet." – „So verhält es sich tatsächlich. Daher weiß ich nicht, ob es besser für mich ist, eine Militäraktion durchzuführen und zu versuchen, ihn unter Druck zu setzen, statt alles auf sich beruhen zu lassen, damit wir die Zahl unserer Gegner nicht auch noch mit diesem Armenier vergrößern." (13) Kyros fragte darauf: „Befinden sich seine Niederlassungen an befestigten oder an leicht zugänglichen Plätzen?" – „Seine Niederlassungen befinden sich überhaupt nicht an befestigten Plätzen. Darauf habe ich nämlich schon sorgfältig geachtet. Es liegen allerdings Berge in der Nähe, wohin er sich zurückziehen könnte und wo er für den Augenblick in Sicherheit wäre, so daß es ihm gelingen könnte, sich selbst und seinen Besitz, den er dort hinschaffen könnte, dem Zugriff seines Gegners zu entziehen, allerdings nur dann, wenn ihn niemand belagerte, wie es mein Vater einmal getan hat." (14) Darauf sagte Kyros: „Wenn du mich aber hinschicken wolltest und mir eine angemessene Zahl an Reitern mitgäbest, dann könnte ich ihn, wie ich meine, mit Hilfe der Götter dazu bringen, dir das Heer zur Verfügung zu stellen und den Tribut zu entrichten. Außerdem erwarte ich, daß er uns dann auch ein besserer Freund wird, als er es jetzt ist." (15) Kyaxares sagte dazu:

σὲ μᾶλλον ἢ πρὸς ἐμέ· ἀκούω γὰρ καὶ συνθηρευτάς τινας τῶν παίδων αὐτοῦ σοι γενέσθαι· ὥστ' ἴσως ἂν καὶ πάλιν ἔλθοιεν πρὸς σέ· ὑποχειρίων δὲ γενομένων τινῶν αὐτῶν, πάντα πραχθείη ἂν ᾗ ἡμεῖς βουλόμεθα. Οὔκουν σοι δοκεῖ, ἔφη ὁ Κῦρος, σύμφερον εἶναι τὸ λεληθέναι ἡμᾶς ταῦτα βουλεύοντας; Μᾶλλον γὰρ ἄν, ἔφη ὁ Κυαξάρης, ἔλθοι τις αὐτῶν εἰς χεῖρας, καὶ εἴ τις ὁρμῷτο ἐπ' αὐτούς, ἀπαράσκευαστοι ἂν λαμβάνοιντο. 16 Ἄκουε τοίνυν, ἔφη ὁ Κῦρος, ἤν τί σοι δόξω λέγειν. Ἐγὼ πολλάκις δὴ σὺν πᾶσι τοῖς μετ' ἐμοῦ Πέρσαις τεθήρακα ἀμφὶ τὰ ὅρια τῆς τε σῆς χώρας καὶ τῆς τῶν Ἀρμενίων, καὶ ἱππέας δέ τινας ἤδη προσλαβὼν τῶν ἐνθένδε ἑταίρων ἀφικόμην. Τὰ μὲν τοίνυν ὅμοια ποιῶν, ἔφη ὁ Κυαξάρης, οὐκ ἂν ὑποπτεύοιο· εἰ δὲ πολὺ πλείων ἡ δύναμις φαίνοιτο ἧς ἔχων εἴωθας θηρᾶν, τοῦτο ἤδη ὕποπτον ἂν γίγνοιτο. 17 Ἀλλ' ἔστιν, ἔφη ὁ Κῦρος, καὶ πρόφασιν κατασκευάσαι καὶ ἐνθάδε οὐκ ἄπιστον, [καὶ] ἤν τις [ἐκεῖσε] ἐξαγγείλῃ ὡς ἐγὼ βουλοίμην μεγάλην θήραν ποιῆσαι· καὶ ἱππέας, ἔφη, αἰτοίην ἄν σε ἐκ τοῦ φανεροῦ. Κάλλιστα λέγεις, ἔφη ὁ Κυαξάρης· ἐγὼ δέ σοι οὐκ ἐθελήσω διδόναι πλὴν μετρίους τινάς, ὡς βουλόμενος πρὸς τὰ φρούρια ἐλθεῖν τὰ πρὸς τῇ Ἀσσυρίᾳ. Καὶ γὰρ τῷ ὄντι, ἔφη, βούλομαι ἐλθὼν κατασκευάσαι αὐτὰ ὡς ἐχυρώτατα. Ὁπότε δὲ σὺ προεληλυθοίης σὺν ᾗ ἔχοις δυνάμει καὶ θηρῴης καὶ δὴ δύο ἡμέρας, πέμψαιμι ἄν σοι ἱκανοὺς ἱππέας καὶ πεζοὺς τῶν παρ' ἐμοὶ ἠθροισμένων, οὓς σὺ λαβὼν εὐθὺς ἂν ἴοις, καὶ αὐτὸς δ' ἂν ἔχων τὴν ἄλλην δύναμιν πειρῴμην μὴ πρόσω ὑμῶν εἶναι, ἵνα, εἴ που καιρὸς εἴη, ἐπιφανείην.

„Auch ich erwarte, daß sich die Armenier eher dir als mir
gegenüber verhandlungsbereit zeigen. Denn wie ich höre, waren einige seiner Söhne deine Jagdgenossen. Deshalb sind sie
vielleicht bereit, wieder zu dir zu kommen. Wenn wir aber erst
einige von ihnen in der Hand haben, dann dürfte alles so ver-
laufen, wie wir es wollen." – „Scheint es dir nicht nützlich zu
sein", fragte Kyros, „daß alles, was wir vorhaben, geheim
bleibt?" – „Ja, denn so besteht eher die Möglichkeit, daß uns
einer von ihnen in die Hände fällt, und wenn jemand von uns
gegen sie vorginge, dann dürften sie überrumpelt werden."
(16) „Hör dir also an", sagte Kyros, „was ich dir vorzuschla-
gen habe. Ich ging oft mit allen meinen persischen Begleitern
im Grenzgebiet zwischen deinem Land und dem armenischen
Gebiet auf Jagd und nahm auch schon einige Reiter aus den
Reihen meiner hiesigen Freunde dorthin mit." – „Wenn du
jetzt also etwas Ähnliches tätest, dann würdest du keinen Verdacht erregen. Wenn du dich aber mit einer Streitmacht zeig-
test, die viel größer wäre, als du sie gewöhnlich auf der Jagd
bei dir hast, dann erregtest du mit Sicherheit Verdacht."
(17) „Aber es ist doch möglich", entgegnete Kyros, „ein Täuschungsmanöver durchzuführen, auf das man auch hier herein-
fiele, wenn einer die Nachricht verbreitete, daß ich eine große
Jagd veranstalten wollte. Und um Reiter würde ich dich ganz
offen bitten." – „Sehr gut", antwortete Kyaxares. „Ich werde
aber nicht bereit sein, sie dir zur Verfügung zu stellen, abgesehen von einer ganz kleinen Zahl, als ob ich vorhätte, zu unseren Stellungen an der assyrischen Grenze zu ziehen. Denn ich
will mich ja tatsächlich dorthin begeben, um die Stellungen so
gut wie möglich zu verstärken. Sobald du aber mit deiner
Streitmacht losgezogen bist und dich schon zwei Tage lang
auf der Jagd befindest, würde ich dir eine ausreichende Zahl
an Reitern und Fußsoldaten aus dem bei mir versammelten
Heer zur Verfügung stellen, mit denen du dann sofort aufbrechen könntest. Ich selbst aber würde versuchen, in eurer Nähe zu bleiben, damit ich eingreifen könnte, wenn es an der
Zeit wäre."

18 Οὕτω δὴ ὁ μὲν Κυαξάρης εὐθέως πρὸς τὰ φρούρια ἤθροιζεν ἱππέας τε καὶ πεζούς, καὶ ἁμάξας δὲ σίτου προέπεμπε τὴν ἐπὶ τὰ φρούρια ὁδόν. Ὁ δὲ Κῦρος ἐθύετο ἐπὶ τῇ πορείᾳ, καὶ ἅμα πέμπων ἐπὶ τὸν Κυαξάρην ᾔτει τῶν νεωτέρων ἱππέων. Ὁ δὲ πάνυ πολλῶν βουλομένων ἕπεσθαι οὐ πολλοὺς ἔδωκεν αὐτῷ. Προεληλυθότος δ' ἤδη τοῦ Κυαξάρου σὺν δυνάμει καὶ πεζικῇ καὶ ἱππικῇ τὴν πρὸς τὰ φρούρια ὁδόν, γίγνεται τῷ Κύρῳ τὰ ἱερὰ ἐπὶ τὸν Ἀρμένιον ἰέναι καλά· καὶ οὕτως ἐξάγει δὴ ὡς εἰς θήραν παρεσκευασμένος. 19 Πορευομένῳ δ' αὐτῷ εὐθὺς ἐν τῷ πρώτῳ χωρίῳ ὑπανίσταται λαγῶς· ἀετὸς δ' ἐπιπτάμενος αἴσιος, ὡς κατεῖδεν τὸν λαγῶ φεύγοντα, ἐπιφερόμενος ἔπαισέ τε αὐτὸν καὶ συναρπάσας ἐξῆρε, κἀπενεγκὼν ἐπὶ λόφον τινὰ οὐ πρόσω ἐχρῆτο τῇ ἄγρᾳ ὅ τι ἤθελεν. Ἰδὼν οὖν ὁ Κῦρος τὸ σημεῖον ἥσθη τε καὶ προσεκύνησε Δία Βασιλέα, καὶ εἶπε πρὸς τοὺς παρόντας· 20 Ἡ μὲν θήρα καλὴ ἔσται, ὦ ἄνδρες, ἢν ὁ θεὸς θέλῃ. Ὡς δὲ πρὸς τοῖς ὁρίοις ἐγένοντο, εὐθὺς ὥσπερ εἰώθει ἐθήρα· καὶ τὸ μὲν πλῆθος τῶν πεζῶν καὶ τῶν ἱππέων ὤγμευον αὐτῷ, ὡς ἐπιόντες τὰ θηρία ἐξανισταῖεν· οἱ δὲ ἄριστοι καὶ πεζοὶ καὶ ἱππεῖς διέστασαν καὶ τὰ ἀνιστάμενα ὑπεδέχοντο καὶ ἐδίωκον· καὶ ᾕρουν πολλοὺς καὶ σῦς καὶ ἐλάφους καὶ δορκάδας καὶ ὄνους ἀγρίους· πολλοὶ γὰρ ἐν τούτοις τοῖς τόποις ὄνοι καὶ νῦν ἔτι γίγνονται. 21 Ἐπεὶ δ' ἔληξε τῆς θήρας, προσμείξας πρὸς τὰ ὅρια τῶν Ἀρμενίων ἐδειπνοποιήσατο· καὶ τῇ ὑστεραίᾳ αὖθις ἐθήρα προσελθὼν πρὸς τὰ ὅρη ὧν ὠρέγετο. Ἐπεὶ δ' αὖ ἔληξεν, ἐδειπνοποιεῖτο. Τὸ δὲ παρὰ Κυαξάρου στράτευμα ὡς ᾔσθετο

(18) So sammelte Kyaxares ohne Verzug Reiter und Soldaten zu Fuß für die Grenzbefestigungen und ließ Verpflegungs-
wagen auf der Straße zu den Grenzbefestigungen vorausfah-
ren. Kyros brachte für ein gutes Gelingen des Feldzuges ein
Opfer dar und schickte zugleich einen Boten zu Kyaxares, um
ihn um einige jüngere Reiter zu bitten. Obwohl sich sehr viele
Kyros anschließen wollten, gab Kyaxares ihm nur wenige. Als
sich Kyaxares mit seiner Streitmacht zu Fuß und zu Pferde
schon auf dem Weg zu seinen Grenzbefestigungen befand, erhielt Kyros für seine Expedition gegen den König der Armenier günstige Vorzeichen. Daraufhin zog er los, als ob er auf
die Jagd gehen wollte. (19) Unterwegs sprang gleich auf der
ersten Wiese ein Hase vor ihm auf. Da kam ein Adler – ein
glückverheißendes Zeichen – herangeflogen, sah den fliehenden Hasen, stieß auf ihn herab, tötete ihn, ergriff ihn und
nahm ihn mit in die Höhe. Dann trug er ihn zu einem Hügel in
der Nähe und verzehrte seine Beute, wie es ihm gefiel. Als
Kyros diesen Vorgang sah, freute er sich über das Vorzeichen,
fiel vor Zeus, dem Götterkönig, auf die Knie und sprach ein
Dankgebet. Dann sagte er zu den Anwesenden: (20) „Die
Jagd wird einen guten Verlauf nehmen, Männer, wenn Gott es
will." Als sie an der Grenze angekommen waren, begann er
sofort mit der Jagd, wie es seiner Gewohnheit entsprach. Die
Masse seiner Leute zu Fuß und zu Pferde zog in einer langen
Reihe vor ihm her, um sich dem Wild zu nähern und es aufzu-
scheuchen. Die besten Reiter und Fußsoldaten stellten sich in
großen Abständen auf, warteten auf das aufgescheuchte Wild
und verfolgten es dann. Sie erlegten viele Wildschweine, Hirsche, Gazellen und Wildesel. Es gibt nämlich in diesem Gebiet
auch heute noch viele Wildesel. (21) Nach Abschluß der Jagd
rückte Kyros dicht an die armenische Grenze heran und ließ
das Abendessen einnehmen. Am nächsten Tag ging er wieder
auf die Jagd und rückte in Richtung auf die Berge vor, wo er ja
auch hin wollte. Sobald die Jagd zu Ende war, ließ er wiederum das Essen einnehmen. Als er nun feststellen konnte, daß
Kyaxares' Streitkräfte anrückten, schickte er heimlich einen

προσιόν, ὑποπέμψας πρὸς αὐτοὺς εἶπεν ἀπέχοντας αὐτοῦ
δειπνοποιεῖσθαι ὡς δύο παρασάγγας, τοῦτο προϊδὼν ὡς
συμβαλεῖται πρὸς τὸ λανθάνειν· ἐπεὶ δὲ δειπνήσαιεν, εἶπε
τῷ ἄρχοντι αὐτῶν παρεῖναι πρὸς αὐτόν. Μετὰ δὲ τὸ δεῖπνον
τοὺς ταξιάρχους παρεκάλει· ἐπεὶ δὲ παρῆσαν, ἔλεξεν ὧδε·

22 Ἄνδρες φίλοι, ὁ Ἀρμένιος πρόσθεν μὲν καὶ σύμ-
μαχος ἦν καὶ ὑπήκοος Κυαξάρῃ· νῦν δὲ ὡς ᾔσθετο τοὺς
πολεμίους ἐπιόντας, καταφρονεῖ καὶ οὔτε τὸ στράτευμα
πέμπει ἡμῖν οὔτε τὸν δασμὸν ἀποδίδωσι. Νῦν οὖν τοῦτον
θηρᾶσαι, ἢν δυνώμεθα, ἤλθομεν. Ὡξέ μοι οὖν, ἔφη,
δοκεῖ. Σὺ μέν, ὦ Χρυσάντα, ἐπειδὰν ἀποκοιμηθῇς ὅσον
μέτριον, λαβὼν τοὺς ἡμίσεις Περσῶν τῶν σὺν ἡμῖν ἴθι τὴν
ὀρεινὴν καὶ κατάλαβε τὰ ὄρη, εἰς ἃ φασιν αὐτόν, ὅταν τι
φοβηθῇ, καταφεύγειν· ἡγεμόνας δέ σοι ἐγὼ δώσω. 23 Φασὶ
μὲν οὖν καὶ δασέα τὰ ὄρη ταῦτα εἶναι, ὥστ' ἐλπὶς ὑμᾶς
μὴ ὀφθῆναι· ὅμως δὲ εἰ προπέμποις πρὸ τοῦ στρατεύματος εὐζώνους ἄνδρας λῃσταῖς ἐοικότας καὶ τὸ πλῆθος καὶ
τὰς στολάς, οὗτοι ἄν σοι, εἴ τισιν ἐντυγχάνοιεν τῶν Ἀρμενίων, τοὺς μὲν ἂν συλλαμβάνοντες αὐτῶν κωλύοιεν τῶν
ἐξαγγελιῶν, οὓς δὲ μὴ δύναιντο λαμβάνειν ἀποσοβοῦντες
ἂν ἐμποδὼν γίγνοιντο τοῦ μὴ ὁρᾶν αὐτοὺς τὸ ὅλον στράτευμά σου, ἀλλ' ὡς περὶ κλωπῶν βουλεύεσθαι. 24 Καὶ
σὺ μέν, ἔφη, οὕτω ποίει· ἐγὼ δὲ ἅμα τῇ ἡμέρᾳ τοὺς ἡμίσεις μὲν τῶν πεζῶν ἔχων, πάντας δὲ τοὺς ἱππέας, πορεύσομαι διὰ τοῦ πεδίου εὐθὺς πρὸς τὰ βασίλεια. Καὶ ἢν μὲν
ἀνθιστῆται, δῆλον ὅτι μάχεσθαι δεήσει· ἢν δ' αὖ ὑποχωρῇ
διὰ τοῦ πεδίου, δῆλον ὅτι μεταθεῖν δεήσει· ἢν δ' εἰς τὰ ὄρη

Boten zu ihnen und ließ ihnen ausrichten, daß sie etwa zwei
Parasangen von ihm entfernt rasten und Essen fassen sollten.
Er wußte nämlich schon im voraus, daß dies der Geheimhaltung seines Planes dienlich sei. Ihrem Befehlshaber ließ er
sagen, er solle zu ihm kommen, sobald sie gegessen hätten. Er
selbst rief seine Taxiarchen nach dem Essen zu sich. Als sie
eingetroffen waren, sagte er folgendes.

(22) „Meine Herren, liebe Freunde, früher war der König
der Armenier Verbündeter und Vasall des Kyaxares. Jetzt
aber ist es anders: Seitdem er weiß, daß unsere Feinde gegen
uns aufmarschieren, mißachtet er das Bündnis und schickt uns
weder die Streitkräfte noch zahlt er seinen Tribut. Wir sind
jetzt hierher gekommen, um ihn zur Strecke zu bringen, falls
wir dazu in der Lage sind. Ich habe folgenden Plan: Du, Chrysantas, nimmst dir, nachdem du dich hinreichend ausgeruht
hast, die Hälfte der uns begleitenden Perser, rückst auf dem
Weg ins Gebirge vor und besetzt die Berge, in die er sich, wie
es heißt, zurückzuziehen pflegt, wenn er sich in Gefahr glaubt.
Ich werde dir Führer mitgeben. (23) Man sagt, diese Berge
seien dicht bewaldet. Demnach ist zu erwarten, daß ihr unbemerkt bleibt. Trotzdem wäre es angebracht, wenn du dem
Heer einige flinke Männer vorausschickst, die ihrer Zahl und
ihrer Kleidung nach einer Räuberbande gleichen. Wenn diese
dann auf irgendwelche Armenier stoßen sollten, könnten sie
einige von ihnen gefangennehmen und am Ausplaudern hindern. Die anderen aber, die sie nicht zu fassen bekommen,
sollten sich ruhig davonmachen, aber daran gehindert werden,
deine ganze Streitmacht zu sehen. Sie sollen vielmehr zu der
Überzeugung gelangen, daß sie es mit Räubern zu tun hätten.
(24) Führe du nun diesen Befehl aus. Ich hingegen werde bei
Tagesanbruch mit der anderen Hälfte der Fußsoldaten und mit
allen Reitern über die Ebene direkt zur Burg des Königs aufbrechen. Sollte er Widerstand leisten, so wird es zweifellos
erforderlich sein, Gewalt anzuwenden. Sollte er aber über das
flache Land zurückweichen, so werden wir ihm wohl nachset-
zen müssen. Sollte er jedoch in die Berge fliehen, so wird es

φεύγῃ, ἐνταῦθα δή, ἔφη, σὸν ἔργον μηδένα ἀφιέναι τῶν εἰς σὲ ἀφικνουμένων. 25 Νόμιζε δὲ ὥσπερ ἐν θήρᾳ ἡμᾶς μὲν τοὺς ἐπιζητοῦντας ἔσεσθαι, σὲ δὲ τὸν ἐπὶ ταῖς ἄρκυσι· μέμνησο οὖν ἐκεῖνο ὅτι φθάνειν δεῖ πεφραγμένους τοὺς πόρους πρὶν κινεῖσθαι τὴν θήραν. Καὶ λεληθέναι δὲ δεῖ τοὺς ἐπὶ τοῖς στόμασιν, εἰ μέλλουσι μὴ ἀποτρέψειν τὰ προσφερόμενα. 26 Μὴ μέντοι, ἔφη, ὦ Χρυσάντα, οὕτως αὖ ποίει ὥσπερ ἐνίοτε διὰ τὴν φιλοθηρίαν· πολλάκις γὰρ ὅλην τὴν νύκτα ἄϋπνος πραγματεύῃ· ἀλλὰ νῦν ἐᾶσαι χρὴ τοὺς ἄνδρας τὸ μέτριον ἀποκοιμηθῆναι, ὡς ἂν δύνωνται ὑπνομαχεῖν. 27 Μηδέ γε σύ, ὅτι οὐχ ἡγεμόνας ἔχων ἀνθρώπους πλανᾷ ἀνὰ τὰ ὄρη, ἀλλ' ὅπῃ ἂν τὰ θηρία ὑφηγῆται, ταύτῃ μεταθείς, μήτι καὶ νῦν οὕτω τὰ δύσβατα πορεύου, ἀλλὰ κέλευέ σοι τοὺς ἡγεμόνας, ἐὰν μὴ πολὺ μάσσων ἡ ὁδὸς ᾖ, τὴν ῥᾴστην ἡγεῖσθαι· στρατιᾷ γὰρ ἡ ῥᾴστη ταχίστη. 28 Μηδέ γε, ὅτι σὺ εἴθισαι τρέχειν ἀνὰ τὰ ὄρη, μήτι δρόμῳ ἡγήσῃ, ἀλλ' ὡς ἂν δύνηταί σοι ὁ στρατὸς ἕπεσθαι, τῷ μέσῳ τῆς σπουδῆς ἡγοῦ. 29 Ἀγαθὸν δὲ καὶ τῶν δυνατωτάτων καὶ προθύμων ὑπομένοντάς τινας ἐνίοτε παρακελεύεσθαι· ἐπειδὰν δὲ παρέλθῃ τὸ κέρας, παροξυντικὸν εἰς τὸ σπεύδειν πάντας τὸ παρὰ τοὺς βαδίζοντας τρέχοντας ὁρᾶσθαι.

30 Χρυσάντας μὲν δὴ ταῦτα ἀκούσας καὶ ἐπιγαυρωθεὶς τῇ ἐντολῇ τῇ Κύρου, λαβὼν τοὺς ἡγεμόνας, ἀπελθὼν καὶ παραγγείλας ἃ ἔδει τοῖς σὺν αὐτῷ μέλλουσι πορεύεσθαι, ἀνεπαύετο. Ἐπεὶ δὲ ἀπεκοιμήθησαν ὅσον ἐδόκει μέτριον εἶναι, ἐπορεύοντο ἐπὶ τὰ ὄρη. 31 Κῦρος δέ, ἐπειδὴ ἡμέρα ἐγένετο, ἄγγελον προέπεμπε πρὸς τὸν Ἀρμένιον εἰπὼν αὐτῷ λέγειν ὧδε· Κῦρος, ὦ Ἀρμένιε, κελεύει οὕτω ποιεῖν σε ὅπως ὡς τάχιστα ἔχων ἀπίῃ καὶ τὸν δασμὸν καὶ τὸ στράτευμα. Ἢν δ' ἐρωτᾷ ὅπου εἰμί, λέγε τἀληθῆ ὅτι ἐπὶ τοῖς

dort deine Aufgabe sein, niemanden von denen, die in deine Reichweite gelangt sind, entkommen zu lassen. (25) Stell dir vor, daß wir wie auf der Jagd die Treiber sein werden, während du der Mann an den Netzen bist. Denk daran, daß die Fluchtwege verschlossen sein müssen, bevor die Jagd losgeht. Auch die Leute an den Öffnungen des Netzes müssen sich versteckt halten, wenn sie die ihnen zugetriebenen Beutetiere nicht verjagen wollen. (26) Mach es aber nicht wieder so, Chrysantas, wie du es manchmal in deinem Jagdfieber tust: Denn oft bist du die ganze Nacht vorher so beschäftigt, daß du keinen Schlaf findest. Dieses Mal aber mußt du deine Leute hinreichend schlafen lassen, damit sie am nächsten Tag gegen die Müdigkeit ankämpfen können. (27) Du sollst auch nicht ohne Führer in den Bergen umherirren. Du mußt vielmehr den Spuren des Wildes folgen. Meide in diesem Fall auch das unwegsame Gelände. Gib statt dessen deinen Führern die Anweisung, dir den leichtesten Weg zu zeigen, wenn es kein allzu großer Umweg ist. Denn für ein Heer ist der leichteste der schnellste Weg. (28) Geh auch nicht im Laufschritt voran, nur weil du es so gewohnt bist, die Berge hinaufzulaufen. Schlag vielmehr ein gemäßigtes Tempo an, damit deine Leute dir folgen können. (29) Es ist auch gut, wenn manchmal einige der Kräftigsten und Eifrigsten stehenbleiben, um die anderen aufzumuntern. Sobald aber die Kolonne vorbeigezogen ist, spornt es alle an, wenn sie sehen, wie diese an den Marschierenden vorbeilaufen."

(30) Nachdem Chrysantas dies gehört und sich über Kyros' Auftrag sehr gefreut hatte, ließ er sich die Führer geben, ging dann los und erteilte den Leuten, die ihn begleiten sollten, die notwendigen Befehle und legte sich darauf zur Ruhe. Als sie genug geschlafen hatten, brachen sie in die Berge auf. (31) Nach Tagesanbruch schickte Kyros einen Boten zum Armenierkönig, dem er folgendes ausrichten sollte: „Kyros fordert dich auf, König der Armenier, alle Vorkehrungen zu treffen, daß er mit dem Tribut und den Soldaten möglichst schnell wieder abziehen kann. Wenn er aber fragt, wo ich bin,

ὁρίοις. Ἢν δ' ἐρωτᾷ εἰ καὶ αὐτὸς ἔρχομαι, λέγε κἀνταῦθα τἀληθῆ ὅτι οὐκ οἶσθα. Ἐὰν δ' ὁπόσοι ἐσμὲν πυνθάνηται, συμπέμπειν τινὰ κέλευε καὶ μαθεῖν. 32 Τὸν μὲν δὴ ἄγγελον ἐπιστείλας ταῦτα ἔπεμψε, νομίζων φιλικώτερον οὕτως εἶναι ἢ μὴ προειπόντα πορεύεσθαι. Αὐτὸς δὲ συνταξάμενος ᾗ ἄριστον καὶ πρὸς τὸ ἀνύειν τὴν ὁδὸν καὶ πρὸς τὸ μάχεσθαι, εἴ τι δέοι, ἐπορεύετο. Προεῖπε δὲ τοῖς στρατιώταις μηδένα ἀδικεῖν, καὶ εἴ τις Ἀρμενίων τῳ ἐντυγχάνοι, θαρρεῖν τε παραγγέλλειν καὶ ἀγορὰν τὸν θέλοντα ἄγειν ὅπου ἂν ὦσιν, εἴτε σῖτα εἴτε ποτὰ τυγχάνοι πωλεῖν βουλόμενος.

dann sag ihm wahrheitsgemäß, daß ich mich an der Grenze befinde. Wenn er außerdem fragt, ob ich auch selbst kommen wolle, sag auch in diesem Falle wahrheitsgemäß, daß du es nicht weißt. Wenn er wissen will, wieviele wir sind, dann fordere ihn auf, jemanden mitzuschicken, um es in Erfahrung zu bringen." (32) Mit diesen Anweisungen schickte Kyros den Boten los. Er meinte, es sei freundlicher, so zu verfahren, als ohne Ankündigung anzurücken. Er selbst brach auf, nachdem er seine Streitmacht sowohl für den Marsch als auch für den Kampf, falls er erforderlich sein sollte, so gut wie möglich formiert hatte. Er verbot seinen Soldaten, jemandem ein Unrecht anzutun, und falls jemand auf einen Armenier treffe, solle er ihm Mut machen und ihn, wenn er dies wolle, dazu ermuntern, dort seine Waren anzubieten, wo sie sich gerade befänden, damit er nach Belieben Lebensmittel oder Getränke verkaufen könne.

ΚΥΡΟΥ ΠΑΙΔΕΙΑ Γ'

I

1 Ὁ μὲν δὴ Κῦρος ἐν τούτοις ἦν· ὁ δὲ Ἀρμένιος ὡς ἤκουσε τοῦ ἀγγέλου τὰ παρὰ Κύρου, ἐξεπλάγη. ἐννοήσας ὅτι ἀδικοίη καὶ τὸν δασμὸν λείπων καὶ τὸ στράτευμα οὐ πέμπων, καί, τὸ μέγιστον, ἐφοβεῖτο, ὅτι ὀφθήσεσθαι ἔμελλε τὰ βασίλεια οἰκοδομεῖν ἀρχόμενος ὡς ἂν ἱκανὰ ἀπομάχεσθαι εἴη. **2** Διὰ ταῦτα δὴ πάντα ὀκνῶν ἅμα μὲν διέπεμπεν ἀθροίζων τὴν ἑαυτοῦ δύναμιν. ἅμα δ' ἔπεμπεν εἰς τὰ ὄρη τὸν νεώτερον υἱὸν Σάβαριν καὶ τὰς γυναῖκας, τήν τε ἑαυτοῦ καὶ τὴν τοῦ υἱοῦ. καὶ τὰς θυγατέρας· καὶ κόσμον δὲ καὶ κατασκευὴν τὴν πλείστου ἀξίαν συναπέπεμπε προπομποὺς δοὺς αὐτοῖς. Αὐτὸς δὲ ἅμα μὲν κατασκεψομένους ἔπεμπε τί πράττοι Κῦρος, ἅμα δὲ συνέταττε τοὺς παραγιγνομένους τῶν Ἀρμενίων· καὶ ταχὺ παρῆσαν ἄλλοι λέγοντες ὅτι καὶ δὴ αὐτὸς ὁμοῦ. **3** Ἐνταῦθα δὴ οὐκέτι ἔτλη εἰς χεῖρας ἐλθεῖν, ἀλλ' ὑπεχώρει. Ὡς δὴ τοῦτ' εἶδον ποιήσαντα αὐτὸν οἱ Ἀρμένιοι, διεδίδρασκον ἤδη ἕκαστος ἐπὶ τὰ ἑαυτοῦ, βουλόμενοι τὰ ὄντα ἐκποδὼν ποιεῖσθαι.

Ὁ δὲ Κῦρος ὡς ἑώρα διαθεόντων καὶ ἐλαυνόντων τὸ πεδίον μεστόν, ὑποπέμπων ἔλεγεν ὅτι οὐδενὶ πολέμιος εἴη τῶν μενόντων. Εἰ δέ τινα φεύγοντα λήψοιτο. προηγόρευεν ὅτι ὡς πολεμίῳ χρήσοιτο. Οὕτω δὴ οἱ μὲν πολλοὶ

DRITTES BUCH

I.

(1) Das also waren Kyros' Maßnahmen. Der Armenierkönig war jedoch wegen Kyros' Forderungen, von denen er durch den Boten erfuhr, sehr beunruhigt. Denn er wußte, daß er im Unrecht war, da er die ihm auferlegten Abgaben verweigerte und keine Streitkräfte mehr zur Verfügung stellte. Vor allem aber fürchtete er, man würde jetzt entdecken, daß er damit begonnen hatte, seine Burg umzubauen, damit sie zur Abwehr eines Angriffs dienen konnte. (2) Wegen aller dieser Umstände war er in großer Sorge. Er sandte Boten aus, um seine Streitkräfte zusammenzuziehen. Gleichzeitig schickte er seinen jüngeren Sohn Sabaris mit den Frauen – seiner eigenen und der seines Sohnes – und den Töchtern in die Berge. Er ließ sie seinen Schmuck und seinen wertvollsten Besitz mitnehmen. Zu ihrem Schutz gab er ihnen bewaffnete Begleiter mit. Er selbst schickte Kundschafter aus, die Kyros' Verhalten beobachten sollten. Zugleich schloß er die nach und nach eintreffenden Armenier seinen Streitkräften an. Bald stellten sich dann auch Leute mit der Nachricht ein, daß Kyros selbst schon ganz in der Nähe sei. (3) Da wagte er es nicht mehr, sich auf einen Kampf einzulassen, sondern setzte sich ab. Als die Armenier von seiner Flucht erfuhren, liefen sie gleich wieder auseinander, um nach Hause zurückzukehren und ihr Hab und Gut in Sicherheit zu bringen.

Als Kyros sah, wie sie in großen Scharen abzogen, ließ er ihnen mitteilen, er betrachte keinen von denen, die blieben, als Feind. Wen er aber auf der Flucht ergreifen sollte, den – so ließ er sagen – werde er als Feind behandeln. Daher blieben die meisten. Es gab aber auch einige, die sich zusammen mit

κατέμενον, ἦσαν δ' οἳ ὑπεχώρουν σὺν τῷ βασιλεῖ. **4** Ἐπεὶ
δ' οἱ σὺν ταῖς γυναιξὶ προϊόντες ἐνέπεσον εἰς τοὺς ἐν
τῷ ὄρει, κραυγήν τε εὐθὺς ἐποίουν καὶ φεύγοντες ἡλίσκοντο πολλοὶ αὐτῶν. Τέλος δὲ καὶ ὁ παῖς καὶ αἱ γυναῖκες
καὶ αἱ θυγατέρες ἑάλωσαν, καὶ χρήματα ὅσα σὺν αὐτοῖς
ἀγόμενα ἔτυχον. Ὁ δὲ βασιλεὺς αὐτῶν, ὡς ᾔσθετο τὰ
γιγνόμενα, ἀπορῶν ποῖ τράποιτο ἐπὶ λόφον τινὰ κατα-
φεύγει. **5** Ὁ δ' αὖ Κῦρος ταῦτα ἰδὼν περιίσταται τὸν
λόφον τῷ παρόντι στρατεύματι, καὶ πρὸς Χρυσάνταν
πέμψας ἐκέλευε φυλακὴν τοῦ ὄρους καταλιπόντα ἥκειν.
Τὸ μὲν δὴ στράτευμα ἠθροίζετο τῷ Κύρῳ· ὁ δὲ πέμψας
πρὸς τὸν Ἀρμένιον κήρυκα ἤρετο ὧδε· Εἰπέ μοι, ἔφη,
ὦ Ἀρμένιε, πότερα βούλει αὐτοῦ μένων τῷ λιμῷ καὶ τῇ
δίψῃ μάχεσθαι ἢ εἰς τὸ ἰσόπεδον καταβὰς ἡμῖν μάχεσθαι;
Ἀπεκρίνατο ὁ Ἀρμένιος ὅτι οὐδετέροις βούλοιτο μάχεσθαι. **6** Πάλιν ὁ Κῦρος πέμψας ἤρώτα· Τί οὖν κάθησαι ἐνταῦθα καὶ οὐ καταβαίνεις; Ἀπορῶν, ἔφη, ὅ τι χρὴ
ποιεῖν. Ἀλλ' οὐδέν, ἔφη ὁ Κῦρος, ἀπορεῖν σε δεῖ· ἔξεστι
γάρ σοι ἐπὶ δίκην καταβαίνειν. Τίς δ', ἔφη, ἔσται ὁ δικάζων; Δῆλον ὅτι ᾧ ὁ θεὸς ἔδωκε καὶ ἄνευ δίκης σοι χρή-
σασθαι ὅ τι βούλοιτο. Ἐνταῦθα δὴ ὁ Ἀρμένιος γιγνώσκων
τὴν ἀνάγκην καταβαίνει· καὶ ὁ Κῦρος λαβὼν εἰς τὸ
μέσον κἀκεῖνον καὶ τὰ ἄλλα πάντα περιεστρατοπεδεύ-
σατο, ὁμοῦ ἤδη πᾶσαν ἔχων τὴν δύναμιν.

7 Ἐν τούτῳ δὴ τῷ χρόνῳ ὁ πρεσβύτατος παῖς τοῦ
Ἀρμενίου Τιγράνης ἐξ ἀποδημίας τινὸς προσῄει, ὃς καὶ
σύνθηρός ποτε ἐγένετο τῷ Κύρῳ· καὶ ὡς ἤκουσε τὰ

dem König zurückzogen. (4) Als nun diejenigen, die mit den
Frauen vorausgegangen waren, auf Kyros' Leute im Gebirge
stießen, brachen sie sogleich in lautes Geschrei aus, und viele
von ihnen wurden gefangengenommen, als sie zu fliehen versuchten. Schließlich wurden auch der Sohn des Armenierkönigs, die Frauen und die Töchter in Gewahrsam genommen.
Auch das Geld, das sie bei sich hatten, fiel den Persern in die
Hände. Als ihr König sah, was passierte, wußte er nicht, wohin
er sich sonst wenden sollte, und nahm Zuflucht auf einem
Hügel. (5) Kyros bemerkte das jedoch und ließ den Hügel mit
den ihm verfügbaren Soldaten umstellen. Dann schickte er
einen Boten zu Chrysantas und gab ihm den Befehl, einen
Posten im Gebirge zurückzulassen und zu ihm zu kommen.
Allmählich sammelte sich auch das Heer wieder bei Kyros. Er
schickte nun einen Gesandten zum Armenierkönig und ließ
ihn folgendes fragen: „König der Armenier, sag mir, ob du
dort bleiben und gegen Hunger und Durst kämpfen willst oder
ob du in die Ebene hinabsteigen und mit uns um die Entscheidung kämpfen willst?" Da antwortete der Armenier, er wolle
mit niemandem kämpfen. (6) Kyros schickte wieder einen Boten und ließ ihn fragen: „Warum bleibst du dann dort oben,
statt herunterzukommen?" – „Ich weiß nicht, was ich machen
soll", war seine Antwort. „Aber du brauchst dir darüber doch
nicht im unklaren zu sein. Denn du hast die Möglichkeit, zu
einer gerichtlichen Untersuchung deines Verhaltens herzukommen." – „Wer aber wird der Richter sein?" – „Ohne
Zweifel doch wohl derjenige, dem Gott die Macht gegeben
hat, auch ohne Gerichtsverhandlung mit dir so umzugehen,
wie es ihm gefällt." Da war dem Armenier die Ausweglosig-
keit seiner Lage klar, und er kam von seinem Hügel herunter.
Kyros nahm ihn, alle seine Begleiter und seinen ganzen Besitz
in Gewahrsam und ließ ein Lager errichten. Inzwischen hatte
sich auch schon seine gesamte Streitmacht eingefunden.

(7) Unterdessen war Tigranes, der älteste Sohn des Armenierkönigs und einstige Jagdgefährte des Kyros, von einer Reise zurückgekehrt. Sobald er von den Ereignissen gehört hatte,

γεγενημένα, εὐθὺς πορεύεται ὥσπερ εἶχε πρὸς τὸν Κῦρον. Ὡς δ᾽ εἶδε πατέρα καὶ μητέρα καὶ ἀδελφοὺς καὶ τὴν
ἑαυτοῦ γυναῖκα αἰχμαλώτους γεγενημένους, ἐδάκρυσεν,
ὥσπερ εἰκός. 8 Ὁ δὲ Κῦρος ἰδὼν αὐτὸν ἄλλο μὲν
οὐδὲν ἐφιλοφρονήσατο αὐτῷ, εἶπε δ᾽ ὅτι· Εἰς καιρὸν
ἥκεις, ἔφη, ὅπως τῆς δίκης ἀκούσῃς παρὼν τῆς ἀμφὶ
τοῦ πατρός. Καὶ εὐθὺς συνεκάλει τοὺς ἡγεμόνας τούς τε
τῶν Περσῶν καὶ τοὺς τῶν Μήδων · προσεκάλει δὲ καὶ εἴ
τις Ἀρμενίων τῶν ἐντίμων παρῆν. Καὶ τὰς γυναῖκας ἐν ταῖς
ἁρμαμάξαις παρούσας οὐκ ἀπήλασεν, ἀλλ᾽ εἴα ἀκούειν.

9 Ὁπότε δὲ καλῶς εἶχεν, ἤρχετο τοῦ λόγου · Ὦ
Ἀρμένιε, ἔφη, πρῶτον μέν σοι συμβουλεύω ἐν τῇ
δίκῃ τἀληθῆ λέγειν, ἵνα σοι ἕν γε ἀπῇ τὸ εὐμισητότα-
τον · τὸ γὰρ ψευδόμενον φαίνεσθαι εὖ ἴσθι ὅτι καὶ τοῦ
συγγνώμης τινὸς τυγχάνειν ἐμποδὼν μάλιστα ἀνθρώποις
γίγνεται · ἔπειτα δ᾽, ἔφη, συνίσασι μέν σοι καὶ οἱ παῖδες
καὶ αἱ γυναῖκες αὗται πάντα ὅσα ἔπραξας. καὶ Ἀρμενίων οἱ παρόντες · ἢν δὲ αἰσθάνωνταί σε ἄλλα ἢ τὰ γενόμενα λέγοντα, νομιοῦσί σε καὶ αὐτὸν καταδικάζειν
σεαυτοῦ πάντα τὰ ἔσχατα παθεῖν, ἢν ἐγὼ τἀληθῆ πύθωμαι. Ἀλλ᾽ ἐρώτα, ἔφη, ὦ Κῦρε, ὅ τι βούλει, ὡς τἀληθῆ
ἐροῦντος. Τούτου ἕνεκα γενέσθω ὅ τι βούλεται. 10 Λέγε
δή μοι, ἔφη, ἐπολέμησάς ποτε Ἀστυάγει τῷ τῆς ἐμῆς
μητρὸς πατρὶ καὶ τοῖς ἄλλοις Μήδοις; Ἔγωγ᾽, ἔφη.
Κρατηθεὶς δ᾽ ὑπ᾽ αὐτοῦ συνωμολόγησας δασμὸν οἴσειν
καὶ συστρατεύσεσθαι ὅπου ἐπαγγέλλοι, καὶ ἐρύματα
μὴ ἕξειν; Ἦν ταῦτα. Νῦν οὖν διὰ τί οὔτε τὸν δασμὸν
ἀπῆγες οὔτε τὸ στράτευμα ἔπεμπες, ἐτείχιζές τε τὰ
ἐρύματα; Ἐλευθερίας ἐπεθύμουν · καλὸν γάρ μοι ἐδόκει
εἶναι καὶ αὐτὸν ἐλεύθερον εἶναι καὶ παισὶν ἐλευθερίαν
καταλιπεῖν. 11 Καὶ γάρ ἐστιν, ἔφη ὁ Κῦρος, καλὸν
μάχεσθαι, ὅπως μήποτέ τις δοῦλος μέλλῃ γενήσεσθαι ·

begab er sich unverzüglich zu Kyros. Als er seinen Vater, seine
Mutter, seine Brüder und seine Frau gefangen sah, war er
natürlich so erschüttert, daß er in Tränen ausbrach. (8) Kyros
schaute ihn an und sagte, ohne besonders freundlich zu ihm zu
sein: „Du kommst gerade richtig, um dem Prozeß gegen deinen Vater beiwohnen zu können." Dann ließ er sofort die
persischen und medischen Führer zusammenkommen. Auch
die gerade anwesenden armenischen Adligen ließ er herkommen. Sogar die Frauen, die noch auf ihren Wagen saßen,
schickte er nicht fort, sondern ließ sie zuhören.

(9) Sobald alles vorbereitet war, begann er mit folgenden
Worten: „König der Armenier, zunächst rate ich dir, in diesem
Prozeß die Wahrheit zu sagen, damit man dir wenigstens nicht
vorwerfen kann, was man mit Recht besonders verabscheut:
Denk daran, daß man denen, die als Lügner entlarvt werden,
kaum verzeiht. Außerdem wissen deine Söhne, die Frauen
hier und alle anwesenden Armenier über alles Bescheid, was
du getan hast. Wenn sie aber erfahren müssen, daß du die
Unwahrheit sagst, dann werden sie meinen, du verurteilst dich
selbst zu den härtesten Strafen, falls ich die Wahrheit heraus-
bekomme." – „Frag nur, was du willst, Kyros, denn ich werde
die Wahrheit sagen. Um ihretwillen soll geschehen, was will."
(10) „Sag mir also, hast du einmal mit Astyages, dem Vater
meiner Mutter, und dem medischen Volk Krieg geführt?" –
„Ja." – „Hast du dich aber nicht nach der Niederlage, die er dir
beibrachte, dazu verpflichtet, ihm Abgaben zu leisten, an seiner
Seite zu Felde zu ziehen, wohin er wollte, und keine Festungen zu
besitzen?" – „So war es." – „Warum hast du denn jetzt keine
Abgaben mehr entrichtet und keine Soldaten geschickt und
warum hast du die Befestigungsanlagen gebaut?" – „Ich wollte
meine Unabhängigkeit. Ich hielt es nämlich für schön, selbst frei
zu sein und meinen Kindern einmal die Freiheit zu hinterlassen."
(11) „Es ist in der Tat etwas Schönes, dafür zu kämpfen, niemals
in die Sklaverei zu geraten. Wenn aber nun jemand in einem
Krieg unterlegen war oder auf irgendeine andere Weise seine
Freiheit verloren hat und dann bei dem Versuch ertappt wird,

ἦν δὲ δὴ ἢ πολέμῳ κρατηθεὶς ἢ καὶ ἄλλον τινὰ τρόπον
δουλωθεὶς ἐπιχειρῶν τις φαίνηται τοὺς δεσπότας ἀποστερεῖν ἑαυτοῦ, τοῦτον σὺ πρῶτος πότερον ὡς ἀγαθὸν ἄνδρα
καὶ καλὰ πράττοντα τιμᾷς ἢ ὡς ἀδικοῦντα, ἢν λάβῃς, κολάζεις; Κολάζω, ἔφη· οὐ γὰρ ἐᾷς σὺ ψεύδεσθαι. 12 Λέγε
δὴ σαφῶς, ἔφη ὁ Κῦρος, καθ' ἓν ἕκαστον· ἢν ἄρχων
τις τύχῃ σοι καὶ ἁμάρτῃ, πότερον ἐᾷς ἄρχειν ἢ ἄλλον
καθίστῃς ἀντ' αὐτοῦ; Ἄλλον καθίστημι. Τί δέ, ἢν χρήματα πολλὰ ἔχῃ, ἐᾷς πλουτεῖν ἢ πένητα ποιεῖς; Ἀφαι-
ροῦμαι, ἔφη, ἃ ἂν ἔχων τυγχάνῃ. Ἢν δὲ καὶ πρὸς πολεμίους γιγνώσκῃς αὐτὸν ἀφιστάμενον, τί ποιεῖς; Κατα-
καίνω, ἔφη· τί γὰρ δεῖ ἐλεγχθέντα ὅτι ψεύδομαι ἀποθανεῖν μᾶλλον ἢ τἀληθῆ λέγοντα; 13 Ἐνταῦθα δὴ ὁ
μὲν παῖς αὐτοῦ, ὡς ἤκουσε ταῦτα, περιεσπάσατο τὴν
τιάραν καὶ τοὺς πέπλους κατερρήξατο, αἱ δὲ γυναῖκες
ἀναβοήσασαι ἐδρύπτοντο, ὡς οἰχομένου τοῦ πατρὸς καὶ
ἀπολωλότων πάντων σφῶν ἤδη. Καὶ ὁ Κῦρος σιωπῆσαι
κελεύσας πάλιν εἶπεν· Εἶεν· τὰ μὲν δὴ σὰ δίκαια ταῦτα,
ὦ Ἀρμένιε· ἡμῖν δὲ τί συμβουλεύεις ἐκ τούτων ποιεῖν; Ὁ μὲν
δὴ Ἀρμένιος ἐσιώπα ἀπορῶν πότερα συμβουλεύοι τῷ Κύρῳ
κατακαίνειν αὐτὸν ἢ τἀναντία διδάσκοι ὧν αὐτὸς ἔφη ποιεῖν.

14 Ὁ δὲ παῖς αὐτοῦ Τιγράνης ἐπήρετο τὸν Κῦ-
ρον· Εἰπέ μοι, ἔφη, ὦ Κῦρε, ἐπεὶ ὁ πατὴρ ἀπο-
ροῦντι ἔοικεν, ἢ συμβουλεύσω περὶ αὐτοῦ ἃ οἶμαί
σοι βέλτιστα εἶναι; Καὶ ὁ Κῦρος, ᾐσθημένος, ὅτε συνεθήρα αὐτῷ ὁ Τιγράνης, σοφιστήν τινα αὐτῷ συνόντα καὶ
θαυμαζόμενον ὑπὸ τοῦ Τιγράνου, πάνυ ἐπεθύμει αὐτοῦ
ἀκοῦσαι ὅ τι ποτ' ἐροίη· καὶ προθύμως ἐκέλευσε λέγειν
ὅ τι γιγνώσκοι. 15 Ἐγὼ τοίνυν, ἔφη ὁ Τιγράνης, εἰ

seine Herren loszuwerden, kannst du dann – und du bist es selbst, auf den diese Frage vor allem zielt – diesen noch als anständigen und rechtschaffenen Mann achten? Oder bestrafst du ihn nicht vielmehr, sobald du ihn gefaßt hast, als Übeltäter?" – „Ich bestrafe ihn. Denn ich soll ja die Wahrheit sagen." (12) „Beantworte mir nun ganz eindeutig jede einzelne Frage: Wenn bei dir ein Mann in leitender Stellung einen Fehler begeht, läßt du ihn dann weiter in seinem Amt oder setzt du einen anderen an seine Stelle?" – „Ich setze einen anderen an seine Stelle." – „Wenn er ferner viel Geld besitzt, läßt du ihm seinen Reichtum oder enteignest du ihn?" – „Ich nehme ihm alles fort, was er hat." – „Wenn du aber feststellst, daß er zu deinen Feinden überläuft, was tust du dann?" – „Ich vernichte ihn", war seine Antwort. „Denn warum sollte ich mich der Lüge überführen lassen, statt die Wahrheit zu sagen, da ich doch sowieso sterben muß?" (13) Als sein Sohn dies hörte, riß er seine Kopfbedeckung herunter und zerfetzte seine Kleider. Die Frauen schluchzten laut und zerkratzten sich die Gesichter. Denn sie waren nun überzeugt davon, daß ihr Vater sterben würde und sie alle bereits verloren seien. Kyros aber forderte sie auf, ruhig zu sein, und ergriff wieder das Wort: „Gut. Das also ist es, was du für gerecht hältst, Armenierkönig. Was aber sollen wir jetzt deiner Meinung nach tun?" Der Armenier schwieg, weil er nicht wußte, ob er Kyros raten solle, ihn zu töten, oder ob er ihm empfehlen solle, das Gegenteil von dem zu tun, was er selbst gesagt hatte.

(14) Sein Sohn Tigranes stellte Kyros daraufhin folgende Frage: „Sag mir, Kyros, da mein Vater offensichtlich keine Antwort weiß, soll ich dir erklären, was ich in diesem Fall für die Lösung halte, die für dich am besten ist?" Da Kyros damals, als Tigranes sein Jagdgefährte war, gesehen hatte, daß sich ein weiser Mann in seiner Begleitung befunden hatte, den Tigranes sehr bewunderte, wollte er gern hören, was er zu sagen hatte. Er forderte ihn also ohne Zögern dazu auf, seine Meinung zu äußern. (15) „Wenn du also meinen Vater wegen seiner Pläne und Taten bewunderst", sagte Tigranes, „dann

μὲν ἄγασαι τοῦ πατρὸς ἢ ὅσα βεβούλευται ἢ ὅσα πέ-
πραχε, πάνυ σοι συμβουλεύω τοῦτον μιμεῖσθαι · εἰ μέντοι
σοι δοκεῖ πάντα ἡμαρτηκέναι, συμβουλεύω σοι αὐτὸν
μὴ μιμεῖσθαι. Οὐκοῦν, ἔφη ὁ Κῦρος, τὰ δίκαια ποιῶν
ἥκιστ' ἂν τὸν ἁμαρτάνοντα μιμοίμην. Ἔστιν, ἔφη, ταῦτα.
Κολαστέον ἄρ' ἂν εἴη κατά γε τὸν σὸν λόγον τὸν πατέρα,
εἴπερ τὸν ἀδικοῦντα δίκαιον κολάζειν. Πότερα δ' ἡγῇ,
ὦ Κῦρε, ἄμεινον εἶναι σὺν τῷ σῷ ἀγαθῷ τὰς τιμωρίας
ποιεῖσθαι ἢ σὺν τῇ σῇ ζημίᾳ; Ἐμαυτὸν ἄρα, ἔφη, οὕτω
γ' ἂν τιμωροίμην. 16 Ἀλλὰ μέντοι, ἔφη ὁ Τιγράνης,
μεγάλα γ' ἂν ζημιοῖο, εἰ τοὺς σεαυτοῦ κατακαίνοις τότε
ὁπότε σοι πλείστου ἄξιοι εἶεν κεκτῆσθαι. Πῶς δ' ἄν,
ἔφη ὁ Κῦρος, τότε πλείστου ἄξιοι γίγνοιντο οἱ ἄνθρωποι
ὁπότε ἀδικοῦντες ἁλίσκοιντο; Εἰ τότε, οἶμαι, σώφρονες
γίγνοιντο. Δοκεῖ γάρ μοι, ὦ Κῦρε, οὕτως ἔχειν, ἄνευ
μὲν σωφροσύνης οὐδ' ἄλλης ἀρετῆς οὐδὲν ὄφελος εἶναι ·
τί γὰρ ἄν, ἔφη, χρήσαιτ' ἄν τις ἰσχυρῷ ἢ ἀνδρείῳ μὴ
σώφρονι, [ἢ ἱππικῷ,] τί δὲ πλουσίῳ, τί δὲ δυνάστῃ ἐν
πόλει; Σὺν δὲ σωφροσύνῃ καὶ φίλος πᾶς χρήσιμος καὶ
θεράπων πᾶς ἀγαθός. 17 Τοῦτ' οὖν, ἔφη, λέγεις ὡς
καὶ ὁ σὸς πατὴρ ἐν τῇδε τῇ μιᾷ ἡμέρᾳ ἐξ ἄφρονος σώφρων
γεγένηται; Πάνυ μὲν οὖν, ἔφη. Πάθημα ἄρα τῆς ψυχῆς
σὺ λέγεις εἶναι τὴν σωφροσύνην, ὥσπερ λύπην, οὐ μάθη-
μα · οὐ γὰρ ἂν δήπου, εἴγε φρόνιμον δεῖ γενέσθαι τὸν
μέλλοντα σώφρονα ἔσεσθαι, παραχρῆμα ἐξ ἄφρονος
σώφρων ἄν τις γένοιτο. 18 Τί δ', ἔφη, ὦ Κῦρε, οὔπω
ᾖσθου καὶ ἕνα ἄνδρα δι' ἀφροσύνην μὲν ἐπιχειροῦντα
κρείττονι ἑαυτοῦ μάχεσθαι, ἐπειδὰν δὲ ἡττηθῇ, εὐθὺς
πεπαυμένον τῆς πρὸς τοῦτον ἀφροσύνης; Πάλιν δ', ἔφη,
οὔπω ἑώρακας πόλιν ἀντιταττομένην πρὸς πόλιν ἑτέραν,

rate ich dir sehr, ihn zum Vorbild zu nehmen. Wenn du aber meinst, er habe alles falsch gemacht, dann empfehle ich dir, ihn nicht nachzuahmen." – „Selbstverständlich", entgegnete Kyros, „würde ich in der Absicht, recht zu handeln, niemals jemanden zum Vorbild nehmen, der Unrecht tut." – „Das ist richtig." – „Müßte ich denn nicht, wenn ich deinen Worten folge, deinen Vater bestrafen, falls es richtig ist, einen Übeltäter zu bestrafen?" – „Was hältst du, mein Kyros, für besser: zu deinem Vorteil oder zu deinem Nachteil Strafen zu verhängen?" – „Im zweiten Fall würde ich mich doch selbst bestrafen." (16) „Du würdest also hart bestraft", sagte Tigranes, „wenn du deine Verbündeten zu einem Zeitpunkt umbrächtest, wo sie besonders wichtig und wertvoll für dich sind." – „Wie könnte denn jemand", fragte Kyros, „besonders wertvoll für mich sein, wenn er als Übeltäter überführt ist?" – „Wenn er sich wieder eines Besseren besinnt, meine ich. Ohne Selbstbesinnung und Besonnenheit, mein Kyros, scheint mir nämlich auch keine andere Tugend nützlich zu sein. Was könnte man denn mit einem starken oder tapferen, mit einem wohlhabenden oder politisch einflußreichen, aber unbesonnenen Mann anfangen? Erst aufgrund seiner Besonnenheit wird jeder Freund wertvoll und jeder Helfer nützlich." (17) „Meinst du damit", fragte Kyros, „daß auch dein Vater an diesem heutigen Tage seine Unbesonnenheit abgelegt hat und besonnen geworden ist?" – „Jawohl." – „Damit behauptest du, daß die Besonnenheit eine seelische Regung ist, wie zum Beispiel die Trauer, und nicht etwa das Ergebnis eines langen Lernvorgangs. Denn wenn derjenige, der besonnen werden will, erst vernünftig werden müßte, dann dürfte er doch wohl nicht von einem Augenblick zum anderen seine Unbesonnenheit ablegen und besonnen werden können." (18) „Aber Kyros, hast du denn noch nicht erlebt, daß sich ein und derselbe Mann aus Unbesonnenheit mit einem Stärkeren auf einen Kampf einläßt, daß er dann aber, wenn er verloren hat, sogleich seine Unbesonnenheit diesem gegenüber aufgibt? Hast du außerdem noch nicht gesehen, daß eine Stadt, die sich gegen eine

ἧς ἐπειδὰν ἡττηθῇ παραχρῆμα ταύτῃ ἀντὶ τοῦ μάχεσθαι
πείθεσθαι ἐθέλει; **19** Ποίαν δ᾽, ἔφη ὁ Κῦρος, καὶ σὺ
τοῦ πατρὸς ἧτταν λέγων οὕτως ἰσχυρίζῃ σεσωφρονίσθαι
αὐτόν; Ἐν ᾗ, νὴ Δί᾽, ἔφη, σύνοιδεν ἑαυτῷ ἐλευθερίας μὲν
ἐπιθυμήσας, δοῦλος δ᾽ ὡς οὐδεπώποτε γενόμενος. ἃ δὲ
ᾠήθη χρῆναι λαθεῖν ἢ φθάσαι ἢ ἀποβιάσασθαι, οὐδὲν
τούτων ἱκανὸς γενόμενος διαπράξασθαι. Σὲ δὲ οἶδεν, ἃ
μὲν ἐβουλήθης ἐξαπατῆσαι αὐτόν, οὕτως ἐξαπατήσαντα
ὥσπερ ἄν τις τυφλοὺς καὶ κωφοὺς καὶ μηδ᾽ ὁτιοῦν φρο-
νοῦντας ἐξαπατήσειεν· ἃ δὲ ᾠήθης λαθεῖν χρῆναι, οὕτω
σὲ οἶδε λαθόντα ὥστε ἃ ἐνόμιζεν ἑαυτῷ ἐχυρὰ χωρία
ἀποκεῖσθαι, ταῦτα σὺ εἱρκτὰς αὐτῷ ἔλαθες προκατασκευά-
σας· τάχει δὲ τοσοῦτον περιεγένου αὐτοῦ ὥστε πρόσθεν
ἔφθασας ἐλθὼν σὺν πολλῷ στόλῳ πρὶν τοῦτον τὴν παρ᾽
ἑαυτῷ δύναμιν ἀθροίσασθαι. **20** Ἔπειτα δοκεῖ σοι,
ἔφη ὁ Κῦρος, καὶ ἡ τοιαύτη ἧττα σωφρονίζειν ἱκανὴ
εἶναι ἀνθρώπους, τὸ γνῶναι ἑαυτῶν ἄλλους βελτίονας
ὄντας; Πολύ γε μᾶλλον, ἔφη ὁ Τιγράνης, ἢ ὅταν μάχῃ
τις ἡττηθῇ. Ὁ μὲν γὰρ ἰσχύι κρατηθεὶς ἔστιν ὅτε ᾠήθη
τὸ σῶμα ἀσκήσας ἀναμαχεῖσθαι· καὶ πόλεις γε ἁλοῦσαι
συμμάχους προσλαβοῦσαι οἴονται ἀναμαχέσασθαι ἄν·
οὓς δ᾽ ἂν βελτίους τινὲς ἑαυτῶν ἡγήσωνται, τούτοις
πολλάκις καὶ ἄνευ ἀνάγκης ἐθέλουσι πείθεσθαι. **21** Σύ,
ἔφη, ἔοικας οὐκ οἴεσθαι τοὺς ὑβριστὰς γιγνώσκειν τοὺς
ἑαυτῶν σωφρονεστέρους, οὐδὲ τοὺς κλέπτας τοὺς μὴ
κλέπτοντας, οὐδὲ τοὺς ψευδομένους τοὺς τἀληθῆ λέ-
γοντας, οὐδὲ τοὺς ἀδικοῦντας τοὺς τὰ δίκαια ποιοῦντας·
οὐκ οἶσθα, ἔφη, ὅτι καὶ νῦν ὁ σὸς πατὴρ ἐψεύσατο καὶ
οὐκ ἠμπέδου τὰς πρὸς ἡμᾶς συνθήκας, εἰδὼς ὅτι ἡμεῖς
οὐδ᾽ ὁτιοῦν ὧν Ἀστυάγης συνέθετο παραβαίνομεν;

andere Stadt auflehnt, unmittelbar nach ihrer Niederlage die Unterwerfung dem Kampf vorzieht?" (19) „Was für eine Niederlage bestärkt deiner Ansicht nach deinen Vater darin, besonnen zu sein?" – „Es war, beim Zeus, eine Niederlage, durch die ihm klar geworden ist, daß sein Drang nach Freiheit zu einer nie zuvor erlebten Erniedrigung geführt hat und daß er keines von den Zielen erreichen konnte, die er heimlich, überstürzt oder mit Gewalt durchsetzen zu müssen glaubte. Er weiß darüber hinaus, daß du ihn auf eine Weise überlistet hast, wie man es sonst eigentlich nur bei Blinden, Tauben oder Verrückten erreichen kann. Wo du die Geheimhaltung für erforderlich hieltest, hast du tatsächlich alles so geheimgehalten – das weiß er jetzt –, daß du seinen Schlupfwinkel, den er für sicher hielt, vorher in ein Gefängnis verwandeln konntest, ohne daß er es merkte. Außerdem warst du ihm an Schnelligkeit so überlegen, daß du aus weiter Entfernung mit einem großen Heer schon zur Stelle warst, bevor er seine Streitmacht im eigenen Land hatte zusammenziehen können." (20) „Demnach scheint dir eine solche Niederlage geeignet zu sein", fragte Kyros, „Menschen zur Vernunft zu bringen und ihnen die Erkenntnis zu vermitteln, daß andere besser sind als sie selbst?" – „In weit höherem Maße als eine Niederlage in einem Kampf. Wer nämlich unter Anwendung von Gewalt besiegt wird, glaubt manchmal, den Kampf wieder aufnehmen zu können, sobald er wieder Kraft geschöpft hat. Auch Städte, die eine Niederlage erlitten haben, glauben wieder kämpfen zu können, wenn sie Verbündete gefunden haben. Wen man aber für überlegen hält, dem leistet man oft sogar freiwillig Gehorsam." (21) „Du bist offensichtlich der Meinung, daß die Übeltäter diejenigen nicht kennen, die besonnener sind als sie selbst: die Diebe nicht die ehrlichen Leute, die Lügner nicht die Wahrhaftigen und die Ungerechten nicht die Gerechten. Weißt du denn nicht, daß uns auch jetzt dein Vater betrogen und seine mit uns geschlossenen Verträge nicht mehr gehalten hat, obwohl ihm doch klar war, daß wir von den Abmachungen, die Astyages getroffen hatte, nicht im geringsten abwei-

22 Ἀλλ' οὐδ' ἐγὼ τοῦτο λέγω ὡς τὸ γνῶναι μόνον τοὺς βελτίονας σωφρονίζει ἄνευ τοῦ δίκην διδόναι ὑπὸ τῶν βελτιόνων. ὥσπερ ὁ ἐμὸς πατὴρ νῦν δίδωσιν. Ἀλλ', ἔφη ὁ Κῦρος, ὅ γε σὸς πατὴρ πέπονθε μὲν οὐδ' ὁτιοῦν πω κακόν · φοβεῖταί γε μέντοι εὖ οἶδ' ὅτι μὴ πάντα τὰ ἔσχατα πάθῃ. **23** Οἴει οὖν τι, ἔφη ὁ Τιγράνης, μᾶλλον καταδουλοῦσθαι ἀνθρώπους τοῦ ἰσχυροῦ φόβου; Οὐκ οἶσθ' ὅτι οἱ μὲν τῷ ἰσχυροτάτῳ κολάσματι νομιζομένῳ σιδήρῳ παιόμενοι ὅμως ἐθέλουσι καὶ πάλιν μάχεσθαι τοῖς αὐτοῖς; Οὓς δ' ἂν σφόδρα φοβηθῶσιν ἄνθρωποι, τούτοις οὐδὲ παραμυθουμένοις ἔτι ἀντιβλέπειν δύνανται. Λέγεις σύ, ἔφη, ὡς ὁ φόβος τοῦ ἔργῳ κακοῦσθαι μᾶλλον κολάζει τοὺς ἀνθρώπους. **24** Καὶ σύ γε, ἔφη, οἶσθα ὅτι ἀληθῆ λέγω · ἐπίστασαι γὰρ ὅτι οἱ μὲν φοβούμενοι μὴ φύγωσι πατρίδα καὶ οἱ μέλλοντες μάχεσθαι δεδιότες μὴ ἡττηθῶσιν ἀθύμως διάγουσι, καὶ οἱ πλέοντες μὴ ναυαγήσωσι, καὶ οἱ δουλείαν καὶ δεσμὸν φοβούμενοι, οὗτοι μὲν οὔτε σίτου οὔθ' ὕπνου δύνανται λαγχάνειν διὰ τὸν φόβον · οἱ δὲ ἤδη μὲν φυγάδες, ἤδη δ' ἡττημένοι, ἤδη δὲ δουλεύοντες, ἔστιν ὅτε δύνανται καὶ μᾶλλον τῶν εὐδαιμόνων ἐσθίειν τε καὶ καθεύδειν. **25** Ἔτι δὲ φανερώτερον καὶ ἐν τοῖσδε οἷον φόρημα ὁ φόβος · ἔνιοι γὰρ φοβούμενοι μὴ ληφθέντες ἀποθάνωσι προαποθνῄσκουσιν ὑπὸ τοῦ φόβου, οἱ μὲν ῥιπτοῦντες ἑαυτούς, οἱ δ' ἀπαγχόμενοι, οἱ δ' ἀποσφαττόμενοι · οὕτω πάντων τῶν δεινῶν ὁ φόβος μάλιστα καταπλήττει τὰς ψυχάς. Τὸν δ' ἐμὸν πατέρα, ἔφη, νῦν πῶς δοκεῖς διακεῖσθαι τὴν ψυχήν, ὃς οὐ μόνον περὶ ἑαυτοῦ, ἀλλὰ καὶ περὶ ἐμοῦ καὶ περὶ γυναικὸς καὶ περὶ πάντων τῶν τέκνων δουλείας φοβεῖται;

Καὶ ὁ Κῦρος εἶπεν · **26** Ἀλλὰ νῦν μὲν ἔμοιγε οὐδὲν ἄπιστον τοῦτον οὕτω διακεῖσθαι · δοκεῖ μέντοι μοι τοῦ

chen?" (22) „Auch meiner Ansicht nach wird man nicht allein
dadurch besonnen, daß man die Besseren kennt. Man muß
auch von den Besseren zur Rechenschaft gezogen werden können, wie es meinem Vater gerade passiert." – „Deinem Vater
ist aber doch noch gar nichts Schlimmes zugestoßen", sagte
Kyros, „allerdings – das weiß ich genau – rechnet er mit dem
Schlimmsten." (23) „Glaubst du, daß Menschen durch irgendetwas mehr bedrückt werden als durch heftige Angst?" fragte
Tigranes: „Weißt du nicht, daß sogar diejenigen, die mit dem
Schwert, dem nach allgemeiner Auffassung schlimmsten Straf-
werkzeug, getroffen werden, trotzdem wieder mit denselben
Gegnern kämpfen wollen? Wen die Menschen aber heftig
fürchten, dem können sie nicht einmal mehr, wenn ihnen gut
zugeredet wird, in die Augen sehen." – „Du behauptest also,
daß Angst die Menschen mehr bestraft als wirkliches Leid."
(24) „Du weißt doch genau, daß ich recht habe. Denn auch dir
ist klar, daß diejenigen, die Angst davor haben, die Heimat
verlassen zu müssen, und vor einem Kampf stehen, aber mit
einer Niederlage rechnen müssen, in Mutlosigkeit verfallen,
und daß alle, die über das Meer fahren, sich aber vor einem
Schiffbruch fürchten oder die mit Knechtschaft und Gefängnis
rechnen müssen, aus Angst weder essen noch schlafen können.
Wer aber bereits verbannt ist, wer schon besiegt und in die
Sklaverei geraten ist, kann bisweilen sogar besser essen und
schlafen als diejenigen, denen es gut geht. (25) Welche Last
die Furcht ist, wird an folgendem Fall noch deutlicher: Manche
Leute nämlich, die befürchten, daß sie in Gefangenschaft sterben müssen, nehmen sich aus Angst das Leben, indem sie sich
selbst in die Tiefe stürzen, aufhängen oder erstechen. So ist die
Angst die schrecklichste Erschütterung des menschlichen Ge-
müts. In welcher seelischen Verfassung befindet sich deiner
Ansicht nach mein Vater, der angesichts drohender Verskla-
vung nicht um sich, sondern auch um mich, seine Frau und alle
seine Kinder Angst hat?"

Kyros erwiderte ihm: (26) „Es ist mir jetzt selbstverständlich klar, daß er sich in einer derartigen Verfassung befindet.

αὐτοῦ ἀνδρὸς εἶναι καὶ εὐτυχοῦντα ἐξυβρίσαι καὶ πταίσαντα ταχὺ πτῆξαι, καὶ ἀναθέντα γε πάλιν αὖ μέγα φρονῆσαι καὶ πάλιν αὖ πράγματα παρασχεῖν. 27 Ἀλλὰ ναὶ μὰ Δί', ἔφη, ὦ Κῦρε, ἔχει μὲν προφάσεις τὰ ἡμέτερα ἁμαρτήματα ὥστ' ἀπιστεῖν ἡμῖν · ἔξεστι δέ σοι καὶ φρούρια ἐντειχίζειν καὶ τὰ ἐχυρὰ κατέχειν καὶ ἄλλο ὅ τι ἂν βούλῃ πιστὸν λαμβάνειν. Καὶ μέντοι, ἔφη, ἡμᾶς μὲν ἕξεις οὐδέν τι τούτοις μέγα λυπουμένους · μεμνησόμεθα γὰρ ὅτι ἡμεῖς αὐτῶν αἴτιοί ἐσμεν · εἰ δέ τινι τῶν ἀναμαρτήτων παραδοὺς τὴν ἀρχὴν ἀπιστῶν αὐτοῖς φανεῖ, ὅρα μὴ ἅμα τε εὖ ποιήσεις καὶ ἅμα οὐ φίλον νομιοῦσί σε · εἰ δ' αὖ φυλαττόμενος τὸ ἀπεχθάνεσθαι μὴ ἐπιθήσεις αὐτοῖς ζυγὰ τοῦ μὴ ὑβρίσαι, ὅρα μὴ ἐκείνους αὖ δεήσει σε σωφρονίζειν ἔτι μᾶλλον ἢ ἡμᾶς νῦν ἐδέησεν. 28 Ἀλλὰ ναὶ μὰ τοὺς θεούς, ἔφη, τοιούτοις μὲν ἔγωγε ὑπηρέταις, οὓς εἰδείην ἀνάγκη ὑπηρετοῦντας, ἀηδῶς ἄν μοι δοκῶ χρῆσθαι · οὓς δὲ γιγνώσκειν δοκοίην ὅτι εὐνοίᾳ καὶ φιλίᾳ τῇ ἐμῇ τὸ δέον συλλαμβάνοιεν, τούτους ἄν μοι δοκῶ καὶ ἁμαρτάνοντας ῥᾷον φέρειν ἢ τοὺς μισοῦντας μέν, ἔκπλεω δὲ πάντα ἀνάγκῃ διαπονουμένους. Καὶ ὁ Τιγράνης πρὸς ταῦτα · Φιλίαν δ', ἔφη, παρὰ τίνων ἄν ποτε λάβοις τοσαύτην ὅσην σοι παρ' ἡμῶν ἔξεστι κτήσασθαι νῦν; Παρ' ἐκείνων οἶμαι, ἔφη, παρὰ τῶν μηδέποτε πολεμίων γεγενημένων, εἰ ἐθέλοιμι εὐεργετεῖν αὐτοὺς ὥσπερ σὺ νῦν με κελεύεις εὐεργετεῖν ὑμᾶς. 29 Ἦ καὶ δύναιο ἄν, ἔφη, ὦ Κῦρε, ἐν τῷ παρόντι νῦν εὑρεῖν ὅτῳ ἂν χαρίσαιο ὅσαπερ τῷ ἐμῷ πατρί; Αὐτίκα, ἔφη, ἤν τινα ἐᾷς ζῆν τῶν σε μηδὲν ἠδικηκότων, τίνα σοι τούτου χάριν οἴει αὐτὸν εἴσεσθαι; Τί δ', ἢν αὐτοῦ τέκνα καὶ γυναῖκα μὴ ἀφαιρῇ, τίς σε

Es scheint mir jedoch seiner Art zu entsprechen, im Glück keine Grenzen zu kennen, im Unglück aber schnell zu verzweifeln und dann, wenn es ihm wieder gut geht, übermütig zu werden und uns erneut Schwierigkeiten zu machen." (27) „Gewiß, beim Zeus, unsere Verfehlungen geben dir, Kyros, Grund genug, uns zu mißtrauen. Aber es ist dir doch möglich, Stützpunkte anzulegen, Festungen zu bauen und andere Sicherheiten zu bekommen, wie du sie dir wünschst. Du wirst aber nicht erleben, daß wir uns darüber besonders beklagen. Denn wir werden immer daran denken, daß wir dies selbst verschuldet haben. Wenn du aber irgendwelchen Leuten, die sich nichts haben zuschulden kommen lassen, die Herrschaft überläßt und ihnen dann ganz offenkundig mißtraust, dann mußt du damit rechnen, daß sie dich nicht als Freund betrachten, auch wenn du ihnen Gutes tust. Wenn du dich aber davor hütest, dich verhaßt zu machen, und ihrem Übermut keine Schranken setzt, dann mußt du aufpassen, daß du nicht genötigt sein wirst, sie noch entschiedener zur Besinnung zu bringen, als es jetzt bei uns der Fall war." (28) „Aber, bei den Göttern, mit solchen Untergebenen, bei denen ich wüßte, daß sie mir nur unter Zwang dienten, möchte ich nur ungern zu tun haben. Diejenigen aber, bei denen ich zu erkennen meine, daß sie aus Zuneigung und Freundschaft zu mir ihre Pflichten erfüllen, glaube ich, auch wenn sie etwas falsch machen, leichter ertragen zu können als andere, die mich hassen und alle ihre Pflichten nur unter Zwang erfüllen." Darauf erwiderte Tigranes: „Wer könnte dir jetzt aber größere Freundschaft entgegenbringen als wir?" – „Doch wohl diejenigen, die nie meine Feinde waren, falls ich ihnen einen solchen Gefallen tun wollte, wie ich ihn jetzt euch tun soll." (29) „Könntest du denn in diesem Augenblick überhaupt jemanden finden, Kyros, dem du einen so großen Gefallen tätest wie meinem Vater? Wenn du jemandem das Leben schenkst, der dir keinen Schaden zugefügt hat, wie dankbar, glaubst du wird er dir dafür sein? Wenn du jemandem seine Kinder und seine Frau nicht wegnimmst, wer wird dich dann deshalb mehr

τούτου ἕνεκα φιλήσει μᾶλλον ἢ ὁ νομίζων προσήκειν
ἑαυτῷ ἀφαιρεθῆναι; Τὴν δ' Ἀρμενίων βασιλείαν εἰ μὴ
ἕξει, οἶσθά τινα, ἔφη, λυπούμενον μᾶλλον ἢ ἡμᾶς; Οὐκοῦν καὶ τοῦτ', ἔφη, δῆλον ὅτι ὁ μάλιστα λυπούμενος εἰ
μὴ βασιλεὺς εἴη οὗτος καὶ λαβὼν τὴν ἀρχὴν μεγίστην ἄν
σοι χάριν εἰδείη. 30 Εἰ δέ τί σοι, ἔφη, μέλει καὶ τοῦ ὡς
ἥκιστα τεταραγμένα τάδε καταλιπεῖν, ὅταν ἀπίῃς, σκό-
πει, ἔφη, πότερον ἂν οἴει ἡρεμεστέρως ἔχειν τὰ ἐνθάδε
καινῆς γενομένης ἀρχῆς ἢ τῆς εἰωθυίας καταμενούσης·
εἰ δέ τί σοι μέλει καὶ τοῦ ὡς πλείστην στρατιὰν ἐξάγειν,
τίν' ἂν οἴει μᾶλλον ἐξετάσαι ταύτην ὀρθῶς τοῦ πολλάκις
αὐτῇ κεχρημένου; Εἰ δὲ καὶ χρημάτων δεήσει, τίν' ἂν
ταῦτα νομίζεις κρεῖττον ἐκπορίσαι τοῦ καὶ εἰδότος καὶ
ἔχοντος πάντα τὰ ὄντα; Ὠγαθέ, ἔφη, Κῦρε, φύλαξαι
μὴ ἡμᾶς ἀποβαλὼν σαυτὸν ζημιώσῃς πλείω ἢ ὁ πατὴρ
ἐδυνήθη σε βλάψαι. Ὁ μὲν τοιαῦτα ἔλεγεν.

31 Ὁ δὲ Κῦρος ἀκούων ὑπερήδετο, ὅτι ἐνόμιζε πε-
ραίνεσθαι πάντα αὐτῷ ὅσαπερ ὑπέσχετο τῷ Κυαξάρῃ
πράξειν· ἐμέμνητο γὰρ εἰπὼν ὅτι καὶ φίλον οἴοιτο μᾶλλον
αὐτὸν ἢ πρόσθεν ποιήσειν. Ἐκ τούτου δὴ τὸν Ἀρμένιον
ἐρωτᾷ· Ἢν δὲ δὴ ταῦτα πείθωμαι ὑμῖν, λέγε μοι, ἔφη,
σύ, ὦ Ἀρμένιε, πόσην μὲν στρατιάν μοι συμπέμψεις,
πόσα δὲ χρήματα συμβαλῇ εἰς τὸν πόλεμον; Πρὸς ταῦτα
δὴ λέγει ὁ Ἀρμένιος· 32 Οὐδὲν ἔχω, ὦ Κῦρε, ἔφη,
ἁπλούστερον εἰπεῖν οὐδὲ δικαιότερον ἢ δεῖξαι μὲν ἐμὲ
πᾶσαν τὴν οὖσαν δύναμιν, σὲ δὲ ἰδόντα ὅσην μὲν ἄν σοι
δοκῇ στρατιὰν ἄγειν, τὴν δὲ καταλιπεῖν τῆς χώρας
φυλακήν. Ὡς δ' αὕτως περὶ χρημάτων δηλῶσαι μὲν
ἐμὲ δίκαιόν σοι πάντα τὰ ὄντα, σὲ δὲ τούτων αὐτὸν γνόντα

schätzen als derjenige. der davon überzeugt sein muß, daß ihm
recht geschähe. wenn sie ihm weggenommen würden? Kennst
du jemanden, der mehr als wir darunter litte, wenn ihm die
Herrschaft über die Armenier entzogen würde? Es ist doch
auch selbstverständlich. daß dir derjenige, der am meisten darunter litte, wenn er kein König mehr wäre, ganz besonders
dankbar wäre. wenn er den Thron behielte. (30) Wenn dir
außerdem daran liegt. daß nach deinem Abzug hier möglichst
wenig Unruhe entsteht. dann überlege, ob hier deiner Ansicht
nach wohl mehr Ruhe herrschte, sobald eine neue Regierung
eingesetzt würde oder solange die bisherige im Amt bliebe.
Wenn du ferner Wert darauf legst, ein möglichst großes Heer
mitzunehmen, wer dürfte es dir wohl besser und sachkundiger
zusammenstellen als der Mann, der es selbst schon oft eingesetzt hat? Wenn du darüber hinaus Geld brauchst, wer könnte
es dir deiner Meinung nach wohl besser beschaffen als der
König, der über alles, was vorhanden ist, Bescheid weiß und
verfügt? Mein lieber, verehrter Kyros, denk nicht daran, uns
aus dem Weg zu räumen und damit dir selbst mehr zu schaden,
als mein Vater es vermocht hat." Das waren Tigranes' Worte.

(31) Kyros freute sich sehr. als er dies hörte, weil er zu der
Überzeugung gekommen war, jetzt alles, was er Kyaxares versprochen hatte, verwirklichen zu können. Denn er dachte daran, daß er gesagt hatte. er glaube es erreichen zu können, daß
der Armenierkönig einmal ein besserer Freund werde als je
zuvor. Dann fragte er den Armenier: „Wenn ich mich nun
doch von euch überzeugen lasse, dann sag mir, Armenier: Wie
groß wird das Heer sein. das du mir mitgeben kannst, und
wieviel Geld wirst du zum Kriegszug beisteuern?" Darauf erwiderte der Armenier: (32) „Ich kann keinen einfacheren und
besseren Vorschlag machen als diesen: Ich zeige dir die verfüg-
bare Streitmacht in ihrer Gesamtheit, und du entscheidest
dann, sobald du sie gesehen hast, wie groß das Heer sein soll,
das du mitnehmen willst. Den Rest läßt du dann zum Schutz
des Landes zurück. Ebenso ist es wohl angebracht, daß ich dir
die ganze in unserem Besitz befindliche Geldsumme zeige und

ὁπόσα τε ἃν βούλῃ φέρεσθαι καὶ ὁπόσα ἃν βούλῃ καταλιπεῖν. **33** Καὶ ὁ Κῦρος εἶπεν · Ἴθι δὴ λέξον μοι πόσῃ
σοι δύναμίς ἐστι, λέξον δὲ καὶ πόσα χρήματα. Ἐνταῦθα
δὴ λέγει ὁ Ἀρμένιος · Ἱππεῖς μὲν τοίνυν εἰσὶν [Ἀρμενίων]
εἰς ὀκτακισχιλίους, πεζοὶ δὲ εἰς τέτταρας μυριάδας ·
χρήματα δ', ἔφη, σὺν τοῖς θησαυροῖς οἷς ὁ πατὴρ κατέλιπεν ἔστιν εἰς ἀργύριον λογισθέντα τάλαντα πλείω
τῶν τρισχιλίων. **34** Καὶ ὁ Κῦρος οὐκ ἐμέλλησεν, ἀλλ'
εἶπε · Τῆς μὲν τοίνυν στρατιᾶς, ἐπεί σοι, ἔφη, οἱ ὅμοροι
Χαλδαῖοι πολεμοῦσι, τοὺς ἡμίσεις μοι σύμπεμπε · τῶν δὲ
χρημάτων ἀντὶ μὲν τῶν πεντήκοντα ταλάντων ὧν ἔφερες
δασμὸν διπλάσια Κυαξάρῃ ἀπόδος, ὅτι ἔλιπες τὴν φο-
ράν · ἐμοὶ δ', ἔφη, ἄλλα ἑκατὸν δάνεισον · ἐγὼ δέ σοι
ὑπισχνοῦμαι, ἢν ὁ θεὸς εὖ διδῷ, ἀνθ' ὧν ἃν ἐμοὶ δανείσῃς
ἢ ἄλλα πλείονος ἄξια εὐεργετήσειν ἢ τὰ χρήματα ἀπα-
ριθμήσειν, ἢν δύνωμαι · ἢν δὲ μὴ δύνωμαι, ἀδύνατος ἃν
φαινοίμην, οἶμαι, ἄδικος δ' οὐκ ἃν δικαίως κρινοίμην.
35 Καὶ ὁ Ἀρμένιος · Πρὸς τῶν θεῶν, ἔφη, ὦ Κῦρε, μὴ
οὕτω λέγε · εἰ δὲ μή, οὐ θαρροῦντά με ἕξεις · ἀλλὰ νόμιζε, ἔφη, ἃ ἃν καταλίπῃς μηδὲν ἧττον σὰ εἶναι ὧν ἃν
ἔχων ἀπίῃς. Εἶεν, ἔφη ὁ Κῦρος · ὥστε δὲ τὴν γυναῖκα
ἀπολαβεῖν, ἔφη, πόσα ἄν μοι χρήματα δοίης; Ὁπόσα
ἃν δυναίμην, ἔφη. Τί δέ, ὥστε τοὺς παῖδας; Καὶ τούτων,
ἔφη, ὁπόσα ἃν δυναίμην. Οὐκοῦν, ἔφη ὁ Κῦρος, ταῦτα
μὲν ἤδη διπλάσια τῶν ὄντων. **36** Σὺ δέ, ἔφη, ὦ Τιγράνη,
λέξον μοι πόσου ἃν πρίαιο ὥστε τὴν γυναῖκα ἀπολαβεῖν.
Ὁ δὲ ἐτύγχανε νεόγαμός τε ὢν καὶ ὑπερφιλῶν τὴν γυναῖκα. Ἐγὼ μέν, ἔφη, ὦ Κῦρε, κἂν τῆς ψυχῆς πριαίμην
ὥστε μήποτε λατρεῦσαι ταύτην. **37** Σὺ μὲν τοίνυν,
ἔφη, ἀπάγου τὴν σήν · οὐδὲ γὰρ εἰλῆφθαι ἔγωγε αἰχμά-
λωτον ταύτην νομίζω σοῦ γε μηπώποτε φυγόντος ἡμᾶς.
Καὶ σὺ δέ, ὦ Ἀρμένιε, ἀπάγου τήν τε γυναῖκα καὶ τοὺς
παῖδας μηδὲν αὐτῶν καταθείς, ἵν' εἰδῶσιν ὅτι ἐλεύθεροι

daß du nach Einsichtnahme in unser Vermögen so viel davon
nehmen oder hierlassen kannst, wie du willst." (33) Kyros antwortete: „Sag mir schnell, wie groß deine Streitmacht ist und
wieviel Geld du hast." Darauf sagte der Armenier: „Es handelt sich um rund achttausend Reiter und etwa vierzigtausend
Soldaten zu Fuß. Die Geldmenge beträgt mit dem Vermögen,
das mir mein Vater hinterlassen hat, mehr als dreitausend Talente in Silber." (34) Kyros entgegnete, ohne zu zögern: „Gib
mir die Hälfte deines Heeres mit, da sich doch deine chaldäischen Grenznachbarn im Kriegszustand mit dir befinden. Von
deinem Geld gib Kyaxares statt der fünfzig Talente, die du ihm
früher zu zahlen hattest, die doppelte Menge, weil du ja deine
Abgaben zuletzt nicht mehr geleistet hast. Leih mir außerdem
noch hundert Talente. Ich verspreche dir, wenn mit Gottes
Hilfe alles gut geht, für das, was du mir geliehen hast, entweder eine Gegengabe von höherem Wert oder die Rückgabe der
Summe, sobald ich dazu in der Lage bin. Sollte ich aber nicht
dazu in der Lage sein, so würde ich mich lediglich als zahlungs-
unfähig erweisen, meine ich, und nicht den Vorwurf verdienen, ein Betrüger zu sein." (35) Da sagte der Armenier: „Bei
den Göttern, sprich nicht so, Kyros. Sonst wirst du mich ganz
mutlos machen. Betrachte vielmehr alles, was du hierläßt,
ebenso als dein Eigentum wie das, was du mitnimmst, wenn du
fortgehst." – „Gut", sagte Kyros, „wieviel Geld würdest du
mir dafür geben, um deine Frau wiederzubekommen?" – „Soviel ich könnte." – „Und deine Kinder?" – „Auch für sie,
soviel ich könnte." – „Das wäre also schon das Doppelte von
dem, was du hast. (36) Tigranes, sag du mir, wieviel du bezahlen würdest, um deine Frau zurückzubekommen." Er war gerade jung verheiratet und liebte seine Frau über alles. „Ich
würde sogar mein Leben dafür geben, daß sie nicht zur Sklavin
würde." (37) „Nimm also deine Frau mit. Denn ich betrachte
sie nicht als Kriegsgefangene, da du dich noch nie als Feind vor
uns zurückgezogen hast. König der Armenier, auch du kannst
deine Frau und deine Kinder mitnehmen, ohne ein Lösegeld
zu zahlen, damit sie wissen, daß sie in Freiheit zu dir zurück-

πρὸς σὲ ἀπέρχονται. Καὶ νῦν μέν, ἔφη, δειπνεῖτε παρ' ἡμῖν, δειπνήσαντες δὲ ἀπελαύνετε ὅποι ὑμῖν θυμός · οὕτω δὴ κατέμειναν.

38 Διασκηνούντων δὲ μετὰ δεῖπνον ἐπήρετο ὁ Κῦρος · Εἰπέ μοι, ἔφη, ὦ Τιγράνη, ποῦ δὴ ἐκεῖνός ἐστιν ὁ ἀνὴρ ὃς συνεθήρα ἡμῖν καὶ σύ μοι μάλα ἐδόκεις θαυμάζειν αὐτόν. Οὐ γάρ, ἔφη, ἀπέκτεινεν αὐτὸν οὑτοσὶ ὁ ἐμὸς πατήρ; Τί λαβὼν ἀδικοῦντα; Διαφθείρειν αὐτὸν ἔφη ἐμέ. Καίτοι, ὦ Κῦρε, οὕτω καλὸς κἀγαθὸς ἐκεῖνος ἦν ὡς καὶ ὅτε ἀποθνῄσκειν ἔμελλε προσκαλέσας με εἶπε · Μήτι σύ, ἔφη, ὦ Τιγράνη, ὅτι ἀποκτείνει με, χαλεπανθῇς τῷ πατρί · οὐ γὰρ κακονοίᾳ τῇ σῇ τοῦτο ποιεῖ, ἀλλ' ἀγνοίᾳ · ὁπόσα δὲ ἀγνοίᾳ ἄνθρωποι ἐξαμαρτάνουσι, πάντ' ἀκούσια ταῦτ' ἔγωγε νομίζω. **39** Ὁ μὲν δὴ Κῦρος ἐπὶ τούτοις εἶπε · Φεῦ τοῦ ἀνδρός. Ὁ δ' Ἀρμένιος ἔλεξεν · Οὗτοι, ἔφη, ὦ Κῦρε, οὐδ' οἱ ταῖς ἑαυτῶν γυναιξὶ λαμβάνοντες συνόντας ἀλλοτρίους ἄνδρας οὐ τοῦτο αἰτιώμενοι αὐτοὺς κατακτείνουσιν ὡς ἀφρονεστέρας ποιοῦντας τὰς γυναῖκας, ἀλλὰ νομίζοντες ἀφαιρεῖσθαι αὐτοὺς τὴν πρὸς ἑαυτοὺς φιλίαν, διὰ τοῦτο ὡς πολεμίοις αὐτοῖς χρῶνται. Καὶ ἐγὼ ἐκείνῳ, ἔφη, ἐφθόνουν, ὅτι μοι ἐδόκει τὸν ἐμὸν υἱὸν ποιεῖν αὐτὸν μᾶλλον θαυμάζειν ἢ ἐμέ. **40** Καὶ ὁ Κῦρος εἶπεν · Ἀλλὰ ναὶ μὰ τοὺς θεούς. ἔφη, ὦ Ἀρμένιε, ἀνθρώπινά μοι δοκεῖς ἁμαρτεῖν · καὶ σύ, ὦ Τιγράνη, συγγίγνωσκε τῷ πατρί. Τότε μὲν δὴ τοιαῦτα διαλεχθέντες καὶ φιλοφρονηθέντες ὥσπερ εἰκὸς ἐκ συναλλαγῆς, ἀναβάντες ἐπὶ τὰς ἁρμαμάξας σὺν ταῖς γυναιξὶν ἀπήλαυνον εὐφραινόμενοι.

41 Ἐπεὶ δ' ἦλθον οἴκαδε, ἔλεγον τοῦ Κύρου ὁ μέν τις τὴν σοφίαν, ὁ δὲ τὴν καρτερίαν, ὁ δὲ τὴν πρᾳότητα, ὁ δέ τις καὶ τὸ κάλλος καὶ τὸ μέγεθος. Ἔνθα δὴ ὁ Τιγράνης ἐπήρετο τὴν γυναῖκα · Ἦ καὶ σοί, ἔφη. ὦ Ἀρμενία, καλὸς ἐδόκει ὁ Κῦρος εἶναι; Ἀλλὰ μὰ Δί', ἔφη. οὐκ ἐκεῖνον

kehren. Und jetzt eßt mit uns. Wenn ihr aber gegessen habt, könnt ihr gehen, wohin auch immer ihr wollt." So blieben sie noch eine Weile.

(38) Als sie nach dem Essen das Zelt verließen, stellte Kyros folgende Frage: „Sag mir, Tigranes, wo ist eigentlich der Mann, der mit uns zusammen auf der Jagd war und den du so sehr zu bewundern schienst?" – „Weißt du denn nicht, daß mein Vater ihn hat hinrichten lassen?" – „Welches Unrecht hatte er ihm denn vorzuwerfen?" – „Mein Vater behauptete, der Mann verderbe mich. Und er war doch, mein Kyros, ein so edler und guter Mensch, daß er mich sogar noch kurz vor seinem Tod zu sich kommen ließ und zu mir sagte: ‚Tigranes, grolle deinem Vater nicht, weil er mich tötet. Denn er tut dies nicht, weil er dir etwas Böses will, sondern aus Unwissenheit. Alle Fehler aber, die man aus Unwissenheit begeht, halte ich für ungewollt.'" (39) Darauf erwiderte Kyros: „Schade um den Mann." Der Armenierkönig sagte dazu: „Diejenigen, die fremde Männer bei ihren Frauen ertappen, töten diese nicht etwa deshalb, weil sie ihnen vorwerfen, daß sie die Frauen dümmer machten, sondern weil sie meinen, daß sie ihnen ihre Liebe stehlen, behandeln sie sie als Feinde. Ich war auf jenen weisen Mann einfach eifersüchtig, weil ich glaubte, daß er meinen Sohn dazu brachte, ihn selbst mehr zu bewundern als mich." (40) Dazu sagte Kyros: „Aber du hast doch, bei den Göttern, einen durchaus menschlichen Fehler begangen, Armenier. Und du, Tigranes, verzeih deinem Vater." Nachdem sie damals so miteinander gesprochen hatten und freundlich zueinander gewesen waren, wie es nach einer Versöhnung selbstverständlich ist, bestiegen sie mit ihren Frauen ihre Wagen und fuhren frohen Herzens davon.

(41) Als sie zu Hause angekommen waren, priesen einige Kyros' Weisheit, andere sein maßvolles Verhalten, wieder andere seine Nachsicht und manche auch seine Schönheit und Größe. Da fragte Tigranes seine Frau: „Armenierin, hältst auch du Kyros für schön?" – „Aber, beim Zeus, ich habe ihn doch gar nicht angesehen." – „Aber wen denn sonst?" fragte

ἐθεώμην. Ἀλλὰ τίνα μήν; ἔφη ὁ Τιγράνης. Τὸν εἰπόντα
νὴ Δία ὡς τῆς αὐτοῦ ψυχῆς ἂν πρίαιτο ὥστε μή με δουλεύειν. Τότε μὲν δή, ὥσπερ εἰκός ἐκ τοιούτων ἀνεπαύοντο
σὺν ἀλλήλοις.

42 Τῇ δ' ὑστεραίᾳ ὁ Ἀρμένιος Κύρῳ μὲν καὶ τῇ στρατιᾷ ἁπάσῃ ξένια ἔπεμπε, προεῖπε δὲ τοῖς ἑαυτοῦ, οὓς
δεήσοι στρατεύεσθαι, εἰς τρίτην ἡμέραν παρεῖναι · τὰ δὲ
χρήματα ὧν εἶπεν ὁ Κῦρος διπλάσια ἀπηρίθμησεν. Ὁ δὲ
Κῦρος ὅσα εἶπε λαβὼν τἆλλα ἀπέπεμψεν · ἤρετο δὲ
πότερος ἔσται ὁ τὸ στράτευμα ἄγων, ὁ παῖς ἢ αὐτός.
Εἰπέτην δὲ ἅμα ὁ μὲν πατὴρ οὕτως · Ὁπότερον ἂν σὺ
κελεύῃς · ὁ δὲ παῖς οὕτως · Ἐγὼ μὲν οὐκ ἀπολείψομαί
σου, ὦ Κῦρε, οὐδ' ἂν σκευοφόρον ἐμὲ δέῃ σοι συνακο-
λουθεῖν. **43** Καὶ ὁ Κῦρος ἐπιγελάσας εἶπε · Καὶ ἐπὶ
πόσῳ ἄν, ἔφη, ἐθέλοις τὴν γυναῖκά σου ἀκοῦσαι ὅτι
σκευοφορεῖς; Ἀλλ' οὐδέν, ἔφη, ἀκούειν δεήσει αὐτήν ·
ἄξω γάρ, ὥστε ὁρᾶν ἐξέσται αὐτῇ ὅ τι ἂν ἐγὼ πράττω.
Ὥρα ἄν, ἔφη, συσκευάζεσθαι ὑμῖν εἴη. Νόμιζ', ἔφη,
συνεσκευασμένους παρέσεσθαι ὅ τι ἂν ὁ πατὴρ δῷ. Τότε
μὲν δὴ ξενισθέντες οἱ στρατιῶται ἐκοιμήθησαν.

II

1 Τῇ δ' ὑστεραίᾳ λαβὼν ὁ Κῦρος τὸν Τιγράνην καὶ τῶν
Μήδων ἱππέων τοὺς κρατίστους καὶ τῶν ἑαυτοῦ φίλων
ὁπόσους καιρὸς ἐδόκει εἶναι, περιελαύνων τὴν χώραν
κατεθεᾶτο, σκοπῶν ποῦ τειχίσειε φρούριον. Καὶ ἐπ' ἄκρον
τι ἐλθὼν ἐπηρώτα τὸν Τιγράνην ποῖα εἴη τῶν ὀρέων
ὁπόθεν οἱ Χαλδαῖοι καταθέοντες λῄζονται. Καὶ ὁ Τιγράνης
ἐδείκνυεν. Ὁ δὲ πάλιν ἤρετο · Νῦν δὲ ταῦτα τὰ ὄρη ἔρημά

Tigranes. „Nur den Mann, der gesagt hat, er wolle sein Leben dafür geben, daß ich nicht in die Sklaverei gerate." Dann legten sie sich miteinander zur Ruhe, wie es nach solchen Aufregungen und Anstrengungen nur natürlich war.

(42) Am nächsten Tag schickte der Armenierkönig Kyros und dem ganzen Heer Gastgeschenke. Dann ließ er seinen eigenen Leuten, die mit Kyros ziehen sollten, den Befehl geben, sich in drei Tagen einzufinden. An Geld zahlte er das Doppelte der Summe, die Kyros verlangt hatte. Kyros nahm aber nur so viel an, wie er gefordert hatte, und ließ den Rest wieder zurückgehen. Er fragte dann noch, ob der Sohn oder er selbst das Heer führen werde. Beide antworteten gleichzeitig, wobei der Vater sagte: „Das mußt du selbst entscheiden." Der Sohn fügte aber noch hinzu: „Ich werde nicht von deiner Stelle weichen, mein Kyros, selbst wenn ich dir nur als Troßknecht folgen müßte." (43) Kyros lachte darüber und sprach: „Um welchen Preis wärst du denn bereit, deiner Frau zu Ohren kommen zu lassen, daß du als Troßknecht dienst?" – „Es wird ihr nicht erst zu Ohren kommen müssen. Ich werde sie nämlich mitnehmen, so daß sie selbst sehen kann, was ich tue." – „Es dürfte aber nun Zeit sein, daß ihr euch fertig macht." – „Sei davon überzeugt, daß wir ausgerüstet mit allem, was uns der Vater zur Verfügung stellt, zur Stelle sind." Dann begaben sich die Soldaten reich beschenkt zur Ruhe.

II.

(1) Am nächsten Tag durchstreifte Kyros zusammen mit Tigranes, den besten medischen Reitern und einer, wie er meinte, angemessenen Anzahl seiner Freunde das Land, um es zu erkunden und um zu ermitteln, wo er eine Festung bauen könne. Als er auf einem Berggipfel angelangt war, fragte er Tigranes, welche die Berge seien, die den Chaldäern als Ausgangspunkte für ihre Raubzüge dienten. Tigranes zeigte sie ihm. Dann fragte Kyros weiter: „Befindet sich zur Zeit niemand auf

ἐστιν; Οὐ μὰ Δί', ἔφη, ἀλλὰ σκοποὶ εἰσὶν ἐκείνων οἳ σημαίνουσι τοῖς ἄλλοις ὅ τι ἂν ὁρῶσι. Τί οὖν, ἔφη, ποιοῦσιν, ἐπὴν αἴσθωνται; Βοηθοῦσιν, ἔφη, ἐπὶ τὰ ἄκρα, ὡς ἂν ἕκαστος δύνηται. 2 Ταῦτα μὲν δὴ ὁ Κῦρος ἠκηκόει· σκοπῶν δὲ κατενόει πολλὴν τῆς χώρας τοῖς Ἀρμενίοις ἔρημον καὶ ἀργὸν οὖσαν διὰ τὸν πόλεμον. Καὶ τότε μὲν ἀπῆλθον ἐπὶ τὸ στρατόπεδον καὶ δειπνήσαντες ἐκοιμήθησαν. 3 Τῇ δ' ὑστεραίᾳ αὐτός τε ὁ Τιγράνης παρῆν συνεσκευασμένος καὶ ἱππεῖς εἰς τοὺς τετρακισχιλίους συνελέγοντο αὐτῷ καὶ τοξόται εἰς τοὺς μυρίους, καὶ πελτασταὶ ἄλλοι τοσοῦτοι. Ὁ δὲ Κῦρος ἐν ᾧ συνελέγοντο ἐθύετο· ἐπεὶ δὲ καλὰ τὰ ἱερὰ ἦν αὐτῷ, συνεκάλεσε τούς τε τῶν Περσῶν ἡγεμόνας καὶ τοὺς τῶν Μήδων. 4 Ἐπεὶ δ' ὁμοῦ ἦσαν, ἔλεξε τοιάδε·

Ἄνδρες φίλοι, ἔστι μὲν τὰ ὄρη ταῦτα ἃ ὁρῶμεν Χαλδαίων· εἰ δὲ ταῦτα καταλάβοιμεν καὶ ἐπ' ἄκρου γένοιτο ἡμέτερον φρούριον, σωφρονεῖν ἀνάγκη ἂν εἴη πρὸς ἡμᾶς ἀμφοτέροις, τοῖς τε Ἀρμενίοις καὶ τοῖς Χαλδαίοις. Τὰ μὲν οὖν ἱερὰ καλὰ ἡμῖν· ἀνθρωπίνῃ δὲ προθυμίᾳ εἰς τὸ πραχθῆναι ταῦτα οὐδὲν οὕτω μέγα σύμμαχον ἂν γένοιτο ὡς τάχος. Ἢν γὰρ φθάσωμεν πρὶν τοὺς πολεμίους συλλεγῆναι ἀναβάντες, ἢ παντάπασιν ἀμαχεὶ λάβοιμεν ἂν τὸ ἄκρον ἢ ὀλίγοις τε καὶ ἀσθενέσι χρησαίμεθ' ἂν πολεμίοις. 5 Τῶν οὖν πόνων οὐδεὶς ῥᾴων οὐδ' ἀκινδυνότερος, ἔφη, ἐστὶ τοῦ νῦν καρτερῆσαι σπεύδοντας. Ἴτε οὖν ἐπὶ τὰ ὅπλα. Καὶ ὑμεῖς μέν, ὦ Μῆδοι, ἐν ἀριστερᾷ ἡμῶν πορεύεσθε· ὑμεῖς δέ, ὦ Ἀρμένιοι, οἱ μὲν ἡμίσεις ἐν δεξιᾷ, οἱ δ' ἡμίσεις ἔμπροσθεν ἡμῶν ἡγεῖσθε· ὑμεῖς δ', ὦ ἱππεῖς, ὄπισθεν ἕπεσθε παρακελευόμενοι καὶ ὠθοῦντες ἄνω ἡμᾶς, ἢν δέ τις μαλακύνηται, μὴ ἐπιτρέπετε. 6 Ταῦτ' εἰπὼν ὁ Κῦρος ἡγεῖτο ὀρθίους ποιησάμενος τοὺς λόχους. Οἱ δὲ Χαλδαῖοι ὡς ἔγνωσαν τὴν

diesen Bergen?" – „Doch, beim Zeus, es sind ständig ihre Kundschafter dort, die den anderen mitteilen, was sie jeweils sehen." – „Was tun sie, wenn sie eine entsprechende Mitteilung erhalten?" – „Sie eilen so schnell wie möglich auf die Höhen, um zu helfen." (2) Das also hatte Kyros von Tigranes gehört. Durch eigene Beobachtung ermittelte er, daß ein großer Teil des armenischen Gebietes wegen des Krieges verlassen und unbestellt war. Daraufhin kehrten sie in ihr Feldlager zurück, aßen und gingen zur Ruhe. (3) Am folgenden Tag erschien Tigranes in voller Rüstung, und bei ihm sammelten sich ungefähr viertausend Reiter, zehntausend Bogenschützen und ebensoviele Leichtbewaffnete. Während sich die Truppen sammelten, hielt Kyros einen Gottesdienst. Da die Opfer für ihn günstig ausfielen, rief er die persischen und medischen Führer zusammen. (4) Als sie alle eingetroffen waren, hielt er folgende Rede:

„Meine Freunde, die Berge, die wir hier sehen, sind im Besitz der Chaldäer. Wenn wir sie einnähmen und auf den Höhen unsere Festung anlegten, dann hätten wir unweigerlich beide, die Armenier wie die Chaldäer, in der Hand. Die Opfer sind gut für uns ausgefallen. Nach menschlichem Ermessen dürfte für die Verwirklichung dieses Planes nichts so hilfreich sein wie schnelles Handeln. Wenn wir nämlich die Höhen erreichten, bevor sich die Feinde gesammelt haben, dann dürften wir sie wohl entweder völlig kampflos einnehmen oder hätten es nur mit wenigen und zugleich schwachen feindlichen Kräften zu tun. (5) Es gibt keine leichtere und ungefährlichere Aufgabe als unseren heutigen Einsatz, der mit Schnelligkeit und Entschlossenheit durchzuführen ist. Ergreift also eure Waffen. Meder, ihr marschiert auf unserer linken Seite. Armenier, ihr marschiert zur Hälfte auf der rechten Seite und zur anderen Hälfte geht ihr uns voran. Reiter, ihr schließt euch uns an, wobei ihr uns anspornt und nach oben drängt, und wenn jemand zu langsam wird, laßt dies nicht zu." (6) Nach diesen Worten setzte sich Kyros an die Spitze der Truppen, aus denen er Sturmkolonnen gebildet hatte. Als aber die Chaldäer bemerkten, daß Kyros' Truppen nach oben vor-

ὁρμὴν ἄνω οὖσαν, εὐθὺς ἐσήμαινόν τε τοῖς ἑαυτῶν καὶ
συνεβόων ἀλλήλους καὶ συνηθροίζοντο. Ὁ δὲ Κῦρος
παρηγγύα · Ἄνδρες Πέρσαι, ἡμῖν σημαίνουσι σπεύδειν.
Ἢν γὰρ φθάσωμεν ἄνω γενόμενοι, οὐδὲν τὰ τῶν πολεμίων δυνήσεται.

7 Εἶχον δ' οἱ Χαλδαῖοι γέρρα τε καὶ παλτὰ δύο · καὶ
πολεμικώτατοι δὲ λέγονται οὗτοι τῶν περὶ ἐκείνην τὴν
χώραν εἶναι · καὶ μισθοῦ στρατεύονται, ὁπόταν τις αὐτῶν
δέηται, διὰ τὸ πολεμικώτατοί τε καὶ πένητες εἶναι · καὶ
γὰρ ἡ χώρα αὐτοῖς ὀρεινή τέ ἐστι καὶ ὀλίγη ἡ τὰ χρήματα ἔχουσα. 8 Ὡς δὲ μᾶλλον ἐπλησίαζον οἱ ἀμφὶ
τὸν Κῦρον τῶν ἄκρων, ὁ Τιγράνης σὺν τῷ Κύρῳ πορευόμενος εἶπεν · Ὦ Κῦρε, ἆρ' οἶσθ', ἔφη, ὅτι αὐτοὺς ἡμᾶς
αὐτίκα μάλα δεήσει μάχεσθαι; Ὡς οἵ γε Ἀρμένιοι οὐ μὴ
δέξονται τοὺς πολεμίους. Καὶ ὁ Κῦρος εἰπὼν ὅτι εἰδείη
τοῦτο, εὐθὺς παρηγγύησε τοῖς Πέρσαις παρασκευάζεσθαι,
ὡς αὐτίκα δεῆσον διώκειν, ἐπειδὰν ὑπαγάγωσι τοὺς
πολεμίους ὑποφεύγοντες οἱ Ἀρμένιοι ὥστ' ἐγγὺς ἡμῖν
γενέσθαι. 9 Οὕτω δὴ ἡγοῦντο μὲν οἱ Ἀρμένιοι · τῶν
δὲ Χαλδαίων οἱ παρόντες, ὡς ἐπλησίαζον οἱ Ἀρμένιοι,
ἀλαλάξαντες ταχὺ ἔθεον, ὥσπερ εἰώθεσαν, ἐπ' αὐτούς ·
οἱ δὲ Ἀρμένιοι, ὥσπερ εἰώθεσαν, οὐκ ἐδέχοντο. 10 Ὡς
δὲ διώκοντες οἱ Χαλδαῖοι εἶδον ἐναντίους μαχαιροφόρους
ἱεμένους ἄνω, οἱ μέν τινες αὐτοῖς πελάσαντες ταχὺ
ἀπέθνῃσκον, οἱ δ' ἔφευγον, οἱ δέ τινες καὶ ἑάλωσαν αὐτῶν,
ταχὺ δὲ εἴχετο τὰ ἄκρα. Ἐπεὶ δὲ τὰ ἄκρα εἶχον οἱ ἀμφὶ
τὸν Κῦρον, καθεώρων τε τῶν Χαλδαίων τὰς οἰκήσεις
καὶ ᾐσθάνοντο φεύγοντας αὐτοὺς ἐκ τῶν ἐγγὺς οἰκή-
σεων. 11 Ὁ δὲ Κῦρος, ὡς πάντες οἱ στρατιῶται ὁμοῦ
ἐγένοντο, ἀριστοποιεῖσθαι παρήγγειλεν. Ἐπεὶ δὲ ἠριστή-
κεσαν, καταμαθὼν ἔνθα αἱ σκοπαὶ ἦσαν αἱ τῶν Χαλδαίων

drangen, meldeten sie dies sofort ihren Leuten, verständigten sich untereinander durch lautes Rufen und schlossen sich dicht zusammen. Kyros aber feuerte seine Leute an: „Perser, sie geben uns das Zeichen, daß wir uns beeilen sollen. Wenn wir nämlich vor den Feinden oben sind, werden sie nichts mehr ausrichten können."

(7) Die Chaldäer waren mit einem Schild und zwei Speeren ausgerüstet, und es hieß, sie seien das kriegstüchtigste Volk in jener Gegend. Sie kämpften für Sold, wenn jemand sie brauchte, weil sie sehr kriegerisch und zugleich arm waren. Denn ihr Land ist gebirgig und bringt nur geringe Erträge hervor. (8) Kyros' Leute näherten sich dem Gipfel. Da sagte Tigranes, der sich neben Kyros befand: „Kyros, weißt du auch, daß wir selbst sofort den Kampf aufnehmen müssen? Denn die Armenier werden den Feinden nicht standhalten können." Kyros erwiderte, er wisse es, und wies seine Perser unverzüglich an, sich bereitzuhalten: „Denn es wird erforderlich sein, die Verfolgung sofort aufzunehmen, sobald die Armenier zurückweichen und die Feinde dadurch veranlassen nachzustoßen, so daß sie in unsere Nähe kommen." (9) Die Armenier marschierten also zunächst ganz vorn. Die Chaldäer, die sich dort befanden, stürmten, als die Armenier in ihre Nähe kamen, ihnen mit lautem Geschrei entgegen, wie sie es gewohnt waren. Die Armenier konnten ihnen wie üblich keinen Widerstand leisten. (10) Die Chaldäer mußten bei ihrer Verfolgung jedoch sehen, daß ihnen mit Schwertern bewaffnete Gegner von unten entgegenstürmten. Einige von ihnen fielen bereits beim ersten Zusammenstoß mit diesen, andere flohen, und einige von ihnen wurden auch gefangengenommen. Der Gipfel wurde schnell besetzt. Als Kyros' Leute die Höhe in Besitz genommen hatten, sahen sie die Hütten der Chaldäer und bemerkten, daß diese aus den nächstgelegenen Hütten flohen. (11) Nachdem alle Soldaten oben angekommen waren, wies Kyros sie an, eine Mahlzeit einzunehmen. Nach dem Essen ließ er sie sofort an dem, wie er festgestellt hatte, sicheren und mit Wasser versorgten Platz, wo sich die Beobachtungsposten der Chaldäer befunden hatten, mit dem

ἐρυμνόν τε ὂν καὶ ἔνυδρον, εὐθὺς ἐτείχιζε φρούριον· καὶ
τὸν Τιγράνην ἐκέλευε πέμπειν ἐπὶ τὸν πατέρα καὶ κελεύειν
παραγενέσθαι ἔχοντα ὁπόσοι εἶεν τέκτονές τε καὶ λιθο-
τόμοι. Ἐπὶ μὲν δὴ τὸν Ἀρμένιον ᾤχετο ἄγγελος· ὁ δὲ
Κῦρος τοῖς παροῦσιν ἐτείχιζεν.

12 Ἐν δὲ τούτῳ προσάγουσι τῷ Κύρῳ τοὺς αἰχμαλώτους δεδεμένους, τοὺς δέ τινας καὶ τετρωμένους. Ὡς
δὲ εἶδεν, εὐθὺς λύειν μὲν ἐκέλευσε τοὺς δεδεμένους,
τοὺς δὲ τετρωμένους ἰατροὺς καλέσας θεραπεύειν ἐκέ-
λευσεν· ἔπειτα δὲ ἔλεξε τοῖς Χαλδαίοις ὅτι ἥκοι οὔτε
ἀπολέσαι ἐπιθυμῶν ἐκείνους οὔτε πολεμεῖν δεόμενος,
ἀλλ᾿ εἰρήνην βουλόμενος ποιῆσαι Ἀρμενίοις καὶ Χαλδαίοις. Πρὶν μὲν οὖν ἔχεσθαι τὰ ἄκρα οἶδ᾿ ὅτι οὐδὲν
ἐδεῖσθε εἰρήνης· τὰ μὲν γὰρ ὑμέτερα ἀσφαλῶς εἶχε,
τὰ δὲ τῶν Ἀρμενίων ἤγετε καὶ ἐφέρετε· νῦν δὲ ὁρᾶτε
δὴ ἐν οἴῳ ἐστέ. **13** Ἐγὼ οὖν ἀφίημι ὑμᾶς οἴκαδε τοὺς
εἰλημμένους, καὶ δίδωμι ὑμῖν σὺν τοῖς ἄλλοις Χαλδαίοις βουλεύσασθαι εἴτε βούλεσθε πολεμεῖν ἡμῖν εἴτε
φίλοι εἶναι. Καὶ ἢν μὲν πόλεμον αἱρῆσθε, μηκέτι ἥκετε
δεῦρο ἄνευ ὅπλων, εἰ σωφρονεῖτε· ἢν δὲ εἰρήνης δο-
κῆτε δεῖσθαι, ἄνευ ὅπλων ἥκετε· ὡς δὲ καλῶς ἕξει τὰ
ὑμέτερα, ἢν φίλοι γένησθε, ἐμοὶ μελήσει. **14** Ἀκούσαντες δὲ ταῦτα οἱ Χαλδαῖοι, πολλὰ μὲν ἐπαινέσαντες,
πολλὰ δὲ δεξιωσάμενοι τὸν Κῦρον ᾤχοντο οἴκαδε.

Ὁ δὲ Ἀρμένιος ὡς ἤκουσε τήν τε κλῆσιν τοῦ Κύρου
καὶ τὴν πρᾶξιν, λαβὼν τοὺς τέκτονας καὶ τἆλλα ὅσων
ᾤετο δεῖν, ἧκε πρὸς τὸν Κῦρον ὡς ἐδύνατο τάχιστα.
15 Ἐπεὶ δὲ εἶδε τὸν Κῦρον, ἔλεξεν· Ὦ Κῦρε, ὡς ὀλίγα
δυνάμενοι προορᾶν ἄνθρωποι περὶ τοῦ μέλλοντος πολλὰ
ἐπιχειροῦμεν πράττειν. Νῦν γὰρ δὴ καὶ ἐγὼ ἐλευθερίαν
μὲν μηχανᾶσθαι ἐπιχειρήσας δοῦλος ὡς οὐδεπώποτε

Bau einer Befestigungsanlage beginnen. Er befahl Tigranes, einen Boten zu seinem Vater zu schicken und ihn aufzufordern, mit allen Bauleuten und Steinmetzen, die vorhanden seien, herzukommen. Der Bote begab sich daraufhin zum Armenierkönig. Kyros aber begann mit Hilfe aller verfügbaren Kräfte, die Festung zu errichten.

(12) Inzwischen wurden Kyros die gefesselten und zum Teil auch verwundeten Kriegsgefangenen vorgeführt. Als er sie sah, ließ er ihnen sofort die Fesseln abnehmen und veranlaßte die ärztliche Versorgung der Verwundeten. Dann sagte er zu den Chaldäern, er sei nicht gekommen, weil er sie vernichten wolle oder Krieg mit ihnen zu führen wünsche, sondern weil er mit Armeniern und Chaldäern Frieden zu schließen beabsichtige. „Ich weiß, daß ihr vor der Einnahme des Gipfels keinen Frieden wolltet. Denn ihr befandet euch in Sicherheit und konntet Raubzüge in das armenische Gebiet unternehmen. Seht euch aber jetzt eure Lage an. (13) Ich entlasse euch nun aus der Gefangenschaft, und ihr könnt nach Hause gehen. Ich gebe euch die Möglichkeit, mit den übrigen Chaldäern zu beraten, ob ihr mit uns Krieg führen oder unsere Freunde sein wollt. Falls ihr euch für den Krieg entscheiden solltet, so kommt nicht mehr ohne Waffen hierher, wenn ihr klug seid. Wenn ihr aber meint, daß ihr Frieden braucht, dann kommt unbewaffnet. Wenn ihr unsere Freunde werdet, werde ich mich dafür einsetzen, daß eure Interessen berücksichtigt werden." (14) Als die Chaldäer diese Worte gehört hatten, priesen sie Kyros sehr, ergriffen immer wieder seine rechte Hand und gingen dann nach Hause.

Sobald der Armenierkönig von Kyros' Befehl und Vorhaben gehört hatte, begab er sich so schnell wie möglich mit seinen Bauleuten und mit allem was er sonst noch für erforderlich hielt, zu Kyros. (15) Als er Kyros sah, sagte er zu ihm: „Kyros, wie wenig ist es doch, was wir Menschen von der Zukunft erfahren können, und wieviel versuchen wir trotzdem zu tun. Denn auch ich hatte doch gerade erst versucht, die Freiheit zu gewinnen, und bin dadurch zum Sklaven geworden wie nie-

ἐγενόμην· ἐπεὶ δ' ἐάλωμεν, σαφῶς ἀπολωλέναι νομίσαντες νῦν ἀναφαινόμεθα σεσωσμένοι ὡς οὐδεπώποτε. Οἳ γὰρ οὐδεπώποτε ἐπαύοντο πολλὰ κακὰ ἡμᾶς ποιοῦντες, νῦν ὁρῶ τούτους ἔχοντας ὥσπερ ἐγὼ ηὐχόμην. 16 Καὶ τοῦτο ἐπίστω, ἔφη, ὦ Κῦρε, ὅτι ἐγὼ ὥστε ἀπελάσαι Χαλδαίους ἀπὸ τούτων τῶν ἄκρων πολλαπλάσια ἂν ἔδωκα χρήματα ὧν σὺ νῦν ἔχεις παρ' ἐμοῦ· καὶ ἃ ὑπισχνοῦ ποιήσειν ἀγαθὰ ἡμᾶς ὅτ' ἐλάμβανες τὰ χρήματα, ἀποτετέλεσταί σοι, ὥστε καὶ προσοφείλοντές σοι ἄλλας χάριτας ἀναπεφήναμεν, ἃς ἡμεῖς γε εἰ μὴ κακοί ἐσμεν, αἰσχυνοίμεθ' ἄν σοι μὴ ἀποδιδόντες. 17 Ὁ μὲν Ἀρμένιος ταῦτ' ἔλεξεν.

Οἱ δὲ Χαλδαῖοι ἧκον δεόμενοι τοῦ Κύρου εἰρήνην σφίσι ποιῆσαι. Καὶ ὁ Κῦρος ἐπήρετο αὐτούς· Ἄλλο τι, ἔφη, ὦ Χαλδαῖοι, ἢ τούτου ἕνεκα εἰρήνης νῦν ἐπιθυμεῖτε ὅτι νομίζετε ἀσφαλέστερον ἂν δύνασθαι ζῆν εἰρήνης γενομένης ἢ πολεμοῦντες, ἐπεὶ ἡμεῖς τάδ' ἔχομεν; Ἔφασαν. οἱ Χαλδαῖοι. 18 Καὶ ὅς· Τί δ', ἔφη, εἰ καὶ ἄλλα ὑμῖν ἀγαθὰ προσγένοιτο διὰ τὴν εἰρήνην; Ἔτι ἄν, ἔφασαν, μᾶλλον εὐφραινοίμεθα. Ἄλλο τι οὖν, ἔφη, ἢ διὰ τὸ γῆς σπανίζειν ἀγαθῆς νῦν πένητες νομίζετ' εἶναι; Συνέφασαν καὶ τοῦτο. Τί οὖν, ἔφη ὁ Κῦρος, βούλοισθ' ἂν ἀποτελοῦντες ὅσαπερ οἱ ἄλλοι Ἀρμένιοι ἐξεῖναι ὑμῖν τῆς Ἀρμενίας γῆς ἐργάζεσθαι ὁπόσην ἂν βούλησθε; Ἔφασαν οἱ Χαλδαῖοι, εἰ πιστεύοιμεν μὴ ἀδικήσεσθαι. 19 Τί δέ, σύ, ἔφη, ὦ Ἀρμένιε, βούλοιο ἄν σοι τὴν νῦν ἀργὸν οὖσαν γῆν ἐνεργὸν γενέσθαι, εἰ μέλλοιεν τὰ νομιζόμενα παρὰ σοὶ ἀποτελεῖν οἱ ἐργαζόμενοι; Ἔφη ὁ Ἀρμένιος πολλοῦ ἂν τοῦτο πρίασθαι· πολὺ γὰρ ἂν αὐξάνεσθαι τὴν πρόσοδον. 20 Τί δ', ὑμεῖς, ἔφη, ὦ Χαλδαῖοι, ἐπεὶ ὄρη ἀγαθὰ

mals zuvor. Nachdem wir in Gefangenschaft geraten waren, mußten wir davon überzeugt sein, daß uns der Tod sicher war, und jetzt scheint es uns so gut zu gehen wie niemals zuvor. Die Chaldäer haben uns nämlich ununterbrochen viel Leid zugefügt. Jetzt sehe ich, daß sie sich in der Lage befinden, wie ich sie mir immer gewünscht habe. (16) Du sollst auch wissen, mein Kyros, daß ich dir, um die Chaldäer von diesen Höhen zu verjagen, ein Mehrfaches der Summe gegeben hätte, die du jetzt von mir bekommen hast. Die Wohltaten, die du uns zu erweisen versprachst, als du das Geld bekamst, hast du uns schon längst erwiesen, so daß wir dir offensichtlich noch größere Dankbarkeit schulden. Wir müßten uns schämen, dir unsere Dankbarkeit nicht zu beweisen, wenn nur ein Funken Ehre in uns steckt." (17) Das waren die Worte des Armenierkönigs.

Inzwischen kamen die Chaldäer zurück und baten Kyros, Frieden mit ihnen zu schließen. Kyros fragte sie: „Ist es nicht so, Chaldäer, daß ihr jetzt nur deshalb Frieden wünscht, weil ihr glaubt, in größerer Sicherheit leben zu können, wenn Frieden herrscht, als wenn ihr Krieg führt, wo wir doch diese Höhen beherrschen?" Das bestätigten die Chaldäer. (18) Darauf sagte Kyros: „Was hieltet ihr davon, wenn ihr durch den Frieden auch noch andere Vorteile hättet?" Sie antworteten: „Wir würden uns noch mehr freuen." – „Es ist doch wohl der Fall, daß ihr euch für arm halten müßt, weil ihr zu wenig gutes Land besitzt?" Das bestätigten sie ebenfalls. „Wie soll es nun weitergehen? Wärt ihr damit einverstanden, daß euch für die Steuern, die auch die Armenier entrichten, die Erlaubnis gegeben würde, soviel Land in Armenien zu bebauen, wie ihr wollt?" Die Chaldäer stimmten zu: „Wenn wir darauf vertrauen können, daß uns kein Schaden zugefügt wird." (19) „Wie denkst du darüber, König der Armenier? Wärst du damit einverstanden, daß dein zur Zeit nicht bebautes Land bewirtschaftet würde, wenn dir die Leute, die es bearbeiten, die üblichen Abgaben entrichteten?" Der Armenier erklärte, sie könnten es für einen guten Preis kaufen. Denn dadurch erhöhten sich seine Einkünfte erheblich. (20) „Wie steht es mit euch, ihr Chaldä-

ἔχετε, ἐθέλοιτ' ἂν ἐᾶν νέμειν ταῦτα τοὺς Ἀρμενίους, εἰ ὑμῖν μέλλοιεν οἱ νέμοντες τὰ δίκαια ἀποτελεῖν; Ἔφασαν οἱ Χαλδαῖοι · πολλὰ γὰρ ἂν ὠφελεῖσθαι οὐδὲν πονοῦντες. Σὺ δέ, ἔφη, ὦ Ἀρμένιε, ἐθέλοις ἂν ταῖς τούτων νομαῖς χρῆσθαι, εἰ μέλλοις μικρὰ ὠφελῶν Χαλδαίους πολὺ πλείω ὠφεληθήσεσθαι; Καὶ σφόδρα ἄν, ἔφη, εἰ οἰοίμην ἀσφαλῶς νεμεῖν. Οὐκοῦν, ἔφη, ἀσφαλῶς ἂν νέμοιτε, εἰ τὰ ἄκρα ἔχοιτε σύμμαχα; Ἔφη ὁ Ἀρμένιος. 21 Ἀλλὰ μὰ Δί', ἔφασαν οἱ Χαλδαῖοι, οὐκ ἂν ἡμεῖς ἀσφαλῶς ἐργαζοίμεθα μὴ ὅτι τὴν τούτων, ἀλλ' οὐδ' ἂν τὴν ἡμετέραν, εἰ οὗτοι τὰ ἄκρα ἔχοιεν. Εἰ δ' ὑμῖν αὖ, ἔφη, τὰ ἄκρα σύμμαχα εἴη; Οὕτως ἄν, ἔφασαν, ἡμῖν καλῶς ἔχοι. Ἀλλὰ μὰ Δί', ἔφη ὁ Ἀρμένιος, οὐκ ἂν ἡμῖν αὖ καλῶς ἔχοι, εἰ οὗτοι παραλήψονται πάλιν τὰ ἄκρα ἄλλως τε καὶ τετειχισμένα. 22 Καὶ ὁ Κῦρος εἶπεν · Οὑτωσὶ τοίνυν, ἔφη, ἐγὼ ποιήσω · οὐδετέροις ὑμῶν τὰ ἄκρα παραδώσω, ἀλλ' ἡμεῖς φυλάξομεν αὐτά · κἂν ἀδικῶσιν ὑμῶν ὁπότεροι, σὺν τοῖς ἀδικουμένοις ἡμεῖς ἐσόμεθα.

23 Ὡς δ' ἤκουσαν ταῦτα ἀμφότεροι, ἐπῄνεσαν καὶ ἔλεγον ὅτι οὕτως ἂν εἴη μόνως εἰρήνη βεβαία. Καὶ ἐπὶ τούτοις ἔδοσαν καὶ ἔλαβον πάντες τὰ πιστά, καὶ ἐλευθέρους μὲν ἀμφοτέρους ἀπ' ἀλλήλων εἶναι συνετίθεντο, ἐπιγαμίας δ' εἶναι καὶ ἐπεργασίας καὶ ἐπινομίας, καὶ ἐπιμαχίαν δὲ κοινήν, εἴ τις ἀδικοίη ὁποτέρους. 24 Οὕτω μὲν οὖν τότε διεπράχθη · καὶ νῦν δὲ ἔτι οὕτω διαμένουσιν αἱ τότε γενόμεναι συνθῆκαι Χαλδαίοις καὶ τῷ τὴν Ἀρμε-

er? Da ihr doch gute Bergwiesen besitzt, wärt ihr bereit, diese
den Armeniern als Weideland zu überlassen, wenn die Benut-
zer sich nicht weigerten, euch den angemessenen Preis dafür
zu zahlen?" Die Chaldäer waren einverstanden. Denn sie hätten großen Nutzen davon, ohne sich dafür anstrengen zu müssen. „Armenierkönig, möchtest du ihre Weiden benutzen,
wenn du dir selbst mit einem kleinen Gefallen, den du den
Chaldäern gewährst, einen viel größeren Gewinn verschaffen
könntest?" – „Selbstverständlich, wenn ich sicher sein könnte,
daß wir das Weideland unbehelligt nutzen können." – „Könntet ihr die Weiden ohne Gefahr benutzen, wenn ihr die Höhen
besetzt hieltet?" – „Ja", sagte der Armenierkönig.
(21) „Aber, um Gottes willen", wandten die Chaldäer ein,
„wir könnten nicht nur ihr Land, sondern nicht einmal mehr
unser eigenes Land gefahrlos bearbeiten, wenn diese die Höhen besetzt hielten." – „Aber wenn ihr sie in eurer Hand hättet?" – „Dann wäre alles in Ordnung für uns." – „Um Gottes
willen, es wäre wiederum für uns nicht gut, wenn die Chaldäer
die Höhen wieder zurückbekämen, vor allem nachdem sie be-
festigt wurden." (22) Darauf sagte Kyros: „Ich werde folgendermaßen verfahren: Ich werde keinem von euch die Höhen
überlassen, sondern wir werden sie besetzt halten, und wenn
einer von euch ein Unrecht begeht, dann werden wir denjenigen unterstützen, dem Unrecht getan wird."
(23) Als die beiden diese Worte gehört hatten, lobten sie
Kyros und sagten, daß der Frieden nur auf diese Weise sicher
und von Dauer sein könne. Außerdem gaben sie sich ein ge-
genseitiges Treueversprechen, das sie mit den üblichen Garantien besiegelten. Ferner vereinbarten sie zwar ihre Unabhängigkeit voneinander, ließen aber die Möglichkeit von Ehe-
schließungen zu und räumten sich gegenseitig das Recht ein,
auf dem Gebiet des Vertragspartners Land zu bestellen und ihr
Vieh weiden zu lassen. Zuletzt schlossen sie ein Verteidigungs-
bündnis für den Fall, daß einer von ihnen angegriffen würde.
(24) Auf diese Weise wurden damals ihre Beziehungen gere-
gelt, und dieselben Verträge, die seinerzeit zwischen den Chal-

νίαν ἔχοντι. Ἐπεὶ δὲ αἱ συνθῆκαι ἐγένοντο, εὐθὺς συνε-
τείχιζόν τε ἀμφότεροι προθύμως ὡς κοινὸν φρούριον καὶ
τὰ ἐπιτήδεια συνεισῆγον. **25** Ἐπεὶ δ' ἑσπέρα προσῄει,
συνδείπνους ἔλαβεν ἀμφοτέρους πρὸς ἑαυτὸν ὡς φίλους
ἤδη. Συσκηνούντων δὲ εἶπέ τις τῶν Χαλδαίων ὅτι τοῖς
μὲν ἄλλοις σφῶν πᾶσιν εὐκτὰ ταῦτα εἴη· εἰσὶ δέ τινες
τῶν Χαλδαίων οἳ ληζόμενοι ζῶσι καὶ οὔτ' ἐπίστανται
ἐργάζεσθαι οὔτ' ἂν δύναιντο, εἰθισμένοι ἀπὸ πολέμου
βιοτεύειν· αἰεὶ γὰρ ἐλήζοντο καὶ ἐμισθοφόρουν. πολλάκις
μὲν παρὰ τῷ Ἰνδῶν βασιλεῖ (καὶ γάρ, ἔφασαν, πολύχρυσος
ὁ ἀνήρ). πολλάκις δὲ καὶ παρ' Ἀστυάγει. Καὶ ὁ Κῦρος
ἔφη· **26** Τί οὖν οὐ καὶ νῦν παρ' ἐμοὶ μισθοφοροῦσιν; Ἐγὼ
γὰρ δώσω ὅσον τις καὶ ἄλλος πλεῖστον δήποτε ἔδωκε.
Συνέφασαν [οἱ], καὶ πολλούς γε ἔσεσθαι ἔλεγον τοὺς
ἐθελήσοντας.

27 Καὶ ταῦτα μὲν δὴ οὕτω συνωμολογεῖτο. Ὁ δὲ
Κῦρος ὡς ἤκουσεν ὅτι πολλάκις πρὸς τὸν Ἰνδὸν οἱ Χαλδαῖοι ἐπορεύοντο, ἀναμνησθεὶς ὅτι ἦλθον παρ' αὐτοῦ
κατασκεψόμενοι εἰς Μήδους τὰ αὐτῶν πράγματα καὶ
ᾤχοντο πρὸς τοὺς πολεμίους, ὅπως αὖ καὶ τὰ ἐκείνων
κατίδωσιν, ἐβούλετο μαθεῖν τὸν Ἰνδὸν τὰ ἑαυτῷ πεπραγμένα. **28** Ἤρξατο οὖν λόγου τοιοῦδε· Ὦ Ἀρμένιε,
ἔφη, καὶ ὑμεῖς, ὦ Χαλδαῖοι, εἴπατέ μοι, εἴ τινα ἐγὼ νῦν
τῶν ἐμῶν ἀποστέλλοιμι πρὸς τὸν Ἰνδόν, συμπέμψαιτ' ἂν
μοι τῶν ὑμετέρων οἵτινες αὐτῷ τήν τε ὁδὸν ἡγοῖντο ἂν
καὶ συμπράττοιεν ὥστε γενέσθαι ἡμῖν παρὰ τοῦ Ἰνδοῦ ἃ
ἐγὼ βούλομαι; Ἐγὼ γὰρ χρήματα μὲν προσγενέσθαι ἔτι
ἂν βουλοίμην ἡμῖν, ὅπως ἔχω καὶ μισθὸν ἀφθόνως διδόναι

däern und dem König von Armenien abgeschlossen wurden,
sind sogar heute noch gültig. Als nun die Verträge zustande
gekommen waren, nahmen beide Parteien sofort mit großem
Einsatz den Bau eines Befestigungswerkes in Angriff, das sie
als gemeinsamen Besitz betrachteten, und lagerten dort die
erforderlichen Lebensmittel ein. (25) Gegen Abend lud Kyros
beide zu sich zum Essen ein, da er sie bereits als Freunde
ansah. Während sie nun alle zusammen im Zelt saßen, sagte
einer der Chaldäer, daß zwar die meisten von ihnen die gegenwärtige Lösung begrüßten. Es gebe aber einige Chaldäer, die
noch immer von Raubzügen lebten, da sie weder etwas von der
Landwirtschaft verständen noch zur Feldarbeit fähig seien,
weil sie sich daran gewöhnt hätten, nur vom Krieg zu leben.
Sie seien nämlich ständig auf Raubzügen oder leisteten Söld-
nerdienste – häufig beim König von Indien (denn er war, wie
sie behaupteten, ein sehr reicher Mann), oft aber auch schon
bei Astyages. Dazu sagte Kyros: (26) „Warum sollten sie nun
jetzt nicht auch in meine Dienste treten? Denn ich werde ihnen den höchsten Sold zahlen, den jemals jemand gezahlt
hat." Sie stimmten zu und erklärten, daß sicher viele den
Wunsch hätten, Kyros zu dienen.

(27) Darüber wurde man sich also einig. Da Kyros gehört
hatte, daß die Chaldäer oft zum Inderkönig gingen, erinnerte
er sich an dessen Gesandte, die nach Medien gekommen waren, um die dortigen Verhältnisse zu erkunden, und darauf zu
den Feinden weitergezogen waren, um auch deren Lage kennenzulernen. Er wünschte daraufhin, daß der Inderkönig von
seiner Situation erfahre. (28) Er hielt dann folgende Rede:
„König von Armenien und ihr Chaldäer, sagt mir, wenn ich
jetzt jemanden von meinen Leuten zum Inderkönig schickte,
könntet ihr mir dann einige Männer von euch mitgeben, die
meinem Boten den Weg zeigen und darauf hinwirken würden,
daß der Inderkönig unsere Wünsche erfüllte? Denn ich möchte, daß wir noch etwas mehr Geld bekommen, um nicht nur
alle reichlich entlohnen zu können, denen es zusteht, sondern
auch besonders verdiente Waffengefährten zu ehren und zu

οἷς ἂν δέῃ τιμᾶν καὶ δωρεῖσθαι τῶν συστρατευομένων τοὺς ἀξίους · τούτων μὲν δὴ ἔνεκα βούλομαι ὡς ἀφθονώτατα χρήματα ἔχειν, δεῖσθαι δὲ τούτων νομίζω, τῶν δὲ ὑμετέρων ἡδύ μοι φείδεσθαι · φίλους γὰρ ὑμᾶς ἤδη νομίζω · παρὰ δὲ τοῦ Ἰνδοῦ ἡδέως ἂν λάβοιμι, εἰ διδοίη. 29 Ὁ οὖν ἄγγελος, ᾧ κελεύω ὑμᾶς ἡγεμόνας δοῦναι καὶ συμπράκτορας γενέσθαι, ἐλθὼν ἐκεῖσε ὧδε λέξει. Ἔπεμψέ με Κῦρος, ὦ Ἰνδέ, πρὸς σέ · φησὶ δὲ προσδεῖσθαι χρημάτων, προσδεχόμενος ἄλλην στρατιὰν οἴκοθεν ἐκ Περσῶν · καὶ γὰρ προσδέχομαι, ἔφη · ἢν οὖν αὐτῷ πέμψῃς ὁπόσα σοι προχωρεῖ, φησίν, ἢν θεὸς ἀγαθὸν τέλος διδῷ αὐτῷ, πειράσεσθαι ποιῆσαι ὥστε σε νομίζειν καλῶς βεβουλεῦσθαι χαρισάμενον αὐτῷ. 30 Ταῦτα μὲν ὁ παρ᾽ ἐμοῦ λέξει. Τοῖς δὲ παρ᾽ ὑμῶν ὑμεῖς αὖ ἐπιστέλλετε ὅ τι ὑμῖν σύμφορον δοκεῖ εἶναι. Καὶ ἢν μὲν λάβωμεν, ἔφη, παρ᾽ αὐτοῦ, ἀφθονωτέροις χρησόμεθα · ἢν δὲ μὴ λάβωμεν, εἰσόμεθα ὅτι οὐδεμίαν αὐτῷ χάριν ὀφείλομεν, ἀλλ᾽ ἐξέσται ἡμῖν ἐκείνου ἔνεκα πρὸς τὸ ἡμέτερον συμφέρον πάντα τίθεσθαι. 31 Ταῦτ᾽ εἶπεν ὁ Κῦρος, νομίζων τοὺς ἰόντας Ἀρμενίων καὶ Χαλδαίων τοιαῦτα λέξειν περὶ αὐτοῦ οἷα αὐτὸς ἐπεθύμει πάντας ἀνθρώπους καὶ λέγειν καὶ ἀκούειν περὶ αὐτοῦ. Καὶ τότε μὲν δή, ὁπότε καλῶς εἶχε, διαλύσαντες τὴν σκηνὴν ἀνεπαύοντο.

III

1 Τῇ δ᾽ ὑστεραίᾳ ὅ τε Κῦρος ἔπεμπε τὸν ἄγγελον ἐπιστείλας ὅσαπερ ἔφη καὶ ὁ Ἀρμένιος καὶ οἱ Χαλδαῖοι συνέπεμπον οὓς ἱκανωτάτους ἐνόμιζον εἶναι καὶ συμπρᾶξαι καὶ εἰπεῖν περὶ Κύρου τὰ προσήκοντα. Ἐκ δὲ τούτου κατασκευάσας ὁ Κῦρος τὸ φρούριον καὶ φύλαξιν

beschenken. Deshalb will ich über möglichst viel Geld verfügen, glaube aber, daß ich noch nicht genug habe. Es liegt mir
aber sehr daran, euer Geld nicht anzugreifen. Ich sehe euch
jetzt nämlich als meine Freunde an. Von dem Inderkönig würde ich aber gern etwas annehmen, wenn er sich großzügig
zeigte. (29) Der Bote, dem ihr Führer und Helfer zur Verfügung stellen sollt, wird also nach seiner Ankunft in Indien
folgendes sagen: ,König von Indien, Kyros hat mich zu dir
geschickt. Er läßt dir mitteilen, daß er Geld braucht, da er
noch ein weiteres Heer von zu Hause aus Persien erwartet.'
Ich erwarte es tatsächlich", fügte Kyros hinzu. ,,,Wenn du ihm
nun schickst, was du zur Verfügung hast, wird Kyros, falls die
Gottheit ihm zum Erfolg verhilft, zu erreichen versuchen, daß
du einsiehst, gut beraten gewesen zu sein, als du ihm gefällig
warst.' (30) Das werden die Worte meines Boten sein. Gebt
ihr nun euren Leuten die Weisungen, die euch nützlich erscheinen. Wenn wir Geld von ihm bekommen haben, werden
uns reichlichere Mittel zur Verfügung stehen. Wenn wir aber
nichts bekommen, werden wir wissen, daß wir ihm nicht dankbar zu sein brauchen. Es wird uns vielmehr erlaubt sein, aufgrund seiner Haltung nur in Rücksicht auf unsere eigenen Interessen zu handeln." (31) Soweit Kyros. Er war überzeugt
davon, daß die Armenier und Chaldäer, die nach Indien reisen
sollten, das über ihn sagen würden, was alle Menschen seinen
Wünschen gemäß über ihn sagen und hören sollten. Als es Zeit
geworden war, lösten sie ihre Versammlung im Zelt auf und
gingen zur Ruhe.

III.

(1) Am nächsten Tag schickte Kyros seinen Gesandten mit
den genannten Anweisungen ab. Der Armenier und die Chaldäer gaben ihm die Leute als Begleiter mit, die sie für besonders geeignet hielten, Kyros' Anliegen durch Wort und Tat
angemessen zu unterstützen. Darauf sicherte Kyros die Festung mit einer genügend großen Besatzung, stattete sie mit

ἱκανοῖς καὶ τοῖς ἐπιτηδείοις πᾶσι καὶ ἄρχοντ' αὐτῶν
καταλιπὼν Μῆδον ὃν ᾤετο Κυαξάρη ἂν μάλιστα χαρίσασθαι, ἀπῄει συλλαβὼν τὸ στράτευμα ὅσον τε ἦλθεν
ἔχων καὶ ὃ παρ' Ἀρμενίων προσέλαβε, καὶ τοὺς παρὰ
Χαλδαίων εἰς τετρακισχιλίους, οἳ ᾤοντο καὶ συμπάντων
τῶν ἄλλων κρείττονες εἶναι. 2 Ὡς δὲ κατέβη εἰς τὴν
οἰκουμένην, οὐδεὶς ἔμεινεν ἔνδον Ἀρμενίων οὔτ' ἀνὴρ
οὔτε γυνή, ἀλλὰ πάντες ὑπήντων ἡδόμενοι τῇ εἰρήνῃ καὶ
φέροντες καὶ ἄγοντες ὅ τι ἕκαστος ἄξιον εἶχε. Καὶ ὁ
Ἀρμένιος τούτοις οὐκ ἤχθετο, οὕτως ἂν νομίζων καὶ τὸν
Κῦρον μᾶλλον ἥδεσθαι τῇ ὑπὸ πάντων τιμῇ. Τέλος δὲ
ὑπήντησε καὶ ἡ γυνὴ τοῦ Ἀρμενίου, τὰς θυγατέρας
ἔχουσα καὶ τὸν νεώτερον υἱόν, καὶ σὺν ἄλλοις δώροις τὸ
χρυσίον ἐκόμιζεν ὃ πρότερον οὐκ ἤθελε λαβεῖν Κῦρος.

3 Καὶ ὁ Κῦρος ἰδὼν εἶπεν· Ὑμεῖς ἐμὲ οὐ ποιήσετε
μισθοῦ περιιόντα εὐεργετεῖν, ἀλλὰ σύ, ὦ γύναι, ἔχουσα
ταῦτα τὰ χρήματα ἃ φέρεις ἄπιθι, καὶ τῷ μὲν Ἀρμενίῳ μηκέτι
δῷς αὐτὰ κατορύξαι, ἔκπεμψον δὲ τὸν σὸν υἱὸν ὡς κάλλιστα
ἀπ' αὐτῶν κατασκευάσασα ἐπὶ τὴν στρατιάν· ἀπὸ δὲ
τῶν λοιπῶν κτῶ καὶ σαυτῇ καὶ τῷ ἀνδρὶ καὶ ταῖς θυγατράσι
καὶ τοῖς υἱοῖς ὅ τι κεκτημένοι καὶ κοσμήσεσθε κάλλιον
καὶ ἥδιον τὸν αἰῶνα διάξετε· εἰς δὲ τὴν γῆν, ἔφη, ἀρκείτω
τὰ σώματα, ὅταν ἕκαστος τελευτήσῃ, κατακρύπτειν.

4 Ὁ μὲν ταῦτ' εἰπὼν παρήλαυνεν· ὁ δ' Ἀρμένιος
συμπρούπεμπε καὶ οἱ ἄλλοι πάντες ἄνθρωποι, ἀνακα-
λοῦντες τὸν εὐεργέτην, τὸν ἄνδρα τὸν ἀγαθόν· καὶ τοῦτ'
ἐποίουν, ἕως ἐκ τῆς χώρας ἐξέπεμψαν. Συναπέστειλε
δ' αὐτῷ ὁ Ἀρμένιος καὶ στρατιὰν πλείονα, ὡς εἰρήνης
οἴκοι οὔσης. 5 Οὕτω δὴ ὁ Κῦρος ἀπῄει κεχρηματισμένος
οὐχ ἃ ἔλαβε μόνον χρήματα, ἀλλὰ πολὺ πλείονα τούτων
ἑτοιμασάμενος διὰ τὸν τρόπον, ὥστε λαμβάνειν ὁπότε

allen notwendigen Lebensmitteln aus und setzte als ihren
Kommandanten einen Meder ein, von dem er annahm, daß er
Kyaxares besonders ergeben war. Dann brach er mit seinem
Heer auf, das aus den Truppen bestand, die er einerseits selbst
mitgebracht und andererseits von den Armeniern übernommen hatte. Dazu kamen noch etwa viertausend Chaldäer, die
davon überzeugt waren, bessere Soldaten als alle anderen zu
sein. (2) Als Kyros in bewohntes Gebiet kam, blieb kein Armenier zu Hause, weder Männer noch Frauen, sondern alle
gingen ihm entgegen. Denn sie freuten sich über den Frieden
und brachten Kyros alles, was sie für wertvoll hielten. Auch
dem Armenier mißfiel dies nicht, meinte er doch, daß Kyros
sich über die Verehrung, die ihm alle entgegenbrachten, besonders freuen würde. Schließlich begrüßte ihn auch die Frau
des Armeniers mit ihren Töchtern und ihrem jüngsten Sohn,
und sie überbrachte ihm mit anderen Geschenken auch das
Gold, das er schon vorher nicht hatte annehmen wollen.
(3) Als Kyros die Frau sah, sagte er: „Ihr werdet mich nicht
dazu veranlassen, als Wohltäter durch die Welt zu ziehen und
Geld dafür zu nehmen. Deshalb geh mit dem Geld, das du bei
dir hast, wieder nach Hause, gute Frau. Gib es aber nicht mehr
dem Armenier zurück, damit er es vergräbt. Besorge vielmehr
deinem Sohn von diesem Geld eine möglichst gute Ausrüstung
und laß ihn in das Heer eintreten. Von dem Rest kauf dir,
deinem Mann, deinen Töchtern und deinen Söhnen die Dinge,
mit denen ihr euch noch besser schmücken und euer Leben
noch angenehmer machen könnt. Es soll genügen, wenn man
die Körper der Verstorbenen in der Erde verbirgt."
   (4) Nach diesen Worten zog er weiter. Der Armenier und
alle anderen begleiteten ihn. Sie bejubelten ihn als Wohltäter
und edlen Menschen. Sie taten dies, bis sie die Grenze erreicht
hatten. Der Armenier gab ihm ein noch größeres Heer mit,
weil bei ihm Frieden herrschte. (5) So verließ Kyros das Land
nicht nur mit dem Geld, das er bekommen hatte: Durch sein
Verhalten hatte er sich die Möglichkeit geschaffen, noch viel
mehr als dieses zu gewinnen, wenn er es brauchte. Dann

δέοιτο. Καὶ τότε μὲν ἐστρατοπεδεύσατο ἐν τοῖς μεθορίοις. Τῇ δ' ὑστεραίᾳ τὸ μὲν στράτευμα καὶ τὰ χρήματα ἔπεμψε πρὸς Κυαξάρην · ὁ δὲ πλησίον ἦν. ὥσπερ ἔφησεν · αὐτὸς δὲ σὺν Τιγράνῃ καὶ Περσῶν τοῖς ἀρίστοις ἐθήρα ὅπουπερ ἐπιτυγχάνοιεν θηρίοις καὶ ηὐφραίνετο.

6 Ἐπεὶ δ' ἀφίκετο εἰς Μήδους, τῶν χρημάτων ἔδωκε τοῖς ἑαυτοῦ ταξιάρχοις ὅσα ἐδόκει ἑκάστῳ ἱκανὰ εἶναι, ὅπως καὶ ἐκεῖνοι ἔχοιεν τιμᾶν, εἴ τινας ἄγαιντο τῶν ὑφ' ἑαυτούς · ἐνόμιζε γάρ, εἰ ἕκαστος τὸ μέρος ἀξιέπαινον ποιήσειε, τὸ ὅλον αὐτῷ καλῶς ἔχειν. Καὶ αὐτὸς δὲ ὅ τι που καλὸν ἴδοι ἐς στρατιάν, ταῦτα κτώμενος ἐδωρεῖτο τοῖς ἀεὶ ἀξιωτάτοις, νομίζων ὅ τι καλὸν κἀγαθὸν ἔχοι τὸ στράτευμα, τούτοις ἅπασιν αὐτὸς κεκοσμῆσθαι. 7 Ἡνίκα δὲ αὐτοῖς διεδίδου ὧν ἔλαβεν, ἔλεξεν ὧδέ πως εἰς τὸ μέσον τῶν ταξιάρχων καὶ λοχαγῶν καὶ πάντων οὓς ἐτίμα · Ἄνδρες φίλοι, δοκεῖ ἡμῖν εὐφροσύνη τις νῦν παρεῖναι, καὶ ὅτι εὐπορία τις προσγεγένηται καὶ ὅτι ἔχομεν ἀφ' ὧν τιμᾶν ἕξομεν οὓς ἂν βουλώμεθα καὶ τιμᾶσθαι ὡς ἂν ἕκαστος ἄξιος ᾖ. 8 Πάντως δὴ ἀναμιμνησκώμεθα τὰ ποῖ' ἄττα ἔργα τούτων τῶν ἀγαθῶν ἐστιν αἴτια · σκοπούμενοι γὰρ εὑρήσετε τό τε ἀγρυπνῆσαι ὅπου ἔδει καὶ τὸ πονῆσαι καὶ τὸ σπεῦσαι καὶ τὸ μὴ εἶξαι τοῖς πολεμίοις. Οὕτως οὖν χρὴ καὶ τὸ λοιπὸν ἄνδρας ἀγαθοὺς εἶναι, γιγνώσκοντας ὅτι τὰς μεγάλας ἡδονὰς καὶ τἀγαθὰ τὰ μεγάλα ἡ πειθὼ καὶ ἡ καρτερία καὶ οἱ ἐν τῷ καιρῷ πόνοι καὶ κίνδυνοι παρέχονται.

9 Κατανοῶν δὲ ὁ Κῦρος ὡς εὖ μὲν αὐτῷ εἶχον τὰ σώματα οἱ στρατιῶται πρὸς τὸ δύνασθαι στρατιωτικοὺς

schlug er zunächst im Grenzgebiet sein Lager auf. Am nächsten Tag schickte er das Heer und das Geld zu Kyaxares, der
sich verabredungsgemäß bereits in der Nähe befand. Er selbst
ging mit Tigranes und den persischen Adligen auf die Jagd, wo
immer sie auf Wild stießen, und hatte seine Freude daran.

(6) Nach seiner Ankunft in Medien gab er jedem einzelnen
seiner Taxiarchen so viel von dem Geld, daß sie seiner Meinung nach genug zur Verfügung hatten, um auch ihre Leute,
mit denen sie besonders zufrieden waren, auszuzeichnen. Kyros glaubte nämlich, daß sich sein gesamtes Heer in guter Verfassung befinde, wenn jeder einzelne den Teil, für den er verantwortlich sei, zu lobenswerten Leistungen veranlasse. Immer wenn er irgendwo etwas sah, was seinem Heer einen Gewinn versprach, brachte er es in seinen Besitz und gab es an die
jeweils Tüchtigsten weiter. Denn er meinte, daß jeder Gewinn, jede Leistung und jede Auszeichnung seines Heeres ihn
selbst erhöhe. (7) Während er an seine Leute verteilte, was er
bekam, hielt er unter seinen Taxiarchen, Lochagen und allen
Soldaten, die er auszeichnen wollte, folgende Rede: „Meine
Freunde, wir haben im Augenblick allen Grund zur Freude.
Denn wir verfügen über reiche Mittel und haben so viel, daß
wir jeden einzelnen nach unseren Vorstellungen belohnen und
auszeichnen und auch selbst in den Genuß von Auszeichnungen kommen können, soweit es jeder einzelne verdient.
(8) Aber wir wollen uns daran erinnern, welche Leistungen für
diese Erfolge zu erbringen waren. Denn wenn ihr nachdenkt,
werdet ihr darauf kommen, daß es die ständige Bereitschaft
zum Verzicht auf Schlaf, die Anstrengung, die Schnelligkeit
und das Standhalten gegenüber den Feinden waren. In diesem
Sinne müssen wir uns auch in Zukunft als tüchtige Männer
erweisen, indem wir erkennen, daß nur Gehorsam, Durchhal-
tevermögen, Anstrengungen, wenn es die Umstände erfordern, und Risikobereitschaft zu großer Freude und zu großen
Erfolgen führen."

(9) Als Kyros feststellte, daß sich seine Soldaten in einem
guten körperlichen Zustand befanden und fähig waren, die

πόνους φέρειν, εὖ δὲ τὰς ψυχὰς πρὸς τὸ καταφρονεῖν
τῶν πολεμίων, ἐπιστήμονες δ' ἦσαν τὰ προσήκοντα τῇ
ἑαυτῶν ἕκαστοι ὁπλίσει, καὶ πρὸς τὸ πείθεσθαι δὲ τοῖς
ἄρχουσιν ἑώρα πάντας εὖ παρεσκευασμένους, ἐκ τούτων
οὖν ἐπεθύμει τι ἤδη τῶν πρὸς τοὺς πολεμίους πράττειν,
γιγνώσκων ὅτι ἐν τῷ μέλλειν πολλάκις τοῖς ἄρχουσι
καὶ τῆς καλῆς παρασκευῆς ἀλλοιοῦταί τι. 10 Ἔτι
δ' ὁρῶν ὅτι φιλοτίμως ἔχοντες ἐν οἷς ἀντηγωνίζοντο
πολλοὶ καὶ ἐπιφθόνως εἶχον πρὸς ἀλλήλους τῶν στρατιωτῶν, καὶ τούτων ἕνεκα ἐξάγειν αὐτοὺς ἐβούλετο εἰς τὴν
πολεμίαν ὡς τάχιστα, εἰδὼς ὅτι οἱ κοινοὶ κίνδυνοι φιλοφρόνως ποιοῦσιν ἔχειν τοὺς συμμάχους πρὸς ἀλλήλους,
καὶ οὐκέτι ἐν τούτῳ οὔτε τοῖς ἐν ὅπλοις κοσμουμένοις
φθονοῦσιν οὔτε τοῖς δόξης ἐφιεμένοις, ἀλλὰ μᾶλλον καὶ
ἐπαινοῦσι καὶ ἀσπάζονται οἱ τοιοῦτοι τοὺς ὁμοίους,
νομίζοντες συνεργοὺς αὐτοὺς τοῦ κοινοῦ ἀγαθοῦ εἶναι.
11 Οὕτω δὴ πρῶτον μὲν ἐξώπλισε τὴν στρατιὰν καὶ
κατέταξεν ὡς ἐδύνατο κάλλιστά τε καὶ ἄριστα, ἔπειτα
δὲ συνεκάλεσε μυριάρχους καὶ χιλιάρχους καὶ ταξιάρχους
καὶ λοχαγούς. Οὗτοι γὰρ ἀπολελυμένοι ἦσαν τοῦ κατα-
λέγεσθαι ἐν τοῖς τακτικοῖς ἀριθμοῖς, καὶ ὁπότε δέοι ἢ
ὑπακούειν τῷ στρατηγῷ ἢ παραγγέλλειν τι, οὐδ' ὡς οὐδὲν
ἄναρχον κατελείπετο, ἀλλὰ δωδεκαδάρχοις καὶ ἑξαδάρ-
χοις πάντα τὰ καταλειπόμενα διεκοσμεῖτο. 12 Ἐπεὶ
δὲ συνῆλθον οἱ ἐπικαίριοι, παράγων αὐτοὺς ἐπεδείκνυέ
τε αὐτοῖς τὰ καλῶς ἔχοντα καὶ ἐδίδασκεν ᾗ ἕκαστον
ἰσχυρὸν ἦν τῶν συμμαχικῶν. Ἐπεὶ δὲ κἀκείνους ἐποίησεν
ἐρωτικῶς ἔχειν τοῦ ἤδη ποιεῖν τι, εἶπεν αὐτοῖς νῦν μὲν
ἀπιέναι ἐπὶ τὰς τάξεις καὶ διδάσκειν ἕκαστον τοὺς ἑαυτοῦ
ἅπερ αὐτὸς ἐκείνους, καὶ πειρᾶσθαι ἐπιθυμίαν ἐμβαλεῖν
πᾶσι τοῦ στρατεύεσθαι, ὅπως εὐθυμότατα πάντες ἐξορ-

Anstrengungen des Krieges zu ertragen, daß sie darauf einge-
stimmt waren, die Feinde nicht mehr zu fürchten, daß sie ferner ihre Waffen vollkommen beherrschten, und als er schließlich sah, daß sie alle zum Gehorsam gegenüber ihren Vorgesetzten fähig und bereit waren, da hatte er den Wunsch, bereits etwas gegen die Feinde zu unternehmen. Denn er wußte,
daß den Feldherrn durch eine zögernde Haltung oft mancher
Vorteil trotz guter Vorbereitung verloren geht. (10) Außerdem sah er, daß viele Soldaten bei dem Ehrgeiz, den sie in
ihren Wettkämpfen an den Tag legten, auch eifersüchtig aufeinander waren. Auch deshalb wollte er sie möglichst bald in
Feindesland führen, wußte er doch, daß die gemeinsamen Gefahren die Soldaten zu guten Kameraden werden lassen, die
dann nicht mehr auf Leute mit besonders schönen Waffen oder
auf Ruhmbegierige eifersüchtig sind, sondern sie vielmehr als
Gleiche unter Gleichen loben und anerkennen, weil sie überzeugt davon sind, daß sich diese für dasselbe Ziel einsetzen,
das allen zum Vorteil ist. (11) So ließ er zunächst sein Heer in
den besten und schönsten Waffen, die ihm zur Verfügung standen, antreten. Darauf rief er die Myriarchen, Chiliarchen, Taxiarchen und Lochagen zusammen. Diese standen nämlich bei
der Musterung des Heeres nicht in Reih und Glied. Aber nicht
einmal dann, wenn sie einen Befehl des Feldherrn entgegenzu-
nehmen oder eine Meldung zu machen hatten, blieb irgendeine Einheit ohne Führer. Es war in diesem Falle die Aufgabe
der Dodekadarchen und der Hexarchen, in allen Einheiten die
Ordnung aufrecht zu erhalten, solange ihre Vorgesetzten nicht
bei ihnen waren. (12) Als sich die Befehlshaber versammelt
hatten, ließ er sie die Truppen inspizieren, zeigte ihnen, daß
alles in Ordnung war, und unterrichtete sie über die Stärke der
Hilfstruppen. Nachdem er auch in ihnen den Wunsch geweckt
hatte, nun endlich loszuschlagen, befahl er ihnen zunächst, zu
ihren Einheiten zurückzukehren und alle ihre Leute über seine
Absichten zu unterrichten und zu versuchen, in allen die Lust
auf den Feldzug zu erregen, damit sie alle in höchster Bereitschaft loszögen. Am nächsten Morgen sollten sie sich vor dem

μῶντο, πρῲ δὲ παρεῖναι ἐπὶ τὰς Κυαξάρου θύρας. **13** Τότε μὲν δὴ ἀπιόντες οὕτω πάντες ἐποίουν. Τῇ δ' ὑστεραίᾳ ἅμα τῇ ἡμέρᾳ παρῆσαν οἱ ἐπικαίριοι ἐπὶ τὰς θύρας. Σὺν τούτοις οὖν ὁ Κῦρος εἰσελθὼν πρὸς τὸν Κυαξάρην ἤρξατο λόγου τοιοῦδε ·

Οἶδα μέν, ἔφη, ὦ Κυαξάρη, ὅτι ἃ μέλλω λέγειν σοὶ πάλαι δοκεῖ οὐδὲν ἧττον ἢ ἡμῖν · ἀλλ' ἴσως αἰσχύνῃ λέγειν ταῦτα, μὴ δοκῇς ἀχθόμενος ὅτι τρέφεις ἡμᾶς ἐξόδου μεμνῆσθαι. **14** Ἐπεὶ οὖν σὺ σιωπᾷς, ἐγὼ λέξω καὶ ὑπὲρ σοῦ καὶ ὑπὲρ ἡμῶν. Ἡμῖν γὰρ δοκεῖ πᾶσιν, ἐπείπερ παρεσκευάσμεθα, μὴ ἐπειδὰν ἐμβάλωσιν οἱ πολέμιοι εἰς τὴν σὴν χώραν, τότε μάχεσθαι, μηδ' ἐν τῇ φιλίᾳ καθημένους ἡμᾶς ὑπομένειν, ἀλλ' ἰέναι ὡς τάχιστα εἰς τὴν πολεμίαν. **15** Νῦν μὲν γὰρ ἐν τῇ σῇ χώρᾳ ὄντες πολλὰ τῶν σῶν σινόμεθα ἄκοντες · ἢν δ' εἰς τὴν πολεμίαν ἴωμεν, τὰ ἐκείνων κακῶς ποιήσομεν ἡδόμενοι. **16** Ἔπειτα δὲ νῦν μὲν σὺ ἡμᾶς τρέφεις πολλὰ δαπανῶν, ἢν δ' ἐκστρατευσώμεθα, θρεψόμεθα ἐκ τῆς πολεμίας. **17** Ἔτι δὲ εἰ μὲν μείζων τις ἡμῖν ὁ κίνδυνος ἔμελλε εἶναι ἐκεῖ ἢ ἐνθάδε, ἴσως τὸ ἀσφαλέστατον ἦν ἂν αἱρετέον. Νῦν δὲ ἴσοι μὲν ἐκεῖνοι ἔσονται, ἤν τε ἐνθάδε ὑπομένωμεν ἤν τε εἰς τὴν ἐκείνων ἰόντες ὑπαντῶμεν αὐτοῖς · ἴσοι δὲ ἡμεῖς ὄντες μαχούμεθα, ἤν τε ἐνθάδε ἐπιόντας αὐτοὺς δεχώμεθα ἤν τε ἐπ' ἐκείνους ἰόντες τὴν μάχην συνάπτωμεν. **18** Πολὺ μέντοι ἡμεῖς βελτίοσι καὶ ἐρρωμενεστέραις ταῖς ψυχαῖς τῶν στρατιωτῶν χρησόμεθα, ἢν ἴωμεν ἐπὶ τοὺς ἐχθροὺς καὶ μὴ ἄκοντες ὁρᾶν δοκῶμεν τοὺς πολεμίους · πολὺ δὲ κἀκεῖνοι μᾶλλον ἡμᾶς φοβήσονται, ὅταν ἀκούσωσιν ὅτι οὐ φοβούμενοι πτήσσομεν αὐτοὺς οἴκοι καθήμενοι, ἀλλ' ἐπεὶ αἰσθανόμεθα προσιόντας, ἀπαντῶμέν τε

Palast des Kyaxares einfinden. (13) Darauf zogen sie sich zurück und führten ohne Ausnahme Kyros' Befehle aus. Am
folgenden Tag fanden sich die Befehlshaber frühmorgens vor
dem Palast ein. Kyros ging mit ihnen zu Kyaxares hinein und
begann mit folgenden Worten:

„Kyaxares, ich weiß, daß dir das, was ich dir sagen will,
schon lange ebenso sinnvoll erscheint wie uns. Aber vielleicht
scheust du dich, es auszusprechen, damit du nicht den Anschein erweckst, du dächtest deshalb an einen Feldzug, weil du
keine Lust mehr hättest, uns zu unterhalten. (14) Da du jetzt
schweigst, will ich für dich und für uns sprechen. Wir alle sind
nämlich der Meinung, da wir nun einmal alle Vorbereitungen
abgeschlossen haben, nicht erst dann zu kämpfen, wenn die
Feinde in dein Land eingefallen sind, und im Land des Freun-
des untätig zu sitzen und zu warten, sondern möglichst bald in
das Land des Feindes einzudringen. (15) Denn solange wir uns
in deinem Land befinden, fügen wir gegen unseren Willen
deinem Volk auf vielfältige Weise Schaden zu. Wenn wir aber
in das Land der Feinde einfallen, werden wir uns mit Vergnügen auf deren Eigentum stürzen. (16) Außerdem unterhältst
du uns jetzt unter großem Aufwand. Wenn wir aber abgezogen
sind, werden wir uns aus dem Feindesland ernähren.
(17) Wenn freilich zu erwarten wäre, daß wir dort größere
Gefahren zu bestehen hätten als hier, dann wäre es vielleicht
angebracht, den Ort zu bevorzugen, der die größte Sicherheit
bietet. Doch nach der Lage der Dinge werden die Feinde die
gleichen bleiben, ob wir hier warten oder in ihr Land ziehen,
um ihnen entgegenzutreten. Wir werden auch die gleichen sein
und kämpfen, ob wir sie nun hier empfangen, wenn sie angreifen, oder ob wir ihnen entgegenziehen und den Kampf aufnehmen. (18) Wir werden uns allerdings auf eine viel bessere und
größere Kampfbereitschaft unserer Soldaten stützen können,
wenn wir die Gegner angreifen und nicht den Anschein erwek-
ken, die Feinde gegen unseren Willen zu sehen. Auch sie werden uns viel mehr fürchten, wenn sie hören, daß wir uns nicht
ängstlich vor ihnen ducken und zu Hause sitzen bleiben, son-

αὐτοῖς, ἵν' ὡς τάχιστα συμμείξωμεν, καὶ οὐκ ἀναμένομεν
ἕως ἂν ἡ ἡμετέρα χώρα κακῶται, ἀλλὰ φθάνοντες ἤδη
δῃοῦμεν τὴν ἐκείνων γῆν. 19 Καίτοι, ἔφη, εἴ τι ἐκείνους
μὲν φοβερωτέρους ποιήσομεν, ἡμᾶς δ' αὐτοὺς θαρραλεω-
τέρους, πολὺ τοῦτο ἡμῖν ἐγὼ πλεονέκτημα νομίζω, καὶ
τὸν κίνδυνον οὕτως ἡμῖν μὲν ἐλάττω λογίζομαι, τοῖς δὲ
πολεμίοις μείζω. Πολὺ γὰρ μᾶλλον, ⟨ὃ⟩ καὶ ὁ πατὴρ
αἰεὶ λέγει καὶ σὺ φῄς καὶ οἱ ἄλλοι δὲ πάντες ὁμολογοῦσιν,
[ὡς] αἱ μάχαι κρίνονται [μᾶλλον] ταῖς ψυχαῖς ἢ ταῖς τῶν
σωμάτων ῥώμαις. 20 Ὁ μὲν οὕτως εἶπε· Κυαξάρης δὲ
ἀπεκρίνατο· Ἀλλ' ὅπως μέν, ὦ Κῦρε καὶ οἱ ἄλλοι Πέρσαι,
ἐγὼ ἄχθομαι ὑμᾶς τρέφων μηδ' ὑπονοεῖτε· τό γε μέντοι
ἰέναι εἰς τὴν πολεμίαν ἤδη καὶ ἐμοὶ δοκεῖ βέλτιον εἶναι
πρὸς πάντα. Ἐπεὶ τοίνυν, ἔφη ὁ Κῦρος, ὁμογνωμονοῦμεν,
συσκευαζώμεθα καὶ ἢν τὰ τῶν θεῶν ἡμῖν θᾶττον συγκα-
ταινῇ, ἐξίωμεν ὡς τάχιστα.

21 Ἐκ τούτου τοῖς μὲν στρατιώταις εἰπὼν συσκευάζεσθαι ὁ Κῦρος ἔθυε πρῶτον μὲν Διὶ βασιλεῖ, ἔπειτα δὲ
καὶ τοῖς ἄλλοις θεοῖς, καὶ ᾐτεῖτο ἵλεως καὶ εὐμενεῖς ὄντας
ἡγεμόνας γενέσθαι τῇ στρατιᾷ καὶ παραστάτας ἀγαθοὺς
καὶ συμμάχους καὶ συμβούλους τῶν ἀγαθῶν. Συμπαρεκάλει δὲ καὶ ἥρωας γῆς Μηδίας οἰκήτορας καὶ κηδεμόνας.
22 Ἐπεὶ δ' ἐκαλλιέρησέ τε καὶ ἀθρόον ἦν αὐτῷ τὸ στράτευμα πρὸς τοῖς ὁρίοις, τότε δὴ οἰωνοῖς χρησάμενος
αἰσίοις ἐνέβαλεν εἰς τὴν πολεμίαν. Ἐπεὶ δὲ τάχιστα
διέβη τὰ ὅρια, ἐκεῖ αὖ καὶ Γῆν ἱλάσκετο χοαῖς καὶ θεοὺς
θυσίαις καὶ ἥρωας Ἀσσυρίας οἰκήτορας ηὐμενίζετο.
Ταῦτα δὲ ποιήσας αὖθις Διὶ πατρῴῳ ἔθυε, καὶ εἴ τις
ἄλλος θεῶν ἀνεφαίνετο, οὐδενὸς ἠμέλει.

23 Ἐπεὶ δὲ ταῦτα καλῶς εἶχεν, εὐθὺς τοὺς μὲν πεζοὺς
προαγαγόντες οὐ πολλὴν ὁδὸν ἐστρατοπεδεύοντο, τοῖς
δ' ἵπποις καταδρομὴν ποιησάμενοι περιεβάλλοντο πολλὴν

dern daß wir, sobald wir sie anrücken sehen, ihnen entgegenziehen, um möglichst schnell mit ihnen zu kämpfen, und nicht
abwarten, bis unser Land verwüstet wird, sondern ihnen zu-
vorkommen und ihr Land verheeren. (19) Wenn wir nun ihre
Furcht vergrößern und unseren Mut stärken, dann ist das meiner Meinung nach ein großer Vorteil für uns, und ich schätze,
daß die Gefahr auf diese Weise für uns geringer und für unsere
Feinde größer wird. Denn – das pflegt ja auch mein Vater
ebenso wie du selbst immer zu sagen, und alle anderen stimmen euch darin zu – die Schlachten werden viel mehr durch
Mut als durch Körperkraft entschieden." (20) Das waren Kyros' Worte, und Kyaxares erwiderte darauf: „Daß ich, mein
lieber Kyros und ihr anderen Perser, keine Lust mehr hätte,
euch zu unterhalten, dürft ihr auf keinen Fall annehmen. Dennoch scheint es auch mir am allerbesten zu sein, unverzüglich
in das Land des Feindes einzurücken." – „Da wir also derselben Meinung sind", antwortete Kyros, „wollen wir uns gemeinsam vorbereiten und möglichst schnell ausrücken, sobald
die Zeichen der Götter uns unser Vorhaben bestätigen."

(21) Darauf befahl Kyros den Soldaten, sich zum Abmarsch
bereit zu machen, und opferte zuerst Zeus, dem König der
Götter, dann den übrigen Göttern, und bat sie darum, dem Heer
gnädige und wohlwollende Führer, gute Helfer, Verbündete und
Berater für einen erfolgreichen Feldzug zu sein. Er rief aber auch
die Heroen an, die Medien bewohnen und beschützen.
(22) Nachdem er glückverheißende Opfer dargebracht hatte
und sein Heer an den Grenzen versammelt war, rückte er unter
günstigen Vorzeichen in das Feindesland ein. Sobald er die
Grenzen überschritten hatte, besänftigte er dort auch die Erd-
gottheit mit Weihgüssen und flehte die Götter und Heroen
Assyriens mit Opfern um Beistand an. Darauf opferte er erneut
Zeus, dem Gott seiner Ahnen, und ließ keinen der anderen
Götter unberücksichtigt, die ihm in den Sinn kamen.
(23) Als die Opferhandlungen einen guten Verlauf genommen hatten, setzten sich die Fußsoldaten sofort in Marsch und
schlugen nach einer kurzen Strecke ihr Lager auf. Die Reiter

καὶ παντοίαν λείαν. Καὶ τὸ λοιπὸν δὲ μεταστρατοπε-
δευόμενοι καὶ ἔχοντες ἄφθονα τὰ ἐπιτήδεια καὶ δηοῦντες
τὴν χώραν ἀνέμενον τοὺς πολεμίους. 24 Ἡνίκα δὲ
προσιόντες ἐλέγοντο οὐκέτι δέχ᾽ ἡμερῶν ὁδὸν ἀπέχειν,
τότε δὴ ὁ Κῦρος λέγει· Ὦ Κυαξάρη, ὥρα δὴ ἀπαντᾶν
καὶ μήτε τοῖς πολεμίοις δοκεῖν μήτε τοῖς ἡμετέροις φοβουμένους μὴ ἀντιπροσιέναι, ἀλλὰ δῆλοι ὦμεν ὅτι οὐκ
ἄκοντες μαχούμεθα. 25 Ἐπεὶ δὲ ταῦτα συνέδοξε τῷ
Κυαξάρῃ, οὕτω δὴ συντεταγμένοι ἀεὶ προῇσαν τοσοῦτον
καθ᾽ ἡμέραν ὅσον ἐδόκει αὐτοῖς καλῶς ἔχειν. Καὶ δεῖπνον
μὲν αἰεὶ κατὰ φῶς ἐποιοῦντο, πυρὰ δὲ νύκτωρ οὐκ ἔκαιον
ἐν τῷ στρατοπέδῳ· ἔμπροσθεν μέντοι τοῦ στρατοπέδου
ἔκαιον, ὅπως ὁρῷεν μὲν εἴ τινες νυκτὸς προσίοιεν διὰ τὸ
πῦρ, μὴ ὁρῷντο δ᾽ ὑπὸ τῶν προσιόντων. Πολλάκις δὲ
καὶ ὄπισθεν τοῦ στρατοπέδου ἐπυρπόλουν ἀπάτης ἕνεκα
τῶν πολεμίων. Ὥστ᾽ ἔστιν ὅτε καὶ κατάσκοποι ἐνέπιπτον
εἰς τὰς προφυλακὰς αὐτῶν, διὰ τὸ ὄπισθεν τὰ πυρὰ εἶναι
ἔτι πόρρω τοῦ στρατοπέδου οἰόμενοι εἶναι.

26 Οἱ μὲν οὖν Ἀσσύριοι καὶ οἱ σὺν αὐτοῖς, ἐπειδὴ
ἐγγὺς ἀλλήλων τὰ στρατεύματα ἐγίγνετο, τάφρον περιε-
βάλοντο, ὅπερ καὶ νῦν ἔτι ποιοῦσιν οἱ βάρβαροι βασιλεῖς
ὁπόταν στρατοπεδεύωνται, τάφρον περιβάλλονται εὐπετῶς διὰ τὴν πολυχειρίαν· ἴσασι γὰρ ὅτι ἱππικὸν στράτευμα ἐν νυκτὶ ταραχῶδές ἐστι καὶ δύσχρηστον ἄλλως
τε καὶ βάρβαρον. 27 Πεποδισμένους γὰρ ἔχουσι τοὺς
ἵππους ἐπὶ ταῖς φάτναις, καὶ εἴ τις ἐπ᾽ αὐτοὺς ἴοι, ἔργον
μὲν νυκτὸς λῦσαι ἵππους, ἔργον δὲ χαλινῶσαι, ἔργον
δ᾽ ἐπισάξαι, ἔργον δὲ θωρακίσασθαι, ἀναβάντας δ᾽ ἐφ᾽ ἵππων
ἐλάσαι διὰ τοῦ στρατοπέδου παντάπασιν ἀδύνατον.
Τούτων δὴ ἕνεκα πάντων καὶ οἱ ἄλλοι καὶ ἐκεῖνοι τὰ
ἐρύματα περιβάλλονται, καὶ ἅμα αὐτοῖς δοκεῖ τὸ ἐν

unternahmen einen Streifzug und brachten umfangreiche und vielfältige Beute ein. Dann verlegten sie ihr Lager. Sie hatten Verpflegung im Überfluß, plünderten das Land und warteten auf die Feinde. (24) Als es hieß, sie seien im Anmarsch und eine Strecke von nicht mehr als zehn Tagen entfernt, sagte Kyros: „Kyaxares, es ist jetzt an der Zeit, die Begegnung zu suchen, damit weder die Feinde noch unsere eigenen Leute glauben, wir seien zu feige, um anzugreifen. Wir wollen statt dessen beweisen, daß wir nicht widerwillig kämpfen." (25) Da Kyaxares derselben Auffassung war, rückten sie jeden Tag in ständiger Kampfbereitschaft so weit vor, wie es ihnen angemessen erschien. Ihr Abendessen nahmen sie stets noch bei Tageslicht ein, und nachts ließen sie im Lager kein Feuer brennen. Doch vor dem Lager ließen sie Feuer brennen, um mit Hilfe des Feuerscheins nächtliche Angreifer sehen zu können, ohne selbst von diesen gesehen zu werden. Oft steckten sie aber auch weit hinter dem Lager Feuer an, um die Feinde zu täuschen. Daher kam es manchmal vor, daß den persischen Vorposten feindliche Kundschafter in die Hände fielen. Denn weil die Feuer weit hinter dem Lager brannten, glaubten sie noch nicht in der Nähe des Lagers zu sein.

(26) Als die Heere sich schon recht nahe gekommen waren, legten die Assyrer und ihre Verbündeten einen Graben an, was die Könige fremder Völker auch heute noch tun, wenn sie ein Feldlager aufschlagen. Sie lassen den Graben übrigens in großer Schnelligkeit ausheben, weil viele Hände zupacken. Sie wissen nämlich, daß eine berittene Einheit bei Nacht leicht in Unordnung gerät und kaum sinnvoll einzusetzen ist. Das gilt besonders für die fremden Völker. (27) Diese lassen nämlich ihre Pferde mit gefesselten Füßen an den Krippen stehen, und im Falle eines Angriffs ist es nachts sehr schwierig, die Pferde loszubinden, ihnen ihr Zaumzeug anzulegen, sie zu satteln, sich selbst die Rüstung anzuziehen. Und dann aufzusitzen und durch das Lager zu reiten, ist völlig unmöglich. Deswegen verschanzen sich die Assyrer und die übrigen Ausländer in ihrem Lager, und außerdem glauben sie, daß sie, wenn sie sich hinter

ἐχυρῷ εἶναι ἐξουσίαν παρέχειν ὅταν βούλωνται μάχεσθαι.
28 Τοιαῦτα μὲν δὴ ποιοῦντες ἐγγὺς ἀλλήλων ἐγίγνοντο.
Ἐπεὶ δὲ προσιόντες ἀπεῖχον ὅσον παρασάγγην, οἱ μὲν
Ἀσσύριοι οὕτως ἐστρατοπεδεύοντο ὥσπερ εἴρηται, ἐν
περιτεταφρευμένῳ μὲν καταφανεῖ δέ, ὁ δὲ Κῦρος ὡς
ἐδύνατο ἐν ἀφανεστάτῳ, κώμας τε καὶ γεωλόφους ἐπίπροσθεν ποιησάμενος, νομίζων πάντα τὰ πολέμια ἐξαίφνης
ὁρώμενα φοβερώτερα τοῖς ἐναντίοις εἶναι. Καὶ ἐκείνην
μὲν τὴν νύκτα ὥσπερ ἔπρεπε προφυλακὰς ποιησάμενοι
ἑκάτεροι ἐκοιμήθησαν.

29 Τῇ δ' ὑστεραίᾳ ὁ μὲν Ἀσσύριος καὶ ὁ Κροῖσος
καὶ οἱ ἄλλοι ἡγεμόνες ἀνέπαυον τὰ στρατεύματα ἐν
τῷ ἐχυρῷ · Κῦρος δὲ καὶ Κυαξάρης συνταξάμενοι περιέ-
μενον ὡς, εἰ προσίοιεν οἱ πολέμιοι, μαχούμενοι. Ὡς δὲ
δῆλον ἐγένετο ὅτι οὐκ ἐξίοιεν οἱ πολέμιοι ἐκ τοῦ ἐρύματος
οὐδὲ μάχην ποιήσοιντο ἐν ταύτῃ τῇ ἡμέρᾳ, ὁ μὲν Κυαξάρης
καλέσας τὸν Κῦρον καὶ τῶν ἄλλων τοὺς ἐπικαιρίους
ἔλεξε τοιάδε · **30** Δοκεῖ μοι, ἔφη. ὦ ἄνδρες, ὥσπερ
τυγχάνομεν συντεταγμένοι οὕτως ἰέναι πρὸς τὸ ἔρυμα
τῶν ἀνδρῶν καὶ δηλοῦν ὅτι θέλομεν μάχεσθαι. Οὕτω γάρ,
ἔφη, ἐὰν μὴ ἀντεπεξίωσιν ἐκεῖνοι, οἱ μὲν ἡμέτεροι μᾶλλον
θαρρήσαντες ἄπιασιν, οἱ πολέμιοι δὲ τὴν τόλμαν ἰδόντες
ἡμῶν μᾶλλον φοβήσονται. Τούτῳ μὲν οὕτως ἐδόκει.
31 Ὁ δὲ Κῦρος · Μηδαμῶς, ἔφη, πρὸς τῶν θεῶν, ὦ Κυαξάρη, οὕτω ποιήσωμεν. Εἰ γὰρ ἤδη ἐκφανέντες πορευσόμεθα, ὡς σὺ κελεύεις, νῦν τε προσιόντας ἡμᾶς οἱ πολέμιοι θεάσονται οὐδὲν φοβούμενοι, εἰδότες ὅτι ἐν ἀσφαλεῖ
εἰσι τοῦ μηδὲν παθεῖν, ἐπειδάν τε μηδὲν ποιήσαντες
ἀπίωμεν, πάλιν καθορῶντες ὑμῶν τὸ πλῆθος πολὺ ἐνδεέστερον τοῦ ἑαυτῶν καταφρονήσουσι, καὶ αὔριον

ihren Verschanzungen befinden, die Möglichkeit haben, mit
dem Kampf zu beginnen, wenn es ihnen paßt. (28) Während
sie diese Vorbereitungen trafen, kamen sie nahe aneinander
heran. Als sie noch etwa eine Parasange voneinander entfernt
waren, schlugen die Assyrer, wie oben beschrieben, ihr Lager
an einem zwar ringsum mit einem Graben gesicherten, aber
sichtbaren Platz auf. Kyros hingegen ließ sein Lager an einer
möglichst schwer auszumachenden Stelle hinter Dörfern und
Hügeln anlegen. Er war nämlich der Meinung, daß alle Maßnahmen im Krieg den Gegner in größere Angst versetzten,
wenn sie ihn überraschten. In jener Nacht stellte man an beiden Fronten, wie es üblich war, Vorposten auf und hielt die
Nachtruhe ein.

(29) Am nächsten Tag ließen der König von Assyrien, Kroisos und die übrigen Heerführer ihre Truppen innerhalb der
Verschanzung ausruhen. Kyros und Kyaxares aber warteten in
Schlachtordnung, um sofort kämpfen zu können, falls die
Feinde angriffen. Als ihnen aber klar wurde, daß die Feinde
nicht aus ihrer Verschanzung herauskommen wollten und
nicht die Absicht hatten, den Kampf an diesem Tag zu beginnen, rief Kyaxares Kyros und die übrigen Befehlshaber zu sich
und sprach folgende Worte zu ihnen: (30) „Ich bin der Ansicht, Männer, wir sollten vorbereitet und gerüstet, wie wir
sind, gegen die Verschanzung unserer Gegner vorrücken und
zeigen, daß wir kämpfen wollen. Denn wenn sie diese Herausforderung nicht annehmen, werden unsere Leute mit größerem Mut wieder abrücken, während die Feinde angesichts unserer Kühnheit ängstlicher werden." Das war Kyaxares' Ansicht. (31) Kyros jedoch erwiderte darauf: „Wir sollten das,
bei den Göttern, auf keinen Fall tun, Kyaxares. Denn wenn
wir uns jetzt zeigen und losmarschieren, wie du befiehlst, dann
werden die Feinde unseren Vormarsch beobachten, ohne sich
zu fürchten, weil sie wissen, daß sie davor sicher sind, Schaden
zu nehmen. Sobald wir aber, ohne etwas ausgerichtet zu haben, wieder abziehen, werden sie uns, wenn sie unsere zahlen-
mäßige Unterlegenheit erkennen, nicht für voll nehmen und

ἐξίασι πολὺ ἐρρωμενεστέραις ταῖς γνώμαις. **32** Νῦν
δ', ἔφη, εἰδότες μὲν ὅτι πάρεσμεν, οὐχ ὁρῶντες δὲ ἡμᾶς,
εὖ τοῦτο ἐπίστω, οὐ καταφρονοῦσιν, ἀλλὰ φροντίζουσι
τί ποτε τοῦτ' ἔστι, καὶ διαλεγόμενοι περὶ ἡμῶν ἐγὼ εὖ
οἶδ' ὅτι οὐδὲν παύονται. Ὅταν δ' ἐξίωσι, τότε δεῖ αὐτοῖς
ἅμα φανερούς τε ἡμᾶς γενέσθαι καὶ ἰέναι εὐθὺς ὁμόσε,
εἰληφότας αὐτοὺς ἔνθα πάλαι ἐβουλόμεθα. **33** Λέξαντος
δ' οὕτω Κύρου συνέδοξε ταῦτα καὶ Κυαξάρῃ καὶ τοῖς
ἄλλοις. Καὶ τότε μὲν δειπνοποιησάμενοι καὶ φυλακὰς
καταστησάμενοι καὶ πυρὰ πολλὰ πρὸ τῶν φυλακῶν καύ-
σαντες ἐκοιμήθησαν. **34** Τῇ δ' ὑστεραίᾳ πρῲ Κῦρος
μὲν ἐστεφανωμένος ἔθυε, παρήγγειλε δὲ καὶ τοῖς ἄλλοις
ὁμοτίμοις ἐστεφανωμένοις πρὸς τὰ ἱερὰ παρεῖναι. Ἐπεὶ
δὲ τέλος εἶχεν ἡ θυσία, συγκαλέσας αὐτοὺς ἔλεξεν·
Ἄνδρες, οἱ μὲν θεοί, ὡς οἵ τε μάντεις φασὶ καὶ ἐμοὶ συνδοκεῖ, μάχην τ' ἔσεσθαι προαγγέλλουσι καὶ νίκην διδόασι
καὶ σωτηρίαν ὑπισχνοῦνται ἐν τοῖς ἱεροῖς. **35** Ἐγὼ δὲ
ὑμῖν μὲν παραινῶν ποίους τινὰς χρὴ εἶναι ἐν τῷ τοιῷδε
αἰσχυνοίμην ἄν· οἶδα γὰρ ὑμᾶς ταῦτα ἐπισταμένους καὶ
μεμελετηκότας καὶ ἀκηκοότας καὶ ἀκούοντας διὰ τέλους
ἅπερ ἐγώ, ὥστε καὶ ἄλλους εἰκότως ἂν διδάσκοιτε· τάδε
δὲ εἰ μὴ τυγχάνετε κατανενοηκότες, ἀκούσατε· **36** οὓς
γὰρ νεωστὶ συμμάχους τε ἔχομεν καὶ πειρώμεθα ἡμῖν
αὐτοῖς ὁμοίους ποιεῖν, τούτους δεῖ ἡμᾶς ὑπομιμνήσκειν
ἐφ' οἷς τε ἐτρεφόμεθα ὑπὸ Κυαξάρου, ἅ τε ἠσκοῦμεν,
ἐφ' ἅ τε αὐτοὺς παρακεκλήκαμεν, ὧν τε ἄσμενοι ἀνταγω-
νισταὶ ἔφασαν ἡμῖν ἔσεσθαι. **37** Καὶ τοῦτο δ' αὐτοὺς
ὑπομιμνήσκετε ὅτι ἥδε ἡ ἡμέρα δείξει ὧν ἕκαστός ἐστιν
ἄξιος. Ὧν γὰρ ἂν ὀψιμαθεῖς ἄνθρωποι γένωνται, οὐδὲν
θαυμαστὸν εἴ τινες αὐτῶν καὶ τοῦ ὑπομνήσοντος δέονται,
ἀλλ' ἀγαπητὸν εἰ καὶ ἐξ ὑποβολῆς δύναιντο ἄνδρες

morgen mit viel größerem Kampfesmut angreifen. (32) Jetzt
aber, da sie wissen, daß wir da sind, ohne uns zu sehen, verachten sie uns nicht, das sei dir klar. Sie machen sich vielmehr
Gedanken über die Lage und – davon bin ich überzeugt –
beratschlagen ununterbrochen über unsere möglichen Pläne.
Wenn sie aber ausrücken, dann müssen wir uns ihnen zeigen
und sofort den Kampf aufnehmen, da wir sie dort zu fassen
bekommen, wo wir sie seit langem fassen wollten." (33) Kyros' Worte leuchteten Kyaxares und den übrigen Befehlshabern ein. Darauf aßen sie zu Abend, stellten Wachen auf und
gingen zur Ruhe, nachdem sie zahlreiche Feuer vor den Wachen angezündet hatten. (34) Am nächsten Tag setzte sich
Kyros in aller Frühe einen Kranz auf und führte ein Opfer
durch. Er forderte auch die Homotimen auf, mit Kränzen auf
dem Kopf zu den Opferhandlungen zu erscheinen. Als das
Opfer beendet war, rief er sie zusammen und sprach zu ihnen:
„Männer, die Wahrsager behaupten, und auch ich bin davon
überzeugt, daß uns die Götter einen baldigen Kampf ankündi-
gen, den Sieg schenken und Glück verheißen. Das zeigen die
Opfer. (35) Ich würde mich aber schämen, euch zu raten, wie
ihr euch in einer solchen Lage verhalten solltet. Denn ich bin
mir sicher, daß ihr es wißt, darin geübt seid, es gehört habt und
ununterbrochen hört, wie ich selbst, so daß ihr es selbstverständlich auch anderen mitteilen könntet. Doch wenn ihr folgendes noch nicht bedacht haben solltet, dann hört mir bitte
zu: (36) Diejenigen nämlich, die wir erst seit kurzer Zeit als
Bundesgenossen haben und an uns zu gewöhnen versuchen,
müssen wir daran erinnern, zu welchem Zweck wir von Kyaxares bezahlt werden, worin wir sie ausgebildet und wozu wir sie
ermutigt haben und worin sie mit uns, wie sie bereitwillig erklärt haben, wetteifern wollen. (37) Erinnert sie aber auch
daran, daß der heutige Tag beweisen wird, was jeder einzelne
wert ist. Denn wenn Menschen erst spät etwas lernen, dann ist
es nicht verwunderlich, daß manche von ihnen jemanden brauchen, der sie an das Gelernte erinnert. Aber man kann schon
zufrieden sein, wenn sie auch nur mit Hilfe von Ermahnungen

ἀγαθοὶ εἶναι. **38** Καὶ ταῦτα μέντοι πράττοντες ἅμα
καὶ ὑμῶν αὐτῶν πεῖραν λήψεσθε. Ὁ μὲν γὰρ δυνάμενος
ἐν τῷ τοιῷδε καὶ ἄλλους βελτίους ποιεῖν εἰκότως ἂν
ἤδη καὶ ἑαυτῷ συνειδείη τελέως ἀγαθὸς ἀνὴρ ὤν, ὁ δὲ
τὴν τούτων ὑπόμνησιν αὐτὸς μόνος ἔχων καὶ τοῦτ' ἀγαπῶν,
εἰκότως ἂν ἡμιτελῆ αὐτὸν νομίζοι. **39** Τούτου δ' ἕνεκα
οὐκ ἐγώ, ἔφη, αὐτοῖς λέγω, ἀλλ' ὑμᾶς κελεύω λέγειν,
ἵνα καὶ ἀρέσκειν ὑμῖν πειρῶνται· ὑμεῖς γὰρ καὶ πλησιάζετε
αὐτοῖς ἕκαστος τῷ ἑαυτοῦ μέρει. Εὖ δ' ἐπίστασθε ὡς ἢν
θαρροῦντας τούτοις ὑμᾶς αὐτοὺς ἐπιδεικνύητε, καὶ τούτους
καὶ ἄλλους πολλοὺς οὐ λόγῳ ἀλλ' ἔργῳ θαρρεῖν διδάξετε.
40 Τέλος εἶπεν ἀπιόντας ἀριστᾶν ἐστεφανωμένους καὶ
σπονδὰς ποιησαμένους ἥκειν εἰς τὰς τάξεις αὐτοῖς στε-
φάνοις. Ἐπεὶ δ' ἀπῆλθον, αὖθις τοὺς οὐραγοὺς προσε-
κάλεσε, καὶ τούτοις τοιάδε ἐνετέλλετο ·

41 Ἄνδρες Πέρσαι, ὑμεῖς καὶ τῶν ὁμοτίμων γεγόνατε
καὶ ἐπιλελεγμένοι ἐστέ, οἳ δοκεῖτε τὰ μὲν ἄλλα τοῖς
κρατίστοις ὅμοιοι εἶναι, τῇ δ' ἡλικίᾳ καὶ φρονιμώτεροι.
Καὶ τοίνυν χώραν ἔχετε οὐδὲν ἧττον ἔντιμον τῶν
πρωτοστατῶν· ὑμεῖς γὰρ ὄπισθεν ὄντες τούς τ' ἀγαθοὺς ἂν ἐφορῶντες καὶ ἐπικελεύοντες αὐτοῖς ἔτι κρείττους
ποιοῖτε, καὶ εἴ τις μαλακίζοιτο, καὶ τοῦτον ὁρῶντες οὐκ
ἂν ἐπιτρέποιτε αὐτῷ. **42** Συμφέρει δ' ὑμῖν, εἴπερ τῳ
καὶ ἄλλῳ, τὸ νικᾶν καὶ διὰ τὴν ἡλικίαν καὶ διὰ τὸ βάρος
τῆς στολῆς. Ἢν δ' ἄρα ὑμᾶς καὶ οἱ ἔμπροσθεν ἀνακα-
λοῦντες ἔπεσθαι παρεγγυῶσιν, ὑπακούετε αὐτοῖς, καὶ
ὅπως μηδ' ἐν τούτῳ αὐτῶν ἡττηθήσεσθε, ἀντιπαρακε-
λευόμενοι αὐτοῖς θᾶττον ἡγεῖσθαι ἐπὶ τοὺς πολεμίους.
Καὶ ἀπιόντες, ἔφη, ἀριστήσαντες καὶ ὑμεῖς ἥκετε σὺν
τοῖς ἄλλοις ἐστεφανωμένοι ἐς τὰς τάξεις.

tapfere Männer sein können. (38) Wenn ihr dies erreicht, dann legt ihr allerdings auch eine Probe eurer eigenen Fähigkeiten ab. Denn wer in dieser Lage auch andere dazu bringt, besser zu sein, dürfte sich ohne Zweifel auch dessen bewußt sein, daß er ein in jeder Hinsicht tüchtiger Mann ist. Wer aber ganz für sich behält, was er über diese Dinge weiß, und damit zufrieden ist, kann sich doch wohl nur für einen annähernd vollkommenen Menschen halten. (39) Deshalb spreche ich nicht zu ihnen, sondern fordere euch auf, es zu tun, damit sie versuchen, euch zu gefallen. Denn ihr steht in enger Verbindung mit ihnen, ein jeder in seiner Einheit. Seid euch darüber im klaren: Wenn ihr ihnen euren Mut beweist, dann werdet ihr sie und viele andere nicht nur durch das Wort, sondern auch durch die Tat lehren, mutig zu sein." (40) Schließlich sagte er, sie sollten fortgehen, mit Kränzen auf dem Kopf frühstücken, Trankopfer spenden und dann mit ihren Kränzen zu ihren Einheiten zurückkehren. Als sie gegangen waren, rief Kyros die Führer der Nachhut zu sich und gab ihnen folgende Befehle:

(41) „Perser, ihr seid Angehörige des Adels und besonders ausgesuchte Männer, weil man davon überzeugt ist, daß ihr in jeder Hinsicht den Besten gleich, aufgrund eures Alters aber auch noch besonnener seid als andere. Deshalb habt ihr eine nicht weniger ehrenvolle Aufgabe als die Männer, die ganz vorn kämpfen. Denn wenn ihr hinten steht und die Tapferen im Auge behaltet und ermuntert, dann könnt ihr sie zu noch größerer Tapferkeit anspornen, und falls jemand verzagen sollte, so könnt ihr ihn sehen und ihm sein Verhalten nicht durchgehen lassen. (42) Wenn es für jemanden von Bedeutung ist, daß wir siegen, dann vor allem für euch, weil ihr schon so alt seid und an eurer Ausrüstung so schwer zu tragen habt. Wenn euch aber nun die Vorderen ansprechen und auffordern aufzuschließen, dann gehorcht ihnen, und damit ihr ihnen auch darin nicht nachsteht, sollt ihr sie auffordern, noch schneller gegen die Feinde voranzugehen. Geht nun hin und frühstückt und kehrt danach zusammen mit den anderen auf eure Posten zurück, nachdem ihr euch Kränze aufgesetzt habt."

43 Οἱ μὲν δὴ ἀμφὶ Κῦρον ἐν τούτοις ἦσαν· οἱ δὲ
Ἀσσύριοι καὶ δὴ ἠριστηκότες ἐξῇσάν τε θρασέως καὶ
παρετάττοντο ἐρρωμένως. Παρέταττε δὲ αὐτοὺς αὐτὸς ὁ
βασιλεὺς ἐφ' ἅρματος παρελαύνων καὶ τοιάδε παρε-
κελεύετο· **44** Ἄνδρες Ἀσσύριοι, νῦν δεῖ ἄνδρας ἀγαθοὺς εἶναι· νῦν γὰρ περὶ ψυχῶν τῶν ὑμετέρων ὁ ἀγὼν
καὶ περὶ γῆς ἐν ᾗ ἔφυτε καὶ περὶ οἴκων ἐν οἷς ἐτράφητε,
καὶ περὶ γυναικῶν τε καὶ τέκνων καὶ περὶ πάντων ὧν
πέπασθε ἀγαθῶν. Νικήσαντες μὲν γὰρ ἁπάντων τούτων
ὑμεῖς ὥσπερ πρόσθεν κύριοι ἔσεσθε· εἰ δ' ἡττηθήσεσθε,
εὖ ἴστε ὅτι παραδώσετε ταῦτα πάντα τοῖς πολεμίοις.
45 Ἅτε οὖν νίκης ἐρῶντες μένοντες μάχεσθε. Μῶρον
γὰρ τὸ κρατεῖν βουλομένους τὰ τυφλὰ τοῦ σώματος καὶ
ἄοπλα καὶ ἄχειρα ταῦτα ἐναντία τάττειν τοῖς πολεμίοις
φεύγοντας· μῶρος δὲ καὶ εἴ τις ζῆν βουλόμενος φεύγειν
ἐπιχειροῖ, εἰδὼς ὅτι οἱ μὲν νικῶντες σῴζονται. οἱ δὲ φεύγοντες ἀποθνήσκουσι μᾶλλον τῶν μενόντων· μῶρος δὲ
καὶ εἴ τις χρημάτων ἐπιθυμῶν ἧτταν προσίεται. Τίς
γὰρ οὐκ οἶδεν ὅτι οἱ μὲν νικῶντες τά τε ἑαυτῶν σῴζουσι
καὶ τὰ τῶν ἡττωμένων προσλαμβάνουσιν, οἱ δὲ ἡττώμενοι
ἅμα ἑαυτούς τε καὶ τὰ ἑαυτῶν πάντα ἀποβάλλουσιν;
Ὁ μὲν δὴ Ἀσσύριος ἐν τούτοις ἦν.

46 Ὁ δὲ Κυαξάρης πέμπων πρὸς τὸν Κῦρον ἔλεγεν
ὅτι ἤδη καιρὸς εἴη ἄγειν ἐπὶ τοὺς πολεμίους· εἰ γὰρ νῦν,
ἔφη, ἔτι ὀλίγοι εἰσὶν οἱ ἔξω τοῦ ἐρύματος, ἐν ᾧ ἂν προσίω-
μεν πολλοὶ ἔσονται· μὴ οὖν ἀναμένωμεν ἕως ἂν πλείους
ἡμῶν γένωνται. Ἀλλ' ἴωμεν ἕως ἔτι οἰόμεθα εὐπετῶς ἂν αὐτῶν
κρατῆσαι. **47** Ὁ δ' αὖ Κῦρος ἀπεκρίνατο· Ὦ Κυαξάρη,
εἰ μὴ ὑπὲρ ἥμισυ αὐτῶν ἔσονται οἱ ἡττηθέντες, εὖ ἴσθι
ὅτι ἡμᾶς μὲν ἐροῦσι φοβουμένους τὸ πλῆθος τοῖς ὀλίγοις

(43) Während Kyros' Leute damit beschäftigt waren, verließen die Assyrer nach dem Frühstück beherzt ihr Lager und bildeten voller Entschlossenheit eine Schlachtordnung. Der König selbst leitete die Aufstellung von seinem Wagen aus und sprach folgende Worte zu ihnen: (44) „Assyrer, jetzt müßt ihr euch als tapfere Männer erweisen. Denn jetzt geht es um euer Leben, um das Land, in dem ihr geboren seid, um die Häuser, in denen ihr aufgewachsen seid, um Frauen und Kinder und um alle Güter, die ihr besitzt. Wenn ihr siegt, werdet ihr alle diese Dinge wie bisher in eurem Besitz haben. Wenn ihr aber verliert, dann – das sei euch klar – werdet ihr alles den Feinden ausliefern. (45) Da ihr nun siegen wollt, kämpft standhaft. Es ist nämlich töricht, wenn man siegen will, den Feinden die blinden, unbewaffneten und handlosen Teile des Körpers entgegenzuhalten und zu fliehen. Töricht ist aber auch jeder, der zu fliehen versucht, weil er am Leben bleiben will, obwohl er doch genau weiß, daß nur die Sieger ohne Schaden davonkommen, während die Fliehenden eher sterben als die Standhaften. Ein Tor ist schließlich auch, wer sich eine Niederlage gefallen läßt, wo er doch auf Gewinn und Erfolg aus ist. Denn wem ist nicht bekannt, daß die Sieger alles, was sie haben, behalten und dazu noch das, was den Besiegten gehört, bekommen, während die Besiegten sich selbst vernichten und auch alle ihre Habe verlieren?" Darum also ging es dem Assyrer.

(46) Kyaxares aber schickte Boten zu Kyros und ließ ihm sagen, daß jetzt der Zeitpunkt zum Angriff auf die Feinde gekommen sei: „Denn auch wenn es jetzt erst wenige sind, die aus der Verschanzung ausrückten, so werden es doch viele werden, während wir noch im Anmarsch sind. Wir wollen also nicht warten, bis es mehr werden als wir. Laßt uns vielmehr losgehen, solange wir davon überzeugt sein können, mit ihnen leicht fertig zu werden." (47) Kyros antwortete darauf: „Kyaxares, wenn wir nicht mehr als die Hälfte von ihnen besiegt haben, dann kannst du sicher sein, daß sie gewiß behaupten werden, wir hätten es aus Furcht vor ihrer gesamten Streit-

ἐπιχειρῆσαι, αὐτοὶ δὲ οὐ νομιοῦσιν ἡττῆσθαι, ἀλλ᾽ ἄλλης
σοι μάχης δεήσει, ἐν ᾗ ἄμεινον ἂν ἴσως βουλεύσαιντο ἢ
νῦν βεβούλευνται, παραδόντες ἑαυτοὺς ἡμῖν ταμιεύεσθαι
ὥσθ᾽ ὁπόσοις ἂν βουλώμεθα αὐτῶν μάχεσθαι. 48 Οἱ
μὲν δὴ ἄγγελοι ταῦτ᾽ ἀκούσαντες ᾤχοντο.

Ἐν τούτῳ δ᾽ ἦλθε Χρυσάντας ὁ Πέρσης καὶ ἄλλοι τινὲς
τῶν ὁμοτίμων αὐτομόλους ἄγοντες. Καὶ ὁ Κῦρος ὥσπερ
εἰκὸς ἠρώτα τοὺς αὐτομόλους τὰ ἐκ τῶν πολεμίων. Οἱ
δ᾽ ἔλεγον ὅτι ἐξίοιέν τε ἤδη σὺν τοῖς ὅπλοις καὶ παρα-
τάττοι αὐτοὺς αὐτὸς ὁ βασιλεὺς ἔξω ὢν καὶ παρακελεύοιτο
μὲν δὴ τοῖς αἰεὶ ἔξω οὖσι πολλά τε καὶ ἰσχυρά, ὡς ἔφασαν
λέγειν τοὺς ἀκούοντας. 49 Ἐνταῦθα ὁ Χρυσάντας
εἶπε· Τί δ᾽, ἔφη, ὦ Κῦρε, εἰ καὶ σὺ συγκαλέσας ἕως ἔτι
ἔξεστι παρακελεύσαιο, εἰ ἄρα τι καὶ σὺ ἀμείνους ποιή-
σαις τοὺς στρατιώτας; 50 Καὶ ὁ Κῦρος εἶπεν· Ὦ
Χρυσάντα, μηδέν σε λυπούντων αἱ τοῦ Ἀσσυρίου παρα-
κελεύσεις· οὐδεμία γάρ οὕτως ἐστὶ καλὴ παραίνεσις
ἥτις τοὺς μὴ ὄντας ἀγαθοὺς αὐθημερὸν ἀκούσαντας
ἀγαθοὺς ποιήσει· οὐκ ἂν οὖν τοξότας γε, εἰ μὴ ἔμπροσθεν
τοῦτο μεμελετηκότες εἶεν, οὐδὲ ἀκοντιστάς, οὐδὲ μὴν
ἱππεῖς, ἀλλ᾽ οὐδὲ μὴν τά γε σώματα ἱκανοὺς πονεῖν,
ἢν μὴ πρόσθεν ἠσκηκότες ὦσι. 51 Καὶ ὁ Χρυσάντας
εἶπεν· Ἀλλ᾽ ἀρκεῖ τοι, ὦ Κῦρε, ἢν τὰς ψυχὰς αὐτῶν
ἀμείνονας παρακελευσάμενος ποιήσῃς. Ἦ καὶ δύναιτ᾽ ἄν,
ἔφη ὁ Κῦρος, εἷς λόγος ῥηθεὶς αὐθημερὸν αἰδοῦς μὲν
ἐμπλῆσαι τὰς ψυχὰς τῶν ἀκουόντων, ἢ ἀπὸ τῶν αἰσχρῶν
κωλῦσαι, προτρέψαι δὲ ὡς χρὴ ἐπαίνου μὲν ἕνεκα πάντα
μὲν πόνον, πάντα δὲ κίνδυνον ὑποδύεσθαι, λαβεῖν δ᾽ ἐν
ταῖς γνώμαις βεβαίως τοῦτο ὡς αἱρετώτερόν ἐστι μαχομένους ἀποθνήσκειν μᾶλλον ἢ φεύγοντας σῴζεσθαι;
52 Ἀρ᾽ οὐκ, ἔφη, εἰ μέλλουσι τοιαῦται διάνοιαι ἐγγρα-

macht nur mit einigen wenigen aufgenommen, und selbst nicht
einsehen, daß sie eine Niederlage erlitten. Dann wirst du eine
weitere Schlacht liefern müssen, in der sie vielleicht besser
beraten sind als jetzt, wo sie sich uns so weit in die Hände
gegeben haben, daß wir entscheiden können, mit wievielen
von ihnen wir kämpfen wollen." (48) Die Boten nahmen Kyros' Worte zur Kenntnis und kehrten zu Kyaxares zurück.

Inzwischen trafen der Perser Chrysantas und einige andere
Homotimen mit Überläufern ein. Kyros befragte die Überläufer wie üblich über die Lage der Feinde. Sie berichteten, daß
sie bereits in voller Bewaffnung ausrückten und der König
nicht mehr im Lager sei, persönlich die Aufstellung seiner Soldaten leite und den jeweils Ausrückenden viele nachdrückli-
che Ermahnungen mit auf den Weg gebe, was alle, die es
hörten, bestätigten. (49) Daraufhin fragte Chrysantas: „Was
hältst du davon, Kyros, wenn auch du, solange es noch möglich ist, die Soldaten zusammenrufst und ermahnst, um ihre
Tapferkeit noch zu steigern?" (50) Kyros gab folgende Antwort: „Chrysantas, die Ermahnungen des Assyrers sollten dich
keinesfalls beunruhigen. Denn keine Ermunterung ist so gut,
daß sie diejenigen, die zwar zuhören, aber nicht tapfer sind,
auf der Stelle tapfer werden läßt. Das gelingt weder bei Bogenschützen, wenn sie nicht schon vorher entsprechend ausgebildet sind, noch bei Lanzenträgern noch bei Reitern, und ebensowenig kann man Leute dazu befähigen, körperliche Anstrengungen zu ertragen, wenn sie sich nicht vorher darin geübt haben." (51) Darauf erwiderte Chrysantas: „Es genügt,
Kyros, wenn du mit deiner Ermahnung ihren Kampfesmut er-
höhst." Kyros entgegnete: „Kann denn wirklich eine einzige
Rede die Seelen der Zuhörer auf der Stelle mit Scham erfüllen
oder am Schändlichen hindern und zu der Überzeugung veranlassen, daß es nötig ist, um äußerer Anerkennung willen jede
Anstrengung und jede Gefahr auf sich zu nehmen? Kann sie
außerdem die Meinung im Bewußtsein fest verankern, daß es
besser ist, im Kampf zu sterben als durch die Flucht sein Leben
zu retten? (52) Wenn derartige Einstellungen den Menschen

φήσεσθαι ἀνθρώποις καὶ ἔμμονοι ἔσεσθαι, πρῶτον μὲν νόμους
ὑπάρξαι δεῖ τοιούτους δι' ὧν τοῖς μὲν ἀγαθοῖς ἔντιμος
καὶ ἐλευθέριος ὁ βίος παρασκευασθήσεται, τοῖς δὲ κακοῖς
ταπεινός τε καὶ ἀλγεινὸς καὶ ἀβίωτος ὁ αἰὼν ἐπανακείσε-
ται; 53 Ἔπειτα διδασκάλους, οἶμαι, δεῖ καὶ ἄρχοντας
ἐπὶ τούτοις γενέσθαι οἵ τινες δείξουσί τε ὀρθῶς καὶ διδά-
ξουσι καὶ ἐθιοῦσι ταῦτα δρᾶν, ἕως ἂν ἐγγένηται αὐτοῖς
τοὺς μὲν ἀγαθοὺς καὶ εὐκλεεῖς εὐδαιμονεστάτους τῷ
ὄντι νομίζειν, τοὺς δὲ κακοὺς καὶ δυσκλεεῖς ἀθλιωτάτους
ἁπάντων ἡγεῖσθαι. Οὕτω γὰρ δεῖ διατεθῆναι τοὺς μέλλοντας τοῦ ἀπὸ τῶν πολεμίων φόβου τὴν μάθησιν κρείττονα
παρέξεσθαι. 54 Εἰ δέ τοι ἰόντων εἰς μάχην σὺν ὅπλοις,
ἐν ᾧ πολλοὶ καὶ τῶν παλαιῶν μαθημάτων ἐξίστανται,
ἐν τούτῳ δυνήσεταί τις ἀπορραψῳδήσας παραχρῆμα
ἄνδρας πολεμικοὺς ποιῆσαι, πάντων ἂν ῥᾷστον εἴη καὶ
μαθεῖν καὶ διδάξαι τὴν μεγίστην τῶν ἐν ἀνθρώποις ἀρετήν.
55 Ἐπεὶ ἔγωγ', ἔφη, οὐδ' ἂν τούτοις ἐπίστευον ἐμμό-
νοις ἔσεσθαι οὓς νῦν ἔχοντες παρ' ἡμῖν αὐτοῖς ἠσκοῦμεν,
εἰ μὴ καὶ ὑμᾶς ἑώρων παρόντας, οἳ καὶ παράδειγμα αὐτοῖς
ἔσεσθε οἵους χρὴ εἶναι καὶ ὑποβάλλειν δυνήσεσθε, ἤν τι
ἐπιλανθάνωνται. Τοὺς δ' ἀπαιδεύτους παντάπασιν ἀρετῆς
θαυμάζοιμ' ἄν, ἔφη, ὦ Χρυσάντα, εἴ τι πλέον ἂν ὠφελήσειε
λόγος καλῶς ῥηθεὶς εἰς ἀνδραγαθίαν ἢ τοὺς ἀπαιδεύτους
μουσικῆς ᾆσμα καλῶς ᾀσθὲν εἰς μουσικήν.

56 Οἱ μὲν τοιαῦτα διελέγοντο. Ὁ δὲ Κυαξάρης πάλιν
πέμπων ἔλεγεν ὅτι ἐξαμαρτάνοι διατρίβων καὶ οὐκ ἄγων
ὡς τάχιστα ἐπὶ τοὺς πολεμίους. Καὶ ὁ Κῦρος ἀπεκρίνατο
δὴ τότε τοῖς ἀγγέλοις· Ἀλλ' εὖ μὲν ἴστω, ἔφη, ὅτι οὔπω εἰσὶν

eingeprägt und von bleibender Wirkung sein sollen, ist es dann
nicht erforderlich, daß zunächst entsprechende Gesetze vorhanden sind, mit deren Hilfe den Tapferen ein ehrenvolles und
würdiges Leben gewährleistet ist, den Feigen hingegen ein unbedeutendes kummervolles und nicht lebenswertes Dasein
auferlegt wird? (53) Sodann glaube ich, daß es dafür Lehrer
und führende Persönlichkeiten geben muß, die den Menschen
richtig zeigen, sie lehren und daran gewöhnen, in diesem Sinne
zu handeln, bis es ihnen selbstverständlich ist, die Guten und
Hochgeachteten für die wirklich glücklichsten Menschen zu
halten, die Schlechten und Unbedeutenden als die unglück-
lichsten aller Menschen anzusehen. So nämlich müssen diejeni-
nigen eingestellt sein, die beweisen wollen, daß ihr Wissen
stärker ist als die Furcht vor dem Feind. (54) Falls aber jemand in der Lage wäre, wenn ein bewaffneter Kampf bevorsteht, wo viele Menschen sogar ihre vor langer Zeit erworbenen Kenntnisse vergessen, die Männer durch einen einfachen
Lehrvortrag auf Anhieb kampfbereit zu machen, dann wäre
die höchste der menschlichen Tugenden am allerleichtesten zu
lernen und zu lehren. (55) Denn ich würde nicht einmal diejenigen für unbedingt zuverlässig halten, die wir jetzt bei uns
haben und selbst ausbilden konnten, wenn ich nicht auch euch
an unserer Seite sähe, die ihr ihnen ein Beispiel dafür geben
werdet, wie sie sein müssen, und sie daran erinnern könnt,
falls sie es vergessen sollten. Ich würde mich aber sehr wundern, Chrysantas, wenn die Männer, die überhaupt noch keine
Ausbildung in Tapferkeit bekommen haben, durch eine schön
gesprochene Rede eher zur Tapferkeit veranlaßt werden könnten als die musikalisch Ungebildeten durch ein schön gesunge-
nes Lied zur Beherrschung der Musenkunst."

(56) Das waren die Worte, die Kyros und Chrysantas aus-
tauschten. Kyaxares aber schickte erneut Boten zu Kyros und
ließ ihm sagen, er begehe einen Fehler, wenn er warte und die
Feinde nicht so schnell wie möglich angreife. Kyros antwortete
daraufhin den Boten: „Er soll aber genau wissen, daß noch
nicht so viele Feinde aus dem Lager ausgerückt sind, wie es

ἔξω ὅσους δεῖ · καὶ ταῦτα ἀπαγγέλλετε αὐτῷ ἐν ἅπασιν ·
ὅμως δέ, ἐπεὶ ἐκείνῳ δοκεῖ, ἄξω ἤδη. 57 Ταῦτ' εἰπὼν
καὶ προσευξάμενος τοῖς θεοῖς ἐξῆγε τὸ στράτευμα. Ὡς
δ' ἤρξατο ἄγειν, ἤδη θᾶττον ἡγεῖτο, οἱ δ' εἵποντο εὐτάκτως μὲν διὰ τὸ ἐπίστασθαί τε καὶ μεμελετηκέναι ἐν
τάξει πορεύεσθαι, ἐρρωμένως δὲ διὰ τὸ φιλονίκως ἔχειν
πρὸς ἀλλήλους καὶ διὰ τὸ τὰ σώματα ἐκπεπονῆσθαι
καὶ διὰ τὸ πάντας ἄρχοντας τοὺς πρωτοστάτας εἶναι,
ἡδέως δὲ διὰ τὸ φρονίμως ἔχειν · ἠπίσταντο γὰρ καὶ
ἐκ πολλοῦ οὕτως ἐμεμαθήκεσαν ἀσφαλέστατον εἶναι καὶ
ῥᾷστον τὸ ὁμόσε ἰέναι τοῖς πολεμίοις, ἄλλως τε καὶ
τοξόταις καὶ ἀκοντισταῖς καὶ ἱππεῦσιν. 58 Ἕως δ' ἔτι
ἔξω βελῶν ἦσαν, παρηγγύα ὁ Κῦρος σύνθημα Ζεὺς σύμμα-
χος καὶ ἡγεμών. Ἐπεὶ δὲ πάλιν ἧκε τὸ σύνθημα ἀνταπο-
διδόμενον, ἐξῆρχεν αὖ Διοσκόροις παιᾶνα τὸν νομιζό-
μενον · οἱ δὲ θεοσεβῶς πάντες συνεπήχησαν μεγάλῃ τῇ
φωνῇ · ἐν τῷ τοιούτῳ γὰρ δὴ οἱ δεισιδαίμονες ἧττον τοὺς
ἀνθρώπους φοβοῦνται. 59 Ἐπεὶ δ' ὁ παιὰν ἐγένετο,
ἅμα πορευόμενοι οἱ ὁμότιμοι φαιδροὶ [πεπαιδευμένοι]
καὶ παρορῶντες εἰς ἀλλήλους, ὀνομάζοντες παραστάτας,
ἐπιστάτας, λέγοντες πολὺ τὸ Ἄγετ' ἄνδρες φίλοι, Ἄγετ'
ἄνδρες ἀγαθοί, παρεκάλουν ἀλλήλους ἕπεσθαι. Οἱ δ' ὄπισθεν αὐτῶν ἀκούσαντες ἀντιπαρεκελεύοντο τοῖς πρώτοις
ἡγεῖσθαι ἐρρωμένως. Ἦν δὲ μεστὸν τὸ στράτευμα τῷ
Κύρῳ προθυμίας, φιλοτιμίας, ῥώμης, θάρρους, παρακε-
λευσμοῦ, σωφροσύνης, πειθοῦς, ὅπερ οἶμαι δεινότατον
τοῖς ὑπεναντίοις.

60 Τῶν δ' Ἀσσυρίων οἱ μὲν ἀπὸ τῶν ἁρμάτων προ-
μαχοῦντες, ὡς ἐγγὺς ἤδη προσεμίγνυε τὸ Περσικὸν
πλῆθος, ἀνέβαινον ἐπὶ τὰ ἅρματα καὶ ἀνεχώρουν πρὸς
τὸ ἑαυτῶν πλῆθος · οἱ δὲ τοξόται καὶ ἀκοντισταὶ καὶ

nötig ist. Richtet ihm diese Worte aus, während alle anderen dabei sind. Dennoch werde ich jetzt angreifen, da er es für richtig hält." (57) Darauf betete er zu den Göttern und ließ das Heer abmarschieren. Nach dem Abmarsch setzte er sich sofort an die Spitze. Die Soldaten folgten ihm in guter Ordnung, weil sie gründlich darin ausgebildet waren, in Reih und Glied zu marschieren. Sie folgten ihm mit Mut und Entschlossenheit, weil sie ehrgeizig waren und sich gegenseitig übertreffen wollten, weil sie sich an körperliche Anstrengungen gewöhnt hatten und weil alle ihre Befehlshaber an der Spitze standen. Sie folgten ihm gern, weil sie vernünftig und besonnen waren. Sie wußten nämlich aus langer Erfahrung, daß es sehr sicher und leicht war, den Kampf mit den Feinden aufzunehmen, vor allem mit Unterstützung von Bogenschützen, Lanzenträgern und Reitern. (58) Solange sie noch nicht in Schußweite waren, gab Kyros die Losung aus: „Zeus, unser Bundesgenosse und Führer." Als die Losung weitergegeben und wieder zu ihm zurückgekommen war, stimmte Kyros den üblichen Kriegsgesang zu Ehren der Dioskuren an. Alle sangen andächtig und mit lauter Stimme mit. Denn in einer solchen Stimmung haben Menschen, die die Götter fürchten, weniger Angst vor den Menschen. (59) Nachdem der Kriegsgesang verklungen war, marschierten die Homotimen fröhlichen Herzens los und sahen sich dabei gegenseitig an, nannten ihre Nebenmänner und Hintermänner beim Namen, riefen häufig „Vorwärts, Kameraden, vorwärts, tapfere Männer" und ermunterten sich gegenseitig zu folgen. Diejenigen, die hinterher kamen, hörten sie und riefen den ersten zu, sie sollten mutig vorangehen. Kyros' Heer war erfüllt von Kampfbereitschaft, Ehrgeiz, Kraft, Mut, gegenseitiger Ermunterung, Besonnenheit und Gehorsam, was, wie ich meine, am gewaltigsten auf den Gegner wirkt.

(60) Die Assyrer, die in vorderster Linie bei ihren Wagen kämpfen sollten, sprangen auf ihre Wagen, als das persische Heer schon ganz nahe herangerückt war, und zogen sich zu ihrer Streitmacht zurück. Die Bogenschützen, Lanzenträger

σφενδονῆται αὐτῶν ἀφίεσαν τὰ βέλη πολὺ πρὶν ἐξικ
νεῖσθαι. 61 Ὡς δ᾽ ἐπιόντες οἱ Πέρσαι ἐπέβησαν τῶν
ἀφειμένων βελῶν, ἐφθέγξατο δὴ ὁ Κῦρος · Ἄνδρες ἄριστοι,
ἤδη θᾶττόν τις ἰὼν ἐπιδεικνύτω ἑαυτὸν καὶ παρεγγυάτω.
Οἱ μὲν δὴ παρεδίδοσαν · ὑπὸ δὲ προθυμίας καὶ μένους
καὶ τοῦ σπεύδειν συμμεῖξαι δρόμου τινὲς ἦρξαν, συνεφεί
πετο δὲ καὶ πᾶσα ἡ φάλαγξ δρόμῳ. 62 Καὶ αὐτὸς δὲ
ὁ Κῦρος ἐπιλαθόμενος τοῦ βάδην δρόμῳ ἡγεῖτο καὶ ἅμα
ἐφθέγγετο · Τίς ἕψεται; Τίς ἀγαθός; Τίς ἄνδρα πρῶτος
καταβαλεῖ; Οἱ δὲ ἀκούσαντες ταὐτὸ τοῦτο ἐφθέγγοντο,
καὶ διὰ πάντων δὲ ὥσπερ παρηγγύῃ οὕτως ἐχώρει · Τίς
ἕψεται; Τίς ἀγαθός; 63 Οἱ μὲν δὴ Πέρσαι οὕτως
ἔχοντες ὁμόσε ἐφέροντο. Οἳ γε μὴν πολέμιοι οὐκέτι
ἐδύναντο μένειν, ἀλλὰ στραφέντες ἔφευγον εἰς τὸ ἔρυμα.
64 Οἱ δ᾽ αὖ Πέρσαι κατὰ τὰς εἰσόδους ἐφεπόμενοι
ὠθουμένων αὐτῶν πολλοὺς κατεστρώννυσαν, τοὺς δ᾽ εἰς
τὰς τάφρους ἐμπίπτοντας ἐπεισπηδῶντες ἐφόνευον ἄν
δρας ὁμοῦ καὶ ἵππους · ἔνια γὰρ τῶν ἁρμάτων εἰς τὰς
τάφρους ἠναγκάσθη φεύγοντα ἐμπεσεῖν. 65 Καὶ οἱ τῶν
Μήδων δ᾽ ἱππεῖς ὁρῶντες ταῦτα ἤλαυνον εἰς τοὺς ἱππέας
τοὺς τῶν πολεμίων · οἱ δ᾽ ἐνέκλιναν καὶ αὐτοί. Ἔνθα δὴ
καὶ ἵππων διωγμὸς ἦν καὶ ἀνδρῶν, καὶ φόνος δὲ ἀμφο
τέρων. 66 Οἱ δ᾽ ἐντὸς τοῦ ἐρύματος τῶν Ἀσσυρίων
ἑστηκότες ἐπὶ τῆς κεφαλῆς τῆς τάφρου τοξεύειν μὲν καὶ
ἀκοντίζειν εἰς τοὺς ἀποκτείνοντας οὔτε ἐφρόνουν οὔτε
ἐδύναντο διά τε τὰ δεινὰ ὁράματα καὶ διὰ τὸν φόβον.
Τάχα δὲ καὶ καταμαθόντες τῶν Περσῶν τινας διακεκο
φότας πρὸς τὰς εἰσόδους τοῦ ἐρύματος ἐτράποντο καὶ
ἀπὸ τῶν κεφαλῶν τῶν ἔνδον. 67 Ἰδοῦσαι δ᾽ αἱ γυναῖκες
τῶν Ἀσσυρίων καὶ τῶν συμμάχων ἤδη φυγὴν καὶ ἐν τῷ

und Schleuderer der Assyrer schossen ihre Waffen ab, lange bevor sie ihre Ziele erreichen konnten. (61) Als die angreifenden Perser über die abgeschossenen Pfeile und Lanzen hinwegstiegen, rief Kyros ihnen zu: „Tapfere Männer, jetzt soll jeder einzelne für sich noch schneller vorgehen und diese Aufforderung als Losung weitergeben." Sie gaben die Losung weiter. Von Eifer und Kampfesmut gepackt und von dem Verlangen getrieben, mit dem Gegner zusammenzutreffen, fingen einige an zu laufen, und das ganze Heer folgte ihnen im Laufschritt. (62) Auch Kyros selbst konnte nicht mehr langsam gehen, lief voran und rief zugleich: „Wer will mir folgen? Wer ist ein tapferer Mann? Wer wird als erster einen Feind erschlagen?" Als sie diese Worte gehört hatten, riefen sie dasselbe, und überall ertönte dieser Ruf wie eine Losung: „Wer will mir folgen? Wer ist ein tapferer Mann?" (63) In dieser Hochstimmung warfen sich die Perser in die Schlacht. Die Feinde konnten nicht mehr standhalten, sondern machten kehrt und flohen hinter ihre Verschanzung. (64) Die Perser aber setzten ihnen bis zu den Eingängen nach und stießen im Handgemenge viele zu Boden. Dann sprangen sie auf diejenigen, die in den Graben gefallen waren, und machten sie nieder, Männer und Pferde zugleich. Einige Wagen waren nämlich auf der Flucht abgedrängt worden und in den Graben gestürzt. (65) Als die medischen Reiter dies sahen, griffen sie die gegnerischen Reiter an. Auch diese wandten sich zur Flucht. Dann verfolgte man Pferde und Männer, und beide wurden niedergemacht. (66) Die Assyrer, die innerhalb der Verschanzung auf der Höhe des Grabens standen, dachten nicht daran, ihre Pfeile auf die mordenden Gegner abzuschießen oder ihre Speere zu schleudern, und sie waren auch nicht dazu in der Lage, weil der Anblick so schrecklich war und sie Angst hatten. Kurz darauf sahen sie, daß sich einige Perser bis zu den Eingängen der Verschanzung durchgekämpft hatten, und flohen auch von den Rändern des Grabens innerhalb der Verschanzung. (67) Als die Frauen der Assyrer und ihrer Verbündeten die allgemeine Flucht sogar innerhalb des Lagers sahen, schrien sie laut und liefen angster-

στρατοπέδῳ ἀνέκραγον καὶ ἔθεον ἐκπεπληγμέναι, αἱ μὲν
καὶ τέκνα ἔχουσαι, αἱ δὲ καὶ νεώτεραι καταρρηγνύμεναί
τε πέπλους καὶ δρυπτόμεναι, καὶ ἱκετεύουσαι πάντας ὅτῳ
ἐντυγχάνοιεν μὴ φεύγειν καταλιπόντας αὐτάς, ἀλλ' ἀμῦναι
καὶ τέκνοις καὶ ἑαυταῖς καὶ σφίσιν αὐτοῖς. 68 Ἔνθα δὴ
καὶ αὐτοὶ οἱ βασιλεῖς σὺν τοῖς πιστοτάτοις στάντες ἐπὶ
τὰς εἰσόδους καὶ ἀναβάντες ἐπὶ τὰς κεφαλὰς καὶ αὐτοὶ
ἐμάχοντο καὶ τοῖς ἄλλοις παρεκελεύοντο. 69 Ὡς δ' ἔγνω
ὁ Κῦρος τὸ γιγνόμενον, δείσας μὴ εἰ καὶ βιάσαιντο εἴσω,
ὀλίγοι ὄντες ὑπὸ πολλῶν σφαλεῖέν τι, παρηγγύησεν ἐπὶ
πόδ' ἀνάγειν ἔξω βελῶν καὶ πείθεσθαι. 70 Ἔνθα δὴ
ἔγνω τις ἂν τοὺς ὁμοτίμους πεπαιδευμένους ὡς δεῖ·
ταχὺ μὲν γὰρ αὐτοὶ ἐπείθοντο, ταχὺ δὲ τοῖς ἄλλοις παρήγγελλον. Ὡς δ' ἔξω βελῶν ἐγένοντο, ἔστησαν κατὰ
χώραν, πολὺ μᾶλλον χοροῦ ἀκριβῶς εἰδότες ὅπου ἔδει
ἕκαστον γενέσθαι.

füllt umher. Einige hatten ihre Kinder bei sich, einige, die noch jünger waren, zerrissen ihre Kleider, zerkratzten sich ihre Gesichter und flehten jeden an, auf den sie trafen, nicht zu fliehen und sie zurückzulassen, sondern ihre Kinder, ihre Frauen und sich selbst zu verteidigen. (68) Da stellten sich die Könige selbst mit ihren Getreuesten an die Zugänge, stiegen auf die Wälle, nahmen den Kampf wieder auf und feuerten die übrigen an. (69) Als Kyros erkannte, was geschah, befürchtete er, daß seine Leute, wenn sie in die Verschanzung einbrächen, der Übermacht der Feinde aufgrund ihrer geringen Zahl nicht gewachsen seien. Deshalb befahl er ihnen, sich langsam aus der Reichweite der feindlichen Geschosse zurückzuziehen und seinen Weisungen unverzüglich zu folgen. (70) Da konnte man sehen, daß die Homotimen so ausgebildet waren, wie es erforderlich war: Denn sie gehorchten sofort und erteilten den anderen auf der Stelle ihre Befehle. Als sie außer Schußweite waren, bezogen sie wieder Stellung, und es gelang ihnen noch viel besser als einer Gruppe von Tänzern auf der Bühne, weil sie genau wußten, wo jeder einzelne von ihnen zu stehen hatte.

ΚΥΡΟΥ ΠΑΙΔΕΙΑ Δ'

I

1 Μείνας δὲ ὁ Κῦρος μέτριον χρόνον αὐτοῦ σὺν τῷ στρατεύματι καὶ δηλώσας ὅτι ἕτοιμοί εἰσι μάχεσθαι εἴ τις ἐξέρχεται, ὡς οὐδεὶς ἀντεξῄει, ἀπήγαγεν ὅσον ἐδόκει καλῶς ἔχειν καὶ ἐστρατοπεδεύσατο. Φυλακὰς δὲ καταστησάμενος καὶ σκοποὺς προπέμψας, στὰς εἰς τὸ μέσον συνεκάλεσε τοὺς ἑαυτοῦ στρατιώτας καὶ ἔλεξε τοιάδε· **2** Ἄνδρες Πέρσαι, πρῶτον μὲν τοὺς θεοὺς ἐγώ τε ἐπαινῶ ὅσον δύναμαι, καὶ ὑμεῖς δὲ πάντες, οἶμαι· νίκης τε γὰρ τετυχήκαμεν καὶ σωτηρίας. Τούτων μὲν οὖν χρὴ χαριστήρια ὧν ἂν ἔχωμεν τοῖς θεοῖς ἀποτελεῖν. Ἐγὼ δὲ σύμπαντας μὲν ὑμᾶς ἤδη ἐπαινῶ· τὸ γὰρ γεγενημένον ἔργον σύμπασιν ὑμῖν καλὸν ἀποτετέλεσται· ὧν δ' ἕκαστος ἄξιος, ἐπειδὰν παρ' ὧν προσήκει πύθωμαι, τότε τὴν ἀξίαν ἑκάστῳ καὶ λόγῳ καὶ ἔργῳ πειράσομαι ἀποδιδόναι. **3** Τὸν δ' ἐμοῦ ἐγγυτάτω ταξίαρχον Χρυσάνταν οὐδὲν παρ' ἄλλων δέομαι πυνθάνεσθαι, ἀλλ' αὐτὸς οἶδα οἷος ἦν· τὰ μὲν γὰρ ἄλλα ὅσαπερ οἶμαι καὶ πάντες ὑμεῖς ἐποίει· ἐπεὶ δ' ἐγὼ παρηγγύησα ἐπανάγειν καλέσας αὐτὸν ὀνομαστί, ἀνατεταμένος οὗτος τὴν μάχαιραν ὡς παίσων πολέμιον ὑπήκουσέ τε ἐμοὶ εὐθὺς καὶ ἀφεὶς ὃ ἔμελλε ποιεῖν τὸ κελευόμενον ἔπραττεν· αὐτός τε γὰρ ἐπανῆγε καὶ τοῖς ἄλλοις μάλα ἐπισπερχῶς παρηγγύα· ὥστ' ἔφθασεν ἔξω βελῶν τὴν τάξιν ποιήσας πρὶν τοὺς πολεμίους κατανοῆσαί τε ὅτι ἀνεχωροῦμεν καὶ

VIERTES BUCH

I.

(1) Kyros blieb nun mit seinem Heer einige Zeit dort. Er bewies damit, daß sie bereit waren zu kämpfen, falls jemand ausbrechen sollte. Als aber niemand einen Ausbruch unternahm, zog er sich so weit zurück, wie es ihm richtig erschien, und ließ ein Lager anlegen. Dann stellte er Wachen auf und schickte Kundschafter aus. Darauf begab er sich in die Mitte des Lagers, rief seine Soldaten zusammen und hielt folgende Rede: (2) „Perser, zuerst preise ich die Götter, so gut ich kann, und ich meine, ihr alle tut dasselbe. Denn wir haben einen Sieg errungen und sind in Sicherheit. Dafür müssen wir von allem, was wir besitzen, den Göttern Dankopfer darbringen. Ich spreche aber auch euch allen in dieser Stunde mein Lob aus. Denn ihr alle habt diese Leistung gemeinsam vollbracht. Sobald ich von den dafür zuständigen Leuten erfahre, welche Verdienste sich jeder einzelne von euch erworben hat, werde ich versuchen, jedem die ihm zustehende Belohnung durch Wort und Tat zukommen zu lassen. (3) Über den Taxiarchen Chrysantas aus meiner nächsten Umgebung brauche ich niemand anders zu befragen, vielmehr habe ich selbst gesehen, was für ein Mann er ist. Was seine sonstigen Leistungen betrifft, so tat er das, was ihr alle, wie ich meine, auch getan habt. Als ich aber den Befehl zum Rückzug gab und ihn bei seinem Namen rief, da gehorchte er mir auf der Stelle, obwohl er gerade sein Schwert erhoben hatte, um einen Feind zu treffen, gab seine Absicht auf und führte meinen Befehl aus. Er zog sich nämlich zurück und gab den übrigen unverzüglich den entsprechenden Befehl. So brachte er seine Abteilung außer Schußweite, ehe die Feinde bemerkten, daß wir uns zurückzo-

τόξα ἐντείνασθαι καὶ τὰ παλτὰ ἐπαφεῖναι · ὥστε αὐτός
τε ἀβλαβὴς καὶ τοὺς ἑαυτοῦ ἄνδρας ἀβλαβεῖς διὰ τὸ πείθεσθαι παρέχεται. 4 Ἄλλους δ', ἔφη, ὁρῶ τετρωμένους, περὶ ὧν ἐγὼ σκεψάμενος ἐν ὁποίῳ χρόνῳ ἐτρώθη-
σαν, τότε τὴν γνώμην περὶ αὐτῶν ἀποφανοῦμαι. Χρυσάνταν δὲ ὡς καὶ ἐργάτην τῶν πολεμικῶν καὶ φρόνιμον καὶ
ἄρχεσθαι ἱκανὸν καὶ ἄρχειν χιλιαρχίᾳ μὲν ἤδη τιμῶ ·
ὅταν δὲ καὶ ἄλλο τι ἀγαθὸν ὁ θεὸς δῷ, οὐδὲ τότε ἐπιλήσομαι αὐτοῦ. 5 Καὶ πάντας δὲ βούλομαι ὑμᾶς, ἔφη,
ὑπομνῆσαι · ἃ γὰρ νῦν εἴδετε ἐν τῇ μάχῃ τῇδε, ταῦτα
ἐνθυμούμενοι μήποτε παύεσθε, ἵνα παρ' ὑμῖν αὐτοῖς
αἰεὶ κρίνητε πότερον ἡ ἀρετὴ μᾶλλον ἢ ἡ φυγὴ σῴζει
τὰς ψυχὰς καὶ πότερον οἱ μάχεσθαι ἐθέλοντες ῥᾷον
ἀπαλλάττουσιν ἢ οἱ οὐκ ἐθέλοντες, καὶ ποίαν τινὰ ἡδονὴν τὸ νικᾶν παρέχει · ταῦτα γὰρ νῦν ἄριστ' ἂν κρίναιτε
πεῖράν τε αὐτῶν ἔχοντες καὶ ἄρτι γεγενημένου τοῦ πράγματος. 6 Καὶ ταῦτα μέν, ἔφη, ἀεὶ διανοούμενοι βελτίους ἂν εἴητε · νῦν δὲ ὡς καὶ θεοφιλεῖς καὶ ἀγαθοὶ καὶ
σώφρονες ἄνδρες δειπνοποιεῖσθε καὶ σπονδὰς τοῖς θεοῖς
ποιεῖσθε καὶ παιᾶνα ἐξάρχετε καὶ ἅμα τὸ παραγγελλόμενον προνοεῖτε. 7 Εἰπὼν δὲ ταῦτα ἀναβὰς ἐπὶ τὸν
ἵππον ἤλασε καὶ πρὸς Κυαξάρην ἐλθὼν καὶ συνησθεὶς
ἐκείνῳ κοινῇ, ὡς εἰκός, καὶ ἰδὼν τἀκεῖ καὶ ἐρόμενος εἴ τι
δέοιτο, ἀπήλαυνεν εἰς τὸ ἑαυτοῦ στράτευμα. Καὶ οἱ μὲν
δὴ ἀμφὶ Κῦρον δειπνοποιησάμενοι καὶ φυλακὰς καταστησάμενοι ὡς ἔδει ἐκοιμήθησαν.

8 Οἱ δὲ Ἀσσύριοι, ἅτε καὶ τεθνηκότος τοῦ ἄρχοντος
καὶ σχεδὸν σὺν αὐτῷ τῶν βελτίστων, ἠθύμουν μὲν πάντες,
πολλοὶ δὲ καὶ ἀπεδίδρασκον αὐτῶν τῆς νυκτὸς ἐκ τοῦ
στρατοπέδου. Ὁρῶντες δὲ ταῦτα ὅ τε Κροῖσος καὶ οἱ
ἄλλοι σύμμαχοι αὐτῶν ἠθύμουν · πάντα μὲν γὰρ ἦν
χαλεπά · ἀθυμίαν δὲ πλείστην παρεῖχε πᾶσιν ὅτι τὸ

gen, und ihre Bogen spannen und ihre Speere schleudern
konnten. Daher blieb er selbst unversehrt und brachte seine
Männer unversehrt zurück, weil er meinen Befehl befolgte.
(4) Andere aber sehe ich, die verwundet sind. Sobald ich erfahre, zu welchem Zeitpunkt sie verwundet wurden, werde ich
meine Meinung über sie äußern. Chrysantas aber befördere
ich jetzt zum Chiliarchen, weil er ein tüchtiger Soldat und ein
besonnener Mann ist, der gehorchen und befehlen kann. Ich
werde ihn aber auch dann nicht vergessen, wenn uns die Gottheit noch weiter gnädig ist. (5) Ich wünsche mir auch, daß ihr
alle folgendes beherzigt: Vergeßt niemals, was ihr jetzt in diesem Kampf gesehen habt, damit ihr in jeder Situation selbständig entscheiden könnt, ob das Leben eher durch Tapferkeit
oder durch Flucht zu retten ist, ob man leichter davonkommt,
wenn man den Kampf aufnimmt oder wenn man darauf verzichtet, und schließlich wie groß die Freude ist, die der Sieg
gewährt. Das könnt ihr jetzt nämlich am besten beurteilen, da
ihr es ausprobiert habt und die Erinnerung an das Ereignis
noch frisch ist. (6) Wenn ihr dies stets beherzigt, dann könntet
ihr noch tüchtiger sein. Jetzt aber nehmt in dem Bewußtsein,
daß euch die Götter lieben und daß ihr tapfere und besonnene
Männer seid, eure Mahlzeit ein, bringt den Göttern Trankopfer dar, stimmt den Päan an und haltet euch zugleich bereit,
weitere Befehle auszuführen." (7) Nach diesen Worten stieg
er auf sein Pferd und ritt zu Kyaxares. Nachdem sie sich, wie
zu erwarten, gegenseitig gratuliert hatten, ließ er sich über die
dortige Lage unterrichten und fragte Kyaxares, ob er irgendwelche Wünsche habe. Darauf kehrte er zu seinem Heer zurück. Kyros' Leute aßen zu Abend, teilten die erforderlichen
Wachen ein und legten sich zur Ruhe.

(8) Alle Assyrer aber waren völlig verzweifelt, weil ihr König gefallen war und mit ihm fast alle ihre besten Kämpfer.
Viele von ihnen verließen sogar heimlich bei Nacht das Lager.
Als aber Kroisos und die anderen Verbündeten dies bemerkten, verloren auch sie ihren Mut. Die Lage war nämlich in
jeder Hinsicht kritisch. Der Hauptgrund für die allgemeine

ἡγούμενον τῆς στρατιᾶς φῦλον διέφθαρτο τὰς γνώμας.
Οὕτω δὴ ἐκλείπουσι τὸ στρατόπεδον καὶ ἀπέρχονται
τῆς νυκτός.

9 Ὡς δ' ἡμέρα ἐγένετο καὶ ἔρημον ἀνδρῶν ἐφάνη τὸ
τῶν πολεμίων στρατόπεδον, εὐθὺς διαβιβάζει ὁ Κῦρος
τοὺς Πέρσας πρώτους· κατελέλειπτο δὲ ὑπὸ τῶν πολεμίων πολλὰ μὲν πρόβατα, πολλοὶ δὲ βόες, πολλαὶ δὲ
ἅμαξαι πολλῶν ἀγαθῶν μεσταί· ἐκ δὲ τούτου διέβαινον
ἤδη καὶ οἱ ἀμφὶ Κυαξάρην Μῆδοι πάντες καὶ ἠριστο-
ποιοῦντο ἐνταῦθα. 10 Ἐπεὶ δὲ ἠρίστησαν, συνεκάλεσεν ὁ Κῦρος τοὺς ἑαυτοῦ ταξιάρχους καὶ ἔλεξε τοιάδε·
Οἷά μοι δοκοῦμεν καὶ ὅσα ἀγαθά, ὦ ἄνδρες, ἀφεῖναι,
θεῶν ἡμῖν αὐτὰ διδόντων. Νῦν γὰρ ὅτι μὲν οἱ πολέμιοι
φοβούμενοι ἡμᾶς ἀποδεδράκασιν αὐτοὶ ὁρᾶτε· οἵτινες
δὲ ἐν ἐρύματι ὄντες ἐκλιπόντες τοῦτο φεύγουσι, πῶς ἄν
τις τούτους οἴοιτ' ἂν μεῖναι ἰδόντας ἡμᾶς ἐν τῷ ἰσοπέδῳ;
Οἵτινες δὲ ἡμῶν ἄπειροι ὄντες οὐχ ὑπέμειναν, πῶς νῦν
γ' ἂν ὑπομείνειαν, ἐπεὶ ἥττηνταί τε καὶ πολλὰ κακὰ
ὑφ' ἡμῶν πεπόνθασιν; Ὦν δὲ οἱ βέλτιστοι ἀπολώλασι,
πῶς οἱ φαυλότεροι ἐκείνων μάχεσθαι ἂν ἡμῖν ἐθέλοιεν;
Καί τις εἶπε· 11 Τί οὖν οὐ διώκομεν ὡς τάχιστα,
καταδήλων γε οὕτω τῶν ἀγαθῶν ὄντων; Καὶ ὃς εἶπεν·
Ὅτι ἵππων προσδεόμεθα· οἱ μὲν γὰρ κράτιστοι τῶν
πολεμίων, οὓς μάλιστα καιρὸς ἦν ἢ λαβεῖν ἢ κατακτεῖναι,
οὗτοι ἐφ' ἵππων ἔσονται· οὓς ἡμεῖς τρέπεσθαι μὲν σὺν
τοῖς θεοῖς ἱκανοί, διώκοντες δὲ αἱρεῖν οὐχ ἱκανοί. 12 Τί
οὖν, ἔφασαν, οὐκ ἐλθὼν Κυαξάρῃ λέγεις ταῦτα; Καὶ ὃς
εἶπε· Συνέπεσθε τοίνυν μοι πάντες, ὡς εἰδῇ ὅτι πᾶσιν
ἡμῖν ταῦτα δοκεῖ. Ἐκ τούτου εἵποντό τε πάντες καὶ
ἔλεγον οἷα ἐπιτήδεια ἐδόκουν εἶναι ὑπὲρ ὧν ἐδέοντο.

Verzweiflung aber war die Tatsache, daß die Führung des Heeres den Kopf verloren hatte. Deshalb verließen sie das Lager und zogen noch in der Nacht ab.

(9) Als es Tag wurde und die Feinde ihr Lager offensichtlich verlassen hatten, ließ Kyros sofort die Perser als erste hineinmarschieren. Die Feinde hatten viele Schafe, Rinder und Wagen mit zahlreichen Gütern zurückgelassen. Darauf zogen auch alle Meder mit Kyaxares in das Lager ein und nahmen dort ihr Frühstück zu sich. (10) Als sie gefrühstückt hatten, rief Kyros seine Taxiarchen zu sich und sagte folgendes zu ihnen: „Welche Chancen haben wir uns doch, wie mir scheint, entgehen lassen, meine Freunde, obwohl die Götter sie uns boten. Denn jetzt könnt ihr selbst sehen, daß die Feinde aus Furcht vor uns geflohen sind. Wie könnte jemand annehmen, daß Menschen, die ihre befestigte Stellung verlassen und fliehen, standhalten, wenn sie uns auf offenem Feld sähen? Wie könnten diejenigen, die nicht standhielten, ohne uns zu kennen, jetzt standhalten, nachdem sie eine Niederlage hinnehmen mußten und von uns schwer geschlagen wurden? Wie wäre es möglich, nachdem sie ihre besten Leute verloren haben, daß ihre erbärmlichen Reste mit uns noch kämpfen wollten?" Jemand fragte daraufhin: (11) „Warum nehmen wir denn nicht so schnell wie möglich die Verfolgung auf, da die Dinge doch offensichtlich so gut stehen?" Kyros erwiderte: „Weil wir keine Pferde haben. Die schlagkräftigsten Teile des feindlichen Heeres, die entweder gefangenzunehmen oder zu vernichten besonders angebracht wäre, werden über Pferde verfügen. Wir sind zwar in der Lage, diese mit Hilfe der Götter in die Flucht zu schlagen. Ihre Verfolgung aber können wir nicht aufnehmen, um ihrer habhaft zu werden." (12) Einige fragten Kyros: „Warum gehst du nicht zu Kyaxares und erklärst ihm das?" Kyros gab zur Antwort: „Dann müßt ihr mich alle begleiten, damit er weiß, daß wir alle dieselbe Ansicht vertreten." Daraufhin folgten sie ihm alle und besprachen, wie sie vorgehen wollten, um ihr Ziel zu erreichen.

13 Καὶ ὁ Κυαξάρης ἅμα μὲν ὅτι ἐκεῖνοι ἦρχον τοῦ λόγου, ὥσπερ ὑπεφθόνει· ἅμα δ' ἴσως καλῶς ἔχειν ἐδόκει αὐτῷ μὴ πάλιν κινδυνεύειν· καὶ γὰρ αὐτός τε περὶ εὐθυμίαν ἐτύγχανεν ὢν καὶ τῶν ἄλλων Μήδων ἑώρα πολλοὺς τὸ αὐτὸ τοῦτο ποιοῦντας· εἶπε δ' οὖν ὧδε· **14** 'Αλλ', ὦ Κῦρε, ὅτι μὲν μάλιστα ἀνθρώπων μελετᾶτε ὑμεῖς οἱ Πέρσαι μηδὲ πρὸς μίαν ἡδονὴν ἀπλήστως διακεῖσθαι καὶ ὁρῶν καὶ ἀκούων οἶδα· ἐμοὶ δὲ δοκεῖ τῆς μεγίστης ἡδονῆς πολὺ μάλιστα συμφέρειν ἐγκρατῆ εἶναι. Μείζω δὲ ἡδονὴν τί παρέχει ἀνθρώποις εὐτυχίας ἢ νῦν ἡμῖν παραγεγένηται; **15** Ἢν μὲν τοίνυν, ἐπεὶ εὐτυχοῦμεν, σωφρόνως διαφυλάττωμεν αὐτήν, ἴσως δυναίμεθ' ἂν ἀκινδύνως εὐδαιμονοῦντες γηρᾶν· εἰ δ' ἀπλήστως χρώμενοι ταύτῃ ἄλλην καὶ ἄλλην πειρασόμεθα διώκειν, ὁρᾶτε μὴ πάθωμεν ἅπερ πολλοὺς μὲν λέγουσιν ἐν θαλάττῃ πεπονθέναι, διὰ τὸ εὐτυχεῖν οὐκ ἐθέλοντας παύεσθαι πλέοντας ἕως ἂν ἀπόλωνται, πολλοὺς δὲ νίκης τυχόντας ἑτέρας ἐφιεμένους καὶ τὴν πρόσθεν ἀποβαλεῖν. **16** Καὶ γὰρ εἰ μὲν οἱ πολέμιοι ἥττους ὄντες ἡμῶν ἔφευγον, ἴσως ἂν καὶ διώκειν τοὺς ἥττους ἀσφαλῶς εἶχεν. Νῦν δὲ κατανόησον πόστῳ μέρει αὐτῶν πάντες μαχεσάμενοι νενικήκαμεν· οἱ δ' ἄλλοι ἄμαχοί εἰσιν· οὓς εἰ μὲν μὴ ἀναγκάσομεν μάχεσθαι, ἀγνοοῦντες καὶ ἡμᾶς καὶ ἑαυτοὺς δι' ἀμαθίαν καὶ μαλακίαν ἀπίασιν· εἰ δὲ γνώσονται ὅτι καὶ ἀπιόντες οὐδὲν ἧττον κινδυνεύσουσιν ἢ μένοντες, ὅπως μὴ ἀναγκάσωμεν αὐτούς, καὶ εἰ μὴ βούλονται, ἀγαθοὺς γενέσθαι. **17** Ἴσθι γὰρ ὅτι οὐ σὺ

(13) Kyaxares schien einerseits ein wenig eifersüchtig zu sein, weil jene die Initiative ergriffen hatten, andererseits hielt er es wohl nicht für angebracht, sich erneut in Gefahr zu bringen. Denn er selbst war gerade dabei, sein Glück zu genießen, und sah, daß auch viele andere Meder dasselbe taten. Daher sagte er folgendes: (14) „Ach Kyros, daß ihr Perser mehr als alle anderen Menschen darauf achtet, selbst die kleinste Freude nicht hemmungslos auszukosten, weiß ich aus eigener Anschauung und vom Hörensagen. In der Tat halte auch ich es für außerordentlich nützlich, angesichts größter Lust Beherrschung zu üben. Was aber bringt uns Menschen größeren Genuß als ein Glück, wie es uns jetzt zuteil geworden ist? (15) Wenn wir also unser Glück, das wir jetzt haben, mit Vernunft genießen, dann dürften wir wahrscheinlich bis ins hohe Alter ungefährdet glücklich sein können. Wenn wir unser gegenwärtiges Glück aber durch Unersättlichkeit aufs Spiel setzen und bald dieses, bald jenes Vergnügen zu erhaschen suchen, dann achtet darauf, daß uns nicht dasselbe widerfährt, was vielen Menschen, wie man sagt, auf See passiert, die die Seefahrt aufgrund ihres Glückes einfach nicht aufgeben wollen, bis sie daran zugrunde gehen, oder was vielen anderen geschieht, die auf weitere Siege aus sind, nachdem sie einen Sieg errungen haben, und den früheren Sieg verspielen. (16) Denn wenn die Feinde wegen ihrer zahlenmäßigen Unterlegenheit die Flucht ergriffen hätten, dann wäre es vielleicht ungefährlich, die Unterlegenen auch zu verfolgen. Jetzt aber mußt du daran denken, daß wir nur mit einem Bruchteil ihrer Streitmacht gekämpft haben, als wir mit allen unseren Truppen den Sieg davontrugen. Die Hauptmacht des Feindes kam gar nicht zum Einsatz. Wenn wir diese nicht zum Kampf zwingen, werden sie aufgrund ihrer Fehleinschätzung der Lage und aus Mangel an Tatkraft abziehen, weil sie weder uns noch sich selbst kennen. Sollten sie aber feststellen, daß sie das gleiche Risiko eingehen, ob sie nun abziehen oder bleiben, dann sollten wir sie auf keinen Fall dazu zwingen, ihre Tapferkeit zu beweisen, ob sie es wollen oder nicht. (17) Denn du mußt

μᾶλλον τὰς ἐκείνων γυναῖκας καὶ παῖδας λαβεῖν ἐπιθυμεῖς ἢ ἐκεῖνοι σῶσαι. Ἐννόει δ' ὅτι καὶ αἱ σύες ἐπειδὰν ὀφθῶσι, φεύγουσι, κἂν πολλαὶ ὦσι, σὺν τοῖς τέκνοις· ἐπειδὰν δέ τις αὐτῶν θηρᾷ τι τῶν τέκνων, οὐκέτι φεύγει οὐδ' ἦν μία τύχῃ οὖσα, ἀλλ' ἵεται ἐπὶ τὸν λαμβάνειν πειρώμενον. 18 Καὶ νῦν μὲν κατακλείσαντες ἑαυτοὺς εἰς ἔρυμα παρέσχον ἡμῖν ταμιεύεσθαι ὥσθ' ὁπόσοις ἐβουλόμεθα αὐτῶν μάχεσθαι· εἰ δ' ἐν εὐρυχωρίᾳ πρόσιμεν αὐτοῖς καὶ μαθήσονται χωρὶς γενόμενοι οἱ μὲν κατὰ πρόσωπον ἡμῖν ὥσπερ καὶ νῦν ἐναντιοῦσθαι, οἱ δ' ἐκ πλαγίου, οἱ δὲ καὶ ὄπισθεν, ὅρα μὴ πολλῶν ἑκάστῳ ἡμῶν καὶ ὀφθαλμῶν καὶ χειρῶν δεήσει. Πρὸς δ' ἔτι, ἔφη, οὐ βουλοίμην ἂν ἔγωγε νῦν, ὁρῶν Μήδους εὐθυμουμένους, ἐξαναστήσας ἀναγκάζειν κινδυνεύσοντας ἰέναι.

19 Καὶ ὁ Κῦρος ὑπολαβὼν εἶπεν· Ἀλλὰ σύγε μηδένα ἀναγκάσῃς, ἀλλὰ τοὺς ἐθέλοντάς μοι ἕπεσθαι δός καὶ ἴσως ἂν σοὶ καὶ τῶν σῶν φίλων τούτων ἥκοιμεν ἑκάστῳ ἄγοντες ἐφ' οἷς ἅπαντες εὐθυμήσεσθε. Τὸ μὲν γὰρ πλῆθος ἡμεῖς γε τῶν πολεμίων οὐ διωξόμεθα· πῶς γὰρ ἂν καὶ καταλάβοιμεν; Ἢν δέ τι ἢ ἀπεσχισμένον τοῦ στρατεύματος λάβωμεν ἤ τι ὑπολειπόμενον, ἥξομεν πρὸς σὲ ἄγοντες. 20 Ἐννόει δ', ἔφη, ὅτι καὶ ἡμεῖς, ἐπεὶ σὺ ἐδέου, ἤλθομεν σοὶ χαριζόμενοι μακρὰν ὁδόν· καὶ σὺ οὖν ἡμῖν δίκαιος εἶ ἀντιχαρίζεσθαι. ἵνα καὶ ἔχοντές τι οἴκαδ' ἀφικώμεθα καὶ μὴ εἰς τὸν σὸν θησαυρὸν πάντες ὁρῶμεν. 21 Ἐνταῦθα δὴ ἔλεξεν ὁ Κυαξάρης· Ἀλλ' εἴ γε μέντοι ἐθέλων τις ἕποιτο, καὶ χάριν ἔγωγέ σοι εἰδείην ἄν. Σύμπεμψον τοίνυν μοί τινα, ἔφη, τῶν ἀξιοπίστων τούτων, ὃς ἐρεῖ ἃ ἂν σὺ ἐπιστέλλῃς. Λαβὼν δὴ ἴθι, ἔφη,

wissen, daß ihr Wille, ihre Frauen und Kinder zu schützen, nicht geringer ist als dein Wunsch, sie gefangenzunehmen. Bedenke außerdem, daß auch die Wildschweine mit ihren Jungen fliehen, sobald sie aufgestöbert werden, selbst wenn es viele sind. Wenn aber jemand hinter einem ihrer Jungen herjagt, dann flieht die Mutter nicht mehr, selbst wenn sie ganz allein ist, sondern greift denjenigen an, der das Junge zu fangen versucht. (18) Dieses Mal haben sie sich in ihren Stützpunkt eingeschlossen und uns die Entscheidung überlassen, mit wievielen von ihnen wir kämpfen wollten. Wenn wir aber auf offenem Feld mit ihnen zusammenstoßen und sie lernen, ihre Truppen aufzuteilen, um uns mit einer Gruppe, wie auch jetzt schon, von vorn, mit einer anderen an den Flanken und mit einer dritten von hinten anzugreifen, dann paß bloß auf, daß nicht jeder einzelne von uns viele Augen und Hände braucht. Schließlich habe ich jetzt ganz einfach nicht die Absicht, wenn ich sehe, wie froh und glücklich meine Meder sind, sie aufzuschrecken und zu zwingen, neue Gefahren auf sich zu nehmen."

(19) Kyros ergriff das Wort und sagte: „Aber du sollst doch niemanden zwingen, sondern gib nur denjenigen, die es wollen, die Erlaubnis, mir zu folgen, und vielleicht können wir dir und jedem deiner Freunde hier etwas mitbringen, worüber ihr euch alle freuen werdet. Denn das Gros des feindlichen Heeres werden wir nicht verfolgen. Wie könnten wir es auch zu fassen kriegen? Wenn wir aber auf einen versprengten oder zurückgebliebenen Teil des Heeres stoßen, werden wir mit diesem zu dir zurückkommen. (20) Denk daran, auch wir haben auf dein Bitten hin einen weiten Weg zurückgelegt, um dir einen Gefallen zu tun. Du bist also verpflichtet, auch uns einen Gefallen zu tun, damit wir nicht mit leeren Händen nach Hause kommen und nicht allesamt nur deine Schätze vor Augen haben." (21) Darauf erwiderte Kyaxares: „Gut, wenn jemand freiwillig mitginge, wäre ich dir sogar dankbar." – „Gib mir also einen der Leute hier mit, die dein Vertrauen besitzen, damit er deine Weisungen überbringe." – „Geh, mit wem du

ὅντινα ἐθέλεις τουτωνί. **22** Ἔνθα δὴ ἐτύγχανε παρὼν
ὁ φήσας ποτὲ συγγενὴς αὐτοῦ εἶναι καὶ φιληθείς. Εὐθὺς
οὖν ὁ Κῦρος εἶπεν · Ἀρκεῖ μοι, ἔφη, οὑτοσί. Οὗτος τοίνυν
σοι ἐπέσθω. Καὶ λέγε σύ, ἔφη, τὸν ἐθέλοντα ἰέναι μετὰ
Κύρου. **23** Οὕτω δὴ λαβὼν τὸν ἄνδρα ἐξῄει. Ἐπεὶ
δ' ἐξῆλθον, εὐθὺς ὁ Κῦρος εἶπε · Νῦν δὴ σὺ δηλώσεις
εἰ ἀληθῆ ἔλεγες, ὅτε ἔφης ἥδεσθαι θεώμενος ἐμέ. Οὔκουν
ἀπολείψομαί γέ σου, ἔφη ὁ Μῆδος, εἰ τοῦτο λέγεις. Καὶ
ὁ Κῦρος εἶπεν · Οὐκοῦν καὶ ἄλλους, ἔφη, προθύμως
ἐξάξεις; Ἐπομόσας οὖν ἐκεῖνος, Νὴ τὸν Δί', ἔφη, ἕως
ἄν γε ποιήσω καὶ σὲ ἐμὲ ἡδέως θεᾶσθαι. **24** Τότε δὴ
ἐκπεμφθεὶς ὑπὸ τοῦ Κυαξάρου τά τε ἄλλα προθύμως
ἀπήγγελλε τοῖς Μήδοις καὶ προσετίθει ὅτι αὐτός γε οὐκ
ἀπολείψοιτο ἀνδρὸς καλλίστου καὶ ἀρίστου, καὶ τὸ
μέγιστον, ἀπὸ θεῶν γεγονότος.

II

1 Πράττοντος δὲ τοῦ Κύρου ταῦτα θείως πως ἀφικνοῦνται ἀπὸ Ὑρκανίων ἄγγελοι. Οἱ δὲ Ὑρκάνιοι ὅμοροι μὲν
τῶν Ἀσσυρίων εἰσίν, ἔθνος δ' οὐ πολύ, διὸ καὶ ὑπήκοοι
ἦσαν τῶν Ἀσσυρίων · εὔιπποι δὲ καὶ τότε ἐδόκουν εἶναι
καὶ νῦν ἔτι δοκοῦσιν · διὸ καὶ ἐχρῶντο αὐτοῖς οἱ Ἀσσύριοι
ὥσπερ καὶ οἱ Λακεδαιμόνιοι τοῖς Σκιρίταις, οὐδὲν φειδόμενοι αὐτῶν οὔτ' ἐν πόνοις οὔτ' ἐν κινδύνοις · καὶ δὴ καὶ
τότε ὀπισθοφυλακεῖν ἐκέλευον αὐτοὺς ὡς χιλίους ἱππέας
ὄντας, ἵνα εἴ τι ὄπισθεν δεινὸν εἴη, ἐκεῖνοι πρὸ αὐτῶν
τοῦτ' ἔχοιεν. **2** Οἱ δὲ Ὑρκάνιοι, ἅτε μέλλοντες ὕστατοι

willst." (22) Zufällig war auch der Mann da, der früher einmal behauptet hatte, er sei mit Kyros verwandt, und von ihm geküßt worden war. Kyros sagte sofort: „Mir ist dieser hier recht." – „Dann soll er dich begleiten." – „Du aber mach bekannt, daß jeder, der es will, mit Kyros gehen darf." (23) So ging Kyros mit dem Mann hinaus. Als sie draußen waren, sagte Kyros sofort: „Jetzt wirst du beweisen, ob du die Wahrheit gesagt hast, als du behauptetest, du freutest dich, mich zu sehen." – „Ich werde dich niemals im Stich lassen", erwiderte der Meder, „wenn du dies meinst." Kyros entgegnete: „Wirst du dein Möglichstes tun und auch andere dazu veranlassen mitzukommen?" Darauf leistete dieser einen Eid und sprach: „Beim Zeus, bis ich es erreiche, daß auch du Freude daran hast, mich zu sehen." (24) Als der Mann daraufhin von Kyaxares entlassen worden war, gab er dessen Weisungen unverzüglich an die Meder weiter und fügte noch hinzu, er jedenfalls werde den schönsten und besten Menschen auf der Welt und, was das Wichtigste sei, einen Abkömmling der Götter niemals im Stich lassen.

II.

(1) Während sich Kyros noch mit diesen Dingen beschäftigte, trafen, wie durch göttliche Fügung herbeigeführt, Boten der Hyrkanier ein. Die Hyrkanier sind Grenznachbarn der Assyrer, aber ein nicht besonders großes Volk, und deshalb waren sie auch Untertanen der Assyrer. Sie galten aber schon damals als gute Reiter und haben auch heute noch diesen Ruf. Die Assyrer setzten sie daher so ein, wie die Lakedämonier ihre Skiriten, indem sie sie weder bei anstrengenden Unternehmungen noch in gefährlichen Situationen zu schonen pflegten. Und so hatten sie auch damals den Auftrag, mit ihren etwa tausend Reitern die Nachhut zu schützen und den ersten Schlag aufzufangen, falls ein Angriff von hinten erfolgte. (2) Da die Hyrkanier den Schluß des Heeres bilden sollten,

πορεύεσθαι, καὶ τὰς ἁμάξας τὰς ἑαυτῶν καὶ τοὺς οἰκέτας
ὑστάτους εἶχον. Στρατεύονται γὰρ οἱ κατὰ τὴν Ἀσίαν
ἔχοντες οἱ πολλοὶ μεθ' ὧνπερ καὶ οἰκοῦσι· καὶ τότε δὴ
ἐστρατεύοντο οὕτως οἱ Ὑρκάνιοι. 3 Ἐννοηθέντες δὲ
οἷά τε πάσχουσιν ὑπὸ τῶν Ἀσσυρίων καὶ ὅτι νῦν τεθναίη
μὲν ὁ ἄρχων αὐτῶν, ἡττημένοι δ' εἶεν, φόβος δὲ πολὺς
εἴη ἐν τῷ στρατεύματι, οἱ δὲ σύμμαχοι αὐτῶν ἀθύμως
ἔχοιεν καὶ ἀπολείποιεν, ταῦτα ἐνθυμουμένοις ἔδοξεν
αὐτοῖς νῦν καλὸν εἶναι ἀποστῆναι, εἰ θέλοιεν οἱ ἀμφὶ
Κῦρον συνεπιθέσθαι. Καὶ πέμπουσιν ἀγγέλους πρὸς
Κῦρον· ἀπὸ γὰρ τῆς μάχης τὸ τούτου ὄνομα μέγιστον
ηὔξητο.

4 Οἱ δὲ πεμφθέντες λέγουσι Κύρῳ ὅτι μισοῖεν τοὺς
Ἀσσυρίους δικαίως, νῦν τ', εἰ βούλοιτο ἰέναι ἐπ' αὐτούς,
καὶ σφεῖς σύμμαχοι ὑπάρξοιεν καὶ ἡγήσοιντο· ἅμα δὲ
πρὸς τούτοις διηγοῦντο τὰ τῶν πολεμίων ὡς ἔχοι, ἐπαίρειν βουλόμενοι μάλιστα στρατεύεσθαι αὐτόν. 5 Καὶ ὁ
Κῦρος ἐπήρετο αὐτοῦ· Καὶ δοκεῖτε ἄν, ἔφη, ἔτι ἡμᾶς
καταλαβεῖν αὐτοὺς πρὶν ἐν τοῖς ἐρύμασιν εἶναι; Ἡμεῖς
μὲν γάρ, ἔφη, μάλα συμφορὰν τοῦτο ἡγούμεθα ὅτι ἔλαθον
ἡμᾶς ἀποδράντες. Ταῦτα δ' ἔλεγε βουλόμενος αὐτοὺς
ὡς μέγιστον φρονεῖν ἐπὶ σφίσιν. 6 Οἱ δὲ ἀπεκρίναντο
ὅτι καὶ αὔριον, ἕωθεν εἰ εὔζωνοι πορεύοιντο, καταλή-
ψοιντο· ὑπὸ γὰρ τοῦ ὄχλου καὶ τῶν ἁμαξῶν σχολῇ
πορεύεσθαι αὐτούς· καὶ ἅμα, ἔφασαν, ἅτε τὴν προτέραν
νύκτα ἀγρυπνήσαντες, νῦν μικρὸν πορευθέντες ἐστρατο-
πέδευνται. 7 Καὶ ὁ Κῦρος ἔφη· Ἔχετε οὖν ὧν λέγετε
πιστόν τι ἡμᾶς διδάσκειν ὡς ἀληθεύετε; Ὁμήρους γ',
ἔφασαν, ἐθέλομεν αὐτίκα ἐλάσαντες τῆς νυκτὸς ἀγαγεῖν·
μόνον καὶ σὺ ἡμῖν θεῶν τε πιστὰ ποίησον καὶ δεξιὰν δός,
ἵνα φέρωμεν καὶ τοῖς ἄλλοις τὰ αὐτὰ ἅπερ ἂν αὐτοὶ

hatten sie auch ihre Wagen und ihre Familien ganz hinten. Denn die meisten Völker in Asien ziehen mit allen ihren Angehörigen in den Krieg, und das war damals auch bei den Hyrkaniern der Fall. (3) Sie dachten an die Leiden, die sie bei den Assyrern zu erdulden hatten, und daß deren König jetzt tot war, daß sie selbst eine Niederlage erlitten hatten, daß im Heer große Angst herrschte und daß die Verbündeten entmutigt waren und sich absetzten. Während sie sich diese Lage vor Augen führten, schien es ihnen richtig zu sein, in dem Augenblick von den Assyrern abzufallen, wo Kyros und seine Leute bereit seien, die Assyrer mit ihnen gemeinsam anzugreifen. Deshalb schickten sie Unterhändler zu Kyros. Denn Kyros' Name genoß seit der Schlacht höchstes Ansehen.

(4) Die Unterhändler erklärten Kyros, ihr Haß gegen die Assyrer sei begründet, und in dem Moment, wo er die Assyrer angreifen wolle, ständen sie als Verbündete und landeskundige Führer zur Verfügung. Außerdem schilderten sie Kyros die Situation der Feinde, weil sie Kyros vor allem dazu ermuntern wollten, den Kampf fortzusetzen. (5) Da stellte ihnen Kyros folgende Frage: „Glaubt ihr, daß wir sie noch einholen können, bevor sie in ihren befestigten Stellungen sind? Wir halten es nämlich für ein großes Unglück, daß sie uns unbemerkt entkommen sind." Er sagte dies, weil er sich wünschte, daß sie eine möglichst hohe Meinung von der persischen Streitmacht bekämen. (6) Sie antworteten ihm, man könne sie morgen erreichen, wenn man in aller Frühe mit leichtem Gepäck aufbreche. Denn mit ihrer umfangreichen Begleitung und ihren Wagen kämen sie nur langsam voran. Da sie in der vorangegangenen Nacht nicht geschlafen hätten, fügten die Hyrkanier hinzu, seien sie jetzt nur wenig vorangekommen, bevor sie ihr Lager aufgeschlagen hätten. (7) Kyros fragte darauf: „Könnt ihr uns denn beweisen, daß ihr die Wahrheit sagt?" Sie erwiderten: „Wir wollen unverzüglich losreiten und euch noch in dieser Nacht Geiseln stellen. Nur schwöre auch du uns einen heiligen Eid und gib uns deine rechte Hand, damit wir die Zusage, die wir von dir erhielten, auch an die übrigen Hyrka-

λάβωμεν παρὰ σοῦ. 8 Ἐκ τούτου τὰ πιστὰ δίδωσιν αὐτοῖς ἦ μήν, ἐὰν ἐμπεδώσωσιν ἃ λέγουσιν, ὡς φίλοις καὶ πιστοῖς χρήσεσθαι αὐτοῖς, ὡς μήτε Περσῶν μήτε Μήδων μεῖον ἔχειν παρ' ἑαυτοῦ. Καὶ νῦν ἔστιν ἰδεῖν ἔτι Ὑρκανίους καὶ πιστευομένους καὶ ἀρχὰς ἔχοντας, ὥσπερ καὶ Περσῶν καὶ Μήδων οἳ ἂν δοκῶσιν ἄξιοι εἶναι.

9 Ἐπεὶ δ' ἐδείπνησαν, ἐξῆγε τὸ στράτευμα ἔτι φωτὸς ὄντος καὶ τοὺς Ὑρκανίους περιμένειν ἐκέλευσεν, ἵνα ἅμα ἴοιεν. Οἱ μὲν δὴ Πέρσαι, ὥσπερ εἰκός, πάντες εὐθὺς ἔξω ἦσαν, καὶ Τιγράνης ἔχων τὸ ἑαυτοῦ στράτευμα · 10 τῶν δὲ Μήδων ἐξῇσαν οἱ μὲν διὰ τὸ παιδὶ ὄντι Κύρῳ παῖδες ὄντες φίλοι γενέσθαι, οἱ δὲ διὰ τὸ ἐν θήραις συγγενόμενοι ἀγασθῆναι αὐτοῦ τὸν τρόπον, οἱ δὲ διὰ τὸ καὶ χάριν εἰδέναι ὅτι μέγαν αὐτοῖς φόβον ἀπεληλακέναι ἐδόκει, οἱ δὲ καὶ ἐλπίδας ἔχοντες, διὰ τὸ ἄνδρα φαίνεσθαι ἀγαθὸν καὶ εὐτυχῆ, καὶ μέγαν ἔτι ἰσχυρῶς ἔσεσθαι αὐτόν, οἱ δέ, ὅτε ἐτρέφετο ἐν Μήδοις, εἴ τινι ἀγαθόν τι ἔπραξεν, ἀντιχαρίζεσθαι ἐβούλοντο · πολλοῖς δὲ πολλὰ διὰ φιλανθρωπίαν παρὰ τοῦ πάππου ἀγαθὰ διεπέπρακτο · πολλοὶ δ', ἐπεὶ τοὺς Ὑρκανίους εἶδον καὶ λόγος διῆλθεν ὡς ἡγήσοιντο ἐπὶ πολλὰ ἀγαθά, ἐξῇσαν καὶ τοῦ λαβεῖν τι ἕνεκα. 11 Οὕτω δὴ ἐξῆλθον σχεδὸν ἅπαντες καὶ οἱ Μῆδοι πλὴν ὅσοι σὺν Κυαξάρῃ ἔτυχον σκηνοῦντες · οὗτοι δὲ κατέμειναν καὶ οἱ τούτων ὑπήκοοι. Οἱ δ' ἄλλοι πάντες φαιδρῶς καὶ προθύμως ἐξωρμῶντο, ἅτε οὐκ ἀνάγκῃ ἀλλ' ἐθελούσιοι καὶ χάριτος ἕνεκα ἐξιόντες.

12 Ἐπεὶ δ' ἔξω ἦσαν, πρῶτον μὲν πρὸς τοὺς Μήδους ἐλθὼν ἐπῄνεσέ τε αὐτοὺς καὶ ἐπηύξατο μάλιστα μὲν θεοὺς αὐτοῖς ἵλεως ἡγεῖσθαι καὶ σφίσιν, ἔπειτα δὲ καὶ αὐτὸς δυνηθῆναι χάριν αὐτοῖς ταύτης τῆς προθυμίας

nier weitergeben können." (8) Darauf gab er ihnen feierlich
sein Wort: Wenn sie ihr Versprechen hielten, werde er sie als
zuverlässige Freunde ansehen und ebenso gut behandeln wie
die Perser und Meder. Noch heute kann man sehen, daß die
Hyrkanier dasselbe Vertrauen genießen und dieselben Stellungen einnehmen wie die Perser und Meder, die über besonderes
Ansehen verfügen.

(9) Als sie ihr Abendessen eingenommen hatten, brach Kyros, solange es noch hell war, mit seinem Heer auf. Er befahl
den Hyrkaniern zu warten, damit sie gemeinsam marschieren
konnten. Alle Perser verließen selbstverständlich sofort das
Lager, und dasselbe tat auch Tigranes mit seinem Heer.
(10) Von den Medern zogen einige mit, weil sie Jugendfreun-
de des Kyros waren, einige, weil sie auf der Jagd mit ihm
zusammen gewesen waren und seinen Charakter bewunderten, einige, weil sie ihm dankbar dafür waren, daß er sie von
einer großen Gefahr befreit zu haben schien, einige, weil sie
erwarteten, daß er noch einmal ein bedeutender Mann werde,
da er sich als tüchtig und erfolgreich erwiesen hatte, und einige
schließlich wollten sich für die Dienste, die er ihnen geleistet
hatte, als er bei den Medern lebte, erkenntlich zeigen. In seiner Menschenfreundlichkeit hatte er bei seinem Großvater erreicht, daß vielen Menschen viel Gutes zuteil wurde. Viele
gingen aber auch deshalb mit, weil sie sich ihren Anteil sichern
wollten, als sie die Hyrkanier sahen und sich das Gerücht verbreitete, daß sie sie dorthin führen würden, wo es viel zu gewinnen gab. (11) So zogen also auch fast alle Meder mit, abgesehen von denen, die sich bei Kyaxares im Zelt befanden.
Diese blieben mit ihren Untergebenen zurück. Alle übrigen
brachen freudig und tatendurstig auf, da sie nicht gezwungen,
sondern freiwillig und aus Dankbarkeit gingen.

(12) Als sie das Lager verlassen hatten, ging Kyros zuerst zu
den Medern und sprach ihnen seine Anerkennung aus. Dann
bat er die Götter vor allem darum, den Medern und Persern
gnädige Führer zu sein und so auch ihn selbst in die Lage zu
versetzen, seinen Gefolgsleuten für ihre Einsatzbereitschaft zu

ἀποδοῦναι. Τέλος δ' οὖν εἶπεν ὅτι ἡγήσοιντο μὲν αὐτοῖς οἱ πεζοί, ἐκείνους δ' ἔπεσθαι σὺν τοῖς ἵπποις ἐκέλευσε· καὶ ὅπου ἂν ἀναπαύωνται ἢ ἐπίσχωσι τῆς πορείας, ἐνετείλατο αὐτοῖς πρὸς ἑαυτὸν παρελαύνειν τινάς, ἵνα εἰδῶσι τὸ ἀεὶ καίριον. **13** Ἐκ τούτου ἡγεῖσθαι ἐκέλευσε τοὺς Ὑρκανίους. Καὶ οἳ ἠρώτων· Τί δαί; Οὐκ ἀναμενεῖς, ἔφασαν, τοὺς ὁμήρους ἕως ἂν ἀγάγωμεν, ἵνα ἔχων καὶ σὺ τὰ πιστὰ παρ' ἡμῶν πορεύῃ; Καὶ τὸν ἀποκρίνασθαι λέγεται· Ἐννοῶ γάρ, φάναι, ὅτι ἔχομεν πάντες τὰ πιστὰ ἐν ταῖς ἡμετέραις ψυχαῖς καὶ ταῖς ἡμετέραις χερσίν. Οὕτω γὰρ δοκοῦμεν παρεσκευάσθαι ὡς ἢν μὲν ἀληθεύητε, ἱκανοὶ εἶναι ἡμᾶς[1] εὖ ποιεῖν· ἢν δὲ ἐξαπατᾶτε, οὕτω νομίζομεν ἔχειν ὡς οὐχ ἡμᾶς ἐφ' ὑμῖν ἔσεσθαι, ἀλλὰ μᾶλλον, ἢν οἱ θεοὶ θέλωσιν, ὑμᾶς ἐφ' ἡμῖν γενήσεσθαι. Καὶ μέντοι, ἔφη, ὦ Ὑρκάνιοι, ἐπειδήπερ φατὲ ὑστάτους πορεύεσθαι τοὺς ὑμετέρους, ἐπειδὰν ἴδητε αὐτούς, σημήνατε ἡμῖν ὅτι οἱ ὑμέτεροί εἰσιν, ἵνα φειδώμεθα αὐτῶν. **14** Ἀκούσαντες δὲ ταῦτα οἱ Ὑρκάνιοι τὴν μὲν ὁδὸν ἡγοῦντο ὥσπερ ἐκέλευε, τὴν δὲ ῥώμην τῆς ψυχῆς ἐθαύμαζον· καὶ οὔτε Ἀσσυρίους οὔτε Λυδοὺς οὔτε τοὺς συμμάχους αὐτῶν ἔτι ἐφοβοῦντο, ἀλλὰ μὴ παντάπασιν ὁ Κῦρος μικράν τινα αὐτῶν οἴοιτο ῥοπὴν εἶναι καὶ παρόντων καὶ ἀπόντων.

15 Πορευομένων δὲ ἐπεὶ νὺξ ἐγένετο, λέγεται φῶς τῷ Κύρῳ καὶ τῷ στρατεύματι ἐκ τοῦ οὐρανοῦ προφανὲς γενέσθαι, ὥστε πᾶσι μὲν φρίκην ἐγγίγνεσθαι πρὸς τὸ θεῖον, θάρρος δὲ πρὸς τοὺς πολεμίους. Ὡς δ' εὔζωνοί τε καὶ ταχὺ ἐπορεύοντο, εἰκότως πολλήν τε ὁδὸν διήνυσαν καὶ ἅμα κνέφᾳ πλησίον γίγνονται τοῦ τῶν Ὑρκανίων στρατεύματος. **16** Ὡς δ' ἔγνωσαν οἱ ἄγγελοι, τῷ Κύρῳ λέγουσιν ὅτι οὗτοί εἰσιν οἱ σφέτεροι· τῷ τε γὰρ

---

[1] Statt ἡμᾶς lies ὑμᾶς.

danken. Schließlich gab er den Fußsoldaten den Befehl, ganz vorn zu marschieren. Die Meder sollten ihnen mit ihren Pferden folgen. Immer wenn sie sich ausruhen oder haltmachen wollten, dann – so lautete sein Befehl – sollten einige Reiter zu ihm kommen, um die jeweils richtige Entscheidung entgegennehmen zu können. (13) Danach befahl er den Hyrkaniern, sich an die Spitze des Zuges zu setzen. „Warum", so fragten sie ihn, „wartest du denn nicht, bis wir die Geiseln gestellt haben, damit du auch mit sichtbaren Beweisen für unsere Zuverlässigkeit aufbrechen kannst?" Kyros soll geantwortet haben: „Ich denke, wir alle tragen die Beweise für eure Zuverlässigkeit in unseren Herzen und in unseren Händen. Denn nach unserer Einschätzung der Situation sind wir, wenn ihr die Wahrheit sagt, in der Lage, euch Vorteile zu verschaffen. Solltet ihr uns aber betrügen, so werden wir unter den gegebenen Umständen, wie wir glauben, nicht in eurer Hand sein, sondern ihr werdet vielmehr, wenn die Götter es wollen, in unserer Hand sein. Doch da ihr sagt, Hyrkanier, daß eure Angehörigen den Schluß eurer Marschkolonne bilden, laßt uns wissen, daß es eure Leute sind, sobald ihr sie seht, damit wir sie schonen können." (14) Nach diesen Worten übernahmen die Hyrkanier die Spitze des Zuges, wie Kyros es befohlen hatte, und sie bewunderten seinen Mut und hatten keine Angst mehr vor den Assyrern, den Lydern und deren Verbündeten, sondern fürchteten nur noch, daß Kyros es für gleichgültig halten könnte, ob sie dabei seien oder nicht.

(15) Als es Nacht geworden war und sie schon unterwegs waren, soll Kyros und seinem Heer vom Himmel herab ein Licht erschienen sein, so daß sie alle angesichts dieses göttlichen Zeichens erschauderten, aber auch Mut bekamen für ihre Auseinandersetzung mit den Feinden. Da sie nur mit leichten Waffen ausgerüstet waren und schnell vorankamen, legten sie selbstverständlich eine große Strecke zurück und kamen noch bei Dunkelheit in die Nähe des hyrkanischen Heeres. (16) Als aber die Unterhändler erkannten, um wen es sich handelte, sagten sie Kyros, daß es ihre Leute seien. Sie behaupteten, sie

ὑστάτους εἶναι γιγνώσκειν ἔφασαν καὶ τῷ πλήθει τῶν πυρῶν · **17** ἐκ τούτου πέμπει τὸν ἕτερον αὐτῶν πρὸς αὐτούς, προστάξας λέγειν, εἰ φίλοι εἰσίν, ὡς τάχιστα ἀπαντᾶν τὰς δεξιὰς ἀνατείναντας · συμπέμπει δέ τινα καὶ τῶν σὺν ἑαυτῷ καὶ λέγειν ἐκέλευσε τοῖς Ὑρκανίοις ὅτι ὡς ἂν ὁρῶσιν αὐτοὺς προσφερομένους, οὕτω καὶ αὐτοὶ ποιήσουσιν. Οὕτω δὴ ὁ μὲν μένει τῶν ἀγγέλων παρὰ τῷ Κύρῳ, ὁ δὲ προσελαύνει πρὸς τοὺς Ὑρκανίους. **18** Ἐν ᾧ δ' ἐσκόπει τοὺς Ὑρκανίους ὁ Κῦρος ὅ τι ποιήσουσιν, ἐπέστησε τὸ στράτευμα · παρελαύνουσι δὲ πρὸς αὐτὸν οἱ τῶν Μήδων προεστηκότες καὶ ὁ Τιγράνης καὶ ἐρωτῶσι τί δεῖ ποιεῖν. Ὁ δὲ λέγει αὐτοῖς ὅτι τοῦτ' ἔστι τὸ πλησίον Ὑρκανίων στράτευμα καὶ οἴχεται ὁ ἕτερος τῶν ἀγγέλων πρὸς αὐτοὺς καὶ τῶν ἡμετέρων τις σὺν αὐτῷ, ἐροῦντες, εἰ φίλοι εἰσίν, ὑπαντιάζειν τὰς δεξιὰς ἀνατείναντας πάντας. Ἢν μὲν οὖν οὕτω ποιῶσι, δεξιοῦσθέ τε αὐτοὺς καθ' ὃν ἂν ᾖ ἕκαστος καὶ ἅμα θαρρύνετε · ἢν δὲ ὅπλα αἴρωνται ἢ φεύγειν ἐπιχειρῶσι, τούτων, ἔφη, πρῶτον δεῖ εὐθὺς πειρᾶσθαι μηδένα λιπεῖν. **19** Ὁ μὲν τοιαῦτα παρήγγειλεν. Οἱ δὲ Ὑρκάνιοι ἀκούσαντες τῶν ἀγγέλων ἤσθησάν τε καὶ ἀναπηδήσαντες ἐπὶ τοὺς ἵππους παρῆσαν τὰς δεξιάς, ὥσπερ εἴρητο, προτείνοντες · οἱ δὲ Μῆδοι καὶ οἱ Πέρσαι ἀντεδεξιοῦντό τε αὐτοὺς καὶ ἐθάρρυνον. **20** Ἐκ τούτου δὴ ὁ Κῦρος λέγει · Ἡμεῖς μὲν δή, ὦ Ὑρκάνιοι, ἤδη ὑμῖν πιστεύομεν · καὶ ὑμᾶς δὲ χρὴ πρὸς ἡμᾶς οὕτως ἔχειν. Τοῦτο δ', ἔφη, πρῶτον ἡμῖν εἴπατε πόσον ἀπέχει ἐνθένδε ἔνθα αἱ ἀρχαί εἰσι τῶν πολεμίων καὶ τὸ ἀθρόον αὐτῶν. Οἱ δ' ἀπεκρίναντο ὅτι ὀλίγῳ πλέον ἢ παρασάγγην.

21 Ἐνταῦθα δὴ λέγει ὁ Κῦρος · Ἄγετε δή, ἔφη, ὦ ἄνδρες Πέρσαι καὶ Μῆδοι καὶ ὑμεῖς ὦ Ὑρκάνιοι, ἤδη γὰρ

seien daran zu erkennen, daß sie den Schluß bildeten und daß
bei ihnen sehr viele Feuer brannten. (17) Daraufhin schickte
Kyros einen der Unterhändler mit der Anweisung zu den Hyrkaniern, diesen mitzuteilen, daß sie ihnen, falls sie Freunde
seien, möglichst schnell entgegenkommen und die rechte
Hand erheben sollten. Er schickte aber auch einen seiner eigenen Leute mit und ließ ihn den Hyrkaniern ausrichten, daß
seine Männer, sobald sie die Hyrkanier entgegenkommen sähen, dasselbe täten. So blieb also der eine der beiden Unterhändler bei Kyros, und der andere ritt zu den Hyrkaniern.
(18) Während Kyros beobachtete, was die Hyrkanier tun würden, ließ er sein Heer haltmachen. Die Befehlshaber der Meder und Tigranes begaben sich zu ihm und fragten ihn, was zu
tun sein. Er sagte zu ihnen: „Das Heer, das dort in der Nähe
steht, gehört zu den Hyrkaniern. Der eine der beiden Unterhändler ist mit einem Mann von uns zu ihnen gegangen, um
ihnen zu sagen, daß sie alle, wenn sie Freunde seien, uns mit
erhobener rechter Hand entgegenkommen sollten. Wenn sie
dies tun, dann streckt jedem, auf den ihr gerade trefft, eure
rechte Hand freundschaftlich entgegen, und macht ihnen zugleich Mut. Wenn sie aber ihre Waffen erheben oder zu fliehen
versuchen, dann ist es zunächst unumgänglich, alles sofort dar-
anzusetzen, keinen einzigen von ihnen entkommen zu lassen."
(19) So lauteten seine Befehle. Als die Hyrkanier aber die
Unterhändler angehört hatten, freuten sie sich, sprangen auf
ihre Pferde und kamen, die rechte Hand ausgestreckt, heran,
wie man es ihnen gesagt hatte. Die Meder und Perser begrüßten sie ihrerseits auf die gleiche Weise und machten ihnen
Mut. (20) Darauf sagte Kyros: „Hyrkanier, wir schenken euch
jetzt unser Vertrauen, und es ist notwendig, daß ihr auch uns
vertraut. Sagt uns aber zuerst, wie weit die Führung und das
Gros des feindlichen Heeres von hier entfernt sind." Sie antworteten ihm, die Entfernung betrage nur wenig mehr als eine
Parasange.

(21) Da sagte Kyros: „Gut, meine Perser und Meder und
auch ihr, Hyrkanier, denn von jetzt an spreche ich euch als

καὶ πρὸς ὑμᾶς ὡς πρὸς συμμάχους καὶ κοινωνοὺς διαλέγομαι, εὖ χρὴ εἰδέναι νῦν ὅτι ἐν τοιούτῳ ἐσμὲν ἔνθα δὴ μαλακισάμενοι μὲν πάντων ἂν τῶν χαλεπωτάτων τύχοιμεν· ἴσασι γὰρ οἱ πολέμιοι ἐφ᾽ ἃ ἥκομεν· ἢν δὲ τὸ καρτερὸν ἐμβαλόμενοι ἴωμεν ῥώμῃ καὶ θυμῷ ἐπὶ τοὺς πολεμίους, αὐτίκα μάλ᾽ ὄψεσθε ὥσπερ δούλων ἀποδιδρασκόντων ηὑρημένων τοὺς μὲν ἱκετεύοντας αὐτῶν, τοὺς δὲ φεύγοντας, τοὺς δ᾽ οὐδὲ ταῦτα φρονεῖν δυναμένους. Ἡττημένοι τε γὰρ ὄψονται ἡμᾶς καὶ οὔτε οἰόμενοι ἥξειν οὔτε συντεταγμένοι οὔτε μάχεσθαι παρεσκευασμένοι κατειλημμένοι ἔσονται. 22 Εἰ οὖν ἡδέως βουλόμεθα καὶ δειπνῆσαι καὶ νυκτερεῦσαι καὶ βιοτεύειν τὸ ἀπὸ τοῦδε, μὴ δῶμεν τούτοις σχολὴν μήτε βουλεύσασθαι μήτε παρασκευάσασθαι ἀγαθὸν ἑαυτοῖς μηδέν, μηδὲ γνῶναι πάμπαν ὅτι ἄνθρωποί ἐσμεν, ἀλλὰ γέρρα καὶ κοπίδας καὶ σαγάρεις ἀπαντᾶν καὶ πληγὰς ἥκειν νομιζόντων. 23 Καὶ ὑμεῖς μέν, ἔφη, ὦ Ὑρκάνιοι, ὑμᾶς αὐτοὺς προπετάσαντες ἡμῶν πορεύεσθε ἔμπροσθεν, ὅπως τῶν ὑμετέρων ὅπλων ὁρωμένων λανθάνωμεν ὅτι πλεῖστον χρόνον. Ἐπειδὰν δ᾽ ἐγὼ πρὸς τῷ στρατεύματι γένωμαι τῶν πολεμίων, παρ᾽ ἐμοὶ μὲν καταλείπετε ἕκαστοι τάξιν ἱππέων, ὡς, ἄν τι δέῃ, χρῶμαι μένων παρὰ τὸ στρατόπεδον. 24 Ὑμῶν δὲ οἱ μὲν ἄρχοντες καὶ οἱ πρεσβύτεροι ἐν τάξει ἀθρόοι ἐλαύνετε, εἰ σωφρονεῖτε, ἵνα μήποτε ἀθρόῳ τινὶ ἐντυχόντες ἀποβιασθῆτε, τοὺς δὲ νεωτέρους ἀφίετε διώκειν· οὗτοι δὲ ἀποκτεινόντων· τοῦτο γὰρ ἀσφαλέστατον νῦν ὡς ἐλαχίστους τῶν πολεμίων λειπεῖν. 25 Ἢν δὲ νικῶμεν, ἔφη, ὃ πολλοῖς δὴ κρατοῦσι τὴν τύχην ἀνέτρεψε, φυλάξασθαι δεῖ τὸ ἐφ᾽ ἁρπαγὴν τραπέσθαι· ὡς ὁ τοῦτο ποιῶν οὐκέτ᾽ ἀνήρ ἐστιν, ἀλλὰ σκευοφόρος· καὶ ἔξεστι τῷ βουλομένῳ χρῆσθαι ἤδη τούτῳ ὡς ἀνδραπόδῳ. 26 Ἐκεῖνο δὲ χρὴ γνῶναι ὅτι οὐδέν ἐστι κερδαλεώτερον τοῦ νικᾶν·

Verbündete und Freunde an, wir müssen uns darüber im klaren sein, daß wir jetzt in einer Situation sind, wo wir, wenn wir Schwäche zeigten, in allergrößte Schwierigkeiten geraten könnten. Denn die Feinde wissen längst, mit welcher Absicht wir hierher gekommen sind. Wenn wir aber unsere ganze Kraft aufbieten und die Feinde mit Stärke und Mut angreifen, dann werdet ihr sofort sehen, daß sie wie entlaufene Sklaven, die man erwischt hat, teils um Gnade bitten, teils fliehen und teils nicht einmal daran denken können. Denn sie werden schon besiegt sein, wenn sie uns sehen, und weil sie weder erwarten, daß wir kommen werden, noch darauf vorbereitet und kampfbereit sind, werden sie uns hilflos ausgeliefert sein. (22) Wenn wir also von jetzt an gut essen, schlafen und leben wollen, dann dürfen wir ihnen keine Zeit geben, ihre Lage zu beurteilen, zu ihrem Vorteil Vorbereitungen zu treffen und überhaupt zu erkennen, daß wir Menschen sind: Sie sollen vielmehr glauben, daß ihnen Schilde, Säbel und Streitäxte entgegenkommen und Hiebe austeilen. (23) Ihr, Hyrkanier, schwärmt vor uns aus und geht voran, damit wir möglichst lange unentdeckt bleiben, solange man nur eure Waffen sieht. Aber sobald ich mich selbst dem feindlichen Heer nähere, soll jeder von euch eine Reiterabteilung bei mir zurücklassen, damit ich sie, falls es erforderlich ist, einsetzen kann, solange ich mich in der Nähe des feindlichen Lagers befinde. (24) Ihr, die Anführer und die langgedienten Soldaten, reitet in geschlossener Abteilung, wenn ihr vernünftig seid, damit ihr auf keinen Fall abgedrängt werdet, sobald ihr auf einen feindlichen Pulk trefft. Die Jüngeren aber laßt die Verfolgung aufnehmen. Sie sollen töten. Denn es ist bei der Lage der Dinge am sichersten, möglichst wenige Feinde am Leben zu lassen. (25) Wenn wir siegen, müßt ihr euch hüten zu plündern. Das hat schon viele trotz ihrer Überlegenheit den Sieg gekostet. Denn wer dies tut, ist kein Mann mehr, sondern ein armseliger Gepäckträger, und es ist jedem, der es will, erlaubt, einen solchen Plünderer anschließend als Sklaven zu gebrauchen. (26) Man muß sich vielmehr darüber im klaren sein, daß nichts einen größeren Ge-

ὁ γὰρ κρατῶν ἅμα πάντα συνήρπασε, καὶ τοὺς ἄνδρας
καὶ τὰς γυναῖκας καὶ τὰ χρήματα καὶ πᾶσαν τὴν χώραν.
Πρὸς ταῦτα τοῦτο μόνον ὁρᾶτε ὅπως τὴν νίκην διασῴζώ-
μεθα· ἐὰν γὰρ κρατηθῇ, καὶ αὐτὸς ὁ ἁρπάζων ἔχεται.
Καὶ τοῦτο ἅμα διώκοντες μέμνησθε, ἥκειν πάλιν ὡς ἐμὲ
ἔτι φωτὸς ὄντος· ὡς σκότους γενομένου οὐδένα ἔτι προσ-
δεξόμεθα.

27 Ταῦτ' εἰπὼν ἀπέπεμπεν εἰς τὰς τάξεις ἑκάστους
καὶ ἐκέλευεν ἅμα πορευομένους τοῖς ἑαυτοῦ ἕκαστον
δεκαδάρχοις τὰ αὐτὰ σημαίνειν· ἐν μετώπῳ γὰρ ἦσαν
οἱ δεκάδαρχοι, ὥστε ἀκούειν· τοὺς δὲ δεκαδάρχους τῇ
δεκάδι ἕκαστον κελεύειν παραγγέλλειν. Ἐκ τούτου προηγοῦντο μὲν οἱ Ὑρκάνιοι, αὐτὸς δὲ τὸ μέσον ἔχων σὺν
τοῖς Πέρσαις ἐπορεύετο· τοὺς δὲ ἱππεῖς ἑκατέρωθεν,
ὥσπερ εἰκός, παρέταξε.

28 Τῶν δὲ πολεμίων, ἐπεὶ φάος ἐγένετο, οἱ μὲν ἐθαύ-
μαζον τὰ ὁρώμενα, οἱ δ' ἐγίγνωσκον ἤδη, οἱ δ' ἤγγελλον,
οἱ δ' ἐβόων, οἱ δ' ἔλυον ἵππους, οἱ δὲ συνεσκευάζοντο,
οἱ δ' ἐρρίπτουν τὰ ὅπλα ἀπὸ τῶν ὑποζυγίων, οἱ δ' ὡπλί-
ζοντο, οἱ δ' ἀνεπήδων ἐπὶ τοὺς ἵππους, οἱ δ' ἐχαλίνουν,
οἱ δὲ τὰς γυναῖκας ἀνεβίβαζον ἐπὶ τὰ ὀχήματα, οἱ δὲ
τὰ πλείστου ἄξια ἐλάμβανον ὡς διασωσόμενοι, οἱ δὲ
κατορύττοντες τὰ τοιαῦτα ἡλίσκοντο, οἱ δὲ πλεῖστοι ἐς
φυγὴν ὥρμων· οἴεσθαι δὲ χρὴ καὶ ἄλλα πολλά τε καὶ
παντοδαπὰ ποιεῖν αὐτούς, πλὴν ἐμάχετο οὐδείς, ἀλλ' ἀμα-
χητὶ ἀπώλλυντο.

29 Κροῖσος δὲ ὁ Λυδῶν βασιλεύς, ὡς θέρος ἦν, τάς
τε γυναῖκας ἐν ταῖς ἁρμαμάξαις προαπεπέμψατο τῆς
νυκτός, ὡς ἂν ῥᾷον πορεύοιντο κατὰ ψῦχος, καὶ αὐτὸς
ἔχων τοὺς ἱππεῖς ἐπηκολούθει. **30** Καὶ τὸν Φρύγα τὰ
αὐτὰ ταῦτα ποιῆσαί φασι τὸν τῆς παρ' Ἑλλήσποντον
ἄρχοντα Φρυγίας. Ὡς δὲ παρῄσθοντο τῶν φευγόντων

winn bringt als der Sieg. Denn der Sieger hat alles zugleich
erbeutet: die Männer und die Frauen, die Wertgegenstände
und das ganze Land. Habt nur dieses eine Ziel im Blick, daß
wir unseren Sieg behaupten. Denn wenn er zu den Verlierern
gehört, hat auch der Plünderer keine Chance. Und denkt zugleich daran, wenn ihr die Verfolgung aufnehmt, daß ihr wieder zu mir zurückkommt, solange es noch hell ist. Wenn es erst
einmal dunkel geworden ist, werden wir niemanden mehr zu
uns kommen lassen.“

(27) Nach diesen Worten schickte er alle auf ihre Posten
und befahl zugleich, daß jeder seinen Dekadarchen unterwegs
dieselben Weisungen erteile. Denn die Dekadarchen marschierten vor der Front, so daß sie alles hören konnten. Die
Dekadarchen sollten – so lautete der Befehl – die Weisungen
jeweils an ihre Dekade weitergeben. Dann übernahmen die
Hyrkanier die Spitze. Kyros selbst marschierte in der Mitte
zusammen mit seinen Persern. Die Reiter ließ er, wie üblich,
an beiden Flanken Stellung beziehen.

(28) Als es hell wurde, entstand bei den Feinden folgende
Situation: Die einen wunderten sich über das, was sie sahen,
die anderen begriffen alles sofort. Einige meldeten es weiter,
einige brachen in Geschrei aus, andere banden ihre Pferde los,
andere luden ihr Gepäck auf, einige warfen die Waffen von
den Lasttieren, einige griffen zu den Waffen. Einige sprangen
auf die Pferde, einige zäumten ihre Pferde auf, andere ließen
ihre Frauen auf die Wagen steigen, andere nahmen ihre wertvollste Habe, um sie in Sicherheit zu bringen, andere wurden
dabei überrascht, daß sie ihre Sachen vergruben, und die meisten ergriffen die Flucht. Man muß annehmen, daß sie noch
vieles andere taten, aber niemand nahm den Kampf auf, sondern sie wurden kampflos vernichtet.

(29) Kroisos, der König der Lyder, hatte die Frauen, weil es
Sommer war, auf ihren Kutschen vorausgeschickt, damit sie in
der Kühle der Nacht leichter vorankämen, und er selbst folgte
mit seinen Reitern. (30) Man sagt, der König von Phrygien am
Hellespont habe dasselbe getan. Als sie aber die Flüchtenden

καὶ καταλαμβανόντων αὐτούς, πυθόμενοι τὸ γιγνόμενον
ἔφευγον δὴ καὶ αὐτοὶ κατὰ κράτος. 31 Τὸν δὲ τῶν
Καππαδοκῶν βασιλέα καὶ τὸν Ἀραβίων ἔτι ἐγγὺς
ὄντας καὶ ὑποστάντας ἀθωρακίστους ἀποκτείνουσιν οἱ
Ὑρκάνιοι. Τὸ δὲ πλεῖστον ἦν τῶν ἀποθανόντων Ἀσσυρίων
καὶ Ἀραβίων· ἐν γὰρ τῇ ἑαυτῶν ὄντες χώρᾳ ἀσυντονώ-
τατα πρὸς τὴν πορείαν εἶχον. 32 Οἱ μὲν δὴ Μῆδοι καὶ
Ὑρκάνιοι, οἷα δὴ εἰκὸς κρατοῦντας, τοιαῦτα ἐποίουν
διώκοντες. Ὁ δὲ Κῦρος τοὺς παρ' ἑαυτῷ ἱππέας κατα-
λειφθέντας περιελαύνειν ἐκέλευε τὸ στρατόπεδον, καὶ εἴ
τινας σὺν ὅπλοις ἴδοιεν ἐξιόντας, κατακαίνειν· τοῖς
δ' ὑπομένουσιν ἐκήρυξεν, ὁπόσοι τῶν πολεμίων στρατιωτῶν ἦσαν ἱππεῖς ἢ πελτασταὶ ἢ τοξόται, ἀποφέρειν τὰ
ὅπλα συνδεδεμένα, τοὺς δὲ ἵππους ἐπὶ ταῖς σκηναῖς
καταλείπειν· ὅστις δὲ ταῦτα μὴ ποιήσοι, αὐτίκα τῆς
κεφαλῆς στερήσεσθαι· τὰς δὲ κοπίδας προχείρους
ἔχοντες ἐν τάξει περιίστασαν. 33 Οἱ μὲν δὴ τὰ ὅπλα
ἔχοντες ἐρρίπτουν, ἀποφέροντες εἰς ἓν χωρίον ὅποι
ἐκέλευε· καὶ ταῦτα μὲν οἷς ἐπέταξεν ἔκαιον.
34 Ὁ δὲ Κῦρος ἐνενόησεν ὅτι ἦλθον μὲν οὔτε σῖτα
οὔτε ποτὰ ἔχοντες, ἄνευ δὲ τούτων οὔτε στρατεύεσθαι
δυνατὸν οὔτ' ἄλλο ποιεῖν οὐδέν. Σκοπῶν δ' ὡς ἂν κάλλιστα
καὶ τάχιστα ταῦτα γένοιτο, ἐνθυμεῖται ὅτι ἀνάγκη πᾶσι
τοῖς στρατευομένοις εἶναί τινα ὅτῳ καὶ σκηνῆς μελήσει
καὶ ὅπως τὰ ἐπιτήδεια παρεσκευασμένα τοῖς στρατιώταις
εἰσιοῦσιν ἔσται. 35 Καὶ τοίνυν ἔγνω ὅτι τούτους εἰκὸς μάλιστα πάντων ἐν τῷ στρατοπέδῳ νῦν κατειλῆφθαι [ἦν]
διὰ τὸ ἀμφὶ συσκευασίαν ἔχειν· ἐκήρυξε δὴ παρεῖναι
τοὺς ἐπιτρόπους πάντας· εἰ δέ που μὴ εἴη ἐπίτροπος,
τὸν πρεσβύτατον ἀπὸ σκηνῆς· τῷ δὲ ἀπειθοῦντι πάντα

bemerkten, von denen sie eingeholt wurden, und erfuhren, was geschah, flohen auch sie, so schnell es ging. (31) Die Könige von Kappadokien und Arabien, die noch ganz in der Nähe waren und ohne Rüstung Widerstand leisteten, wurden von den Hyrkaniern getötet. Die meisten Toten hatten die Assyrer und die Araber zu beklagen. Denn da sie sich in ihrem eigenen Land befanden, waren sie äußerst langsam vorangerückt. (32) Während die Meder und Hyrkanier auf ihrer Verfolgungsjagd alles taten, was Sieger gewöhnlich tun, ließ Kyros die Reiter, die bei ihm zurückgeblieben waren, um das Lager herumreiten und jeden, den sie bewaffnet herauskommen sahen, erschlagen. Den im Lager zurückbleibenden Menschen ließ er mitteilen, daß alle Reiter, Leichtbewaffneten oder Bogenschützen unter den feindlichen Soldaten ihre Waffen zusammengebunden abliefern und ihre Pferde bei den Zelten stehen lassen sollten. Wer diesem Befehl nicht Folge leiste, werde sofort seinen Kopf verlieren. Kyros' Soldaten hatten ihre Schwerter gezogen und das Lager umstellt. (33) Soweit die Feinde bewaffnet waren, legten sie ihre Waffen ab und brachten sie zu der befohlenen Stelle. Die Leute, die den Befehl dazu erhalten hatten, verbrannten die Waffen.

(34) Kyros mußte feststellen, daß sie ohne Essen und Trinken losgezogen waren und daß sie ohne Nahrung weder weiterziehen noch etwas anderes tun konnten. Während er überlegte, wie sich dieses Problem am besten und schnellsten lösen lasse, fiel ihm ein, daß alle Soldaten, die sich auf einem Feldzug befinden, jemanden zur Verfügung haben müssen, der sich einerseits um das Zelt kümmert und andererseits dafür sorgt, daß alles Notwendige vorbereitet ist, wenn die Soldaten in ihr Zelt einrücken. (35) Er war davon überzeugt, daß man diese Leute jetzt wahrscheinlich eher als alle anderen im Lager antreffen werde, weil sie mit dem Einpacken beschäftigt seien. Er ließ also ausrufen, daß alle Proviantmeister zur Stelle sein sollten. Falls es irgendwo keinen Proviantmeister gebe, solle der Zeltälteste erscheinen. Jedem, der diesem Befehl nicht Folge leistete, drohte er alle nur denkbaren Strafen an. Weil

τὰ χαλεπὰ ἀνεῖπεν. Οἱ δὲ ὁρῶντες καὶ τοὺς δεσπότας
πειθομένους ταχὺ ἐπείθοντο. 36 Ἐπεὶ δὲ παρεγένοντο,
πρῶτον μὲν ἐκέλευε καθίζεσθαι αὐτῶν ὅσοις ἐστὶ πλέον
ἢ δυοῖν μηνοῖν ἐν τῇ σκηνῇ τὰ ἐπιτήδεια. Ἐπεὶ δὲ τούτους
εἶδεν, αὖθις ἐκέλευσεν ὅσοις μηνὸς ἦν· ἐν δὲ τούτοις
σχεδὸν πάντες ἐκαθίζοντο. 37 Ἐπεὶ δὲ ταῦτα ἔμαθεν,
εἶπεν ὧδε αὐτοῖς· Ἄγετε τοίνυν, ἔφη, ὦ ἄνδρες, οἵτινες
ὑμῶν τὰ μὲν κακὰ μισεῖτε, ἀγαθοῦ δέ τινος παρ' ἡμῶν
βούλοισθ' ἂν τυγχάνειν, ἐπιμελήθητε προθύμως ὅπως
διπλάσια ἐν τῇ σκηνῇ ἑκάστῃ σιτία καὶ ποτὰ παρεσκευασμένα ᾖ ἢ τοῖς δεσπόταις καὶ τοῖς οἰκέταις καθ' ἡμέραν
ἐποιεῖτε· καὶ τἆλλα δὲ πάντα ὁπόσα καλὴν δαῖτα παρέξει ἕτοιμα ποιεῖτε, ὡς αὐτίκα μάλα παρέσονται ὁπότεροι
ἂν κρατῶσι, καὶ ἀξιώσουσιν ἔκπλεω ἔχειν πάντα τὰ
ἐπιτήδεια. Εὖ οὖν ἴστε ὅτι συμφέροι ἂν ὑμῖν ἀμέμπτως
δέχεσθαι τοὺς ἄνδρας. 38 Οἱ μὲν δὴ ταῦτ' ἀκούσαντες
πολλῇ σπουδῇ τὰ παρηγγελμένα ἔπραττον.

Ὁ δ' αὖ συγκαλέσας τοὺς ταξιάρχους ἔλεξε τοιάδε·
Ἄνδρες φίλοι, γιγνώσκω μὲν ὅτι νῦν ἔξεστιν ἡμῖν προτέ-
ροις τῶν ἀπόντων συμμάχων ἀρίστου τυχεῖν καὶ τοῖς
μάλα ἐσπουδασμένοις σιτίοις καὶ ποτοῖς χρῆσθαι· ἀλλ' οὔ
μοι δοκεῖ τοῦτ' ἂν τὸ ἄριστον πλέον ὠφελῆσαι ἡμᾶς ἢ
τὸ τῶν συμμάχων ἐπιμελεῖς φανῆναι, οὐδ' ἂν αὕτη ἡ
εὐωχία ἰσχυροτέρους τοσοῦτον ποιῆσαι ὅσον εἰ δυναίμεθα τοὺς συμμάχους προθύμους ποιεῖσθαι. 39 Εἰ δὲ
τῶν νυνὶ διωκόντων καὶ ἀποκτεινόντων τοὺς ἡμετέρους
πολεμίους καὶ μαχομένων, εἴ τις ἐναντιοῦται, τούτων
δόξομεν οὕτως ἀμελεῖν ὥστε καὶ πρὶν εἰδέναι ὅ τι πράττου-

diese Leute sahen, daß auch ihre Vorgesetzten gehorchten,
führten sie Kyros' Befehl unverzüglich aus. (36) Als sie alle da
waren, befahl er zuerst denjenigen von ihnen, die Lebensmittel für mehr als zwei Monate in ihrem Zelt hatten, sich zu
setzen. Als er diese sah, ließ er wiederum diejenigen sich setzen, die Lebensmittel für einen Monat zur Verfügung hatten.
Da setzten sich fast alle hin. (37) Als er dies zur Kenntnis
genommen hatte, sagte er folgendes zu ihnen: „Nun gut, ihr
Männer, wenn ihr eine schlechte Behandlung verabscheut und
eine Belohnung von uns bekommen wollt, dann sorgt schleu-
nigst dafür, daß in jedem Zelt doppelt so viel an Speisen und
Getränken bereitgestellt wird, wie ihr es sonst jeden Tag den
Herren und Dienern vorgesetzt habt. Dann haltet auch alles
andere bereit, was zu einer guten Mahlzeit gehört. Denn in
Kürze werden die Sieger da sein und verlangen, daß ihnen
alles, was sie brauchen, in vollem Umfang zur Verfügung
steht. Seid euch darüber im klaren, daß es in eurem Interesse
sein dürfte, die Männer so zu empfangen, daß sie keinen
Grund zur Klage haben." (38) Nachdem sie dies gehört hatten, führten sie mit großem Eifer aus, was ihnen aufgetragen
war.

Kyros rief dann wiederum seine Taxiarchen zusammen und
sagte folgendes zu ihnen: „Meine Freunde, ich sehe, daß es
uns jetzt möglich ist, als erste unser Essen zu bekommen, solange unsere Verbündeten noch nicht zurück sind, und die
sorgfältig zubereiteten Speisen und Getränke zu genießen.
Aber ich glaube nicht, daß es uns mehr nützen würde, diese
Mahlzeit einzunehmen, als unseren Verbündeten zu zeigen,
daß wir uns um sie kümmern. Ich sehe auch nicht, daß dieses
Essen unsere Kraft in demselben Maße stärken würde wie
unsere Bemühung um die Sympathie unserer Verbündeten.
(39) Wenn wir aber, während die Verbündeten unsere Feinde
verfolgen und erschlagen und den Kampf fortsetzen, falls jemand Widerstand leistet, den Anschein erwecken, wir kümmerten uns so wenig um sie, daß wir, bevor wir erfahren hätten, wie es ihnen ergehe, zu Tisch gingen, dann fürchte ich,

σιν ἠριστηκότες φαίνεσθαι, ὅπως μὴ αἰσχροὶ μὲν φανού-
μεθα, ἀσθενεῖς δ᾽ ἐσόμεθα συμμάχων ἀποροῦντες. Τὸ δὲ
τῶν κινδυνευόντων καὶ πονούντων ἐπιμεληθῆναι ὅπως
εἰσιόντες τὰ ἐπιτήδεια ἕξουσιν, αὕτη ἂν ἡμᾶς ἡ θοίνη
πλείω εὐφράνειεν, ὡς ἐγώ φημι. ἢ τὸ παραχρῆμα τῇ
γαστρὶ χαρίσασθαι. 40 Ἐννοήσατε δ᾽, ἔφη, ὡς εἰ
μηδ᾽ ἐκείνους αἰσχυντέον ἦν, οὐδ᾽ ὣς ἡμῖν νῦν προσῆκεν
οὔτε πλησμονῆς πω οὔτε μέθης · οὐ γάρ πω διαπέπρακται
ἡμῖν ἃ βουλόμεθα, ἀλλ᾽ αὐτὰ πάντα νῦν ἀκμάζει ἐπιμελείας δεόμενα. Ἔχομεν γὰρ ἐν τῷ στρατοπέδῳ πολεμίους πολλαπλασίους ἡμῶν αὐτῶν, καὶ τούτους λελυ-
μένους · οὓς καὶ φυλάττεσθαι ἔτι προσήκει καὶ φυλάττειν,
ὅπως ὦσι καὶ οἱ ποιήσοντες ἡμῖν τὰ ἐπιτήδεια · ἔτι δ᾽ οἱ
ἱππεῖς ἡμῖν ἄπεισι, φροντίδα παρέχοντες ὅπου εἰσί, κἂν
ἔλθωσιν, εἰ παραμενοῦσιν. 41 Ὥστ᾽, ὦ ἄνδρες, νῦν μοι
δοκεῖ τοιοῦτον σῖτον ἡμᾶς προσφέρεσθαι δεῖν καὶ τοιοῦτον
ποτὸν ὁποῖόν τις οἴεται μάλιστα σύμφορον εἶναι πρὸς
τὸ μήτε ὕπνου μήτε ἀφροσύνης ἐμπίμπλασθαι. 42 Ἔτι
δὲ καὶ χρήματα πολλά ἐστιν ἐν τῷ στρατοπέδῳ, ὧν οὐκ
ἀγνοῶ ὅτι δυνατὸν ἡμῖν κοινῶν ὄντων τοῖς συγκατειλη-
φόσι νοσφίσασθαι ὁπόσα ἂν βουλώμεθα · ἀλλ᾽ οὔ μοι
δοκεῖ τὸ λαβεῖν κερδαλεώτερον εἶναι τοῦ δικαίους φαινο-
μένους ἐκείνοις τούτῳ πειρᾶσθαι ἔτι μᾶλλον αὐτοὺς ἢ
νῦν ἀσπάζεσθαι ἡμᾶς. 43 Δοκεῖ δέ μοι, ἔφη, καὶ τὸ
νεῖμαι τὰ χρήματα, ἐπειδὰν ἔλθωσι, Μήδοις καὶ Ὑρκανίοις καὶ Τιγράνῃ ἐπιτρέψαι · καὶ ἤν τι μεῖον ἡμῖν δάσων-
ται, κέρδος ἡγεῖσθαι · διὰ γὰρ τὰ κέρδη ἥδιον ἡμῖν παρα-
μενοῦσι. 44 Τὸ μὲν γὰρ νῦν πλεονεκτῆσαι ὀλιγοχρόνιον
ἂν τὸν πλοῦτον ἡμῖν παράσχοι · τὸ δὲ ταῦτα προεμένους

daß wir uns nicht nur schämen müßten, sondern auch empfindlich geschwächt würden, weil wir unsere Verbündeten verlören. Wenn wir uns jedoch darum kümmern, daß die Männer, die sich in Gefahr begeben und Anstrengungen auf sich nehmen, die erforderliche Fürsorge erhalten, sobald sie zurückkommen, dann dürfte uns dieses Festmahl wohl mehr erfreuen, wie ich meine, als die augenblickliche Befriedigung des Magens. (40) Bedenkt bitte auch, daß es uns selbst dann, wenn wir keine Rücksicht auf jene zu nehmen hätten, noch nicht zuständе, der Eß- und Trinklust nachzugeben. Denn noch haben wir nicht erreicht, was wir wollen, sondern alles steht noch auf des Messers Schneide und bedarf größter Sorgfalt. Wir haben nämlich im Lager noch Feinde, die uns zahlenmäßig weit überlegen sind und noch dazu frei herumlaufen. Es ist noch angebracht, sich vor ihnen in acht zu nehmen und zugleich dafür zu sorgen, daß wir auch Leute haben, die die für uns notwendigen Arbeiten verrichten. Ferner sind auch unsere Reiter noch nicht eingetroffen, und wir fragen uns voll Sorge, wo sie sind, und wenn sie eintreffen, ob sie dann auch wirklich bei uns bleiben. (41) Darum, meine Freunde, scheint es mir im Augenblick notwendig zu sein, nur so viel zu essen und zu trinken, wie wir für gerade erforderlich halten, um wach und aufmerksam zu bleiben. (42) Außerdem gibt es im Lager viel Geld, und ich weiß genau, daß es uns möglich wäre, davon zu nehmen, wieviel wir wollten, obwohl es allen, die es erbeutet haben, gehört. Aber ich glaube nicht, daß es vorteilhafter wäre, das Geld zu nehmen, statt in deren Augen gerecht zu erscheinen und dadurch zu erreichen, daß sie uns noch mehr lieben als im Augenblick. (43) Ich bin dafür, die Verteilung des Geldes den Medern, den Hyrkaniern und Tigranes zu überlassen, sobald sie eintreffen, und selbst wenn sie uns einen geringeren Anteil zukommen lassen, sollten wir dies für einen Gewinn halten. Denn wenn sie einen Vorteil davon haben, werden sie lieber bei uns bleiben. (44) Wenn wir jetzt nämlich mehr nähmen, als uns zusteht, würde uns dies einen nur vorübergehenden Reichtum verschaffen. Aber darauf zu verzich-

ἐκεῖνα κτήσασθαι ὅθεν ὁ πλοῦτος φύεται, τοῦτο, ὡς ἐγὼ
δοκῶ, ἀεναώτερον ἡμῖν δύναιτ' ἂν τὸν ὄλβον καὶ πᾶσι
τοῖς ἡμετέροις παρέχειν. **45** Οἶμαι δ', ἔφη, καὶ οἴκοι
ἡμᾶς τούτου ἕνεκα ἀσκεῖν καὶ γαστρὸς κρείττους εἶναι
καὶ κερδέων ἀκαίρων, ἵν', ὁπότε δέοι, δυναίμεθα αὐτοῖς
συμφόρως χρῆσθαι · ποῦ δ' ἂν ἐν μείζοσι τῶν νῦν παρόντων ἐπιδειξαίμεθ' ἂν τὴν παιδείαν ἐγὼ μὲν οὐχ ὁρῶ.
46 Ὁ μὲν οὕτως εἶπε. Συνεῖπε δ' αὐτῷ Ὑστάσπας ἀνὴρ
Πέρσης τῶν ὁμοτίμων ὧδε · Δεινὸν γάρ τἂν εἴη, ὦ Κῦρε,
εἰ ἐν θήρᾳ μὲν πολλάκις ἄσιτοι καρτεροῦμεν, ὅπως θηρίον
τι ὑποχείριον ποιησώμεθα καὶ μάλα μικροῦ ἴσως ἄξιον,
ὄλβον δὲ ὅλον πειρώμενοι θηρᾶν εἰ ἐμποδών τι ποιησαίμεθα γενέσθαι ἡμῖν ἃ τῶν μὲν κακῶν ἀνθρώπων ἄρχει,
τοῖς δ' ἀγαθοῖς πείθεται, οὐκ ἂν πρέποντα ἡμῖν δοκοῖμεν
ποιεῖν. **47** Ὁ μὲν οὖν Ὑστάσπας οὕτως εἶπεν · οἱ
δ' ἄλλοι πάντες ταῦτα συνήνουν. Ὁ δὲ Κῦρος εἶπεν ·
Ἄγε δή, ἔφη, ἐπειδὴ ὁμονοοῦμεν ταῦτα, πέμψατε ἀπὸ
λόχου ἕκαστος πέντε ἄνδρας τῶν σπουδαιοτάτων · οὗτοι
δὲ περιιόντες, οὓς μὲν ἂν ὁρῶσι πορσύνοντας τὰ ἐπιτήδεια, ἐπαινούντων · οὓς δ' ἂν ἀμελοῦντας, κολαζόντων
ἀφειδέστερον ἢ ὡς δεσπόται. Οὗτοι μὲν δὴ ταῦτα ἐποίουν.

III

1 Τῶν δὲ Μήδων τινὲς ἤδη, οἱ μὲν ἁμάξας προωρμη-
μένας καταλαβόντες καὶ ἀποστρέψαντες προσήλαυνον
μεστὰς ὧν δεῖται στρατιά, · οἱ δὲ καὶ ἁρμαμάξας γυναικῶν
τῶν βελτίστων τῶν μὲν γνησίων, τῶν δὲ καὶ παλλακίδων

ten, um jenes zu gewinnen, woraus der Reichtum erwächst, das könnte, wie ich glaube, uns und allen unseren Freunden einen Reichtum von größerer Dauer verschaffen. (45) Ich glaube, wir üben auch deswegen zu Hause, den Bauch zu beherrschen und unpassende Gewinnsucht zu unterdrücken, damit wir instande sind, diese Selbstbeherrschung, wenn es nötig ist, zu unserem Vorteil zu nutzen. Wo wir aber besser als unter den augenblicklichen Umständen unsere gute Erziehung beweisen könnten, sehe ich nicht." (46) So sprach Kyros. Der Perser Hystaspas, ein Homotime, stimmte Kyros mit folgenden Worten zu: „Es wäre gewiß seltsam, mein lieber Kyros, wenn wir es zwar auf der Jagd oft ohne Nahrung aushielten, um ein Tier, und das heißt doch wohl eine Sache von minderem Wert, in unsere Gewalt zu bekommen, es dann aber zuließen, daß uns auf der Jagd nach dem vollkommenen Glück etwas im Wege stände, was die schlechten Charaktere beherrscht und den guten gehorcht. Dann müßten wir doch den Anschein erwecken, etwas zu tun, was nicht zu uns paßt." (47) So also sprach Hystaspas, und alle anderen stimmten ihm zu. Kyros sagte darauf: „Nun gut. Da wir uns darin einig sind, soll jeder von euch die fünf tüchtigsten Männer aus seinem Lochos losschicken. Diese Männer sollen durch das Lager gehen und alle loben, die sie bei der Erledigung der notwendigen Aufgaben antreffen, und alle anderen, die sie ihre Pflicht nicht tun sehen, erbarmungsloser bestrafen, als es ihre Herren getan hätten." Sie führten diesen Befehl aus.

III.

(1) Schon waren einige Meder zurückgekommen: Einige hatten die Wagen, die vorausgefahren waren, eingeholt und umkehren lassen und schafften sie jetzt heran. Sie waren voll beladen mit den Gütern, die das Heer dringend benötigte. Andere brachten die von ihnen erbeuteten Kutschen mit den Frauen zurück, bei denen es sich teils um Ehefrauen, teils um

διὰ τὸ κάλλος συμπεριαγομένων, καὶ ταύτας εἰληφότες
προσῆγον. 2 Πάντες γὰρ ἔτι καὶ νῦν οἱ κατὰ τὴν Ἀσίαν
στρατευόμενοι ἔχοντες τὰ πλείστου ἄξια στρατεύονται,
λέγοντες ὅτι μᾶλλον μάχοιντ' ἂν εἰ τὰ φίλτατα παρείη ·
τούτοις γάρ φασιν ἀνάγκην εἶναι προθύμως ἀλέξειν.
Ἴσως μὲν οὖν οὕτως ἔχει, ἴσως δὲ καὶ ποιοῦσιν αὐτὰ τῇ
ἡδονῇ χαριζόμενοι
3 Ὁ δὲ Κῦρος θεωρῶν τὰ τῶν Μήδων ἔργα καὶ Ὑρκανίων ὡσπερεὶ κατεμέμφετο καὶ ἑαυτὸν καὶ τοὺς σὺν αὐτῷ,
εἰ οἱ ἄλλοι τοῦτον τὸν χρόνον ἀκμάζειν τε μᾶλλον ἑαυτῶν
ἐδόκουν καὶ προσκτᾶσθαί τι, αὐτοὶ δὲ ἐν ἀργοτέρᾳ χώρᾳ
ὑπομένειν. Καὶ γὰρ δὴ οἱ ἀπάγοντες καὶ ἀποδεικνύντες
Κύρῳ ἃ ἦγον πάλιν ἀπήλαυνον, μεταδιώκοντες τοὺς
ἄλλους · ταῦτα γὰρ σφίσιν ἔφασαν προστετάχθαι ποιεῖν
ὑπὸ τῶν ἀρχόντων. Δακνόμενος δὴ ὁ Κῦρος ἐπὶ τούτοις
ταῦτα μὲν ὅμως κατεχώριζε · συνεκάλει δὲ πάλιν τοὺς
ταξιάρχους, καὶ στὰς ὅπου αὐτοῦ ἔμελλον πάντες ἀκού-
σεσθαι τὰ βουλευόμενα λέγει τάδε ·

4 Ὅτι μέν, ὦ ἄνδρες φίλοι, εἰ κατάσχοιμεν τὰ νῦν
προφαινόμενα, μεγάλα μὲν ἂν ἅπασι Πέρσαις ἀγαθὰ
γένοιτο, μέγιστα δ' ἂν εἰκότως ἡμῖν δι' ὧν πράττεται,
πάντες οἶμαι γιγνώσκομεν · ὅπως δ' ἂν αὐτῶν ἡμεῖς
κύριοι γιγνοίμεθα, μὴ αὐτάρκεις ὄντες κτήσασθαι αὐτά,
εἰ μὴ ἔσται οἰκεῖον ἱππικὸν Πέρσαις, τοῦτο ἐγὼ οὐκέτι
ὁρῶ. 5 Ἐννοεῖτε γὰρ δή, ἔφη · ἔχομεν ἡμεῖς οἱ Πέρσαι
ὅπλα οἷς δοκοῦμεν τρέψεσθαι τοὺς πολεμίους ὁμόσε
ἰόντες · καὶ δὴ τρεπόμενοι ποίους ἢ ἱππέας ἢ τοξότας ἢ
πελταστὰς ἢ ἀκοντιστὰς ἄνευ ἵππων ὄντες δυναίμεθ' ἂν
φεύγοντας ἢ λαβεῖν ἢ ἀποκτεῖναι; Τίνες δ' ἂν φοβοῖντο
ἡμᾶς προσιόντες κακουργεῖν ἢ τοξόται ἢ ἀκοντισταὶ ἢ
ἱππεῖς, εὖ εἰδότες ὅτι οὐδεὶς αὐτοῖς κίνδυνος ὑφ' ἡμῶν

Konkubinen handelte, die man wegen ihrer Schönheit mitgenommen hatte. (2) Denn auch heute noch nehmen alle Asiaten, wenn sie in den Krieg ziehen, ihren wertvollsten Besitz mit. Sie sagen, sie kämpften mit größerem Einsatz, wenn das Liebste, was sie besäßen, bei ihnen sei. Denn sie seien, so behaupten sie, verpflichtet, ihr Liebstes mit Leidenschaft zu verteidigen. Das trifft vielleicht zu, vielleicht aber tun sie das auch, um ihrer Lust zu frönen.

(3) Als Kyros die Erfolge der Meder und Hyrkanier sah, machte er sich selbst und seinen Begleitern sozusagen den Vorwurf, daß die anderen zu diesem Zeitpunkt mehr als sie selbst zu leisten und obendrein noch zu gewinnen schienen, sie selbst aber untätig auf ihrem Posten blieben. Denn alle, die etwas erbeuteten und Kyros zeigten, was sie erbeutet hatten, kehrten anschließend wieder um und nahmen erneut die Verfolgung der übrigen Flüchtlinge auf. Sie erklärten nämlich, sie handelten so auf Befehl ihrer Vorgesetzten. Obwohl Kyros sich darüber ärgerte, ließ er die Beute dennoch in Sicherheit bringen. Dann ließ er die Taxiarchen erneut zusammenrufen, und nachdem er einen Platz gefunden hatte, wo sie alle verstehen konnten, was er vorhatte, sprach er folgende Worte:

(4) „Meine Freunde, wenn wir die Reichtümer, die uns in diesem Augenblick vor Augen geführt werden, behalten könnten, so wäre dies ein großes Glück für alle Perser, das größte aber natürlich für uns, denen es zu verdanken ist. Dieser Überzeugung sind wir alle, meine ich. Wie wir uns dieser Reichtümer aber bemächtigen könnten, da wir nicht einmal in der Lage sind, sie in die Hände zu bekommen, solange wir Perser über keine eigeneReiterei verfügen, das ist mir nicht mehr so klar. (5) Denn bedenkt: Wir Perser haben Waffen, mit denen wir unsere Gegner in einem Kampf Mann gegen Mann zweifellos in die Flucht schlagen können. Doch welche Reiter, Bogenschützen, Leichtbewaffneten oder Speerwerfer könnten wir ohne Pferde einholen oder töten, wenn sie fliehen? Welche Bogenschützen, Speerwerfer oder Reiter würden sich fürchten, uns anzugreifen und Schaden zuzufügen, wenn sie genau

κακόν τι παθεῖν μᾶλλον ἢ ὑπὸ τῶν πεφυκότων δένδρων;
6 Εἰ δ᾽ οὕτω ταῦτ᾽ ἔχει, οὐκ εὔδηλον ὅτι οἱ νῦν παρόντες
ἡμῖν ἱππεῖς νομίζουσι πάντα τὰ ὑποχείρια γιγνόμενα
ἑαυτῶν εἶναι οὐχ ἧττον ἢ ἡμέτερα, ἴσως δὲ νὴ Δία καὶ
μᾶλλον; 7 Νῦν μὲν οὖν οὕτω ταῦτ᾽ ἔχει κατ᾽ ἀνάγκην.
Εἰ δ᾽ ἡμεῖς ἱππικὸν κτησαίμεθα μὴ χεῖρον τούτων, οὐ
πᾶσιν ἡμῖν καταφανές ὅτι τούς τ᾽ ἂν πολεμίους δυναίμεθα καὶ ἄνευ τούτων ποιεῖν ὅσαπερ νῦν σὺν τούτοις,
τούτους τε ἔχοιμεν ἂν τότε μετριώτερον πρὸς ἡμᾶς φρο-
νοῦντας; Ὁπότε γὰρ ἢ παρεῖναι ἢ ἀπεῖναι βούλοιντο,
ἧττον ἂν ἡμῖν μέλοι, εἰ αὐτοὶ ἄνευ τούτων ἀρκοῖμεν
ἡμῖν αὐτοῖς. 8 Εἶεν· ταῦτα μὲν δὴ οἶμαι οὐδεὶς ἂν
ἀντιγνωμονήσειε, μὴ οὐχὶ τὸ πᾶν διαφέρειν Περσῶν
γενέσθαι οἰκεῖον ἱππικόν· ἀλλ᾽ ἐκεῖνο ἴσως ἐννοεῖτε,
πῶς ἂν τοῦτο γένοιτο. Ἆρ᾽ οὖν σκεψώμεθα, εἰ βουλοί-
μεθα καθιστάναι ἱππικόν, τί ἡμῖν ὑπάρχει καὶ τίνος
ἐνδεῖ; 9 Οὐκοῦν ἵπποι μὲν οὗτοι πολλοὶ ἐν τῷ στρατοπέδῳ κατειλημμένοι καὶ χαλινοὶ οἷς πείθονται καὶ
τἆλλα ὅσα δεῖ ἵπποις ἔχουσι χρῆσθαι. Ἀλλὰ μὴν καὶ
οἷς γε δεῖ ἄνδρα ἱππέα χρῆσθαι ἔχομεν, θώρακας μὲν
ἐρύματα τῶν σωμάτων, παλτὰ δὲ οἷς καὶ μεθιέντες καὶ
ἔχοντες χρῴμεθ᾽ ἄν. 10 Τί δὴ τὸ λοιπόν; Δῆλον ὅτι
ἀνδρῶν δεῖ. Οὐκοῦν τοῦτο μάλιστα ἔχομεν· οὐδὲν γὰρ
οὕτως ἡμέτερόν ἐστιν ὡς ἡμεῖς ἡμῖν αὐτοῖς. Ἀλλ᾽ ἐρεῖ τις
ἴσως ὅτι οὐκ ἐπιστάμεθα. Μὰ Δί᾽ οὐδὲ γὰρ τούτων τῶν
ἐπισταμένων νῦν πρὶν μαθεῖν οὐδεὶς ἠπίστατο. Ἀλλ᾽ εἴποι
ἄν τις ὅτι παῖδες ὄντες ἐμάνθανον. 11 Καὶ πότερον οἱ
παῖδές εἰσι φρονιμώτεροι ὥστε μαθεῖν τὰ φραζόμενα
καὶ δεικνύμενα ἢ οἱ ἄνδρες; Πότεροι δέ ἃ ἂν μάθωσιν
ἱκανώτεροι τῷ σώματι ἐκπονεῖν, οἱ παῖδες ἢ οἱ ἄνδρες;

wissen, daß wir für sie ebenso ungefährlich sind wie festge-
wachsene Bäume? (6) Ist es nach Lage der Dinge nicht offenkundig, daß die jetzt mit uns verbündeten Reiter davon überzeugt sind, ihre gesamte Beute stehe ihnen nicht weniger zu als
uns, vielleicht sogar, beim Zeus, noch mehr? (7) Im Augenblick liegen die Dinge zwangsläufig so. Doch wenn wir eine
Reiterei bekämen, die ihrer Reiterei gewachsen wäre, dürfte
es uns allen dann nicht klar sein, daß wir den Feinden auch
ohne sie dieselben Schläge versetzen könnten, die wir ihnen
jetzt mit ihrer Hilfe versetzen, und daß sie dann uns gegenüber
etwas vorsichtiger und zurückhaltender wären? Der Umstand
nämlich, daß sie frei entscheiden können, ob sie bei uns bleiben oder abziehen, würde uns weniger ausmachen, wenn wir
uns auf unsere eigenen Kräfte stützen könnten und ohne sie
auskämen. (8) Gut. Diese Tatsachen dürfte nun wohl niemand
bestreiten können, wie ich meine: Die Lage der Perser würde
sich erst durch eine eigene Reiterei grundsätzlich ändern.
Aber denkt einmal darüber nach, wie dies geschehen könnte.
Sollten wir nicht überlegen, wenn wir eine eigene Reiterei
aufstellen wollten, was wir zur Verfügung haben und was wir
noch brauchen? (9) Wir haben zahlreiche Pferde, die uns hier
im Lager in die Hände gefallen sind, dazu das Zaumzeug, mit
dem sie sich lenken lassen, und alles andere, was man braucht,
um Pferde einzusetzen. Darüber hinaus besitzen wir auch die
Waffen, die ein Reiter benötigt: Brustpanzer zum Schutz des
Körpers und Lanzen, die wir zum Schleudern und zum Stoßen
benutzen können. (10) Was brauchen wir sonst noch? Selbstverständlich benötigen wir auch Männer. Doch die stehen uns
reichlich zur Verfügung. Denn nichts gehört uns so wie wir
selbst. Aber vielleicht wird jemand behaupten, daß wir nicht
reiten können. Doch, beim Zeus, auch keiner von denen, die
es jetzt können, konnte es, bevor er es lernte. Aber man könnte einwenden, daß sie noch Kinder waren, als sie es lernten.
(11) Trifft es denn zu, daß Kinder wirklich leichter lernen als
Männer, wenn man ihnen etwas erklärt und zeigt? Haben denn
die Kinder oder die Männer die größere Körperkraft, um das

12 Ἀλλὰ μὴν σχολή γε ἡμῖν μανθάνειν ὅση οὔτε παισὶν
οὔτε ἄλλοις ἀνδράσιν· οὔτε γὰρ τοξεύειν ἡμῖν μαθητέον
ὥσπερ τοῖς παισί· προεπιστάμεθα γὰρ τοῦτο· οὔτε μὴν
ἀκοντίζειν· ἐπιστάμεθα γὰρ καὶ τοῦτο· ἀλλ᾽ οὐδὲ μὴν
ὥσπερ καὶ τοῖς ἄλλοις ἀνδράσι τοῖς μὲν γεωργίαι ἀσχολίαν παρέχουσι, τοῖς δὲ τέχναι, τοῖς δὲ ἄλλα οἰκεῖα·
ἡμῖν δὲ στρατεύεσθαι οὐ μόνον σχολὴ ἀλλὰ καὶ ἀνάγκη.
13 Ἀλλὰ μὴν οὐχ ὥσπερ ἄλλα πολλὰ τῶν πολεμικῶν
χαλεπὰ μέν, χρήσιμα δέ· ἱππικὴ δὲ οὐκ ἐν ὁδῷ μὲν ἡδίων
ἢ αὐτοῖν τοῖν ποδοῖν πορεύεσθαι; Ἐν δὲ σπουδῇ οὐχ
ἡδὺ ταχὺ μὲν φίλῳ παραγενέσθαι, εἰ δέοι, ταχὺ δέ, εἴτε
ἄνδρα εἴτε θῆρα δέοι διώκοντα καταλαβεῖν; Ἐκεῖνο δὲ
οὐχὶ εὐπετές, τὸ ὅ τι ἂν δέῃ ὅπλον φέρειν τὸν ἵππον
τοῦτο συμφέρειν; Οὔκουν ταὐτό γ᾽ ἐστὶν ἔχειν τε καὶ
συμφέρειν. **14** Ὅ γε μὴν μάλιστ᾽ ἄν τις φοβηθείη, μὴ
εἰ δεήσει ἐφ᾽ ἵππου κινδυνεύειν ἡμᾶς πρότερον πρὶν
ἀκριβοῦν τὸ ἔργον τοῦτο, κἄπειτα μήτε πεζοὶ ἔτι ὦμεν
μήτε πω ἱππεῖς ἱκανοί, ἀλλ᾽ οὐδὲ τοῦτο ἀμήχανον· ὅπου
γὰρ ἂν βουλώμεθα, ἐξέσται ἡμῖν πεζοῖς εὐθὺς μάχεσθαι·
οὐδὲν γὰρ τῶν πεζικῶν ἀπομαθησόμεθα ἱππεύειν μανθάνοντες.

15 Κῦρος μὲν οὕτως εἶπε· Χρυσάντας δὲ συναγο-
ρεύων αὐτῷ ὧδε ἔλεξεν· Ἀλλ᾽ ἐγὼ μέν, ἔφη, οὕτως ἐπιθυμῶ
ἱππεύειν μαθεῖν ὡς νομίζω, ἢν ἱππεὺς γένωμαι, ἄνθρωπος
πτηνὸς ἔσεσθαι. **16** Νῦν μὲν γὰρ ἔγωγε ἀγαπῶ ἤν γ᾽ ἐξ
ἴσου τῳ θεῖν ὁρμηθεὶς ἀνθρώπων μόνον τῇ κεφαλῇ πρόσχω,
κἂν θηρίον παραθέον ἰδὼν δυνηθῶ διατεινάμενος φθάσαι
ὥστε ἀκοντίσαι ἢ τοξεῦσαι πρὶν πάνυ πόρρω αὐτὸ γενέσθαι. Ἢν δ᾽ ἱππεὺς γένωμαι, δυνήσομαι μὲν ἄνδρα ἐξ

auszuführen, was sie gelernt haben? (12) Außerdem haben
wir so viel Zeit zum Lernen, wie sie weder Kinder noch andere
Männer haben. Denn wir brauchen weder das Bogenschießen
zu lernen, wie die Kinder (wir können es ja schon), noch das
Schleudern der Lanze. Wir müssen uns aber auch nicht wie die
anderen Männer mit der Landwirtschaft, mit handwerklicher
Arbeit oder mit anderen häuslichen Verpflichtungen abgeben.
Wir aber haben nicht nur Zeit, sondern sehen uns sogar dazu
gezwungen, Krieg zu führen. (13) Außerdem ist es hier nicht
wie bei vielen anderen zwar schwierigen, aber nützlichen militärischen Aufgaben: Ist es nicht angenehmer, sich zu Pferd
fortzubewegen als auf seinen beiden Füßen? Ist es nicht angenehm, im Notfall einem Freund rasch zu Hilfe kommen zu
können, falls es erforderlich sein sollte, und, wenn es nötig ist,
einen Menschen oder ein Tier zu verfolgen, schnell seiner habhaft zu werden? Ist es nicht auch sehr bequem, wenn das Pferd
die Rüstung, die man tragen muß, mitträgt? Es ist nämlich
nicht dasselbe, eine Rüstung ganz allein und zu zweit zu tragen. (14) Was uns aber durchaus Angst einjagen könnte, ist
die Tatsache, daß wir dann, wenn wir zu Pferde kämpfen müssen, bevor wir diese Kunst beherrschen, einerseits keine richtigen Fußsoldaten mehr und andererseits noch keine guten Reiter sind. Aber auch in dieser Lage wären wir nicht hilflos.
Denn immer, wenn wir es wollen, wird es uns möglich sein,
sofort zu Fuß zu kämpfen. Wir werden nämlich keine der
Kampftechniken des Fußsoldaten verlernen, wenn wir reiten
lernen."

(15) So sprach Kyros. Chrysantas stimmte ihm zu und sagte
folgendes: „Was mich betrifft, so habe ich große Lust, reiten
zu lernen, weil ich davon überzeugt bin, ein Mensch mit Flügeln zu werden, wenn ich Reiter werde. (16) Denn im Augenblick bin ich zufrieden, nur einen Kopf weit vorauszusein,
wenn ich mit irgendeinem Menschen um die Wette laufe, und
wenn ich ein Tier vorbeirennen sehe, so schnell sein zu können, daß ich es mit dem Speer oder dem Pfeil noch erreiche,
bevor es sich zu weit entfernt hat. Wenn ich aber Reiter bin,

ὄψεως μήκους καθαιρεῖν· δυνήσομαι δὲ θηρία διώκων
τὰ μὲν ἐκ χειρὸς παίειν καταλαμβάνων, τὰ δὲ ἀκοντίζειν
ὥσπερ ἑστηκότα· καὶ γὰρ ἐὰν ἀμφότερα ταχέα ᾖ, ὅμως
δὲ πλησίον γίγνηται ἀλλήλων, ὥσπερ τὰ ἑστηκότα ἐστίν.
17 Ὁ δὲ δὴ μάλιστα δοκῶ ζῴων, ἔφη, ἐζηλωκέναι
ἱπποκενταύρους, εἰ ἐγένοντο οἷοι προβουλεύεσθαι μὲν
ἀνθρώπου φρονήσει, ταῖς δὲ χερσὶ τὸ δέον παλαμᾶσθαι,
ἵππου δὲ τάχος ἔχειν καὶ ἰσχύν, ὥστε τὸ μὲν φεῦγον
αἱρεῖν, τὸ δ' ὑπομένον ἀνατρέπειν· οὐκοῦν πάντα κἀγὼ
ταῦτα ἱππεὺς γενόμενος συγκομίζομαι πρὸς ἐμαυτόν;
18 Προνοεῖν μέν γε ἔξω πάντα τῇ ἐμῇ ἀνθρωπίνῃ γνώμῃ,
ταῖς δὲ χερσὶν ὁπλοφορήσω, διώξομαι δὲ τῷ ἵππῳ, τὸν
δ' ἐναντίον ἀνατρέψω τῇ τοῦ ἵππου ῥύμῃ, ἀλλ' οὐ συμπε-
φυκὼς δεδήσομαι ὥσπερ οἱ ἱπποκένταυροι· 19 οὐκοῦν
τοῦτό γε κρεῖττον ἢ συμπεφυκέναι. Τοὺς μὲν γὰρ ἱπποκενταύρους οἶμαι ἔγωγε πολλῶν μὲν ἀπορεῖν τῶν ἀνθρώποις ηὑρημένων ἀγαθῶν ὅπως δεῖ χρῆσθαι, πολλῶν δὲ
τῶν ἵπποις πεφυκότων ἡδέων πῶς [αὐτῶν] χρὴ ἀπολαύειν.
20 Ἐγὼ δὲ ἢν ἱππεύειν μάθω, ὅταν μὲν ἐπὶ τοῦ ἵππου
γένωμαι, τὰ τοῦ ἱπποκενταύρου δήπου διαπράξομαι·
ὅταν δὲ καταβῶ, δειπνήσω καὶ ἀμφιέσομαι καὶ καθευδήσω
ὥσπερ οἱ ἄλλοι ἄνθρωποι· ὥστε τί ἄλλο ἢ διαιρετὸς
ἱπποκένταυρος καὶ πάλιν σύνθετος γίγνομαι; 21 Ἔτι
δ', ἔφη, καὶ τόδε πλεονεκτήσω τοῦ ἱπποκενταύρου· ὁ μὲν
γὰρ δυοῖν ὀφθαλμοῖν προσεωρᾶτο καὶ δυοῖν ὤτοιν ἤκουεν·

werde ich in der Lage sein, einen Mann schon aus weiter Entfernung niederzuwerfen, sobald ich ihn erblickt habe. Auch
bei der Verfolgung von Tieren werde ich fähig sein, sie teils
aufzustöbern und mit der Waffe in der Hand zu erlegen, teils
mit dem Speer zu treffen, als ob sie sich nicht von der Stelle
bewegten. Denn auch wenn beide, das Pferd und die Jagdbeute, in schneller Bewegung sind, dabei aber in gleicher Höhe
nebeneinander her laufen, ist es so, als ob sie sich nicht von der
Stelle bewegten. (17) Um was ich aber die Kentauren, wenn
es sie je gegeben hat, vor allen anderen Lebewesen zu beneiden glaube, ist ihre Fähigkeit, mit menschlicher Vernunft im
voraus zu planen, mit ihren Händen das Erforderliche zu vollbringen und die Schnelligkeit und Stärke eines Pferdes zu besitzen, um jeden, der flieht, ergreifen, und jeden, der stehen
bleibt, niederwerfen zu können. Ist es nicht so, daß auch ich
alle diese Vorzüge in meiner Person vereinige, wenn ich erst
einmal zu einem Reiter geworden bin? (18) Ich werde alles
mit meiner menschlichen Geisteskraft voraussehen können. In
meinen Händen werde ich Waffen tragen. Die Verfolgung
werde ich mit Hilfe meines Pferdes aufnehmen. Den Gegner
werde ich mit dem Schwung des Pferdes zu Boden strecken.
Aber ich werde mit dem Pferd nicht zusammengewachsen sein
wie die Kentauren. (19) Ohne Zweifel ist es so besser, als
zusammengewachsen zu sein. Denn ich kann mir vorstellen,
daß die Kentauren einerseits viele der zum Vorteil der Menschen erfundenen Bequemlichkeiten nicht angemessen zu nutzen und andererseits viele Freuden, die die Natur den Pferden
geschenkt hat, nicht entsprechend zu genießen vermögen.
(20) Wenn ich aber reiten lerne, werde ich, sobald ich auf dem
Pferd sitze, selbstverständlich genau dasselbe tun wie der Kentaur. Sobald ich aber absitze, werde ich essen, mich anziehen
und schlafen wie alle anderen Menschen. Was werde ich demnach anderes sein als ein zerlegbarer und wieder zusammen-
setzbarer Kentaur? (21) Aber ich werde dem Kentauren auch
noch aus einem anderen Grund überlegen sein: Er hatte zwei
Augen, um zu sehen, und zwei Ohren, um zu hören. Ich aber

ἐγὼ δὲ τέτταρσι μὲν ὀφθαλμοῖς τεκμαροῦμαι, τέτταρσι
δὲ ὠσὶν αἰσθήσομαι · πολλὰ γάρ φασι καὶ ἵππον ἀνθρώπου
τοῖς ὀφθαλμοῖς προορῶντα δηλοῦν, πολλὰ δὲ τοῖς ὠσὶν
προακούοντα σημαίνειν. Ἐμὲ μὲν οὖν, ἔφη, γράφε τῶν
ἱππεύειν ὑπερεπιθυμούντων. Νὴ Δί', ἔφασαν οἱ ἄλλοι
πάντες, καὶ ἡμᾶς γε. **22** Ἐκ τούτου δὴ ὁ Κῦρος λέγει ·
Τί οὖν, ἔφη, ἐπεὶ σφόδρα ἡμῖν δοκεῖ ταῦτα, εἰ καὶ νόμον
ἡμῖν αὐτοῖς ποιησαίμεθα αἰσχρὸν εἶναι. οἷς ἂν ἵππους
ἐγὼ πορίσω, ἤν τις φανῇ πεζῇ ἡμῶν πορευόμενος, ἤν τε
πολλὴν, ἤν τε ὀλίγην ὁδὸν δέῃ διελθεῖν, ἵνα καὶ παντάπασιν ἱπποκενταύρους ἡμᾶς οἴωνται οἱ ἄνθρωποι εἶναι.
23 Ὁ μὲν οὕτως ἐπήρετο, οἱ δὲ πάντες συνεπήνεσαν ·
ὥστ' ἔτι καὶ νῦν ἐξ ἐκείνου χρῶνται Πέρσαι οὕτω, καὶ
οὐδεὶς ἂν τῶν καλῶν κἀγαθῶν ἑκὼν ὀφθείη Περσῶν οὐδαμοῦ πεζὸς ἰών. Οἱ μὲν δὴ ἐν τούτοις τοῖς λόγοις ἦσαν.

IV

1 Ἡνίκα δ' ἦν ἔξω μέσου ἡμέρας, προσήλαυνον μὲν οἱ
Μῆδοι ἱππεῖς καὶ Ὑρκάνιοι, ἵππους τε ἄγοντες αἰχμαλώτους καὶ ἄνδρας · ὅσοι γὰρ τὰ ὅπλα παρεδίδοσαν, οὐκ
ἀπέκτεινον · **2** ἐπεὶ δὲ προσήλασαν, πρῶτον μὲν αὐτῶν
ἐπυνθάνετο ὁ Κῦρος εἰ σῶοι οἱ πάντες εἶεν αὐτῶν · ἐπεὶ
δὲ τοῦτ' ἔφασαν, ἐκ τούτου ἠρώτα ὅ τι ἔπραξαν. Οἱ δὲ
διηγοῦντο ἅ τ' ἐποίησαν καὶ ὡς ἀνδρείως ἕκαστα ἐμεγα-
ληγόρουν. **3** Ὁ δὲ διήκουε ἡδέως πάντα ὅσα ἐβούλοντο
λέγειν · ἔπειτα δὲ καὶ ἐπήνεσεν αὐτοὺς οὕτως · Ἀλλὰ
καὶ δηλοῖ τοι, ἔφη, ἐστέ ὅτι ἄνδρες ἀγαθοὶ ἐγένεσθε · καὶ
γὰρ μείζους φαίνεσθε καὶ καλλίους καὶ γοργότεροι ἢ
πρόσθεν ἰδεῖν. **4** Ἐκ δὲ τούτου ἐπυνθάνετο αὐτῶν καὶ
ὁπόσην ὁδὸν διήλασαν καὶ εἰ οἰκοῖτο ἡ χώρα. Οἱ δ' ἔλε-

werde mich mit vier Augen orientieren und mit vier Ohren
hören können. Denn wie es heißt, sieht ein Pferd mit seinen
Augen vieles früher als ein Mensch und zeigt es ihm. Vieles
hört es mit seinen Ohren, bevor der Mensch es hört, und teilt
es ihm mit. Rechne mich also zu denen, die unbedingt Reiter
werden wollen." – „Beim Zeus", riefen alle anderen, „zähl
auch uns dazu." (22) Daraufhin sagte Kyros: „Was meint ihr
also dazu, da wir doch davon so überzeugt sind, wenn wir uns
selbst auch noch ein Gesetz gäben, daß es für jeden von uns,
dem ich ein Pferd besorgt habe, unehrenhaft sei, wenn man
ihn zu Fuß gehen sähe, gleichgültig ob er eine lange oder eine
kurze Strecke zurückzulegen hätte, damit die Menschen uns
auch wirklich in jeder Hinsicht für Kentauren hielten?"
(23) Das war Kyros' Vorschlag, und alle pflichteten ihm bei.
Daher verhalten sich die Perser seit jener Zeit auch heute noch
so, und man sieht wohl keinen vornehmen Perser irgendwo
ohne besonderen Grund zu Fuß gehen. So redeten sie also
miteinander.

IV.

(1) Am frühen Nachmittag trafen die medischen und die
hyrkanischen Reiter mit erbeuteten Pferden und Gefangenen
ein. Denn alle, die ihre Waffen auslieferten, ließ man am Leben. (2) Als sie herangeprescht waren, erkundigte sich Kyros
zunächst einmal bei ihnen, ob es ihnen allen gut gehe. Nachdem sie diese Frage bejaht hatten, fragte er sie, was sie erreicht hätten. Sie berichteten, was sie vollbracht hatten, und
rühmten sich aller ihrer Heldentaten. (3) Kyros hörte sich alles, was sie ihm sagen wollten, mit großer Freude an. Dann
lobte er sie mit folgenden Worten: „Es ist in der Tat nicht zu
übersehen, daß ihr euch als tapfere Männer erwiesen habt.
Denn ihr erweckt jetzt den Eindruck, größer, schöner und
schrecklicher auszusehen als zuvor." (4) Darauf fragte er sie,
wie weit sie geritten seien und ob die Gegend bewohnt sei. Sie

γον ὅτι καὶ πολλὴν διελάσειαν καὶ πᾶσα οἰκοῖτο ἡ χώρα
καὶ μεστὴ εἴη καὶ οἰῶν καὶ αἰγῶν καὶ βοῶν καὶ ἵππων
καὶ σίτου καὶ πάντων ἀγαθῶν. 5 Δυοῖν ἄν, ἔφη, ἐπιμελητέον ἡμῖν εἴη, ὅπως τε κρείττους ἐσόμεθα τῶν ταῦτα
ἐχόντων καὶ ὅπως αὐτοὶ μενοῦσιν· οἰκουμένη μὲν γὰρ
χώρα πολλοῦ ἄξιον κτῆμα· ἐρήμη δ' ἀνθρώπων οὖσα
ἐρήμη καὶ τῶν ἀγαθῶν γίγνεται. 6 Τοὺς μὲν οὖν ἀμυ-
νομένους, ἔφη, οἶδα ὅτι ἀπεκτείνατε, ὀρθῶς ποιοῦντες·
τοῦτο γὰρ μάλιστα σῴζει τὴν νίκην· τοὺς δὲ παραδι-
δόντας αἰχμαλώτους ἠγάγετε· οὓς εἰ ἀφείημεν, τοῦτ' αὖ
σύμφορον ἄν, ὡς ἐγώ φημι, ποιήσαιμεν· 7 πρῶτον
μὲν γὰρ νῦν οὐκ ἂν φυλάττεσθαι οὐδὲ φυλάττειν ἡμᾶς
τούτους δέοι, οὐδ' αὖ σιτοποιεῖν τούτοις· οὐ γὰρ λιμῷ
γε δήπου ἀποκτενοῦμεν αὐτούς· ἔπειτα δὲ τούτους
ἀφέντες πλείοσιν αἰχμαλώτοις χρησόμεθα. 8 Ἢν γὰρ
κρατῶμεν τῆς χώρας, πάντες ἡμῖν οἱ ἐν αὐτῇ οἰκοῦντες
αἰχμάλωτοι ἔσονται· μᾶλλον δὲ τούτους ζῶντας ἰδόντες
καὶ ἀφεθέντας μενοῦσιν οἱ ἄλλοι καὶ πείθεσθαι αἱρήσον-
ται μᾶλλον ἢ μάχεσθαι. Ἐγὼ μὲν οὖν οὕτω γιγνώσκω·
εἰ δ' ἄλλο τις ὁρᾷ ἄμεινον, λεγέτω. Οἱ δὲ ἀκούσαντες
συνῄνουν ταῦτα ποιεῖν.

9 Οὕτω δὴ ὁ Κῦρος καλέσας τοὺς αἰχμαλώτους λέγει
τάδε· 10 Ἄνδρες, ἔφη, νῦν τε ὅτι ἐπείθεσθε τὰς ψυχὰς
περιεποιήσασθε, τοῦ τε λοιποῦ, ἢν οὕτω ποιῆτε, οὐδ' ὁτιοῦν
καινὸν ἔσται ὑμῖν ἀλλ' ἢ οὐχ ὁ αὐτὸς ἄρξει ὑμῶν ὅσπερ
καὶ πρότερον· οἰκήσετε δὲ τὰς αὐτὰς οἰκίας καὶ χώραν
τὴν αὐτὴν ἐργάσεσθε καὶ γυναιξὶ ταῖς αὐταῖς συνοικήσετε
καὶ παίδων τῶν ὑμετέρων ἄρξετε ὥσπερ νῦν· ἡμῖν μέντοι
οὐ μαχεῖσθε οὐδὲ ἄλλῳ οὐδενί· 11 ἡνίκα δ' ἄν τις
ὑμᾶς ἀδικῇ, ἡμεῖς ὑπὲρ ὑμῶν μαχούμεθα. Ὅπως δὲ
μηδ' ἐπαγγέλλῃ μηδεὶς ὑμῖν στρατεύειν, τὰ ὅπλα πρὸς

antworteten, daß sie weit vorgedrungen seien, das Land bewohnt und reich sei an Schafen, Ziegen, Rindern, Pferden, Getreide und Gütern jeder Art. (5) „Wir müßten uns also um zwei Dinge kümmern: erstens, daß wir die Menschen, die diese Dinge besitzen, in unsere Gewalt bekommen und zweitens, daß sie selbst an Ort und Stelle bleiben. Denn ein bewohntes Land ist ein sehr wertvoller Besitz. Wenn es aber keine Bewohner hat, dann ist ein Land auch ohne Güter. (6) Daß ihr alle, die Widerstand geleistet haben, getötet habt, weiß ich, und ihr tatet recht daran. Denn das ist das beste Mittel, den Sieg nicht zu verschenken. Diejenigen, die sich ergaben, brachtet ihr als Gefangene mit. Wenn wir diese Leute freiließen, dann dürften wir, wie ich meine, in unserem Interesse handeln. (7) Denn erstens brauchten wir uns nicht vor ihnen in acht zu nehmen und sie auch nicht zu bewachen und zu verpflegen (denn wir werden sie doch wohl nicht verhungern lassen). Zweitens werden wir noch mehr Gefangene haben, wenn wir sie entlassen. (8) Wenn wir nämlich das Land in Besitz nehmen, werden alle seine Bewohner unsere Gefangenen sein. Wenn sie diese am Leben und in Freiheit sehen, werden auch die übrigen eher bereit sein, im Land zu bleiben, und sich lieber unterwerfen als kämpfen. So schätze ich die Lage ein. Sollte aber jemand eine bessere Lösung sehen, soll er es sagen." Doch alle, die ihm zugehört hatten, stimmten seinem Vorschlag zu.

(9) So rief Kyros die Gefangenen zu sich und sagte folgendes: (10) „Männer, ihr habt jetzt euer Leben behalten, weil ihr euch ergabt. Wenn ihr euch auch in Zukunft so verhaltet, wird sich nichts für euch verändern, außer daß ihr nicht mehr denselben Herrn habt wie bisher. Ihr werdet dieselben Häuser bewohnen, dasselbe Land bearbeiten, mit denselben Frauen zusammenleben und über eure Kinder gebieten, wie es jetzt der Fall ist. Aber ihr werdet weder mit uns noch mit einem anderen Gegner Krieg führen. (11) Falls euch aber jemand überfällt, werden wir für euch kämpfen. Damit euch aber niemand auffordern kann, Kriegsdienst zu leisten, müßt ihr uns

ἡμᾶς κομίσατε· καὶ τοῖς μὲν κομίζουσιν ἔσται εἰρήνη
καὶ ἃ λέγομεν ἀδόλως· ὁπόσοι δ' ἂν τὰ πολεμικὰ μὴ
ἀποφέρωσιν ὅπλα, ἐπὶ τούτους ἡμεῖς καὶ δὴ στρατευσόμεθα. 12 Ἐὰν δέ τις ὑμῶν καὶ ἰὼν ὡς ἡμᾶς εὐνοϊκῶς
καὶ πράττων τι καὶ διδάσκων φαίνηται, τοῦτον ἡμεῖς ὡς
εὐεργέτην καὶ φίλον, οὐχ ὡς δοῦλον περιέψομεν. Ταῦτ' οὖν,
ἔφη, αὐτοί τε ἴστε καὶ τοῖς ἄλλοις διαγγέλλετε. 13 Ἢν
δ' ἄρα, ἔφη, ὑμῶν βουλομένων ταῦτα μὴ πείθωνταί τινες,
ἐπὶ τούτους ἡμᾶς ἄγετε, ὅπως ὑμεῖς ἐκείνων, μὴ ἐκεῖνοι
ὑμῶν ἄρχωσιν. Ὁ μὲν δὴ ταῦτ' εἶπεν· οἱ δὲ προσεκύνουν
τε καὶ ὑπισχνοῦντο ταῦτα ποιήσειν.

V

1 Ἐπεὶ δ' ἐκεῖνοι ᾤχοντο, ὁ Κῦρος εἶπεν· Ὥρα δή, ὦ
Μῆδοι καὶ Ἀρμένιοι, δειπνεῖν πᾶσιν ἡμῖν· παρεσκεύασται
δὲ ὑμῖν τὰ ἐπιτήδεια ὡς ἡμεῖς βέλτιστα ἐδυνάμεθα,
Ἀλλ' ἴτε καὶ ἡμῖν πέμπετε τοῦ πεποιημένου σίτου τὸν
ἥμισυν· ἱκανὸς δὲ ἀμφοτέροις πεποίηται· ὄψον δὲ μὴ
πέμπετε μηδὲ πιεῖν· ἱκανὰ γὰρ ἔχομεν παρ' ἡμῖν αὐτοῖς
παρεσκευασμένα. 2 Καὶ ὑμεῖς δέ, ὦ Ὑρκάνιοι, ἔφη,
διάγετε αὐτοὺς ἐπὶ τὰς σκηνάς, τοὺς μὲν ἄρχοντας ἐπὶ
τὰς μεγίστας, γιγνώσκετε δέ, τοὺς δ' ἄλλους ὡς ἂν δοκῇ
κάλλιστα ἔχειν· καὶ αὐτοὶ δὲ δειπνεῖτε ὅπουπερ ἥδιστον
ὑμῖν· σῶαι μὲν γὰρ ὑμῖν καὶ ἀκέραιοι αἱ σκηναί· παρεσκεύασται δὲ καὶ ἐνθάδε ὥσπερ καὶ τούτοις. 3 Καὶ τοῦτο
δὲ ἴστε ἀμφότεροι ὅτι τὰ μὲν ἔξω ὑμῖν ἡμεῖς νυκτοφυλα-
κήσομεν, τὰ δ' ἐν ταῖς σκηναῖς αὐτοὶ ὁρᾶτε καὶ τὰ ὅπλα
εὖ τίθεσθε· οἱ γὰρ ἐν ταῖς σκηναῖς οὔπω φίλοι ἡμῖν.
4 Οἱ μὲν δὴ Μῆδοι καὶ οἱ ἀμφὶ Τιγράνην ἐλοῦντο,

eure Waffen abgeben. Und mit allen, die ihre Waffen herbringen, wird Friede sein, und was wir erwähnten, wird ihnen ohne
eine Hinterlist zur Verfügung stehen. Gegen alle jedoch, die
ihre Kriegswaffen nicht ausliefern, werden wir mit militärischer Gewalt vorgehen. (12) Wenn aber jemand unter euch
ist, der zu uns kommt und seinen guten Willen zeigt, indem er
erkennen läßt, daß er etwas für uns tut und uns auf dem laufenden hält, dann werden wir diesen als Wohltäter und Freund
und nicht als Unterworfenen behandeln. Das also sollt ihr wissen und den anderen mitteilen. (13) Wenn es aber Leute gibt,
die sich von diesem Angebot nicht überzeugen lassen, obwohl
ihr es annehmen wollt, dann führt uns zu ihnen, damit wir über
sie und nicht sie über euch die Oberhand gewinnen." Das
waren Kyros' Worte. Sie aber warfen sich ihm zu Füßen und
versprachen, seinen Weisungen zu folgen.

V.

(1) Als sie weggegangen waren, sagte Kyros: „Meder und
Armenier, für uns alle ist es jetzt Zeit, etwas zu essen. Wir
haben euch alles Erforderliche vorbereitet, so gut wir es konnten. Nun geht und schickt uns die Hälfte des gebackenen Brotes. Es reicht für beide. Schickt uns aber kein Fleisch und auch
nichts zu trinken: Wir haben nämlich bei uns selbst genug
davon. (2) Und ihr, liebe Hyrkanier, führt die Männer zu den
Zelten, die Anführer zu den größten, ihr kennt sie ja. Für die
anderen aber tut euer Bestes. Ihr selbst eßt dort, wo es euch
am liebsten ist. Eure Zelte sind in Ordnung und unversehrt. Es
ist aber alles auch für euch wie für die anderen vorbereitet.
(3) Auch dies sollt ihr beide wissen: Außerhalb des Lagers
werden wir für euch die Nachtwachen übernehmen, in den
Zelten aber paßt selbst auf und behaltet eure Waffen in Reichweite. Denn die Männer in den Zelten sind noch nicht unsere
Freunde."

(4) Die Meder und die Männer des Tigranes wuschen sich,

⟨καὶ⟩, ἦν γὰρ παρεσκευασμένα, [καὶ] ἱμάτια μεταλα-
βόντες ἐδείπνουν, καὶ οἱ ἵπποι αὐτῶν εἶχον τὰ ἐπιτήδεια.
καὶ τοῖς Πέρσαις δὲ ἔπεμπον τῶν ἄρτων τοὺς ἡμίσεις.
Ὄψον δὲ οὐκ ἔπεμπον οὐδ᾽ οἶνον, οἰόμενοι ἔχειν τοὺς
ἀμφὶ Κῦρον ἔτι ἄφθονα ταῦτα. Ὁ δὲ Κῦρος ἔλεγεν ὄψον
μὲν τὸν λιμόν, πιεῖν δ᾽ ἀπὸ τοῦ παραρρέοντος ποταμοῦ.
5 Ὁ μὲν οὖν Κῦρος δειπνίσας τοὺς Πέρσας, ἐπεὶ συνεσκότασε, κατὰ πεμπάδας καὶ κατὰ δεκάδας πολλοὺς
αὐτῶν διέπεμψε καὶ ἐκέλευσε κύκλῳ τοῦ στρατοπέδου
κρυπτεύειν, νομίζων ἅμα μὲν φυλακὴν ἔσεσθαι, ἄν τις
ἔξωθεν προσίῃ, ἅμα δέ, ἄν τις ἔξω φέρων χρήματα ἀπο-
διδράσκῃ, ἁλώσεσθαι αὐτόν· καὶ ἐγένετο οὕτω· πολλοὶ
μὲν γὰρ ἀπεδίδρασκον, πολλοὶ δὲ ἑάλωσαν. 6 Ὁ δὲ
Κῦρος τὰ μὲν χρήματα τοὺς λαβόντας εἴα ἔχειν, τοὺς δὲ
ἀνθρώπους ἀποσφάξαι ἐκέλευσεν· ὥστε τοῦ λοιποῦ οὐδὲ
βουλόμενος ἂν ηὗρες ῥᾳδίως τὸν νύκτωρ πορευόμενον.
7 Οἱ μὲν δὴ Πέρσαι οὕτω διῆγον· οἱ δὲ Μῆδοι καὶ ἔπινον
καὶ εὐωχοῦντο καὶ ηὐλοῦντο καὶ πάσης εὐθυμίας ἐνεπίμ-
πλαντο· πολλὰ γὰρ καὶ τοιαῦτα ἑάλω, ὥστε μὴ ἀπορεῖν
ἔργου τοὺς ἐγρηγορότας.

8 Ὁ δὲ Κυαξάρης ὁ τῶν Μήδων βασιλεὺς τὴν μὲν
νύκτα ἐν ᾗ ἐξῆλθεν ὁ Κῦρος αὐτός τε ἐμεθύσκετο μεθ᾽ ὧνπερ
ἐσκήνου ὡς ἐπ᾽ εὐτυχίᾳ, καὶ τοὺς ἄλλους δὲ Μήδους ᾤετο
παρεῖναι ἐν τῷ στρατοπέδῳ πλὴν ὀλίγων, ἀκούων θόρυβον
πολύν· οἱ γὰρ οἰκέται τῶν Μήδων, ἅτε τῶν δεσποτῶν
ἀπεληλυθότων, ἀνειμένως ἔπινον καὶ ἐθορύβουν, ἄλλως τε
καὶ ἐκ τοῦ Ἀσσυρίου στρατεύματος καὶ οἶνον καὶ ἄλλα
πολλὰ εἰληφότες. 9 Ἐπεὶ δὲ ἡμέρα ἐγένετο, καὶ ἐπὶ
θύρας οὐδεὶς ἧκε πλὴν οἵπερ καὶ συνεδείπνουν, καὶ τὸ
στρατόπεδον ἤκουε κενὸν εἶναι τῶν Μήδων καὶ τῶν

wechselten ihre Kleider (es war nämlich schon alles vorbereitet) und speisten, und auch ihre Pferde wurden versorgt. Den Persern schickten die Meder und Armenier die Hälfte der Brote. Fleisch und Wein aber schickten sie nicht, weil sie glaubten, Kyros' Leute hätten noch im Überfluß davon. Kyros aber hatte damit sagen wollen, der Hunger sei die Beilage zum Brot, und zu trinken hätten sie das Wasser aus dem Fluß, der in der Nähe vorbeifloß. (5) Nachdem Kyros die Perser hatte speisen lassen, schickte er, als es Nacht wurde, eine große Zahl von ihnen in Gruppen zu fünf und zu sechs Mann los und befahl ihnen, sich rings um das Lager zu verteilen. Er dachte sich dabei, daß sie einerseits als Wachposten dienten, falls sich jemand von außen näherte, und daß sie andererseits jeden festnehmen könnten, der das Lager mit gestohlenem Geld verlassen wollte. Und so geschah es auch: Es liefen tatsächlich viele fort, und viele wurden eingefangen. (6) Kyros erlaubte den Männern, die die Diebe eingefangen hatten, das Geld zu behalten. Die Diebe aber ließ er hinrichten. Deshalb hätte man von da an, auch wenn man es gewollt hätte, nicht leicht jemanden finden können, der sich nachts davonmachte. (7) So verbrachten die Perser ihre Zeit. Die Meder hingegen tranken, speisten, freuten sich am Flötenspiel und ließen es sich in jeder Hinsicht gut gehen. Denn sie hatten so viele Dinge erbeutet, daß alle, die noch wach blieben, keinen Mangel an Unterhaltung hatten.

(8) In der Nacht, in der Kyros das Lager verlassen hatte, betrank sich Kyaxares, der König der Meder, in der Gesellschaft seiner Zeltgenossen, um den Erfolg zu feiern. Er glaubte, die übrigen Meder hielten sich bis auf wenige im Lager auf, da er großen Lärm hörte. Denn weil ihre Herren abwesend waren, tranken und lärmten die Diener der Meder hemmungslos, hatten sie doch aus dem assyrischen Heer Wein und vieles andere bekommen. (9) Als es aber Tag wurde und niemand an die Tür seines Zeltes kam außer den Männern, die mit ihm getafelt hatten, und als er hörte, daß keine Meder und keine Reiter mehr im Lager waren, und nachdem er vor sein Zelt getreten war, mit eigenen Augen sah, daß es sich tatsächlich so

ἱππέων, καὶ ἑώρα, ἐπειδὴ ἐξῆλθεν, οὕτως ἔχοντα, ἐνταῦθα
δὴ ἐβριμοῦτό τε τῷ Κύρῳ καὶ τοῖς Μήδοις τῷ καταλιπόντας αὐτὸν ἔρημον οἴχεσθαι, καὶ εὐθύς, ὥσπερ λέγεται
ὠμὸς εἶναι καὶ ἀγνώμων, τῶν παρόντων κελεύει τινὰ
λαβόντα τοὺς ἑαυτοῦ ἱππέας πορεύεσθαι ὡς τάχιστα πρὸς
τὸ ἀμφὶ Κῦρον στράτευμα καὶ λέγειν τάδε· 10 Ὤιμην
μὲν ἔγωγε, οὐδ' ἂν σέ, ὦ Κῦρε, περὶ ἐμοῦ οὕτως ἀπρονοήτως βουλεῦσαι, εἰ δὲ Κῦρος οὕτω γιγνώσκοι, οὐκ ἂν
ὑμᾶς γε, ὦ Μῆδοι, ἐθελῆσαι οὕτως ἔρημον ἐμὲ καταλιπεῖν.
Καὶ νῦν, ἂν μὲν Κῦρος βούληται, εἰ δὲ μή, ὑμεῖς γε τὴν
ταχίστην πάρεστε. 11 Ταῦτα δὴ ἐπέστειλεν. Ὁ δὲ
ταττόμενος πορεύεσθαι ἔφη· Καὶ πῶς, ὦ δέσποτα, ἐγὼ
εὑρήσω ἐκείνους; Πῶς δὲ Κῦρος, ἔφη, καὶ οἱ σὺν αὐτῷ
ἐφ' οὓς ἐπορεύοντο; Ὅτι νὴ Δί', ἔφη, ἀκούω ἀφεστηκότας
τῶν πολεμίων Ὑρκανίους τινὰς καὶ ἐλθόντας δεῦρο
οἴχεσθαι ἡγουμένους αὐτῷ. 12 Ἀκούσας δὲ ταῦτα ὁ
Κυαξάρης πολὺ μᾶλλον ἔτι τῷ Κύρῳ ὠργίζετο τῷ μηδ' εἰπεῖν αὐτῷ ταῦτα, καὶ πολλῇ σπουδῇ μᾶλλον ἔπεμπεν ἐπὶ
τοὺς Μήδους, ὡς ψιλώσων αὐτόν, καὶ ἰσχυρότερον ἔτι ἢ
πρόσθεν τοῖς Μήδοις ἀπειλῶν ἀπεκάλει, καὶ τῷ πεμπο-
μένῳ δὲ ἠπείλησεν, εἰ μὴ ἰσχυρῶς ταῦτα ἀγγέλλοι.

13 Ὁ μὲν δὴ πεμπόμενος ἐπορεύετο ἔχων τοὺς ἑαυτοῦ
ἱππέας ὡς ἑκατόν, ἀνιώμενος ὅτι οὐ καὶ αὐτὸς τότε ἐπο-
ρεύθη μετὰ τοῦ Κύρου. Ἐν δὲ τῇ ὁδῷ πορευόμενοι διασ-
χισθέντες τρίβῳ τινὶ ἐπλανῶντο, καὶ οὐ πρόσθεν ἀφίκοντο
ἐπὶ τὸ φίλιον στράτευμα πρὶν ἐντυχόντες ἀποχωροῦσί
τισι τῶν Ἀσσυρίων ἠνάγκασαν αὐτοὺς ἡγεῖσθαι· καὶ
οὕτως ἀφικνοῦνται τὰ πυρὰ κατιδόντες περὶ μέσας νύκτας.
14 Ἐπεὶ δὲ ἐγένοντο πρὸς τῷ στρατοπέδῳ, οἱ φύλακες,
ὥσπερ εἰρημένον ἦν ὑπὸ Κύρου, οὐκ εἰσέφρηκαν αὐτοὺς
πρὸ ἡμέρας.

verhielt, da packte ihn die Wut auf Kyros und die Meder, weil
sie fortgezogen waren und ihn allein zurückgelassen hatten, und
in seiner sprichwörtlichen Voreiligkeit und Unüberlegtheit gab
er einem seiner Leute aus seiner Umgebung sofort den Befehl,
mit seinen Reitern so schnell wie möglich zum Heer des Kyros
aufzubrechen und dort folgendes mitzuteilen: (10) „Ich hätte
wirklich nicht geglaubt, daß du, Kyros, mich so rücksichtslos
behandeln würdest, und ich hätte nicht erwartet, daß ihr, meine
Meder, auch wenn Kyros es so entschied, bereit wäret, mich so
allein zu lassen. Und jetzt soll Kyros, wenn er will, kommen,
wenn aber nicht, dann kommt ihr wenigstens auf dem schnellsten Weg hierher." (11) Das war Kyaxares' Botschaft. Der
Mann, der den Befehl bekommen hatte, sich auf den Weg zu
machen, fragte Kyaxares: „Herr, wie soll ich sie finden?" –
„Wie haben Kyros und seine Leute diejenigen gefunden, gegen
die sie loszogen?" – „Beim Zeus, ich höre, daß einige Hyrkanier, die von den Feinden abgefallen und hierher gekommen
sind, ihm als Führer dienten." (12) Als Kyaxares dies gehört
hatte, wurde er noch viel wütender auf Kyros, weil er ihm dies
nicht mitgeteilt hatte, und er setzte alles daran, daß seine Botschaft die Meder so schnell wie möglich erreichte, um Kyros
die Meder zu entziehen, und er drohte den Medern noch hefti-
ger als bisher und forderte sie zur Rückkehr auf. Auch gegen
den Boten stieß er Drohungen aus, falls dieser seine Forderungen nicht mit der nötigen Deutlichkeit vortrage.

(13) Der Bote des Kyaxares brach gemeinsam mit seinen
etwa hundert Reitern auf und ärgerte sich darüber, daß er
damals nicht auch mit Kyros zusammen weggegangen war.
Unterwegs kamen sie vom richtigen Weg ab, weil sie einer
bestimmten Straße folgten, verirrten sich und erreichten das
befreundete Heer erst, als sie zufällig auf versprengte Assyrer
trafen und diese zwangen, ihnen den richtigen Weg zu zeigen.
Schließlich trafen sie dort gegen Mitternacht ein, nachdem sie
die Lagerfeuer entdeckt hatten. (14) Als sie in der Nähe des
Lagers waren, wurden sie auf Kyros' Anweisung von den Wachen nicht vor Tagesanbruch hineingelassen.

Ἐπεὶ δὲ ἡμέρα ὑπέφαινε, πρῶτον μὲν τοὺς μάγους καλέσας ὁ Κῦρος τὰ τοῖς θεοῖς νομιζόμενα ἐπὶ τοῖς τοιούτοις ἀγαθοῖς ἐξαιρεῖσθαι ἐκέλευε. **15** Καὶ οἱ μὲν ἀμφὶ ταῦτα εἶχον· ὁ δὲ συγκαλέσας τοὺς ὁμοτίμους εἶπεν· Ἄνδρες, ὁ μὲν θεὸς προφαίνει πολλὰ καὶ ἀγαθά· ἡμεῖς δὲ οἱ Πέρσαι ἐν τῷ παρόντι ὀλίγοι ἐσμὲν ὥστε ἐγκρατεῖς εἶναι αὐτῶν. Εἴτε γὰρ ὅσα κατεργαζόμεθα μὴ φυλάξομεν, πάλιν ταῦτα ἀλλότρια ἔσται· εἴτε καταλείψομέν τινας ἡμῶν αὐτῶν φύλακας ἐπὶ τοῖς ἐφ' ἡμῖν γιγνομένοις, αὐτίκα οὐδεμίαν ἰσχὺν ἔχοντες ἀναφανούμεθα. **16** Δοκεῖ οὖν μοι ὡς τάχιστα ἰέναι τινὰ ὑμῶν εἰς Πέρσας καὶ διδάσκειν ἅπερ ἐγὼ λέγω, καὶ κελεύειν ὡς τάχιστα πέμπειν στράτευμα, εἴπερ ἐπιθυμοῦσι Πέρσαι τὴν ἀρχὴν τῆς Ἀσίας αὐτοῖς καὶ τὴν κάρπωσιν γενέσθαι. **17** Ἴθι μὲν οὖν σύ, ἔφη, ὁ πρεσβύτατος, καὶ ἰὼν ταῦτα λέγε, καὶ ὅτι οὕς ἂν πέμπωσι στρατιώτας, ἐπειδὰν ἔλθωσι παρ' ἐμέ, ἐμοὶ μελήσει περὶ τῆς τροφῆς αὐτῶν. Ἃ δ' ἔχομεν ἡμεῖς, ὁρᾷς μὲν αὐτά, κρύπτε δὲ τούτων μηδέν, ὅ τι δὲ τούτων ἐγὼ πέμπων εἰς Πέρσας καλῶς καὶ νομίμως ποιοίην ἂν τὰ μὲν πρὸς τοὺς θεοὺς τὸν πατέρα ἐρώτα, τὰ δὲ πρὸς τὸ κοινὸν τὰς ἀρχάς. Πεμψάντων δὲ καὶ ὀπτῆρας ὧν πράττομεν καὶ φραστῆρας ὧν ἐρωτῶμεν. Καὶ σὺ μέν, ἔφη, συσκευάζου καὶ τὸν λόχον προπομπὸν ἄγε.

18 Ἐκ τούτου δὲ καὶ τοὺς Μήδους ἐκάλει, καὶ ἅμα ὁ παρὰ τοῦ Κυαξάρου ἄγγελος παρίσταται, καὶ ἐν πᾶσι τήν τε πρὸς Κῦρον ὀργὴν καὶ τὰς πρὸς Μήδους ἀπειλὰς αὐτοῦ ἔλεγε· καὶ τέλος εἶπεν ὅτι ἀπιέναι Μήδους κελεύει, καὶ εἰ Κῦρος μένειν βούλεται. **19** Οἱ μὲν οὖν Μῆδοι ἀκούσαντες τοῦ ἀγγέλου ἐσίγησαν, ἀποροῦντες μὲν πῶς χρὴ καλοῦντος ἀπειθεῖν, φοβούμενοι δὲ πῶς χρὴ ἀπειλοῦντι ὑπακοῦσαι, ἄλλως τε καὶ εἰδότες τὴν ὠμότητα αὐτοῦ. **20** Ὁ δὲ Κῦρος εἶπεν· Ἀλλ' ἐγώ, ὦ ἄγγελέ τε καὶ

Als es Tag wurde, rief Kyros zuerst die Magier zu sich und
ließ sie, wie es bei derartigen Erfolgen üblich war, die für die
Götter bestimmten Gaben aussuchen. (15) Während die Magier damit beschäftigt waren, rief er die Homotimen zusammen und sprach zu ihnen: „Männer, die Gottheit verheißt uns
viel Gutes. Wir Perser sind im Augenblick jedoch zu wenige,
um es festhalten zu können. Denn wenn wir das, was wir erwerben, nicht beschützen können, gerät es wieder in fremde
Hände. Wenn wir einige von uns als Wächter über unseren
Besitz zurücklassen, wird man sofort unsere Schwäche erkennen. (16) Ich bin deshalb der Ansicht, daß einer von euch so
schnell wie möglich nach Persien geht, dort mitteilt, was ich
sage, und verlangt, daß man unverzüglich ein Heer schicken
solle, wenn die Perser die Herrschaft über Asien gewinnen und
in den Genuß seines Reichtums kommen wollten. (17) Du,
der Älteste, sollst gehen und dies melden, und sag ihnen auch,
daß ich für den Unterhalt der Soldaten, die sie schicken, sorgen werde, sobald sie zu mir gekommen sind. Was wir erbeutet
haben, siehst du; verschweige nichts davon. Was aber den Anteil betrifft, den ich nach Persien schicken soll, um zu handeln,
wie es sich gehört und den Gesetzen entspricht, so frag meinen
Vater, was für die Götter bestimmt sei, und die Beamten, was
dem Staat zukommen solle. Sie mögen Leute schicken, die
unsere Tätigkeit überprüfen und unsere Fragen beantworten.
Du machst dich reisefertig und nimmst deinen Lochos zur Begleitung mit."

(18) Darauf rief er auch die Meder zu sich. Zur gleichen
Zeit war auch der Gesandte des Kyaxares zur Stelle und schil-
derte in aller Öffentlichkeit den Zorn des Königs auf Kyros
und seine Drohungen gegen die Meder. Schließlich sagte er
auch, daß Kyaxares die Rückkehr der Meder verlange, auch
wenn Kyros bleiben wolle. (19) Die Meder hörten den Boten
an und schwiegen. Sie wußten zwar nicht, wie sie sich Kyaxares' Befehl widersetzen könnten, fürchteten sich aber angesichts seiner Drohungen zu gehorchen, zumal sie seine Grausamkeit kannten. (20) Daraufhin sagte Kyros: „Ich wundere

Μῆδοι, οὐδέν, ἔφη, θαυμάζω εἰ Κυαξάρης, πολλοὺς μὲν πολεμίους τότ' ἰδών, ἡμᾶς δὲ οὐκ εἰδὼς ὅ τι πράττομεν, ὀκνεῖ περί τε ἡμῶν καὶ περὶ ἑαυτοῦ · ἐπειδὰν δὲ αἴσθηται πολλοὺς μὲν τῶν πολεμίων ἀπολωλότας, πάντας δὲ ἀπεληλαμένους, πρῶτον μὲν παύσεται φοβούμενος, ἔπειτα γνώσεται ὅτι οὐ νῦν ἔρημος γίγνεται, ἡνίκα οἱ φίλοι αὐτοῦ τοὺς ἐκείνου ἐχθροὺς ἀπολλύουσιν. **21** Ἀλλὰ μὴν μέμψεώς γε πῶς ἐσμὲν ἄξιοι, εὖ τε ποιοῦντες ἐκεῖνον καὶ οὐδὲ ταῦτα αὐτοματίσαντες; Ἀλλ' ἐγὼ μὲν ἐκεῖνον ἔπεισα ἐᾶσαί με λαβόντα ὑμᾶς ἐξελθεῖν · ὑμεῖς δὲ οὐχ ὡς ἐπιθυμοῦντες τῆς ἐξόδου ἠρωτήσατε εἰ ἐξίοιτε καὶ νῦν δεῦρο ἥκετε, ἀλλ' ὑπ' ἐκείνου κελευσθέντες ἐξιέναι ὅτῳ ὑμῶν μὴ ἀχθομένῳ εἴη. Καὶ ἡ ὀργὴ οὖν αὕτη σαφῶς οἶδα ὑπό τε τῶν ἀγαθῶν πεπανθήσεται καὶ σὺν τῷ φόβῳ λήγοντι ἄπεισι. **22** Νῦν μὲν οὖν, ἔφη, σύ τε, ὦ ἄγγελε, ἀνάπαυσαι, ἐπεὶ πεπόνηκας, ἡμεῖς τε, ὦ Πέρσαι, ἐπεὶ προσδεχόμεθα πολεμίους ἤτοι μαχουμένους γε ἢ πεισομένους παρέσεσθαι, ταχθῶμεν ὡς κάλλιστα · οὕτω γὰρ ὁρωμένους εἰκὸς πλέον προανύτειν ὧν χρήζομεν. Σὺ δ', ἔφη, ὁ τῶν Ὑρκανίων ἄρχων, ὑπόμεινον προστάξας τοῖς ἡγεμόσι τῶν σῶν στρατιωτῶν ἐξοπλίζειν αὐτούς.

23 Ἐπεὶ δὲ ταῦτα ποιήσας ὁ Ὑρκάνιος προσῆλθε, λέγει ὁ Κῦρος · Ἐγὼ δέ, ἔφη, ὦ Ὑρκάνιε, ἥδομαι αἰσθανόμενος ὅτι οὐ μόνον φιλίαν ἐπιδεικνύμενος πάρει, ἀλλὰ καὶ ξύνεσιν φαίνῃ μοι ἔχειν. Καὶ νῦν ὅτι συμφέρει ἡμῖν ταὐτὰ δῆλον · ἐμοί τε γὰρ πολέμιοι Ἀσσύριοι, σοί τε νῦν ἔτι δι' ἔχθους[1] εἰσὶν ἢ ἐμοί · **24** οὕτως οὖν ἡμῖν ἀμφοτέροις βουλευτέον ὅπως τῶν μὲν νῦν παρόντων μηδεὶς ἀποστατήσει ἡμῖν συμμάχων, ἄλλους δέ, ἂν δυνώμεθα, προσληψό-

---

[1] Statt δι' ἔχθους lies ἐχθίονες.

mich keinesfalls, mein lieber Gesandter und ihr Meder, wenn Kyaxares, der neulich die große Zahl unserer Feinde sah und nicht weiß, was aus uns werden soll, sich um uns und um sich selbst Sorgen macht. Sobald er aber erfährt, daß viele unserer Feinde tot und alle übrigen vertrieben sind, wird er zunächst aufhören, sich zu fürchten, und daraufhin erkennen, daß er gerade jetzt nicht im Stich gelassen wird, wo seine Freunde seine Feinde vernichten. (21) Wieso müssen wir uns eigentlich seine Vorwürfe anhören, da wir ja nur zu seinem Vorteil handeln und dies nicht eigenmächtig tun? Ich habe ihn doch dazu überredet, daß er mich mit euch zusammen aus dem Lager gehen ließ. Ihr aber habt ihn nicht, weil ihr selbst unbedingt an der Expedition teilnehmen wolltet, gefragt, ob ihr weggehen dürftet, und ihr seid nicht aus diesem Grund jetzt hier, sondern weil er jeden von euch, dem dies nicht unangenehm war, dazu aufgefordert hatte, das Lager zu verlassen. Auch dieser Zorn, das weiß ich genau, wird durch unsere Erfolge besänftigt und verschwindet, sobald die Angst aufhört. (22) Jetzt, mein lieber Bote, ruh dich erst einmal aus. Denn du hattest eine beschwerliche Reise, und wir, meine Perser, wollen die bestmögliche Schlachtordnung bilden, weil wir erwarten, daß die Feinde anrücken werden, um entweder zu kämpfen oder sich zu ergeben. Wenn wir uns ihnen nämlich so zeigen, dann können wir zweifellos leichter durchsetzen, was wir wollen. Du aber, Anführer der Hyrkanier, bleib hier und gib deinen Offizieren den Befehl, ihre Soldaten zu bewaffnen."

(23) Nachdem der Hyrkanier diesen Befehl ausgeführt hatte und zurückgekommen war, sagte Kyros: „Ich freue mich, Hyrkanier, wenn ich sehe, daß du mir nicht nur deine Freundschaft beweist, sondern auch Vernunft zu haben scheinst. Es ist klar, daß wir im Augenblick dieselben Interessen haben. Denn die Assyrer sind meine Feinde, dich aber hassen sie jetzt noch mehr als mich. (24) Daher müssen wir beide uns miteinander verständigen, damit keiner unserer jetzigen Verbündeten von uns abfällt und wir, falls wir dazu in der Lage sind, noch andere hinzugewinnen. Du hast gehört, daß der Meder

μεθα. Τοῦ δὲ Μήδου ἤκουες ἀποκαλοῦντος τοὺς ἱππέας ·
εἰ δ' οὗτοι ἀπίασιν, ἡμεῖς μόνοι οἱ πεζοὶ μενοῦμεν. **25** Οὕτως οὖν δεῖ ποιεῖν ἐμὲ καὶ σὲ ὅπως ὁ ἀποκαλῶν οὗτος καὶ
αὐτὸς μένειν παρ' ἡμῖν βουλήσεται. Σὺ μὲν οὖν εὑρὼν
σκηνὴν δὸς αὐτῷ ὅπου κάλλιστα διάξει πάντα τὰ δέοντα
ἔχων · ἐγὼ δ' αὖ πειράσομαι αὐτῷ ἔργον τι προστάξαι
ὅπερ αὐτὸς ἥδιον πράξει ἢ ἄπεισι · καὶ διαλέγου δὲ
αὐτῷ ὁπόσα ἐλπὶς γενέσθαι ἀγαθὰ πᾶσι τοῖς φίλοις, ἂν
ταῦτ' εὖ γένηται · ποιήσας μέντοι ταῦτα ἧκε πάλιν παρ' ἐμέ.

26 Ὁ μὲν δὴ Ὑρκάνιος τὸν Μῆδον ᾤχετο ἄγων ἐπὶ
σκηνήν · ὁ δ' εἰς Πέρσας ἰὼν παρῆν συνεσκευασμένος · ὁ
δὲ Κῦρος αὐτῷ ἐπέστειλε πρὸς μὲν Πέρσας λέγειν ἃ καὶ
πρόσθεν ἐν τῷ λόγῳ δεδήλωται, Κυαξάρῃ δὲ ἀποδοῦναι
τὰ γράμματα · Ἀναγνῶναι δέ σοι καὶ ἃ ἐπιστέλλω, ἔφη,
βούλομαι, ἵνα εἰδὼς αὐτὰ ὁμολογῇς, ἄν τί σε πρὸς ταῦτα
ἐρωτᾷ. Ἐνῆν δὲ ἐν τῇ ἐπιστολῇ τάδε · **27** Κῦρος Κυαξάρῃ
χαίρειν. Ἡμεῖς σε οὔτε ἔρημον κατελίπομεν · οὐδεὶς γάρ,
ὅταν ἐχθρῶν κρατῇ, τότε φίλων ἔρημος γίγνεται · οὐδὲ
μὴν ἀποχωροῦντές γε ἀπὸ σοῦ σε οἰόμεθα ἐν κινδύνῳ
καθιστάναι · ἀλλὰ ὅσῳ πλέον ἀπέχομεν, τοσούτῳ πλέονά
σοι τὴν ἀσφάλειαν ποιεῖν νομίζομεν · **28** οὐ γὰρ οἱ
ἐγγύτατα τῶν φίλων καθήμενοι μάλιστα τοῖς φίλοις τὴν
ἀσφάλειαν παρέχουσιν, ἀλλ' οἱ τοὺς ἐχθροὺς μήκιστον
ἀπελαύνοντες μᾶλλον τοὺς φίλους ἐν ἀκινδύνῳ καθιστᾶσι.
29 Σκέψαι δὲ οἵῳ ὄντι μοι περὶ σὲ οἷος ὢν περὶ ἐμὲ
ἔπειτά μοι μέμφῃ. Ἐγὼ μέν γέ σοι ἤγαγον συμμάχους,
οὐχ ὅσους σὺ ἔπεισας, ἀλλ' ὁπόσους ἐγὼ πλείστους
ἐδυνάμην · σὺ δέ μοι ἔδωκας μὲν ἐν τῇ φιλίᾳ ὄντι ὅσους
πεῖσαι δυνασθείην · νῦν δ' ἐν τῇ πολεμίᾳ ὄντος οὐ τὸν

die Reiter zurückruft. Wenn sie uns verlassen, werden wir, die Fußsoldaten, allein zurückbleiben. (25) Demnach müssen wir, ich und du, es erreichen, daß dieser Meder, der die Reiter zurückruft, selbst bei uns bleiben will. Finde du also ein Zelt und gib es ihm, wo er so angenehm wie möglich leben kann und mit allem Notwendigen versorgt ist. Ich hingegen werde versuchen, ihm eine Aufgabe zuzuweisen, deren Erfüllung er angenehmer findet, als wieder wegzugehen. Sprich mit ihm über die zahlreichen Vorteile, mit denen alle unsere Freunde rechnen können, wenn alles gut geht. Wenn du dies getan hast, komm wieder zu mir."

(26) Der Hyrkanier ging fort und führte den Meder in ein Zelt. Der Bote, der nach Persien reisen sollte, hatte seine Vorbereitungen abgeschlossen. Kyros gab ihm den Auftrag, den Persern zu sagen, was er schon zuvor in seiner Rede dargelegt hatte, und Kyaxares einen Brief zu übergeben. „Ich will aber auch dir vorlesen, was ich ihm auftrage, damit du, wenn du darüber unterrichtet bist, meinen Standpunkt vertreten kannst, falls er dich darüber befragt." Der Brief hatte folgenden Wortlaut: (27) „Kyros grüßt Kyaxares. Wir haben dich nicht allein gelassen. Denn niemand ist ohne Freunde, wenn er seine Feinde besiegt. Auch wenn wir uns von dir trennen, glauben wir nicht, daß wir dich dadurch in Gefahr bringen, sondern je weiter wir entfernt sind, desto mehr Sicherheit meinen wir dir zu bieten. (28) Denn nicht diejenigen, die sich in größter Nähe zu ihren Freunden befinden, verschaffen ihnen auch die größte Sicherheit. Es ist vielmehr der Fall, daß diejenigen, die die Feinde am weitesten vertreiben, ihre Freunde außer Gefahr bringen. (29) Prüfe mein Verhalten dir gegenüber und dein Verhalten mir gegenüber, bevor du mir Vorwürfe machst. Was mich betrifft, so brachte ich dir Bundesgenossen, wenn auch nicht so viele, wie du von mir wolltest, aber so viele, wie ich konnte. Du dagegen gabst mir, solange ich mich noch auf befreundetem Gebiet befand, alle Leute, die ich dazu überreden konnte, mir zu folgen. Jetzt aber, wo ich mich auf feindlichem Gebiet befinde, rufst du nicht nur jeden, der es

θέλοντα ἀλλὰ πάντας ἀποκαλεῖς. **30** Τοιγαροῦν τότε μὲν ᾠόμην ἀμφοτέροις ὑμῖν χάριν ὀφείλειν · νῦν δὲ σύ με ἀναγκάζεις σοῦ μὲν ἐπιλαθέσθαι, τοῖς δὲ ἀκολουθήσασι πειρᾶσθαι πᾶσαν τὴν χάριν ἀποδιδόναι. **31** Οὐ μέντοι ἔγωγε σοὶ ὅμοιος δύναμαι γενέσθαι, ἀλλὰ καὶ νῦν πέμπων ἐπὶ στράτευμα εἰς Πέρσας ἐπιστέλλω, ὁπόσοι ἂν ἴωσιν ὡς ἐμέ, ἤν τι σὺ αὐτῶν δέῃ πρὶν ἡμᾶς ἐλθεῖν, σοὶ ὑπάρχειν, οὐχ ὅπως ἂν θέλωσιν, ἀλλ' ὅπως ἂν σὺ βούλῃ χρῆσθαι αὐτοῖς. **32** Συμβουλεύω δέ σοι καίπερ νεώτερος ὢν μὴ ἀφαιρεῖσθαι ἃ ἂν δῷς, ἵνα μή σοι ἀντὶ χάριτος ἔχθραι ὀφείλωνται, μηδ' ὅταν τινὰ βούλῃ πρὸς σὲ ταχὺ ἐλθεῖν, ἀπειλοῦντα μεταπέμπεσθαι, μηδὲ φάσκοντα ἔρημον εἶναι ἅμα πολλοῖς ἀπειλεῖν, ἵνα μὴ διδάσκῃς αὐτοὺς σοῦ μὴ φροντίζειν. **33** Ἡμεῖς δὲ πειρασόμεθα παρεῖναι, ὅταν τάχιστα διαπραξώμεθα ἃ σοί τ' ἂν κ. ἡμῖν νομίζομεν πραχθέντα κοινὰ γενέσθαι ἀγαθά. Ἔρρωσο. **34** Ταύτην αὐτῷ ἀπόδος καὶ ὅ τι ἄν σε τούτων ἐρωτᾷ, ᾗ γέγραπται σύμφαθι. Καὶ γὰρ ἐγὼ ἐπιστέλλω σοι περὶ Περσῶν ᾗπερ γέγραπται. Τούτῳ μὲν οὕτως εἶπε, καὶ δοὺς τὴν ἐπιστολὴν ἀπέπεμπε, προσεντειλάμενος οὕτω σπεύδειν ὥσπερ οἶδεν ὅτι συμφέρει ταχὺ παρεῖναι.

35 Ἐκ τούτου δὲ ἑώρα μὲν ἐξωπλισμένους ἤδη πάντας καὶ τοὺς Μήδους καὶ τοὺς Ὑρκανίους καὶ τοὺς ἀμφὶ Τιγράνην · καὶ οἱ Πέρσαι δὲ ἐξωπλισμένοι ἦσαν · ἤδη δέ τινες τῶν προσχώρων καὶ ἵππους ἀπῆγον καὶ ὅπλα ἀπέφερον. **36** Ὁ δὲ τὰ μὲν παλτὰ ὅπουπερ τοὺς πρόσθεν καταβάλλειν ἐκέλευσε, καὶ ἔκαιον οἷς τοῦτο ἔργον ἦν ὁπόσων μὴ αὐτοὶ ἐδέοντο · τοὺς δ' ἵππους ἐκέλευε φυ-

will, sondern alle zugleich zurück. (30) So glaubte ich damals
euch beiden, ihnen und dir, Dank zu schulden. Jetzt aber
zwingst du mich, dich zu vergessen und zu versuchen, nur
jenen, die mir gefolgt sind, meine ganze Dankbarkeit zu erweisen. (31) Doch kann ich nicht so handeln wie du: Vielmehr
gebe ich jetzt, wo ich einen Boten mit der Bitte um Verstärkung meiner Streitkräfte nach Persien schicke, den Befehl,
daß alle Perser, die zu mir kommen, sich dir zur Verfügung
stellen, wenn du sie benötigst, bevor wir zu dir zurückkehren,
nicht wie sie selbst es wollen, sondern wie du sie zu verwenden
wünschst. (32) Ich rate dir aber, obwohl ich jünger bin als du,
nicht zurückhaben zu wollen, was du einmal gegeben hast,
damit du dir nicht anstelle von Dankbarkeit Feindschaft zu-
ziehst, und wenn du willst, daß jemand unverzüglich zu dir
kommt, ihn nicht unter Drohungen holen zu lassen und mit der
Behauptung, du seist einsam und verlassen, vielen zu drohen,
damit du sie nicht dazu bringst, nicht auf dich zu hören.
(33) Wir werden versuchen, bei dir zu sein, sobald wir erreicht
haben, was unserer Auffassung nach uns beiden gemeinsam
nützlich sein dürfte, wenn es vollbracht ist. Leb wohl."
(34) „Gib ihm diesen Brief, und wenn er dir zu seinem Inhalt
eine Frage stellt, dann antworte ihm im Sinne dieser Zeilen.
Denn auch was die Perser betrifft, so befehle ich dir, dem
Inhalt des Briefes entsprechend zu verfahren." Das waren Kyros' Worte an den Boten. Er gab ihm den Brief und entließ
ihn, nachdem er ihm außerdem noch aufgetragen hatte, sich so
zu beeilen, wie es seinem Wissen um die Wichtigkeit seiner
schnellen Rückkehr entsprach.
(35) Darauf stellte Kyros fest, daß schon alle Meder und
Hyrkanier und die Soldaten des Tigranes zum Kampf gerüstet
waren. Auch die Perser standen unter Waffen. Inzwischen
brachten einige Bewohner des angrenzenden Gebietes ihre
Pferde herbei und lieferten ihre Waffen ab. (36) Kyros ließ sie
ihre Speere dort hinwerfen, wo er es schon den anderen zuvor
befohlen hatte, und diejenigen, die diese Arbeit zu verrichten
hatten, verbrannten die Waffen, soweit sie sie nicht selbst be-

λάττειν μένοντας τοὺς ἀγαγόντας ἕως ἄν τι σημανθείη
αὐτοῖς· τοὺς δὲ ἄρχοντας τῶν ἱππέων καὶ Ὑρκανίων
καλέσας τοιάδε ἔλεξεν·

37 Ἄνδρες φίλοι τε καὶ σύμμαχοι, μὴ θαυμάζετε ὅτι
πολλάκις ὑμᾶς συγκαλῶ· καινὰ γὰρ ἡμῖν ὄντα τὰ παρόντα πολλὰ αὐτῶν ἐστιν ἀσύντακτα· ἃ δ' ἂν ἀσύντακτα
ᾖ, ἀνάγκη ταῦτα ἀεὶ πράγματα παρέχειν, ἕως ἂν χώραν
λάβῃ. 38 Καὶ νῦν ἔστι μὲν ἡμῖν πολλὰ τὰ αἰχμάλωτα
χρήματα, καὶ ἄνδρες ἐπ' αὐτοῖς· διὰ δὲ τὸ μήτε ἡμᾶς
εἰδέναι ποῖα τούτων ἑκάστου ἐστὶν ἡμῶν, μήτε τούτους
εἰδέναι ὅστις ἑκάστῳ αὐτῶν δεσπότης, περαίνοντας μὲν
δὴ τὰ δέοντα οὐ πάνυ ἔστιν ὁρᾶν αὐτῶν πολλούς, ἀπο-
ροῦντας δὲ ὅ τι χρὴ ποιεῖν σχεδὸν πάντας. 39 Ἵνα οὖν
μὴ οὕτως ἔχῃ, διορίσατε αὐτά· καὶ ὅστις μὲν ἔλαβε
σκηνὴν ἔχουσαν ἱκανὰ καὶ σῖτα καὶ ποτὰ καὶ τοὺς ὑπη-
ρετήσοντας καὶ στρωμνὴν καὶ ἐσθῆτα καὶ τἆλλα οἷς
οἰκεῖται σκηνὴ καλῶς στρατιωτική, ἐνταῦθα μὲν οὐδὲν
ἄλλο δεῖ προσγενέσθαι ἢ τὸν λαβόντα εἰδέναι ὅτι τούτων
ὡς οἰκείων ἐπιμέλεσθαι δεῖ· ὅστις δ' εἰς ἐνδεόμενά του
κατεσκήνωσε, τούτῳ ὑμεῖς σκεψάμενοι τὸ ἐλλεῖπον ἐκπλη-
ρώσατε, πολλὰ δὲ καὶ περιττὰ οἶδ' ὅτι ἔσται· 40 πλείω
γὰρ ἅπαντα ἢ κατὰ τὸ ἡμέτερον πλῆθος εἶχον οἱ πολέμιοι.
Ἦλθον δὲ πρὸς ἐμὲ καὶ χρημάτων ταμίαι, οἵ τε τοῦ Ἀσσυρίων βασιλέως καὶ ἄλλων δυναστῶν, οἳ ἔλεγον ὅτι
χρυσίον εἴη παρὰ σφίσιν ἐπίσημον, δασμούς τινας
λέγοντες. 41 Ταῦτα οὖν κηρύττετε πάντα ἀποφέρειν
πρὸς ὑμᾶς ὅπου ἂν καθέζησθε· καὶ φόβον ἐπιτίθεσθε τῷ
μὴ ποιοῦντι τὸ παραγγελλόμενον· ὑμεῖς δὲ διαδίδοτε
λαβόντες ἱππεῖ μὲν τὸ διπλοῦν, πεζῷ δὲ τὸ ἁπλοῦν, ἵνα

nötigten. Dann befahl er denen, die die Pferde gebracht hatten, bei den Tieren zu bleiben und auf weitere Befehle zu warten. Die Anführer der Reiter und der Hyrkanier ließ er zu sich rufen und sprach folgende Worte:

(37) „Freunde und Bundesgenossen, wundert euch nicht, daß ich euch so oft zusammenrufe. Denn die gegenwärtigen Verhältnisse sind in vielerlei Hinsicht für uns neu und ganz ungeordnet. Was aber ungeordnet ist, führt zwangsläufig immer zu Schwierigkeiten, bis es seinen richtigen Platz gefunden hat. (38) Gegenwärtig verfügen wir über umfangreiche Kriegsbeute und obendrein noch über Gefangene. Weil wir aber nicht wissen, was jedem einzelnen von uns davon gehört, und weil die Gefangenen nicht wissen, welchem Herrn jeder einzelne von ihnen gehört, kann man durchaus nur ganz wenige von ihnen ihre Pflicht erfüllen sehen, während sich fast alle im unklaren darüber sind, was zu tun ist. (39) Damit es also nicht so bleibt, teilt alles untereinander auf. Und wer ein Zelt mit ausreichender Verpflegung, Getränken, Dienern, Bettzeug, Kleidung und anderen Dingen erhalten hat, durch die ein Soldatenzelt zu einer angenehmen Wohnung wird, braucht daraufhin nichts weiter als zu wissen, daß er sich um diese Dinge, sobald er sie bekommen hat, kümmern muß wie um sein Eigentum. Wer sich aber in ein unzureichend ausgestattetes Zelt einquartiert hat, nach dem müßt ihr schauen und ihm helfen, den Mangel zu beheben. Ich weiß, daß vieles aber auch überflüssig sein wird. (40) Denn die Feinde besaßen alles in größerem Umfang, als es unserem Bedarf entspricht. Es kamen aber auch die Schatzmeister des Königs von Assyrien und der anderen Herrscher zu mir, um mir zu erklären, daß sie gemünztes Gold bei sich hätten, und um mit mir über bestimmte Abgaben zu sprechen. (41) Ordnet also an, daß sie dies alles an euch abliefern, wo ihr euch auch gerade befindet, und stoßt gegen jeden, der den Befehl nicht ausführt, Drohungen aus. Ihr aber nehmt das Geld und verteilt es, und zwar an einen Reiter zweimal so viel wie an einen Fußsoldaten, damit ihr, wenn ihr etwas benötigt, über die Mittel verfügt, mit de-

ἔχητε, ἤν τινος προσδέησθε, καὶ ὅτου ὠνήσεσθε. **42** Τὴν δ' ἀγορὰν τὴν οὖσαν ἐν τῷ στρατοπέδῳ κηρυξάτω μὲν ἤδη, ἔφη, μὴ ἀδικεῖν μηδένα, πωλεῖν δὲ τοὺς καπήλους ὅ τι ἔχει ἕκαστος πράσιμον, καὶ ταῦτα διαθεμένους ἄλλα ἄγειν, ὅπως ⟨καλῶς⟩ οἰκῆται ἡμῖν τὸ στρατόπεδον. Ταῦτα μὲν ἐκήρυττον εὐθύς. **43** Οἱ δὲ Μῆδοι καὶ Ὑρκάνιοι εἶπον ὧδε · Καὶ πῶς ἄν, ἔφασαν, ἡμεῖς ἄνευ σοῦ καὶ τῶν σῶν διανέμοιμεν ταῦτα; **44** Ὁ δ' αὖ Κῦρος πρὸς τοῦτον τὸν λόγον ὧδε προσηνέχθη · Ἦ γὰρ οὕτως, ἔφη, ὦ ἄνδρες, γιγνώσκετε ὡς, ὅ τι ἂν δέῃ πραχθῆναι, ἐπὶ πᾶσι πάντας ἡμᾶς δεήσει παρεῖναι, καὶ οὔτε ἐγὼ ἀρκέσω πράττων τι πρὸ ὑμῶν ὅ τι ἂν δέῃ, οὔτε ὑμεῖς πρὸ ἡμῶν; Καὶ πῶς ἂν ἄλλως πλείω μὲν πράγματα ἔχοιμεν, μείω δὲ διαπραττοίμεθα ἢ οὕτως; **45** Ἀλλ' ὁρᾶτε, ἔφη · ἡμεῖς μὲν γὰρ διεφυλάξαμέν τε ὑμῖν τάδε, καὶ ὑμεῖς ἡμῖν πιστεύετε καλῶς διαπεφυλάχθαι · ὑμεῖς δ' αὖ διανείματε, καὶ ἡμεῖς πιστεύσομεν ὑμῖν καλῶς διανενεμηκέναι. **46** Καὶ ἄλλο τι δὲ αὖ ἡμεῖς πειρασόμεθα κοινὸν ἀγαθὸν πράττειν. Ὁρᾶτε γὰρ δή, ἔφη, νυνὶ πρῶτον ἵπποι ὅσοι ἡμῖν πάρεισιν, οἱ δὲ προσάγονται · τούτους οὖν εἰ μὲν ἐάσομεν ἀναμβάτους, ὠφελήσουσι μὲν οὐδὲν ἡμᾶς, πράγματα δὲ παρέξουσιν ἐπιμέλεσθαι · ἢν δὲ ἱππέας ἐπ' αὐτοὺς καταστήσωμεν, ἅμα πραγμάτων τε ἀπαλλαγησόμεθα καὶ ἰσχὺν ἡμῖν αὐτοῖς προσθησόμεθα. **47** Εἰ μὲν οὖν ἄλλους ἔχετε οἷστισιν ἂν δοῖοιτε αὐτούς, μεθ' ὧν ἂν καὶ κινδυνεύοιτε ἥδιον, εἴ τι δέοι, ἢ μεθ' ἡμῶν, ἐκείνοις δίδοτε. Εἰ μέντοι ἡμᾶς βούλεσθε παραστάτας μάλιστα ἔχειν ἡμῖν αὐτοὺς δότε. **48** Καὶ γὰρ νῦν ὅτε ἄνευ ἡμῶν προσελάσαντες ἐκινδυνεύετε, πολὺν μὲν φόβον ἡμῖν παρείχετε μή τι πάθητε, μάλα δὲ αἰσχύνεσθαι ἡμᾶς ἐποιήσατε ὅτι οὐ παρῆμεν ὅπουπερ ὑμεῖς · ἢν δὲ λάβωμεν τοὺς ἵππους, ἑψόμεθα ὑμῖν. **49** Κἂν μὲν δοκῶμεν ὠφελεῖν

nen ihr es euch kaufen könnt. (42) Darüber hinaus soll bekannt gemacht werden, daß niemand den im Lager bestehenden Markt stören darf, sondern alle Kaufleute verkaufen sollen, was jeder verkaufen kann, und sobald sie ihre Ware abge-
setzt haben, neue Ware herbeischaffen sollen, damit unser Lager gut versorgt ist." Unverzüglich verbreiteten sie diese Anweisungen. (43) Die Meder und die Hyrkanier aber erwiderten darauf folgendes: „Wie sollen wir ohne dich und deine
Leute diese Verteilung vornehmen?" (44) Auf diese Frage gab
Kyros folgende Antwort: „Glaubt ihr denn wirklich, Männer,
daß wir alle bei jeder Aufgabe, die zu erfüllen ist, gleichzeitig
zugegen sein müssen, und daß es nicht genügt, wenn ich für
euch tue, was nötig ist, und ihr für uns entsprechend tätig seid?
Und würden wir andernfalls nicht größere Schwierigkeiten haben, aber weniger erreichen? (45) Seht doch: Wir haben diese
Beute doch für euch sichergestellt, und ihr vertraut uns, daß
sie gut verwahrt ist. Jetzt sollt ihr sie austeilen, und wir werden
euch vertrauen, daß ihr sie gut verteilt. (46) Wir werden inzwischen versuchen, noch etwas anderes zu tun, was von allgemei-
nem Nutzen ist: Denn ihr seht doch wohl, wieviele Pferde wir
jetzt zum ersten Mal in unserem Besitz haben und wieviele
noch hergebracht werden. Wenn wir diese Pferde ohne Reiter
lassen, werden sie uns nichts nützen, sondern uns nur Schwierigkeiten wegen ihrer Versorgung machen. Wenn wir sie aber
reiten lassen, werden wir uns ebenso von unseren Schwierigkeiten befreien wie unsere Schlagkraft vergrößern. (47) Wenn
ihr nun andere Leute zur Verfügung habt, denen ihr die Pferde
überlassen könntet und mit denen ihr lieber als mit uns in die
Schlacht ziehen würdet, wenn es erforderlich wäre, dann gebt
sie ihnen. Wenn ihr aber uns am liebsten an eurer Seite haben
wollt, dann gebt uns die Pferde. (48) Denn als ihr dieser Tage
ohne uns losgeritten seid und euch in ein gefährliches Abenteuer eingelassen habt, fürchteten wir sehr, ihr könntet in euer
Unglück gehen, und andererseits habt ihr uns beschämt, weil
wir nicht dort waren, wo ihr wart. Wenn wir aber die Pferde
bekommen, werden wir euch folgen. (49) Sollte es sich her-

πλέον ἐπὶ τῶν ἵππων συναγωνιζόμενοι, οὕτω προθυμίας οὐδὲν ἐλλείψομεν · ἢν δὲ πεζοὶ γενόμενοι δοκῶμεν καιριωτέρως ἂν παρεῖναι, τό τε καταβῆναι ἐν μέσῳ καὶ εὐθὺς πεζοὶ ὑμῖν παρεσόμεθα · τοὺς δ' ἵππους μηχανησόμεθα οἷς ἂν παραδοίημεν.

50 Ὁ μὲν οὕτως ἔλεξεν · οἱ δὲ ἀπεκρίναντο · ᾿Αλλ᾿ ἡμεῖς μὲν, ὦ Κῦρε, οὔτ' ἄνδρας ἔχομεν οὓς ἀναβιβάσαιμεν ἂν ἐπὶ τούτους τοὺς ἵππους, οὔτ' εἰ εἴχομεν, σοῦ ταῦτα βουλομένου, ἄλλο ἂν ἀντὶ τούτων ἡρούμεθα. Καὶ νῦν, ἔφασαν, τούτους λαβὼν ποίει ὅπως ἄριστόν σοι δοκεῖ εἶναι. 51 ᾿Αλλὰ δέχομαί τε, ἔφη, καὶ ἀγαθῇ τύχῃ ἡμεῖς τε ἱππεῖς γενοίμεθα καὶ ὑμεῖς διέλοιτε τὰ κοινά. Πρῶτον μὲν οὖν τοῖς θεοῖς, ἔφη, ἐξαιρεῖτε ὅ τι ἂν οἱ μάγοι ἐξηγῶνται · ἔπειτα δὲ καὶ Κυαξάρῃ ἐκλέξασθε ὁποῖ᾿ ἂν οἴεσθε αὐτῷ μάλιστα χαρίζεσθαι. 52 Καὶ οἳ γελάσαντες εἶπον ὅτι γυναῖκας ἐξαιρετέον εἴη. Γυναῖκάς τε τοίνυν ἐξαιρεῖτε, ἔφη, καὶ ὅ τι ἄλλο ἂν δοκῇ ὑμῖν. ᾿Επειδὰν δ᾿ ἐκείνῳ ἐξέλητε, τοὺς ἐμοί, ὦ Ὑρκάνιοι, ἐθελουσίους τούτους ἐπισπομένους πάντας ἀμέμπτους ποιεῖτε εἰς δύναμιν. 53 Ὑμεῖς δ᾿ αὖ, ὦ Μῆδοι, τοὺς πρώτους συμμάχους γενομένους τιμᾶτε τούτους, ὅπως εὖ βεβουλεῦσθαι ἡγήσωνται ἡμῖν φίλοι γενόμενοι. Νείματε δὲ πάντων τὸ μέρος καὶ τῷ παρὰ Κυαξάρου ἥκοντι αὐτῷ τε καὶ τοῖς μετ᾿ αὐτοῦ · καὶ συνδιαμένειν δὲ παρακαλεῖτε, ὡς ἐμοὶ τοῦτο συνδοκοῦν, ἵνα καὶ Κυαξάρῃ μᾶλλον εἰδὼς περὶ ἑκάστου ἀπαγγείλῃ τὰ ὄντα. 54 Πέρσαις δ᾿, ἔφη, τοῖς μετ᾿ ἐμοῦ, ὅσα ἂν περιττὰ γένηται ὑμῶν καλῶς κατεσκευασμένων, ταῦτα ἀρκέσει · καὶ γάρ, ἔφη, μάλα πως ἡμεῖς οὐκ ἐν χλιδῇ τεθράμμεθα, ἀλλὰ χωριτικῶς, ὥστε ἴσως ἂν ἡμῶν καταγελάσαιτε, εἴ τι σεμνὸν ἡμῖν περιτεθείη, ὥσπερ, ἔφη, οἶδ᾿ ὅτι

ausstellen, daß wir euch mehr nützen, wenn wir zu Pferde mit euch zusammen kämpfen, so werden wir es an Einsatzbereitschaft nicht fehlen lassen. Wenn es sich aber zeigt, daß wir euch als Fußsoldaten nützlicher sind, werden wir ohne weiteres absitzen können und euch sofort als Fußsoldaten zur Verfügung stehen. Was die Pferde betrifft, so werden wir schon Leute finden, denen wir sie anvertrauen können."

(50) So sprach Kyros. Sie aber antworteten folgendermaßen: „Leider haben wir, Kyros, keine Männer, die wir auf diese Pferde steigen lassen können, und wenn wir sie hätten, würden wir uns, da du es so wünschst, für nichts anderes als dafür entscheiden. Nimm jetzt also die Pferde und verwende sie so, wie es dir am besten erscheint." (51) „Gut", sagte Kyros, „ich nehme sie gern, und mit etwas Glück dürften wir gute Reiter werden, und ihr könntet euren Anteil an der Beute bekommen. Sucht nun zuerst alles für die Götter aus, was die Magier vorschreiben. Dann wählt auch für Kyaxares aus, wovon ihr meint, daß es ihm am meisten gefällt." (52) Sie erwiderten lachend, daß es Frauen seien, die man auswählen müsse. „Dann wählt Frauen aus", sagte Kyros, „und was euch sonst noch passend erscheint. Sobald ihr aber für ihn etwas ausgewählt habt, dann sorgt nach Kräften dafür, ihr Hyrkanier, daß alle, die mir freiwillig gefolgt sind, keinen Grund haben, ärgerlich zu sein. (53) Ihr Meder aber, ehrt diese Leute, die unsere ersten Bundesgenossen geworden sind, damit sie davon überzeugt sind, gut beraten zu sein, daß sie unsere Freunde sind. Überlaßt aber auch einen Teil der Beute dem Gesandten des Kyaxares und seinen Begleitern und ermuntert ihn, noch bei uns zu bleiben, da ich es sehr begrüßen würde, daß er auch Kyaxares einen genauen Lagebericht geben kann, wenn er noch besser über jede Einzelheit Bescheid weiß. (54) Meinen persischen Kameraden wird genügen, was übrig bleibt, wenn ihr euch gut versorgt habt. Denn wir sind durchaus nicht durch ein üppiges Leben verwöhnt, sondern mit ländlicher Kargheit vertraut, so daß ihr uns vielleicht sogar auslachen würdet, wenn wir uns kostbaren Schmuck anlegten, wie

πολὺν ὑμῖν γέλωτα παρέξομεν καὶ ἐπὶ τῶν ἵππων καθήμενοι, οἶμαι δ', ἔφη, καὶ ἐπὶ τῆς γῆς καταπίπτοντες.

55 Ἐκ τούτου οἱ μὲν ἦσαν ἐπὶ τὴν διαίρεσιν, μάλα
ἐπὶ τῷ ἱππικῷ γελῶντες· ὁ δὲ τοὺς ταξιάρχους καλέσας
ἐκέλευσε τοὺς ἵππους λαμβάνειν καὶ τὰ τῶν ἵππων σκεύη
καὶ τοὺς ἱπποκόμους, καὶ ἀριθμήσαντας ⟨διαλαβεῖν⟩
κληρωσαμένους εἰς τάξιν ἴσους ἑκάστοις. 56 Αὖθις δὲ
ὁ Κῦρος ἀνειπεῖν ἐκέλευσεν, εἴ τις εἴη ἐν τῷ Ἀσσυρίων ἢ
Σύρων ἢ Ἀραβίων στρατεύματι ἀνὴρ δοῦλος ἢ Μήδων
ἢ Περσῶν ἢ Βακτρίων ἢ Καρῶν ἢ Κιλίκων ἢ Ἑλλήνων
ἢ ἄλλοθέν ποθεν βεβιασμένος, ἐκφαίνεσθαι. 57 Οἱ δὲ
ἀκούσαντες τοῦ κηρύγματος ἄσμενοι πολλοὶ προυφάνη-
σαν· ὁ δ' ἐκλεξάμενος αὐτῶν τοὺς τὰ εἴδη βελτίστους
ἔλεγεν ὅτι ἐλευθέρους αὐτοὺς ὄντας δεήσει ὅπλα ὑποφέρειν ἃ ἂν αὐτοῖς διδῷσι· τὰ δ' ἐπιτήδεια ὅπως ἂν ἔχωσιν
ἔφη αὐτῷ μελήσειν. 58 Καὶ εὐθὺς ἄγων πρὸς τοὺς
ταξιάρχους συνέστησεν αὐτούς, καὶ ἐκέλευσε τά τε γέρρα
καὶ τὰς ψιλὰς μαχαίρας τούτοις δοῦναι, ὅπως ἔχοντες
σὺν τοῖς ἵπποις ἕπωνται, καὶ τὰ ἐπιτήδεια τούτοις ὥσπερ
καὶ τοῖς μεθ' ἑαυτοῦ Πέρσαις λαμβάνειν, αὐτοὺς δὲ τοὺς
θώρακας καὶ τὰ ξυστὰ ἔχοντας ἀεὶ ἐπὶ τῶν ἵππων ὀχεῖσθαι,
καὶ αὐτὸς οὕτω ποιῶν κατῆρχεν, ἐπὶ δὲ τοὺς πεζοὺς τῶν
ὁμοτίμων ἀνθ' αὑτοῦ ἕκαστον καθιστάναι ἄλλον ἄρχοντα
τῶν ὁμοτίμων.

VI

1 Οἱ μὲν δὴ ἀμφὶ ταῦτα εἶχον. Γωβρύας δ' ἐν τούτῳ
παρῆν Ἀσσύριος πρεσβύτης ἀνὴρ ἐφ' ἵππου σὺν ἱππικῇ
θεραπείᾳ· εἶχον δὲ πάντες τὰ ἐφίππων ὅπλα. Καὶ οἱ μὲν
ἐπὶ τῷ τὰ ὅπλα παραλαμβάνειν τεταγμένοι ἐκέλευον

ich auch weiß, daß wir euch viel zu lachen geben würden, sobald wir auf den Pferden sitzen und dann vermutlich wieder herunterfallen."

(55) Anschließend nahmen sie die Verteilung in Angriff und lachten herzlich über die geplante Reiterei. Kyros aber rief seine Taxiarchen zu sich und befahl ihnen, die Pferde, die Ausrüstung der Pferde und die Pferdepfleger zu übernehmen, sie zu zählen und jedem einzelnen die gleiche Anzahl an Pferden für seine Abteilung durch das Los zuzuweisen. (56) Darauf ließ Kyros verkünden, wenn im Heer der Assyrer, Syrer oder Araber ein Sklave aus Medien, Persien, Baktrien, Karien, Kilikien, Griechenland oder anderswoher gegen seinen Willen Dienst tue, solle er sich melden. (57) Nachdem die Betroffenen diesen Aufruf gehört hatten, meldeten sich viele voll Freude. Kyros wählte diejenigen aus, die am besten aussahen, und erklärte ihnen, daß sie jetzt, da sie frei seien, Waffen tragen sollten, die er ihnen zur Verfügung stelle. Er werde sich aber auch um ihre Versorgung kümmern. (58) Sofort führte er sie zu den Taxiarchen und unterstellte sie deren Befehl. Dann gab er die Anweisung, sie mit den Schilden und kurzen Schwertern zu bewaffnen, damit sie in dieser Ausrüstung der Reiterei folgten. Er ließ sie dieselbe Verpflegung in Empfang nehmen wie seine persischen Gefolgsleute. Die Perser aber sollten stets mit Brustpanzern und Speeren bewaffnet reiten, und er selbst war ihnen darin ein Vorbild. Jeder von ihnen sollte einen Ersatzmann aus den Reihen der Homotimen bestimmen, der die Homotimen zu Fuß zu befehligen hatte.

VI.

(1) Während sie sich mit diesen Dingen beschäftigten, erschien ein Reiter mit einem Gefolge von ebenfalls Berittenen. Es war Gobryas, ein Assyrer in vorgerücktem Alter. Alle trugen die für Reiter typischen Waffen. Die Männer, die die Aufgabe hatten, die Waffen zu übernehmen, forderten die Assyrer

παραδιδόναι τὰ ξυστά, ὅπως κατακαίοιεν ὥσπερ καὶ τἆλλα. Ὁ δὲ Γωβρύας εἶπεν ὅτι Κῦρον πρῶτον βούλοιτο ἰδεῖν· καὶ οἱ ὑπηρέται τοὺς μὲν ἄλλους ἱππέας αὐτοῦ κατέλιπον, τὸν δὲ Γωβρύαν ἄγουσι πρὸς τὸν Κῦρον. 2 Ὁ δ᾽ ὡς εἶδε τὸν Κῦρον, ἔλεξεν ὧδε· Ὦ δέσποτα, ἐγώ εἰμι τὸ μὲν γένος Ἀσσύριος· ἔχω δὲ καὶ τεῖχος ἰσχυρὸν καὶ χώρας ἐπάρχω πολλῆς· καὶ ἵππον ἔχω εἰς χιλίαν, ἣν τῷ τῶν Ἀσσυρίων βασιλεῖ παρειχόμην καὶ φίλος ἦν ἐκείνῳ ὡς μάλιστα· ἐπεὶ δὲ ἐκεῖνος τέθνηκεν ὑφ᾽ ὑμῶν ἀνὴρ ἀγαθὸς ὤν, ὁ δὲ παῖς ἐκείνου τὴν ἀρχὴν ἔχει ἔχθιστος ὢν ἐμοί, ἥκω πρὸς σὲ καὶ ἱκέτης προσπίπτω καὶ δίδωμί σοι ἐμαυτὸν δοῦλον καὶ σύμμαχον. σὲ δὲ τιμωρὸν αἰτοῦμαι ἐμοὶ γενέσθαι· καὶ παῖδα οὕτως ὡς δυνατόν σε ποιοῦμαι· ἄπαις δ᾽ εἰμὶ ἀρρένων παίδων. 3 Ὃς γὰρ ἦν μοι μόνος καὶ καλὸς κἀγαθός, ὦ δέσποτα, καὶ ἐμὲ φιλῶν καὶ τιμῶν ὥσπερ ἂν εὐδαίμονα πατέρα παῖς τιμῶν τιθείη, τοῦτον ὁ νῦν βασιλεὺς οὗτος καλέσαντος τοῦ τότε βασιλέως, πατρὸς δὲ τοῦ νῦν, ὡς δώσοντος τὴν θυγατέρα τῷ ἐμῷ παιδί, ἐγὼ μὲν ἀπεπεμψάμην μέγα φρονῶν ὅτι δῆθεν τῆς βασιλέως θυγατρὸς ὀψοίμην τὸν ἐμὸν υἱὸν γαμέτην· ὁ δὲ νῦν βασιλεὺς εἰς θήραν αὐτὸν παρακαλέσας καὶ ἀνεὶς αὐτῷ θηρᾶν ἀνὰ κράτος, ὡς πολὺ κρείττων αὐτοῦ ἱππεὺς ἡγούμενος εἶναι, ὁ μὲν ὡς φίλῳ συνεθήρα. φανείσης δ᾽ ἄρκτου διώκοντες ἀμφότεροι, ὁ μὲν νῦν ἄρχων οὗτος ἀκοντίσας ἥμαρτεν, ὡς μήποτε ὤφελεν, ὁ δ᾽ ἐμὸς παῖς βαλών, οὐδὲν δέον, καταβάλλει τὴν ἄρκτον. 4 Καὶ τότε μὲν δὴ ἀνιαθεὶς ἄρ᾽ οὗτος κατέσχεν ὑπὸ σκότου τὸν φθόνον· ὡς δὲ πάλιν λέοντος παρατυχόντος ὁ μὲν αὖ

auf, ihnen ihre Lanzen auszuhändigen, um sie zu verbrennen
wie schon die übrigen Waffen. Gobryas erklärte jedoch, er
wolle zuvor Kyros sehen. Die Diener ließen die übrigen Reiter
an der Stelle warten, wo sie sich gerade befanden, und führten
Gobryas zu Kyros. (2) Als er Kyros sah, sprach er folgende
Worte: „Herr, ich bin meiner Herkunft nach Assyrer. Ich besitze eine mächtige Burg und herrsche über ein großes Gebiet.
Ich befehlige eine Reiterei von etwa tausend Mann, die ich
dem König der Assyrer zur Verfügung gestellt habe, und ich
war ihm in engster Freundschaft verbunden. Doch nun ist er,
der doch ein so tüchtiger Mann war, im Kampf gegen euch
gefallen, und sein Sohn, der mein größter Feind ist, hat die
Herrschaft übernommen. Ich komme jetzt zu dir und werfe
mich dir als Bittsteller zu Füßen. Ich gebe mich in deine Gewalt, um dein Sklave und Verbündeter zu sein. Aber ich bitte
dich darum, mein Rächer zu werden. Ich mache dich dafür,
soweit es möglich ist, zu meinem Sohn. Ich habe nämlich keinen männlichen Nachkommen mehr. (3) Denn den einzigen
Sohn, Herr, den ich hatte, einen in jeder Hinsicht tüchtigen
jungen Mann, der mich liebte und mir die Achtung erwies, wie
sie ein Sohn seinem Vater nur erweisen kann, um ihn glücklich
zu machen, lud der jetzige König, als der damalige König, der
Vater des jetzigen, ihn zu sich gerufen hatte, um ihm seine
Tochter zur Frau zu geben – ich hatte ihn gehen lassen, weil
ich Stolz empfand bei dem Gedanken, meinen Sohn als Gemahl der Königstochter zu sehen –, dazu ein, an einer Jagd
teilzunehmen, und erlaubte ihm, nach Kräften zu jagen, weil
er glaubte, ein viel besserer Reiter zu sein als mein Sohn, und
so jagte er mit ihm wie mit einem echten Kameraden. Als aber
plötzlich ein Bär auftauchte, verfolgten ihn die beiden jungen
Männer. Der jetzige Herrscher schleuderte seinen Speer und
verfehlte das Tier – ach wäre das doch niemals geschehen –,
mein Sohn aber traf den Bär, was nicht hätte passieren dürfen,
und brachte ihn zur Strecke. (4) Darüber ärgerte sich der Sohn
des Königs sehr und verzehrte sich heimlich in Neid und Eifersucht. Als dann zufällig ein Löwe auftauchte, verfehlte er ihn

ἥμαρτεν, οὐδὲν οἶμαι θαυμαστὸν παθών, ὁ δ' αὖ ἐμὸς
παῖς αὖθις τυχὼν κατειργάσατό τε τὸν λέοντα καὶ εἶπεν ·
Ἆρα βέβληκα δὶς ἐφεξῆς καὶ καταβέβληκα θῆρα ἑκατε-
ράκις · ἐν τούτῳ δὴ οὐκέτι κατέσχεν ὁ ἀνόσιος τὸν φθόνον,
ἀλλ' αἰχμὴν παρά τινος τῶν ἑπομένων ἁρπάσας, παίσας
εἰς τὰ στέρνα τὸν μόνον μοι καὶ φίλον παῖδα ἀφείλετο
τὴν ψυχήν. 5 Κἀγὼ μὲν ὁ τάλας νεκρὸν ἀντὶ νυμφίου
ἐκομισάμην καὶ ἔθαψα τηλικοῦτος ὢν ἄρτι γενειάσκοντα
τὸν ἄριστον παῖδα τὸν ἀγαπητόν · ὁ δὲ κατακανὼν ὥσπερ
ἐχθρὸν ἀπολέσας οὔτε μεταμελόμενος πώποτε φανερὸς
ἐγένετο οὔτε ἀντὶ τοῦ κακοῦ ἔργου τιμῆς τινος ἠξίωσε
τὸν κατὰ γῆς. Ὅ γε μὴν πατὴρ αὐτοῦ καὶ συνῴκτισέ με
καὶ δῆλος ἦν συναχθόμενός μοι τῇ συμφορᾷ. 6 Ἐγὼ
οὖν, εἰ μὲν ἔζη ἐκεῖνος, οὐκ ἄν ποτε ἦλθον πρὸς σὲ ἐπὶ
τῷ ἐκείνου κακῷ · πολλὰ γὰρ φίλια καὶ ἔπαθον δὴ ὑπ' ἐκείνου καὶ ὑπηρέτησα ἐκείνῳ · ἐπεὶ δ' εἰς τὸν τοῦ ἐμοῦ παιδὸς
φονέα ἡ ἀρχὴ περιήκει, οὐκ ἄν ποτε τούτῳ ἐγὼ δυναίμην
εὔνους γενέσθαι, οὐδὲ οὗτος ἐμὲ εὖ οἶδ' ὅτι φίλον ἄν
ποτε ἡγήσαιτο. Οἶδε γὰρ ὡς ἐγὼ πρὸς αὐτὸν ἔχω καὶ
ὡς πρόσθεν φαιδρῶς βιοτεύων νυνὶ διάκειμαι, ἔρημος ὢν
καὶ διὰ πένθους τὸ γῆρας διάγων. 7 Εἰ οὖν σύ με δέχῃ
καὶ ἐλπίδα τινὰ λάβοιμι τῷ φίλῳ παιδὶ τιμωρίας τινὸς μετὰ
σοῦ τυχεῖν, καὶ ἀνηβῆσαι ἂν πάλιν δοκῶ μοι καὶ οὔτε
ζῶν ἂν ἔτι αἰσχυνοίμην οὔτε ἀποθνῄσκων ἀνιώμενος ἂν
τελευτᾶν δοκῶ.

8 Ὁ μὲν οὕτως εἶπε · Κῦρος δ' ἀπεκρίνατο · Ἀλλ' ἤνπερ,
ὦ Γωβρύα, καὶ φρονῶν φαίνῃ ὅσαπερ λέγεις πρὸς ἡμᾶς,
δέχομαί τε ἱκέτην σε καὶ τιμωρήσειν σοι τοῦ παιδὸς τὸν
φονέα σὺν θεοῖς ὑπισχνοῦμαι. Λέξον δέ μοι, ἔφη, ἐάν

wieder, was nicht verwunderlich war, wie ich meine. Mein
Sohn jedoch traf ein zweites Mal, erlegte den Löwen und rief:
‚Jetzt habe ich schon zweimal hintereinander meinen Speer
geschleudert und jedesmal ein wildes Tier niedergestreckt.' Da
konnte der verfluchte Kerl seine Eifersucht nicht mehr zügeln,
sondern riß einem seiner Begleiter eine Lanze aus der Hand,
stieß sie meinem einzigen Sohn, meinem geliebten Kind, in die
Brust und nahm ihm so das Leben. (5) Und ich, der unglückliche Vater, brachte einen Toten anstelle eines Bräutigams nach
Hause und mußte, so alt ich war, meinen geliebten und besten
Sohn, den man sich denken konnte, der fast noch ein Kind
war, bestatten. Der Mörder aber, der ihn wie einen Feind
erschlagen hatte, zeigte weder jemals Reue, noch erwies er
dem Toten, den er unter die Erde gebracht hatte, irgendeine
Ehre, um sein Verbrechen wiedergutzumachen. Sein Vater
allerdings trauerte mit mir, und man sah, daß er den Schmerz
über das Unglück mit mir teilte. (6) Wenn der frühere König
noch lebte, wäre ich niemals zu dir gekommen, um zu dessen
Sturz beizutragen. Denn ich habe zahlreiche Freundschaftsbe-
weise von ihm erhalten und ihm gegeben. Da nun aber die
Herrschaft an den Mörder meines Sohnes übergegangen ist,
könnte ich diesem niemals Zuneigung entgegenbringen, und
auch er – das weiß ich genau – dürfte mich nie für seinen
Freund halten. Er weiß nämlich ganz genau, wie ich zu ihm
stehe und wie es mir nach einem herrlichen Leben in früheren
Zeiten heute ergeht, wo ich so verlassen bin und mein Alter in
Trauer verbringen muß. (7) Wenn du mich also bei dir auf-
nimmst und ich ein wenig Hoffnung schöpfen kann, mit deiner
Hilfe für meinen lieben Sohn Rache zu nehmen, dann bin ich
überzeugt, wieder aufleben zu dürfen, und ich würde mich
meines Lebens nicht mehr schämen und glauben, ohne Gram
sterben zu können."

(8) So sprach Gobryas. Kyros antwortete: „Gut, mein Gobryas, wenn du mir zeigst, daß du wirklich so denkst, wie du zu
uns sprichst, kannst du dich meinem Schutz anvertrauen, und
ich verspreche dir, den Mörder deines Sohnes mit Hilfe der

σοι ταῦτα ποιῶμεν καὶ τὰ τείχη σε ἔχειν ἐῶμεν καὶ τὴν
χώραν καὶ τὰ ὅπλα καὶ τὴν δύναμιν ἥνπερ πρόσθεν εἶχες,
σὺ ἡμῖν τί ἀντὶ τούτων ὑπηρετήσεις; Ὁ δὲ εἶπε · 9 Τὰ
μὲν τείχη, ὅταν ἔλθῃς, οἰκόν σοι παρέξω · δασμὸν δὲ τῆς
χώρας ὅνπερ ἔφερον ἐκείνῳ σοὶ ἀποίσω, καὶ ὅποι ἂν
στρατεύῃ συστρατεύσομαί σοι τὴν ἐκ τῆς χώρας δύναμιν ἔχων. Ἔστι δέ μοι, ἔφη, καὶ θυγάτηρ παρθένος ἀγα-
πητὴ γάμου ἤδη ὡραία, ἣν ἐγὼ πρόσθεν μὲν ᾤμην τῷ
νῦν βασιλεύοντι γυναῖκα τρέφειν · νῦν δὲ αὐτή τέ με ἡ
θυγάτηρ πολλὰ γοωμένη ἱκέτευσε μὴ δοῦναι αὐτὴν τῷ
τοῦ ἀδελφοῦ φονεῖ, ἐγώ τε ὡσαύτως γιγνώσκω. Νῦν δέ
σοι δίδωμι βουλεύσασθαι καὶ περὶ ταύτης οὕτως ὥσπερ
ἂν καὶ ἐγὼ βουλεύων περὶ σοῦ φαίνωμαι. 10 Οὕτω δὴ
ὁ Κῦρος εἶπεν · Ἐπὶ τούτοις, ἔφη, ἐγὼ ἀληθευομένοις
δίδωμί τέ σοι τὴν ἐμὴν καὶ λαμβάνω τὴν σὴν δεξιάν ·
θεοὶ δ᾽ ἡμῖν μάρτυρες ἔστων. Ἐπεὶ δὲ ταῦτα ἐπράχθη,
ἀπιέναι τε κελεύει τὸν Γωβρύαν ἔχοντα τὰ ὅπλα καὶ
ἐπήρετο πόσῃ τις ὁδὸς ὡς αὐτὸν εἴη, ὡς ἥξων. Ὁ δ᾽ ἔλεγεν · Ἢν αὔριον ἴῃς πρῴ, τῇ ἑτέρᾳ ἂν αὐλίζοιο παρ᾽ ἡμῖν.

Ὁ μὲν δὴ Γωβρύας ᾤχετο ἡγεμόνα καταλιπών. 11 Οἱ
δὲ Μῆδοι παρῆσαν, ἃ μὲν οἱ μάγοι ἔφρασαν τοῖς θεοῖς
ἐξελεῖν, ἀποδόντες τοῖς μάγοις, Κύρῳ δ᾽ ἐξῃρηκότες
τὴν καλλίστην σκηνὴν καὶ τὴν Σουσίδα γυναῖκα, ἣ
καλλίστη δὴ λέγεται τῶν ἐν τῇ Ἀσίᾳ γενέσθαι, καὶ μου-
σουργοὺς δὲ δύο τὰς κρατίστας, δεύτερον δὲ Κυαξάρῃ
τὰ δεύτερα, τοιαῦτα δὲ ἄλλα ὧν ἐδέοντο ἑαυτοῖς ἐκπλη-
ρώσαντες, ὡς μηδενὸς ἐνδεόμενοι στρατεύοιντο · πάντα
γὰρ ἦν πολλά. 12 Προσέλαβον δὲ καὶ Ὑρκάνιοι ὧν
ἐδέοντο · ἰσόμοιρον δὲ ἐποίησαν καὶ τὸν παρὰ Κυαξάρου

Götter zu bestrafen. Aber sag mir, wenn wir dies tun und wir
dich deine Burg, dein Land, deine Waffen und deine Macht,
die du bisher besaßest, behalten lassen, welche Gegenleistung
wirst du uns dafür bieten?" Gobryas erwiderte: (9) „Meine
Burg wird dir als Wohnung zur Verfügung stehen, wenn du
kommst. Die Steuern des Landes, die ich bisher dem König
entrichtete, werde ich dir geben, und auf allen deinen Feldzügen werde ich dich mit der Streitmacht meines Landes begleiten. Ich habe aber auch eine Tochter, die ich sehr liebe, eine
Jungfrau, die schon reif für die Ehe ist. Ursprünglich glaubte
ich, sie zur Frau für den jetzigen König erziehen zu können.
Nun aber hat mich meine Tochter unter vielen Tränen ange-
fleht, sie nicht dem Mörder ihres Bruders zu geben, und ich
sehe es genauso. Jetzt übergebe ich sie dir, damit du dich ihr
gegenüber genauso verhalten kannst, wie es meinem Verhalten dir gegenüber entspricht." (10) Mit folgenden Worten antwortete Kyros: „Wenn du es wirklich ehrlich damit meinst,
gebe ich dir meine rechte Hand und nehme deine Hand. Die
Götter sollen unsere Zeugen sein." Nachdem dies geschehen
war, forderte er Gobryas auf, mit seinen Waffen abzuziehen,
und fragte ihn, wie weit der Weg bis zu ihm sei, da er die
Absicht habe, zu ihm zu kommen. Gobryas sagte: „Wenn du
morgen früh aufbrichst, könntest du übermorgen bei uns die
Nacht verbringen."

Darauf zog Gobryas ab, nachdem er einen Führer zurückgelassen hatte. (11) Inzwischen waren die Meder wieder zurück,
nachdem sie den Magiern den Teil der Beute überlassen hatten, den diese bestimmt hatten, um ihn für die Götter auszusondern. Für Kyros hatten sie das schönste Zelt und die Frau
aus Susa ausgesucht, die als die schönste aller Frauen in Asien
galt, ferner die beiden besten Musikantinnen. Die zweitrangi-
gen Beutestücke waren für Kyaxares bestimmt. Sich selbst
aber versorgten sie mit allem, was sie brauchten, damit es
ihnen während des Feldzuges an nichts fehlte. Denn alles war
in großer Menge vorhanden. (12) Auch die Hyrkanier bekamen, was sie benötigten. Dem Gesandten des Kyaxares gaben

ἄγγελον· τὰς δὲ περιττὰς σκηνὰς ὅσαι ἦσαν Κύρῳ
παρέδοσαν, ὡς τοῖς Πέρσαις γένοιντο· τὸ δὲ νόμισμα
ἔφασαν, ἐπειδὰν ἅπαν συλλεχθῇ, διαδώσειν· καὶ διέ-
δωκαν.

sie einen gleich großen Anteil. Die überflüssigen Zelte überließen sie Kyros, damit er sie den Persern zur Verfügung stellte.
Das Geld, so sagten sie, wollten sie verteilen, sobald es vollständig eingesammelt sei. Und dann verteilten sie es.

ΚΥΡΟΥ ΠΑΙΔΕΙΑ Ε΄

I

1 Οἱ μὲν δὴ ταῦτ' ἔπραξάν τε καὶ ἔλεξαν. Ὁ δὲ Κῦρος τὰ μὲν Κυαξάρου ἐκέλευσε διαλαβόντας φυλάττειν οὓς ᾔδει οἰκειοτάτους αὐτῷ ὄντας· Καὶ ὅσα δὲ ἐμοὶ δίδοτε, ἡδέως, ἔφη, ἐγὼ δέχομαι· χρήσεται δ' αὐτοῖς ὑμῶν ὁ ἀεὶ μάλιστα δεόμενος. Φιλόμουσος δέ τις τῶν Μήδων εἶπε· Καὶ μὴν ἐγώ, ὦ Κῦρε, τῶν μουσουργῶν ἀκούσας ἑσπέρας ὧν σὺ νῦν ἔχεις, ἤκουσά τε ἡδέως κἄν μοι δῷς αὐτῶν μίαν, στρατεύεσθαι ἄν μοι δοκῶ ἥδιον ἢ οἴκοι μένειν. Ὁ δὲ Κῦρος εἶπεν· Ἀλλ' ἐγώ, ἔφη, καὶ δίδωμί σοι καὶ χάριν οἴομαι σοὶ πλείω ἔχειν ὅτι με ᾔτησας ἢ σὺ ἐμοὶ ὅτι λαμβάνεις· οὕτως ἐγὼ ὑμῖν διψῶ χαρίζεσθαι. Ταύτην μὲν οὖν ἔλαβεν ὁ αἰτήσας.

2 Καλέσας δὲ ὁ Κῦρος Ἀράσπαν Μῆδον. ὃς ἦν αὐτῷ ἐκ παιδὸς ἑταῖρος, ᾧ καὶ τὴν στολὴν ἐκδὺς ἔδωκε τὴν Μηδικήν, ὅτε παρ' Ἀστυάγους εἰς Πέρσας ἀπῄει. τοῦτον ἐκέλευσε διαφυλάξαι αὐτῷ τήν τε γυναῖκα καὶ τὴν σκηνήν· ἦν δὲ αὕτη ἡ γυνὴ τοῦ Ἀβραδάτου τοῦ Σουσίου· **3** ὅτε δὲ ἡλίσκετο τὸ τῶν Ἀσσυρίων στρατόπεδον, ὁ ἀνὴρ αὐτῆς οὐκ ἔτυχεν ἐν τῷ στρατοπέδῳ ὤν. ἀλλὰ πρὸς τὸν τῶν Βακτριανῶν βασιλέα πρεσβεύων ᾤχετο· ἔπεμψε δὲ αὐτὸν ὁ Ἀσσύριος περὶ συμμαχίας· ξένος γὰρ ὢν ἐτύγχανε τῷ τῶν Βακτριανῶν βασιλεῖ· ταύτην οὖν ἐκέλευσεν ὁ Κῦρος διαφυλάττειν τὸν Ἀράσπαν, ἕως

FÜNFTES BUCH

I.

(1) Das waren ihre Worte und Taten. Kyros aber forderte diejenigen auf, von denen er wußte, daß sie Kyaxares' treueste Freunde waren, den Beuteanteil des Königs in Verwahrung zu nehmen. „Und was ihr mir gebt, nehme ich gern an", sagte er, „aber es wird jedem von euch zur Verfügung stehen, der es vor allem benötigt." Da sagte einer der Meder, der ein Musikliebhaber war: „Gestern Abend, mein Kyros, habe ich die Musikantinnen, die du jetzt besitzt, mit großem Vergnügen gehört, und wenn du mir eine von ihnen überließest, dann, meine ich, dürfte es für mich angenehmer sein, am Feldzug teilzunehmen, als zu Hause zu bleiben." Kyros antwortete: „Gut, ich gebe sie dir, und ich glaube, daß ich dir dankbarer bin, weil du mich darum gebeten hast, als du mir, weil du deine Bitte erfüllt bekamst. So groß ist mein Bedürfnis, euch einen Gefallen zu tun." Der Mann bekam also die Musikantin, die er sich gewünscht hatte.

(2) Kyros rief den Meder Araspas zu sich, seinen Freund und Vertrauten von Kindheit an, dem er auch sein medisches Gewand überließ, nachdem er es ausgezogen hatte, als er von Astyages nach Persien zurückkehrte. Dieser sollte für ihn die Frau und das Zelt bewachen. Es handelte sich um die Frau des Abradatas von Susa. (3) Als das Lager der Assyrer eingenommen wurde, befand sich ihr Mann zufällig nicht im Lager, sondern war als Gesandter zum König von Baktrien unterwegs. Der Assyrer hatte ihn dorthin geschickt, um einen Verbündeten zu gewinnen. Denn er war ein Gastfreund des Königs von Baktrien. Auf diese Frau also sollte Araspas aufpassen, wie Kyros befahl, bis er sie selbst zu sich nehmen konnte.

ἂν αὐτὸς λάβῃ. **4** Κελευόμενος δὲ ὁ Ἀράσπας ἐπή-
ρετο· Ἑώρακας δ᾽, ἔφη, ὦ Κῦρε. τὴν γυναῖκα. ἥν με
κελεύεις φυλάττειν; Μὰ Δί᾽, ἔφη ὁ Κῦρος. οὐκ ἔγωγε.
Ἀλλ᾽ ἐγώ, ἔφη, ἡνίκα ἐξῃροῦμέν σοι αὐτήν· καὶ δῆτα,
ὅτε μὲν εἰσήλθομεν εἰς τὴν σκηνὴν αὐτῆς. τὸ πρῶτον
οὐ διέγνωμεν αὐτήν· χαμαί τε γὰρ ἐκάθητο καὶ αἱ θεράπαιναι πᾶσαι περὶ αὐτήν· καὶ τοίνυν ὁμοίαν ταῖς δούλαις
εἶχε τὴν ἐσθῆτα· ἐπεὶ δὲ γνῶναι βουλόμενοι ποία εἴη
ἡ δέσποινα πάσας περιεβλέψαμεν. ταχὺ καὶ πασῶν
ἐφαίνετο διαφέρουσα τῶν ἄλλων. καίπερ καθημένη
κεκαλυμμένη τε καὶ εἰς γῆν ὁρῶσα. **5** Ὡς δὲ ἀναστῆναι
αὐτὴν ἐκελεύσαμεν, συνανέστησαν μὲν αὐτῇ ἅπασαι αἱ
ἀμφ᾽ αὐτήν, διήνεγκε δ᾽ ἐνταῦθα πρῶτον μὲν τῷ μεγέθει,
ἔπειτα δὲ καὶ τῇ ἀρετῇ καὶ τῇ εὐσχημοσύνῃ. καίπερ ἐν
ταπεινῷ σχήματι ἑστηκυῖα. Δῆλα δ᾽ ἦν αὐτῇ καὶ τὰ
δάκρυα καταστάζοντα. τὰ μὲν κατὰ τῶν πέπλων, τὰ δὲ
καὶ ἐπὶ τοὺς πόδας. **6** Ὡς δ᾽ ἡμῶν ὁ γεραίτατος εἶπε,
Θάρρει, ὦ γύναι· καλὸν μὲν γὰρ κἀγαθὸν ἀκούομεν καὶ
τὸν σὸν ἄνδρα εἶναι· νῦν μέντοι ἐξαιροῦμεν ἀνδρί σε εὖ
ἴσθι ὅτι οὔτε τὸ εἶδος ἐκείνου χείρονι οὔτε τὴν γνώμην
οὔτε τὴν δύναμιν ἥττω ἔχοντι, ἀλλ᾽ ὡς ἡμεῖς γε νομίζομεν, εἴ τις καὶ ἄλλος ἀνήρ. καὶ Κῦρος ἄξιός ἐστι θαυμάζεσθαι, οὗ σὺ ἔσῃ τὸ ἀπὸ τοῦδε. Ὡς οὖν τοῦτο ἤκουσεν
ἡ γυνή. περικατερρήξατό τε τὸν ἄνωθεν πέπλον καὶ
ἀνωδύρατο· συνανεβόησαν δὲ αὐτῇ καὶ αἱ δμωαί. **7** Ἐν
τούτῳ δὲ ἐφάνη μὲν αὐτῆς τὸ πλεῖστον μέρος τοῦ προσώ-
που, ἐφάνη δὲ ἡ δέρη καὶ αἱ χεῖρες· καὶ εὖ ἴσθι, ἔφη,
ὦ Κῦρε, ὡς ἐμοί τε ἔδοξε καὶ τοῖς ἄλλοις ἅπασι τοῖς
ἰδοῦσι, μήπω φῦναι μηδὲ γενέσθαι γυναῖκα ἀπὸ θνητῶν
τοιαύτην ἐν τῇ Ἀσίᾳ· ἀλλὰ πάντως, ἔφη, καὶ σὺ θέασαι
αὐτήν. **8** Καὶ ὁ Κῦρος ἔφη· [Ναὶ] Μὰ Δία, πολύ γε ἧττον
εἰ τοιαύτη ἐστὶν οἵαν σὺ λέγεις. Τί δαί; ἔφη ὁ νεανίσκος.

(4) Als Araspas den Auftrag erhielt, fragte er Kyros: „Hast du, mein Kyros, die Frau schon gesehen, die ich bewachen soll?" – „Nein, beim Zeus, das habe ich noch nicht." – „Aber ich, als wir sie für dich auswählten, Als wir ihr Zelt betraten, erkannten wir sie zunächst nicht. Denn sie saß am Boden inmitten aller ihrer Dienerinnen, und sie trug ein Kleid, wie es die Sklavinnen zu tragen pflegen. Aber als wir uns alle Frauen genau ansahen, weil wir feststellen wollten, welche von ihnen die Herrin war, fiel sie uns bald auf, da sie sich von allen anderen unterschied, obwohl sie verschleiert am Boden saß und den Kopf gesenkt hatte. (5) Als wir ihr aber befahlen aufzustehen, standen alle Frauen um sie herum mit ihr auf, und sie fiel zunächst durch ihre Größe, dann aber auch durch ihre Würde und vornehme Haltung auf, obwohl sie in einfacher Kleidung dastand. Man konnte sie aber auch weinen sehen, und ihre Tränen flossen teils über ihre Kleider, teils tropften sie sogar auf ihre Füße. (6) Dann sagte der Älteste unter uns: ‚Du brauchst keine Angst zu haben, Frau. Denn wir hören zwar, daß dein Gemahl ein tüchtiger und hochverdienter Mann ist. Jetzt aber wählen wir dich für einen Mann aus – das mußt du wissen –, der jenem weder an Aussehen nachsteht noch an Geist und Kraft unterlegen ist – vielmehr, wie wir jedenfalls meinen, wenn überhaupt ein Mann, dann ist es Kyros, der Bewunderung verdient, und ihm wirst du von nun an gehören.' Als die Frau diese Worte gehört hatte, zerriß sie den oberen Teil ihres Gewandes und begann zu klagen, und mit ihr gemeinsam brachen auch die Dienerinnen in Wehklagen aus. (7) Da konnte man den größten Teil ihres Gesichts, ihren Hals und ihre Hände sehen, und – das mußt du wissen, mein Kyros – ich und alle anderen, die sie sahen, waren davon überzeugt, daß noch nie ein weibliches Menschenwesen von solcher Schönheit in Asien das Licht der Welt erblickt hat. Du mußt sie dir auf jeden Fall ansehen." (8) Kyros erwiderte: „Beim Zeus, auf keinen Fall, wenn sie so aussieht, wie du sagst." – „Wieso denn?" fragte der junge Mann. „Weil ich fürchte, wenn ich mich jetzt überreden lasse, zu ihr zu gehen, um sie

Ὅτι, ἔφη, εἰ νυνὶ σοῦ ἀκούσας ὅτι καλή ἐστι πεισθήσομαι ἐλθεῖν θεασόμενος, οὐ πάνυ μοι σχολῆς οὔσης, δέδοικα μὴ πολὺ θᾶττον ἐκείνη με αὖθις ἀναπείσῃ καὶ πάλιν ἐλθεῖν θεασόμενον· ἐκ δὲ τούτου ἴσως ἂν ἀμελήσας ὧν με δεῖ πράττειν καθήμην ἐκείνην θεώμενος.

9 Καὶ ὁ νεανίσκος ἀναγελάσας εἶπεν· Οἴει γάρ, ἔφη, ὦ Κῦρε, ἱκανὸν εἶναι κάλλος ἀνθρώπου ἀναγκάζειν τὸν μὴ βουλόμενον πράττειν παρὰ τὸ βέλτιστον; Εἰ μέντοι, ἔφη, τοῦτο οὕτως ἐπεφύκει, πάντας ἂν ἠνάγκαζεν ὁμοίως. 10 Ὅρα, ἔφη, τὸ πῦρ, ὡς πάντας ὁμοίως καίει. Πέφυκε γὰρ τοιοῦτον· τῶν δὲ καλῶν τῶν μὲν ἐρῶσι τῶν δ' οὔ, καὶ ἄλλος γε ἄλλου. Ἐθελούσιον γάρ, ἔφη, ἐστί, καὶ ἐρᾷ ἕκαστος ὧν ἂν βούληται· αὐτίκ', ἔφη, οὐκ ἐρᾷ ἀδελφὸς ἀδελφῆς, ἄλλος δὲ ταύτης, οὐδὲ πατὴρ θυγατρός, ἄλλος δὲ ταύτης· καὶ γὰρ φόβος καὶ νόμος ἱκανὸς ἔρωτα κωλύειν. 11 Εἰ δέ γ', ἔφη, νόμος τεθείη μὴ ἐσθίοντας μὴ πεινῆν καὶ μὴ πίνοντας μὴ διψῆν μηδὲ ῥιγοῦν τοῦ χειμῶνος μηδὲ θάλπεσθαι τοῦ θέρους, οὐδεὶς ἂν νόμος δυνηθείη διαπράξασθαι ταῦτα πείθεσθαι ἀνθρώπους· πεφύκασι γὰρ ὑπ' αὐτῶν κρατεῖσθαι. Τὸ δ' ἐρᾶν ἐθελούσιόν ἐστιν· ἕκαστος γοῦν τῶν καθ' ἑαυτὸν ἐρᾷ, ὥσπερ ἱματίων καὶ ὑποδημάτων. 12 Πῶς οὖν, ἔφη ὁ Κῦρος, εἰ ἐθελούσιόν ἐστι τὸ ἐρασθῆναι, οὐ καὶ παύσασθαι ἔστιν ὅταν τις βούληται; Ἀλλ' ἐγώ, ἔφη, ἑώρακα καὶ κλαίοντας ὑπὸ λύπης δι' ἔρωτα, καὶ δουλεύοντάς γε τοῖς ἐρωμένοις καὶ μάλα κακὸν νομίζοντας πρὶν ἐρᾶν τὸ δουλεύειν, καὶ διδόντας γε πολλὰ ὧν οὐ βέλτιον ἦν αὐτοῖς στέρεσθαι,

mir anzuschauen, nachdem du mir von ihrer Schönheit erzählt hast, daß sie mich, obwohl ich doch überhaupt keine Zeit habe, erneut dazu verleitet, ein zweites Mal zu ihr zu gehen, um sie zu sehen. Dadurch könnte ich vielleicht meine Pflichten vernachlässigen, bei ihr sitzen bleiben und sie immer nur ansehen."

(9) Der junge Mann lachte und sagte: „Glaubst du denn, mein lieber Kyros, die Schönheit eines menschlichen Wesens sei dazu imstande, jemanden gegen seinen Willen dazu zu veranlassen, seine Pflichten zu vergessen? Wenn es wirklich so wäre, dann würde sie doch alle gleichermaßen dazu veranlassen. (10) Sieh dir doch das Feuer an, wie es alle Dinge ohne Unterschied verbrennt. Das entspricht seiner Natur. Was aber die schönen Geschöpfe betrifft – in die einen ist man verliebt, in die anderen aber nicht, und der eine ist in dieses, der andere in jenes verliebt. Das ist eine Entscheidung unseres Willens, und jeder liebt, was er will. So ist zum Beispiel der Bruder nicht in die Schwester verliebt, sondern es ist ein anderer, der sich in sie verliebt, und auch ein Vater ist nicht in die Tochter verliebt, sondern es ist ein anderer, der in sie verliebt ist. Denn die Scheu und das Gesetz führen dazu, diese Art von Liebe zu unterbinden. (11) Wenn aber ein Gesetz erlassen würde, daß man, ohne zu essen, keinen Hunger, und ohne zu trinken, keinen Durst haben, im Winter nicht frieren und im Sommer nicht schwitzen dürfe, dann könnte es kein Gesetz erreichen, daß ihm die Menschen in diesen Dingen gehorchten. Denn aufgrund ihrer Natur bleiben die Menschen diesen Zwängen unterworfen. Die Liebe jedoch wird vom Willen bestimmt: Jeder liebt das, was ihm paßt, wie man Kleider und Schuhe liebt." (12) „Wenn demnach", fragte Kyros, „die Liebe eine Sache des Willens ist, wie kommt es dann, daß man mit ihr nicht aufhören kann, sobald man es will? Ich habe Leute gesehen, die aus Liebeskummer weinten, die den geliebten Menschen sklavisch ergeben waren, obwohl sie den Sklavendienst, bevor sie liebten, für ein großes Übel hielten, die vieles opferten, wovon sie sich besser nicht getrennt hätten, die den

καὶ εὐχομένους ὥσπερ καὶ ἄλλης τινὸς νόσου ἀπαλλαγῆναι, καὶ οὐ δυναμένους μέντοι ἀπαλλάττεσθαι. ἀλλὰ δεδεμένους ἰσχυροτέρᾳ τινὶ ἀνάγκῃ ἢ εἰ ἐν σιδήρῳ ἐδέδεντο. Παρέχουσι γοῦν ἑαυτοὺς τοῖς ἐρωμένοις πολλὰ καὶ εἰκῇ ὑπηρετοῦντας· καὶ μέντοι οὐδ᾽ ἀποδιδράσκειν ἐπιχειροῦσι, τοιαῦτα κακὰ ἔχοντες. ἀλλὰ καὶ φυλάττουσι τοὺς ἐρωμένους μή ποι ἀποδρῶσι.

13 Καὶ ὁ νεανίσκος εἶπε πρὸς ταῦτα· Ποιοῦσι γάρ, ἔφη, ταῦτα· εἰσὶ μέντοι, ἔφη, οἱ τοιοῦτοι μοχθηροί· διόπερ οἶμαι καὶ εὔχονται μὲν αἰεὶ ὡς ἄθλιοι ὄντες ἀποθανεῖν, μυρίων δ᾽ οὐσῶν μηχανῶν ἀπαλλαγῆς τοῦ βίου οὐκ ἀπαλλάττονται. Οἱ αὐτοὶ δέ γε οὗτοι καὶ κλέπτειν ἐπιχειροῦσι καὶ οὐκ ἀπέχονται τῶν ἀλλοτρίων. ἀλλ᾽ ἐπειδάν τι ἁρπάσωσιν ἢ κλέψωσιν, ὁρᾷς ὅτι σὺ πρῶτος, ὡς οὐκ ἀναγκαῖον ⟨ὂν⟩ τὸ κλέπτειν, αἰτιᾷ τὸν κλέπτοντα καὶ ἁρπάζοντα, καὶ οὐ συγγιγνώσκεις. ἀλλὰ κολάζεις. **14** Οὕτω μέντοι, ἔφη, καὶ οἱ καλοὶ οὐκ ἀναγκάζουσιν ἐρᾶν ἑαυτῶν οὐδ᾽ ἐφίεσθαι ἀνθρώπους ὧν μὴ δεῖ, ἀλλὰ τὰ μοχθηρὰ ἀνθρώπια πασῶν οἶμαι τῶν ἐπιθυμιῶν ἀκρατῆ ἐστι, κἄπειτα ἔρωτα αἰτιῶνται· οἱ δέ γε καλοὶ κἀγαθοὶ ἐπιθυμοῦντες καὶ χρυσίου καὶ ἵππων ἀγαθῶν καὶ γυναικῶν καλῶν, ὅμως πάντων τούτων ῥᾳδίως δύνανται ἀπέχεσθαι ὥστε μὴ ἅπτεσθαι αὐτῶν παρὰ τὸ δίκαιον. **15** Ἐγὼ γοῦν, ἔφη, ταύτην ἑωρακὼς καὶ πάνυ καλῆς δοξάσῃς μοι εἶναι ὅμως καὶ παρὰ σοί εἰμι καὶ ἱππεύω καὶ τἄλλα τὰ ἐμοὶ προσήκοντα ἀποτελῶ. **16** Ναὶ μὰ Δί᾽, ἔφη ὁ Κῦρος· ἴσως γὰρ θᾶττον ἀπῆλθες ἢ ἐν ὅσῳ χρόνῳ ὁ ἔρως πέφυκε συσκευάζεσθαι ἄνθρωπον. Καὶ πυρὸς γάρ τοι ἔστι θιγόντα μὴ εὐθὺς καίεσθαι καὶ τὰ ξύλα οὐκ εὐθὺς ἀναλάμπει· ὅμως δ᾽ ἔγωγε οὔτε πυρὸς

Wunsch hatten, von der Liebe wie von irgendeiner anderen Krankheit befreit zu werden, sich allerdings nicht davon befreien konnten, sondern durch eine stärkere Macht gebunden waren, als wenn sie in Eisen lägen. Sie liefern sich aber den geliebten Personen aus, indem sie sich ihnen auf vielfältige Weise blindlings unterwerfen. Aber sie versuchen auch nicht zu entkommen, obwohl sie so viel Schlimmes ertragen müssen, sondern passen sogar auf, daß die Menschen, die von ihnen geliebt werden, nicht fortlaufen."

(13) Darauf erwiderte der junge Mann folgendes: „Ja, so machen sie es. Doch solche Leute sind ganz übel dran. Der Grund dafür liegt, wie ich glaube darin, daß sie sich in ihrem Unglück ständig wünschen zu sterben, aber sich vom Leben nicht befreien, obwohl es doch zahllose Möglichkeiten gibt, dem Leben ein Ende zu machen. Diesselben Menschen versuchen auch zu stehlen und nehmen keine Rücksicht auf fremdes Eigentum, aber sobald sie etwas rauben oder stehlen, siehst du doch, weil es nicht zwingend ist zu stehlen, daß du der erste bist, der den Dieben und Räubern Vorwürfe macht und ihnen nicht verzeiht, sondern für ihre Bestrafung sorgt. (14) Ebenso zwingen doch auch die schönen Menschen niemanden dazu, sie zu lieben und das zu begehren, was man nicht begehren darf, sondern die elenden Gestalten sind, wie ich meine, Opfer aller ihrer Begierden, und dann schieben sie die Schuld auf die Liebe. Die anständigen Menschen hingegen wünschen sich zwar auch Geld, gute Pferde und schöne Frauen, doch können sie auf alle diese Dinge leicht verzichten, so daß sie sie nicht zu Unrecht anrühren. (15) Ich jedenfalls bin trotzdem an deiner Seite, reite mit dir zusammen und erfülle auch meine sonstigen Pflichten, obwohl ich die Frau gesehen habe und obwohl sie mir so schön erschien." (16) „Ja, beim Zeus", sagte Kyros, „vielleicht bist du nur zu schnell weggegangen, und hast Eros nicht die Zeit gelassen, die er braucht, um einen Menschen zu beeinflussen. Denn man kann doch auch ein Feuer berühren, ohne sich gleich zu verbrennen, und auch das Holz geht nicht gleich in Flammen auf. Dennoch berühre ich freiwillig weder

ἑκὼν εἶναι ἅπτομαι οὔτε τοὺς καλοὺς εἰσορῶ. Οὐδέ γε
σοὶ συμβουλεύω, ἔφη, ὦ Ἀράσπα. ἐν τοῖς καλοῖς ἐὰν
τὴν ὄψιν ἐνδιατρίβειν· ὡς τὸ μὲν πῦρ τοὺς ἁπτομένους
καίει. οἱ δὲ καλοὶ καὶ τοὺς ἄπωθεν θεωμένους ὑφάπτουσιν,
ὥστε αἴθεσθαι τῷ ἔρωτι. **17** Θάρρει. ἔφη. ὦ Κῦρε·
οὐδ' ἐὰν μηδέποτε παύσωμαι θεώμενος, οὐ μὴ κρα-
τηθῶ ὥστε ποιεῖν τι ὧν μὴ χρὴ ποιεῖν. Κάλλιστα, ἔφη,
λέγεις· φύλαττε τοίνυν, ἔφη, ὥσπερ σε κελεύω καὶ ἐπιμελοῦ αὐτῆς· ἴσως γὰρ ἂν καὶ πάνυ ἡμῖν ἐν καιρῷ γένοιτο
αὕτη ἡ γυνή. **18** Τότε μὲν δὴ ταῦτ' εἰπόντες διελύ-
θησαν.

Ὁ δὲ νεανίσκος ἅμα μὲν ὁρῶν καλὴν τὴν γυναῖκα,
ἅμα δὲ αἰσθανόμενος τὴν καλοκἀγαθίαν αὐτῆς. ἅμα δὲ
θεραπεύων αὐτὴν καὶ οἰόμενος χαρίζεσθαι αὐτῇ, ἅμα δὲ
αἰσθανόμενος οὐκ ἀχάριστον οὖσαν, ἀλλ' ἀντεπιμελου-
μένην διὰ τῶν αὑτῆς οἰκετῶν ὡς καὶ εἰσιόντι εἴη αὐτῷ
τὰ δέοντα καὶ εἴ ποτε ἀσθενήσειεν. ὡς μηδενὸς δέοιτο,
ἐκ πάντων τούτων ἡλίσκετο ἔρωτι. καὶ ἴσως οὐδὲν θαυμαστὸν ἔπασχε. Καὶ ταῦτα μὲν δὴ οὕτως ἐπράττετο.

19 Βουλόμενος δὲ ὁ Κῦρος ἐθελοντὰς μένειν μεθ' ἑαυτοῦ τούς τε Μήδους καὶ τοὺς συμμάχους, συνεκάλεσε
πάντας τοὺς ἐπικαιρίους· ἐπεὶ δὲ συνῆλθον, ἔλεξε τοιάδε·
20 Ἄνδρες Μῆδοι καὶ πάντες οἱ παρόντες. ἐγὼ ὑμᾶς
οἶδα σαφῶς ὅτι οὔτε χρημάτων δεόμενοι σὺν ἐμοὶ ἐξήλθετε
οὔτε Κυαξάρῃ νομίζοντες τοῦτο ὑπηρετεῖν, ἀλλ' ἐμοὶ
βουλόμενοι χαρίζεσθαι καὶ ἐμὲ τιμῶντες νυκτοπορεῖν
καὶ κινδυνεύειν σὺν ἐμοὶ ἠθελήσατε. **21** Καὶ χάριν
τούτων ἐγὼ ὑμῖν ἔχω μέν, εἴ γε μὴ ἀδικῶ· ἀποδιδόναι
δὲ ἀξίαν οὔπω δύναμιν ἔχειν μοι δοκῶ, καὶ τοῦτο μὲν
οὐκ αἰσχύνομαι λέγων· Τὸ δ' Ἐὰν μένητε παρ' ἐμοί,

ein Feuer, noch sehe ich die schönen Menschen an. Auch dir,
mein Araspas, rate ich nicht, deinen Blick auf den schönen
Menschen ruhen zu lassen. Denn das Feuer verbrennt jeden,
der es berührt. Die Schönen aber setzen auch diejenigen in
Flammen, die nur von weitem hinsehen, so daß sie schließlich
vor Liebe brennen." (17) „Keine Angst, mein Kyros. Auch
wenn ich niemals aufhöre hinzusehen, ist doch nicht zu befürchten, daß ich dazu gezwungen werden kann, etwas zu tun,
was man nicht tun darf." – „Sehr schön gesprochen. Paß also
auf, wie ich es von dir erwarte, und kümmere dich um sie.
Denn vielleicht kann uns diese Frau bei passender Gelegenheit
noch einmal sehr nützlich sein." (18) Nach diesem Gespräch
trennten sie sich voneinander.

Der junge Mann hatte nicht nur die Schönheit der Frau
ständig vor Augen. Er nahm zugleich ihre vornehme Art wahr.
Er umsorgte sie und meinte, ihr zu gefallen. Er merkte, daß sie
nicht undankbar war, sondern sich ihm mit Hilfe ihrer Dienerinnen gefällig erwies, damit er, wenn er zu ihr kam, alles
erhielt, was er brauchte, und ihm nichts fehlte, wenn es ihm
einmal nicht so gut ging. Aufgrund aller dieser Umstände verliebte er sich in sie, und es passierte ihm wohl nichts Unge-
wöhnliches. So nahmen die Dinge ihren Lauf.

(19) Weil Kyros den Wunsch hatte, daß die Meder und die
Verbündeten freiwillig bei ihm blieben, rief er alle ihre Führer
zusammen, und nachdem sie eingetroffen waren, hielt er folgende Rede: (20) „Meder und alle, die ihr hier seid, ich weiß
es genau, daß ihr weder aus Geldmangel mit mir gezogen seid
noch in der Überzeugung, auf diese Weise Kyaxares zu dienen, sondern weil ihr mir einen Gefallen tun wolltet und mich
schätzt, habt ihr es freiwillig auf euch genommen, Nachtmär-
sche zu unternehmen und mit mir gemeinsam Gefahren zu
bestehen. (21) Dafür bin ich euch dankbar, andernfalls täte
ich Unrecht. Doch ich glaube, daß ich noch nicht in der Lage
bin, euch diesen Einsatz so zu vergelten, wie ihr es verdient,
und ich schäme mich nicht, es zuzugeben. Aber ihr sollt es
genau wissen, daß ich mich scheue zu sagen: ‚Wenn ihr bei mir

ἀποδώσω, εὖ ἴστε ὅτι τοῦτο, ἔφη, αἰσχυνοίμην ἂν εἰπεῖν ·
νομίζοιμι γὰρ ⟨ἂν⟩ ἐμαυτὸν ἐοικέναι λέγοντι ταῦτα ἕνεκα
τοῦ ὑμᾶς μᾶλλον ἐθέλειν παρ' ἐμοὶ καταμένειν. 'Αντὶ
δὲ τούτου τάδε λέγω · ἐγὼ γὰρ ὑμῖν, κἂν ἤδη ἀπίητε
Κυαξάρῃ πειθόμενοι, ὅμως, ἂν ἀγαθόν τι πράξω, πειράσομαι οὕτω ποιεῖν ὥστε καὶ ὑμᾶς ἐμὲ ἐπαινεῖν. 22 Οὐ
γὰρ δὴ αὐτός γε ἄπειμι, ἀλλὰ καὶ Ὑρκανίοις τοὺς ὅρκους
καὶ τὰς δεξιὰς ἃς ἔδωκα ἐμπεδώσω καὶ οὔποτε τούτους
προδιδοὺς ἁλώσομαι, καὶ τῷ νῦν διδόντι Γωβρύᾳ καὶ
τείχη ἡμῖν καὶ χώραν καὶ δύναμιν πειράσομαι ποιεῖν
μήποτε μεταμελῆσαι τῆς πρὸς ἐμὲ ὁδοῦ. 23 Καὶ τὸ
μέγιστον δή, τῶν θεῶν οὕτω διδόντων περιφανῶς ἀγαθὰ
καὶ φοβοίμην ἂν αὐτοὺς καὶ αἰσχυνοίμην ἀπολιπὼν ταῦτα
εἰκῇ ἀπελθεῖν. 'Εγὼ μὲν οὖν οὕτως, ἔφη, ποιήσω · ὑμεῖς
δὲ ὅπως γιγνώσκετε οὕτω καὶ ποιεῖτε, καὶ ἐμοὶ εἴπατε ὅ
τι ἂν ὑμῖν δοκῇ. 24 Ὁ μὲν οὕτως εἶπε.

Πρῶτος δ' ὁ φήσας ποτὲ συγγενὴς τοῦ Κύρου εἶναι
εἶπεν · 'Αλλ' ἐγὼ μέν, ἔφη. ὦ βασιλεῦ · βασιλεὺς γὰρ
ἔμοιγε δοκεῖς σὺ φύσει πεφυκέναι οὐδὲν ἧττον ἢ ὁ ἐν τῷ
σμήνει φυόμενος τῶν μελιττῶν ἡγεμών · ἐκείνῳ τε γὰρ
ἀεὶ αἱ μέλιτται ἑκοῦσαι πείθονται. ὅπου δ' ἂν μένῃ,
οὐδεμία ἐντεῦθεν ἀπέρχεται · ἐὰν δέ ποι ἐξίῃ. οὐδεμία
αὐτοῦ ἀπολείπεται · οὕτω δεινός τις ἔρως αὐταῖς τοῦ
ἄρχεσθαι ὑπ' ἐκείνου ἐγγίγνεται. 25 Καὶ πρὸς σὲ δέ
μοι δοκοῦσι παραπλησίως πως οἱ ἄνθρωποι οὕτω διακεῖσθαι. Καὶ γὰρ εἰς Πέρσας ὅτε παρ' ἡμῶν ἀπῄεις. τίς
Μήδων ἢ νέος ἢ γέρων σοῦ ἀπελείφθη τὸ μή σοι ἀκολουθεῖν ἔστε 'Αστυάγης ἡμᾶς ἀπέστρεψεν; 'Επειδὴ δ' ἐκ
Περσῶν βοηθὸς ἡμῖν ὡρμήθης. σχεδὸν αὖ ἑωρῶμεν τοὺς
φίλους σου πάντας ἐθελουσίους συνεπομένους. Ὅτε
δ' αὖ τῆς δεῦρο στρατείας ἐπεθύμησας. πάντες σοι Μῆδοι
ἑκόντες ἠκολούθησαν. 26 Νῦν δ' αὖ οὕτως ἔχομεν ὡς

bleibt, werde ich euch belohnen.' Denn ich möchte annehmen,
daß ich dann den Eindruck erweckte, ich sagte dies, um eure
Bereitschaft zu erhöhen, bei mir zu bleiben. Statt dessen erkläre ich folgendes: Selbst wenn ihr jetzt abzieht, um Kyaxares zu
gehorchen, werde ich, wenn ich Erfolg habe, trotzdem versuchen, so zu handeln, daß auch ihr Grund habt, mich zu loben.
(22) Denn ich selbst werde nicht abziehen, sondern den Eid,
den ich den Hyrkaniern geleistet habe, halten und meinen mit
Handschlag bekräftigten Verpflichtungen treu bleiben und mir
niemals den Vorwurf zuziehen, ich hätte die Hyrkanier verraten. Ferner werde ich alles daran setzen, daß Gobryas, der uns
jetzt seine Burg, sein Land und seine Streitmacht ausliefert, es
niemals bereut, zu mir gekommen zu sein. (23) Und was das
Wichtigste ist: da uns die Götter so deutliche Zeichen ihrer
Gunst geben, müßte ich ihren Zorn fürchten und mich schämen, die Chance nicht zu nutzen und ohne Grund abzuziehen.
So also werde ich handeln. Ihr aber handelt so, wie ihr es für
richtig haltet, und sagt mir, wofür ihr euch entscheidet."
(24) Das waren seine Worte.

Als erster sprach der Mann, der einmal behauptet hatte, er
sei mit Kyros verwandt: „Ich will dir folgendes erwidern, mein
König: Denn zum König scheinst du mir geboren zu sein, und
zwar nicht weniger als die Bienenkönigin im Bienenstock. Ihr
nämlich folgen die Bienen stets freiwillig, wo sie sich auch
niederläßt, und keine Biene verläßt diesen Platz. Wenn die
Königin aber irgendwohin fliegt, bleibt keine Biene dort zurück. So gewaltig ist ihr natürlicher Drang, von ihrer Königin
regiert zu werden. (25) Die Menschen haben offenbar ein ähnliches Verhältnis auch zu dir. Denn als du uns verlassen wolltest, um nach Persien zu gehen – welcher Meder, ob jung oder
alt, konnte darauf verzichten, dir zu folgen, bis Astyages uns
umkehren ließ? Als du uns aus Persien zu Hilfe kamst, sahen
wir, daß fast alle deine Freunde dich freiwillig begleiteten. Als
du deinen Feldzug hierher anfangen wolltest, folgten dir alle
Meder freiwillig. (26) Jetzt aber geht es uns wieder so, daß wir
in deiner Gegenwart keine Angst haben, obwohl wir uns in

σὺν μὲν σοὶ ὅμως καὶ ἐν τῇ πολεμίᾳ ὄντες θαρροῦμεν.
ἄνευ δὲ σοῦ καὶ οἴκαδε ἀπιέναι φοβούμεθα. Οἱ μὲν οὖν
ἄλλοι ὅπως ποιήσουσιν αὐτοὶ ἐροῦσιν· ἐγὼ δέ. ὦ Κῦρε,
καὶ ὧν ἐγὼ κρατῶ καὶ μενοῦμεν παρὰ σοὶ καὶ ὁρῶντες σὲ
ἀνεξόμεθα καὶ καρτερήσομεν ὑπὸ σοῦ εὐεργετούμενοι.

27 Ἐπὶ τούτοις ἔλεξεν ὁ Τιγράνης ὧδε· Σύ, ἔφη, ὦ
Κῦρε, μήποτε θαυμάσῃς ἂν ἐγὼ σιωπῶ· ἡ γάρ μοι ψυχή,
ἔφη, οὐχ ὡς βουλεύσουσα παρεσκεύασται ἀλλ' ὡς ποιή-
σουσα ὅ τι ἂν παραγγέλλῃς. **28** Ὁ δὲ Ὑρκάνιος εἶπεν·
Ἀλλ' ἐγὼ μέν, ὦ Μῆδοι, εἰ νῦν ἀπέλθοιτε, δαίμονος ἂν
φαίην τὴν ἐπιβουλὴν εἶναι τὸ μὴ ἐᾶσαι ὑμᾶς μέγα εὐδαίμονας γενέσθαι· ἀνθρωπίνη δὲ γνώμῃ τίς ἂν ἢ φευγόντων
πολεμίων ἀποτρέποιτο ἢ ὅπλα παραδιδόντων οὐκ ἂν
λαμβάνοι ἢ ἑαυτοὺς διδόντων καὶ τὰ ἑαυτῶν οὐκ ἂν
δέχοιτο, ἄλλως τε καὶ τοῦ ἡγεμόνος ἡμῖν ὄντος τοιούτου
ὃς ἐμοὶ δοκεῖ, [ὡς] ὄμνυμι ὑμῖν πάντας τοὺς θεούς, εὖ
ποιῶν ἡμᾶς μᾶλλον ἥδεσθαι ἢ ἑαυτὸν πλουτίζων. **29** Ἐπὶ
τούτῳ πάντες οἱ Μῆδοι τοιάδ' ἔλεγον· Σύ, ὦ Κῦρε, καὶ
ἐξήγαγες ἡμᾶς καὶ οἴκαδε ὅταν ἀπιέναι καιρός σοι δοκῇ
εἶναι, σὺν σοὶ ἡμᾶς ἀπάγαγε. Ὁ δὲ Κῦρος ταῦτα ἀκούσας
ἐπηύξατο· Ἀλλ', ὦ Ζεῦ μέγιστε, αἰτοῦμαί σε, δὸς τοὺς
ἐμὲ τιμῶντας νικῆσαί με εὖ ποιοῦντα. **30** Ἐκ τούτου
ἐκέλευσε τοὺς μὲν ἄλλους φυλακὰς καταστήσαντας
ἀμφ' αὑτοὺς ἤδη ἔχειν, τοὺς δὲ Πέρσας διαλαβεῖν τὰς
σκηνάς, τοῖς μὲν ἱππεῦσι τὰς τούτοις πρεπούσας, τοῖς
δὲ πεζοῖς τὰς τούτοις ἀρκούσας, καὶ οὕτω καταστήσασθαι
ὅπως ποιοῦντες οἱ ἐν ταῖς σκηναῖς πάντα τὰ δέοντα φέ-
ρωσιν εἰς τὰς τάξεις τοῖς Πέρσαις καὶ τοὺς ἵππους τεθε-
ραπευμένους παρέχωσι, Πέρσαις δὲ μηδὲν ἄλλο ἢ ἔργον

Feindesland befinden, uns aber fürchten, ohne dich nach Hause zurückzukehren. Alle anderen werden es selbst sagen, was sie tun wollen. Ich aber, mein Kyros, und die Leute, die mir unterstehen, wir wollen bei dir bleiben, und solange wir dich sehen, werden wir durchhalten und stark bleiben, weil wir von dir nur Gutes erfahren."

(27) Anschließend sprach Tigranes folgende Worte: „Kyros, wundere dich nicht, daß ich schweige. Denn mein Denken ist nicht darauf eingestellt, gute Ratschläge zu geben, sondern zu tun, was du befiehlst." (28) Darauf sagte der Hyrkanier: „Liebe Meder, wenn ihr jetzt den Rückzug antreten solltet, dann würde ich behaupten, daß euch ein böser Geist daran hinderte, das höchste Glück zu genießen. Aber welcher wirklich vernünftige Mensch zöge sich zurück, wenn seine Feinde die Flucht ergriffen, nähme ihre Waffen nicht entgegen, wenn sie sie abgäben, oder wiese sie zurück, wenn sie sich ergäben und ihre Habe auslieferten, zumal wir einen so fähigen Feldherrn haben, der, wie mir scheint – das schwöre ich bei allen Göttern –, mehr Freude daran hat, uns etwas Gutes zu tun, als sich selbst zu bereichern." (29) Darauf sagten alle Meder sinngemäß: „Kyros, du hast uns in ein fremdes Land geführt, du mußt uns mit dir gemeinsam auch wieder nach Hause zurückführen, wenn du es für angebracht hältst zurückzukehren." Nachdem er diese Worte gehört hatte, sprach Kyros ein Gebet: „Allmächtiger Zeus, ich bitte dich, gib mir die Fähigkeit, die Achtung, die diese Männer mir entgegenbringen, durch meinen Einsatz für ihr Wohl zu überbieten." (30) Dann gab er folgende Befehle: Die anderen sollten, nachdem sie Wachen aufgestellt hätten, sich um ihre eigenen Angelegenheiten kümmern. Die Perser aber sollten die Zelte verteilen, und zwar an die Reiter solche, die ihnen angemessen waren, und an die Fußsoldaten andere, die ihren Bedürfnissen entsprachen, und sie sollten alle Maßnahmen ergreifen, daß die Leute, die zum Dienst in den Zelten angestellt waren, den Persern alles Notwendige zu ihren Einheiten brächten und die Pferde voll versorgt bereithielten; die Perser aber sollten nichts anderes tun

ἢ τὰ πρὸς τὸν πόλεμον ἐκπονεῖν. Ταύτην μὲν οὖν οὕτω
διῆγον τὴν ἡμέραν.

II

1 Πρῷ δ' ἀναστάντες ἐπορεύοντο πρὸς Γωβρύαν, Κῦρος
μὲν ἐφ' ἵππου καὶ οἱ Περσῶν ἱππεῖς γεγενημένοι ἀμφὶ
τοὺς δισχιλίους · οἱ δὲ τὰ τούτων γέρρα καὶ τὰς κοπίδας
ἔχοντες ἐπὶ τούτοις εἵποντο, ἴσοι ὄντες τὸν ἀριθμόν ·
καὶ ἡ ἄλλη δὲ στρατιὰ τεταγμένη ἐπορεύετο. Ἕκαστον
δ' ἐκέλευσε τοῖς καινοῖς αὐτῶν θεράπουσιν εἰπεῖν ὅτι
ὅστις ἂν αὐτῶν ἢ τῶν ὀπισθοφυλάκων φαίνηται ὄπισθεν
ἢ τοῦ μετώπου πρόσθεν ἢ κατὰ ⟨τὰ⟩ πλάγια ἔξω τῶν ἐν
τάξει ὄντων ἁλίσκηται, κολασθήσεται. **2** Δευτεραῖοι δὲ
ἀμφὶ δείλην γίγνονται πρὸς τῷ Γωβρύα χωρίῳ, καὶ ὁρῶσιν
ὑπερίσχυρόν τε τὸ ἔρυμα καὶ ἐπὶ τῶν τειχῶν πάντα παρεσκευασμένα ὡς ἂν κράτιστα ἀπομάχοιτο · καὶ βοῦς δὲ
πολλοὺς καὶ πάμπολλα πρόβατα ὑπὸ τὰ ἐρυμνὰ προσηγ-
μένα ἑώρων. **3** Πέμψας δ' ὁ Γωβρύας πρὸς τὸν Κῦρον
ἐκέλευσε περιελάσαντα ἰδεῖν ᾗ ἡ πρόσοδος εὐπετεστάτη,
εἴσω δὲ πέμψαι πρὸς ἑαυτὸν τῶν πιστῶν τινας οἵτινες
αὐτῷ τὰ ἔνδον ἰδόντες ἀπαγγελοῦσιν. **4** Οὕτω δὴ ὁ
Κῦρος αὐτὸς μὲν τῷ ὄντι βουλόμενος ἰδεῖν εἴ πη εἴη
αἱρέσιμον τὸ τεῖχος, ἢ ψευδὴς φαίνοιτο ὁ Γωβρύας,
περιήλαυνε καὶ ἑώρα πάντοθεν ἰσχυρότερα πάντα ἢ
προσελθεῖν · οὓς δ' ἔπεμψε πρὸς Γωβρύαν, ἀπήγγελλον
τῷ Κύρῳ ὅτι τοσαῦτα εἴη ἔνδον ἀγαθὰ ὅσα ἐπ' ἀνθρώπων
γενεάν, ὡς σφίσι δοκεῖν, μὴ ἂν ἐπιλιπεῖν τοὺς ἔνδον
ὄντας. **5** Ὁ μὲν δὴ Κῦρος ἐν φροντίδι ἦν ὅ τι ποτ' εἴη

als die für den Krieg erforderlichen Vorbereitungen treffen. So
also verbrachten sie den Tag.

II.

(1) Sie standen früh auf und begaben sich auf den Weg zu
Gobryas: Kyros zu Pferde und etwa zweitausend Perser, die
zuvor zu Reitern ausgebildet worden waren. Es folgte ihnen
die gleiche Zahl an Dienern, die die Schwerter und Schilde der
Reiter trugen. Daran schloß sich das übrige Heer in der üblichen Ordnung an. Allen Reitern gab Kyros den Befehl, ihren
neuen Dienern mitzuteilen, daß jeder von ihnen bestraft werde, der hinter der Nachhut gesehen oder vor der Front oder an
den Flanken außerhalb der geordneten Abteilungen angetrof-
fen werde. (2) Am zweiten Tag erreichten sie gegen Abend
die Burg des Gobryas, und sie sahen, daß die Befestigungsanlage außergewöhnlich stark war und auf den Mauern alle Vor-
richtungen vorhanden waren, um Angriffe aufs heftigste ab-
wehren zu können. Sie sahen auch, daß eine große Zahl von
Rindern und außergewöhnlich viele Schafe unterhalb der Befestigungsanlage herangetrieben worden waren. (3) Gobryas
schickte einen Boten zu Kyros und ließ ihn um die Burg herumreiten, damit er sehen konnte, wo der Zugang am leichtesten war, und er forderte Kyros auf, einige zuverlässige Leute
zu ihm hineinzuschicken, die sich die Verhältnisse im Innern
der Anlage ansehen sollten und ihm darüber Bericht erstatten
konnten. (4) Weil Kyros daraufhin persönlich und mit eigenen
Augen nachsehen wollte, ob die Mauer an irgendeiner Stelle
zu überwinden sei oder ob sich Gobryas als Lügner erwiese,
ritt er um die Befestigungsanlage herum und stellte fest, daß
sie überall zu stark war, als daß man sie hätte bezwingen können. Die Männer aber, die Kyros zu Gobryas geschickt hatte,
meldeten ihm, daß im Innern so viele Vorräte lagerten, daß sie
der Besatzung, wie es Kyros' Leuten schien, ein Menschenle-
ben lang nicht ausgehen könnten.(5) Kyros fragte sich be-

ταῦτα, ὁ δὲ Γωβρύας αὐτός τε ἐξῄει πρὸς αὐτὸν καὶ τοὺς
ἔνδοθεν πάντας ἐξῆγε φέροντας οἶνον, ἄλφιτα, ἄλευρα,
ἄλλους δ' ἐλαύνοντας βοῦς, αἶγας, οἶς, σῦς, καὶ εἴ τι
βρωτόν, πάντα ἱκανὰ προσῆγον ὡς δειπνῆσαι καλῶς
ἅπασαν τὴν σὺν Κύρῳ στρατιάν. 6 Οἱ μὲν δὴ ἐπὶ τούτῳ
ταχθέντες διῃροῦντό τε ταῦτα καὶ ἐδειπνοποίουν. Ὁ δὲ Γωβρύας, ἐπεὶ πάντες αὐτῷ οἱ ἄνδρες ἔξω ἦσαν, εἰσιέναι
τὸν Κῦρον ἐκέλευσεν ὅπως νομίζοι ἀσφαλέστατα. Προεισ-
πέμψας οὖν ὁ Κῦρος προσκόπους καὶ δύναμιν καὶ αὐτὸς
οὕτως εἰσῄει. Ἐπεὶ δ' εἰσῆλθεν ἀναπεπταμένας ἔχων τὰς
πύλας, παρεκάλει πάντας τοὺς φίλους καὶ ἄρχοντας
τῶν μεθ' ἑαυτοῦ. 7 Ἐπειδὴ δὲ ἔνδον ἦσαν, ἐκφέρων ὁ
Γωβρύας φιάλας χρυσᾶς καὶ πρόχους καὶ κάλπιδας καὶ
κόσμον παντοῖον καὶ δαρεικοὺς ἀμέτρους τινὰς καὶ πάντα
καλὰ καὶ πολλά, τέλος τὴν θυγατέρα, δεινόν τι κάλλος
καὶ μέγεθος, πενθικῶς δ' ἔχουσαν τοῦ ἀδελφοῦ τεθνηκότος, ἐξάγων τάδε εἶπεν · Ἐγώ σοι, ὦ Κῦρε, τὰ μὲν
χρήματα ταῦτα δωροῦμαι, τὴν δὲ θυγατέρα ταύτην
ἐπιτρέπω διαθέσθαι ὅπως ἂν σὺ βούλῃ · ἱκετεύομεν δέ,
ἐγὼ μὲν καὶ πρόσθεν τοῦ υἱοῦ, αὕτη δὲ νῦν τοῦ ἀδελφοῦ
τιμωρὸν γενέσθαι σε.

8 Ὁ δὲ Κῦρος πρὸς ταῦτα εἶπεν · Ἀλλ' ἐγὼ σοὶ μὲν
καὶ τότε ὑπεσχόμην ἀψευδοῦντός σου τιμωρήσειν εἰς
δύναμιν · νῦν δὲ ὅτε ἀληθεύοντά σε ὁρῶ, ἤδη ὀφείλω
τὴν ὑπόσχεσιν, καὶ ταύτῃ ὑπισχνοῦμαι τὰ αὐτὰ ταῦτα
σὺν θεοῖς ποιήσειν. Καὶ τὰ μὲν χρήματα ταῦτα, ἔφη,
ἐγὼ μὲν δέχομαι, δίδωμι δ' αὐτὰ τῇ παιδὶ ταύτῃ κἀκείνῳ
ὃς ἂν γήμῃ αὐτήν. Ἕν δὲ δῶρον ἄπειμι ἔχων παρὰ σοῦ

sorgt, was dies denn zu bedeuten habe, als Gobryas selbst mit allen Burgbewohnern zu ihm herauskam, die teils Wein, Gersten- und Weizenmehl mitbrachten, teils Rinder, Ziegen, Schafe und Schweine herantrieben und weitere Lebensmittel in ausreichender Menge heranschafften, um Kyros' gesamtem Heer ein reichliches Mahl zu ermöglichen. (6) Die mit dieser Aufgabe betrauten Leute verteilten diese Lebensmittel und bereiteten die Mahlzeit vor. Als die gesamte Besatzung die Burg verlassen hatte, forderte Gobryas Kyros auf, alle Sicherheitsvorkehrungen zu treffen, die er für notwendig halte, und hineinzugehen. Darauf schickte Kyros Kundschafter und eine Vorhut voraus und betrat anschließend selbst die Festung. Als er sich innen befand, hielt er die Tore geöffnet. Darauf rief er alle seine Freunde und die Offiziere seines Heeres zu sich. (7) Als sie sich alle im Innern der Burg befanden, ließ Gobryas Becher aus Gold, Kannen, Krüge, Schmuckstücke für jeden Geschmack, unzählige Goldmünzen und zahlreiche wertvolle Gegenstände jeglicher Art herausbringen. Schließlich führte er auch noch seine Tochter heraus, ein Mädchen von überwältigender Schönheit und Gestalt, aber noch immer in Trauer über den Tod ihres Bruders. Dabei sagte Gobryas folgendes: „Mein lieber Kyros, ich schenke dir diese Reichtümer und vertraue dir meine Tochter hier an, damit du nach eigenem Gutdünken über sie verfügen kannst. Wir flehen dich an, für uns Rache zu nehmen: Ich bat dich schon früher darum, meinen Sohn zu rächen. Sie bittet dich jetzt darum, der Rächer ihres Bruders zu werden."

(8) Kyros gab zur Antwort: „Ich hatte dir schon damals versprochen, mich nach Kräften für eure Rache einzusetzen, wenn du mich nicht hintergehst. Jetzt, wo ich sehe, daß du die Wahrheit sagst, bin ich verpflichtet, mein Versprechen zu halten, und deiner Tochter verspreche ich, für sie dasselbe mit Hilfe der Götter zu tun. Was diese Schätze betrifft, so nehme ich sie zwar an, schenke sie jedoch diesem Mädchen und dem Mann, der es heiraten wird. Nur mit einem einzigen Geschenk werde ich dich verlassen, gegen das ich nicht einmal die Schät-

ἀνθ' οὖ οὐδ' ἂν τὰ ἐν Βαβυλῶνι, ἃ ἐν ᾗ πλεῖστά ἐστιν,
οὐδὲ τὰ πανταχοῦ ἀντὶ τούτου οὗ σύ μοι δεδώρησαι
ἥδιον ἂν ἔχων ἀπέλθοιμι. 9 Καὶ ὁ Γωβρύας θαυμάσας
τί ποτε τοῦτ' εἴη καὶ ὑποπτεύσας μὴ τὴν θυγατέρα λέγοι,
οὕτως ἤρετο· Καὶ τί τοῦτ' ἔστιν, ἔφη. ὦ Κῦρε; Καὶ ὁ
Κῦρος ἀπεκρίνατο· "Ὅτι, ἔφη, ὦ Γωβρύα. πολλοὺς μὲν
οἶμαι εἶναι ἀνθρώπους οἳ οὔτε ἀσεβεῖν ἂν ἐθέλοιεν οὔτε
ἀδικεῖν οὔτε ἂν ψεύδοιντο ἑκόντες εἶναι· διὰ δὲ τὸ μηδένα αὐτοῖς ἠθεληκέναι προέσθαι μήτε χρήματα μεγάλα
μήτε τυραννίδα μήτε τείχη ἐρυμνὰ μήτε τέκνα ἀξιέραστα,
ἀποθνήσκουσι πρότερον πρὶν δῆλοι γενέσθαι οἷοι ἦσαν·
10 ἐμοὶ δὲ σὺ νυνὶ καὶ τείχη ἐρυμνὰ καὶ πλοῦτον παντο-
δαπὸν καὶ δύναμιν τὴν σὴν καὶ θυγατέρα ἀξιόκτητον
ἐγχειρίσας πεποίηκάς με δῆλον γενέσθαι πᾶσιν ἀνθρώποις
ὅτι οὔτ' ἂν ἀσεβεῖν περὶ ξένους ἐθέλοιμι οὔτ' ἂν ἀδικεῖν
χρημάτων ἕνεκα οὔτε συνθήκας ἂν ψευδοίμην ἑκὼν εἶναι.
11 Τούτων ἐγώ, εὖ ἴσθι. ἕως ἂν ἀνὴρ δίκαιος ὦ καὶ
δοκῶν εἶναι τοιοῦτος ἐπαινῶμαι ὑπ' ἀνθρώπων, οὔποτ' ἐπιλήσομαι, ἀλλὰ πειράσομαί σε ἀντιτιμῆσαι πᾶσι
τοῖς καλοῖς. 12 Καὶ ἀνδρός δ', ἔφη. τῇ θυγατρὶ μὴ
φοβοῦ ὡς ἀπορήσεις ἀξίου ταύτης· πολλοὶ γὰρ καὶ
ἀγαθοὶ φίλοι εἰσὶν ἐμοί· ὧν τις γαμεῖ αὐτήν· εἰ μέντοι
χρήμαθ' ἕξει τοσαῦτα ὅσα σὺ δίδως ἢ καὶ ἄλλα πολλαπλάσια τούτων, οὐκ ἂν ἔχοιμι εἰπεῖν· σὺ μέντοι εὖ ἴσθι
ὅτι εἰσί τινες αὐτῶν οἳ ὧν μὲν σὺ δίδως χρημάτων οὐδὲ
μικρὸν τούτων ἕνεκά σε μᾶλλον θαυμάζουσιν· ἐμὲ δὲ
ζηλοῦσι νυνὶ καὶ εὔχονται πᾶσι θεοῖς γενέσθαι ποτὲ
καὶ ἑαυτοὺς ἐπιδεῖξαι ὡς πιστοὶ μέν εἰσιν οὐδὲν ἧττον
ἐμοῦ τοῖς φίλοις, τοῖς δὲ πολεμίοις οὔποτ' ἂν ὑφεῖντο
ζῶντες, εἰ μὴ θεὸς βλάπτοι· ἀντὶ δ' ἀρετῆς καὶ δόξης
ἀγαθῆς ὅτι οὐδ' ἂν τὰ Σύρων πρὸς τοῖς σοῖς καὶ Ἀσσυρίων πάντα προέλοιντο· τοιούτους ἄνδρας εὖ ἴσθι ἐνταῦθα

ze in Babylon eintauschen würde, die es dort in Hülle und
Fülle gibt, und selbst mit den Schätzen der ganzen Welt würde
ich nicht lieber fortgehen als mit dem Geschenk, das du mir
gegeben hast. (9) Gobryas überlegte, was dies denn sein könnte, und vermutete, daß Kyros seine Tochter meine. Dann fragte er ihn: „Was ist das für ein Geschenk, mein Kyros?" Kyros
antwortete: „Ich glaube, es gibt viele Menschen, die nicht den
Wunsch haben, frevelhaft zu handeln und Unrecht zu tun oder
absichtlich zu lügen und zu betrügen. Aber weil ihnen niemand
großen Reichtum, Macht, starke Mauern oder liebenswerte
Kinder anvertrauen wollte, sterben sie, bevor sie beweisen
konnten, wie sie waren. (10) Mir aber hast du jetzt feste Mauern, vielfältigen Reichtum, ein mächtiges Heer und eine Tochter, die gern jeder besäße, überlassen und mir die Möglichkeit
gegeben, allen Menschen zu zeigen, daß ich nicht den Wunsch
habe, meine Gastfreunde zu kränken, ihnen wegen des Geldes
ein Unrecht anzutun oder mit Absicht Vereinbarungen nicht
zu halten. (11) Das werde ich dir niemals vergessen, davon sei
überzeugt, solange ich ein gerechter Mann bin und als solcher
von den Menschen gepriesen werde, sondern ich werde versuchen, dir deine Güte mit Wohltaten jeder Art zu vergelten.
(12) Und fürchte nicht, daß du keinen Mann für deine Tochter
finden wirst, der zu ihr paßt. Denn ich habe viele tüchtige
Freunde. Einer von ihnen wird sie heiraten. Ob er allerdings
so viel Geld besitzen wird, wie du ihm als Mitgift zur Verfügung stellst, oder noch viel mehr, könnte ich nicht sagten. Du
sollst jedoch genau wissen, daß einige unter ihnen sind, die
dich keinesfalls wegen deiner Mitgift noch mehr bewundern.
Aber sie nehmen mich jetzt zum Vorbild und bitten alle Götter
darum, eines Tages beweisen zu können, daß sie ihren Freunden nicht weniger treu sind als ich und daß sie sich niemals,
solange sie leben, ihren Feinden unterwerfen, falls nicht ein
Gott ihnen Schaden zufügen wollte, und daß sie für ihre Tugend und ihren guten Ruf nicht einmal alle Reichtümer der
Syrer und Assyrer und deine eigenen dazu eintauschen würden. Sei dir dessen sicher, daß solche Männer hier sitzen."

καθημένους. **13** Καὶ ὁ Γωβρύας εἶπε γελάσας· Πρὸς τῶν θεῶν, ἔφη, ὦ Κῦρε, δεῖξον δή μοι ποῦ οὗτοί εἰσιν, ἵνα σε τούτων τινὰ αἰτήσωμαι παῖδά μοι γενέσθαι. Καὶ ὁ Κῦρος εἶπεν· Ἀμέλει, ἔφη, οὐδὲν ἐμοῦ σε δεήσει πυνθάνεσθαι, ἀλλ' ἂν σὺν ἡμῖν ἕπῃ, αὐτὸς σὺ ἕξεις καὶ ἄλλῳ δεικνύναι αὐτῶν ἕκαστον.

14 Τοσαῦτ' εἰπὼν δεξιάν τ' ἔλαβε τοῦ Γωβρύα καὶ ἀναστὰς ἐξῄει, καὶ τοὺς σὺν αὐτῷ πάντας ἐξήγαγε· καὶ πολλὰ δεομένου τοῦ Γωβρύα ἔνδον δειπνεῖν οὐκ ἠθέλησεν, ἀλλ' ἐν τῷ στρατοπέδῳ ἐδείπνει καὶ τὸν Γωβρύαν σύνδειπνον παρέλαβεν. **15** Ἐπὶ στιβάδος δὲ κατακλινεὶς ἤρετο αὐτὸν ὧδε· Εἰπέ μοι, ἔφη, ὦ Γωβρύα, πότερον οἴει σοὶ εἶναι πλείω ἢ ἑκάστῳ ἡμῶν στρώματα; Καὶ ὃς εἶπεν· Ὑμῖν νὴ Δί' εὖ οἶδ' ὅτι, ἔφη, καὶ στρώματα πλείω ἐστὶ καὶ κλῖναι, καὶ οἰκία γε πολλῷ μείζων ἢ ὑμετέρα τῆς ἐμῆς, οἵ γε οἰκίᾳ μὲν χρῆσθε γῇ τε καὶ οὐρανῷ, κλῖναι δ' ὑμῖν εἰσιν ὁπόσαι εὐναὶ γένοιντ' ἂν ἐπὶ γῆς· στρώματα δὲ νομίζετε οὐχ ὅσα πρόβατα φύει ἔρια, ἀλλ' ὅσα φρύγανα ὄρη τε καὶ πεδία ἀνίησι. **16** Τότε μὲν δὴ πρῶτον συνδειπνῶν αὐτοῖς ὁ Γωβρύας καὶ ὁρῶν τὴν φαυλότητα τῶν παρατιθεμένων βρωμάτων πολὺ σφᾶς ἐνόμιζεν ἐλευθεριωτέρους εἶναι αὐτῶν· **17** ἐπεὶ δὲ κατενόησε τὴν μετριότητα τῶν συσσίτων· ἐπ' οὐδενὶ γὰρ βρώματι οὐδὲ πώματι Πέρσης ἀνὴρ τῶν πεπαιδευμένων οὔτ' ἂν ὄμμασιν ἐκπεπληγμένος καταφανὴς γένοιτο οὔτε ἁρπαγῇ οὔτε τῷ νῷ μὴ οὐχὶ προσκοπεῖν ἅπερ ἂν καὶ μὴ ἐπὶ σίτῳ ὤν· ἀλλ' ὥσπερ οἱ ἱππικοὶ διὰ τὸ μὴ ταράττεσθαι ἐπὶ τῶν ἵππων δύνανται ἅμα ἱππεύοντες καὶ ὁρᾶν καὶ ἀκούειν καὶ λέγειν τὸ δέον, οὕτω κἀκεῖνοι ἐν τῷ σίτῳ οἴονται δεῖν φρόνιμοι καὶ μέτριοι φαίνεσθαι· τὸ δὲ κεκινῆσθαι ὑπὸ τῶν βρωμάτων καὶ τῆς πόσεως

(13) Lachend erwiderte Gobryas: „Bei den Göttern, mein Kyros, zeig mir, wo sie sind, damit ich dich darum bitten kann, daß einer von ihnen mein Sohn werde." Darauf sagte Kyros: „Keine Sorge, du wirst mich nicht zu fragen brauchen, sondern wenn du mit uns ziehst, wirst du selbst in der Lage sein, jeden von ihnen sogar jemand anders zu zeigen."

(14) Nach diesen Worten nahm er Gobryas bei der rechten Hand, stand auf und ging hinaus. Dabei nahm er alle seine Begleiter mit. Obwohl Gobryas ihn inständig darum bat, bei ihm auf der Burg zu speisen, lehnte er dies ab. Statt dessen wollte er im Lager essen und lud Gobryas zum Essen ein.

(15) Nachdem er sich auf einem Strohsack ausgestreckt hatte, stellte er Gobrayas die folgende Frage: „Sag mir, lieber Gobryas, ob du glaubst, mehr Decken zu besitzen als jeder einzelne von uns?" Gobryas gab zur Antwort: „Beim Zeus, ich weiß genau, daß ihr mehr Decken und Betten besitzt und euer Haus viel größer ist als mein Haus, da ihr die Erde und den Himmel als euer Haus benutzt und so viele Betten habt, wie es Lagerplätze auf dem Erdboden gibt. Als Decken aber betrachtet ihr nicht die Wollstoffe, die die Schafe liefern, sondern das Reisig, das auf den Bergen und in den Ebenen wächst." (16) Als Gobryas dann mit den Persern zusammen speiste und die Einfachheit der aufgetischten Speisen sah, glaubte er zuerst, daß seine eigenen Mitmenschen viel menschenwürdiger lebten als die Perser. (17) Aber er änderte seine Meinung, als er die Bescheidenheit seiner Gastgeber bemerkte. Denn wenn er eine Speise oder ein Getränk sieht, würde ein wohlerzogener persischer Mann weder mit seinen Blicken noch durch hastiges Zugreifen oder durch Nichtbeachtung der Regeln, die er auch sonst berücksichtigt, wenn er nicht beim Essen sitzt, seine Vorfreude erkennen lassen. Vielmehr glauben die Perser, wie die guten Reiter zu Pferde ihre Ruhe bewahren und deshalb in der Lage sind, während sie reiten, alles zu sehen, zu hören und zu sagen, was notwendig ist, so auch beim Essen besonnen und maßvoll erscheinen zu müssen. Die Aufregung aber, die durch Speisen und Getränke hervorgerufen wird, halten sie für ganz

πάνυ αὐτοῖς ὑικὸν καὶ θηριῶδες δοκεῖ εἶναι· **18** ἐνε-
νόησε δὲ αὐτῶν καὶ ὡς ἐπηρώτων τε ἀλλήλους τοιαῦτα
οἷα ἐρωτηθῆναι ἥδιον ἢ μὴ καὶ ὡς ἔσκωπτον οἷα σκωφθῆναι
ἥδιον ἢ μή· ἅ τε ἔπαιζον ὡς πολὺ μὲν ὕβρεως ἀπῆν,
πολὺ δὲ τοῦ αἰσχρόν τι ποιεῖν, πολὺ δὲ τοῦ χαλεπαί-
νεσθαι πρὸς ἀλλήλους· **19** μέγιστον δ᾽ αὐτῷ ἔδοξεν
εἶναι τὸ ἐν στρατείᾳ ὄντας τῶν εἰς τὸν αὐτὸν κίνδυνον
ἐμβαινόντων μηδενὸς οἴεσθαι δεῖν πλείω παρατίθεσθαι,
ἀλλὰ τοῦτο νομίζειν ἡδίστην εὐωχίαν εἶναι τοὺς συμ-
μάχεσθαι μέλλοντας ὅτι βελτίστους παρασκευάζειν.

20 Ἡνίκα δὲ Γωβρύας ὡς εἰς οἶκον ἀπιὼν ἀνίστατο,
εἰπεῖν λέγεται· Οὐκέτι θαυμάζω, ὦ Κῦρε, εἰ ἐκπώματα
μὲν καὶ ἱμάτια καὶ χρυσίον ἡμεῖς ὑμῶν πλέονα κεκτήμεθα,
αὐτοὶ δὲ ἐλάττονος ὑμῶν ἄξιοί ἐσμεν. Ἡμεῖς μὲν γὰρ
ἐπιμελούμεθα ὅπως ἡμῖν ταῦτα ὡς πλεῖστα ἔσται, ὑμεῖς
δέ μοι δοκεῖτε ἐπιμελεῖσθαι ὅπως αὐτοὶ ὡς βέλτιστοι
ἔσεσθε. **21** Ὁ μὲν ταῦτ᾽ εἶπεν· ὁ δὲ Κῦρος· Ἄγ᾽, ἔφη,
ὦ Γωβρύα, ὅπως πρῷ παρέσῃ ἔχων τοὺς ἱππέας ἐξωπλισμένους, ἵνα καὶ τὴν δύναμίν σου ἴδωμεν, καὶ ἅμα διὰ
τῆς σῆς χώρας ἄξεις ἡμᾶς, ὅπως ἂν εἰδῶμεν ἅ τε δεῖ
φίλια καὶ πολέμια ἡμᾶς νομίζειν.

22 Τότε μὲν δὴ ταῦτ᾽ εἰπόντες ἀπῆλθον ἑκάτερος ἐπὶ
τὰ προσήκοντα. Ἐπεὶ δὲ ἡμέρα ἐγένετο, παρῆν ὁ Γωβρύας ἔχων τοὺς ἱππέας, καὶ ἡγεῖτο. Ὁ δὲ Κῦρος, ὥσπερ
προσήκει ἀνδρὶ ἄρχοντι, οὐ μόνον τῷ πορεύεσθαι τὴν
ὁδὸν προσεῖχε τὸν νοῦν, ἀλλ᾽ ἅμα προϊὼν ἐσκοπεῖτο εἴ
τι δυνατὸν εἴη τοὺς πολεμίους ἀσθενεστέρους ποιεῖν
αὐτοὺς δὲ ἰσχυροτέρους. **23** Καλέσας οὖν τὸν Ὑρκά-

und gar schweinisch und tierisch. (18) Gobryas bemerkte aber auch, daß sie sich gegenseitig solche Fragen stellten, bei denen sie mehr Freude daran hatten, daß sie gestellt wurden, als daß dies unterblieb, und daß sie sich gegenseitig mit spöttischen Bemerkungen bedachten, wobei es ihnen angenehmer war, Ziel des Spottes zu sein, als es nicht zu sein. Er bemerkte auch, daß alle Scherze, die sie trieben, überhaupt nicht beleidigend wirkten und weit davon entfernt waren, etwas Unschönes auszulösen und gegenseitigen Ärger hervorzurufen. (19) Am meisten aber fiel ihm auf, daß alle, die bereits zur kämpfenden Truppe gehörten, nicht der Meinung waren, das Recht auf eine bessere Bedienung beanspruchen zu müssen als diejenigen, denen dieselben Gefahren noch bevorstanden, sondern daß sie dies für die angenehmste Bewirtung hielten, ihren künftigen Mitkämpfern zu helfen, möglichst tüchtige Männer zu werden.

(20) Als Gobrays sich erhob, um nach Hause zurückzukehren, soll er gesagt haben: „Kyros, ich wundere mich nicht mehr, wenn wir zwar mehr Becher, Kleider und Gold besitzen, aber weniger wert sind als ihr. Denn wir kümmern uns darum, daß uns diese Dinge in möglichst großem Umfang zur Verfügung stehen. Ihr aber, so scheint es mir, sorgt dafür, daß ihr selbst möglichst tüchtig seid." (21) Das waren Gobryas' Worte. Kyros erwiderte: „Gut, mein Gobryas, setze alles daran, daß du morgen früh mit deinen Reitern in voller Bewaffnung hier eintriffst, damit wir auch deine Streitmacht sehen können, und daß du uns zugleich durch dein Land führst, damit wir erfahren, was wir als befreundetes und was wir als feindliches Gebiet zu betrachten haben."

(22) Nachdem sie dies besprochen hatten, widmeten sich beide wieder ihren eigenen Aufgaben. Als es aber Tag wurde, erschien Gobryas mit seinen Reitern und zeigte den Weg. Kyros aber beschäftigte sich, wozu ein Heerführer verpflichtet ist, nicht nur mit der Durchführung des Vormarsches, sondern suchte auch unterwegs nach Möglichkeiten, die Feinde zu schwächen und die eigenen Leute zu stärken. (23) Er rief also

νιον καὶ τὸν Γοβρύαν (τούτους γὰρ ἐνόμιζεν εἰδέναι
μάλιστα ὧν αὐτὸς ᾤετο δεῖσθαι μαθεῖν) · Ἐγώ τοι, ἔφη,
ὦ ἄνδρες φίλοι, οἶμαι σὺν ὑμῖν ἂν ὡς πιστοῖς βουλευό-
μενος περὶ τοῦ πολέμου τοῦδε οὐκ ἂν ἐξαμαρτάνειν ·
ὁρῶ γὰρ ὅτι μᾶλλον ὑμῖν ἢ ἐμοὶ σκεπτέον ὅπως ὁ Ἀσσύριος ἡμῶν μὴ ἐπικρατήσει. Ἐμοὶ μὲν γάρ, ἔφη, τῶνδε
ἀποσφαλέντι ἔστιν ἴσως καὶ ἄλλη ἀποστροφή · ὑμῖν
δ', εἰ οὗτος ἐπικρατήσει, ὁρῶ ἅμα πάντα τὰ ὄντα ἀλλότρια
γιγνόμενα. 24 Καὶ γὰρ ἐμοὶ μὲν πολέμιός ἐστιν, οὐκ
ἐμὲ μισῶν, ἀλλ' οἰόμενος ἀσύμφορον ἑαυτῷ μεγάλους
εἶναι ἡμᾶς, καὶ ἐστράτευσε διὰ τοῦτο ἐφ' ἡμᾶς · ὑμᾶς δὲ
καὶ μισεῖ ἀδικεῖσθαι νομίζων ὑφ' ὑμῶν. Πρὸς ταῦτα
ἀπεκρίναντο ἀμφότεροι κατὰ ταὐτὰ περαίνειν ὅ τι μέλλει,
ὡς ταῦτ' εἰδόσι σφίσι καὶ μέλον αὐτοῖς ἰσχυρῶς ὅπη τὰ
νῦν παρόντα ἀποβήσεται.

Ἐνταῦθα δὴ ἤρξατο ὧδε · 25 Λέξατε δή μοι, ἔφη,
ὑμᾶς νομίζει μόνους πολεμικῶς ἔχειν ὁ Ἀσσύριος πρὸς
ἑαυτόν, ἢ ἐπίστασθε καὶ ἄλλον τινὰ αὐτῷ πολέμιον;
Ναὶ μὰ Δί', ἔφη ὁ Ὑρκάνιος, πολεμιώτατοι μέν εἰσιν
αὐτῷ Καδούσιοι, ἔθνος πολύ τε καὶ ἄλκιμον · Σάκαι γε
μὴν ὅμοροι ἡμῖν, οἳ κακὰ πολλὰ πεπόνθασιν ὑπὸ τοῦ
Ἀσσυρίου · ἐπειρᾶτο γὰρ κἀκείνους ὥσπερ καὶ ἡμᾶς καταστρέψασθαι. 26 Οὐκοῦν, ἔφη, οἴεσθε νῦν αὐτοὺς ἀμφοτέρους ἡδέως ἂν ἐπιβῆναι σὺν ἡμῖν τῷ Ἀσσυρίῳ; Ἔφασαν
καὶ σφόδρ' ἄν, εἴ πή γε δύναιντο συμμεῖξαι. Τί δ', ἔφη,
ἐν μέσῳ ἐστὶ τοῦ συμμεῖξαι; Ἀσσύριοι, ἔφασαν, τὸ αὐτὸ
ἔθνος δι' οὗπερ νυνὶ πορεύῃ. 27 Ἐπεὶ δὲ ταῦτα ἤκουσεν
ὁ Κῦρος · Τί γάρ, ἔφη, ὦ Γωβρύα, οὐ σὺ τοῦ νεανίσκου
τούτου ὃς νῦν εἰς τὴν βασιλείαν καθέστηκεν ὑπερηφανίαν
πολλήν τινα τοῦ τρόπου κατηγόρεις; Τοιαῦτα γάρ,
οἶμαι, ἔφη ὁ Γωβρύας, ἔπαθον ὑπ' αὐτοῦ. Πότερα δῆτα,

den Hyrkanier und Gobryas zu sich (denn er nahm an, daß diese am besten wüßten, was er meinte erfahren zu müssen): „Liebe Freunde, ich glaube, daß ich keinen Fehler begehen kann, wenn ich mit so treuen Verbündeten, wie ihr es seid, über diesen Krieg Rat halte. Denn ich sehe, daß ihr ein größeres Interesse als ich daran haben müßt, daß der Assyrer uns nicht besiegt. Für mich gibt es nämlich vielleicht noch eine andere Lösung, wenn mir dieses Unternehmen mißlingt. Doch was euch betrifft, so sehe ich alles, was ihr besitzt, auf einmal in fremde Hände fallen, falls der Assyrer siegen wird. (24) Denn er ist zwar mein Kriegsgegner, doch bedeutet dies nicht, daß er mich haßt. Aber er ist der Meinung, es liege nicht in seinem Interesse, daß wir mächtig sind, und deshalb führt er Krieg gegen uns. Euch aber haßt er, weil er glaubt, daß ihr ihm Unrecht tut." Darauf erwiderten beide übereinstimmend, Kyros solle vollenden, was er vorhabe. Denn sie wüßten dies und machten sich große Sorgen darüber, wie sich die gegenwärtige Lage weiterentwickeln werde.

Dann sprach Kyros folgende Worte: (25) „Sagt mir, glaubt der Assyrer, daß ihr seine einzigen Feinde seid, oder wißt ihr, ob er auch noch einen anderen Feind hat?" – „Ja, beim Zeus", antwortete der Hyrkanier, „seine größten Feinde sind die Kadusier, ein großes und starkes Volk. Hinzu kommen noch die Saken, unsere Nachbarn, denen der Assyrer schon viel Leid zugefügt hat. Denn er hat versucht, sie ebenso wie uns zu unterwerfen." (26) „Meint ihr denn, daß diese beiden Völker jetzt nicht ungern mit uns zusammen gegen den Assyrer zu Felde ziehen würden?" – „Ja", erwiderten sie, „und zwar mit besonderer Freude, wenn sie irgendwie in der Lage wären, sich mit uns zusammenzutun." – „Was steht denn dem Bündnis entgegen?" fragte Kyros. „Die Assyrer", erwiderten sie, „dasselbe Volk, durch deren Land du gerade ziehst." (27) Als Kyros dies gehört hatte, fragte er: „Wieso? Hast du, Gobryas, dich nicht über die gewaltige Überheblichkeit dieses jungen Mannes, der zur Zeit auf dem Thron sitzt, beschwert?" – „Ich glaube", antwortete Gobryas, „daß ich sie von ihm zu spüren

ἔφη ὁ Κῦρος, εἰς σὲ μόνον τοιοῦτος ἐγένετο ἢ καὶ εἰς ἄλλον τινά; **28** Νὴ Δί', ἔφη ὁ Γωβρύας, καὶ εἰς ἄλλους γε πολλούς · ἀλλὰ τοὺς μὲν ἀσθενοῦντας οἷα ὕβριζε τί δεῖ λέγειν; Ἑνὸς δὲ ἀνδρὸς πολὺ δυνατωτέρου ἢ ἐγὼ υἱόν, καὶ ἐκείνου ἑταῖρον ὄντα ὥσπερ τὸν ἐμόν, συμπίνοντα παρ' ἑαυτῷ συλλαβὼν ἐξέτεμεν, ὡς μέν τινες ἔφασαν, ὅτι ἡ παλλακὶς αὐτοῦ ἐπήνεσεν αὐτὸν ὡς καλὸς εἴη καὶ ἐμακάρισε τὴν μέλλουσαν αὐτῷ γυναῖκα ἔσεσθαι, ὡς δ' αὐτὸς νῦν λέγει, ὅτι ἐπείρασεν αὐτοῦ τὴν παλλακίδα. Καὶ νῦν οὗτος εὐνοῦχος μέν ἐστι, τὴν δ' ἀρχὴν ἔχει, ἐπεὶ ὁ πατὴρ αὐτοῦ ἐτελεύτησεν. **29** Οὐκοῦν, ἔφη, οἴει ἂν καὶ τοῦτον ἡδέως ὑμᾶς ἰδεῖν, εἰ οἴοιτο ἑαυτῷ βοηθοὺς ἂν γενέσθαι; Εὖ μὲν οὖν, ἔφη, οἶδα, ὁ Γωβρύας · ἀλλ' ἰδεῖν τοι αὐτὸν χαλεπόν ἐστιν, ὦ Κῦρε. Πῶς; ἔφη ὁ Κῦρος. Ὅτι εἰ μέλλει τις ἐκείνῳ συμμῖξαι, παρ' αὐτὴν τὴν Βαβυλῶνα δεῖ παριέναι. **30** Τί οὖν, ἔφη, τοῦτο χαλεπόν; Ὅτι νὴ Δί', ἔφη ὁ Γωβρύας, οἶδα ἐξελθοῦσαν ⟨ἂν⟩ δύναμιν ἐξ αὐτῆς πολλαπλασίαν ἧς σὺ ἔχεις νῦν · εὖ δ' ἴσθι ὅτι δι' αὐτὸ τοῦτο ἧττόν σοι νῦν ἢ τὸ πρότερον Ἀσσύριοι καὶ τὰ ὅπλα ἀποφέρουσι καὶ τοὺς ἵππους ἀπάγουσιν, ὅτι τοῖς ἰδοῦσιν αὐτῶν ὀλίγη ἔδοξεν εἶναι ἡ σὴ δύναμις · καὶ ὁ λόγος οὗτος πολὺς ἤδη ἔσπαρται · δοκεῖ δέ μοι, ἔφη, βέλτιον εἶναι φυλαττομένους πορεύεσθαι.

31 Καὶ ὁ Κῦρος ἀκούσας τοῦ Γωβρύα τοιαῦτα τοιάδε πρὸς αὐτὸν ἔλεξε · Καλῶς μοι δοκεῖς λέγειν, ὦ Γωβρύα, κελεύων ὡς ἀσφαλέστατα τὰς πορείας ποιεῖσθαι. Ἔγωγ' οὖν σκοπῶν οὐ δύναμαι ἐννοῆσαι ἀσφαλεστέραν οὐδεμίαν πορείαν ἡμῖν τῆς πρὸς αὐτὴν Βαβυλῶνα εἶναι, εἰ ἐκεῖ τῶν πολεμίων ἐστὶ τὸ κράτιστον. Πολλοὶ μὲν γάρ εἰσιν, ὡς σὺ φής · εἰ δὲ θαρρήσουσι, καὶ δεινοὶ ἡμῖν, ὡς ἐγώ

bekam." – „Erwies er sich wirklich nur dir oder auch einem anderen gegenüber als überheblich?" fragte Kyros. (28) „Ja, beim Zeus, auch vielen anderen gegenüber. Aber warum soll ich auch noch darüber berichten, wie er sich an den Schwachen ausließ? Ein Mann, der viel mächtiger ist als ich, hat einen Sohn. Dieser war ein Freund des jungen Königs wie mein eigener Sohn. Während eines Trinkgelages in seinem Palast ließ er ihn ergreifen und entmannen, weil, wie einige sagten, seine Konkubine die Schönheit des jungen Mannes lobte und dessen künftige Gattin glücklich pries, oder, wie er selbst jetzt behauptet, weil der junge Mann seine Konkubine verführen wollte. Nun ist dieser ein Eunuch und hat die Herrschaft über sein Land, da sein Vater tot ist." (29) „Glaubst du nicht", fragte Kyros, „daß auch dieser Mann es gern sähe, wenn er damit rechnen könnte, wir kämen ihm zu Hilfe?" – „Zweifellos", antwortete Gobryas, „aber es ist schwierig, ihn zu sehen, mein Kyros." – „Wieso denn?" fragte Kyros. „Wenn man sich mit ihm verbünden will, muß man unmittelbar an Babylon vorbeiziehen." (30) „Warum ist das so schwierig?" – „Weil ich weiß, daß die Streitmacht, die aus Babylon ausziehen könnte, um ein vielfaches stärker ist als dein Heer. Du darfst folgendes nicht übersehen: Der Grund, daß die Assyrer jetzt viel weniger als früher bereit sind, dir ihre Waffen zu übergeben und ihre Pferde auszuliefern, besteht darin, daß dein Heer allen Assyrern, die es gesehen haben, klein erschien. Diese Kunde hat sich schon weit verbreitet. Es scheint mir daher besser zu sein, unseren Marsch mit größter Vorsicht fortzusetzen."

(31) Nachdem Kyros Gobryas' Worte gehört hatte, gab er ihm folgende Antwort: „Ich finde, du hast recht, lieber Gobryas, wenn du mich dazu aufforderst, den Marsch nur unter größtmöglichen Sicherheitsvorkehrungen fortzusetzen. Wenn ich darüber nachdenke, kann ich allerdings keine für uns sicherere Marschroute ausmachen, als direkt auf Babylon loszugehen, wenn dort die Hauptmacht der Feinde steht. Denn es sind viele, wie du sagst, und falls sie mutig sind, werden sie, wie ich behaupte, auch gefährlich für uns sein. (32) Wenn sie uns

φημι, ἔσονται. **32** Μὴ ὁρῶντες μὲν οὖν ἡμᾶς, ἀλλ' οἰόμενοι ἀφανεῖς εἶναι διὰ τὸ φοβεῖσθαι ἐκείνους, σάφ' ἴσθι, ἔφη, ὅτι τοῦ μὲν φόβου ἀπαλλάξονται ὃς αὐτοῖς ἐγένετο, θάρρος δ' ἐμφύσεται ἀντὶ τούτου τοσούτῳ μεῖζον ὅσῳ ἂν πλείονα χρόνον ἡμᾶς μὴ ὁρῶσιν· ἢν δὲ ἤδη ἴωμεν ἐπ' αὐτούς, πολλοὺς μὲν αὐτῶν εὑρήσομεν ἔτι κλαίοντας τοὺς ἀποθανόντας ὑφ' ἡμῶν, πολλοὺς δ' ἔτι τραύματα ἐπιδεδεμένους ἃ ὑπὸ τῶν ἡμετέρων ἔλαβον, πάντας δ' ἔτι μεμνημένους τῆς μὲν τοῦδε τοῦ στρατεύματος τόλμης, τῆς δ' αὐτῶν φυγῆς τε καὶ συμφορᾶς. **33** Εὖ δ' ἴσθι, ἔφη, ὦ Γωβρύα, ἵνα καὶ τοῦτ' εἰδῇς, οἱ πολλοὶ ἄνθρωποι, ὅταν μὲν θαρρῶσιν, ἀνυπόστατον τὸ φρόνημα παρέχονται· ὅταν δὲ δείσωσιν, ὅσῳ ἂν πλείους ὦσι, τοσούτῳ μεῖζω καὶ ἐκπεπληγμένον μᾶλλον τὸν φόβον κέκτηνται. **34** Ἐκ πολλῶν μὲν γὰρ καὶ κακῶν λόγων ηὐξημένος αὐτοῖς πάρεστιν, ἐκ πολλῶν δὲ καὶ πονηρῶν σχημάτων, ἐκ πολλῶν δὲ καὶ δυσθύμων τε καὶ ἐξεστηκότων προσώπων ἤθροισται. Ὥσθ' ὑπὸ τοῦ μεγέθους οὐ ῥάδιον αὐτόν ἐστιν οὔτε λόγοις κατασβέσαι οὔτε προσάγοντα πολεμίοις μένος ἐμβαλεῖν οὔτε ἀπάγοντα ἀναθρέψαι τὸ φρόνημα, ἀλλ' ὅσῳ ἂν μᾶλλον αὐτοῖς θαρρεῖν παρακελεύῃ, τοσούτῳ ἐν δεινῷ ἡγοῦνται εἶναι. **35** Ἐκεῖνο μέντοι νὴ Δί', ἔφη, σκεψώμεθα ἀκριβῶς ὅπως ἔχει. Εἰ μὲν γὰρ τὸ ἀπὸ τοῦδε αἱ νῖκαι ἔσονται ἐν τοῖς πολεμικοῖς ἔργοις ὁπότεροι ἂν πλείονα ὄχλον ἀπαριθμήσωσιν, ὀρθῶς καὶ σὺ φοβῇ περὶ ἡμῶν καὶ ἡμεῖς τῷ ὄντι ἐν δεινῷ ἐσμεν· εἰ μέντοι ὥσπερ πρόσθεν διὰ τοὺς εὖ μαχομένους ἔτι καὶ νῦν αἱ μάχαι κρίνονται, θαρρῶν οὐδὲν ἂν σφαλείης· πολὺ μὲν γὰρ σὺν τοῖς θεοῖς πλείονας εὑρήσεις παρ' ἡμῖν τοὺς θέλοντας μάχεσθαι ἢ παρ' ἐκείνοις· **36** ὡς δ' ἔτι μᾶλλον θαρρῇς, καὶ τόδε κατανόησον· οἱ μὲν γὰρ πολέ-

nicht sehen, sondern glauben, wir zeigten uns nicht, weil wir
sie fürchteten, dann – davon sei überzeugt – werden sie ihre
Angst verlieren, die sie anfangs hatten, und dafür wird ihr Mut
um so mehr wachsen, je länger es dauert, bis sie uns sehen.
Wenn wir sie jetzt aber unverzüglich angreifen, werden wir
feststellen, daß viele von ihnen noch ihre Toten beweinen, die
sie in der Schlacht mit uns verloren haben, daß viele ihre Wun-
den noch verbunden haben, die ihnen von unseren Männern
geschlagen wurden, und daß alle sich noch an den Wagemut
unseres Heeres, an ihre eigene Flucht und an ihre Niederlage
erinnern. (33) Sei dir dessen bewußt, mein Gobryas, damit es
dir auch wirklich ganz klar ist, daß die meisten Menschen,
wenn sie Mut und Selbstvertrauen besitzen, auch über ein un-
widerstehliches Durchsetzungsvermögen verfügen. Wenn sie
aber Angst haben, dann sind Furcht und Entsetzen um so
stärker, je größer ihre Zahl ist. (34) Denn die Angst wird
durch viele schlimme Worte genährt, durch viele böse Verhal-
tensweisen und durch viele mutlose und entsetzte Gesichter
verstärkt. Daher ist es aufgrund ihrer weiten Verbreitung
nicht leicht, diese Angst mit Worten auszulöschen, durch
einen Angriff auf die Feinde Mut einzuflößen oder mit einem geordneten Rückzug die Zuversicht zu heben, sondern
je mehr man ihnen Mut zuspricht, desto mehr glauben sie,
in Gefahr zu sein. (35) Laßt uns jedoch, beim Zeus, unter-
suchen, wie die Dinge wirklich stehen. Wenn nämlich die
Siege in den kriegerischen Auseinandersetzungen von jetzt
an denjenigen zufallen, die über die größeren Menschen-
massen verfügen, dann mußt du mit Recht Angst um uns
haben, und dann sind wir wirklich in Gefahr. Wenn aber
die Schlachten auch jetzt noch wie bisher durch den Mut
und die Fähigkeit der Kämpfenden entschieden werden,
dann dürftest du auf keinen Fall einen Fehler begehen,
wenn du zuversichtlich bist. Denn du wirst bei uns viel
mehr Menschen finden, die mit Hilfe der Götter kämpfen
wollen, als bei unseren Gegnern. (36) Damit du aber noch
zuversichtlicher wirst, denk noch an folgendes: Die Feinde

μιοι πολὺ μὲν ἐλάττονές εἰσι νῦν ἢ πρὶν ἡττηθῆναι ὑφ' ἡμῶν, πολὺ δ' ἐλάττονες ἢ ὅτε ἀπέδρασαν ἡμᾶς · ἡμεῖς δὲ καὶ μείζονες νῦν, ἐπεὶ νενικήκαμεν, καὶ ἰσχυρότεροι, ἐπεὶ ὑμεῖς ἡμῖν προσγεγένησθε · μὴ γὰρ ἀτίμαζε μηδὲ τοὺς σούς, ἐπεὶ σὺν ἡμῖν εἰσι · σὺν γὰρ τοῖς νικῶσι, σάφ' ἴσθι, ὦ Γωβρύα, θαρροῦντες καὶ οἱ ἀκόλουθοι ἔπονται. **37** Μὴ λανθανέτω δέ σε μηδὲ τοῦτο, ἔφη, ὅτι ἔξεστι μὲν τοῖς πολεμίοις καὶ νῦν ἰδεῖν ἡμᾶς · γοργότεροι δέ, σάφ' ἴσθι, οὐδαμῶς ἂν αὐτοῖς φανείημεν ἢ ἰόντες ἐπ' ἐκείνους. Ὡς οὖν ἐμοῦ ταῦτα γιγνώσκοντος ἄγε ἡμᾶς εὐθὺ τὴν ἐπὶ Βαβυλῶνος.

III

1 Οὕτω μὲν δὴ πορευόμενοι τεταρταῖοι πρὸς τοῖς ὁρίοις τῆς Γωβρύα χώρας ἐγένοντο. Ὡς δὲ ἐν τῇ πολεμίᾳ ἦν, κατέστησε λαβὼν ἐν τάξει μεθ' ἑαυτοῦ τούς τε πεζοὺς καὶ τῶν ἱππέων ὅσους ἐδόκει καλῶς αὐτῷ ἔχειν · τοὺς δ' ἄλλους ἱππέας ἀφῆκε καταθεῖν, καὶ ἐκέλευσε τοὺς μὲν ὅπλα ἔχοντας κατακαίνειν, τοὺς δ' ἄλλους καὶ πρόβατα ὅσα ἂν λάβωσι πρὸς ἑαυτὸν ἄγειν. Ἐκέλευσε δὲ καὶ τοὺς Πέρσας συγκαταθεῖν · καὶ ἧκον πολλοὶ μὲν αὐτῶν κατακεκυλισμένοι ἀπὸ τῶν ἵππων, πολλοὶ δὲ καὶ λείαν πλείστην ἄγοντες. **2** Ὡς δὲ παρῆν ἡ λεία, συγκαλέσας τούς τε τῶν Μήδων ἄρχοντας καὶ τῶν Ὑρκανίων καὶ τοὺς ὁμοτίμους ἔλεξεν ὧδε · Ἄνδρες φίλοι. ἐξένισεν ἡμᾶς ἅπαντας πολλοῖς ἀγαθοῖς Γωβρύας. Εἰ οὖν, ἔφη, τοῖς θεοῖς ἐξελόντες τὰ νομιζόμενα καὶ τῇ στρατιᾷ τὰ ἱκανὰ τὴν ἄλλην τούτῳ δοίημεν λείαν. ἆρ' ἄν. ἔφη, καλὸν ποιήσαιμεν τῷ εὐθὺς φανεροὶ εἶναι ὅτι καὶ τοὺς εὖ ποιοῦντας πειρώμεθα νικᾶν εὖ ποιοῦντες; **3** Ὡς δὲ τοῦτ' ἤκου-

sind jetzt viel schwächer, als sie es vor ihrer Niederlage waren, die wir ihnen zugefügt haben, und als damals, wo sie vor uns geflohen sind. Wir aber sind ihnen jetzt überlegen, weil wir sie besiegt haben, und noch stärker, weil ihr ja zu uns gestoßen seid. Unterschätze auch deine Leute nicht mehr, seitdem sie sich mit uns vereinigt haben. Denn wer siegt – darüber sei dir im klaren, Gobryas –, hat auch Gefolgsleute voller Zuversicht. (37) Es darf dir aber auch nicht entgehen, daß uns die Feinde sogar jetzt schon sehen können. Sei dir dessen bewußt, daß wir ihnen niemals mehr Furcht einflößen könnten als beim Angriff auf sie. Das ist meine Überzeugung. Führe uns also unverzüglich und geradewegs nach Babylon."

III.

(1) So brachen sie denn auf und kamen am vierten Tag an die Grenzen von Gobryas' Land. Als sich Kyros aber auf feindlichem Gebiet befand, behielt er die Fußsoldaten und so viele Reiter, wie es ihm angebracht erschien, bei sich und stellte sie in Schlachtordnung auf. Die übrigen Reiter schickte er mit dem Befehl los, das Land plündernd zu durchstreifen, alle Bewaffneten niederzumachen und die anderen sowie die Schafe, die sie einfangen konnten, zu ihm zu bringen. Er ließ auch die Perser an diesem Streifzug teilnehmen. Es kamen zwar viele zurück, nachdem sie von ihren Pferden abgeworfen worden waren, viele aber brachten auch sehr reiche Beute mit. (2) Als die Beute zur Verfügung stand, rief Kyros die Anführer der Meder und Hyrkanier sowie die Homotimen zusammen und sprach zu ihnen folgendermaßen: "Liebe Freunde, Gobryas hat uns alle mit außergewöhnlicher Gastfreundschaft behandelt. Wenn wir nun ihm, nachdem wir den üblichen Anteil für die Götter und alles für das Heer, was es braucht, ausgesucht haben, den Rest der Beute überließen, dürften wir dann nicht recht handeln, indem wir unverzüglich bewiesen, daß wir unsere Wohltäter mit unseren Wohltaten zu übertref-

σαν, πάντες μὲν ἐπήνουν, πάντες δ' ἐνεκωμίαζον · εἶς δὲ καὶ ἔλεξεν ὧδε · Πάνυ, ἔφη, ὦ Κῦρε, τοῦτο ποιήσωμεν · καὶ γάρ μοι δοκεῖ, ἔφη, ὁ Γωβρύας πτωχούς τινας ἡμᾶς νομίζειν, ὅτι οὐ δαρεικῶν μεστοὶ ἥκομεν οὐδὲ ἐκ χρυσῶν πίνομεν φιαλῶν · εἰ δὲ τοῦτο ποιήσαιμεν, γνοίη ἄν, ἔφη, ὅτι ἔστιν ἐλευθερίους εἶναι καὶ ἄνευ χρυσοῦ. 4 Ἴτε δή, ἔφη, τὰ τῶν θεῶν ἀποδόντες τοῖς μάγοις καὶ ὅσα τῇ στρατιᾷ ἱκανὰ ἐξελόντες τἆλλα καλέσαντες τὸν Γωβρύαν δότε αὐτῷ · οὕτω δὴ λαβόντες ἐκεῖνοι ὅσα ἔδει τἆλλα ἔδοσαν τῷ Γωβρύᾳ.

5 Ἐκ τούτου δὴ ἄγει πρὸς Βαβυλῶνα παραταξάμενος ὥσπερ ὅτε ἡ μάχη ἦν. Ὡς δ' οὐκ ἀντεξῇσαν οἱ Ἀσσύριοι, ἐκέλευσεν ὁ Κῦρος τὸν Γωβρύαν προσελάσαντα εἰπεῖν ὅτι εἰ βούλεται ὁ βασιλεὺς ἐξιὼν ὑπὲρ τῆς χώρας μάχεσθαι, κἂν αὐτὸς σὺν ἐκείνῳ μάχοιτο · εἰ δὲ μὴ ἀμυνεῖ τῇ χώρᾳ, ὅτι ἀνάγκη τοῖς κρατοῦσι πείθεσθαι. 6 Ὁ μὲν δὴ Γωβρύας προσελάσας ἔνθα ἀσφαλὲς ἦν ταῦτα εἶπεν, ὁ δ' αὐτῷ ἐξέπεμψεν ἀποκρινούμενον τοιάδε · Δεσπότης ὁ σὸς λέγει, ὦ Γωβρύα · Οὐχ ὅτι ἀπέκτεινά σου τὸν υἱὸν μεταμέλει μοι, ἀλλ' ὅτι οὐ καὶ σὲ προσαπέκτεινα. Μάχεσθαι δὲ ἐὰν βούλησθε, ἥκετε εἰς τριακοστὴν ἡμέραν · νῦν δ' οὔπω ἡμῖν σχολή · ἔτι γὰρ παρασκευαζόμεθα. 7 Ὁ δὲ Γωβρύας εἶπεν · Ἀλλὰ μήποτέ σοι λήξειεν αὕτη ἡ μεταμέλεια · δῆλον γὰρ ὅτι ἀνιῶ σέ τι, ἐξ οὗ αὕτη σε ἡ μεταμέλεια ἔχει.

8 Ὁ μὲν δὴ Γωβρύας ἀπήγγειλε τὰ τοῦ Ἀσσυρίου · ὁ δὲ Κῦρος ἀκούσας ταῦτα ἀπήγαγε τὸ στράτευμα · καὶ καλέσας τὸν Γωβρύαν · Εἰπέ μοι, ἔφη, οὐκ ἔλεγες μέντοι σὺ ὅτι τὸν ἐκτμηθέντα ὑπὸ τοῦ Ἀσσυρίου οἴει ἂν σὺν ἡμῖν γενέσθαι; Εὖ μὲν οὖν, ἔφη, δοκῶ εἰδέναι · πολλὰ γὰρ δὴ ἔγωγε κἀκεῖνος ἐπαρρησιασάμεθα πρὸς ἀλλή-

fen versuchten?" (3) Als sie seine Worte gehört hatten, lobten und priesen sie ihn alle. Einer aber rief: „Genau das wollen wir tun, mein Kyros. Denn Gobryas hält uns, wie mir scheint, für Bettler, weil wir ohne Geld gekommen sind und nicht aus goldenen Schalen trinken. Wenn wir aber deinem Vorschlag folgten, dann dürfte er wohl erkennen, daß es möglich ist, auch ohne Geld großzügig zu sein." (4) „Geht also hin", sagte Kyros, „und gebt den Magiern, was den Göttern zusteht, und sucht das heraus, was das Heer benötigt. Dann ruft Gobryas und gebt ihm den Rest der Beute." So nahmen sie, was für die Götter und das Heer bestimmt war, und überließen Gobryas den Rest.

(5) Darauf marschierte Kyros in Richtung Babylon, nachdem er das Heer in Kampfbereitschaft versetzt hatte. Weil aber die Assyrer den Kampf nicht aufnahmen, befahl Kyros Gobryas, vorauszureiten und dann den Assyrern folgendes mitzuteilen: Wenn der König herauskommen und um sein Land kämpfen wolle, habe auch er, Gobryas, die Absicht, an seiner Seite zu kämpfen. Sollte er aber sein Land nicht verteidigen wollen, so müsse er sich den Siegern unterwerfen. (6) Gobryas ritt bis dorthin, wo es noch ungefährlich war, und sagte, was Kyros befohlen hatte. Der König aber ließ ihm durch einen Boten folgende Antwort zukommen: „Gobryas, dein Herr sagt folgendes zu dir: Ich bereue nicht, daß ich deinen Sohn getötet habe, sondern daß ich nicht auch dich noch umgebracht habe. Wenn ihr aber kämpfen wollt, kommt in dreißig Tagen wieder. Jetzt haben wir noch keine Zeit. Denn wir sind noch bei unseren Vorbereitungen." (7) Gobryas erwiderte: „Deine Reue möge niemals ein Ende finden. Denn ich bin dir ohne Zweifel eine Last, seitdem du diese Reue fühlst."

(8) Gobryas teilte Kyros mit, was der Assyrer gesagt hatte. Daraufhin zog Kyros sein Heer wieder zurück. Dann rief er Gobryas zu sich: „Sag mir, erwähntest du nicht, daß sich der Unglückliche, den der Assyrer entmannt hat, deiner Einschätzung nach mit uns verbünden würde?" – „Ich glaube dies genau zu wissen. Denn wir, er und ich, haben darüber häufig

λους. 9 Ὁπότ᾽ οὖν σοι δοκεῖ καλῶς ἔχειν, πρόσιθι πρὸς αὐτόν · καὶ πρῶτον μὲν οὕτω ποίει ὅπως ἂν αὐτοὶ ὅ τι ἂν λέγῃ εἰδῆτε · ἐπειδὰν δὲ συγγένῃ αὐτῷ, ἐὰν γνῷς αὐτὸν φίλον βουλόμενον εἶναι, τοῦτο δεῖ μηχανᾶσθαι ὅπως λάθῃ φίλος ὢν ἡμῖν · οὔτε γὰρ ἂν φίλους τις ποιήσειεν ἄλλως πως πλείω ἀγαθὰ ἐν πολέμῳ ἢ πολέμιος δοκῶν εἶναι οὔτ᾽ ἂν ἐχθροὺς πλείω τις βλάψειεν ἄλλως πως ἢ φίλος δοκῶν εἶναι. 10 Καὶ μήν, ἔφη ὁ Γωβρύας, οἶδ᾽ ὅτι κἂν πρίαιτο Γαδάτας τὸ μέγα τι ποιῆσαι κακὸν τὸν νῦν βασιλέα Ἀσσυρίων. Ἀλλ᾽ ὅ τι ἂν δύναιτο, τοῦτο δεῖ καὶ ἡμᾶς σκοπεῖν. 11 Λέγε δή μοι, ἔφη ὁ Κῦρος, εἰς τοῦτο τὸ φρούριον τὸ πρὸ τῆς χώρας, ὅ φατε Ὑρκανίοις τε καὶ Σάκαις ἐπιτετειχίσθαι τῇδε τῇ χώρᾳ πρόβολον εἶναι τοῦ πολέμου, ἆρ᾽ ἄν, ἔφη, οἴει ὑπὸ τοῦ φρουράρχου παρεθῆναι τὸν εὐνοῦχον ἐλθόντα σὺν δυνάμει; Σαφῶς γ᾽, ἔφη ὁ Γωβρύας, εἴπερ ἀνύποπτος ὤν, ὥσπερ νῦν ἐστιν, ἀφίκοιτο πρὸς αὐτόν. 12 Οὐκοῦν, ἔφη, ἀνύποπτος ἂν εἴη, εἰ προσβάλοιμι μὲν ἐγὼ πρὸς τὰ χωρία αὐτοῦ ὡς λαβεῖν βουλόμενος, ἀπομάχοιτο δὲ ἐκεῖνος ἀνὰ κράτος καὶ λάβοιμι μὲν αὐτοῦ τι ἐγώ, ἀντιλάβοι δὲ κἀκεῖνος ἡμῶν ἢ ἄλλους τινὰς ἢ καὶ ἀγγέλους πεμπομένους ὑπ᾽ ἐμοῦ πρὸς τούτους οὓς φατε πολεμίους τῷ Ἀσσυρίῳ εἶναι · καὶ οἱ μὲν ληφθέντες λέγοιεν ὅτι ἐπὶ στρατεύματος ἔρχονται[1] καὶ κλίμακας ὡς ἐπὶ τὸ φρούριον ἄξοντες, ὁ δ᾽ εὐνοῦχος ἀκούσας προσποιήσαιτο προαγγεῖλαι βουλόμενος ταῦτα παρεῖναι; 13 Καὶ ὁ Γωβρύας εἶπεν ὅτι οὕτω μὲν γιγνομένων σαφῶς παρείη ἂν αὐτόν, καὶ δέοιτό γ᾽ ἂν αὐτοῦ μένειν ἔστε σὺ ἀπέλθοις. Οὐκοῦν, ἔφη ὁ Κῦρος, εἴ γε ἅπαξ εἰσέλθοι, δύναιτ᾽ ἂν ἡμῖν ὑποχείριον ποιῆσαι τὸ

---

[1] Statt ἐπὶ στρατεύματος ἔρχονται lies ἐπὶ στράτευμα ἀπέρχονται.

offen miteinander gesprochen." (9) „Wenn es dir günstig erscheint, geh zu ihm, und sorg vor allem dafür, daß nur ihr beide erfahrt, was er meint. Sobald du aber mit ihm zusammen bist und erkennst, daß er unser Freund sein will, ist alles daran zu setzen, daß seine Freundschaft mit uns geheim bleibt. Denn im Krieg kann man seinen Freunden durch nichts anderes einen größeren Nutzen verschaffen als dadurch, daß man ein Feind zu sein scheint, und seinen Feinden durch nichts anderes einen größeren Schaden zufügen, als dadurch, daß man ein Freund zu sein scheint." (10) „Ich weiß genau", sagte Gobryas, „daß Gadatas gern jeden Preis bezahlte, um dem jetzigen König von Assyrien großen Schaden zuzufügen. Aber auch wir müssen überlegen, was er ihm antun könnte." (11) „Sag mir", entgegnete Kyros, „glaubst du, der Eunuch würde in diese Festung an der Grenze des Landes, die – wie ihr sagt – gegen die Hyrkanier und Saken errichtet wurde, um dieses Land im Kriegsfalle zu schützen, von ihrem Kommandanten eingelassen, wenn er mit einer Streitmacht anrückte?" – „Ganz gewiß", antwortete Gobryas, „wenn er dort einträfe, ohne einen Verdacht zu erregen, wie es jetzt noch möglich ist." (12) „Wäre er nicht unter folgenden Umständen über jeden Verdacht erhaben? Ich falle in sein Gebiet ein, als ob ich es erobern wollte. Er setzt sich nach Kräften zur Wehr, und ich mache einige kleinere Eroberungen auf seinem Gebiet. Er nimmt dafür einige Leute von uns oder auch die Boten gefangen, die ich zu denen geschickt habe, die nach euren Angaben Freunde des Assyrers sind. Die Gefangenen sagen, sie seien auf dem Weg zu ihrer Einheit und hätten die Aufgabe, Leitern für die Eroberung der Festung zu holen. Der Eunuch gibt daraufhin vor, er sei, nachdem er davon gehört habe, zu der Festung gekommen, um den Festungskommandanten über diese Vorgänge zu unterrichten." (13) Gobryas erwiderte: „Wenn die Dinge so abliefen, würde der Kommandant den Eunuchen mit Gewißheit einlassen und ihn sogar darum bitten zu bleiben, bis du wieder abgezogen bist." – „Wenn er erst einmal hineingekommen ist, wäre er dann in der Lage, uns die

χωρίον; **14** Εἰκὸς γοῦν, ἔφη ὁ Γωβρύας, τὰ μὲν ἔνδον
ἐκείνου συμπαρασκευάζοντος, τὰ δ' ἔξωθεν σοῦ ἰσχυρότερα
προσάγοντος. Ἴθι οὖν, ἔφη, καὶ πειρῶ ταῦτα διδάξας
καὶ διαπραξάμενος παρεῖναι· πιστὰ δὲ αὐτῷ οὐκ ἂν
μείζω οὔτ' εἴποις οὔτε δείξαις ὧν αὐτὸς σὺ τυγχάνεις
παρ' ἡμῶν εἰληφώς.

15 Ἐκ τούτου ᾤχετο μὲν ὁ Γωβρύας· ἄσμενος δὲ
ἰδὼν αὐτὸν ὁ εὐνοῦχος συνωμολόγει τε πάντα καὶ συνέθετο ἃ ἔδει. Ἐπεὶ δὲ ἀπήγγειλεν ὁ Γωβρύας ὅτι πάντα
δοκοίη ἰσχυρῶς τῷ εὐνούχῳ τὰ ἐπισταλέντα, ἐκ τούτου
τῇ ὑστεραίᾳ προσέβαλε μὲν ὁ Κῦρος, ἀπεμάχετο δὲ ὁ
Γαδάτας. Ἦν δὲ καὶ ὃ ἔλαβε χωρίον ὁ Κῦρος, ὁποῖον
ἔφη ὁ Γαδάτας. **16** Τῶν δὲ ἀγγέλων οὓς ἔπεμψεν ὁ
Κῦρος προειπὼν ᾗ πορεύσοιντο [ὅπως ἄγοιεν τὰ στρατεύματα καὶ τὰς κλίμακας κομίζοιεν], τοὺς μὲν εἴασεν
ὁ Γαδάτας διαφεύγειν· οὓς δ' ἔλαβε, βασανίζων ἐναντίον
πολλῶν, ὡς ἤκουσεν ἐφ' ἃ ἔφασαν πορεύεσθαι, εὐθέως
συσκευασάμενος ὡς ἐξαγγελῶν τῆς νυκτὸς ἐπορεύετο.
17 Τέλος δὲ πιστευθεὶς ὡς βοηθὸς εἰσέρχεται εἰς τὸ
φρούριον· καὶ τέως μὲν συμπαρεσκεύαζεν ὅ τι ἐδύνατο
τῷ φρουράρχῳ· ἐπεὶ δὲ ὁ Κῦρος ἦλθε, καταλαμβάνει τὸ
χωρίον συνεργοὺς ποιησάμενος καὶ τοὺς παρὰ τοῦ Κύρου
αἰχμαλώτους. **18** Ἐπεὶ δὲ τοῦτο ἐγένετο, εὐθὺς ὁ Γαδάτας ὁ εὐνοῦχος τὰ ἔνδον καταστήσας ἐξῆλθε πρὸς τὸν
Κῦρον, καὶ τῷ νόμῳ προσκυνήσας εἶπε· Χαῖρε, ὦ Κῦρε.
19 Ἀλλὰ ποιῶ ταῦτ', ἔφη· σὺ γάρ με σὺν τοῖς θεοῖς οὐ
κελεύεις μόνον ἀλλὰ καὶ ἀναγκάζεις χαίρειν. Εὖ γὰρ
ἴσθι, ἔφη, ὅτι ἐγὼ μέγα ποιοῦμαι φίλιον τοῦτο τὸ χωρίον
τοῖς ἐνθάδε συμμάχοις καταλιπεῖν· σοῦ δ', ἔφη, ὦ Γαδάτα,
ὁ Ἀσσύριος παῖδας μέν, ὡς ἔοικε, τὸ ποιεῖσθαι ἀφείλετο,

Festung auszuliefern?" (14) „Selbstverständlich", erwiderte Gobryas, „wenn er im Innern entsprechend vorgeht und du von außen heftig angreifst." Dazu sagte Kyros: „Geh also und versuche, nicht eher zurückzukommen, als bis du Gadatas über unsere Pläne unterrichtet und ihm alles gesagt hast. Als Vertrauensbeweis aber dürftest du ihm nichts Größeres nennen oder zeigen können als die Garantien, die du selbst von uns erhieltest."

(15) Darauf entfernte sich Gobryas. Der Eunuch war glücklich, ihn zu sehen, stimmte ihm in allem zu und verabredete mit ihm alle erforderlichen Maßnahmen. Als Gobryas berichtet hatte, daß der Eunuch allen Vorschlägen rückhaltlos zustimmte, griff Kyros am nächsten Tag an, und Gadatas verteidigte sich. Die Festung aber, die Kyros einnahm, war tatsächlich so beschaffen, wie Gadatas gesagt hatte. (16) Von den Boten, die Kyros losgeschickt hatte, nachdem er ihnen zuvor ihren Weg beschrieben hatte, ließ Gadatas einige entkommen. Einige aber nahm er gefangen und verhörte sie vor vielen Zuhörern, und als er den augenblicklichen Zweck ihres Auftrags erfahren hatte, traf er sofort alle Vorbereitungen, um darüber zu berichten, und brach noch in der Nacht auf. (17) Schließlich gelangte er, weil man ihm Glauben schenkte, in die Festung, als ob er Unterstützung bringen wollte. Inzwischen traf er zusammen mit dem Befehlshaber der Festung alle ihm möglichen Verteidigungsmaßnahmen. Als aber Kyros eintraf, bemächtigte er sich der Festung. Dabei zog er auch die Gefangenen aus dem Heer des Kyros zu seiner Unterstützung heran. (18) Als dies geschehen war, brachte Gadatas, der Eunuch, das Innere der Festung in seine Gewalt, ging zu Kyros hinaus, warf sich ihm, wie es üblich war, zu Füßen und sagte zu ihm: „Freu dich, mein Kyros." (19) „Ja, das tue ich. Denn mit der Hilfe der Götter forderst du mich nicht nur auf, sondern zwingst mich sogar dazu, mich zu freuen. Sei davon überzeugt, daß ich großen Wert darauf lege, diese Festung unseren hiesigen Bundesgenossen zur eigenen Verwendung zu überlassen. Was dich betrifft, mein Gadatas, so nahm dir zwar der Assyrer, wie es scheint, die Möglichkeit, Kinder zu zeugen, aber er

οὐ μέντοι τό γε φίλους δύνασθαι κτᾶσθαι ἀπεστέρησεν·
ἀλλ' εὖ ἴσθι ὅτι ἡμᾶς τῷ ἔργῳ τούτῳ φίλους πεποίησαι,
οἵ σοι, ἐὰν δυνώμεθα, πειρασόμεθα μὴ χείρους βοηθοὶ
παραστῆναι ἢ εἰ παῖδας ἐκγόνους ἐκτήσω. Ὁ μὲν ταῦτ' ἔλεξεν. 20 Ἐν δὲ τούτῳ ὁ Ὑρκάνιος ἄρτι ᾐσθημένος τοῦ
γεγενημένου προσθεῖ τῷ Κύρῳ καὶ λαβὼν τὴν δεξιὰν
αὐτοῦ εἶπεν· Ὦ μέγα ἀγαθὸν σὺ τοῖς φίλοις Κῦρε, ὡς
πολλήν με τοῖς θεοῖς ποιεῖς χάριν ὀφείλειν ὅτι σοί με
συνήγαγον. 21 Ἴθι νῦν, ἔφη ὁ Κῦρος, καὶ λαβὼν τὸ
χωρίον οὗπερ ἕνεκά με ἀσπάζῃ διατίθει αὐτὸ οὕτως ὡς
ἂν τῷ ὑμετέρῳ φύλῳ πλείστου ἄξιον ᾖ καὶ τοῖς ἄλλοις
συμμάχοις, μάλιστα δ', ἔφη, Γαδάτᾳ τούτῳ, ὃς ἡμῖν
αὐτὸ λαβὼν παρέδωκεν.

22 Τί οὖν; ἔφη ὁ Ὑρκάνιος, ἐπειδὰν Καδούσιοι ἔλθωσι
καὶ Σάκαι καὶ οἱ ἐμοὶ πολῖται, καλέσωμεν καὶ τοῦτον,
ἵνα κοινῇ βουλευσώμεθα πάντες ὅσοις προσήκει πῶς ἂν
συμφορώτατα χρώμεθα τῷ φρουρίῳ. 23 Ταῦτα μὲν
οὕτω συνήνεσεν ὁ Κῦρος· ἐπεὶ δὲ συνῆλθον οἷς ἔμελε
περὶ τοῦ φρουρίου, ἐβουλεύσαντο κοινῇ φυλάττειν οἷσπερ
ἀγαθὸν ἦν φίλιον ὄν, ὅπως αὐτοῖς μὲν πρόβολος εἴη
πολέμου, τοῖς δ' Ἀσσυρίοις ἐπιτετειχισμένον. 24 Ἐπεὶ
δὲ τοῦτο ἐγένετο, πολὺ δὴ προθυμότερον πλείους καὶ
Καδούσιοι συνεστρατεύοντο καὶ Σάκαι καὶ Ὑρκάνιοι,
καὶ συνελέγη ἐντεῦθεν στράτευμα Καδουσίων μὲν πελτασταὶ εἰς δισμυρίους καὶ ἱππεῖς εἰς τετρακισχιλίους,
Σακῶν δὲ τοξόται εἰς μυρίους καὶ ἱπποτοξόται εἰς δισχι-
λίους· καὶ Ὑρκάνιοι δὲ πεζούς τε ὁπόσους ἐδύναντο
προσεξέπεμψαν καὶ ἱππέας προσεπλήρωσαν εἰς δισχι-
λίους· τὸ γὰρ πρόσθεν καταλελειμμένοι ἦσαν πλείους
οἴκοι αὐτοῖς ἱππεῖς, ὅτι οἱ Καδούσιοι καὶ οἱ Σάκαι τοῖς
Ἀσσυρίοις πολέμιοι ἦσαν. 25 Ὅσον δὲ χρόνον ἐκαθέ-

beraubte dich nicht der Fähigkeit, Freunde zu gewinnen. Sei davon überzeugt, daß du uns durch diese Tat zu deinen Freunden gemacht hast. Wir werden versuchen, soweit wir dazu in der Lage sind, dir als Helfer zur Seite zu stehen, die nicht schlechter sind als eigene leibliche Kinder, wenn du sie hättest." So sprach Kyros. (20) Zur gleichen Zeit lief der Hyrkanier, der eben erst erfahren hatte, was geschehen war, auf Kyros zu, ergriff seine rechte Hand und rief aus: „Kyros, du großes Glück deiner Freunde. Wie groß ist die Dankbarkeit, die ich um deinetwillen den Göttern schulde, weil sie mich mit dir zusammengebracht haben." (21) „Geh jetzt", sagte Kyros, „nimm die Festung in Besitz, um deretwillen du mich so verehrst, und bring sie in den Zustand, daß sie für euer Volk, für die anderen Verbündeten und vor allem für unseren Gadatas, der sie einnahm und uns übergab, besonders nützlich und wertvoll ist."

(22) „Ja", sagte der Hyrkanier, „sobald die Kadusier, Saken und meine Mitbürger kommen, wollen wir auch ihn, Gadatas, rufen, damit wir alle, die es angeht, gemeinam beraten können, wie wir die Festung am besten nutzen." (23) Kyros lobte diese Absicht. Als alle zusammengekommen waren, die sich für die Festung interessierten, beschlossen sie, weil es zu ihrem Vorteil war, daß sich die Festung in der Hand von Freunden befand, eine gemeinsame Besatzung zu bilden, damit sie ihnen im Krieg zum Schutz und als Bollwerk gegen die Assyrer diene. (24) Daraufhin nahmen die Kadusier, Saken und Hyrkanier viel bereitwilliger und in noch größerer Zahl am gemeinsamen Feldzug teil. So versammelte sich ein Heer, das aus etwa zwanzigtausend Leichtbewaffneten und ungefähr viertausend Reitern der Kadusier und aus etwa zehntausend Bogenschützen zu Fuß und etwa zweitausend berittenen Bogenschützen der Saken bestand. Die Hyrkanier stellten dazu noch so viele Fußsoldaten, wie sie konnten, und ihre Reiterei füllten sie auf rund zweitausend Reiter auf. Bisher nämlich hatten sie den größeren Teil ihrer Reiterei zu Hause gelassen, weil die Kadusier und Saken Feinde der Assyrer waren. (25) Während

ζετο ὁ Κῦρος ἀμφὶ τὴν περὶ τὸ φρούριον οἰκονομίαν,
τῶν Ἀσσυρίων τῶν κατὰ ταῦτα τὰ χωρία πολλοὶ μὲν
ἀπῆγον ἵππους, πολλοὶ δὲ ἀπέφερον ὅπλα, φοβούμενοι
ἤδη πάντας τοὺς προσχώρους.

26 Ἐκ δὲ τούτου προσέρχεται τῷ Κύρῳ ὁ Γαδάτας
καὶ λέγει ὅτι ἥκουσιν αὐτῷ ἄγγελοι ὡς ὁ Ἀσσύριος,
ἐπεὶ πύθοιτο τὰ περὶ τοῦ φρουρίου, χαλεπῶς τε ἐνέγκοι
καὶ συσκευάζοιτο ὡς ἐμβαλῶν εἰς τὴν ἑαυτοῦ χώραν.
Ἐὰν οὖν ἀφῇς με, ὦ Κῦρε, τὰ τείχη ἂν πειραθείην διασῶ-
σαι, τῶν δ' ἄλλων μείων λόγος. Καὶ ὁ Κῦρος εἶπεν·
Ἐὰν οὖν ἴῃς νῦν, πότε ἔσῃ οἴκοι; **27** Καὶ ὁ Γαδάτας
εἶπεν· Εἰς τρίτην δειπνήσω ἐν τῇ ἡμετέρᾳ. Ἦ καὶ τὸν
Ἀσσύριον, ἔφη, οἴει ἐκεῖ ἤδη καταλήψεσθαι; Εὖ μὲν
οὖν, ἔφη, οἶδα· σπεύσει γὰρ ἕως ἔτι πρόσω δοκεῖς ἀπεῖναι.
28 Ἐγὼ δ', ἔφη ὁ Κῦρος, ποσταῖος ἂν τῷ στρατεύματι
ἐκεῖσε ἀφικοίμην; Πρὸς τοῦτο δὴ ὁ Γαδάτας λέγει·
Πολὺ ἤδη, ὦ δέσποτα, ἔχεις τὸ στράτευμα καὶ οὐκ ἂν
δύναιο μεῖον ἢ ἐν ἓξ ἢ ἑπτὰ ἡμέραις ἐλθεῖν πρὸς τὴν
ἐμὴν οἴκησιν. Σὺ μὲν τοίνυν, ἔφη ὁ Κῦρος, ἄπιθι ὡς
τάχιστα· ἐγὼ δ' ὡς ἂν δυνατὸν ᾖ πορεύσομαι.

29 Ὁ μὲν δὴ Γαδάτας ᾤχετο· ὁ δὲ Κῦρος συνεκάλεσε
πάντας τοὺς ἄρχοντας τῶν συμμάχων· καὶ ἤδη πολλοί
τε ἐδόκουν καὶ καλοὶ κἀγαθοὶ παρεῖναι· ἐν οἷς δὴ καὶ ὁ
Κῦρος λέγει τάδε· **30** Ἄνδρες σύμμαχοι, Γαδάτας διέπρα-
ξεν ἃ δοκεῖ πᾶσιν ἡμῖν πολλοῦ ἄξια εἶναι, καὶ ταῦτα πρὶν
καὶ ὁτιοῦν ἀγαθὸν ὑφ' ἡμῶν παθεῖν. Νῦν δὲ ὁ Ἀσσύριος
εἰς τὴν χώραν αὐτοῦ ἐμβαλεῖν ἀγγέλλεται, δῆλον ὅτι
ἅμα μὲν τιμωρεῖσθαι αὐτὸν βουλόμενος, ὅτι δοκεῖ ὑπ' αὐτοῦ μεγάλα βεβλάφθαι· ἅμα δὲ ἴσως κἀκεῖνο ἐννοεῖται
ὡς εἰ οἱ μὲν πρὸς ἡμᾶς ἀφιστάμενοι μηδὲν ὑπ' ἐκείνου
κακὸν πείσονται, οἱ δὲ σὺν ἐκείνῳ ὄντες ὑφ' ἡμῶν ἀπο-
λοῦνται, ὅτι τάχα οὐδένα εἰκὸς σὺν αὐτῷ βουλήσεσθαι
εἶναι. **31** Νῦν οὖν, ὦ ἄνδρες, καλόν τι ἄν μοι δοκοῦμεν

Kyros mit dem Ordnen der Verhältnisse in der Festung beschäftigt war, brachten viele Assyrer, die in dieser Gegend
lebten, ihre Pferde oder lieferten ihre Waffen ab, weil sie jetzt
vor allen ihren Nachbarn Angst hatten.

(26) Inzwischen kam Gadatas zu Kyros und sagte, es seien
Boten zu ihm gekommen, die berichteten, daß der Assyrer, als
er von den Vorgängen um die Festung erfuhr, in Zorn geraten
sei und Vorbereitungen treffe, um in sein Land einzufallen.
„Wenn du mich entläßt, mein Kyros, könnte ich versuchen,
meine befestigten Plätze zu retten. Alles andere ist von unter-
geordneter Bedeutung." Kyros fragte ihn: „Wann wirst du zu
Hause sein, wenn du sofort aufbrichst?" (27) Gadatas antwortete: „In drei Tagen werde ich meine Mahlzeit in unserem
Land einnehmen." – „Glaubst du, den Assyrer dort schon
anzutreffen?" – „Ja, ganz bestimmt. Denn er wird sich beeilen,
solange er dich noch weit entfernt weiß." (28) „In wieviel Tagen", fragte Kyros, „könnte ich mit meinem Heer dort eintreffen?" Darauf gab Gadatas zur Antwort: „Herr, du hast jetzt
ein großes Heer und du könntest wohl nicht in weniger als
sechs oder sieben Tagen in meiner Heimat ankommen." –
„Geh also so schnell wie möglich los. Ich werde mich, so
schnell es geht, in Marsch setzen."

(29) Gadatas zog los. Kyros aber rief alle Anführer seiner
Verbündeten zusammen. Als offensichtlich schon viele tüchtige Leute eingetroffen waren, richtete Kyros folgende Worte
an sie: (30) „Bundesgenossen, Gadatas hat Leistungen vollbracht, die wir alle für sehr wertvoll halten, und er hat dies
getan, ohne vorher von uns etwas Gutes erfahren zu haben.
Jetzt wird uns gemeldet, daß der Assyrer in sein Land einfalle,
offensichtlich weil er sich an ihm rächen will, da ihm Gadatas,
wie es scheint, großen Schaden zugefügt hat. Aber vielleicht
denkt er gleichzeitig auch an folgendes: Wenn diejenigen, die
zu uns abgefallen sind, nicht von ihm bestraft werden, und
diejenigen, die ihm die Treue halten, von uns vernichtet werden, wird wahrscheinlich niemand mehr gewillt sein, auf seiner
Seite zu bleiben. (31) Jetzt, so glaube ich, könnten wir eine

ποιῆσαι, εἰ προθύμως Γαδάτᾳ βοηθήσαιμεν ἀνδρὶ εὐερ-
γέτῃ · καὶ ἅμα δίκαια ποιοῖμεν ἂν χάριν ἀποδιδόντες ·
ἀλλὰ μὲν καὶ σύμφορά γ' ἄν, ὡς ἐμοὶ δοκεῖ. πράττοιμεν
ἡμῖν αὐτοῖς. 32 Εἰ γὰρ πᾶσι φαινοίμεθα τοὺς μὲν
κακῶς ποιοῦντας νικᾶν πειρώμενοι κακῶς ποιοῦντες, τοὺς
δ' εὐεργετοῦντας ἀγαθοῖς ὑπερβαλλόμενοι, εἰκὸς ἐκ τῶν
τοιούτων φίλους μὲν πολλοὺς ἡμῖν βούλεσθαι γίγνεσθαι,
ἐχθρὸν δὲ μηδένα ἐπιθυμεῖν εἶναι · 33 εἰ δὲ ἀμελῆσαι
δόξαιμεν Γαδάτα, πρὸς τῶν θεῶν ποίοις λόγοις ἂν ἄλλους
πείθοιμεν χαρίζεσθαί τι ἡμῖν; Πῶς δ' ἂν τολμῷμεν ἡμᾶς
αὐτοὺς ἐπαινεῖν; Πῶς δ' ἂν ἀντιβλέψαι τις ἡμῶν δύναιτο
Γαδάτα, εἰ ἡττῴμεθ' αὐτοῦ εὖ ποιοῦντος τοσοῦτοι ὄντες
ἑνὸς ἀνδρὸς καὶ τούτου οὕτω διακειμένου; 34 Ὁ μὲν
οὖν οὕτως εἶπεν · οἱ δὲ πάντες ἰσχυρῶς συνεπῄνουν
ταῦτα ποιεῖν.

Ἄγε τοίνυν, ἔφη, ἐπεὶ καὶ ὑμῖν συνδοκεῖ ταῦτα, ἐπὶ
μὲν τοῖς ὑποζυγίοις καὶ ὀχήμασι καταλίπωμεν ἕκαστοι
τοὺς μετὰ τούτων ἐπιτηδειοτάτους πορεύεσθαι. 35 Γωβρύας δ' ἡμῖν ἀρχέτω αὐτῶν καὶ ἡγείσθω αὐτοῖς · καὶ
γὰρ ὁδῶν ἔμπειρος καὶ τἆλλα ἱκανός · ἡμεῖς δ', ἔφη,
καὶ ἵπποις τοῖς δυνατωτάτοις καὶ ἀνδράσι πορευώμεθα,
τὰ ἐπιτήδεια τριῶν ἡμερῶν λαβόντες · ὅσῳ δ' ἂν κουφό-
τερον συσκευασώμεθα καὶ εὐτελέστερον. τοσούτῳ ἥδιον
τὰς ἐπιούσας ἡμέρας ἀριστήσομέν τε καὶ δειπνήσομεν
καὶ καθευδήσομεν. Νῦν δ', ἔφη, πορευώμεθα ὧδε · 36 πρῶτον μὲν σὺ ἄγε, Χρυσάντα, τοὺς θωρακοφόρους, ἐπεὶ
ὁμαλή τε καὶ πλατεῖα ἡ ὁδός ἐστι. τοὺς ταξιάρχους
ἔχων ἐν μετώπῳ πάντας · ἡ δὲ τάξις ἑκάστη ἐφ' ἑνὸς
ἴτω · ἀθρόοι γὰρ ὄντες καὶ τάχιστα καὶ ἀσφαλέστατα
πορευοίμεθ' ἄν. 37 Τούτου δ' ἕνεκα, ἔφη. κελεύω τοὺς
θωρακοφόρους ἡγεῖσθαι ὅτι τοῦτο βαρύτατόν ἐστι τοῦ

gute Tat vollbringen, wenn wir Gadatas, unserem Wohltäter, mit Entschlossenheit zu Hilfe kämen. Zugleich würden wir gerecht handeln, wenn wir ihm unseren Dank erwiesen. Darüber hinaus würden wir, wie mir scheint, etwas tun, was auch für uns selbst von Nutzen wäre. (32) Wenn wir nämlich aller Welt zeigten, daß wir alle, die uns schaden, durch den Schaden, den wir ihnen zufügen, noch zu übertreffen versuchen, und alle anderen, die uns Gutes tun, durch gute Taten überbieten, so wollten deshalb wahrscheinlich viele unsere Freunde werden, und niemand hätte Lust, unser Feind zu sein. (33) Hieße es aber von uns, wir ließen Gadatas im Stich, mit welchen Argumenten, bei den Göttern, könnten wir dann noch andere dazu überreden, uns in irgendeiner Hinsicht gefällig zu sein? Wie könnten wir es wagen, uns selbst zu loben? Wie könnte einer von uns Gadatas noch in die Augen sehen, wenn wir, die wir so viele sind, ihn, einen einzigen Mann, der uns so gute Dienste leistete und jetzt in solchen Schwierigkeiten steckt, etwas schuldig blieben?" (34) So sprach Kyros, und alle stimmten ihm lebhaft zu, so zu handeln.

„Gut", fuhr Kyros fort, „da ihr mir hierin zustimmt, laßt uns alle unsere Zugtiere und Wagen der Obhut der Leute anvertrauen, die damit unterwegs am besten umgehen können. (35) Gobryas soll sie an unserer Stelle befehligen und anführen. Denn er kennt den Weg und ist auch sonst ein fähiger Mann. Wir aber wollen uns mit den kräftigsten Pferden und Männern in Marsch setzen und uns mit Lebensmitteln für drei Tage versorgen. Je leichter und einfacher unsere Ausrüstung ist, mit desto größerer Lust werden wir an den folgenden Tagen frühstücken, zu Abend essen und schlafen. Jetzt wollen wir in folgender Reihenfolge aufbrechen: (36) Du, Chrysantas, gehst mit deinen gepanzerten Männern voran, da der Weg eben und breit ist, mit allen Taxiarchen an der Spitze. Jede Abteilung soll in Reih und Glied marschieren. Denn in geschlossener Formation dürften wir am schnellsten und sichersten vorankommen. (37) Ich lasse die gepanzerten Männer deshalb vorangehen, weil sie den schwerfälligsten Truppenteil

στρατεύματος· τοῦ δὲ βαρυτάτου ἡγουμένου ἀνάγκη
ῥᾳδίως ἕπεσθαι πάντα τὰ θᾶττον ἰόντα· ὅταν δὲ τὸ τάχισ-
τον ἡγῆται ἐν νυκτί, οὐδέν ἐστι θαυμαστὸν καὶ διασπᾶσθαι
τὰ στρατεύματα· τὸ γὰρ προταχθὲν ἀποδιδράσκει.
38 Ἐπὶ δὲ τούτοις, ἔφη, Ἀρτάβαζος τοὺς Περσῶν
πελταστὰς καὶ τοξότας ἀγέτω· ἐπὶ δὲ τούτοις Ἀνδαμύας
ὁ Μῆδος τὸ Μήδων πεζόν· ἐπὶ δὲ τούτοις Ἔμβας τὸ
Ἀρμενίων πεζόν· ἐπὶ δὲ τούτοις Ἀρτούχας Ὑρκανίους·
ἐπὶ δὲ τούτοις Θαμβράδας τὸ Σακῶν πεζόν· ἐπὶ δὲ
τούτοις Δατάμας Καδουσίους. **39** Ἀγόντων δὲ καὶ
οὗτοι πάντες ἐν τῷ μετώπῳ μὲν τοὺς ταξιάρχους ἔχοντες,
δεξιοὺς δὲ τοὺς πελταστάς, ἀριστεροὺς δὲ τοὺς τοξότας
τοῦ ἑαυτῶν πλαισίου· οὕτω γὰρ πορευόμενοι καὶ εὐχρησ-
τότεροι γίγνονται. **40** Ἐπὶ δὲ τούτοις οἱ σκευοφόροι,
ἔφη, πάντων ἐπέσθων· οἱ δὲ ἄρχοντες αὐτῶν ἐπιμελείσθων
ὅπως ἂν συνεσκευασμένοι τε ὦσι πάντα πρὶν καθεύδειν
καὶ πρῷ σὺν τοῖς σκεύεσι παρῶσιν εἰς τὴν τεταγμένην
χώραν καὶ ὅπως κοσμίως ἕπωνται. **41** Ἐπὶ δὲ τοῖς
σκευοφόροις, ἔφη, τοὺς Πέρσας ἱππέας Μαδάτας ὁ Πέρσης
ἀγέτω, ἔχων καὶ οὗτος τοὺς ἑκατοντάρχους τῶν ἱππέων
ἐν μετώπῳ· ὁ δ' ἑκατόνταρχος τὴν τάξιν ἀγέτω εἰς ἕνα,
ὥσπερ οἱ πέζαρχοι. **42** Ἐπὶ δὲ τούτοις Ῥαμβάκας ὁ
Μῆδος ὡσαύτως τοὺς ἑαυτοῦ ἱππέας· ἐπὶ τούτοις σύ,
ὦ Τιγράνη, τὸ σεαυτοῦ ἱππικόν· καὶ οἱ ἄλλοι δὲ ἵππαρχοι
μεθ' ὧν ἕκαστος ἀφίκετο πρὸς ἡμᾶς. Ἐπὶ τούτοις Σάκαι
ἄγετε· ἔσχατοι δέ, ὥσπερ ἦλθον, Καδούσιοι ἰόντων·
Ἀλκεύνα, σὺ δὲ ὁ ἄγων αὐτοὺς ἐπιμελοῦ τὸ νῦν εἶναι
πάντων τῶν ὄπισθεν καὶ μηδένα ἔα ὕστερον τῶν σῶν
γίγνεσθαι. **43** Ἐπιμελεῖσθε δὲ τοῦ σιωπῇ πορεύεσθαι
οἵ τε ἄρχοντες καὶ πάντες δὲ οἱ σωφρονοῦντες· διὰ γὰρ

darstellen. Wenn der schwerfälligste Truppenteil vorausgeht,
müssen alle anderen, die schneller vorankommen, leicht folgen können. Sobald aber der schnellste Teil in der Nacht vorausgeht, ist zu erwarten, daß die Heeresteile auseinandergeris-
sen werden. Denn der an der Spitze marschierende Teil verliert die Verbindung zu den übrigen. (38) Darauf, so Kyros,
soll Artabazos mit den persischen Leichtbewaffneten und den
Bogenschützen kommen. Daran schließen sich der Meder An-
damyas mit dem medischen Fußvolk und Embas mit dem armenischen Fußvolk an. Dann sollen Artuchas mit den Hyrkaniern und Thambradas mit dem Fußvolk der Saken folgen.
Datamas soll sich mit den Kadusiern anschließen. (39) Alle
Befehlshaber sollen ihre Einheiten führen, indem sie die Taxiarchen an der Spitze, die Leichtbewaffneten auf der rechten
und die Bogenschützen auf der linken Seite ihrer eigenen Formation marschieren lassen. Denn wenn sie in dieser Marschordnung vorrücken, sind sie schneller einsatzfähig. (40) Darauf sollen die Troßknechte des gesamten Heeres folgen. Ihre
Vorgesetzten haben dafür zu sorgen, daß sie vor dem Schlafengehen alles zusammengepackt haben, sich in der Frühe an der
befohlenen Stelle mit dem Gepäck einfinden und geordnet
folgen. (41) Im Anschluß an die Troßknechte soll der Perser
Madatas die Spitze der persischen Reiter übernehmen. Auch
bei ihm sollen die Hekatontarchen der Reiter die vorderste
Position einnehmen. Jeder Hekatontarch soll seine Abteilung
wie die Befehlshaber des Fußvolkes in geordneter Formation
führen. (42) Daran soll sich der Meder Rhambakas mit seinen
Reitern in derselben Aufstellung anschließen. Dann kommst
du, Tigranes, mit deiner Reiterei, dann die übrigen Reiterführer mit ihren Leuten, mit denen sie zu uns gestoßen sind.
Dann, ihr Saken, seid ihr an der Reihe. Den Schluß bilden die
Kadusier, wie sie ja auch zu uns gekommen sind. Du, Alkeu-
nas, ihr Anführer, kümmerst dich jetzt um alles, was mit der
Nachhut zu tun hat, und läßt keinen deiner Leute zurückbleiben. (43) Sorgt dafür, daß ihr euch in Marsch setzt, ohne
Lärm zu machen, ihr Anführer und alle anderen, die ihr ver-

τῶν ὤτων ἐν τῇ νυκτὶ ἀνάγκη μᾶλλον ἢ διὰ τῶν ὀφθαλμῶν ἕκαστα καὶ αἰσθάνεσθαι καὶ πράττεσθαι · καὶ τὸ
ταραχθῆναι δὲ ἐν τῇ νυκτὶ πολὺ μεῖζόν ἐστι πρᾶγμα ἢ
ἐν τῇ ἡμέρᾳ καὶ δυσκαταστατώτερον · οὗ ἕνεκα ἥ τε
σιωπὴ ἀσκητέα καὶ ἡ τάξις διαφυλακτέα. 44 Τὰς δὲ
νυκτερινὰς φυλακάς, ὅταν μέλλητε νυκτὸς ἐξαναστή-
σεσθαι, ἀεὶ χρὴ ὡς βραχυτάτας καὶ πλείστας ποιεῖσθαι,
ὡς μηδένα ἡ ἐν τῇ φυλακῇ ἀγρυπνία πολλὴ οὖσα λυ-
μαίνηται ἐν τῇ πορείᾳ · ἡνίκα δ' ἂν ὥρα ᾖ πορεύεσθαι,
σημαίνειν τῷ κέρατι. 45 Ὑμεῖς δ' ἔχοντες ἃ δεῖ ἕκαστοι
πάρεστε εἰς τὴν ἐπὶ Βαβυλῶνος ὁδόν · ὁ δ' ὁρμώμενος
ἀεὶ τῷ κατ' οὐρὰν παρεγγυάτω ἕπεσθαι.

46 Ἐκ τούτου δὴ ᾤχοντο ἐπὶ τὰς σκηνὰς καὶ ἅμα
ἀπιόντες διελέγοντο πρὸς ἀλλήλους ὡς μνημονικῶς ὁ
Κῦρος ὁπόσοις συνέταττέ πως ὀνομάζων ἐνέτελλετο.
47 Ὁ δὲ Κῦρος ἐπιμελείᾳ τοῦτο ἐποίει · πάνυ γὰρ αὐτῷ
ἐδόκει θαυμαστὸν εἶναι εἰ οἱ μὲν βάναυσοι ἴσασι τῆς
ἑαυτοῦ τέχνης ἕκαστος τῶν ἐργαλείων τὰ ὀνόματα, καὶ
ὁ ἰατρὸς δὲ οἶδε καὶ τῶν ὀργάνων καὶ τῶν φαρμάκων οἷς
χρῆται πάντων τὰ ὀνόματα, ὁ δὲ στρατηγὸς οὕτως ἠλίθιος
ἔσοιτο ὥστε οὐκ εἴσοιτο τῶν ὑφ' ἑαυτῷ ἡγεμόνων τὰ
ὀνόματα, οἷς ἀνάγκη ἐστὶν αὐτῷ ὀργάνοις χρῆσθαι καὶ
ὅταν καταλαβεῖν τι βούληται καὶ ὅταν φυλάξαι καὶ
ὅταν θαρρῦναι καὶ ὅταν φοβῆσαι · κεὶ τιμῆσαι δέ ποτέ
τινα βούλοιτο πρέπον αὐτῷ ἐδόκει εἶναι ὀνομαστὶ προσαγορεύειν. 48 Ἐδόκουν δ' αὐτῷ οἱ γιγνώσκεσθαι δοκοῦντες
ὑπὸ τοῦ ἄρχοντος καὶ τοῦ καλόν τι ποιοῦντες ὁρᾶσθαι
μᾶλλον ὀρέγεσθαι καὶ τοῦ αἰσχρόν τι ποιεῖν μᾶλλον
προθυμεῖσθαι ἀπέχεσθαι. 49 Ἠλίθιον δὲ καὶ τοῦτ' ἐδόκει
εἶναι αὐτῷ τὸ ὁπότε βούλοιτό τι πραχθῆναι, οὕτω προστάττειν ὥσπερ ἐν οἴκῳ ἔνιοι δεσπόται προστάττουσιν,
Ἴτω τις ἐφ' ὕδωρ, ξύλα τις σχισάτω · 50 οὕτω γὰρ
προσταττομένων εἰς ἀλλήλους τε ὁρᾶν πάντες ἐδόκουν

nünftig seid. Denn in der Nacht muß man alles mehr mit Hilfe
der Ohren als mit Hilfe der Augen wahrnehmen und ausführen. Außerdem hat eine Störung in der Nacht viel größere
Auswirkungen als bei Tage und ist viel schwerer zu beheben.
Darum ist Ruhe zu bewahren und Ordnung zu halten.
(44) Die Nachtwachen aber müssen, wenn ihr nachts aufbrechen wollt, stets möglichst kurz und zahlreich sein, damit niemand unterwegs unter Erschöpfung leidet, wenn er während
der Nachtwache zu lange ohne Schlaf war. Sobald die Stunde
des Aufbruchs gekommen ist, wird ein Trompetensignal gegeben. (45) Findet euch mit allem, was ihr braucht, an der Straße nach Babylon ein. Wer aufbricht, soll jeweils seinen Hintermann auffordern, ihm zu folgen."

(46) Darauf gingen sie in ihre Zelte, und während sie sich
entfernten, sprachen sie miteinander über das gute Gedächtnis, das Kyros bewiesen hatte, als er alle, denen er Befehle
gab, namentlich anredete. (47) Kyros tat dies mit Absicht.
Denn er fand es wirklich sehr seltsam, wenn zwar jeder einfache Handwerker in seinem Arbeitsbereich die Namen seiner
Werkzeuge kennt und der Arzt die Bezeichnungen aller Instrumente und Heilmittel beherrscht, die er einsetzt, der Feldherr aber so töricht sein sollte, daß er die Namen seiner Untergebenen nicht wüßte, die er als seine Werkzeuge gebrauchen
muß, wenn er etwas erobern und verteidigen oder wenn er
Mut wecken und Schrecken verbreiten will. Auch wenn er
einmal jemandem eine Auszeichnung verleihen wollte, fand er
es angemessen, den Betreffenden mit seinem Namen anzureden. (48) Diejenigen, die glauben, ihr Feldherr kenne sie, hatten nach Kyros' Erfahrung in höherem Maße den Wunsch, bei
einer guten Leistung gesehen zu werden, und waren eher darauf aus, schlechtes Verhalten zu vermeiden. (49) Er fand es
auch abwegig, wenn er einen Auftrag ausgeführt haben wollte,
den Befehl so zu geben, wie es manche Hausherrn tun, indem
sie sagen: „Jemand soll Wasser holen, jemand soll Holz spalten." (50) Denn wenn man Befehle dieser Art gibt, dann – so
meinte er – schauten sich alle gegenseitig an, ohne daß jemand

αὐτῷ καὶ οὐδεὶς περαίνειν τὸ προσταχθὲν καὶ πάντες
ἐν αἰτίᾳ εἶναι καὶ οὐδεὶς τῇ αἰτίᾳ οὔτε αἰσχύνεσθαι οὔτε
φοβεῖσθαι διὰ τὸ ὁμοίως σὺν πολλοῖς αἰτίαν ἔχειν · διὰ
ταῦτα δὴ πάντας ὠνόμαζεν αὐτὸς ὅτῳ τι προστάττοι.
51 Καὶ Κῦρος μὲν δὴ περὶ τούτων οὕτως ἐγίγνωσκεν. Οἱ
δὲ στρατιῶται τότε μὲν δειπνήσαντες καὶ φυλακὰς καταστησάμενοι καὶ συσκευασάμενοι πάντα ἃ ἔδει ἐκοιμήθησαν.
52 Ἡνίκα δ' ἦν ἐν μέσῳ νυκτῶν, ἐσήμηνε τῷ κέρατι.
Κῦρος δ' εἰπὼν τῷ Χρυσάντᾳ ὅτι ἐπὶ τῇ ὁδῷ ἐπιμένοι ἐν
τῷ πρόσθεν τοῦ στρατεύματος ἐξῄει λαβὼν τοὺς ἀμφ' αὐτὸν ὑπηρέτας · βραχεῖ δὲ χρόνῳ ὕστερον Χρυσάντας
παρῆν ἄγων τοὺς θωρακοφόρους. **53** Τούτῳ μὲν οὖν ὁ
Κῦρος δοὺς ἡγεμόνας τῆς ὁδοῦ πορεύεσθαι ἐκέλευεν
ἡσύχως · οὐ γάρ πω ἐν ὁδῷ πάντες ἦσαν · αὐτὸς δὲ ἑστηκὼς
ἐν τῇ ὁδῷ τὸν μὲν προσιόντα προυπέμπετο ἐν τάξει, ἐπὶ
δὲ τὸν ὑστερίζοντα ἔπεμπε καλῶν. **54** Ἐπεὶ δὲ πάντες
ἐν ὁδῷ ἦσαν, πρὸς μὲν Χρυσάνταν ἱππέας ἔπεμψεν ἐροῦν-
τας ὅτι ἐν ὁδῷ ἤδη πάντες · ἄγε οὖν ἤδη θᾶττον. **55** Αὐτὸς δὲ παρελαύνων τὸν ἵππον εἰς τὸ πρόσθεν ἥσυχος
κατεθεᾶτο τὰς τάξεις. Καὶ οὓς μὲν ἴδοι εὐτάκτως καὶ
σιωπῇ ἰόντας, προσελαύνων αὐτοῖς οἵτινές τε εἶεν ἠρώτα
καὶ ἐπεὶ πύθοιτο ἐπῄνει · εἰ δέ τινας θορυβουμένους αἰσθάνοιτο, τὸ αἴτιον τούτου σκοπῶν κατασβεννύναι τὴν τα-
ραχὴν ἐπειρᾶτο. **56** Ἓν μόνον παραλέλειπται τῆς ἐν νυκτὶ ἐπιμελείας αὐτοῦ, ὅτι πρὸ παντὸς τοῦ στρατεύματος πεζοὺς
εὐζώνους οὐ πολλοὺς προύπεμπεν, ἐφορωμένους ὑπὸ
Χρυσάντα καὶ ἐφορῶντας αὐτόν, ὡς ὠτακουστοῦντες
καὶ εἴ πως ἄλλως δύναιντο αἰσθάνεσθαί τι, σημαίνοιεν
τῷ Χρυσάντᾳ ὅ τι καιρὸς δοκοίη εἶναι · ἄρχων δὲ καὶ
ἐπὶ τούτοις ἦν ὃς καὶ τούτους ἐκόσμει, καὶ τὸ μὲν ἄξιον
λόγου ἐσήμαινε, τὸ δὲ μὴ οὐκ ἠνώχλει λέγων. **57** Τὴν
μὲν δὴ νύκτα οὕτως ἐπορεύοντο . Ἐπεὶ δὲ ἡμέρα ἐγένετο,
τοὺς μὲν τῶν Καδουσίων ἱππέας, ὅτι αὐτῶν καὶ οἱ πεζοὶ

den Auftrag ausführte. Alle seien dann zwar schuldig, aber keiner schäme sich deshalb oder habe Angst, weil er die Schuld mit vielen anderen teilte. Darum nannte er alle mit Namen, denen er einen Befehl gab.

(51) So also dachte Kyros über diese Angelegenheiten. Dann nahmen die Soldaten ihre Mahlzeit ein, stellten Wachposten auf, bereiteten alles Erforderliche vor und legten sich zur Ruhe. (52) Um Mitternacht ertönte das Trompetensignal. Kyros sagte zu Chrysantas, er wolle unterwegs auf das Heer warten, und verließ mit seinen Dienern und Helfern das Lager. Ein wenig später traf Chrysantas mit seinen gepanzerten Soldaten dort ein. (53) Kyros übergab ihm die Führer, die den Weg kannten, und befahl ihm, sich langsam in Marsch zu setzen. Denn es waren noch nicht alle auf dem Weg angetreten. Er selbst aber blieb am Weg stehen und ließ jeden, der bei ihm eintraf, in Marschordnung weitergehen und forderte jeden Nachzügler auf, sich zu beeilen. (54) Als sich alle auf dem Weg befanden, schickte er einige Reiter zu Chrysantas, die ihm sagen sollten: „Jetzt sind alle unterwegs. Geh jetzt schneller voran." (55) Er selbst begab sich zu Pferde langsam nach vorn und besichtigte die einzelnen Truppenteile. Dann ritt er zu den Soldaten, die er wohlgeordnet und ruhig marschieren sah, und fragte sie, wer sie seien, und nachdem er es erfahren hatte, lobte er sie. Bemerkte er aber Unruhe, fragte er nach dem Grund und versuchte, die Unordnung zu beseitigen.

(56) Nur eine seiner nächtlichen Vorsichtsmaßnahmen blieb bisher unerwähnt: Dem ganzen Heer schickte er einige wenige leichtbewegliche Männer zu Fuß voraus, die in Sichtweite des Chrysantas bleiben und ihn sehen konnten. Sie sollten die Ohren aufsperren oder mit anderen Mitteln Erkundigungen einziehen, um Chrysantas alles mitzuteilen, was ihnen angebracht erschien. Sie hatten auch einen Anführer, der ihre Tätigkeit überwachte und Chrysantas alles, was erwähnenswert war, übermittelte, ohne ihn mit überflüssigen Nachrichten zu belästigen. (57) Auf diese Weise rückten sie in der Nacht vor. Als es Tag wurde, ließ Kyros einen Teil der kadusischen Reiter bei

ἐπορεύοντο ἔσχατοι, παρὰ τούτοις κατέλιπεν, ὡς μηδ' οὗτοι ψιλοὶ ἱππέων ἴοιεν · τοὺς δ' ἄλλους εἰς τὸ πρόσθεν
παρελαύνειν ἐκέλευσεν, ὅτι καὶ οἱ πολέμιοι ἐν τῷ πρόσθεν
ἦσαν, ὅπως εἴ τί που ἐναντιοῖτο αὐτῷ, ἀπαντῴη ἔχων
τὴν ἰσχὺν ἐν τάξει καὶ μάχοιτο, εἴ τέ τί που φεῦγον ὀφθείη,
ὡς ἐξ ἑτοιμοτάτου διώκοι. 58 Ἦσαν δὲ αὐτῷ αἰεὶ τεταγμένοι οὕς τε διώκειν δέοι καὶ οὓς παρ' αὐτῷ μένειν ·
πᾶσαν δὲ τὴν τάξιν λυθῆναι οὐδέποτε εἴα. 59 Κῦρος
μὲν δὴ οὕτως ἦγε τὸ στράτευμα · οὐ μέντοι αὐτός γε
μιᾷ χώρᾳ ἐχρῆτο, ἀλλ' ἄλλοτε ἀλλαχῇ περιελαύνων
ἐφεώρα τε καὶ ἐπεμελεῖτο, εἴ του δέοιντο. Οἱ μὲν δὴ ἀμφὶ
Κῦρον οὕτως ἐπορεύοντο.

IV

1 Ἐκ δὲ τοῦ Γαδάτα ἱππικοῦ τῶν δυνατῶν τις ἀνδρῶν
ἐπεὶ ἑώρα αὐτὸν ἀφεστηκότα ἀπὸ τοῦ Ἀσσυρίου, ἐνόμισεν, εἴ τι οὗτος πάθοι, αὐτὸς ἂν λαβεῖν παρὰ τοῦ
Ἀσσυρίου πάντα τὰ Γαδάτα · οὕτω δὴ πέμπει τινὰ τῶν
ἑαυτοῦ πιστῶν πρὸς τὸν Ἀσσύριον καὶ κελεύει τὸν ἰόντα,
εἰ καταλάβοι ἤδη ἐν τῇ Γαδάτα χώρᾳ τὸ Ἀσσύριον στράτευμα, λέγειν τῷ Ἀσσυρίῳ ὅτι εἰ βούλοιτο ἐνεδρεῦσαι,
λάβοι ἂν Γαδάταν καὶ τοὺς σὺν αὐτῷ. 2 Δηλοῦν δὲ
ἐνετέλλετο ὅσην τε εἶχεν ὁ Γαδάτας δύναμιν καὶ ὅτι
Κῦρος οὐ συνέποιτο αὐτῷ · καὶ τὴν ὁδὸν ἐδήλωσεν ᾗ προσιέναι μέλλοι. Προσεπέστειλε δὲ καὶ τοῖς ἑαυτοῦ οἰκέταις,
ὡς πιστεύοιτο μᾶλλον, καὶ τὸ τεῖχος ὃ ἐτύγχανεν αὐτὸς
ἔχων ἐν τῇ Γαδάτα χώρᾳ παραδοῦναι τῷ Ἀσσυρίῳ καὶ

ihren Fußsoldaten zurück, damit auch diese, weil sie am
Schluß des Heereszuges marschierten, nicht ohne den Schutz
einer Reiterei seien. Den anderen Teil ließ er an die Spitze
vorrücken, weil auch die feindlichen Reiter die Spitze bildeten, damit er, wenn es zu einer Feindberührung komme, dem
Gegner mit einer geordneten Streitmacht entgegentreten und
kämpfen konnte und in der Lage war, falls man irgendwo
feindliche Soldaten auf der Flucht sah, unverzüglich die Verfolgung aufzunehmen. (58) Kyros verfügte ständig über
kampfbereite Soldaten: die einen hatten die Verfolgung der
Feinde aufzunehmen, die anderen an seiner Seite zu bleiben.
Aber nie ließ er die ganze Abteilung ausschwärmen. (59) So
führte Kyros sein Heer. Allerdings blieb er nicht an ein und
derselben Stelle, sondern indem er bald hierhin, bald dorthin
ritt, behielt er alles im Blick und kümmerte sich darum, wenn
die Soldaten etwas benötigten. Auf diese Weise legten Kyros'
Truppen ihren Weg zurück.

IV.

(1) Ein einflußreicher Mann in Gadatas' Reiterei kam angesichts der Tatsache, daß dieser vom assyrischen König abgefallen war, auf den Gedanken, der Assyrer werde ihm den gesamten Besitz des Gadatas überlassen, falls diesem etwas zustoße. So schickte er einen Vertrauten zu dem Assyrer und
beauftragte ihn, falls er das Heer des Assyrers bereits im Gebiet des Gadatas antreffe, dem König zu sagen, er bekomme
Gadatas und dessen Begleiter in seine Gewalt, wenn er ihm
eine Falle stellen wolle. (2) Außerdem trug er ihm auf, dem
assyrischen König mitzuteilen, wie groß die Streitmacht des
Gadatas war und daß Kyros ihn nicht begleitete. Er verriet
auch den Weg, den Gadatas nehmen wollte. Um noch mehr
Vertrauen zu finden, gab er seinen eigenen Leuten dazu noch
den Befehl, die Festung, die er selbst auf dem Gebiet des
Gadatas besaß, und alles, was sich darin befand, dem assyri-

τὰ ἐνόντα· ἥξειν δὲ καὶ αὐτὸς ἔφασκεν, εἰ μὲν δύναιτο, ἀποκτείνας Γαδάταν, εἰ δὲ μή, ὡς σὺν τῷ Ἀσσυρίῳ τὸ λοιπὸν ἐσόμενος. 3 Ἐπεὶ δὲ ὁ ἐπὶ ταῦτα ταχθεὶς ἐλαύνων ὡς δυνατὸν ἦν τάχιστα ἀφικνεῖται πρὸς τὸν Ἀσσύριον καὶ ἐδήλωσεν ἐφ᾽ ἃ ἦκοι, ἀκούσας ἐκεῖνος τό τε χωρίον εὐθὺς παρέλαβε καὶ πολλὴν ἵππον ἔχων καὶ ἅρματα ἐνήδρευεν ἐν κώμαις ἀθρόαις. 4 Ὁ δὲ Γαδάτας ὡς ἐγγὺς ἦν τούτων τῶν κωμῶν, πέμπει τινὰς προδιερευνησομένους. Ὁ δὲ Ἀσσύριος ὡς ἔγνω προσιόντας τοὺς διερευνήσοντας, φεύγειν κελεύει ἅρματα ἐξαναστάντα δύο ἢ τρία καὶ ἵππους ὀλίγους, ὡς δὴ φοβηθέντας καὶ ὀλίγους ὄντας. Οἱ δὲ προδιερευνηταὶ ὡς εἶδον ταῦτα, αὐτοί τε ἐδίωκον καὶ τῷ Γαδάτᾳ κατέσειον· καὶ ὃς ἐξαπατηθεὶς διώκει ἀνὰ κράτος. Οἱ δὲ Ἀσσύριοι, ὡς ἐδόκει ἁλώσιμος εἶναι ὁ Γαδάτας, εὐθέως ἀνίστανται ἐκ τῆς ἐνέδρας. 5 Καὶ οἱ μὲν ἀμφὶ Γαδάταν ἰδόντες ὥσπερ εἰκὸς ἔφευγον, οἱ δ᾽ αὖ ὥσπερ εἰκὸς ἐδίωκον. Καὶ ἐν τούτῳ ὁ ἐπιβουλεύων τῷ Γαδάτᾳ παίει αὐτόν, καὶ καιρίας μὲν πληγῆς ἁμαρτάνει, τύπτει δὲ αὐτὸν εἰς τὸν ὦμον καὶ τιτρώσκει. Ποιήσας δὲ τοῦτο ἐξίσταται, ἕως σὺν τοῖς διώκουσιν ἐγένετο· ἐπεὶ δ᾽ ἐγνώσθη ὃς ἦν, ὁμοῦ δὴ σὺν τοῖς Ἀσσυρίοις προθύμως ἐκτείνων τὸν ἵππον σὺν τῷ βασιλεῖ ἐδίωκεν. 6 Ἐνταῦθα δὴ ἡλίσκοντο μὲν δῆλον ὅτι οἱ βραδυτάτους ἔχοντες τοὺς ἵππους ὑπὸ τῶν ταχίστων· ἤδη δὲ μάλα πάντες πιεζόμενοι διὰ τὸ κατατετρίφθαι ὑπὸ τῆς πορείας οἱ τοῦ Γαδάτα ἱππεῖς καθορῶσι τὸν Κῦρον προσιόντα σὺν τῷ στρατεύματι· δοκεῖν δὲ χρὴ ἀσμένους καὶ ὥσπερ εἰς λιμένα ἐκ χειμῶνος προσφέρεσθαι αὐτούς.

7 Ὁ δὲ Κῦρος τὸ μὲν πρῶτον ἐθαύμασεν· ὡς δ᾽ ἔγνω τὸ πρᾶγμα, ἔστε μὲν πάντες ἐναντίοι ἤλαυνον, ἐναντίος

schen König zu übergeben. Er sagte, er werde selbst kommen, nachdem er Gadatas umgebracht habe, wenn er dazu in der Lage sei, wenn nicht, um in Zukunft auf der Seite des Assyrers zu stehen. (3) Als der Mann, der für diesen Auftrag bestimmt war und den Weg so schnell wie möglich zurücklegte, beim Assyrerkönig ankam und ihm den Zweck seiner Mission offenbarte, nahm jener die erwähnte Festung sofort in Besitz und legte sich mit einer großen Zahl von Reitern und Streitwagen in einigen dicht zusammenliegenden Dörfern in einen Hinterhalt. (4) Als sich Gadatas bereits in der Nähe dieser Dörfer befand, schickte er einige Kundschafter voraus. Sobald der Assyrer die Kundschafter herankommen sah, ließ er zwei oder drei Wagen und einige Pferde die Flucht ergreifen, um den Eindruck zu erwecken, daß sie Angst hätten und nur wenige seien. Als die Kundschafter dies sahen, nahmen sie die Verfolgung auf und gaben Gadatas ein Zeichen. Er ließ sich täuschen und setzte den Flüchtenden mit aller Kraft nach. Die Assyrer stürzten sofort aus ihrem Hinterhalt hervor, weil sie glaubten, Gadatas gefangennehmen zu können. (5) Die Männer um Gadatas sahen dies und flohen wie zu erwarten, und die Assyrer setzten ihnen nach, ebenfalls wie zu erwarten. Da schlug der Mann, der Gadatas nach dem Leben trachtete, auf ihn ein. Aber er versetzte ihm keinen tödlichen Schlag, sondern traf ihn nur an der Schulter und verwundete ihn. Daraufhin preschte er davon, bis er die Verfolger erreichte. Nachdem er sich diesen zu erkennen gegeben hatte, schloß er sich den Assyrern an, gab seinem Pferd die Sporen und beteiligte sich auf der Seite des Königs eifrig an der Verfolgung. (6) Da war es klar, daß diejenigen, die die langsamsten Pferde hatten, von den schnellsten Reitern gefangengenommen wurden. Alle Reiter des Gadatas waren aufgrund der Anstrengungen des Marsches schon sehr erschöpft. Da sahen sie Kyros mit seinem Heer anrücken. Man kann sich vorstellen, wie sie sich freuten, als ob sie nach einem Sturm in einen Hafen einliefen.

(7) Kyros war zunächst überrascht. Aber als er erfahren hatte, was passiert war, brachte auch er selbst, bis alle Gegner

καὶ αὐτὸς ἐν τάξει ἦγε τὴν στρατιάν· ὡς δὲ γνόντες οἱ
πολέμιοι τὸ ὂν ἐτράποντο εἰς φυγήν, ἐνταῦθα ὁ Κῦρος
διώκειν ἐκέλευσε τοὺς πρὸς τοῦτο τεταγμένους, αὐτὸς
δὲ σὺν τοῖς ἄλλοις εἵπετο ὡς ᾦετο συμφέρειν. 8 Ἐνταῦθα δὴ καὶ ἅρματα ἡλίσκετο, ἔνια μὲν καὶ ἐκπιπτόντων
τῶν ἡνιόχων, τῶν μὲν ἐν τῇ ἀναστροφῇ, τῶν δὲ καὶ ἄλλως,
ἔνια δὲ καὶ περιτεμνόμενα ὑπὸ τῶν ἱππέων ἡλίσκετο. Καὶ
ἀποκτείνουσι δὲ ἄλλους τε πολλοὺς καὶ τὸν παίσαντα
Γαδάταν. 9 Τῶν μέντοι πεζῶν Ἀσσυρίων, οἳ ἔτυχον τὸ
Γαδάτα χωρίον πολιορκοῦντες, οἱ μὲν εἰς τὸ τεῖχος κα-
τέφυγον τὸ ἀπὸ Γαδάτα ἀποστάν, οἱ δὲ φθάσαντες εἰς
πόλιν τινὰ τοῦ Ἀσσυρίου μεγάλην, ἔνθα καὶ αὐτὸς σὺν
τοῖς ἵπποις καὶ τοῖς ἅρμασι κατέφυγεν ὁ Ἀσσύριος.
10 Κῦρος μὲν δὴ διαπραξάμενος ταῦτα ἐπανεχώρει
εἰς τὴν Γαδάτα χώραν· καὶ προστάξας οἷς ἔδει ἀμφὶ τὰ
αἰχμάλωτα ἔχειν, εὐθὺς ἐπορεύετο, ὡς ἐπισκέψαιτο τὸν
Γαδάταν πῶς ἔχει ἐκ τοῦ τραύματος. Πορευομένῳ δὲ
αὐτῷ ὁ Γαδάτας ἐπιδεδεμένος ἤδη τὸ τραῦμα ἀπήντα.
Ἰδὼν δὲ αὐτὸν ὁ Κῦρος ἥσθη τε καὶ εἶπεν· Ἐγὼ δὲ πρὸς
σὲ ᾖα ἐπισκεψόμενος πῶς ἔχεις. 11 Ἐγὼ δέ, εἶπεν ὁ
Γαδάτας, ναὶ μὰ τοὺς θεούς, σὲ ἐπαναθεασόμενος ᾖα
ὁποῖός τίς ποτε φαίνῃ ἰδεῖν ὁ τοιαύτην ψυχὴν ἔχων·
ὅστις οὔτ' οἶδα ἔγωγε ὅ τι νῦν ἐμοῦ δεόμενος οὔτε μὴν
ὑποσχόμενός γέ μοι ταῦτα πράξειν οὔτ' εὖ πεπονθὼς
ὑπ' ἐμοῦ εἴς γε τὸ ἴδιον οὐδ' ὁτιοῦν, ἀλλ' ὅτι τοὺς φίλους
ἔδοξά σοί τι ὀνῆσαι, οὕτω μοι προθύμως ἐβοήθησας ὡς
νῦν τὸ μὲν ἐπ' ἐμοὶ οἴχομαι, τὸ δ' ἐπὶ σοὶ σέσωσμαι.
12 Οὐ μὰ τοὺς θεούς, ὦ Κῦρε, εἰ ἦν οἷος ἔφυν ἐξ ἀρχῆς
καὶ ἐπαιδοποιησάμην, οὐκ οἶδ' εἰ ἐκτησάμην παῖδά ποτ'

herangeprescht waren, sein Heer in Angriffsstellung. Als die
Feinde die neue Lage erkannten und sich zur Flucht wandten,
gab Kyros den Männern, die für diese Aufgabe vorgesehen
waren, den Befehl, die Verfolgung aufzunehmen. Er selbst
folgte mit den übrigen, wie er es für angebracht hielt. (8) Da
fielen ihm auch Kampfwagen in die Hände. Denn einige Wagen verloren entweder beim Wenden oder aus einem anderen
Grund ihre Lenker, und bei anderen wurden die Zugstränge
von den Reitern des Kyros gekappt. Außerdem erschlugen die
Reiter viele Feinde, darunter auch den Mann, der Gadatas
verwundet hatte. (9) Von den assyrischen Fußsoldaten, die die
Burg des Gadatas belagerten, flohen allerdings einige in die
von Gadatas abgefallene Festung, einige aber entkamen in
eine große Stadt des assyrischen Königs, wo auch der Assyrer
selbst mit seinen Reitern und Wagen Zuflucht gefunden hatte.

(10) Als Kyros diesen Vorfall zu einem guten Ende geführt
hatte, kehrte er in das Gebiet des Gadatas zurück. Nachdem er
seinen Leuten, die sich um die Gefangenen zu kümmern hatten, seine Befehle gegeben hatte, ging er sofort los, um sich zu
erkundigen, wie es Gadatas nach seiner Verwundung ging.
Aber unterwegs schon kam ihm Gadatas mit verbundener
Wunde entgegen. Als Kyros ihn sah, freute er sich und sagte:
„Ich bin zu dir gekommen, um mich zu erkundigen, wie es dir
geht." (11) „Nein, ich bin, bei den Göttern, zu dir gekommen,
um dich erneut anzuschauen und um zu sehen, wie du, ein
Mann mit einem so edlen Herzen, eigentlich aussiehst. Denn –
das weiß ich genau – ohne mich im Augenblick zu benötigen,
ohne mir versprochen zu haben, dies für mich zu tun, ohne von
mir zu deinem eigenen Vorteil auch nur die kleinste Unterstützung erfahren zu haben, sondern einfach weil ich deiner Meinung nach deinen Freunden ein bißchen nützlich war, bist du
mir so entschlossen zu Hilfe gekommen, daß ich jetzt, wenn
ich auf mich allein gestellt gewesen wäre, nicht mehr lebte,
dank deiner Hilfe aber gerettet wurde. (12) Nein, bei den
Göttern, wenn ich so wäre, wie ich ursprünglich war, und Kinder gezeugt hätte, dann weiß ich nicht, ob ich jemals einen

ἂν τοιοῦτον περὶ ἐμέ · ἐπεὶ ἄλλους τε οἶδα παῖδας καὶ
τοῦτον τὸν νῦν 'Ασσυρίων βασιλέα πολὺ πλείω δὴ τὸν
αὐτοῦ πατέρα ἀνιάσαντα ἢ σὲ νῦν δύναται ἀνιᾶν. **13** Καὶ
ὁ **Κῦρος** πρὸς ταῦτα εἶπεν ὧδε · Ὦ **Γαδάτα**, ἦ πολὺ
μεῖζον παρεὶς θαῦμα ἐμὲ νῦν θαυμάζεις. Καὶ τί δὴ τοῦτ'
ἔστιν; ἔφη ὁ **Γαδάτας**. Ὅτι τοσοῦτοι μέν, ἔφη, Περσῶν
ἐσπούδασαν περὶ σέ, τοσοῦτοι δὲ **Μήδων**, τοσοῦτοι δὲ
Ὑρκανίων, πάντες δὲ οἱ παρόντες 'Αρμενίων καὶ **Σακῶν**
καὶ **Καδουσίων**. **14** Καὶ ὁ **Γαδάτας** ἐπηύξατο · 'Αλλ', ὦ
Ζεῦ, ἔφη, καὶ τούτοις πόλλ' ἀγαθὰ δοῖεν οἱ θεοί, καὶ
πλεῖστα τῷ αἰτίῳ τοῦ καὶ τούτους τοιούτους εἶναι. Ὅπως
μέντοι οὓς ἐπαινεῖς τούτους, ὦ **Κῦρε**, ξενίσωμεν καλῶς,
δέχου τάδε ξένια οἷα ἐγὼ ⟨δοῦναι⟩ δύναμαι. Ἅμα δὲ
προσῆγε πάντα πάμπολλα, ὥστε καὶ θύειν τὸν βουλόμενον καὶ ξενίζεσθαι πᾶν τὸ στράτευμα ἀξίως τῶν καλῶς
πεποιημένων καὶ καλῶς συμβάντων.

15 Ὁ δὲ **Καδούσιος** ὠπισθοφυλάκει καὶ οὐ μετέσχε
τῆς διώξεως · βουλόμενος δὲ καὶ αὐτὸς λαμπρόν τι ποιῆσαι, οὔτε ἀνακοινωσάμενος οὔτε εἰπὼν οὐδὲν Κύρῳ κα-
ταθεῖ τὴν πρὸς Βαβυλῶνα χώραν. Διεσπαρμένοις δὲ τοῖς
ἵπποις αὐτοῦ ἀπιὼν ὁ 'Ασσύριος ἐκ τῆς ἑαυτοῦ πόλεως,
οὗ κατέφυγε, συντυγχάνει μάλα συντεταγμένον ἔχων τὸ
αὐτοῦ στράτευμα. **16** Ὡς δ' ἔγνω μόνους ὄντας τοὺς
Καδουσίους, ἐπιτίθεται, καὶ τόν τε ἄρχοντα τῶν **Καδουσίων** ἀποκτείνει καὶ ἄλλους πολλούς, καὶ ἵππους τινὰς
λαμβάνει τῶν **Καδουσίων** καὶ ἣν ἄγοντες λείαν ἐτύγχανον
ἀφαιρεῖται. Καὶ ὁ μὲν 'Ασσύριος διώξας μέχρι οὗ ἀσφαλὲς
ᾤετο εἶναι ἀπετράπετο · οἱ δὲ **Καδούσιοι** ἐσῴζοντο πρὸς
τὸ στρατόπεδον ἀμφὶ δείλην οἱ πρῶτοι.

17 **Κῦρος** δ' ὡς ᾔσθετο τὸ γεγονός, ἀπήντα τε τοῖς
Καδουσίοις καὶ ὅντινα ἴδοι τετρωμένον ἀναλαμβάνων
τοῦτον μὲν ὡς **Γαδάταν** ἔπεμπεν, ὅπως θεραπεύοιτο,

Sohn bekommen hätte, der sich so für mich eingesetzt hätte.
Denn ich kenne andere Söhne und auch diesen jetzigen König
der Assyrer, der seinem eigenen Vater gewiß schon mehr Böses zugefügt hat, als er dir jetzt antun kann." (13) Darauf
erwiderte Kyros folgendes: „Lieber Gadatas, du bewunderst
mich jetzt und übersiehst dabei ein viel größeres Wunder." –
„Was meinst du damit?" fragte Gadatas. „Daß soviele Perser,
soviele Meder, soviele Hyrkanier und alle Armenier, Saken
und Kadusier, die hier sind, sich für dich eingesetzt haben."
(14) Da sprach Gadatas das folgende Gebet: „Zeus, die Götter mögen diese Männer mit vielen Gütern segnen, vor allem
aber den Mann, der es erreichte, daß sie so sind. Damit wir
jedoch die Männer, die du so rühmst, angemessen bewirten
können, nimm diese Gastgeschenke, die ich euch geben
kann." Zugleich ließ er Gegenstände jeder Art in großer Zahl
herbeischaffen, um jedem, der es wollte, die Möglichkeit zu
geben, Opfer darzubringen, und um das ganze Heer so zu
bewirten, wie es den großen Leistungen und dem schönen Erfolg entsprach.

(15) Der Kadusier deckte die Nachhut und nahm an der
Verfolgung nicht teil. Weil er aber auch eine bemerkenswerte
Tat vollbringen wollte, stieß er, ohne eine Nachricht zu hinterlassen oder Kyros etwas zu sagen, in die Umgebung von Babylon vor. Als der Assyrer seine Stadt verließ, wo er Zuflucht
gesucht hatte, traf er mit seinem kampfbereiten Heer auf die
weit auseinandergezogene kadusische Reiterei. (16) Als er erkannte, daß die Kadusier allein waren, griff er sie an, tötete
deren Anführer und viele andere, erbeutete einige Pferde der
Kadusier und nahm ihnen die Beute wieder ab, die sie bei sich
hatten. Der Assyrer nahm die Verfolgung auf, solange er dies
für gefahrlos hielt, und kehrte dann wieder um. Die überlebenden Kadusier retteten sich in das Lager, wo die ersten
gegen Abend eintrafen.

(17) Als Kyros von dem Vorfall erfuhr, ging er den Kadusiern entgegen, nahm die Verwundeten auf und schickte sie zu
Gadatas, um sie versorgen zu lassen. Die übrigen brachte er in

τοὺς δ' ἄλλους συγκατεσκήνου καὶ ὅπως τὰ ἐπιτήδεια
ἔχοιεν συνεπεμελεῖτο, παραλαμβάνων Περσῶν τῶν ὁμοτίμων συνεπιμελητάς · ἐν γὰρ τοῖς τοιούτοις οἱ ἀγαθοὶ
ἐπιπονεῖν ἐθέλουσι. 18 Καὶ ἀνιώμενος μέντοι ἰσχυρῶς
δῆλος ἦν, ὡς καὶ τῶν ἄλλων δειπνούντων ἡνίκα ἤδη ὥρα
ἦν, Κῦρος ἔτι σὺν τοῖς ὑπηρέταις καὶ τοῖς ἰατροῖς οὐδένα
ἑκὼν ἀτημέλητον παρέλειπεν, ἀλλ' ἢ αὐτόπτης ἐφεώρα
ἢ εἰ μὴ αὐτὸς ἐξανύτοι, πέμπων φανερὸς ἦν τοὺς θερα-
πεύσοντας. 19 Καὶ τότε μὲν οὕτως ἐκοιμήθησαν. Ἅμα δὲ τῇ ἡμέρᾳ
κηρύξας συνιέναι τῶν μὲν ἄλλων τοὺς ἄρχοντας, τοὺς
δὲ Καδουσίους ἅπαντας, ἔλεξε τοιάδε · Ἄνδρες σύμμαχοι,
ἀνθρώπινον τὸ γεγενημένον · τὸ γὰρ ἁμαρτάνειν ἀνθρώπους ὄντας οὐδὲν οἴομαι θαυμαστόν. Ἄξιοί γε μέντοι
ἐσμὲν τοῦ γεγενημένου πράγματος τούτου ἀπολαῦσαί τι
ἀγαθόν, τὸ μαθεῖν μήποτε διασπᾶν ἀπὸ τοῦ ὅλου δύναμιν ἀσθενεστέραν τῆς τῶν πολεμίων δυνάμεως. 20 Καὶ
οὐ τοῦτο, ἔφη, λέγω ὡς οὐ δεῖ ποτε καὶ ἐλάττονι ἔτι μορίῳ
ἰέναι, ὅπου ἂν δέῃ, ἢ νῦν ὁ Καδούσιος ᾤχετο · ἀλλ' ἐάν
τις κοινούμενος ὁρμᾶται τῷ ἱκανῷ βοηθῆσαι, ἔστι μὲν
ἀπατηθῆναι, ἔστι δὲ τῷ ὑπομένοντι ἐξαπατήσαντι τοὺς
πολεμίους ἄλλοσε τρέψαι ἀπὸ τῶν ἐξεληλυθότων, ἔστι
δὲ ἄλλα παρέχοντα πράγματα τοῖς πολεμίοις τοῖς φίλοις
ἀσφάλειαν παρέχειν · καὶ οὕτω μὲν οὐδ' ὁ χωρὶς ὢν
ἀπέσται, ἀλλ' ἐξαρτήσεται τῆς ἰσχύος · ὁ δὲ ἀπελθὼν μὴ
ἀνακοινωσάμενος, ὅπου ἂν ᾖ, οὐδὲν διάφορον πάσχει ἢ
εἰ μόνος ἐστρατεύετο. 21 Ἀλλ' ἀντὶ μὲν τούτου, ἔφη,
ἐὰν θεὸς θέλῃ, ἀμυνούμεθα τοὺς πολεμίους οὐκ εἰς μακράν.

Zelten unter und sorgte dafür, daß es ihnen an nichts fehlte. Zu seiner Unterstützung zog er die persischen Homotimen heran. Denn unter derartigen Umständen scheuen die mutigen und tatkräftigen Menschen keine Mühe. (18) Doch Kyros war offensichtlich sehr betroffen. Denn während alle anderen sich zu Tisch setzten, als die Zeit gekommen war, war er noch mit seinen Helfern und den Ärzten unterwegs und ließ keinen Verwundeten absichtlich ohne Hilfe, sondern sah entweder selbst nach ihnen oder ließ Leute kommen, die die Pflege übernehmen sollten, wenn er selbst nicht helfen konnte.

(19) Dann begaben sich alle zur Ruhe. Bei Tagesanbruch ließ Kyros alle Kadusier und die Führer der übrigen Verbündeten durch einen Herold zusammenrufen und hielt folgende Rede: „Bundesgenossen, was geschehen ist, ist auf menschliches Versagen zurückzuführen. Denn daß Menschen als solche Fehler machen, ist meiner Meinung nach nicht verwunderlich. Dennoch sind wir verpflichtet, aus diesem Vorfall eine nützliche Lehre zu ziehen: zu lernen, daß sich niemals ein Truppenteil, der schwächer ist als die Streitmacht des Gegners, vom ganzen Heer trennen darf. (20) Ich meine damit nicht, daß grundsätzlich nicht auch ein noch kleinerer Teil des Heeres, als es der Teil war, mit dem jetzt gerade der Kadusier unterwegs war, ausrücken darf, wenn es notwendig ist. Aber wenn sich jemand, bevor er aufbricht, mit demjenigen verständigt, der notfalls zu Hilfe kommen kann, ist es zwar nicht ausgeschlossen, daß er in eine Falle geht, es ist aber auch möglich, daß der Zurückbleibende die Feinde täuscht und von denjenigen ablenkt, die ausgerückt sind. Außerdem ist es denkbar, daß er, indem er den Feinden weitere Schwierigkeiten bereitet, für die Sicherheit der Freunde sorgt. In diesem Falle wird sogar derjenige, der allein unterwegs ist, von der Hauptmacht des Heeres nicht getrennt, sondern mit ihr in Verbindung bleiben. Wer sich aber entfernt, ohne mitzuteilen, wo er sich befindet, begibt sich in keine andere Situation als derjenige, der ganz allein zu Felde zieht. (21) Doch wenn Gott es will, werden wir uns in Kürze an den Feinden rächen. Aber sobald ihr mit dem Früh-

'Αλλ' ἐπειδὰν τάχιστα ἀριστήσητε, ἄξω ὑμᾶς ἐγὼ ἔνθα
τὸ πρᾶγμα ἐγένετο · καὶ ἅμα μὲν θάψομεν τοὺς τελευτήσαντας, ἅμα δὲ δείξομεν τοῖς πολεμίοις ἔνθα κρατῆσαι
νομίζουσιν ἐνταῦθα ἄλλους αὐτῶν κρείττους, ἢν θεὸς
θέλῃ · ἐὰν δὲ μὴ ἀντεπεξίωσι, καύσομεν αὐτῶν τὰς κώμας
καὶ δῃώσομεν τὴν χώραν, ἵνα μὴ ἃ ἡμᾶς ἐποίησαν ὁρῶντες
εὐφραίνωνται, ἀλλὰ τὰ ἑαυτῶν κακὰ θεώμενοι ἀνιῶνται
καὶ ὅπως γε μηδὲ τὸ χωρίον ἡδέως ὁρῶσιν ἔνθα ἀπέκτειναν
ἡμῶν τοὺς συμμάχους. 22 Οἱ μὲν οὖν ἄλλοι, ἔφη,
ἀριστᾶτε ἰόντες · ὑμεῖς δέ, ὦ Καδούσιοι, πρῶτον μὲν
ἀπελθόντες ἄρχοντα ὑμῶν αὐτῶν ἔλεσθε ᾗπερ ὑμῖν νόμος,
ὅστις ὑμῶν ἐπιμελήσεται σὺν τοῖς θεοῖς καὶ σὺν ἡμῖν,
ἄν τι προσδέησθε · ἐπειδὰν δὲ ἕλησθε καὶ ἀριστήσητε,
πέμψατε πρός ἐμὲ τὸν αἱρεθέντα. 23 Οἱ μὲν δὴ ταῦτ'
ἔπραξαν · ὁ δὲ Κῦρος ἐπεὶ ἐξήγαγε τὸ στράτευμα, κα-
τέστησεν εἰς τάξιν τὸν ᾑρημένον ὑπὸ τῶν Καδουσίων καὶ
ἐκέλευσε πλησίον ἑαυτοῦ ἄγειν τὴν τάξιν, ὅπως, ἔφη,
ἂν δυνώμεθα, ἀναθαρρύνωμεν τοὺς ἄνδρας. Οὕτω δὴ
ἐπορεύοντο · καὶ ἐλθόντες ἔθαπτον μὲν τοὺς Καδουσίους,
ἐδῄουν δὲ τὴν χώραν. Ποιήσαντες δὲ ταῦτα ἀπῆλθον τὰ
ἐπιτήδεια ἐκ τῆς πολεμίας ἔχοντες πάλιν εἰς τὴν Γαδάτα.

24 Ἐννοήσας δὲ ὅτι οἱ πρὸς αὐτὸν ἀφεστηκότες ὄντες
πλησίον Βαβυλῶνος κακῶς πείσονται, ἂν μὴ αὐτὸς αἰεὶ
παρῇ, οὕτως ὅσους τε τῶν πολεμίων ἀφίει, τούτους
ἐκέλευσε λέγειν τῷ Ἀσσυρίῳ, καὶ αὐτὸς κήρυκα ἔπεμψε
πρὸς αὐτὸν ταὐτὰ λέγοντα, ὅτι ἕτοιμος εἴη τοὺς ἐργαζο-
μένους τὴν γῆν ἐᾶν καὶ μὴ ἀδικεῖν, εἰ καὶ ἐκεῖνος βούλοιτο ἐᾶν ἐργάζεσθαι τοὺς τῶν πρὸς ἑαυτὸν ἀφεστηκό-

stück fertig seid, werde ich euch dorthin führen, wo das Unglück geschehen ist: Wir werden dort einerseits die Gefallenen
begraben und andererseits unseren Feinden zeigen, daß es
dort, wo sie gesiegt zu haben glauben, noch andere gibt, die
ihnen überlegen sind, wenn Gott es will. Sollten sie aber die
Herausforderung nicht annehmen, so werden wir wenigstens
ihre Dörfer einäschern und das Land verwüsten, damit sie
keine Freude daran haben, wenn sie sehen, was sie uns angetan haben, sondern leiden, sobald sie ihr eigenes Unglück vor
Augen haben, und den Platz nicht mehr mit Vergnügen ansehen können, wo sie unsere Verbündeten erschlagen haben.
(22) Begebt euch jetzt alle außer den Kadusiern zum Frühstück. Ihr aber, Kadusier, geht erst einmal fort und wählt
euch, wie es bei euch Brauch ist, einen Anführer, der für euch
mit Unterstützung der Götter und mit eurer Mithilfe sorgen
wird, wenn ihr etwas braucht. Sobald ihr die Wahl vollzogen
und gefrühstückt habt, schickt den Gewählten zu mir."
(23) Das taten die Kadusier. Als Kyros das Heer aus dem
Lager geführt hatte, ließ er den von den Kadusiern gewählten
Anführer seinen Posten einnehmen und befahl ihm, an der
Spitze seiner Truppen in seiner Nähe zu marschieren: „Damit
wir deinen Männern wieder Mut machen, wenn wir es können", erklärte Kyros. So zogen sie los. Als sie auf dem
Schlachtfeld angekommen waren, beerdigten sie die toten Kadusier und verwüsteten das Land. Daraufhin kehrten sie mit
den Lebensmitteln, die sie im Feindesland erbeutet hatten,
wieder auf das Gebiet des Gadatas zurück.
(24) Weil Kyros sich dessen bewußt war, daß alle, die in der
Umgebung von Babylon zu ihm abgefallen waren, Schwierigkeiten bekommen würden, wenn er selbst nicht ständig anwesend sei, befahl er den feindlichen Soldaten, die er aus der
Gefangenschaft entließ, dem Assyrer mitzuteilen – und er
schickte selbst auch noch einen Herold, der dasselbe sagen
sollte –, daß er bereit sei, die Bauern in Ruhe zu lassen und
ihnen nichts anzutun, wenn auch der Assyrer bereit sei, die
Arbeitskräfte unter den Überläufern ihre Tätigkeit verrichten

των ἐργάτας. **25** Καίτοι, ἔφη, σὺ μὲν ἂν καὶ δύνῃ
κωλύειν, ὀλίγους τινὰς κωλύσεις · ὀλίγη γάρ ἐστι χώρα
ἡ τῶν πρὸς ἐμὲ ἀφεστηκότων · ἐγὼ δὲ πολλὴν ἄν σοι γῆν
ἐῴην ἐνεργὸν εἶναι. Εἰς δὲ τὴν τοῦ καρποῦ κομιδήν, ἐὰν
μὲν πόλεμος ᾖ, ὁ ἐπικρατῶν οἶμαι καρπώσεται · ἐὰν δὲ
εἰρήνη, δῆλον, ἔφη, ὅτι σύ. Ἐὰν μέντοι τις ἢ τῶν ἐμῶν
ὅπλα ἀνταίρηται σοὶ ἢ τῶν σῶν ἐμοί, τούτους, ἔφη, ὡς
ἂν δυνώμεθα, ἑκάτεροι ἀμυνούμεθα. **26** Ταῦτα ἐπιστείλας τῷ κήρυκι ἔπεμψεν αὐτόν. Οἱ δὲ Ἀσσύριοι ἐπεὶ ἤκουσαν ταῦτα, πάντα ἐποίουν πείθοντες τὸν βασιλέα συγχω-
ρῆσαι ταῦτα καὶ ὅτι μικρότατον τοῦ πολέμου λιπεῖν.
27 Καὶ ὁ Ἀσσύριος μέντοι εἴτε ὑπὸ τῶν ὁμοφύλων
πεισθεὶς εἴτε καὶ αὐτὸς οὕτω βουληθεὶς συνήνεσε ταῦτα ·
καὶ ἐγένοντο συνθῆκαι τοῖς μὲν ἐργαζομένοις εἰρήνην
εἶναι, τοῖς δ' ὁπλοφόροις πόλεμον. **28** Ταῦτα μὲν δὴ
διεπέπρακτο περὶ τῶν ἐργατῶν ὁ Κῦρος · τὰς δὲ νομὰς
τῶν κτηνῶν τοὺς μὲν ἑαυτοῦ φίλους ἐκέλευσε καταθέσθαι,
εἰ βούλοιντο, ἐν τῇ ἑαυτῶν ἐπικρατείᾳ · τὴν δὲ τῶν πολεμίων λείαν ἦγον ὁπόθεν δύναιντο, ὅπως εἴη ἡ στρατεία
ἡδίων τοῖς συμμάχοις. Οἱ μὲν γὰρ κίνδυνοι οἱ αὐτοὶ καὶ
ἄνευ τοῦ λαμβάνειν τὰ ἐπιτήδεια, ἡ δ' ἐκ τῶν πολεμίων
τροφὴ κουφοτέραν τὴν στρατείαν ἐδόκει παρέχειν.

29 Ἐπεὶ δὲ παρεσκευάζετο ὁ Κῦρος ἤδη ὡς ἀπιών,
παρῆν ὁ Γαδάτας ἄλλα τε δῶρα πολλὰ καὶ παντοῖα
φέρων καὶ ἄγων ὡς ἂν ἐξ οἴκου μεγάλου, καὶ ἵππους δὲ
ἦγε πολλοὺς ἀφελόμενος τῶν ἑαυτοῦ ἱππέων οἷς ἠπιστή-
κει διὰ τὴν ἐπιβουλήν. Ὡς δ' ἐπλησίασεν, ἔλεξε τοιάδε ·
30 Ὦ Κῦρε, νῦν μέν σοι ἐγὼ ταῦτα δίδωμι ἵνα ἐν τῷ πα-

zu lassen. (25) „Allerdings wirst du nur einige wenige stören, wenn du sie überhaupt stören kannst. Denn das Gebiet der Leute, die zu uns übergelaufen sind, ist klein. Ich aber würde dir ein weites Land zur Bearbeitung überlassen. Was das Einbringen der Ernte anbetrifft, so ist es – wie ich meine – im Krieg der Sieger, der etwas davon haben wird. Wenn aber Frieden herrscht, bist selbstverständlich du der Nutznießer. Wenn allerdings einer meiner Leute die Waffen gegen dich erhebt oder einer deiner Leute gegen mich, dann werden wir beide ihn bestrafen, soweit es uns möglich ist." (26) Mit diesem Auftrag schickte Kyros den Herold zum König der Assyrer. Als die Assyrer diese Vorschläge gehört hatten, setzten sie alles daran, den König zu überreden, diesen Vorschlag anzunehmen und die Auswirkungen des Krieges möglichst eng zu begrenzen. (27) Der Assyrer ging tatsächlich auf Kyros' Vorschlag ein, sei es daß er von seinen Landsleuten überredet wurde, sei es daß er es selbst so wollte. Es wurde vertraglich vereinbart, daß die Ackerbauern in Frieden arbeiten durften, während sich die Bewaffneten im Kriegszustand befanden. (28) Das also hatte Kyros in Bezug auf die Ackerbauern durchgesetzt. Was aber die Weiden für das Vieh betraf, so forderte Kyros seine Freunde auf, diese auf ihrem eigenen Gebiet einzurichten, falls sie es wollten. Während dessen machten sie überall im Feindesland Beute, wo es ihnen möglich war, um den Verbündeten den Feldzug angenehmer zu machen. Denn die Gefahren bleiben dieselben, ob man die Lebensmittel nun nimmt oder nicht. Aber die Verpflegung aus dem Feindesland macht den Feldzug offensichtlich erträglicher.

(29) Als Kyros sich bereits auf den Aufbruch vorbereitete, traf Gadatas mit zahlreichen Geschenken aller Art ein, wie sie nur aus einem reichen Haus stammen konnten, und brachte auch viele Pferde mit, nachdem er sie seinen Reitern weggenommen hatte, denen er aufgrund des Anschlags auf sein Leben nicht mehr traute. Als er eingetroffen war, sagte er folgendes: (30) „Kyros, diese Dinge hier überlasse ich dir jetzt, da-

ρόντι καὶ χρῆ αὐτοῖς, ἄν τι δέῃ· νόμιζε δ', ἔφη. καὶ τἆλλα πάντα τἀμὰ σὰ εἶναι. Οὔτε γὰρ ἔστιν οὔτ' ἔσται ποτὲ ὅτῳ ἐγὼ ἀπ' ἐμοῦ φύντι καταλείψω τὸν ἐμὸν οἶκον· ἀλλ' ἀνάγκῃ, ἔφη, σὺν ἐμοὶ τελευτῶντι πᾶν ἀποσβῆναι τὸ ἡμέτερον γένος καὶ ὄνομα. 31 Καὶ ταῦτα, ἔφη, ὦ Κῦρε, ὄμνυμί σοι τοὺς θεούς, οἳ καὶ ὁρῶσι πάντα καὶ ἀκούουσι πάντα, οὔτε ἄδικον οὔτε αἰσχρὸν οὐδὲν οὔτε εἰπὼν οὔτε ποιήσας ἔπαθον. Καὶ ἅμα ταῦτα λέγων κατεδάκρυσε τὴν ἑαυτοῦ τύχην καὶ οὐκέτι ἐδυνάσθη πλείω εἰπεῖν.

32 Καὶ ὁ Κῦρος ἀκούσας τοῦ μὲν πάθους ᾤκτιρεν αὐτόν, ἔλεξε δὲ ὧδε· Ἀλλὰ τοὺς μὲν ἵππους δέχομαι, ἔφη· σέ τε γὰρ ὠφελήσω εὐνουστέροις δοὺς αὐτοὺς ἢ οἳ νῦν σοι εἶχον, ὡς ἔοικεν, ἐγώ τε, οὗ δὴ πάλαι ἐπεθύμουν, τὸ Περσῶν ἱππικὸν θᾶττον ἐκπληρώσω εἰς τοὺς μυρίους ἱππέας· τὰ δ' ἄλλα χρήματα σὺ ἀπαγαγὼν φύλαττε, ἔστ' ἂν ἐμὲ ἴδῃς ἔχοντα ὥστε σοῦ μὴ ἡττᾶσθαι ἀντιδωρούμενον· εἰ δὲ πλείω μοι δοὺς ἀπίοις ἢ λαμβάνοις παρ' ἐμοῦ, μὰ τοὺς θεοὺς οὐκ οἶδ' ὅπως ἂν δυναίμην μὴ αἰσχύνεσθαι. 33 Πρὸς ταῦτα ὁ Γαδάτας εἶπεν· Ἀλλὰ ταῦτα μέν, ἔφη, πιστεύω σοι· ὁρῶ γάρ σου τὸν τρόπον· φυλάττειν μέντοι ὅρα εἰ ἐπιτήδειός εἰμι. 34 Ἕως μὲν γὰρ φίλοι ἦμεν τῷ Ἀσσυρίῳ, καλλίστη δὴ ἐδόκει εἶναι ἡ τοῦ ἐμοῦ πατρὸς κτῆσις· τῆς γὰρ μεγίστης πόλεως Βαβυλῶνος ἐγγὺς οὖσα ὅσα μὲν ὠφελεῖσθαι ἔστιν ἀπὸ μεγάλης πόλεως, ταῦτα ἀπελαύομεν, ὅσα δὲ ἐνοχλεῖσθαι, οἴκαδε δεῦρ' ἀπιόντες τούτων ἐκποδὼν ἦμεν· νῦν δ' ἐπεὶ ἐχθροί ἐσμεν, δῆλον ὅτι ἐπειδὰν σὺ ἀπέλθῃς, καὶ αὐτοὶ ἐπιβουλευσόμεθα καὶ ὁ οἶκος, καὶ οἶμαι λυπηρῶς βιωσόμεθα τοὺς ἐχθροὺς καὶ πλησίον ἔχοντες καὶ κρείττους

mit du sie gleich benutzen kannst, wenn du es für nötig hältst. Sei aber davon überzeugt, daß mein gesamter Besitz, über den ich sonst noch verfüge, dir gehört. Es gibt nämlich niemanden und es wird auch niemals jemanden geben, dem ich als meinem Sohn mein Haus hinterlassen kann. Vielmehr werden mit meinem Tod unser Geschlecht und unser Name zwangsläufig ausgelöscht. (31) Mein Kyros, ich schwöre dir im Namen der Götter, daß ich dieses Unglück erleiden mußte, ohne etwas Böses oder Schändliches gesagt oder getan zu haben." Bei diesen Worten weinte er über sein Schicksal und konnte nicht mehr weitersprechen.

(32) Als Kyros dies hörte, bekam er Mitleid mit ihm wegen seines Unglücks. Dann aber sagte er folgendes: „Nun, die Pferde nehme ich gern. Denn ich werde dir einen guten Dienst leisten, wenn ich sie Männern gebe, die zweifellos mehr für dich übrig haben als ihre bisherigen Eigentümer. Auf diese Weise werde ich, was ich schon lange vorhabe, die persische Reiterei rascher auf zehntausend Reiter auffüllen. Die anderen Geschenke nimm wieder mit und paß gut auf sie auf, bis du mich selbst so viel besitzen siehst, daß ich mit dir im Schenken mithalten kann. Wenn du aber fortgehst, nachdem du mir mehr gegeben hast, als du von mir bekommst, dann, bei den Göttern, weiß ich nicht, wie ich es verhindern könnte, mich zu schämen." (33) Darauf erwiderte Gadatas: „So will ich dir diese Sachen in Verwahrung geben. Denn ich kenne deinen Charakter. Doch sieh selbst, ob ich imstande bin, auf sie aufzupassen. (34) Denn solange wir, der Assyrer und ich, Freunde waren, fand ich den Besitz meines Vaters wunderschön. Denn weil er in der Nähe der Riesenstadt Babylon liegt, genossen wir alle Vorteile, die eine große Stadt zu bieten hat. Allen Unbequemlichkeiten aber konnten wir uns entziehen, indem wir uns hierher nach Hause zurückzogen. Da wir jetzt aber Feinde sind, haben wir selbst und unsere ganze Hausgemeinschaft nach deinem Abzug ohne Zweifel mit Repressalien zu rechnen, und ich glaube, daß uns ein trauriges Leben bevorsteht, da wir die Feinde in unserer Nachbarschaft haben und

ἡμῶν αὐτῶν ὁρῶντες. **35** Τάχ' οὖν εἴποι τις ἄν · Καὶ
τί δῆτα ταῦτα οὐκ ἐνενοοῦ πρὶν ἀποστῆναι; "Οτι, ὦ Κῦρε,
ἡ ψυχή μου διὰ τὸ ὑβρίσθαι καὶ ὀργίζεσθαι οὐ τὸ ἀσφαλέστατον σκοποῦσα διῆγεν, ἀλλ' αἰεὶ τοῦτο κυοῦσ', ἀρά
ποτ' ἔσται ἀποτείσασθαι τὸν καὶ θεοῖς ἐχθρὸν καὶ ἀνθρώποις, ὃς διατελεῖ μισῶν, οὐκ ἦν τίς τι αὐτὸν ἀδικῇ, ἀλλ' ἐάν
τινα ὑποπτεύσῃ βελτίονα ἑαυτοῦ εἶναι. **36** Τοιγαροῦν,
οἶμαι, αὐτὸς πονηρὸς ὢν πᾶσι πονηροτέροις ἑαυτοῦ
συμμάχοις χρήσεται Ἐὰν δέ τις ἄρα καὶ βελτίων αὐτοῦ
φανῇ, θάρρει, ἔφη, ὦ Κῦρε, οὐδέν σε δεήσει τῷ ἀγαθῷ
ἀνδρὶ μάχεσθαι, ἀλλ' ἐκεῖνος τοῦτο ἀρκέσει μηχανώμενος,
ἕως ἀνέλῃ τὸν ἑαυτοῦ βελτίονα. Τοῦ μέντοι ἐμὲ ἀνιᾶν
[καὶ] σὺν τοῖς πονηροῖς ῥᾳδίως οἶμαι κρείττων ἔσται.

37 Ἀκούσαντι ταῦτα τῷ Κύρῳ ἔδοξεν ἄξια ἐπιμελείας
λέγειν · καὶ εὐθὺς εἶπε · Τί οὖν, ἔφη, ὦ Γαδάτα, οὐχὶ τὰ
μὲν τείχη φυλακῇ ἐχυρὰ ἐποιήσαμεν. ὅπως ἄν σοι σῷα
ᾖ χρῆσθαι ἀσφαλῶς, ὁπόταν εἰς αὐτὰ ἴῃς, αὐτὸς δὲ σὺν
ἡμῖν στρατεύῃ, ἵνα, ἦν οἱ θεοὶ ὥσπερ νῦν σὺν ἡμῖν ὦσιν,
οὗτος σὲ φοβῆται, ἀλλὰ μὴ σὺ τοῦτον; Ὅ τι δὲ ἡδύ σοι
ὁρᾶν τῶν σῶν ἢ ὅτῳ συνὼν χαίρεις. ἔχων σὺν σαυτῷ
πορεύου. Καὶ σύ τ' ἄν ἐμοί, ὥς γέ μοι δοκῶ, πάνυ χρήσιμος
εἴης, ἐγώ τε σοὶ ὅσα ἄν δύνωμαι πειράσομαι. **38** Ἀκούσας ταῦτα ὁ Γαδάτας ἀνέπνευσέ τε καὶ εἶπεν · Ἄρ' οὖν,
ἔφη, δυναίμην ἄν συσκευασάμενος φθάσαι πρίν σε ἐξιέναι;
Βούλομαι γάρ τοι, ἔφη. καὶ τὴν μητέρα ἄγειν μετ' ἐμαυτοῦ.

sehen müssen, daß sie uns überlegen sind. (35) Vielleicht könnte jemand die Frage stellen: ‚Warum hast du denn dies nicht bedacht, bevor du die Fronten wechseltest?' Weil, mein Kyros, meine Seele aufgrund der erlittenen Schande und der Empörung darüber nicht fortwährend auf ein Höchstmaß an Sicherheit bedacht war, sondern immer nur diesen einen Gedanken in sich trug: Werde ich jemals in der Lage sein, an diesem Feind der Götter und Menschen Rache zu nehmen, der nicht denjenigen unaufhörlich haßt, der ihm ein Unrecht antut, sondern jeden, bei dem er argwöhnt, er könne besser sein als er selbst? (36) Also wird er, glaube ich, so schändlich wie er ist, alle Subjekte, die noch größere Verbrecher sind als er selbst, als Helfershelfer haben. Wenn aber jemand auftritt, der besser ist als er, dann, mein Kyros, hab keine Angst, du wirst mit diesem tüchtigen Mann nicht zu kämpfen brauchen. Vielmehr wird sich der König ganz darauf konzentrieren, alle Mittel in Bewegung zu setzen, bis er den Mann, der besser ist als er selbst, beseitigt hat. Aber in der Fähigkeit, mich zu schikanieren, wird er mit Hilfe seiner üblen Gesellen, glaube ich, nicht zu übertreffen sein."

(37) Als Kyros diese Worte gehört hatte, meinte er, sie seien besonderer Beachtung wert, und er sagte sogleich: „Gadatas, warum haben wir deine Festung denn nicht mit einer Besatzung verstärkt, damit sie dir nicht genommen werden kann und du dort in Sicherheit bist, wenn du dich dorthin zurückziehst, und warum nimmst du selbst nicht an unserem Feldzug teil, damit der Assyrer, wenn die Götter wie bisher mit uns sind, dich fürchtet und nicht du ihn? Nimm aus deiner Umgebung alles mit, was du gern bei dir siehst oder über dessen Gegenwart du dich freust, und schließ dich unserem Feldzug an. Du könntest mir, wie ich meine, sehr nützlich sein, und ich werde versuchen, es auch für dich zu sein, soweit es in meiner Macht steht." (38) Nachdem er dies gehört hatte, holte Gadatas tief Luft und sagte: „Hätte ich denn genug Zeit, um meine Vorbereitungen zu treffen, bevor du aufbrichst? Denn ich will auch meine Mutter mitnehmen." – „Ja, beim Zeus, du hast

Ναὶ μὰ Δί', ἔφη, φθάσεις μέντοι· ἐγὼ γὰρ ἐπισχήσω
ἔστ' ἂν σὺ φῇς καλῶς ἔχειν.
39 Οὕτω δὴ ὁ Γαδάτας ἀπελθὼν φύλαξι μὲν τὰ τείχη
σὺν Κύρῳ ὠχυρώσατο, συνεσκευάσατο δὲ πάντα ὁπόσοις
ἂν οἶκος μέγας καλῶς οἰκοῖτο. Ἤγετο δὲ καὶ τῶν ἑαυτοῦ
τῶν τε πιστῶν οἷς ἥδετο καὶ ὧν ἠπίστει πολλούς, ἀναγ-
κάσας τοὺς μὲν καὶ γυναῖκας ἄγειν, τοὺς δὲ καὶ ἀδελφάς,
ὡς δεδεμένους τούτοις κατέχοι αὐτούς. **40** Καὶ τὸν
μὲν Γαδάταν εὐθὺς ὁ Κῦρος σὺν τοῖς περὶ αὐτὸν ᾔει ἔχων
καὶ ὁδῶν φραστῆρα καὶ ὑδάτων καὶ χιλοῦ καὶ σίτου, ὡς
εἴη ἐν τοῖς ἀφθονωτάτοις στρατοπεδεύεσθαι.

41 Ἐπεὶ δὲ πορευόμενος καθεώρα τὴν τῶν Βαβυλωνίων
πόλιν καὶ ἔδοξεν αὐτῷ ἡ ὁδὸς ἣν ᾔει παρ' αὐτὸ τὸ τεῖχος
φέρειν, καλέσας τὸν Γωβρύαν καὶ τὸν Γαδάταν ἠρώτα εἰ
εἴη ἄλλη ὁδός, ὥστε μὴ πάνυ πλησίον τοῦ τείχους ἄγειν.
42 Καὶ ὁ Γωβρύας εἶπεν· Εἰσὶ μέν, ὦ δέσποτα, καὶ πολλαὶ ὁδοί· ἀλλ' ἔγωγ', ἔφη, ᾠόμην καὶ βούλεσθαι ἄν σε
νῦν ὅτι ἐγγύτατα τῆς πόλεως ἄγειν, ἵνα καὶ ἐπιδείξαις
αὐτῷ τὸ στράτευμα ὅτι σοι ἤδη πολύ τέ ἐστι καὶ καλόν,
ἐπειδὴ καὶ ὅτε ἔλαττον εἶχες προσῆλθές τε πρὸς αὐτὸ τὸ
τεῖχος καὶ ἐθεᾶτο ἡμᾶς οὐ πολλοὺς ὄντας· νῦν δὲ εἰ καὶ
παρεσκευασμένος τί ἐστιν, ὥσπερ προεῖπεν ὅτι παρασκευάζοιτο ὡς μαχούμενος σοι, οἶδ' ὅτι ἰδόντι αὐτῷ τὴν σὴν
δύναμιν πάλιν ἀπαρασκευαστότατα τὰ ἑαυτοῦ φανεῖται.
43 Καὶ ὁ Κῦρος πρὸς ταῦτα εἶπε· Δοκεῖς μοι, ὦ
Γωβρύα, θαυμάζειν ὅτι ἐν ᾧ μὲν χρόνῳ πολὺ μείονα ἔχων
στρατιὰν ἦλθον, πρὸς αὐτὸ τὸ τεῖχος προσῆγον, νῦν
δ' ἐπεὶ πλείονα δύναμιν ἔχω, οὐκ ἐθέλω ὑπ' αὐτὰ τὰ
τείχη ἄγειν. **44** Ἀλλὰ γὰρ μὴ θαύμαζε, ἔφη, οὐ γὰρ
τὸ αὐτό ἐστι προσάγειν τε καὶ παράγειν. Προσάγουσι

wirklich genug Zeit. Denn ich werde warten, bis du sagst, daß
du fertig bist."

(39) So ging Gadatas fort und verstärkte seine Festung mit
einer Besatzung. Dann packte er alles zusammen, was zur
Führung eines großen Haushalts erforderlich war. Von seinen
Gefolgsleuten nahm er diejenigen mit, die sein Vertrauen besaßen und ihm angenehm waren, und auch viele von denen,
die sein Vertrauen nicht besaßen. Diese zwang er, sich entweder von ihren Frauen oder von ihren Schwestern begleiten zu
lassen, um sie mit Hilfe dieser Bindungen unter Kontrolle zu
haben. (40) Kyros brach unverzüglich auf und behielt Gadatas
in seiner engsten Umgebung, wo er ihm die Wege, die reich-
haltigsten Wasserstellen, Futterplätze und Verpflegungsmög-
lichkeiten zeigte, damit er dort sein Lager aufschlagen konnte.

(41) Als er in Sichtweite von Babylon gelangte und der
Weg, den er eingeschlagen hatte, unmittelbar an der Stadtmauer vorbeizuführen schien, rief er Gobryas und Gadatas zu
sich und fragte sie, ob es noch einen anderen Weg gebe, um
nicht zu nahe an der Mauer vorbeiziehen zu müssen. (42) Gobryas antwortete: „Herr, es gibt viele Wege. Aber ich glaubte,
du wolltest jetzt möglichst dicht an der Stadt vorbeiziehen, um
dem König zu zeigen, daß du nunmehr ein großes, prächtiges
Heer besitzt. Denn auch als es noch kleiner war, bist du bis an
die Mauern herangerückt, und der Assyrer sah, daß wir nicht
viele waren. Aber obwohl er gewisse Vorbereitungen traf –
hatte er doch angekündigt, er wolle sich erst vorbereiten, um
mit dir zu kämpfen –, weiß ich, daß ihm jetzt, wenn er deine
Streitmacht sieht, erneut deutlich wird, daß seine Vorbereitungen völlig unzureichend sind."

(43) Darauf erwiderte Kyros: „Du scheinst dich, mein Gobryas, zu wundern, daß ich damals, als ich mit einem viel
kleineren Heer unterwegs war, unmittelbar an die Mauer her-
anzog, jetzt aber, wo ich über eine erheblich größere Streitmacht verfüge, nicht die Absicht habe, meine Truppen direkt
an die Mauern heranzuführen. (44) Wundere dich bitte nicht.
Denn es ist nicht dasselbe, dem Feind entgegenzuziehen und

μὲν γὰρ πάντες οὕτω ταξάμενοι ὡς ἂν οἴωνται ἄριστα
μάχεσθαι καὶ ἀπάγουσι δὲ οἱ σώφρονες ᾗ ἂν ἀσφαλέστατα,
οὐχ ᾗ ἂν τάχιστα ἀπέλθοιεν. **45** Παριέναι δὲ ἀνάγκη
ἐστὶν ἐκτεταμέναις μὲν ταῖς ἁμάξαις, ἀνειρμένοις δὲ καὶ
τοῖς ἄλλοις σκευοφόροις ἐπὶ πολύ · ταῦτα δὲ πάντα δεῖ
προκεκαλύφθαι τοῖς ὁπλοφόροις καὶ μηδαμῇ τοῖς πολεμίοις γυμνὰ ὅπλων τὰ σκευοφόρα φαίνεσθαι. **46** Ἀνάγκη
οὖν οὕτω πορευομένων ἐπὶ λεπτὸν καὶ ἀσθενὲς τὸ
μάχιμον τετάχθαι · εἰ οὖν βούλοιντο ἀθρόοι ἐκ τοῦ τείχους
προσπεσεῖν πῃ, ὅπῃ προσμείξειαν, πολλῷ ἂν ἐρρωμε-
νέστερον συμμιγνύοιεν τῶν παριόντων · **47** καὶ τοῖς μὲν
ἐπὶ μακρὸν πορευομένοις μακραὶ καὶ αἱ ἐπιβοήθειαι, τοῖς
δ᾽ ἐκ τοῦ τείχους βραχὺ πρὸς τὸ ἐγγὺς καὶ προσδραμεῖν
καὶ πάλιν ἀπελθεῖν. **48** Ἢν δὲ μὴ μεῖον ἀπέχοντες
παρίωμεν ἢ ἐφ᾽ ὅσον καὶ νῦν ἐκτεταμένοι πορευόμεθα,
τὸ μὲν πλῆθος κατόψονται ἡμῶν · ὑπὸ δὲ τῶν παρυφασ-
μένων ὅπλων πᾶς ὄχλος δεινὸς φαίνεται. **49** Ἢν δ᾽ ἄρα
καὶ οὕτως ἰόντων ἐπεξίωσί πῃ, ἐκ πολλοῦ προορῶντες
αὐτοὺς οὐκ ἂν ἀπαράσκευοι λαμβανοίμεθα. Μᾶλλον δέ,
ὦ ἄνδρες, ἔφη, οὐδ᾽ ἐπιχειρήσουσιν, ὁπόταν πρόσω δέῃ
ἀπὸ τοῦ τείχους ἀπιέναι, ἂν μὴ τῷ ὅλῳ ὑπολάβωσί που
παντὼς κρείττους εἶναι · φοβερὸν γὰρ ἡ ἀποχώρησις.
50 Ἐπεὶ δὲ ταῦτ᾽ εἶπεν, ἔδοξέ τε ὀρθῶς τοῖς παροῦσι
λέγειν καὶ ἦγεν ὁ Γωβρύας ὥσπερ ἐκέλευσε. Παραμειβομέ-

an ihm vorbeizuziehen. Denn alle, die dem Feind entgegenziehen, stellen sich so auf, wie es ihrer Einschätzung nach für den
Kampf am günstigsten ist, und wer vernünftig ist, zieht sich
zurück, indem er auf größtmögliche Sicherheit und nicht auf
äußerste Schnelligkeit bedacht ist. (45) Wenn man aber am
Feind vorbeizieht, muß man dies in einer weit auseinanderge-
zogenen Wagenkolonne und mit einem auf eine große Strecke
hin verteilten Troß tun. Alles dies muß aber von Bewaffneten
gedeckt sein, und die Feinde dürfen nicht annehmen, daß der
Troß an irgendeiner Stelle ungeschützt sei. (46) Eine derartige
Marschordnung zwingt die bewaffneten Einheiten dazu, ihre
Formation zu lockern und ihre Kampfkraft zu schwächen.
Wenn nun die Feinde in geballter Masse aus ihrer Festung
hervorstürmen wollten, dann könnten sie dort, wo sie angriffen, mit erheblich stärkerer Wucht zuschlagen als die vorüber-
ziehende Kolonne. (47) Diejenigen, die in einer langen Kolonne marschieren, müssen auch lange auf Unterstützung warten, während diejenigen, die aus der Festung stürmen, nur
eine kurze Entfernung zu ihrem Gegner, der sich in ihrer unmittelbaren Nähe befindet, zurückzulegen haben, um ihn anzugreifen und sich wieder zurückzuziehen. (48) Wenn wir aber
in derselben Entfernung wie bisher in langer Kolonne vorbeiziehen, dann werden sie unsere gesamte Streitmacht vor Augen haben. Wenn aber die Bewaffneten den Troß von allen
Seiten her schützen, bietet jedes Heer einen furchteinflößen-
den Anblick. (49) Sollten sie also, wenn wir in dieser Formation marschieren, an irgendeiner Stelle einen Ausbruch unternehmen, so können sie uns wohl nicht unvorbereitet angreifen,
da wir sie schon von weitem sehen. Aber es wird wohl eher der
Fall sein, ihr Männer, daß sie es erst gar nicht versuchen, wenn
sie sich so weit von ihren Mauern entfernen müssen, es sei
denn, sie meinten, uns in jeder Hinsicht mit der Gesamtheit
ihrer Streitkräfte deutlich überlegen zu sein. Denn der Rückzug ist in diesem Falle gefährlich für sie." (50) Als Kyros dies
gesagt hatte, waren alle Anwesenden der Überzeugung, daß er
recht habe, und Gobryas führte seine Streitmacht weiter wie

νου δὲ τὴν πόλιν τοῦ στρατεύματος αἰεὶ τὸ ὑπολειπόμενον
ἰσχυρότερον ποιούμενος ἀπεχώρει.

51 Ἐπεὶ δὲ πορευόμενος οὕτως ἐν ταῖς γιγνομέναις
ἡμέραις ἀφικνεῖται εἰς τὰ μεθόρια τῶν Σύρων καὶ Μήδων,
ἔνθενπερ ὥρμητο · ἐνταῦθα δὴ τρία ὄντα τῶν Σύρων φρούρια, ἓν μὲν αὐτὸς τὸ ἀσθενέστατον βίᾳ προσβαλὼν ἔλαβε,
τὼ δὲ δύο φρουρίω φοβῶν μὲν Κῦρος, πείθων δὲ Γαδάτας
ἔπεισε παραδοῦναι τοὺς φυλάττοντας.

V

1 Ἐπεὶ δὲ ταῦτα διεπέπρακτο, πέμπει πρὸς Κυαξάρην
καὶ ἐπέστελλεν αὐτῷ ἥκειν ἐπὶ τὸ στρατόπεδον, ὅπως
περί τε τῶν φρουρίων ὧν εἰλήφεσαν βουλεύσαιντο ὅ τι
χρήσαιντο, καὶ ὅπως θεασάμενος τὸ στράτευμα καὶ περὶ
τῶν ἄλλων σύμβουλος γίγνοιτο ὅ τι δοκοίη ἐκ τούτου
πράττειν · ἐὰν δὲ κελεύῃ, εἰπέ, ἔφη, ὅτι ἐγὼ ἂν ὡς ἐκεῖνον
ἴοιμι συστρατοπεδευσόμενος. **2** Ὁ μὲν δὴ ἄγγελος
ᾤχετο ταῦτ᾽ ἀπαγγελῶν. Ὁ δὲ Κῦρος ἐν τούτῳ ἐκέλευσε
τὴν τοῦ Ἀσσυρίου σκηνήν, ἣν Κυαξάρει οἱ Μῆδοι ἐξεῖλον,
ταύτην κατασκευάσαι ὡς βέλτιστα τῇ τε ἄλλῃ κατασκευῇ
ἣν εἶχον καὶ τῷ γυναῖκα εἰσαγαγεῖν εἰς τὸν γυναικῶνα
τῆς σκηνῆς καὶ σὺν ταύτῃ τὰς μουσουργούς, αἵπερ
ἐξῃρημέναι ἦσαν Κυαξάρῃ. **3** Οἱ μὲν δὴ ταῦτ᾽ ἔπραττον.
Ὁ δὲ πεμφθεὶς πρὸς τὸν Κυαξάρην ἐπεὶ ἔλεξε τὰ ἐντεταλ-
μένα, ἀκούσας αὐτοῦ ὁ Κυαξάρης ἔγνω βέλτιον εἶναι τὸ
στράτευμα μένειν ἐν τοῖς μεθορίοις. Καὶ γὰρ οἱ Πέρσαι
οὓς μετεπέμψατο ὁ Κῦρος ἧκον · ἦσαν δὲ μυριάδες τέτταρες

befohlen. Als das Heer an der Stadt vorbeizog, sorgte Kyros dafür, daß jeweils der Abschnitt, der sich noch in Reichweite des Feindes befand, verstärkt wurde, und so ließ er die Stadt hinter sich.

(51) Dann zog er weiter und kam in den folgenden Tagen an die Grenze zwischen Assyrien und Medien, von wo er aufgebrochen war. Dort hatten die Assyrer drei Festungen. Die eine – sie war die schwächste – griff er an und erstürmte sie. Die Übergabe der anderen Festungen wurde dadurch erreicht, daß Kyros die Besatzungen einschüchterte und Gadatas das Mittel der Überredung einsetzte.

V.

(1) Nach Abschluß dieser Unternehmungen schickte Kyros einen Boten zu Kyaxares und bat ihn, in sein Feldlager zu kommen, damit sie gemeinsam beraten könnten, was sie mit den eingenommenen Festungen anfangen sollten, und Kyaxares ihm nach der Besichtigung des Heeres auch in den anderen Angelegenheiten seine Auffassung über das weitere Vorgehen mitteilte. „Wenn er mich aber auffordert", sagte Kyros noch, „dann teil ihm mit, daß ich zu ihm komme, um bei ihm mein Lager aufzuschlagen." (2) Der Bote entfernte sich, um Kyaxares diese Nachricht zu überbringen. Kyros aber ließ unterdessen das Zelt des Assyrers, das die Meder aus der Beute für Kyaxares ausgewählt hatten, mit dem sonstigen Luxus, den sie zur Verfügung hatten, auf das Schönste ausstatten und außerdem noch eine Frau und die Musikantinnen, die für Kyaxares ausgesucht worden waren, in das Frauengemach des Zeltes führen. (3) Sie führten diese Befehle aus. Nachdem Kyaxares den Boten, der zu ihm geschickt worden war und ihm mitgeteilt hatte, was ihm aufgetragen wurde, gehört hatte, erkannte er, daß es besser sei, wenn das Heer an der Grenze bleibe. Denn die Perser, die Kyros hatte holen lassen, waren eingetroffen. Es handelte sich um vierzigtausend Bogenschützen

τοξοτῶν καὶ πελταστῶν. **4** Ὁρῶν οὖν καὶ τούτους σι-
νομένους πολλὰ τὴν Μηδικήν, τούτων ἂν ἐδόκει ἥδιον
ἀπαλλαγῆναι ἢ ἄλλον ὄχλον εἰσδέξασθαι. Ὁ μὲν δὴ ἐκ
Περσῶν ἄγων τὸν στρατὸν ἐρόμενος τὸν Κυαξάρην κατὰ
τὴν Κύρου ἐπιστολὴν εἴ τι δέοιτο τοῦ στρατοῦ, ἐπεὶ οὐκ
ἔφη δεῖσθαι, αὐθημερόν, ἐπεὶ ἤκουσε παρόντα Κῦρον,
ᾤχετο πρὸς αὐτὸν ἄγων τὸ στράτευμα.

5 Ὁ δὲ Κυαξάρης ἐπορεύετο τῇ ὑστεραίᾳ σὺν τοῖς
παραμείνασιν ἱππεῦσι Μήδων· ὡς δ' ᾔσθετο ὁ Κῦρος
προσιόντα αὐτόν, λαβὼν τούς τε τῶν Περσῶν ἱππέας,
πολλοὺς ἤδη ὄντας, καὶ τοὺς Μήδους πάντας καὶ τοὺς
Ἀρμενίους καὶ τοὺς Ὑρκανίους καὶ τῶν ἄλλων συμμάχων
τοὺς εὐιπποτάτους τε καὶ εὐοπλοτάτους ἀπήντα, ἐπιδεικνὺς τῷ Κυαξάρῃ τὴν δύναμιν. **6** Ὁ δὲ Κυαξάρης
ἐπεὶ εἶδε σὺν μὲν τῷ Κύρῳ πολλούς τε καὶ καλοὺς καὶ
ἀγαθοὺς ἑπομένους, σὺν ἑαυτῷ δὲ ὀλίγην τε καὶ ὀλίγου
ἀξίαν θεραπείαν, ἄτιμόν τι αὐτῷ ἔδοξεν εἶναι καὶ ἄχος
αὐτὸν ἔλαβεν. Ἐπεὶ δὲ καταβὰς ἀπὸ τοῦ ἵππου ὁ Κῦρος
προσῆλθεν ὡς φιλήσων αὐτὸν κατὰ νόμον, ὁ Κυαξάρης
κατέβη μὲν ἀπὸ τοῦ ἵππου, ἀπεστράφη δέ· καὶ ἐφίλησε
μὲν οὔ, δακρύων δὲ φανερὸς ἦν. **7** Ἐκ τούτου δὴ ὁ
Κῦρος τοὺς μὲν ἄλλους πάντας ἀποστάντας ἐκέλευσεν
ἀναπαύεσθαι· αὐτὸς δὲ λαβόμενος τῆς δεξιᾶς τοῦ Κυαξάρου καὶ ἀπαγαγὼν αὐτὸν τῆς ὁδοῦ ἔξω ὑπὸ φοίνικάς
τινας, τῶν τε Μηδικῶν πίλων ὑποβαλεῖν ἐκέλευσεν αὐτῷ
καὶ καθίσας αὐτὸν καὶ παρακαθισάμενος εἶπεν ὧδε·

8 Εἰπέ μοι, ἔφη, πρὸς τῶν θεῶν, ὦ θεῖε, τί μοι ὀργίζῃ
καὶ τί χαλεπὸν ὁρῶν οὕτω χαλεπῶς φέρεις; Ἐνταῦθα
δὴ ὁ Κυαξάρης ἀπεκρίνατο· Ὅτι, ὦ Κῦρε, δοκῶν γε δὴ
ἐφ' ὅσον ἀνθρώπων μνήμη ἐφικνεῖται καὶ τῶν πάλαι
προγόνων καὶ πατρὸς βασιλέως πεφυκέναι καὶ αὐτὸς
βασιλεὺς νομιζόμενος εἶναι ἐμαυτὸν μὲν ὁρῶ οὕτω τα-
πεινῶς καὶ ἀναξίως ἐλαύνοντα, σὲ δὲ τῇ ἐμῇ θεραπείᾳ

und Leichtbewaffnete. (4) Weil Kyaxares sah, daß schon diese großen Schaden auf medischem Gebiet anrichteten, schien es ihm besser zu sein, sich die Leute vom Hals zu schaffen, statt noch ein weiteres Heer aufzunehmen. Außerdem fragte der Befehlshaber des persischen Heeres Kyaxares, wie es Kyros in seinem Brief angeordnet hatte, ob er das Heer benötige. Als Kyaxares verneinte, führte der Befehlshaber das Heer noch am gleichen Tag zu Kyros, nachdem er von dessen Anwesenheit erfahren hatte.

(5) Kyaxares brach am folgenden Tag mit den medischen Reitern auf, die bei ihm geblieben waren. Als Kyros erfuhr, daß er schon in der Nähe war, nahm er die persischen Reiter – es waren schon recht viele –, alle Meder, Armenier, Hyrkanier und von den übrigen Verbündeten diejenigen mit, die die besten Pferde und Waffen besaßen, und zog Kyaxares entgegen, weil er ihm seine Macht demonstrieren wollte. (6) Als Kyaxares sah, daß Kyros so viele tüchtige Soldaten folgten, er selbst aber nur eine kleine und unbedeutende Begleitung hatte, fühlte er sich gekränkt, und es packte ihn der Ärger. Als Kyros vom Pferd stieg und zu ihm hinging, um ihn, wie es der Sitte entsprach, mit einem Kuß zu begrüßen, stieg Kyaxares zwar ebenfalls ab, drehte sich aber um und gab Kyros keinen Kuß, sondern vergoß offensichtlich Tränen. (7) Darauf befahl Kyros allen übrigen Begleitern, sich zurückzuziehen und sich auszuruhen. Er selbst nahm Kyaxares bei der rechten Hand und führte ihn unter einige Palmen abseits des Weges. Dann ließ er ihm medische Teppiche hinlegen, bat ihn, sich zu setzen, und als Kyros sich neben ihn gesetzt hatte, sagte er folgendes:

(8) „Lieber Onkel, sag mir, bei den Göttern, warum bist du mir böse, und was ist der Grund deines Ärgers?" Darauf erwiderte Kyaxares: „Lieber Kyros, im Bewußtsein der Tatsache, daß ich, soweit die Erinnerung der Menschen reicht, von königlichen Vorfahren abstamme, einen König zum Vater habe und auch selbst den Titel eines Königs trage, muß ich sehen, daß ich mit einer so armseligen und unwürdigen Begleitung unterwegs bin, während du mit meinem Gefolge und dem Rest

καὶ τῇ ἄλλῃ δυνάμει μέγαν τε καὶ μεγαλοπρεπῆ παρόντα. 9 Καὶ ταῦτα χαλεπὸν μὲν οἶμαι καὶ ὑπὸ πολεμίων παθεῖν, πολὺ δ', ὦ Ζεῦ, χαλεπώτερον ὑφ' ὧν ἥκιστα ἐχρῆν ταῦτα πεπονθέναι. Ἐγὼ μὲν γὰρ δοκῶ δεκάκις ἂν κατὰ τῆς γῆς δῦναι ἥδιον ἢ ὀφθῆναι οὕτω ταπεινὸς καὶ ἰδεῖν τοὺς ἐμοὺς ἐμοῦ ἀμελήσαντας καὶ ἐπεγγελῶντας ἐμοί. Οὐ γὰρ ἀγνοῶ τοῦτο, ἔφη, ὅτι οὐ σύ μου μόνον μείζων εἶ, ἀλλὰ καὶ οἱ ἐμοὶ δοῦλοι ἰσχυρότεροι ἐμοῦ ὑπαντιάζουσί μοι καὶ κατεσκευασμένοι εἰσὶν ὥστε δύνασθαι ποιῆσαι μᾶλλον ἐμὲ κακῶς ἢ παθεῖν ὑπ' ἐμοῦ. 10 Καὶ ἅμα ταῦτα λέγων πολὺ ἔτι μᾶλλον ἐκρατεῖτο ὑπὸ τῶν δακρύων, ὥστε καὶ τὸν Κῦρον ἐπεσπάσατο ἐμπλησθῆναι δακρύων τὰ ὄμματα.

Ἐπισχὼν δὲ μικρὸν ἔλεξε τοιάδε ὁ Κῦρος · Ἀλλὰ ταῦτα μέν, ἔφη, ὦ θεῖε, οὔτε λέγεις ἀληθῶς οὔτε ὀρθῶς γιγνώσκεις, εἰ οἴει τῇ ἐμῇ παρουσίᾳ Μήδους κατεσκευάσθαι ὥστε ἱκανοὺς εἶναι σὲ κακῶς ποιεῖν · 11 τὸ μέντοι σε θυμοῦσθαι καὶ φοβεῖσθαι οὐ θαυμάζω. Εἰ μέντοι γε δικαίως ἢ ἀδίκως αὐτοῖς χαλεπαίνεις, παρήσω τοῦτο · οἶδα γὰρ ὅτι βαρέως ἂν φέροις ἀκούων ἐμοῦ ἀπολογουμένου ὑπὲρ αὐτῶν · τὸ μέντοι ἄνδρα ἄρχοντα πᾶσιν ἅμα χαλεπαίνειν τοῖς ἀρχομένοις, τοῦτο ἐμοὶ δοκεῖ μέγα ἁμάρτημα εἶναι. Ἀνάγκη γὰρ διὰ τὸ πολλοὺς μὲν φοβεῖν πολλοὺς ἐχθροὺς ποιεῖσθαι, διὰ δὲ τὸ πᾶσιν ἅμα χαλεπαίνειν πᾶσιν αὐτοῖς ὁμόνοιαν ἐμβάλλειν. 12 Ὧν ἕνεκα, εὖ ἴσθι, ἐγὼ οὐκ ἀπέπεμπον ἄνευ ἐμαυτοῦ τούτους, φοβούμενος μή τι γένοιτο διὰ τὴν σὴν ὀργὴν ὅ τι πάντας ἡμᾶς λυπήσοι. Ταῦτα μὲν οὖν σὺν τοῖς θεοῖς ἐμοῦ παρόντος ἀσφαλῶς ἔχει σοι · τὸ μέντοι σε νομίζειν ὑπ' ἐμοῦ ἀδικεῖσθαι, τοῦτο ἐγὼ πάνυ χαλεπῶς φέρω, εἰ ἀσκῶν ὅσον δύναμαι τοὺς φίλους ὡς πλεῖστα ἀγαθὰ ποιεῖν ἔπειτα τἀναντία τούτου δοκῶ ἐξεργάζεσθαι. 13 Ἀλλὰ

deiner Streitmacht großartig und prachtvoll erscheinst. (9) Es ist schon schlimm, eine derartige Erniedrigung durch seine Feinde hinnehmen zu müssen, aber noch viel schlimmer ist es, diese Behandlung durch diejenigen zu erfahren, von denen ich es am wenigsten hätte erwarten dürfen. Ich würde lieber zehnmal in die Unterwelt gehen, als so gedemütigt zu erscheinen und zu sehen, wie mich meine eigenen Leute verachten und auslachen. Denn ich weiß genau, daß nicht nur du größer bist als ich, sondern daß auch meine Diener mir im Gefühl ihrer Überlegenheit entgegentreten und imstande sind, mir eher etwas Böses anzutun, als es sich von mir antun zu lassen." (10) Während er diese Worte sprach, konnte er seine Tränen noch viel weniger beherrschen, so daß er auch Kyros dazu brachte, daß sich seine Augen mit Tränen füllten.

Nach einer kurzen Pause sagte Kyros folgendes: „Mein lieber Onkel, was du sagst, ist nicht wahr, und du urteilst nicht richtig, wenn du glaubst, meine Anwesenheit habe die Meder befähigt, dir etwas Böses anzutun. (11) Doch über deine Erregung und deine Besorgnis wundere ich mich nicht. Ob du aber Grund dazu hast oder nicht, dich über die Meder zu ärgern, möchte ich dahingestellt sein lassen. Denn ich weiß genau, daß du schwer daran zu tragen hättest, wenn du hörtest, wie ich sie rechtfertigen könnte. Doch es scheint mir ein großer Fehler zu sein, wenn sich ein Herrscher über alle seine Untertanen zugleich ärgert. Denn wenn er viele das Fürchten lehrt, macht er sich zwangsläufig viele Feinde, und wenn er sich über alle zugleich ärgert, dann bringt er alle gleichermaßen gegen sich auf. (12) Ich habe diese Männer – das solltest du wirklich wissen – deshalb nicht ohne mich zu dir gehen lassen, weil ich fürchte, daß durch deinen Zorn etwas geschehen könnte, was uns alle schädigen würde. Mit Hilfe der Götter wird dich meine Anwesenheit davor bewahren. Daß du allerdings glaubst, dir werde von mir Unrecht getan, trifft mich doch sehr, wenn ich, der ich mich nach Kräften darum bemühe, meinen Freunden möglichst viel Gutes zu tun, sodann das ganze Gegenteil davon zu bewirken scheine. (13) Doch wollen wir damit auf-

γάρ, ἔφη, μὴ οὕτως εἰκῇ ἡμᾶς αὐτοὺς αἰτιώμεθα · ἀλλ', εἰ δυνατόν, σαφέστατα κατίδωμεν ποῖόν ἐστι τὸ παρ' ἐμοῦ ἀδίκημα. Καὶ τὴν ἐν φίλοις δικαιοτάτην ὑπόθεσιν ἐγὼ ὑποτίθεμαι · ἐὰν γάρ τί σε φανῶ κακὸν πεποιηκώς, ὁμολογῶ ἀδικεῖν · ἐὰν μέντοι μηδὲν φαίνωμαι κακὸν πεποιηκὼς μηδὲ βουληθείς, οὐ καὶ σὺ αὖ ὁμολογήσεις μηδὲν ὑπ' ἐμοῦ ἀδικεῖσθαι; 14 Ἀλλ' ἀνάγκη, ἔφη. Ἐὰν δὲ δὴ καὶ ἀγαθὰ πεπραχώς σοι δῆλος ὦ καὶ προθυμούμενος πρᾶξαι ὡς ἐγὼ πλεῖστα ἐδυνάμην, οὐκ ἂν καὶ ἐπαίνου σοι ἄξιος εἴην μᾶλλον ἢ μέμψεως ; Δίκαιον γοῦν, ἔφη. 15 Ἄγε τοίνυν, ἔφη ὁ Κῦρος, σκοπῶμεν τὰ ἐμοὶ πεπραγμένα πάντα καθ' ἓν ἕκαστον · οὕτω γὰρ μάλιστα δῆλον ἔσται ὅ τι τε αὐτῶν ἀγαθόν ἐστι καὶ ὅ τι κακόν. 16 Ἀρξώμεθα δ', ἔφη, ἐκ τῆσδε τῆς ἀρχῆς, εἰ καὶ σοὶ ἀρκούντως δοκεῖ ἔχειν. Σὺ γὰρ δήπου ἐπεὶ ᾔσθου πολλοὺς πολεμίους ἠθροισμένους, καὶ τούτους ἐπὶ σὲ καὶ τὴν σὴν χώραν ὁρμωμένους, εὐθὺς ἔπεμπες πρός τε τὸ Περσῶν κοινὸν συμμάχους αἰτούμενος καὶ πρὸς ἐμὲ ἰδίᾳ δεόμενος πειρᾶσθαι αὐτὸν ἐμὲ ἐλθεῖν ἡγούμενον, εἴ τινες Περσῶν ἴοιεν. Οὔκουν ἐγὼ ἐπείσθην τε ταῦτα ὑπὸ σοῦ καὶ παρεγενόμην ἄνδρας ἄγων σοι ὡς ἐδυνάμην πλείστους τε καὶ ἀρίστους ; Ἦλθες γὰρ οὖν, ἔφη. 17 Ἐν τούτῳ τοίνυν, ἔφη, πρῶτόν μοι εἰπέ, πότερον ἀδικίαν τινά μου πρὸς σὲ κατέγνως ἢ μᾶλλον εὐεργεσίαν; Δῆλον, ἔφη ὁ Κυαξάρης, ὅτι ἔν γε τούτῳ εὐεργεσίαν. 18 Τί γάρ, ἔφη, ἐπειδὴ οἱ πολέμιοι ἦλθον καὶ διαγωνίζεσθαι ἔδει πρὸς αὐτούς, ἐν τούτῳ κατενόησάς πού με ἢ πόνου ἀποστάντα ἤ τινος κινδύνου φεισάμενον; Οὐ μὰ τὸν Δί', ἔφη, οὐ μὲν δή. 19 Τί γάρ, ἐπεὶ νίκης γενομένης σὺν τοῖς θεοῖς ἡμετέρας καὶ ἀνα-

hören, uns gegenseitig so unbegründet zu beschuldigen. Laß uns statt dessen, wenn es möglich ist, ganz genau betrachten, worin denn mein Unrecht besteht. Ich mache dir einen unter Freunden angemessenen Vorschlag: Wenn es sich herausstellt, daß ich dir etwas Böses angetan habe, gebe ich mein Unrecht zu. Wenn sich aber zeigt, daß ich dir nichts Böses getan habe noch tun wollte, wirst dann nicht auch du wiederum zugeben, daß du von mir kein Unrecht erfahren hast?" (14) „Ja, unbedingt", erwiderte Kyaxares. „Wenn ich dir aber eindeutig nur Gutes getan habe und immer bereit war, dir Gutes zu tun, soviel ich nur konnte, verdiente ich dann nicht eher Lob als Tadel?" – „Das wäre gerecht." (15) „Dann also wollen wir alle meine Taten, eine nach der anderen, prüfen. So wird nämlich am ehesten offenbar, welche von ihnen gut und welche schlecht ist. (16) Laß uns mit dem Zeitpunkt beginnen, wo ich den Oberbefehl übernahm, wenn dies auch dir zu genügen scheint. Denn als du feststellen mußtest, daß sich Feinde in großer Zahl versammelt hatten, und zwar solche, die gegen dich und dein Land zu Felde zogen, schicktest du doch wohl sofort Gesandte an die Gemeinschaft der Perser, um Verbündete zu gewinnen. Dabei wandtest du dich an mich persönlich und batest mich zu versuchen, selbst an der Spitze der Perser zu Hilfe zu kommen, falls überhaupt welche ausrücken wollten. Ließ ich mich da nicht von dir überzeugen und bin ich nicht gekommen und habe ich dir nicht so viele hervorragende Soldaten mitgebracht, wie es mir nur möglich war?" – „Ja, du bist gekommen." (17) „Sag mir also zunächst, konntest du mir vorwerfen, daß ich dir irgendein Unrecht antat, oder habe ich dir nicht vielleicht einen guten Dienst erwiesen?" – „Es ist klar, daß du mir damit einen guten Dienst erwiesen hast." (18) „Wie ging es weiter? Als die Feinde angekommen waren und es notwendig wurde, mit ihnen um die Entscheidung zu kämpfen, konntest du da feststellen, daß ich mich einer Anstrengung entzog oder eine Gefahr mied?" – „Nein, beim Zeus, wirklich nicht." (19) „Was war dann? Als wir mit Hilfe der Götter den Sieg errungen hatten und ich dich nach dem

χωρησάντων τῶν πολεμίων παρεκάλουν ἐγώ σε ὅπως κοινῇ μὲν αὐτοὺς διώκοιμεν, κοινῇ δὲ τιμωροίμεθα, κοινῇ δὲ εἴ τι καλὸν κἀγαθὸν συμβαίνοι, τοῦτο καρποίμεθα, ἐν τούτοις ἔχεις τινά μου πλεονεξίαν κατηγορῆσαι; **20** Ὁ μὲν δὴ Κυαξάρης πρὸς τοῦτο ἐσίγα· ὁ δὲ Κῦρος πάλιν ἔλεγεν ὧδε· Ἀλλ' ἐπεὶ πρὸς τοῦτο σιωπᾶν ἥδιόν σοι ἢ ἀποκρίνασθαι, τόδε γ', ἔφη, εἰπὲ εἴ τι ἀδικεῖσθαι ἐνόμισας ὅτι, ἐπεί σοι οὐκ ἀσφαλὲς ἐδόκει εἶναι τὸ διώκειν, σὲ μὲν αὐτὸν ἀφῆκα τοῦ κινδύνου τούτου μετέχειν, ἱππέας δὲ τῶν σῶν πέμψαι μοι ἐδεόμην σου· εἰ γὰρ καὶ τοῦτο αἰτῶν ἠδίκουν, ἄλλως τε καὶ προπαρεσχηκὼς ἐμαυτόν σοι σύμμαχον, τοῦτ' αὖ παρὰ σοῦ, ἔφη, ἐπιδεικνύσθω. **21** Ἐπεὶ δ' αὖ καὶ πρὸς τοῦτο ἐσίγα ὁ Κυαξάρης, Ἀλλ' εἰ μηδὲ τοῦτο, ἔφη, βούλει ἀποκρίνασθαι, σὺ τοὐντεῦθεν λέγε εἴ τι αὖ ἠδίκουν ὅτι σοῦ ἀποκριναμένου ἐμοὶ ὡς οὐκ ἂν βούλοιο, εὐθυμουμένους ὁρῶν Μήδους, τούτου παύσας αὐτοὺς ἀναγκάζειν κινδυνεύσοντας ἰέναι, εἴ τι αὖ σοι δοκῶ τοῦτο χαλεπὸν ποιῆσαι ὅτι ἀμελήσας τοῦ ὀργίζεσθαί σοι ἐπὶ τούτοις πάλιν ᾔτουν σε οὗ ᾔδειν οὔτε σοὶ μεῖον ὂν δοῦναι οὐδὲν οὔτε ῥᾷον Μήδοις ἐπιταχθῆναι· τὸν γὰρ βουλόμενον δήπου ἔπεσθαι ᾔτησά σε δοῦναί μοι. **22** Οὐκοῦν τούτου τυχὼν παρὰ σοῦ οὐδὲν ἤνυον, εἰ μὴ τούτους πείσαιμι. Ἐλθὼν οὖν ἔπειθον αὐτοὺς καὶ οὓς ἔπεισα τούτους λαβὼν ἐπορευόμην σοῦ ἐπιτρέψαντος. Εἰ δὴ τοῦτό γε αἰτίας ἄξιον νομίζεις, οὐδ' ὃ τι ἂν διδῷς, ὡς ἔοικε, παρὰ σοῦ δέχεσθαι ἀναίτιόν ἐστιν. **23** Οὐκοῦν ἐξωρμήσαμεν οὕτως· ἐπειδὴ δ' ἐξήλθομεν, τί ἡμῖν πεπραγμένον οὐ φανερόν ἐστιν; Οὐ τὸ στρατόπεδον ἧλω τὸ τῶν πολεμίων; Οὐ τεθνᾶσι πολλοὶ τῶν

Rückzug der Feinde dazu aufforderte, sie gemeinsam zu verfolgen, gemeinsam zu bestrafen und, falls sich irgendeine günstige Gelegenheit ergäbe, diese gemeinsam zu nutzen – kannst du mir da vorwerfen, daß ich mir dabei irgendeinen Vorteil verschaffen wollte?" (20) Kyaxares sagte nichts dazu. Kyros ergriff wiederum das Wort: „Da es dir lieber ist, in dieser Angelegenheit zu schweigen, statt zu antworten, sag mir, ob du der Meinung warst, dadurch ein Unrecht zu erleiden, daß ich dich, als dir die Verfolgung eine unsichere Sache zu sein schien, davon abhielt, diese Gefahr auf dich zu nehmen, und dich darum bat, mir einige deiner Reiter zu schicken. Wenn ich dir nämlich auch mit dieser Bitte ein Unrecht antat, zumal ich dir zuvor schon als Verbündeter zur Verfügung stand, muß auch dies von dir nachgewiesen werden." (21) Als Kyaxares auch dazu nichts sagte, fuhr Kyros fort: „Wenn du auch diese Frage nicht beantworten willst, sag mir jetzt, ob ich dir dadurch Unrecht tat, daß ich, als du mir antwortetest, du wolltest die gute Stimmung der Meder nicht beeinträchtigen und sie nicht zwingen, sich einer erneuten Gefahr auszusetzen – sag mir also, ob ich dir deiner Meinung dadurch etwas Böses tat, daß ich, ohne mich über dich zu ärgern, dich erneut um etwas bat, wovon ich wußte, daß es für dich nichts Einfacheres gab, als es zu erlauben, und nichts leichter war, als den Medern einen entsprechenden Befehl zu geben. Denn ich bat dich doch wohl darum, mir nur diejenigen zur Verfügung zu stellen, die bereit waren, mir freiwillig zu folgen. (22) Als mir dieser Wunsch von dir erfüllt worden war, hätte ich noch nichts erreicht, wenn ich diese Männer nicht hätte überzeugen können. Ich ging also zu ihnen und versuchte, sie zu überzeugen, und diejenigen, bei denen ich Erfolg hatte, nahm ich mit und brach dann mit deiner Zustimmung auf. Wenn du dies für tadelnswert hältst, dann kann ich offensichtlich nichts, was du mir gibst, annehmen, ohne einen Tadel zu verdienen. (23) So brachen wir denn auf. Welche unserer Taten, die wir nach unserem Abmarsch vollbrachten, ist nicht allgemein bekannt? Wurde nicht das Feldlager der Feinde erobert? Sind nicht viele

ἐπὶ σὲ ἐλθόντων; Ἀλλὰ μὴν τῶν γε ζώντων ἐχθρῶν οὐ πολλοὶ μὲν ὅπλων ἐστέρηνται, πολλοὶ δὲ ἵππων; Χρήματά γε μὴν τὰ τῶν φερόντων καὶ ἀγόντων τὰ σὰ πρότερον νῦν ὁρᾷς τοὺς σοὺς φίλους καὶ ἔχοντας καὶ ἄγοντας, τὰ μὲν σοί, τὰ δ' αὖ τοῖς ὑπὸ τὴν σὴν ἀρχήν. 24 Τὸ δὲ πάντων μέγιστον καὶ κάλλιστον, τὴν μὲν σὴν χώραν αὐξανομένην ὁρᾷς, τὴν δὲ τῶν πολεμίων μειουμένην, καὶ τὰ μὲν τῶν πολεμίων φρούρια ἐχόμενα, τὰ δὲ σὰ τὰ πρότερον εἰς τὴν Σύρων ἐπικράτειαν συγκυροῦντα νῦν τἀναντία σοὶ προσκεχωρηκότα · τούτων δὲ εἴ τι κακόν σοι ἢ εἴ τι μὴ ἀγαθόν σοι μαθεῖν μὲν ἔγωγε βούλεσθαι οὐκ οἶδ' ὅπως ἂν εἴποιμι · ἀκοῦσαι μέντοι γε οὐδὲν κωλύει. 25 Ἀλλὰ λέγε ὅ τι γιγνώσκεις περὶ αὐτῶν.

Ὁ μὲν δὴ Κῦρος οὕτως εἰπὼν ἐπαύσατο · ὁ δὲ Κυαξάρης ἔλεξε πρὸς ταῦτα τάδε · Ἀλλ', ὦ Κῦρε, ὡς μὲν ταῦτα ἃ σὺ πεποίηκας κακά ἐστιν οὐκ οἶδα, ὅπως χρὴ λέγειν · εὖ γε μέντοι, ἔφη, ἴσθι ὅτι ταῦτα ἀγαθὰ τοιαῦτά ἐστιν οἷα ὅσῳ πλείονα φαίνεται, τοσούτῳ μᾶλλον ἐμὲ βαρύνει. 26 Τήν τε γὰρ χώραν, ἔφη, ἐγὼ ἂν τὴν σὴν ἐβουλόμην τῇ ἐμῇ δυνάμει μείζω ποιεῖν μᾶλλον ἢ τὴν ἐμὴν ὑπὸ σοῦ ὁρᾶν οὕτως αὐξανομένην · σοὶ μὲν γὰρ ταῦτα ποιοῦντι καλά, ἐμοὶ δέ γέ ἐστί πη ταῦτα ἀτιμίαν φέροντα. 27 Καὶ χρήματα οὕτως ἄν μοι δοκῶ ἥδιόν σοι δωρεῖσθαι ἢ παρὰ σοῦ οὕτω λαμβάνειν ὡς σὺ νῦν ἐμοὶ δίδως · τούτοις γὰρ πλουτιζόμενος ὑπὸ σοῦ καὶ μᾶλλον αἰσθάνομαι οἷς πενέστερος γίγνομαι. Καὶ τούς γ' ἐμοὺς ὑπηκόους ἰδὼν μικρά γε ἀδικουμένους ὑπὸ σοῦ ἧττον ἂν δοκῶ λυπεῖσθαι ἢ νῦν ὁρῶν ὅτι μεγάλα ἀγαθὰ πεπόνθασιν ὑπὸ σοῦ. 28 Εἰ δέ σοι, ἔφη, ταῦτα δοκῶ ἀγνωμόνως ἐνθυμεῖσθαι, μὴ ἐν ἐμοὶ ταῦτα ἀλλ' εἰς σὲ τρέψας πάντα καταθέασαι οἷά σοι φαίνεται. Τί γὰρ ἄν, εἴ τις κύνας, οὓς σὺ τρέφεις φυλακῆς ἕνεκα σαυτοῦ τε καὶ τῶν σῶν, τούτους θερα-

von denen, die dich angegriffen hatten, tot? Wurden nicht
vielen der überlebenden Gegner die Waffen und die Pferde
abgenommen? Das Eigentum der Leute, die zuvor deinen Besitz plünderten, siehst du jetzt in den Händen deiner Freunde,
die einen Teil dir selbst, einen anderen Teil deinen Untertanen
aushändigten. (24) Was aber am allerwichtigsten und aller-
schönsten ist – du siehst, daß dein Land gewachsen ist, während das Land deiner Feinde verkleinert wurde, daß ihre Festungen in deinem Besitz sind und deine eigenen, die vorher in
die Gewalt der Assyrer geraten waren, jetzt wieder dir gehören. Ich kann aber gar nicht genug betonen, daß ich den
Wunsch habe zu erfahren, ob meine Erfolge in irgendeiner
Hinsicht für dich von Nachteil oder etwa nicht von Vorteil
waren. Doch nichts hindert daran, es von dir zu erfahren.
(25) Nun sag mir, wie du darüber denkst."
    Nach diesen Worten hörte Kyros auf zu reden. Kyaxares
erwiderte darauf folgendermaßen: „Selbstverständlich kann
ich nicht sagen, daß das, was du getan hast, schlecht ist, mein
Kyros. Allerdings sollst du genau wissen, daß deine Erfolge so
sind, daß sie mich um so mehr belasten, je größer und zahlrei-
cher sie sich einstellen. (26) Denn ich hätte eher den Wunsch,
dein Land mit meiner Streitmacht zu vergrößern, als zu sehen,
daß mein Land mit deiner Hilfe so groß wird. Denn dir bringt
es Ehre, wenn du dies tust, mir dagegen in gewisser Weise
Unehre. (27) Auch was das Geld betrifft, so würde ich es
lieber dir schenken, als es von dir in Empfang nehmen, wie du
es mir jetzt gibst. Denn indem ich durch dich reicher werde,
bemerke ich noch mehr, in welcher Hinsicht ich ärmer werde.
Ferner glaube ich, ich empfände weniger Schmerz, wenn ich
gesehen hätte, daß meine Untertanen von dir nicht ganz so gut
behandelt würden wie im Augenblick, wo ich mit ansehen
muß, daß sie von dir mit großen Wohltaten überhäuft werden.
(28) Wenn du diese Gedanken für abwegig hältst, dann ver-
setz dich in meine Lage und sieh dir an, wie sich dir alles
darstellt. Was wäre denn, wenn jemand die Hunde, die du
aufziehst, damit sie dich selbst und deine Familie beschützen,

πεύων γνωριμωτέρους ἑαυτῷ ἢ σοὶ ποιήσειεν, ἆρ' ἂν
σε εὐφράναι τούτῳ τῷ θεραπεύματι; 29 Εἰ δὲ τοῦτό σοι
δοκεῖ μικρὸν εἶναι, κἀκεῖνο κατανόησον · εἴ τις τοὺς σὲ
θεραπεύοντας, οὓς σὺ καὶ φρουρᾶς καὶ στρατείας ἕνεκα
κέκτησαι, τούτους οὕτω διατιθείη ὥστ' ἐκείνου μᾶλλον
ἢ σοῦ βούλεσθαι εἶναι, ἆρ' ἂν ἀντὶ ταύτης τῆς εὐεργεσίας
χάριν αὐτῷ εἰδείης; 30 Τί δέ, ὃ μάλιστα ἄνθρωποι
ἀσπάζονταί τε καὶ θεραπεύουσιν οἰκειότατα, εἴ τις τὴν
γυναῖκα τὴν σὴν οὕτω θεραπεύσειεν ὥστε φιλεῖν αὐτὴν
μᾶλλον ποιήσειεν ἑαυτὸν ἢ σέ, ἆρ' ἂν σε τῇ εὐεργεσίᾳ
ταύτῃ εὐφραίνοι; Πολλοῦ γ' ἂν οἶμαι καὶ δέοι · ἀλλ' εὖ
οἶδ' ὅτι πάντων ἂν μάλιστα ἀδικοίη σε τοῦτο ποιήσας.
31 Ἵνα δὲ εἴπω καὶ τὸ μάλιστα τῷ ἐμῷ πάθει προσφερές,
εἴ τις οὓς σὺ ἤγαγες Πέρσας οὕτω θεραπεύσειεν ὥστε
αὐτῷ ἥδιον ἕπεσθαι ἢ σοί, ἆρ' ἂν φίλον αὐτὸν νομίζοις;
Οἶμαι μὲν οὔ, ἀλλὰ πολεμιώτερον ἂν ἢ εἰ πολλοὺς αὐτῶν
κατακάνοι. 32 Τί δ', εἴ τις τῶν σῶν φίλων φιλοφρόνως
σου εἰπόντος λαμβάνειν ὁπόσα ἐθέλοι εἶτ' αὐτὸς τοῦτο
ἀκούσας λαβὼν οἴχοιτο ἅπαντα ὁπόσα δύναιτο, καὶ
αὐτὸς μέν γε τοῖς σοῖς πλουτοίη, σὺ δὲ μηδὲ μετρίοις
ἔχοις χρῆσθαι, ἆρ' ἂν δύναιο τὸν τοιοῦτον ἄμεμπτον
φίλον νομίζειν; 33 Νῦν μέντοι ἐγώ, ὦ Κῦρε, εἰ μὴ ταῦτα
ἀλλὰ τοιαῦτα ὑπὸ σοῦ δοκῶ πεπονθέναι. Σὺ γὰρ ἀληθῆ
λέγεις · εἰπόντος ἐμοῦ τοὺς θέλοντας ἄγειν λαβὼν ᾤχου
πᾶσάν μου τὴν δύναμιν, ἐμὲ δὲ ἔρημον κατέλιπες · καὶ
νῦν ἃ ἔλαβες τῇ ἐμῇ δυνάμει ἄγεις δή μοι καὶ τὴν ἐμὴν
χώραν αὔξεις σὺν τῇ ἐμῇ δυνάμει · ἐγὼ δὲ δοκῶ οὐδὲν συναίτιος ὢν τῶν ἀγαθῶν παρέχειν ἐμαυτὸν ὥσπερ γυνὴ

durch gute Behandlung dazu brächte, daß sie zu ihm freundlicher sind als zu dir? Würdest du dich über diese Behandlung freuen? (29) Sollte dir dieser Vergleich zu schwach erscheinen, so denk noch über folgendes nach: Wenn jemand deine Diener, die du zu deinem Schutz und für den Dienst im Heer zur Verfügung hast, so beeinflußte, daß sie lieber ihm als dir gehören wollten – wärst du ihm für diese Wohltätigkeit dankbar? (30) Befassen wir uns noch mit dem, was die Menschen am meisten lieben und als ihren vertrautesten Besitz pflegen und verehren: Wenn jemand deiner Frau so sehr den Hof machte, daß er sie dazu brächte, ihn mehr zu lieben als dich – würde er dich mit diesen Aufmerksamkeiten erfreuen? Weit gefehlt, wie ich meine, sondern ich bin sicher, daß er dir das größte Unrecht zufügte, wenn er dies täte. (31) Um aber das Beispiel zu nennen, das meiner Situation am besten entspricht: Wenn jemand die Perser, deren Anführer du bist, so behandelte, daß sie lieber ihm als dir folgten – würdest du den Mann für einen Freund halten? Ich glaube nicht, sondern vielmehr für einen größeren Feind, als wenn er viele von ihnen erschlüge. (32) Was denkst du darüber? Wenn du voller Güte zu einem deiner Freunde gesagt hättest, er dürfe sich alles nehmen, was er wolle, und er daraufhin mit allem, was er tragen könnte, verschwände und mit deinem Besitz reich würde, du aber nicht einmal mehr das Nötigste zur Verfügung hättest – könntest du einen solchen Menschen für einen tadellosen Freund halten? (33) Mein Kyros, im Augenblick glaube ich von dir zwar nicht genau dasselbe, aber doch etwas Ähnliches erfahren zu haben. Denn du sprichst die Wahrheit. Nachdem ich nämlich gesagt hatte, daß du die Freiwilligen mitnehmen dürftest, machtest du dich mit meiner gesamten Streitmacht auf den Weg und ließest mich allein zurück. Jetzt bringst du mir her, was du mit Hilfe meiner eigenen Streitmacht erwarbst, und mein Land vergrößerst du ebenfalls mit Hilfe meiner eigenen Truppen. Ohne für den Erwerb der Güter mitverantwortlich zu sein, erwecke ich den Anschein, mich wie eine Frau zu benehmen, um etwas davon zu bekommen. Du aber

εὖ ποιεῖν, καὶ τοῖς τε ἄλλοις ἀνθρώποις καὶ τοῖσδε τοῖς ἐμοῖς ὑπηκόοις σὺ μὲν ἀνὴρ φαίνῃ, ἐγὼ δ' οὐκ ἄξιος ἀρχῆς. 34 Ταῦτά σοι δοκεῖ εὐεργετήματ' εἶναι, ὦ Κῦρε; Εὖ ἴσθ' ὅτι εἴ τι ἐμοῦ ἐκήδου, οὐδενὸς ἂν οὕτω με ἀποστερεῖν ἐφυλάττου ὡς ἀξιώματος καὶ τιμῆς. Τί γὰρ ἐμοὶ πλέον τὸ τὴν γῆν πλατύνεσθαι, αὐτὸν δὲ ἀτιμάζεσθαι; Οὐ γάρ τοι ἐγὼ Μήδων ἦρχον διὰ τὸ κρείττων αὐτῶν πάντων εἶναι, ἀλλὰ μᾶλλον διὰ τὸ αὐτοὺς τούτους ἀξιοῦν ἡμᾶς αὐτῶν πάντα βελτίονας εἶναι.

35 Καὶ ὁ Κῦρος ἔτι λέγοντος αὐτοῦ ὑπολαβὼν εἶπε · Πρὸς τῶν θεῶν, ἔφη, ὦ θεῖε, εἴ τι κἀγώ σοι πρότερον ἐχαρισάμην, καὶ σὺ νῦν ἐμοὶ χάρισαι ὃ ἂν δεηθῶ σου · παῦσαι, ἔφη, τὸ νῦν εἶναι μεμφόμενός μοι · ἐπειδὰν δὲ πεῖραν ἡμῶν λάβῃς πῶς ἔχομεν πρὸς σέ, ἐὰν μὲν σοι φαίνηται τὰ ὑπ' ἐμοῦ πεπραγμένα ἐπὶ τῷ ἀγαθῷ τῷ σῷ πεποιημένα, ἀσπαζομένου τέ μού σε ἀντασπάζου με εὐεργέτην τε νόμιζε εἶναι, ἐὰν δ' ἐπὶ θάτερα, τότε μοι μέμφου. 36 Ἀλλ' ἴσως μέντοι, ἔφη ὁ Κυαξάρης, καλῶς λέγεις · κἀγὼ οὕτω ποιήσω. Τί οὖν; ἔφη ὁ Κῦρος, ἦ καὶ φιλήσω σε; Εἰ σὺ βούλει, ἔφη. Καὶ οὐκ ἀποστρέψῃ με ὥσπερ ἄρτι; Οὐκ ἀποστρέψομαι, ἔφη. Καὶ ὃς ἐφίλησεν αὐτόν.

37 Ὡς δὲ εἶδον οἱ Μῆδοί τε καὶ οἱ Πέρσαι καὶ ἄλλοι δὲ πολλοί (πᾶσι γὰρ ἔμελεν ὅ τι ἐκ τούτων ἔσοιτο) εὐθὺς ἥσθησάν τε καὶ ἐφαιδρύνθησαν. Καὶ ὁ Κῦρος δὲ καὶ ὁ Κυαξάρης ἀναβάντες ἐπὶ τοὺς ἵππους ἡγοῦντο, καὶ ἐπὶ μὲν τῷ Κυαξάρῃ οἱ Μῆδοι εἵποντο (Κῦρος γὰρ αὐτοῖς οὕτως ἐπένευσεν), ἐπὶ δὲ τῷ Κύρῳ οἱ Πέρσαι, οἱ δ' ἄλλοι ἐπὶ τούτοις.

38 Ἐπεὶ δὲ ἀφίκοντο ἐπὶ τὸ στρατόπεδον καὶ κατέστησαν τὸν Κυαξάρην εἰς τὴν κατεσκευασμένην σκηνήν, οἷς μὲν ἐπετέτακτο παρεσκεύαζον τὰ ἐπιτήδεια τῷ Κυαξάρῃ.

erscheinst aller Welt und besonders diesen meinen Untertanen als ein bedeutender Mnan, ich jedoch als jemand, der der Herrschaft nicht würdig ist. (34) Sind das deiner Meinung nach Wohltaten, Kyros? Sei davon überzeugt, daß du, wenn du Rücksicht auf mich nehmen würdest, dich vor nichts so sehr hütetest wie davor, mir mein Ansehen und meine Ehre zu rauben. Denn was bedeutet es für mich, wenn sich mein Land vergrößert, ich selbst aber meine Würde verliere? Ich bin nämlich nicht deshalb König der Meder geworden, weil ich ihnen allen überlegen bin, sondern weil sie glaubten, daß wir in allem besser sind als sie."

(35) Kyros unterbrach ihn, während er noch sprach, und sagte: „Bei den Göttern, lieber Onkel, wenn ich dir schon früher einmal einen Gefallen tat, dann gewähre auch du mir jetzt die folgende Bitte: Hör jetzt auf damit, mir Vorwürfe zu machen. Sobald du den Beweis dafür hast, welche Gefühle wir dir gegenüber haben, wenn dir klar ist, daß ich meine Taten nur zu deinem Vorteil vollbrachte, umarme mich und sei überzeugt, daß ich etwas Gutes für dich tat; wenn du aber vom Gegenteil überzeugt bist, dann bleib bei deinen Vorwürfen."
(36) „Vielleicht hast du wirklich recht", erwiderte Kyaxares, „und ich werde tun, was du wünschst." – „Wie soll es weitergehen?" fragte Kyros. „Darf ich dich jetzt küssen?" – „Wenn du willst." – „Und du wirst dich nicht umdrehen wie vorhin?" – „Nein, ich werde mich nicht umdrehen." Dann küßte er ihn.

(37) Als die Meder und Perser und viele andere dies sahen (denn allen lag es am Herzen, was aus diesem Gespräch herauskommen würde), freuten sie sich und gewannen ihre heitere Stimmung zurück. Kyros und Kyaxares stiegen auf ihre Pferde und setzten sich an die Spitze des Heeres, und auf ein Zeichen des Kyros hin folgten die Meder Kyaxares, die Perser Kyros, und die übrigen schlossen sich ihnen an.

(38) Als sie im Lager angekommen waren und Kyaxares in das für ihn eingerichtete Zelt gebracht hatten, wurde er von den Leuten, die dazu beauftragt waren, mit allem, was er brauchte, versorgt. (39) In der Zeit, die Kyaxares vor dem

39 Οἱ δὲ Μῆδοι ὅσον χρόνον σχολὴν πρὸ δείπνου ἦγεν ὁ Κυαξάρης ἦσαν πρὸς αὐτόν, οἱ μὲν καὶ αὐτοὶ καθ' ἑαυτούς, οἱ δὲ πλεῖστοι ὑπὸ Κύρου ἐγκέλευστοι, δῶρα ἄγοντες, ὁ μέν τις οἰνοχόον καλόν, ὁ δ' ὀψοποιὸν ἀγαθόν, ὁ δ' ἀρτοποιόν, ὁ δὲ μουσουργόν, ὁ δ' ἐκπώματα, ὁ δ' ἐσθῆτα καλήν · πᾶς δέ τις ὡς ἐπὶ τὸ πολὺ ἕν γέ τι ὧν εἰλήφει ἐδωρεῖτο αὐτῷ · **40** ὥστε τὸν Κυαξάρην μεταγιγνώσκειν ὡς οὔτε ὁ Κῦρος ἀφίστη αὐτοὺς ἀπ' αὐτοῦ οὔθ' οἱ Μῆδοι ἧττόν τι αὐτῷ προσεῖχον τὸν νοῦν ἢ καὶ πρόσθεν.

41 Ἐπεὶ δὲ δείπνου ὥρα ἦν, καλέσας ὁ Κυαξάρης ἠξίου τὸν Κῦρον διὰ χρόνου ἰδόντα αὐτὸν συνδειπνεῖν. Ὁ δὲ Κῦρος εἶπε · Μὴ δὴ σὺ κέλευε, ὦ Κυαξάρη · ἢ οὐχ ὁρᾷς ὅτι οὗτοι οἱ παρόντες ὑφ' ἡμῶν πάντες ἐπηρμένοι πάρεισιν; Οὔκουν καλῶς ἂν πράττοιμι εἰ τούτων ἀμελῶν τὴν ἐμὴν ἡδονὴν θεραπεύειν δοκοίην. Ἀμελεῖσθαι δὲ δοκοῦντες στρατιῶται οἱ μὲν ἀγαθοὶ πολὺ ἀθυμότεροι γίγνονται, οἱ δὲ πονηροὶ πολὺ ὑβριστότεροι. **42** Ἀλλὰ σὺ μέν, ἔφη, ἄλλως τε καὶ ὁδὸν μακρὰν ἥκων δείπνει ἤδη. Καὶ εἴ τινές σε τιμῶσιν, ἀντασπάζου καὶ εὐώχει αὐτούς, ἵνα σε καὶ θαρρήσωσιν · ἐγὼ δ' ἀπιὼν ἐφ' ἅπερ λέγω τρέψομαι. **43** Αὔριον δ', ἔφη, πρῴ δεῦρ' ἐπὶ τὰς σὰς θύρας παρέσονται οἱ ἐπικαίριοι, ὅπως βουλευσώμεθα πάντες σὺν σοὶ ὅ τι χρὴ ποιεῖν τὸ ἐκ τοῦδε. Σὺ δ' ἡμῖν ἔμβαλε ⟨βουλὴν⟩ παρὼν περὶ τούτου, πότερον ἔτι δοκεῖ στρατεύεσθαι ἢ καιρὸς ἤδη διαλύειν τὴν στρατιάν.

44 Ἐκ τούτου ὁ μὲν Κυαξάρης ἀμφὶ δεῖπνον εἶχεν, ὁ δὲ Κῦρος συλλέξας τοὺς ἱκανωτάτους τῶν φίλων καὶ φρονεῖν καὶ συμπράττειν, εἴ τι δέοι, ἔλεξε τοιάδε · Ἄνδρες φίλοι, ἃ μὲν δὴ πρῶτα ηὐξάμεθα, σὺν τοῖς θεοῖς πάρεστιν

Essen zur Verfügung hatte, um sich auszuruhen, kamen die Meder zu ihm, einige aus eigenem Antrieb, die meisten auf Kyros' Veranlassung, und brachten ihm Geschenke: Der eine brachte ihm einen schönen Mundschenken, der andere einen guten Koch, der nächste einen Bäcker, einen Musikanten, Becher und ein schönes Gewand. Jeder von ihnen schenkte ihm in der Regel etwas von den Dingen, die er selbst bekommen hatte. (40) Daher erkannte Kyaxares, daß Kyros sie ihm nicht abspenstig gemacht hatte und die Meder ihm nicht weniger Beachtung schenkten als bisher.

(41) Als es Zeit war, das Essen einzunehmen, ließ Kyaxares Kyros zu sich kommen und bat ihn, mit ihm zu essen, weil viel Zeit vergangen war, seitdem er ihn das letzte Mal gesehen hatte. Kyros aber sagte zu ihm: „Verlang das nicht von mir, mein Kyaxares, oder siehst du nicht, daß alle hier Anwesenden auf unsere Veranlassung hin gekommen sind? Ich würde also nicht recht handeln, wenn der Eindruck entstünde, ich vernachlässigte diese Männer, um meinem Vergnügen nachzugehen. Wenn die Soldaten aber meinen, sie würden vernachlässigt, dann verringert sich die Einsatzbereitschaft der Tüchtigen erheblich, und die Schlechten werden noch viel unverschämter. (42) Doch nimm jetzt deine Mahlzeit ein, zumal du einen weiten Weg hinter dir hast. Wenn dir irgendwelche Leute ihren Respekt erweisen, dann heiße sie dafür herzlich willkommen und bewirte sie gut, damit sie auch Vertrauen zu dir gewinnen. Ich entferne mich jetzt, um mich den Aufgaben zu widmen, von denen ich sprach. (43) Morgen früh aber werden sich meine Offiziere hier vor deinem Zelt einfinden, damit wir alle gemeinsam beraten können, was in Zukunft noch zu tun ist. Sei bitte dabei und nimm Stellung zu der Frage, ob es noch angebracht erscheint, den Feldzug fortzusetzen, oder ob nunmehr der Zeitpunkt gekommen ist, das Heer zu entlassen."

(44) Darauf beschäftigte sich Kyaxares mit seinem Essen. Kyros aber versammelte seine klügsten Freunde und alle, die besonders fähig waren, ihn zu unterstützen, wenn es erforderlich war, und sagte zu ihnen: „Meine Freunde, alle Wünsche,

ἡμῖν. Ὅπῃ γὰρ ἂν πορευώμεθα, κρατοῦμεν τῆς χώρας·
καὶ μὲν δὴ τοὺς πολεμίους ὁρῶμεν μειουμένους, ἡμᾶς
δὲ αὐτοὺς πλείονάς τε καὶ ἰσχυροτέρους γιγνομένους.
45 Εἰ δὲ ἡμῖν ἔτι ἐθελήσειαν οἱ νῦν προσγεγενημένοι
σύμμαχοι παραμεῖναι, πολλῷ ἂν μᾶλλον ἀνύσαι δυναίμεθα καὶ εἴ τι βιάσασθαι καιρὸς καὶ εἴ τι πεῖσαι δέοι.
Ὅπως οὖν τὸ μένειν ὡς πλείστοις συνδοκῇ τῶν συμμάχων,
οὐδὲν μᾶλλον τοῦτο ἐμὸν ἔργον ἢ καὶ ὑμέτερον μηχανᾶσθαι, 46 Ἀλλ' ὥσπερ ὅταν μάχεσθαι δέῃ, ὁ πλείστους
χειρωσάμενος ἀλκιμώτατος δοξάζεται εἶναι, οὕτω καὶ
ὅταν πεῖσαι δέῃ, ὁ πλείστους ὁμογνώμονας ἡμῖν ποιήσας
οὗτος δικαίως ἂν λεκτικώτατός τε καὶ πρακτικώτατος
κρίνοιτο ἂν εἶναι. 47 Μὴ μέντοι ὡς λόγον ἡμῖν ἐπιδει-
ξόμενοι οἷον ἂν εἴποιτε πρὸς ἕκαστον αὐτῶν τοῦτο μελετᾶτε, ἀλλ' ὡς τοὺς πεπεισμένους ὑφ' ἑκάστου δήλους
ἐσομένους οἷς ἂν πράττωσιν οὕτω παρασκευάζεσθε.
48 Καὶ ὑμεῖς μέν, ἔφη, τούτων ἐπιμελεῖσθε· ἐγὼ δέ,
ὅπως ἂν ἔχοντες τὰ ἐπιτήδεια ὅσον ἂν ἔγωγε δύνωμαι
οἱ στρατιῶται περὶ τοῦ στρατεύεσθαι βουλεύωνται πειράσομαι ἐπιμελεῖσθαι.

die wir ursprünglich hatten, wurden uns mit Hilfe der Götter erfüllt. Denn wo wir auch hinkommen, nehmen wir das Land in Besitz, und wir sehen, daß sich die Zahl unserer Feinde verringert, wir selbst aber immer mehr und immer mächtiger werden. (45) Falls unsere Verbündeten weiterhin bei uns bleiben wollten, könnten wir noch viel mehr erreichen, ob wir es, wenn es angebracht ist, mit Gewalt durchsetzen oder, wenn es notwendig ist, mit Überzeugungskraft erzielen. Darauf hinzuwirken, daß möglichst viele Verbündete bereit sind, bei uns zu bleiben, ist ebenso meine wie eure Aufgabe. (46) Aber wie derjenige, der die meisten Gegner überwältigt, wenn es nötig ist zu kämpfen, als der Stärkste gilt, so dürfte man auch denjenigen, der die meisten dazu veranlaßt, wenn Überredungskunst erforderlich ist, sich unserer Aufforderung anzuschließen, mit Recht für den erfolgreichsten Redner halten. (47) Doch macht euch keine Gedanken darüber, was ihr jedem einzelnen von ihnen sagen könntet, als müßtet ihr uns eine Rede halten, sondern setzt alles daran, daß diejenigen, die ihr überzeugt habt, durch ihr Handeln beweisen, daß sie überzeugt sind. (48) Kümmert euch also darum. Ich aber werde dafür zu sorgen versuchen, soweit es mir möglich ist, daß die Soldaten mit allem, was sie brauchen, ausgestattet sind."

ΚΥΡΟΥ ΠΑΙΔΕΙΑ ς'

I

1 Ταύτην μὲν δὴ τὴν ἡμέραν οὕτω διαγαγόντες καὶ δειπνήσαντες ἀνεπαύοντο. Τῇ δ' ὑστεραίᾳ πρῷ ἧκον ἐπὶ τὰς Κυαξάρου θύρας πάντες οἱ σύμμαχοι. Ἕως οὖν ὁ Κυαξάρης ἐκοσμεῖτο, ἀκούων ὅτι πολὺς ὄχλος ἐπὶ ταῖς θύραις εἴη, ἐν τούτῳ οἱ φίλοι τῷ Κύρῳ προσῆγον οἱ μὲν Καδουσίους δεομένους αὐτοῦ μένειν, οἱ δὲ Ὑρκανίους, ὁ δέ τις Σάκας, ὁ δέ τις καὶ Γωβρύαν· Ὑστάσπας δὲ Γαδάταν τὸν εὐνοῦχον προσῆγε, δεόμενον τοῦ Κύρου μένειν.

2 Ἔνθα δὴ ὁ Κῦρος γιγνώσκων ὅτι Γαδάτας πάλαι ἀπωλώλει τῷ φόβῳ μὴ λυθείη ἡ στρατιά, ἐπιγελάσας εἶπεν· Ὦ Γαδάτα, δῆλος εἶ, ἔφη, ὑπὸ Ὑστάσπου τοῦδε πεπεισμένος ταῦτα γιγνώσκειν ἃ λέγεις. **3** Καὶ ὁ Γαδάτας ἀνατείνας τὰς χεῖρας πρὸς τὸν οὐρανὸν ἀπώμοσεν ἦ μὴν μὴ ὑπὸ τοῦ Ὑστάσπου πεισθεὶς ταῦτα γιγνώσκειν· ἀλλ' οἶδα, ἔφη, ὅτι ἂν ὑμεῖς ἀπέλθητε, ἔρρει τἀμὰ παντελῶς· διὰ τοῦτ', ἔφη, καὶ τούτῳ ἐγὼ αὐτὸς προσῆλθον, ἐρωτῶν εἰ εἰδείη τί ἐν νῷ ἔχεις [ὑπὲρ τῆς διαλύσεως τοῦ στρατεύματος] ποιεῖν. **4** Καὶ ὁ Κῦρος εἶπεν· Ἀδίκως ἄρα ἐγὼ Ὑστάσπου τοῦδε καταιτιῶμαι. Ἀδίκως μέντοι νὴ Δί', ἔφη ὁ Ὑστάσπας, ὦ Κῦρε· ἐγὼ γὰρ ἔλεγον τῷ Γαδάτᾳ τῷδε τοσοῦτον μόνον ὡς οὐχ οἷόν τέ σοι εἴη στρατεύεσθαι, λέγων ὅτι ὁ πατήρ σε μεταπέμπεται. **5** Καὶ ὁ Κῦρος· Τί λέγεις; ἔφη· καὶ σὺ τοῦτο ἐτόλμησας ἐξενεγκεῖν, εἴτ' ἐγὼ ἐβουλόμην εἴτε μή;

SECHSTES BUCH

I.

(1) Nachdem sie den Tag auf diese Weise verbracht und ihre Mahlzeit eingenommen hatten, begaben sie sich zur Ruhe. Am Morgen des folgenden Tages fanden sich alle Verbündeten vor dem Zelt des Kyaxares ein. Kyaxares war gerade dabei, seine schönen Gewänder anzulegen, und hörte schon, daß sich viele Leute vor seinem Zelt aufhielten. Inzwischen kamen Kyros' Freunde mit den Verbündeten zu ihm: einige mit den Kadusiern, die Kyros darum baten, bleiben zu dürfen, andere mit den Hyrkaniern, einer mit den Saken, ein anderer mit Gobryas. Hystaspas aber kam mit Gadatas, dem Eunuchen, der Kyros ebenfalls darum bat, bleiben zu dürfen.

(2) Da sagte Kyros lachend, weil er wußte, daß Gadatas seit längerer Zeit von der Furcht, das Heer könne entlassen werden, völlig zermürbt war: „Lieber Gadatas, es ist nicht zu übersehen, daß dir unser Hystaspas diese Gedanken, die du da von dir gibst, in den Kopf gesetzt hat." (3) Gadatas streckte die Hände gen Himmel und schwor, daß er wirklich nicht von Hystaspas dazu gebracht wurde, diese Gedanken zu haben: „Aber ich weiß", sagte Gadatas, „daß ich gänzlich verloren bin, wenn ihr abzieht. Darum bin ich selbst auch zu Hystaspas gegangen, um ihn zu fragen, ob er wisse, was du vorhast." (4) Kyros entgegnete: „Demnach beschuldige ich Hystaspas zu Unrecht." – „Ja, Kyros, wirklich zu Unrecht, beim Zeus", rief Hystaspas, „ich habe Gadatas hier nämlich nur so viel gesagt, daß es dir nicht möglich sei, den Feldzug fortzusetzen, wobei ich hinzufügte, daß dein Vater dich nach Hause rufe." (5) „Was sagst du da?" fragte Kyros. „Und du hast es gewagt, dieses Gerede zu verbreiten, ohne Rücksicht darauf, ob ich

Ναὶ μὰ Δί', ἔφη · ὁρῶ γάρ σε ὑπερεπιθυμοῦντα ἐν Πέρσαις περίβλεπτον περιελθεῖν καὶ τῷ πατρὶ ἐπιδείξασθαι ᾗ ἔκαστα διεπράξω. Ὁ δὲ Κῦρος ἔφη · Σὺ δ' οὐκ ἐπιθυμεῖς οἴκαδε ἀπελθεῖν; Οὐ μὰ Δί', ἔφη ὁ Ὑστάσπας, οὐδ' ἄπειμί γε, ἀλλὰ μένων στρατηγήσω, ἕως ἂν ποιήσω Γαδάταν τουτονὶ τοῦ Ἀσσυρίου δεσπότην.

6 Οἱ μὲν δὴ τοιαῦτ' ἔπαιζον σπουδῇ πρὸς ἀλλήλους. Ἐν δὲ τούτῳ Κυαξάρης σεμνῶς κεκοσμημένος ἐξῆλθε καὶ ἐπὶ θρόνου Μηδικοῦ ἐκαθέζετο. Ὡς δὲ πάντες συνῆλθον οὓς ἔδει καὶ σιωπὴ ἐγένετο, ὁ Κυαξάρης ἔλεξεν ὧδε · Ἄνδρες σύμμαχοι, ἴσως, ἐπειδὴ παρὼν τυγχάνω καὶ πρεσβύτερός εἰμι Κύρου, εἰκὸς ἄρχειν με λόγου. Νῦν οὖν δοκεῖ μοι εἶναι καιρὸς περὶ τούτου πρῶτον διαλέγεσθαι πότερον στρατεύεσθαι ἔτι καιρὸς δοκεῖ εἶναι ἢ διαλύειν ἤδη τὴν στρατιάν · λεγέτω οὖν τις, ἔφη, περὶ αὐτοῦ τούτου ᾗ γιγνώσκει.

7 Ἐκ τούτου πρῶτος μὲν εἶπεν ὁ Ὑρκάνιος · Ἄνδρες σύμμαχοι, οὐκ οἶδα μὲν ἔγωγε εἴ τι δεῖ λόγων ὅπου αὐτὰ τὰ ἔργα δεικνύει τὸ κράτιστον. Πάντες γὰρ ἐπιστάμεθα ὅτι ὁμοῦ μὲν μένοντες πλείω κακὰ τοὺς πολεμίους ποιοῦμεν ἢ πάσχομεν · ὅτε δὲ χωρὶς ἦμεν ἀλλήλων, ἐκεῖνοι ἡμῖν ἐχρῶντο ὡς ἐκείνοις ἦν ἥδιστον, ἡμῖν γε μὴν ὡς χαλεπώτατον.

8 Ἐπὶ τούτῳ ὁ Καδούσιος εἶπεν · Ἡμεῖς δὲ τί ἂν λέγοιμεν, ἔφη, περὶ τοῦ οἴκαδε ἀπελθόντες ἕκαστοι χωρὶς εἶναι, ὁπότε γε οὐδὲ στρατευομένοις, ὡς ἔοικε, χωρίζεσθαι συμφέρει; Ἡμεῖς γοῦν οὐ πολὺν χρόνον δίχα τοῦ ὑμετέρου πλήθους στρατευσάμενοι δίκην ἔδομεν ὡς καὶ ὑμεῖς ἐπίστασθε.

9 Ἐπὶ τούτῳ Ἀρτάβαζος, ὅ ποτε φήσας εἶναι Κύρου συγγενής, ἔλεξε τοιάδε · Ἐγὼ δ', ἔφη, ὦ Κυαξάρη,

wollte oder nicht?" – „Ja, beim Zeus. Denn ich sehe, daß es
dein größter Wunsch ist, in Persien umherzustolzieren und
bewundert zu werden und deinem Vater vorzuführen, was du
alles vollbracht hast." Kyros antwortete: „Willst du denn nicht
nach Hause?" – „Nein, beim Zeus", erwiderte Hystaspas,
„und ich werde auch nicht fortgehen, sondern bleiben und
Befehlshaber sein, bis ich unseren Gadatas zum Herrn über
Assyrien erhoben habe."

(6) So scherzten sie miteinander, ohne den Ernst der Lage
zu vergessen. Inzwischen kam Kyaxares in vollem Ornat aus
seinem Zelt und setzte sich auf einen medischen Thron. Als
alle zusammengekommen waren, die anwesend sein mußten,
und Stille eingetreten war, ergriff Kyaxares das Wort: „Bundesgenossen, da ich mich nun einmal hier befinde und älter bin
als Kyros, ist es doch wohl angebracht, daß ich als erster spreche. Es scheint mir jetzt ein geeigneter Zeitpunkt zu sein, vor
allem darüber zu reden, ob es günstig ist, den Feldzug noch
weiter fortzusetzen, oder ob es an der Zeit ist, das Heer zu
entlassen. Man soll also dazu sagen, was man darüber denkt."

(7) Darauf nahm als erster der Hyrkanier das Wort: „Bundesgenossen, ich weiß wirklich nicht, ob man noch zu reden
braucht, wo die Tatsachen selbst auf die beste Lösung hinweisen. Denn wir wissen alle, daß wir den Feinden größeren Schaden zufügen als uns, wenn wir alle gemeinsam hierbleiben. Als
wir aber getrennt voneinander waren, konnten sie mit uns umgehen, wie es für sie am angenehmsten, für uns jedoch sehr
schlimm war."

(8) Anschließend ergriff der Kadusier das Wort: „Wie können wir überhaupt darüber reden, daß wir uns trennen und
jeder von uns nach Hause geht, wo es doch offensichtlich nicht
einmal während des Feldzugs nützlich war, sich von dem ganzen Heer zu trennen? Jedenfalls haben wir dafür gebüßt, wie
auch ihr wißt, daß wir nur für kurze Zeit auf eigene Faust
operierten."

(9) Danach sprach Artabazos, der einmal behauptete, er sei
mit Kyros verwandt, folgende Worte: „Ich, Kyaxares, stimme

τοσοῦτον διαφέρομαι τοῖς πρόσθεν λέγουσιν · οὗτοι
μὲν γάρ φασιν ἔτι δεῖν μένοντας στρατεύεσθαι, ἐγὼ δὲ
λέγω ὅτι ὅτε μὲν οἴκοι ἦν, ἐστρατευόμην. 10 Καὶ
γὰρ ἐβοήθουν πολλάκις τῶν ἡμετέρων ἀγομένων καὶ
περὶ τῶν σφετέρων φρουρίων ὡς ἐπιβουλευσομένων
πολλάκις πράγματα εἶχον φοβούμενός τε καὶ φρουρῶν · καὶ ταῦτ' ἔπραττον τὰ οἰκεῖα δαπανῶν. Νῦν δ' ἔχω
μὲν τὰ ἐκείνων φρούρια, καὶ οὐ φοβοῦμαι ἐκείνους,
εὐωχοῦμαι δὲ τὰ ἐκείνων καὶ πίνω τὰ τῶν πολεμίων.
Ὡς οὖν τὰ μὲν οἴκοι στρατείαν οὖσαν, τάδε δὲ ἑορτήν,
ἐμοὶ μὲν οὐ δοκεῖ, ἔφη, διαλύειν τήνδε τὴν πανήγυριν.
11 Ἐπὶ τούτῳ ὁ Γωβρύας εἶπεν · Ἐγὼ δ', ὦ ἄνδρες
σύμμαχοι, μέχρι μὲν τοῦδε ἐπαινῶ τὴν Κύρου δεξιάν ·
οὐδὲν γὰρ ψεύδεται ὧν ὑπέσχετο. Εἰ δ' ἄπεισιν ἐκ τῆς
χώρας, δῆλον ὅτι ὁ μὲν Ἀσσύριος ἀναπαύσεται, οὐ
τίνων ποινὰς ὧν τε ὑμᾶς ἐπεχείρησεν ἀδικεῖν καὶ ὧν
ἐμὲ ἐποίησεν · ἐγὼ δὲ ἐν τῷ μέρει ἐκείνῳ πάλιν δώσω
δίκην ὅτι ὑμῖν φίλος ἐγενόμην.
12 Ἐπὶ τούτοις πᾶσι Κῦρος εἶπεν · Ὦ ἄνδρες, οὐδ' ἐμὲ
λανθάνει ὅτι ἦν νῦν διαλύωμεν τὸ στράτευμα, τὰ μὲν
ἡμέτερα ἀσθενέστερα γίγνοιτ' ἄν, τὰ δὲ τῶν πολεμίων
πάλιν αὐξήσεται · ὅσοι τε γὰρ αὐτῶν ὅπλα ἀφήρηνται,
ταχὺ ἄλλα ποιήσονται · ὅσοι τε ἵππους ἀπεστέρηνται,
ταχὺ πάλιν ἄλλους κτήσονται · ἀντὶ δὲ τῶν ἀποθανόντων ἕτεροι ἐφηβήσουσιν καὶ ἐπιγενήσονται. Ὥστε
οὐδὲν θαυμαστὸν εἰ πάνυ ἐν τάχει πάλιν ἡμῖν πράγματα
παρέχειν δυνήσονται. 13 Τί δῆτα ἐγὼ Κυαξάρην ἐκέλευσα λόγον ἐμβαλεῖν περὶ καταλύσεως τῆς στρατιᾶς;
Εὖ ἴστε ὅτι φοβούμενος τὸ μέλλον. Ὁρῶ γὰρ ἡμῖν ἀντι-
πάλους προσιόντας οἷς ἡμεῖς, εἰ ὧδε στρατευσόμεθα,

in einem Punkt mit meinen Kameraden nicht überein: Diese
sagen nämlich, man müsse noch hierbleiben und den Feldzug
fortsetzen. Ich aber behaupte, daß ich mich dauernd im
Kriegszustand befand, als ich noch zu Hause war. (10) Denn
oft kam ich zu Hilfe, wenn unser Besitz geplündert wurde, und
ich befand mich oft in Angst und Alarmbereitschaft, weil die
Gefahr bestand, daß unsere Festungen vom Feind bedroht
wurden. Und dafür mußte ich mein eigenes Vermögen ausgeben. Jetzt aber besitze ich die Festungen des Feindes und habe
keine Angst mehr vor ihm, sondern lasse es mir auf seine
Kosten gut schmecken und leere seine Weinkeller. Wenn ich
sehe, daß das Leben zu Hause ein ständiger Kriegszustand und
das Leben hier ein Fest ist, bin ich nicht dafür, diese Festver-
sammlung aufzulösen."

(11) Darauf sagte Gobryas: „Bundesgenossen, bis jetzt
kann ich Kyros' Handschlag nur loben. Denn er hält alle seine
Versprechungen. Wenn er das Land verläßt, wird der Assyrer
natürlich eine Ruhepause bekommen, ohne für die Untaten zu
büßen, die er euch anzutun versuchte und mir angetan hat. Ich
für meinen Teil werde aber erneut von ihm bestraft werden,
weil ich euer Freund geworden bin."

(12) Nachem sie alle gesprochen hatten, ergriff Kyros das
Wort: „Männer, auch mir ist nicht verborgen, daß wir, wenn
wir jetzt das Heer auflösen, in eine schwächere Position geraten könnten und die Feinde wieder einen Machtzuwachs erfahren. Denn alle Feinde, denen die Waffen abgenommen wurden, werden sich rasch neue beschaffen. Diejenigen, die ihre
Pferde verloren haben, werden sich schnell wieder andere besorgen. Für die Gefallenen werden andere nachwachsen und
auf die Welt kommen. Daher wäre es nicht verwunderlich,
wenn sie uns in Kürze durchaus wieder Schwierigkeiten bereiten könnten. (13) Warum habe ich denn Kyaxares aufgefordert, ein Gespräch über die Auflösung des Heeres zu führen?
Ihr sollt es genau wissen: weil ich Angst vor der Zukunft habe.
Ich sehe nämlich Gegner gegen uns antreten, mit denen wir
nicht kämpfen können, wenn wir den Feldzug so planlos fort-

οὐ δυνησόμεθα μάχεσθαι. 14 Προσέρχεται μὲν γὰρ
δήπου χειμών, στέγαι δὲ εἰ καὶ ἡμῖν αὐτοῖς εἰσιν, ἀλλὰ
μὰ Δί' οὐχ ἵπποις οὐδὲ θεράπουσιν οὐδὲ τῷ δήμῳ τῶν
στρατιωτῶν, ὦν ἄνευ ἡμεῖς οὐκ ἂν δυναίμεθα στρατεύεσθαι. Τὰ δ' ἐπιτήδεια ὅπου μὲν ἡμεῖς ἐληλύθαμεν
ὑφ' ἡμῶν ἀνήλωται· ὅποι δὲ μὴ ἀφίγμεθα, διὰ τὸ ἡμᾶς
φοβεῖσθαι ἀνακεκομισμένοι εἰσὶν εἰς ἐρύματα, ὥστε
αὐτοὶ μὲν ἔχειν, ἡμᾶς δὲ ταῦτα μὴ δύνασθαι λαμβάνειν. 15 Τίς οὖν οὕτως ἀγαθὸς ἢ τίς οὕτως ἰσχυρὸς
ὃς λιμῷ καὶ ῥίγει δύναιτ' ἂν μαχόμενος στρατεύεσθαι;
Εἰ μὲν οὖν οὕτω στρατευσόμεθα, ἐγὼ μέν φημι χρῆναι ἑκόντας ἡμᾶς καταλῦσαι τὴν στρατιὰν μᾶλλον ἢ ἄκοντας
ὑπ' ἀμηχανίας ἐξελαθῆναι. Εἰ δὲ βουλόμεθα ἔτι στρατεύεσθαι, τόδ' ἐγώ φημι χρῆναι ποιεῖν, ὡς τάχιστα πειρᾶσθαι τῶν μὲν ἐκείνων ὀχυρῶν ὡς πλεῖστα παραιρεῖν,
ἡμῖν δ' αὐτοῖς ὡς πλεῖστα ὀχυρὰ ποιεῖσθαι· ἐὰν γὰρ
ταῦτα γένηται, τὰ μὲν ἐπιτήδεια πλείω ἕξουσιν ὁπότεροι ἂν πλείω δύνωνται λαβόντες ἀποτίθεσθαι, πο-
λιορκήσονται δὲ ὁπότεροι ἂν κρείττους ὦσι. 16 Νῦν
δ' οὐδὲν διαφέρομεν τῶν ἐν τῷ πελάγει πλεόντων· καὶ
γὰρ ἐκεῖνοι πλέουσι μέν ἀεί, τὸ δὲ πεπλευσμένον οὐδὲν οἰκειότερον τοῦ ἀπλεύστου καταλείπουσιν. Ἐὰν
δὲ φρούρια ἡμῖν γένηται, ταῦτα δὴ τοῖς μὲν πολεμίοις
ἀλλοτριώσει, τὴν χώραν, ἡμῖν δ' ὑπ' εὐδίαν μᾶλλον
πάντ' ἔσται.

17 Ὃ δ' ἴσως ἄν τινες ὑμῶν φοβηθεῖεν, εἰ δεήσει
πόρρω τῆς ἑαυτῶν φρουρεῖν, μηδὲν τοῦτο ὀκνήσητε·
ἡμεῖς μὲν γὰρ ἐπείπερ καὶ ὡς οἴκοθεν ἀποδημοῦμεν,
φρουρήσειν ὑμῖν ἀναδεχόμεθα τὰ ἐγγύτατα χωρία τῶν

setzen. (14) Denn es wird doch wohl bald Winter, und wenn auch uns selbst warme Unterkünfte zur Verfügung stehen, so doch, beim Zeus, nicht den Pferden, den Dienern und der Masse der Soldaten, ohne die wir nicht zu Felde ziehen könnten. Wo immer wir hinkamen, haben wir alle Lebensmittel verbraucht. Wohin wir aber nicht gekommen sind, dort haben sie die Feinde aus Angst vor uns in befestigte Siedlungen geschafft, so daß sie zwar darüber verfügen können, wir aber nicht in der Lage sind, sie in Besitz zu nehmen. (15) Wer ist denn so tüchtig und so stark, daß er den Kampf gegen Hunger und Kälte aufnehmen könnte? Wenn wir den Feldzug unter diesen Bedingungen fortsetzen müssen, dann erkläre ich, daß wir unser Heer lieber freiwillig auflösen sollten, als uns aufgrund widriger Umstände gegen unseren Willen aus dem Land jagen zu lassen. Wenn wir trotzdem noch weitermarschieren wollen, dann ist, behaupte ich, folgendes zu tun: Wir versuchen, so schnell es geht, möglichst viele jener Befestigungsanlagen einzunehmen und für uns selbst möglichst viele Stützpunkte anzulegen. Denn wenn dies geschieht, werden diejenigen über die meisten Lebensmittel verfügen, die die meisten Lebensmittel auf Vorrat legen können, nachdem sie sie bekommen haben, und es sind die jeweils Stärkeren, die sich belagern lassen können. (16) Im Augenblick aber unterscheiden wir uns in nichts von den Seefahrern auf dem Meer. Denn auch jene segeln ständig weiter, aber das Gebiet, das sie durchfuhren, bleibt genauso unwirtlich und unfreundlich hinter ihnen zurück wie die Strecke, die sie noch vor sich haben. Wenn wir aber feste Plätze besitzen, dann werden diese den Feinden den Zugriff auf das Land erschweren, und unsere Lage wird sich in jeder Hinsicht verbessern.

(17) Was vielleicht einige von euch fürchten könnten, wenn es notwendig sein wird, fern der Heimat auf Wache zu stehen, das braucht euch nicht zu beunruhigen. Denn da wir sowieso schon am weitesten von unserem Heimatland entfernt sind, werden wir es für euch übernehmen, die Gebiete zu kontrollieren, die sich in unmittelbarer Nähe zu unseren Feinden befin-

πολεμίων, ὑμεῖς δὲ τὰ πρόσορα ὑμῖν αὐτοῖς τῆς Ἀσσυρίας ἐκεῖνα κτᾶσθε καὶ ἐργάζεσθε. 18 Ἐὰν γὰρ ἡμεῖς
τὰ πλησίον αὐτῶν φρουροῦντες δυνώμεθα σῴζεσθαι
ἐν πολλῇ ὑμεῖς εἰρήνῃ ἔσεσθε οἱ τὰ πρόσω αὐτῶν ἔχοντες
βιοτεύσεσθε · οὐ γὰρ οἶμαι δυνήσονται τῶν ἐγγὺς ἑαυτῶν ὄντων ἀμελοῦντες τοῖς πρόσω ὑμῖν ἐπιβουλεύειν.

19 Ὡς δὲ ταῦτ' ἐρρήθη, οἵ τε ἄλλοι πάντες ἀνιστά-
μενοι συμπροθυμήσεσθαι ταῦτ' ἔφασαν καὶ Κυαξάρης.
Γαδάτας δὲ καὶ Γωβρύας καὶ τεῖχος ἑκάτερος αὐτῶν,
ἢν ἐπιτρέψωσιν οἱ σύμμαχοι, τειχιεῖσθαι ἔφασαν, ὥστε
καὶ ταῦτα φίλια τοῖς συμμάχοις ὑπάρχειν. 20 Ὁ
οὖν Κῦρος ἐπεὶ πάντας ἑώρα προθύμους ὄντας πράττειν ὅσα ἔλεξε, τέλος εἶπεν · Εἰ τοίνυν περαίνειν βουλόμεθα ὅσα φαμὲν χρῆναι ποιεῖν, ὡς τάχιστ' ἂν δέοι
γενέσθαι μηχανὰς μὲν εἰς τὸ καθαιρεῖν τὰ τῶν πολεμίων τείχη, τέκτονας δὲ εἰς τὸ ἡμῖν ὀχυρὰ πυργοῦσθαι.
21 Ἐκ τούτου ὑπέσχετο ὁ μὲν Κυαξάρης μηχανὴν
αὐτὸς ποιησάμενος παρέξειν, ἄλλην δὲ Γαδάτας καὶ
Γωβρύας, ἄλλην δὲ Τιγράνης · αὐτὸς δὲ Κῦρος ἔφη
δύο πειράσεσθαι ποιήσασθαι. 22 Ἐπεὶ δὲ ταῦτ' ἔδοξεν, ἐπορίζοντο μὲν μηχανοποιούς, παρεσκευάζοντο
δ' ἕκαστοι εἰς τὰς μηχανὰς ὧν ἔδει · ἄνδρας δ' ἐπέστη-
σαν οἳ ἐδόκουν ἐπιτηδειότατοι εἶναι ἀμφὶ ταῦτ' ἔχειν.

23 Κῦρος δ' ἐπεὶ ἔγνω ὅτι διατριβὴ ἔσται ἀμφὶ ταῦτα,
ἐκάθισε τὸ στράτευμα ἔνθα ᾤετο ὑγιεινότατον εἶναι
καὶ εὐπροσοδώτατον ὅσα ἔδει προσκομίζεσθαι · ὅσα
τε ἐρυμνότητος προσεδεῖτο, ἐποιήσατο, ὡς ἐν ἀσφαλεῖ
οἱ αἰεὶ μένοντες εἶεν, εἴ ποτε καὶ πρόσω τῇ ἰσχύι ἀποστρα-

den. Ihr hingegen übernehmt und bearbeitet die Teile von
Assyrien, die an euer eigenes Land angrenzen. (18) Wenn wir
nämlich in der Lage sind, das Gebiet in der Nachbarschaft der
Feinde zu überwachen, ohne Schaden zu nehmen, werdet ihr
den tiefsten Frieden haben, da ihr ohne unmittelbare Feindberührung leben werdet. Denn es ist nicht zu erwarten, daß sie
gegen euch, die ihr weit von ihnen entfernt seid, etwas unternehmen, während sie diejenigen, die sich in ihrer Reichweite
befinden, unbeachtet lassen."

(19) Nach diesen Worten standen alle auf und erklärten, sie
seien mit diesem Plan einverstanden. Auch Kyaxares stimmte
zu. Gadatas und Gobryas sagten, daß sie beide, wenn die Verbündeten es erlaubten, Stützpunkte anlegen wollten, damit
auch diese den Bundesgenossen als befreundete Territorien
zur Verfügung ständen. (20) Als Kyros sah, daß alle bereit
waren, seinen Vorstellungen zu folgen, sagte er schließlich
noch: „Wenn wir also durchführen wollen, was ich für erforderlich erkläre, dann müßten möglichst schnell Maschinen zur
Zerstörung der feindlichen Festungen gebaut und Bauleute
geholt werden, die sie umgehend für uns wieder aufbauen."

(21) Darauf versprach Kyaxares, selbst eine Maschine bau-
en zu lassen und zur Verfügung zu stellen. Eine weitere wollte
Gadatas, eine dritte Tigranes beschaffen. Kyros selbst erklärte, er wolle versuchen, zwei Maschinen herstellen zu lassen.
(22) Nachdem dies Zustimmung gefunden hatte, schafften sie
Maschinenbauer herbei, und jeder einzelne besorgte das für
die Herstellung der Maschinen notwendige Material. Die Verantwortung übertrugen sie den Leuten, die zur Erfüllung dieser Aufgabe am fähigsten zu sein schienen.

(23) Als Kyros aber feststellen mußte, daß diese Arbeit viel
Zeit kosten würde, ließ er das Heer an einer Stelle haltmachen, wo es seiner Meinung nach am gesündesten war und wo
man am ehesten damit rechnen konnte, alles zu bekommen,
was man brauchte. Bei allen Stützpunkten, die eine zusätzliche
Befestigung benötigten, sorgte er dafür, daß ihre jeweilige Besatzung in Sicherheit war, auch wenn man mit dem Gros der

τοπεδεύοιντο. **24** Πρὸς δὲ τούτοις ἐρωτῶν οὓς ᾤετο
μάλιστα εἰδέναι τὴν χώραν ὁπόθεν ἂν ὡς πλεῖστα ὠφελοῖτο τὸ στράτευμα, ἐξῆγεν ἀεὶ εἰς προνομάς, ἅμα μὲν
ὅπως ὅτι πλεῖστα λαμβάνοι τῇ στρατιᾷ τὰ ἐπιτήδεια,
ἅμα δ' ὅπως μᾶλλον ὑγιαίνοιεν καὶ ἰσχύοιεν διαπονούμενοι ταῖς πορείαις, ἅμα δ' ὅπως ἐν ταῖς ἀγωγαῖς
τὰς τάξεις ὑπομιμνῄσκοιντο.

25 Ὁ μὲν δὴ Κῦρος ἐν τούτοις ἦν. Ἐκ δὲ Βαβυλῶνος οἱ αὐτόμολοι καὶ οἱ ἁλισκόμενοι ταῦτ' ἔλεγον ὅτι
ὁ Ἀσσύριος οἴχοιτο ἐπὶ Λυδίας, πολλὰ τάλαντα χρυσίου καὶ ἀργυρίου ἄγων καὶ ἄλλα κτήματα καὶ κόσμον
παντοδαπόν. **26** Ὁ μὲν οὖν ὄχλος τῶν στρατιωτῶν
ἔλεγεν ὡς ὑπεκτίθοιτο ἤδη τὰ χρήματα φοβούμενος· ὁ
δὲ Κῦρος γιγνώσκων ὅτι οἴχοιτο συστήσων εἴ τι δύναιτο ἀντίπαλον ἑαυτῷ, ἀντιπαρεσκευάζετο ἐρρωμένως,
ὡς μάχης ἔτι δεῆσον· καὶ οὕτως ἐξεπίμπλη μὲν τὸ τῶν
Περσῶν ἱππικόν, τοὺς μὲν ἐκ τῶν αἰχμαλώτων, τοὺς
δέ τινας καὶ παρὰ τῶν φίλων λαμβάνων ἵππους· ταῦτα
γὰρ παρὰ πάντων ἐδέχετο καὶ ἀπεωθεῖτο οὐδέν, οὔτε
εἴ τις ὅπλον διδοίη καλὸν οὔτ' εἴ τις ἵππον.

27 Κατεσκευάζετο δὲ καὶ ἅρματα ἔκ τε τῶν αἰχμαλώτων ἁρμάτων καὶ ἄλλοθεν ὁπόθεν ἐδύνατο. Καὶ τὴν
μὲν Τρωικὴν διφρείαν πρόσθεν οὖσαν καὶ τὴν Κυρηναίων ἔτι καὶ νῦν ἁρματηλασίαν κατέλυσε· τὸν γὰρ
πρόσθεν χρόνον καὶ οἱ ἐν τῇ Μηδίᾳ καὶ Συρίᾳ καὶ Ἀραβίᾳ καὶ πάντες οἱ ἐν τῇ Ἀσίᾳ τοῖς ἅρμασιν οὕτως
ἐχρῶντο ὥσπερ νῦν οἱ Κυρηναῖοι. **28** Ἔδοξε δ' αὐτῷ,
ὃ κράτιστον εἰκὸς ἦν εἶναι τῆς δυνάμεως, ὄντων τῶν
βελτίστων ἐπὶ τοῖς ἅρμασι, τοῦτο ἐν ἀκροβολιστῶν
μέρει εἶναι καὶ εἰς τὸ κρατεῖν οὐδὲν μέγα μέρος συμ-

Streitmacht einmal weit entfernt ein Lager aufschlug. (24) Außerdem fragte er alle, von denen er annahm, daß sie das Land
am besten kannten, wo sich das Heer mit möglichst vielen
Lebensmitteln versorgen könne. Er ließ das Heer ständig zum
Nahrung- und Futterholen ausrücken, um erstens die bestmögliche Versorgung des Heeres zu gewährleisten, um zweitens
den Gesundheitszustand und die Einsatzfähigkeit der Soldaten
durch die Anstrengungen der Märsche zu verbessern und um
drittens die Soldaten auf diesen Streifzügen daran zu erinnern,
wo sie in ihren Einheiten ihren Platz hatten.

(25) Gerade als Kyros damit beschäftigt war, meldeten
Überläufer und Gefangene diese Neuigkeiten aus Babylon:
Der Assyrer sei mit vielen Talenten Gold und Silber, anderen
Gegenständen und Schmuck jeder Art nach Lydien aufgebrochen. (26) Die Masse der Soldaten behauptete, er habe Angst
und bringe schon sein Geld in Sicherheit. Weil Kyros aber
erkannte, daß er aufgebrochen war, um einen weiteren Gegner gegen ihn zu gewinnen, falls er dazu in der Lage sei, bereitete er sich mit besonderem Einsatz auf Gegenmaßnahmen
vor; denn seiner Ansicht nach war eine weitere Schlacht unumgänglich. So füllte er die persische Reiterei auf, wobei er die
Pferde teils von den Gefangenen, teils von seinen Freunden
übernahm. Denn dieses Geschenk nahm er von jedermann an
und wies es auf keinen Fall zurück, wenn ihm jemand eine
schöne Waffe oder ein Pferd gab.

(27) Er ließ aber auch Wagen ausrüsten, die er von den
Gefangenen und anderswoher bekommen hatte, soweit es ihm
möglich war. Den trojanischen Wagentyp, der früher in Gebrauch war, und die heute noch übliche kyrenäische Wagenkampftechnik schaffte er ab. Bisher nämlich setzten die Leute
in Medien, Syrien und Arabien und alle in Asien ihre Wagen
so ein, wie es heute noch die Kyrenäer tun. (28) Kyros war
klar, daß die zweifellos schlagkräftigste Einheit seiner Streitmacht, wenn die besten Soldaten auf den Wagen bleiben mußten, nur leichte Angriffe führen und keinen entscheidenden
Beitrag zur Überwältigung des Gegners leisten konnte. Denn

βάλλεσθαι · ἅρματα γὰρ τριακόσια τοὺς μὲν μαχομένους παρέχεται τριακοσίους, ἵπποις δ' οὗτοι χρῶνται
διακοσίοις καὶ χιλίοις · ἡνίοχοι δ' αὐτοῖς εἰσι μὲν ὡς
εἰκὸς οἷς μάλιστα πιστεύουσιν, οἱ βέλτιστοι · ἄλλοι
δὲ εἰς τριακοσίους οὗτοί εἰσιν, οἳ οὐδ' ὁτιοῦν τοὺς πολεμίους βλάπτουσι. 29 Ταύτην μὲν οὖν τὴν διφρείαν
κατέλυσεν · ἀντὶ δὲ τούτου πολεμιστήρια κατεσκευάσατο ἅρματα τροχοῖς τε ἰσχυροῖς, ὡς μὴ ῥᾳδίως συν-
τρίβηται, ἄξοσί τε μακροῖς · ἧττον γὰρ ἀνατρέπεται
πάντα τὰ πλατέα. Τὸν δὲ δίφρον τοῖς ἡνιόχοις ἐποίησεν ὥσπερ πύργον ἰσχυρῶν ξύλων · ὕψος δὲ τούτων
ἐστὶ μέχρι τῶν ἀγκώνων, ὡς δύνωνται ἡνιοχεῖσθαι οἱ
ἵπποι ὑπὲρ τῶν δίφρων · τοὺς δ' ἡνιόχους ἐθωράκισε
πάντα πλὴν τῶν ὀφθαλμῶν. 30 Προσέθηκε δὲ καὶ
δρέπανα σιδηρᾶ ὡς διπήχη πρὸς τοὺς ἄξονας ἔνθεν
καὶ ἔνθεν τῶν τροχῶν καὶ ἄλλα κάτω ὑπὸ τῷ ἄξονι εἰς
τὴν γῆν βλέποντα, ὡς ἐμβαλούντων εἰς τοὺς ἐναντίους
τοῖς ἅρμασιν · ὡς δὲ τότε Κῦρος ταῦτα κατεσκεύασεν.
οὕτως ἔτι καὶ νῦν τοῖς ἅρμασι χρῶνται οἱ ἐν τῇ βασιλέως χώρᾳ. Ἦσαν δὲ αὐτῷ καὶ κάμηλοι πολλαὶ παρά
τε τῶν φίλων συνειλεγμέναι καὶ αἰχμάλωτοι πᾶσαι
συνηθροισμέναι.

31 Καὶ ταῦτα μὲν οὕτω συνεπεραίνετο. Βουλόμενος
δὲ κατάσκοπόν τινα πέμψαι ἐπὶ Λυδίας καὶ μαθεῖν ὅ
τι πράττοι ὁ Ἀσσύριος, ἔδοξεν αὐτῷ ἐπιτήδειος εἶναι
Ἀράσπας ἐλθεῖν ἐπὶ τοῦτο ὁ φυλάττων τὴν καλὴν γυναῖκα · συνεβεβήκει γὰρ τῷ Ἀράσπᾳ τοιάδε. Ληφθεὶς
ἔρωτι τῆς γυναικὸς ἠναγκάσθη προσενεγκεῖν λόγους
αὐτῇ περὶ συνουσίας. 32 Ἡ δὲ ἀπέφησε μὲν καὶ ἦν
πιστὴ τῷ ἀνδρὶ καίπερ ἀπόντι · ἐφίλει γὰρ αὐτὸν ἰσχυρῶς · οὐ μέντοι κατηγόρησε τοῦ Ἀράσπου πρὸς τὸν
Κῦρον, ὀκνοῦσα συμβαλεῖν φίλους ἄνδρας. 33 Ἐπεὶ
δὲ ὁ Ἀράσπας δοκῶν ὑπηρετήσειν τῷ τυχεῖν ἃ ἐβού-

auf dreihundert Wagen stehen dreihundert Kämpfer, und diese verwenden zwölfhundert Pferde. Als Wagenlenker dienen ihnen selbstverständlich die besten Leute, denen sie am meisten vertrauen können. Das sind weitere bis zu dreihundert Mann, die den Feinden nicht den geringsten Schaden zufügen können. (29) Diese Form des Wagenkampfes also schaffte er ab. Statt dessen ließ er Kampfwagen mit starken Rädern und langen Achsen bauen, damit sie nicht zu leicht außer Gefecht gesetzt werden konnten. Denn alles, was breit ist, stürzt weniger leicht um. Den Kasten für die Wagenlenker ließ er wie einen Turm aus starken Hölzern bauen, deren Höhe bis zum Ellbogen reichte, damit die Pferde über die Kästen hinweg gelenkt werden konnten. Den Wagenlenkern gab er eine bis auf die Augen vollständige Panzerung. (30) Außerdem ließ er an den Achsen auf beiden Seiten der Räder zwei Ellen lange eiserne Sicheln anbringen, dazu noch unter der Achse weitere Sicheln, die zum Boden hin gerichtet waren. Die Wagenlenker sollten mit den so ausgerüsteten Wagen in die Reihen der Feinde einbrechen. Noch heute setzen die Leute im Land des persischen Königs ihre Wagen so ein, wie Kyros es damals angeordnet hatte. Er verfügte aber auch noch über viele Kamele, die teils von seinen Freunden beschafft, teils erbeutet worden waren, und alle wurden zu einer Einheit zusammengefaßt.

(31) Seine Anordnungen wurden in diesem Sinne ausgeführt. Weil er einen Kundschafter nach Lydien schicken wollte, um zu erfahren, was der Assyrer dort tue, schien ihm Araspas, der die schöne Frau zu bewachen hatte, geeignet zu sein, diese Aufgabe zu erfüllen. Denn Araspas war folgendes passiert: Überwältigt von seiner Leidenschaft für die Frau ließ er sich dazu hinreißen, ihr einen eindeutigen Antrag zu machen. (32) Sie aber wies ihn zurück und hielt ihrem Mann die Treue, obwohl er abwesend war. Denn sie liebte ihn sehr. Allerdings beschwerte sie sich auch nicht bei Kyros über Araspas, weil sie sich scheute, zwischen Freunden Zwietracht zu säen. (33) Als Araspas in der Meinung, daß es ihm helfen werde, endlich zu

λετο ἠπείλησε τῇ γυναικὶ ὅτι εἰ μὴ βούλοιτο ἑκοῦσα.
ἄκουσα ποιήσοι ταῦτα, ἐκ τούτου ἡ γυνή. ὡς ἔδεισε
τὴν βίαν, οὐκέτι κρύπτει, ἀλλὰ πέμπει τὸν εὐνοῦχον
πρὸς τὸν Κῦρον καὶ κελεύει λέξαι πάντα. 34 Ὁ δ' ὡς
ἤκουσεν, ἀναγελάσας ἐπὶ τῷ κρείττονι τοῦ ἔρωτος φάσκοντι εἶναι, πέμπει Ἀρτάβαζον σὺν τῷ εὐνούχῳ καὶ
κελεύει αὐτῷ εἰπεῖν βιάζεσθαι μὲν μὴ τοιαύτην γυναῖκα.
πείθειν δὲ εἰ δύναιτο, οὐκ ἔφη κωλύειν. 35 Ἐλθὼν
δ' ὁ Ἀρτάβαζος πρὸς τὸν Ἀράσπαν ἐλοιδόρησεν αὐτόν, παρακαταθήκην ὀνομάζων τὴν γυναῖκα, ἀσέβειάν
τε αὐτοῦ λέγων ἀδικίαν τε καὶ ἀκράτειαν, ὥστε τὸν
Ἀράσπαν πολλὰ μὲν δακρύειν ὑπὸ λύπης, καταδύεσθαι
δ' ὑπὸ τῆς αἰσχύνης, ἀπολωλέναι δὲ τῷ φόβῳ μή τι
καὶ πάθοι ὑπὸ Κύρου.

36 Ὁ οὖν Κῦρος καταμαθὼν ταῦτα ἐκάλεσεν αὐτὸν
καὶ μόνος μόνῳ ἔλεξεν · Ὁρῶ σε, ἔφη, ὦ Ἀράσπα, φο-
βούμενόν τε ἐμὲ καὶ ἐν αἰσχύνῃ δεινῶς ἔχοντα. Παῦσαι
οὖν τούτων · ἐγὼ γὰρ θεούς τε ἀκούω ἔρωτος ἡττᾶσθαι,
ἀνθρώπους τε οἶδα καὶ μάλα δοκοῦντας φρονίμους
εἶναι οἷα πεπόνθασιν ὑπ' ἔρωτος. Καὶ αὐτὸς δ' ἐμαυτοῦ κατέγνων μὴ ἂν καρτερῆσαι ὥστε συνὼν καλοῖς
ἀμελεῖν αὐτῶν · καὶ σοὶ δὲ τούτου τοῦ πράγματος ἐγὼ
αἴτιός εἰμι · ἐγὼ γάρ σε συγκαθεῖρξα τούτῳ τῷ ἀμάχῳ
πράγματι. 37 Καὶ ὁ Ἀράσπας ὑπολαβὼν εἶπεν · Ἀλλὰ
σὺ μέν, ὦ Κῦρε, καὶ ταῦτα ὅμοιος εἶ οἷόσπερ καὶ τἄλλα,
πρᾷός τε καὶ συγγνώμων τῶν ἀνθρωπίνων ἁμαρτημά-
των · ἐμὲ δ', ἔφη, καὶ οἱ ἄλλοι ἄνθρωποι καταδύουσι
τῷ ἄχει. Ὡς γὰρ ὁ θροῦς διῆλθε τῆς ἐμῆς συμφορᾶς,
οἱ μὲν ἐχθροὶ ἐφήδονταί μοι, οἱ δὲ φίλοι προσιόντες
συμβουλεύουσιν ἐκποδὼν ἔχειν ἐμαυτόν, μή τι καὶ πάθω
ὑπὸ σοῦ, ὡς ἠδικηκότος ἐμοῦ μεγάλα.

bekommen, was er wollte, der Frau drohte, wenn sie es nicht freiwillig tun wollte, werde sie es auch gegen ihren Willen tun, behielt sie den Vorfall nicht mehr für sich, weil sie die Gewalt fürchtete, sondern schickte ihren Eunuchen zu Kyros und ließ ihm alles mitteilen. (34) Als Kyros die Geschichte gehört hatte, lachte er über Araspas, weil er doch behauptet hatte, ihn könne die Liebesleidenschaft nicht überwältigen, schickte Artabazos mit dem Eunuchen zu ihm und ließ ihm sagen, er dürfe einer solchen Frau keine Gewalt antun; sollte er sie aber überreden können, so habe er nichts dagegen. (35) Als Artabazos bei Araspas angekommen war, wies er ihn zurecht, bezeichnete die Frau als einen ihm anvertrauten Wertgegenstand, warf ihm Ruchlosigkeit, Ungerechtigkeit und Unbeherrschtheit vor, bis Araspas vor lauter Gram heftig weinte, sich vor Scham versteckte und vor Angst fast verging, weil er fürchtete, daß er auch von Kyros etwas Unangenehmes zu erwarten habe.

(36) Als Kyros davon erfahren hatte, rief er ihn zu sich und führte mit ihm ein Gespräch unter vier Augen: „Ich sehe, daß du Angst vor mir hast und dich furchtbar schämst. Hör jetzt auf damit. Denn wie ich höre, sind auch Götter Sklaven der Liebe, und ich weiß, was auch sehr vernünftig erscheinende Menschen schon durch die Liebe erlitten haben. Auch ich selbst habe schon bei mir bemerkt, daß ich nicht genug Gewalt über mich habe, gegenüber Schönen gleichgültig zu bleiben, wenn ich mit ihnen zusammen bin. Aber an deiner Situation bin ich selbst schuld. Denn ich habe dich zusammen mit diesem unwiderstehlichen Geschöpf eingesperrt." (37) Da ergriff Araspas das Wort und sagte: „Ach, lieber Kyros, du bist jetzt genauso wie auch sonst: Du bist nachsichtig und hast Verständnis für die menschlichen Schwächen. Aber es sind die anderen Menschen, die mich in Kummer versinken lassen. Denn sobald sich das Gerede über mein Mißgeschick verbreitet hatte, empfanden meine Feinde Schadenfreude, und meine Freunde kamen zu mir und rieten mir zu verschwinden, damit ich nicht auch noch von dir etwas Unangenehmes erführe, da ich doch ein großes Unrecht getan habe."

38 Καὶ ὁ Κῦρος εἶπεν · Εὖ τοίνυν ἴσθι, ὦ Ἀράσπα, ὅτι ταύτῃ τῇ δόξῃ οἷός τ' εἶ ἐμοί τε ἰσχυρῶς χαρίσασθαι καὶ τοὺς συμμάχους μεγάλα ὠφελῆσαι. Εἰ γὰρ γένοιτο, ἔφη ὁ Ἀράσπας, ὅ τι ἐγώ σοι ἐν καιρῷ ἂν γενοίμην αὖ χρήσιμος. **39** Εἰ τοίνυν, ἔφη, προσποιησάμενος ἐμὲ φεύγειν ἐθέλοις εἰς τοὺς πολεμίους ἐλθεῖν, οἶμαι ἄν σε πιστευθῆναι ὑπὸ τῶν πολεμίων. Ἐγὼ μέν. ναὶ μὰ Δί', ἔφη ὁ Ἀράσπας, καὶ ὑπὸ τῶν φίλων · οἶδα ὅτι ὡς σὲ πεφευγὼς λόγον ἂν παρέχοιμι. **40** Ἔλθοις ἂν τοίνυν, ἔφη, ἡμῖν πάντα εἰδὼς τὰ τῶν πολεμίων · οἶμαι δὲ καὶ λόγων καὶ βουλευμάτων κοινωνὸν ἄν σε ποιοῖντο διὰ τὸ πιστεύειν, ὥστε μηδὲ ἕν σε λεληθέναι ὧν βουλόμεθα εἰδέναι. Ὡς πορευσομένου, ἔφη, ἤδη νυνί · καὶ γὰρ τοῦτο ἴσως ἓν τῶν πιστῶν ἔσται τὸ δοκεῖν με ὑπὸ σοῦ μελλήσαντά τι παθεῖν ἐκπεφευγέναι. **41** Ἦ καὶ δυνήσῃ ἀπολιπεῖν, ἔφη, τὴν καλὴν Πάνθειαν; Δύο γάρ, ἔφη, ὦ Κῦρε, σαφῶς ἔχω ψυχάς · νῦν τοῦτο πεφιλοσόφηκα μετὰ τοῦ ἀδίκου σοφιστοῦ τοῦ Ἔρωτος. Οὐ γὰρ δὴ μία γε οὖσα ἅμα ἀγαθή τέ ἐστι καὶ κακή, οὐδ' ἅμα καλῶν τε καὶ αἰσχρῶν ἔργων ἐρᾷ καὶ ταὐτὰ ἅμα βούλεταί τε καὶ οὐ βούλεται πράττειν, ἀλλὰ δῆλον ὅτι δύο ἐστὸν ψυχά, καὶ ὅταν μὲν ἡ ἀγαθὴ κρατῇ, τὰ καλὰ πράττεται, ὅταν δὲ ἡ πονηρά, τὰ αἰσχρὰ ἐπιχειρεῖται. Νῦν δὲ ὡς σὲ σύμμαχον ἔλαβε, κρατεῖ ἡ ἀγαθὴ καὶ πάνυ πολύ.

42 Εἰ τοίνυν καὶ σοὶ[1] πορεύεσθαι, ἔφη ὁ Κῦρος, ὧδε χρὴ ποιεῖν, ἵνα κἀκείνοις πιστότερος ᾖς · ἐξάγγελλέ τε αὐτοῖς τὰ παρ' ἡμῶν, οὕτω τε ἐξάγγελλε ὡς ἂν αὐτοῖς τὰ παρὰ σοῦ λεγόμενα ἐμποδὼν μάλιστ' ἂν εἴη

---

[1] Statt καὶ σοὶ lies καὶ σοὶ δοκεῖ.

(38) Kyros sagte: „Araspas, du sollst es wirklich wissen, daß du mir aufgrund dieses Geredes einen großen Gefallen tun und unseren Verbündeten sehr nützlich sein kannst." – „Wenn das doch wirklich so wäre", rief Araspas, „daß ich dir zur rechten Zeit wieder nützlich werden könnte." (39) „Wenn du so tun würdest, als ob du vor mir fliehen müßtest, und den Wunsch hättest, dich zu unseren Feinden zu begeben, dann – so glaube ich – würdest du das Vertrauen unserer Feinde gewinnen." – „Ja, beim Zeus", seufzte Araspas, „auch meiner Freunde. Ich weiß, ich könnte ihnen sogar eine Begründung dafür geben, daß ich vor dir geflohen bin." (40) „Wenn du alles über die Absichten unserer Feinde weißt, könntest du wieder zu uns zurückkommen. Ich glaube, sie würden dich auch an ihren Lagebesprechungen und Beratungen teilnehmen lassen, weil sie dir vertrauen, so daß dir nichts von all dem verborgen bliebe, was wir wissen wollen." – „Ich will jetzt sofort aufbrechen. Denn auch die Vorstellung, daß ich auf der Flucht bin, weil ich Gefahr lief, von dir bestraft zu werden, wird vielleicht ein wichtiger Grund für meine Glaubwürdigkeit sein." (41) „Aber kannst du denn auch die schöne Pantheia verlassen?" – „Ja, mein Kyros, denn ich habe sicherlich zwei Seelen in meiner Brust. Diese philosophische Erkenntnis habe ich jetzt im Gespräch mit dem schurkischen Sophisten, dem Eros, gewonnen. Denn eine Seele allein kann nicht gut und schlecht zugleich sein, kann nicht zugleich nach schönen und häßlichen Dingen streben und nicht zugleich dasselbe tun wollen und nicht tun wollen, sondern es ist klar, daß es zwei Seelen sind, und wenn die gute die Oberhand behält, tut man das Schöne, wenn aber die schlechte siegt, versucht man, das Häßliche zu tun. Jetzt aber, wo sie deine Unterstützung erhielt, siegt die gute Seele, und zwar auf ganzer Linie."

(42) „Wenn es also auch dir recht ist aufzubrechen", sagte Kyros, „dann mußt du alles daran setzen, daß du das Vertrauen jener Leute gewinnst. Unterrichte sie über unsere Verhältnisse, aber unterrichte sie so, daß sie durch alles, was du ihnen sagst, bei ihrem Vorhaben entscheidend gestört werden. Es

ὧν βούλονται πράττειν. Εἴη δ' ἂν ἐμποδών, εἰ ἡμᾶς φαίης παρασκευάζεσθαι ἐμβαλεῖν ποι τῆς ἐκείνων χώρας. Ταῦτα γὰρ ἀκούοντες ἧττον ἂν παντὶ σθένει ἀθροίζοιντο, ἕκαστός τις φοβούμενος καὶ περὶ τῶν οἴκοι. 43 Καὶ μένε, ἔφη, παρ' ἐκείνοις ὅτι πλεῖστον χρόνον · ἃ γὰρ ἂν ποιῶσιν ὅταν ἐγγύτατα ἡμῶν ὦσι, ταῦτα μάλιστα καιρὸς ἡμῖν εἰδέναι ἔσται. Συμβούλευε δ' αὐτοῖς καὶ ἐκτάττεσθαι ὅπῃ ἂν δοκῇ κράτιστον εἶναι · ὅταν γὰρ σὺ ἀπέλθῃς εἰδέναι δοκῶν τὴν τάξιν αὐτῶν, ἀναγκαῖον οὕτω τετάχθαι αὐτοῖς · μετατάττεσθαι γὰρ ὀκνήσουσι, καὶ ἤν πῃ ἄλλῃ μεταταττωνται, ἐξ ὑπογύου ταράξονται. 44 Ἀράσπας μὲν δὴ οὕτως ἐξελθὼν καὶ συλλαβὼν τοὺς πιστοτάτους θεράποντας καὶ εἰπὼν πρός τινας ἃ ᾤετο συμφέρειν τῷ πράγματι ᾤχετο.

45 Ἡ δὲ Πάνθεια ὡς ᾔσθετο οἰχόμενον τὸν Ἀράσπαν, πέμψασα πρὸς τὸν Κῦρον εἶπε · Μὴ λυποῦ, ὦ Κῦρε, ὅτι Ἀράσπας οἴχεται εἰς τοὺς πολεμίους · ἐὰν γὰρ ἐμὲ ἐάσῃς πέμψαι πρὸς τὸν ἐμὸν ἄνδρα, ἐγώ σοι ἀναδέχομαι ἥξειν πολὺ Ἀράσπου πιστότερον φίλον · καὶ δύναμιν δὲ οἶδ' ὅτι ὁπόσην ἂν δύνηται ἔχων παρέσται σοι. Καὶ γὰρ ὁ μὲν πατὴρ τοῦ νῦν βασιλεύοντος φίλος ἦν αὐτῷ · ὁ δὲ νῦν βασιλεύων καὶ ἐπεχείρησέ ποτε ἐμὲ καὶ τὸν ἄνδρα διασπάσαι ἀπ' ἀλλήλων · ὑβριστὴν οὖν νομίζων αὐτὸν εὖ οἶδ' ὅτι ἄσμενος ἂν πρὸς ἄνδρα οἷος σὺ εἶ ἀπαλλαγήσεται. 46 Ἀκούσας ταῦτα ὁ Κῦρος ἐκέλευε πέμπειν πρὸς τὸν ἄνδρα · ἡ δ' ἔπεμψεν.

Ὡς δ' ἔγνω ὁ Ἀβραδάτας τὰ παρὰ τῆς γυναικὸς σύμβολα, καὶ τἆλλα δὲ ᾔσθετο ὡς εἶχεν, ἄσμενος πορεύεται πρὸς τὸν Κῦρον ἵππους ἔχων ἀμφὶ τοὺς χιλίους. Ὡς δ' ἦν πρὸς τοῖς τῶν Περσῶν σκοποῖς, πέμπει πρὸς τὸν Κῦρον εἰπὼν ὃς ἦν. Ὁ δὲ Κῦρος εὐθὺς ἄγειν κελεύει

dürfte sie gewiß stören, wenn du behauptetest, daß wir irgendwo einen Einfall in ihr Land vorbereiteten. Denn wenn man
dies hört, werden sie wohl Schwierigkeiten haben, ihre gesamte Streitmacht zusammenzuziehen, weil jeder einzelne auch
um seinen eigenen Besitz zu Hause fürchtet. (43) Bleib bei
ihnen, solange es geht. Denn wenn sie erst einmal ganz nahe
an uns herangekommen sind, dann wird es günstig für uns sein,
besonders gut zu wissen, was sie jeweils tun. Rate ihnen aber
auch, ihr Heer dort aufzustellen, wo es dir am besten zu sein
scheint. Wenn du nämlich wieder fortgehst, sind sie, obwohl
man von dir annehmen muß, daß du ihre Aufstellung kennst,
gleichwohl gezwungen, diese Aufstellung beizubehalten. Denn
sie scheuen sich, etwas zu ändern, und wenn sie irgendwo eine
Änderung vornehmen, dann wird sogleich Verwirrung entstehen." (44) So reiste Araspas mit seinen zuverlässigsten Dienern ab. Er weihte einige von ihnen ein, soweit es seiner Ansicht nach für die Erfüllung seiner Aufgabe nützlich war.

(45) Als Pantheia erfuhr, daß Araspas fort war, ließ sie Kyros folgendes sagen: „Sei nicht traurig, daß Araspas zu deinen
Feinden übergelaufen ist. Denn wenn du mir erlaubst, meinem
Mann eine Botschaft zu übermitteln, verspreche ich dir, daß
du einen viel zuverlässigeren Freund als Araspas bekommen
wirst. Er wird dir, wie ich weiß, mit der ihm größtmöglichen
Streitmacht zur Seite stehen. Denn der Vater des jetzigen Königs war auch sein Freund. Der jetzige König aber hat einmal
versucht, mich und meinen Mann auseinanderzubringen. Weil
er nun diesen König für einen brutalen Menschen hält, würde
er gern, wie ich weiß, auf die Seite eines Mannes, wie du einer
bist, überwechseln." (46) Als Kyros dies erfahren hatte,
forderte er Pantheia auf, eine Botschaft an ihren Mann zu
schicken. Das tat sie auch.

Als Abradatas die Erkennungszeichen seiner Frau sah und
außerdem erfuhr, wie die Dinge auch sonst standen, brach er
freudig mit etwa tausend Pferden zu Kyros auf. Sobald er bei
den persischen Vorposten angekommen war, ließ er Kyros
mitteilen, wer er war. Kyros ließ ihn sofort zu seiner Frau

αὐτὸν πρὸς τὴν γυναῖκα. 47 Ὡς δ' εἰδέτην ἀλλήλω
ἡ γυνὴ καὶ ὁ Ἀβραδάτας, ἠσπάζοντο ἀλλήλους ὡς
εἰκὸς ἐκ δυσελπίστων. Ἐκ τούτου δὴ λέγει ἡ Πάνθεια
τοῦ Κύρου τὴν ὁσιότητα καὶ τὴν σωφροσύνην καὶ τὴν
πρὸς αὐτὴν κατοίκτισιν. Ὁ δὲ Ἀβραδάτας ἀκούσας
εἶπε · Τί ἂν οὖν ἐγὼ ποιῶν, ὦ Πάνθεια, χάριν Κύρῳ ὑπέρ
τε σοῦ καὶ ἐμαυτοῦ ἀποδοίην: Τί δὲ ἄλλο, ἔφη ἡ Πάνθεια, ἢ πειρώμενος ὅμοιος εἶναι περὶ ἐκεῖνον οἷόσπερ
ἐκεῖνος περὶ σέ;
    48 Ἐκ τούτου δὴ ἔρχεται πρὸς τὸν Κῦρον ὁ Ἀβρα-
δάτας. Καὶ ὡς εἶδεν αὐτὸν, λαβόμενος τῆς δεξιᾶς εἶπεν ·
Ἀνθ' ὧν σὺ εὖ πεποίηκας ἡμᾶς, ὦ Κῦρε, οὐκ ἔχω τί
μεῖζον εἴπω ἢ ὅτι φίλον σοι ἐμαυτὸν δίδωμι καὶ θερά-
ποντα καὶ σύμμαχον · καὶ ὅσα ἂν ὁρῶ σε σπουδάζοντα,
συνεργὸς πειράσομαι γίγνεσθαι ὡς ἂν δύνωμαι κράτιστος. 49 Καὶ ὁ Κῦρος εἶπεν · Ἐγὼ δὲ δέχομαι. Καὶ
νῦν μέν σε ἀφίημι, ἔφη, σὺν τῇ γυναικὶ δειπνεῖν · αὖθις
δὲ καὶ παρ' ἐμοὶ δεήσει σε σκηνοῦν σὺν τοῖς σοῖς τε
καὶ ἐμοῖς φίλοις.
    50 Ἐκ τούτου ὁρῶν ὁ Ἀβραδάτας σπουδάζοντα
τὸν Κῦρον περὶ τὰ δρεπανηφόρα ἅρματα καὶ περὶ τοὺς
τεθωρακισμένους ἵππους τε καὶ ἱππέας, ἐπειρᾶτο συντε-
λεῖν αὐτῷ εἰς τὰ ἑκατὸν ἅρματα ἐκ τοῦ ἱππικοῦ τοῦ
ἑαυτοῦ ὅμοια ἐκείνῳ · αὐτὸς δὲ ὡς ἡγησόμενος αὐτῶν
ἐπὶ τοῦ ἅρματος παρεσκευάζετο · 51 συνεζεύξατο δὲ
τὸ ἑαυτοῦ ἅρμα τετράρρυμόν τε καὶ ἵππων ὀκτώ · [ἡ δὲ
Πάνθεια ἡ γυνὴ αὐτοῦ ἐκ τῶν ἑαυτῆς χρημάτων χρυσοῦν τε αὐτῷ θώρακα ἐποιήσατο καὶ χρυσοῦν κράνος,
ὡσαύτως δὲ καὶ περιβραχιόνια.] τοὺς δὲ ἵππους τοῦ
ἅρματος χαλκοῖς πᾶσι προβλήμασι κατεσκευάσατο.
    52 Ἀβραδάτας μὲν ταῦτα ἔπραττε · Κῦρος δὲ ἰδὼν
τὸ τετράρρυμον αὐτοῦ ἅρμα κατενόησεν ὅτι οἷόν τε εἴη
καὶ ὀκτάρρυμον ποιήσασθαι, ὥστε ὀκτὼ ζεύγεσι βοῶν
ἄγειν τῶν μηχανῶν τὸ καινότατον οἴκημα · ἦν δὲ τοῦτο

führen. (47) Als sich Abradatas und seine Frau sahen, umarmten sie sich, wie es bei einem unverhofften Wiedersehen nur
natürlich ist. Darauf sprach Pantheia von Kyros' Frömmigkeit,
seiner Zurückhaltung und seinem Mitleid mit ihr. Daraufhin
sage Abradatas: „Was kann ich denn tun, liebe Pantheia, um
ihm für alles, was er für dich und für mich getan hat, meine
Dankbarkeit zu zeigen?" – „Was sonst", erwiderte Pantheia,
„als zu versuchen, ihn so zu behandeln, wie er dich behandelt?"

(48) Darauf ging Abradatas zu Kyros. Als er ihn erblickte,
nahm er ihn bei der rechten Hand und sagte: „Angesichts
dessen, was du alles für uns getan hast, mein Kyros, kann ich
nichts weiter sagen, als daß ich dir meine Freundschaft, meine
Dienste und meine Unterstützung anbiete, und in allem, was
ich dich tun sehe, werde ich versuchen, dir zu helfen, so gut ich
es kann." (49) Kyros sagte dazu: „Ich nehme dieses Angebot
an. Heute lasse ich dich zwar noch mit deiner Frau zu Abend
essen. In Zukunft aber wirst du dich mit deinen und meinen
Freunden bei mir in meinem Zelt aufhalten müssen."

(50) Als Abradatas daraufhin sah, wie Kyros mit den Sichelwagen und den gepanzerten Pferden und Reitern beschäftigt
war, bemühte er sich, ihm aus seiner eigenen Reiterei an die
hundert Wagen derselben Bauart zur Verfügung zu stellen. Er
selbst bereitete sich darauf vor, die Führung dieser Kampfein-
heit auf seinem Wagen zu übernehmen. (51) Er versah aber
seinen eigenen Wagen mit vier Deichseln und bespannte ihn
mit acht Pferden. [Pantheia, seine Frau, ließ ihm von ihrem
eigenen Geld einen Panzer und einen goldenen Helm und dazu
noch Armschienen herstellen.] Die Wagenpferde ließ er mit
einer Bedeckung ganz aus Bronze ausstatten.

(52) Damit war Abradatas beschäftigt. Als Kyros dessen
Wagen mit den vier Deichseln sah, meinte er, es sei möglich,
auch einen Wagen mit acht Deichseln zu bauen, um mit acht
Ochsengespannen das ganz neu entwickelte Untergestell für
die Kriegsmaschinen zu ziehen. Dieses war vom Erdboden aus

τριώρυγον μάλιστα ἀπὸ τῆς γῆς σὺν τοῖς τροχοῖς.
53 Τοιοῦτοι δὲ πύργοι σὺν τάξει ἀκολουθοῦντες ἐδόκουν ἂν αὐτῷ μεγάλη μὲν ἐπικουρία γενέσθαι τῇ ἑαυτοῦ φάλαγγι, μεγάλη δὲ βλάβη τῇ τῶν πολεμίων τάξει. Ἐποίησε δὲ ἐπὶ τῶν οἰκημάτων καὶ περιδρόμους
καὶ ἐπάλξεις · ἀνεβίβαζε δ' ἐπὶ τὸν πύργον ἕκαστον
ἄνδρας εἴκοσιν. 54 Ἐπεὶ δὲ πάντα συνειστήκει αὐτῷ
τὰ περὶ τοὺς πύργους, ἐλάμβανε τοῦ ἀγωγίου πεῖραν ·
καὶ πολὺ ῥᾷον ἦγε τὰ ὀκτὼ ζεύγη τὸν πύργον καὶ τοὺς
ἐπ' αὐτῷ ἄνδρας ἢ τὸ σκευοφορικὸν βάρος ἕκαστον
τὸ ζεῦγος. Σκευῶν μὲν γὰρ βάρος ἀμφὶ τὰ πέντε καὶ
εἴκοσι τάλαντα ἦν ζεύγει · τοῦ δὲ πύργου, ὥσπερ τρα-
γικῆς σκηνῆς τῶν ξύλων πάχος ὄντων, καὶ εἴκοσιν ἀνδρῶν
καὶ ὅπλων, τούτοις ἐγένετο ἔλαττον ἢ πεντεκαίδεκα
τάλαντα ἑκάστῳ ζεύγει τὸ ἀγώγιον. 55 Ὡς δ' ἔγνω
εὔπορον οὖσαν τὴν ἀγωγήν, παρεσκευάζετο ὡς ἅμα
ἄξων τοὺς πύργους σὺν τῷ στρατεύματι, νομίζων τὴν
ἐν πολέμῳ πλεονεξίαν ἅμα σωτηρίαν τε καὶ δικαιοσύνην
εἶναι καὶ εὐδαιμονίαν.

ΙΙ

1 Ἦλθον δ' ἐν τούτῳ τῷ χρόνῳ καὶ παρὰ τοῦ Ἰνδοῦ
χρήματα ἄγοντες καὶ ἀπήγγελλον αὐτῷ ὅτι ὁ Ἰνδὸς
ἐπιστέλλει τοιάδε. Ἐγώ, ὦ Κῦρε, ἥδομαι ὅτι μοι ἐπήγγει-
λας ὧν ἐδέου, καὶ βούλομαί σοι ξένος εἶναι καὶ πέμπω
σοι χρήματα · κἂν ἄλλων δέῃ, μεταπέμπου. Ἐπέσταλ-
ται δὲ τοῖς παρ' ἐμοῦ ποιεῖν ὅ τι ἂν σὺ κελεύῃς. 2 Ἀκούσας δὲ ὁ Κῦρος εἶπε · Κελεύω τοίνυν ὑμᾶς τοὺς μὲν ἄλλους μένοντας ἔνθα κατεσκηνώκατε φυλάττειν τὰ χρήματα καὶ ζῆν ὅπως ὑμῖν ἥδιστον · τρεῖς δέ μοι ἐλθόντες
ὑμῶν ἐς τοὺς πολεμίους ὡς παρὰ τοῦ Ἰνδοῦ περὶ συμ-

mit den Rädern höchstens drei Ellen hoch. (53) Wenn derartige Türme einer kämpfenden Einheit folgten, waren sie seiner
Meinung nach eine große Hilfe für seine eigenen Truppen und
richteten großen Schaden im feindlichen Heer an. Auf der
Plattform ließ er Umgänge und Zinnen anbringen. Jeden
Turm besetzte er mit zwanzig Männern. (54) Als er die gesamte Turmkonstruktion hergestellt hatte, versuchte er, ihr Gewicht zu erproben, und es zeigte sich, daß die acht Ochsengespanne den Turm und die Männer, die sich darauf befanden,
viel leichter voranbewegten als jedes einzelne Gespann seinen
Gepäckwagen. Denn das Gewicht des Gepäcks betrug für ein
Gespann etwa fünfundzwanzig Talente. Bei dem Turm, der
aus Balken von der Dicke der Balken einer Theaterbühne bestand, und den zwanzig Männern mit ihren Waffen handelte es
sich für jedes einzelne Gespann um ein Gewicht von weniger
als fünfzehn Talenten. (55) Als er erkannt hatte, daß der
Turm gut zu bewegen war, traf er alle Vorbereitungen, um die
Türme gleichzeitig mit dem Heer in Bewegung zu setzen. Er
war davon überzeugt, daß im Krieg der Wille zum Sieg gleichermaßen Sicherheit gewähre, gerecht sei und Glück verhei-
ße.

II.

(1) Zu dieser Zeit kamen auch Gesandte des Königs von
Indien mit Geld zu Kyros und übermittelten ihm, daß der
Inder ihm folgendes sagen lasse: „Ich freue mich, Kyros, daß
du mir deine Wünsche mitgeteilt hast. Ich wünsche mir deine
Gastfreundschaft und schicke dir Geld. Solltest du noch mehr
brauchen, so laß es mich wissen. Meine Gesandten haben den
Auftrag, deine Befehle auszuführen." (2) Daraufhin sagte Kyros: „Ich befehle euch also, daß ihr bis auf drei Mann dort
bleibt, wo ihr eure Zelte aufgeschlagen habt, das Geld bewacht und so lebt, wie es euch am liebsten ist, daß mir aber
drei von euch den Gefallen tun und sich unter dem Vorwand,
ein Bündnis mit dem Inder anbieten zu wollen, zu meinen

μαχίας, καὶ τὰ ἐκεῖ μαθόντες ὅ τι ἂν λέγωσί τε καὶ ποιῶσιν, ὡς τάχιστα ἀπαγγείλατε ἐμοί τε καὶ τῷ Ἰνδῷ. Κἂν ταῦτά μοι καλῶς ὑπηρετήσητε, ἔτι μᾶλλον ὑμῖν χάριν εἴσομαι τούτου ἢ ὅτι χρήματα πάρεστε ἄγοντες. Καὶ γὰρ οἱ μὲν δούλοις ἐοικότες κατάσκοποι οὐδὲν ἄλλο δύνανται εἰδότες ἀπαγγέλλειν ἢ ὅσα πάντες ἴσασιν· οἱ δὲ οἷοίπερ ὑμεῖς ἄνδρες πολλάκις καὶ τὰ βουλευόμενα καταμανθάνουσιν. 3 Οἱ μὲν δὴ Ἰνδοὶ ἡδέως ἀκούσαντες καὶ ξενισθέντες τότε παρὰ Κύρῳ, συσκευασάμενοι τῇ ὑστεραίᾳ ἐπορεύοντο, ὑποσχόμενοι ἦ μὴν μαθόντες ὅσα ἂν δύνωνται πλεῖστα ἐκ τῶν πολεμίων ἥξειν ὡς δυνατὸν τάχιστα.

4 Ὁ δὲ Κῦρος τά τε ἄλλα εἰς τὸν πόλεμον παρεσκευάζετο μεγαλοπρεπῶς, ὡς δὴ ἀνὴρ οὐδὲν μικρὸν ἐπινοῶν πράττειν, ἐπεμελεῖτο δὲ οὐ μόνον ὧν ἔδοξε τοῖς συμμάχοις, ἀλλὰ καὶ ἔριν ἐνέβαλλε πρὸς ἀλλήλους τοῖς φίλοις ὅπως αὐτοὶ ἕκαστοι φανοῦνται καὶ εὐοπλότατοι καὶ ἱππικώτατοι καὶ ἀκοντιστικώτατοι καὶ τοξικώτατοι καὶ φιλοπονώτατοι. 5 Ταῦτα δὲ ἐξειργάζετο ἐπὶ τὰς θήρας ἐξάγων καὶ τιμῶν τοὺς κρατίστους ἕκαστα. Καὶ τοὺς ἄρχοντας δὲ οὓς ἑώρα ἐπιμελομένους τούτου ὅπως οἱ αὐτῶν κράτιστοι ἔσονται στρατιῶται, καὶ τούτους ἐπαινῶν τε παρώξυνε καὶ χαριζόμενος αὐτοῖς ὅ τι δύναιτο. 6 Εἰ δέ ποτε θυσίαν ποιοῖτο καὶ ἑορτὴν ἄγοι, καὶ ἐν ταύτῃ ὅσα πολέμου ἕνεκα μελετῶσιν ἄνθρωποι πάντων τούτων ἀγῶνας ἐποίει καὶ ἆθλα τοῖς νικῶσι μεγαλοπρεπῶς ἐδίδου· καὶ ἦν πολλὴ εὐθυμία ἐν τῷ στρατεύματι.

7 Τῷ δὲ Κύρῳ σχεδόν τι ἤδη ἀποτετελεσμένα ἦν ὅσα ἐβούλετο ἔχων στρατεύεσθαι πλὴν τῶν μηχανῶν· καὶ γὰρ οἱ Πέρσαι ἱππεῖς ἔκπλεω ἤδη ἦσαν εἰς τοὺς μυρίους, καὶ τὰ ἅρματα τὰ δρεπανηφόρα, ἅ τε αὐτὸς

Feinden begeben, und wenn ihr erfahren habt, was dort geschieht, und wißt, was sie sagen und tun, dann habt ihr es mir und dem König von Indien unverzüglich zu melden. Wenn ihr mir meinen Auftrag gut erfüllt, werde ich euch dafür noch viel dankbarer sein als für das Geld, das ich eurer Anwesenheit verdanke. Denn die Kundschafter, die wie Sklaven auftreten, können nichts anderes erfahren und mitteilen als das, was schon alle wissen. Doch Männer wie ihr nehmen oft sogar Einblick in die geheimen Beratungen." (3) Die Inder hörten diese Worte mit Genugtuung und genossen daraufhin die Gastfreundschaft des Kyros. Am nächsten Tag packten sie ihre Sachen und brachen auf. Sie hatten versprochen, wirklich möglichst schnell zurückzukehren, nachdem sie bei den Feinden so viele Erkundigungen wie nur eben möglich eingezogen hätten.

(4) Wie ein Mann, der nichts Unbedeutendes in Angriff nimmt, traf Kyros mit großem Aufwand alle übrigen Kriegsvorbereitungen. Er kümmerte sich aber nicht nur um die Meinungen und Beschlüsse der Verbündeten, sondern weckte auch bei seinen eigenen Leuten den Ehrgeiz, sich gegenseitig in der Qualität der Waffen, im Reiten, im Speerwerfen, im Bogenschießen und im Ertragen von Anstrengungen zu überbieten. (5) Dies erreichte er, indem er sie auf die Jagd führte und die Besten in jeder Disziplin auszeichnete. Auch die Offiziere, bei denen er sah, daß sie sich darum kümmerten, daß ihre eigenen Soldaten höchste Leistungen erbrachten, spornte er an, indem er sie lobte und ihnen so viele Vergünstigungen wie möglich bot. (6) Jedesmal wenn er ein Opfer darbrachte und ein Fest feierte, veranstaltete er zugleich in allen Tätigkeiten, die der Förderung der Kampfkraft dienten, Wettbewerbe und verlieh den Siegern ihre Preise in einem prächtigen Rahmen. So herrschte im Heer allgemeine Hochstimmung.

(7) Kyros hatte nun schon fast alle Vorbereitungen, mit denen er den Feldzug unternehmen wollte, abgeschlossen – bis auf die Maschinen. Denn die persischen Reiter hatten ihre volle Stärke von zehntausend Mann erreicht, und die Sichel-

κατεσκεύαζεν, ἔκπλεω ἤδη ἦν εἰς τὰ ἑκατόν, ἅ τε Ἀβραδάτας ὁ Σούσιος ἐπεχείρησε κατασκευάζειν ὅμοια τοῖς
Κύρου, καὶ ταῦτα ἔκπλεω ἦν εἰς ἄλλα ἑκατόν. 8 Καὶ
τὰ Μηδικὰ δὲ ἅρματα ἐπεπείκει Κῦρος Κυαξάρην εἰς
τὸν αὐτὸν τρόπον τοῦτον μετασκευάσαι ἐκ τῆς Τρωικῆς
καὶ Λιβυκῆς διφρείας · καὶ ἔκπλεω καὶ ταῦτα ἦν εἰς
ἄλλα ἑκατόν. Καὶ ἐπὶ τὰς καμήλους δὲ τεταγμένοι ἦσαν
ἄνδρες δύο ἐφ᾽ ἑκάστην τοξόται. Καὶ ὁ μὲν πλεῖστος
στρατὸς οὕτως εἶχε τὴν γνώμην ὡς ἤδη παντελῶς κεκρατη-
κὼς καὶ οὐδὲν ὄντα τὰ τῶν πολεμίων.

9 Ἐπεὶ δὲ οὕτω διακειμένων ἦλθον οἱ Ἰνδοὶ ἐκ τῶν
πολεμίων οὓς ἐπεπόμφει Κῦρος ἐπὶ κατασκοπήν. καὶ
ἔλεγον ὅτι Κροῖσος μὲν ἡγεμὼν καὶ στρατηγὸς πάντων
ᾑρημένος εἴη τῶν πολεμίων. δεδογμένον δ᾽ εἴη πᾶσι
τοῖς συμμάχοις βασιλεῦσι πάσῃ τῇ δυνάμει ἕκαστον
παρεῖναι, χρήματα δὲ εἰσφέρειν πάμπολλα, ταῦτα δὲ
τελεῖν καὶ μισθουμένους οὓς δύναιντο καὶ δωρουμέ-
νους οἷς δέοι, 10 ἤδη δὲ καὶ μεμισθωμένους εἶναι
πολλοὺς μὲν Θρακῶν μαχαιροφόρους. Αἰγυπτίους δὲ
προσπλεῖν, καὶ ἀριθμὸν ἔλεγον εἰς δώδεκα μυριάδας
σὺν ἀσπίσι ταῖς ποδήρεσι καὶ δόρασι μεγάλοις, οἷάπερ
καὶ νῦν ἔχουσι, καὶ κοπίσι, προσέτι δὲ καὶ Κυπρίων
στράτευμα, παρεῖναι δ᾽ ἤδη Κίλικας πάντας καὶ Φρύγας ἀμφοτέρους καὶ Λυκάονας καὶ Παφλαγόνας καὶ
Καππαδόκας καὶ Ἀραβίους καὶ Φοίνικας καὶ σὺν τῷ
Βαβυλῶνος ἄρχοντι τοὺς Ἀσσυρίους, καὶ Ἴωνας δὲ
καὶ Αἰολέας καὶ σχεδὸν πάντας τοὺς Ἕλληνας τοὺς
ἐν τῇ Ἀσίᾳ ἐποικοῦντας σὺν Κροίσῳ ἠναγκάσθαι ἕπεσθαι,
πεπομφέναι δὲ Κροῖσον καὶ εἰς Λακεδαίμονα περὶ συμ-
μαχίας, 11 συλλέγεσθαι δὲ τὸ στράτευμα ἀμφὶ τὸν
Πακτωλὸν ποταμόν, προϊέναι δὲ μέλλειν αὐτοὺς εἰς

wagen, die er selbst hatte herstellen lassen, standen bereits in ihrer Sollstärke von etwa einhundert Stück bereit. Die Wagen, die Abradatas aus Susa den Wagen des Kyros hatte nachbauen lassen, waren ebenfalls schon fertig und standen in nochmals etwa einhundert Stück zur Verfügung. (8) Was die medischen Wagen betraf, so hatte Kyros Kyaxares dazu überredet, den trojanischen und den libyschen Wagentyp zu ändern und der neuen Bauart anzugleichen. Auch diese hatten ihre volle Kampfstärke von bis zu einhundert Stück erreicht. Auf jedem einzelnen Kamel hatten zwei Bogenschützen Position bezogen. Die große Masse der Soldaten war davon überzeugt, daß sie den Sieg schon vollständig errungen hätten und die Lage der Feinde aussichtslos sei.

(9) Während alle von dieser Siegesgewißheit erfüllt waren, kamen die Inder, die Kyros als Kundschafter zu den Feinden geschickt hatte, zurück und gaben folgenden Bericht: Kroisos sei zum Führer und Oberbefehlshaber der gesamten feindlichen Streitmacht gewählt worden. Alle verbündeten Könige hätten beschlossen, daß jeder einzelne alle verfügbaren Kräfte einsetze, gewaltige Geldmittel aufbringe und diese dafür verwende, möglichst viele Söldner anzuwerben und diejenigen zu beschenken, bei denen es erforderlich sei. (10) Es seien aber schon viele mit Schwertern bewaffnete Thraker angeworben worden, Ägypter träfen bald mit ihren Schiffen ein. Es sollten etwa hundertzwanzigtausend Mann sein mit Schilden, die bis zu den Füßen reichten, und langen Lanzen, die sie auch heute noch haben, und mit Äxten. Ferner sei auch ein Heer aus Kypriern im Anmarsch. Anwesend seien schon alle Kilikier, die Männer aus den beiden phrygischen Staaten, die Lykaonier, Paphlagonier, Kappadokier, Araber, Phönikier und Assyrer mit dem Herrscher von Babylon. Jonier, Äolier und beinahe alle in Kleinasien wohnenden Griechen seien gezwungen worden, Kroisos zu folgen. Kroisos habe auch mit Sparta Kontakt aufgenommen, um ein Bündnis zu schließen. (11) Das Heer sammle sich am Paktolos. Sie hätten vor, nach Thymbrara vorzurücken, wo auch heute noch der Versammlungsplatz

Θύμβραρα, ἔνθα καὶ νῦν ὁ σύλλογος τῶν ὑπὸ βασιλέα βαρβάρων τῶν κάτω [Συρίας]. καὶ ἀγορὰν πᾶσι παρηγγέλθαι ἐνταῦθα κομίζειν — σχεδὸν δὲ τούτοις ταὐτὰ ἔλεγον καὶ οἱ αἰχμάλωτοι, ἐπεμελεῖτο γὰρ καὶ τούτου ὁ Κῦρος ὅπως ἁλίσκοιντο παρ' ὧν ἔμελλε πεύσεσθαί τι, ἔπεμπε δὲ καὶ δούλοις ἐοικότας κατασκόπους ὡς αὐτομόλους — 12 ὡς οὖν ταῦτα ἤκουσεν ὁ στρατὸς τοῦ Κύρου, ἐν φροντίδι τε ἐγένετο. ὥσπερ εἰκός, ἡσυχαίτεροί τε ἢ ὡς εἰώθεσαν διεφοίτων. φαιδροί τε οὐ πάνυ ἐφαίνοντο, ἐκυκλοῦντό τε καὶ μεστὰ ἦν πάντα ἀλλήλους ἐρωτώντων περὶ τούτων καὶ διαλεγομένων.

13 Ὡς δὲ ᾔσθετο ὁ Κῦρος φόβον διαθέοντα ἐν τῇ στρατιᾷ, συγκαλεῖ τούς τε ἄρχοντας τῶν στρατευμάτων καὶ πάντας ὁπόσων ἀθυμούντων ἐδόκει βλάβη τις γίγνεσθαι καὶ προθυμουμένων ὠφέλεια. Προεῖπε δὲ τοῖς ὑπηρέταις, καὶ ἄλλος εἴ τις βούλοιτο τῶν ὁπλοφόρων προσίστασθαι ἀκουσόμενος τῶν λόγων, μὴ κωλύειν. Ἐπεὶ δὲ συνῆλθον, ἔλεξε τοιάδε.

14 Ἄνδρες σύμμαχοι. ἐγὼ τοίνυν ὑμᾶς συνεκάλεσα ἰδών τινας ὑμῶν, ἐπεὶ αἱ ἀγγελίαι ἦλθον ἐκ τῶν πολεμίων, πάνυ ἐοικότας πεφοβημένοις ἀνθρώποις. Δοκεῖ γάρ μοι θαυμαστὸν εἶναι εἴ τις ὑμῶν ὅτι μὲν οἱ πολέμιοι συλλέγονται δέδοικεν, ὅτι δὲ ἡμεῖς πολὺ πλείους συνειλέγμεθα νῦν ἢ ὅτε ἐνικῶμεν ἐκείνους, πολὺ δὲ ἄμεινον σὺν θεοῖς παρεσκευάσμεθα νῦν ἢ πρόσθεν, ταῦτα δὲ ὁρῶντες οὐ θαρρεῖτε. 15 Ὦ πρὸς θεῶν, ἔφη, τί δῆτα ἂν ἐποιήσατε οἱ νῦν δεδοικότες, εἰ ἤγγελλόν τινες τὰ παρ' ἡμῖν νῦν ὄντα ταῦτα ἀντίπαλα ἡμῖν προσιόντα, καὶ πρῶτον μὲν ἠκούετε. ἔφη. ὅτι οἱ πρότεροι νικήσαντες ἡμᾶς οὗτοι πάλιν ἔρχονται ἔχοντες ἐν ταῖς ψυχαῖς ἣν

der vom Großkönig unterworfenen Barbaren des Tieflandes
ist. An alle sei der Befehl ergangen, Versorgungsgüter dorthin
zu liefern. Etwa dasselbe wie diese berichteten auch die
Kriegsgefangenen. Denn Kyros kümmerte sich auch darum,
Gefangene zu machen, von denen er etwas erfahren konnte.
Außerdem schickte er als Sklaven verkleidete Spione los, die
vorgaben, Überläufer zu sein. (12) Als das Heer des Kyros
von alldem erfuhr, verbreitete sich, wie es zu erwarten war,
große Sorge. Stiller als gewöhnlich gingen sie umher und
machten durchaus keinen strahlenden Eindruck. Sie versammelten sich zu einzelnen Gruppen, und überall und zu jeder
Zeit befragten sie sich gegenseitig über die neue Lage und
sprachen darüber.

(13) Als Kyros bemerkte, daß sich Angst im Heer verbreitete, rief er die Anführer der verbündeten Armeen und alle
anderen zusammen, deren Mutlosigkeit er für schädlich und
deren Einsatzbereitschaft er für nützlich hielt. Seinen Dienern
befahl er, falls auch noch jemand aus den Reihen der einfachen Soldaten hinzukommen wolle, um die Rede zu hören, ihn
nicht daran zu hindern. Als alle zusammengekommen waren,
sprach er folgende Worte:

(14) „Meine Herren Verbündeten, ich habe euch also zu-
sammengerufen, weil ich sah, daß einige von euch, nachdem
die Meldungen aus dem feindlichen Lager eingetroffen waren,
durchaus den Eindruck erwecken, Angst zu haben. Es kommt
mir nämlich seltsam vor, daß jemand von euch Angst hat, weil
die Feinde damit beschäftigt sind, sich zu sammeln, und euch
der Mut verläßt, obwohl ihr seht, daß wir im Augenblick viel
größere Truppen um uns versammelt haben als damals, wo wir
jene besiegten, und uns jetzt mit Hilfe der Götter viel besser
vorbereitet haben als früher. (15) Ach, bei den Göttern, was
hättet ihr, die ihr jetzt Angst habt, denn getan, wenn man euch
mitteilte, daß die Streitmacht, die jetzt auf unserer Seite steht,
gegen uns vorrücke, und ihr zunächst hörtet, daß diejenigen,
die uns früher schon einmal besiegt haben, mit dem Sieg im
Herzen, den sie damals errangen, wiederkommen, und wenn

τότε νίκην ἐκτήσαντο, ἔπειτα δὲ οἱ τότε ἐκκόψαντες τῶν
τοξοτῶν καὶ ἀκοντιστῶν τὰς ἀκροβολίσεις νῦν οὗτοι
ἔρχονται καὶ ἄλλοι ὅμοιοι τούτοις πολλαπλάσιοι,
16 ἔπειτα δὲ ὥσπερ οὗτοι ὁπλισάμενοι τοὺς πεζοὺς
τότ' ἐνίκων, νῦν οὕτω καὶ οἱ ἱππεῖς αὐτῶν παρεσκευασμένοι πρὸς τοὺς ἱππέας προσέρχονται. καὶ τὰ μὲν τόξα
καὶ ἀκόντια ἀποδεδοκιμάκασι, παλτὸν δὲ ἓν ἰσχυρὸν
ἕκαστος λαβὼν προσελαύνειν διανενόηται ὡς ἐκ χειρὸς τὴν μάχην ποιησόμενος. 17 ἔτι δὲ ἅρματα ἔρχεται, ἃ οὐχ οὕτως ἑστήξει ὥσπερ πρόσθεν ἀπεστραμμένα
ὡς εἰς φυγήν, ἀλλ' οἵ τε ἵπποι εἰσὶ κατατεθωρακισμέ-
νοι οἱ ἐν τοῖς ἅρμασιν, οἵ τε ἡνίοχοι ἐν πύργοις ἑστᾶσι
ξυλίνοις τὰ ὑπερέχοντα ἅπαντα συνεστεγασμένοι θώραξι
καὶ κράνεσι, δρέπανά τε σιδηρᾶ περὶ τοῖς ἄξοσι προσήρ-
μοσται, ὡς ἑλῶντες καὶ οὗτοι εὐθὺς εἰς τὰς τάξεις τῶν
ἐναντίων, 18 πρὸς δ' ἔτι κάμηλοί εἰσιν αὐτοῖς ἐφ' ὧν
προσελῶσιν, ὧν μίαν ἑκάστην ἑκατὸν ἵπποι οὐκ ἂν
ἀνάσχοιντο ἰδόντες, ἔτι δὲ πύργους προσίασιν ἔχοντες
ἀφ' ὧν τοῖς μὲν ἑαυτῶν ἀρήξουσιν, ὑμᾶς δὲ βάλλοντες
κωλύσουσι τοῖς ἐν τῷ ἰσοπέδῳ μάχεσθαι, 19 εἰ δὴ
ταῦτα ἀπήγγελλέ τις ὑμῖν ἐν τοῖς πολεμίοις ὄντα, οἱ
νῦν φοβούμενοι τί ἂν ἐποιήσατε, ὁπότε ἀπαγγελλο-
μένων ὑμῖν ὅτι Κροῖσος μὲν ᾕρηται τῶν πολεμίων στρατη-
γός, ὃς τοσούτῳ Σύρων κακίων ἐγένετο ὅσῳ Σύροι μὲν
μάχῃ ἡττηθέντες ἔφυγον, Κροῖσος δὲ ἰδὼν ἡττημένους
ἀντὶ τοῦ ἀρήγειν τοῖς συμμάχοις φεύγων ᾤχετο·
20 ἔπειτα δὲ διαγγέλλεται δήπου ὅτι αὐτοὶ μὲν οἱ
πολέμιοι οὐχ ἱκανοὶ ἡγοῦνται ὑμῖν εἶναι μάχεσθαι,
ἄλλους δὲ μισθοῦνται, ὡς ἄμεινον μαχουμένους ὑπὲρ
σφῶν ἢ αὐτοί; Εἰ μέντοι τισὶ ταῦτα μὲν τοιαῦτα ὄντα

ihr ferner erführet, daß diejenigen, die damals die Angriffe unserer Bogenschützen und Speerwerfer mühelos aufgefangen haben, jetzt gegen uns antreten und dazu noch weitere Soldaten mit ähnlicher Kampfkraft, aber in erheblich größerer Zahl auf ihrer Seite haben, (16) und dann noch, daß so, wie sie damals ihre Fußsoldaten bewaffnet hatten und den Sieg errangen, jetzt ihre Reiter ausgerüstet sind und gegen unsere Reiter antreten und daß sie ihre Bogen und Speere weggeworfen haben und jeder einzelne nur noch mit einem mächtigen Spieß anzugreifen beabsichtigt, um den Nahkampf aufzunehmen, (17) daß ferner Wagen kommen, die nicht so wie früher gewendet und stehen gelassen werden, um den raschen Rückzug zu ermöglichen, sondern daß die Pferde vor den Wagen gepanzert sind, die Wagenlenker in turmartigen Kästen aus Holz stehen und durch Panzer und Helme geschützt sind, soweit sie über den Kastenrand hinausragen, daß eiserne Sicheln an den Achsen der Wagen angebracht sind, damit auch sie im Sturm in die Reihen der Gegner vorstoßen können, (18) daß ihnen außerdem noch Kamele zur Verfügung stehen, auf denen sie angreifen können, und daß nicht einmal hundert Pferde den Anblick eines einzigen dieser Tiere aushalten würden, daß sie darüber hinaus mit Türmen vorrücken, von denen aus sie ihren eigenen Leuten helfen, euch aber mit ihren Wurfgeschossen bedrängen und daran hindern werden, mit den Truppen am Boden zu kämpfen – (19) wenn euch jemand diesen Bericht über die Kampfkraft der Feinde gäbe, was hättet ihr, die ihr jetzt solche Angst habt, getan, sobald man euch mitteilte, daß Kroisos zum Oberbefehlshaber der Feinde gewählt wurde, der insofern noch viel feiger als die Assyrer war, als diese nach ihrer Niederlage in der Schlacht flohen, er aber, nachdem er ihre Niederlage bemerkt hatte, sich ebenfalls fluchtartig davonmachte, statt seinen Verbündeten zu Hilfe zu kommen, (20) wenn dann noch gemeldet wird, daß die Feinde selbst sich nicht für fähig genug halten, den Kampf gegen euch zu bestehen, und andere dafür in Sold nehmen, als ob diese besser für sie kämpften als sie selbst? Wenn es wirklich Leute gibt, die

δεινὰ δοκεῖ εἶναι, τὰ δὲ ἡμέτερα φαῦλα, τούτους ἐγώ
φημι χρῆναι, ὦ ἄνδρες, ἀφεῖναι εἰς τοὺς ἐναντίους·
πολὺ γὰρ ἐκεῖ ὄντες πλείω ἂν ἡμᾶς ἢ παρόντες ὠφε-
λοῖεν.

21 Ἐπεὶ δὲ ταῦτα εἶπεν ὁ Κῦρος, ἀνέστη Χρυσάντας
ὁ Πέρσης καὶ ἔλεξεν ὧδε · Ὦ Κῦρε, μὴ θαύμαζε εἴ τινες
ἐσκυθρώπασαν ἀκούσαντες τῶν ἀγγελλομένων · οὐ γὰρ
φοβηθέντες οὕτω διετέθησαν, ἀλλ' ἀχθεσθέντες · ὥσπερ
γε, ἔφη, εἴ τινων βουλομένων τε καὶ οἰομένων ἤδη ἀριστή-
σειν ἐξαγγελθείη τι ἔργον ὃ ἀνάγκη εἴη πρὸ τοῦ ἀρίστου
ἐξεργάσασθαι, οὐδεὶς ἂν οἶμαι ἡσθείη ἀκούσας · οὕτω
τοίνυν καὶ ἡμεῖς ἤδη οἰόμενοι πλουτήσειν, ἐπεὶ ἠκού-
σαμεν ὅτι ἐστὶ περίλοιπον ἔργον ὃ δεῖ ἐξεργάσασθαι,
συνεσκυθρωπάσαμεν, οὐ φοβούμενοι, ἀλλὰ πεποιῆσθαι
ἂν ἤδη καὶ τοῦτο βουλόμενοι. 22 Ἀλλὰ γὰρ ἐπειδὴ
οὐ περὶ Συρίας μόνον ἀγωνιούμεθα, ὅπου σῖτος πολὺς
καὶ πρόβατά ἐστι καὶ φοίνικες οἱ καρποφόροι, ἀλλὰ
καὶ περὶ Λυδίας, ἔνθα πολὺς μὲν οἶνος, πολλὰ δὲ σῦκα,
πολὺ δὲ ἔλαιον, θάλαττα δὲ προσκλύζει καθ' ἣν πλείω
ἔρχεται ἢ ὅσα τις ἑώρακεν ἀγαθά, ταῦτα, ἔφη, ἐννοούμενοι οὐκέτι ἀχθόμεθα, ἀλλὰ θαρρῶμεν ὡς τάχιστα,
ἵνα θᾶττον καὶ τούτων τῶν Λυδίων ἀγαθῶν ἀπολαύω-
μεν. Ὁ μὲν οὕτως εἶπεν · οἱ δὲ σύμμαχοι πάντες ἥσθησάν
τε τῷ λόγῳ καὶ ἐπήνεσαν.

23 Καὶ μὲν δή, ἔφη ὁ Κῦρος, ὦ ἄνδρες, δοκεῖ μοι ἰέναι
ἐπ' αὐτοὺς ὡς τάχιστα, ἵνα πρῶτον μὲν αὐτοὺς φθάσωμεν ἀφικόμενοι, ἢν δυνώμεθα, ὅπου τὰ ἐπιτήδεια αὐτοῖς συλλέγεται · ἔπειτα δὲ ὅσῳ ἂν θᾶττον ἴωμεν, τοσούτῳ μείω μὲν τὰ παρόντα αὐτοῖς εὑρήσομεν, πλείω
δὲ τὰ ἀπόντα. 24 Ἐγὼ μὲν δὴ οὕτω λέγω · εἰ δέ τις

diese Zustände, so wie sie sich darstellen, für furchterregend, unsere eigene Lage aber für fast ausweglos halten, dann müssen wir diese, das erkläre ich hier, dazu auffordern, zu den Feinden überzulaufen. Denn wenn sie dort wären, könnten sie uns viel nützlicher sein, als wenn sie hierblieben."

(21) Nachdem Kyros diese Worte gesprochen hatte, stand der Perser Chrysantas auf und sagte folgendes: „Mein Kyros, wundere dich nicht, daß sich bei einigen hier die Mienen verfinsterten, als sie die neuesten Nachrichten hörten. Der Grund dafür ist aber nicht Furcht, sondern Unzufriedenheit. Stell dir folgende Situation vor: Wenn man essen wollte und der Meinung wäre, es sei schon Zeit dazu, und wenn dann eine Arbeit angekündigt würde, die man vor dem Essen unbedingt zu erledigen hätte, dann würde man sich wohl kaum über diese Nachricht freuen. So glaubten auch wir, schon jetzt unser Glück machen zu können. Als wir aber hörten, daß zuvor noch eine Leistung zu vollbringen ist, verfinsterten sich unsere Mienen, nicht aus Angst, sondern weil wir wünschten, daß diese Arbeit schon getan sei. (22) Aber da wir nicht nur um Syrien kämpfen werden, wo es viel Getreide, Vieh und fruchtbare Dattelpalmen gibt, sondern auch um Lydien, wo man viel Wein, viele Feigen und viel Olivenöl findet und das ein Meer bespült, über welches mehr Güter ins Land gelangen, als je einer von uns gesehen hat – wenn wir daran denken, werden wir nicht mehr unzufrieden sein, sondern möglichst schnell Mut fassen, um noch rascher in den Genuß auch dieser Güter Lydiens zu gelangen." So sprach Chrysantas. Alle Verbündeten freuten sich über diese Rede und lobten sie.

(23) „Daher, meine Herren", sagte Kyros, „halte ich es für richtig, daß wir möglichst schnell angreifen, damit wir, wenn es uns möglich ist, vor ihnen dort ankommen, wo ihre Lebensmittel gesammelt werden. Dann wird folgendes geschehen: Je schneller wir kommen, desto geringer werden ihre Vorbereitungen und desto größer wird der Umfang ihrer noch nicht getroffenen Maßnahmen sein. (24) Ich mache also folgenden Vorschlag: Falls jemand meint, es gebe eine andere Möglich-

ἄλλῃ πῃ γιγνώσκει ἢ ἀσφαλέστερον εἶναι ἢ ῥᾶον ἡμῖν, διδασκέτω.

Ἐπεὶ δὲ συνηγόρευον μὲν πολλοὶ ὡς χρεὼν εἴη ὅτι τάχιστα πορεύεσθαι ἐπὶ τοὺς πολεμίους. ἀντέλεγε δὲ οὐδείς, ἐκ τούτου δὴ ὁ Κῦρος ἤρχετο λόγου τοιοῦδε · 25 Ἄνδρες σύμμαχοι, αἱ μὲν ψυχαὶ καὶ τὰ σώματα καὶ τὰ ὅπλα οἷς δεήσει χρῆσθαι ἐκ πολλοῦ ἡμῖν σὺν θεῷ παρεσκεύασται. Νῦν δὲ τὰ ἐπιτήδεια δεῖ εἰς τὴν ὁδὸν συσκευάζεσθαι αὐτοῖς τε ἡμῖν καὶ ὁπόσοις τετράποσι χρώμεθα μὴ μεῖον ἢ εἴκοσιν ἡμερῶν · ἐγὼ γὰρ λογιζόμενος εὑρίσκω πλέον ἢ πεντεκαίδεκα ἡμερῶν ἐσομένην ὁδόν, ἐν ᾗ οὐδὲν εὑρήσομεν τῶν ἐπιτηδείων · ἀνεσκεύασται γὰρ τὰ μὲν ὑφ' ἡμῶν, τὰ δ' ὑπὸ τῶν πολεμίων ὅσα ἐδύναντο. 26 Συσκευάζεσθαι οὖν χρὴ σῖτον μὲν ἱκανόν · ἄνευ γὰρ τούτου οὔτε μάχεσθαι οὔτε ζῆν δυναίμεθ' ἄν. Οἶνον δὲ τοσοῦτον ἕκαστον ἔχειν χρὴ ὅσος ἱκανὸς ἔσται ἐθίσαι ἡμᾶς αὐτοὺς ὑδροποτεῖν · πολλὴ γὰρ ἔσται τῆς ὁδοῦ ἄοινος, εἰς ἣν οὐδ' ἂν πάνυ πολὺν οἶνον συσκευασώμεθα, διαρκέσει. 27 Ὡς οὖν μὴ ἐξαπίνης ἄοινοι γενόμενοι νοσήμασι περιπίπτωμεν, ὧδε χρὴ ποιεῖν · ἐπὶ μὲν τῷ σίτῳ νῦν εὐθὺς ἀρχώμεθα πίνειν ὕδωρ · τοῦτο γὰρ ἤδη ποιοῦντες οὐ πολὺ μεταβαλοῦμεν. 28 Καὶ γὰρ ὅστις ἀλφιτοσιτεῖ, ὕδατι μεμαγμένην ἀεὶ τὴν μᾶζαν ἐσθίει, καὶ ὅστις ἀρτοσιτεῖ, ὕδατι δεδευμένον τὸν ἄρτον, καὶ τὰ ἐφθὰ δὲ πάντα, μεθ' ὕδατος τοῦ πλείστου ἐσκεύασται. Μετὰ δὲ τὸν σῖτον ἐὰν οἶνον ἐπιπίνωμεν, οὐδὲν μεῖον ἔχουσα ἡ ψυχὴ ἀναπαύσεται. 29 Ἔπειτα δὲ καὶ τοῦ μετὰ δεῖπνον ἀφαιρεῖν χρή, ἕως ἂν λάθωμεν ὑδροπόται γενόμενοι · ἡ γὰρ κατὰ μικρὸν παράλλαξις πᾶσαν ποιεῖ φύσιν ὑποφέρειν τὰς μεταβολάς. Διδάσκει δὲ καὶ ὁ θεός, ἀπάγων ἡμᾶς κατὰ μικρὸν ἔκ τε τοῦ χειμῶνος εἰς τὸ ἀνέχεσθαι

keit, die uns entweder mehr Sicherheit bietet oder leichter zu verwirklichen ist, so soll er es uns mitteilen."

Weil ihm viele darin zustimmten, daß es notwendig sei, den Feldzug gegen die Feinde möglichst schnell zu beginnen, und niemand widersprach, begann Kyros folgende Rede: (25) „Verbündete, unsere Herzen, Körper und Waffen, die es einzusetzen gilt, sind mit Hilfe der Gottheit seit langem zur Tat entschlossen und bereit. Jetzt ist es erforderlich, die Marschverpflegung, die nicht weniger als zwanzig Tage reichen muß, für uns selbst und alle unsere Tiere zusammenzubringen. Denn nach meiner Berechnung steht uns ein Marsch von mehr als fünfzehn Tagen bevor, während dessen wir keine Nahrungsmittel vorfinden werden. Denn der eine Teil ist bereits von uns, der andere Teil von den Feinden, soweit sie dazu in der Lage waren, fortgeschafft worden. (26) Wir müssen uns also genug Getreide besorgen. Denn ohne dieses dürften wir wohl kaum kämpfen oder leben können. Jeder einzelne darf nur über gerade so viel Wein verfügen, daß wir uns daran gewöhnen können, Wasser zu trinken. Denn eine lange Strecke des Weges wird kein Wein vorhanden sein, und er wird dafür auch nicht ausreichen, auch wenn wir noch so viel Wein einpacken. (27) Damit wir nun nicht aufgrund des plötzlichen Verzichts auf Wein krank werden, müssen wir folgendermaßen verfahren: Wir wollen jetzt sofort damit anfangen, zum Essen Wasser zu trinken. Denn wenn wir dies schon jetzt tun, wird sich für uns nicht viel ändern. (28) Denn auch wer Gerstenbrei ißt, verzehrt den Teil stets mit Wasser vermischt, und wer Brot ißt, verspeist dies mit Wasser besprengt, und alles, was gekocht ist, ist ja mit sehr viel Wasser zubereitet. Wenn wir aber nur noch nach dem Essen Wein trinken, wird dies der Seele wohltun, ohne daß ihr etwas fehlt. (29) Dann aber müssen wir allmählich auch darauf verzichten, nach dem Essen Wein zu trinken, bis wir zu Wassertrinkern geworden sind, ohne es gemerkt zu haben. Denn der allmähliche Wechsel läßt die gesamte Natur jede Veränderung ertragen. Das lehrt uns auch Gott, indem er uns nach der Winterkälte allmählich daran gewöhnt, heftige

ἰσχυρὰ θάλπη ἔκ τε τοῦ θάλπους εἰς τὸν ἰσχυρὸν χειμῶνα · ὃν χρὴ μιμουμένους εἰς ὃ δεῖ ἐλθεῖν προειθισ-
μένους ἡμᾶς ἀφικνεῖσθαι.

30 Καὶ τὸ τῶν στρωμάτων δὲ βάρος εἰς τἀπιτήδεια
καταδαπανᾶτε · τὰ μὲν γὰρ ἐπιτήδεια περιττεύοντα
οὐκ ἄχρηστα ἔσται · στρωμάτων δὲ ἐνδεηθέντες μὴ
δείσητε ὡς οὐχ ἡδέως καθευδήσετε · εἰ δὲ μή, ἐμὲ αἰ-
τιᾶσθε. Ἐσθὴς μέντοι ὅτῳ ἐστὶν ἀφθονωτέρα παροῦσα,
πολλὰ καὶ ὑγιαίνοντι καὶ κάμνοντι ἐπικουρεῖ.

31 Ὄψα δὲ χρὴ συνεσκευάσθαι ὅσα ἐστὶν ὀξέα καὶ
δριμέα καὶ ἁλμυρά · ταῦτα γὰρ ἐπὶ σῖτόν τε ἄγει καὶ
ἐπὶ πλεῖστον ἀρκεῖ. Ὅταν δ' ἐκβαίνωμεν εἰς ἀκέραια,
ὅπου ἤδη εἰκὸς ἡμᾶς σῖτον λαμβάνειν. χειρομύλας
χρὴ αὐτόθεν παρασκευάσασθαι αἷς σιτοποιησόμεθα ·
τοῦτο γὰρ κουφότατον τῶν σιτοποιικῶν ὀργάνων.

32 Συνεσκευάσθαι δὲ χρὴ καὶ ὧν ἀσθενοῦντες δέονται ἄνθρωποι · τούτων γὰρ ὁ μὲν ὄγκος μικρότατος,
ἢν δὲ τύχη τοιαύτη γένηται, μάλιστα δεήσει. Ἔχειν
δὲ χρὴ καὶ ἱμάντας · τὰ γὰρ πλεῖστα καὶ ἀνθρώποις
καὶ ἵπποις ἱμᾶσιν ἤρτηται · ὧν κατατριβομένων καὶ
ῥηγνυμένων ἀνάγκη ἀργεῖν, ἢν μή τις ἔχῃ περίζυγα.
Ὅστις δὲ πεπαίδευται καὶ παλτὸν ξύσασθαι, ἀγαθὸν
καὶ ξυήλης μὴ ἐπιλαθέσθαι · 33 ἀγαθὸν δὲ καὶ ῥίνην
φέρεσθαι · ὁ γὰρ λόγχην ἀκονῶν ἐκεῖνος καὶ τὴν ψυχήν
τι παρακονᾷ · ἔπεστι γάρ τις αἰσχύνη λόγχην ἀκονῶντα
κακὸν εἶναι. Ἔχειν δὲ χρὴ καὶ ξύλα περίπλεα καὶ ἅρμασι
καὶ ἁμάξαις · ἐν γὰρ πολλαῖς πράξεσι πολλὰ ἀνάγκη
καὶ τὰ ἀπαγορεύοντα εἶναι. 34 Ἔχειν δὲ δεῖ καὶ τὰ
ἀναγκαιότατα ὄργανα ἐπὶ ταῦτα πάντα · οὐ γὰρ πανταχοῦ χειροτέχναι παραγίγνονται · τὸ δ' ἐφ' ἡμέραν

Hitze und nach der Wärme des Sommers starke Kälte zu ertragen. Ihn müssen wir nachahmen, um dort anzukommen, wohin wir nach vorheriger Gewöhnung gehen müssen.

(30) Verzichtet auch auf eure Teppiche, um dafür Lebensmittel mitzunehmen. Denn die Lebensmittel werden nicht nutzlos sein, auch wenn sie den Bedarf überschreiten. Habt aber keine Angst, daß ihr nicht gut schlaft, wenn euch keine Decken zur Verfügung stehen. Solltet ihr aber nicht gut schlafen, dann gebt mir ruhig die Schuld. Wer jedoch Kleidung im Überfluß besitzt, hat viel davon, sowohl wenn er gesund als auch wenn er krank ist.

(31) Als Beilage zum Brot müssen wir alles mitnehmen, was scharf, bitter und salzig ist. Denn dies regt den Appetit an und hält sich sehr lange. Wenn wir aber in unberührtes Gebiet vorstoßen, wo wir uns dann wahrscheinlich mit Getreide versorgen können, müssen wir uns alsbald Handmühlen besorgen, mit denen wir das Getreide mahlen werden. Denn dies ist das leichteste Gerät für die Herstellung von Brot.

(32) Mitzunehmen aber ist auch alles, was Menschen benötigen, wenn sie krank sind. Denn diese Dinge haben ein sehr geringes Gewicht. Wenn aber ein entsprechender Fall eintritt, werden sie ganz besonders notwendig sein. Man muß aber auch Riemen zur Verfügung haben. Denn bei Menschen und Tieren funktionieren die meisten Dinge nur mit Hilfe von Riemen. Wenn diese beschädigt und zerrissen sind, muß man seine Tätigkeit ruhen lassen, falls man keinen Ersatz hat. Für jeden aber, der es gelernt hat, einen Speer zu glätten, ist es zweckmäßig, auch an eine Raspel zu denken. (33) Es ist aber auch gut, eine Feile mitzunehmen. Wer nämlich Lanzenspitzen schärft, schärft in gewissem Sinne auch seinen Mut. Denn wer eine Lanzenspitze schärft, schämt sich, feige zu sein. Für Kampf- und Lastwagen muß man auch Holz vorrätig haben. Denn bei häufigem Gebrauch ist zwangsläufig auch mit raschem Verschleiß zu rechnen. (34) Man muß aber auch die notwendigsten Werkzeuge für alle diese Fälle besitzen. Denn nicht überall sind Handwerker verfügbar. Aber es sind nur

ἀρκέσον ὀλίγοι τινὲς οἳ οὐχ ἱκανοὶ ποιῆσαι. Ἔχειν δὲ
χρὴ καὶ ἄμην καὶ σμινύην κατὰ ἅμαξαν ἑκάστην. καὶ
κατὰ τὸν νωτοφόρον δὲ ἀξίνην καὶ δρέπανον · ταῦτα
γὰρ καὶ ἰδίᾳ ἑκάστῳ χρήσιμα καὶ ὑπὲρ τοῦ κοινοῦ πολλάκις ὠφέλιμα γίγνεται.

35 Τὰ μὲν οὖν εἰς τροφὴν δέοντα οἱ ἡγεμόνες τῶν
ὁπλοφόρων ἐξετάζετε τοὺς ὑφ' ὑμῖν αὐτοῖς · οὐ γὰρ
δεῖ παριέναι ὅτου ἄν τις τούτων ἐνδέηται · ἡμεῖς γὰρ
τούτων ἐνδεεῖς ἐσόμεθα. Ἃ δὲ κατὰ τὰ ὑποζύγια κελεύω
ἔχειν, ὑμεῖς οἱ τῶν σκευοφόρων ἄρχοντες ἐξετάζετε,
καὶ τὸν μὴ ἔχοντα κατασκευάζεσθαι ἀναγκάζετε.

36 Ὑμεῖς δ' αὖ οἱ τῶν ὁδοποιῶν ἄρχοντες ἔχετε μὲν
ἀπογεγραμμένους παρ' ἐμοῦ τοὺς ἀποδεδοκιμασμέ-
νους καὶ τοὺς ἐκ τῶν ἀκοντιστῶν καὶ τοὺς ἐκ τῶν τοξοτῶν καὶ τοὺς ἐκ τῶν σφενδονητῶν · τούτων δὲ χρὴ τοὺς
μὲν ἀπὸ τῶν ἀκοντιστῶν πέλεκυν ἔχοντας ξυλοκόπον
ἀναγκάζειν στρατεύεσθαι, τοὺς δ' ἀπὸ τῶν τοξοτῶν
σμινύην, τοὺς δ' ἀπὸ τῶν σφενδονητῶν ἄμην · τούτους
δὲ ἔχοντας ταῦτα πρὸ τῶν ἁμαξῶν κατ' ἴλας πορεύεσθαι,
ὅπως ἤν τι δέῃ ὁδοποιίας, εὐθὺς ἐνεργοὶ ἦτε, καὶ ἐγὼ
ἤν τι δέωμαι, ὅπως εἰδῶ ὅθεν δεῖ λαβόντα τούτοις χρῆσθαι.

37 Ἄξω δὲ καὶ τοὺς ἐν τῇ στρατιωτικῇ ἡλικίᾳ σὺν
τοῖς ὀργάνοις χαλκέας τε καὶ τέκτονας καὶ σκυτοτό-
μους, ὅπως ἄν τι δέῃ καὶ τοιούτων τεχνῶν ἐν τῇ στρατιᾷ
μηδὲν ἐλλείπηται · οὗτοι δὲ ὁπλοφόρου μὲν τάξεως
ἀπολελύσονται, ἃ δὲ ἐπίστανται, τῷ βουλομένῳ μισθοῦ
ὑπηρετοῦντες ἐν τῷ τεταγμένῳ ἔσονται.

38 Ἢν δέ τις καὶ ἔμπορος βούληται ἕπεσθαι πωλεῖν
τι βουλόμενος, τῶν μὲν προειρημένων ἡμερῶν τὰ ἐπιτήδεια ἔχειν ἤν τι πωλῶν ἁλίσκηται. πάντων στερήσε-
ται · ἐπειδὰν δ' αὗται παρέλθωσιν αἱ ἡμέραι, πωλήσει

wenige, die nicht dazu in der Lage wären, etwas in Ordnung zu bringen, was nur für einen Tag halten soll. Man muß außerdem auf jedem Wagen eine Schaufel und eine Kreuzhacke und auf jedem Lasttier eine Axt und eine Sichel haben. Denn diese Geräte sind sowohl von jedem einzelnen zu gebrauchen als auch für die Gesamtheit oft von großem Nutzen.

(35) Ihr, die Anführer der Schwerbewaffneten, habt zu überprüfen, ob eure Untergebenen über die notwendigen Lebensmittel verfügen. Denn man darf nicht darüber hinwegsehen, wenn einem von diesen Leuten etwas fehlt. Denn wir werden dann daran Mangel leiden. Ihr, die ihr für den Transport des Gepäcks verantwortlich seid, überprüft alles, was ihr für die Zugtiere zur Verfügung haben müßt, und zwingt jeden, dem noch etwas fehlt, es zu beschaffen.

(36) Ihr, die Anführer der Straßenbauer, habt eine Liste der Personen, die ich aus den Einheiten der Speerwerfer, Bogenschützen und Schleuderer ausgesondert habe. Von diesen Leuten müßt ihr alle Speerwerfer mit einer Holzaxt, alle Bogenschützen mit einer Kreuzhacke und alle Schleuderer mit einer Schaufel in Marsch setzen. Mit diesen Geräten müssen sie den Wagen in einzelnen Gruppen vorausgehen, damit ihr sofort tätig werden könnt, wenn die Straße auszubessern ist, und damit ich, wenn ich sie benötigen sollte, weiß, wo ich sie finde, um sie einsetzen zu können.

(37) Ich werde aber auch noch die im waffenfähigen Alter befindlichen Schmiede mit ihrem Werkzeug, Zimmerleute und Schuhmacher mitnehmen, damit keine Notlage entsteht, wenn man im Heer deren Sachverstand benötigt. Sie werden von ihrer bewaffneten Einheit getrennt sein und an einem bestimmten Ort jedem, der es will, mit ihren Fachkenntnissen gegen Bezahlung zur Verfügung stehen.

(38) Sollte auch noch ein Kaufmann den Wunsch haben, uns zu folgen, weil er etwas verkaufen will, und innerhalb der Zeit, die für die Verproviantierung angesetzt wurde, beim Verkaufen ertappt werden, so werden alle seine Waren beschlagnahmt. Sobald aber diese Tage verstrichen sind, darf

ὅπως ἂν βούληται. Ὅστις δ' ἂν τῶν ἐμπόρων πλείστην ἀγορὰν παρέχων φαίνηται, οὗτος καὶ παρὰ τῶν συμμάχων καὶ παρ' ἐμοῦ δώρων καὶ τιμῆς τεύξεται. 39 Εἰ δέ τις χρημάτων προσδεῖσθαι νομίζει εἰς ἐμπολήν, γνωστῆρας ἐμοὶ προσαγαγὼν καὶ ἐγγυητὰς ἦ μὴν πορεύεσθαι σὺν τῇ στρατιᾷ, λαμβανέτω ὧν ἡμεῖς ἔχομεν.

Ἐγὼ μὲν δὴ ταῦτα προαγορεύω · εἰ δέ τίς τι καὶ ἄλλο δέον ἐνορᾷ, πρὸς ἐμὲ σημαινέτω. 40 Καὶ ὑμεῖς μὲν ἀπιόντες συσκευάζεσθε, ἐγὼ δὲ θύσομαι ἐπὶ τῇ ὁρμῇ · ὅταν δὲ τὰ τῶν θεῶν καλῶς ἔχῃ, σημανοῦμεν. Παρεῖναι δὲ χρὴ ἅπαντας τὰ προειρημένα ἔχοντας εἰς τὴν τεταγμένην χώραν πρὸς τοὺς ἡγεμόνας αὐτῶν. 41 Ὑμεῖς δὲ οἱ ἡγεμόνες τὴν ἑαυτοῦ ἕκαστος τάξιν εὐτρεπισάμενος πρὸς ἐμὲ πάντες συμβάλλετε, ἵνα τὰς ἑαυτῶν ἕκαστοι χώρας καταμάθητε.

III

1 Ἀκούσαντες δὲ ταῦτα οἱ μὲν συνεσκευάζοντο, ὁ δὲ Κῦρος ἐθύετο. Ἐπεὶ δὲ καλὰ τὰ ἱερὰ ἦν, ὡρμᾶτο σὺν τῷ στρατεύματι. Καὶ τῇ μὲν πρώτῃ ἡμέρᾳ ἐξεστρατοπεδεύσατο ὡς δυνατὸν ἐγγύτατα, ὅπως εἴ τίς τι ἐπιλελησμένος εἴη, μετέλθοι, καὶ εἴ τίς τι ἐνδεόμενος γνοίη, τοῦτο ἐπιπαρασκευάσαιτο.

2 Κυαξάρης μὲν οὖν τῶν Μήδων ἔχων τὸ τρίτον μέρος κατέμενεν, ὡς μηδὲ τὰ οἴκοι ἔρημα εἴη · ὁ δὲ Κῦρος ἐπορεύετο ὡς ἐδύνατο τάχιστα, τοὺς ἱππέας μὲν πρώτους ἔχων, καὶ πρὸ τούτων διερευνητὰς καὶ σκοποὺς αἰεὶ ἀναβιβάζων ἐπὶ τὰ πρόσθεν εὐσκοπώτατα. Μετὰ δὲ τούτους ἦγε τὰ σκευοφόρα, ὅπου μὲν πεδινὸν εἴη, πολλοὺς ὁρμαθοὺς ποιούμενος τῶν ἁμαξῶν καὶ

jeder so viel verkaufen, wie er will. Wer von den Kaufleuten nachweislich das reichhaltigste Angebot macht, wird von den Verbündeten und von mir Geschenke und eine Auszeichnung erhalten. (39) Wenn einer von ihnen zusätzlich Geld zu benötigen glaubt, um etwas einzukaufen, soll er mir Zeugen und Bürgen dafür stellen, daß er das Heer begleitet, und dann etwas von dem Geld bekommen, das wir haben.

Das sind meine Anweisungen. Sollte aber jemand sehen, daß noch etwas anderes erforderlich ist, dann soll er es mich wissen lassen. (40) Geht ihr nun los und packt alles zusammen. Ich werde ein Opfer für das gute Gelingen unseres Aufbruchs darbringen. Wenn die Zeichen der Götter günstig sind, werden wir es mitteilen. Dann müssen sich alle mit den befohlenen Ausrüstungsgegenständen bei ihren Anführern an der festgesetzten Stelle einfinden. (41) Wenn jeder von euch seine eigene Einheit in Ordnung gebracht hat, dann, ihr Anführer, versammelt euch alle bei mir, damit ihr erfahrt, wo ihr eure Plätze einzunehmen habt.

III.

(1) Nachdem sie diese Anweisungen zur Kenntnis genommen hatten, begannen sie mit dem Einpacken, und Kyros befaßte sich mit dem Opfer. Da das Opfer günstig verlief, brach er mit seinem Heer auf. Am ersten Tag legte er eine möglichst kurze Strecke zurück, damit jeder, der etwas vergessen hatte, es noch holen, und wer merkte, daß er noch etwas brauchte, es sich beschaffen konnte.

(2) Kyaxares blieb mit einem Drittel der Meder zurück, damit seine Heimat nicht ohne Schutz war. Kyros rückte, so schnell es ging, voran. Den Reitern befahl er, an der Spitze zu marschieren, aber vor ihnen ließ er stets Aufklärer und Späher die Stellen im Gelände aufsuchen, die die beste Aussicht boten. Hinter den Reitern sollten die Tiere mit dem Gepäck marschieren, wobei die Wagen und die Packtiere auf ebenem

τῶν σκευοφόρων · ὄπισθεν δὲ ἡ φάλαγξ ἐφεπομένη,
εἴ τι τῶν σκευοφόρων ὑπολείποιτο, οἱ προστυγχάνοντες
τῶν ἀρχόντων ἐπεμέλοντο ὡς μὴ κωλύοιντο πορεύεσθαι.
3 Ὅπου δὲ στενοτέρα εἴη ἡ ὁδός, διὰ μέσου ποιού-
μενοι τὰ σκευοφόρα ἔνθεν καὶ ἔνθεν ἐπορεύοντο οἱ ὁπλοφόροι · καὶ εἴ τι ἐμποδίζοι, οἱ κατὰ ταῦτα ἀεὶ γιγνόμενοι τῶν στρατιωτῶν ἐπεμέλοντο. Ἐπορεύοντο δὲ ὡς
τὰ πολλὰ αἱ τάξεις παρ' ἑαυταῖς ἔχουσαι τὰ σκευοφόρα · ἐπετέτακτο γὰρ πᾶσι τοῖς σκευοφόροις κατὰ
τὴν ἑαυτῶν ἑκάστους τάξιν ἰέναι, εἰ μή τι ἀναγκαῖον
ἀποκωλύοι. 4 Καὶ σημεῖον δὲ ἔχων ὁ τοῦ ταξιάρχου
σκευοφόρος ἡγεῖτο γνωστὸν τοῖς τῆς ἑαυτοῦ τάξεως ·
ὥστε ἀθρόοι ἐπορεύοντο, ἐπεμελοῦντό τε ἰσχυρῶς ἕκαστος τῶν ἑαυτοῦ ὡς μὴ ὑπολείποιντο. Καὶ οὕτω ποιούντων οὔτε ζητεῖν ἔδει ἀλλήλους ἅμα τε παρόντα ἅπαντα
καὶ σωότερα ἦν καὶ θᾶττον τὰ δέοντα εἶχον οἱ στρατιῶται.

5 Ὡς δ' οἱ προϊόντες σκοποὶ ἔδοξαν ἐν τῷ πεδίῳ
ὁρᾶν ἀνθρώπους λαμβάνοντας καὶ χιλὸν καὶ ξύλα, καὶ
ὑποζύγια δὲ ἑώρων ἕτερα τοιαῦτα ἄγοντα, τὰ δὲ καὶ
νεμόμενα, καὶ τὰ πρόσω αὖ ἐφορῶντες ἐδόκουν κατα-
μανθάνειν μετεωριζόμενον καπνὸν ἢ κονιορτόν, ἐκ τούτων πάντων σχεδὸν ἐγίγνωσκον ὅτι εἴη που πλησίον
τὸ στράτευμα τῶν πολεμίων. 6 Εὐθὺς οὖν πέμπει
τινὰ ὁ σκοπάρχης ἀγγελοῦντα ταῦτα τῷ Κύρῳ. Ὁ δὲ
ἀκούσας ταῦτα ἐκείνους μὲν ἐκέλευσε μένοντας ἐπὶ
ταύταις ταῖς σκοπαῖς ὅ τι ἂν ἀεὶ καινὸν ὁρῶσιν ἐξαγγέλλειν · τάξιν δ' ἔπεμψεν ἱππέων εἰς τὸ πρόσθεν καὶ ἐκέλευσε πειραθῆναι συλλαβεῖν τινας τῶν ἀνὰ τὸ πεδίον
ἀνθρώπων, ὅπως σαφέστερον μάθοιεν τὸ ὄν.

Gelände in mehreren Kolonnen vorrückten. Darauf folgte die
Phalanx der Schwerbewaffneten. Falls einmal ein Packtier zurückblieb, sorgten die Offiziere, die sich gerade in der Nähe
befanden, dafür, daß der Vormarsch dadurch nicht gestört
wurde. (3) Wo die Straße enger wurde, nahmen die Schwerbewaffneten die Packtiere in die Mitte und marschierten auf beiden Seiten. Tauchte ein Hindernis auf, so kümmerten sich die
Soldaten, die sich jeweils an der betreffenden Stelle befanden,
um dessen Beseitigung. Im allgemeinen marschierten die einzelnen Abteilungen mit den Packtieren an ihrer Seite. Denn
die Führer der Packtiere hatten den Befehl, bei ihrer Abteilung zu bleiben, falls nicht irgendein zwingender Umstand dagegen sprach. (4) Der Mann, der für das Gepäck eines Taxiarchen verantwortlich war, ging mit einer Fahne voraus, die allen Angehörigen seiner Abteilung bekannt war. So blieben sie
unterwegs alle zusammen, und jeder einzelne paßte sorgfältig
darauf auf, daß keiner seiner Kameraden zurückblieb. Auf
diese Weise brauchten sie sich gegenseitig nicht zu suchen, und
zugleich war alles an seinem Platz und besser gesichert, und
die Soldaten hatten alles, was sie brauchten, schneller zur Verfügung.

(5) Als die Kundschafter, die vorausgegangen waren, in der
Ebene Menschen beim Futterholen und beim Sammeln von
Holz ausmachten und dazu noch Lasttiere sahen, die teils mit
derartigen Lasten beladen waren, teils weideten, und als sie,
während sie noch weiter nach vorn blickten, aufsteigenden
Rauch oder Staub zu erkennen glaubten, zogen sie aus allen
diesen Anzeichen den naheliegenden Schluß, daß das feindliche
Heer nicht mehr allzu weit entfernt war. (6) Sofort schickte der
Anführer der Kundschafter einen Mann zu Kyros, um ihm seine
Beobachtungen zu melden. Daraufhin befahl ihnen Kyros, auf
ihrem Beobachtungsposten zu bleiben und ihm Meldung zu
machen, wenn sie eine Veränderung bemerkten. Eine Gruppe
von Reitern schickte er voraus und gab ihnen den Befehl, den
Versuch zu unternehmen, einige der Menschen in der Ebene
gefangen zu nehmen, um die Lage besser klären zu können.

7 Οἱ μὲν δὴ ταχθέντες τοῦτο ἔπραττον · αὐτὸς δὲ τὸ ἄλλο στράτευμα αὐτοῦ κατεχώριζεν, ὅπως παρασκευάσαιντο ὅσα ᾤετο χρῆναι πρὶν πάνυ ὁμοῦ εἶναι. Καὶ πρῶτον μὲν ἀριστᾶν παρηγγύησεν, ἔπειτα δὲ μένοντας ἐν ταῖς τάξεσι τὸ παραγγελλόμενον προνοεῖν. **8** Ἐπεὶ δὲ ἠρίστησαν, συνεκάλεσε καὶ ἱππέων καὶ πεζῶν καὶ ἁρμάτων τοὺς ἡγεμόνας, καὶ τῶν μηχανῶν δὲ καὶ τῶν σκευοφόρων τοὺς ἄρχοντας καὶ τῶν ἁρμαμαξῶν · καὶ οὗτοι μὲν συνῇσαν · **9** οἱ δὲ καταδραμόντες εἰς τὸ πεδίον συλλαβόντες ἀνθρώπους ἤγαγον · οἱ δὲ ληφθέντες ἀνερωτώμενοι ὑπὸ τοῦ Κύρου ἔλεγον ὅτι ἀπὸ τοῦ στρατοπέδου εἶεν προεληλυθότες ἐπὶ χιλόν, οἱ δ' ἐπὶ ξύλα, παρελθόντες τὰς προφυλακάς · διὰ γὰρ τὸ πλῆθος τοῦ στρατοῦ σπάνια πάντ' εἶναι.

10 Καὶ ὁ Κῦρος ταῦτα ἀκούσας, Πόσον δέ, ἔφη, ἄπεστιν ἐνθένδε τὸ στράτευμα; Οἱ δ' ἔλεγον · Ὡς δύο παρασάγγας. Ἐπὶ τούτοις ἤρετο ὁ Κῦρος · Ἡμῶν δ', ἔφη, λόγος τις ἦν παρ' αὐτοῖς; Ναὶ μὰ Δί'. ἔφασαν, καὶ πολύς γε ὡς ἐγγὺς ἤδη ἦτε προσιόντες. Τί οὖν; ἔφη ὁ Κῦρος, ἦ καὶ ἔχαιρον ἀκούοντες ἰόντας; Τοῦτο δὲ ἐπήρετο τῶν παρόντων ἕνεκα. Οὐ μὰ Δί', εἶπον ἐκεῖνοι, οὐ μὲν δὴ ἔχαιρον, ἀλλὰ καὶ μάλα ἠνιῶντο. **11** Νῦν δ', ἔφη ὁ Κῦρος, τί ποιοῦσιν; Ἐκτάττονται, ἔφασαν · καὶ ἐχθὲς δὲ καὶ τρίτην ἡμέραν τὸ αὐτὸ τοῦτο ἔπραττον. Ὁ δὲ τάττων, ἔφη ὁ Κῦρος, τίς ἐστιν; Οἱ δὲ ἔφασαν · Αὐτός τε Κροῖσος καὶ σὺν αὐτῷ Ἕλλην τις ἀνήρ, καὶ ἄλλος δέ τις Μῆδος · οὗτος μέντοι ἐλέγετο φυγὰς εἶναι παρ' ὑμῶν. Καὶ ὁ Κῦρος εἶπεν · Ἀλλ', ὦ Ζεῦ μέγιστε, λαβεῖν μοι γένοιτο αὐτὸν ὡς ἐγὼ βούλομαι.

12 Ἐκ τούτου τοὺς μὲν αἰχμαλώτους ἀπάγειν ἐκέλευσεν, εἰς δὲ τοὺς παρόντας ὡς λέξων τι ἀνήγετο · ἐν τούτῳ δὲ παρῆν ἄλλος αὖ παρὰ τοῦ σκοπάρχου, λέγων ὅτι ἱππέων τάξις μεγάλη ἐν τῷ πεδίῳ προφαί-

(7) Während sie die Ausführung dieses Befehls in Angriff nahmen, ließ Kyros das übrige Heer auf der Stelle haltmachen, um alle Vorkehrungen zu treffen, die er für notwendig hielt, bevor es zu einer direkten Feindberührung kam. Zuerst ließ er sie ihr Frühstück einnehmen und dann in ihren kampfbereiten Abteilungen auf weitere Befehle warten. (8) Nach dem Frühstück rief er die Befehlshaber der Reiter, der Fußsoldaten und der Kampfwagen und die Kommandanten der Kriegsmaschinen, der Last- und der Reisewagen zusammen. Sie fanden sich dann auch ein. (9) Währenddessen machten die Reiter, die in die Ebene gepreßt waren, Gefangene und brachten sie zu Kyros. Er verhörte sie, und sie sagten aus, sie seien an den Vorposten vorbei aus dem Feldlager des Feindes gekommen, um teils Futter, teils Holz zu holen. Denn wegen der Größe des Heeres fehle es an allem.

(10) Nachdem Kyros dies erfahren hatte, fragte er: „Wie weit ist das Heer von hier entfernt?" Sie antworteten: „Etwa zwei Parasangen." Darauf fragte Kyros weiter: „Hat man bei ihnen über uns gesprochen?" – „Ja, beim Zeus", erwiderten sie, „und man spricht viel darüber, daß ihr schon ganz nah herangekommen seid." – „Was sonst noch?" fragte Kyros. „Freuten sie sich, als sie von unserem Kommen hörten?" Diese Frage stellte er im Blick auf die Zuhörer. „Nein, beim Zeus", sagten jene, „sie freuten sich wirklich nicht, sondern waren sehr betroffen." (11) „Was tun sie jetzt?" fragte Kyros. „Sie stellen sich auf", erwiderten sie. „Schon gestern und vorgestern taten sie dasselbe." – „Wer ist es, der sie aufstellt?" Sie antworteten: „Kroisos persönlich, und es stehen ihm ein Grieche und auch noch ein Meder zur Seite, deren Namen wir nicht kennen. Der Meder, so hieß es, sei ein Überläufer von euch." Kyros sagte: „Allmächtiger Zeus, möge es mir vergönnt sein, ihn in die Hände zu bekommen, wie ich es will."

(12) Dann ließ er die Gefangenen in Gewahrsam nehmen und schickte sich an, zu den Anwesenden etwas zu sagen. In diesem Augenblick erschien ein zweiter Bote, den der Anführer der Kundschafter losgeschickt hatte. Er sagte, daß man in

νοιτο. Καὶ ἡμεῖς μέν, ἔφη, εἰκάζομεν ἐλαύνειν αὐτοὺς βουλομένους ἰδεῖν τόδε τὸ στράτευμα. Καὶ γὰρ πρὸ τῆς τάξεως ταύτης ἄλλοι ὡς τριάκοντα ἱππεῖς συχνὸν προελαύνουσι, καὶ μέντοι, ἔφη, κατ' αὐτοὺς ἡμᾶς, ἴσως βουλόμενοι λαβεῖν, ἢν δύνωνται, τὴν σκοπήν· ἡμεῖς δ' ἐσμὲν μία δεκὰς οἱ ἐπὶ ταύτης τῆς σκοπῆς.

13 Καὶ ὁ Κῦρος ἐκέλευσε τῶν περὶ αὐτὸν ἀεὶ ὄντων ἱππέων ἐλάσαντας ὑπὸ τὴν σκοπὴν ἀδήλους τοῖς πολεμίοις ἀτρεμίαν ἔχειν. Ὅταν δ', ἔφη, ἡ δεκὰς ἡ ἡμετέρα λείπῃ τὴν σκοπήν, ἐξαναστάντες ἐπίθεσθε τοῖς ἀναβαίνουσιν ἐπὶ τὴν σκοπήν. Ὡς δὲ ὑμᾶς μὴ λυπῶσιν οἱ ἀπὸ τῆς μεγάλης τάξεως, ἀντέξελθε σύ, ἔφη, ὦ Ὑστάσπα, τὴν χιλιοστὺν τῶν ἱππέων λαβὼν καὶ ἐπιφάνηθι ἐναντίος τῇ τῶν πολεμίων τάξει. Διώξῃς δὲ μηδαμῇ εἰς ἀφανές, ἀλλ' ὅπως αἱ σκοπαί σοι διαμένωσιν ἐπιμεληθεὶς πάριθι. Ἢν δ' ἄρα ἀνατείνοντές τινες τὰς δεξιὰς προσελαύνωσιν ὑμῖν, δέχεσθε φιλίως τοὺς ἄνδρας.

14 Ὁ μὲν δὴ Ὑστάσπας ἀπιὼν ὡπλίζετο· οἱ δ' ὑπηρέται ἤλαυνον εὐθὺς ὡς ἐκέλευσεν. Ἀπαντᾷ δ' αὐτοῖς καὶ δὴ ἐντὸς τῶν σκοπῶν σὺν τοῖς θεράπουσιν ὁ πεμφθεὶς πάλαι κατάσκοπος, ὁ φύλαξ τῆς Σουσίδος γυναικός. **15** Ὁ μὲν οὖν Κῦρος ὡς ἤκουσεν, ἀναπηδήσας ἐκ τῆς ἕδρας ὑπήντα τε αὐτῷ καὶ ἐδεξιοῦτο· οἱ δὲ ἄλλοι, ὥσπερ εἰκὸς μηδὲν εἰδότας, ἐκπεπληγμένοι ἦσαν τῷ πράγματι, ἕως ὁ Κῦρος εἶπεν· Ἄνδρες φίλοι, ἥκει ἡμῖν ἀνὴρ ἄριστος· νῦν γὰρ ἤδη πάντας ἀνθρώπους δεῖ εἰδέναι τὰ τούτου ἔργα. Οὗτος οὔτε αἰσχροῦ ἡττηθεὶς οὐδενὸς ᾤχετο οὔτ' ἐμὲ φοβηθείς, ἀλλ' ἐμοῦ[1] πεμφθεὶς ὅπως

---

[1] Statt ἐμοῦ lies ὑπ' ἐμοῦ.

der Ebene eine große Reiterabteilung ausmachen könne. „Wir vermuten", sagte der Bote, „sie kommen mit der Absicht, unser Heer hier in Augenschein zu nehmen. Weit vor dieser Abteilung befinden sich ungefähr dreißig weitere Reiter dicht gedrängt im Anmarsch, und zwar geradewegs auf uns zu. Vielleicht wollen sie unseren Beobachtungsposten nehmen, wenn sie es können. Wir sind nur zehn Mann auf diesem Posten."

(13) Da gab Kyros einigen Reitern aus seiner ständigen Begleitung den Befehl, an den Beobachtungsposten heranzureiten, ohne daß die Feinde etwas merkten, und sich nicht von der Stelle zu rühren. „In dem Augenblick, wo unsere zehn Mann den Beobachtungsposten verlassen, presch los und greif die Feinde an, während sie zu dem Posten hinaufsteigen. Damit euch aber die Reiter der feindlichen Hauptmacht nicht in Schwierigkeiten bringen, mußt du, Hystaspas, mit deinen tausend Reitern einen Gegenstoß führen und der feindlichen Streitmacht überraschend entgegentreten. Verfolg sie aber auf keinen Fall in unbekanntes Gelände, sondern geh nur dann weiter vor, wenn du dafür gesorgt hast, daß die Beobachtungsposten in deiner Reichweite bleiben. Sollten euch aber einige Leute mit erhobener rechter Hand entgegenkommen, so empfangt sie freundlich."

(14) Hystaspas entfernte sich und traf alle Vorbereitungen für den Einsatz. Kyros' Diener ritten sofort los, wie er es befohlen hatte. Aber noch bevor sie den Posten erreicht hatten, kam ihnen schon der Mann mit seinen Begleitern entgegen, den Kyros vor längerer Zeit als Kundschafter losgeschickt hatte. Es war der Beschützer und Bewacher der Frau aus Susa. (15) Als Kyros davon hörte, sprang er von seinem Sessel auf, ging ihm entgegen und gab ihm die Hand. Die übrigen aber überraschte dieser Vorgang, wie es zu erwarten war, weil sie nicht Bescheid wußten, bis Kyros erklärte: „Liebe Freunde, ein äußerst tapferer Mann ist zu uns zurückgekehrt. Jetzt ist es nämlich an der Zeit, daß alle Menschen von seinen Leistungen wissen. Dieser Mann hatte uns verlassen, ohne einer schändlichen Tat schuldig zu sein oder Angst vor mir haben zu müssen,

ἡμῖν μαθὼν τὰ τῶν πολεμίων σαφῶς τὰ ὄντα ἐξαγγεί-
λειεν. 16 Ἃ μὲν οὖν ἐγώ σοι ὑπεσχόμην, ὦ Ἀράσπα,
μέμνημαί τε καὶ ἀποδώσω σὺν τούτοις πᾶσι · δίκαιον
δὲ καὶ ὑμᾶς ἅπαντας, ὦ ἄνδρες, τοῦτον τιμᾶν ὡς ἀγαθὸν
ἄνδρα · ἐπὶ γὰρ τῷ ἡμετέρῳ ἀγαθῷ καὶ ἐκινδύνευσε καὶ
αἰτίαν ὑπέσχεν, ᾗ ἐβαρύνετο.

17 Ἐκ τούτου δὴ πάντες ἠσπάζοντο τὸν Ἀράσπαν
καὶ ἐδεξιοῦντο. Εἰπόντος δὲ Κύρου ὅτι τούτων μὲν τοίνυν εἴη ἅλις, Ἃ δὲ καιρὸς ἡμῖν εἰδέναι, ταῦτ', ἔφη,
διηγοῦ, ὦ Ἀράσπα · καὶ μηδὲν ἐλάττου τοῦ ἀληθοῦς
μηδὲ μείου τὰ τῶν πολεμίων. Κρεῖττον γὰρ μείζω οἰη-
θέντας μείονα ἰδεῖν ἢ μείω ἀκούσαντας ἰσχυρότερα εὑ-
ρίσκειν.

18 Καὶ μήν, ἔφη ὁ Ἀράσπας, ὡς ἂν ἀσφαλέστατά
γε εἰδείην ὁπόσον τὸ στράτευμά ἐστιν ἐποίουν · συν-
εξέταττον γὰρ παρὼν αὐτός. Σὺ μὲν ἄρα, ἔφη ὁ Κῦρος, οὐ τὸ πλῆθος μόνον οἶσθα, ἀλλὰ καὶ τὴν τάξιν
αὐτῶν; Ἐγὼ μὲν ναὶ μὰ Δί', ἔφη ὁ Ἀράσπας, καὶ ὡς
διανοοῦνται τὴν μάχην ποιεῖσθαι. Ἀλλ' ὅμως, ἔφη
ὁ Κῦρος, τὸ πλῆθος ἡμῖν πρῶτον εἰπὲ ἐν κεφαλαίῳ.
19 Ἐκεῖνοι τοίνυν, ἔφη, πάντες τεταγμένοι εἰσὶν ἐπὶ
τριάκοντα τὸ βάθος καὶ πεζοὶ καὶ ἱππεῖς πλὴν τῶν Αἰγυπτίων · οὕτω δ' ἐπέχουσιν ἀμφὶ τὰ τετταράκοντα
στάδια · πάνυ γάρ μοι, ἔφη, ἐμέλησεν ὥστε εἰδέναι
ὁπόσον κατεῖχον χωρίον.

20 Οἱ δ' Αἰγύπτιοι, ἔφη ὁ Κῦρος, πῶς εἰσι τεταγμένοι; Ὅτι εἶπας Πλὴν τῶν Αἰγυπτίων. Τούτους δὲ οἱ μυρίαρχοι ἔταττον εἰς ἑκατὸν πανταχῇ τὴν μυριοστὺν
ἑκάστην · τοῦτον γὰρ σφίσι καὶ οἴκοι νόμον ἔφασαν

sondern ich hatte ihn fortgeschickt, damit er für uns die Feind-
lage auskundschaftete und uns alles, was passierte, genau be-
schriebe. (16) Was ich dir versprach, mein lieber Araspas, habe ich nicht vergessen, und ich werde mein Wort gemeinsam
mit allen, die hier anwesend sind, einlösen. Es ist nur gerecht,
daß auch ihr alle, die ihr hier seid, Männer, diesen als einen
tapferen Mann ehrt. Denn er begab sich zu unserem Vorteil in
Gefahr und ließ die Beschuldigungen, mit denen man ihn
überhäufte, über sich ergehen."

(17) Darauf hießen alle Araspas willkommen und gaben
ihm die Hand. Nachdem Kyros ausgerufen hatte, es sei jetzt
endlich genug, forderte er Araspas auf: „Berichte nun, Araspas, was wir jetzt wissen sollten. Mach uns den Zustand bei
den Feinden nicht schlechter, als es den Tatsachen entspricht,
und nicht geringer. Es ist nämlich besser, wenn die Kampfkraft
der Feinde in Wirklichkeit geringer ist, als man dachte, statt
sie größer vorzufinden, als man gehört hatte.

(18) „Gut", begann Araspas, „ich setzte alles daran, mich
möglichst genau über die Größe des Heeres zu unterrichten.
Denn ich wirkte persönlich bei der Aufstellung der Schlachtordnung mit." – „Du kennst also", bemerkte Kyros, „nicht nur
die Zahl der Soldaten, sondern auch ihre Aufstellung?" – „Ja,
beim Zeus", entgegnete Araspas, „und ich weiß auch über
ihren Schlachtplan Bescheid." – „Doch", forderte Kyros ihn
auf, „nenn uns zunächst ihre Zahl insgesamt." (19) „Die Ge-
samtmacht des Feindes hat eine Tiefe von dreißig Mann. Es
handelt sich um Fußsoldaten und Reiter, aber ohne die Ägypter. In dieser Aufstellung nehmen sie einen Raum von vierzig
Stadien ein. Denn ich hatte mich sehr darum bemüht heraus-
zubekommen, wie lang die Strecke war, auf die sie sich verteilten."

(20) „Wie sind die Ägypter", fragte Kyros, „aufgestellt?
Denn du sagtest doch ,ohne die Ägypter'." – „Die Myriarchen
ließen diese zu Blöcken von zehntausend Mann mit hundert
Mann an jeder Seite aufmarschieren. Sie erklärten nämlich,
daß dies auch die bei ihnen zu Hause übliche Aufstellung sei.

εἶναι τῶν τάξεων. Καὶ ὁ Κροῖσος μέντοι μάλα ἄκων συνεχώρησεν αὐτοῖς οὕτω τάττεσθαι · ἐβούλετο γὰρ ὅτι πλεῖστον ὑπερφαλαγγῆσαι τοῦ σοῦ στρατεύματος. Πρὸς τί δή, ἔφη ὁ Κῦρος, τοῦτο ἐπιθυμῶν: Ὡς ναὶ μὰ Δί', ἔφη, τῷ περιττῷ κυκλωσόμενος. Καὶ ὁ Κῦρος εἶπεν · Ἀλλ' οὗτοι ἂν εἰδεῖεν εἰ οἱ κυκλούμενοι κυκλωθεῖεν; 21 Ἀλλ' ἃ μὲν παρὰ σοῦ καιρὸς μαθεῖν, ἀκηκόαμεν · ὑμᾶς δὲ χρή, ὦ ἄνδρες, οὕτω ποιεῖν · νῦν μὲν ἐπειδὰν ἐνθένδε ἀπέλθητε, ἐπισκέψασθε καὶ τὰ τῶν ἵππων καὶ τὰ ὑμῶν αὐτῶν ὅπλα · πολλάκις γὰρ μικροῦ ἐνδείᾳ καὶ ἀνὴρ καὶ ἵππος καὶ ἅρμα ἀχρεῖον γίγνεται. Αὔριον δὲ πρῴ, ἕως ἂν ἐγὼ θύωμαι, πρῶτον μὲν χρὴ ἀριστῆσαι καὶ ἄνδρας καὶ ἵππους, ὅπως ὅ τι ἂν πράττειν ἀεὶ καιρὸς ᾖ μὴ τούτου ἡμῖν ἐνδέῃ. Ἔπειτα δὲ σύ, ἔφη, ὦ Ἀρσάμα, ⟨τὸ ἀριστερόν, σὺ δέ, ὦ Χρυσάντα,⟩ τὸ δεξιὸν κέρας ἔχε ὥσπερ καὶ ἔχεις, καὶ οἱ ἄλλοι μυρίαρχοι ᾗπερ νῦν ἔχετε · ὁμοῦ γὰρ τοῦ ἀγῶνος ὄντος οὐδενὶ ἅρματι καιρὸς τοὺς ἵππους μεταζευγνύναι. Παραγγείλατε δὲ τοῖς ταξιάρχοις καὶ λοχαγοῖς ἐπὶ φάλαγγος καθίστασθαι εἰς δύο ἔχοντας ἕκαστον τὸν λόχον · ὁ δὲ λόχος ἦν ἕκαστος εἴκοσι τέτταρες.

22 Καί τις εἶπε τῶν μυριάρχων · Καὶ δοκοῦμέν σοι, ἔφη, ὦ Κῦρε, ἱκανῶς ἕξειν εἰς τοσούτους τεταγμένοι πρὸς οὕτω βαθεῖαν φάλαγγα; Καὶ ὁ Κῦρος εἶπεν · Αἱ δὲ βαθύτεραι φάλαγγες ἢ ὡς ἐξικνεῖσθαι τοῖς ὅπλοις τῶν ἐναντίων τί σοι, ἔφη, δοκοῦσιν ἢ τοὺς πολεμίους βλάπτειν ἢ τοὺς συμμάχους ὠφελεῖν; 23 Ἐγὼ μὲν γάρ, ἔφη, τοὺς εἰς ἑκατὸν τούτους ὁπλίτας εἰς μυρίους

Doch Kroisos erlaubte ihnen diese Aufstellung nur unter größten Bedenken. Denn er hatte die Absicht, seine Schlachtreihe möglichst weit über dein Heer hinaus auszudehnen, um es zu überflügeln." – „Zu welchem Zweck wollte er das?" – „Um dich, beim Zeus, mit den überflügelnden Teilen seiner Schlachtreihe einzuschließen." Daraufhin fragte Kyros: „Aber können sie denn wissen, ob sie nicht selbst eingeschlossen werden, wenn sie uns einschließen wollen? (21) Doch was wir von dir im Augenblick erfahren sollten, haben wir nun gehört. Ihr aber, meine Herren, habt folgendes zu tun: Sobald ihr jetzt von hier abmarschiert, überprüft die Ausrüstung eurer Pferde und eure eigenen Ausrüstungsgegenstände. Denn oft genug werden ein Mann, ein Pferd und ein Wagen aufgrund eines kleinen Mangels unbrauchbar. Morgen früh müssen, während ich die Opferhandlungen vollziehe, zuerst die Männer frühstücken und die Pferde gefüttert werden, damit keine unserer Handlungen, die aufgrund der jeweiligen Umstände erforderlich sind, dadurch beeinträchtigt wird, daß wir nichts gegessen haben. Dann aber übernimmst du, Arsamas, den linken, du, Chrysantas, den rechten Flügel, den du auch jetzt schon kommandierst, und ihr, die anderen Myriarchen, ihr bleibt auf euren bisherigen Posten. Denn wenn das Rennen erst einmal angefangen hat, ist es nicht mehr ratsam, die Pferde umzuspannen. Fordert die Taxiarchen und Lochagen auf, daß sie sich in Schlachtordnung aufstellen, und zwar in zwei Reihen je Abteilung." Jede Abteilung aber bestand aus vierundzwanzig Mann.

(22) Ein Myriarch stellte folgende Frage: „Findest du, mein Kyros, daß wir einer so tief gestaffelten Schlachtreihe des Gegners standhalten können, wenn wir nur so wenige Reihen bilden?" Kyros gab ihm zur Antwort: „Wie können deiner Meinung nach die Schlachtreihen, die so tief gestaffelt sind, daß sie den Gegner mit ihren Waffen nicht erreichen, dem Gegner Schaden zufügen oder den eigenen Leuten nützlich sein? (23) Ich hätte es natürlich noch lieber, wenn diese in hundert Reihen aufgestellten Schwerbewaffneten in zehntausend Rei-

ἂν μᾶλλον βουλοίμην τετάχθαι · οὕτω γὰρ ἂν ἐλα-
χίστοις μαχοίμεθα. Ἐξ ὅσων μέντοι ἐγὼ τὴν φάλαγγα
βαθυνῶ οἶομαι ὅλην ἐνεργὸν καὶ σύμμαχον ποιήσειν
αὐτὴν ἑαυτῇ. 24 Ἀκοντιστὰς μὲν ἐπὶ τοῖς θωρακο-
φόροις τάξω, ἐπὶ δὲ τοῖς ἀκοντισταῖς τοξότας · τούτους
γὰρ πρωτοστάτας μέντοι ἄν τις τάττοι, οἳ καὶ αὐτοὶ
ὁμολογοῦσι μηδεμίαν μάχην ἂν ὑπομεῖναι ἐκ χειρός;
Προβεβλημένοι δὲ τοὺς θωρακοφόρους μενοῦσί τε, καὶ
οἱ μὲν ἀκοντίζοντες, οἱ δὲ τοξεύοντες, ὑπὲρ τῶν πρόσθεν
πάντων λυμανοῦνται τοὺς πολεμίους. Ὅ τι δ' ἂν κα-
κουργῇ τις τοὺς ἐναντίους, δῆλον ὅτι παντὶ τούτῳ τοὺς
συμμάχους κουφίζει. 25 Τελευταίους μέντοι στήσω τοὺς
ἐπὶ πᾶσι καλουμένους · ὥσπερ γὰρ οἰκίας οὔτε ἄνευ
λιθολογήματος ὀχυροῦ οὔτε ἄνευ τῶν στέγην ποιούντων
οὐδὲν ὄφελος, οὕτως οὐδὲ φάλαγγος οὔτ' ἄνευ τῶν
πρώτων οὔτ' ἄνευ τῶν τελευταίων, εἰ μὴ ἀγαθοὶ ἔσονται, ὄφελος οὐδέν.

26 Ἀλλ' ὑμεῖς τ', ἔφη, ὡς παραγγέλλω τάττεσθε,
καὶ ὑμεῖς οἱ τῶν πελταστῶν ἄρχοντες ἐπὶ τούτοις ὡσαύτως τοὺς λόχους καθίστατε, καὶ ὑμεῖς οἱ τῶν τοξοτῶν
ἐπὶ τοῖς πελτασταῖς ὡσαύτως. 27 Σὺ δέ, ὃς τῶν ἐπὶ
πᾶσιν ἄρχεις, τελευταίους ἔχων τοὺς ἄνδρας παράγ-
γελλε τοῖς σαυτοῦ ἐφορᾶν τε ἑκάστῳ τοὺς καθ' αὑτὸν
καὶ τοῖς μὲν τὸ δέον ποιοῦσιν ἐπικελεύειν, τοῖς δὲ μα-
λακυνομένοις ἀπειλεῖν ἰσχυρῶς · ἢν δέ τις στρέφηται
προδιδόναι θέλων, θανάτῳ ζημιοῦν. Ἔργον γάρ ἐστι
τοῖς μὲν πρωτοστάταις θαρρύνειν τοὺς ἑπομένους καὶ
λόγῳ καὶ ἔργῳ · ὑμᾶς δὲ δεῖ τοὺς ἐπὶ πᾶσι τεταγμένους πλείω φόβον παρέχειν τοῖς κακοῖς τοῦ ἀπὸ τῶν
πολεμίων · καὶ ὑμεῖς μὲν ταῦτα ποιεῖτε. 28 Σὺ δέ,
ὦ Εὐφράτα, ὃς ἄρχεις τῶν ἐπὶ ταῖς μηχαναῖς, οὕτω

hen uns gegenüber ständen. Denn so brauchten wir nur mit
sehr wenigen zu kämpfen. Aber mit der Tiefe, die ich meiner
Schlachtreihe gebe, glaube ich ihr die Möglichkeit zu bieten,
ihre volle Kampfkraft zu entfalten und sich selbst zu unterstützen. (24) Die Speerwerfer werde ich unmittelbar hinter die
gepanzerten Kämpfer stellen und hinter die Speerwerfer die
Bogenschützen. Sollte man denn die Leute in die erste Reihe
stellen, die selbst zugeben, daß sie einem Nahkampf nicht
standhalten könnten? Aber hinter der Deckung der gepanzerten Soldaten werden sie standhalten und teils mit ihren Speeren, teils mit ihren Pfeilen über alle vor ihnen stehenden
Kämpfer hinweg werfen beziehungsweise schießen und den
Feinden Schaden zufügen. Doch mit jeder Kampfhandlung,
mit der man dem Gegner zusetzt, entlastet man zweifellos die
eigenen Kameraden. (25) Ganz hinten werde ich die sogenannten ‚Letzten‘ aufstellen. Denn wie ein Haus ohne festes
Fundament aus Steinen oder ohne die Teile, die das Dach
bilden, nichts taugt, so taugt auch eine Schlachtordnung
nichts, wenn die vordersten Kämpfer und die Männer in der
letzten Reihe nicht tüchtig sind.

(26) Nun nehmt eure Plätze ein, wie ich es befehle, und ihr,
die Anführer der Leichtbewaffneten, stellt eure Abteilungen
in derselben Aufstellung (d. h. in zwei Reihen) hinter diese
(d. h. hinter die beiden Reihen der Schwerbewaffneten), und
ihr, die Anführer der Bogenschützen, stellt eure Leute genauso hinter die Leichtbewaffneten. (27) Du aber, der du den
Befehl über die ‚Letzten‘ hast, laß deine Männer in der letzten
Reihe Stellung beziehen und befiehl jedem einzelnen von ihnen, er solle auf seine Leute achten und alle, die ihre Pflicht
erfüllen, ermutigen, denjenigen aber, die Schwäche zeigen,
schwere Strafen androhen und jeden, der die Flucht ergreift,
um zu desertieren, mit dem Tod bestrafen. Denn es ist die
Aufgabe der Soldaten, die in der ersten Reihe stehen, allen,
die folgen, mit Wort und Tat Mut zu machen, während ihr, die
ihr in der Reihe der ‚Letzten‘ steht, den Feiglingen noch größere Furcht einflößen müßt, als sie von den Feinden ausgeht.

ποίει ὅπως τὰ ζεύγη τὰ τοὺς πύργους ἄγοντα ἔψεται
ὡς ἐγγύτατα τῆς φάλαγγος. 29 Σὺ δ'. ὦ Δαοῦχε,
ὃς ἄρχεις τῶν σκευοφόρων, ἐπὶ τοῖς πύργοις ἄγε πάντα
τὸν τοιοῦτον στρατόν · οἱ δὲ ὑπηρέται σου ἰσχυρῶς
κολαζόντων τοὺς προϊόντας τοῦ καιροῦ ἢ λειπομένους.
30 Σὺ δέ. ὦ Καρδοῦχε, ὃς ἄρχεις τῶν ἁρμαμαξῶν αἳ
ἄγουσι τὰς γυναῖκας, κατάστησον αὐτὰς τελευταίας
ἐπὶ τοῖς σκευοφόροις. Ἑπόμενα γὰρ ταῦτα πάντα καὶ
πλήθους δόξαν παρέξει καὶ ἐνεδρεύειν ἡμῖν ἐξουσία
ἔσται. καὶ τοὺς πολεμίους. ἢν κυκλοῦσθαι πειρῶνται,
μείζω τὴν περιβολὴν ἀναγκάσει ποιεῖσθαι · ὅσῳ δ' ἂν μεῖζον χωρίον περιβάλλωνται. τοσούτῳ ἀνάγκη αὐτοὺς
ἀσθενεστέρους γίγνεσθαι. 31 Καὶ ὑμεῖς μὲν οὕτω ποιεῖτε.
Σὺ δέ, ὦ Ἀρτάοζε καὶ Ἀρταγέρσα. τὴν χιλιοστὺν ἑκάτερος τῶν σὺν ὑμῖν πεζῶν ἐπὶ τούτοις ἔχετε. 32 Καὶ
σύ, ὦ Φαρνοῦχε καὶ Ἀσιαδάτα. τὴν τῶν ἱππέων χι-
λιοστύν, ἧς ἑκάτερος ἄρχει ὑμῶν μὴ συγκατατάττετε
εἰς τὴν φάλαγγα, ἀλλ' ὄπισθεν τῶν ἁρμαμαξῶν ἐξο-
πλίσθητε καθ' ὑμᾶς αὐτούς · ἔπειτα πρὸς ἐμὲ ἥκετε
σὺν τοῖς ἄλλοις ἡγεμόσιν. Οὕτω δὲ δεῖ ὑμᾶς παρεσκευάσθαι ὡς πρώτους δεήσον ἀγωνίζεσθαι. 33 Καὶ σὺ
δὲ ὁ ἄρχων τῶν ἐπὶ ταῖς καμήλοις ἀνδρῶν, ὄπισθεν τῶν
ἁρμαμαξῶν ἐκάττου, ποίει δ' ὅ τι ἄν σοι παραγγέλλῃ
Ἀρταγέρσης. 34 Ὑμεῖς δ' οἱ τῶν ἁρμάτων ἡγεμόνες
διακληρωσάμενοι, ὁ μὲν λαχὼν ὑμῶν πρὸ τῆς φάλαγγος τὰ μεθ' ἑαυτοῦ ἑκατὸν ἔχων ἅρματα καταστησάτω ·
αἱ δ' ἕτεραι ἑκατοστύες τῶν ἁρμάτων, ἡ μὲν κατὰ τὸ
δεξιὸν πλευρὸν τῆς στρατιᾶς στοιχοῦσα ἐπέσθω τῇ
φάλαγγι ἐπὶ κέρως, ἡ δὲ κατὰ τὸ εὐώνυμον. Κῦρος μὲν
οὕτω διέταττεν.

35 Ἀβραδάτας δὲ ὁ Σούσων βασιλεὺς εἶπεν · Ἐγώ
σοι, ὦ Κῦρε, ἐθελούσιος ὑφίσταμαι τὴν κατὰ πρόσωπον

Führt also diese Befehle aus. (28) Du aber, mein Euphratas, der du die Leute an den Kriegsmaschinen befehligst, sorg dafür, daß die Zugtiere, die die Türme ziehen, möglichst dicht hinter der Schlachtreihe folgen. (29) Du, Daüchos, der du für den Troß verantwortlich bist, laß den ganzen Haufen und alles, was dazu gehört, hinter den Türmen marschieren. Deine Helfer sollen alle hart bestrafen, die zu weit nach vorn kommen oder zurückbleiben. (30) Karduchos, der du die Reisewagen unter dir hast, die die Frauen transportieren, laß diese am Schluß hinter dem Troß fahren. Denn alles, was der kämpfenden Truppe folgt, wird unsere Streitmacht größer erscheinen lassen, als sie in Wirklichkeit ist, uns die Möglichkeit geben, einen Hinterhalt aufzubauen, und die Feinde zu einer größeren Zangenbewegung veranlassen, falls sie uns einzuschließen versuchen. Je größer aber der Raum ist, den sie umfassen, desto mehr werden sie zwangsläufig geschwächt. (31) Das also habt ihr zu tun. Artaozos und Artagerses, ihr beide schließt euch mit euren jeweils tausend Fußsoldaten an diese an. (32) Pharnuchos und Asiadates, ihr sollt die jeweils tausend Reiter, die eurem Befehl unterstehen, nicht in die Schlachtreihe eingliedern, sondern ihr bleibt für euch hinter den Reisewagen in voller Kampfbereitschaft. Dann kommt ihr mit den übrigen Anführern zu mir. Ihr müßt aber so einsatzbereit sein, daß ihr bei Bedarf den Kampf unverzüglich aufnehmen könnt. (33) Und du, der Kommandeur der Kamelreiter, beziehst deine Stellung hinter den Reisewagen und tust, was dir Artagerses befiehlt. (34) Ihr aber, die Befehlshaber der Kampfwagen, werft das Los. Wer von euch das entsprechende Los gezogen hat, soll mit seinen hundert Wagen vor der Schlachtreihe aufmarschieren. Die anderen Kampfgruppen zu je einhundert Wagen sollen die Flankendeckung der Schlachtreihe übernehmen, indem die eine Gruppe auf dem rechten Flügel, die andere auf dem linken Flügel des Heeres eingreift." Das waren Kyros' Befehle.

(35) Abradatas, der König von Susa, sagte: „Ich würde gern freiwillig in die vorderste Linie unmittelbar gegenüber der

τῆς ἀντίας φάλαγγος τάξιν ἔχειν, εἰ μή τί σοι ἄλλο
δοκεῖ. 36 Καὶ ὁ Κῦρος ἀγασθεὶς αὐτὸν καὶ δεξιωσάμενος ἐπήρετο τοὺς ἐπὶ τοῖς ἄλλοις ἅρμασι Πέρσας·
Ἦ καὶ ὑμεῖς, ἔφη, ταῦτα συγχωρεῖτε; Ἐπεὶ δ' ἐκεῖνοι
ἀπεκρίναντο ὅτι οὐ καλὸν εἴη ταῦτα ὑφίεσθαι, διεκλή-
ρωσεν αὐτούς, καὶ ἔλαχεν ὁ Ἀβραδάτας ᾗπερ ὑφίστατο,
καὶ ἐγένετο κατὰ τοὺς Αἰγυπτίους. 37 Τότε μὲν δὴ
ἀπιόντες καὶ ἐπιμεληθέντες ὧν προεῖπον ἐδειπνοποιοῦντο
καὶ φυλακὰς καταστησάμενοι ἐκοιμήθησαν.

IV

1 Τῇ δ' ὑστεραίᾳ πρῲ Κῦρος μὲν ἐθύετο, ὁ δ' ἄλλος
στρατὸς ἀριστήσας καὶ σπονδὰς ποιησάμενος ἐξωπλί-
ζετο πολλοῖς μὲν καὶ καλοῖς χιτῶσι, πολλοῖς δὲ καὶ
καλοῖς θώραξι καὶ κράνεσιν· ὥπλιζον δὲ καὶ ἵππους
προμετωπιδίοις καὶ προστερνιδίοις· καὶ τοὺς μὲν μο-
νίππους παραμηριδίοις, τοὺς δ' ὑπὸ τοῖς ἅρμασιν ὄντας
παραπλευριδίοις· ὥστε ἤστραπτε μὲν χαλκῷ, ἤνθει
δὲ φοινικίσι πᾶσα ἡ στρατιά.

2 Καὶ τῷ Ἀβραδάτᾳ δὲ τὸ τετράρρυμον ἅρμα καὶ
ἵππων ὀκτὼ παγκάλως ἐκεκόσμητο· ἐπεὶ δ' ἔμελλε
τὸν λινοῦν θώρακα, ὃς ἐπιχώριος ἦν αὐτοῖς, ἐνδύεσθαι,
προσφέρει αὐτῷ ἡ Πάνθεια χρυσοῦν κράνος καὶ περιβραχιόνια καὶ ψέλια πλατέα περὶ τοὺς καρποὺς τῶν
χειρῶν καὶ χιτῶνα πορφυροῦν ποδήρη στολιδωτὸν τὰ
κάτω καὶ λόφον ὑακινθινοβαφῆ. Ταῦτα δ' ἐποιήσατο
λάθρᾳ τοῦ ἀνδρὸς ἐκμετρησαμένη τὰ ἐκείνου ὅπλα.
3 Ὁ δὲ ἰδὼν ἐθαύμασέ τε καὶ ἐπήρετο τὴν Πάνθειαν·
Οὐ δήπου, ὦ γύναι, συγκόψασα τὸν σαυτῆς κόσμον
τὰ ὅπλα μοι ἐποιήσω; Μὰ Δί', ἔφη ἡ Πάνθεια, οὔκουν
τόν γε πλείστου ἄξιον· σὺ γὰρ ἔμοιγε, ἢν καὶ τοῖς ἄλ-

feindlichen Schlachtreihe treten, Kyros, falls du keine anderen
Pläne hast." (36) Kyros bewunderte ihn, gab ihm seine rechte
Hand und fragte die Perser auf den anderen Wagen: „Seid
auch ihr damit einverstanden?" Als jene geantwortet hatten,
es sei nicht in Ordnung, dazu die Einwilligung zu geben, ließ
Kyros sie losen, und Abradatas gewann die gewünschte Position und stand jetzt den Ägyptern gegenüber. (37) Darauf gingen sie fort, und nachdem sie alle Vorbereitungen abgeschlossen hatten, die ich oben erwähnte, nahmen sie ihre Mahlzeit
ein, stellten Wachposten auf und legten sich schlafen.

IV.

(1) Am frühen Morgen des folgenden Tages opferte Kyros.
Das übrige Heer nahm das Frühstück ein und brachte ein
Trankopfer dar. Darauf legten sie viele schöne Gewänder an
und rüsteten sich mit herrlichen Panzern und Helmen in gro-
ßer Zahl. Sie wappneten auch ihre Pferde mit Stirnplatten und
Brustpanzern. Die Reitpferde schützten sie dazu noch mit
Hüftpanzern, die Wagenpferde mit Seitenharnischen. Da fun-
kelte das ganze Heer im Glanz des Erzes und erstrahlte in der
Farbe des Purpurs.

(2) Abradatas' Wagen mit den vier Deichseln und den acht
Pferden war prächtig geschmückt. Als er seinen Brustpanzer
aus Leinen, wie er in seinem Land getragen wurde, anziehen
wollte, brachte ihm Pantheia einen goldenen Helm, Armschienen, breite Spangen für die Handgelenke, ein purpurfarbenes
Gewand, das bis zu den Füßen reichte und unten stark gefaltet
war, und einen Helmbusch von der Farbe der Hyazinthe. Diese Gegenstände hatte sie ohne Wissen ihres Mannes herstellen
lassen, nachdem sie an seinen bisherigen Waffen Maß genommen hatte. (3) Er staunte, als er dies sah, und fragte Pantheia:
„Du hast doch wohl nicht, meine liebe Frau, deinen eigenen
Schmuck zerschnitten, um mir die Waffen herstellen zu lassen?" – „Nein, beim Zeus", erwiderte Pantheia, „wenigstens
nicht den wertvollsten. Denn du selbst wirst für mich der größ-

λοις φανῇς οἱόσπερ ἐμοὶ δοκεῖς εἶναι, μέγιστος κόσμος
ἔσῃ. Ταῦτα δὲ λέγουσα ἅμα ἐνέδυε τὰ ὅπλα, καὶ λανθάνειν μὲν ἐπειρᾶτο, ἐλείβετο δὲ αὐτῇ τὰ δάκρυα κατὰ
τῶν παρειῶν.

4 Ἐπεὶ δὲ καὶ πρόσθεν ὢν ἀξιοθέατος ὁ Ἀβραδάτας ὡπλίσθη τοῖς ὅπλοις τούτοις, ἐφάνη μὲν κάλλιστος
καὶ ἐλευθεριώτατος, ἅτε καὶ τῆς φύσεως ὑπαρχούσης ·
λαβὼν δὲ παρὰ τοῦ ὑφηνιόχου τὰς ἡνίας παρεσκευάζετο ὡς ἀναβησόμενος ἤδη ἐπὶ τὸ ἅρμα · **5** ἐν δὲ
τούτῳ ἡ Πάνθεια ἀποχωρῆσαι κελεύσασα τοὺς παρόντας πάντας ἔλεξεν. Ἀλλ' ὅτι μέν, ὦ Ἀβραδάτα,
εἴ τις καὶ ἄλλη πώποτε γυνὴ τὸν ἑαυτῆς ἄνδρα μεῖζον
τῆς ἑαυτῆς ψυχῆς ἐτίμησεν, οἶμαί σε γιγνώσκειν ὅτι
καὶ ἐγὼ μία τούτων εἰμί. Τί οὖν ἐμὲ δεῖ καθ' ἓν ἕκαστον
λέγειν; Τὰ γὰρ ἔργα οἶμαί σοι πιθανώτερα παρεσχῆσθαι
τῶν νῦν λεχθέντων λόγων. **6** Ὅμως δὲ οὕτως ἔχουσα
πρὸς σὲ ὥσπερ σὺ οἶσθα, ἐπομνύω σοι τὴν ἐμὴν καὶ
σὴν φιλίαν ἦ μὴν ἐγὼ βούλεσθαι ἂν μετὰ σοῦ ἀνδρὸς
ἀγαθοῦ γενομένου κοινῇ γῆν ἐπιέσασθαι μᾶλλον ἢ ζῆν
μετ' αἰσχυνομένου αἰσχυνομένη · οὕτως ἐγὼ καὶ σὲ
τῶν καλλίστων καὶ ἐμαυτὴν ἠξίωκα. **7** Καὶ Κύρῳ δὲ
μεγάλην τινὰ δοκῶ ἡμᾶς χάριν ὀφείλειν, ὅτι με αἰχ-
μάλωτον γενομένην καὶ ἐξαιρεθεῖσαν αὐτῷ οὔτε ὡς δούλην
ἠξίωσε κεκτῆσθαι οὔτε ὡς ἐλευθέραν ἐν ἀτίμῳ ὀνόματι,
διεφύλαξε δὲ σοὶ ὥσπερ ἀδελφοῦ γυναῖκα λαβών. **8** Πρὸς
δὲ καὶ ὅτε Ἀράσπας ἀπέστη αὐτοῦ ὁ ἐμὲ φυλάττων,
ὑπεσχόμην αὐτῷ, εἴ με ἐάσειε πρὸς σὲ πέμψαι, ἥξειν
αὐτῷ σὲ πολὺ Ἀράσπου ἄνδρα καὶ πιστότερον καὶ ἀμεί-
νονα.

9 Ἡ μὲν ταῦτα εἶπεν · ὁ δὲ Ἀβραδάτας ἀγασθεὶς
τοῖς λόγοις καὶ θιγὼν αὐτῆς τῆς κεφαλῆς ἀναβλέψας
εἰς τὸν οὐρανὸν ἐπηύξατο · Ἀλλ', ὦ Ζεῦ μέγιστε, δός

te Schmuck sein, wenn du dich den anderen so zeigst, wie ich dich sehe." Während sie diese Worte sprach, half sie ihm beim Anlegen der Waffen, und sie versuchte, es zwar zu verbergen, aber die Tränen liefen ihr über die Wangen.

(4) Als Abradatas, der auch schon vorher ein ansehnlicher Mann war, diese Waffen angelegt hatte, bot er ein Bild vollkommener Schönheit und vornehmster Haltung, da er bereits mit seiner Gestalt alle anderen überragte. Er übernahm von dem Wagenführer die Zügel und schickte sich an, den Wagen zu besteigen. (5) In diesem Augenblick befahl Pantheia allen Anwesenden, sich zu entfernen, und sagte: „Lieber Abradatas, wenn jemals eine Frau ihren Mann mehr als ihr eigenes Leben liebte und verehrte, dann glaube ich, erkennst du, daß ich eine solche Frau bin. Warum soll ich auf alle Einzelheiten eingehen? Denn ich glaube, mein Verhalten dir gegenüber überzeugt dich mehr als meine jetzigen Worte. (6) Doch trotz meiner Gefühle für dich, wie du sie kennst, schwöre ich dir bei meiner und deiner Liebe, daß ich mich lieber mit dir zusammen begraben ließe, wenn du bewiesen hast, daß du ein tapferer Mann bist, als in Schande mit einem Mann zu leben, der Schande auf sich geladen hat. In diesem Sinne halte ich dich und mich der höchsten Erfüllung für würdig. (7) Aber auch Kyros, meine ich, sind wir zu großem Dank verpflichtet, weil er mich, als ich seine Gefangene war und für ihn aus der Kriegsbeute ausgewählt wurde, weder als Sklavin noch als freie Frau mit verlorener Ehre zu besitzen beanspruchte, sondern mich für dich beschützte, nachdem er mich wie die Frau eines Bruders bei sich aufgenommen hatte. (8) Außerdem versprach ich ihm, als Araspas, mein Bewacher, ihn verließ, daß mit dir, wenn er mir erlaubte, dir eine Botschaft zukommen zu lassen, ein viel zuverlässigerer und tüchtigerer Mann zu ihm kommen werde, als Araspas es war."

(9) So sprach sie. Abradatas aber staunte über ihre Worte, legte seine Hand auf ihren Kopf, blickte gen Himmel und sprach folgendes Gebet: „Allmächtiger Zeus, gib mir die Kraft, mich als Mann zu erweisen, der eine Frau wie Pantheia

μοι φανῆναι ἀξίῳ μὲν Πανθείας ἀνδρί, ἀξίῳ δὲ Κύρου
φίλῳ τοῦ ἡμᾶς τιμήσαντος. Ταῦτ' εἰπὼν κατὰ τὰς θύρας τοῦ ἀρματείου δίφρου ἀνέβαινεν ἐπὶ τὸ ἅρμα. 10 Ἐπεὶ
δὲ ἀναβάντος αὐτοῦ κατέκλεισε τὸν δίφρον ὁ ὑφηνιό-
χος, οὐκ ἔχουσα ἡ Πάνθεια πῶς ἔτι ἄλλως ἀσπάσαιτο
αὐτόν, κατεφίλησε τὸν δίφρον. Καὶ τῷ μὲν προῄει ἤδη
τὸ ἅρμα, ἡ δὲ λαθοῦσα αὐτὸν συνεφείπετο, ἕως ἐπιστρα-
φεὶς καὶ ἰδὼν αὐτὴν ὁ Ἀβραδάτας εἶπε · Θάρρει, Πάνθεια, καὶ χαῖρε καὶ ἄπιθι ἤδη. 11 Ἐκ τούτου δὴ οἱ
εὐνοῦχοι καὶ αἱ θεράπαιναι λαβοῦσαι ἀπῆγον αὐτὴν
εἰς τὴν ἁρμάμαξαν καὶ καፔaκλίνᾶνፔές κατεκάλυψαν
τῇ σκηνῇ. Οἱ δὲ ἄνθρωποι, καλοῦ ὄντος τοῦ θεάματος
τοῦ τε Ἀβραδάτου καὶ τοῦ ἅρματος, οὐ πρόσθεν ἐδύναντο θεάσασθαι αὐτόν, πρὶν ἡ Πάνθεια ἀπῆλθεν.

12 Ὡς δ' ἐκεκαλλιερήκει μὲν ὁ Κῦρος, ἡ δὲ στρατιὰ
παρετέτακτο αὐτῷ ὥσπερ παρήγγειλε, κατέχων σκο-
πὰς ἄλλας πρὸ ἄλλων συνεκάλεσε τοὺς ἡγεμόνας καὶ
ἔλεξεν ὧδε. 13 Ἄνδρες φίλοι καὶ σύμμαχοι, τὰ μὲν
ἱερὰ οἱ θεοὶ ἡμῖν φαίνουσιν οἷάπερ ὅτε τὴν πρόσθεν
νίκην ἔδοσαν · ὑμᾶς δ' ἐγὼ βούλομαι ἀναμνῆσαι ὧν
μοι δοκεῖτε μεμνημένοι πολὺ ἂν εὐθυμότεροι εἰς τὸν
ἀγῶνα ἰέναι. 14 Ἠσκήκατε μὲν γὰρ τὰ εἰς τὸν πόλεμον πολὺ μᾶλλον τῶν πολεμίων, συντέτραφθε δὲ
καὶ συντέταχθε ἐν τῷ αὐτῷ πολὺ πλείω ἤδη χρόνον
ἢ οἱ πολέμιοι καὶ συννενικήκατε μετ' ἀλλήλων. Τῶν
δὲ πολεμίων οἱ πολλοὶ συνήττηνται μεθ' ἑαυτῶν, οἱ δὲ
ἀμάχητοι ἑκατέρων οἱ μὲν τῶν πολεμίων ἴσασιν ὅτι
προδότας τοὺς παραστάτας ἔχουσιν, ὑμεῖς δὲ οἱ μεθ' ἡμῶν
ἴστε ὅτι μετὰ θελόντων τοῖς συμμάχοις ἀρήγειν μάχεσθε. 15 Εἰκὸς δὲ τοὺς μὲν πιστεύοντας ἀλλήλοις

verdient und der Freundschaft eines Kyros würdig ist, der uns
Ehre erwiesen hat." Nach diesen Worten öffnete er die Türe
des Wagenkastens und bestieg den Wagen. (10) Als er hinaufgestiegen war und der Wagenführer den Kasten geschlossen
hatte, küßte Pantheia den Kasten, weil sie keine Möglichkeit
mehr hatte, sich noch auf andere Weise von ihrem Mann zu
verabschieden. Schon setzte sich Abradatas' Wagen in Bewegung. Pantheia lief hinterher, ohne daß Abradatas es bemerkte, bis er sich umdrehte und sie erblickte. Da rief er ihr zu:
„Hab keine Angst, Pantheia, leb wohl und geh jetzt."
(11) Darauf wurde sie von ihren Eunuchen und ihren Dienern
gepackt und auf ihren Reisewagen gebracht. Sie halfen ihr,
sich hinzulegen, und schützten sie im Zelt vor neugierigen
Blicken. Trotz des schönen Anblicks, den Abradatas und sein
Wagen boten, durften ihn die Menschen nicht eher sehen, als
bis Pantheia sich zurückgezogen hatte.

(12) Als Kyros sein Opfer unter günstigen Vorzeichen dargebracht und das Heer befehlsgemäß Aufstellung genommen
hatte, ließ er weitere vorgeschobene Beobachtungsposten besetzen und rief die Anführer zusammen. Dann hielt er folgende Rede: (13) „Freunde und Verbündete, die Götter geben
uns die gleichen Vorzeichen, die sie uns schon einmal gaben,
als sie uns den vorigen Sieg schenkten. Ich will euch aber an
etwas erinnern. Wenn ihr daran denkt, dann werdet ihr wohl,
wie ich glaube, noch viel zuversichtlicher in die Schlacht gehen. (14) Denn ihr habt euch viel besser als die Feinde auf die
Anforderungen des Krieges vorbereitet. Ihr habt schon über
einen erheblich längeren Zeitraum hinaus als die Feinde eine
gemeinsame Ausbildung erhalten, in derselben Formation gemeinsam Stellung bezogen und einen gemeinsamen Sieg er-
fochten. Die meisten unserer Feinde aber haben eine gemeinsame Niederlage erlitten. Von den Soldaten auf beiden Seiten,
die noch keine Kampferfahrung haben, wissen die feindlichen
Soldaten, daß neben ihnen Verräter stehen, während ihr hier
bei uns wißt, daß ihr gemeinsam mit Männern in den Kampf
zieht, die ihre Kameraden unterstützen wollen. (15) Selbstver-

ὁμονόως μάχεσθαι μένοντας, τοὺς δὲ ἀπιστοῦντας ἀναγκαῖον βουλεύεσθαι πῶς ἂν ἕκαστοι τάχιστα ἐκποδὼν
γένοιντο. 16 Ἴωμεν δή, ὦ ἄνδρες, ἐπὶ τοὺς πολεμίους, ἅρματα μὲν ἔχοντες ὡπλισμένα πρὸς ὅπλα τὰ
τῶν πολεμίων, ὡς δ᾽ αὔτως καὶ ἱππέας καὶ ἵππους ὡπλισμένους πρὸς ἀόπλους, ὡς ἐκ χειρὸς μάχεσθαι. 17 Πεζοῖς δὲ τοῖς μὲν ἄλλοις οἷς καὶ πρόσθεν μαχεῖσθε, Αἰγύπτιοι δὲ ὁμοίως μὲν ὡπλισμένοι εἰσίν, ὁμοίως δὲ τεταγμένοι · τάς τε γὰρ ἀσπίδας μείζους ἔχουσιν ἢ ὡς ποιεῖν
τι καὶ ὁρᾶν, τεταγμένοι τε εἰς ἑκατὸν δῆλον ὅτι κωλύ-
σουσιν ἀλλήλους μάχεσθαι πλὴν πάνυ ὀλίγων. 18 Εἰ
δὲ ὠθοῦντες ἐξώσειν πιστεύουσιν, ἵπποις αὐτοὺς πρῶτον
δεήσει ἀντέχειν καὶ σιδήρῳ ὑφ᾽ ἵππων ἰσχυριζομένῳ.
Ἢν δέ τις αὐτῶν καὶ ὑπομείνῃ, πῶς ἅμα δυνήσεται ἱππο-
μαχεῖν τε καὶ φαλαγγομαχεῖν καὶ πυργομαχεῖν; Καὶ
γὰρ οἱ ἀπὸ τῶν πύργων ἡμῖν μὲν ἐπαρήξουσι, τοὺς δὲ
πολεμίους παίοντες ἀμηχανεῖν ἀντὶ τοῦ μάχεσθαι ποιήσουσιν. 19 Εἰ δέ τινος ἔτι ἐνδεῖσθαι δοκεῖτε, πρὸς
ἐμὲ λέγετε · σὺν γὰρ θεοῖς οὐδενὸς ἀπορήσομεν. Καὶ
εἰ μέν τις εἰπεῖν τι βούλεται, λεξάτω. Εἰ δὲ μή, ἐλθόντες
πρὸς τὰ ἱερὰ καὶ προσευξάμενοι οἷς ἐθύσαμεν θεοῖς
ἴτε ἐπὶ τὰς τάξεις. 20 Καὶ ἕκαστος ὑμῶν ὑπομιμνῃσκέτω
τοὺς μεθ᾽ αὑτοῦ ἅπερ ἐγὼ ὑμᾶς, καὶ ἐπιδεικνύτω τις
τοῖς ἀρχομένοις ἑαυτὸν ἄξιον ἀρχῆς, ἄφοβον δεικνὺς
καὶ σχῆμα καὶ πρόσωπον καὶ λόγους.

ständlich kämpfen diejenigen, die sich aufeinander verlassen können, mit gleicher Einstellung und ohne an Rückzug zu denken, während diejenigen, die sich gegenseitig mißtrauen, zwangsläufig nur daran denken, wie sie sich möglichst schnell aus dem Staub machen können. (16) Laßt uns also gegen den Feind marschieren – mit bewaffneten Wagen gegen die unbewaffneten Fahrzeuge der Feinde und ebenso mit bewaffneten Reitern und gepanzerten Pferden gegen Unbewaffnete, um den Kampf Mann gegen Mann aufzunehmen. (17) Ansonsten werdet ihr mit denselben Fußsoldaten kämpfen, wie schon zuvor, abgesehen von den Ägyptern, die aber ebenso schlecht bewaffnet und ebenso ungünstig aufgestellt sind. Denn sie haben Schilde, die zu groß sind, um mit ihnen etwas ausrichten oder überhaupt etwas sehen zu können, und da sie in einer Tiefe von hundert Mann aufgestellt sind, werden sie sich zweifellos gegenseitig im Kampf behindern, von ganz wenigen Ausnahmen abgesehen. (18) Wenn sie aber glauben, uns zurückdrängen zu können, indem sie einfach nur vorstoßen, dann wird es notwendig sein, daß sie es zuerst mit unseren Pferden und dann mit dem Eisen zu tun bekommen, dessen Wirkung durch die Kraft der Pferde noch vergrößert wird. Falls aber einer von ihnen standhält, wie wird es ihm möglich sein, gleichzeitig gegen die Reiterei, die Schlachtreihe der Schwerbewaffneten und gegen die Türme zu kämpfen? Denn die Leute auf den Türmen werden uns von oben her unterstützen und die Feinde mit ihren Schlägen eher zur Verzweiflung als zum Kämpfen bringen. (19) Wenn ihr aber meint, daß ihr noch etwas braucht, dann sagt es mir. Denn mit Hilfe der Götter werden wir auf nichts verzichten müssen. Und wenn jemand noch etwas sagen will, soll er es sagen. Wenn aber nicht, dann geht zum Opferplatz, und sobald ich zu den Göttern gebetet habe, denen wir geopfert haben, begebt euch zu euren Einheiten. (20) Jeder von euch soll seine Leute daran erinnern, woran ich auch euch erinnerte, seinen Untergebenen zeigen, daß er seines Kommandos würdig ist, und in seiner Haltung, seinem Gesichtsausdruck und seinen Worten seine Furchtlosigkeit zu erkennen geben."

I

1 Οἱ μὲν δὴ εὐξάμενοι τοῖς θεοῖς ἀπῇσαν πρὸς τὰς τάξεις · τῷ δὲ Κύρῳ καὶ τοῖς ἀμφ᾽ αὐτὸν προσήνεγκαν οἱ θεράποντες ἐμφαγεῖν καὶ πιεῖν ἔτι οὖσιν ἀμφὶ τὰ ἱερά. Ὁ δὲ Κῦρος ὥσπερ εἶχεν ἑστηκὼς ἀπαρξάμενος ἠρίστα καὶ μετεδίδου ἀεὶ τῷ μάλιστα δεομένῳ · καὶ σπείσας καὶ εὐξάμενος ἔπιε, καὶ οἱ ἄλλοι δὲ οἱ περὶ αὐτὸν οὕτως ἐποίουν. Μετὰ δὲ ταῦτα αἰτησάμενος Δία πατρῷον ἡγεμόνα εἶναι καὶ σύμμαχον ἀνέβαινεν ἐπὶ τὸν ἵππον καὶ τοὺς ἀμφ᾽ αὐτὸν ἐκέλευεν. **2** Ὡπλισμένοι δὲ πάντες ἦσαν οἱ περὶ τὸν Κῦρον τοῖς αὐτοῖς Κύρῳ ὅπλοις, χιτῶσι φοινικοῖς, θώραξι χαλκοῖς, κράνεσι χαλκοῖς. λόφοις λευκοῖς, μαχαίραις, παλτῷ κρανεΐνῳ ἑνὶ ἕκαστος · οἱ δὲ ἵπποι προμετωπιδίοις καὶ προστερνιδίοις καὶ παραμηριδίοις χαλκοῖς · τὰ δ᾽ αὐτὰ ταῦτα καὶ παραμηρίδια ἦν τῷ ἀνδρί. Τοσοῦτον μόνον διέφερε τὰ Κύρου ὅπλα ὅτι τὰ μὲν ἄλλα ἐκέχριτο τῷ χρυσοειδεῖ χρώματι, τὰ δὲ Κύρου ὅπλα ὥσπερ κάτοπτρον ἐξέλαμπεν.

3 Ἐπεὶ δὲ ἀνέβη καὶ ἔστη βλέπων ᾗπερ ἔμελλε πορεύεσθαι, βροντὴ δεξιὰ ἐφθέγξατο. Ὁ δ᾽ εἶπεν · Ἑψόμεθά σοι, ὦ Ζεῦ μέγιστε. Καὶ ὡρμᾶτο μὲν ἐν δεξιᾷ ἔχων Χρυσάνταν τὸν ἵππαρχον καὶ τοὺς ἱππέας, ἐν ἀριστερᾷ δὲ Ἀρσάμαν καὶ τοὺς πεζούς · **4** παρηγγύησε δὲ παρορᾶν πρὸς τὸ σημεῖον καὶ ἐν ἴσῳ ἕπεσθαι · ἦν δὲ αὐτῷ τὸ σημεῖον ἀετὸς χρυσοῦς ἐπὶ δόρατος μακροῦ

SIEBTES BUCH

I.

(1) Nachdem sie zu den Göttern gebetet hatten, kehrten sie zu ihren Einheiten zurück. Kyros und seinen Begleitern brachten die Diener etwas zu essen und zu trinken, wähend sie noch mit den Opferhandlungen beschäftigt waren. Als Kyros dort, wo er stand, ein Erstlingsopfer dargebracht hatte, frühstückte er und gab jeweils dem, der den größten Hunger hatte, etwas davon ab. Nachdem er die Trankspende entrichtet und ein Gebet gesprochen hatte, trank er etwas, und seine Begleitung tat dasselbe. Dann bat er den seit alters her verehrten Zeus, Führer und Helfer zu sein, bestieg sein Pferd und befahl seinen Begleitern, dasselbe zu tun. (2) Alle Männer in Kyros' Umgebung hatten dieselbe Ausrüstung wie Kyros: purpurfarbene Gewänder, Panzer aus Bronze, bronzene Helme, weiße Helmbüsche, Schwerter und einen Speer aus Hartriegelholz. Die Pferde hatten Stirnplatten, Brustpanzer und Hüftpanzer aus Bronze. Die gleiche Hüftpanzerung hatte auch der Reiter. Kyros' Waffen unterschieden sich nur dadurch von den Waffen der anderen, daß diese von goldähnlicher Farbe überzogen waren, während Kyros' Waffen wie ein Spiegel glänzten.

(3) Als er aufgestiegen war und, ohne sich von der Stelle zu rühren, auf den Weg blickte, auf dem er vorrücken wollte, hörte man auf der rechten Seite ein Donnern. Da rief Kyros: »Wir werden dir folgen, allmächtiger Zeus." Und er brach auf mit dem Reiterführer Chrysantas und dessen Reitern an seiner rechten Seite und Arsamas und dessen Fußsoldaten an seiner linken Seite. (4) Er gab den Befehl, sein Feldzeichen im Auge zu behalten und in gleicher Marschgeschwindigkeit zu folgen. Sein Zeichen war ein goldener Adler mit ausgebreiteten

ἀνατεταμένος. Καὶ νῦν δ' ἔτι τοῦτο τὸ σημεῖον τῷ Περσῶν βασιλεῖ διαμένει.

Πρὶν δὲ ὁρᾶν τοὺς πολεμίους εἰς τρὶς ἀνέπαυσε τὸ
στράτευμα. 5 Ἐπεὶ δὲ προεληλύθεσαν ὡς εἴκοσι στα-
δίους, ἤρχοντο ἤδη τὸ τῶν πολεμίων στράτευμα ἀν-
τιπροσιὸν καθορᾶν. Ὡς δ' ἐν τῷ καταφανεῖ πάντες ἀλλήλοις ἐγένοντο καὶ ἔγνωσαν οἱ πολέμιοι πολὺ ἑκατέρωθεν
ὑπερφαλαγγοῦντες, στήσαντες τὴν ἑαυτῶν φάλαγγα
(οὐ γὰρ ἔστιν ἄλλως κυκλοῦσθαι), ἐπέκαμπτον εἰς
κύκλωσιν ὅπως, ὥσπερ γάμμα ἑκατέρωθεν τὴν ἑαυτῶν
τάξιν ποιήσαντες, πάντοθεν ἅμα μάχοιντο. 6 Ὁ δὲ
Κῦρος ὁρῶν ταῦτα οὐδέν τι μᾶλλον ἀφίστατο, ἀλλ' ὡσαύτως ἡγεῖτο.

Κατανοῶν δὲ ὡς πρόσω τὸν καμπτῆρα ἑκατέρωθεν
ἐποιήσαντο περὶ ὃν κάμπτοντες ἀνέτεινον τὰ κέρατα,
Ἐννοεῖς, ἔφη, ὦ Χρυσάντα, ἔνθα τὴν ἐπικαμπὴν ποιοῦνται; Πάνυ γε, ἔφη ὁ Χρυσάντας, καὶ θαυμάζω γε · πολὺ
γάρ μοι δοκοῦσιν ἀποσπᾶν τὰ κέρατα ἀπὸ τῆς ἑαυτῶν
φάλαγγος. Ναὶ μὰ Δι', ἔφη ὁ Κῦρος, καὶ ἀπό γε τῆς
ἡμετέρας. 7 Τί δὴ τοῦτο; Δῆλον ὅτι φοβούμενοι μή,
ἢν ἐγγὺς ἡμῶν γένηται τὰ κέρατα. τῆς φάλαγγος ἔτι
πρόσω οὔσης, ἐπιθώμεθα αὐτοῖς. Ἔπειτ', ἔφη ὁ Χρυσάντας, πῶς δυνήσονται ὠφελεῖν οἱ ἕτεροι τοὺς ἑτέ-
ρους οὕτω πολὺ ἀπέχοντες ἀλλήλων; Ἀλλὰ δῆλον,
ἔφη ὁ Κῦρος, ὅτι ἡνίκα ἂν γένηται τὰ κέρατα ἀναβαί-
νοντα κατ' ἀντιπέρας τῶν πλαγίων τοῦ ἡμετέρου στρατεύματος, στραφέντες ὡς εἰς φάλαγγα ἅμα πάντοθεν
ἡμῖν προίασιν ὡς ἅμα πάντοθεν μαχούμενοι. 8 Οὔ-
κοῦν, ἔφη ὁ Χρυσάντας, εὖ σοι δοκοῦσι βουλεύεσθαι;
Πρός γε ἃ ὁρῶσι · πρὸς δὲ ἃ οὐχ ὁρῶσιν ἔτι κάκιον ἢ
εἰ κατὰ κέρας προσῇσαν. Ἀλλὰ σὺ μέν, ἔφη, ὦ Ἀρσάμα,

Schwingen auf einer langen Lanze. Auch heute noch ist dies das Zeichen des persischen Großkönigs.

Das Heer hatte drei Ruhepausen, bevor die Feinde in Sichtweite kamen. (5) Als sie dann aber noch zwanzig Stadien vorgerückt waren, begannen sie schon zu erkennen, daß ihnen das feindliche Heer entgegen kam. Sobald sie sich alle gegenseitig sehen konnten und die Feinde erkannten, daß sie mit ihren Flügeln Kyros' Heer auf beiden Seiten weit überragten, hielten sie ihre Schlachtreihe an (denn sonst ist es nicht möglich, den Gegner zu umfassen), schwenkten mit beiden Flügeln nach vorn, um den Gegner zu umfassen, und ließen ihr Heer von beiden Seiten her die Form eines Gamma bilden, um von überall her zugleich kämpfen zu können. (6) Als Kyros dies sah, ließ er sich dadurch keineswegs stören, sondern führte sein Heer voran wie bisher.

Als er aber bemerkte, daß sie auf beiden Seiten die Punkte, wo sie die Schwenkung begannen und die Flügel vorzogen, weit nach außen gelegt hatten, sagte er: „Bemerkst du, Chrysantas, wo sie ihre Biegung einleiten?" – „Selbstverständlich", erwiderte Chrysantas, „und ich wundere mich darüber; denn sie scheinen mir ihre Flügel sehr weit vom Zentrum ihrer Schlachtreihe zu entfernen." – „Ja, beim Zeus, auch von unserem Zentrum." (7) „Warum tun sie das?" – „Offenbar fürchten sie, daß wir sie angreifen, wenn ihre Flügel uns zu nahe kommen, solange ihr Zentrum noch weit entfernt ist." – „Wie werden sie dann", fragte Chrysantas, „in der Lage sein, sich gegenseitig zu unterstützen, wenn sie so weit voneinander entfernt operieren?" – „Ohne Zweifel werden sie uns, sobald sich ihre anrückenden Flügel gegenüber den Flanken unseres Heeres befinden und sich zu einer Art Schlachtreihe formiert haben, von allen Seiten gleichzeitig angreifen, um den Kampf von allen Seiten zugleich aufzunehmen." (8) „Sind sie deiner Meinung nach gut beraten?" fragte Chrysantas. „Ja, im Hinblick auf das, was sie sehen. Im Hinblick auf das aber, was sie nicht sehen, sind sie schlechter beraten, als wenn sie in einer langen Kolonne anrücken würden. Los, Arsamas, geh jetzt an

ήγοῦ τῷ πεζῷ ἠρέμα ὥσπερ ἐμὲ ὁρᾷς · καὶ σύ, ὦ Χρυσάντα, ἐν ἴσῳ τούτῳ τὸ ἱππικὸν ἔχων συμπαρέπου.
Ἐγὼ δὲ ἄπειμι ἐκεῖσε ὅθεν μοι δοκεῖ καιρὸς εἶναι ἄρχεσθαι
τῆς μάχης · ἅμα δὲ παριὼν ἐπισκέψομαι ἕκαστα πῶς
ἡμῖν ἔχει. 9 Ἐπειδὰν δ' ἐκεῖ γένωμαι, ὅταν ἤδη ὁμοῦ
προσιόντες ἀλλήλοις γιγνώμεθα, παιᾶνα ἐξάρξω, ὑμεῖς
δὲ ἐπείγεσθε. Ἡνίκα δ' ἂν ἡμεῖς ἐγχειρῶμεν τοῖς πολεμίοις, αἰσθήσεσθε μέν, οὐ γὰρ οἶμαι ὀλίγος θόρυβος
ἔσται, ὁρμήσεται δὲ τηνικαῦτα Ἀβραδάτας ἤδη σὺν
τοῖς ἅρμασιν εἰς τοὺς ἐναντίους · οὕτω γὰρ αὐτῷ εἰρή-
σεται. Ὑμᾶς δὲ χρὴ ἕπεσθαι ἐχομένους ὅτι μάλιστα
τῶν ἀρμάτων · οὕτω γὰρ μάλιστα τοῖς πολεμίοις τετα-
ραγμένοις ἐπιπεσούμεθα. Παρέσομαι δὲ κἀγὼ ᾗ ἂν δύνωμαι τάχιστα, διώκων τοὺς ἄνδρας ἢν οἱ θεοὶ θέλωσι.

10 Ταῦτ' εἰπὼν καὶ ξύνθημα παρεγγυήσας Ζεὺς
σωτὴρ καὶ ἡγεμὼν ἐπορεύετο. Μεταξὺ δὲ τῶν ἁρμάτων
καὶ τῶν θωρακοφόρων διαπορευόμενος ὁπότε προσβλέψειέ
τινας τῶν ἐν ταῖς τάξεσι, τότε μὲν εἶπεν ἄν · Ὦ ἄνδρες,
ὡς ἡδὺ ὑμῶν τὰ πρόσωπα θεάσασθαι · τοτὲ δ' αὖ ἐν
ἄλλοις ἂν ἔλεξεν · Ἆρα ἐννοεῖτε, ἄνδρες, ὅτι ὁ νῦν ἀγών
ἐστιν οὐ μόνον περὶ τῆς τήμερον νίκης, ἀλλὰ καὶ περὶ
τῆς πρόσθεν ἣν νενικήκατε καὶ περὶ πάσης εὐδαιμονίας; 11 Ἐν ἄλλοις δ' ἂν προιὼν εἶπεν · Ὦ ἄνδρες,
τὸ ἀπὸ τοῦδε οὐδέν ποτε ἔτι θεοὺς αἰτιατέον ἔσται ·
παραδεδώκασι γὰρ ἡμῖν πολλά τε καὶ ἀγαθὰ κτήσασθαι.
Ἀλλ' ὦ ἄνδρες, ἀγαθοὶ γενώμεθα. 12 Κατ' ἄλλους
δ' αὖ τοιάδε · Ὦ ἄνδρες, εἰς τίνα ποτ' ἂν καλλίονα ἔρα-
νον ἀλλήλους παρακαλέσαιμεν ἢ εἰς τόνδε; Νῦν γὰρ
ἔξεστιν ἀγαθοῖς ἀνδράσι γενομένοις πολλὰ κἀγαθὰ
ἀλλήλοις εἰσενεγκεῖν. 13 Κατ' ἄλλους δ' αὖ · Ἐπί-

der Spitze deiner Fußsoldaten so langsam vor, wie du es bei
mir siehst. Du, Chrysantas, folge ihm mit der Reiterei in gleicher Geschwindigkeit. Ich aber werde mich dorthin begeben,
wo mir der günstigste Platz für den Beginn der Schlacht zu sein
scheint. Zugleich werde ich unterwegs in allen Einzelheiten
prüfen, wie es bei uns steht. (9) Sobald ich an dem vorgesehe-
nen Platz angekommen bin, werde ich den Schlachtgesang an-
stimmen, wenn wir aufeinander losgehen und uns schon im
ersten Handgemenge befinden; ihr aber müßt euch dann beeilen. In dem Augenblick, wo wir die Feinde angreifen – ihr
werdet es schon merken, denn ich glaube, der Lärm wird nicht
zu überhören sein –, wird Abradatas unverzüglich gegen den
Gegner vorrücken. So wird nämlich sein Befehl lauten. Ihr
aber müßt dann möglichst dicht hinter den Wagen folgen.
Denn auf diese Weise werden sich die Feinde bei unserem
Angriff in höchster Verwirrung befinden. Ich selbst werde
aber auch, so schnell ich kann, zugegen sein und die Männer
verfolgen, wenn die Götter es wollen."

(10) Nach diesen Worten gab er die Losung aus „Zeus,
unser Retter und Führer" und ritt los. Als er sich zwischen den
Wagen und den gepanzerten Soldaten befand, rief er jedesmal, wenn er irgendwelche Soldaten in ihren Kampfgruppen
ansah: „Männer, wie schön ist es, eure Gesichter zu sehen."
Dann sagte er wiederum vor anderen Soldaten: „Seid ihr euch
dessen bewußt, Männer, daß es im gegenwärtigen Kampf nicht
nur um den Sieg am heutigen Tag geht, sondern auch um den
Sieg, den ihr vorher schon errungen habt und um unser ganzes
Glück?" (11) Beim Weiterreiten sagte er zu anderen seiner
Leute: „Männer, für das, was von jetzt an geschieht, dürft ihr
nicht mehr die Götter verantwortlich machen; denn sie haben
uns die Möglichkeit gegeben, viel Gutes zu gewinnen. Nun,
Männer, ist es an uns, tapfer zu sein." (12) Bei den nächsten
sagte er: „Männer, gibt es ein schöneres Festessen, zu dem wir
uns gegenseitig einladen könnten, als dieses? Denn jetzt ist es
uns möglich, wenn wir uns als tapfere Männer erwiesen haben,
uns gegenseitig viele schöne Dinge zu schenken." (13) Vor

στασθε μέν, οἶμαι, ὦ ἄνδρες, ὅτι νῦν ἆθλα πρόκειται τοῖς νικῶσι μὲν διώκειν, παίειν, κατακαίνειν, ἀγαθὰ ἔχειν, καλὰ ἀκούειν, ἐλευθέροις εἶναι, ἄρχειν · τοῖς δὲ κακοῖς δῆλον ὅτι τἀναντία τούτων. Ὅστις οὖν αὐτὸν φιλεῖ, μετ' ἐμοῦ μαχέσθω · ἐγὼ γὰρ κακὸν οὐδὲν οὐδ' αἰσχρὸν ἑκὼν εἶναι προήσομαι. 14 Ὁπότε δ' αὖ γένοιτο κατά τινας τῶν πρόσθεν συμμαχεσαμένων, εἶπεν ἄν · Πρὸς δὲ ὑμᾶς, ὦ ἄνδρες, τί δεῖ λέγειν; Ἐπίστασθε γὰρ οἵαν τε οἱ ἀγαθοὶ ἐν ταῖς μάχαις ἡμέραν ἄγουσι καὶ οἵαν οἱ κακοί.

15 Ὡς δὲ παριὼν κατὰ Ἀβραδάταν ἐγένετο, ἔστη. Καὶ ὁ Ἀβραδάτας παραδοὺς τῷ ὑφηνιόχῳ τὰς ἡνίας προσῆλθεν αὐτῷ · προσέδραμον δὲ καὶ ἄλλοι τῶν πλησίον τεταγμένων καὶ πεζῶν καὶ ἁρματηλατῶν. Ὁ δ' αὖ Κῦρος ἐν τοῖς παραγεγενημένοις ἔλεξεν · Ὁ μὲν θεός, ὦ Ἀβραδάτα, ὥσπερ σὺ ἠξίους, συνηξίωσέ σε καὶ τοὺς σὺν σοὶ πρωτοστάτας εἶναι τῶν συμμάχων. Σὺ δὲ τοῦτο μέμνησο, ὅταν δέῃ σε ἤδη ἀγωνίζεσθαι, ὅτι Πέρσαι οἵ τε θεασόμενοι ὑμᾶς ἔσονται καὶ οἱ ἑψόμενοι ὑμῖν καὶ οὐκ ἐάσοντες ἐρήμους ὑμᾶς ἀγωνίζεσθαι. 16 Καὶ ὁ Ἀβραδάτας εἶπεν · Ἀλλὰ τὰ μὲν καθ' ἡμᾶς ἔμοιγε δοκεῖ, ὦ Κῦρε, καλῶς ἔχειν. Ἀλλὰ τὰ πλάγια λυπεῖ με, ὅτι τὰ μὲν τῶν πολεμίων κέρατα ἰσχυρὰ ὁρῶ ἀνατεινόμενα καὶ ἅρμασι καὶ παντοδαπῇ στρατιᾷ · ἡμέτερον δ' οὐδὲν ἄλλο αὐτοῖς ἀντιτέτακται ἢ ἅρματα · ὥστ' ἔγωγ', ἔφη, εἰ μὴ ἔλαχον τήνδε τὴν τάξιν, ᾐσχυνόμην ἂν ἐνθάδε ὤν · οὕτω πολύ μοι δοκῶ ἐν ἀσφαλεστάτῳ εἶναι. 17 Καὶ ὁ Κῦρος εἶπεν · Ἀλλ' εἰ τὰ παρὰ σοὶ καλῶς ἔχει, θάρρει ὑπὲρ ἐκείνων · ἐγὼ γάρ σοι σὺν θεοῖς ἔρημα τῶν πολεμίων τὰ πλάγια ταῦτα ἀπο-

anderen Soldaten sagte er dann wiederum: „Ich glaube, Männer, ihr wißt, daß der Lohn, der jetzt auf den Sieger wartet,
darin besteht zu verfolgen, zuzuschlagen, zu töten, Güter zu
besitzen, Ruhm zu ernten, frei zu sein und zu herrschen. Die
Feiglinge müssen jedoch ohne Zweifel mit dem Gegenteil
rechnen. Wer sich liebt, soll mit mir gemeinsam den Kampf
aufnehmen. Denn ich werde mir wissentlich nichts Schlechtes
oder Schändliches gestatten." (14) Jedesmal, wenn er auf irgendwelche seiner früheren Mitkämpfer traf, rief er ihnen zu:
„Was soll ich zu euch sagen, Männer? Denn ihr wißt doch, wie
die Tapferen und wie die Feigen den Tag in den Schlachten
verbringen."

(15) Als er bei Abradatas angekommen war, machte er halt.
Abradatas übergab seinem Hilfswagenlenker die Zügel und
kam zu Kyros. Aber auch andere Fußsoldaten und Wagenlenker, die benachbarten Einheiten angehörten, liefen zu ihm
hin. Kyros aber sagte vor den Männern, die jetzt bei ihm standen: „Abradatas, unsere Gottheit hat, wie du es verlangt hast,
zugestimmt, daß du und deine Männer an der vordersten Front
unserer Verbündeten kämpfen. Denk daran, wenn du den
Kampf jetzt gleich aufnehmen mußt, daß die Perser Männer
sind, die euch nicht nur sehen, sondern auch folgen und im
Kampf nicht im Stich lassen werden." (16) Abradatas erwiderte: „Wahrhaftig, ich glaube, daß bei uns alles in Ordnung ist.
Doch unsere Flanken erfüllen mich mit Sorge, weil ich sehe,
daß die Flügel der Feinde, die mit ihren Kampfwagen und
ihrem aus allen Waffengattungen bestehenden Heer eine gewaltige Streitmacht darstellen, weit ausgreifen. Auf unserer
Seite aber steht ihnen nichts anderes gegenüber als unsere
Kampfwagen. Daher würde ich mich schämen, hier zu sein,
wenn mir dieser Standort nicht durch das Los zugefallen wäre.
Denn wo ich jetzt bin, scheint es mir bei weitem am sichersten
zu sein" (17) Darauf erwiderte Kyros: „Doch wenn bei dir
alles in Ordnung ist, mach dir um die Flanken keine Sorgen.
Denn mit Hilfe der Götter werde ich dir zeigen, daß diese
Flanken keine Feindberührung haben werden. Du aber – ich

δείξω. Καὶ σὺ μὴ πρότερον ἔμβαλλε τοῖς Αἰγυπτίοις ὡς ἐναντίοις, μαρτύρομαι, πρὶν ἂν φεύγοντας τούτους οὓς νῦν φοβῇ θεάσῃ. Τοιαῦτα δ' ἐμεγαληγόρει, μελλούσης τῆς μάχης γίγνεσθαι· ἄλλως δ' οὐ μάλα μεγαλήγορος ἦν· "Οταν μέντοι ἴδῃς τούτους φεύγοντας, ἐμέ τε ἤδη παρεῖναι νόμιζε καὶ ὅρμα εἰς τοὺς ἄνδρας· καὶ σὺ γὰρ τότε τοῖς μὲν ἐναντίοις κακίστοις ἂν χρήσαιο, τοῖς δὲ μετὰ σαυτοῦ ἀρίστοις. 18 Ἀλλ' ἕως ἔτι σοι σχολή, ὦ Ἀβραδάτα, πάντως παρελάσας παρὰ τὰ σαυτοῦ ἅρματα παρακάλει τοὺς σὺν σοὶ εἰς τὴν ἐμβολήν, τῷ μὲν προσώπῳ παραθαρρύνων, ταῖς δ' ἐλπίσιν ἐπικουφίζων. "Οπως δὲ κράτιστοι φανεῖσθε τῶν ἐπὶ τοῖς ἅρμασι, φιλονικίαν αὐτοῖς ἔμβαλλε· καὶ γάρ, εὖ ἴσθι, ἢν τάδε εὖ γένηται, πάντες ἐροῦσι τὸ λοιπὸν μηδὲν εἶναι κερδαλεώτερον ἀρετῆς. Ὁ μὲν δὴ Ἀβραδάτας ἀναβὰς παρήλαυνε καὶ ταῦτ' ἐποίει.

19 Ὁ δ' αὖ Κῦρος παριὼν ὡς ἐγένετο πρὸς τῷ εὐωνύμῳ, ἔνθα ὁ Ὑστάσπας τοὺς ἡμίσεις ἔχων ἦν τῶν Περσῶν ἱππέων, ὀνομάσας αὐτὸν εἶπεν· Ὦ Ὑστάσπα, νῦν ὁρᾷς ἔργον τῆς σῆς ταχυεργίας· νῦν γὰρ ἦν φθάσωμεν τοὺς πολεμίους κατακανόντες, οὐδεὶς ἡμῶν ἀποθανεῖται. 20 Καὶ ὁ Ὑστάσπας ἐπιγελάσας εἶπεν· Ἀλλὰ περὶ μὲν τῶν ἐξ ἐναντίας ἡμῖν μελήσει, τοὺς δ' ἐκ πλαγίου σὺ ἄλλοις πρόσταξον, ὅπως μηδ' οὗτοι σχολάζωσι. Καὶ ὁ Κῦρος εἶπεν· Ἀλλ' ἐπί γε τούτους ἐγὼ αὐτὸς παρέρχομαι· ἀλλ', ὦ Ὑστάσπα, τόδε μέμνησο, ὅτῳ ἂν ἡμῶν ὁ θεὸς νίκην διδῷ, ἤν τί που μένῃ πολέμιον, πρὸς τὸ μαχόμενον ἀεὶ συμβάλλωμεν. Ταῦτ' εἰπὼν προῄει.

bitte dich inständig darum – darfst dich nicht früher auf die
Ägypter stürzen, die dir gegenüberstehen, als bis du diejenigen fliehen siehst, die dir im Augenblick Angst einflößen."
Kyros redete so volltönend angesichts der unmittelbar bevorstehenden Schlacht. Sonst aber pflegte er nicht so große Worte
zu machen. „Wenn du sie wirklich fliehen siehst, dann nimm
an, daß ich schon in der Nähe bin, und stürme auf die Feinde
los. Denn dann wirst du es mit sehr feigen Gegnern zu tun
haben, während deine eigenen Leute äußerst tapfer sind. (18)
Doch solange du noch Zeit hast, Abradatas, fahr von Wagen
zu Wagen und sporne deine Männer zum Angriff an, indem du
ihnen mit deinem Gesichtsausdruck Mut einflößt und ihnen
durch die Aussicht auf den Sieg über die gegenwärtigen
Schwierigkeiten hinweghilfst. Damit ihr euch aber als die
stärksten Wagenkämpfer erweist, stachle ihren Wetteifer an.
Denn sei dir darüber im klaren, wenn hier alles gut geht, werden in Zukunft alle sagen, daß nichts größeren Gewinn bringt
als die Tapferkeit." Abradatas stieg wieder auf seinen Wagen,
fuhr an den anderen Wagen vorbei und tat alles, was Kyros
ihm gesagt hatte.
(19) Als Kyros auf seinem Weg von Kampfgruppe zu
Kampfgruppe auf dem linken Flügel anlangte, wo sich Hystaspas mit der Hälfte der persischen Reiterei befand, rief er ihn
bei seinem Namen und sagte zu ihm: „Hystaspas, jetzt siehst
du ein Betätigungsfeld für deine Schnelligkeit. Denn wenn wir
die Feinde in einem Überraschungsangriff niedermachen, wird
keiner von uns sterben." (20) Hystaspas erwiderte lachend:
„Nun, um alle, die uns gegenüberstehen, werden wir uns schon
kümmern, doch diejenigen, die an den Flanken aufmarschier-
ten, mußt du anderen überlassen, damit auch sie nicht ohne
Beschäftigung sind." Kyros sagte dazu: „Die werde ich mir
allerdings selbst vornehmen. Doch, Hystaspas, denk daran,
wem von uns auch immer unser Gott einen Sieg schenkt –
wenn der Feind noch irgendwo Widerstand leistet, wollen wir
uns stets alle gemeinsam in die Schlacht werfen." Nach diesen
Worten setzte Kyros seinen Weg fort.

21 Ἐπεὶ δὲ κατὰ τὸ πλευρὸν παριὼν ἐγένετο καὶ κατὰ τὸν ἄρχοντα τῶν ταύτῃ ἀρμάτων, πρὸς τοῦτον ἔλεξεν · Ἐγὼ δὲ ἔρχομαι ὑμῖν ἐπικουρήσων · ἀλλ' ὁπόταν αἴσθησθε ἡμᾶς ἐπιτιθεμένους κατ' ἄκρον, τότε καὶ ὑμεῖς πειρᾶσθε ἅμα διὰ τῶν πολεμίων ἐλαύνειν · πολὺ γὰρ ἐν ἀσφαλεστέρῳ ἔσεσθε ἔξω γενόμενοι ἢ ἔνδον ἀπολαμβανόμενοι. **22** Ἐπεὶ δ' αὖ παριὼν ἐγένετο ὄπισθεν τῶν ἁρμαμαξῶν, Ἀρταγέρσαν μὲν καὶ Φαρνοῦχον ἐκέλευσεν ἔχοντας τήν τε τῶν πεζῶν χιλιοστὺν καὶ τὴν τῶν ἱππέων μένειν αὐτοῦ. Ἐπειδὰν δ', ἔφη, αἰσθάνησθε ἐμοῦ ἐπιτιθεμένου τοῖς κατὰ τὸ δεξιὸν κέρας, τότε καὶ ὑμεῖς τοῖς καθ' ὑμᾶς ἐπιχειρεῖτε · μαχεῖσθε δ', ἔφη, πρὸς κέρας, ὥσπερ ἀσθενέστατον στράτευμα γίγνεται, φάλαγγα δ' ἔχοντες, ὥσπερ ἂν ἰσχυρότατοι εἴητε. Καὶ εἰσὶ μέν, ὡς ὁρᾶτε, τῶν πολεμίων ἱππεῖς οἱ ἔσχατοι · πάντως δὲ πρόετε πρὸς αὐτοὺς τὴν τῶν καμήλων τάξιν, καὶ εὖ ἴστε ὅτι καὶ πρὶν μάχεσθαι γελοίους τοὺς πολεμίους θεάσεσθε.

23 Ὁ μὲν δὴ Κῦρος ταῦτα διαπραξάμενος ἐπὶ τὸ δεξιὸν παρῄει. Ὁ δὲ Κροῖσος νομίσας ἤδη ἐγγύτερον εἶναι τῶν πολεμίων τὴν φάλαγγα σὺν ᾗ αὐτὸς ἐπορεύετο ἢ τὰ ἀνατεινόμενα κέρατα, ἦρε τοῖς κέρασι σημεῖον μηκέτι ἄνω πορεύεσθαι, ἀλλ' αὐτοῦ ἐν χώρᾳ στραφῆναι. Ὡς δ' ἔστησαν ἀντία πρὸς τὸ τοῦ Κύρου στράτευμα ὁρῶντες, ἐσήμηνεν αὐτοῖς πορεύεσθαι πρὸς τοὺς πολεμίους. **24** Καὶ οὕτω δὴ προσῄεσαν τρεῖς φάλαγγες ἐπὶ τὸ Κύρου στράτευμα, ἡ μὲν μία κατὰ πρόσωπον, τὼ δὲ δύο, ἡ μὲν κατὰ τὸ δεξιόν, ἡ δὲ κατὰ τὸ εὐώνυμον, ὥστε πολὺν φόβον παρεῖναι πάσῃ τῇ Κύρου στρατιᾷ. Ὥσπερ γὰρ μικρὸν π λίθινον ἐν μεγάλῳ τεθέν, οὕτω καὶ τὸ Κύρου στράτευμα πάντοθεν περιείχετο ὑπὸ τῶν πολεμίων καὶ ἱππεῦσι καὶ ὁπλίταις καὶ πελτοφόροις καὶ τοξόταις καὶ ἅρμασι πλὴν ἐξόπισθεν. **25** Ὅμως

(21) Als er auf seinem Weg die Flanke und den Befehlshaber der dort stehenden Streitwagen erreichte, sagte er zu ihm: „Ich komme hierher, um euch zu helfen. Doch wenn ihr bemerkt, daß wir an der Spitze angreifen, dann müßt auch ihr versuchen, die Reihen der Feinde zur gleichen Zeit zu durchbrechen. Denn ihr werdet in größerer Sicherheit sein, wenn ihr euch außerhalb befindet, als wenn ihr innerhalb der Schlachtordnung eingeschlossen bleibt." (22) Als er weiter ritt und hinter den Reisewagen ankam, befahl er Artagerses und Pharnuchos, mit ihren tausend Fußsoldaten und tausend Reitern dort zu bleiben. „Sobald ihr bemerkt, daß ich den Gegner auf dem rechten Flügel angreife, geht auch ihr auf die feindlichen Truppen los, die euch gegenüberstehen. Ihr werdet gegen einen Flügel kämpfen, wo ein Heer seine schwächste Stelle hat, und dabei eine Schlachtreihe bilden, mit der ihr doch wohl eure größte Schlagkraft habt. Wie ihr seht, stehen die feindlichen Reiter zwar ganz außen. Schickt aber einfach die Kameltruppe gegen sie vor, und ihr wißt genau, daß ihr, ehe es zu einem Kampf kommt, die Feinde in einer lächerlichen Lage sehen werdet."

(23) Nachdem Kyros seine Runde beendet hatte, begab er sich auf den rechten Flügel. Als Kroisos aber annahm, daß seine Schlachtreihe, mit der er selbst vorrückte, den Feinden schon näher war als die sich ausbreitenden Flügel, gab er den Flügeln das Zeichen, nicht weiter vorzugehen, sondern auf der Stelle umzuschwenken. Als sie nun die Schwenkung vollzogen und dann Kyros' Heer vor Augen hatten, gab er ihnen das Zeichen zum Angriff. (24) Und so rückten drei Schlachtreihen gegen Kyros' Heer vor: die eine von vorn und die beiden anderen von der rechten und von der linken Seite, so daß sich im ganzen Heer des Kyros große Furcht verbreitete. Denn wie ein kleines Pi aus Stein, das man in ein großes hineingeschoben hat, so wurde auch Kyros' Heer auf allen Seiten bis auf die Rückseite von den Feinden eingeschlossen, und zwar mit Reitern, Schwerbewaffneten, Leichtbewaffneten, Bogenschützen und Streitwagen. (25) Doch auf Kyros' Befehl hin änderten sie

δὲ, ὡς ὁ Κῦρος ἐκεῖ παρήγγειλεν, ἐστράφησαν πάντες ἀντιπρόσωποι τοῖς πολεμίοις. Καὶ ἦν μὲν πολλὴ πανταχόθεν σιγὴ ὑπὸ τοῦ τὸ μέλλον ὀκνεῖν. Ἡνίκα δὲ ἔδοξε τῷ Κύρῳ καιρὸς εἶναι, ἐξῆρχε παιᾶνα, συνεπήχησε δὲ πᾶς ὁ στρατός. 26 Μετὰ δὲ τοῦτο τῷ Ἐνυαλίῳ τε ἅμα ἐπηλάλαξαν καὶ ἐξανίσταται ὁ Κῦρος, καὶ εὐθὺς μὲν μετὰ τῶν ἱππέων λαβὼν πλαγίους τοὺς πολεμίους ὁμόσε αὐτοῖς τὴν ταχίστην συνεμίγνυεν. Οἱ δὲ πεζοὶ αὐτῷ συντεταγμένοι ταχὺ ἐφείποντο, καὶ περιεπτύσσοντο ἔνθεν καὶ ἔνθεν, ὥστε πολὺ ἐπλεονέκτει · φάλαγγι γὰρ κατὰ κέρας προσέβαλλεν · ὥστε ταχὺ ἰσχυρὰ φυγὴ ἐγένετο τοῖς πολεμίοις.

27 Ὡς δὲ ᾔσθετο Ἀρταγέρσης ἐν ἔργῳ ὄντα τὸν Κῦρον, ἐπιτίθεται καὶ αὐτὸς κατὰ τὰ εὐώνυμα, προεὶς τὰς καμήλους ὥσπερ Κῦρος ἐκέλευσεν. Οἱ δὲ ἵπποι αὐτὰς ἐκ πάνυ πολλοῦ οὐκ ἐδέχοντο, ἀλλ' οἱ μὲν ἔκφρονες γιγνόμενοι ἔφευγον, οἱ δ' ἐξήλλοντο, οἱ δ' ἐνέπιπτον ἀλλήλοις · τοιαῦτα γὰρ πάσχουσιν ἵπποι ὑπὸ καμήλων. 28 Ὁ δὲ Ἀρταγέρσης συντεταγμένους ἔχων τοὺς μεθ' ἑαυτοῦ ταραττομένοις ἐπέκειτο · καὶ τὰ ἅρματα δὲ κατὰ τὸ δεξιὸν καὶ τὸ εὐώνυμον ἅμα ἐνέβαλλε. Καὶ πολλοὶ μὲν τὰ ἅρματα φεύγοντες ὑπὸ τῶν κατὰ κέρας ἑπομένων ἀπέθνησκον, πολλοὶ δὲ τούτους φεύγοντες ὑπὸ τῶν ἁρμάτων ἡλίσκοντο.

29 Καὶ ὁ Ἀβραδάτας δὲ οὐκέτι ἔμελλεν, ἀλλ' ἀναβοήσας · Ἄνδρες φίλοι, ἕπεσθε, ἐνίει οὐδὲν φειδόμενος τῶν ἵππων, ἀλλ' ἰσχυρῶς ἐξαιμάττων τῷ κέντρῳ · συνεξώρμησαν δὲ καὶ οἱ ἄλλοι ἁρματηλάται. Καὶ τὰ μὲν ἅρματα ἔφευγεν αὐτοὺς εὐθύς, τὰ μὲν καὶ ἀναλαβόντα τοὺς παραιβάτας, τὰ δὲ καὶ ἀπολιπόντα. 30 Ὁ δὲ Ἀβραδάτας ἀντικρὺ διάττων εἰς τὴν τῶν Αἰγυπτίων φάλαγγα ἐμβάλλει · συνεισέβαλλον δὲ αὐτῷ καὶ οἱ

ihre Marschrichtung, so daß sie alle den Feinden zugewandt waren. Und überall herrschte große Stille aufgrund der Angst vor den kommenden Ereignissen. Aber als Kyros meinte, die Zeit sei gekommen, stimmte er den Kriegsgesang an, und das ganze Heer sang mit. (26) Darauf erhoben sie das Kampfgeschrei zu Ehren des Enyalios, und Kyros preschte los, griff mit seinen Reitern die Feinde sofort an der Flanke an und geriet mit ihnen unmittelbar darauf in ein Handgemenge. Die Fußsoldaten folgten ihm rasch Schulter an Schulter, umzingelten den Gegner von beiden Seiten, so daß Kyros weithin die Oberhand gewann. Denn er stieß mit seiner Schlachtreihe gegen einen Flügel vor. Daher entstand unter den Feinden bald eine gewaltige Flucht.

(27) Als aber Artagerses bemerkte, daß Kyros voll im Kampfgeschehen steckte, griff auch er auf dem linken Flügel an, nachdem er die Kamele vorausgeschickt hatte, wie es Kyros' Befehl entsprach. Die Pferde konnten den Kamelen schon aus sehr weiter Entfernung nicht mehr standhalten: einige scheuten und flohen, andere machten Bocksprünge und wieder andere stürzten und fielen übereinander. Denn das war die Wirkung, die Kamele auf Pferde hatten. (28) Artagerses griff mit seinen Schulter an Schulter vorrückenden Männern die verwirrten Feinde an, und die Wagen auf der rechten und der linken Seite stießen gleichzeitig vor. Viele, die vor den Wagen flohen, fanden durch diejenigen, die auf dem Flügel nachrückten, den Tod, und viele, die vor diesen fortliefen, wurden von den Wagen eingeholt.

(29) Abradatas aber wollte nicht länger warten, sondern rief: „Folgt mir, Freunde." Dann stürmte er los und schonte seine Pferde nicht, sondern trieb sie mit dem Stachel so heftig an, bis das Blut floß. Mit ihm zusammen setzten sich auch die anderen Wagenlenker in Bewegung. Die Wagen des Feindes zogen sich sofort vor ihnen zurück. Dabei nahmen einige ihre Kämpfer wieder auf, einige ließen sie auch zurück. (30) Abradatas brach von vorn in die Schlachtreihe der Ägypter ein. Mit ihm stießen auch alle anderen vor, die sich in seiner nächsten

ἐγγύτατα τεταγμένοι. Πολλαχοῦ μὲν οὖν καὶ ἄλλοθι
δῆλον ὡς οὐκ ἔστιν ἰσχυροτέρα φάλαγξ ἢ ὅταν ἐκ φίλων
συμμάχων ἠθροισμένη ᾖ, καὶ ἐν τούτῳ δὲ ἐδήλωσεν.
Οἱ μὲν γὰρ ἑταῖροί τε αὐτοῦ καὶ ὁμοτράπεζοι συνεισέβαλλον · οἱ δ' ἄλλοι ἡνίοχοι ὡς εἶδον ὑπομένοντας
πολλῷ στίφει τοὺς Αἰγυπτίους, ἐξέκλιναν κατὰ τὰ φεύγοντα ἄρματα καὶ τούτοις ἐφείποντο. 31 Οἱ δὲ ἀμφὶ
Ἀβραδάταν ᾖ μὲν ἐνέβαλλον. ἄτε οὐ δυναμένων δια-
χάσασθαι τῶν Αἰγυπτίων διὰ τὸ μένειν τοὺς ἔνθεν καὶ
ἔνθεν αὐτῶν, τοὺς μὲν ὀρθοὺς τῇ ῥύμῃ τῇ τῶν ἵππων
παίοντες ἀνέτρεπον, τοὺς δὲ πίπτοντας κατηλόων καὶ
αὐτοὺς καὶ ὅπλα καὶ ἵπποις καὶ τροχοῖς. Ὅτου δ' ἐπιλά-
βοιτο τὰ δρέπανα, πάντα βίᾳ διεκόπτετο καὶ ὅπλα καὶ
σώματα. 32 Ἐν δὲ τῷ ἀδιηγήτῳ τούτῳ ταράχῳ ὑπὸ
τῶν παντοδαπῶν σωρευμάτων ἐξαλλομένων τῶν τροχῶν
ἐκπίπτει ὁ Ἀβραδάτας καὶ ἄλλοι δὲ τῶν συνεισβα-
λόντων, καὶ οὗτοι μὲν ἐνταῦθα ἄνδρες ἀγαθοὶ γενόμενοι κατεκόπησαν καὶ ἀπέθανον.

Οἱ δὲ Πέρσαι συνεπισπόμενοι, ᾖ μὲν ὁ Ἀβραδάτας
ἐνέβαλε καὶ οἱ σὺν αὐτῷ, ταύτῃ ἐπεισπεσόντες τετα-
ραγμένους ἐφόνευον, ᾖ δὲ ἀπαθεῖς ἐγένοντο οἱ Αἰγύπτιοι
(πολλοὶ δ' οὗτοι ἦσαν), ἐχώρουν ἐναντίοι τοῖς Πέρσαις.

33 Ἔνθα δὴ δεινὴ μάχη ἦν καὶ δοράτων καὶ ξυστῶν
καὶ μαχαιρῶν. Ἐπλεονέκτουν μέντοι οἱ Αἰγύπτιοι καὶ
πλήθει καὶ τοῖς ὅπλοις. Τά τε γὰρ δόρατα ἰσχυρὰ καὶ
μακρὰ ἔτι[1] καὶ νῦν ἔχουσιν, αἵ τε ἀσπίδες πολὺ μᾶλλον
τῶν θωράκων καὶ τῶν γέρρων καὶ στεγάζουσι τὰ σώματα
καὶ πρὸς τὸ ὠθεῖσθαι συνεργάζονται πρὸς τοῖς ὤμοις

---

[1] Statt μακρὰ ἔτι lies μακρά, ᾆ ἔτι.

Nähe befanden. Schon in vielen anderen Situationen hat es sich gezeigt, daß eine Schlachtreihe dann am standhaftesten ist, wenn sie aus Freunden besteht, die sich gegenseitig unterstützen. Diese Tatsache bestätigte sich auch hier. Denn seine Freunde und Tischgenossen stürzten sich alle gemeinsam auf den Gegner. Als aber die anderen Wagenlenker sahen, daß die Äypter in geschlossener Formation standhielten, wandten sie sich den fliehenden Wagen zu und setzten diesen nach. (31) Da Abradatas und seine Freunde dort, wo sie eingedrungen waren, nicht in der Lage waren, die Reihen der Äypter zu durchbrechen, weil diese sich auf beiden Seiten nicht von der Stelle bewegten, überrannten sie alle, die aufrecht standen, und warfen sie mit dem Schwung ihrer Pferde zu Boden, und wer stürzte, wurde mit seinen Waffen unter den Pferdehufen und den Wagenrädern zermalmt. Alles, was von den Sicheln erfaßt wurde, Waffen und Leiber, wurde grausam zerfetzt. (32) In diesem unbeschreiblichen Durcheinander fielen Abradatas und andere, die mit ihm zusammen den Angriff getragen hatten, vom Wagen, weil die Räder gegen Hindernisse aller Art am Boden stießen und hochsprangen. Sie wurden, nachdem sie sich tapfer gewehrt hatten, dort wo sie standen, niedergehauen und starben.

Die Perser, die ihnen gefolgt waren, warfen sich an derselben Stelle, wo Abradatas und seine Begleiter eingedrungen waren, ins Getümmel und machten die völlig überraschten Feinde nieder; aber dort, wo die Ägypter noch keine Verluste erlitten hatten (es handelte sich um eine große Zahl), rückten sie jetzt ihrerseits gegen die Perser vor.

(33) Da kam es zu einem furchtbaren Gemetzel mit Lanzen, Spießen und Schwertern. Die Ägypter waren allerdings an Menschen und Waffen überlegen. Denn ihre starken und langen Lanzen, die sie auch heute noch haben, und ihre Schilde schützen die Körper viel besser als Brustpanzer und Brustschilde aus Weidengeflecht und dienen auch als Angriffswaffen, weil sie bis an die Schultern reichen. Nachdem sie also mit ihren Schilden eine geschlossene Wand gebildet hatten, rück-

οὖσαι. Συγκλείσαντες οὖν τὰς ἀσπίδας ἐχώρουν καὶ ἔωθουν. 34 Οἱ δὲ Πέρσαι οὐκ ἐδύναντο ἀντέχειν, ἅτε ἐν ἄκραις ταῖς χερσὶ τὰ γέρρα ἔχοντες, ἀλλ' ἐπὶ πόδα ἀνεχάζοντο παίοντες καὶ παιόμενοι, ἕως ὑπὸ ταῖς μηχαναῖς ἐγένοντο· ἐπεὶ μέντοι ἐνταῦθα ἦλθον, ἐπαίοντο αὖθις οἱ Αἰγύπτιοι ἀπὸ τῶν πύργων· καὶ οἱ ἐπὶ πᾶσι δὲ οὐκ εἴων φεύγειν οὔτε τοὺς τοξότας οὔτε τοὺς ἀκοντιστάς. ἀλλ' ἀνατεταμένοι τὰς μαχαίρας ἠνάγκαζον καὶ τοξεύειν καὶ ἀκοντίζειν.

35 Ἦν δὲ πολὺς μὲν ἀνδρῶν φόνος, πολὺς δὲ κτύπος ὅπλων καὶ βελῶν παντοδαπῶν, πολλὴ δὲ βοὴ τῶν μὲν ἀνακαλούντων ἀλλήλους, τῶν δὲ παρακελευομένων, τῶν δὲ θεοὺς ἐπικαλουμένων.

36 Ἐν δὲ τούτῳ Κῦρος διώκων τοὺς καθ' αὑτὸν παραγίγνεται. Ὡς δ' εἶδε τοὺς Πέρσας ἐκ τῆς χώρας ἐωσμένους, ἤλγησέ τε καὶ γνοὺς ὅτι οὐδαμῶς ἂν θᾶττον σχοίη τοὺς πολεμίους τῆς εἰς τὸ πρόσθεν προόδου ἢ εἰ εἰς τὸ ὄπισθεν περιελάσειεν αὐτῶν, παραγγείλας ἕπεσθαι τοῖς μεθ' αὑτοῦ περιήλαυνεν εἰς τὸ ὄπισθεν· καὶ εἰσπεσόντες παίουσιν ἀφορῶντας καὶ πολλοὺς κατακαίνουσιν. 37 Οἱ δὲ Αἰγύπτιοι ὡς ἤσθοντο, ἐβόων τε ὅτι ὄπισθεν οἱ πολέμιοι καὶ ἐστρέφοντο ἐν ταῖς πληγαῖς. Καὶ ἐνταῦθα δὴ φύρδην ἐμάχοντο καὶ πεζοὶ καὶ ἱππεῖς, πεπτωκὼς δέ τις ὑπὸ τῷ Κύρου ἵππῳ καὶ πατούμενος παίει εἰς τὴν γαστέρα τῇ μαχαίρᾳ τὸν ἵππον αὐτοῦ· ὁ δὲ ἵππος πληγεὶς σφαδάζων ἀποσείεται τὸν Κῦρον. 38 Ἔνθα δὴ ἔγνω ἄν τις ὅσου ἄξιον εἴη τὸ φιλεῖσθαι ἄρχοντα ὑπὸ τῶν περὶ αὐτόν· εὐθὺς γὰρ ἀνεβόησάν τε πάντες καὶ προσπεσόντες ἐμάχοντο· ἔωθουν, ἐωθοῦντο, ἔπαιον, ἐπαίοντο. Καταπηδήσας δέ τις ἀπὸ τοῦ ἵππου τῶν τοῦ Κύρου ὑπηρετῶν ἀναβάλλει αὐτὸν ἐπὶ τὸν ἑαυτοῦ ἵππον.

ten sie vor und stießen alles vor sich her. (34) Die Perser
waren nicht in der Lage standzuhalten, weil sie nur ihre leichten Brustschilde besaßen, die sie mit den Fingerspitzen festhalten mußten, sondern zogen sich Schritt für Schritt zurück, wobei sie Hiebe austeilten und empfingen, bis sie sich im Schutz
der Kriegsmaschinen befanden. Als sie aber dort angekommen
waren, wurden die Ägypter von den Türmen herab getroffen;
und die ‚Letzten' ließen niemanden fliehen, weder Bogenschützen noch Speerwerfer, sondern zwangen sie mit gezück-
ten Schwertern, ihre Pfeile abzuschießen und ihre Speere zu
werfen.

(35) Es war ein gewaltiges Schlachten unter den Männern,
ein schauriges Getöse von Waffen und Geschossen jeder Art
und ein gewaltiges Geschrei: die einen riefen sich etwas zu, die
anderen wurden ermahnt, wieder andere riefen die Götter an.

(36) In diesem Augenblick preschte Kyros heran, während
er mit der Verfolgung seiner Gegner beschäftigt war. Als er
sah, daß die Perser von ihrem Platz vertrieben und zurückge-
schlagen waren, ärgerte er sich, und weil er erkannte, daß er
die Feinde dann am schnellsten an ihrem Vordringen hindern
konnte, wenn er ihnen in den Rücken fiel, befahl er seinen
Leuten, ihm zu folgen, und griff die Feinde von hinten an. Sie
warfen sich auf die Feinde, schlugen auf sie ein, während sie
noch nach vorn schauten, und töteten eine große Zahl von
ihnen. (37) Als die Ägypter dies begriffen, schrien sie laut auf,
weil ihre Gegner ihnen von hinten zusetzten, und drehten sich
mitten im Kampf um. Da kam es zu einem gemischten Kampf
zwischen Fußsoldaten und Reitern, und ein feindlicher Soldat,
der unter Kyros' Pferd gefallen war und getreten wurde, stieß
sein Schwert in den Bauch des Pferdes. Das getroffene Tier
bäumte sich auf und warf Kyros ab. (38) Da konnte man erkennen, wie wichtig es ist, daß ein Heerführer von seinen Untergebenen geliebt wird. Denn sofort stimmten alle ein lautes
Geschrei an, stürmten heran und kämpften. Sie stießen und
wurden gestoßen, trafen und wurden getroffen. Dann sprang
einer von Kyros' Helfern aus dem Sattel und ließ Kyros auf

39 Ὡς δ' ἀνέβη ὁ Κῦρος, κατεῖδε πάντοθεν ἤδη παιομένους τοὺς Αἰγυπτίους · καὶ γὰρ Ὑστάσπας ἤδη παρῆν σὺν τοῖς Περσῶν ἱππεῦσι καὶ Χρυσάντας. Ἀλλὰ τούτους ἐμβάλλειν μὲν οὐκέτι εἴα εἰς τὴν φάλαγγα τῶν Αἰγυπτίων, ἔξωθεν δὲ τοξεύειν καὶ ἀκοντίζειν ἐκέλευεν. Ὡς δ' ἐγένετο περιελαύνων παρὰ τὰς μηχανάς, ἔδοξεν αὐτῷ ἀναβῆναι ἐπὶ τῶν πύργων τινὰ καὶ κατασκέψασθαι εἴ πῃ καὶ ἄλλο τι μένοι τῶν πολεμίων καὶ μάχοιτο. **40** Ἐπεὶ δὲ ἀνέβη, κατεῖδε μεστὸν τὸ πεδίον ἵππων, ἀνθρώπων, ἁρμάτων, φευγόντων, διωκόντων, κρατούντων, κρατουμένων · μένον δ' οὐδαμοῦ οὐδὲν ἔτι ἐδύνατο κατιδεῖν πλὴν τὸ τῶν Αἰγυπτίων. Οὗτοι δὲ ἐπειδὴ ἠποροῦντο, πάντοθεν κύκλῳ ποιησάμενοι, ὥστε ὁρᾶσθαι τὰ ὅπλα, ὑπὸ ταῖς ἀσπίσιν ἐκάθηντο. Καὶ ἐποίουν μὲν οὐδὲν ἔτι, ἔπασχον δὲ πολλὰ καὶ δεινά.

41 Ἀγασθεὶς δὲ ὁ Κῦρος αὐτοὺς καὶ οἰκτίρων ὅτι ἀγαθοὶ ἄνδρες ὄντες ἀπώλλυντο, ἀνεχώρισε πάντας τοὺς περιμαχομένους καὶ μάχεσθαι οὐδένα ἔτι εἴα. Πέμπει δὲ πρὸς αὐτοὺς κήρυκα ἐρωτῶν πότερα βούλονται ἀπολέσθαι πάντες ὑπὸ τῶν προδεδωκότων αὐτοὺς ἢ σωθῆναι ἄνδρες ἀγαθοὶ δοκοῦντες εἶναι. Οἱ δ' ἀπεκρίναντο · Πῶς δ' ἂν ἡμεῖς σωθεῖμεν ἄνδρες ἀγαθοὶ δοκοῦντες εἶναι; **42** Ὁ δὲ Κῦρος πάλιν ἔλεγεν · Ὅτι ἡμεῖς ὑμᾶς ὁρῶμεν μόνους καὶ μένοντας καὶ μάχεσθαι ἐθέλοντας. Ἀλλὰ τοὐντεῦθεν, ἔφασαν οἱ Αἰγύπτιοι, τί καλὸν ἂν ποιοῦντες σωθεῖμεν; Καὶ ὁ Κῦρος αὖ πρὸς τοῦτο εἶπεν · Εἰ τῶν τε συμμαχομένων μηδένα προδόντες σωθεῖτε, τά τε ὅπλα μὴ παραδόντες φίλοι τε γενόμενοι τοῖς αἱρουμένοις ὑμᾶς σῶσαι, ἐξὸν ἀπολέσαι.

seinem eigenen Pferd aufsitzen. (39) Als Kyros wieder aufgestiegen war, sah er, daß die Ägypter schon überall geschlagen
waren. Denn Hystaspas mit seinen persischen Reitern und
Chrysantas waren schon zur Stelle. Allerdings ließ er sie die
Schlachtreihe der Ägypter nicht mehr angreifen, sondern befahl ihnen, sie von außen mit ihren Pfeilen und Speeren unter
Beschuß zu nehmen. Als er auf seinem Rundritt zu den Maschinen kam, entschloß er sich, einen der Türme zu besteigen
und Ausschau zu halten, ob sonst noch irgendwo eine feindliche Einheit Widerstand leistete und kämpfte. (40) Nachdem
er hinaufgestiegen war, sah er, daß Massen von Pferden, Menschen und Wagen, Flüchtenden und Verfolgern, Siegern und
Besiegten die Ebene bedeckten. Nirgendwo aber konnte er
noch Widerstand erkennen – von den Äyptern abgesehen. Als
diese nicht mehr ein noch aus wußten, bildeten sie einen geschlossenen Kreis, so daß man nur noch ihre Waffen sehen
konnte, und setzten sich unter ihre Schilde. Weiter taten sie
nichts mehr, mußten aber viele schwere Schläge hinnehmen.

(41) Kyros bewunderte ihre Tapferkeit, und es tat ihm leid,
daß so heldenhaft kämpfende Männer sterben sollten. Darum
befahl er allen, die um den Kreis herum kämpften, sich zurückzuziehen, und ließ niemanden weiterkämpfen. Er schickte
einen Unterhändler zu den Ägyptern und fragte sie, ob sie alle
für diejenigen, die sie verraten hätten, sterben oder am Leben
bleiben wollten, ohne dadurch auf den Ruhm ihrer Tapferkeit
verzichten zu müssen. Die Ägypter gaben zur Antwort: „Wie
könnten wir am Leben bleiben, ohne auf den Ruhm unserer
Tapferkeit verzichten zu müssen?" (42) Kyros nahm wieder
das Wort: „Weil wir sehen, daß ihr als einzige noch standhaltet
und kämpfen wollt." – „Aber was könnten wir dann noch
Großartiges tun, um unser Leben zu retten?" Dazu sagte Kyros: „Ihr könntet, ohne einen eurer Kameraden zu verraten,
am Leben bleiben und, ohne eure Waffen auszuliefern, mit
denjenigen, die sich entschieden haben, euch zu schonen, obwohl es ihnen möglich wäre, euch zu vernichten, Freundschaft
schließen."

43 Ἀκούσαντες ταῦτα ἐπήροντο · Ἦν δὲ γενώμεθά
σοι φίλοι, τί ἡμῖν ἀξιώσεις χρῆσθαι; Ἀπεκρίνατο ὁ
Κῦρος · Εὖ ποιεῖν καὶ εὖ πάσχειν. Ἐπηρώτων πάλιν
οἱ Αἰγύπτιοι · Τίνα εὐεργεσίαν; Πρὸς τοῦτο εἶπεν ὁ
Κῦρος · Μισθὸν μὲν ὑμῖν δοίην ἂν πλείονα ἢ νῦν ἐλαμ-
βάνετε ὅσον ἂν χρόνον πόλεμος ᾖ · εἰρήνης δὲ γενομένης τῷ βουλομένῳ ὑμῶν μένειν παρ' ἐμοὶ χώραν τε
δώσω καὶ πόλεις καὶ γυναῖκας καὶ οἰκέτας. **44** Ἀκούσαντες ταῦτα οἱ Αἰγύπτιοι τὸ μὲν ἐπὶ Κροῖσον συστρα-
τεύειν ἀφελεῖν σφίσιν ἐδεήθησαν · τούτῳ γὰρ μόνῳ
γιγνώσκεσθαι ἔφασαν. Τὰ δ' ἄλλα συνομολογήσαντες
ἔδοσαν πίστιν καὶ ἔλαβον. **45** Καὶ οἱ Αἰγύπτιοί τε
οἱ καταμείναντες τότε ἔτι καὶ νῦν βασιλεῖ πιστοὶ διαμένουσι, Κῦρός τε πόλεις αὐτοῖς ἔδωκε, τὰς μὲν ἄνω,
αἳ ἔτι καὶ νῦν πόλεις Αἰγυπτίων καλοῦνται, Λάρισαν
δὲ καὶ Κυλλήνην παρὰ Κύμην πλησίον θαλάττης, ἃς
ἔτι καὶ νῦν οἱ ἀπ' ἐκείνων ἔχουσι.

Ταῦτα δὲ διαπραξάμενος ὁ Κῦρος ἤδη σκοταῖος ἀνα-
γαγὼν ἐστρατοπεδεύσατο ἐν Θυμβράροις. **46** Ἐν δὲ
τῇ μάχῃ τῶν πολεμίων Αἰγύπτιοι μόνοι ηὐδοκίμησαν,
τῶν δὲ σὺν Κύρῳ τὸ Περσῶν ἱππικὸν κράτιστον ἔδοξεν
εἶναι · ὥστ' ἔτι καὶ νῦν διαμένει ἡ ὅπλισις ἣν τότε Κῦρος τοῖς ἱππεῦσι κατεσκεύασεν. **47** Ηὐδοκίμησε δὲ
ἰσχυρῶς καὶ τὰ δρεπανηφόρα ἅρματα · ὥστε καὶ τοῦτο
ἔτι καὶ νῦν διαμένει τὸ πολεμιστήριον τῷ ἀεὶ βασιλεύοντι.
48 Αἱ μέντοι κάμηλοι ἐφόβουν μόνον τοὺς ἵππους,
οὐ μέντοι κατέκαινόν γε οἱ ἐπ' αὐτῶν ἱππέας, οὐδ' αὐτοί γε ἀπέθνησκον ὑπὸ ἱππέων · οὐδεὶς γὰρ ἵππος ἐπέ-
λαζε. **49** Καὶ χρήσιμον μὲν ἐδόκει εἶναι · ἀλλὰ γὰρ
οὔτε τρέφειν οὐδεὶς ἐθέλει καλὸς κἀγαθὸς κάμηλον
ὥστ' ἐποχεῖσθαι οὔτε μελετᾶν ὡς πολεμήσων ἀπὸ τού-

(43) Nachdem sie diese Worte gehört hatten, fragten sie:
„Wenn wir deine Freunde werden, was willst du dann mit uns
anfangen?" Kyros gab zur Antwort: „Ich will euch Gutes tun
und erwarte entsprechende Gegenleistungen." Dann fragten
die Ägypter weiter: „Worin bestehen deine guten Taten?" Kyros erwiderte darauf: „Ich könnte euch, solange der Krieg dauert, mehr Sold zahlen, als ihr bisher erhieltet. Sobald Frieden
herrscht, werde ich jedem von euch, der bei mir bleiben will,
Land, Städte, Frauen und Diener geben." (44) Als die Ägypter dies gehört hatten, baten sie darum, sie von der Teilnahme
am Feldzug gegen Kroisos freizustellen. Denn – wie sie sagten –
sei Kroisos der einzige, dem sie bekannt seien. Alle übrigen
Bedingungen erkannten sie an, versicherten ihre Zuverlässigkeit und erhielten entsprechende Zusagen. (45) Die Ägypter,
die damals bei Kyros blieben, sind auch heute noch treue Gefolgsleute des persischen Großkönigs, und Kyros überließ ihnen Städte, einige im Landesinnern, die auch jetzt noch „ägyp-
tische Städte" heißen, darüber hinaus Larissa und Kyllene bei
Kyme nahe der Küste, die auch heute noch von deren Nachkommen bewohnt werden.
Nachdem Kyros dies erreicht hatte, ließ er sein Heer, als es
schon dunkel wurde, zurückmarschieren und bei Thymbrara
ein Lager aufschlagen. (46) Im Verlaufe des Kampfes hatten
sich auf Seiten der Feinde allein die Ägypter besonders hervor-
getan. Unter Kyros' Truppen erwies sich die persische Reiterei
als erfolgreichste Einheit. Daher verfügt sie auch heute noch
über dieselbe Ausrüstung, die Kyros damals seinen Reitern
gegeben hatte. (47) Aber auch die Sichelwagen taten sich besonders hervor. Daher verfügt der jeweilige Großkönig bis auf
den heutigen Tag über dieses Kriegsgerät. (48) Die Kamele
setzten allerdings nur die Pferde in Schrecken; die Kamelreiter
konnten jedoch keine Reiter töten, und auch sie selbst wurden
nicht von den Reitern getötet. Denn kein Pferd kam in ihre
Nähe. (49) Die Kamele schienen zwar eine nützliche Sache zu
sein. Aber kein tüchtiger Soldat ist bereit, ein Kamel so zu
dressieren, daß er es besteigen kann, oder Kamele auszubil-

των. Οὗτω δὴ ἀπολαβοῦσαι πάλιν τὸ ἑαυτῶν σχῆμα
ἐν τοῖς σκευοφόροις διάγουσι.

II

1 Καὶ οἱ μὲν ἀμφὶ τὸν Κῦρον δειπνοποιησάμενοι
καὶ φυλακὰς καταστησάμενοι, ὥσπερ ἔδει, ἐκοιμήθησαν.
Κροῖσος μέντοι εὐθὺς ἐπὶ Σάρδεων ἔφευγε σὺν τῷ στρατεύματι. Τὰ δ' ἄλλα φῦλα ὅπη ἐδύνατο προσωτάτω
ἐν τῇ νυκτὶ τῆς ἐπ' οἶκον ὁδοῦ ἕκαστος ἀπεχώρει.
2 Ἐπειδὴ δὲ ἡμέρα ἐγένετο, εὐθὺς ἐπὶ Σάρδεις ἦγε
Κῦρος. Ὡς δ' ἐγένετο πρὸς τῷ τείχει τῷ ἐν Σάρδεσι,
τάς τε μηχανὰς ἀνίστη ὡς προσβαλῶν πρὸς τὸ τεῖχος
καὶ κλίμακας παρεσκευάζετο. **3** Ταῦτα δὲ ποιῶν κατὰ
τὰ ἀποτομώτατα δοκοῦντα εἶναι τοῦ Σαρδιανῶν ἐρύματος τῆς ἐπιούσης νυκτὸς ἀναβιβάζει Χαλδαίους τε
καὶ Πέρσας. Ἡγήσατο δ' αὐτοῖς ἀνὴρ Πέρσης δοῦλος
γεγενημένος τῶν ἐν τῇ ἀκροπόλει τινὸς φρουρῶν καὶ
καταμεμαθηκὼς κατάβασιν εἰς τὸν ποταμὸν καὶ ἀνά-
βασιν τὴν αὐτήν.
4 Ὡς δ' ἐγένετο τοῦτο δῆλον ὅτι εἴχετο τὰ ἄκρα,
πάντες δὴ ἔφευγον οἱ Λυδοὶ ἀπὸ τῶν τειχῶν ὅπη ἐδύνατο ἕκαστος τῆς πόλεως. Κῦρος δὲ ἅμα τῇ ἡμέρᾳ εἰσῄει
εἰς τὴν πόλιν καὶ παρήγγειλεν ἐκ τῆς τάξεως μηδένα
κινεῖσθαι. **5** Ὁ δὲ Κροῖσος κατακλεισάμενος ἐν τοῖς
βασιλείοις Κῦρον ἐβόα. Ὁ δὲ Κῦρος τοῦ μὲν Κροίσου
φύλακας κατέλιπεν, αὐτὸς δὲ ἀπαγαγὼν πρὸς τὴν ἐχο-
μένην ἄκραν ὡς εἶδε τοὺς μὲν Πέρσας φυλάττοντας
τὴν ἄκραν, ὥσπερ ἔδει, τὰ δὲ τῶν Χαλδαίων ὅπλα ἔρημα
(κατεδεδραμήκεσαν γὰρ ἁρπασόμενοι τὰ ἐκ τῶν οἰκιῶν), εὐθὺς συνεκάλεσεν αὐτῶν τοὺς ἄρχοντας καὶ
εἶπεν αὐτοῖς ἀπιέναι ἐκ τοῦ στρατεύματος ὡς τάχιστα.
6 Οὐ γὰρ ἄν, ἔφη, ἀνασχοίμην πλεονεκτοῦντας ὁρῶν

den, um sie in die Schlacht zu reiten. So erhielten die Kamelreiter wieder ihre ursprüngliche Aufgabe beim Troß.

II.

(1) Kyros' Männer nahmen ihre Mahlzeit ein, stellten Wachen auf, wie es erforderlich war, und legten sich zur Ruhe.
Kroisos aber floh mit seinem Heer eilig nach Sardes. Die übrigen Truppen begaben sich noch in der Nacht getrennt voneinander auf den Heimweg, soweit sie kommen konnten. (2) Als
es aber Tag wurde, zog Kyros sofort gegen Sardes. Sobald er
die Stadtmauer erreicht hatte, ließ er die Kriegsmaschinen aufbauen, als ob er die Mauer stürmen wollte, und bereitete die
Leitern vor. (3) Während er damit beschäftigt war, ließ er bei
Einbruch der Nacht Chaldäer und Perser an den Stellen der
Befestigungsanlage von Sardes hinaufsteigen, die am steilsten
zu sein schienen. Ihr Führer war ein Perser, der als Sklave im
Dienst eines Wächters auf der Burg gestanden hatte und den
Abstieg zum Fluß wie auch den Aufstieg zur Burg genau kannte.
(4) Als nicht mehr zu übersehen war, daß die Burg eingenommen war, verließen alle Lyder fluchtartig die Mauern an
den Stellen, wo es jedem einzelnen möglich war. Kyros aber
zog bei Tagesanbruch in die Stadt ein und befahl, daß jeder auf
seinem Posten bleiben sollte. (5) Kroisos schloß sich in seinem
Palast ein und rief nach Kyros. Kyros aber ließ Leute zurück,
die auf Kroisos aufpassen sollten. Als er sich selbst auf die
besetzte Burg begeben hatte und sah, daß die Perser die Burg
ordnungsgemäß bewachten, die Chaldäer aber ihre Waffen abgelegt hatten (sie waren nämlich in die Stadt gelaufen, um die
Häuser zu plündern), rief er sofort deren Anführer zu sich und
forderte sie auf, das Heer unverzüglich zu verlassen: (6) „Ich
könnte es nämlich nicht ertragen", sagte er, „wenn ich sehen
müßte, daß diejenigen, die ihre Posten verließen, auch noch
belohnt werden. Und ihr wißt genau, daß ich mir vorgenom-

τοὺς ἀτακτοῦντας. Καὶ εὖ μέν, ἔφη. ἐπίστασθε ὅτι πα-
ρεσκευαζόμην ἐγὼ ὑμᾶς τοὺς ἐμοὶ συστρατευομένους
πᾶσι Χαλδαίοις μακαριστοὺς ποιῆσαι. Νῦν δ', ἔφη,
μὴ θαυμάζετε ἤν τις καὶ ἀπιοῦσιν ὑμῖν κρείττων ἐντύχῃ.

7 Ἀκούσαντες ταῦτα οἱ Χαλδαῖοι ἔδεισάν τε καὶ
ἱκέτευον παύσασθαι ὀργιζόμενον καὶ τὰ χρήματα πάντα
ἀποδώσειν ἔφασαν. Ὁ δ' εἶπεν ὅτι οὐδὲν αὐτῶν δέοιτο.
Ἀλλ' εἴ με, ἔφη, βούλεσθε παύσασθαι ἀχθόμενον, ἀπό-
δοτε πάντα ὅσα ἐλάβετε τοῖς διαφυλάξασι τὴν ἄκραν.
Ἢν γὰρ αἴσθωνται οἱ ἄλλοι στρατιῶται ὅτι πλεονεκ-
τοῦσιν οἱ εὔτακτοι γενόμενοι, πάντα μοι καλῶς ἕξει.
8 Οἱ μὲν δὴ Χαλδαῖοι οὕτως ἐποίησαν ὡς ἐκέλευσεν
ὁ Κῦρος, καὶ ἔλαβον οἱ πειθόμενοι πολλὰ καὶ παντοῖα
χρήματα. Ὁ δὲ Κῦρος καταστρατοπεδεύσας τοὺς ἑαυτοῦ, ὅπου ἐδόκει ἐπιτηδειότατον εἶναι τῆς πόλεως, μένειν ἐπὶ τοῖς ὅπλοις παρήγγειλε καὶ ἀριστοποιεῖσθαι.

9 Ταῦτα δὲ διαπραξάμενος ἀγαγεῖν ἐκέλευσεν αὑτῷ
τὸν Κροῖσον. Ὁ δὲ Κροῖσος ὡς εἶδε τὸν Κῦρον, Χαῖρε,
ὦ δέσποτα, ἔφη · τοῦτο γὰρ ἡ τύχη καὶ ἔχειν τὸ ἀπὸ
τοῦδε δίδωσι σοὶ καὶ ἐμοὶ προσαγορεύειν. 10 Καὶ σύ
γε, ἔφη, ὦ Κροῖσε, ἐπείπερ ἄνθρωποί γέ ἐσμεν ἀμφότεροι. Ἀτάρ, ἔφη, ὦ Κροῖσε, ἆρ' ἄν τί μοι ἐθελήσαις
συμβουλεῦσαι; Καὶ βουλοίμην γ' ἄν. ἔφη, ὦ Κῦρε, ἀγαθόν τί σοι εὑρεῖν · τοῦτο γὰρ ἂν οἶμαι ἀγαθὸν κἀμοὶ
γενέσθαι. 11 Ἄκουσον τοίνυν, ἔφη, ὦ Κροῖσε · ἐγὼ
γὰρ ὁρῶν τοὺς στρατιώτας πολλὰ πεπονηκότας καὶ
πολλὰ κεκινδυνευκότας καὶ νῦν νομίζοντας πόλιν ἔχειν
τὴν πλουσιωτάτην ἐν τῇ Ἀσίᾳ μετὰ Βαβυλῶνα, ἀξιῶ
ὠφεληθῆναι τοὺς στρατιώτας. Γιγνώσκω γάρ, ἔφη, ὅτι
εἰ μή τινα καρπὸν λήψονται τῶν πόνων, οὐ δυνήσομαι

men hatte, euch, die ihr mit mir gemeinsam zu Felde gezogen seid, zu Menschen zu machen, die von allen Chaldäern glücklich gepriesen werden. Jetzt aber dürft ihr euch nicht wundern, wenn ein Stärkerer auf euch trifft, während ihr auf dem Heimweg seid."

(7) Nachdem die Chaldäer dies gehört hatten, wurden sie von Furcht gepackt und flehten ihn an, seinen Zorn zu vergessen. Sie erklärten, sie gäben die Beute vollständig zurück. Kyros erwiderte, er lege keinen Wert auf die Beute: „Aber wenn ihr wollt, daß ich aufhöre, mich zu ärgern, dann übergebt alles, was ihr den Leuten weggenommen habt, den Männern, die die Burg bewacht haben. Denn wenn die übrigen Soldaten feststellen, daß alle, die auf ihrem Posten geblieben sind, dafür ihren Lohn erhalten, wird für mich alles wieder in Ordnung sein." (8) Die Chaldäer führten alles so aus, wie Kyros es befohlen hatte, und die gehorsamen Soldaten erhielten eine große Menge von Gegenständen vielfältiger Art. Nachdem Kyros seine eigenen Leute auf dem Platz in der Stadt, wo es ihm am günstigsten erschien, ihr Lager hatte aufschlagen lassen, befahl er ihnen, ihre Waffen nicht abzulegen und ihr Frühstück einzunehmen.

(9) Nachdem er diese Maßnahmen getroffen hatte, befahl er, Kroisos zu ihm zu führen. Als Kroisos Kyros erblickte, sagte er: ‚Sei gegrüßt, Herr. Denn das Schicksal gibt dir von nun an die Möglichkeit, diesen Titel zu tragen, und verlangt von mir, dich so anzureden." (10) „Auch du seist gegrüßt, Kroisos. Denn wir sind beide Menschen. Aber, Kroisos, was würdest du mir raten wollen?" – „Ich würde mir wünschen, mein Kyros", erwiderte Kroisos, „etwas zu finden, was gut für dich ist. Denn ich glaube, daß dies auch für mich gut ist." (11) „Hör also zu, Kroisos. Wenn ich nämlich die Soldaten sehe, die große Anstrengungen ertragen und viele Gefahren auf sich genommen haben und jetzt davon überzeugt sind, daß sie die reichste Stadt in Asien nach Babylon in Besitz haben, verlange ich, daß meine Soldaten auch etwas davon haben. Denn ich erkenne, daß ich, wenn sie keinen Lohn für ihre Mühen erhal-

αὐτοὺς πολὺν χρόνον πειθομένους ἔχειν. Διαρπάσαι
μὲν οὖν αὐτοῖς ἐφεῖναι τὴν πόλιν οὐ βούλομαι · τήν
τε γὰρ πόλιν νομίζω ἂν διαφθαρῆναι. ἔν τε τῇ ἁρπαγῇ
εὖ οἶδ' ὅτι οἱ πονηρότατοι πλεονεκτήσειαν ἄν. 12 Ἀκούσας ταῦτα ὁ Κροῖσος ἔλεξεν · Ἀλλ' ἐμέ, ἔφη, ἔασον
λέξαι πρὸς οὓς ἂν ἐγὼ Λυδῶν ἔλθω ὅτι διαπέπραγμαι
ἐγὼ παρὰ σοῦ μὴ ποιῆσαι ἁρπαγὴν μηδὲ ἐᾶσαι ἀφα-
νισθῆναι παῖδας καὶ γυναῖκας · ὑπεσχόμην δέ σοι ἀντὶ
τούτων ἦ μὴν παρ' ἑκόντων Λυδῶν ἔσεσθαι πᾶν ὅ τι
καλὸν κἀγαθόν ἐστιν ἐν Σάρδεσιν. 13 Ἦν γὰρ ταῦτα
ἀκούσωσιν, οἶδ' ὅτι ἥξει σοι πᾶν ὅ τι ἐστὶν ἐνθάδε καλὸν
κτῆμα ἀνδρὶ καὶ γυναικί · καὶ ὁμοίως εἰς νέωτα πολλῶν
καὶ καλῶν πάλιν σοι πλήρης ἔσται ἡ πόλις · ἢν δὲ διαρ-
πάσῃς, καὶ αἱ τέχναι σοι, ἃς πηγάς φασι τῶν καλῶν
εἶναι, διεφθαρμέναι ἔσονται. 14 Ἐξέσται δέ σοι ἰδόντι
ταῦτα ἐλθόντα ἔτι καὶ περὶ τῆς ἁρπαγῆς βουλεύσασθαι.
Πρῶτον δ', ἔφη, ἐπὶ τοὺς ἐμοὺς θησαυροὺς πέμπε καὶ
παραλαμβανόντων οἱ σοὶ φύλακες παρὰ τῶν ἐμῶν φυλάκων. Ταῦτα μὲν δὴ πάντα οὕτω συνήνεσε ποιεῖν ὁ
Κῦρος ὥσπερ ἔλεξεν ὁ Κροῖσος.

15 Τάδε δέ μοι πάντως, ἔφη, ὦ Κροῖσε, λέξον πῶς
σοι ἀποβέβηκε τὰ ἐκ τοῦ ἐν Δελφοῖς χρηστηρίου · σοὶ
γὰρ δὴ λέγεται πάνυ γε τεθεραπεῦσθαι ὁ Ἀπόλλων
καί σε πάντα ἐκείνῳ πειθόμενον πράττειν. 16 Ἐβουλόμην ἄν, ἔφη, ὦ Κῦρε, οὕτως ἔχειν · νῦν δὲ πάντα τά-
ναντία εὐθὺς ἐξ ἀρχῆς πράττων προσηνέχθην τῷ Ἀπόλλωνι. Πῶς δέ; ἔφη ὁ Κῦρος · δίδασκε · πάνυ γὰρ πα-
ράδοξα λέγεις. 17 Ὅτι πρῶτον μέν, ἔφη, ἀμελήσας
ἐρωτᾶν τὸν θεόν, εἴ τι ἐδεόμην, ἀπεπειρώμην αὐτοῦ εἰ
δύναιτο ἀληθεύειν. Τοῦτο δ', ἔφη, μὴ ὅτι θεός, ἀλλὰ

ten, nicht mehr in der Lage sein werden, ihren Gehorsam über längere Zeit hinaus aufrecht zu erhalten. Ich will ihnen nämlich die Stadt nicht zur Plünderung überlassen; denn ich glaube, die Stadt würde dadurch völlig vernichtet, und ich bin davon überzeugt, bei der Plünderung hätten die übelsten Elemente die größten Vorteile." (12) Nachdem Kroisos diese Worte vernommen hatte, bat er Kyros: „Gestatte es mir doch, zu den Lydern zu gehen und ihnen zu sagen, daß ich dich dazu gebracht habe, auf die Plünderung zu verzichten und nicht zuzulassen, daß Frauen und Kinder verschwinden, habe ich dir doch fest versprochen, die Lyder stellten dir dafür alles freiwillig zur Verfügung, was in Sardes wertvoll und kostbar sei. (13) Denn wenn sie diese Worte hören, wird dir alles zur Verfügung stehen – das weiß ich –, was Männer und Frauen hier an Schönem besitzen. Und ebenso wird die Stadt im kommenden Jahr wieder voll sein von vielen schönen Dingen. Wenn du aber plündern läßt, wirst du auch die Künste vernichten, die, wie man sagt, Quellen des Schönen sind. (14) Sobald du gesehen hast, wie dir diese Herrlichkeiten zufließen, kannst du immer noch über die Plünderung nachdenken. Zunächst aber schick Leute zu meinen Schatzhäusern, und deine Wächter sollen sie von meinen Wächtern übernehmen." Daraufhin war Kyros mit allen Vorschlägen einverstanden, die Kroisos ihm gemacht hatte.

(15) „Erzähl mir aber vollständig, mein Kroisos, welche Bedeutung die Auskünfte des delphischen Orakels für dich hatten; denn es heißt doch, daß du Apollon inbrünstig verehrst und daß er es ist, der dein Handeln in jeder Hinsicht bestimmt." (16) Kroisos entgegnete: „Ich wünschte, es wäre so. In Wirklichkeit aber habe ich mich an Apollon gewandt, weil ich gleich von Anfang an alles falsch gemacht habe." – „Wie war das möglich?" fragte Kyros; „sag es mir. Denn deine Worte sind äußerst sonderbar." (17) „Weil ich zunächst darauf verzichtet hatte, den Gott zu fragen, wenn ich ein echtes Bedürfnis hatte, und ihn immer nur auf die Probe stellte, um zu erfahren, ob er die Wahrheit sagen könne. Nun ist es aber der

καὶ ἄνθρωποι καλοὶ κἀγαθοί, ἐπειδὰν γνῶσιν ἀπιστού-
μενοι, οὐ φιλοῦσι τοὺς ἀπιστοῦντας. 18 Ἐπεὶ μέντοι ἔγνω καὶ μάλ' ἄτοπα ἐμοῦ ποιοῦντος, καὶ πρόσω
Δελφῶν ἀπέχοντος, οὕτω δὴ πέμπω περὶ παίδων. 19 Ὁ
δέ μοι τὸ μὲν πρῶτον οὐδ' ἀπεκρίνατο · ἐπεὶ δ' ἐγὼ πολλὰ
μὲν πέμπων ἀναθήματα χρυσᾶ, πολλὰ δ' ἀργυρᾶ, πάμπολλα δὲ θύων ἐξιλασάμην ποτὲ αὐτόν, ὡς ἐδόκουν,
τότε δή μοι ἀποκρίνεται ἐρωτῶντι τί ἄν μοι ποιήσαντι
παῖδες γένοιντο · ὁ δὲ εἶπεν ὅτι ἔσοιντο. 20 Καὶ ἐγένοντο μέν, οὐδὲ γὰρ οὐδὲ τοῦτο ἐψεύσατο, γενόμενοι
δὲ οὐδὲν ὤνησαν. Ὁ μὲν γὰρ κωφὸς ὢν διετέλει, ὁ δὲ
ἄριστος γενόμενος ἐν ἀκμῇ τοῦ βίου ἀπώλετο. Πιεζό-
μενος δὲ ταῖς περὶ τοὺς παῖδας συμφοραῖς πάλιν πέμπω
καὶ ἐπερωτῶ τὸν θεὸν τί ἄν ποιῶν τὸν λοιπὸν βίον εὐ-
δαιμονέστατα διατελέσαιμι · ὁ δέ μοι ἀπεκρίνατο,
    Σαυτὸν γιγνώσκων εὐδαίμων, Κροῖσε, περάσεις.
21 Ἐγὼ δ' ἀκούσας τὴν μαντείαν ἥσθην · ἐνόμιζον
γὰρ τὸ ῥᾷστόν μοι αὐτὸν προστάξαντα τὴν εὐδαιμονίαν διδόναι. Ἄλλους μὲν γὰρ γιγνώσκειν τοὺς μὲν
οἷόν τ' εἶναι τοὺς δ' οὔ · ἑαυτὸν δὲ ὅστις ἐστὶ πάντα
τινὰ ἐνόμιζον ἄνθρωπον εἰδέναι. 22 Καὶ τὸν μετὰ
ταῦτα δὴ χρόνον, ἕως μὲν εἶχον ἡσυχίαν, οὐδὲν ἐνεκά-
λουν μετὰ τὸν τοῦ παιδὸς θάνατον ταῖς τύχαις. Ἐπειδὴ
δὲ ἀνεπείσθην ὑπὸ τοῦ Ἀσσυρίου ἐφ' ὑμᾶς στρατεύεσθαι,
εἰς πάντα κίνδυνον ἦλθον. Ἐσώθην μέντοι οὐδὲν κακὸν
λαβών · οὐκ αἰτιῶμαι δὲ οὐδὲ τάδε τὸν θεόν. Ἐπεὶ γὰρ
ἔγνων ἐμαυτὸν μὴ ἱκανὸν ὑμῖν μάχεσθαι. ἀσφαλῶς σὺν
τῷ θεῷ ἀπῆλθον καὶ αὐτὸς καὶ οἱ σὺν ἐμοί. 23 Νῦν

Fall, daß nicht allein ein Gott, sondern auch anständige und tüchtige Menschen, diejenigen, die ihnen mißtrauen, nicht lieben, sobald sie erkennen, daß ihnen Mißtrauen entgegengebracht wird. (18) Als er nun trotz meiner weiten Entfernung von Delphi von meinem unsinnigen Tun erfahren hatte, schickte ich tatsächlich jemanden zu ihm, um ihn wegen meiner Kinder zu befragen. (19) Er gab mir zunächst keine Antwort. Als ich ihm aber viele Weihgeschenke aus Gold und Silber zukommen ließ, ihm umfängliche Opfer darbrachte und ihn schließlich versöhnen konnte, wie ich glaube, da antwortete er mir auf meine Frage, was ich tun solle, um Kinder zu bekommen. Er sagte, ich bekomme Kinder. (20) Und ich bekam tatsächlich Kinder; denn auch in diesem Falle sprach er nicht die Unwahrheit. Aber als sie da waren, machten sie mir keine Freude. Denn der eine blieb sein Leben lang stumm, der andere, ein äußerst tüchtiger Junge, starb in der Blüte seiner Jahre. Überwältigt von dem Unglück mit meinen Söhnen schicke ich erneut zum Orakel und frage die Gottheit, was ich tun solle, um den Rest meines Lebens möglichst glücklich zu verbringen. Der Gott gab mir zur Antwort: ‚Wenn du dich selbst erkennst, Kroisos, wirst du dein Leben glücklich vollenden.‘ (21) Als ich den Orakelspruch vernahm, freute ich mich. Denn ich glaubte, er habe mir eine äußerst leichte Aufgabe gestellt, um mir das Glück zu schenken. Denn andere Menschen zu erkennen, sei manchmal möglich, manchmal aber auch nicht. Doch wer man selbst sei, so meinte ich, wisse jedermann. (22) In der Zeit darauf hatte ich, solange ich in Frieden lebte, nach dem Tod meines Sohnes keinen Grund, mit dem Schicksal zu hadern. Als ich aber vom Assyrerkönig dazu überredet wurde, gegen euch zu Felde zu ziehen, geriet ich in jede nur denkbare Gefahr. Ich wurde jedoch gerettet, ohne etwas Schlimmes erlitten zu haben; und in dieser Angelegenheit mache ich der Gottheit keine Vorwürfe. Denn solange ich einsah, daß ich nicht fähig war, den Kampf mit euch aufzunehmen, haben ich und die Menschen in meiner Umgebung mit Hilfe der Götter alles gut überstanden. (23) Jetzt aber ließ

δ' αὖ πάλιν ὑπό τε πλούτου τοῦ παρόντος διαθρυπτό-
μενος καὶ ὑπὸ τῶν δεομένων μου προστάτην γενέσθαι
καὶ ὑπὸ τῶν δώρων ὧν ἐδίδοσάν μοι καὶ ὑπ' ἀνθρώπων,
οἵ με κολακεύοντες ἔλεγον ὡς εἰ ἐγὼ ἐθέλοιμι ἄρχειν,
πάντες ἂν ἐμοὶ πείθοιντο καὶ μέγιστος ἂν εἴην ἀνθρώπων,
ὑπὸ τοιούτων δὲ λόγων ἀναφυσώμενος, ὡς εἵλοντό με
πάντες οἱ κύκλῳ βασιλεῖς προστάτην τοῦ πολέμου,
ὑπεδεξάμην τὴν στρατηγίαν, ὡς ἱκανὸς ὢν μέγιστος
γενέσθαι, 24 ἀγνοῶν ἄρα ἐμαυτόν, ὅτι σοὶ ἀντιπολε-
μεῖν ἱκανὸς ᾤμην εἶναι, πρῶτον μὲν ἐκ θεῶν γεγονότι,
ἔπειτα δὲ διὰ βασιλέων πεφυκότι, ἔπειτα δ' ἐκ παιδὸς
ἀρετὴν ἀσκοῦντι · τῶν δ' ἐμῶν προγόνων ἀκούω τὸν
πρῶτον βασιλεύσαντα ἅμα βασιλέα τε καὶ ἐλεύθερον
γενέσθαι. Ταῦτ' οὖν ἀγνοήσας δικαίως, ἔφη, ἔχω τὴν
δίκην. 25 Ἀλλὰ νῦν δή, ἔφη, ὦ Κῦρε, γιγνώσκω μὲν
ἐμαυτόν. Σὺ δ', ἔφη, δοκεῖς ἔτι ἀληθεύσειν τὸν Ἀπόλλω
ὡς εὐδαίμων ἔσομαι γιγνώσκων ἐμαυτόν : Σὲ δὲ ἐρωτῶ
διὰ τοῦτο ὅτι ἄριστ' ἄν μοι δοκεῖς εἰκάσαι τοῦτο ἐν τῷ
παρόντι · καὶ γὰρ δύνασαι ποιῆσαι.

26 Καὶ ὁ Κῦρος εἶπε · Βουλήν μοι δὸς περὶ τούτου,
ὦ Κροῖσε · ἐγὼ γάρ σου ἐννοῶν τὴν πρόσθεν εὐδαιμονίαν οἰκτίρω τέ σε καὶ ἀποδίδωμι ἤδη γυναῖκά τε ἔχειν
ἣν εἶχες καὶ τὰς θυγατέρας — ἀκούω γάρ σοι εἶναι —
καὶ τοὺς φίλους καὶ τοὺς θεράποντας καὶ τράπεζαν
σὺν οἷαπερ ἔζητε. Μάχας δέ σοι καὶ πολέμους ἀφαιρῶ.
27 Μὰ Δία μηδὲν τοίνυν, ἔφη ὁ Κροῖσος, σὺ ἐμοὶ ἔτι
βουλεύου ἀποκρίνασθαι περὶ τῆς ἐμῆς εὐδαιμονίας ·
ἐγὼ γὰρ ἤδη σοι λέγω, ἢν ταῦτά μοι ποιήσῃς ἃ σὺ λέγεις, ὅτι ἢν ἄλλοι τε μακαριωτάτην ἐνόμιζον εἶναι βιο-
τὴν καὶ ἐγὼ συνεγίγνωσκον αὐτοῖς, ταύτην καὶ ἐγὼ
νῦν ἔχων διάξω. 28 Καὶ ὁ Κῦρος εἶπε · Τίς δ' ἦν ὁ

ich mich aufs neue von dem Reichtum, den ich besaß, von den Menschen, die mich darum baten, ihr Führer zu werden, von den Geschenken, die sie mir machten, und von den Leuten, die mir mit schmeichlerischen Worten erklärten, daß mir, wenn ich die Führung übernähme, alle folgten und ich der mächtigste Mann der Welt sei, bestechen. Derartige Angebote brachten mich dazu, den Boden unter den Füßen zu verlieren, und als mich alle Könige ringsum zum Oberbefehlshaber wählten, übernahm ich die Führung, als ob ich wirklich das Zeug dazu gehabt hätte, der mächtigste Mann der Welt zu werden. (24) Ich kannte mich selbst also nicht, weil ich glaubte, zum Krieg gegen dich stark genug zu sein, wo du noch einerseits göttlicher Herkunft bist, andererseits aus einer könglichen Familie stammst und dich schließlich von Kindheit an in Tapferkeit übst. Dagegen höre ich, daß der erste König in meiner Familie erst mit seiner Königswürde auch seine Freiheit erhielt. Weil ich hierauf nicht achtete, werde ich zu Recht bestraft. (25) Doch heute, mein Kyros, erkenne ich mich selbst. Bist du noch der Ansicht, Apollons Wort werde sich bewahrheiten, daß ich glücklich würde, wenn ich mich selbst erkennen könnte? Ich frage dich deshalb, weil du mir dies im Augenblick am besten einzuschätzen scheinst. Denn du kannst es beeinflussen."

(26) Kyros erwiderte: „Laß mich darüber nachdenken, Kroisos. Denn wenn ich mir dein früheres Glück vor Augen führe, tust du mir leid, und ich gebe dir jetzt die Frau, die du besaßest, deine Töchter – ich höre nämlich, daß du Töchter hast –, deine Freunde, deine Diener und die Tafelrunde, mit der ihr euer Leben teiltet, zurück. Aber Schlachten und Kriege nehme ich dir ab." (27) „Beim Zeus", rief Kroisos, „denk also nicht weiter über die Antwort nach, die du mir wegen meines Glückes geben willst. Denn ich erkläre dir schon jetzt, wenn du das alles für mich tust, was du sagst, werde auch ich künftig ein Leben führen, das schon andere für das glücklichste Leben zu halten pflegten und worin ich ihnen zustimmen konnte." (28) Kyros erwiderte: „Wer aber war schon im Besitz dieses

ἔχων ταύτην τὴν μακαρίαν βιοτήν· Ἡ ἐμὴ γυνή, εἶπεν,
ὦ Κῦρε· ἐκείνη γὰρ τῶν μὲν ἀγαθῶν καὶ τῶν μαλακῶν
καὶ εὐφροσυνῶν πασῶν ἐμοὶ τὸ ἴσον μετεῖχε, φροντίδων
δέ, ὅπως ταῦτα ἔσται καὶ πολέμου καὶ μάχης οὐ μετῆν
αὐτῇ. Οὕτω δὴ καὶ σὺ δοκεῖς ἐμὲ κατασκευάζειν ὥσπερ
ἐγώ, ἣν ἐφίλουν μάλιστα ἀνθρώπων, ὥστε τῷ Ἀπόλλωνι
ἄλλα μοι δοκῶ χαριστήρια ὀφειλήσειν. 29 Ἀκούσας
δ' ὁ Κῦρος τοὺς λόγους αὐτοῦ ἐθαύμασε μὲν τὴν εὐθυμίαν, ἦγε δὲ τὸ λοιπόν, ὅπῃ καὶ αὐτὸς πορεύοιτο, εἴτε
ἄρα καὶ χρήσιμόν τι νομίζων αὐτὸν εἶναι εἴτε καὶ ἀσφαλέστερον οὕτως ἡγούμενος.

III

1 Καὶ τότε μὲν οὕτως ἐκοιμήθησαν. Τῇ δ' ὑστεραίᾳ
καλέσας ὁ Κῦρος τοὺς φίλους καὶ τοὺς ἡγεμόνας τοῦ
στρατεύματος, τοὺς μὲν αὐτῶν ἔταξε τοὺς θησαυροὺς
παραλαμβάνειν, τοὺς δ' ἐκέλευσεν ὁπόσα παραδοίη
Κροῖσος χρήματα, πρῶτον μὲν τοῖς θεοῖς ἐξελεῖν ὁποῖ' ἂν
οἱ μάγοι ἐξηγῶνται, ἔπειτα τἆλλα χρήματα παραδε-
χομένους ἐν ζυγάστροις στήσαντας ἐφ' ἁμαξῶν ἐπι-
σκευάσαι καὶ διαλαχόντας τὰς ἁμάξας κομίζειν ὅπηπερ
ἂν αὐτοὶ πορεύωνται, ἵνα ὅπου καιρὸς εἴη διαλαμβά-
νοιεν ἕκαστοι τὰ ἄξια. 2 Οἱ μὲν δὴ ταῦτ' ἐποίουν.

Ὁ δὲ Κῦρος καλέσας τινὰς τῶν παρόντων ὑπηρετῶν,
Εἴπατέ μοι, ἔφη, ἑώρακέ τις ὑμῶν Ἀβραδάταν; Θαυμάζω γάρ, ἔφη, ὅτι πρόσθεν θαμίζων ἐφ' ἡμᾶς νῦν οὐδαμοῦ φαίνεται. 3 Τῶν οὖν ὑπηρετῶν τις ἀπεκρίνατο ὅτι Ὦ δέσποτα, οὐ ζῇ, ἀλλ' ἐν τῇ μάχῃ ἀπέθανεν
ἐμβαλὼν τὸ ἅρμα εἰς τοὺς Αἰγυπτίους. Οἱ δ' ἄλλοι πλὴν
τῶν ἑταίρων αὐτοῦ ἐξέκλιναν, ὥς φασιν, ἐπεὶ τὸ στῖφος

glücklichen Lebens?" – „Meine Frau, Kyros", antwortete Kroisos, „denn sie konnte ebenso wie ich den Reichtum, den Luxus und Freuden aller Art genießen, ohne sich Gedanken darüber zu machen, woher diese Dinge kommen, und ohne an Krieg und Kampf beteiligt zu sein. Du versetzt mich offensichtlich in dieselbe Lage, in die ich meine Frau, die ich mehr als alle anderen Menschen liebte, gebracht habe, so daß ich Apollon noch weitere Zeichen meiner Dankbarkeit zu schulden glaube." (29) Als Kyros die Worte des Kroisos gehört hatte, bewunderte er dessen innere Ausgeglichenheit. Er ließ sich in Zukunft von ihm begleiten, wohin er auch ging, sei es daß er ihn als einen nützlichen Helfer ansah, sei es daß er es so für sicherer hielt.

III.

(1) Darauf begaben sie sich zur Ruhe. Am nächsten Tag rief Kyros seine Freunde und die Befehlshaber zu sich. Einigen von ihnen gab er den Auftrag, die Schatzhäuser zu übernehmen; anderen befahl er, von den Schätzen, die Kroisos ausliefern sollte, zuerst den Teil für die Götter auszusondern, den die Magier bestimmten, dann die übrigen Wertgegenstände in Empfang zu nehmen, in Kisten zu packen, auf Wagen zu laden, die Wagen zu verlosen und überall dorthin zu bringen, wohin sie selbst marschierten, damit, wenn die Zeit gekommen sei, jeder das bekomme, was ihm zustehe. (2) Sie führten diese Befehle aus.

Kyros aber rief einige seiner Helfer, die gerade in der Nähe waren, zu sich und sprach: „Sagt mir, hat einer von euch Abradatas gesehen? Ich wundere mich nämlich, daß er sich jetzt nirgendwo zeigt, wo er doch zuvor so häufig zu uns kam." (3) Einer der Helfer gab ihm zur Antwort: „Herr, er lebt nicht mehr, sondern fiel in der Schlacht, nachdem er mit seinem Wagen in die Reihen der Ägypter eingebrochen war. Die anderen außer seinen Kameraden waren geflohen, wie es heißt,

εἶδον τὸ τῶν Αἰγυπτίων. 4 Καὶ νῦν γε, ἔφη, λέγεται
αὐτοῦ ἡ γυνὴ ἀνελομένη τὸν νεκρὸν καὶ ἐνθεμένη εἰς
τὴν ἁρμάμαξαν, ἐν ᾗπερ αὐτὴ ὠχεῖτο, προσκεκομικέ-
ναι αὐτὸν ἐνθάδε ποι πρὸς τὸν Πακτωλὸν ποταμόν.
5 Καὶ τοὺς μὲν εὐνούχους καὶ τοὺς θεράποντας αὐτοῦ ὀρύττειν φασὶν ἐπὶ λόφου τινὸς θήκην τῷ τελευτή-
σαντι. Τὴν δὲ γυναῖκα λέγουσιν ὡς κάθηται χαμαὶ κε-
κοσμηκυῖα οἷς εἶχε τὸν ἄνδρα, τὴν κεφαλὴν αὐτοῦ
ἔχουσα ἐπὶ τοῖς γόνασι.

6 Ταῦτα ἀκούσας ὁ Κῦρος ἐπαίσατο ἄρα τὸν μηρὸν
καὶ εὐθὺς ἀναπηδήσας ἐπὶ τὸν ἵππον λαβὼν ἐνίους
ἱππέας ἤλαυνεν ἐπὶ τὸ πάθος. 7 Γαδάταν δὲ καὶ Γωβρύαν
ἐκέλευσεν ὅ τι δύναιντο λαβόντας καλὸν κόσμημα ἀνδρὶ
φίλῳ καὶ ἀγαθῷ τετελευτηκότι μεταδιώκειν · καὶ ὅστις
εἶχε τὰς ἐπομένας ἀγέλας, καὶ βοῦς καὶ ἵππους εἶπε
τούτῳ καὶ ἄλλα πρόβατα πολλὰ ἐλαύνειν ὅποι ἂν αὐτὸν πυνθάνηται ὄντα, ὡς ἐπισφαγείη τῷ Ἀβραδάτᾳ.

8 Ἐπεὶ δὲ εἶδε τὴν γυναῖκα χαμαὶ καθημένην καὶ
τὸν νεκρὸν κείμενον, ἐδάκρυσέ τε ἐπὶ τῷ πάθει καὶ εἶπε ·
Φεῦ, ὦ ἀγαθὴ καὶ πιστὴ ψυχή, οἴχῃ δὴ ἀπολιπὼν ἡμᾶς;
Καὶ ἅμα ἐδεξιοῦτο αὐτὸν καὶ ἡ χεὶρ τοῦ νεκροῦ ἐπηκο-
λούθησεν · ἀπεκέκοπτο γὰρ κοπίδι ὑπὸ τῶν Αἰγυπτίων.
9 Ὁ δὲ ἰδὼν πολὺ ἔτι μᾶλλον ἤλγησε · καὶ ἡ γυνὴ
δὲ ἀνωδύρατο καὶ δεξαμένη τὴν χεῖρα παρὰ τοῦ Κύρου ἐφίλησέ τε καὶ πάλιν ὡς οἷόν τ' ἦν προσήρμοσε,
καὶ εἶπε · 10 Καὶ τἆλλά τοι, ὦ Κῦρε, οὕτως ἔχει ·
ἀλλὰ τί δεῖ σε ὁρᾶν; Καὶ ταῦτα, ἔφη, οἶδ' ὅτι δι' ἐμὲ
οὐχ ἥκιστα ἔπαθεν, ἴσως δὲ καὶ διὰ σέ, ὦ Κῦρε, οὐδὲν
ἧττον. Ἐγώ τε γὰρ ἡ μώρα πολλὰ διεκελευόμην αὐτῷ
οὕτω ποιεῖν, ὅπως σοι φίλος ἄξιος λόγου φανείη · αὐτός τε οἶδ' ὅτι οὗτος οὐ τοῦτο ἐνενόει ὅ τι πείσοιτο,
ἀλλὰ τί ἂν ποιήσας σοι χαρίσαιτο. Καὶ γὰρ οὖν, ἔφη,

als sie den dichten Block der Ägypter sahen. (4) Seine Frau
soll den Leichnam aufgehoben, auf ihre Kutsche gelegt und
irgendwo hierhin an den Fluß Paktolos gebracht haben. (5)
Man sagt, daß Abradatas' Eunuchen und Sklaven auf einem
Hügel ein Grab für den Toten ausheben. Es heißt auch, daß
die Frau am Boden sitzt, nachdem sie ihren Mann mit all ihrem
Schmuck, den sie besaß, bedeckt hat, und seinen Kopf auf
ihren Knien hält."

(6) Als Kyros diese Worte hörte, schlug er sich voller Verzweiflung an die Hüfte, sprang sofort auf sein Pferd und ritt
mit einigen Begleitern zum Ort der Trauer. (7) Er gab Gadatas
und Gobryas den Auftrag, prächtigen Schmuck für seinen toten Freund und tapferen Mann zusammenzupacken, soweit es
ihnen möglich sei, und ihm unverzüglich zu folgen. Jedem
Mann, der für die Viehherden, die den Truppen folgten, zuständig war, gab er die Anweisung, Rinder, Pferde und außerdem noch eine große Zahl von Schafen dorthin zu treiben, wo
er ihn zu finden wußte, damit die Tiere zu Ehren des Abradatas geschlachtet werden könnten.

(8) Als Kyros die Frau am Boden sitzen und den Toten vor
ihr liegen sah, brach er angesichts des Leides in Tränen aus
und sagte: „Ach, du edles, treues Herz, bist du wirklich von
uns gegangen?" Zugleich ergriff er seine rechte Hand, und die
Hand des Toten blieb in Kyros' Hand; denn sie war ihm von
den Ägyptern mit einem Beil abgehauen worden. (9) Dieser
Anblick vergrößerte seinen Schmerz, und die Frau brach in
lautes Schluchzen aus, nahm die Hand aus Kyros' Hand, küßte
sie, fügte sie, so gut es ging, wieder an und sprach: (10) „Sein
ganzer Körper, mein Kyros, ist in demselben Zustand. Doch
warum mußt du es sehen? Ich weiß, daß er dies hauptsächlich
meinetwegen erlitten hat, vielleicht aber auch nicht weniger
deinetwegen, mein Kyros. Denn ich habe ihn in meinem
Wahnsinn unentwegt aufgefordert, so zu handeln, daß du in
ihm einen wahren Freund sehen könntest; und ich weiß, daß er
selbst nicht daran dachte, was ihm zustoßen, sondern was er
tun könnte, um dir zu gefallen. Und so ist er zwar ohne Tadel

αὐτὸς μὲν ἀμέμπτως τετελεύτηκεν. ἐγὼ δ' ἡ παρακελευο-
μένη ζῶσα παρακάθημαι.

11 Καὶ ὁ Κῦρος χρόνον μέν τινα σιωπῇ κατεδάκ-
ρυσεν, ἔπειτα δὲ ἐφθέγξατο · 'Αλλ' οὗτος μὲν δή, ὦ
γύναι, ἔχει τὸ κάλλιστον τέλος · νικῶν γὰρ τετελεύ-
τηκε. Σὺ δὲ λαβοῦσα τοῖσδε ἐπικόσμει αὐτὸν τοῖς παρ' ἐμοῦ
— παρῆν δὲ ὁ Γωβρύας καὶ ὁ Γαδάτας πολὺν καὶ καλὸν
κόσμον φέροντες — ἔπειτα δ', ἔφη, ἴσθι ὅτι οὐδὲ τὰ ἄλλα
ἄτιμος ἔσται, ἀλλὰ καὶ τὸ μνῆμα πολλοὶ χώσουσιν
ἀξίως ἡμῶν καὶ ἐπισφαγήσεται αὐτῷ ὅσα εἰκὸς ἀνδρὶ
ἀγαθῷ. 12 Καὶ σὺ δ', ἔφη, οὐκ ἔρημος ἔσῃ, ἀλλ' ἐγώ
σε καὶ σωφροσύνης ἕνεκα καὶ πάσης ἀρετῆς καὶ τἆλλα
τιμήσω καὶ συστήσω ὅστις ἀποκομιεῖ σε ὅποι ἂν αὐτὴ
ἐθέλῃς · μόνον, ἔφη, δήλωσον πρὸς ἐμὲ πρὸς ὅντινα
χρήζεις κομισθῆναι. 13 Καὶ ἡ Πάνθεια εἶπεν · 'Αλλὰ
θάρρει, ἔφη, ὦ Κῦρε, οὐ μή σε κρύψω πρὸς ὅντινα βούλομαι ἀφικέσθαι.

14 Ὁ μὲν δὴ ταῦτ' εἰπὼν ἀπῄει, κατοικτίρων τήν
τε γυναῖκα οἵου ἀνδρὸς στέροιτο καὶ τὸν ἄνδρα οἵαν
γυναῖκα καταλιπὼν οὐκέτ' ὄψοιτο. Ἡ δὲ γυνὴ τοὺς
μὲν εὐνούχους ἐκέλευσεν ἀποστῆναι, ἕως ἄν, ἔφη, τόνδ' ἐγὼ
ὀδύρωμαι ὡς βούλομαι. Τῇ δὲ τροφῷ εἶπε παραμένειν, καὶ ἐπέταξεν αὐτῇ, ἐπειδὰν ἀποθάνῃ, περικαλύ-
ψαι αὐτήν τε καὶ τὸν ἄνδρα ἑνὶ ἱματίῳ. Ἡ δὲ τροφὸς
πολλὰ ἱκετεύουσα μὴ ποιεῖν τοῦτο, ἐπεὶ οὐδὲν ἤνυε
καὶ χαλεπαίνουσαν ἑώρα, ἐκάθητο κλαίουσα. Ἡ δὲ
ἀκινάκην πάλαι παρεσκευασμένον σπασαμένη σφάττει
ἑαυτὴν καὶ ἐπιθεῖσα ἐπὶ τὰ στέρνα τοῦ ἀνδρὸς τὴν ἑαυτῆς κεφαλὴν ἀπέθνῃσκεν. Ἡ δὲ τροφὸς ἀνωλοφύρατό
τε καὶ περιεκάλυπτεν ἄμφω ὥσπερ ἡ Πάνθεια ἐπέστειλεν.

gestorben, ich aber, die ich ihn angespornt habe, sitze neben ihm und bin noch am Leben."

(11) Kyros weinte eine Zeit lang, ohne ein Wort zu sagen, dann aber rief er laut: „Dieser Mann hat das schönste Ende gefunden, das man sich denken kann, liebe Frau. Denn er fiel als Sieger in der Schlacht. Du aber nimm diese Gegenstände aus meiner Hand und schmück ihn damit – Gobryas und Gadatas standen mit einer großen Menge wertvollen Schmuckes daneben –; dann aber sollst du wissen, daß ihm auch sonst keine Ehrungen fehlen werden, sondern daß viele Männer ihm auch einen Grabhügel errichten werden, wie es unsere Pflicht ist, und daß ihm die Tieropfer dargebracht werden, die einem tapferen Helden zustehen. (12) Auch wirst du nicht alleingelassen, sondern ich werde dich wegen deiner Haltung und deiner makellosen Tugendhaftigkeit ehrenvoll behandeln und dir eine Vertrauensperson zur Seite stellen, die dich dorthin bringen wird, wohin zu willst. Gib mir nur zu erkennen, zu wem ich dich bringen soll." (13) Darauf erwiderte Pantheia: „Sei unbesorgt, mein Kyros, ich werde dir auf keinen Fall verheimlichen, zu wem ich will." (14) Kyros entfernte sich nach diesem Gespräch. Er hatte tiefes Mitgefühl mit der Frau, die einen solchen Mann verloren hatte, und mit dem Mann, der eine solche Frau hinterlassen hatte, um sie niemals wiedersehen zu können. Die Frau befahl den Eunuchen, sich zurückzuziehen. Sie sagte: „Damit ich um diesen Mann trauern kann, solange ich es will." Ihre Amme aber forderte sie auf zu bleiben und gab ihr den Auftrag, sie und ihren Mann in denselben Mantel einzuhüllen, sobald sie gestorben sei. Die Amme flehte sie inständig an, dies nicht zu tun. als sie aber nichts erreichte und nur sah, daß ihre Herrin in Zorn geriet, setzte sie sich hin und weinte. Pantheia ergriff einen schon vor längerer Zeit bereitgelegten Dolch und stieß ihn sich in den Leib. Dann legte sie den Kopf auf die Brust ihres Mannes und starb. Die Amme brach in lautes Wehklagen aus und verhüllte beide, wie Pantheia es angeordnet hatte.

15 Ὁ δὲ Κῦρος ὡς ᾔσθετο τὸ ἔργον τῆς γυναικός, ἐκπλαγεὶς ἵεται, εἴ τι δύναιτο βοηθῆσαι. Οἱ δὲ εὐνοῦχοι ἰδόντες τὸ γεγενημένον, τρεῖς ὄντες σπασάμενοι κἀκεῖνοι τοὺς ἀκινάκας ἀποσφάττονται οὗπερ ἔταξεν αὐτοὺς ἑστηκότες. Καὶ νῦν τὸ μνῆμα μέχρι τοῦ νῦν τῶν εὐνούχων κεχῶσθαι λέγεται · καὶ ἐπὶ μὲν τῇ ἄνω στήλῃ τοῦ ἀνδρὸς καὶ τῆς γυναικὸς ἐπιγεγράφθαι φασὶ τὰ ὀνόματα, Σύρια γράμματα, κάτω δὲ εἶναι τρεῖς λέγουσι στήλας καὶ ἐπιγεγράφθαι ΣΚΗΠΤΟΥΧΩΝ. 16 Ὁ δὲ Κῦρος ὡς ἐπλησίασε τῷ πάθει ἀγασθείς τε τὴν γυναῖκα καὶ κατολοφυράμενος ἀπῄει. Καὶ τούτων μὲν ᾗ εἰκὸς ἐπεμελήθη ὡς τύχοιεν πάντων τῶν καλῶν, καὶ τὸ μνῆμα ὑπερμέγεθες ἐχώσθη, ὥς φασιν.

IV

1 Ἐκ δὲ τούτου στασιάζοντες οἱ Κᾶρες καὶ πολεμοῦντες πρὸς ἀλλήλους, ἅτε τὰς οἰκήσεις ἔχοντες ἐν ὀχυροῖς χωρίοις, ἑκάτεροι ἐπεκαλοῦντο τὸν Κῦρον. Ὁ δὲ Κῦρος αὐτὸς μὲν μένων ἐν Σάρδεσι μηχανὰς ἐποιεῖτο καὶ κριούς, ὡς τῶν μὴ πειθομένων ἐρείψων τὰ τείχη, Ἀδούσιον δὲ ἄνδρα Πέρσην καὶ τἆλλα οὐκ ἄφρονα οὐδ' ἀπόλεμον, καὶ πάνυ δὴ εὔχαριν. πέμπει ἐπὶ τὴν Καρίαν, στράτευμα δούς — καὶ Κίλικες δὲ καὶ Κύπριοι πάνυ προθύμως αὐτῷ συνεστράτευσαν. 2 Ὧν ἕνεκα οὐδ' ἔπεμψε πώποτε Πέρσην σατράπην οὔτε Κιλίκων οὔτε Κυπρίων, ἀλλ' ἤρκουν αὐτῷ αἰεὶ οἱ ἐπιχώριοι βασιλεύοντες · δασμὸν μέντοι ἐλάμβανε καὶ στρατείας ὁπότε δέοιτο ἐπήγγελλεν αὐτοῖς —.

3 Ὁ δὲ Ἀδούσιος ἄγων τὸ στράτευμα ἐπὶ τὴν Καρίαν ἦλθε, καὶ ἀπ' ἀμφοτέρων τῶν Καρῶν παρῆσαν πρὸς αὐτὸν ἕτοιμοι ὄντες δέχεσθαι εἰς τὰ τείχη ἐπὶ κακῷ

(15) Als Kyros von der Tat der Frau erfuhr, erschrak er und eilte zu ihr, ob er noch irgendwie helfen könne. Die Eunuchen sahen, was geschehen war. Da zogen alle drei ihre Dolche und erstachen sich an der Stelle, wo sie auf Pantheias Anordnung hin standen. Man sagt heute, daß der Grabhügel der Eunuchen bis in unsere Tage erhalten ist. Es heißt, daß auf der oberen Säule die Namen des Mannes und der Frau stehen, und zwar in assyrischer Schrift, und daß sich unten drei Säulen mit der Inschrift „den Szepterträgern" befinden. (16) Als Kyros sich der traurigen Szene näherte, bewunderte er die Frau und wandte sich schmerzerfüllt ab. Er sorgte dafür, wie es sich gehört, daß den Toten alle Ehren erwiesen wurden, und man errichtete, wie es heißt, einen gewaltigen Grabhügel.

IV.

(1) Kurz darauf brachen bei den Karern Aufstände und innere Kämpfe aus. Da sie sich in befestigten Siedlungen verschanzt hatten, wandten sich die beiden verfeindeten Gruppen an Kyros. Kyros selbst aber blieb in Sardes und ließ Kriegsmaschinen und Sturmböcke herstellen, um die Mauern derjenigen zu zerstören, die den Gehorsam verweigerten. Er schickte Adusios, einen Perser, einen in jeder Hinsicht vernünftigen und kriegserfahrenen Mann und eine wirklich anziehende Persönlichkeit, nach Karien, nachdem er ihm ein Heer zur Verfügung gestellt hatte. – Die Kilikier und Kyprier schlossen sich ihm dagegen mit großer Bereitschaft an. (2) Darum setzte Kyros auch nie einen persischen Satrapen in Kilikien und Kypros ein; er war vielmehr immer mit den einheimischen Königen zufrieden. Allerdings erhielt er regelmäßig Tribut und verlangte militärische Unterstützung, wenn er sie brauchte.

(3) Adusios traf mit seinem Heer in Karien ein, und von beiden verfeindeten Gruppen der Karer kamen Unterhändler zu ihm, die bereit waren, ihn in ihre Festungen einzulassen –

τῶν ἀντιστασιαζόντων. Ὁ δὲ Ἀδούσιος πρὸς ἀμφοτέρους ταὐτὰ ἐποίει · δικαιότερά τε ἔφη λέγειν τούτους ὁποτέροις διαλέγοιτο, λαθεῖν τε ἔφη δεῖν τοὺς ἐναντίους φίλους σφᾶς γενομένους, ὡς δὴ οὕτως ἂν μᾶλλον ἐπιπεσὼν ἀπαρασκεύοις τοῖς ἐναντίοις. Πιστὰ δ' ἠξίου γενέσθαι, καὶ τοὺς μὲν Κᾶρας ὀμόσαι ἀδόλως τε δέξεσθαι εἰς τὰ τείχη σφᾶς καὶ ἐπ' ἀγαθῷ τῷ Κύρου καὶ Περσῶν · αὐτὸς δὲ ὀμόσαι θέλειν ἀδόλως εἰσιέναι εἰς τὰ τείχη καὶ ἐπ' ἀγαθῷ τῶν δεχομένων. 4 Ταῦτα δὲ ποιήσας ἀμφοτέροις λάθρᾳ ἑκατέρων νύκτα συνέθετο τὴν αὐτήν. καὶ ἐν ταύτῃ εἰσῆλθεν εἰς τὰ τείχη καὶ παρέλαβε τὰ ἐρύματα ἀμφοτέρων. Ἅμα δὲ τῇ ἡμέρᾳ καθεζόμενος εἰς τὸ μέσον σὺν τῇ στρατιᾷ ἐκάλεσεν ἑκατέρων τοὺς ἐπικαιρίους. Οἱ δὲ ἰδόντες ἀλλήλους ἠχθέσθησαν. νομίζοντες ἐξηπατῆσθαι ἀμφότεροι. 5 Ὁ μέντοι Ἀδούσιος ἔλεξε τοιάδε · Ἐγὼ ὑμῖν, ὦ ἄνδρες. ὤμοσα ἀδόλως εἰσιέναι εἰς τὰ τείχη καὶ ἐπ' ἀγαθῷ τῶν δεχομένων. Εἰ μὲν οὖν ἀπολῶ ὁποτέρους ὑμῶν, νομίζω ἐπὶ κακῷ εἰσεληλυθέναι Καρῶν · ἢν δὲ εἰρήνην ὑμῖν ποιήσω καὶ ἀσφάλειαν ἐργάζεσθαι ἀμφοτέροις τὴν γῆν, νομίζω ὑμῖν ἐπ' ἀγαθῷ παρεῖναι. Νῦν οὖν χρὴ ἀπὸ τῆσδε τῆς ἡμέρας ἐπιμίγνυσθαί τε ἀλλήλοις φιλικῶς, ἐργάζεσθαί τε τὴν γῆν ἀδεῶς. διδόναι τε τέκνα καὶ λαμβάνειν παρ' ἀλλήλων. Ἢν δὲ παρὰ ταῦτα ἀδικεῖν τις ἐπιχειρῇ. τούτοις Κῦρός τε καὶ ἡμεῖς πολέμιοι ἐσόμεθα. 6 Ἐκ τούτου πύλαι μὲν ἀνεῳγμέναι ἦσαν τῶν τειχῶν. μεσταὶ δὲ αἱ ὁδοὶ πορευομένων παρ' ἀλλήλους, μεστοὶ δὲ οἱ χῶροι ἐργαζομένων · ἑορτὰς δὲ κοινῇ ἦγον, εἰρήνης δὲ καὶ εὐφροσύνης πάντα πλέα ἦν. 7 Ἐν δὲ τούτῳ ἧκον οἱ παρὰ Κύρου ἐρωτῶντες εἴ τι στρατιᾶς προσδέοιτο ἢ μηχανημάτων. Ὁ δὲ Ἀδούσιος ἀπεκρίνατο ὅτι καὶ τῇ παρούσῃ

jeweils zum Nachteil ihrer Gegner. Adusios aber behandelte beide Gruppen gleich: Er sagte den Vertretern beider Parteien, sie verträten die gerechtere Sache. Ihre Gegner dürften aber nicht erfahren, daß sie sich mit ihm verbündet hätten, da er sie auf diese Weise leichter überrumpeln könne. Er verlangte entsprechende Zusicherungen und bestand darauf, daß die Karer den Eid ablegten, ihn ohne Hinterlist in ihre Festungen einzulassen – zum Vorteil des Kyros und der Perser. Er selbst sei bereit zu schwören, daß er ohne Hinterlist in die Festungen einziehe – zum Vorteil der Aufnehmenden. (4) Daraufhin einigte er sich mit beiden Gruppen, ohne daß die jeweils andere davon wußte, auf dieselbe Nacht für die Durchführung der Aktion, und in dieser Nacht zog er in die Festungen ein und bemächtigte sich der Wehranlagen beider Parteien. Bei Tagesanbruch begab er sich mit dem Heer in die Mitte zwischen den Festungen und rief die Anführer beider Gruppen zu sich. Es mißfiel ihnen sehr, sich gegenseitig zu sehen, und beide glaubten, daß sie betrogen worden seien. (5) Adusios aber sagte ihnen folgendes: „Ich habe euch geschworen, ohne hinterlistige Gedanken und zum Vorteil derjenigen, die uns aufnehmen, in eure Festungen einzuziehen. Wenn ich nun eine Gruppe von euch vernichten würde, dann, so meine ich, wäre ich zum Schaden aller Karer hierhergekommen. Wenn ich aber unter euch Frieden stifte und euch beiden die Möglichkeit schaffe, ohne Gefahr euer Land zu bestellen, dann, so glaube ich, bin ich zu eurem Nutzen hier. Jetzt aber ist es notwendig, daß ihr vom heutigen Tag an freundschaftliche Beziehungen zueinander knüpft, das Land ohne Angst bebaut und eure Kinder miteinander Ehen schließen laßt. Falls aber jemand gegen diese Vorschriften zu verstoßen versucht, wird er Kyros und uns zu Feinden haben."(6) Von da an blieben die Tore der Festungen offen, die Straßen waren voller Menschen, die sich gegenseitig besuchten, und überall auf den Feldern arbeiteten die Menschen. Sie feierten gemeinsame Feste, und überall herrschten Frieden und Frohsinn. (7) Inzwischen kamen Kyros' Leute und fragten, ob Adusios noch ein Heer und Kriegs-

ἐξείη ἄλλοσε χρῆσθαι στρατιᾷ· καὶ ἅμα ταῦτα λέγων
ἀπῆγε τό στράτευμα, φρουροὺς ἐν ταῖς ἄκραις καταλιπών. Οἱ δὲ Κᾶρες ἱκέτευον μένειν αὐτόν· ἐπεὶ δὲ οὐκ
ἤθελε, προσέπεμψαν πρὸς τὸν Κῦρον δεόμενοι πέμψαι
Ἀδούσιον σφίσι σατράπην.

8 Ὁ δὲ Κῦρος ἐν τούτῳ ἀπεστάλκει Ὑστάσπαν στράτευμα ἄγοντα ἐπὶ Φρυγίαν τὴν περὶ Ἑλλήσποντον.
Ἐπεὶ δ' ἧκεν ὁ Ἀδούσιος, μετάγειν αὐτὸν ἐκέλευσεν
ᾗπερ ὁ Ὑστάσπας προώχετο. ὅπως μᾶλλον πείθοιντο
τῷ Ὑστάσπᾳ, ἀκούοντες ἄλλο στράτευμα προσιόν.
9 Οἱ μὲν οὖν Ἕλληνες οἱ ἐπὶ θαλάττῃ οἰκοῦντες πολλὰ
δόντες δῶρα διεπράξαντο ὥστε εἰς μὲν τὰ τείχη βαρβά-
ρους μὴ δέχεσθαι, δασμὸν δὲ ὑποφέρειν καὶ στρατεύειν
ὅποι Κῦρος ἐπαγγέλλοι. 10 Ὁ δὲ τῶν Φρυγῶν βασιλεὺς παρεσκευάζετο μὲν ὡς καθέξων τὰ ἐρυμνὰ καὶ οὐ
πεισόμενος καὶ παρήγγελλεν οὕτως. Ἐπεὶ δὲ ἀφίσταντο
αὐτοῦ οἱ ὕπαρχοι καὶ ἔρημος ἐγίγνετο, τελευτῶν εἰς
χεῖρας ἦλθεν Ὑστάσπᾳ ἐπὶ τῇ Κύρου δίκῃ. Καὶ ὁ Ὑστάσπας καταλιπὼν ἐν ταῖς ἄκραις ἰσχυρὰς Περσῶν φρου-
ρὰς ἀπῄει ἄγων σὺν τοῖς ἑαυτοῦ καὶ Φρυγῶν πολλοὺς
ἱππέας καὶ πελταστάς. 11 Ὁ δὲ Κῦρος ἐπέστελλεν
Ἀδουσίῳ συμμείξαντα πρὸς Ὑστάσπαν τοὺς μὲν ἑλο-
μένους Φρυγῶν τὰ σφέτερα σὺν τοῖς ὅπλοις ἄγειν, τοὺς
δὲ ἐπιθυμήσαντας πολεμεῖν τούτων ἀφελομένους τοὺς
ἵππους καὶ τὰ ὅπλα σφενδόνας ἔχοντας πάντας κελεύειν
ἕπεσθαι.

12 Οὗτοι μὲν δὴ ταῦτ' ἐποίουν. Κῦρος δὲ ὡρμᾶτο
ἐκ Σάρδεων, φρουρὰν μὲν πεζὴν καταλιπὼν πολλὴν
ἐν Σάρδεσι, Κροῖσον δὲ ἔχων, ἄγων δὲ πολλὰς ἁμάξας
πολλῶν καὶ παντοδαπῶν χρημάτων. Ἧκε δὲ καὶ ὁ Κροῖσος γεγραμμένα ἔχων ἀκριβῶς ὅσα ἐν ἑκάστῃ ἦν τῇ
ἁμάξῃ· καὶ διδοὺς τῷ Κύρῳ τὰ γράμματα εἶπε· Ταῦτ',

maschinen brauche. Adusios erwiderte, es sei möglich, sogar das bei ihm befindliche Heer anderswo zu verwenden; und mit diesen Worten ließ er das Heer wieder abrücken, nachdem er Wachen auf den Höhen zurückgelassen hatte. Die Karer aber flehten ihn an zu bleiben. Da er aber dazu nicht bereit war, schickten sie Boten zu Kyros, um ihn zu bitten, Adusios als ihren Satrapen einzusetzen.

(8) Kyros hatte inzwischen Hystaspas mit einem Heer nach Phrygien am Hellespont geschickt. Als Adusios zurückgekommen war, befahl er ihm, der Marschroute zu folgen, auf der Hystaspas vorausgezogen war, damit ihm dessen Leute besser gehorchten, wenn sie hörten, daß ein weiteres Heer anrücke. (9) Die Griechen, die an der Küste wohnten, erreichten es mit vielen Geschenken, daß sie zwar keine Barbaren in ihre Mauern aufzunehmen brauchten, dafür aber Tribut entrichteten und an allen Feldzügen auf Kyros' Befehl teilnahmen. (10) Der König von Phrygien aber bereitete sich darauf vor, seine festen Plätze zu besetzen und Kyros nicht zu gehorchen, und erteilte entsprechende Befehle. Als aber seine Untergebenen von ihm abfielen und er allein gelassen wurde, begab er sich in Hystaspas' Hand, um sich Kyros' Rechtsprechung zu unterstellen. Hystaspas ließ eine starke persische Besatzung auf den Bergen zurück und kehrte mit seinen eigenen Männern und zahlreichen phrygischen Reitern und Leichtbewaffneten zu Kyros zurück. (11) Kyros befahl Adusios, sich mit Hystaspas zu vereinigen und alle Phryger, die sich auf die Seite der Perser geschlagen hätten, in Waffen mitzunehmen, denjenigen aber, die weiter Krieg führen wollten, die Pferde und Waffen abzunehmen und allen die Anweisung zu geben, nur mit Schleudern bewaffnet zu folgen.

(12) Sie führten diese Befehle aus. Kyros aber verließ Sardes, nachdem er dort eine starke Besatzung aus Fußsoldaten zurückgelassen hatte. Er nahm Kroisos mit und hatte zahlreiche Wagen mit einer großen Menge vielfältiger Wertgegenstände bei sich. Kroisos hatte eine Liste dabei, auf der alle Gegenstände genau verzeichnet waren, die sich auf den Wagen

ἔφη, ἔχων. ὦ Κῦρε, εἴσῃ τόν τέ σοι ὀρθῶς ἀποδιδόντα
ἃ ἄγει καὶ τὸν μή. 13 Καὶ ὁ Κῦρος ἔλεξεν · Ἀλλὰ
σὺ μὲν καλῶς ποιεῖς, ὦ Κροῖσε, προνοῶν. Ἔμοιγε μέντοι ἄξουσι τὰ χρήματα οἵπερ καὶ ἔχειν αὐτὰ ἄξιοί εἰσιν ·
ὥστε ἤν τι καὶ κλέψωσι, τῶν ἑαυτῶν κλέψονται. Καὶ
ἅμα ταῦτα λέγων ἔδωκε τὰ γράμματα τοῖς φίλοις καὶ
τοῖς ἄρχουσιν, ὅπως εἰδεῖεν τῶν ἐπιτρόπων οἵ τε σῶα
αὐτοῖς ἀποδιδοῖεν οἵ τε μή.

14 Ἦγε δὲ καὶ Λυδῶν οὓς μὲν ἑώρα καλλωπιζομέ-
νους καὶ ὅπλοις καὶ ἵπποις καὶ ἅρμασι καὶ πάντα πειρω-
μένους ποιεῖν ὅ τι ᾤοντο αὐτῷ χαριεῖσθαι, τούτους μὲν
σὺν τοῖς ὅπλοις · οὓς δὲ ἑώρα ἀχαρίστως ἑπομένους,
τοὺς μὲν ἵππους αὐτῶν παρέδωκε Πέρσαις τοῖς πρώτοις συστρατευσαμένοις, τὰ δὲ ὅπλα κατέκαυσε · σφενδόνας δὲ καὶ τούτους ἠνάγκασεν ἔχοντας ἔπεσθαι. 15 Καὶ
πάντας δὲ τοὺς ἀόπλους τῶν ὑποχειρίων γενομένων
σφενδονᾶν ἠνάγκαζε μελετᾶν, νομίζων τοῦτο τὸ ὅπλον
δουλικώτατον εἶναι. Σὺν μὲν γὰρ ἄλλῃ δυνάμει μάλα
ἔστιν ἔνθα ἰσχυρῶς ὠφελοῦσι σφενδονῆται παρόντες,
αὐτοὶ δὲ καθ' αὑτοὺς οὐδ' ἂν οἱ πάντες σφενδονῆται
μείνειαν πάνυ ὀλίγους ὁμόσε ἰόντας σὺν ὅπλοις ἀγχε-
μάχοις.

16 Προϊὼν δὲ τὴν ἐπὶ Βαβυλῶνος κατεστρέψατο
μὲν Φρύγας τοὺς ἐν τῇ μεγάλῃ Φρυγίᾳ, κατεστρέψατο
δὲ Καππαδόκας, ὑποχειρίους δ' ἐποιήσατο Ἀραβίους.
Ἐξέπλησε δὲ ἀπὸ πάντων τούτων Περσῶν μὲν ἱππέας
οὐ μεῖον τετρακισμυρίους, πολλοὺς δὲ ἵππους τῶν αἰχμαλώτων καὶ πᾶσι τοῖς συμμάχοις διέδωκε. Καὶ πρὸς
Βαβυλῶνα ἀφίκετο παμπόλλους μὲν ἱππέας ἔχων, παμπόλλους δὲ τοξότας καὶ ἀκοντιστάς, σφενδονήτας δὲ
ἀναρίθμους.

befanden. Er gab Kyros die Liste mit den Worten: „Mit Hilfe dieser Liste wirst du wissen, wer dir ordnungsgemäß zurückgibt, was er bei sich führt, und wer nicht." (13) Kyros sagte dazu: „Du handelst sicher richtig und mit der nötigen Vorsicht. Aber mir werden die Leute die Schätze transportieren, die es verdienen, sie auch zu besitzen. Wenn sie daher etwas stehlen, werden sie sich selbst bestehlen." Und mit diesen Worten gab er die Liste seinen Freunden und Befehlshabern, damit sie wüßten, welcher der dafür Verantwortlichen ihnen die Schätze unangetastet zurückgäbe und wer nicht.

(14) Von den Lydern nahm er alle diejenigen in voller Rüstung mit, die er mit prächtigen Waffen, Pferden und Wagen ausgerüstet sah und die alles zu tun versuchten, wodurch sie sich Kyros gefällig zu erweisen glaubten. Denjenigen aber, die er nur widerwillig folgen sah, nahm er die Pferde weg und überließ sie den Persern, die von Anfang an in seinem Dienst gestanden hatten. Ihre Waffen aber ließ er verbrennen. Dann zwang er auch sie, mit Schleudern bewaffnet zu folgen. (15) Er zwang übrigens alle Unterworfenen, die ihre Waffen abgeben mußten, das Schleudern zu üben, weil er meinte, daß die Schleuder die Waffe war, die am besten zu einem Sklaven paßte. Denn in Verbindung mit der übrigen Streitmacht können Schleuderer, wenn sie verfügbar sind, sehr gute Dienste leisten; für sich allein aber wären nicht einmal alle Schleuderer zusammen in der Lage, auch nur ganz wenigen Angreifern mit Nahkampfwaffen standzuhalten.

(16) Auf seinem Vormarsch nach Babylon unterwarf Kyros die Phryger aus Groß-Phrygien, dann unterwarf er die Kappadokier und machte die Araber zu seinen Untertanen. Aus dem Besitz aller dieser Völker füllte er die persische Reiterei auf mehr als vierzigtausend Reiter auf. Viele Pferde, die den Kriegsgefangenen gehört hatten, verteilte er auch an alle Verbündeten. Mit sehr vielen Reitern, Bogenschützen und Speerwerfern und mit unzähligen Schleuderern kam er dann in die Nähe von Babylon.

V

1 Ἐπεὶ δὲ πρὸς Βαβυλῶνι ἦν ὁ Κῦρος, περιέστησε μὲν πᾶν τὸ στράτευμα περὶ τὴν πόλιν, ἔπειτα αὐτὸς περιήλαυνε τὴν πόλιν σὺν τοῖς φίλοις τε καὶ ἐπικαιρίοις τῶν συμμάχων. **2** Ἐπεὶ δὲ κατεθεάσατο τὰ τείχη, ἀπάγειν παρεσκευάσατο τὴν στρατιὰν ἀπὸ τῆς πόλεως. Ἐξελθὼν δέ τις αὐτόμολος εἶπεν ὅτι ἐπιτίθεσθαι μέλλοιεν αὐτῷ, ὁπότε ἀπάγοι τὸ στράτευμα · Καταθεωμένοις γάρ, ἔφη, αὐτοῖς ἀπὸ τοῦ τείχους ἀσθενὴς ἐδόκει εἶναι ἡ φάλαγξ — καὶ οὐδὲν θαυμαστὸν ἦν οὕτως ἔχειν · περὶ γὰρ πολὺ τεῖχος κυκλουμένους ἀνάγκη ἦν ἐπ' ὀλίγον τὸ βάθος γενέσθαι τὴν φάλαγγα. **3** Ἀκούσας οὖν ὁ Κῦρος ταῦτα, στὰς κατὰ μέσον τῆς αὐτοῦ στρατιᾶς σὺν τοῖς περὶ αὐτὸν παρήγγειλεν ἀπὸ τοῦ ἄκρου ἑκατέρωθεν τοὺς ὁπλίτας ἀναπτύσσοντας τὴν φάλαγγα ἀπιέναι παρὰ τὸ ἑστηκὸς τοῦ στρατεύματος ἕως γένοιτο ἑκατέρωθεν τὸ ἄκρον κατ' αὐτὸν καὶ κατὰ τὸ μέσον. **4** Οὕτως οὖν ποιούντων οἵ τε μένοντες εὐθὺς θαρραλεώτεροι ἐγίγνοντο ἐπὶ διπλάσιον τὸ βάθος γιγνόμενοι, οἵ τ' ἀπιόντες ὡσαύτως θαρραλεώτεροι · εὐθὺς γὰρ οἱ μένοντες ⟨ἀντ'⟩ αὐτῶν πρὸς τοῖς πολεμίοις ἐγίγνοντο. Ἐπεὶ δὲ πορευόμενοι ἑκατέρωθεν συνῆψαν τὰ ἄκρα, ἔστησαν ἰσχυρότεροι γεγενημένοι, οἵ τε ἀπεληλυθότες διὰ τοὺς ἔμπροσθεν. οἵ τ' ἔμπροσθεν διὰ τοὺς ὄπισθεν [οἵ τε ὄπισθε διὰ τοὺς ἔμπροσθε] προσγεγενημένους. **5** Ἀναπτυχθείσης δ' οὕτω τῆς φάλαγγος ἀνάγκη τοὺς πρώτους ἀρίστους εἶναι καὶ τοὺς τελευταίους, ἐν μέσῳ δὲ τοὺς κακίστους τετάχθαι. Ἡ δ' οὕτως ἔχουσα τάξις καὶ πρὸς τὸ μάχεσθαι ἐδόκει εὖ παρεσκευάσθαι καὶ πρὸς τὸ μὴ φεύγειν. Καὶ οἱ ἱππεῖς δὲ καὶ οἱ γυμνῆτες οἱ ἀπὸ τῶν κεράτων αἰεὶ ἐγγύτερον ἐγίγ-

V.

(1) Als Kyros vor Babylon stand, verteilte er sein ganzes Heer rings um die Stadt. Dann ritt er selbst mit seinen Freunden und den Anführern seiner Verbündeten um die Stadt herum. (2) Nachdem er die Mauern in Augenschein genommen hatte, traf er Anstalten, sein Heer von der Stadt zurückzuziehen. Da kam ein Überläufer aus der Stadt und sagte, daß die Babylonier Kyros angreifen wollten, sobald er sein Heer zurückziehe. Denn seine Kampflinie sei ihnen, als sie von der Mauer hinabschauten, recht schwach vorgekommen – daß es sich so verhielt, war keineswegs verwunderlich, denn dadurch, daß sie sich um eine lange Mauer herum verteilt hatten, hatte die Kampflinie zwangsläufig eine nur geringe Tiefe. (3) Als Kyros dies gehört hatte, stellte er sich mit seinen Begleitern in die Mitte seines Heeres und gab den Befehl, daß die Schwerbewaffneten von den Spitzen aus auf beiden Seiten umschwenkten, kehrtmachten und dann an dem stehenden Teil des Heeres vorbeimarschierten, bis beide Spitzen bei ihm im Zentrum des Heeres zusammenträfen. (4) Infolge dieser Bewegung wurden diejenigen, die stehengeblieben waren, sogleich mutiger, weil sie jetzt über die doppelte Tiefe verfügten, und diejenigen, die ihren Standort gewechselt hatten, wurden ebenfalls zuversichtlicher. Denn diejenigen, die stehengeblieben waren, standen jetzt zwischen ihnen und den Feinden. Als sich aber durch die Bewegung von beiden Seiten her die Spitzen vereinigt hatten, standen alle mit erhöhter Schlagkraft auf ihren Posten: diejenigen, die zurückgeschwenkt waren, dank ihrer Vordermänner, und alle, die jetzt vorn standen, dank derjenigen, die hinter ihnen Stellung bezogen hatten. (5) Wenn die Kampflinie diese Schwenkung vollzogen hat, müssen die ersten und die letzten die besten Soldaten sein, und in der Mitte müssen die schlechtesten stehen. Eine derartige Aufstellung schien Kyros sowohl für die Schlacht als auch zur Verhinderung der Flucht gut geeignet zu sein, und die Reiter und Leichtbewaffneten auf den Flügeln rückten jeweils um so viel

νοντο τοῦ ἄρχοντος τοσούτω ὅσω ἡ φάλαγξ βραχυτέρα ἐγίγνετο ἀναδιπλουμένη. 6 Ἐπεὶ δὲ οὕτω συνεσπειράθησαν, ἀπῆσαν, ἕως μὲν ἐξικνεῖτο τὰ βέλη ἀπὸ τοῦ τείχους, ἐπὶ πόδα. Ἐπεὶ δὲ ἔξω βελῶν ἐγένοντο, στραφέντες, καὶ τὸ μὲν πρῶτον ὀλίγα βήματα προϊόντες μετεβάλλοντο ἐπ' ἀσπίδα καὶ ἵσταντο πρὸς τὸ τεῖχος βλέποντες · ὅσω δὲ προσωτέρω ἐγίγνοντο, τόσω δὲ μανότερον μετεβάλλοντο. Ἐπεὶ δ' ἐν τῷ ἀσφαλεῖ ἐδόκουν εἶναι, ξυνεῖρον ἀπιόντες, ἔστ' ἐπὶ ταῖς σκηναῖς ἐγένοντο.

7 Ἐπεὶ δὲ κατεστρατοπεδεύσατο, συνεκάλεσεν ὁ Κῦρος τοὺς ἐπικαιρίους καὶ ἔλεξεν · Ἄνδρες σύμμαχοι, τεθεάμεθα μὲν κύκλω τὴν πόλιν. Ἐγὼ δὲ ὅπως μὲν ἄν τις τείχη οὕτως ἰσχυρὰ καὶ ὑψηλὰ προσμαχόμενος ἕλοι οὐκ ἐνορᾶν μοι δοκῶ · ὅσω δὲ πλείους ἄνθρωποι ἐν τῇ πόλει εἰσίν, ἐπείπερ οὐ μάχονται ἐξιόντες, τοσούτω ἂν θᾶττον λιμῷ αὐτοὺς ἡγοῦμαι ἁλῶναι. Εἰ μή τιν' οὖν ἄλλον τρόπον ἔχετε λέγειν, τούτω πολιορκητέους φημὶ εἶναι τοὺς ἄνδρας. 8 Καὶ ὁ Χρυσάντας εἶπεν · Ὁ δὲ ποταμός, ἔφη, οὗτος οὐ διὰ μέσης τῆς πόλεως ῥεῖ πλάτος ἔχων πλεῖον ἢ ἐπὶ δύο στάδια; Ναὶ μὰ Δί', ἔφη ὁ Γωβρύας, καὶ βάθος γ' ὡς οὐδ' ἂν δύο ἄνδρες ὁ ἕτερος ἐπὶ τοῦ ἑτέρου ἑστηκὼς τοῦ ὕδατος ὑπερέχοιεν · ὥστε τῷ ποταμῷ ἔτι ἰσχυροτέρα ἐστὶν ἡ πόλις ἢ τοῖς τείχεσι.

9 Καὶ ὁ Κῦρος · Ταῦτα μέν, ἔφη, ὦ Χρυσάντα, ἐῶμεν ὅσα κρείττω ἐστὶ τῆς ἡμετέρας δυνάμεως. Διαμετρησαμένους δὲ χρὴ ὡς τάχιστα τὸ μέρος ἑκάστους ἡμῶν ὀρύττειν τάφρον ὡς πλατυτάτην καὶ βαθυτάτην, ὅπως ὅτι ἐλαχίστων ἡμῖν τῶν φυλάκων δέῃ. 10 Οὕτω δὴ κύκλω διαμετρήσας περὶ τὸ τεῖχος, ἀπολιπὼν ὅσον τύρσεσι μεγάλαις ἀπὸ τοῦ ποταμοῦ, ὤρυττεν ἐνθένδε τοῦ τείχους τάφρον ὑπερμεγέθη, καὶ τὴν γῆν ἀνέβαλον πρὸς ἑαυτούς. 11 Καὶ πρῶτον μὲν πύργους ἐπὶ

dichter an den Feldherrn heran, wie die Kampflinie durch ihre Verdoppelung verkürzt wurde. (6) Als sie sich so dicht zusammengeschlossen hatten, zogen sie sich Schritt für Schritt zurück, solange die Geschosse von der Mauer sie erreichen konnten. Als sie aber außer Schußweite waren, vollzogen sie eine Drehung und gingen zuerst einige Schritte vorwärts, schwenkten dann nach links und hielten mit Blick auf die Mauer an. Aber je weiter sie sich entfernten, desto seltener wurden die Schwenkungen. Als sie sich aber in Sicherheit fühlten, marschierten sie ohne Unterbrechung voran, bis sie bei ihren Zelten ankamen.

(7) Nachdem Kyros seine Soldaten hatte einrücken lassen, rief er seine Befehlshaber zu sich und sprach: „Bundesgenossen, wir haben die Stadt ringsherum gesehen. Ich vermag nicht zu erkennen, wie man so starke und hohe Mauern im Sturmangriff nehmen kann. Aber je mehr Menschen in der Stadt sind, desto schneller, glaube ich, lassen sie sich aushungern, da sie ja nicht herauskommen und kämpfen. Wenn ihr mir nun keine andere Möglichkeit nennen könnt, dann stelle ich fest, daß die Babylonier belagert werden müssen." (8) Chrysantas sagte: „Fließt hier aber nicht der Fluß in einer Breite von mehr als zwei Stadien mitten durch die Stadt?" – „Ja, beim Zeus", sagte Gobryas, und er ist so tief, daß nicht einmal zwei Männer, wenn der eine auf den Schultern des anderen steht, die Wasseroberfläche überragen. Daher ist die Stadt durch den Fluß noch wehrhafter als durch die Mauern."

(9) Kyros sagte dazu: „Lieber Chrysantas, wir wollen auf alles verzichten, was unsere Kräfte übersteigt. Es ist aber erforderlich, daß wir die Arbeit möglichst schnell unter uns allen verteilen und einen möglichst breiten und tiefen Graben ausheben, damit wir möglichst wenige Wachposten benötigen." (10) So ließ er also das Gelände um die Mauer herum vermessen. Vom Fluß her hielt er einen so großen Abstand, daß für große Türme Platz blieb. Dann zog er rings um die Mauer einen gewaltigen Graben. Dabei warf man die Erde auf die Seite der Belagerer. (11) Zuerst baute er Türme am Flußufer,

τῷ ποταμῷ ᾠκοδόμει, φοίνιξι θεμελιώσας οὐ μεῖον ἢ
πλεθριαίοις — εἰσὶ γὰρ καὶ μείζονες ἢ τοσοῦτοι τὸ μῆκος
πεφυκότες — · καὶ γὰρ δὴ πιεζόμενοι οἱ φοίνικες ὑπὸ
βάρους ἄνω κυρτοῦνται, ὥσπερ οἱ ὄνοι οἱ κανθήλιοι.
12 Τούτους δ' ὑπετίθει τούτου ἔνεκα ὅπως ὅτι μάλιστα
ἐοίκοι πολιορκήσειν παρασκευαζομένῳ, ὡς εἰ καὶ δια-
φύγοι ὁ ποταμὸς ἐκχυθεὶς εἰς τὴν τάφρον. μὴ ἀνέλοι
τοὺς πύργους. Ἀνίστη δὲ καὶ ἄλλους πολλοὺς πύργους
ἐπὶ τῆς ἀμβολάδος γῆς, ὅπως ὅτι πλεῖστα φυλακτή-
ρια εἴη.

13 Οἱ μὲν δὴ ταῦτ' ἐποίουν · οἱ δ' ἐν τῷ τείχει κατεγέλων τῆς πολιορκίας, ὡς ἔχοντες τὰ ἐπιτήδεια πλέον
ἢ εἴκοσιν ἐτῶν. Ἀκούσας δὲ ταῦτα ὁ Κῦρος τὸ στράτευμα κατένειμε δώδεκα μέρη, ὡς μῆνα τοῦ ἐνιαυτοῦ
ἕκαστον τὸ μέρος φυλάξον. 14 Οἱ δὲ αὖ Βαβυλώνιοι
ἀκούσαντες ταῦτα πολὺ ἔτι μᾶλλον κατεγέλων, ἐννοούμενοι εἰ σφᾶς Φρύγες καὶ Λυδοὶ καὶ Ἀράβιοι καὶ Καπ-
παδόκαι φυλάξειαν, οὓς σφίσιν ἐνόμιζον πάντας εὐ-
μενεστέρους εἶναι ἢ Πέρσαις.

15 Καὶ αἱ μὲν τάφροι ἤδη ὀρωρυγμέναι ἦσαν. Ὁ δὲ
Κῦρος ἐπειδὴ ἑορτὴν ἐν τῇ Βαβυλῶνι ἤκουσεν εἶναι,
ἐν ᾗ πάντες οἱ Βαβυλώνιοι ὅλην τὴν νύκτα πίνουσι καὶ
κωμάζουσιν, ἐν ταύτῃ, ἐπειδὴ τάχιστα συνεσκότασε,
λαβὼν πολλοὺς ἀνθρώπους ἀνεστόμωσε τὰς τάφρους
πρὸς τὸν ποταμόν. 16 Ὡς δὲ τοῦτο ἐγένετο, τὸ ὕδωρ
κατὰ τὰς τάφρους ἐχώρει ἐν τῇ νυκτί. ἡ δὲ διὰ τῆς πόλεως τοῦ ποταμοῦ ὁδὸς πορεύσιμος ἀνθρώποις ἐγίγνετο.

17 Ὡς δὲ τὸ τοῦ ποταμοῦ οὕτως ἐπορσύνετο, παρηγγύησεν ὁ Κῦρος Πέρσαις χιλιάρχοις καὶ πεζῶν καὶ ἱππέων
εἰς δύο ἄγοντας τὴν χιλιοστὺν παρεῖναι πρὸς αὐτόν,
τοὺς δ' ἄλλους συμμάχους κατ' οὐρὰν τούτων ἕπεσθαι
ᾗπερ πρόσθεν τεταγμένους. 18 Οἱ μὲν δὴ παρῆσαν ·
ὁ δὲ καταβιβάσας εἰς τὸ ξηρὸν τοῦ ποταμοῦ τοὺς ὑπηρέ-

deren Fundamente aus Palmenstämmen von nicht weniger als
hundert Fuß Länge bestanden – sie werden sogar noch länger
als hundert Fuß. Denn sobald die Palmen belastet werden,
biegen sie sich unter dem Druck nach oben wie die Esel unter
ihrer Last. (12) Um den möglichst überzeugenden Eindruck zu
erwecken, er bereite sich auf eine Belagerung vor, ließ er diese
Stämme zu dem Zweck unter die Türme legen, daß der Fluß
die Türme nicht zerstöre, auch wenn er über seine Ufer treten
und in den Graben eindringen sollte. Er ließ dann noch viele
andere Türme auf dem Erdwall errichten, um möglichst vielen
Wachposten Platz zu bieten.

(13) Während man sich mit diesen Arbeiten beschäftigte,
lachten die Leute in der Stadt über die Belagerung, besaßen
sie doch Lebensmittel für mehr als zwanzig Jahre. Als Kyros
davon hörte, teilte er sein Heer in zwölf Teile. Jeder einzelne
Teil sollte einen Monat im Jahr Wache halten. (14) Als die
Babylonier davon erfuhren, lachten sie noch viel mehr, weil sie
daran dachten, daß Phrygier, Lyder, Araber und Kappadokier
Wache halten sollten, von denen sie annahmen, daß sie ihnen
allesamt freundlicher gesonnen waren als den Persern.

(15) Die Gräben waren bereits ausgehoben. Als Kyros hörte, daß in Babylon ein Fest gefeiert wurde, bei dem alle Babylonier die ganze Nacht trinken und tanzen, nahm er in dieser
Nacht, sobald es dunkel geworden war, viele Männer mit und
öffnete die Gräben zum Fluß hin. (16) Daraufhin drang das
Wasser während der Nacht in die Gräben, und der Flußlauf
wurde im Bereich der Stadt für Menschen begehbar.

(17) Als die Schwierigkeiten mit dem Fluß auf diese Weise
behoben waren, befahl Kyros den persischen Befehlshabern
der Fußsoldaten und Reiter, sich mit ihren Einheiten in Zweierreihen bei ihm einzufinden. Die Verbündeten sollten diesen
unmittelbar folgen, ohne ihre bisherige Formation zu ändern.
(18) Als sie eingetroffen waren, ließ er seine Helfer zu Fuß
und zu Pferde in den ausgetrockneten Teil des Flusses steigen

τας καὶ πεζοὺς καὶ ἱππέας, ἐκέλευσε σκέψασθαι εἰ πορεύσιμον εἴη τὸ ἔδαφος τοῦ ποταμοῦ. 19 Ἐπεὶ δὲ
ἀπήγγειλαν ὅτι πορεύσιμον εἴη, ἐνταῦθα δὴ συγκαλέσας τοὺς ἡγεμόνας τῶν πεζῶν καὶ ἱππέων ἔλεξε τοιάδε.

20 Ἄνδρες, ἔφη, φίλοι, ὁ μὲν ποταμὸς ἡμῖν παρα-
κεχώρηκε τῆς εἰς τὴν πόλιν ὁδοῦ. Ἡμεῖς δὲ θαρροῦντες
εἰσίωμεν [μηδὲν φοβούμενοι εἴσω], ἐννοούμενοι ὅτι
οὗτοι ἐφ' οὓς νῦν πορευσόμεθα ἐκεῖνοί εἰσιν οὓς ἡμεῖς
καὶ συμμάχους πρὸς ἑαυτοῖς ἔχοντας καὶ ἐγρηγορότας ἅπαντας καὶ νήφοντας καὶ ἐξωπλισμένους καὶ συντεταγμένους ἐνικῶμεν. 21 Νῦν δ' ἐπ' αὐτοὺς ἴμεν
ἐν ᾧ πολλοὶ μὲν αὐτῶν καθεύδουσι, πολλοὶ δ' αὐτῶν
μεθύουσι, πάντες δ' ἀσύντακτοί εἰσιν · ὅταν δὲ αἴσθωνται ἡμᾶς ἔνδον ὄντας, πολὺ ἂν ἔτι μᾶλλον ἢ νῦν ἀχρεῖοι
ἔσονται ὑπὸ τοῦ ἐκπεπλῆχθαι. 22 Εἰ δέ τις τοῦτο
ἐννοεῖται, ὃ δὴ λέγεται φοβερὸν εἶναι τοῖς εἰς πόλιν
εἰσιοῦσι, μὴ ἐπὶ τὰ τέγη ἀναβάντες βάλλωσιν ἔνθεν
καὶ ἔνθεν, τοῦτο μάλιστα θαρρεῖτε · ἢν γὰρ ἀναβῶσί
τινες ἐπὶ τὰς οἰκίας, ἔχομεν σύμμαχον θεὸν Ἥφαιστον ·
εὔφλεκτα δὲ τὰ πρόθυρα αὐτῶν, φοίνικος μὲν αἱ θύραι
πεποιημέναι, ἀσφάλτῳ δὲ ὑπεκκαύματι κεχριμέναι.
23 Ἡμεῖς δ' αὖ πολλὴν μὲν δᾷδα ἔχομεν, ἣ ταχὺ πολὺ
πῦρ τέξεται, πολλὴν δὲ πίτταν καὶ στυππεῖον, ἃ ταχὺ
πολλὴν παρακαλεῖ φλόγα · ὥστε ἀνάγκην εἶναι ἢ φεύγειν ταχὺ τοὺς ἀπὸ τῶν οἰκιῶν ἢ ταχὺ κατακεκαῦσθαι.
24 Ἀλλ' ἄγετε λαμβάνετε τὰ ὅπλα. Ἡγήσομαι δ' ἐγὼ
σὺν τοῖς θεοῖς. Ὑμεῖς δ', ἔφη. ὦ Γαδάτα καὶ Γωβρύα,
δείκνυτε τὰς ὁδούς · ἴστε γάρ · ὅταν δ' ἐντὸς γενώμεθα,
τὴν ταχίστην ἄγετε ἐπὶ τὰ βασίλεια. 25 Καὶ μήν,
ἔφασαν οἱ ἀμφὶ τὸν Γωβρύαν, οὐδὲν ἂν εἴη θαυμαστὸν
εἰ καὶ ἄκλειστοι αἱ πύλαι αἱ τοῦ βασιλείου εἶεν · κῶμον

und prüfen, ob das Flußbett zu begehen war. (19) Als sie
melde ten, es sei begehbar, rief er die Befehlshaber der Fußsoldaten und Reiter zusammen und erklärte ihnen folgendes:

(20) „Meine Herren, der Fluß hat uns den Weg in die Stadt
freigemacht. Wir wollen uns ein Herz fassen und hineingehen.
Wir sind uns dessen bewußt, daß diejenigen, gegen die wir
jetzt vorgehen, dieselben Leute sind, die wir schon einmal
besiegt haben, obwohl sie damals Verbündete an ihrer Seite
hatten und allesamt hellwach, nüchtern und vollständig bewaffnet waren und in Schlachtordnung standen. (21) Jetzt aber
greifen wir sie an, während viele von ihnen schlafen und betrunken sind und alle sich in völliger Unordnung befinden.
Sobald sie merken, daß wir in der Stadt sind, werden sie durch
den Schrecken, den sie bekommen, noch viel hilfloser sein als
im Augenblick. (22) Wenn aber jemand damit rechnet – was
für diejenigen, die in eine Stadt eindringen, schlimm sein soll –,
daß sie auf die Dächer steigen und von überall her etwas her-
unterwerfen, dann braucht ihr euch deswegen überhaupt keine
Sorgen zu machen. Denn wenn auch einige auf ihre Häuser
steigen werden, so haben wir doch den Gott Hephaistos als
Bundesgenossen: Ihre Portale brennen leicht, ihre Tore aus
Palmenholz sind mit Bitumen bestrichen, das leicht Feuer
fängt. (23) Wir aber besitzen eine Menge Harz, das rasch ein
großes Feuer entstehen läßt. Wir haben viel Werg und Pech,
um schnell eine große Feuersbrunst zu erzeugen. Folglich müssen die Leute von den Häusern unverzüglich herunterkommen
oder sich gleich verbrennen lassen. (24) So, nun ergreift eure
Waffen. Ich werde mit Hilfe der Götter die Führung übernehmen. Ihr aber, Gadatas und Gobryas, zeigt uns die Wege. Ihr
kennt sie ja. Sobald wir im Innern der Stadt sind, führt uns auf
dem kürzesten Weg zum Königspalast." (25) „Es dürfte freilich nicht überraschen", sagten die Leute um Gobryas, „wenn
die Tore des Königspalastes unverschlossen sind. Denn die

ἄγει γὰρ ἡ πόλις πᾶσα τῆδε τῇ νυκτί. Φυλακῇ μέντοι
πρὸ τῶν πυλῶν ἐντευξόμεθα · ἔστι γὰρ αἰεὶ τεταγμένη.
Οὐκ ἂν μέλλειν δέοι, ἔφη ὁ Κῦρος, ἀλλ' ἰέναι, ἵνα ἀπα-
ρασκεύους ὡς μάλιστα λάβωμεν τοὺς ἄνδρας.

26 Ἐπεὶ δὲ ταῦτα ἐρρήθη, ἐπορεύοντο. Τῶν δὲ ἀπαν-
τώντων οἱ μὲν ἀπέθνησκον παιόμενοι, οἱ δ' ἔφευγον
πάλιν ὀπίσω, οἱ δ' ἐβόων · οἱ δ' ἀμφὶ τὸν Γωβρύαν συνεβόων αὐτοῖς, ὡς κωμασταὶ ὄντες καὶ αὐτοί · καὶ ἰόντες
ᾗ ἐδύναντο ὡς τάχιστα ἐπὶ τοῖς βασιλείοις ἐγένοντο.
27 Καὶ οἱ μὲν σὺν τῷ Γωβρύᾳ καὶ Γαδάτᾳ τεταγμένοι
κεκλεισμένας εὑρίσκουσι τὰς πύλας τοῦ βασιλείου ·
οἱ δὲ ἐπὶ τοὺς φύλακας ταχθέντες ἐπεισπίπτουσιν αὐτοῖς πίνουσι πρὸς φῶς πολύ, καὶ εὐθὺς ὡς πολεμίοις
ἐχρῶντο αὐτοῖς. **28** Ὡς δὲ κραυγὴ καὶ κτύπος ἐγίγνετο,
αἰσθόμενοι οἱ ἔνδον τοῦ θορύβου, κελεύσαντος τοῦ βασιλέως σκέψασθαι τί εἴη τὸ πρᾶγμα, ἐκθέουσί τινες
ἀνοίξαντες τὰς πύλας. **29** Οἱ δ' ἀμφὶ τὸν Γαδάταν
ὡς εἶδον τὰς πύλας χαλώσας εἰσπίπτουσι καὶ τοῖς πάλιν φεύγουσιν εἴσω ἐφεπόμενοι καὶ παίοντες ἀφικνοῦνται πρὸς τὸν βασιλέα. Καὶ ἤδη ἑστηκότα αὐτὸν καὶ
ἐσπασμένον ὃν εἶχεν ἀκινάκην εὑρίσκουσι. **30** Καὶ
τοῦτον μὲν οἱ σὺν Γαδάτᾳ καὶ Γωβρύᾳ πολλοὶ ἐχει-
ροῦντο · καὶ οἱ σὺν αὐτῷ δὲ ἀπέθνησκον, ὁ μὲν προ-
βαλλόμενός τι, ὁ δὲ φεύγων, ὁ δέ γε καὶ ἀμυνόμενος
ὅτῳ ἐδύνατο.

31 Ὁ δὲ Κῦρος διέπεμπε τάξεις ἱππέων κατὰ τὰς
ὁδοὺς καὶ προεῖπεν οὓς μὲν ἔξω λαμβάνοιεν κατακαίνειν, τοὺς δ' ἐν ταῖς οἰκίαις κηρύττειν τοὺς συριστὶ ἐπισταμένους ἔνδον μένειν · εἰ δέ τις ἔξω ληφθείη, ὅτι θανα-

ganze Stadt feiert diese Nacht ein Fest. Allerdings werden wir
vor den Toren auf eine Wache treffen. Sie steht dort nämlich
zu jeder Zeit." Kyros erwiderte: „Wir dürfen jetzt nicht mehr
zögern, sondern müssen losgehen, damit wir die Leute möglichst unvorbereitet antreffen."

(26) Nachdem man diese Worte gewechselt hatte, brach
man auf. Einige von denen, die ihnen entgegenkamen, wurden
erschlagen, einige wichen wieder zurück, einige brachen in
lautes Geschrei aus. Die Männer um Gobryas schrien ebenfalls, als ob auch sie zu den Festteilnehmern gehörten. Sie
gingen so schnell wie möglich voran und erreichten in Kürze
den Königspalast. (27) Die Einheiten des Gobryas und des
Gadatas fanden die Tore des Palastes verschlossen vor. Die
Männer aber, die die Aufgabe hatten, die Wachen außer Gefecht zu setzen, fielen über sie her, als sie gerade an einem
großen Feuer saßen und tranken, und sie behandelten sie sofort als Feinde. (28) Als aber die Menschen im Innern des
Palastes den Lärm bemerkten, weil ein lautes Geschrei und
Getöse entstanden war, befahl der König nachzusehen, was
dort passiert sei. Einige kamen schnell heraus, nachdem sie
das Tor geöffnet hatten. (29) Als die Leute um Gadatas sahen,
daß das Tor offenstand, stürmten sie sofort hinein, setzten
denjenigen, die sich wieder zurückzogen, nach und schlugen
sie nieder. Schließlich drangen sie bis zum König vor. Als sie
ihn fanden, stand er schon bereit und hatte seinen Dolch in der
Hand. (30) Die Männer um Gadatas und Gobryas fielen in
großer Zahl über ihn her. Auch die Leute in seiner Umgebung
starben: der eine, während er Deckung suchte, der andere, als
er weglaufen wollte, der nächste, während er sich, so gut es
ging, zur Wehr setzte.

(31) Kyros verteilte die Reiterabteilungen auf den Straßen
und befahl ihnen, jeden zu töten, den sie draußen anträfen.
Außerdem sollten alle, die die assyrische Sprache beherrsch-
ten, den Menschen in den Häusern übermitteln, daß sie ihre
Häuser nicht verlassen dürften. Falls aber jemand auf der
Straße getroffen werde, habe er mit dem Tod zu rechnen.

τώσοιτο. **32** Οἱ μὲν δὴ ταῦτ' ἐποίουν · Γαδάτας δὲ καὶ Γωβρύας ἧκον · καὶ θεοὺς μὲν πρῶτον προσεκύνουν, ὅτι τετιμωρημένοι ἦσαν τὸν ἀνόσιον βασιλέα, ἔπειτα δὲ Κύρου κατεφίλουν καὶ χεῖρας καὶ πόδας, πολλὰ δακρύοντες ἅμα χαρᾷ καὶ εὐφραινόμενοι.

33 Ἐπεὶ δὲ ἡμέρα ἐγένετο καὶ ᾔσθοντο οἱ τὰς ἄκρας ἔχοντες ἑαλωκυῖάν τε τὴν πόλιν καὶ τὸν βασιλέα τεθνηκότα, παραδιδόασι καὶ τὰς ἄκρας. **34** Ὁ δὲ Κῦρος τὰς μὲν ἄκρας εὐθὺς παρελάμβανε καὶ φρουράρχους τε καὶ φρουροὺς εἰς ταύτας ἀνέπεμπε, τοὺς δὲ τεθνηκότας θάπτειν ἐφῆκε τοῖς προσήκουσι. Τοὺς δὲ κήρυκας κηρύττειν ἐκέλευεν ἀποφέρειν πάντας τὰ ὅπλα Βαβυλωνίους · ὅπου δὲ ληφθήσοιτο ὅπλα ἐν οἰκίᾳ, προηγόρευεν ὡς πάντες οἱ ἔνδον ἀποθανοῖντο. Οἱ μὲν δὴ ἀπέφερον, ὁ δὲ Κῦρος ταῦτα μὲν εἰς τὰς ἄκρας κατέθετο, ὡς εἴη ἕτοιμα, εἴ τί ποτε δέοι χρῆσθαι.

35 Ἐπεὶ δὲ ταῦτ' ἐπέπρακτο, πρῶτον μὲν τοὺς μάγους καλέσας, ὡς δοριαλώτου τῆς πόλεως οὔσης ἀκροθίνια τοῖς θεοῖς καὶ τεμένη ἐκέλευσεν ἐξελεῖν. Ἐκ τούτου δὲ καὶ οἰκίας διεδίδου καὶ ἀρχεῖα τούτοις οὕσπερ κοινωνοὺς ἐνόμιζε τῶν καταπεπραγμένων · καὶ οὕτω διένειμεν. ὥσπερ ἐδέδοκτο, τὰ κράτιστα τοῖς ἀρίστοις · εἰ δέ τις οἴοιτο μεῖον ἔχειν, διδάσκειν προσιόντας ἐκέλευε

36 Προεῖπε δὲ Βαβυλωνίοις μὲν τὴν γῆν ἐργάζεσθαι καὶ τοὺς δασμοὺς ἀποφέρειν καὶ θεραπεύειν τούτους οἷς ἕκαστοι αὐτῶν ἐδόθησαν · Πέρσας δὲ τοὺς κοινωνοῦντας καὶ τῶν συμμάχων ὅσοι μένειν ἡροῦντο παρ' αὐτῷ ὡς δεσπότας ὧν ἔλαβον προηγόρευε διαλέγεσθαι.

37 Ἐκ δὲ τούτου ἐπιθυμῶν ὁ Κῦρος ἤδη κατασκευάσασθαι καὶ αὐτὸς ὡς βασιλεῖ ἡγεῖτο πρέπειν. ἔδοξεν

(32) Die Soldaten führten diese Befehle aus, und Gadatas und Gobryas kamen zu Kyros zurück. Dann huldigten sie zuerst den Göttern, weil sie den gottlosen König bestraft hatten; darauf küßten sie Kyros' Hände und Füße und vergossen viele Tränen vor lauter Glück und Freude.

(33) Als es Tag wurde und die Besatzung der Burg erfuhr, daß die Stadt eingenommen und der König tot war, übergaben sie auch die Burg. (34) Kyros ließ die Burg sofort besetzen und schickte Festungskommandanten und Wachmannschaften hinauf. Darauf ließ er die Gefallenen von ihren Angehörigen bestatten. Durch Herolde ließ er öffentlich bekannt machen, daß alle Babylonier ihre Waffen abzugeben hätten. Sein Befehl lautete: Sollten in einem Haus noch Waffen gefunden werden, so seien alle Bewohner hinzurichten. Daraufhin lieferten sie ihre Waffen ab. Kyros ließ sie auf die Burg schaffen, damit sie dort zur Verfügung ständen, falls man sie irgendwann gebrauchen sollte.

(35) Nachdem diese Vorkehrungen getroffen waren, rief Kyros zunächst die Magier zu sich und beauftragte sie, da ja die Stadt im Kampf erobert worden war, für die Götter Ehrengaben auszusuchen und heilige Bezirke festzulegen. Darauf verteilte er Häuser und Verwaltungsgebäude an alle, von denen er glaubte, daß sie an den Ereignissen besonders beteiligt waren. So verteilte er, wie es seinem Grundsatz entsprach, das jeweils Beste an die jeweils Tapfersten. Falls aber jemand glaubte, er habe zu wenig erhalten, dann solle er zu ihm kommen, um es ihm zu erklären.

(36) Den Babyloniern gab er die Anweisung, ihr Land zu bewirtschaften, Tribut abzuführen und den Herren Achtung zu erweisen, denen jeder von ihnen zugeteilt worden war. Die Perser, die an dem Unternehmen beteiligt waren, und die Verbündeten, die es vorzogen, bei ihm zu bleiben, forderte er auf, mit den Babyloniern, die sie als Sklaven bekommen hatten, so zu sprechen, wie es Herren zusteht.

(37) Da Kyros nunmehr den Wunsch hegte, auch sich selbst so einzurichten, wie es seiner Meinung nach einem König zu-

αὐτῷ τοῦτο σὺν τῇ τῶν φίλων γνώμῃ ποιῆσαι, ὡς ὅτι
ἥκιστα ἂν ἐπιφθόνως σπάνιός τε καὶ σεμνὸς φανείη.
Ὧδε οὖν ἐμηχανᾶτο τοῦτο· ἅμα τῇ ἡμέρᾳ στὰς ὅπου
ἐδόκει ἐπιτήδειον εἶναι προσεδέχετο τὸν βουλόμενον
λέγειν τι καὶ ἀποκρινάμενος ἀπέπεμπεν. 38 Οἱ δ' ἄνθρωποι ὡς ἔγνωσαν ὅτι προσδέχοιτο, ἧκον ἀμήχανοι τὸ
πλῆθος· καὶ ὠθουμένων περὶ τοῦ προσελθεῖν μηχανή
τε πολλὴ καὶ μάχη ἦν. 39 Οἱ δὲ ὑπηρέται ὡς ἐδύναντο διακρίναντες προσίεσαν. Ὁπότε δέ τις καὶ τῶν
φίλων διωσάμενος τὸν ὄχλον προφανείη, προτείνων
ὁ Κῦρος τὴν χεῖρα προσήγετο αὐτοὺς καὶ οὕτως ἔλε-
γεν· Ἄνδρες φίλοι, παραμένετε, ἕως ⟨ἂν⟩ τὸν ὄχλον
διωσώμεθα· ἔπειτα δὲ καθ' ἡσυχίαν συγγενησόμεθα.
Οἱ μὲν δὴ φίλοι παρέμενον, ὁ δ' ὄχλος πλείων καὶ πλείων
ἐπέρρει, ὥστ' ἔφθασεν ἑσπέρα γενομένη πρὶν τοῖς φίλοις σχολάσαι αὐτὸν καὶ συγγενέσθαι. 40 Οὕτω δὴ
ὁ Κῦρος λέγει· Ἆρα, ἔφη, ὦ ἄνδρες, νῦν μὲν καιρὸς
διαλυθῆναι; Αὔριον δὲ πρῲ ἔλθετε· καὶ γὰρ ἐγὼ βούλομαι ὑμῖν τι διαλεχθῆναι. Ἀκούσαντες ταῦτα οἱ φίλοι
ἄσμενοι ᾤχοντο ἀποθέοντες, δίκην δεδωκότες ὑπὸ πάντων τῶν ἀναγκαίων. Καὶ τότε μὲν οὕτως ἐκοιμήθησαν.

41 Τῇ δ' ὑστεραίᾳ ὁ μὲν Κῦρος παρῆν εἰς τὸ αὐτὸ
χωρίον, ἀνθρώπων δὲ πολὺ πλέον πλῆθος περιειστήκει
βουλομένων προσιέναι, καὶ πολὺ πρότερον ἢ οἱ φίλοι
παρῆσαν. Ὁ οὖν Κῦρος περιστησάμενος τῶν ξυστο-
φόρων Περσῶν κύκλον μέγαν εἶπε μηδένα παριέναι
ἢ τοὺς φίλους τε καὶ ἄρχοντας τῶν Περσῶν τε καὶ τῶν
συμμάχων. 42 Ἐπεὶ δὲ συνῆλθον οὗτοι, ἔλεξεν ὁ
Κῦρος αὐτοῖς τοιάδε· Ἄνδρες φίλοι καὶ σύμμαχοι,
τοῖς μὲν θεοῖς οὐδὲν ἂν ἔχοιμεν μέμψασθαι τὸ μὴ οὐχὶ

stand, beschloß er, dies mit Zustimmung seiner Freunde zu
tun, um sich nur selten und nur bei ernsten Anlässen zu zeigen
und dabei möglichst wenig Mißgunst zu wecken. Dies bewerk-
stelligte er auf folgende Weise: Am frühen Morgen fand er sich
dort ein, wo es ihm günstig erschien, und empfing jeden, der
mit ihm sprechen wollte, und nachdem er ihm eine Antwort
erteilt hatte, entließ er ihn wieder. (38) Als die Menschen aber
merkten, daß er sie empfangen wollte, kamen sie in unglaub-
lich großer Zahl zu ihm; und während die Leute drängelten,
um zu ihm zu gelangen, gab es viel Unruhe und Streit. (39)
Die Diener taten ihr Bestes, um die Leute auszusuchen und
vorzulassen. Aber immer wenn sich einer seiner Freunde einen
Weg durch die Masse gebahnt hatte und von ihm gesehen
wurde, streckte Kyros ihm die Hand entgegen, zog ihn an sich
heran und sprach folgende Worte: „Liebe Freunde, wartet, bis
wir uns einen Weg durch die Masse gebahnt haben. Dann
werden wir ungestört zusammensein." Die Freunde warteten,
aber die Menge wurde größer und größer, so daß es Abend
wurde, bevor er für seine Freunde Zeit hatte und mit ihnen
zusammensein konnte. (40) Dann sagte Kyros: „Jetzt ist es
doch wohl Zeit, daß wir uns trennen? Kommt morgen früh
wieder; denn auch ich will mich mit euch unterhalten." Nachdem die Freunde diese Worte gehört hatten, machten sie sich
freudig auf den Heimweg und liefen eilig davon; denn ihre
natürlichen Bedürfnisse hatten ihn schon hart zugesetzt. Und
so begaben sie sich dann zur Ruhe.

(41) Am nächsten Tag befand sich Kyros an derselben Stelle. Die Menschenmenge, die um ihn herumstand und zu ihm
kommen wollte, war aber noch viel größer, und sie waren
lange vor den Freunden da. Kyros ließ daher die persischen
Lanzenträger in einem großen Kreis um sich herum Aufstellung nehmen und befahl ihnen, niemanden außer den Freunden und den Befehlshabern der Perser und der Verbündeten
zu ihm vorzulassen. (42) Als diese zusammengekommen waren, sprach Kyros folgende Worte zu ihnen: „Liebe Freunde
und Verbündete, den Göttern könnten wir nicht den Vorwurf

μέχρι τοῦδε πάντα ὅσα εὐχόμεθα καταπεπραχέναι.
Εἰ μέντοι τοιοῦτον ἔσται τὸ μεγάλα πράττειν ὥστε μὴ
οἷόν τ' εἶναι μήτε ἀμφ' αὑτὸν σχολὴν ἔχειν μήτε μετὰ
τῶν φίλων εὐφρανθῆναι, ἐγὼ μὲν χαίρειν ταύτην τὴν
εὐδαιμονίαν κελεύω. 43 Ἐνενοήσατε γάρ, ἔφη, καὶ
χθὲς δήπου ὅτι ἕωθεν ἀρξάμενοι ἀκούειν τῶν προσιόντων οὐκ ἐλήξαμεν πρόσθεν ἑσπέρας · καὶ νῦν ὁρᾶτε
τούτους ἄλλους πλείονας τῶν χθὲς παρόντας ὡς πράγματα ἡμῖν παρέξοντας. 44 Εἰ οὖν τις τούτοις ὑφέξει
ἑαυτόν, λογίζομαι μικρὸν μέν τι ὑμῖν μέρος ἐμοῦ μετε-
σόμενον, μικρὸν δέ τι ἐμοὶ ὑμῶν · ἐμαυτοῦ μέντοι σαφῶς
οἶδ' ὅτι οὐδ' ὁτιοῦν μοι μετέσται. 45 Ἔτι δ', ἔφη,
καὶ ἄλλο ὁρῶ γελοῖον πρᾶγμα · ἐγὼ γὰρ δήπου ὑμῖν
μὲν ὥσπερ εἰκὸς διάκειμαι · τούτων δὲ τῶν περιεστη-
κότων ἢ τινα ἢ οὐδένα οἶδα, καὶ οὗτοι πάντες οὕτω
παρεσκευασμένοι εἰσὶν ὡς, ἢν νικῶσιν ὑμᾶς ὠθοῦντες,
πρότεροι ἃ βούλονται ὑμῶν παρ' ἐμοῦ διαπραξόμενοι.
Ἐγὼ δὲ ἠξίουν τοὺς τοιούτους, εἴ τίς τι ἐμοῦ δέοιτο,
θεραπεύειν ὑμᾶς τοὺς ἐμοὺς φίλους δεομένους προσ-
αγωγῆς. 46 Ἴσως ἂν οὖν εἴποι τις, τί δῆτα οὐχ οὕτως
ἐξ ἀρχῆς παρεσκευασάμην, ἀλλὰ παρεῖχον ἐν τῷ μέσῳ
ἐμαυτόν. Ὅτι τὰ τοῦ πολέμου τοιαῦτα ἐγίγνωσκον ὄντα
ὡς μὴ ὑστερίζειν δέον τὸν ἄρχοντα μήτε τῷ εἰδέναι ἃ
δεῖ μήτε τῷ πράττειν ἃ ἂν καιρὸς ᾖ · τοὺς δὲ σπανίους
ἰδεῖν στρατηγοὺς πολλὰ ἐνόμιζον ὧν δεῖ πραχθῆναι
παριέναι. 47 Νῦν δ' ἐπειδὴ καὶ ὁ φιλοπονώτατος
πόλεμος ἀναπέπαυται, δοκεῖ μοι καὶ ἡ ἐμὴ ψυχὴ ἀνα-
παύσεώς τινος ἀξιοῦν τυγχάνειν. Ὡς οὖν ἐμοῦ ἀπο-
ροῦντος ὅ τι ἂν τύχοιμι ποιῶν ὥστε καλῶς ἔχειν τά τε
ἡμέτερα καὶ τὰ τῶν ἄλλων ὧν ἡμᾶς δεῖ ἐπιμελεῖσθαι,
συμβουλευέτω ὅ τι τις ὁρᾷ συμφορώτατον.

machen, daß sie bis jetzt nicht alle unsere Wünsche erfüllt hätten. Aber wenn der große Erfolg dazu führen wird, daß es nicht mehr möglich ist, für sich selbst Zeit zu haben oder zusammen mit den Freunden das Leben zu genießen, dann will ich mit diesem Glück nichts mehr zu tun haben. (43) Denn ihr habt doch wohl schon gestern bemerkt, daß wir, nachdem wir schon am frühen Morgen angefangen hatten, allen, die zu uns kamen, zuzuhören, nicht damit aufhören konnten, bevor es Abend wurde. Und jetzt seht ihr, daß noch mehr Leute als gestern hier sind, als ob sie die Absicht hätten, uns zu quälen. (44) Wenn man sich diesen Leuten ausliefert, dann wird euch, wie ich vermute, nur noch ein kleiner Teil von mir übrigbleiben und mir ebenso von euch. Für mich selbst aber – das weiß ich genau – wird von mir überhaupt nichts mehr übrigbleiben. (45) Außerdem sehe ich noch eine andere Lächerlichkeit: Meine Einstellung euch gegenüber ist doch wohl so, wie es sich gehört. Von diesen Leuten aber, die da um mich herumstehen, kenne ich kaum jemanden, und alle sind in der Lage, wenn sie euch im Drängeln übertreffen, eher als ihr von mir zu bekommen, was sie wollen. Ich aber fände es gut, wenn sich diese Leute, falls einer von ihnen einen Wunsch vortragen will, an euch, meine Freunde, wenden und euch um ein Gespräch mit mir bitten würden. (46) Vielleicht könnte jemand fragen, warum ich es nicht von Anfang an so gemacht habe, statt mich allen gemeinsam zu stellen: Der Grund ist, daß ich die folgende Erfahrung machte: Im Krieg sind die Bedingungen so, daß der Feldherr nicht der letzte sein darf, wenn es darum geht zu wissen, was notwendig ist, oder zu tun, was die Umstände erfordern. Ich war der Meinung, daß die Feldherrn, die selten zu sehen sind, vieles von dem übersehen, was getan werden muß. (47) Jetzt aber, da der äußerst anstrengende Krieg zu Ende ist, scheint mir auch meine Seele Anspruch auf eine Ruhepause zu haben. Da ich aber nicht weiß, was ich tun soll, damit bei uns und bei den anderen, für die wir zu sorgen haben, alles in guter Ordnung ist, soll man mir raten, was man für das Beste hält."

48 Κῦρος μὲν οὕτως εἶπεν. Ἀνίσταται δ' ἐπ' αὐτῷ Ἀρτάβαζος ὁ συγγενής ποτε φήσας εἶναι καὶ εἶπεν · Ἦ καλῶς, ἔφη, ἐποίησας, ὦ Κῦρε, ἄρξας τοῦ λόγου. Ἐγὼ γὰρ ἔτι νέου μὲν ὄντος σοῦ πάνυ ἀρξάμενος ἐπεθύμουν φίλος γενέσθαι, ὁρῶν δέ σε οὐδὲν δεόμενον ἐμοῦ κατώκνουν σοι προσιέναι. **49** Ἐπεὶ δ' ἔτυχές ποτε καὶ ἐμοῦ δεηθεὶς προθύμως ἐξαγγεῖλαι πρὸς Μήδους τὰ παρὰ Κυαξάρου, ἐλογιζόμην, εἰ ταῦτα προθύμως σοι συλλάβοιμι, ὡς οἰκεῖός τέ σοι ἐσοίμην καὶ ἐξέσοιτό μοι διαλέγεσθαί σοι ὁπόσον χρόνον βουλοίμην. Καὶ ἐκεῖνα μὲν δὴ ἐπράχθη ὥστε σε ἐπαινεῖν. **50** Μετὰ τοῦτο Ὑρκάνιοι μὲν πρῶτοι φίλοι ἡμῖν ἐγένοντο καὶ μάλα πεινῶσι συμμάχων · ὥστε μόνον οὐκ ἐν ταῖς ἀγκάλαις περιεφέρομεν αὐτοὺς ἀγαπῶντες. Μετὰ δὲ τοῦτο ἐπεὶ ἑάλω τὸ πολέμιον στρατόπεδον, οὐκ οἶμαι σχολήν σοι εἶναι ἀμφ' ἐμὲ ἔχειν, καὶ ἐγώ σοι συνεγίγνωσκον. **51** Ἐκ δὲ τούτου Γωβρύας ἡμῖν φίλος ἐγένετο, καὶ ἐγὼ ἔχαιρον · καὶ αὖθις Γαδάτας · καὶ ἤδη ἔργον σοῦ ἦν μεταλαβεῖν. Ἐπεί γε μέντοι καὶ Σάκαι καὶ Καδούσιοι σύμμαχοι ἐγεγένηντο, θεραπεύειν εἰκότως ἔδει τούτους · καὶ γὰρ οὗτοι σὲ ἐθεράπευον. **52** Ὡς δ' ἤλθομεν πάλιν ἔνθεν ὡρμήθημεν, ὁρῶν σε ἀμφ' ἵππους ἔχοντα, ἀμφ' ἅρματα, ἀμφὶ μηχανάς, ἡγούμην. ἐπεὶ ἀπὸ τούτων σχολάσαις, τότε σε καὶ ἀμφ' ἐμὲ ἔξειν σχολήν. Ὥς γε μέντοι ἦλθεν ἡ δεινὴ ἀγγελία τὸ πάντας ἀνθρώπους ἐφ' ἡμᾶς συλλέγεσθαι. ἐγίγνωσκον ὅτι ταῦτα μέγιστα εἴη · εἰ δὲ ταῦτα καλῶς γένοιτο. εὖ ἤδη ἐδόκουν εἰδέναι ὅτι πολλὴ ἔσοιτο ἀφθονία τῆς ἐμῆς καὶ [τῆς] σῆς συνουσίας. **53** Καὶ νῦν δὴ νενικήκαμέν τε τὴν μεγάλην μάχην καὶ Σάρδεις καὶ Κροῖσον ὑποχείριον ἔχομεν καὶ Βαβυλῶνα ᾑρήκαμεν καὶ πάντας κατεστράμμεθα, καὶ μὰ τὸν Μίθρην ἐγώ τοι χθές. εἰ μὴ

(48) Das waren Kyros' Worte. Nach ihm stand Artabazos auf, der einst behauptet hatte, er sei mit Kyros verwandt, und sagte: „Es war wirklich vernünftig, daß du das Gespräch darauf gebracht hast, Kyros. Denn als du noch ganz jung warst, hatte ich schon den Wunsch, dein Freund zu werden. Als ich aber sah, daß du mich nicht brauchtest, bekam ich Hemmungen, mich dir zu nähern. (49) Damals aber, als es sich zufällig ergab, daß du auch mich dazu brauchtest, den Medern die Botschaft des Kyaxares mit allem Nachdruck zu vermitteln, dachte ich, wenn ich dir dabei mit vollem Einsatz Hilfe leistete, ich könnte dein Vertrauter werden und erhielte die Möglichkeit, mit dir nach Herzenslust Gespräche zu führen. Ich führte meinen Auftrag aus, und du warst mit mir zufrieden. (50) Darauf wurden zunächst die Hyrkanier unsere Freunde, als wir unbedingt Verbündete brauchten, so daß wir sie vor lauter Liebe fast auf Händen trugen. Als danach das feindliche Lager eingenommen worden war, hattest du, glaube ich, keine Zeit, dich um mich zu kümmern, und ich nahm dir dies nicht übel. (51) Dann wurde Gobryas unser Freund, und ich freute mich, und etwas später war es Gadatas. Da war es schon schwierig, mit dir in Verbindung zu treten. Als dann allerdings die Saken und Kadusier unsere Verbündeten geworden waren, mußtest du dich natürlich um sie kümmern. Denn sie haben sich auch um dich gekümmert. (52) Als wir aber wieder dort angekommen waren, wo wir aufgebrochen waren, mußte ich zusehen, wie du mit Pferden, Kampfwagen und Maschinen beschäftigt warst, und ich nahm an, daß du dann Zeit auch für mich hättest, wenn du dich von dieser Tätigkeit ausruhtest. Aber als die schreckliche Nachricht eintraf, daß sich alle Welt gegen uns verbündete, erkannte ich, daß dieses Ereignis Vorrang hatte vor allem anderen. Doch wenn diese Dinge einen guten Verlauf nähmen, glaubte ich genau zu wissen, daß dann sehr viel Zeit zur Verfügung stände, um unsere Beziehungen zu pflegen. (53) Jetzt haben wir also die große Schlacht gewonnen, Sardes und Kroisos bezwungen, Babylon eingenommen und alle Gegner niedergeworfen, aber beim Mithras, gestern

πολλοῖς διεπύκτευσα. οὐκ ἂν ἐδυνάμην σοι προσελθεῖν. Ἐπεί γε μέντοι ἐδεξιώσω με καὶ παρὰ σοὶ ἐκέλευσας μένειν, ἤδη περίβλεπτος ἦν. ὅτι μετὰ σοῦ ἄσιτος
καὶ ἄποτος διημέρευον. 54 Νῦν οὖν εἰ μὲν ἔσται πῃ
ὅπως οἱ πλείστου ἄξιοι γεγενημένοι πλεῖστόν σου μέρος μεθέξομεν. Εἰ δὲ μή. πάλιν αὖ ἐγὼ ἐθέλω παρὰ σοῦ
ἐξαγγέλλειν ἀπιέναι πάντας ἀπὸ σοῦ πλὴν ἡμῶν τῶν
ἐξ ἀρχῆς φίλων.

55 Ἐπὶ τούτῳ ἐγέλασε μὲν ὁ Κῦρος καὶ ἄλλοι πολλοί. Χρυσάντας δ᾽ ἀνέστη ὁ Πέρσης καὶ ἔλεξεν ὧδε ·
Ἀλλὰ τὸ μὲν πρόσθεν, ὦ Κῦρε, εἰκότως ἐν τῷ φανερῷ
σαυτὸν παρεῖχες, δι᾽ ἅ τε αὐτὸς εἶπας καὶ ὅτι οὐχ ἡμᾶς
σοι μάλιστα ἦν θεραπευτέον. Ἡμεῖς μὲν γὰρ καὶ ἡμῶν
αὐτῶν ἕνεκα παρῆμεν · τὸ δὲ πλῆθος ἔδει ἀνακτᾶσθαι
ἐκ παντὸς τρόπου, ὅπως ὅτι ἥδιστα συμπονεῖν καὶ συγκιν-
δυνεύειν ἡμῖν ἐθέλοιεν. 56 Νῦν δ᾽ ἐπεὶ οὐχ οὕτω τρόπον
μόνου ἔχεις, ἀλλὰ καὶ ἄλλους ἀνακτᾶσθαι δύνασαι
οὓς καιρὸς εἴη, ἤδη καὶ οἰκίας σε τυχεῖν ἄξιον · ἦ τί
ἀπολαύσαις ἂν τῆς ἀρχῆς, εἰ μόνος ἄμοιρος εἴης
ἑστίας, οὗ οὔτε ὁσιώτερον χωρίον ἐν ἀνθρώποις οὔτε
ἥδιον οὔτε οἰκειότερόν ἐστιν οὐδέν; Ἔπειτα δ᾽, ἔφη,
οὐκ ἂν οἴει καὶ ἡμᾶς αἰσχύνεσθαι, εἰ σὲ μὲν ὁρῶμεν ἔξω
καρτεροῦντα, αὐτοὶ δ᾽ ἐν οἰκίαις εἴημεν καὶ σοῦ δο-
κοίημεν πλεονεκτεῖν; 57 Ἐπεὶ δὲ Χρυσάντας ταῦτα
ἔλεξε, συνηγόρευον αὐτῷ κατὰ ταὐτὰ πολλοί.

Ἐκ τούτου δὴ εἰσέρχεται εἰς τὰ βασίλεια, καὶ τὰ ἐκ
Σάρδεων χρήματα ἐνταῦθ᾽ οἱ ἄγοντες ἀπέδοσαν. Ἐπεὶ
δ᾽ εἰσῆλθεν ὁ Κῦρος, πρῶτον μὲν Ἑστίᾳ ἔθυσεν, ἔπειτα
Διὶ βασιλεῖ καὶ εἴ τινι ἄλλῳ θεῷ οἱ μάγοι ἐξηγοῦντο.

hätte ich nicht bis zu dir vordringen können, wenn ich mich nicht mit vielen anderen auf einen wahren Boxkampf eingelassen hätte. Doch als du mir deine rechte Hand reichtest und mich auffordertest, bei dir zu bleiben, fiel es schon allgemein auf, daß ich mit dir den Tag verbrachte, ohne zu essen und zu trinken. (54) Sorg also jetzt dafür, wenn es irgendwie möglich ist, daß wir, die wir uns besonders verdient gemacht haben, auch am meisten von dir haben. Falls es aber nicht geht, dann will ich wieder in deinem Auftrag übermitteln, daß alle sich aus deiner Umgebung entfernen sollen außer uns, deinen alten Freunden."

(55) Darüber lachten Kyros und viele andere. Doch da stand der Perser Chrysantas auf und sagte folgendes: „Nun, Kyros, bisher hast du dich offensichtlich aus den Gründen in der Öffentlichkeit zeigen müssen, die du selbst nanntest, und weil du dich um uns nicht besonders zu kümmern brauchtest. Denn wir genügten uns selbst. Die Masse aber mußte mit allen Mitteln dafür gewonnen werden, Anstrengungen und Gefahren möglichst freudig mit uns gemeinsam ertragen zu wollen. (56) Aber da du eigentlich nicht das Wesen eines Einzelgängers hast, sondern auch andere Menschen für dich einnehmen kannst, sobald du die Zeit dafür gekommen siehst, ist es angebracht, daß endlich auch du einen Hausstand gründest. Oder was hättest du von deiner Machtstellung, wenn du als Einzelgänger ohne einen häuslichen Herd lebtest, wo es doch keinen heiligeren, keinen angenehmeren und keinen heimischeren Ort unter den Menschen gibt als diesen? Und weiter: Glaubst du nicht, daß auch wir uns schämen, wenn wir sehen, daß du dich unter freiem Himmel abmühst, während wir in unseren Häusern sind und es offensichtlich besser haben als du?" (57) Als Chrysantas diese Worte gesprochen hatte, stimmten ihm viele zu.

Darauf ging Kyros in den Königspalast, wo die dafür zuständigen Leute die Schätze aus Sardes abgeliefert hatten. Als Kyros angekommen war, opferte er zuerst der Hestia, dann dem Götterkönig Zeus und allen anderen Göttern, wie es die

58 Ποιήσας δὲ ταῦτα τὰ ἄλλα ἤδη ἤρχετο διοικεῖν. Ἐννοῶν δὲ τὸ αὑτοῦ πρᾶγμα ὅτι ἐπιχειροίη μὲν ἄρχειν πολλῶν ἀνθρώπων, παρασκευάζοιτο δὲ οἰκεῖν ἐν πόλει [τῇ] μεγίστῃ τῶν φανερῶν. αὕτη δ᾽ οὕτως ἔχοι αὐτῷ ὡς ἂν πολεμιωτάτη γένοιτο ἀνδρὶ πόλις, ταῦτα δὴ λογιζόμενος φυλακῆς περὶ τὸ σῶμα ἡγήσατο δεῖσθαι. **59** Γνοὺς δ᾽ ὅτι οὐδαμοῦ ἄνθρωποι εὐχειρωτότεροί εἰσιν ἢ ἐν σίτοις καὶ ποτοῖς καὶ λουτροῖς καὶ κοίτῃ καὶ ὕπνῳ, ἐσκόπει τίνας ἂν ἐν τούτοις περὶ ἑαυτὸν πιστοτάτους ἔχοι. Ἐνόμισε δὲ μὴ ἂν γενέσθαι ποτέ πιστὸν ἄνθρωπον ὅστις ἄλλον μᾶλλον φιλήσοι τοῦ τῆς φυλακῆς δεομένου. **60** Τοὺς μὲν οὖν ἔχοντας παῖδας ἢ γυναῖκας συναρμοττούσας ἢ παιδικὰ ἔγνω φύσει συνηναγκάσθαι ταῦτα μάλιστα φιλεῖν · τοὺς δ᾽ εὐνούχους ὁρῶν πάντων τούτων στερομένους ἡγήσατο τούτους ἂν περὶ πλείστου ποιεῖσθαι οἵτινες δύναιντο πλουτίζειν μάλιστα αὐτοὺς καὶ βοηθεῖν, εἴ τι ἀδικοῖντο, καὶ τιμὰς περιάπτειν αὐτοῖς. Τούτοις δ᾽ εὐεργετοῦντα ὑπερβάλλειν αὐτὸν οὐδέν᾽ ἂν ἡγεῖτο δύνασθαι. **61** Πρὸς δὲ τούτοις ἄδοξοι ὄντες οἱ εὐνοῦχοι παρὰ τοῖς ἄλλοις ἀνθρώποις καὶ διὰ τοῦτο δεσπότου ἐπικούρου προσδέονται · οὐδεὶς γὰρ ἀνὴρ ὅστις οὐκ ἂν ἀξιώσειεν εὐνούχου πλέον ἔχειν ἐν παντί, εἰ μή τι ἄλλο κρεῖττον ἀπείργοι · δεσπότῃ δὲ πιστὸν ὄντα οὐδὲν κωλύει πρωτεύειν καὶ τὸν εὐνοῦχον. **62** Ὃ δ᾽ ἂν μάλιστά τις οἰηθείη, ἀνάλκιδας τοὺς εὐνούχους γίγνεσθαι, οὐδὲ τοῦτο ἐφαίνετο αὐτῷ. Ἐτεκμαίρετο δὲ καὶ ἐκ τῶν ἄλλων ζῴων ὅτι οἵ τε ὑβρισταὶ ἵπποι ἐκτεμνόμενοι τοῦ μὲν δάκνειν καὶ ὑβρίζειν ἀποπαύονται, πολεμικοὶ δὲ οὐδὲν ἧττον γίγνονται, οἵ τε ταῦροι ἐκτεμνόμενοι τοῦ μὲν

Magier vorschrieben. (58) Dann begann er, seinen übrigen Pflichten nachzugehen. Während er über seine eigene Situation nachdachte und ihm bewußt wurde, daß er im Begriff war, über viele Menschen zu herrschen, und sich vorbereitete, in der größten aller bekannten Städte zu wohnen, diese ihm gegenüber aber so feindlich eingestellt war, wie man es sich schlimmer gar nicht vorstellen kann – während er daran dachte, kam ihm der Gedanke, daß er eine Leibwache brauchte. (59) Weil er wußte, daß die Menschen bei keiner anderen Gelegenheit leichter zu überwältigen sind als beim Essen und Trinken, im Bad, im Bett und im Schlaf, überlegte er, welche Leute besonders zuverlässig seien, um sie in diesen Situationen um sich haben zu können. Er war aber der Überzeugung, daß kein Mensch wirklich zuverlässig sein könne, der einen anderen mehr liebe als denjenigen, der seinen Schutz brauche. (60) Er erkannte, daß diejenigen, die Kinder oder Frauen, mit denen sie sich gut verstehen, oder andere geliebte Partner haben, von Natur aus gezwungen sind, diese am meisten zu lieben. Weil er aber sah, daß die Eunuchen alle diese Beziehungen nicht haben, meinte er, sie seien denen am meisten zugetan, die in der Lage seien, sie besonders reich zu machen, ihnen beizustehen, wenn ihnen Unrecht getan werde, und ihnen ehrenvolle Ämter zu übertragen. Er war der Meinung, daß ihn in dieser Hinsicht niemand an Wohltätigkeit übertreffen könne. (61) Außerdem brauchten die Eunuchen auch deshalb einen Herrn zu ihrer Unterstützung, weil sie bei den anderen Menschen kein Ansehen genossen. Denn es gibt keinen Mann, der nicht überall seine Überlegenheit über einen Eunuchen zur Geltung brächte, falls ihn nicht eine höhere Macht davon abhielte. Wenn aber der Eunuch seinem Herrn die Treue hält, dann hindert ihn auch nichts daran, die erste Rolle zu spielen. (62) Auch die verbreitete Meinung, daß die Eunuchen Schwächlinge seien, teilte Kyros nicht. Er zog diesen Schluß auch aus dem Verhalten der Tiere: Wenn ungebärdige Tiere kastriert werden, hören sie zwar auf zu beißen und zu schlagen, sind aber für den Krieg keinesfalls weniger brauchbar.

μέγα φρονεῖν καὶ ἀπειθεῖν ὑφίενται, τοῦ δ' ἰσχύειν καὶ
ἐργάζεσθαι οὐ στερίσκονται, καὶ οἱ κύνες δὲ ὡσαύτως
τοῦ μὲν ἀπολείπειν τοὺς δεσπότας ἀποπαύονται ἐκτεμνόμενοι, φυλάττειν δὲ καὶ εἰς θήραν οὐδὲν κακίους γίγνονται. 63 Καὶ οἵ γε ἄνθρωποι ὡσαύτως ἠρεμέστεροι
γίγνονται στερισκόμενοι ταύτης τῆς ἐπιθυμίας, οὐ μέντοι ἀμελέστεροί γε τῶν προσταττομένων, οὐδ' ἧττόν
τι ἱππικοί, οὐδὲ ἧττόν τι ἀκοντιστικοί, οὐδὲ ἧττον φιλό-
τιμοι. 64 Κατάδηλοι δ' ἐγίγνοντο καὶ ἐν τοῖς πολέ-
μοις καὶ ἐν ταῖς θήραις ὅτι ἔσῳζον τὸ φιλόνικον ἐν ταῖς
ψυχαῖς · τοῦ δὲ πιστοὶ εἶναι ἐν τῇ φθορᾷ τῶν δεσποτῶν
μάλιστα βάσανον ἐδίδοσαν · οὐδένες γὰρ πιστότερα
ἔργα ἀπεδείκνυντο ἐν ταῖς δεσποτικαῖς συμφοραῖς τῶν
εὐνούχων. 65 Εἰ δέ τι ἄρα τῆς τοῦ σώματος ἰσχύος
μειοῦσθαι δοκοῦσιν, ὁ σίδηρος ἀνισοῖ τοὺς ἀσθενεῖς
τοῖς ἰσχυροῖς ἐν τῷ πολέμῳ. Ταῦτα δὴ γιγνώσκων ἀρξάμενος ἀπὸ τῶν θυρωρῶν πάντας τοὺς περὶ τὸ ἑαυτοῦ
σῶμα θεραπευτῆρας ἐποιήσατο εὐνούχους.

66 Ἡγησάμενος δὲ οὐχ ἱκανὴν εἶναι τὴν φυλακὴν
ταύτην πρὸς τὸ πλῆθος τῶν δυσμενῶς ἐχόντων, ἐσκόπει
τίνας τῶν ἄλλων ἂν πιστοτάτους περὶ τὸ βασίλειον
φύλακας λάβοι. 67 Εἰδὼς οὖν Πέρσας τοὺς οἴκοι
κακοβιωτάτους μὲν ὄντας διὰ πενίαν, ἐπιπονώτατα δὲ
ζῶντας διὰ τὴν τῆς χώρας τραχύτητα καὶ διὰ τὸ αὐ-
τουργοὺς εἶναι, τούτους ἐνόμισε μάλιστ' ἂν ἀγαπᾶν
τὴν παρ' ἑαυτῷ δίαιταν. 68 Λαμβάνει οὖν τούτων
μυρίους δορυφόρους, οἳ κύκλῳ μὲν νυκτὸς καὶ ἡμέρας
ἐφύλαττον περὶ τὰ βασίλεια, ὁπότε ἔσω ῥαίσειεν · ὁπότε
δὲ ἐξίοι ποι, ἔνθεν καὶ ἔνθεν τεταγμένοι ἐπορεύοντο.
69 Νομίσας δὲ καὶ Βαβυλῶνος ὅλης φύλακας δεῖν
εἶναι ἱκανούς, εἴτ' ἐπιδημῶν αὐτὸς τυγχάνοι εἴτε καὶ

Auch die Stiere geben zwar, wenn sie kastriert werden, ihren Übermut und ihren Ungehorsam auf, verlieren aber nicht ihre Stärke und Arbeitskraft. Ebenso hören kastrierte Hunde zwar damit auf, ihren Herren wegzulaufen, erweisen sich aber nicht als schlechtere Wach- oder Jagdhunde. (63) Wenn die Menschen von diesem Trieb befreit sind, werden sie zwar ebenfalls ruhiger, doch keinesfalls nachlässiger in der Erfüllung ihrer Aufgaben. Sie werden keine schlechteren Reiter und keine schlechteren Speerwerfer und haben auch keinen geringeren Ehrgeiz. (64) Sowohl im Krieg als auch auf der Jagd zeigten sie immer wieder, daß sie das Bedürfnis, anderen überlegen zu sein, in ihren Herzen bewahrt haben. Vor allem aber bewiesen sie dann, wenn sich ihre Herren in größter Not befanden, ihre unverbrüchliche Treue. Denn kein Mensch legte jemals innigere Beweise seiner Ergebenheit ab als die Eunuchen, wenn ihre Herren in ein Unglück gerieten. (65) Wenn sie aber weniger Körperkraft zu haben scheinen, dann macht doch im Krieg das Schwert die Schwachen den Starken gleich. Aufgrund dieser Überlegungen ließ er, angefangen bei den Wächtern an den Türen, alle Diener, die für sein leibliches Wohl zuständig waren, nur noch Eunuchen sein.

(66) Weil er aber meinte, daß diese Leibwache im Verhältnis zu der großen Zahl seiner Feinde nicht ausreichte, überlegte er, wen er sonst noch aufgrund besonderer Zuverlässigkeit als Wächter für den Königspalast einsetzen konnte. (67) Weil er wußte, daß die Perser zu Hause aufgrund ihrer Armut ein sehr schlechtes Leben führten, die schwierigsten Existenzbedingungen hatten und das harte und steinige Land mit eigener Hand bearbeiten mußten, glaubte er, sie würden besonders gern bei ihm leben. (68) Er nahm also zehntausend Lanzenträger aus ihren Reihen, die Tag und Nacht rings um den Palast herum Wache hielten, wenn er sich drinnen erholte. Aber sobald er den Palast verließ, begleiteten sie ihn, indem sie ihn in ihre Mitte nahmen. (69) Da er aber der Ansicht war, daß auch für ganz Babylon Wächter in hinreichender Zahl benötigt wurden, ob er sich nun in der Stadt oder außerhalb befand, quar-

ἀποδημῶν, κατέστησε καὶ ἐν Βαβυλῶνι φρουροὺς ἱκανούς. Μισθὸν δὲ καὶ τούτοις Βαβυλωνίους ἔταξε παρέχειν, βουλόμενος αὐτοὺς ὡς ἀμηχανωτάτους εἶναι, ὅπως ὅτι ταπεινότατοι καὶ εὐκαθεκτότατοι εἶεν.

70 Αὕτη μὲν δὴ ἡ περὶ αὐτόν τε φυλακὴ καὶ ἡ ἐν Βαβυλῶνι τότε κατασταθεῖσα καὶ νῦν ἔτι οὕτως ἔχουσα διαμένει.

Σκοπῶν δ' ὅπως ἂν καὶ ἡ πᾶσα ἀρχὴ κατέχοιτο καὶ ἄλλη ἔτι προσγίγνοιτο, ἡγήσατο τοὺς μισθοφόρους τούτους οὐ τοσοῦτον βελτίονας τῶν ὑπηκόων εἶναι ὅσον ἐλάττονας · τοὺς δὲ ἀγαθοὺς ἄνδρας ἐγίγνωσκε συνεκτέον εἶναι, οἵπερ σὺν τοῖς θεοῖς τὸ κρατεῖν παρέσχον, καὶ ἐπιμελητέον ὅπως μὴ ἀνήσουσι τὴν τῆς ἀρετῆς ἄσκησιν. **71** Ὅπως δὲ μὴ ἐπιτάττειν αὐτοῖς δοκοίη, ἀλλὰ γνόντες καὶ αὐτοὶ ταῦτα ἄριστα εἶναι οὕτως ἐμμένοιέν τε καὶ ἐπιμελοῖντο τῆς ἀρετῆς. συνέλεξε τούς τε ὁμοτίμους καὶ πάντας ὁπόσοι ἐπικαίριοι ἦσαν καὶ ἀξιοχρεώτατοι ἐδόκουν αὐτῷ κοινωνοὶ εἶναι καὶ πόνων καὶ ἀγαθῶν. **72** Ἐπεὶ δὲ συνῆλθον, ἔλεξε τοιάδε ·

Ἄνδρες φίλοι καὶ σύμμαχοι, τοῖς μὲν θεοῖς μεγίστη χάρις ὅτι ἔδοσαν ἡμῖν τυχεῖν ὧν ἐνομίζομεν ἄξιοι εἶναι. Νῦν γὰρ δὴ ἔχομεν καὶ γῆν πολλὴν καὶ ἀγαθὴν καὶ οἵτινες ταύτην ἐργαζόμενοι θρέψουσιν ἡμᾶς · ἔχομεν δὲ καὶ οἰκίας καὶ ἐν ταύταις κατασκευάς. **73** Καὶ μηδείς γε ὑμῶν ἔχων ταῦτα νομισάτω ἀλλότρια ἔχειν · νόμος γὰρ ἐν πᾶσιν ἀνθρώποις ἀίδιός ἐστιν, ὅταν πολεμούντων πόλις ἁλῷ, τῶν ἑλόντων εἶναι καὶ τὰ σώματα τῶν ἐν τῇ πόλει καὶ τὰ χρήματα. Οὔκουν ἀδικίᾳ γε ἕξετε ὅ τι ἂν ἔχητε, ἀλλὰ φιλανθρωπίᾳ οὐκ ἀφαιρήσεσθε, ἥν τι ἐᾶτε ἔχειν αὐτούς.

74 Τὸ μέντοι ἐκ τοῦδε οὕτως ἐγὼ γιγνώσκω ὅτι εἰ μὲν τρεψόμεθα ἐπὶ ῥᾳδιουργίαν καὶ τὴν τῶν κακῶν ἀνθρώ-

tierte er auch in Babylon eine ausreichend starke Besatzung
ein. Für die Besoldung dieser Leute ließ er die Babylonier
aufkommen. Denn er wollte sie schwächen, soweit es möglich
war, damit sie sich möglichst unterwürfig verhielten und möglichst leicht zu regieren waren.

(70) Diese Leibwache und die damals in Babylon stationier-
te Besatzung gibt es auch heute noch in dieser Form.

Während er darauf achtete, daß das ganze Reich erhalten
blieb und noch erweitert wurde, glaubte er, diese Söldner sei-
en wohl tapferer als die Untertanen, ihnen aber zahlenmäßig
unterlegen. Deshalb meinte er, man müsse all die tüchtigen
Männer, die mit Hilfe der Götter den Sieg errungen hätten,
zusammenhalten und dafür sorgen, daß sie in der Übung ihrer
Tüchtigkeit nicht nachließen. (71) Damit aber nicht der Eindruck entstand, als ob er ihnen dies befehle, sondern sie selbst
auch einsahen, daß es am besten war, wenn sie ihre bisherige
Form behielten und sich um die Erhaltung ihrer Leistungsfähigkeit kümmerten, versammelte er die Homotimen, alle Befehlshaber und außerdem noch alle, die sich ihm als die wertvollsten Kameraden in der Not und im Glück erwiesen hatten.
(72) Als sie sich versammelt hatten, sprach er folgende Worte:

„Liebe Freunde und Verbündete, den Göttern haben wir
überschwenglich zu danken, daß sie uns die Möglichkeit gaben, alles zu bekommen, worauf wir ein Anrecht zu haben
glaubten. Denn wir besitzen jetzt ein großes und fruchtbares
Land und Menschen, die es bebauen und uns ernähren können. Wir haben feste Häuser mit entsprechenden Einrichtungen. (73) Niemand von euch soll glauben, er besitze fremdes
Eigentum. Denn unter allen Menschen herrscht ein unumstöß-
liches ewiges Gesetz: Wenn eine Stadt im Krieg erobert wird,
gehört sie den Eroberern samt ihren Einwohnern und deren
Habe. Ihr werdet also nicht zu Unrecht besitzen, was ihr habt,
aber wenn ihr sie etwas behalten laßt, werdet ihr es ihnen nur
aus Menschlichkeit nicht fortnehmen.

(74) Was nun allerdings die Zukunft betrifft, bin ich der
folgenden Ansicht: Wenn wir uns der Leichtlebigkeit und dem

πων ἡδυπάθειαν, οἳ νομίζουσι τὸ μὲν πονεῖν ἀθλιότητα, τὸ δὲ ἀπόνως βιοτεύειν εὐδαιμονίαν, ταχὺ ἡμᾶς φημι ὀλίγου ἀξίους ἡμῖν αὐτοῖς ἔσεσθαι καὶ ταχὺ πάντων τῶν ἀγαθῶν στερήσεσθαι. 75 Οὐ γάρ τοι τὸ ἀγαθοὺς ἄνδρας γενέσθαι τοῦτο ἀρκεῖ ὥστε καὶ διατελεῖν, ἢν μή τις αὐτοῦ διὰ τέλους ἐπιμελῆται · ἀλλ' ὥσπερ καὶ αἱ ἄλλαι τέχναι ἀμεληθεῖσαι μείονος ἄξιαι γίγνονται καὶ τὰ σώματά γε τὰ εὖ ἔχοντα, ὁπόταν τις αὐτὰ ἀνῇ ἐπὶ ῥᾳδιουργίαν, πονήρως πάλιν ἔχει, οὕτω καὶ ἡ σωφροσύνη καὶ ἡ ἐγκράτεια καὶ ἡ ἀλκή, ὁπόταν τις αὐτῶν ἀνῇ τὴν ἄσκησιν, ἐκ τούτου εἰς τὴν πονηρίαν πάλιν τρέπεται. 76 Οὔκουν δεῖ ἀμελεῖν οὐδ' ἐπὶ τὸ αὐτίκα ἡδὺ προϊέναι αὐτούς. Μέγα μὲν γὰρ οἶμαι ἔργον καὶ τὸ ἀρχὴν καταπρᾶξαι, πολὺ δ' ἔτι μεῖζον τὸ λαβόντα διασώσασθαι. Τὸ μὲν γὰρ λαβεῖν πολλάκις τῷ τόλμαν μόνον παρασχομένῳ ἐγένετο, τὸ δὲ λαβόντα κατέχειν οὐκέτι τοῦτο ἄνευ σωφροσύνης οὐδ' ἄνευ ἐγκρατείας οὐδ' ἄνευ πολλῆς ἐπιμελείας γίγνεται. 77 Ἃ χρὴ γιγνώσκοντας νῦν πολὺ μᾶλλον ἀσκεῖν τὴν ἀρετὴν ἢ πρὶν τάδε τἀγαθὰ κτήσασθαι, εὖ εἰδότας ὅτι ὅταν πλεῖστά τις ἔχῃ, τότε πλεῖστοι καὶ φθονοῦσι καὶ ἐπιβουλεύουσι καὶ πολέμιοι γίγνονται, ἄλλως τε κἂν παρ' ἀκόντων τά τε κτήματα καὶ τὴν θεραπείαν ὥσπερ ἡμεῖς ἔχῃ. Τοὺς μὲν οὖν θεοὺς οἴεσθαι χρὴ σὺν ἡμῖν ἔσεσθαι · οὐ γὰρ ἐπιβουλεύσαντες ἀδίκως ἔχομεν, ἀλλ' ἐπιβουλευθέντες ἐτιμωρησάμεθα. 78 Τὸ μέντοι μετὰ τοῦτο κράτιστον ἡμῖν αὐτοῖς παρασκευαστέον · τοῦτο δ' ἐστὶ τὸ βελτίονας ὄντας τῶν ἀρχομένων ἄρχειν ἀξιοῦν. Θάλπους μὲν οὖν καὶ ψύχους καὶ σίτων καὶ ποτῶν καὶ πόνων

Sinnesrausch von Schwächlingen ausliefern werden, die glauben, daß die Anstrengung Unglück und das Leben ohne Mühe Glück bedeuten, dann – so behaupte ich – werden wir uns selbst bald widerlich vorkommen und schnell unseren gesamten Besitz wieder verlieren. (75) Denn einfach ein anständiger Mensch zu werden, ist noch keine hinreichende Voraussetzung dafür, daß man es auch für immer bleibt, wenn man nicht bis zum Ende daran arbeitet: Ebenso wie auch die anderen Fähigkeiten an Wert verlieren, wenn sie vernachlässigt werden, und die Körper, die sich in einem guten Zustand befinden, wieder in eine schlechte Verfassung geraten, wenn man sie der Verweichlichung aussetzt, so verwandeln sich auch die Selbstbeherrschung, die Enthaltsamkeit und die Abwehrkaft wieder in Schwäche, wenn man auf ihre Anwendung und Übung verzichtet. (76) Man darf sich also nicht einmal für einen kurzen Augenblick die Lust der Entspannung gönnen. Denn es ist zwar, wie ich meine, eine große Leistung, Macht zu gewinnen, aber eine noch viel größere, sie zu erhalten, wenn man sie gewonnen hat. Der Machterwerb erfolgt oft nur durch eine kühne Tat, die Erhaltung der Macht ist aber, wenn man sie erst einmal besitzt, nicht mehr ohne Selbstbeherrschung, Enthaltsamkeit und hohen persönlichen Einsatz möglich. (77) Wir müssen uns diese Tatsache vor Augen führen und unsere Leistungsfähigkeit jetzt noch intensiver trainieren, als wir es taten, bevor wir diese Erfolge errangen. Denn wir sollten uns darüber im klaren sein, daß in dem Augenblick, wo man sehr viel besitzt, sehr viele neidisch sind, Ränke schmieden und zu Feinden werden, vor allem dann, wenn man wie wir den Besitz und die Dienstleistungen gegen den Willen der Betroffenen beansprucht. Wir müssen wirklich glauben, daß die Götter mit uns sein werden. Denn wir haben uns keines heimtückischen Überfalls schuldig gemacht, sondern für einen heimtückischen Überfall Rache genommen. (78) Doch was im Anschluß daran das Wichtigste ist, müssen wir selbst leisten: Unsere Herrschaft mit dem Anspruch auszuüben, besser zu sein als die Beherrschten. Es ist notwendig, daß wir Hitze und Kälte, Es-

καὶ ὕπνου ἀνάγκη καὶ τοῖς δούλοις μεταδιδόναι · μετα-
διδόντας γε μέντοι πειρᾶσθαι δεῖ ἐν τούτοις πρῶτον
βελτίονας αὐτῶν φαίνεσθαι. 79 Πολεμικῆς δ' ἐπιστή-
μης καὶ μελέτης παντάπασιν οὐ μεταδοτέον τούτοις,
οὕστινας ἐργάτας τε ἡμετέρους καὶ δασμοφόρους βουλόμεθα καταστήσασθαι, ἀλλ' αὐτοὺς δεῖ τούτοις τοῖς
ἀσκήμασι πλεονεκτεῖν, γιγνώσκοντας ὅτι ἐλευθερίας
ταῦτα ὄργανα καὶ εὐδαιμονίας οἱ θεοὶ τοῖς ἀνθρώποις
ἀπέδειξαν · καὶ ὥσπερ γε ἐκείνους τὰ ὅπλα ἀφηρήμεθα,
οὕτως ἡμᾶς αὐτοὺς δεῖ μήποτ' ἐρήμους ὅπλων γίγνεσθαι,
εὖ εἰδότας ὅτι τοῖς ἀεὶ ἐγγυτάτω τῶν ὅπλων οὖσι τούτοις καὶ οἰκειότατά ἐστιν ἃ ἂν βούλωνται.

80 Εἰ δέ τις τοιαῦτα ἐννοεῖται, τί δῆτα ἡμῖν ὄφελος
καταπρᾶξαι ἃ ἐπεθυμοῦμεν, εἰ ἔτι δεήσει καρτερεῖν καὶ
πεινῶντας καὶ διψῶντας καὶ πονοῦντας καὶ ἐπιμελουμένους, ἐκεῖνο δεῖ καταμαθεῖν ὅτι τοσούτῳ τἀγαθὰ μᾶλλον εὐφραίνει ὅσῳ ἂν μᾶλλον προπονήσας τις ἐπ' αὐτὰ
ἴῃ. Οἱ γὰρ πόνοι ὄψον τοῖς ἀγαθοῖς · ἄνευ δὲ τοῦ δεόμενον τυγχάνειν τινός οὐδὲν οὕτω πολυτελῶς παρασ-
κευασθείη ἄν, ὥσθ' ἡδὺ εἶναι. 81 Εἰ δέ. ὧν μὲν μάλιστα
ἄνθρωποι ἐπιθυμοῦσιν ὁ δαίμων ἡμῖν ταῦτα συμπα-
ρεσκεύακεν, ὡς δ' ἂν ἥδιστα ὄντα φαίνοιτο αὐτός τις
αὑτῷ ταῦτα παρασκευάσει, ὁ τοιοῦτος ἀνὴρ τοσούτῳ
πλεονεκτήσει τῶν ἐνδεεστέρων βίου ὡς πεινήσας τῶν
ἡδίστων σίτων τεύξεται καὶ διψήσας τῶν ἡδίστων ποτῶν
ἀπολαύσεται καὶ δεηθεὶς ἀναπαύσεως ἥδιστον ἀναπαύσεται. 82 Ὧν ἕνεκά φημι χρῆναι νῦν ἐπιταθῆναι
ἡμᾶς εἰς ἀνδραγαθίαν, ὅπως τῶν τε ἀγαθῶν ᾗ ἄριστον
καὶ ἥδιστον ἀπολαύσωμεν καὶ ὅπως τοῦ πάντων χα-
λεπωτάτου ἄπειροι γενώμεθα · οὐ γὰρ τὸ μὴ λαβεῖν

sen und Trinken, Anstrengungen und Schlaf mit unseren Sklaven teilen. Doch wenn wir dies mit ihnen teilen, müssen wir
von vornherein zu beweisen versuchen, daß wir ihnen darin
überlegen sind. (79) Aber in die Theorie und Praxis der
Kriegskunst dürfen wir diejenigen auf keinen Fall einweihen,
die wir als unsere Landarbeiter und Tributpflichtigen verwenden wollen, sondern wir müssen unsere Überlegenheit auf unsere militärischen Tugenden gründen und erkennen, daß die
Götter den Menschen offenbart haben, daß darin die Mittel
und Wege zur Freiheit und zum Glück bestehen. Wie wir jenen die Waffen abgenommen haben, so dürfen wir niemals
ohne Waffen sein. Denn wir wissen, daß diejenigen, die ihre
Waffen stets griffbereit haben, alles, was sie wollen, auch als
ihr Eigentum betrachten können.

(80) Wenn sich aber jemand die Frage stellt: ‚Was nützt es
uns, alles zu erreichen, was wir uns wünschen, wenn es bis auf
weiteres erforderlich ist, Entbehrungen zu erdulden, Hunger
und Durst zu ertragen, Anstrengungen auf sich zu nehmen und
sich um alles zu kümmern?‘ – dann muß er einsehen, daß die
Freude, die das glückliche Gelingen mit sich bringt, um so
größer ist, je mehr man sich zuvor dafür angestrengt hat. Denn
die Anstrengungen würzen den Erfolg. Wenn man aber nicht
das Bedürfnis hat, etwas zu bekommen, dann kann es noch so
reichlich vorhanden sein – Freude dürfte man nicht daran haben. (81) Wenn uns nun die Gottheit verschafft hat, was sich
die Menschen zwar am meisten wünschen, wir selbst aber dafür sorgen müssen, daß es sich als möglichst lustvoll erweist,
dann werden wir mit dieser Einsicht aus den Mängeln des
Lebens denselben Nutzen ziehen, wie es der Fall ist, wenn man
Hunger hat und dann die schmackhaftesten Speisen genießt,
wenn man Durst hat und dann die süßesten Getränke zu sich
nimmt, oder wenn man das Bedürfnis nach Ruhe hat und sich
dann auf die angenehmste Weise erholen kann. (82) Deshalb
behaupte ich, daß wir uns jetzt zusammennehmen und standhaft sein müssen, um unser Glück so gut und so lustvoll wie
möglich zu genießen und uns vor dem Allerschlimmsten zu

τἀγαθὰ οὕτω χαλεπὸν ὥσπερ τὸ λαβόντα στερηθῆναι
λυπηρόν.

83 Ἐννοήσατε δὲ κἀκεῖνο τίνα πρόφασιν ἔχοντες
ἂν προσιοίμεθα κακίονες ἢ πρόσθεν γενέσθαι. Πότερον
ὅτι ἄρχομεν; Ἀλλ' οὐ δήπου τὸν ἄρχοντα τῶν ἀρχομένων πονηρότερον προσήκει εἶναι. Ἀλλ' ὅτι εὐδαιμονέστεροι δοκοῦμεν νῦν ἢ πρότερον εἶναι; Ἔπειτα τῇ
εὐδαιμονίᾳ φήσει τις τὴν κακίαν ἔτι πρέπειν; Ἀλλ' ὅτι
ἐπεὶ κεκτήμεθα δούλους, τούτους κολάσομεν, ἢν πονηροὶ ὦσι; **84** Καὶ τί προσήκει αὐτὸν ὄντα πονηρὸν
πονηρίας ἕνεκα ἢ βλακείας ἄλλους κολάζειν;

Ἐννοεῖτε δὲ καὶ τοῦτο ὅτι τρέφειν μὲν παρεσκευάσμεθα
πολλοὺς καὶ τῶν ἡμετέρων οἴκων φύλακας καὶ τῶν
σωμάτων. Αἰσχρὸν δὲ πῶς οὐκ ἂν εἴη, εἰ δι' ἄλλους
μὲν δορυφόρους τῆς σωτηρίας οἰησόμεθα χρῆναι τυγχάνειν, αὐτοὶ δὲ ἡμῖν αὐτοῖς οὐ δορυφορήσομεν; Καὶ μὴν
εὖ γε δεῖ εἰδέναι ὅτι οὐκ ἔστιν ἄλλη φυλακὴ τοιαύτη
οἷα αὐτόν τινα καλὸν κἀγαθὸν ὑπάρχειν · τοῦτο γὰρ
δεῖ συμπαρομαρτεῖν. Τῷ δ' ἀρετῆς ἐρήμῳ οὐδὲ ἄλλο
καλῶς ἔχειν οὐδὲν προσήκει.

85 Τί οὖν φημι χρῆναι ποιεῖν καὶ ποῦ τὴν ἀρετὴν
ἀσκεῖν καὶ ποῦ τὴν μελέτην ποιεῖσθαι; Οὐδὲν καινόν,
ὦ ἄνδρες, ἐρῶ · ἀλλ' ὥσπερ ἐν Πέρσαις ἐπὶ τοῖς ἀρχείοις
οἱ ὁμότιμοι διάγουσιν, οὕτω καὶ ἡμᾶς φημι χρῆναι ἐνθάδε
ὄντας τοὺς ὁμοτίμους πάντα ἅπερ κἀκεῖ ἐπιτηδεύειν,
καὶ ὑμᾶς τε ἐμὲ ὁρῶντας κατανοεῖν παρόντας εἰ ἐπιμελόμενος ὧν δεῖ διάξω, ἐγώ τε ὑμᾶς κατανοῶν θεάσομαι, καὶ οὓς
ἂν ὁρῶ τὰ καλὰ καὶ τἀγαθὰ ἐπιτηδεύοντας, τούτους
τιμήσω. **86** Καὶ τοὺς παῖδας δέ, οἳ ἂν ἡμῶν γίγνων-
ται, ἐνθάδε παιδεύωμεν · αὐτοί τε γὰρ βελτίονες ἐσόμεθα, βουλόμενοι τοῖς παισὶν ὡς βέλτιστα παραδείγ-

bewahren: Denn kein Glück zu haben, ist nicht in dem Maße schlimm, wie es wehtut, wenn man es verliert, nachdem man es einmal gewonnen hatte.

(83) Überlegt aber auch, aus welchem Grund wir es uns erlauben könnten, schwächer zu sein als zuvor. Weil wir die Herren sind? Der Herrschende darf aber doch wohl nicht schlechter sein als die Beherrschten. Oder weil wir uns jetzt glücklicher fühlen als bisher? Wird dann aber jemand sagen können, daß Schwäche mit Glück noch vereinbar ist? Oder weil wir die Sklaven, die sich in unserem Besitz befinden, bestrafen wollen, wenn sie sich als schlecht erweisen? (84) Wie ist es denn zu vertreten, daß jemand, der selbst schlecht ist, andere wegen ihrer Schlechtigkeit oder Faulheit bestraft?

Bedenkt aber auch, daß wir uns vornahmen, viele Menschen als Bewacher unserer Häuser und als Leibwächter zu unterhalten. Wie aber sollte es nicht schändlich sein, wenn wir meinen, unser Schutz sei nur durch andere Menschen, die Lanzenträger, gewährleistet, selbst aber zu unserem Schutz keine Lanze tragen können? Es ist wirklich notwendig, genau zu wissen, daß es keinen besseren Schutz gibt als die eigene Tüchtigkeit. Denn das bedeutet, ständig einen Begleiter zu haben. Wer nicht über Tüchtigkeit verfügt, hat auch sonst gewöhnlich kein Glück.

(85) Was ist also zu tun? Wo ist die Tüchtigkeit zu üben? Wo ist sie anzuwenden? Ich werde euch, ihr Männer, nichts Neues sagen, sondern so, wie die Homotimen in Persien ihre Zeit in ihren Regierungsgebäuden verbringen, so müssen, wie ich meine, auch wir, die wir hier die Homotimen sind, genau dieselben Pflichten erfüllen wie die Homotimen dort in Persien, und ihr müßt mich im Auge behalten und dort, wo ihr seid, aufpassen, ob ich meine Pflichten stets erfülle, und ich werde euch genauso im Auge behalten und alle auszeichnen, die ich Schönes und Gutes tun sehe. (86) Und die Kinder, die wir haben werden, wollen wir hier erziehen. Denn wir werden selbst besser werden, wenn wir unseren Kindern möglichst gu-

ματα ἡμᾶς αὐτοὺς παρέχειν, οἵ τε παῖδες οὐδ' ἂν εἰ βούλοιντο ῥᾳδίως πονηροὶ γένοιντο. αἰσχρὸν μὲν μηδὲν μήτε ὁρῶντες μήτε ἀκούοντες. ἐν δὲ καλοῖς κἀγαθοῖς ἐπιτηδεύμασι διημερεύοντες.

te Vorbilder sein wollen, und die Kinder dürften, auch wenn sie es wünschten, nicht so leicht schlecht werden, solange sie nichts Schimpfliches sehen oder hören, sondern ihre Tage mit schönen und guten Tätigkeiten verbringen."

ΚΥΡΟΥ ΠΑΙΔΕΙΑ Η'

I

1 Κῦρος μὲν οὖν οὕτως εἶπεν· ἀνέστη δ' ἐπ' αὐτῷ Χρυσάντας καὶ εἶπεν ὧδε· Ἀλλὰ πολλάκις μὲν δή, ὦ ἄνδρες, καὶ ἄλλοτε κατενόησα ὅτι ἄρχων ἀγαθὸς οὐδὲν διαφέρει πατρὸς ἀγαθοῦ· οἷ τε γὰρ πατέρες προνοοῦσι τῶν παίδων ὅπως μήποτε αὐτοὺς τἀγαθὰ ἐπιλείψει, Κῦρός τέ μοι δοκεῖ νῦν συμβουλεύειν ἡμῖν ἀφ' ὧν μάλιστ' ἂν εὐδαιμονοῦντες διατελοῖμεν· ὃ δέ μοι δοκεῖ ἐνδεέστερον ἢ ὡς ἐχρῆν δηλῶσαι, τοῦτο ἐγὼ πειράσομαι τοὺς μὴ εἰδότας διδάξαι. **2** Ἐννοήσατε γὰρ δὴ τίς ἂν πόλις πολεμία ὑπὸ μὴ πειθομένων ἁλοίη, τίς δ' ἂν φιλία ὑπὸ μὴ πειθομένων διαφυλαχθείη, ποῖον δ' ἂν ἀπειθούντων στράτευμα νίκης τύχοι. Πῶς δ' ἂν μᾶλλον ἐν μάχαις ἡττῶντο ἄνθρωποι ἢ ἐπειδὰν ἄρξωνται ἰδίᾳ ἕκαστος περὶ τῆς αὑτοῦ σωτηρίας βουλεύεσθαι; Τί δ' ἂν ἄλλο ἀγαθὸν τελεσθείη ὑπὸ μὴ πειθομένων τοῖς κρείττοσι; Ποῖαι δὲ πόλεις νομίμως ἂν οἰκήσειαν ἢ ποῖοι οἶκοι σωθείησαν, πῶς δ' ἂν νῆες ὅποι δεῖ ἀφίκοιντο; **3** Ἡμεῖς δὲ ἃ νῦν ἀγαθὰ ἔχομεν διὰ τί ἄλλο μᾶλλον κατεπράξαμεν ἢ διὰ τὸ πείθεσθαι τῷ ἄρχοντι· Διὰ τοῦτο γὰρ καὶ νυκτὸς καὶ ἡμέρας ταχὺ μὲν ὅποι ἔδει παρεγιγνόμεθα, ἀθρόοι δὲ τῷ ἄρχοντι ἑπόμενοι ἀνυπόστατοι ἦμεν, τῶν δ' ἐπιταχθέντων οὐδὲν ἡμιτελὲς κατελείπομεν. Εἰ τοίνυν μέγιστον ἀγαθὸν τὸ πειθαρχεῖν φαίνεται εἰς τὸ καταπράττειν τἀγαθά, οὕτως εὖ ἴστε ὅτι τὸ αὐτὸ τοῦτο

ACHTES BUCH

I.

(1) Das waren Kyros' Worte. Darauf erhob sich Chrysantas und sagte folgendes: „Ich habe wirklich schon oft, meine Herren, auch bei anderen Gelegenheiten erfahren, daß sich ein guter Herrscher in nichts von einem guten Vater unterscheidet. Denn wie die Väter dafür sorgen, daß ihre Kinder alles nur erdenklich Gute erfahren, so scheint mir jetzt auch Kyros uns die Mittel zu zeigen, die besonders geeignet sind, uns ein glückliches Leben zu gewährleisten. Was er aber meiner Meinung nach nicht ausführlich genug darstellte, will ich allen, die es noch nicht wissen, erklären. (2) Denkt einmal darüber nach, welche feindliche Stadt von ungehorsamen Soldaten erobert werden, welche befreundete Stadt von ungehorsamen Soldaten verteidigt werden und welches ungehorsame Heer einen Sieg erringen könnte. Wodurch dürften Schlachten eher verloren gehen als dadurch, daß jeder für sich über seine eigene Rettung nachzudenken beginnt? Welche gute Leistung könnte denn von Männern vollbracht werden, die ihren Vorgesetzten nicht gehorchen? Welche Staaten könnten gesetzmäßig verwaltet werden oder welche Häuser Bestand haben, und wie sollten Schiffe ihr Ziel erreichen? (3) Womit sonst haben wird die Güter erworben, die wir jetzt besitzen, als mit unserem Gehorsam gegenüber dem Feldherrn? Deshalb erschienen wir bei Tag und Nacht unverzüglich dort, wo wir gebraucht wurden. Deshalb folgten wir dem Feldherrn in geschlossener Formation und waren unbesiegbar. Deshalb führten wir keinen Befehl nur zur Hälfte aus. Wenn also der Gehorsam offensichtlich die wichtigste Voraussetzung für das gute Gelingen eines Vorhabens ist, dann müßt ihr auch genau wissen, daß er

καὶ εἰς τὸ διασῴζειν ἃ δεῖ μέγιστον ἀγαθόν ἐστι. **4** Καὶ πρόσθεν μὲν δὴ πολλοὶ ἡμῶν ἦρχον μὲν οὐδενός, ἤρχοντο δέ · νῦν δὲ κατεσκεύασθε οὕτω πάντες οἱ παρόντες ὥστε ἄρχετε οἱ μὲν πλειόνων, οἱ δὲ μειόνων. Ὥσπερ τοίνυν αὐτοὶ ἀξιώσετε ἄρχειν τῶν ὑφ' ὑμῖν, οὕτω καὶ αὐτοὶ πειθώμεθα οἷς ἂν ἡμᾶς καθήκῃ · τοσοῦτον δὲ διαφέρειν δεῖ τῶν δούλων ὅσον οἱ μὲν δοῦλοι ἄκοντες τοῖς δεσπόταις ὑπηρετοῦσιν, ἡμᾶς δ', εἴπερ ἀξιοῦμεν ἐλεύθεροι εἶναι, ἑκόντας δεῖ ποιεῖν ὃ πλείστου ἄξιον φαίνεται εἶναι. Εὑρήσετε δ', ἔφη, καὶ ἔνθα ἄνευ μοναρχίας πόλις οἰκεῖται, τὴν μάλιστα τοῖς ἄρχουσιν ἐθέλουσαν πείθεσθαι ταύτην ἥκιστα τῶν πολεμίων ἀναγκαζομένην ὑπακούειν. **5** Παρῶμέν τε οὖν, ὥσπερ Κῦρος κελεύει, ἐπὶ τόδε τὸ ἀρχεῖον, ἀσκῶμέν τε δι' ὧν μάλιστα δυνησόμεθα κατέχειν ἃ δεῖ, παρέχωμέν τε ἡμᾶς αὐτοὺς χρῆσθαι Κύρῳ ὅ τι ἂν δέῃ. Καὶ τοῦτο γὰρ εὖ εἰδέναι χρὴ ὅτι οὐ μὴ δύνηται Κῦρος εὑρεῖν ὅ τι αὑτῷ μὲν ἐπ' ἀγαθῷ χρήσεται, ἡμῖν δὲ οὔ, ἐπείπερ τά γε αὐτὰ ἡμῖν συμφέρει καὶ οἱ αὐτοί εἰσιν ἡμῖν πολέμιοι.

6 Ἐπεὶ δὲ ταῦτα εἶπε Χρυσάντας, οὕτω δὴ καὶ φίλοι ἄλλοι ἀνίσταντο πολλοὶ καὶ Περσῶν καὶ τῶν ἄλλων συμμάχων συνεροῦντες. Καὶ ἔδοξε τοὺς ἐντίμους ἀεὶ παρεῖναι ἐπὶ θύρας καὶ παρέχειν αὐτοὺς χρῆσθαι ὅ τι ἂν βούληται, ἕως ἀφείη Κῦρος. Ὡς δὲ τότε ἔδοξεν, οὕτω καὶ νῦν ἔτι ποιοῦσιν οἱ κατὰ τὴν Ἀσίαν ὑπὸ βασιλεῖ ὄντες, θεραπεύουσι τὰς τῶν ἀρχόντων θύρας. **7** Ὡς δ' ἐν τῷ λόγῳ δεδήλωται Κῦρος καταστησάμενος εἰς τὸ διαφυλάττειν ἑαυτῷ τε καὶ Πέρσαις τὴν ἀρχήν, ταὐτὰ καὶ οἱ μετ' ἐκεῖνον βασιλεῖς νόμιμα ἔτι καὶ νῦν διατελοῦσι ποιοῦντες. **8** Οὕτω δ' ἔχει καὶ ταῦτα ὥσπερ

ebenso die wichtigste Voraussetzung für die Erhaltung und Bewahrung aller notwendigen Lebensgrundlagen ist. (4) Früher hatten viele von uns keine Befehlsgewalt über jemanden, sondern mußten Befehle entgegennehmen. Jetzt aber steht ihr alle, die ihr hier seid, vor der Aufgabe, teils mehr, teils weniger Leute zu befehligen. Wie ihr also den Anspruch erhebt, euren Untergebenen Befehle erteilen zu können, so wollen auch wir denen gehorchen, denen wir zu gehorchen verpflichtet sind. Wir müssen uns aber insofern von den Sklaven unterscheiden, als die Sklaven ihren Herren unfreiwillig dienen, während wir, wenn wir den Anspruch auf Freiheit erheben, freiwillig tun müssen, was am wichtigsten zu sein scheint. Ihr werdet aber auch bei einer Stadt, die nicht von einem König regiert wird, finden, daß diejenige, die ihren Beamten besonders bereitwillig gehorcht, sich am wenigsten dazu zwingen läßt, vor den Feinden zu kapitulieren. (5) Wir wollen uns also, wie Kyros es befiehlt, in diesem Regierungsgebäude versammeln, uns in allem üben, womit wir am besten festhalten können, was wir brauchen, und uns selbst, soweit es notwendig ist, Kyros zur Verfügung stellen. Man muß nämlich auch dies wissen, daß sich Kyros nichts ausdenken kann, was er nur zu seinem eigenen und nicht zu unserem Vorteil nutzen wird, da wir dieselben Interessen und dieselben Gegner haben."

(6) Als Chrysantas diese Worte gesprochen hatte, erhoben sich auch noch viele andere Freunde aus den Reihen der Perser und der Verbündeten, um Kyros zuzustimmen. Und man beschloß, daß sich die Adligen stets bei Hofe aufhielten und sich Kyros voll zur Verfügung stellten, bis er sie fortschickte. Wie sie es damals beschlossen hatten, so verhalten sich auch heute noch die Untergebenen des Großkönigs in Asien: Sie dienen am Hofe der Mächtigen. (7) An denselben Maßnahmen, die Kyros, wie in meinem Bericht dargelegt, getroffen hatte, um sich und den Persern die Herrschaft zu sichern, halten auch seine Nachfolger auf dem Königsthron bis auf den heutigen Tag fest, indem sie sie als verbindlich anerkennen. (8) Es verhält sich aber auch hiermit so wie mit allem anderen:

καὶ τἆλλα · ὅταν μὲν ὁ ἐπιστάτης βελτίων γένηται, καθαρώτερον τὰ νόμιμα πράττεται · ὅταν δὲ χείρων, φαυλότερον.

Ἐφοίτων μὲν οὖν ἐπὶ τὰς θύρας Κύρου οἱ ἔντιμοι σὺν τοῖς ἵπποις καὶ ταῖς αἰχμαῖς, συνδόξαν πᾶσι τοῖς ἀρίστοις τῶν συγκαταστρεψαμένων τὴν ἀρχήν. 9 Κῦρος δ' ἐπὶ μὲν τἆλλα καθίστη ἄλλους ἐπιμελητάς, καὶ ἦσαν αὐτῷ καὶ προσόδων ἀποδεκτῆρες καὶ δαπανημάτων δοτῆρες καὶ ἔργων ἐπιστάται καὶ κτημάτων φύλακες καὶ τῶν εἰς τὴν δίαιταν ἐπιτηδείων ἐπιμεληταί. Καὶ ἵππων δὲ καὶ κυνῶν ἐπιμελητὰς καθίστη οὓς ἐνόμιζε ταῦτα τὰ βοσκήματα βέλτιστ' ἂν παρέχειν ἑαυτῷ χρῆσθαι. 10 Οὓς δὲ συμφύλακας τῆς εὐδαιμονίας οἱ ᾤετο χρῆναι ἔχειν, τούτους ὅπως ὡς βέλτιστοι ἔσοιντο οὐκέτι[1] τούτου τὴν ἐπιμέλειαν ἄλλοις προσέταττεν, ἀλλ' ἑαυτοῦ ἐνόμιζε τοῦτο ἔργον εἶναι. Ἤιδει γὰρ ὅτι, εἴ τι μάχης ποτὲ δεήσοι, ἐκ τούτων αὐτῷ καὶ παραστάτας καὶ ἐπιστάτας ληπτέον εἴη, σὺν οἷσπερ οἱ μέγιστοι κίνδυνοι. Καὶ ταξιάρχους δὲ καὶ πεζῶν καὶ ἱππέων ἐγίγνωσκεν ἐκ τούτων καταστατέον εἶναι. 11 Εἰ δὲ δέοι καὶ στρατηγῶν που ἄνευ αὐτοῦ, ἤιδει ὅτι ἐκ τούτων πεμπτέον εἴη · καὶ πόλεων δὲ καὶ ὅλων ἐθνῶν φύλαξι καὶ σατράπαις ἤιδει ὅτι τούτων τισὶν εἴη χρηστέον καὶ πρέσβεις γε τούτων τινὰς πεμπτέον, ὅπερ ἐν τοῖς μεγίστοις ἡγεῖτο εἶναι εἰς τὸ ἄνευ πολέμου τυγχάνειν ὧν δέοιτο. 12 Μὴ ὄντων μὲν οὖν οἵων δεῖ δι' ὧν αἱ μέγισται καὶ πλεῖσται πράξεις ἔμελλον εἶναι, κακῶς ἡγεῖτο τὰ ἑαυτοῦ ἕξειν. Εἰ δ' οὗτοι εἶεν οἵους δέοι, πάντα ἐνόμιζε καλῶς ἔσεσθαι.

---

[1] Statt ὡς βέλτιστοι ἔσοιντο οὐκέτι lies ὡς βέλτιστοι ἔσοιντο, αὐτὸς ἐσκόπει, καὶ οὐκέτι.

Je fähiger der Verantwortliche ist, desto weniger werden die überkommenen Sitten und Gebräuche angetastet; je unfähiger er ist, desto weniger werden sie geachtet.

Die hochstehenden Persönlichkeiten kamen mit ihren Pferden und Lanzen an den Hof des Kyros, wie es die Besten aus den Reihen derjenigen, die an der Unterwerfung des Reiches beteiligt waren, übereinstimmend und ohne Ausnahme beschlossen hatten. (9) Kyros setzte für die übrigen Aufgaben noch andere Verantwortliche ein: Er hatte Steuereinnehmer, Geschenkeverteiler, Verwalter des Bauwesens, Schatzmeister und Verantwortliche für die Lebensmittelversorgung. Als Verantwortliche für Pferde und Hunde stellte er Leute ein, von denen er annahm, daß sie ihm diese Tiere am besten für ihre Verwendung vorbereiteten. (10) Aber bei allen Menschen, die er für die Erhaltung seines eigenen Wohlbefindens zu benötigen glaubte, achtete er selbst darauf, daß sie möglichst gut ausgebildet wurden, und überließ diese Aufgabe nicht mehr anderen Personen, sondern meinte, dies sei seine eigene Sache. Er wußte nämlich, daß er, falls er wieder einmal einen Kampf zu bestehen habe, aus deren Reihen die Leute auswählen müsse, die neben und hinter ihm kämpfen sollten und mit denen er die größten Gefahren zu bestehen habe. Er rechnete damit, daß er aus ihrer Mitte auch die Taxiarchen der Fußsoldaten und Reiter zu ernennen habe. (11) Falls irgendwo auch Feldherrn erforderlich waren, wenn er selbst unabkömmlich war, so war ihm klar, daß er das Kommando Männern aus dieser Gruppe übertragen mußte. Er war sich dessen bewußt, daß einige von ihnen auch als Aufseher und Satrapen über Städte und ganze Völker zu verwenden und als Gesandte zu beauftragen waren, was er für eine der wichtigsten Aufgaben hielt, wenn es darum ging, ein bestimmtes Ziel ohne Krieg zu erreichen. (12) Wenn die Personen, die die wichtigsten und am häufigsten vorkommenden Aufgaben zu erfüllen hatten, nicht über die erforderlichen Fähigkeiten verfügten, dann – so meinte er – gerieten seine Verhältnisse in einen schlechten Zustand. Wenn diese aber so waren, wie sie sein sollten, dann

Ἐνέδυ μὲν οὖν οὕτω γνοὺς εἰς ταύτην τὴν ἐπιμέλειαν. Ἐνόμιζε δὲ τὴν αὐτὴν καὶ αὐτῷ ἄσκησιν εἶναι τῆς ἀρετῆς · οὐ γὰρ ᾤετο οἷόν τε εἶναι μὴ αὐτόν τινα ὄντα οἷον δεῖ ἄλλους παρορμᾶν ἐπὶ τὰ καλὰ καὶ ἀγαθὰ ἔργα.

13 Ὡς δὲ ταῦτα διενοήθη, ἡγήσατο σχολῆς πρῶτον δεῖν, εἰ μέλλοι δυνήσεσθαι τῶν κρατίστων ἐπιμελεῖσθαι. Τὸ μὲν οὖν προσόδων ἀμελεῖν οὐχ οἷόν τε ἐνόμιζεν εἶναι, προνοῶν ὅτι πολλὰ καὶ τελεῖν ἀνάγκη ἔσοιτο εἰς μεγάλην ἀρχήν · τὸ δ' αὖ πολλῶν κτημάτων ὄντων ἀμφὶ ταῦτα αὐτὸν ἀεὶ ἔχειν ᾔδει ὅτι ἀσχολίαν παρέξοι τῆς τῶν ὅλων σωτηρίας ἐπιμελεῖσθαι. **14** Οὕτω δὴ σκοπῶν, ὅπως ἄν τά τε οἰκονομικὰ καλῶς ἔχοι καί οἱ σχολὴ γένοιτο, κατενόησέ πως τὴν στρατιωτικὴν σύνταξιν · ὡς γὰρ τὰ πολλὰ δεκάδαρχοι μὲν δεκάδων ἐπιμέλονται, λοχαγοὶ δὲ δεκαδάρχων, ταξίαρχοι δὲ λοχαγῶν, μυρίαρχοι δὲ χιλιάρχων, καὶ οὕτως οὐδεὶς ἀτημέλητος γίγνεται, οὐδ' ἦν πάνυ πολλαὶ μυριάδες ἀνθρώπων ὦσι · καὶ ὅταν ὁ στρατηγὸς βούληται χρήσασθαί τι τῇ στρατιᾷ, ἀρκεῖ ἦν τοῖς μυριάρχοις παραγγείλῃ. **15** Ὥσπερ οὖν ταῦτ' ἔχει, οὕτω καὶ ὁ Κῦρος συνεκεφαλαιώσατο τὰς οἰκονομικὰς πράξεις · ὥστε καὶ τῷ Κύρῳ ἐγένετο ὀλίγοις διαλεγομένῳ μηδὲν τῶν οἰκείων ἀτημελήτως ἔχειν. Καὶ ἐκ τούτου ἤδη σχολὴν ἦγε πλείω ἢ ἄλλος μιᾶς οἰκίας καὶ μιᾶς νεὼς ἐπιμελούμενος. Οὕτω δὴ καταστησάμενος τὸ ἑαυτοῦ ἐδίδαξε καὶ τοὺς περὶ αὐτὸν ταύτῃ τῇ καταστάσει χρῆσθαι.

16 Τὴν μὲν δὴ σχολὴν οὕτω κατεσκευάσατο ἑαυτῷ τε καὶ τοῖς περὶ αὐτόν, ἤρχετο δ' ἐπιστατεῖν τοῦ εἶναι οἵους δεῖ τοὺς κοινῶνας. Πρῶτον μὲν ὁπόσοι ὄντες ἱκα-

werde, glaubte er, alles gut gehen. Mit diesen Ansichten stürzte er sich in diese Arbeit. Er war der Überzeugung, daß sie
auch für ihn eine Übung in der Tüchtigkeit sei. Denn er hielt es
für ausgeschlossen, andere zu schönen und guten Leistungen
anspornen zu können, wenn man selbst nicht über entsprechende Fähigkeiten verfügte.

(13) Als er darüber nachdachte, meinte er, daß er vor allem
Zeit brauche, wenn er in der Lage sein wolle, sich mit den
wichtigsten Angelegenheiten zu befassen. Er war davon überzeugt, daß er nicht darauf verzichten dürfe, sich um die Staatseinkünfte zu kümmern, weil er voraussah, daß ein großes
Reich gewaltige finanzielle Aufwendungen erfordern werde.
Aber andererseits wußte er, daß ihm angesichts seines außer-
ordentlichen großen Besitzes die ununterbrochene Fürsorge
dafür keine Zeit mehr lassen werde, sich um das Wohl des
Ganzen zu kümmern. (14) Während er also überlegte, wie
ihm die Verwaltung des Reiches gelingen und er zugleich Zeit
gewinnen könne, führte er sich den Aufbau des Militärwesens
vor Augen: Denn hier haben meistens die Dekadarchen das
Kommando über die Dekaden, die Lochagen über die Dekadarchen, die Taxiarchen über die Lochagen, die Myriarchen
über die Chiliarchen, und auf diese Weise bleibt niemand un-
beaufsichtigt, auch wenn es sich um ziemlich viele Myriaden
von Menschen handelt; und wenn der Feldherr das Heer einsetzen will, reicht es aus, den Myriarchen den Befehl zu geben.
(15) In Anlehnung an die dortige Ordnung zentralisierte Kyros auch die Vorgänge der Staatsverwaltung. Folglich wurde es
Kyros möglich, mit nur wenigen zu sprechen und dabei keine
seiner eigenen Angelegenheiten zu vernachlässigen. Daraufhin hatte er jetzt mehr Zeit als jemand, der sich um ein einziges Haus und ein einziges Schiff kümmern muß. So richtete er
seine Verwaltung ein und lehrte auch seine Umgebung, diese
Verwaltungsform zu übernehmen.

(16) So verschaffte er sich und seiner unmittelbaren Umgebung Zeit und fing an, sich mit der Vermittlung der Fähigkeiten zu befassen, die seine Mitarbeiter benötigten. Zuerst such-

νοὶ ἄλλων ἐργαζομένων τρέφεσθαι μὴ παρεῖεν ἐπὶ τὰς
θύρας, τούτους ἐπεζήτει, νομίζων τοὺς μὲν παρόντας
οὐκ ἂν ἐθέλειν οὔτε κακὸν οὔτε αἰσχρὸν οὐδὲν ἂν πράττειν καὶ διὰ τὸ παρ' ἄρχοντι εἶναι καὶ διὰ τὸ εἰδέναι
ὅτι ὁρῷντ' ἂν ὅ τι πράττοιεν ὑπὸ τῶν βελτίστων. Οἱ
δὲ μὴ παρεῖεν, τούτους ἡγεῖτο ἢ ἀκρατείᾳ τινὶ ἢ ἀδικίᾳ
ἢ ἀμελείᾳ ἀπεῖναι.

17 Τοῦτο οὖν πρῶτον διηγησόμεθα ὡς προσηνάγκαζε
τοὺς τοιούτους παρεῖναι. Τῶν γὰρ ἑαυτοῦ μάλιστα
φίλων ἐκέλευσεν ἄν τινα λαβεῖν τὰ τοῦ μὴ φοιτῶντος,
φάσκοντα λαμβάνειν τὰ ἑαυτοῦ. 'Επεὶ οὖν τοῦτο γένοιτο,
ἧκον ἂν εὐθὺς οἱ στερόμενοι ὡς ἠδικημένοι. **18** Ὁ
δὲ Κῦρος πολὺν μὲν χρόνον οὐκ ἐσχόλαζε τοῖς τοιούτοις ὑπακούειν· ἐπεὶ δὲ ἀκούσειεν αὐτῶν, πολὺν χρόνον ἀνεβάλλετο τὴν διαδικασίαν. Ταῦτα δὲ ποιῶν ἡγεῖτο
προσεθίζειν αὐτοὺς θεραπεύειν. ἧττον δὲ ἐχθρῶς ἢ εἰ
αὐτὸς κολάζων ἠνάγκαζε παρεῖναι. **19** Εἷς μὲν τρόπος διδασκαλίας ἦν αὐτῷ οὗτος τοῦ παρεῖναι· ἄλλος
δὲ τὸ τὰ ῥᾷστα καὶ κερδαλεώτατα τοῖς παροῦσι προστάτ-
τειν· ἄλλος δὲ τὸ μηδέν ποτε τοῖς ἀποῦσι νέμειν. **20** Ὁ
δὲ δὴ μέγιστος τρόπος τῆς ἀνάγκης ἦν, εἰ τούτων μηδενός τις ὑπακούοι, ἀφελόμενος ἂν τοῦτον ἃ ἔχοι ἄλλῳ
ἐδίδου ὃν ᾤετο δύνασθαι ἂν ἐν τῷ δέοντι παρεῖναι·
καὶ οὕτως ἐγίγνετο αὐτῷ φίλος χρήσιμος ἀντὶ ἀχρήστου.
'Επιζητεῖ δὲ καὶ ὁ νῦν βασιλεύς. ἤν τις ἀπῇ οἷς παρεῖναι καθήκει.

21 Τοῖς μὲν δὴ μὴ παροῦσιν οὕτω προσεφέρετο.
Τοὺς δὲ παρέχοντας ἑαυτοὺς ἐνόμισε μάλιστ' ἂν ἐπὶ
τὰ καλὰ καὶ ἀγαθὰ ἐπαίρειν, ἐπείπερ ἄρχων ἦν αὐτῶν,

te er diejenigen auf, die sich zwar nicht um ihren Lebensunterhalt zu kümmern brauchten, weil sie andere für sich arbeiten
ließen, aber nicht bei Hofe erschienen. Denn er glaubte, daß
die Menschen, die sich am Hof aufhielten, nicht die Absicht
hegten, etwas Schlechtes oder Schimpfliches zu tun, weil sie in
der Nähe des Königs seien und wüßten, daß alles, was sie
täten, von den Besten gesehen würde. Allen aber, die nicht
zugegen waren, unterstellte er, daß sie aus Unbeherrschtheit,
Schlechtigkeit oder moralischer Schwäche nicht erschienen.

(17) Wir werden zunächst darlegen, wie er diese Leute dazu
zwang, bei ihm zu erscheinen. Er befahl nämlich einem seiner
besten Freunde, den Besitz des Mannes, der nicht zu ihm kam,
zu beschlagnahmen und zu erklären, er nehme sein Eigentum
in Besitz. Als dies geschah, kamen die Enteigneten sofort zu
Kyros, da sie der Meinung waren, es sei ihnen Unrecht geschehen. (18) Kyros aber ließ sich viel Zeit, bis er sie anhörte.
Nachdem er sie angehört hatte, ließ er wieder viel Zeit bis zu
seiner Entscheidung verstreichen. Er glaubte, sie auf diese
Weise an den Dienst bei Hofe gewöhnen zu können und dabei
weniger Groll zu wecken, als wenn er ihr Erscheinen mit Straf-
maßnahmen erzwänge. (19) Das war eine seiner Maßnahmen,
um jemandem den Dienst bei Hofe beizubringen. Eine andere
bestand darin, den Leuten bei Hofe die leichtesten und loh-
nendsten Aufgaben zu übertragen, und eine weitere darin, den
Abwesenden nichts zu bewilligen. (20) Die stärkste Zwangs-
maßnahme aber bestand darin, daß er, wenn jemand sich von
keiner dieser Maßnahmen beeindrucken ließ, ihm alles weg-
nahm, was er besaß, und es einem anderen gab, von dem er
glaubte, er könne zur Stelle sein, sobald er ihn brauche. Auf
diesem Wege tauschte er einen nützlichen gegen einen wertlo-
sen Freund. Auch der gegenwärtige Großkönig läßt es nicht
auf sich beruhen, wenn einer der Leute, die die Pflicht haben
zu erscheinen, abwesend ist.

(21) So also ging er mit denjenigen um, die nicht am Hof
erschienen. Alle aber, die sich bei ihm zeigten, meinte er vor
allem dadurch zu schönen und guten Taten anspornen zu kön-

εἰ αὐτὸς ἑαυτὸν ἐπιδεικνύειν πειρῷτο τοῖς ἀρχομένοις πάντων μάλιστα κεκοσμημένον τῇ ἀρετῇ. **22** Αἰσθάνεσθαι μὲν γὰρ ἐδόκει καὶ διὰ τοὺς γραφομένους νόμους βελτίους γιγνομένους ἀνθρώπους· τὸν δὲ ἀγαθὸν ἄρχοντα βλέποντα νόμον ἀνθρώποις ἐνόμισεν, ὅτι καὶ τάττειν ἱκανός ἐστι καὶ ὁρᾶν τὸν ἀτακτοῦντα καὶ κολάζειν.

23 Οὕτω δὴ γιγνώσκων πρῶτον μὲν τὰ περὶ τοὺς θεοὺς μᾶλλον ἐκπονοῦντα ἐπεδείκνυεν ἑαυτὸν ἐν τούτῳ τῷ χρόνῳ, ἐπεὶ εὐδαιμονέστερος ἦν. Καὶ τότε πρῶτον κατεστάθησαν οἱ μάγοι ὑμνεῖν τε ἀεὶ ἅμα τῇ ἡμέρᾳ τοὺς θεοὺς ἅπαντας καὶ ἔθυεν ἀν' ἑκάστην ἡμέραν οἷς οἱ μάγοι θεοῖς εἴποιεν. **24** Οὕτω δὴ τὰ τότε κατασταθέντα ἔτι καὶ νῦν διαμένει παρὰ τῷ ἀεὶ ὄντι βασιλεῖ. Ταῦτ' οὖν πρῶτον ἐμιμοῦντο αὐτὸν καὶ οἱ ἄλλοι Πέρσαι, νομίζοντες καὶ αὐτοὶ εὐδαιμονέστεροι ἔσεσθαι, ἢν θεραπεύωσι τοὺς θεούς, ὥσπερ ὁ εὐδαιμονέστατός τε ὢν καὶ ἄρχων· καὶ Κύρῳ δ' ἂν ἡγοῦντο ταῦτα ποιοῦντες ἀρέσκειν. **25** Ὁ δὲ Κῦρος τὴν τῶν μεθ' αὑτοῦ εὐσέβειαν καὶ ἑαυτῷ ἀγαθὸν ἐνόμιζε, λογιζόμενος ὥσπερ οἱ πλεῖν αἱρούμενοι μετὰ τῶν εὐσεβῶν μᾶλλον ἢ μετὰ τῶν ἠσεβηκέναι τι δοκούντων. Πρὸς δὲ τούτοις ἐλογίζετο ὡς εἰ πάντες οἱ κοινῶνες θεοσεβεῖς εἶεν, ἧττον ἂν αὐτοὺς ἐθέλειν περί τε ἀλλήλους ἀνόσιόν τι ποιεῖν καὶ περὶ ἑαυτόν, εὐεργέτης νομίζων εἶναι τῶν κοινώνων. **26** Ἐμφανίζων δὲ καὶ τοῦτο ὅτι περὶ πολλοῦ ἐποιεῖτο μηδένα μήτε φίλον ἀδικεῖν μήτε σύμμαχον, ἀλλὰ τὸ δίκαιον ἰσχυρῶς ἀθρῶν, μᾶλλον καὶ τοὺς ἄλλους ᾤετ' ἂν τῶν μὲν αἰσχρῶν κερδῶν ἀπέχεσθαι, διὰ τοῦ δικαίου δ' ἐθέλειν πορεύεσθαι. **27** Καὶ αἰδοῦς δ' ἂν ἡγεῖτο

nen, daß er sich seinen Untergebenen als ein König darzustellen versuchte, der allen anderen ein strahlendes Vorbild an Tüchtigkeit bot. (22) Er glaubte nämlich zu erkennen, daß Menschen zwar auch schon durch die geschriebenen Gesetze besser werden; der gute Herrscher aber ist seiner Auffassung nach ein sehendes Gesetz für die Menschen, weil er in der Lage ist, Anordnungen zu treffen und zu sehen, ob jemand diese Anordnungen nicht befolgt, und ihn daraufhin zu bestrafen.

(23) Aufgrund dieser Einsichten bewies er zu dieser Zeit, daß er sich vor allem und in noch höherem Maße als bisher um die Erfüllung seiner Pflichten gegenüber den Göttern bemühte, weil sein Glück noch größer geworden war. Darauf erhielten die Magier zum ersten Mal den Auftrag, täglich am frühen Morgen alle Götter in Hymnen zu preisen, und er ließ jeden Tag den Göttern opfern, die die Magier ihm nannten. (24) Was damals eingerichtet wurde, hat so auch heute noch bei dem jeweiligen Großkönig Bestand. Darin ahmten ihn zum ersten Mal auch die übrigen Perser nach, weil sie glaubten, daß auch sie selbst glücklicher würden, wenn sie die Götter verehrten, wie Kyros es tat, der der glücklichste Mensch und ihr König war. Darüber hinaus meinten sie, Kyros zu gefallen, wenn sie so handelten. (25) Kyros war davon überzeugt, daß die Frömmigkeit der Menschen in seiner Umgebung auch für ihn selbst gut sei, indem er sich mit den Schiffsreisenden verglich, die lieber mit frommen Menschen in See gehen als mit solchen, die als Gotteslästerer gelten. Außerdem bedachte er, wenn alle seine Mitmenschen gottesfürchtig seien, hätten sie nicht so sehr das Verlangen, sich gegenseitig und auch ihm selbst etwas Gottloses anzutun, da er sich für einen Wohltäter seiner Mitmenschen hielt. (26) Weil er auch deutlich machte, daß er Wert darauf legte, keinem Freund oder Verbündeten Unrecht zu tun, sondern streng auf die Gerechtigkeit sah, glaubte er, daß auch die anderen eher darauf verzichteten, sich etwas auf schändliche Weise anzueignen, und gewillt seien, den Weg des Gerechten zu gehen. (27) Er meinte, er könne

μᾶλλον πάντας ἐμπιμπλάναι, εἰ αὐτὸς φανερὸς εἴη πάντας οὕτως αἰδούμενος ὡς μήτ' εἰπεῖν ἂν μήτε ποιῆσαι μηδὲν αἰσχρόν. 28 Ἐτεκμαίρετο δὲ τοῦτο οὕτως ἕξειν ἐκ τοῦδε· μὴ γὰρ ὅτι ἄρχοντα, ἀλλὰ καὶ οὓς οὐ φοβοῦνται, μᾶλλον τοὺς αἰδουμένους αἰδοῦνται τῶν ἀναιδῶν οἱ ἄνθρωποι· καὶ γυναῖκας δὲ ἃς ἂν αἰδουμένας αἰσθάνωνται, ἀνταιδεῖσθαι μᾶλλον ἐθέλουσιν ὁρῶντες.

29 Τὸ δ' αὖ πείθεσθαι οὕτω μάλιστ' ἂν ᾤετο ἔμμονον εἶναι τοῖς περὶ αὐτὸν, εἰ τοὺς ἀπροφασίστως πειθομένους φανερὸς εἴη μᾶλλον τιμῶν τῶν τὰς μεγίστας ἀρετὰς καὶ ἐπιπονωτάτας δοκούντων παρέχεσθαι· γιγνώσκων δ' οὕτω καὶ ποιῶν διετέλει.

30 Καὶ σωφροσύνην δ' αὐτοῦ ἐπιδεικνὺς μᾶλλον ἐποίει καὶ ταύτην πάντας ἀσκεῖν. Ὅταν γὰρ ὁρῶσιν, ᾧ μάλιστα ἔξεστιν ὑβρίζειν, τοῦτον σωφρονοῦντα, οὕτω μᾶλλον οἵ γε ἀσθενέστεροι ἐθέλουσιν οὐδὲν ὑβριστικὸν ποιοῦντες φανεροὶ εἶναι. 31 Διῄρει δὲ αἰδῶ καὶ σωφροσύνην τῇδε, ὡς τοὺς μὲν αἰδουμένους ἴσως τὰ ἐν τῷ φανερῷ αἰσχρὰ φεύγοντας, τοὺς δὲ σώφρονας καὶ τὰ ἐν τῷ ἀφανεῖ. 32 Καὶ ἐγκράτειαν δὲ οὕτω μάλιστ' ἂν ᾤετο ἀσκεῖσθαι, εἰ αὐτὸς ἐπιδεικνύοι ἑαυτὸν μὴ ὑπὸ τῶν παραυτίκα ἡδονῶν ἑλκόμενον ἀπὸ τῶν ἀγαθῶν, ἀλλὰ προπονεῖν ἐθέλοντα πρῶτον σὺν τῷ καλῷ τῶν εὐφροσυνῶν. 33 Τοιγαροῦν τοιοῦτος ὢν ἐποίησεν ἐπὶ ταῖς θύραις πολλὴν μὲν τῶν χειρόνων εὐταξίαν, ὑπεικόντων τοῖς ἀμείνοσι, πολλὴν δ' αἰδῶ καὶ εὐκοσμίαν

allen Menschen mit größerem Erfolg Rücksichtnahme und Anstand beibringen, wenn er selbst erkennen lasse, daß er alle Menschen so sehr achte, daß er auf schändliche Worte und Taten verzichtete. (28) Daß es sich so verhalte, schloß er aus folgender Überlegung: Nicht nur einem Herrscher, sondern auch den Leuten, die man nicht zu fürchten braucht, bringen die Menschen mehr Achtung entgegen, wenn auch sie Anstand beweisen, als wenn sie ohne Anstand sind. Auch Frauen gegenüber, bei denen man merkt, daß sie Anstand haben, ist man eher bereit, Rücksichtnahme und Achtung zu zeigen.

(29) Den Gehorsam glaubte er den Menschen um sich herum am besten dadurch einpflanzen zu können, daß er den Personen, die ohne Widerspruch gehorchten, offensichtlich höhere Anerkennung erwies als allen anderen, auch wenn sie die größten und mühevollsten Heldentaten zu vollbringen schienen. Wie er die Dinge sah, so handelte er auch, ohne eine Ausnahme zu machen.

(30) Indem er immer wieder auch die Fähigkeit bewies, seine Gefühle zu beherrschen, trug er verstärkt dazu bei, daß sich auch alle anderen in dieser Kunst übten. Wenn man nämlich sieht, daß derjenige, dem es am ehesten möglich ist, maßlos zu sein, seine Gefühle beherrscht, dann haben die Schwächeren um so mehr den Willen, kein unbeherrschtes Handeln zu zeigen. (31) Zwischen Anstand und Selbstbeherrschung machte er folgenden Unterschied: Wer Anstand hat, vermeidet es doch wohl, sich in der Öffentlichkeit schlecht zu benehmen. Wer über Selbstbeherrschung verfügt, verzichtet darauf auch im Verborgenen. (32) Er war der Auffassung, daß sich auch die Enthaltsamkeit so am besten üben lasse, wenn er selbst zeige, daß er sich durch die Gelüste des Augenblicks nicht vom Guten abbringen lasse, sondern sich dem wahren und echten Genuß erst nach vorheriger Anstrengung hingeben wolle. (33) Weil er so war, erreichte er, daß sich die Menschen niederen Ranges bei Hofe ihrer Stellung voll bewußt waren und sich Höherrangigen unterordneten, und daß das Leben ganz von gegenseitiger Achtung und Höflichkeit bestimmt war. Dort

πρὸς ἀλλήλους · ἐπέγνως δ' ἂν ἐκεῖ οὐδένα οὔτε ὀργιζόμενον κραυγῇ οὔτε χαίροντα ὑβριστικῷ γέλωτι, ἀλλὰ
ἰδὼν ἂν αὐτοὺς ἡγήσω τῷ ὄντι εἰς κάλλος ζῆν.

34 Τοιαῦτα μὲν δὴ ποιοῦντες καὶ ὁρῶντες ἐπὶ θύραις διῆγον. Τῆς πολεμικῆς δ' ἕνεκα ἀσκήσεως ἐπὶ
θήραν ἐξῆγεν οὔσπερ ἀσκεῖν ταῦτα ᾤετο χρῆναι, ταύτην ἡγούμενος καὶ ὅλως ἀρίστην ἄσκησιν πολεμικῶν
εἶναι, καὶ ἱππικῆς δὲ ἀληθεστάτην. **35** Καὶ γὰρ ἐπό-
χους ἐν παντοδαποῖς χωρίοις αὕτη μάλιστα ἀποδείκνυσι
διὰ τὸ θηρίοις φεύγουσιν ἐφέπεσθαι, καὶ ἀπὸ τῶν ἵππων
ἐνεργοὺς αὕτη μάλιστα ἀπεργάζεται διὰ τὴν τοῦ λαμβάνειν φιλοτιμίαν καὶ ἐπιθυμίαν. **36** Καὶ τὴν ἐγκράτειαν δὲ καὶ πόνους καὶ ψύχη καὶ θάλπη καὶ λιμὸν καὶ
δίψος δύνασθαι φέρειν ἐνταῦθα μάλιστα προσείθιζε
τοὺς κοινῶνας. Καὶ νῦν δ' ἔτι βασιλεὺς καὶ οἱ ἄλλοι
οἱ περὶ βασιλέα ταῦτα ποιοῦντες διατελοῦσιν.

37 Ὅτι μὲν οὖν οὐκ ᾤετο προσήκειν οὐδενὶ ἀρχῆς
ὅστις μὴ βελτίων εἴη τῶν ἀρχομένων καὶ τοῖς προειρη-
μένοις πᾶσι δῆλον, καὶ ὅτι οὕτως ἀσκῶν τοὺς περὶ αὐτὸν πολὺ μάλιστα αὐτὸς ἐξεπόνει καὶ τὴν ἐγκράτειαν
καὶ τὰς πολεμικὰς τέχνας καὶ [τὰς] μελέτας. **38** Καὶ
γὰρ ἐπὶ θήραν τοὺς μὲν ἄλλους ἐξῆγεν, ὁπότε μὴ μένειν ἀνάγκη τις εἴη · αὐτὸς δὲ καὶ ὁπότε ἀνάγκη εἴη,
οἴκοι ἐθήρα τὰ ἐν τοῖς παραδείσοις θηρία τρεφόμενα ·
καὶ οὔτ' αὐτός ποτε πρὶν ἱδρῶσαι δεῖπνον ᾑρεῖτο οὔτε
ἵπποις ἀγυμνάστοις σῖτον ἐνέβαλλε · συμπαρεκάλει δὲ
καὶ εἰς ταύτην τὴν θήραν τοὺς περὶ αὐτὸν σκηπτούχους.
39 Τοιγαροῦν πολὺ μὲν αὐτὸς διέφερεν ἐν πᾶσι τοῖς
καλοῖς ἔργοις, πολὺ δὲ οἱ περὶ ἐκεῖνον, διὰ τὴν ἀεὶ μελέτην. Παράδειγμα μὲν δὴ τοιοῦτον ἑαυτὸν παρείχετο.

hätte man niemanden vor Zorn schreien oder vor Freude übermäßig laut lachen hören, sondern wenn man die Menschen
sah, hätte man annehmen können, daß sie wirklich ein Leben
in Schönheit führten.

(34) Das taten und sahen sie während ihres Aufenthaltes bei
Hofe. Um die kriegerische Tüchtigkeit zu üben, führte er alle
auf die Jagd, bei denen er eine entsprechende Übung für nötig
hielt. Er war der Überzeugung, daß die Jagd die beste Übung
der soldatischen Tugenden im allgemeinen und das wirkungs-
vollste Training der Reitkunst im besonderen sei. (35) Denn
die Jagd macht in unterschiedlichem Gelände besonders sattel-
fest, weil man flüchtenden Tieren nachsetzt, und weckt in besonderem Maße die Einsatzbereitschaft der Reiter, weil sie
Ehrgeiz entwickeln und Lust auf Beute bekommen. (36) Vor
allem gewöhnte er hier seine Begleiter daran, Entbehrungen,
Anstrengungen, Kälte, Hitze, Hunger und Durst ertragen zu
können. Auch heute noch verbringen der Großkönig und die
Menschen in seiner Umgebung ihre Zeit mit dieser Beschäftigung.

(37) Daß seiner Ansicht nach niemandem eine führende
Stellung zustand, der nicht tüchtiger war als seine Untergebenen, ergibt sich aus allem, was ich bisher ausgeführt habe, und
es ist ebenso erwiesen, daß er, während er seine Umgebung
auf diese Weise abhärtete, vor allem sich selbst in der Enthaltsamkeit und in den Künsten und Tätigkeiten des Krieges übte.
(38) Denn er führte die anderen zwar nur dann auf die Jagd,
wenn es nicht erforderlich war, daß sie zu Hause blieben.
Wenn es aber erforderlich war, jagte er auch bei sich die Tiere,
die in den Tierparks gehalten wurden; dabei nahm er keine
Mahlzeit ein, bevor er nicht ins Schwitzen gekommen war, und
warf auch den Pferden kein Futter vor, ehe sie sich nicht angestrengt hatten. Auf diese Jagd ließ er sich auch von den Würdenträgern in seiner Umgebung begleiten. (39) Das hatte zur
Folge, daß sowohl er selbst als auch seine Begleiter sich in
allen edlen Tätigkeiten besonders auszeichneten, weil sie sich
ständig darin übten. So wirksam war sein Vorbild. Darüber

Πρὸς δὲ τούτῳ καὶ τῶν ἄλλων οὖστινας μάλιστα ὁρῴη
τὰ καλὰ διώκοντας, τούτους καὶ δώροις καὶ ἀρχαῖς
καὶ ἕδραις καὶ πάσαις τιμαῖς ἐγέραιρεν · ὥστε πολλὴν
πᾶσι φιλοτιμίαν ἐνέβαλλεν ὅπως ἕκαστος ὅτι ἄριστος
φανήσοιτο Κύρῳ.

40 Καταμαθεῖν δὲ τοῦ Κύρου δοκοῦμεν ὡς οὐ τούτῳ
μόνῳ ἐνόμιζε χρῆναι τοὺς ἄρχοντας τῶν ἀρχομένων
διαφέρειν, τῷ βελτίονας αὐτῶν εἶναι, ἀλλὰ καὶ καταγοητεύειν ᾤετο χρῆναι αὐτούς. Στολήν τε γοῦν εἵλετο τὴν
Μηδικὴν αὐτός τε φορεῖν καὶ τοὺς κοινῶνας ταύτην
ἔπεισεν ἐνδύεσθαι · — αὕτη γὰρ αὐτῷ συγκρύπτειν ἐδόκει εἴ τίς τι ἐν τῷ σώματι ἐνδεὲς ἔχοι, καὶ καλλίστους
καὶ μεγίστους ἐπιδεικνύναι τοὺς φοροῦντας · **41** καὶ γὰρ
τὰ ὑποδήματα τοιαῦτα ἔχουσιν ἐν οἷς μάλιστα λαθεῖν
ἔστι καὶ ὑποτιθεμένους τι, ὥστε δοκεῖν μείζους εἶναι
ἢ εἰσί. — Καὶ ὑποχρίεσθαι δὲ τοὺς ὀφθαλμοὺς προσίετο,
ὡς εὐοφθαλμότεροι φαίνοιντο ἢ εἰσί, καὶ ἐντρίβεσθαι,
ὡς εὐχροώτεροι ὁρῷντο ἢ πεφύκασιν. **42** Ἐμελέτησε
δὲ καὶ ὡς μὴ πτύοντες μηδὲ ἀπομυττόμενοι φανεροὶ
εἶεν, μηδὲ μεταστρεφόμενοι ἐπὶ θέαν μηδενός, ὡς οὐδὲν θαυμάζοντες. Πάντα δὲ ταῦτα ᾤετο φέρειν τι εἰς τὸ
δυσκαταφρονητοτέρους φαίνεσθαι τοῖς ἀρχομένοις.

43 Οὓς μὲν δὴ ἄρχειν ᾤετο χρῆναι, δι' ἑαυτοῦ οὕτω
κατεσκεύασε καὶ μελέτῃ καὶ τῷ σεμνῶς προεστάναι
αὐτῶν. Οὓς δ' αὖ κατεσκεύαζεν εἰς τὸ δουλεύειν, τούτους οὔτε μελετᾶν τῶν ἐλευθερίων πόνων οὐδένα παρώρμα
οὔθ' ὅπλα κεκτῆσθαι ἐπέτρεπεν · ἐπεμελεῖτο δὲ ὅπως
μήτε ἄσιτοι μήτε ἄποτοί ποτε ἔσοιντο ἐλευθερίων ἕνεκα
μελετημάτων. **44** Καὶ γὰρ ὁπότε ἐλαύνοιεν τὰ θηρία
τοῖς ἱππεῦσιν εἰς τὰ πεδία, φέρεσθαι σῖτον εἰς θήραν
τούτοις ἐπέτρεπε, τῶν δὲ ἐλευθέρων οὐδενί · καὶ ὁπότε
πορεία εἴη, ἦγεν αὐτοὺς πρὸς τὰ ὕδατα ὥσπερ τὰ ὑπο-

hinaus zeichnete er diejenigen, die er hervorragende Leistungen vollbringen sah, mit Geschenken, Würden, Vorrechten und Ehrungen jeder Art aus. So weckte er in allen den mächtigen Ehrgeiz, sich in seinen Augen so tüchtig wie möglich zu erweisen.

(40) Ich glaube, bei Kyros entdeckt zu haben, daß sich die Herrschenden seiner Meinung nach nicht nur dadurch von den Beherrschten unterscheiden müssen, daß sie tüchtiger sind als diese, sondern daß sie ihre Umgebung auch bezaubern müssen. Also entschied er sich dafür, die medische Kleidung zu tragen, und überredete auch seine Umgebung dazu, diese Kleidung anzulegen. Er glaubte nämlich, daß sie körperliche Mängel verhülle und ihre Träger besonders schön und groß erscheinen lasse. (41) Sie hatten nämlich auch solche Schuhe, bei denen man, ohne daß es auffiel, etwas unterlegen konnte, so daß man größer aussah, als man in Wirklichkeit war. Er ließ auch das Untermalen der Augen zu, damit sie schöner erschienen, als sie es in Wirklichkeit waren, und gestattete das Schminken, damit die Haut schöner aussah, als sie es von Natur aus war. (42) Er sorgte auch dafür, daß sie in der Öffentlichkeit nicht ausspuckten oder sich schneuzten und sich nicht umdrehten, um nach irgend etwas zu sehen, damit es nicht so scheine, als ob sie darüber erstaunt sein könnten. Er meinte, alle diese Maßnahmen trügen dazu bei, daß ihr Ansehen in den Augen der Untergebenen erhöht werde.

(43) So bildete er diejenigen persönlich aus, denen er Führungsaufgaben glaubte übertragen zu müssen, indem er sie entsprechend schulte und als ihr Vorgesetzter hohe Achtung genoß. Diejenigen aber, die er für untergeordnete Tätigkeiten einsetzte, ließ er keine höheren Arbeiten tun und keine Waffen besitzen. Er achtete aber darauf, daß sie wegen der Tätigkeiten ihrer Herren nie ohne Essen und Trinken blieben. (44) Denn wenn sie den Reitern die Tiere über das Gelände trieben, gestattete er ihnen, Proviant auf die Jagd mitzunehmen, während er es einem freien Mann nicht erlaubte. Wenn man unterwegs war, führte er sie wie die Zugtiere an die Was-

ζύγια. Καὶ ὁπότε δὲ ὥρα εἴη ἀρίστου, ἀνέμενεν αὐτοὺς ἔστ' ἐμφάγοιέν τι, ὡς μὴ βουλιμιῷεν · ὥστε καὶ οὗτοι αὐτὸν ὥσπερ οἱ ἄριστοι πατέρα ἐκάλουν, ὅτι ἐπεμέλετο αὐτῶν ὅπως ἀναμφιλόγως ἀεὶ ἀνδράποδα διατελοῖεν.

45 Τῇ μὲν δὴ ὅλῃ Περσῶν ἀρχῇ οὕτω τὴν ἀσφάλειαν κατεσκεύαζεν. Ἑαυτῷ δὲ ὅτι μὲν οὐχ ὑπὸ τῶν καταστραφέντων κίνδυνος εἴη παθεῖν τι ἰσχυρῶς ἐθάρρει · καὶ γὰρ ἀνάλκιδας ἡγεῖτο εἶναι αὐτοὺς καὶ ἀσυντάκτους ὄντας ἑώρα, καὶ πρὸς τούτοις οὐδ' ἐπλησίαζε τούτων οὐδεὶς αὐτῷ οὔτε νυκτὸς οὔτε ἡμέρας. **46** Οὓς δὲ κρατίστους τε ἡγεῖτο καὶ ὡπλισμένους καὶ ἀθρόους ὄντας ἑώρα — καὶ τοὺς μὲν αὐτῶν ᾔδει ἱππέων ἡγεμόνας ὄντας, τοὺς δὲ πεζῶν · πολλοὺς δὲ αὐτῶν καὶ φρονήματα ἔχοντας ᾐσθάνετο ὡς ἱκανοὺς ὄντας ἄρχειν · καὶ τοῖς φύλαξι δὲ αὐτοῦ οὗτοι μάλιστα ἐπλησίαζον, καὶ αὐτῷ δὲ τῷ Κύρῳ τούτων πολλοὶ πολλάκις συνεμίγνυσαν · ἀνάγκη γὰρ ἦν, ὅ τι καὶ χρῆσθαι ἔμελλεν αὐτοῖς — ὑπὸ τούτων οὖν καὶ κίνδυνος ἦν αὐτὸν μάλιστα παθεῖν τι κατὰ πολλοὺς τρόπους. **47** Σκοπῶν οὖν ὅπως ἂν αὐτῷ καὶ τὰ ἀπὸ τούτων ἀκίνδυνα γένοιτο, τὸ μὲν περιελέσθαι αὐτῶν τὰ ὅπλα καὶ ἀπολέμους ποιῆσαι ἀπεδοκίμασε, καὶ ἄδικον ἡγούμενος καὶ κατάλυσιν τῆς ἀρχῆς ταύτην νομίζων. Τὸ δ' αὖ μὴ προσίεσθαι αὐτοὺς καὶ τὸ ἀπιστοῦντα φανερὸν εἶναι ἀρχὴν ἡγήσατο πολέμου. **48** Ἐν δὲ ἀντὶ πάντων τούτων ἔγνω καὶ κράτιστον εἶναι πρὸς τὴν ἑαυτοῦ ἀσφάλειαν καὶ κάλλιστον, εἰ δύναιτο ποιῆσαι τοὺς κρατίστους ἑαυτῷ μᾶλλον φίλους ἢ ἀλλήλοις. Ὡς οὖν ἐπὶ τὸ φιλεῖσθαι δοκεῖ ἡμῖν ἐλθεῖν, τοῦτο πειρασόμεθα διηγήσασθαι.

serstellen. Wenn es Zeit war, das Frühstück einzunehmen, wartete er, bis sie alles aufgegessen hatten, damit sie nicht unter Hunger zu leiden hatten. Daher nannten ihn auch die Sklaven ebenso wie die Edlen einen Vater, weil er sich so um sie kümmerte, daß sie ihr Sklavenlos ohne Widerspruch als unveränderlich hinnahmen.

(45) Auf diese Weise verschaffte er dem ganzen Perserreich die innere Sicherheit: Er war fest davon überzeugt, daß ihm von Seiten der Unterworfenen keine Gefahr drohte; denn er hielt sie für schwach und sah, daß sie keinen Zusammenhalt hatten, und außerdem kam keiner von ihnen bei Tag oder bei Nacht in seine Nähe. (46) Aber von den Leuten, die er für sehr mächtig hielt und die, wie er sah, bewaffnet waren und in enger Verbindung zueinander standen – einige von ihnen hatten, wie er wußte, Reiter unter ihrem Kommando, einige waren Anführer von Fußsoldaten; bei vielen von ihnen bemerkte er auch, daß sie sich einbildeten, selbst Herrscher sein zu können; und sie standen auch in engster Verbindung zu seinen Wachen, und viele aus deren Reihen waren oft mit Kyros selbst zusammen; das war insoweit notwendig, wie er sie für irgendetwas verwenden wollte – von diesen Leuten her drohte ihm also auf vielfältige Weise auch größte Gefahr. (47) Während er also überlegte, wie er es verhindern könne, daß alles, was diese Leute taten, ihn in Gefahr brachte, verwarf er die Möglichkeit, sie zu entwaffnen und des Kampfes zu entwöhnen, weil er es für ungerecht hielt und weil er der Meinung war, daß diese Maßnahme zur Auflösung seines Reiches führe. Andererseits glaubte er, daß er einen Krieg auslöse, wenn er sie nicht mehr an sich herankommen lasse und sein Mißtrauen offen zeige. (48) Statt dessen hielt er es für die einzige und im Blick auf seine Sicherheit wirksamste und schönste Lösung, wenn er es erreichte, die Mächtigen dazu zu bringen, stärker mit ihm selbst als miteinander freundschaftlich verbunden zu sein. Auf welche Weise er es nach unserer Meinung erreichte, Freunde zu gewinnen, werden wir darzustellen versuchen.

II

1 Πρῶτον μὲν γὰρ διὰ παντὸς ἀεὶ τοῦ χρόνου φιλανθρωπίαν τῆς ψυχῆς ὡς ἐδύνατο μάλιστα ἐνεφάνιζεν,
ἡγούμενος, ὥσπερ οὐ ῥᾴδιόν ἐστι φιλεῖν τοὺς μισεῖν
δοκοῦντας οὐδ' εὐνοεῖν τοῖς κακόνοις, οὕτω καὶ τοὺς
γνωσθέντας ὡς φιλοῦσι καὶ εὐνοοῦσιν, οὐκ ἂν δύνασθαι μισεῖσθαι ὑπὸ τῶν φιλεῖσθαι ἡγουμένων. **2** Ἕως
μὲν οὖν χρήμασιν ἀδυνατώτερος ἦν εὐεργετεῖν, τῷ τε
προνοεῖν τῶν συνόντων καὶ τῷ προπονεῖν καὶ τῷ συνη-
δόμενος μὲν ἐπὶ τοῖς ἀγαθοῖς φανερὸς εἶναι, συναχθό-
μενος δ' ἐπὶ τοῖς κακοῖς, τούτοις ἐπειρᾶτο θηρεύειν
τὴν φιλίαν · ἐπειδὴ δὲ ἐγένετο αὐτῷ ὥστε χρήμασιν
εὐεργετεῖν, δοκεῖ ἡμῖν γνῶναι πρῶτον μὲν ὡς εὐεργέτημα
ἀνθρώποις πρὸς ἀλλήλους οὐδέν ἐστιν ἀπὸ τῆς αὐτῆς
δαπάνης ἐπιχαριτώτερον ἢ σίτων καὶ ποτῶν μετάδοσις.

3 Τοῦτο δ' οὕτω νομίσας πρῶτον μὲν ἐπὶ τὴν αὐτοῦ
τράπεζαν συνέταξεν ὅπως οἷς αὐτὸς σιτοῖτο σίτοις,
τούτοις ὅμοια ἀεὶ παρατίθοιτο αὐτῷ ἱκανὰ παμπόλ-
λοις ἀνθρώποις · ὅσα δὲ παρατεθείη, ταῦτα πάντα,
πλὴν οἷς αὐτὸς καὶ οἱ σύνδειπνοι χρήσαιντο, διεδίδου
οἷς δὴ βούλοιτο τῶν φίλων μνήμην ἐνδείκνυσθαι ἢ φιλοφρο-
σύνην. Διέπεμπε δὲ καὶ τούτοις οὓς ἀγασθείη ἢ ἐν φυ-
λακαῖς ἢ ἐν θεραπείαις ἢ ἐν αἰστισινοῦν πράξεσιν, ἐνση-
μαινόμενος τοῦτο, ὅτι οὐκ ἂν λανθάνοιεν χαρίζεσθαι
βουλόμενοι. **4** Ἐτίμα δὲ καὶ τῶν οἰκετῶν ἀπὸ τῆς
τραπέζης ὁπότε τινὰ ἐπαινέσειε · καὶ τὸν πάντα δὲ σῖτον
τῶν οἰκετῶν ἐπὶ τὴν αὐτοῦ τράπεζαν ἐπετίθετο, οἰόμενος ὥσπερ καὶ τοῖς κυσὶν ἐμποιεῖν τινα καὶ τοῦτο εὔ-

II.

(1) Zunächst bewies er immer und zu jeder Zeit ein Höchstmaß an Herzensgüte und Menschlichkeit. Dabei ließ er sich von folgender Überlegung leiten: Wie es nicht leicht sei, jemanden zu lieben, der einen zu hassen scheint, und jemandem Wohlwollen entgegenzubringen, der einem übelwill, so sei es auch nicht möglich, daß diejenigen, deren Zuneigung und Wohlwollen offenkundig ist, von denen gehaßt zu werden, die davon überzeugt sind, daß sie geliebt werden. (2) Solange er noch nicht über hinreichende Mittel verfügte, um wohltätig sein zu können, versuchte er Freundschaften zu schließen, indem er seinen Mitmenschen Zuwendung entgegenbrachte, sich für sie anstrengte und erkennen ließ, daß er sich mit ihnen über ihr Glück freute und in ihrem Unglück Mitleid empfand. Als er es so weit gebracht hatte, daß er mit Hilfe materieller Mittel Gutes tun konnte, erkannte er sofort, wie es scheint, daß es bei gleichem Aufwand keine willkommenere Wohltat von Mensch zu Mensch gibt als eine Verteilung von Speisen und Getränken.

(3) Aufgrund dieser Überzeugung traf er zunächst für seine Tafel die Anordnung, daß ihm jeden Tag die gleichen Speisen, wie er sie selbst zu sich nahm, in einer für sehr viele Menschen ausreichenden Menge hingestellt wurden. Alles, was dort stand, verteilte er mit Ausnahme der Speisen, die er selbst und seine Tafelrunde zu sich nahmen, an seine Freunde, denen er seine Aufmerksamkeit oder Zuneigung beweisen wollte. Er ließ davon auch all denen etwas zukommen, über die er sich – während sie Wache hielten, Dienstleistungen erbrachten oder irgendwelche anderen Tätigkeiten ausübten – gefreut hatte, um zu zeigen, daß sie ihm mit ihrer Absicht, ihm gefällig zu sein, nicht verborgen blieben. (4) Er ehrte aber auch jeden seiner Diener mit einer Mahlzeit von seiner Tafel, wenn er ihm seine Anerkennung ausdrücken wollte. Er ließ sogar das ganze Essen seiner Diener auf seine eigene Tafel stellen, weil er meinte, daß er auf diese Weise ihre Ergebenheit erreiche, wie

νοιαν. Εἰ δὲ καὶ θεραπεύεσθαί τινα βούλοιτο τῶν φίλων ὑπὸ πολλῶν, καὶ τούτοις ἔπεμπεν ἀπὸ τραπέζης. Καὶ νῦν γὰρ ἔτι οἷς ἂν ὁρῶσι πεμπόμενα ἀπὸ τῆς βασιλέως τραπέζης, τούτους πάντες θεραπεύουσι μᾶλλον, νομίζοντες αὐτοὺς ἐντίμους εἶναι καὶ ἱκανοὺς διαπράττειν, ἤν τι δέωνται. Ἔτι δὲ καὶ οὐ τούτων μόνον ἕνεκα τῶν εἰρημένων εὐφραίνει τὰ πεμπόμενα παρὰ βασιλέως, ἀλλὰ τῷ ὄντι καὶ ἡδονῇ πολὺ διαφέρει τὰ ἀπὸ τῆς βασιλέως τραπέζης.

5 Καὶ τοῦτο μέντοι οὕτως ἔχειν οὐδέν τι θαυμαστόν · ὥσπερ γὰρ καὶ αἱ ἄλλαι τέχναι διαφερόντως ἐν ταῖς μεγάλαις πόλεσιν ἐξειργασμέναι εἰσί, κατὰ τὸν αὐτὸν τρόπον καὶ τὰ παρὰ βασιλεῖ σῖτα πολὺ διαφερόντως ἐκπεπόνηται. Ἐν μὲν γὰρ ταῖς μικραῖς πόλεσιν οἱ αὐτοὶ ποιοῦσι κλίνην, θύραν, ἄροτρον, τράπεζαν, πολλάκις δ' ὁ αὐτὸς οὗτος καὶ οἰκοδομεῖ, καὶ ἀγαπᾷ ἢν καὶ οὕτως ἱκανοὺς αὐτὸν τρέφειν ἐργοδότας λαμβάνῃ · ἀδύνατον οὖν πολλὰ τεχνώμενον ἄνθρωπον πάντα καλῶς ποιεῖν. Ἐν δὲ ταῖς μεγάλαις πόλεσι διὰ τὸ πολλοὺς ἑκάστου δεῖσθαι ἀρκεῖ καὶ μία ἑκάστῳ τέχνη εἰς τὸ τρέφεσθαι, πολλάκις δὲ οὐδ' ὅλη μία · ἀλλ' ὑποδήματα ποιεῖ ὁ μὲν ἀνδρεῖα, ὁ δὲ γυναικεῖα · ἔστι δὲ ἔνθα καὶ ὑποδήματα ὁ μὲν νευρορραφῶν μόνον τρέφεται, ὁ δὲ σχίζων, ὁ δὲ χιτῶνας μόνον συντέμνων, ὁ δέ γε τούτων οὐδὲν ποιῶν ἀλλὰ συντιθεὶς ταῦτα. Ἀνάγκη οὖν τὸν ἐν βραχυτάτῳ διατρίβοντα ἔργῳ τοῦτον καὶ ἄριστα δὴ ἠναγκάσθαι τοῦτο ποιεῖν.

6 Τὸ αὐτὸ δὲ τοῦτο πέπονθε καὶ τὰ ἀμφὶ τὴν δίαιταν. Ὧι μὲν γὰρ ὁ αὐτὸς κλίνην στρώννυσι, τράπεζαν κοσμεῖ,

es ja auch bei den Hunden der Fall ist. Wenn er den Wunsch hatte, daß einer seiner Freunde von vielen Menschen geachtet wurde, schickte er ihm etwas von seiner Tafel. Denn auch heute noch bringen alle Menschen denjenigen ihre besondere Achtung entgegen, bei denen sie sehen, daß ihnen etwas von der Tafel des Großkönigs geschickt wird; denn sie glauben, daß es sich um hochangesehene Leute handelt und daß sie etwas durchsetzen können, wenn man sie um etwas bittet. Doch darüber hinaus bereitet alles, was vom Großkönig geschickt wird, nicht nur aus den genannten Gründen Freude, sondern was von der königlichen Tafel kommt, schmeckt auch wirklich viel besser.

(5) Daß sich dies so verhält, ist freilich nicht verwunderlich. Denn wie auch die anderen Künste in den großen Städten besonders hoch entwickelt sind, so sind auch die Speisen am Hof des Großkönigs äußerst raffiniert zubereitet. Denn in den kleinen Städten stellen dieselben Handwerker ein Bett, eine Tür, einen Pflug, einen Tisch her, und oft baut derselbe Mann auch noch ein Haus und ist froh, wenn er auf diese Weise genug Arbeitgeber gewinnt, von denen er sich ernähren kann. Folglich ist es unmöglich, daß ein Mensch, der so viele Künste ausübt, alles richtig macht. In den großen Städten dagegen, wo viele Menschen jeden einzelnen Gegenstand benötigen, reicht dem einzelnen Handwerker schon ein einziges Handwerk, um davon leben zu können. Oft ist es sogar nicht einmal ein ganzes Handwerk, sondern der eine macht Männerschuhe, der andere Frauenschuhe. Es gibt sogar Orte, wo sich der eine nur mit dem Nähen von Schuhen ernährt, der andere mit dem Abschneiden des Leders, der nächste mit dem Zuschneiden des Oberleders, der nächste damit, daß er keine dieser Arbeiten verrichtet, sondern alles nur zusammensetzt. Daraus folgt unweigerlich, daß derjenige, der sich mit der am engsten begrenzten Arbeit beschäftigt, diese zwangsläufig auch am besten verrichtet.

(6) Dasselbe gilt auch für alles, was mit dem Essen zusammenhängt. Denn wo dieselbe Person das Speisesofa zurecht-

μάττει, ὄψα ἄλλοτε ἀλλοῖα ποιεῖ, ἀνάγκη οἶμαι τούτῳ,
ὡς ἂν ἕκαστον προχωρῇ, οὕτως ἔχειν · ὅπου δὲ ἱκανὸν
ἔργον ἑνὶ ἕψειν κρέα, ἄλλῳ ὀπτᾶν. ἄλλῳ δὲ ἰχθὺν ἕψειν,
ἄλλῳ ὀπτᾶν, ἄλλῳ ἄρτους ποιεῖν, καὶ μηδὲ τούτους
παντοδαπούς, ἀλλ' ἀρκεῖ ἂν ἓν εἶδος εὐδοκιμοῦν πα-
ρέχῃ, ἀνάγκη οἶμαι καὶ ταῦτα οὕτω ποιούμενα πολὺ
διαφερόντως ἐξειργάσθαι ἕκαστον.

7 Τῇ μὲν δὴ τῶν σίτων θεραπείᾳ τοιαῦτα ποιῶν πολὺ
ὑπερεβάλλετο πάντας · ὡς δὲ καὶ τοῖς ἄλλοις πᾶσι
θεραπεύων πολὺ ἐκράτει, τοῦτο νῦν διηγήσομαι · πολὺ
γὰρ διενεγκὼν ἀνθρώπων τῷ πλείστας προσόδους λαμβάνειν πολὺ ἔτι πλέον διήνεγκε τῷ πλεῖστα ἀνθρώπων
δωρεῖσθαι. Κατῆρξε μὲν οὖν τούτου Κῦρος, διαμένει
δ' ἔτι καὶ νῦν τοῖς βασιλεῦσιν ἡ πολυδωρία. **8** Τίνι
μὲν γὰρ φίλοι πλουσιώτεροι ὄντες φανεροὶ ἢ Περσῶν
βασιλεῖ; Τίς δὲ κοσμῶν κάλλιον φαίνεται στολαῖς τοὺς
περὶ αὑτὸν ἢ βασιλεύς; Τίνος δὲ δῶρα γιγνώσκεται
ὥσπερ ἔνια τῶν βασιλέως, ψέλια καὶ στρεπτοὶ καὶ ἵπποι
χρυσοχάλινοι; Οὐ γὰρ δὴ ἔξεστιν ἐκεῖ ταῦτα ἔχειν ᾧ
ἂν μὴ βασιλεὺς δῷ. **9** Τίς δ' ἄλλος λέγεται δώρων
μεγέθει ποιεῖν αἱρεῖσθαι αὑτὸν καὶ ἀντ' ἀδελφῶν καὶ
ἀντὶ πατέρων καὶ ἀντὶ παίδων; Τίς δ' ἄλλος ἐδυνάσθη
ἐχθροὺς ἀπέχοντας πολλῶν μηνῶν ὁδὸν τιμωρεῖσθαι
ὡς Περσῶν βασιλεύς; Τίς δ' ἄλλος καταστρεψάμενος
ἀρχὴν ὑπὸ τῶν ἀρχομένων πατὴρ καλούμενος ἀπέθανεν ἢ Κῦρος; Τοῦτο δὲ τοὔνομα δῆλον ὅτι εὐεργετοῦν-
τός ἐστι μᾶλλον ἢ ἀφαιρουμένου.
10 Κατεμάθομεν δὲ ὡς καὶ τοὺς βασιλέως καλουμένους ὀφθαλμοὺς καὶ τὰ βασιλέως ὦτα οὐκ ἄλλως

macht, den Tisch deckt, Teig knetet, bald diese, bald jene zusätzlichen Speisen zubereitet, dort muß es, glaube ich, jeweils so sein, wie es gerade gelingt. Wo aber ein Mensch allein nur für das Kochen des Fleisches zuständig ist, ein anderer für das Braten, ein anderer für das Kochen von Fisch, ein anderer für das Braten von Fisch, der nächste für das Backen von Broten, und dabei nicht einmal für das Backen vieler verschiedener Brotsorten, sondern wo es ausreicht, wenn er nur eine besonders beliebte Sorte auf den Tisch bringt – wo also diese Form der Arbeitsteilung herrscht, muß meiner Meinung nach jede Tätigkeit ganz besonders gut gelingen.

(7) Indem er also so verfuhr, stellte Kyros mit seiner Fürsorge für das leibliche Wohl alle anderen in den Schatten. Wie er aber auch auf allen anderen Gebieten eine unübertreffliche Fürsorge zeigte, werde ich jetzt darlegen. Denn wie er alle Menschen mit seinen Einkünften weit hinter sich ließ, so übertraf er sie noch erheblich mehr durch die Fülle seiner Geschenke. Kyros fing zwar damit an, aber auch heute noch erweisen sich die Großkönige als ausgesprochen großzügig. (8) Denn wer hat reichere Freunde vorzuweisen als der König der Perser? Bei wem kann man sehen, daß er seine Umgebung mit schöneren Gewändern schmückt als der Großkönig? Wessen Geschenke fallen so in die Augen wie bestimmte Gaben des Großkönigs: Spangen, Halsketten, Pferde mit goldenem Zügel? Denn es ist dort niemandem erlaubt, diese Dinge zu besitzen, wenn sie ihm nicht der Großkönig geschenkt hat. (9) Von wem sonst kann man behaupten, er erreiche es mit der Größe seiner Geschenke, daß man ihn sogar Brüdern, Vätern und Kinder vorzieht? Wer war sonst noch in der Lage außer dem Perserkönig, seine Feinde zu bestrafen, obwohl sie viele Monate weit entfernt waren? Wer sonst außer Kyros wurde als Eroberer eines Reiches von seinen Untertanen nach seinem Tode „Vater" genannt? Das ist doch wohl eher der Name eines Wohltäters als eines Räubers.

(10) Wir haben auch erfahren, daß er sich die sogenannten Augen und Ohren eines Königs nicht anders verschaffte als

ἐκτήσατο ἢ τῷ δωρεῖσθαί τε καὶ τιμᾶν · τοὺς γὰρ ἀπαγ-
γείλαντας ὅσα καιρὸς αὐτῷ εἴη πεπύσθαι μεγάλως εὐεργετῶν πολλοὺς ἐποίησεν ἀνθρώπους καὶ ὠτακουστεῖν
καὶ διοπτεύειν τί ἂν ἀγγείλαντες ὠφελήσειαν βασιλέα.
11 Ἐκ τούτου δὴ καὶ πολλοὶ ἐνομίσθησαν βασιλέως
ὀφθαλμοὶ καὶ πολλὰ ὦτα. Εἰ δέ τις οἴεται ἕνα αἱρετὸν
εἶναι ὀφθαλμὸν βασιλεῖ, οὐκ ὀρθῶς οἴεται · ὀλίγα γὰρ
εἷς γ' ἂν ἴδοι καὶ εἷς ἀκούσειε · καὶ τοῖς ἄλλοις ὥσπερ
ἀμελεῖν ἂν παραγγελλόμενον εἴη, εἰ ἑνὶ τοῦτο προστε-
ταγμένον εἴη · πρὸς δὲ καὶ ὅντινα γιγνώσκοιεν ὀφθαλμὸν ὄντα, τοῦτον ἂν εἰδεῖεν ὅτι φυλάττεσθαι δεῖ. Ἀλλ' οὐχ
οὕτως ἔχει, ἀλλὰ τοῦ φάσκοντος ἀκοῦσαί τι ἢ ἰδεῖν
ἄξιον ἐπιμελείας παντὸς βασιλεὺς ἀκούει. 12 Οὕτω δὴ
πολλὰ μὲν βασιλέως ὦτα, πολλοὶ δ' ὀφθαλμοὶ νομί-
ζονται · καὶ φοβοῦνται πανταχοῦ λέγειν τὰ μὴ σύμφορα
βασιλεῖ, ὥσπερ αὐτοῦ ἀκούοντος, καὶ ποιεῖν ἃ μὴ σύμφορα,
ὥσπερ αὐτοῦ παρόντος. Οὔκουν ὅπως μνησθῆναι ἄν
τις ἐτόλμησε πρός τινα περὶ Κύρου φλαῦρόν τι, ἀλλ' ὡς
ἐν ὀφθαλμοῖς πᾶσι καὶ ὠσὶ βασιλέως τοῖς ἀεὶ παροῦσιν οὕτως ἕκαστος διέκειτο. Τὸ δὲ οὕτω διακεῖσθαι τοὺς
ἀνθρώπους πρὸς αὐτὸν ἐγὼ μὲν οὐκ οἶδα ὅ τι ἂν τις
αἰτιάσαιτο μᾶλλον ἢ ὅτι μεγάλα ἤθελεν ἀντὶ μικρῶν
εὐεργετεῖν.

13 Καὶ τὸ μὲν δὴ μεγέθει δώρων ὑπερβάλλειν πλου-
σιώτατον ὄντα οὐ θαυμαστόν · τὸ δὲ τῇ θεραπείᾳ καὶ
τῇ ἐπιμελείᾳ τῶν φίλων βασιλεύοντα περιγίγνεσθαι,
τοῦτο ἀξιολογώτερον. Ἐκεῖνος τοίνυν λέγεται πᾶσι
κατάδηλος εἶναι μηδενὶ ἂν οὕτως αἰσχυνθεὶς ἡττώμενος ὡς φίλων θεραπείᾳ. 14 Καὶ λόγος δὲ αὐτοῦ ἀπο-
μνημονεύεται ὡς λέγοι παραπλήσια ἔργα εἶναι νομέως
ἀγαθοῦ καὶ βασιλέως ἀγαθοῦ. Τόν τε γὰρ νομέα χρὴ-

durch Geschenke und Ehrungen. Denn indem er diejenigen, die ihm wichtige Auskünfte gaben, großzügig belohnte, brachte er viele Leute dazu, ihre Ohren und Augen für alles offenzuhalten, was sie dem König mitteilen konnten, um ihm nützlich zu sein. (11) Darum hieß es auch, der König habe viele Augen und Ohren. Falls aber jemand annimmt, es sei wünschenswert, daß der König nur einen einzigen Menschen als Auge zur Verfügung habe, so irrt er sich. Denn ein einziger Mensch dürfte nur wenig sehen und hören, und die anderen hätten dann gleichsam den Auftrag, ihre Augen zu schließen, wenn nur ein einziger mit dieser Aufgabe betraut wäre. Wenn außerdem die Leute erführen, wer das Auge sei, wüßten sie auch, vor wem sie sich in acht zu nehmen hätten. Doch so ist es nicht, sondern der König hörte jeden an, der erklärte, er habe etwas gehört oder gesehen, was Aufmerksamkeit verdiene. (12) In diesem Sinne hat der König viele Ohren und Augen. Überall hat man Angst, etwa für den König Nachteiliges zu sagen, als ob er selbst es hörte, oder etwas für ihn Nachteiliges zu tun, als ob er selbst dabei sei. So ergab es sich, daß niemand es wagte, einem anderen gegenüber etwas Schlechtes über Kyros zu erwähnen, sondern jeder verhielt sich so, als ob er überall den allgegenwärtigen Augen und Ohren des Königs ausgesetzt sei. Dieses Verhalten der Menschen ihm gegenüber hatte meines Wissens keinen anderen Grund als seinen Wunsch, kleine Gefälligkeiten mit großen Belohnungen zu vergelten.

(13) Es ist zwar nicht verwunderlich, daß er aufgrund seines gewaltigen Reichtums jeden durch die Größe seiner Geschenke übertraf. Daß er aber als König alle anderen an Fürsorglichkeit und Aufmerksamkeit für seine Freunde in den Schatten stellte, ist noch erwähnenswerter. Es heißt, er habe es niemandem verbergen können, daß er sich über nichts anderes so sehr schämte wie darüber, daß seine Fürsorglichkeit für seine Freunde zu wünschen übrig ließ. (14) Es wird ein Wort von ihm überliefert, welches besagt, daß die Pflichten eines guten Hirten und eines guten Königs gleich seien. Denn der Hirte

ναι ἔφη εὐδαίμονα τὰ κτήνη ποιοῦντα χρῆσθαι αὐτοῖς,
ἢ δὴ προβάτων εὐδαιμονία, τόν τε βασιλέα ὡσαύτως
εὐδαίμονας πόλεις καὶ ἀνθρώπους ποιοῦντα χρῆσθαι
αὐτοῖς · οὐδὲν οὖν θαυμαστόν, εἴπερ ταύτην εἶχε τὴν
γνώμην, τὸ φιλονίκως ἔχειν πάντων ἀνθρώπων θεραπείᾳ περιγίγνεσθαι.

15 Καλὸν δ' ἐπίδειγμα καὶ τοῦτο λέγεται Κῦρος
ἐπιδεῖξαι Κροίσῳ, ὅτε ἐνουθέτει αὐτόν ὡς διὰ τὸ πολλὰ
διδόναι πένης ἔσοιτο, ἐξὸν αὐτῷ θησαυροὺς χρυσοῦ
πλείστους ἑνί γε ἀνδρὶ ἐν τῷ οἴκῳ καταθέσθαι. 16 Καὶ
τὸν Κῦρον λέγεται ἐρέσθαι · Καὶ πόσα ἂν ἤδη οἴει μοι
χρήματα εἶναι, εἰ συνέλεγον χρυσίον ὥσπερ σὺ κελεύεις
ἐξ ὅτου ἐν τῇ ἀρχῇ εἰμι; Καὶ τὸν Κροῖσον εἰπεῖν πολύν
τινα ἀριθμόν. Καὶ τὸν Κῦρον πρὸς ταῦτα · Ἄγε δή,
φάναι, ὦ Κροῖσε, σύμπεμψον ἄνδρα σὺν Ὑστάσπᾳ τούτῳ
ὅτῳ σὺ πιστεύεις μάλιστα. Σὺ δέ, ὦ Ὑστάσπα, ἔφη,
περιελθὼν πρὸς τοὺς φίλους λέγε αὐτοῖς ὅτι δέομαι
χρυσίου πρὸς πρᾶξίν τινα · καὶ γὰρ τῷ ὄντι προσδέο-
μαι. Καὶ κέλευε αὐτούς ὁπόσα ἂν ἕκαστος δύνηται πο-
ρίσαι μοι χρήματα γράψαντας καὶ κατασημηναμένους
δοῦναι τὴν ἐπιστολὴν τῷ Κροίσου θεράποντι φέρειν.
17 Ταῦτα δὲ ὅσα ἔλεγε καὶ γράψας καὶ σημηνάμε-
νος ἐδίδου τῷ Ὑστάσπᾳ φέρειν πρὸς τοὺς φίλους. Ἐν-
έγραψε δὲ πρὸς πάντας καὶ Ὑστάσπαν ὡς φίλον ἑαυτοῦ
δέχεσθαι. Ἐπεὶ δὲ περιῆλθε καὶ ἤνεγκεν ὁ Κροίσου
θεράπων τὰς ἐπιστολάς, ὁ δὴ Ὑστάσπας εἶπεν · Ὦ
Κῦρε βασιλεῦ, καὶ ἐμοὶ ἤδη χρὴ ὡς πλουσίῳ χρῆσθαι ·
πάμπολλα γὰρ ἔχων πάρειμι δῶρα διὰ τὰ σὰ γράμματα. 18 Καὶ ὁ Κῦρος εἶπεν · Εἷς μὲν τοίνυν καὶ οὗτος ἤδη θησαυρὸς ἡμῖν, ὦ Κροῖσε · τοὺς δ' ἄλλους κα-

müsse die Tiere seiner Herde glücklich machen, um sie nutzen
zu können, soweit man bei Schafen von Glück sprechen dürfe,
und ebenso müsse der König seinen Städten und Menschen ein
glückliches Leben bieten, um daraus Nutzen ziehen zu können. Bei dieser Einstellung überrascht es nicht, daß er ehrgeizig darauf bedacht war, alle Menschen an Fürsorglichkeit zu
übertreffen.

(15) Einen schönen Beweis für diese Überzeugung soll Kyros dem Kroisos gegeben haben, als dieser ihn darauf hinwies,
daß er aufgrund seiner großen Freigebigkeit ein armer Mann
werde, obwohl es ihm als einzigem Menschen auf dieser Welt
doch möglich sei, den größten Goldschatz in seinem Haus auf-
zuhäufen. (16) Darauf soll Kyros folgende Frage gestellt haben: „Wieviel Geld wäre deiner Ansicht nach jetzt in meinem
Besitz, wenn ich, wie du es mir rätst, alles Gold gesammelt
hätte, seitdem ich an der Macht bin?" Kroisos habe daraufhin
eine hohe Zahl genannt. Darauf soll Kyros erwidert haben:
„Gut, Kroisos, schick zusammen mit Hystaspas hier einen
Mann los, der dein volles Vertrauen genießt. Du aber, Hystaspas, geh zu unseren Freunden und sag ihnen, daß ich für irgendein Vorhaben Geld brauche; ich brauche nämlich auch
wirklich etwas. Und fordere sie auf, den Betrag, den mir jeder
einzelne zur Verfügung stellen könne, aufzuschreiben, mit ihrem Siegel zu bestätigen und den Brief dem Diener des Kroisos zu übergeben, damit er ihn herbringe." (17) Kyros schrieb
alles auf, was er gesagt hatte, setzte sein Siegel darunter und
gab Hystaspas das Schriftstück, der es zu seinen Freunden
bringen sollte. Das an alle gerichtete Schriftstück enthielt auch
die Bitte, Hystaspas als Kyros' Freund aufzunehmen. Als Hystaspas seine Besuche beendet hatte und Kroisos' Diener die
Antwortschreiben mitbrachte, sagte Hystaspas: „Kyros, mein
König, jetzt mußt du auch mich als einen reichen Mann betrachten. Denn dank deiner Zeilen bin ich mit zahlreichen
Geschenken zurückgekommen." (18) Kyros sagte: „Dieser
Mann hier ist also schon unser erster Schatz, mein Kroisos.
Sieh dir aber auch noch die anderen an und rechne zusammen,

ταθεῶ καὶ λόγισαι πόσα ἐστὶν ἕτοιμα χρήματα, ἤν τι
δέωμαι χρῆσθαι. Λέγεται δὴ λογισάμενος ὁ Κροῖσος
πολλαπλάσια εὑρεῖν ἢ ἔφη Κύρῳ ἂν εἶναι ἐν τοῖς θησαυροῖς ἤδη, εἰ συνέλεγεν. 19 Ἐπεὶ δὲ τοῦτο φανερὸν
ἐγένετο, εἰπεῖν λέγεται ὁ Κῦρος · Ὁρᾷς, φάναι, ὦ Κροῖσε,
ὡς εἰσὶ καὶ ἐμοὶ θησαυροί; Ἀλλὰ σὺ μὲν κελεύεις με
παρ' ἐμοὶ αὐτοὺς συλλέγοντα φθονεῖσθαί τε δι' αὐτοὺς
καὶ μισεῖσθαι, καὶ φύλακας αὐτοῖς ἐφιστάντα μισθοφόρους τούτοις πιστεύειν. Ἐγὼ δὲ τοὺς φίλους πλου-
σίους ποιῶν τούτους μοι νομίζω θησαυροὺς καὶ φύλακας ἅμα ἐμοῦ τε καὶ τῶν ἡμετέρων ἀγαθῶν πιστοτέ-
ρους εἶναι ἢ εἰ φρουροὺς μισθοφόρους ἐπεστησάμην.
20 Καὶ ἄλλο δέ σοι ἐρῶ · ἐγὼ γάρ, ὦ Κροῖσε, ὃ μὲν
οἱ θεοὶ δόντες εἰς τὰς ψυχὰς τοῖς ἀνθρώποις ἐποίησαν
ὁμοίως πάντας πένητας, τούτου μὲν οὐδ' αὐτὸς δύναμαι περιγενέσθαι, ἀλλ' εἰμὶ ἄπληστος κἀγὼ ὥσπερ οἱ
ἄλλοι χρημάτων. 21 Τῇδέ γε μέντοι διαφέρειν μοι
δοκῶ τῶν πλείστων ὅτι οἱ μὲν ἐπειδὰν τῶν ἀρκούντων
περιττὰ κτήσωνται, τὰ μὲν αὐτῶν κατορύττουσι, τὰ δὲ
κατασήπουσι, τὰ δὲ ἀριθμοῦντες καὶ μετροῦντες καὶ
ἱστάντες καὶ διαψύχοντες καὶ φυλάττοντες πράγματα
ἔχουσι, καὶ ὅμως ἔνδον ἔχοντες τοσαῦτα οὔτε ἐσθίουσι
πλείω ἢ δύνανται φέρειν, διαρραγεῖεν γὰρ ἄν, οὔτ' ἀμφιέν-
νυνται πλείω ἢ δύνανται φέρειν, ἀποπνιγεῖεν γὰρ ἄν,
ἀλλὰ τὰ περιττὰ χρήματα πράγματα ἔχουσιν. 22 Ἐγὼ
δ' ὑπηρετῶ μὲν τοῖς θεοῖς καὶ ὀρέγομαι ἀεὶ πλειόνων ·
ἐπειδὰν δὲ κτήσωμαι, ἃ ἂν ἴδω περιττὰ ὄντα τῶν ἐμοὶ
ἀρκούντων, τούτοις τάς τ' ἐνδείας τῶν φίλων ἐξακοῦ-
μαι — καὶ πλουτίζων καὶ εὐεργετῶν ἀνθρώπους εὔνοιαν
ἐξ αὐτῶν κτῶμαι καὶ φιλίαν, — καὶ ἐκ τούτων καρποῦ-
μαι ἀσφάλειαν καὶ εὔκλειαν · ἃ οὔτε κατασήπεται οὔτε
ὑπερπληροῦντα λυμαίνεται, ἀλλὰ ἡ εὔκλεια ὅσῳ ἂν
πλείων ᾖ, τοσούτῳ καὶ μείζων καὶ καλλίων καὶ κουφο-

wieviel Geld mir zur Verfügung steht, wenn ich es brauche." Kroisos soll alles zusammengerechnet und ein Mehrfaches der Menge herausbekommen haben, die laut Kroisos jetzt in Kyros' Schatzkammer läge, wenn er sein Vermögen gehortet hätte. (19) Als sich dies herausgestellt hatte, soll Kyros gesagt haben: „Siehst du, mein Kroisos, daß auch ich Schätze besitze? Aber du empfiehlst mir, sie bei mir zu horten, mich ihretwegen beneiden und hassen zu lassen und sie besoldeten Wächtern anzuvertrauen. Aber wenn ich meine Freunde reich mache, dann habe ich an ihnen, glaube ich, Schätze und für meine Person wie für meine Güter Beschützer, auf die ich mich mehr verlassen kann als auf besoldete Wächter. (20) Ich sage dir aber auch noch etwas anderes: Die Leidenschaft, die die Götter den Menschen in die Seelen gelegt und womit sie alle gleichermaßen arm gemacht haben, kann auch ich nicht beherrschen, sondern auch ich bin wie die anderen Menschen unersättlich in meiner Gier nach Reichtum. (21) Doch ich glaube mich dadurch von den meisten Menschen zu unterscheiden, daß sie, sobald sie mehr als genug erworben haben, einen Teil davon vergraben, einen anderen Teil verkommen lassen und sich damit abquälen, den Rest dauernd zu zählen, zu messen, zu wiegen, zu lüften und zu bewachen, und obwohl sie so viel bei sich zu Hause haben, trotzdem nicht mehr essen, als sie vertragen können (sonst würden sie nämlich platzen), und nicht mehr anziehen, als sie tragen können (sonst würden sie nämlich ersticken), sondern mit ihrem überflüssigen Reichtum nur Schwierigkeiten haben. (22) Ich beuge mich zwar der Macht der Götter und strebe ständig nach mehr Besitz; aber wenn ich meinen Besitz erwerbe und sehe, daß ich mehr habe, als ich brauche, dann beseitige ich damit den Mangel bei meinen Freunden – indem ich Menschen reich mache und ihnen Gutes tue, erwerbe ich ihr Wohlwollen und ihre Freundschaft – und gewinne dadurch Sicherheit und Ruhm. Dieser Besitz wird weder vermodern noch lästig sein, wenn er im Überfluß vorhanden ist, sondern je mehr er sich ausbreitet, desto größer, schöner und erträglicher wird der Ruhm, und oft läßt er

τέρα φέρειν γίγνεται, πολλάκις δὲ καὶ τοὺς φέροντας
αὐτὴν κουφοτέρους παρέχεται. 23 Ὅπως δὲ καὶ τοῦτο
εἰδῇς, ἔφη, ὦ Κροῖσε, ἐγὼ οὐ τοὺς πλεῖστα ἔχοντας
καὶ φυλάττοντας πλεῖστα εὐδαιμονεστάτους ἡγοῦμαι ·
οἱ γὰρ τὰ τείχη φυλάττοντες οὕτως ἂν εὐδαιμονέστα-
τοι εἴησαν · πάντα γὰρ τὰ ἐν ταῖς πόλεσι φυλάττουσιν.
Ἀλλ' ὃς ἂν κτᾶσθαί τε πλεῖστα δύνηται σὺν τῷ δικαίῳ
καὶ χρῆσθαι πλείστοις σὺν τῷ καλῷ, τοῦτον ἐγὼ εὐδαι-
μονέστατον νομίζω [καὶ τὰ χρήματα]. Καὶ ταῦτα μὲν
δὴ φανερὸς ἦν ὥσπερ καὶ ἔλεγε πράττων.

24 Πρὸς δὲ τούτοις κατανοήσας τοὺς πολλοὺς τῶν
ἀνθρώπων ὅτι ἦν μὲν ὑγιαίνοντες διατελῶσι, παρασ-
κευάζονται ὅπως ἕξουσι τὰ ἐπιτήδεια καὶ κατατίθενται
τὰ χρήσιμα εἰς τὴν τῶν ὑγιαινόντων δίαιταν — ὅπως
δέ ἦν ἀσθενήσωσι τὰ σύμφορα παρέσται, τούτου οὐ
πάνυ ἐπιμελομένους ἑώρα — ἔδοξεν οὖν καὶ ταῦτα ἐκ-
πονῆσαι αὐτῷ, καὶ ἰατρούς τε τοὺς ἀρίστους συνεκο-
μίσατο πρὸς ἑαυτὸν τῷ τελεῖν ἐθέλειν καὶ ὁπόσα ἢ ὄργανα
χρήσιμα ἔφη τις ἂν αὐτῶν γενέσθαι ἢ φάρμακα ἢ σῖτα
ἢ ποτά, οὐδὲν τούτων ὅ τι οὐχὶ παρασκευάσας ἐθησαύ-
ριζε παρ' ἑαυτῷ. 25 Καὶ ὁπότε δέ τις ἀσθενήσειε τῶν
θεραπεύεσθαι ἐπικαιρίων, ἐπεσκόπει καὶ παρεῖχε πάντα
ὅτου ἔδει. Καὶ τοῖς ἰατροῖς δὲ χάριν ᾔδει, ὁπότε τις ἰάσαιτό
τινα τοῖς παρ' ἐκείνου λαμβάνων.

26 Ταῦτα μὲν δὴ καὶ τοιαῦτα πολλὰ ἐμηχανᾶτο πρὸς
τὸ πρωτεύειν παρ' οἷς ἐβούλετο ἑαυτὸν φιλεῖσθαι. Ὧν
δὲ προηγόρευέ τε ἀγῶνας καὶ ἆθλα προυτίθει, φιλονικίας ἐμποιεῖν βουλόμενος περὶ τῶν καλῶν καὶ ἀγαθῶν
ἔργων, ταῦτα τῷ μὲν Κύρῳ ἔπαινον παρεῖχεν ὅτι ἐπεμέλετο ὅπως ἀσκοῖτο ἡ ἀρετή · τοῖς μέντοι ἀρίστοις
οἱ ἀγῶνες οὗτοι πρὸς ἀλλήλους καὶ ἔριδας καὶ φιλονικίας ἐνέβαλλον. 27 Πρὸς δὲ τούτοις ὥσπερ νόμον
κατεστήσατο ὁ Κῦρος, ὅσα διακρίσεως δέοιτο εἴτε δίκη

sogar diejenigen „leichter" (d. h. lebensfroher) werden, die ihn besitzen. (23) Damit du aber auch dies weißt, Kroisos: Meiner Meinung nach sind nicht diejenigen die glücklichsten Menschen, die das meiste haben und bewachen; denn ansonsten dürften alle, die die Stadtmauern bewachen, am glücklichsten sein. Sie bewachen nämlich alles, was sich in den Städten befindet. Ich halte vielmehr denjenigen für den glücklichsten Menschen, der in der Lage ist, den größten Besitz auf rechtem Wege zu erwerben und auf schöne Weise zu gebrauchen." Kyros handelte offensichtlich auch in dieser Hinsicht in Übereinstimmung mit seinen Worten.

(24) Außerdem hatte Kyros festgestellt, daß es sich die meisten Menschen, solange sie gesund sind, angelegen sein lassen, in den Besitz von Lebensmitteln zu gelangen, und sich alles hinlegen, was für die Ernährung gesunder Menschen nützlich ist – aber er sah zugleich, daß sie überhaupt nicht dafür sorgen, die Dinge zur Verfügung zu haben, die ihnen helfen, wenn sie einmal krank sind. Also beschloß er, auch diese Aufgabe zu lösen: Er ließ für die Ausführung die besten Ärzte zu sich kommen, und alle Instrumente, Heilmittel, Speisen und Getränke, die einer von ihnen als nützlich bezeichnete, ließ er ohne Ausnahme herbeischaffen, um sich einen Vorrat davon anzulegen. (25) Immer wenn einer von den Leuten krank wurde, deren Wiederherstellung ihm besonders am Herzen lag, sah er nach ihm und stellte ihm alles zur Verfügung, was er brauchte. Den Ärzten zeigte er seine Dankbarkeit, sobald einer von ihnen einen Kranken heilte, indem er sich dieser Vorräte bediente.

(26) Er dachte sich diese und viele andere derartige Möglichkeiten aus, um bei denen die erste Stelle einzunehmen, auf deren Zuneigung er Wert legte. Für die Wettkämpfe, die er einrichtete, und die Preise, die er aussetzte, um den Wetteifer für hervorragende Leistungen herauszufordern, erntete Kyros zwar Lob, weil er sich dafür einsetzte, daß die Tüchtigkeit geübt wurde. Doch riefen diese Wettkämpfe bei den Aristokraten Zank und Streit hervor. (27) Darüber hinaus traf Kyros

εἴτε ἀγωνίσματι, τοὺς δεομένους διακρίσεως συντρέ-
χειν τοῖς κριταῖς. Δῆλον οὖν ὅτι ἐστοχάζοντο μὲν οἱ
ἀνταγωνιζόμενοί τι ἀμφότεροι τῶν κρατίστων καὶ τῶν
μάλιστα φίλων κριτῶν · ὁ δὲ μὴ νικῶν τοῖς μὲν νικῶσιν
ἐφθόνει, τοὺς δὲ μὴ ἑαυτὸν κρίνοντας ἐμίσει · ὁ δ' αὖ
νικῶν τῷ δικαίῳ προσεποιεῖτο νικᾶν, ὥστε χάριν οὐδενὶ ἡγεῖτο ὀφείλειν. 28 Καὶ οἱ πρωτεύειν δὲ βουλόμενοι φιλίᾳ παρὰ Κύρῳ, — ὥσπερ ἄλλοι ἐν πόλεσι, —
καὶ οὗτοι ἐπιφθόνως πρὸς ἀλλήλους εἶχον, ὥσθ' οἱ
πλείονες ἐκποδὼν ἐβούλοντο ὁ ἕτερος τὸν ἕτερον γενέσθαι μᾶλλον ἢ συνέπραξαν ἄν τι ἀλλήλοις ἀγαθόν.
Καὶ ταῦτα μὲν δεδήλωται ὡς ἐμηχανᾶτο τοὺς κρατίστους αὐτὸν μᾶλλον πάντας φιλεῖν ἢ ἀλλήλους.

III

1 Νῦν δὲ ἤδη διηγησόμεθα ὡς τὸ πρῶτον ἐξήλασε
Κῦρος ἐκ τῶν βασιλείων · καὶ γὰρ αὐτῆς τῆς ἐξελάσεως
ἡ σεμνότης ἡμῖν δοκεῖ μία τῶν τεχνῶν εἶναι τῶν μεμη-
χανημένων τὴν ἀρχὴν μὴ εὐκαταφρόνητον εἶναι. Πρῶτον μὲν οὖν πρὸ τῆς ἐξελάσεως εἰσκαλέσας πρὸς ἑαυτὸν τοὺς τὰς ἀρχὰς ἔχοντας Περσῶν τε καὶ τῶν ἄλλων
συμμάχων διέδωκεν αὐτοῖς τὰς Μηδικὰς στολάς — καὶ
τότε πρῶτον Πέρσαι Μηδικὴν στολὴν ἐνέδυσαν —. Διαδι-
δούς τε ἅμα τάδε ἔλεγεν αὐτοῖς ὅτι ἐλάσαι βούλοιτο
εἰς τὰ τεμένη τὰ τοῖς θεοῖς ἐξῃρημένα καὶ θῦσαι μετ' ἐκείνων. 2 Πάρεστε οὖν, ἔφη, ἐπὶ τὰς θύρας κοσμηθέντες
ταῖς στολαῖς ταύταις πρὶν ἥλιον ἀνατέλλειν, καὶ καθ-

eine Anordnung mit Gesetzeskraft, daß bei allem, was in einem Rechtsstreit und in einem Wettkampf der Entscheidung bedurfte, diejenigen, die die Entscheidung benötigten, sich über die Auswahl der Richter verständigen sollten. Selbstverständlich bemühten sich beide Parteien um die jeweils besten und die ihnen besonders gewogenen Richter. Die unterlegene Partei beneidete aber die Sieger um ihren Erfolg und haßte die Richter, die gegen sie entschieden. Die siegende Partei dagegen behauptete von sich, mit gutem Recht zu siegen, so daß sie glaubte, niemandem Dank zu schulden. (28) Auch die Menschen, die den Wunsch hatten, unter Kyros' Freunden die erste Stelle einzunehmen – wie es auch sonst in den demokratischen Staaten der Fall ist –, wurden eifersüchtig aufeinander, so daß die meisten eher den Wunsch hegten, sich gegenseitig aus dem Weg zu räumen, als daß sie im Blick auf ihr gemeinsames Wohl zusammenarbeiteten.

Hiermit habe ich also dargestellt, wie Kyros es erreichte, daß die mächtigsten Männer seines Reiches ihm allesamt größere Zuneigung entgegenbrachten, als sie füreinander empfanden.

III.

(1) Jetzt will ich erzählen, wie Kyros zum ersten Mal in einem feierlichen Aufzug aus dem Königspalast zog. Denn die Würde dieses Aufzugs scheint mir eines der Mittel zu sein, die dafür gedacht waren, daß man seiner Herrschaft mit Ehrfurcht begegnete. Vor dem Verlassen des Palastes rief er zuerst die persischen Würdenträger und die führenden Männer seiner Verbündeten zu sich und übergab ihnen die medischen Gewänder – damals zogen die Perser zum ersten Mal ein medisches Gewand an. Während er sie austeilte, sagte er zu ihnen, er wolle sich zu den heiligen Plätzen begeben, die den Göttern geweiht waren, um mit ihnen gemeinsam ein Opfer darzubringen. (2) „Findet euch also vor Sonnenaufgang im Schmuck dieser Gewänder am Tor des Palastes ein und stellt euch so

ἵστασθε ὡς ἂν ὑμῖν Φεραύλας ὁ Πέρσης ἐξαγγείλῃ
παρ' ἐμοῦ · καὶ ἐπειδάν, ἔφη, ἐγὼ ἡγῶμαι, ἕπεσθε ἐν
τῇ ῥηθείσῃ χώρᾳ. Ἦν δ' ἄρα τινὶ δοκῇ ὑμῶν ἄλλη κάλλιον
εἶναι ἢ ὡς ἂν νῦν ἐλαύνωμεν, ἐπειδὰν πάλιν ἔλθωμεν,
διδασκέτω με · ὅπῃ γὰρ ἂν κάλλιστον καὶ ἄριστον ὑμῖν
δοκῇ εἶναι, ταύτῃ ἕκαστα δεῖ καταστήσασθαι.

3 Ἐπεὶ δὲ τοῖς κρατίστοις διέδωκε τὰς καλλίστας
στολάς, ἐξέφερε δὴ καὶ ἄλλας Μηδικὰς στολάς. παμπόλλας γὰρ παρεσκευάσατο, οὐδὲν φειδόμενος οὔτε
πορφυρίδων οὔτε ὀρφνίνων οὔτε φοινικίδων οὔτε κα-
ρυκίνων ἱματίων. Νείμας δὲ τούτων τὸ μέρος ἑκάστῳ
τῶν ἡγεμόνων ἐκέλευσεν αὐτοὺς τούτοις κοσμεῖν τοὺς
αὐτῶν φίλους, ὥσπερ, ἔφη, ἐγὼ ὑμᾶς κοσμῶ. 4 Καί
τις τῶν παρόντων ἐπήρετο αὐτόν · Σὺ δέ, ὦ Κῦρε, ἔφη,
πότε κοσμήσῃ; Ὁ δ' ἀπεκρίνατο · Οὐ γὰρ νῦν, ἔφη,
δοκῶ ὑμῖν αὐτὸς κοσμεῖσθαι ὑμᾶς κοσμῶν; Ἀμέλει,
ἔφη, ἢν δύνωμαι ὑμᾶς τοὺς φίλους εὖ ποιεῖν, ὁποίαν
ἂν ἔχων τυγχάνω στολήν, ἐν ταύτῃ καλὸς φανοῦμαι.
5 Οὕτω δὴ οἱ μὲν ἀπελθόντες μεταπεμπόμενοι τοὺς
φίλους ἐκόσμουν ταῖς στολαῖς.

Ὁ δὲ Κῦρος νομίζων Φεραύλαν τὸν ἐκ τῶν δημοτῶν
καὶ συνετὸν εἶναι καὶ φιλόκαλον καὶ εὔτακτον καὶ τοῦ
χαρίζεσθαι αὐτῷ οὐκ ἀμελῆ, ὅς ποτε καὶ περὶ τοῦ τιμᾶσθαι ἕκαστον κατὰ τὴν ἀξίαν συνεῖπε, τοῦτον δὴ
καλέσας συνεβουλεύετο αὐτῷ πῶς ἂν τοῖς μὲν εὔνοις κάλλιστα ἰδεῖν ποιοῖτο τὴν ἐξέλασιν, τοῖς δὲ δυσμενέσι φοβε-
ρώτατα. 6 Ἐπεὶ δὲ σκοπούντοιν αὐτοῖν τὰ αὐτὰ συνέ-
δοξεν, ἐκέλευσε τὸν Φεραύλαν ἐπιμεληθῆναι ὅπως ἂν
οὕτω γένηται αὔριον ἡ ἐξέλασις ὥσπερ ἔδοξε καλῶς
ἔχειν. Εἴρηκα δέ, ἔφη, ἐγὼ πάντας πείθεσθαί σοι περὶ
τῆς ἐν τῇ ἐξελάσει τάξεως. Ὅπως δ' ἂν ἥδιον παραγ-
γέλλοντός σου ἀκούσωσι, φέρε λαβών, ἔφη, χιτῶνας

auf, wie es euch der Perser Pheraulas in meinem Auftrag erklärt. Folgt mir dann, sobald ich mich an der Spitze des Zuges befinde, zu dem angegebenen Platz. Wenn aber einer von euch der Ansicht ist, daß es eine schönere Anordnung des Aufzuges gibt, als wir sie jetzt vorhaben, soll er es nur mitteilen, sobald wir wieder zurückgekommen sind. Denn wir müssen alles im einzelnen so hinstellen und anordnen, wie es euch am schönsten und besten erscheint."

(3) Als er den bedeutendsten Persönlichkeiten die schönsten Gewänder ausgehändigt hatte, ließ er noch weitere medische Kleider herbringen; denn er hatte sehr viele anfertigen lassen, ohne an hellroten, dunkelroten, purpurroten oder braunroten Mänteln zu sparen. Nachdem er an jeden seiner Befehlshaber den Teil davon ausgehändigt hatte, der ihm zustand, gab er ihnen die Anweisung, auch ihre Freunde damit zu schmücken, wobei er sagte: „Wie ich euch damit schmücke." (4) Da fragte ihn einer der Anwesenden: „Wann wirst du, Kyros, dich schmücken?" Kyros erwiderte: „Findet ihr denn nicht, daß ich mich schon jetzt schmücke, während ich euch schmücke? Wenn ich euch, meinen Freunden, etwas Gutes tun kann, werde ich in jedem Gewand, das ich gerade trage, schön erscheinen." (5) Daraufhin entfernten sie sich, ließen ihre Freunde zu sich kommen und schmückten sie mit den Gewändern.

Kyros aber war davon überzeugt, daß Pheraulas, dieser Mann aus dem Volke, klug genug war, einen guten Geschmack hatte, einen Sinn für Ordnung besaß, ihm in jeder Hinsicht ergeben war und ihm einst auch darin zugestimmt hatte, daß jeder Einzelne nach seinem Verdienst zu ehren sei. Diesen Mann rief Kyros zu sich und beriet sich mit ihm, wie er den Aufzug so gestalten könne, daß er allen ihm wohlgesinnten Menschen einen besonders schönen, allen mißgünstigen einen besonders unangenehmen Anblick bot. (6) Als sie in dieser Frage Übereinstimmung erzielt hatten, gab er Pheraulas den Auftrag, sich darum zu kümmern, daß der Aufzug am morgigen Tag in der Weise ablief, wie sie es verabredet hatten. „Ich habe angeordnet", sagte Kyros, „daß dir alle zu gehor-

μὲν τουτουσὶ τοῖς τῶν δορυφόρων ἡγεμόσι, κασᾶς δὲ
τοῦσδε τοὺς ἐφιππίους τοῖς τῶν ἱππέων ἡγεμόσι δός,
καὶ τῶν ἁρμάτων τοῖς ἡγεμόσιν ἄλλους τούσδε χιτῶνας.

7 Ὁ μὲν δὴ ἔφερε λαβών. Οἱ δὲ ἡγεμόνες ἐπεὶ ἴδοιεν
αὐτόν, ἔλεγον · Μέγας δὴ σύγε, ὦ Φεραύλα, ὁπότε γε
καὶ ἡμῖν τάξεις ἃ ἂν δέῃ ποιεῖν. Οὐ μὰ Δί', ἔφη ὁ Φεραύλας, οὐ μόνον γε, ὡς ἔοικεν, ἀλλὰ καὶ συσκευοφορήσω.
Νῦν γοῦν φέρω τώδε δύο κασᾶ, τὸν μὲν σοί, τὸν δὲ ἄλλῳ.
Σὺ μέντοι τούτων λαβὲ ὁπότερον βούλει. 8 Ἐκ τούτου δὴ ὁ μὲν λαμβάνων τὸν κασᾶν τοῦ μὲν φθόνου ἐπε-
λέληστο, εὐθὺς δὲ συνεβουλεύσατο αὐτῷ ὁπότερον
λαμβάνοι. Ὁ δὲ συμβουλεύσας ἂν ὁπότερος βελτίων
εἴη καὶ εἰπών · Ἤν μου κατηγορήσῃς ὅτι αἵρεσίν σοι
ἔδωκα, εἰς αὖθις ὅταν διακονῶ, ἑτέρῳ χρήσῃ μοι δια-
κόνῳ. Ὁ μὲν δὴ Φεραύλας οὕτω διαδοὺς ᾗ ἐτάχθη εὐθὺς ἐπεμελεῖτο τῶν εἰς τὴν ἐξέλασιν ὅπως ὡς κάλλιστα
ἕκαστα ἔξοι.

9 Ἡνίκα δ' ἡ ὑστεραία ἧκε, καθαρὰ μὲν ἦν πάντα
πρὸ ἡμέρας, στοῖχοι δὲ εἱστήκεσαν ἔνθεν καὶ ἔνθεν τῆς
ὁδοῦ, ὥσπερ καὶ νῦν ἔτι ἵστανται ᾗ ἂν βασιλεὺς μέλλῃ
ἐλαύνειν · ὧν ἐντὸς οὐδενὶ ἔστιν εἰσιέναι τῶν μὴ τετιμη-
μένων. Μαστιγοφόροι δὲ καθέστασαν, οἳ ἔπαιον εἴ τις
ἐνοχλοίη. Ἔστασαν δὲ πρῶτον μὲν τῶν δορυφόρων
εἰς τετρακισχιλίους ἔμπροσθεν τῶν πυλῶν εἰς τέτταρας,
δισχίλιοι δ' ἑκατέρωθεν τῶν πυλῶν. 10 Καὶ οἱ ἱππεῖς
δὲ πάντες παρῆσαν καταβεβηκότες ἀπὸ τῶν ἵππων,
καὶ διειρκότες τὰς χεῖρας διὰ τῶν κανδύων, ὥσπερ καὶ
νῦν ἔτι διείρουσιν, ὅταν ὁρᾷ βασιλεύς. Ἔστασαν δὲ
Πέρσαι μὲν ἐκ δεξιᾶς, οἱ δὲ ἄλλοι σύμμαχοι ἐξ ἀριστε-

chen haben, was die Aufstellung während des Aufzugs betrifft. Damit sie deinen Anweisungen aber noch lieber gehorchen, nimm diese Gewänder hier und bring sie den Befehlshabern der Lanzenträger. Gib diese Pferdedecken den Reiterführern und den Führern der Streitwagenabteilungen die übrigen Kleider."

(7) Pheraulas nahm die Kleider und brachte sie den genannten Personen. Als die Befehlshaber ihn sahen, sagten sie: „Pheraulas, du bist wirklich eine bedeutende Persönlichkeit, zumal du sogar uns befiehlst, was wir zu tun haben." – „Nein, beim Zeus", erwiderte Pheraulas, „das ist offensichtlich nicht nur nicht der Fall, sondern ich trete sogar als Lastesel auf. Auf jeden Fall bringe ich diese beiden Pferdedecken; die eine ist für dich, die andere für jemand anders. Nimm du doch, welche du willst." (8) Daraufhin vergaß der Mann, der die Pferdedecke bekam, seine Eifersucht. Er fragte ihn sogleich, welche er denn nehmen solle. Pheraulas erklärte ihm, welche die bessere sei, und sagte: „Falls du verrätst, daß ich deine Wahl beeinflußt habe, wirst du in Zukunft, wenn ich wieder als Gepäckträger tätig bin, in mir einen anderen Gepäckträger sehen." Pheraulas verteilte alles so, wie es ihm befohlen war. Dann kümmerte er sich darum, daß der Aufzug in allen Einzelheiten so gut wie möglich vorbereitet wurde.

(9) Am folgenden Tag war alles schon vor Sonnenaufgang geputzt. In langen Reihen standen sie auf beiden Seiten der Straße, wie sie sich auch heute noch dort hinstellen, wo der Großkönig vorbeikommen wird. Niemand außer den Würdenträgern darf sich zwischen diesen Reihen bewegen. Männer mit Peitschen standen dort, die zuschlugen, falls jemand Schwierigkeiten machte. Aber ganz vorn vor dem Tor standen etwa viertausend Lanzenträger in Viererreihen und zweitausend auf beiden Seiten des Tores. (10) Alle Reiter waren von ihren Pferden abgestiegen und hatten ihre Hände in die Ärmel ihres Obergewands gesteckt, wie sie es auch heute noch tun, wenn der Großkönig sie ansieht. Auf der rechten Seite der Straße standen die Perser, auf der linken Seite die Verbünde-

ρας τῆς ὁδοῦ, καὶ τὰ ἅρματα ὡσαύτως τὰ ἡμίσεα ἑκατέρωθεν.

11 Ἐπεὶ δ' ἀνεπετάννυντο αἱ τοῦ βασιλείου πύλαι,
πρῶτον μὲν ἤγοντο τῷ Διὶ ταῦροι πάγκαλοι εἰς τέτταρας καὶ οἷς τῶν ἄλλων θεῶν οἱ μάγοι ἐξηγοῦντο · — πολὺ
γὰρ οἴονται Πέρσαι χρῆναι τοῖς περὶ τοὺς θεοὺς μᾶλλον
τεχνίταις χρῆσθαι ἢ περὶ τἆλλα —. **12** Μετὰ δὲ τοὺς
βοῦς ἵπποι ἤγοντο θῦμα τῷ Ἡλίῳ · μετὰ δὲ τούτους
ἐξήγετο ἅρμα λευκὸν χρυσόζυγον ἐστεμμένον Διὸς
ἱερόν · μετὰ δὲ τοῦτο Ἡλίου ἅρμα λευκόν, καὶ τοῦτο
ἐστεμμένον ὥσπερ τὸ πρόσθεν · μετὰ δὲ τοῦτο ἄλλο
τρίτον ἅρμα ἐξήγετο, φοινικίσι καταπεπταμένοι οἱ ἵπποι,
καὶ πῦρ ὄπισθεν αὐτοῦ ἐπ' ἐσχάρας μεγάλης ἄνδρες
εἵποντο φέροντες.

13 Ἐπὶ δὲ τούτοις ἤδη αὐτὸς ἐκ τῶν πυλῶν πρου-
φαίνετο ὁ Κῦρος ἐφ' ἅρματος ὀρθὴν ἔχων τὴν τιάραν
καὶ χιτῶνα πορφυροῦν μεσόλευκον — ἄλλῳ δ' οὐκ ἔξεστι
μεσόλευκον ἔχειν — καὶ περὶ τοῖς σκέλεσιν ἀναξυρίδας
ὑσγινοβαφεῖς, καὶ κάνδυν ὁλοπόρφυρον. Εἶχε δὲ καὶ
διάδημα περὶ τῇ τιάρᾳ · καὶ οἱ συγγενεῖς δὲ αὐτοῦ τὸ
αὐτὸ τοῦτο σημεῖον εἶχον, καὶ νῦν τὸ αὐτὸ τοῦτο ἔχουσι.
14 Τὰς δὲ χεῖρας ἔξω τῶν χειρίδων εἶχε. Παρωχεῖτο
δὲ αὐτῷ ἡνίοχος μέγας μέν, μείων δ' ἐκείνου εἴτε καὶ
τῷ ὄντι εἴτε καὶ ὁπωσοῦν · μείζων δ' ἐφάνη πολὺ Κῦρος. Ἰδόντες δὲ πάντες προσεκύνησαν, εἴτε καὶ ἄρξαι
τινὲς κεκελευσμένοι εἴτε καὶ ἐκπλαγέντες τῇ παρασκευῇ
καὶ τῷ δόξαι μέγαν τε καὶ καλὸν φανῆναι τὸν Κῦρον.
Πρόσθεν δὲ Περσῶν οὐδεὶς Κῦρον προσεκύνει. **15** Ἐπεὶ
δὲ προῄει τὸ τοῦ Κύρου ἅρμα, προηγοῦντο μὲν οἱ τετρα-

ten. und ebenso waren die Wagen gleichmäßig auf beide Seiten verteilt.

(11) Als das Tor des Königspalastes geöffnet wurde, trieb man zuerst Stiere von makelloser Schönheit in Reihen zu je vier Tieren hinaus. Sie waren Zeus und den anderen Göttern geweiht, die die Magier bestimmt hatten; denn die Perser glauben. daß es in allen Angelegenheiten, die die Götter betreffen, weit mehr als bei den übrigen Dingen unbedingt erforderlich sei. Sachverständige heranzuziehen. (12) Nach den Stieren wurden Pferde hinausgeführt, um sie dem Sonnengott zu opfern. Darauf folgte, bespannt mit weißen Pferden unter einem Joch aus Gold, ein mit Kränzen geschmückter Wagen, der dem Zeus geweiht war. Daran schloß sich ein Wagen des Sonnengottes an, ebenfalls von weißen Pferden gezogen und wie der vorige mit Kränzen geschmückt. Dann kam ein dritter Wagen aus dem Tor; seine Pferde waren in Purpurdecken eingehüllt, und hinter ihm folgten Männer, die einen großen Opfertisch mit einem brennenden Feuer trugen.

(13) Darauf fuhr schließlich Kyros selbst auf einem Wagen aus dem Tor heraus. Er hatte eine aufrecht stehende Tiara auf dem Kopf und trug ein purpurfarbenes Gewand mit weißen Streifen – einem anderen ist es nicht erlaubt, weiße Streifen zu tragen –, scharlachrote Hosen an seinen Beinen und ein Obergewand ganz aus Purpur. Er hatte außerdem noch ein Diadem an seiner Tiara: seine Verwandten hatten dasselbe Zeichen, und auch heute noch tragen sie es. (14) Seine Hände steckten nicht in den Ärmeln. Neben ihm stand ein großer Wagenlenker, allerdings kleiner als Kyros. Es sei dahingestellt, ob er wirklich kleiner war oder nur kleiner erschien. Kyros jedenfalls sah viel größer aus. Alle warfen sich zu Boden, als sie ihn sahen, sei es daß einzelne den Befehl dazu hatten und damit anfingen, sei es daß sie von dem prächtigen Aufzug und dem großartigen und herrlichen Anblick, den Kyros bot, wie betäubt waren. Bisher aber hatte sich noch kein Perser vor Kyros auf den Boden geworfen. (15) Als Kyros' Wagen aus dem Palast herauskam, marschierten die viertausend Lanzenträger

κισχίλιοι δορυφόροι, παρείποντο δὲ οἱ δισχίλιοι ἑκα
τέρωθεν τοῦ ἅρματος · ἐφείποντο δὲ οἱ περὶ αὐτὸν σκηπτοῦ
χοι ἐφ᾽ ἵππων κεκοσμημένοι σὺν τοῖς παλτοῖς ἀμφὶ
τοὺς τριακοσίους. 16 Οἱ δ᾽ αὖ τῷ Κύρῳ τρεφόμενοι
ἵπποι παρήγοντο χρυσοχάλινοι, ῥαβδωτοῖς ἱματίοις
καταπεπταμένοι, ἀμφὶ τοὺς διακοσίους · ἐπὶ δὲ τού
τοις δισχίλιοι ξυστοφόροι · ἐπὶ δὲ τούτοις ἱππεῖς οἱ
πρῶτοι γενόμενοι μύριοι, εἰς ἑκατὸν πανταχῇ τεταγμέ
νοι · ἡγεῖτο δ᾽ αὐτῶν Χρυσάντας. 17 Ἐπὶ δὲ τού
τοις μύριοι ἄλλοι Περσῶν ἱππεῖς τεταγμένοι ὡσαύτως,
ἡγεῖτο δ᾽ αὐτῶν Ὑστάσπας · ἐπὶ δὲ τούτοις ἄλλοι μύ
ριοι ὡσαύτως, ἡγεῖτο δ᾽ αὐτῶν Δατάμας · ἐπὶ δὲ τού
τοις ἄλλοι, ἡγεῖτο δ᾽ αὐτῶν Γαδάτας · 18 ἐπὶ δὲ τού
τοις Μῆδοι ἱππεῖς, ἐπὶ δὲ τούτοις Ἀρμένιοι, μετὰ δὲ
τούτους Ὑρκάνιοι, μετὰ δὲ τούτους Καδούσιοι, ἐπὶ δὲ
τούτοις Σάκαι · μετὰ δὲ τοὺς ἱππέας ἅρματα ἐπὶ τετ
τάρων τεταγμένα, ἡγεῖτο δ᾽ αὐτῶν Ἀρταβάτας Πέρσης.
19 Πορευομένου δὲ αὐτοῦ πάμπολλοι ἄνθρωποι παρ
είποντο ἔξω τῶν σημείων, δεόμενοι Κύρου ἄλλος ἄλλης
πράξεως. Πέμψας οὖν πρὸς αὐτοὺς τῶν σκηπτούχων
τινάς, οἳ παρείποντο αὐτῷ τρεῖς ἑκατέρωθεν τοῦ ἅρμα
τος αὐτοῦ τούτου ἕνεκα τοῦ διαγγέλλειν, ἐκέλευσεν
εἰπεῖν αὐτοῖς, εἴ τίς τι αὐτοῦ δέοιτο, διδάσκειν τῶν ἱπ
πάρχων τινὰ ὅ τι τις βούλοιτο · ἐκείνους δ᾽ ἔφη πρὸς
αὐτὸν ἐρεῖν. Οἱ μὲν δὴ ἀπιόντες εὐθὺς κατὰ τοὺς ἱππέας
ἐπορεύοντο καὶ ἐβουλεύοντο τίνι ἕκαστος προσίοι.
20 Ὁ δὲ Κῦρος οὓς ἐβούλετο μάλιστα θεραπεύεσθαι
τῶν φίλων ὑπὸ τῶν ἀνθρώπων, τούτους πέμπων τινὰ
πρὸς αὐτὸν ἐκάλει καθ᾽ ἕνα ἕκαστον καὶ ἔλεγεν αὐτοῖς
οὕτως · Ἤν τις ὑμᾶς διδάσκῃ τι τούτων τῶν παρεπο
μένων, ὃς μὲν ἂν μηδὲν δοκῇ ὑμῖν λέγειν, μὴ προσέχετε
αὐτῷ τὸν νοῦν · ὃς δ᾽ ἂν δικαίων δεῖσθαι δοκῇ. εἰσαγ

vor ihm her; die anderen zweitausend schlossen sich auf den beiden Seiten des Wagens an. Es folgten darauf zu Pferde die hohen Würdenträger, die Kyros ständig umgaben, ausgerüstet mit ihren Lanzen, etwa dreihundert an der Zahl. (16) Darauf wurden die Pferde aus Kyros' eigenem Stall mit goldenen Zügeln vorbeigeführt, eingehüllt in gestreifte Decken, ungefähr zweihundert Tiere. Dann kamen zweitausend Speerwerfer; darauf folgten Reiter, und zwar die zehntausend aus der Anfangszeit, in einer Formation von hundertmal hundert Berittenen, mit Chrysantas an der Spitze. (17) Daran aber schlossen sich noch weitere zehntausend persische Reiter in derselben Formation an, und Hystaspas war ihr Anführer. Dann kamen wiederum zehntausend Reiter in derselben Aufstellung mit Datamas an der Spitze, dann wieder andere unter Gadatas' Führung. (18) Hinter ihnen marschierten die medischen Reiter, dahinter die armenischen, die hyrkanischen, die kadusischen und die sakischen. An die Reiter schlossen sich die Wagen in Viererreihen an, und der Perser Artabatas fuhr ihnen voraus.

(19) Auf seiner weiteren Fahrt begleiteten ihn sehr viele Menschen außerhalb der abgegrenzten Strecke, und sie trugen ihm bald diesen, bald jenen Wunsch vor. Daraufhin schickte er zu den Bittstellern einige seiner Würdenträger, von denen ihn je drei auf beiden Seiten seines Wagens begleiteten, um seine Mitteilungen weiterzugeben. Er befahl ihnen, den Leuten zu sagen, wenn ihn jemand um etwas bitte, dann solle er einem der Reiterführer sagen, was er wünsche; jene aber sollten es ihm sagen. Die Menschen zogen sich zurück, liefen sofort zu den Reitern und beratschlagten, an wen sich jeder einzelne von ihnen wenden solle. (20) Kyros ließ diejenigen seiner Freunde einzeln zu sich rufen, bei denen er wünschte, daß sie von den Menschen besonders geachtet würden, und sagte folgendes zu ihnen: „Wenn einer von diesen Leuten, die neben uns herlaufen, euch etwas mitteilt, dann beachtet ihn nicht, sobald er etwas Bedeutungsloses äußert. Sobald er aber einen berechtigten Wunsch vorzutragen scheint, unterrichtet mich

γέλλετε πρὸς ἐμέ, ἵνα κοινῇ βουλευόμενοι διαπράττωμεθ' αὐτοῖς. **21** Οἱ μὲν δὴ ἄλλοι, ἐπεὶ καλέσειεν, ἀνὰ κράτος ἐλαύνοντες ὑπήκουον, συναύξοντες τὴν ἀρχὴν τῷ Κύρῳ καὶ ἐνδεικνύμενοι ὅτι σφόδρα πείθοιντο· Δαϊφέρνης δέ τις ἦν σολοικότερος ἄνθρωπος τῷ τρόπῳ, ὃς ᾤετο, εἰ μὴ ταχὺ ὑπακούοι, ἐλευθερώτερος ἂν φαίνεσθαι. **22** Αἰσθόμενος οὖν ὁ Κῦρος τοῦτο, πρὶν προσελθεῖν αὐτὸν καὶ διαλεχθῆναι αὐτῷ ὑποπέμψας τινὰ τῶν σκηπτούχων εἰπεῖν ἐκέλευσε πρὸς αὐτόν, ὅτι οὐδὲν ἔτι δέοιτο· καὶ τὸ λοιπὸν οὐκ ἐκάλει. **23** Ὡς δ' ὁ ὕστερος κληθεὶς αὐτοῦ πρότερός αὐτῷ προσήλασεν, ὁ Κῦρος καὶ ἵππον αὐτῷ ἔδωκε τῶν παρεπομένων καὶ ἐκέλευσε τῶν σκηπτούχων τινὰ συναπαγαγεῖν αὐτῷ ὅποι κελεύσειε. Τοῖς δὲ ἰδοῦσιν ἔντιμόν τι τοῦτο ἔδοξεν εἶναι, καὶ πολὺ πλείονες ἐκ τούτου αὐτὸν ἐθεράπευον ἀνθρώπων.

24 Ἐπεὶ δὲ ἀφίκοντο πρὸς τὰ τεμένη, ἔθυσαν τῷ Διὶ καὶ ὡλοκαύτησαν τοὺς ταύρους, ἔπειτα τῷ Ἡλίῳ καὶ ὡλοκαύτησαν τοὺς ἵππους· ἔπειτα Γῇ σφάξαντες ὡς ἐξηγοῦντο οἱ μάγοι ἐποίησαν, ἔπειτα δὲ ἥρωσι τοῖς Συρίαν ἔχουσι. **25** Μετὰ δὲ ταῦτα καλοῦ ὄντος τοῦ χωρίου ἔδειξε τέρμα ὡς ἐπὶ πεντεκαίδεκα σταδίων χωρίου, καὶ εἶπε κατὰ φῦλα ἀνὰ κράτος ἐνταῦθα ἀφεῖναι τοὺς ἵππους. Σὺν μὲν οὖν τοῖς Πέρσαις αὐτὸς ἤλασε καὶ ἐνίκα πολύ· μάλιστα γὰρ ἐμεμελήκει αὐτῷ ἱππικῆς. Μήδων δὲ Ἀρτάβαζος ἐνίκα· Κῦρος γὰρ αὐτῷ τὸν ἵππον ἐδεδώκει· Σύρων δὲ τῶν ἀποστάντων Γαδάτας· Ἀρμενίων δὲ Τιγράνης· Ὑρκανίων δὲ ὁ υἱὸς τοῦ ἱππάρχου· Σακῶν δὲ ἰδιώτης ἀνὴρ ἀπέλιπεν ἄρα τῷ ἵππῳ τοὺς ἄλλους ἵππους ἐγγὺς τῷ ἡμίσει τοῦ δρόμου. **26** Ἔνθα

darüber, damit wir gemeinsam darüber beraten und den Leuten helfen können." (21) Die Männer folgten dieser Aufforderung unverzüglich. Auf diese Weise vergrößerten sie Kyros' Autorität und bewiesen ihren unbedingten Gehorsam. Aber es war da noch ein gewisser Daïphernes, ein ziemlich ungebildeter Kerl, der sich einbildete, einen vornehmen Eindruck zu hinterlassen, wenn er nicht sofort gehorchte. (22) Kyros fiel dieses Verhalten auf, und bevor er zu ihm kam und mit ihm sprechen konnte, schickte er einen der Würdenträger zu ihm und ließ ihm sagen, er brauche ihn nicht mehr; und auch in Zukunft ließ er ihn nicht mehr zu sich rufen. (23) Als aber derjenige, der später als Daïphernes gerufen worden war, vor diesem bei Kyros eintraf, schenkte er ihm das Pferd eines seiner Begleiter und beauftragte einen seiner Würdenträger, es ihm dorthin zu bringen, wo er es haben wollte. Alle, die dies sahen, hielten den Vorgang für eine besondere Auszeichnung, und noch viel mehr Menschen brachten ihm daraufhin ihre Verehrung entgegen.

(24) Als sie an den geweihten Plätzen angekommen waren, brachten sie Zeus die Stiere mit einem Brandopfer dar, dann taten sie dasselbe mit den Pferden zu Ehren des Sonnengottes. Darauf schlachteten sie Opfertiere zu Ehren der Erdgöttin, wobei sie die Anweisungen der Magier befolgten, und anschließend opferten sie noch den assyrischen Heroen. (25) Nachdem dies geschehen war, bestimmte er, da das Gelände dazu geeignet war, ein Ziel in einer Entfernung von etwas fünfzehn Stadien und ließ dort ein Pferderennen unter den einzelnen Völkern veranstalten. Er selbst nahm mit den Persern an dem Rennen teil und siegte mit großem Vorsprung; denn er war ein vorzüglicher Reiter. Bei den Medern siegte Artabazos. Denn Kyros hatte ihm das Pferd geschenkt. Bei den zu Kyros abgefallenen Assyrern siegte Gadatas, bei den Armeniern Tigranes, bei den Hyrkaniern der Sohn des Reiterführers. Bei den Saken aber ließ ein einfacher Soldat die übrigen Pferde mit seinem Pferd fast um die Hälfte der Strecke hinter sich. (26) Daraufhin soll Kyros den jungen Mann ge-

δὴ λέγεται ὁ Κῦρος ἐρέσθαι τὸν νεανίσκον εἰ δέξαιτ᾽ ἂν
βασιλείαν ἀντὶ τοῦ ἵππου · τὸν δ᾽ ἀποκρίνασθαι ὅτι
Βασιλείαν μὲν οὐκ ἂν δεξαίμην, χάριν δὲ ἀνδρὶ ἀγαθῷ
καταθέσθαι δεξαίμην ἄν. 27 Καὶ ὁ Κῦρος εἶπε · Καὶ
μὴν ἐγὼ δεῖξαί σοι θέλω ἔνθα κἂν μύων βάλῃς, οὐκ ἂν
ἁμάρτοις ἀνδρὸς ἀγαθοῦ. Πάντως τοίνυν, ὁ Σάκας ἔφη,
δεῖξόν μοι · ὡς βαλῶ γε ταύτῃ τῇ βώλῳ, ἔφη ἀνελόμε-
νος. 28 Καὶ ὁ μὲν Κῦρος δείκνυσιν αὐτῷ ὅπου ἦσαν
πλεῖστοι τῶν φίλων. Ὁ δὲ καταμύων ἵησι τῇ βώλῳ καὶ
παρελαύνοντος Φεραύλα τυγχάνει · ἔτυχε γὰρ ὁ Φεραύλας παραγγέλλων τι τακτὸς παρὰ τοῦ Κύρου. Βληθεὶς
δὲ οὐδὲ μετεστράφη, ἀλλ᾽ ᾤχετο ἐφ᾽ ὅπερ ἐτάχθη.
29 Ἀναβλέψας δὲ ὁ Σάκας ἐρωτᾷ τίνος ἔτυχεν. Οὐ
μὰ τὸν Δί᾽, ἔφη ὁ Κῦρος, οὐδενὸς τῶν παρόντων. Ἀλλ᾽ οὐ
μέντοι, ἔφη ὁ νεανίσκος, τῶν γε ἀπόντων. Ναὶ μὰ Δί᾽,
ἔφη ὁ Κῦρος, σύγε ἐκείνου τοῦ παρὰ τὰ ἅρματα ταχὺ
ἐλαύνοντος τὸν ἵππον. Καὶ πῶς, ἔφη, οὐδὲ μεταστρέφε-
ται; 30 Καὶ ὁ Κῦρος ἔφη · Μαινόμενος γάρ τίς ἐστιν,
ὡς ἔοικεν. Ἀκούσας ὁ νεανίσκος ᾤχετο σκεψόμενος
τίς εἴη. Καὶ εὑρίσκει τὸν Φεραύλαν γῆς τε κατάπλεων
τὸ γένειον καὶ αἵματος · ἐρρύη γὰρ αὐτῷ ἐκ τῆς ῥινὸς
βληθέντι. 31 Ἐπεὶ δὲ προσῆλθεν, ἤρετο αὐτὸν εἰ
βληθείη. Ὁ δὲ ἀπεκρίνατο · Ὡς ὁρᾷς. Δίδωμι τοίνυν
σοι, ἔφη, τοῦτον τὸν ἵππον. Ὁ δ᾽ ἐπήρετο · Ἀντὶ τοῦ;
Ἐκ τούτου δὴ διηγεῖτο ὁ Σάκας τὸ πρᾶγμα, καὶ τέλος
εἶπε · Καὶ οἶμαί γε οὐχ ἡμαρτηκέναι ἀνδρὸς ἀγαθοῦ.
32 Καὶ ὁ Φεραύλας εἶπεν · Ἀλλὰ πλουσιωτέρῳ μὲν
ἄν, εἰ ἐσωφρόνεις, ἢ ἐμοὶ ἐδίδους · νῦν δὲ κἀγὼ δέξο-
μαι. Ἐπεύχομαι δὲ πᾶσι τοῖς θεοῖς, οἵπερ με ἐποίησαν
βληθῆναι ὑπὸ σοῦ, δοῦναί μοι ποιῆσαι μὴ μεταμέλειν
σοι τῆς ἐμῆς δωρεᾶς. Καὶ νῦν μέν, ἔφη, ἀπέλα, ἀναβὰς

fragt haben, ob er sein Pferd für ein Königreich hergeben würde. Auf diese Frage soll er geantwortet haben: „Ein Königreich würde ich zwar nicht haben wollen, aber ich hätte durchaus den Wunsch, einem ausgezeichneten Mann einen Gefallen zu tun." (27) Da sagte Kyros: „Ich will dir einen Platz zeigen, wo du auch mit geschlossenen Augen etwas hinwerfen kannst, ohne einen ausgezeichneten Mann zu verfehlen." – „Ja, dann zeig ihn mir", erwiderte der Sake und hob einen Erdklumpen auf, „denn ich will ihn mit diesem Klumpen treffen." (28) Kyros zeigte ihm die Stelle, wo die meisten seiner Freunde standen. Der Sake schloß seine Augen, warf den Klumpen und traf Pheraulas, der gerade vorbeiritt; denn er war zufällig unterwegs, um einen Befehl des Kyros weiterzugeben. Als er getroffen wurde, drehte er sich nicht einmal um, sondern ritt weiter, um auszuführen, was ihm befohlen war. (29) Der Sake öffnete die Augen und fragte, wen er getroffen habe. „Leider, beim Zeus, keinen der Anwesenden." – „Aber doch wohl auch keinen Abwesenden", sagte der junge Mann. „Doch", erwiderte Kyros, „du hast den Mann getroffen, der gerade dort an den Wagen vorbeigaloppiert." – „Und wieso dreht er sich nicht einmal um?" fragte er. (30) Kyros entgegnete: „Weil er außer sich ist vor Wut, wie es scheint." Als der junge Mann diese Antwort gehört hatte, ging er hin, um zu sehen, wer es war. Er fand Pheraulas, das Kinn voll Erde und Blut; denn nachdem er getroffen worden war, floß ihm Blut aus der Nase. (31) Als er bei ihm angekommen war, fragte er ihn, ob er getroffen sei. Pheraulas antwortete: „Wie du siehst." – „Ich schenke dir also dieses Pferd." Pheraulas fragte: „Wofür?" Daraufhin erzählte ihm der Sake die Geschichte und sagte schließlich: „ich glaube wirklich, daß ich einen ausgezeichneten Mann getroffen habe." (32) Pheraulas erwiderte: „Wenn du vernünftig wärst, dann würdest du es einem Mann schenken, der reicher ist als ich. Aber ich werde das Geschenk jetzt annehmen. Doch ich bete zu allen Göttern, die bewirkt haben, daß ich von dir getroffen wurde, mir die Möglichkeit zu geben, dazu beizutragen, daß du es nicht bereust, mir dieses Geschenk gemacht zu haben." – „Jetzt steig auf mein Pferd und reite fort. Ich werde

ἐπὶ τὸν ἐμὸν ἵππον. Αὖθις δ' ἐγὼ παρέσομαι πρὸς σέ.
Οἱ μὲν δὴ οὕτω διηλλάξαντο.
Καδουσίων δὲ ἐνίκα 'Ραθίνης.

33 'Αφίει δὲ καὶ τὰ ἅρματα καθ' ἕκαστον. Τοῖς δὲ
νικῶσι πᾶσιν ἐδίδου βοῦς τε, ὅπως ἂν θύσαντες ἐστιῶντο,
καὶ ἐκπώματα. Τὸν μὲν οὖν βοῦν ἔλαβε καὶ αὐτὸς τὸ
νικητήριον · τῶν δ' ἐκπωμάτων τὸ αὑτοῦ μέρος Φεραύλᾳ
ἔδωκεν, ὅτι καλῶς ἔδοξεν αὐτῷ τὴν ἐκ τοῦ βασιλείου
ἔλασιν διατάξαι. **34** Οὕτω δὴ τότε ὑπὸ Κύρου κατασταθεῖσα ἡ βασιλέως ἔλασις οὕτως ἔτι καὶ νῦν διαμένει, πλὴν τὰ ἱερὰ ἄπεστιν, ὅταν μὴ θύῃ. Ὡς δὲ ταῦτα
τέλος εἶχεν, ἀφικνοῦνται πάλιν εἰς τὴν πόλιν, καὶ ἐσκήνη-
σαν, οἷς μὲν ἐδόθησαν οἰκίαι, κατ' οἰκίας, οἷς δὲ μή,
ἐν τάξει.

35 Καλέσας δὲ καὶ ὁ Φεραύλας τὸν Σάκαν τὸν δόντα
τὸν ἵππον ἐξένιζε, καὶ τἆλλά τε παρεῖχεν ἔκπλεω · καὶ
ἐπεὶ ἐδεδειπνήκεσαν, τὰ ἐκπώματα αὐτῷ ἃ ἔλαβε παρὰ
Κύρου ἐμπιμπλὰς προύπινε καὶ ἐδωρεῖτο. **36** Καὶ ὁ
Σάκας ὁρῶν πολλὴν μὲν καὶ καλὴν στρωμνήν, πολλὴν
δὲ καὶ καλὴν κατασκευήν, καὶ οἰκέτας δὲ πολλούς,
Εἰπέ μοι, ἔφη, ὦ Φεραύλα, ἦ καὶ οἴκοι τῶν πλουσίων
ἦσθα; **37** Καὶ ὁ Φεραύλας εἶπε · Ποίων πλουσίων;
Τῶν μὲν οὖν σαφῶς ἀποχειροβιώτων. Ἐμὲ γάρ τοι ὁ
πατὴρ τὴν μὲν τῶν παίδων παιδείαν γλίσχρως αὐτὸς
ἐργαζόμενος καὶ τρέφων ἐπαίδευεν. Ἐπεὶ δὲ μειράκιον
ἐγενόμην, οὐ δυνάμενος τρέφειν ἀργόν, εἰς ἀγρὸν ἀπαγαγὼν ἐκέλευσεν ἐργάζεσθαι. **38** Ἔνθα δὴ ἐγὼ ἀν-
τέτρεφον ἐκεῖνον, ἕως ἔζη. αὐτὸς σκάπτων καὶ σπείρων
καὶ μάλα μικρὸν γῄδιον, οὐ μέντοι πονηρόν γε, ἀλλὰ
πάντων δικαιότατον · ὅ τι γὰρ λάβοι σπέρμα, καλῶς

mich später wieder bei dir melden." So verabschiedeten sie sich voneinander.

Bei den Kadusiern siegte übrigens Rhatines im Pferderennen.

(33) Kyros veranstaltete unter den einzelnen Völkern auch ein Wagenrennen. Allen, die den Sieg errangen, gab er Stiere, die sie opfern und anschließend verzehren sollten, und Becher. Auch Kyros bekam seinen Stier als Preis für den Sieg. Aber seinen Anteil an den Bechern schenkte er Pheraulas, weil er meinte, er habe den Auszug aus dem Königspalast vortrefflich organisiert. (34) Der Auszug des Königs wird heute noch genauso durchgeführt, wie er damals von Kyros eingerichtet worden war, nur daß die Opfertiere fehlen, wenn der König kein Opfer darbringt. Sobald die Feierlichkeiten ihr Ende fanden, kehrte man wieder in die Stadt zurück, und alle, die Häuser geschenkt bekommen hatten, nahmen ihre Mahlzeit zu Hause ein, die anderen bei ihren Einheiten.

(35) Pheraulas aber lud den Saken zum Essen ein, der ihm sein Pferd geschenkt hatte, und gab ihm auch alles andere in Hülle und Fülle. Als sie gespeist hatten, füllte er ihm die Becher, die er von Kyros erhalten hatte, trank auf sein Wohl und machte ihm die Becher zum Geschenk. (36) Als der Sake viele schöne Teppiche, eine prächtige Einrichtung und zahlreiche Diener sah, fragte er: „Pheraulas, sag mir, gehörtest du auch schon bei dir zu Hause zu den Reichen?" (37) Pheraulas erwiderte: „Zu welchen Reichen? Ich gehörte zu den Menschen, die im wahrsten Sinne des Wortes von ihrer Hände Arbeit leben. Denn mein Vater gab mir zwar die Erziehung, die Kinder zu erhalten pflegen, aber er mußte schwer arbeiten und zog mich unter erbärmlichen Umständen auf. Als ich aber herangewachsen war, konnte er mich nicht ernähren, ohne daß auch ich arbeitete. Also führte er mich auf den Acker und ließ mich arbeiten. (38) Dann sorgte ich wiederum für ihn, solange er lebte, indem ich ein winziges Stück Land pflügte und einsäte, das allerdings nicht schlecht war, sondern sehr viel taugte. Denn den Samen, den es aufnahm, zahlte es auf angemessene

καὶ δικαίως ἀπεδίδου αὐτό τε καὶ τόκον οὐδέν τι πολύ ·
ἤδη δέ ποτε ὑπὸ γενναιότητος καὶ διπλάσια ἀπέδωκεν
ὧν ἔλαβεν. Οἴκοι μὲν οὖν ἔγωγε οὕτως ἔζων · νῦν δὲ
ταῦτα πάντα ἃ ὁρᾷς Κῦρός μοι ἔδωκε.

39 Καὶ ὁ Σάκας εἶπεν · Ὦ μακάριε σὺ τά τε ἄλλα
καὶ αὐτὸ τοῦτο ὅτι ἐκ πένητος πλούσιος γεγένησαι ·
πολὺ γὰρ οἴομαί σε καὶ διὰ τοῦτο ἥδιον πλουτεῖν ὅτι
πεινήσας χρημάτων πεπλούτηκας. **40** Καὶ ὁ Φεραύλας εἶπεν · Ἦ γὰρ οὕτως, ὦ Σάκα, ὑπολαμβάνεις ὡς
ἐγὼ νῦν τοσούτῳ ἥδιον ζῶ ὅσῳ πλείω κέκτημαι; Οὐκ
οἶσθα, ἔφη, ὅτι ἐσθίω μὲν καὶ πίνω καὶ καθεύδω οὐδ' ὁτιοῦν
νῦν ἥδιον ἢ τότε ὅτε πένης ἦν; Ὅτι δὲ ταῦτα πολλά
ἐστι, τοσοῦτον κερδαίνω, πλείω μὲν φυλάττειν δεῖ, πλείω
δὲ ἄλλοις διανέμειν, πλειόνων δὲ ἐπιμελούμενον πράγματα ἔχειν. **41** Νῦν γὰρ δὴ ἐμὲ πολλοὶ μὲν οἰκέται
σῖτον αἰτοῦσι, πολλοὶ δὲ πιεῖν, πολλοὶ δὲ ἱμάτια · οἱ
δὲ ἰατρῶν δέονται · ἥκει δέ τις ἢ τῶν προβάτων λελυκω-
μένα φέρων ἢ τῶν βοῶν κατακεκρημνισμένα ἢ νόσον
φάσκων ἐμπεπτωκέναι τοῖς κτήνεσιν. Ὥστε μοι δοκῶ,
ἔφη ὁ Φεραύλας, νῦν διὰ τὸ πολλὰ ἔχειν πλείω λυπεῖσθαι
ἢ πρόσθεν διὰ τὸ ὀλίγα ἔχειν. **42** Καὶ ὁ Σάκας, Ἀλλὰ
ναὶ μὰ Δί', ἔφη, ὅταν σῶα ᾖ, πολλὰ ὁρῶν πολλαπλάσια
ἐμοῦ εὐφραίνῃ. Καὶ ὁ Φεραύλας εἶπεν · Οὗτοι, ὦ Σάκα,
οὕτως ἡδύ ἐστι τὸ ἔχειν χρήματα ὡς ἀνιαρὸν τὸ ἀπο-
βάλλειν. Γνώσῃ δ' ὅτι ἐγὼ ἀληθῆ λέγω · τῶν μὲν γὰρ
πλουτούντων οὐδεὶς ἀναγκάζεται ὑφ' ἡδονῆς ἀγρυπ-
νεῖν, τῶν δὲ ἀποβαλλόντων τι ὄψει οὐδένα δυνάμενον
καθεύδειν ὑπὸ λύπης. **43** Μὰ Δί', ἔφη ὁ Σάκας, οὐδέ
γε τῶν λαμβανόντων τι νυστάζοντα οὐδένα ἂν ἴδοις

Weise und mit einem kleinen Gewinn zurück. Einmal aber gab
es mir aufgrund seiner Fruchtbarkeit sogar das Doppelte der
Menge zurück, die es von mir bekommen hatte. So also lebte
ich zu Hause. Aber alles, was du jetzt siehst, bekam ich von
Kyros geschenkt."

(39) Der Sake erwiderte: „Du glücklicher Mensch. Denn
das bist du in jeder Hinsicht und vor allem auch deshalb, weil
du arm warst und dann reich wurdest. Denn ich glaube, daß du
auch deshalb deinen Reichtum besser genießen kannst, weil du
die Armut kennengelernt hast und dann erst ein reicher Mann
geworden bist." (40) Dazu sagte Pheraulas: „Glaubst du denn
wirklich, mein Sake, daß ich jetzt um so angenehmer lebe, je
mehr ich besitze? Weißt du denn nicht, daß ich jetzt keineswegs mit größerer Lust esse, trinke und schlafe als damals, wo
ich noch arm war? Der einzige Gewinn, den ich aus meinem
Besitz ziehe, besteht darin, daß ich mehr zu bewachen und
mehr an andere zu verteilen habe und, weil ich mich um mehr
kümmern muß, in größeren Schwierigkeiten bin. (41) Denn
jetzt erwarten viele Diener, daß sie ihr Essen, ihr Trinken und
ihre Kleidung von mir bekommen. Andere brauchen ärztliche
Versorgung. Jemand kommt mit Schafen, die der Wolf zerrissen hat, oder mit Rindern, die in die Tiefe gestürzt sind, oder
berichtet von einer Seuche, die sein Vieh befallen hat. Daher
habe ich den Eindruck", sagte Pheraulas, „daß ich jetzt, wo ich
vieles besitze, mehr Ärger habe als früher, wo ich nur wenig
besaß." (42) „Aber, beim Zeus", sagte der Sake, „wenn alles
in Ordnung ist, dann empfindest du doch mit deinem Reichtum vor Augen viel mehr Freude als ich." Pheraulas entgegnete: „Nein, lieber Sake, die Freude, die der Besitz eines großen
Vermögens bereitet, steht in keinem Verhältnis zu dem
Schmerz, der mit seinem Verlust verbunden ist. Du wirst einsehen, daß ich die Wahrheit sage. Denn es gibt keinen reichen
Mann, dem die Freude den Schlaf raubt, aber unter denen, die
ihren Reichtum verlieren, wirst du keinen finden, den der
Schmerz darüber schlafen läßt." (43) „Beim Zeus", rief der
Sake, „du dürftest aber ebenso wenig unter denen, die etwas

ὑφ' ἡδονῆς. **44** Ἀληθῆ, ἔφη, λέγεις · εἰ γάρ τοι τὸ
ἔχειν οὕτως ὥσπερ τὸ λαμβάνειν ἡδὺ ἦν, πολὺ ἂν διέφε-
ρον εὐδαιμονίᾳ οἱ πλούσιοι τῶν πενήτων. Καὶ ἀνάγκη
δέ τοί ἐστιν, ἔφη, ὦ Σάκα, τὸν πολλὰ ἔχοντα πολλὰ
καὶ δαπανᾶν καὶ εἰς θεοὺς καὶ εἰς φίλους καὶ εἰς ξένους ·
ὅστις οὖν ἰσχυρῶς χρήμασιν ἥδεται, εὖ ἴσθι τοῦτον
καὶ δαπανῶντα ἰσχυρῶς ἀνιᾶσθαι. **45** ⟨Ναὶ⟩ μὰ Δί',
ἔφη ὁ Σάκας, ἀλλ' οὐκ ἐγὼ τούτων εἰμί, ἀλλὰ καὶ εὐδαιμονίαν τοῦτο νομίζω τὸ πολλὰ ἔχοντα πολλὰ καὶ
δαπανᾶν. **46** Τί οὖν, ἔφη, πρὸς τῶν θεῶν, ὁ Φεραύλας, οὐχὶ σύγε αὐτίκα μάλα εὐδαίμων ἐγένου καὶ ἐμὲ
εὐδαίμονα ἐποίησας; Λαβὼν γάρ, ἔφη. ταῦτα πάντα
κέκτησο, καὶ χρῶ ὅπως βούλει αὐτοῖς. Ἐμὲ δὲ μηδὲν
ἄλλο ἢ ὥσπερ ξένον τρέφε, καὶ ἔτι εὐτελέστερον ἢ ξένον ·
ἀρκέσει γάρ μοι ὅ τι ἂν καὶ σὺ ἔχῃς τούτων μετέχειν.
47 Παίζεις, ἔφη ὁ Σάκας. Καὶ ὁ Φεραύλας ὀμόσας
εἶπεν ἦ μὴν σπουδῇ λέγειν. Καὶ ἄλλα γέ σοι, ὦ Σάκα,
προσδιαπράξομαι παρὰ Κύρου, μήτε θύρας τὰς Κύρου θεραπεύειν μήτε στρατεύεσθαι. Ἀλλὰ σὺ μὲν πλου-
τῶν οἴκοι μένε · ἐγὼ δὲ ταῦτα ποιήσω καὶ ὑπὲρ σοῦ
καὶ ὑπὲρ ἐμοῦ · καὶ ἐάν τι ἀγαθὸν προσλαμβάνω διὰ
τὴν Κύρου θεραπείαν ἢ καὶ ἀπὸ στρατείας τινός, οἴσω
πρὸς σέ, ἵνα ἔτι πλειόνων ἄρχῃς. Μόνον, ἔφη, ἐμὲ ἀπό-
λυσον ταύτης τῆς ἐπιμελείας · ἢν γὰρ ἐγὼ σχολὴν ἄγω
ἀπὸ τούτων, ἐμοί τέ σε οἶμαι πολλὰ καὶ Κύρῳ χρήσιμον ἔσεσθαι. **48** Τούτων οὕτω ῥηθέντων ταῦτα συνέ-
θεντο καὶ ταῦτα ἐποίουν. Καὶ ὁ μὲν ἡγεῖτο εὐδαίμων
γεγενῆσθαι, ὅτι πολλῶν ἦρχε χρημάτων · ὁ δ' αὖ ἐνόμιζε μακαριώτατος εἶναι, ὅτι ἐπίτροπον ἕξοι σχολὴν
παρέχοντα πράττειν ὅ τι ἂν αὐτῷ ἡδὺ ᾖ.

bekommen. jemanden finden, der vor lauter Freude schlafen kann." (44) „Du hast recht. Denn wenn es ebenso viel Freude bereitete, etwas zu besitzen, wie etwas zu bekommen, dann wären die Reichen viel glücklicher als die Armen. Es ist aber unerläßlich. lieber Sake, daß derjenige, der viel besitzt, auch viel ausgibt für Götter. Freunde und Gäste. Wer nun sehr viel Freude an seinem Geld hat, leidet – das mußt du wissen – auch heftig darunter, wenn er es ausgeben muß." (45) „Ja, beim Zeus", erwiderte der Sake, „aber ich gehöre nicht zu dieser Sorte von Menschen, sondern ich halte es für ein Glück, wenn man viel besitzt, auch viel auszugeben." (46) „Warum, bei den Göttern", fragte Pheraulas, „bist du dann nicht schon längst sehr glücklich geworden und hast mich glücklich gemacht? Nimm doch einfach alles hier in Besitz und gebrauche es, wie es dir gefällt. Was mich betrifft, so brauchst du mich nur wie einen Gast und mit noch geringerem Aufwand als einen Gast zu unterstützen. Denn es wird mir genügen, von deinem Besitz etwas abzubekommen." (47) „Du scherzt wohl", entgegnete der Sake. Pheraulas aber schwor, daß er es wirklich ernst meine. „Ich werde bei Kyros noch andere Vorteile für dich erwirken, so daß du weder an Kyros' Hof zu dienen, noch Kriegsdienst zu leisten brauchst. Statt dessen bleib als ein reicher Mann zu Hause. Das werde ich aber sowohl für dich als auch für mich tun. Wenn ich durch meine Dienstleistungen für Kyros oder auch durch die Teilnahme an einem Feldzug noch etwas Wertvolles erhalte, werde ich es dir bringen, damit du über ein noch größeres Vermögen verfügst. Befreie mich nur von dieser Sorge. Wenn ich nämlich nichts mehr damit zu tun habe, dann, so glaube ich, wirst du sowohl mir als auch Kyros einen großen Dienst erweisen." (48) Nachdem sie diese Worte gewechselt hatten, wurden sie sich darüber einig und handelten entsprechend. Der eine glaubte, glücklich geworden zu sein, weil er über viel Geld verfügte; der andere wiederum meinte, den Gipfel des Glücks erreicht zu haben, weil er einen zuverlässigen Freund und Helfer gefunden hatte, der ihm die Muße verschaffte, alles tun zu können, was ihm Freude bereitete.

49 Ἦν δὲ τοῦ Φεραύλα ὁ τρόπος φιλέταιρός τε καὶ
θεραπεύειν οὐδὲν ἡδὺ αὐτῷ οὕτως ἐδόκει εἶναι οὐδ' ὠφέ-
λιμον ὡς ἀνθρώπους. Καὶ γὰρ βέλτιστον πάντων τῶν
ζῴων ἡγεῖτο ἄνθρωπον εἶναι καὶ εὐχαριστότατον, ὅτι
ἑώρα τούς τε ἐπαινουμένους ὑπό τινος ἀντεπαινοῦν-
τας τούτους προθύμως τοῖς τε χαριζομένοις πειρωμέ-
νους ἀντιχαρίζεσθαι, καὶ οὓς γνοῖεν εὐνοϊκῶς ἔχοντας,
τούτοις ἀντ' εὖ νοοῦντας, καὶ οὓς εἰδεῖεν φιλοῦντας
αὐτούς, τούτους μισεῖν οὐ δυναμένους, καὶ γονέας δὲ
πολὺ μᾶλλον ἀντιθεραπεύειν πάντων τῶν ζῴων ἐθέλοντας καὶ ζῶντας καὶ τελευτήσαντας. Τὰ δ' ἄλλα πάντα
ζῷα καὶ ἀχαριστότερα καὶ ἀγνωμονέστερα ἀνθρώπων
ἐγίγνωσκεν εἶναι. 50 Οὕτω δὴ ὅ τε Φεραύλας ὑπερήδετο ὅτι ἐξέσοιτο αὐτῷ ἀπαλλαγέντι τῆς τῶν ἄλλων
κτημάτων ἐπιμελείας ἀμφὶ τοὺς φίλους ἔχειν, ὅ τε Σάκας
ὅτι ἔμελλε πολλὰ ἔχων πολλοῖς χρήσεσθαι. Ἐφίλει
δὲ ὁ μὲν Σάκας τὸν Φεραύλαν, ὅτι προσέφερέ τι ἀεί·
ὁ δὲ τὸν Σάκαν, ὅτι παραλαμβάνειν πάντα ἤθελε καὶ
ἀεὶ πλειόνων ἐπιμελούμενος οὐδὲν μᾶλλον αὐτῷ ἀσχολίαν παρεῖχε. Καὶ οὗτοι μὲν δὴ οὕτω διῆγον.

IV

1 Θύσας δὲ καὶ ὁ Κῦρος νικητήρια ἑστιῶν ἐκάλεσε
τῶν φίλων οἳ μάλιστ' αὐτὸν αὔξειν τε βουλόμενοι φανεροὶ ἦσαν καὶ τιμῶντες εὐνοϊκώτατα. Συνεκάλεσε δὲ αὐτοῖς καὶ Ἀρτάβαζον τὸν Μῆδον καὶ Τιγράνην τὸν Ἀρμέ-

(49) Pheraulas' Denken und Handeln war bestimmt von tiefer Liebe zu seinen Freunden, und nichts schien ihm so viel Freude zu machen und so nützlich zu sein, wie seinen Mitmenschen seine Zuwendung zu beweisen. Denn er war davon überzeugt, daß der Mensch alle anderen Lebewesen an Güte und Dankbarkeit übertreffe, weil er immer wieder sehen konnte, daß die Menschen, wenn sie von jemandem gelobt werden, das Lob gern zurückgeben, und daß sie, wenn man ihnen einen Dienst erweist, ihren Wohltätern auch ihrerseits einen Dienst zu erweisen versuchen, und allen, deren Wohlwollen sie erfahren, auch ihr Wohlwollen entgegenbringen, und diejenigen, von denen sie wissen, daß sie sie lieben, nicht zu hassen vermögen, und ihren Eltern, ob sie nun leben oder gestorben sind, viel mehr als alle anderen Lebenwesen die von ihnen erfahrene Fürsorge vergelten wollen. Er hielt alle anderen Lebewesen für weniger dankbar und empfindsam als die Menschen. (50) So freute sich denn Pheraulas über alle Maßen, daß es ihm möglich wurde, nachdem er von der Sorge für seinen sonstigen Besitz befreit worden war, sich ganz seinen Freunden zu widmen, und der Sake war glücklich darüber, daß er ein großes Vermögen besitzen sollte, um es für sich zu nutzen. Der Sake liebte Pheraulas, weil er ihm dauernd etwas dazuschenkte. Pheraulas liebte den Saken, weil er alles bereitwillig entgegennahm und ihn, obwohl er sich ständig um mehr zu kümmern hatte, vor einer Störung seiner Muße bewahrte. So verbrachten sie ihr Leben.

IV.

(1) Nach dem Opfer veranstaltete Kyros eine Siegesfeier und lud diejenigen seiner Freunde dazu ein, die sich dadurch besonders auszeichneten, daß sie sich für die Erhöhung seines Ansehens einsetzten und ihm ihre höchste Verehrung entgegenbrachten. Mit ihnen zusammen lud er den Meder Artabazos, den Armenier Tigranes, den Reiterführer der Hyrkanier

νιον καὶ τὸν Ὑρκάνιον ἵππαρχον καὶ Γωβρύαν. **2** Γαδάτας δὲ τῶν σκηπτούχων ἦρχεν αὐτῷ, καὶ ᾗ ἐκεῖνος
διεκόσμησεν ἡ πᾶσα ἔνδον δίαιτα καθειστήκει · καὶ
ὁπότε μὲν συνδειπνοῖέν τινες, οὐδ᾽ ἐκάθιζε Γαδάτας,
ἀλλ᾽ ἐπεμελεῖτο · ὁπότε δὲ αὐτοὶ εἶεν, καὶ συνεδείπνει ·
ἥδετο γὰρ αὐτῷ συνών. Ἀντὶ δὲ τούτων πολλοῖς καὶ
μεγάλοις δώροις ἐτιμᾶτο ὑπὸ τοῦ Κύρου, διὰ δὲ Κῦρον
καὶ ὑπ᾽ ἄλλων.

3 Ὡς δ᾽ ἦλθον οἱ κληθέντες ἐπὶ τὸ δεῖπνον, οὐχ ὅπου
ἔτυχεν ἕκαστον ἐκάθιζεν, ἀλλ᾽ ὃν μὲν μάλιστα ἐτίμα,
παρὰ τὴν ἀριστερὰν χεῖρα, ὡς εὐεπιβουλευτοτέρας
ταύτης οὔσης ἢ τῆς δεξιᾶς, τὸν δὲ δεύτερον παρὰ τὴν
δεξιάν, τὸν δὲ τρίτον πάλιν παρὰ τὴν ἀριστεράν, τὸν
δὲ τέταρτον παρὰ τὴν δεξιάν · — καὶ ἦν πλέονες ὦσιν,
ὡσαύτως. **4** Σαφηνίζεσθαι δέ, ὡς ἕκαστον ἐτίμα, τοῦτο
ἐδόκει αὐτῷ ἀγαθὸν εἶναι, ὅτι ὅπου μὲν οἴονται οἱ ἄνθρωποι τὸν κρατιστεύοντα μήτε κηρυχθήσεσθαι μήτε ἆθλα
λήψεσθαι, δῆλοί εἰσιν ἐνταῦθα οὐ φιλονίκως πρὸς ἀλλήλους ἔχοντες · ὅπου δὲ μάλιστα πλεονεκτῶν ὁ κράτιστος
φαίνεται, ἐνταῦθα προθυμότατα φανεροί εἰσιν ἀγωνι-
ζόμενοι πάντες. **5** Καὶ ὁ Κῦρος δὲ οὕτως ἐσαφήνιζε
μὲν τοὺς κρατιστεύοντας παρ᾽ ἑαυτῷ, εὐθὺς ἀρξάμενος
ἐξ ἕδρας καὶ παραστάσεως. Οὐ μέντοι ἀθάνατον τὴν
ταχθεῖσαν ἕδραν κατεστήσατο, ἀλλὰ νόμιμον ἐποιήσατο καὶ ἀγαθοῖς ἔργοις προβῆναι εἰς τὴν τιμιωτέραν
ἕδραν, καὶ εἴ τις ῥᾳδιουργοίη, ἀναχωρῆσαι εἰς τὴν ἀτι-
μοτέραν. Τὸν δὲ πρωτεύοντα ἐν ἕδρᾳ ᾐσχύνετο μὴ οὐ
πλεῖστα καὶ ἀγαθὰ ἔχοντα παρ᾽ αὐτοῦ φαίνεσθαι. Καὶ
ταῦτα δὲ ἐπὶ Κύρου γενόμενα οὕτως ἔτι καὶ νῦν δια-
μένοντα αἰσθανόμεθα.

und Gobryas ein. (2) Gadatas wurde zum Vorsteher der Würdenträger ernannt, und das Leben innerhalb des Palastes wurde ganz so eingerichtet, wie er es anordnete; und sobald Gäste zum Essen geladen waren, setzte sich Gadatas nicht dazu, sondern kümmerte sich um alles. Wenn sie aber unter sich waren, setzte auch er sich dazu. Denn Kyros hatte es gern, wenn er mit ihm zusammen war. Dafür wurde er von Kyros mit vielen großartigen Geschenken geehrt, und um Kyros' willen erhielt er auch von anderen Geschenke.

(3) Wenn die geladenen Gäste zum Essen eintrafen, ließ Kyros jeden einzelnen nicht an einer beliebigen Stelle der Tafel Platz nehmen, sondern denjenigen, den er am meisten schätzte, setzte er an seine linke Seite, weil von dort eher ein Anschlag zu erwarten ist als von der rechten Seite her; den zweiten setzte er an seine rechte Seite, den dritten wieder an seine linke und den vierten an seine rechte Seite und so weiter, wenn es noch mehr Gäste waren. (4) Deutlich zu machen, wie sehr er jeden einzelnen schätzte, schien ihm deshalb so wichtig zu sein, weil die Menschen dann, wenn sie meinen, daß besondere Leistungen nicht bekannt gemacht werden und auch keine Belohnungen nach sich ziehen, offensichtlich nicht mehr miteinander wetteifern. Wo aber, wer sich hervortut, auch als der Beste herausgestellt wird, da lassen sich alle zweifellos gern auf einen Wettstreit ein. (5) Deshalb ließ Kyros auch deutlich erkennen, wer in seinen Augen den höchsten Rang hatte, indem er damit schon bei der Zuteilung des Sitzplatzes und des Standortes begann. Allerdings erfolgte die Zuweisung eines Sitzplatzes nicht für immer, sondern Kyros erhob es zum Gesetz, daß man durch gute Leistungen auf einen ehrenvolleren Platz vorrücken konnte und, wenn man in seinem Einsatz nachließ, auf einen weniger ehrenvollen Platz zurückgehen mußte. Er scheute sich aber nicht, denjenigen, der den ersten Platz innehatte, in aller Öffentlichkeit mit einer Vielzahl von Vergünstigungen zu bedenken. Diese zur Zeit des Kyros getroffenen Maßnahmen haben, wie wir feststellen, so auch heute noch Bestand.

6 Ἐπεὶ δὲ ἐδείπνουν, ἐδόκει τῷ Γωβρύᾳ τὸ μὲν πολλὰ ἕκαστα εἶναι οὐδέν τι θαυμαστὸν παρ' ἀνδρὶ πολλῶν ἄρχοντι · τὸ δὲ τὸν Κῦρον οὕτω μεγάλα πράττοντα, εἴ τι ἡδὺ δόξειε λαβεῖν, μηδὲν τούτων μόνον καταδαπανᾶν, ἀλλ' ἔργον ἔχειν δεόμενον τούτου κοινωνεῖν τοὺς παρόντας, πολλάκις δὲ καὶ τῶν ἀπόντων φίλων ἔστιν οἷς ἑώρα πέμποντα ταῦτα αὐτόν. οἷς ἡσθεὶς τύχοι. 7 Ὥστε ἐπεὶ ἐδεδειπνήκεσαν καὶ τὰ πάντα πάμπολλα ὄντα διεπεπόμφει ὁ Κῦρος ἀπὸ τῆς τραπέζης, εἶπεν ἄρα ὁ Γωβρύας · Ἀλλ', ἐγώ, ὦ Κῦρε, πρόσθεν μὲν ἡγούμην τούτῳ σε πλεῖστον διαφέρειν ἀνθρώπων τῷ στρατηγικώτατον εἶναι. Νῦν δὲ θεοὺς ὄμνυμι ἦ μὴν ἐμοὶ δοκεῖν πλέον σε διαφέρειν φιλανθρωπίᾳ ἢ στρατηγίᾳ. 8 Νὴ Δί', ἔφη ὁ Κῦρος, καὶ μὲν δὴ καὶ ἐπιδείκνυμαι τὰ ἔργα πολὺ ἥδιον φιλανθρωπίας ἢ στρατηγίας. Πῶς δή; ἔφη ὁ Γωβρύας. Ὅτι, ἔφη, τὰ μὲν κακῶς ποιοῦντα ἀνθρώπους δεῖ ἐπιδείκνυσθαι, τὰ δὲ εὖ. 9 Ἐκ τούτου δὴ ἐπεὶ ὑπέπινον, ἤρετο ὁ Ὑστάσπας τὸν Κῦρον · Ἆρ' ἄν, ἔφη, ὦ Κῦρε, ἀχθεσθείης μοι, εἴ σε ἐροίμην ὃ βούλομαί σου πυθέσθαι; Ἀλλὰ ναὶ μὰ τοὺς θεούς, ἔφη, τοὐναντίον τούτου ἀχθοίμην ἄν σοι, εἰ αἰσθοίμην σιωπῶντα ἃ βούλοιο ἐρέσθαι. Λέγε δή μοι, ἔφη, ἤδη πώποτε καλέσαντός σου οὐκ ἦλθον; Εὐφήμει, ἔφη ὁ Κῦρος. Ἀλλ' ὑπακούων σχολῇ ὑπήκουσα; Οὐδὲ τοῦτο. Προσταχθὲν δέ τι ἤδη σοι οὐκ ἔπραξα; Οὐκ αἰτιῶμαι, ἔφη. Ὃ δὲ πράττοιμι, ἔστιν ὅ τι πώποτε οὐ προθύμως ἢ οὐχ ἡδομένως πράττοντά με κατέγνως; Τοῦτο δὴ πάντων ἥκιστα,

(6) Während sie ihre Mahlzeit einnahmen, überraschte es Gobryas zwar nicht, daß bei einem Mann, der über ein so großes Reich herrschte, alles im Überfluß vorhanden war; er wunderte sich aber, daß ein so großer und glücklicher Herrscher wie Kyros, wenn ihm etwas vorgesetzt wurde, was ihm offensichtlich gut schmeckte, davon nichts allein verzehrte, sondern alle Anwesenden mit Nachdruck darum bat mitzuessen, und oft sah Gobryas auch, daß er seinen abwesenden Freunden etwas bringen ließ, woran er selbst gerade seine Freude hatte. (7) Als dann die Mahlzeit beendet war und Kyros alles von seinem Tisch – es handelte sich um sehr viel – verteilt hatte, sagte Gobryas, ohne zu zögern: „Bisher, mein Kyros, glaubte ich, daß du dich dadurch vor allen anderen Menschen am meisten auszeichnest, daß du ein hervorragender Feldherr bist. Jetzt aber schwöre ich bei den Göttern, daß du dich noch mehr durch deine Menschenfreundlichkeit als durch dein Feldherrntalent auszuzeichnen scheinst." (8) „Ja, beim Zeus", erwiderte Kyros, „es ist tatsächlich so, daß ich viel lieber Werke der Menschenfreundlichkeit als der Feldherrnkunst verrichte." – „Wie kommt das?" fragte Gobryas. „Weil man den Menschen in diesem Fall Böses antun muß, in jenem Fall aber Gutes tun kann." (9) Als sie darauf schon ziemlich viel getrunken hatten, stellte Hystaspas Kyros folgende Frage: „Lieber Kyros, würdest du dich über mich ägern, wenn ich dich etwas fragte, was ich gern von dir erführe?" – „Aber um Gottes willen, ich würde mich ganz im Gegenteil nur dann über dich ärgern, wenn ich merkte, daß du verschweigst, wonach du mich fragen wolltest."– „Dann sag mir bitte, bin ich schon einmal nicht gekommen, nachdem du mich gerufen hattest?" – „Gott behüte", erwiderte Kyros. „Aber habe ich mir bei der Ausführung deiner Befehle jemals Zeit gelassen?" – „Das ist nicht der Fall." – „Habe ich dir irgendeinen Befehl schon einmal nicht ausgeführt?" – „Das kann ich dir nicht vorwerfen." – „Hast du schon einmal festgestellt, daß ich das, was ich tue, irgendwann nicht bereitwillig oder freudig tue?" – „Das am allerwenigsten", antwortete Kyros.

ἔφη ὁ Κῦρος. **10** Τίνος μὴν ἔνεκα, ἔφη, πρὸς τῶν
θεῶν, ὦ Κῦρε, Χρυσάνταν ἔγραψας ὥστε εἰς τὴν τιμιωτέραν ἐμοῦ χώραν ἱδρυθῆναι; Ἡ λέγω; ἔφη ὁ Κῦρος.
Πάντως, ἔφη ὁ Ὑστάσπας. Καὶ σὺ αὖ οὐκ ἀχθεσθήσῃ
μοι ἀκούων τἀληθῆ; **11** Ἡσθήσομαι μὲν οὖν, ἔφη, ἢν εἰδῶ
ὅτι οὐκ ἀδικοῦμαι.

Χρυσάντας τοίνυν, ἔφη, οὑτοσὶ πρῶτον μὲν οὐ κλῆσιν
ἀνέμενεν, ἀλλὰ πρὶν καλεῖσθαι παρῆν τῶν ἡμετέρων
ἔνεκα. Ἔπειτα δὲ οὐ τὸ κελευόμενον μόνον, ἀλλὰ καὶ
ὅ τι αὐτὸς γνοίη ἄμεινον εἶναι πεπραγμένον ἡμῖν τοῦτο
ἔπραττεν. Ὁπότε δὲ εἰπεῖν τι δέοι εἰς τοὺς συμμάχους,
ἃ μὲν ἐμὲ ᾤετο πρέπειν λέγειν ἐμοὶ συνεβούλευεν · ἃ
δὲ ἐμὲ αἴσθοιτο βουλόμενον μὲν εἰδέναι τοὺς συμμάχους, αὐτὸν δέ με αἰσχυνόμενον περὶ ἐμαυτοῦ λέγειν,
ταῦτα οὗτος λέγων ὡς ἑαυτοῦ γνώμην ἀπεφαίνετο ·
ὥστ' ἔν γε τούτοις τί κωλύει αὐτὸν καὶ ἐμοῦ ἐμοὶ κρείττονα εἶναι; Καὶ ἑαυτῷ μὲν ἀεί φησι πάντα τὰ παρόντα
ἀρκεῖν, ἐμοὶ δὲ ἀεὶ φανερός ἐστι σκοπῶν τί ἂν προσγενόμενον ὀνήσειεν, ἐπί τε τοῖς ἐμοῖς καλοῖς πολὺ μᾶλλον
ἐμοῦ ἀγάλλεται καὶ ἥδεται.
12 Πρὸς ταῦτα ὁ Ὑστάσπας εἶπε · Νὴ τὴν Ἥραν,
ὦ Κῦρε, ἥδομαί γε ταῦτά σε ἐρωτήσας. Τί μάλιστα;
ἔφη ὁ Κῦρος. Ὅτι κἀγὼ πειράσομαι ταῦτα ποιεῖν · ἓν
μόνον, ἔφη, ἀγνοῶ, πῶς ἂν εἴην δῆλος χαίρων ἐπὶ τοῖς σοῖς
ἀγαθοῖς. Πότερον κροτεῖν δεῖ τὼ χεῖρε ἢ γελᾶν ἢ τί
ποιεῖν. Καὶ ὁ Ἀρτάβαζος εἶπεν · Ὀρχεῖσθαι δεῖ τὸ Περσι-
κόν. Ἐπὶ τούτοις μὲν δὴ γέλως ἐγένετο.
13 Προϊόντος δὲ τοῦ συμποσίου ὁ Κῦρος τὸν Γωβρύαν
ἐπήρετο · Εἰπέ μοι, ἔφη, ὦ Γωβρύα, νῦν ἂν δοκεῖς ἥδιον
τῶνδέ τῳ τὴν θυγατέρα δοῦναι ἢ ὅτε τὸ πρῶτον ἡμῖν
συνεγένου; Οὐκοῦν, ἔφη ὁ Γωβρύας. κἀγὼ τἀληθῆ λέγω;

(10) „Warum, bei den Göttern, mein Kyros, hast du angeordnet, daß Chrysantas auf einem ehrenvolleren Platz sitzt als ich?" – „Soll ich es sagen?" fragte Kyros. „Auf jeden Fall", war Hystaspas' Antwort. „Und du ärgerst dich auch nicht über mich, wenn du die Wahrheit hörst?" (11) „Ich werde mich vielmehr freuen, wenn ich weiß, daß ich nicht ungerecht behandelt wurde."

„Nun denn, unser Chrysantas hier wartete erst gar nicht auf eine Aufforderung, sondern schon bevor er gerufen wurde, war er zur Stelle, um uns gefällig zu sein. Darauf führte er nicht nur Befehle aus, sondern tat auch alles, dessen Erledigung seiner eigenen Einschätzung nach von besonderem Nutzen für uns war. Wenn den Verbündeten etwas zu sagen war, dann riet er mir, was ich seiner Meinung nach sagen sollte. Wenn er bemerkte, daß ich die Verbündeten etwas wissen lassen wollte, aber Bedenken hatte für mich selbst zu sprechen, dann sagte er es, als ob es seine eigene Meinung sei. Was spricht also dagegen, daß er wenigstens in diesen Angelegenheiten für mich wertvoller ist als ich selbst? Und immer sagte er, daß ihm alles, was ihm zur Verfügung stand, genügte. Aber immer wieder ließ er erkennen, daß er überlegte, wie er mir weiteren Nutzen verschaffen konnte, und er empfand bei meinen Erfolgen mehr Stolz und Freude als ich selbst."

(12) Darauf erwiderte Hystaspas: „Ja, bei der Hera, ich freue mich wirklich, mein Kyros, daß ich dir diese Frage stellte." – „Aber warum denn?" wunderte sich Kyros. „Weil auch ich versuchen werde, ebenso zu handeln. Ich weiß nur nicht, wie ich meine Freude über dein Glück zeigen soll. Soll ich in die Hände klatschen oder lachen? Oder was soll ich tun?" Da sagte Artabazos: „Du mußt den persischen Tanz tanzen." Darüber fingen sie alle an zu lachen.

(13) Das Gastmahl ging weiter, und Kyros fragte Gobryas: „Sag mir, Gobryas, meinst du, du könntest deine Tochter einem Mitglied dieser Tafelrunde jetzt mit größerem Vergnügen zur Frau geben als damals, wo du zum ersten Mal mit uns zusammenkamst?" – „Soll also auch ich", fragte Gobryas, „die

Νὴ Δί', ἔφη ὁ Κῦρος, ὡς ψεύδους γε οὐδεμία ἐρώτησις
δεῖται. Εὖ τοίνυν, ἔφη, ἴσθι ὅτι νῦν ἂν πολὺ ἥδιον. Ἦ
καὶ ἔχοις ἄν, ἔφη ὁ Κῦρος, εἰπεῖν διότι; Ἔγωγε. Λέγε
δή. 14 Ὅτι τότε μὲν ἑώρων τοὺς πόνους καὶ τοὺς
κινδύνους εὐθύμως αὐτοὺς φέροντας, νῦν δὲ ὁρῶ αὐτοὺς τἀγαθὰ σωφρόνως φέροντας · δοκεῖ δέ μοι, ὦ Κῦρε,
χαλεπώτερον εἶναι εὑρεῖν ἄνδρα τἀγαθὰ καλῶς φέροντα
ἢ τὰ κακά · τὰ μὲν γὰρ ὕβριν τοῖς πολλοῖς, τὰ δὲ σωφροσύνην τοῖς πᾶσιν ἐμποιεῖ. 15 Καὶ ὁ Κῦρος εἶπεν ·
Ἤκουσας, ὦ Ὑστάσπα, Γωβρύου τὸ ῥῆμα; Ναὶ μὰ Δί',
ἔφη, καὶ ἐὰν πολλά γε τοιαῦτα λέγῃ, πολὺ μᾶλλόν
με τῆς θυγατρὸς μνηστῆρα λήψεται ἢ ἐὰν ἐκπώματα
πολλά μοι ἐπιδεικνύῃ. 16 Ἦ μήν, ἔφη ὁ Γωβρύας,
πολλά γέ μοί ἐστι τοιαῦτα συγγεγραμμένα, ὧν ἐγώ
σοι οὐ φθονήσω, ἢν τὴν θυγατέρα μου γυναῖκα λαμβάνῃς. Τὰ δ' ἐκπώματα, ἔφη, ἐπειδὴ οὐκ ἀνέχεσθαί
μοι φαίνῃ, οὐκ οἶδ' εἰ Χρυσάντᾳ τουτῳὶ δῶ, ἐπεὶ καὶ τὴν
ἕδραν σου ὑφήρπασε. 17 Καὶ μὲν δή, ἔφη ὁ Κῦρος,
ὦ Ὑστάσπα, καὶ οἱ ἄλλοι δὲ οἱ παρόντες, ἢν ἐμοὶ λέγητε,
ὅταν τις ὑμῶν γαμεῖν ἐπιχειρήσῃ, γνώσεσθε ὁποῖός
τις κἀγὼ συνεργὸς ὑμῖν ἔσομαι.

18 Καὶ ὁ Γωβρύας εἶπεν · Ἢν δέ τις ἐκδοῦναι βούληται θυγατέρα, πρὸς τίνα δεῖ λέγειν; Πρὸς ἐμέ, ἔφη ὁ
Κῦρος, καὶ τοῦτο · πάνυ γάρ, ἔφη, δεινός εἰμι ταύτην
τὴν τέχνην. Ποίαν; ἔφη ὁ Χρυσάντας. 19 Τὸ γνῶναι
ὁποῖος ἂν γάμος ἑκάστῳ συναρμόσειε. Καὶ ὁ Χρυσάντας
ἔφη · Λέγε δὴ πρὸς τῶν θεῶν ποίαν τινὰ οἴει γυναῖκα
ἐμοὶ συναρμόσειν κάλλιστα. 20 Πρῶτον μέν, ἔφη, μικράν · μικρὸς γὰρ καὶ αὐτὸς εἶ · εἰ δὲ μεγάλην γαμεῖς,

Wahrheit sagen?" – Ja, beim Zeus", gab Kyros zur Antwort, „denn keine Frage verlangt nach einer falschen Antwort." – „Du sollst wissen", sagte Gobryas, „daß ich sie jetzt mit noch viel größerem Vergnügen jemandem geben würde." – „Könntest du sagen, warum?" fragte Kyros. – „Ja." – „Dann sag es." (14) „Weil ich damals sah, daß sie die Mühen und Gefahren freudig auf sich nahmen, jetzt aber sehe, daß sie ihr Glück mit Besonnenheit und Selbstbeherrschung ertragen; und ich glaube, mein Kyros, daß es schwieriger ist, einen Mann zu finden, der sein Glück, als einen, der sein Unglück anständig erträgt. Denn jenes führt bei den meisten Menschen zur Maßlosigkeit, dieses ruft bei allen Besonnenheit hervor." (15) Kyros ergriff wieder das Wort: „Hystaspas, hast du Gobryas' Worte gehört?" – „Ja, beim Zeus, und wenn er noch viele solche Worte spricht, wird er in mir viel eher einen Bewerber um die Hand seiner Tochter sehen können, als wenn er mir zahlreiche Becher zeigt." (16) „Ja, wirklich," rief Gobryas, „ich habe eine große Sammlung derartiger Gedanken, die ich dir nicht vorenthalten werde, wenn du meine Tochter zur Frau nimmst. Was aber die Becher betrifft, so weiß ich nicht, weil du sie mir nicht zu mögen scheinst, ob ich sie Chrysantas hier schenken soll, zumal er dir doch schon den Ehrenplatz weggenommen hat." (17) „Hystaspas", sagte Kyros, „und ihr anderen, die ihr hier seid, wenn jemand von euch zu heiraten gedenkt und ihr es mir sagt, dann werdet ihr sehen, wie ich euch dabei unterstützen werde."

(18) Gobryas stellte die Frage: „Wenn aber jemand eine Tochter verheiraten will, mit wem muß er dann sprechen?" – „Mit mir", sagte Kyros, „muß auch dies besprochen werden; denn ich beherrsche diese Kunst besonders gut." – „Welche Kunst?" fragte Chrysantas. (19) „Zu erkennen, welche Menschen als Ehegatten zusammenpassen." Chrysantas entgegnete: „Dann sag, bei den Göttern, welche Frau wird deiner Meinung nach am besten zu mir passen?" (20) „Zunächst", sagte Kyros, „eine kleine Frau; denn du bist auch klein; falls du aber eine große Frau heiratest, wirst du jedes Mal an ihr hochsprin-

ἦν ποτε βούλῃ αὐτὴν ὀρθὴν φιλῆσαι, προσάλλεσθαί
σε δεήσει ὥσπερ τὰ κυνάρια. Τοῦτο μὲν δή, ἔφη, ὀρθῶς
προνοεῖς· καὶ γὰρ οὐδ' ὁπωστιοῦν ἁλτικός εἰμι.
21 Ἔπειτα δ', ἔφη, σιμὴ ἄν σοι ἰσχυρῶς συμφέροι.
Πρὸς τί δὴ αὖ τοῦτο; Ὅτι, ἔφη, σὺ γρυπὸς εἶ· πρὸς
οὖν τὴν σιμότητα σάφ' ἴσθι ὅτι ἡ γρυπότης ἄριστ' ἂν
προσαρμόσειε. Λέγεις σύ, ἔφη, ὡς καὶ τῷ εὖ δεδειπνη-
κότι ὥσπερ καὶ ἐγὼ νῦν ἄδειπνος ἂν συναρμόττοι. Ναὶ
μὰ Δί', ἔφη ὁ Κῦρος· τῶν μὲν γὰρ μεστῶν γρυπὴ ἡ
γαστὴρ γίγνεται, τῶν δὲ ἀδείπνων σιμή. 22 Καὶ ὁ
Χρυσάντας ἔφη· Ψυχρῷ δ' ἄν, πρὸς τῶν θεῶν, βασιλεῖ
ἔχοις ἂν εἰπεῖν ποία τις συνοίσει; Ἐνταῦθα μὲν δὴ ὅ
τε Κῦρος ἐξεγέλασε καὶ οἱ ἄλλοι ὁμοίως. 23 Γελώντων
δὲ ἅμα εἶπεν ὁ Ὑστάσπας· Πολύ γ', ἔφη, μάλιστα
τούτου σε, ὦ Κῦρε, ζηλῶ ἐν τῇ βασιλείᾳ. Τίνος; ἔφη
ὁ Κῦρος. Ὅτι δύνασαι καὶ ψυχρὸς ὢν γέλωτα παρέχειν. Καὶ ὁ Κῦρος εἶπεν· Ἔπειτ' οὐκ ἂν πρίαιό γε παμ-
πόλλου ὥστε σοὶ ταῦτ' εἰρῆσθαι, καὶ ἀπαγγελθῆναι
παρ' ᾗ εὐδοκιμεῖν βούλει ὅτι ἀστεῖος εἶ; Καὶ ταῦτα
μὲν δὴ οὕτω διεσκώπτετο.

24 Μετὰ δὲ ταῦτα Τιγράνῃ μὲν ἐξήνεγκε γυναικεῖον
κόσμον, καὶ ἐκέλευσε τῇ γυναικὶ δοῦναι, ὅτι ἀνδρείως
συνεστρατεύετο τῷ ἀνδρί, Ἀρταβάζῳ δὲ χρυσοῦν ἔκπωμα,
τῷ δ' Ὑρκανίῳ ἵππον καὶ ἄλλα πολλὰ καὶ καλὰ ἐδωρήσατο. Σοὶ δέ, ἔφη, ὦ Γωβρύα, δώσω ἄνδρα τῇ θυγατρί.
25 Οὐκοῦν ἐμέ, ἔφη ὁ Ὑστάσπας, δώσεις, ἵνα καὶ τὰ
συγγράμματα λάβω. Ἢ καὶ ἔστι σοι, ἔφη ὁ Κῦρος, οὐσία
ἀξία τῶν τῆς παιδός; Νὴ Δί', ἔφη, πολλαπλασίων μὲν
οὖν χρημάτων. Καὶ ποῦ, ἔφη ὁ Κῦρος, ἔστι σοι αὕτη
ἡ οὐσία; Ἐνταῦθα, ἔφη, ὅπουπερ καὶ σὺ κάθησαι φίλος
ὢν ἐμοί. Ἀρκεῖ μοι, ἔφη ὁ Γωβρύας· καὶ εὐθὺς ἐκτεί-

gen müssen, wie die jungen Hunde, wenn du sie im Stehen küssen willst." – „In diesem Punkt hast du völlig recht; denn ich bin überhaupt nicht zum Springen veranlagt." (21) „Dann dürfte eine Frau mit einer nach innen gekrümmten Nase sehr gut zu dir passen." – „Wieso denn das?" – „Weil du eine nach außen gebogene Nase hast. Zur gekrümmten Nase – das mußt du einfach wissen – dürfte am besten die gebogene Nase passen." – „Meinst du, daß auch zu einem, der gut gegessen hat, wie auch ich jetzt, jemand passen würde, der nicht gegessen hat?" – „Ja, beim Zeus", sagte Kyros, „denn bei denjenigen, die gegessen haben, ist der Bauch nach außen gebogen, bei denjenigen, die nicht gegessen haben, ist der Bauch nach innen gekrümmt." (22) Chrysantas sagte dazu: „Aber könntest du mir sagen, welche Frau, bei den Göttern, zu einem kalten König passen wird?" Da brachen Kyros und ebenso alle anderen in Gelächter aus. (23) Während sie noch lachten, sagte Hystaspas: „Darum beneide ich dich am allermeisten in deiner Königswürde." – „Worum?" fragte Kyros. „Daß du die Fähigkeit besitzt, uns zum Lachen zu bringen, obwohl du selbst so kühl bist." Kyros erwiderte: „Nun denn, würdest du nicht sehr viel dafür geben, daß man dies auch von dir sagte und es der Frau mitteilte, bei der du gern in dem Ruf ständest, geistvoll zu sein?" Auf diese Weise scherzte man miteinander.

(24) Dann brachte er Tigranes Schmuck, wie er zu einer Frau paßte, und forderte ihn auf, ihn seiner Frau zu geben, weil sie so mutig mit ihrem Mann an dem Feldzug teilgenommen habe. Artabazos schenkte er einen Becher aus Gold, dem Hyrkanier ein Pferd und viele andere schöne Dinge. „Dir aber, mein Gobryas, werde ich einen Mann für deine Tochter geben." (25) „Also mußt du mich ihm geben", rief Hystaspas, „damit ich auch die Sammlung der Sprüche bekomme." – „Doch hast du auch ein Vermögen, das dem des jungen Mädchens entspricht?" – „Ja, beim Zeus, ich besitze noch viel mehr." – „Und wo hast du dieses Vermögen?" fragte Kyros. „Hier, wo auch du sitzt, der du mein Freund bist." – „Das genügt mir", sagte Gobryas und streckte ihm seine Rechte

νας τὴν δεξιάν · Δίδου, ἔφη, ὦ Κῦρε · δέχομαι γάρ. 26 Καὶ ὁ Κῦρος λαβὼν τὴν τοῦ Ὑστάσπου δεξιὰν ἔδωκε τῷ Γωβρύᾳ, ὁ δ' ἐδέξατο. Ἐκ δὲ τούτου πολλὰ καὶ καλὰ ἔδωκε δῶρα τῷ Ὑστάσπᾳ, ὅπως τῇ παιδὶ πέμψειε · Χρυσάνταν δ' ἐφίλησε προσαγαγόμενος. 27 Καὶ ὁ Ἀρτάβαζος εἶπε · Μὰ Δί', ἔφη, ὦ Κῦρε, οὐχ ὁμοίου γε χρυσοῦ ἐμοί τε τὸ ἔκπωμα δέδωκας καὶ Χρυσάντᾳ τὸ δῶρον. Ἀλλὰ καὶ σοί, ἔφη, δώσω. Ἐπήρετο ἐκεῖνος · Πότε; Εἰς τριακοστόν, ἔφη, ἔτος. Ὡς ἀναμενοῦντος, ἔφη, καὶ οὐκ ἀποθανουμένου οὕτω, παρασκευάζου. Καὶ τότε μὲν δὴ οὕτως ἔληξεν ἡ σκηνή. Ἐξανισταμένων δ' αὐτῶν ἐξανέστη καὶ ὁ Κῦρος καὶ ξυμπρούπεμψεν αὐτοὺς ἐπὶ τὰς θύρας.

28 Τῇ δὲ ὑστεραίᾳ τοὺς ἐθελουσίους συμμάχους γενομένους ἀπέπεμπεν οἴκαδε ἑκάστους, πλὴν ὅσοι αὐτῶν οἰκεῖν ἐβούλοντο παρ' αὐτῷ. Τούτοις δὲ χώραν καὶ οἴκους ἔδωκε, καὶ νῦν ἔτι ἔχουσιν οἱ τῶν καταμει-νάντων τότε ἀπόγονοι · πλεῖστοι δ' εἰσὶ Μήδων καὶ Ὑρκανίων. Τοῖς δ' ἀπιοῦσι δωρησάμενος πολλὰ καὶ ἀμέμπτους ποιησάμενος καὶ ἄρχοντας καὶ στρατιώτας ἀπεπέμψατο. 29 Ἐκ τούτου δὲ διέδωκε καὶ τοῖς περὶ ἑαυτὸν στρατιώταις τὰ χρήματα ὅσα ἐκ Σάρδεων ἔλαβε · καὶ τοῖς μὲν μυριάρχοις καὶ τοῖς περὶ αὐτὸν ὑπηρέταις ἐξαίρετα ἐδίδου πρὸς τὴν ἀξίαν ἑκάστου, τὰ δ' ἄλλα διένειμε · καὶ τὸ μέρος ἑκάστῳ δοὺς τῶν μυριάρχων ἐπέτρεψεν αὐτοῖς διανέμειν ὥσπερ αὐτὸς ἐκείνοις διέ-νειμεν. 30 Ἐδίδοσαν δὲ τὰ μὲν ἄλλα χρήματα ἄρχων ἄρχοντας τοὺς ὑφ' ἑαυτῷ δοκιμάζων · τὰ δὲ τελευταῖα οἱ ἑξάδαρχοι τοὺς ὑφ' ἑαυτοῖς ἰδιώτας δοκιμάσαντες πρὸς τὴν ἀξίαν ἑκάστῳ διεδίδοσαν · καὶ οὕτω πάντες εἰλήφεσαν τὸ δίκαιον μέρος.

entgegen. „Gib ihn mir als meinen Schwiegersohn, mein Kyros. Ich nehme ihn an." (26) Kyros ergriff die Hand des Hystaspas und gab sie Gobryas, der sie festhielt. Darauf gab er Hystaspas viele schöne Geschenke, die er dem jungen Mädchen schicken sollte. Chrysantas aber zog er an sich und küßte ihn. (27) Da sagte Artabazos: „Beim Zeus, mein Kyros, der Becher, den du mir gegeben hast, ist nicht aus dem gleichen Gold wie das Geschenk, das Chrysantas erhielt." – „Gut, ich werde dir dasselbe Geschenk machen." Artabazos fragte: „Wann?" – „In dreißig Jahren." – „Bereite dich darauf vor, da ich warten und am Leben bleiben werde." So fand dann das Gastmahl im Zelt sein Ende. Als die Gäste aufstanden, erhob sich auch Kyros und begleitete sie bis an die Tür.

(28) Am nächsten Tag ließ er alle, die freiwillig seine Verbündeten geworden waren, nach Hause gehen, außer denjenigen unter ihnen, die sich bei ihm niederlassen wollten. Ihnen gab er Land und Häuser, die die Nachkommen der Menschen, die damals bei Kyros blieben, bis auf den heutigen Tag besitzen. Die meisten sind Meder und Hyrkanier. Allen, die fortgingen, machte er viele Geschenke und ließ Anführer wie Soldaten voller Zufriedenheit abziehen. (29) Dann verteilte er auch an seine eigenen Soldaten die Schätze, die er in Sardes bekommen hatte. Den Myriarchen und seinem unmittelbaren Gefolge machte er ausgesuchte Geschenke, die den Verdiensten jedes einzelnen entsprachen. Dann verteilte er den Rest: Nachdem er jedem Myriarchen seinen Anteil ausgehändigt hatte, beauftragte er sie, alles so zu verteilen, wie er selbst es an sie verteilt hatte. (30) Das übrige Geld gaben sie weiter, indem jeweils der Anführer seine Unterführer auf ihre Verdienste hin prüfte; den Rest verteilten die Hexadarchen nach Prüfung der ihnen unterstellten einfachen Soldaten an jeden einzelnen von ihnen, wie es deren Leistungen entsprach. Und so bekamen alle den Teil, der ihnen zustand.

31 Ἐπεὶ δὲ εἰλήφεσαν τὰ τότε δοθέντα, οἱ μέν τινες ἔλεγον περὶ τοῦ Κύρου τοιάδε · Ἦ που αὐτός γε πολλὰ ἔχει, ὅπου γε καὶ ἡμῶν ἑκάστῳ τοσαῦτα δέδωκεν. Οἱ δέ τινες αὐτῶν ἔλεγον · Ποῖα πολλὰ ἔχει; Οὐχ ὁ Κύρου τρόπος τοιοῦτος οἷος χρηματίζεσθαι, ἀλλὰ διδοὺς μᾶλλον ἢ κτώμενος ἥδεται.

32 Αἰσθόμενος δὲ ὁ Κῦρος τούτους τοὺς λόγους καὶ τὰς δόξας τὰς περὶ ἑαυτοῦ συνέλεξε τοὺς φίλους τε καὶ τοὺς ἐπικαιρίους ἅπαντας καὶ ἔλεξεν ὧδε · Ὦ ἄνδρες φίλοι, ἑώρακα μὲν ἤδη ἀνθρώπους οἳ βούλονται δοκεῖν πλείω κεκτῆσθαι ἢ ἔχουσιν, ἐλευθεριώτεροι ἂν οἰόμενοι οὕτω φαίνεσθαι · ἐμοὶ δὲ δοκοῦσιν, ἔφη, οὗτοι τοὐμπαλιν οὐ βούλονται ἐφέλκεσθαι. Τὸ γὰρ πολλὰ δοκοῦντα ἔχειν μὴ κατ' ἀξίαν τῆς οὐσίας φαίνεσθαι ὠφελοῦντα τοὺς φίλους ἀνελευθερίαν ἔμοιγε δοκεῖ περιάπτειν. **33** Εἰσὶ δ' αὖ, ἔφη, οἳ λεληθέναι βούλονται ὅσα ἂν ἔχωσι · πονηροὶ οὖν καὶ οὗτοι τοῖς φίλοις ἔμοιγε δοκοῦσιν εἶναι. Διὰ γὰρ τὸ μὴ εἰδέναι τὰ ὄντα πολλάκις δεόμενοι οὐκ ἐπαγγέλλουσιν οἱ φίλοι τοῖς ἑταίροις, ἀλλ' ἁπάντων καὶ ἡττῶνται. **34** Ἁπλουστάτου δέ μοι, ἔφη, δοκεῖ εἶναι τὸ τὴν δύναμιν φανερὰν ποιήσαντα ἐκ ταύτης ἀγωνίζεσθαι περὶ καλοκἀγαθίας. Κἀγὼ οὖν, ἔφη, βούλομαι ὑμῖν ὅσα μὲν οἷόν τ' ἐστὶν ἰδεῖν τῶν ἐμοὶ ὄντων δεῖξαι, ὅσα δὲ μὴ οἷόν τε ἰδεῖν, διηγήσασθαι.

35 Ταῦτα εἰπὼν τὰ μὲν ἐδείκνυε πολλὰ καὶ καλὰ κτήματα · τὰ δὲ κείμενα ὡς μὴ ῥάδια εἶναι ἰδεῖν διηγεῖτο · τέλος δ' εἶπεν ὧδε · **36** Ταῦτα, ὦ ἄνδρες, ἅπαντα δεῖ ὑμᾶς οὐδὲν μᾶλλον ἐμὰ ἡγεῖσθαι ἢ καὶ ὑμέτερα · ἐγὼ γάρ, ἔφη, ταῦτα ἀθροίζω οὔθ' ὅπως αὐτὸς καταδαπανήσω οὔθ' ὅπως αὐτὸς κατατρίψω — οὐ γὰρ ἂν

(31) Nachdem sie in Empfang genommen hatten, was ihnen danach geschenkt wurde, sagten einige über Kyros: „Er besitzt doch selbst bestimmt viel, wo er jedem von uns soviel geschenkt hat." Einige von ihnen sagten aber auch: „Was heißt, er hat viel? Es entspricht nicht Kyros' Gewohnheit, Reichtümer zu sammeln, sondern er hat mehr Freude daran zu geben als zu nehmen."

(32) Als Kyros von diesen Worten und den Meinungen, die man über ihn hatte, erfuhr, rief er seine Freunde und alle Würdenträger zusammen und richtete folgende Worte an sie: „Liebe Freunde, ich habe schon Menschen gesehen, die den Anschein erwecken wollten, mehr zu besitzen, als sie in Wirklichkeit besaßen, weil sie glaubten, daß sie auf diese Weise einen besseren Eindruck machten; sie scheinen mir aber das Gegenteil von dem zu erreichen, was sie wollen. Denn wer viel zu besitzen scheint, ohne erkennen zu lassen, daß er seinen Freunden hilft, wie es seinem Vermögen entspricht, ruft meiner Ansicht den Eindruck hervor, daß er geizig und niederträchtig ist. (33) Es gibt dann aber auch wieder Leute, die verbergen wollen, was sie haben. Auch sie schaden ihren Freunden, wie mir scheint. Denn weil die Freunde die wirklichen Verhältnisse nicht kennen, teilen sie sich oft, obwohl sie in Not sind, ihren Freunden nicht mit, sondern nehmen alle Niederlagen in Kauf. (34) Meiner Meinung nach ist es die Pflicht eines wirklich rechtschaffenen Mannes, seine Möglichkeiten erkennen zu lassen und auf diese Weise einen edlen Wettstreit um den Gipfel der Menschlichkeit zu führen. Auch ich will euch von meinen Schätzen zeigen, was man sehen kann, und beschreiben, was man nicht sehen kann."

(35) Nach diesen Worten zeigte er ihnen eine große Zahl schöner Dinge, die er besaß, und er beschrieb ihnen alles, was so aufbewahrt war, daß man es nicht ohne weiteres sehen konnte. Schließlich sagte er: (36) „Alle diese Schätze, ihr Männer, dürft ihr nicht weniger als für euer als für mein Eigentum halten. Denn ich sammle diese Dinge nicht, um sie selbst aufzuzehren oder zu gebrauchen – dazu wäre ich nämlich gar

δυναίμην — ἀλλ' ὅπως ἔχω τῷ τε ἀεὶ καλόν τι ὑμῶν
ποιοῦντι διδόναι καὶ ὅπως, ἤν τις ὑμῶν τινος ἐνδεῖσθαι
νομίσῃ, πρὸς ἐμὲ ἐλθὼν λάβῃ οὗ ἂν ἐνδεὴς τυγχάνῃ
ὤν. Καὶ ταῦτα μὲν δὴ οὕτως ἐλέχθη.

V

1 Ἡνίκα δὲ ἤδη αὐτῷ ἐδόκει καλῶς ἔχειν τὰ ἐν Βαβυλῶνι ὡς καὶ ἀποδημεῖν, συνεσκευάζετο τὴν εἰς Πέρσας
πορείαν καὶ τοῖς ἄλλοις παρήγγειλεν · ἐπεὶ δ' ἐνόμισεν
ἱκανὰ ἔχειν ὧν ᾤετο δεήσεσθαι, οὕτω δὴ ἀνεζεύγνυε.
2 Διηγησόμεθα δὲ καὶ ταῦτα ὡς πολὺς στόλος ὢν
εὐτάκτως μὲν κατεσκευάζετο καὶ πάλιν ἀνεσκευάζετο,
ταχὺ δὲ κατεχωρίζετο ὅπου δέοι. Ὅπου γὰρ ἂν στρα-
τοπεδεύηται βασιλεύς, σκηνὰς μὲν δὴ ἔχοντες πάντες
οἱ ἀμφὶ βασιλέα στρατεύονται καὶ θέρους καὶ χειμῶνος.
3 Εὐθὺς δὲ τοῦτο ἐνόμιζε Κῦρος, πρὸς ἕω βλέπου-
σαν ἵστασθαι τὴν σκηνήν · ἔπειτα ἔταξε πρῶτον μὲν
πόσον δεῖ ἀπολιπόντας σκηνοῦν τοὺς δορυφόρους τῆς
βασιλικῆς σκηνῆς · ἔπειτα σιτοποιοῖς μὲν χώραν ἀπέ-
δειξε τὴν δεξίαν, ὀψοποιοῖς δὲ τὴν ἀριστεράν, ἵπποις
δὲ τὴν δεξιάν, ὑποζυγίοις δὲ τοῖς ἄλλοις τὴν ἀριστεράν ·
καὶ τἄλλα δὲ διετέτακτο ὥστε εἰδέναι ἕκαστον τὴν ἑαυτοῦ χώραν καὶ μέτρῳ καὶ τόπῳ. **4** Ὅταν δὲ ἀνασκευά-
ζωνται, συντίθησι μὲν ἕκαστος σκεύη οἷσπερ τέτακται
χρῆσθαι, ἀνατίθενται δ' αὖ ἄλλοι ἐπὶ τὰ ὑποζύγια,
ὥσθ' ἅμα μὲν πάντες ἔρχονται οἱ σκευαγωγοὶ ἐπὶ τὰ
τεταγμένα ἄγειν, ἅμα δὲ πάντες ἀνατιθέασιν ἐπὶ τὰ
ἑαυτοῦ ἕκαστος. Οὕτω δὴ ὁ αὐτὸς χρόνος ἀρκεῖ μιᾷ
τε σκηνῇ καὶ πάσαις ἀνῃρῆσθαι. **5** Ὡσαύτως οὕτως
ἔχει καὶ περὶ κατασκευῆς. Καὶ περὶ τοῦ πεποιῆσθαι

nicht in der Lage –. sondern um sie immer dann verteilen zu können. wenn jemand von euch eine besondere Leistung vollbringt. und damit jeder von euch, wenn er etwas zu benötigen glaubt. zu mir kommen und sich nehmen kann, was er gerade braucht." Das waren die Worte, die gesprochen wurden.

V.

(1) Als er endlich feststellen konnte, daß die Lage in Babylon es ihm erlaubte, das Land zu verlassen, bereitete er sich auf die Reise nach Persien vor und gab auch den anderen entsprechende Anweisungen. Sobald er die erforderlichen Reisevorbereitungen abgeschlossen sah, machte er sich auf den Weg. (2) Wir wollen aber auch erzählen, daß das Gefolge trotz seiner Größe alles ordentlich auspackte und wieder einpackte und in der gebotenen Schnelligkeit die erforderlichen Lagerplätze anlegte. Denn überall, wo der König sein Lager aufschlägt. ist sein gesamtes Gefolge im Sommer wie im Winter nur mit Zelten unterwegs.

(3) Kyros traf sofort die Anordnung, daß man sein Zelt nach Osten hin aufschlage; dann legte er zuerst fest, wie weit vom königlichen Zelt entfernt die Lanzenträger ihre Zelte aufbauen sollten. Darauf wies er den Bäckern den Platz auf der rechten und den Köchen den Platz auf der linken Seite zu und sah für die Pferde die rechte und alle sonstigen Tiere die linke Seite vor: alles übrige war so geordnet, daß jeder einzelne seinen Platz nach Umfang und Lage kannte. (4) Wenn sie aufladen. packt jeder seine Ausrüstung zusammen, die ihm anvertraut ist. und andere packen sie auf die Lasttiere, so daß sich alle Packknechte gleichzeitig bei den für den Transport der Lasten vorbereiteten Tieren einfinden und alle gleichzeitig die Tiere. für die jeder einzelne zuständig ist, beladen können. Auf diese Weise kann man in derselben Zeit, die man für ein einziges Zelt braucht. alle Zelte zugleich aufladen. (5) Genauso wird auch abgeladen. Damit auch die Verpflegung für alle

δὲ τὰ ἐπιτήδεια πάντα ἐν καιρῷ ὡσαύτως διατέτακται ἑκάστοις τὰ ποιητέα· καὶ διὰ τοῦτο ὁ αὐτὸς χρόνος ἀρκεῖ ἑνί τε μέρει καὶ πᾶσι πεποιῆσθαι.

6 Ὥσπερ δὲ οἱ περὶ τὰ ἐπιτήδεια θεράποντες χώραν εἶχον τὴν προσήκουσαν ἕκαστοι, οὕτω καὶ οἱ ὁπλοφόροι αὐτῷ ἐν τῇ στρατοπεδεύσει χώραν τε εἶχον τὴν τῇ ὁπλίσει ἑκάστῃ ἐπιτηδείαν, καὶ ᾔδεσαν ταύτην ὁποία ἦν, καὶ ἐπ' ἀναμφισβήτητον πάντες κατεχωρίζοντο. 7 Καλὸν μὲν γὰρ ἡγεῖτο ὁ Κῦρος καὶ ἐν οἰκίᾳ εἶναι ἐπιτήδευμα τὴν εὐθημοσύνην· — ὅταν γάρ τίς του δέηται, δῆλόν ἐστι ὅπου δεῖ ἐλθόντα λαβεῖν· — πολὺ δ' ἔτι κάλλιον ἐνόμιζε τὴν τῶν στρατιωτικῶν φύλων εὐθημοσύνην εἶναι, ὅσῳ τε ὀξύτεροι οἱ καιροὶ τῶν εἰς τὰ πολεμικὰ χρήσεων καὶ μείζω τὰ σφάλματα ⟨τὰ⟩ ἀπὸ τῶν ὑστεριζόντων ἐν αὐτοῖς· ἀπὸ δὲ τῶν ἐν καιρῷ παραγιγνομένων πλείστου ἄξια πλεονεκτήματα ἑώρα γιγνόμενα ἐν τοῖς πολεμικοῖς· διὰ ταῦτα οὖν καὶ ἐπεμελεῖτο ταύτης τῆς εὐθημοσύνης μάλιστα.

8 Καὶ αὐτὸς μὲν δὴ πρῶτον ἑαυτὸν ἐν μέσῳ κατετίθετο τοῦ στρατοπέδου, ὡς ταύτης τῆς χώρας ἐχυρωτάτης οὔσης. Ἔπειτα δὲ τοὺς μὲν πιστοτάτους ὥσπερ εἰώθει περὶ ἑαυτὸν εἶχε, τούτων δ' ἐν κύκλῳ ἐχομένους ἱππέας τ' εἶχε καὶ ἁρματηλάτας. 9 Καὶ γὰρ τούτους ἐχυρᾶς ἐνόμιζε χώρας δεῖσθαι, ὅτι σὺν οἷς μάχονται ὅπλοις οὐδὲν πρόχειρον ἔχοντες τούτων στρατοπεδεύονται, ἀλλὰ πολλοῦ χρόνου δέονται εἰς τὴν ἐξόπλισιν, εἰ μέλλουσι χρησίμως ἕξειν. 10 Ἐν δεξιᾷ δὲ καὶ ἐν ἀριστερᾷ αὐτοῦ τε καὶ τῶν ἱππέων πελτασταῖς χώρα ἦν· τοξοτῶν δ' αὖ χώρα ἡ πρόσθεν ἦν καὶ ὄπισθεν αὐτοῦ τε καὶ τῶν ἱππέων. 11 Ὁπλίτας δὲ καὶ τοὺς τὰ μεγάλα γέρρα ἔχοντας κύκλῳ πάντων εἶχεν ὥσπερ τεῖ-

zum gewünschten Zeitpunkt zur Verfügung steht, sind genauso jedem einzelnen entsprechende Aufgaben zugewiesen. Deshalb kann man alle in derselben Zeit verpflegen wie eine einzelne Gruppe.

(6) Wie die Leute, die mit der Zubereitung der Verpflegung
beauftragt waren, sich an der Stelle befanden, die für jeden
einzelnen vorgesehen war, so nahmen auch Kyros' Soldaten
die Stelle auf dem Lagerplatz ein, die für jede Waffengattung
vorgesehen war, und sie kannten diese genau, und alle machten dort Halt, ohne daß ihnen jemand den Platz streitig machte. (7) Kyros hielt nämlich die Ordnung schon in einem Haus
für eine schöne und wichtige Sache; denn wenn jemand etwas
braucht, weiß er, wo er hingehen muß, um es zu bekommen.
Aber für noch viel wichtiger hielt er die Ordnung unter großen
Massen von Soldaten, und dies um so mehr, je überraschender
sich günstige Gelegenheiten für militärische Unternehmungen
einstellen und je schwerer die Fehler sind, die durch diejenigen verursacht werden, die zu spät kommen, um diese Gelegenheiten zu nutzen. Er sah vielmehr, daß die größten Erfolge
im Krieg von denen erzielt werden, die zur rechten Zeit zur
Stelle sind. Deshalb lag ihm diese Ordnung auch ganz besonders am Herzen.

(8) Er selbst ließ sich zunächst in der Mitte des Lagers sein
Zelt aufschlagen, da diese Stelle am sichersten war. Dann behielt er seine treuesten Freunde in seiner unmittelbaren Umgebung, wie er es gewohnt war, und in einem Kreis um diese
herum Reiter und Wagenlenker. (9) Denn er war der Auffassung, daß diese einen sicheren Platz benötigen, weil sie ihre
Lagerplätze einnehmen, ohne eine ihrer Waffen, mit denen sie
kämpfen, zur Hand zu haben, sondern viel Zeit brauchen, um
sich zu bewaffnen, wenn sie voll einsatzfähig sein wollen.
(10) Rechts und links von Kyros und den Reitern war der
Platz für die Leichtbewaffneten. Die Bogenschützen wiederum
hatten ihren Platz vor und hinter ihm und den Reitern.
(11) Die Schwerbewaffneten und die Männer mit den großen
Schilden ließ er wie eine Mauer einen Kreis um alle herum

χος, ὅπως καὶ εἰ δέοι τι ἐνσκευάζεσθαι τοὺς ἱππέας,
οἱ μονιμώτατοι πρόσθεν ὄντες παρέχοιεν αὐτοῖς ἀσφαλῆ
τὴν καθόπλισιν.

12 Ἐκάθευδον δὲ αὐτῷ ἐν τάξει ὥσπερ οἱ ὁπλῖται,
οὕτω δὲ καὶ οἱ πελτασταὶ καὶ οἱ τοξόται, ὅπως καὶ ἐκ
νυκτῶν, εἰ δέοι τι, ὥσπερ καὶ οἱ ὁπλῖται παρεσκευασμένοι εἰσὶ παίειν τὸν εἰς χεῖρας ἰόντα, οὕτω καὶ οἱ τοξόται καὶ οἱ ἀκοντισταί, εἴ τινες προσίοιεν, ἐξ ἑτοίμου
ἀκοντίζοιεν καὶ τοξεύοιεν ὑπὲρ τῶν ὁπλιτῶν. **13** Εἶχον
δὲ καὶ σημεῖα πάντες οἱ ἄρχοντες ἐπὶ ταῖς σκηναῖς ·
οἱ δ' ὑπηρέται ὥσπερ καὶ ἐν ταῖς πόλεσιν οἱ σώφρονες
ἴσασι μὲν καὶ τῶν πλείστων τὰς οἰκήσεις, μάλιστα δὲ
τῶν ἐπικαιρίων, οὕτω καὶ τῶν ἐν τοῖς στρατοπέδοις τάς
τε χώρας τὰς τῶν ἡγεμόνων ἠπίσταντο οἱ Κύρου ὑπηρέται καὶ τὰ σημεῖα ἐγίγνωσκον ἃ ἑκάστοις ἦν · ὥστε
ὅτου δέοιτο Κῦρος, οὐκ ἐζήτουν, ἀλλὰ τὴν συντομωτά-
την ἐφ' ἕκαστον ἔθεον. **14** Καὶ διὰ τὸ εἰλικρινῆ ἕκαστα
εἶναι τὰ φῦλα πολὺ μᾶλλον ἦν δῆλα καὶ ὁπότε τις εὐ-
τακτοίη καὶ εἴ τις μὴ πράττοι τὸ προσταττόμενον. Οὕτω
δὴ ἐχόντων ἡγεῖτο, εἴ τις καὶ ἐπίθοιτο νυκτὸς ἢ ἡμέρας,
ὥσπερ ἂν εἰς ἐνέδραν εἰς τὸ στρατόπεδον τοὺς ἐπιτιθεμένους ἐμπίπτειν.

15 Καὶ τὸ τακτικὸν δὲ εἶναι οὐ τοῦτο μόνον ἡγεῖτο
εἴ τις ἐκτεῖναι φάλαγγα εὐπόρως δύναιτο ἢ βαθῦναι
ἢ ἐκ κέρατος εἰς φάλαγγα καταστῆσαι ἢ ἐκ δεξιᾶς ἢ
ἀριστερᾶς ἢ ὄπισθεν ἐπιφανέντων πολεμίων ὀρθῶς ἐξε-
λίξαι, ἀλλὰ καὶ τὸ διασπᾶν ὁπότε δέοι τακτικὸν ἡγεῖτο,
καὶ τὸ τιθέναι γε τὸ μέρος ἕκαστον ὅπου μάλιστα ἐν

bilden, damit diese äußerst wehrhaften Soldaten, falls sich die Reiter auf einen Einsatz vorbereiten müßten, vor ihnen ständen und ihnen die Möglichkeit gäben, sich ungehindert zu bewaffnen.

(12) Wie die Schwerbewaffneten, so ließ er auch die Leichtbewaffneten und Bogenschützen stets an der Stelle schlafen, die sie auch in der Schlacht einzunehmen hatten, damit die Bogenschützen und Speerwerfer ebenso wie die Schwerbewaffneten, die immer darauf vorbereitet waren, den jeweiligen Angreifer im Nahkampf zurückzuschlagen, auch noch nach Einbruch der Dunkelheit, falls es erforderlich war, den anrükkenden Feind unverzüglich mit ihren Speeren und Pfeilen über die Köpfe der Schwerbewaffneten hinweg unter Beschuß nehmen konnten. (13) Alle Anführer hatten aber auch Zeichen an ihren Zelten, und wie in den Städten die klugen Diener über die Wohnungen der meisten Menschen und vor allem der einflußreichen Personen Bescheid wissen, so wußten auch Kyros' Untergebene, wo die Befehlshaber ihre Plätze in den Feldlagern hatten, und kannten die Zeichen eines jeden. Darum brauchten sie auch nicht zu suchen, wenn Kyros jemanden benötigte, sondern konnten auf dem schnellsten Weg zu ihm hinlaufen. (14) Weil jeder einzelne Teil des Heeres seinen besonderen Platz hatte, konnte man viel besser erkennen, ob jemand Ordnung hielt und ob jemand Befehle nicht ausführte. Falls es unter diesen Umständen bei Nacht oder bei Tage zu einem Überfall kam, drangen die Angreifer, wie Kyros meinte, in das Lager wie in eine Falle ein.

(15) Kyros war der Überzeugung, daß die Kunst, ein Heer richtig aufzustellen und einzusetzen, nicht allein darin besteht, daß man in der Lage ist, eine Schlachtreihe ohne Schwierigkeiten zu verlängern oder zu vertiefen oder aus der Marschordnung in die Schlachtordnung umzustellen oder richtig zu wenden, wenn die Feinde von rechts, von links oder von hinten erscheinen, sondern er hielt es auch für taktisch geschickt, das Heer, wenn es erforderlich ist, zu trennen und jeden einzelnen Teil dorthin zu stellen, wo er seine Wirksamkeit besonders gut

ὠφελείᾳ ἂν εἴη, καὶ τὸ ταχύνειν δέ ὅπου φθάσαι δέοι, πάντα ταῦτα καὶ τὰ τοιαῦτα τακτικοῦ ἀνδρὸς ἐνόμιζεν εἶναι καὶ ἐπεμελεῖτο τούτων πάντων ὁμοίως. 16 Καὶ ἐν μὲν ταῖς πορείαις πρὸς τὸ συμπῖπτον ἀεὶ διατάττων ἐπορεύετο, ἐν δὲ τῇ στρατοπεδεύσει ὡς τὰ πολλὰ ὥσπερ εἴρηται κατεχώριζεν.

17 Ἐπεὶ δὲ πορευόμενοι γίγνονται κατὰ τὴν Μηδικήν, τρέπεται ὁ Κῦρος πρὸς Κυαξάρην. Ἐπεὶ δὲ ἠσπάσαντο ἀλλήλους, πρῶτον μὲν δὴ ὁ Κῦρος εἶπε τῷ Κυαξάρῃ ὅτι οἶκος αὐτῷ ἐξῃρημένος εἴη ἐν Βαβυλῶνι καὶ ἀρχεῖα, ὅπως ἔχῃ καὶ ὅταν ἐκεῖσε ἔλθῃ εἰς οἰκεῖα[1] κατάγεσθαι · ἔπειτα δὲ καὶ ἄλλα δῶρα ἔδωκεν αὐτῷ πολλὰ καὶ καλά. 18 Ὁ δὲ Κυαξάρης ταῦτα μὲν ἐδέχετο, προσέπεμψε δὲ αὐτῷ τὴν θυγατέρα στέφανόν τε χρυσοῦν καὶ ψέλια φέρουσαν καὶ στρεπτὸν καὶ στολὴν Μηδικὴν ὡς δυνατὸν καλλίστην. 19 Καὶ ἡ μὲν δὴ παῖς ἐστεφάνου τὸν Κῦρον, ὁ δὲ Κυαξάρης εἶπε · Δίδωμί σοι, ἔφη, ὦ Κῦρε, καὶ αὐτὴν ταύτην γυναῖκα, ἐμὴν οὖσαν θυγατέρα · καὶ ὁ σός δὲ πατὴρ ἔγημε τὴν τοῦ ἐμοῦ πατρὸς θυγατέρα, ἐξ ἧς σὺ ἐγένου · αὕτη δ' ἐστίν, ἣν σὺ πολλάκις παῖς ὤν, ὅτε παρ' ἡμῖν ἦσθα, ἐτιθηνήσω · καὶ ὁπότε τις ἐρωτῴη αὐτὴν τίνι γαμοῖτο, ἔλεγεν ὅτι Κύρῳ. Ἐπιδίδωμι δὲ αὐτῇ ἐγὼ καὶ φερνὴν Μηδίαν τὴν πᾶσαν · οὐδὲ γὰρ ἔστι μοι ἄρρην παῖς γνήσιος.

20 Ὁ μὲν οὕτως εἶπεν · ὁ δὲ Κῦρος ἀπεκρίνατο · Ἀλλ', ὦ Κυαξάρη, τό τε γένος ἐπαινῶ καὶ τὴν παῖδα καὶ τὰ δῶρα · βούλομαι δέ, ἔφη, σὺν τῇ τοῦ πατρὸς γνώμῃ καὶ τῇ τῆς μητρὸς ταῦτά σοι συναινέσαι. Εἶπε μὲν οὖν οὕτως ὁ Κῦρος, ὅμως δὲ τῇ παιδὶ πάντα ἐδωρήσατο ὁπόσα ᾤετο καὶ τῷ Κυαξάρῃ χαριεῖσθαι. Ταῦτα δὲ ποιήσας εἰς Πέρσας ἐπορεύετο.

---

[1] Statt ἔλθῃ εἰς οἰκεῖα lies ἔλθῃ, ὡς οἰκεῖα.

entfaltet, und das Marschtempo zu erhöhen, sobald es sich als
erforderlich erweist, dem Feind zuvorzukommen. Kyros war
der Auffassung, daß diese und ähnliche Maßnahmen insgesamt zu den Aufgaben eines guten Taktikers gehören, und er
kümmerte sich um alle diese Dinge gleichermaßen. (16) Unterwegs ließ er die Einheiten des Heeres stets in einer den
Umständen entsprechenden Ordnung marschieren, im Lager
aber ließ er sie ihre Plätze meistens so einnehmen, wie es
geschildert wurde.

(17) Als sie schließlich in die Nähe der medischen Grenze
kamen, begab sich Kyros zu Kyaxares. Nachdem sie sich begrüßt hatten, richtete Kyros zuerst das Wort an Kyaxares und
sagte, in Babylon habe er für ihn ein Haus und eine Residenz
ausgesucht, damit er, wenn er dorthin komme, eine Möglichkeit habe, unterzukommen wie in seinem eigenen Haus. Dann
gab er ihm auch noch eine große Zahl weiterer wertvoller
Geschenke. (18) Kyaxares nahm alles an und ließ ihm dann
durch seine Tochter einen goldenen Kranz, Armreifen, eine
Halskette und ein medisches Gewand von unübertrefflicher
Schönheit überreichen. (19) Als das junge Mädchen Kyros
den Kranz aufsetzte, sagte Kyaxares: „Ich gebe dir, Kyros,
dieses Mädchen zur Frau, meine einzige Tochter. Dein Vater
nahm die Tochter meines Vaters zur Frau, die dich geboren
hat. Das Mädchen hier ist dasselbe, mit dem du so oft gespielt
hast, wenn du als Kind bei uns warst. Und so oft man sie
fragte, mit wem sie verheiratet sein wollte, sagte sie nur: ‚Mit
Kyros‘. Ich gebe dir dazu als Mitgift ganz Medien. Denn ich
habe keinen rechtmäßigen männlichen Nachkommen.“

(20) So sprach Kyaxares, und Kyros gab ihm folgende Antwort: „Lieber Kyaxares, ich danke dir und fühle mich durch
deine Familie, deine Tochter und deine Geschenke geehrt.
Aber ich will dir nur mit Zustimmung meines Vaters und meiner Mutter eine Zusage geben.“ So sprach Kyros, aber trotzdem machte er dem Mädchen alle möglichen Geschenke, von
denen er annahm, daß sie auch Kyaxares gefielen. Daraufhin
brach er nach Persien auf.

21 Έπεὶ δ' ἐπὶ τοῖς Περσῶν ὁρίοις ἐγένετο πορευόμενος, τὸ μὲν ἄλλο στράτευμα αὐτοῦ κατέλιπεν, αὐτὸς
δὲ σὺν τοῖς φίλοις εἰς τὴν πόλιν ἐπορεύετο, ἱερεῖα μὲν
ἄγων ὡς πᾶσι Πέρσαις ἱκανὰ θύειν τε καὶ ἑστιᾶσθαι ·
δῶρα δ' ἦγεν οἷα μὲν ἔπρεπε τῷ πατρὶ καὶ τῇ μητρὶ
καὶ τοῖς ἄλλοις φίλοις, οἷα δ' ἔπρεπεν ἀρχαῖς καὶ γεραι-
τέροις καὶ τοῖς ὁμοτίμοις πᾶσιν · ἔδωκε δὲ καὶ πᾶσι
Πέρσαις καὶ Περσίσιν ὅσαπερ καὶ νῦν ἔτι δίδωσιν ὅτανπερ
ἀφίκηται βασιλεὺς εἰς Πέρσας. **22** Ἐκ δὲ τούτου
συνέλεξε Καμβύσης τούς τε γεραιτέρους Περσῶν καὶ
τὰς ἀρχάς, οἵπερ τῶν μεγίστων κύριοί εἰσι · παρεκά-
λεσε δὲ καὶ Κῦρον, καὶ ἔλεξε τοιάδε ·

Ἄνδρες Πέρσαι καὶ σύ, ὦ Κῦρε, ἐγὼ ἀμφοτέροις ὑμῖν
εἰκότως εὔνους εἰμί · ὑμῶν μὲν γὰρ βασιλεύω, σὺ δέ,
ὦ Κῦρε, παῖς ἐμὸς εἶ. Δίκαιος οὖν εἰμι, ὅσα γιγνώσκειν
δοκῶ ἀγαθὰ ἀμφοτέροις, ταῦτα εἰς τὸ μέσον λέγειν.
23 Τὰ μὲν γὰρ παρελθόντα ὑμεῖς μὲν Κῦρον ηὐξήσατε
στράτευμα δόντες καὶ ἄρχοντα τούτου αὐτὸν καταστή-
σαντες, Κῦρος δὲ ἡγούμενος τούτου σὺν θεοῖς εὐκλεεῖς
μὲν ὑμᾶς, ὦ Πέρσαι, ἐν πᾶσιν ἀνθρώποις ἐποίησεν, ἐντίμους δ' ἐν τῇ Ἀσίᾳ πάσῃ · τῶν δὲ συστρατευσαμένων
αὐτῷ τοὺς μὲν ἀρίστους καὶ πεπλούτικε, τοῖς δὲ πολλοῖς μισθὸν καὶ τροφὴν παρεσκεύακεν · ἱππικὸν δὲ
καταστήσας Περσῶν πεποίηκε Πέρσαις καὶ πεδίων εἶναι
μετουσίαν. **24** Ἢν μὲν οὖν καὶ τὸ λοιπὸν οὕτω γιγνώ-
σκητε, πολλῶν καὶ ἀγαθῶν αἴτιοι ἀλλήλοις ἔσεσθε.
Εἰ δὲ ἢ σύ, ὦ Κῦρε, ἐπαρθεὶς ταῖς παρούσαις τύχαις
ἐπιχειρήσεις καὶ Περσῶν ἄρχειν ἐπὶ πλεονεξίᾳ ὥσπερ
τῶν ἄλλων, ἢ ὑμεῖς, ὦ πολῖται, φθονήσαντες τούτῳ
τῆς δυνάμεως καταλύειν πειράσεσθε τοῦτον τῆς ἀρχῆς,
εὖ ἴστε ὅτι ἐμποδὼν ἀλλήλοις πολλῶν καὶ ἀγαθῶν ἔσεσθε.
25 Ὡς οὖν μὴ ταῦτα γίγνηται, ἀλλὰ τἀγαθά, ἐμοὶ

(21) Als er die persische Grenze erreicht hatte, ließ er sein übriges Heer dort zurück und begab sich selbst nur in Begleitung seiner Freunde in die Stadt. Er hatte so viele Opfertiere bei sich, daß sie bei allen Personen für ein Opfer und ein Opfermahl ausreichten. Er brachte auch Geschenke mit, wie sie teils seinem Vater, seiner Mutter und seinen sonstigen Freunden, teils den Beamten, den Angehörigen des Ältestenrates und allen anderen Würdenträgern zukamen. Er machte auch allen Persern und Perserinnen Geschenke, wie sie der Großkönig auch heute noch verteilt, wenn er nach Persien kommt. (22) Daraufhin ließ Kambyses den Ältestenrat der Perser und die höchsten Beamten zusammenkommen. Er lud auch Kyros dazu ein und hielt folgende Rede: „Ihr persischen Männer und du, mein Kyros, ich bin euch beiden natürlich sehr zugetan. Denn ich bin euer König, und du, mein Kyros, bist mein Sohn. Ich bin daher verpflichtet, ganz offen zu sagen, was ich als gut für euch und für dich zu erkennen glaube. (23) Denn in den vergangenen Jahren habt ihr Kyros mächtig werden lassen, weil ihr ihm ein Heer zu Verfügung stelltet und ihm den Oberbefehl übertrugt. Kyros aber brachte euch an der Spitze dieses Heeres, meine Perser, mit Hilfe der Götter Ruhm in aller Welt und Ansehen in ganz Asien. Die Besten von denen, die mit ihm gezogen waren, machte er reich und der Masse seiner Soldaten gab er Lohn und Brot. Nachdem er eine persische Reiterei geschaffen hatte, begründete er die Überlegenheit der Perser auch auf flachem Gelände. (24) Wenn ihr also auch in Zukunft so denkt, werdet ihr euch gegenseitig großen Nutzen schaffen. Aber wenn du, mein Kyros, veranlaßt durch dein gegenwärtiges Glück, versuchen wirst, auch die Perser wie die anderen Völker zu beherrschen, um deine Machtgier zu befriedigen, oder wenn ihr, meine Mitbürger, weil ihr ihn um seine Macht beneidet, versucht, seine Herrschaft zu beseitigen, dann seid davon überzeugt, daß ihr euch gegenseitig den Zugang zu großen Gütern und Erfolgen versperrt. (25) Damit dies also nicht geschieht, sondern das Gute siegt, scheint es mir angebracht, daß ihr gemeinsam op-

δοκεῖ, ἔφη, θύσαντας ὑμᾶς κοινῇ καὶ θεοὺς ἐπιμαρτυ-
ραμένους συνθέσθαι, σὲ μέν, ὦ Κῦρε, ἤν τις ἐπιστρα-
τεύηται χώρᾳ Περσίδι ἢ Περσῶν νόμους διασπᾶν πει-
ρᾶται, βοηθήσειν παντὶ σθένει, ὑμᾶς δέ, ὦ Πέρσαι, ἤν
τις ἢ ἀρχῆς Κῦρον ἐπιχειρῇ καταπαύειν ἢ ἀφίστασθαί
τις τῶν ὑποχειρίων, βοηθήσειν καὶ ὑμῖν αὐτοῖς καὶ Κύρῳ
καθ' ὅ τι ἂν οὗτος ἐπαγγέλλῃ. 26 Καὶ ἕως μὲν ἂν
ἐγὼ ζῶ, ἐμὴ γίγνεται ἡ ἐν Πέρσαις βασιλεία · ὅταν δ' ἐγὼ
τελευτήσω, δῆλον ὅτι Κύρου, ἐὰν ζῇ. Καὶ ὅταν μὲν οὗτος ἀφίκηται εἰς Πέρσας, ὁσίως ἂν ὑμῖν ἔχοι τοῦτον
θύειν τὰ ἱερὰ ὑπὲρ ὑμῶν ἅπερ νῦν ἐγὼ θύω · ὅταν δ' οὗτος ἔκδημος ᾖ, καλῶς ἂν οἶμαι ὑμῖν ἔχειν εἰ ἐκ τοῦ γένους ὃς ἂν δοκῇ ὑμῖν ἄριστος εἶναι, οὗτος τὰ τῶν θεῶν
ἀποτελοίη.

27 Ταῦτα εἰπόντος Καμβύσου συνέδοξε Κύρῳ τε
καὶ τοῖς Περσῶν τέλεσι · καὶ συνθέμενοι ταῦτα τότε
καὶ θεοὺς ἐπιμαρτυράμενοι οὕτω καὶ νῦν ἔτι διαμένουσι
ποιοῦντες πρὸς ἀλλήλους Πέρσαι τε καὶ βασιλεύς.
Τούτων δὲ πραχθέντων ἀπῄει ὁ Κῦρος.

28 Ὡς δ' ἀπιὼν ἐγένετο ἐν Μήδοις, συνδόξαν τῷ
πατρὶ καὶ τῇ μητρὶ γαμεῖ τὴν Κυαξάρου θυγατέρα, ἧς
ἔτι καὶ νῦν λόγος ὡς παγκάλης γενομένης. [Ἔνιοι δὲ
τῶν λογοποιῶν λέγουσιν ὡς τὴν τῆς μητρὸς ἀδελφὴν
ἔγημεν · ἀλλὰ γραῦς ἂν καὶ παντάπασιν ἦν ἡ παῖς.]
Γήμας δ' εὐθὺς ἔχων ἀνεζεύγνυεν.

VI

1 Ἐπεὶ δ' ἐν Βαβυλῶνι ἦν, ἐδόκει αὐτῷ σατράπας
ἤδη πέμπειν ἐπὶ τὰ κατεστραμμένα ἔθνη. Τοὺς μέντοι
ἐν ταῖς ἄκραις φρουράρχους καὶ τοὺς χιλιάρχους τῶν
κατὰ τὴν χώραν φυλακῶν οὐκ ἄλλου ἢ ἑαυτοῦ ἐβού-

fert und vereinbart, nachdem ihr die Götter als Zeugen ange-
rufen habt, daß du, Kyros, wenn jemand gegen unser persisches Land zu Felde zieht oder die Gesetze der Perser aufzuhe-
ben versucht, mit ganzer Kraft zu Hilfe kommen wirst, und
daß ihr, meine Perser, wenn jemand Kyros' Herrschaft beseitigen oder einer von Kyros' Untertanen abtrünnig werden will,
sowohl euch selbst als auch Kyros helfen werdet, soweit er es
befiehlt. (26) Solange ich lebe, liegt die Herrschaft in Persien
in meiner Hand; wenn ich aber tot bin, gehört sie natürlich
Kyros, solange er lebt. Wenn er nach Persien kommt, dann
dürfte es euer göttliches Recht sein, daß er für euch dieselben Opfer darbringt, wie ich es jetzt tue. Wenn er aber außer Landes ist, dann dürfte es meiner Ansicht nach gut für
euch sein, wenn derjenige, der euch seiner Herkunft nach
als der Beste erscheint, die Pflichten gegenüber den Göttern
erfüllt."

(27) Nachdem Kambyses diese Worte gesprochen hatte, be-
kundeten Kyros und die persischen Adligen ihre Zustimmung,
und wie sie damals den Vertrag schlossen und die Götter als
Zeugen anriefen, so verfahren auch heute noch die Perser und
der Großkönig miteinander. Nach diesen Vorgängen reiste
Kyros ab.

(28) Als er in Medien eingetroffen war, heiratete er mit
Zustimmung seines Vaters und seiner Mutter die Tochter des
Kyaxares, von deren außergewöhnlicher Schönheit auch heute
noch erzählt wird. [Einige Geschichtsschreiber berichten aber,
er habe die Schwester seiner Mutter geheiratet. Doch dann
wäre die junge Braut schon eine sehr alte Frau gewesen.] Nach
der Hochzeit reiste er sofort mit seiner Frau ab.

VI.

(1) Als er wieder in Babylon war, beschloß er, umgehend
Satrapen über die unterworfenen Völker einzusetzen. Allerdings wollte er, daß die Kommandanten in den Festungen und
die Befehlshaber der Besatzungstruppen im Lande keinem an-

λετο ἀκούειν · ταῦτα δὲ προεωρᾶτο ἐννοῶν ὅπως εἴ
τις τῶν σατραπῶν ὑπὸ πλούτου καὶ πλήθους ἀνθρώπων
ἐξυβρίσειε καὶ ἐπιχειρήσειε μὴ πείθεσθαι, εὐθὺς ἀντι-
πάλους ἔχοι ἐν τῇ χώρᾳ. 2 Ταῦτ' οὖν βουλόμενος
πρᾶξαι ἔγνω συγκαλέσαι πρῶτον τοὺς ἐπικαιρίους καὶ
προειπεῖν, ὅπως εἰδεῖεν ἐφ' οἷς ἴασιν οἱ ἰόντες · ἐνόμιζε
γὰρ οὕτω ῥᾴδιον φέρειν ἂν αὐτούς · ἐπεὶ δὲ κατασταίη
τις ἄρχων καὶ αἰσθάνοιτο ταῦτα, χαλεπῶς ἂν ἐδόκουν
αὐτῷ φέρειν, νομίζοντες δι' ἑαυτῶν ἀπιστίαν ταῦτα
γενέσθαι. 3 Οὕτω δὴ συλλέξας λέγει αὐτοῖς τοιάδε ·

Ἄνδρες φίλοι, εἰσὶν ἡμῖν ἐν ταῖς κατεστραμμέναις
πόλεσι φρουροὶ καὶ φρούραρχοι, οὓς τότε κατελίπομεν · καὶ τούτοις ἐγὼ προστάξας ἀπῆλθον ἄλλο μὲν
μηδὲν πολυπραγμονεῖν, τὰ δὲ τείχη διασῴζειν. Τούτους μὲν οὖν οὐ παύσω τῆς ἀρχῆς, ἐπεὶ καλῶς διαπε-
φυλάχασι τὰ προσταχθέντα · ἄλλους δὲ σατράπας
πέμψαι μοι δοκεῖ, οἵτινες ἄρξουσι τῶν ἐνοικούντων καὶ
τὸν δασμὸν λαμβάνοντες τοῖς τε φρουροῖς δώσουσι
μισθὸν καὶ ἄλλο τελοῦσιν ὅ τι ἂν δέῃ. 4 Δοκεῖ δέ
μοι καὶ τῶν ἐνθάδε μενόντων ὑμῶν, οἷς ἂν ἐγὼ πράγματα
παρέχω πέμπων πράξοντάς τι ἐπὶ ταῦτα τὰ ἔθνη, χώρας
γενέσθαι καὶ οἴκους ἐκεῖ, ὅπως δασμοφορῆταί τε αὐτοῖς δεῦρο, ὅταν τε ἴωσιν ἐκεῖσε, εἰς οἰκεῖα ἔχωσι κατάγεσθαι. 5 Ταῦτα εἶπε καὶ ἔδωκε πολλοῖς τῶν φίλων
κατὰ πάσας τὰς καταστραφείσας πόλεις οἴκους καὶ
ὑπηκόους. Καὶ νῦν εἰσιν ἔτι τοῖς ἀπογόνοις τῶν τότε
λαβόντων αἱ χῶραι καταμένουσαι ἄλλαι ἐν ἄλλῃ γῇ ·
αὐτοὶ δὲ οἰκοῦσι παρὰ βασιλεῖ.

deren als ihm selbst gehorchten. Er traf diese Vorsichtsmaßnahmen in der Absicht, daß ein Satrap, falls er angesichts
seines Reichtums und seiner zahlreichen Untertanen übermütig würde und zu rebellieren versuchte, sofort auf Widerstand
in seinem Land stoße. (2) Als er dieses Vorhaben durchführen
wollte, beschloß er, zuerst die Würdenträger zusammenzuru-
fen und zuvor zu belehren, damit sie erführen, unter welchen
Bedingungen die künftigen Satrapen ihren Posten zu übernehmen hätten. Er glaubte nämlich, daß sie es auf diese Weise
leichter hinnähmen; wenn sie aber zum Befehlshaber ernannt
würden und erst nachträglich Bescheid bekämen, dann, so
schien es Kyros, könnten sie sich darüber ärgern und vermuten, daß dies so geschehen sei, weil man kein Vertrauen zu
ihnen habe. (3) Also ließ er sie zusammenkommen und sprach
folgende Worte zu ihnen:
„Liebe Freunde, wir haben in den unterworfenen Städten
Besatzungen und Befehlshaber, die wir seinerzeit dort zurück-
ließen. Als ich fortging, gab ich ihnen den Befehl, nichts anderes zu tun, als die Festungen zu schützen. Ich will sie zwar von
dieser Verantwortung nicht befreien, da sie ihre Pflichten stets
sehr gut erfüllt haben. Aber ich habe die Absicht, darüber
hinaus noch Satrapen einzusetzen, die die Bevölkerung regieren, die Steuern einnehmen, die Besatzungstruppen besolden
und alles andere bezahlen sollen, was erforderlich ist. (4) Außerdem bin ich der Ansicht, daß diejenigen von euch, die hier
ansässig bleiben und denen ich Lasten aufbürde, indem ich sie
mit bestimmten Aufträgen zu diesen Völkern schicke, dort
Land und Häuser bekommen sollen, um den daraus erwachsenden Gewinn hier in Empfang zu nehmen und, wenn sie
dorthin reisen, in einer eigenen Residenz unterkommen zu
können." (5) Das waren seine Worte, und er überließ vielen
seiner Freunde Häuser und Untertanen in allen unterworfenen
Städten, und auch heute noch gehören die Ländereien in den
verschiedenen Gebieten des Reiches den Nachkommen der
damaligen Eigentümer. Sie selbst aber leben in der Umgebung
des Großkönigs.

6 Δεῖ δέ, ἔφη, τοὺς ἰόντας σατράπας ἐπὶ ταύτας τὰς χώρας τοιούτους ἡμᾶς σκοπεῖν οἵτινες ὅ τι ἂν ἐν τῇ γῇ ἑκάστῃ καλὸν ἢ ἀγαθὸν ᾖ, μεμνήσονται καὶ δεῦρο ἀποπέμπειν, ὡς μετέχωμεν καὶ οἱ ἐνθάδε ὄντες τῶν πανταχοῦ γιγνομένων ἀγαθῶν· καὶ γὰρ ἤν τί που δεινὸν γίγνηται, ἡμῖν ἔσται ἀμυντέον.

7 Ταῦτ' εἰπὼν τότε μὲν ἔπαυσε τὸν λόγον, ἔπειτα δὲ οὓς ἐγίγνωσκε τῶν φίλων ἐπὶ τοῖς εἰρημένοις ἐπιθυμοῦντας ἰέναι, ἐκλεξάμενος αὐτῶν τοὺς δοκοῦντας ἐπιτηδειοτάτους εἶναι ἔπεμπε σατράπας εἰς Ἀραβίαν μὲν Μεγάβυζον, εἰς Καππαδοκίαν δὲ Ἀρταβάταν, εἰς Φρυγίαν δὲ τὴν μεγάλην Ἀρτακάμαν, εἰς Λυδίαν δὲ καὶ Ἰωνίαν Χρυσάνταν, εἰς Καρίαν δὲ Ἀδούσιον, ὅνπερ ᾐτοῦντο, εἰς Φρυγίαν δὲ τὴν παρ' Ἑλλήσποντον καὶ Αἰολίδα Φαρνοῦχον. **8** Κιλικίας δὲ καὶ Κύπρου καὶ Παφλαγόνων οὐκ ἔπεμψε Πέρσας σατράπας, ὅτι ἑκόντες ἐδόκουν συστρατεῦσαι ἐπὶ Βαβυλῶνα· δασμοὺς μέντοι συνέταξεν ἀποφέρειν καὶ τούτους. **9** Ὡς δὲ τότε Κῦρος κατεστήσατο, οὕτως ἔτι καὶ νῦν βασιλέως εἰσὶν αἱ ἐν ταῖς ἄκραις φυλακαὶ καὶ οἱ χιλίαρχοι τῶν φυλακῶν ἐκ βασιλέως εἰσὶ καθεστηκότες καὶ παρὰ βασιλεῖ ἀπογεγραμμένοι.

10 Προεῖπε δὲ πᾶσι τοῖς ἐκπεμπομένοις σατράπαις, ὅσα αὐτὸν ἑώρων ποιοῦντα, πάντα μιμεῖσθαι· πρῶτον μὲν ἱππέας καθιστάναι ἐκ τῶν συνεπισπομένων Περσῶν καὶ συμμάχων καὶ ἁρματηλάτας· ὁπόσοι δ' ἂν γῆν καὶ ἀρχεῖα λάβωσιν, ἀναγκάζειν τούτους ἐπὶ θύρας ἰέναι καὶ σωφροσύνης ἐπιμελουμένους παρέχειν ἑαυτοὺς τῷ σατράπῃ χρῆσθαι, ἤν τι δέηται· παιδεύειν δὲ καὶ τοὺς ἐπιγιγνομένους παῖδας ἐπὶ θύρας, ὥσπερ

(6) „Wir müssen aber darauf achten," fuhr Kyros fort, „nur solche Menschen als Satrapen in diese Länder gehen zu lassen, die daran denken werden, alle wertvollen Produkte ihres jeweiligen Territoriums auch hierher zu schaffen, damit auch wir, die wir hier leben, von den überall vorhandenen Gütern etwas haben; denn wenn sich irgendwo etwas Furchtbares ereignet, werden wir ja auch zu Hilfe kommen müssen."

(7) Nachdem er dies gesagt hatte, hörte er auf zu reden. Dann wählte er von seinen Freunden, von denen er wußte, daß sie unter den genannten Bedingungen gehen wollten, diejenigen aus, die seiner Meinung nach am besten geeignet waren, und setzte sie als Satrapen ein: Megabyzos in Arabien, Artabatas in Kappadokien, Artakamas in Groß-Phrygien, Chrysantas in Lydien und Jonien, Adusios auf Wunsch der Bevölkerung in Karien, Pharnuchos in Phrygien am Hellespont und in Äolien.
(8) In Kilikien, Kypros und Paphlagonien setzt er keine persischen Satrapen ein, weil die Einwohner, wie er meinte, freiwillig am Feldzug gegen Babylon teilgenommen hatten. Allerdings befahl er auch ihnen, Steuern zu bezahlen. (9) Wie Kyros es seinerzeit anordnete, so stehen auch heute noch die Wachen in den Festungen unter dem unmittelbaren Befehl des Großkönigs, und die Kommandeure der Wachen werden vom Großkönig eingesetzt und in den Listen des Großkönigs geführt.

(10) Allen neu ernannten Satrapen gab er die Anweisung, alles nachzuahmen, was sie ihn selbst hatten tun sehen: Zunächst mußten sie eine Reiterei aus den Reihen der Perser und der Verbündeten, die ihnen gefolgt waren, und eine Streitwagen-Einheit aufstellen. Ferner sollten sie alle, die ein Stück Land und eine Residenz bekommen hatten, dazu zwingen, bei Hofe zu erscheinen, sich in Selbstbeherrschung zu üben und sich ihrem Satrapen zur Verfügung zu stellen, wann immer es erforderlich war. Außerdem sollten sie auch ihre Kinder, die ihnen geboren wurden, am Hofe erziehen lassen, wie es bei

παρ' αὐτῷ · ἐξάγειν δ' ἐπὶ τὴν θήραν τὸν σατράπην
τοὺς ἀπὸ θυρῶν καὶ ἀσκεῖν αὑτόν τε καὶ τοὺς σὺν ἑαυτῷ
τὰ πολεμικά. 11 Ὃς δ' ἂν ἐμοί, ἔφη, κατὰ λόγον
τῆς δυνάμεως πλεῖστα μὲν ἅρματα, πλείστους δὲ καὶ
ἀρίστους ἱππέας ἀποδεικνύῃ, τοῦτον ἐγὼ ὡς ἀγαθὸν
σύμμαχον καὶ ὡς ἀγαθὸν συμφύλακα Πέρσαις τε καὶ
ἐμοὶ τῆς ἀρχῆς τιμήσω. Ἔστων δὲ παρ' ὑμῖν καὶ ἕδραι
ὥσπερ παρ' ἐμοὶ οἱ ἄριστοι προτετιμημένοι, καὶ τρά-
πεζα, ὥσπερ ἡ ἐμή, τρέφουσα μὲν πρῶτον τοὺς οἰκέτας, ἔπειτα δὲ καὶ ὡς φίλοις μεταδιδόναι ἱκανῶς κεκοσμη-
μένη καὶ ὡς τὸν καλόν τι ποιοῦντα καθ' ἡμέραν ἐπιγε-
ραίρειν. 12 Κτᾶσθε δὲ καὶ παραδείσους καὶ θηρία
τρέφετε, καὶ μήτε αὐτοί ποτε ἄνευ πόνου σῖτον παραθῆσθε
μήτε ἵπποις ἀγυμνάστοις χόρτον ἐμβάλλετε · οὐ γὰρ
ἂν δυναίμην ἐγὼ εἷς ὢν ἀνθρωπίνῃ ἀρετῇ τὰ πάντων
ὑμῶν ἀγαθὰ διασῴζειν, ἀλλὰ δεῖ ἐμὲ μὲν ἀγαθὸν ὄντα
σὺν ἀγαθοῖς τοῖς παρ' ἐμοῦ ὑμῖν ἐπίκουρον εἶναι, ὑμᾶς
δὲ ὁμοίως αὐτοὺς ἀγαθοὺς ὄντας σὺν ἀγαθοῖς τοῖς
μεθ' ὑμῶν ἐμοὶ συμμάχους εἶναι. 13 Βουλοίμην δ' ἂν
ὑμᾶς καὶ τοῦτο κατανοῆσαι ὅτι τούτων ὧν νῦν ὑμῖν πα-
ρακελεύομαι οὐδὲν τοῖς δούλοις προστάττω · ἃ δ' ὑμᾶς
φημι χρῆναι ποιεῖν, ταῦτα καὶ αὐτὸς πειρῶμαι πάντα
πράττειν. Ὥσπερ δ' ἐγὼ ὑμᾶς κελεύω ἐμὲ μιμεῖσθαι,
οὕτω καὶ ὑμεῖς τοὺς ὑφ' ὑμῶν ἀρχὰς ἔχοντας μιμεῖσθαι
ὑμᾶς διδάσκετε.

14 Ταῦτα δὲ Κύρου οὕτω τότε τάξαντος ἔτι καὶ νῦν
τῷ αὐτῷ τρόπῳ πᾶσαι μὲν αἱ ὑπὸ βασιλεῖ φυλακαὶ ὁμοίως
φυλάττονται, πᾶσαι δὲ αἱ τῶν ἀρχόντων θύραι ὁμοίως
θεραπεύονται, πάντες δὲ οἱ οἶκοι καὶ μεγάλοι καὶ μικροὶ
ὁμοίως οἰκοῦνται, πᾶσι δὲ οἱ ἄριστοι τῶν παρόντων

Kyros selbst geschah. Schließlich sollte der Satrap die Leute
bei Hofe auf die Jagd führen und sich selbst und seine Umgebung im Kriegshandwerk üben. (11) „Wer mir aber nach Maß-
gabe seiner Möglichkeiten die meisten Streitwagen und die
größe Zahl an ausgezeichneten Reitern vorweist, den werde
ich als guten Verbündeten und als tüchtigen Beschützer des
Reiches zum Vorteil der Perser und zu meinem eigenen Wohl
auszeichnen. Es soll bei euch auch Ehrenplätze für besonders
verdiente Leute geben, wie auch bei mir den Tüchtigsten besondere Ehren erwiesen werden, und eine Tafel wie bei mir,
die vor allem die Dienerschaft ernährt, dann aber noch so
reich gedeckt ist, daß auch die Freunde ihren Anteil bekommen und derjenige, der eine gute Leistung vollbringt, jeden
Tag seine Belohnung erhält. (12) Legt euch dann Tiergärten
an und haltet euch wilde Tiere. Nehmt niemals Nahrung zu
euch, ohne euch vorher angestrengt zu haben, und werft den
Pferden kein Futter hin, wenn sie vorher nicht bewegt worden
sind. Denn ich wäre als Einzelmensch nicht imstande, mit meiner begrenzten menschlichen Leistungsfähigkeit den Schutz
eurer Güter für euch alle zu übernehmen, sondern es ist unerläßlich, daß ich selbst zwar leistungsfähig bin und euch mit den
tüchtigen Leuten in meiner Umgebung unterstütze, ihr selbst
aber ebenso leistungsfähig seid und mir mit den tüchtigen Leuten in eurer Gesellschaft als Verbündete zur Seite steht.
(13) Ich wünschte, daß ihr auch dies erkennt, daß ich keinen
der Befehle, die ich euch jetzt gebe, meinen Sklaven erteile;
aber alles, was ich von euch verlange, werde ich auch selbst zu
tun versuchen. Wie ich euch dazu auffordere, mich nachzuahmen, so leitet auch diejenigen, denen ihr besondere Verantwortung gegeben habt, dazu an, euch nachzuahmen."
   (14) Genauso, wie Kyros es seinerzeit angeordnet hatte, unterstehen auch heute noch alle Stützpunkte dem unmittelbaren
Befehl des Großkönigs und werden auf genau dieselbe Weise
bewacht; genauso verkehrt man auch heute noch an allen Hö-
fen der Mächtigen, genauso werden auch heute noch alle großen und kleinen Haushalte verwaltet; überall sind die Besten

ἕδραις προτετίμηνται, πᾶσαι δὲ αἱ πορεῖαι συντεταγ-
μέναι κατὰ τὸν αὐτὸν τρόπον εἰσί, πᾶσι[1] δὲ συγκεφα-
λαιοῦνται πολλαὶ πράξεις εἰς ὀλίγους ἐπιστάτας.

15 Ταῦτα δ' εἰπών, ὡς χρὴ ποιεῖν ἑκάστους, καὶ δύναμιν ἑκάστῳ προσθεὶς ἐξέπεμπε, καὶ προεῖπεν ἅπασι
παρασκευάζεσθαι ὡς εἰς νέωτα στρατείας ἐσομένης
καὶ ἀποδείξεως ἀνδρῶν καὶ ὅπλων καὶ ἵππων καὶ ἁρμάτων.

16 Κατενοήσαμεν δὲ καὶ τοῦτο ὅτι Κύρου κατάρξαν-
τος, ὥς φασι, καὶ νῦν ἔτι διαμένει· ἐφοδεύει γὰρ ἀνὴρ
κατ' ἐνιαυτὸν ἀεὶ στράτευμα ἔχων, ὡς ἦν μέν τις τῶν
σατραπῶν ἐπικουρίας δέηται, ἐπικουρῇ, ἢν δέ τις ὑβρίζῃ,
σωφρονίζῃ, ἢν δέ τις ἢ δασμῶν φορᾶς ἀμελῇ ἢ τῶν ἐνοί-
κων φυλακῆς ἢ ὅπως ἡ χώρα ἐνεργὸς ᾖ ἢ ἄλλο τι τῶν
τεταγμένων παραλείπῃ, ταῦτα πάντα κατευτρεπίζῃ·
ἢν δὲ μὴ δύνηται, βασιλεῖ ἀπαγγέλλῃ, ὁ δὲ ἀκούων
βουλεύηται περὶ τοῦ ἀτακτοῦντος. Καὶ οἱ πολλάκις
λεγόμενοι ὅτι βασιλέως υἱὸς καταβαίνει, βασιλέως
ἀδελφός, βασιλέως ὀφθαλμός, καὶ ἐνίοτε οὐκ ἐκφαι-
νόμενοι, οὗτοι τῶν ἐφόδων εἰσίν· ἀποτρέπεται γὰρ
ἕκαστος αὐτῶν ὁπόθεν ἂν βασιλεὺς κελεύῃ.

17 Κατεμάθομεν δὲ αὐτοῦ καὶ ἄλλο μηχάνημα πρὸς
τὸ μέγεθος τῆς ἀρχῆς, ἐξ οὗ ταχέως ᾐσθάνετο καὶ τὰ
πάμπολυ ἀπέχοντα ὅπως ἔχοι. Σκεψάμενος γάρ, πόσην
ἂν ὁδὸν ἵππος κατανύτοι τῆς ἡμέρας ἐλαυνόμενος, ὥστε
διαρκεῖν, ἐποιήσατο ἱππῶνας τοσοῦτον διαλείποντας
καὶ ἵππους ἐν αὐτοῖς κατέστησε καὶ τοὺς ἐπιμελομέ-

---

[1] Statt πᾶσαι lies πᾶσι.

der jeweils Anwesenden mit Ehrenplätzen ausgezeichnet, alle
militärischen Marschbewegungen werden nach denselben Vorschriften vollzogen; überall laufen viele Tätigkeiten bei nur
wenigen Verantwortlichen zusammen.

(15) Nachdem Kyros dargestellt hatte, worin die Aufgaben
jedes einzelnen Satrapen bestanden, und jedem eine Streitmacht überlassen hatte, entließ er sie und gab allen zuvor den
Befehl, Rüstungsmaßnahmen zu ergreifen, da für das kommende Jahr ein Feldzug geplant sei und eine Musterung der
Männer, Waffen, Pferde und Wagen stattfinden werde.

(16) Wir haben festgestellt, daß auch die folgende Maßnahme, die auf Kyros' Veranlassung hin, wie es heißt, begründet
wurde, noch in unseren Tagen vollzogen wird: Jedes Jahr unternimmt ein Mann mit einer bewaffneten Begleitung regelmäßig eine Inspektionsreise, um zu helfen, falls ein Satrap Unterstützung braucht, um zu mäßigen, falls jemand seine Grenzen
überschreitet, und um alles wieder in Ordnung zu bringen,
falls jemand die Zahlung seiner Steuern unterläßt, den Schutz
der Bevölkerung vernachlässigt oder nicht dafür sorgt, daß das
Land bebaut wird, oder eine andere Anweisung nicht befolgt.
Sollte er dazu aber nicht in der Lage sein, so berichtet er es
dem Großkönig, und dieser hört sich den Bericht an und berät
über Maßnahmen gegen den Ungehorsamen. Diese Männer,
von denen es oft heißt: „Es kommt der Sohn des Königs" oder
„der Bruder des Königs" oder „das Auge des Königs", und die
bisweilen auch unsichtbar bleiben, gehören zu den königlichen
Aufsehern; denn auf Befehl des Großkönigs hat jeder von
ihnen seine Inspektionsreise sofort abzubrechen.

(17) Wir haben noch von einer anderen Maßnahme des Kyros erfahren, die angesichts der Größe des Reiches erforderlich war: Durch diese erhielt er rasche Nachrichten über die
Zustände auch in den entferntesten Provinzen. Nachdem er
nämlich geprüft hatte, welche Wegstrecke ein Pferd mit Reiter
an einem Tag höchstens zurücklegen kann, ließ er Pferdesta-
tionen einrichten, die entsprechend weit voneinander entfernt
waren; und er ließ dort Pferde mit Pferdepflegern unterbrin-

νους τούτων, καὶ ἄνδρα ἐφ' ἑκάστῳ τῶν τόπων ἔταξε
τὸν ἐπιτήδειον παραδέχεσθαι τὰ φερόμενα γράμματα
καὶ παραδιδόναι καὶ παραλαμβάνειν τοὺς ἀπειρηκότας
ἵππους καὶ ἀνθρώπους καὶ ἄλλους πέμπειν νεαλεῖς.
18 Ἔστι δ' ὅτε οὐδὲ τὰς νύκτας φασὶν ἵστασθαι ταύτην τὴν πορείαν, ἀλλὰ τῷ ἡμερινῷ ἀγγέλῳ τὸν νυκτε-
ρινὸν διαδέχεσθαι. Τούτων δὲ οὕτω γιγνομένων φασί
τινες θᾶττον τῶν γεράνων ταύτην τὴν πορείαν ἀνύτειν·
εἰ δὲ τοῦτο ψεύδονται, ἀλλ' ὅτι γε τῶν ἀνθρωπίνων πεζῇ
πορειῶν αὕτη ταχίστη, τοῦτο εὕδηλον. Ἀγαθὸν δὲ ὡς
τάχιστα ἕκαστον αἰσθανόμενον ὡς τάχιστα ἐπιμελεῖσθαι.

19 Ἐπεὶ δὲ περιῆλθεν ὁ ἐνιαυτός, συνήγειρε στρατιὰν εἰς Βαβυλῶνα, καὶ λέγεται αὐτῷ γενέσθαι εἰς δώδεκα
μὲν ἱππέων μυριάδας, εἰς δισχίλια δὲ ἅρματα δρεπανηφόρα, πεζῶν δὲ εἰς μυριάδας ἑξήκοντα. **20** Ἐπεὶ δὲ
ταῦτα συνεσκεύαστο αὐτῷ, ὥρμα δὴ ταύτην τὴν στρατείαν ἐν ᾗ λέγεται καταστρέψασθαι πάντα τὰ ἔθνη ὅσα
Συρίαν ἐκβάντι οἰκεῖ μέχρι Ἐρυθρᾶς θαλάττης. Μετὰ
δὲ ταῦτα ἡ εἰς Αἴγυπτον στρατεία λέγεται γενέσθαι
καὶ καταστρέψασθαι Αἴγυπτον. **21** Καὶ ἐκ τούτου τὴν
ἀρχὴν ὥριζεν αὐτῷ πρὸς ἕω μὲν ἡ Ἐρυθρὰ θάλαττα,
πρὸς ἄρκτον δὲ ὁ Εὔξεινος πόντος, πρὸς ἑσπέραν δὲ
Κύπρος καὶ Αἴγυπτος, πρὸς μεσημβρίαν δὲ Αἰθιοπία·
τούτων δὲ τὰ πέρατα τὰ μὲν διὰ θάλπος, τὰ δὲ διὰ ψῦχος, τὰ δὲ διὰ ὕδωρ, τὰ δὲ δι' ἀνυδρίαν δυσοίκητα. **22** Αὐτὸς δ' ἐν μέσῳ τούτων τὴν δίαιταν ποιησάμενος, τὸν
μὲν ἀμφὶ τὸν χειμῶνα χρόνον διῆγεν ἐν Βαβυλῶνι ἑπτὰ
μῆνας· αὕτη γὰρ ἀλεεινὴ ἡ χώρα· τὸν δὲ ἀμφὶ τὸ ἔαρ
τρεῖς μῆνας ἐν Σούσοις· τὴν δὲ ἀκμὴν τοῦ θέρους δύο
μῆνας ἐν Ἐκβατάνοις· οὕτω δὴ ποιοῦντ' αὐτὸν λέγουσιν ἐν ἐαρινῷ θάλπει καὶ ψύχει διάγειν ἀεί.

gen. Auf jeder dieser Stationen setzte er einen Mann ein, der in der Lage war, die Briefe, die dort abgegeben wurden, in Empfang zu nehmen und weiterzugeben, die erschöpften Pferde und Menschen aufzunehmen und andere Leute mit frischen Pferden weiterzuschicken. (18) Es heißt, daß diese Reisetätigkeit mitunter nicht einmal bei Nacht zum Stillstand kam, sondern daß der nächtliche Bote den Tagesboten ablöste. Unter dieser Voraussetzung sollen einige diesen Weg noch schneller als die Kraniche zurücklegen. Wenn sie hiermit auch nicht ganz die Wahrheit sagen, so wird doch deutlich, daß dies die schnellste Möglichkeit für den Menschen ist, auf dem Landweg voranzukommen. Es ist schon eine gute Sache, daß man so schnell wie möglich Nachricht bekommt, um so schnell wie möglich entsprechende Maßnahmen zu ergreifen.

(19) Als das Jahr abgelaufen war, versammelte Kyros in Babylon ein Heer, und man sagt, er habe ungefähr hundertzwanzigtausend Reiter, zweitausend Sichelwagen und sechshunderttausend Fußsoldaten unter seinem Kommando zusammengezogen. (20) Als er diese Vorbereitungen abgeschlossen hatte, begann er diesen Feldzug, auf dem er alle Völker von Syrien bis zum Erythräischen Meer unterworfen haben soll. Darauf soll der Ägyptenfeldzug stattgefunden haben, der zur Unterwerfung Ägyptens führte. (21) Daraufhin bildeten nach Osten das Erythräische Meer, nach Norden das Schwarze Meer, nach Westen Kypros und Ägypten und nach Süden Aithiopien die Grenzen seines Reiches. Die äußersten Randgebiete seines Reiches sind teils wegen ihrer Hitze, teils wegen ihrer Kälte, teils wegen des Wassers und teils wegen ihrer Trockenheit nicht bewohnbar. (22) Er selbst aber nahm seinen Wohnsitz in der Mitte des Reiches: im Winter verbrachte er sieben Monate in Babylon (dieses Gebiet ist nämlich sehr warm), im Frühjahr drei Monate in Susa und im Hochsommer zwei Monate in Ekbatana. Man sagt, er habe auf diese Weise das ganze Jahr über in der milden Wärme und der angenehmen Kühle des Frühlings gelebt.

23 Οὕτω δὲ διέκειντο πρὸς αὐτὸν οἱ ἄνθρωποι ὡς πᾶν μὲν ἔθνος μειονεκτεῖν ἐδόκει, εἰ μὴ Κύρῳ πέμψειεν ὅ τι καλὸν αὐτοῖς ἐν τῇ χώρᾳ ἢ φύοιτο ἢ τρέφοιτο ἢ τεχνῷτο, πᾶσα δὲ πόλις ὡσαύτως, πᾶς δὲ ἰδιώτης πλούσιος ἂν ᾤετο γενέσθαι, εἴ τι Κύρῳ χαρίσαιτο · καὶ γὰρ ὁ Κῦρος λαμβάνων παρ' ἑκάστων ὧν ἀφθονίαν εἶχον οἱ διδόντες ἀντεδίδου ὧν σπανίζοντας αὐτοὺς αἰσθάνοιτο.

VII

1 Οὕτω δὲ τοῦ αἰῶνος προκεχωρηκότος, μάλα δὴ πρεσβύτης ὢν ὁ Κῦρος ἀφικνεῖται εἰς Πέρσας τὸ ἕβδομον ἐπὶ τῆς αὐτοῦ ἀρχῆς. Καὶ ὁ μὲν πατὴρ καὶ ἡ μήτηρ πάλαι δὴ ὥσπερ εἰκὸς ἐτετελευτήκεσαν αὐτῷ. Ὁ δὲ Κῦρος ἔθυσε τὰ νομιζόμενα ἱερὰ καὶ τοῦ χοροῦ ἡγήσατο Πέρσαις κατὰ τὰ πάτρια καὶ τὰ δῶρα πᾶσι διέδωκεν ὥσπερ εἰώθει.

2 Κοιμηθεὶς δ' ἐν τῷ βασιλείῳ ὄναρ εἶδε τοιόνδε · ἔδοξεν αὐτῷ προσελθὼν κρείττων τις ἢ κατὰ ἄνθρωπον εἰπεῖν · Συσκευάζου, ὦ Κῦρε · ἤδη γὰρ εἰς θεοὺς ἄπει. Τοῦτο δὲ ἰδὼν τὸ ὄναρ ἐξηγέρθη καὶ σχεδὸν ἐδόκει εἰδέναι ὅτι τοῦ βίου ἡ τελευτὴ παρείη. **3** Εὐθὺς οὖν λαβὼν ἱερεῖα ἔθυε Διί τε πατρῴῳ καὶ Ἡλίῳ καὶ τοῖς ἄλλοις θεοῖς ἐπὶ τῶν ἄκρων, ὡς Πέρσαι θύουσιν, ὧδ' ἐπευχόμενος · Ζεῦ πατρῷε καὶ Ἥλιε καὶ πάντες θεοί, δέχεσθε τάδε καὶ τελεστήρια πολλῶν καὶ καλῶν πράξεων καὶ χαριστήρια ὅτι ἐσημήνατέ μοι καὶ ἐν ἱεροῖς καὶ ἐν οὐρανίοις σημείοις καὶ ἐν οἰωνοῖς καὶ ἐν φήμαις ἅ τ' ἐχρῆν ποιεῖν καὶ ἃ οὐκ ἐχρῆν. Πολλὴ δ' ὑμῖν χάρις ὅτι κἀγὼ ἐγίγνωσκον τὴν ὑμετέραν ἐπιμέλειαν καὶ οὐδεπώποτε

(23) Die Empfindungen der Menschen für ihn waren so tief, daß jedes Volk benachteiligt zu sein glaubte, wenn es Kyros nicht alles schicken konnte, was in seinem Land an Schönem wuchs, aufgezogen oder hergestellt wurde. Ebenso glaubten jede Stadt und jede Einzelperson, etwas zu gewinnen, wenn sie Kyros einen Gefallen täten. Denn Kyros nahm von allen, was die Schenkenden im Überfluß hatten, und gab ihnen dafür alles, wovon er wußte, daß sie es brauchten.

VII.

(1) Auf diese Weise lief sein Leben ab. Als sehr alter Mann kam er zum siebten Mal während seiner Regierungszeit nach Persien. Sein Vater und seine Mutter waren natürlich schon längst gestorben. Kyros brachte die üblichen Opfer dar, eröffnete nach alter Sitte den Reigentanz und verteilte seine Geschenke, wie üblich, an alle Menschen.

(2) Als er sich im Königspalast zur Ruhe gelegt hatte, erschien ihm der folgende Traum: Eine übermenschlich große Gestalt zeigte sich ihm und sprach: „Mach dich bereit, Kyros. Denn es ist jetzt Zeit für dich, zu den Göttern zu gehen." Nach diesem Traum wachte er auf, und es schien ihm beinahe sicher zu sein, daß er das Ende seines Lebens erreicht hatte. (3) Er nahm sofort die Opfertiere und brachte Zeus, dem Gott seiner Vorfahren, Helios und den übrigen Göttern die Opfer nach persischem Brauch auf den Höhen der Berge dar. Dabei sprach er folgendes Gebet: „Zeus, du Gott meiner Vorfahren, Helios und alle anderen Götter, nehmt diese Opfer an als Zeichen meiner tiefempfundenen Dankbarkeit dafür, daß ich so viele erfolgreiche Taten vollbringen durfte und daß ihr mir durch günstige Opfer, himmlische Zeichen, Vögel und Stimmen vermittelt habt, was ich tun mußte und nicht tun durfte. Ich danke euch von ganzem Herzen, daß auch ich eure Fürsorge erfuhr und mir bei allen meinen Erfolgen stets der Grenzen

ἐπὶ ταῖς εὐτυχίαις ὑπὲρ ἄνθρωπον ἐφρόνησα. Αἰτοῦμαι
δ' ὑμᾶς δοῦναι καὶ νῦν παισὶ μὲν καὶ γυναικὶ καὶ φίλοις
καὶ πατρίδι εὐδαιμονίαν, ἐμοὶ δὲ οἷόνπερ αἰῶνα δεδώ-
κατε, τοιαύτην καὶ τελευτὴν δοῦναι.

4 Ὁ μὲν δὴ τοιαῦτα ποιήσας καὶ οἴκαδε ἐλθὼν ἔδοξεν ἡδέως ἀναπαύσασθαι καὶ κατεκλίθη. Ἐπεὶ δὲ ὥρα
ἦν, οἱ τεταγμένοι προσιόντες λούσασθαι αὐτὸν ἐκέλευον.
Ὁ δ' ἔλεγεν ὅτι ἡδέως ἀναπαύοιτο. Οἱ δ' αὖ τεταγμένοι, ἐπεὶ ὥρα ἦν, δεῖπνον παρετίθεσαν · τῷ δὲ ἡ ψυχὴ
σῖτον μὲν οὐ προσίετο, διψῆν δ' ἐδόκει, καὶ ἔπιεν ἡδέως.
5 Ὡς δὲ καὶ τῇ ὑστεραίᾳ συνέβαινεν αὐτῷ ταὐτὰ καὶ
τῇ τρίτῃ, ἐκάλεσε τοὺς παῖδας · οἱ δ' ἔτυχον συνηκο-
λουθηκότες αὐτῷ καὶ ὄντες ἐν Πέρσαις · ἐκάλεσε δὲ
καὶ τοὺς φίλους καὶ τὰς Περσῶν ἀρχάς · παρόντων δὲ
πάντων ἤρχετο τοιοῦδε λόγου ·

6 Παῖδες ἐμοὶ καὶ πάντες οἱ παρόντες φίλοι, ἐμοὶ
μὲν τοῦ βίου τέλος ἤδη πάρεστιν · ἐκ πολλῶν τοῦτο
σαφῶς γιγνώσκω · ὑμᾶς δὲ χρή, ὅταν τελευτήσω, ὡς
περὶ εὐδαίμονος ἐμοῦ καὶ λέγειν καὶ ποιεῖν πάντα. Ἐγὼ
γὰρ παῖς τε ὢν τὰ ἐν παισὶ νομιζόμενα καλὰ δοκῶ κεκαρ-
πῶσθαι, ἐπεί τε ἥβησα, τὰ ἐν νεανίσκοις, τέλειός τε
ἀνὴρ γενόμενος τὰ ἐν ἀνδράσι · σὺν τῷ χρόνῳ τε προϊόντι
ἀεὶ συναυξανομένην ἐπιγιγνώσκειν ἐδόκουν καὶ τὴν
ἐμὴν δύναμιν, ὥστε καὶ τοὐμὸν γῆρας οὐδεπώποτε ἠσθό-
μην τῆς ἐμῆς νεότητος ἀσθενέστερον γιγνόμενον, καὶ
οὔτ' ἐπιχειρήσας οὔτ' ἐπιθυμήσας οἶδα ὅτου ἠτύχησα.
7 Καὶ τοὺς μὲν φίλους ἐπεῖδον δι' ἐμοῦ εὐδαίμονας
γενομένους, τοὺς δὲ πολεμίους ὑπ' ἐμοῦ δουλωθέντας ·
καὶ τὴν πατρίδα πρόσθεν ἰδιωτεύουσαν ἐν τῇ Ἀσίᾳ νῦν
προτετιμημένην καταλείπω · ὧν τ' ἐκτησάμην οὐδὲν
[οἶδα] ὅ τι οὐ διεσωσάμην. Καὶ τὸν μὲν παρελθόντα

meiner menschlichen Möglichkeiten bewußt blieb. Ich bitte
euch darum, jetzt auch meinen Kindern, meiner Frau, meinen
Freunden und meinem Vaterland Glück zu schenken und mir
ein Ende zu geben, das dem Leben entspricht, das ich von
euch erhielt."

(4) Nachdem er dieses Gebet gesprochen hatte, ging er wieder nach Hause, und es schien ihm angebracht zu sein, sich
auszuruhen und richtig zu erholen, und er legte sich hin. Als
die Zeit gekommen war, erschienen die dazu bestimmten Diener und ermunterten ihn, ein Bad zu nehmen. Er erklärte
aber, er genieße die Ruhe. Zur festgesetzten Zeit stellten ihm
die Diener, die diese Aufgabe hatten, das Essen hin. Doch er
hatte keine Lust zu essen; er schien aber Durst zu haben und
trank dann bereitwillig etwas. (5) Als bei ihm am folgenden
und am dritten Tag alles genauso ablief, rief er seine Söhne zu
sich, die ihn zufällig begleitet hatten und auch in Persien waren. Er rief auch seine Freunde und die persischen Amtsträger
herbei. Als sie alle eingetroffen waren, begann er mit folgenden Worten:

(6) „Meine Söhne und alle meine Freunde, die ihr hier seid,
ich habe jetzt das Ende meines Lebens erreicht. Aus vielen
Gründen weiß ich es ganz genau. Wenn ich tot bin, müßt ihr in
allen euren Worten und Taten zum Ausdruck bringen, daß ich
ein glücklicher Mensch war. Denn als ich noch ein Kind war,
glaubte ich, alles Glück erfahren zu haben, das ein Kind haben
kann, und als ich ein junger Mann und schließlich erwachsen
wurde, war es genauso. Im Laufe der Zeit glaubte ich, auch
meine Kräfte ständig wachsen zu sehen, so daß ich mich auch
im Alter nie schwächer fühlte als in meiner Jugend, und ich
weiß von keinem Vorhaben und von keinem Wunsch, bei dem
ich mein Ziel verfehlte. (7) Ich durfte erleben, daß ich meine
Freunde glücklich machen und meine Feinde unterwerfen
konnte. Mein Vaterland, das vorher nur wenig Ansehen in
Asien genoß, verlasse ich jetzt im Glanz seines Ruhmes. Alles,
was ich erwarb, habe ich auch bewahrt. In der abgelaufenen
Zeit erging es mir immer so, wie ich es mir wünschte. Aber die

χρόνον ἔπραττον οὕτως ὥσπερ ηὐχόμην · φόβος δέ μοι συμπαρομαρτῶν μή τι ἐν τῷ ἐπιόντι χρόνῳ ἢ ἴδοιμι ἢ ἀκούσαιμι ἢ πάθοιμι χαλεπόν, οὐκ εἴα τελέως με μέγα φρονεῖν οὐδ' εὐφραίνεσθαι ἐκπεπταμένως.

8 Νῦν δ' ἢν τελευτήσω, καταλείπω μὲν ὑμᾶς, ὦ παῖδες, ζῶντας οὕσπερ ἔδοσάν μοι οἱ θεοὶ γενέσθαι · καταλείπω δὲ πατρίδα καὶ φίλους εὐδαιμονοῦντας · 9 ὥστε πῶς οὐκ ἂν ἐγὼ δικαίως μακαριζόμενος τὸν ἀεὶ χρόνον μνήμης τυγχάνοιμι; Δεῖ δὲ καὶ τὴν βασιλείαν με ἤδη σαφηνίσαντα καταλιπεῖν, ὡς ἂν μὴ ἀμφίλογος γενομένη πράγματα ὑμῖν παράσχῃ. Ἐγὼ οὖν φιλῶ μὲν ἀμφοτέρους ὑμᾶς ὁμοίως, ὦ παῖδες · τὸ δὲ προβουλεύειν καὶ τὸ ἡγεῖσθαι ἐφ' ὅ τι ἂν καιρὸς δοκῇ εἶναι, τοῦτο προστάττω τῷ προτέρῳ γενομένῳ καὶ πλειόνων κατὰ τὸ εἰκὸς ἐμπείρῳ. 10 Ἐπαιδεύθην δὲ καὶ αὐτὸς οὕτως ὑπὸ τῆσδε τῆς ἐμῆς τε καὶ ὑμετέρας πατρίδος, τοῖς πρεσβυτέροις οὐ μόνον ἀδελφοῖς ἀλλὰ καὶ πολίταις καὶ ὁδῶν καὶ θάκων καὶ λόγων ὑπείκειν · καὶ ὑμᾶς δέ, ὦ παῖδες, οὕτως ἐξ ἀρχῆς ἐπαίδευον, τοὺς μὲν γεραιτέρους προτιμᾶν, τῶν δὲ νεωτέρων προτετιμῆσθαι. Ὡς οὖν παλαιὰ καὶ εἰθισμένα καὶ ἔννομα λέγοντος ἐμοῦ οὕτως ἀποδέχεσθε.

11 Καὶ σὺ μέν, ὦ Καμβύση, τὴν βασιλείαν ἔχε, θεῶν τε διδόντων καὶ ἐμοῦ ὅσον ἐν ἐμοί. Σοὶ δ', ὦ Ταναοξάρη, σατράπην εἶναι δίδωμι Μήδων τε καὶ Ἀρμενίων καὶ τρίτων Καδουσίων · ταῦτα δέ σοι διδοὺς νομίζω ἀρχὴν μὲν μείζω καὶ τοὔνομα τῆς βασιλείας τῷ πρεσβυτέρῳ καταλιπεῖν, εὐδαιμονίαν δὲ σοὶ ἀλυποτέραν. 12 Ὁποίας μὲν γὰρ ἀνθρωπίνης εὐφροσύνης ἐνδεὴς ἔσῃ οὐχ ὁρῶ · ἀλλὰ πάντα σοι τὰ δοκοῦντα ἀνθρώπους εὐφραίνειν παρέσται. Τὸ δὲ δυσκαταπρακτοτέρων τε ἐρᾶν καὶ τὸ

Angst, ich müßte in der Zukunft etwas Schlimmes sehen, hören oder erleiden, war meine ständige Begleiterin und ließ es
nicht zu, daß ich wirklich stolz war und ausgelassene Freude
empfand.

(8) Wenn ich jetzt sterbe, lasse ich euch, meine lieben Söhne, die mir die Götter geschenkt haben, im Leben zurück. Ich
lasse auch mein Vaterland und meine Freunde im Glück zurück. (9) Warum sollte ich deshalb nicht zu Recht glücklich
gepriesen werden und auf immer in Erinnerung bleiben? Ich
muß nunmehr auch meinen Thron verlassen, aber erst nachdem ich meine Nachfolge geklärt habe, damit sie nicht zu einem Streitfall wird und euch in Schwierigkeiten bringt. Nun
liebe ich euch beide gleichermaßen, meine Söhne. Aber ich
übertrage den Vorsitz im Rat und die Entscheidungsbefugnis,
falls die Umstände sie notwendig erscheinen lassen, dem Erst-
geborenen, der normalerweise auch über die größere Erfahrung verfügt. (10) Auch ich selbst wurde von diesem meinem
und eurem Vaterland dazu erzogen, den Älteren, und zwar
nicht nur, wenn es Brüder, sondern auch wenn es Mitbürger
waren, den Vortritt zu gewähren, den Platz freizumachen und
das Wort zu lassen. Auch euch, meine Söhne, habe ich von
Anfang an so erzogen, die Älteren zu ehren und von den Jüngeren sich Ehre erweisen zu lassen. Nehmt also meine Worte
als die Worte eines Mannes an, der euch Altbewährtes, der
Gewohnheit Entsprechendes und mit dem Gesetz Überein-
stimmendes mitteilt.

(11) Du, Kambyses, übernimmst den Thron, den dir die
Götter und ich, soweit ich dazu die Macht habe, geben. Dir,
Tanaoxares, übertrage ich das Amt eines Satrapen über die
Meder, Armenier und drittens über die Kadusier. Mit dieser
Entscheidung glaube ich dir als dem Älteren zwar die größere
Macht und den Ruhm der Königswürde zu hinterlassen, dir als
dem Jüngeren aber ein ungetrübteres Glück. (12) Denn ich
sehe nicht, welche menschliche Freude dir fehlen wird. Viel-
mehr wird dir alles zur Verfügung stehen, was Menschen Freu-
de zu bereiten scheint. Aber größere Schwierigkeiten zu lie-

πολλὰ μεριμνᾶν καὶ τὸ μὴ δύνασθαι ἡσυχίαν ἔχειν κεντρι-
ζόμενον ὑπὸ τῆς πρὸς τἀμὰ ἔργα φιλονικίας καὶ τὸ
ἐπιβουλεύειν καὶ τὸ ἐπιβουλεύεσθαι, ταῦτα τῷ βασιλεύοντι ἀνάγκη σοῦ μᾶλλον συμπαρομαρτεῖν, ἃ σάφ᾽ ἴσθι
τῷ εὐφραίνεσθαι πολλὰς ἀσχολίας παρέχειν.

13 Οἶσθα μὲν οὖν καὶ σύ, ὦ Καμβύση, ὅτι οὐ τόδε
τὸ χρυσοῦν σκῆπτρον τὸ τὴν βασιλείαν διασῷζόν ἐστιν,
ἀλλ᾽ οἱ πιστοὶ φίλοι σκῆπτρον βασιλεῦσιν ἀληθέστα-
τον καὶ ἀσφαλέστατον. Πιστοὺς δὲ μὴ νόμιζε φύσει
φύεσθαι ἀνθρώπους · πᾶσι γὰρ ἂν οἱ αὐτοὶ πιστοὶ φαίνοιντο, ὥσπερ καὶ τἆλλα τὰ πεφυκότα πᾶσι τὰ αὐτὰ
φαίνεται. Ἀλλὰ τοὺς πιστοὺς τίθεσθαι δεῖ ἕκαστον
ἑαυτῷ · ἡ δὲ κτῆσις αὐτῶν ἐστιν οὐδαμῶς σὺν τῇ βίᾳ,
ἀλλὰ μᾶλλον σὺν τῇ εὐεργεσίᾳ. 14 Εἰ οὖν καὶ ἄλλους
τινὰς πειράσῃ συμφύλακας τῆς βασιλείας ποιεῖσθαι
μηδαμόθεν πρότερον ἄρχου ἢ ἀπὸ τοῦ ὁμόθεν γενομένου. Καὶ πολῖταί τοι ἄνθρωποι ἀλλοδαπῶν οἰκειότε-
ροι καὶ σύσσιτοι ἀποσκήνων · οἱ δὲ ἀπὸ τοῦ αὐτοῦ σπέρ-
ματος φύντες καὶ ὑπὸ τῆς αὐτῆς μητρὸς τραφέντες
καὶ ἐν τῇ αὐτῇ οἰκίᾳ αὐξηθέντες καὶ ὑπὸ τῶν αὐτῶν
γονέων ἀγαπώμενοι καὶ τὴν αὐτὴν μητέρα καὶ τὸν αὐτὸν πατέρα προσαγορεύοντες, πῶς οὐ πάντων οὗτοι
οἰκειότατοι; 15 Μὴ οὖν ἃ οἱ θεοὶ ὑφήγηνται ἀγαθὰ
εἰς οἰκειότητα ἀδελφοῖς μάταιά ποτε ποιήσητε, ἀλλ᾽ ἐπὶ
ταῦτα εὐθὺς οἰκοδομεῖτε ἄλλα φιλικὰ ἔργα · καὶ οὕτως
ἀεὶ ἀνυπέρβλητος ἄλλοις ἔσται ἡ ὑμετέρα φιλία. Ἑαυτοῦ τοι κήδεται ὁ προνοῶν ἀδελφοῦ · τίνι γὰρ ἄλλῳ
ἀδελφὸς μέγας ὢν οὕτω καλὸν ὡς ἀδελφῷ; Τίς δ᾽ ἄλλος
τιμήσεται δι᾽ ἄνδρα μέγα δυνάμενον οὕτως ὡς ἀδελφός;

ben, viele Sorgen zu haben, nicht imstande zu sein, Ruhe zu finden, angestachelt durch den Ehrgeiz, die gleichen Taten wie ich zu vollbringen, Ränke zu schmieden und ihnen ausgesetzt zu sein – das wird dem Herrscher zwangsläufig in höherem Maße zuteil als dir, und du mußt dir dessen wirklich bewußt sein, daß dies die Lebensfreude sehr beeinträchtigt.

(13) Auch du, mein Kambyses, weißt doch wohl, daß es nicht dieses goldene Szepter ist, das die Herrschaft erhält, sondern daß die zuverlässigen Freunde das wahrste und sicherste Szepter der Könige sind. Glaub aber nicht, daß Menschen von Natur aus zuverlässig sind; denn sonst würden sich immer dieselben Menschen jedem gegenüber als zuverlässig erweisen, wie auch alle anderen natürlichen Erscheinungen allen gleich vorkommen. Statt dessen muß jeder sich selbst seine zuverlässigen Freunde schaffen. Man gewinnt sie aber keinesfalls mit Gewalt, sondern vielmehr durch gute Taten. (14) Wenn du also versuchst, noch andere Menschen zu gewinnen, die dir helfen sollen, deine Herrschaft zu erhalten, dann fang zuerst bei deiner Verwandtschaft an. Schon die Mitbürger sind einem enger verbunden als die Fremden und die Tischgenossen vertrauter als diejenigen, die in einem anderen Zelt wohnen. Die Menschen aber, die aus demselben Samen stammen, von derselben Mutter genährt wurden, in demselben Haus aufgewachsen sind, von denselben Eltern geliebt werden und dieselben Menschen mit Mutter und Vater anreden – wie sollten diese nicht enger als alle anderen miteinander verbunden sein? (15) Laßt also die wertvollen Möglichkeiten, die die Götter allen Brüdern zur Festigung ihrer natürlichen Bindungen gegeben haben, nie ungenutzt, sondern baut darauf unverzüglich noch weitere Werke der Zuneigung; und so wird eure Liebe von anderen niemals zu überwinden sein. Wer sich für seinen Bruder einsetzt, sorgt auch für sich selbst. Für welchen anderen Menschen ist denn ein mächtiger Bruder ein so wertvoller Besitz wie für den Bruder? Welchem anderen Menschen wird wegen eines bedeutenden Mannes so viel Achtung erwiesen wie einem Bruder? Bei wem wird man dieselbe Scheu vor

Τίνα δὲ φοβήσεταί τις ἀδικεῖν ἀδελφοῦ μεγάλου ὄντος
οὕτως ὡς τὸν ἀδελφόν; 16 Μήτε οὖν θᾶττον μηδεὶς
σοῦ τούτῳ ὑπακουέτω μήτε προθυμότερον παρέστω ·
οὐδενὶ γὰρ οἰκειότερα τὰ τούτου οὔτε ἀγαθὰ οὔτε δεινὰ
ἢ σοί. Ἐννόει δὲ καὶ τάδε · τίνι χαρισάμενος ἐλπίσαις
ἂν μειζόνων τυχεῖν ἢ τούτῳ; Τίνι δ᾽ ἂν βοηθήσας ἰσχυρότερον σύμμαχον ἀντιλάβοις; Τίνα δ᾽ αἴσχιον μὴ φιλεῖν ἢ τὸν ἀδελφόν; Τίνα δὲ ἁπάντων κάλλιον προτιμᾶν ἢ τὸν ἀδελφόν; Μόνου τοι, ὦ Καμβύση, πρωτεύον-
τος ἀδελφοῦ παρ᾽ ἀδελφῷ οὐδὲ φθόνος παρὰ τῶν ἄλλων
ἐφικνεῖται.

17 Ἀλλὰ πρὸς θεῶν πατρῴων, ὦ παῖδες, τιμᾶτε
ἀλλήλους, εἴ τι καὶ τοῦ ἐμοὶ χαρίζεσθαι μέλει ὑμῖν ·
οὐ γὰρ δήπου τοῦτό γε σαφῶς δοκεῖτε εἰδέναι ὡς οὐδὲν
ἔτι ἐγὼ ἔσομαι, ἐπειδὰν τοῦ ἀνθρωπίνου βίου τελευτήσω ·
οὐδὲ γὰρ νῦν τοι τήν γ᾽ ἐμὴν ψυχὴν ἑωρᾶτε, ἀλλ᾽ οἷς
διεπράττετο, τούτοις αὐτὴν ὡς οὖσαν κατεφωρᾶτε.
18 Τὰς δὲ τῶν ἄδικα παθόντων ψυχὰς οὔπω κατε-
νοήσατε οἴους μὲν φόβους τοῖς μιαιφόνοις ἐμβάλλου-
σιν, οἴους δὲ παλαμναίους τοῖς ἀνοσίοις ἐπιπέμπουσι;
Τοῖς δὲ φθιμένοις τὰς τιμὰς διαμένειν ἔτι ἂν δοκεῖτε,
εἰ μηδενὸς αὐτῶν αἱ ψυχαὶ κύριαι ἦσαν; 19 Οὗτοι
ἔγωγε, ὦ παῖδες, οὐδὲ τοῦτο πώποτε ἐπείσθην ὡς ἡ ψυχή
ἕως μὲν ἂν ἐν θνητῷ σώματι ᾖ, ζῇ, ὅταν δὲ τούτου ἀπαλ-
λαγῇ, τέθνηκεν · ὁρῶ γὰρ ὅτι καὶ τὰ θνητὰ σώματα
ὅσον ἂν ἐν αὐτοῖς χρόνον ᾖ ἡ ψυχή, ζῶντα παρέχεται.
20 Οὐδέ γε ὅπως ἄφρων ἔσται ἡ ψυχή, ἐπειδὰν τοῦ
ἄφρονος σώματος δίχα γένηται, οὐδὲ τοῦτο πέπεισμαι ·
ἀλλ᾽ ὅταν ἄκρατος καὶ καθαρὸς ὁ νοῦς ἐκκριθῇ, τότε
καὶ φρονιμώτατον εἰκὸς αὐτὸν εἶναι. Διαλυομένου δὲ

einer ungerechten Behandlung haben wie bei einem Bruder, wenn der Bruder eine einflußreiche Persönlichkeit ist? (16) Darum soll ihm niemand schneller gehorchen und bereitwilliger zur Seite stehen als du. Denn niemandem geht sein Glück oder sein Unglück so nahe wie dir. Auch daran mußt du denken: Bei wem könntest du dadurch, daß du ihm einen Gefallen tust, mehr Gewinn erwarten als bei ihm? Welchen stärkeren Verbündeten könntest du gewinnen, wenn du ihm hilfst? Was ist schändlicher, als den Bruder nicht zu lieben? Was ist schöner, als den Bruder mehr als alle anderen Menschen zu achten? Nur wenn ein Bruder bei seinem Bruder die erste Rolle spielt, mein Kambyses, fühlen andere Menschen keine Eifersucht.

(17) Bei den Göttern unserer Ahnen, meine Söhne, ich beschwöre euch, habt Achtung voreinander, wenn es euch am Herzen liegt, mir eine Freude zu machen. Denn ihr könnt euch doch offensichtlich nicht ganz sicher sein, daß ich nicht mehr sein werde, wenn ich mein menschliches Leben beschließe. Ihr konntet meine Seele nämlich auch bisher nicht sehen, sondern habt ihre Existenz nur aus ihrer Wirkung erschlossen.

(18) Habt ihr noch nicht bemerkt, welche Angst die Mörder vor den Seelen ihrer Opfer haben und wie schrecklich die Rachegeister sind, die über die Verbrecher herfallen? Glaubt ihr denn, daß man den Verstorbenen auf Dauer Ehre erweisen könnte, wenn ihre Seelen völlig machtlos wären? (19) Ich jedenfalls war niemals der Überzeugung, meine Söhne, daß die Seele, solange sie sich in einem sterblichen Körper befindet, lebt, wenn sie ihn aber verläßt, stirbt. Ich sehe nämlich, daß es die Seele ist, die auch den sterblichen Körpern das Leben erhält, solange sie in ihnen wohnt. (20) Aber auch davon bin ich nicht überzeugt, daß die Seele ihre Vernunft verliert, sobald sie von dem vernunftlosen Körper getrennt wird. Im Gegenteil – wenn der Geist unvermischt und rein vom Körper getrennt ist, dann versteht es sich von selbst, daß er die höchste Stufe der Vernunft erreicht. Wenn der Mensch zerfällt, dann kehren offensichtlich alle seine Bestandteile außer der

ἀνθρώπου δῆλά ἐστιν ἕκαστα ἀπιόντα πρὸς τὸ ὁμόφυλον πλὴν τῆς ψυχῆς · αὕτη δὲ μόνη οὔτε παροῦσα οὔτε ἀπιοῦσα ὁρᾶται. 21 Ἐννοήσατε δ', ἔφη, ὅτι ἐγγύτερον μὲν τῶν ἀνθρωπίνων θανάτῳ οὐδέν ἐστιν ὕπνου · ἡ δὲ τοῦ ἀνθρώπου ψυχὴ τότε δήπου θειοτάτη καταφαίνεται καὶ τότε τι τῶν μελλόντων προορᾷ · τότε γάρ, ὡς ἔοικε, μάλιστα ἐλευθεροῦται.

22 Εἰ μὲν οὖν οὕτως ἔχει ταῦτα ὥσπερ ἐγὼ οἴομαι καὶ ἡ ψυχὴ καταλείπει τὸ σῶμα, καὶ τὴν ἐμὴν ψυχὴν καταιδούμενοι ποιεῖτε ἃ ἐγὼ δέομαι · εἰ δὲ μὴ οὕτως, ἀλλὰ μένουσα ἡ ψυχὴ ἐν τῷ σώματι συναποθνήσκει, ἀλλὰ θεούς γε τοὺς ἀεὶ ὄντας καὶ πάντ' ἐφορῶντας καὶ πάντα δυναμένους, οἳ καὶ τήνδε τὴν τῶν ὅλων τάξιν συνέχουσιν ἀτριβῆ καὶ ἀγήρατον καὶ ἀναμάρτητον καὶ ὑπὸ κάλλους καὶ μεγέθους ἀδιήγητον, τούτους φοβούμενοι μήποτ' ἀσεβὲς μηδὲν μηδὲ ἀνόσιον μήτε ποιήσητε μήτε βουλεύσητε. 23 Μετὰ μέντοι θεοὺς καὶ ἀνθρώπων τὸ πᾶν γένος τὸ ἀεὶ ἐπιγιγνόμενον αἰδεῖσθε · οὐ γὰρ ἐν σκότῳ ὑμᾶς οἱ θεοὶ ἀποκρύπτονται, ἀλλ' ἐμφανῆ πᾶσιν ἀνάγκη ἀεὶ ζῆν τὰ ὑμέτερα ἔργα · ἃ ἦν μὲν καθαρὰ καὶ ἔξω τῶν ἀδίκων φαίνηται, δυνατοὺς ὑμᾶς ἐν πᾶσιν ἀνθρώποις ἀναδείξει · εἰ δὲ εἰς ἀλλήλους ἄδικόν τι φρονήσετε, ἐκ πάντων ἀνθρώπων τὸ ἀξιόπιστοι εἶναι ἀποβαλεῖτε · οὐδεὶς γὰρ ἂν ἔτι πιστεῦσαι δύναιτο ὑμῖν, οὐδ' εἰ πάνυ προθυμοῖτο, ἰδὼν ἀδικούμενον τὸν μάλιστα φιλίᾳ προσήκοντα. 24 Εἰ μὲν οὖν ἐγὼ ὑμᾶς ἱκανῶς διδάσκω οἵους χρὴ πρὸς ἀλλήλους εἶναι · εἰ δὲ μή, καὶ παρὰ τῶν προγεγενημένων μανθάνετε · αὕτη γὰρ ἀρίστη διδασκαλία. Οἱ μὲν γὰρ πολλοὶ διαγεγένηνται φίλοι μὲν γονεῖς παισί, φίλοι δὲ ἀδελφοὶ ἀδελφοῖς · ἤδη δέ τινες τούτων καὶ ἐναντία ἀλλήλοις ἔπραξαν. Ὁποτέροις ἂν οὖν αἰσθάνησθε τὰ πραχθέντα συνενεγκόντα, ταῦτα δὴ αἱρούμενοι ὀρθῶς ἂν βουλεύοισθε.

Seele zu ihrem gemeinsamen Urgrund zurück. Aber nur die Seele kann man nicht sehen, weder wenn sie anwesend ist noch wenn sie sich entfernt. (21) Bedenkt aber auch, daß unter allen menschlichen Dingen dem Tod nichts so ähnlich ist wie der Schlaf; dann befindet sich die Seele des Menschen doch wohl in besonderer Nähe zum Göttlichen und sieht in gewisser Weise die Zukunft voraus. Denn dann wird sie, wie es scheint, besonders wenig behindert.

(22) Wenn es sich also wirklich so verhält, wie ich glaube, und die Seele den Körper verläßt, dann habt Achtung auch vor meiner Seele und tut, worum ich euch bitte. Falls es aber nicht so ist, sondern die Seele im Körper bleibt und mit ihm stirbt, dann fürchtet wenigstens die ewigen Götter, die alles sehen und alles können und diese Ordnung der Welt in ihrer Unzerstörbarkeit, ewigen Jugend, Fehlerlosigkeit und unbeschreiblichen Schönheit und Größe erhalten, und tut und plant nichts Frevelhaftes oder Gottloses. (23) Doch nach den Göttern achtet die ganze Menschheit mit allen nachfolgenden Generationen. Denn die Götter hüllen euch nicht in Dunkelheit ein, sondern eure Taten werden zwangsläufig für immer allen Menschen vor Augen stehen. Wenn sie sich als rein und fehlerlos erweisen, werden sie in den Augen aller Menschen eure Macht und Größe bestätigen; wenn ihr aber daran denkt, euch gegenseitig Unrecht zu tun, dann werdet ihr eure Glaubwürdigkeit vor aller Welt verlieren. Denn niemand dürfte euch dann noch vertrauen können, auch wenn er es noch so gern wollte, sobald er einmal gesehen hat, daß jemand ein Unrecht erleidet, der mehr als jeder andere Anspruch auf Liebe hat. (24) Wenn ich euch über eure gegenseitigen Pflichten hinreichend unterrichtet habe, habe ich genug getan; wenn aber nicht, dann lernt von euren Vorfahren. Denn sie sind die besten Lehrmeister. In den meisten Fällen waren nämlich Eltern Freunde ihrer Kinder und Brüder Freunde ihrer Brüder. Aber einige von ihnen taten einander auch schon das Gegenteil an. Wenn ihr euch diejenigen zum Vorbild nehmt, deren Verhalten für sie selbst von Vorteil war, dann dürftet ihr gut beraten sein.

25 Καὶ τούτων μὲν ἴσως ἤδη ἅλις. Τὸ δ' ἐμὸν σῶμα, ὦ παῖδες, ὅταν τελευτήσω, μήτε ἐν χρυσῷ θῆτε μήτε ἐν ἀργύρῳ μηδὲ ἐν ἄλλῳ μηδενί, ἀλλὰ τῇ γῇ ὡς τάχιστα ἀπόδοτε· τί γὰρ τούτου μακαριώτερον τοῦ γῇ μειχθῆναι, ἣ πάντα μὲν τὰ καλά, πάντα δὲ τἀγαθὰ φύει τε καὶ τρέφει; Ἐγὼ δὲ καὶ ἄλλως φιλάνθρωπος ἐγενόμην καὶ νῦν ἡδέως ἄν μοι δοκῶ κοινωνῆσαι τοῦ εὐεργετοῦντος ἀνθρώπους.

26 Ἀλλὰ γὰρ ἤδη, ἔφη, ἐκλείπειν μοι φαίνεται ἡ ψυχὴ ὅθενπερ, ὡς ἔοικε, πᾶσιν ἄρχεται ἀπολείπουσα. Εἴ τις οὖν ὑμῶν ἢ δεξιᾶς βούλεται τῆς ἐμῆς ἅψασθαι ἢ ὄμμα τοὐμὸν ζῶντος ἔτι προσιδεῖν ἐθέλει, προσίτω· ὅταν δ' ἐγὼ ἐγκαλύψωμαι, αἰτοῦμαι ὑμᾶς, ὦ παῖδες, μηδεὶς ἔτ' ἀνθρώπων τοὐμὸν σῶμα ἰδέτω, μηδ' αὐτοὶ ὑμεῖς. **27** Πέρσας μέντοι πάντας καὶ τοὺς συμμάχους ἐπὶ τὸ μνῆμα τοὐμὸν παρακαλεῖτε συνησθησομένους ἐμοὶ ὅτι ἐν τῷ ἀσφαλεῖ ἤδη ἔσομαι, ὡς μηδὲν ἂν ἔτι κακὸν παθεῖν, μήτε ἢν μετὰ τοῦ θείου γένωμαι μήτε ἢν μηδὲν ἔτι ὦ· ὁπόσοι δ' ἂν ἔλθωσι, τούτους εὖ ποιήσαντες ὁπόσα ἐπ' ἀνδρὶ εὐδαίμονι νομίζεται ἀποπέμπετε. **28** Καὶ τοῦτο, ἔφη, μέμνησθέ μου τελευταῖον, τοὺς φίλους εὐεργετοῦντες καὶ τοὺς ἐχθροὺς δυνήσεσθε κολάζειν. Καὶ χαίρετε, ὦ φίλοι παῖδες, καὶ τῇ μητρὶ ἀπαγγέλλετε ὡς παρ' ἐμοῦ· καὶ πάντες δὲ οἱ παρόντες καὶ οἱ ἀπόντες φίλοι χαίρετε. Ταῦτ' εἰπὼν καὶ πάντας δεξιωσάμενος συνεκαλύψατο καὶ οὕτως ἐτελεύτησεν.

(25) Jetzt ist wohl darüber genug gesprochen worden. Meine lieben Söhne, bettet meinen Körper, sobald ich tot bin, nicht in Gold und Silber oder in irgend etwas anderes, sondern legt ihn möglichst schnell in die Erde. Denn was macht uns glücklicher als der Gedanke, in der Erde aufzugehen, die alles Schöne und alles Gute hervorbringt und nährt? Ich war immer ein Menschenfreund, und ich glaube, daß ich mich jetzt darüber freuen kann, wenn ich mich mit dem Element vereinige, das den Menschen nur Gutes schafft.

(26) Doch jetzt fühle ich, daß das Leben meinen Körper dort verläßt, wo es bei allen Menschen zuerst entweicht, wie es scheint. Sollte aber einer von euch noch den Wunsch haben, meine rechte Hand zu berühren, oder mir noch einmal in die Augen sehen wollen, solange ich am Leben bin, so komme er her. Sobald ich mich aber verhüllt habe, bitte ich euch, meine Söhne, dafür zu sorgen, daß kein Mensch mehr meinen Körper sieht, auch ihr selbst nicht. (27) Doch laßt alle Perser und Verbündeten vor mein Grabmal treten, damit sie sich mit mir zusammen darüber freuen können, daß ich nunmehr in Sicherheit bin, da ich kein Leid mehr erfahren kann, ob ich nun bei den Göttern weile oder nichts mehr bin. Diejenigen, die gekommen sind, laßt erst wieder weggehen, wenn ihr ihnen alle Freundlichkeiten erwiesen habt, wie es zur Erinnerung an einen glücklichen Mann üblich ist. (28) Behaltet auch dieses mein letztes Wort im Gedächtnis: Wenn ihr euren Freunden Gutes tut, werdet ihr auch eure Feinde in Schranken halten können. Lebt wohl, meine lieben Kinder, und sagt es auch eurer Mutter in meinem Namen. Alle meine Freunde, die ihr hier seid oder nicht, lebt wohl." Nachdem er diese Worte gesprochen und allen noch einmal seine rechte Hand hingestreckt hatte, verhüllte er sich. Das also war sein Ende.

VIII

1 Ὅτι μὲν δὴ καλλίστη καὶ μεγίστη τῶν ἐν τῇ Ἀσίᾳ ἡ Κύρου βασιλεία ἐγένετο αὐτὴ ἑαυτῇ μαρτυρεῖ. Ὡρίσθη γὰρ πρὸς ἕω μὲν τῇ Ἐρυθρᾷ θαλάττῃ, πρὸς ἄρκτον δὲ τῷ Εὐξείνῳ πόντῳ, πρὸς ἑσπέραν δὲ Κύπρῳ καὶ Αἰγύπτῳ, πρὸς μεσημβρίαν δὲ Αἰθιοπίᾳ. Τοσαύτη δὲ γενομένη μιᾷ γνώμῃ τῇ Κύρου ἐκυβερνᾶτο, καὶ ἐκεῖνός τε τοὺς ὑφ᾽ ἑαυτῷ ὥσπερ ἑαυτοῦ παῖδας ἐτίμα τε καὶ ἐθεράπευεν, οἵ τε ἀρχόμενοι Κῦρον ὡς πατέρα ἐσέβοντο. **2** Ἐπεὶ μέντοι Κῦρος ἐτελεύτησεν, εὐθὺς μὲν αὐτοῦ οἱ παῖδες ἐστασίαζον, εὐθὺς δὲ πόλεις καὶ ἔθνη ἀφίσταντο, πάντα δ᾽ ἐπὶ τὸ χεῖρον ἐτρέπετο. Ὡς δ᾽ ἀληθῆ λέγω ἄρξομαι διδάσκων ἐκ τῶν θείων.

Οἶδα γὰρ ὅτι πρότερον μὲν βασιλεὺς καὶ οἱ ὑπ᾽ αὐτῷ καὶ τοῖς τὰ ἔσχατα πεποιηκόσιν εἴτε ὅρκους ὀμόσαιεν, ἠμπέδουν, εἴτε δεξιὰς δοῖεν, ἐβεβαίουν. **3** Εἰ δὲ μὴ τοιοῦτοι ἦσαν καὶ τοιαύτην δόξαν εἶχον οὐδ᾽ ἂν εἷς αὐτοῖς ἐπίστευεν, ὥσπερ οὐδὲ νῦν πιστεύει οὐδὲ εἷς ἔτι, ἐπεὶ ἔγνωσται ἡ ἀσέβεια αὐτῶν. Οὕτως οὐδὲ τότε ἐπίστευσαν ἂν οἱ τῶν σὺν Κύρῳ ἀναβάντων στρατηγοί· νῦν δὲ δὴ τῇ πρόσθεν αὐτῶν δόξῃ πιστεύσαντες ἐνεχείρισαν ἑαυτούς, καὶ ἀναχθέντες πρὸς βασιλέα ἀπετμήθησαν τὰς κεφαλάς. Πολλοὶ δὲ καὶ τῶν συστρατευσάντων βαρβάρων ἄλλοι ἄλλαις πίστεσιν ἐξαπατηθέντες ἀπώλοντο.

4 Πολὺ δὲ καὶ τάδε χείρονες νῦν εἰσι. Πρόσθεν μὲν γὰρ εἴ τις ἢ διακινδυνεύσειε πρὸ βασιλέως ἢ πόλιν ἢ ἔθνος ὑποχείριον ποιήσειεν ἢ ἄλλο τι καλὸν ἢ ἀγαθὸν

VIII.

(1) Daß das Reich des Kyros das schönste und größte in ganz Asien war, beweist es durch sich selbst. Denn seine Grenzen waren im Osten das Erythraïsche Meer, im Norden das Schwarze Meer, im Westen Kypros und Ägypten und im Süden Aithiopien. Trotz dieses so gewaltigen Umfangs wurde es allein durch Kyros' Willen regiert, und er brachte seinen Untertanen Achtung und Fürsorge entgegen, als ob sie seine eigenen Kinder gewesen wären, und seine Untertanen verehrten ihn wie einen Vater. (2) Doch als Kyros gestorben war, kam es sofort zu einem Zerwürfnis zwischen seinen Söhnen, trennten sich sofort Städte und Völker vom Reich, und alles entwickelte sich zum Schlechten hin. Um zu beweisen, daß ich die Wahrheit sage, werde ich meine Darstellung mit den religiösen Grundlagen beginnen.

Denn ich weiß, daß früher ein persischer König und seine Untergebenen sogar gegenüber größten Verbrechern ihr Wort hielten, wenn sie ihnen etwas geschworen hatten, oder dazu standen, wenn sie etwas mit Handschlag vereinbart hatten. (3) Wären sie aber nicht so gewesen und hätten sie diesen Ruf nicht gehabt, so hätte kein einziger Mensch Vertrauen zu ihnen gehabt, wie es leider heutzutage keinen Menschen mehr gibt, der ihnen noch traut, nachdem ihre Gottlosigkeit bekannt geworden ist. So hätten denn auch damals die Anführer der Männer, die sich dem jüngeren Kyros anschlossen, kein Vertrauen gehabt. Doch weil sie damals auf den früheren Ruf des Perserkönigs und seiner Untergebenen vertrauten, begaben sie sich in die Hände der Perser, wurden aber, nachdem sie dem Perserkönig vorgeführt worden waren, enthauptet. Außerdem kamen viele Barbaren um, die sich der Expedition angeschlossen hatten, nachdem sie durch unterschiedliche Versprechen betrogen worden waren.

(4) Auch in folgender Hinsicht erweisen sich die heutigen Perser als viel minderwertiger: Wenn nämlich früher jemand für den König sein Leben einsetzte, eine Stadt oder ein Volk

αὐτῷ διαπράξειεν, οὗτοι ἦσαν οἱ τιμώμενοι. Νῦν δὲ καὶ
ἦν τις ὥσπερ Μιθριδάτης τὸν πατέρα Ἀριοβαρζάνην
προδούς, καὶ ἦν τις ὥσπερ Ῥεομίθρης τὴν γυναῖκα καὶ
τὰ τέκνα καὶ τοὺς τῶν φίλων παῖδας ὁμήρους παρὰ
τῷ Αἰγυπτίῳ ἐγκαταλιπὼν καὶ τοὺς μεγίστους ὅρκους
παραβὰς βασιλεῖ δόξῃ τι σύμφορον ποιῆσαι, οὗτοί
εἰσιν οἱ ταῖς μεγίσταις τιμαῖς γεραιρόμενοι. 5 Ταῦτ' οὖν
ὁρῶντες οἱ ἐν τῇ Ἀσίᾳ πάντες ἐπὶ τὸ ἀσεβὲς καὶ τὸ ἄδικον τετραμμένοι εἰσίν· ὁποῖοί τινες γὰρ ἂν οἱ προστάται ὦσι, τοιοῦτοι καὶ οἱ ὑπ' αὐτοὺς ὡς ἐπὶ τὸ πολὺ γίγνονται. Ἀθεμιστότεροι δὲ νῦν ἢ πρόσθεν ταύτῃ γεγένην-
ται.

6 Εἴς γε μὴν χρήματα τῇδε ἀδικώτεροι· οὐ γὰρ
μόνον τοὺς πολλὰ ἡμαρτηκότας, ἀλλ' ἤδη τοὺς οὐδὲν
ἠδικηκότας συλλαμβάνοντες ἀναγκάζουσι πρὸς οὐδὲν
δίκαιον χρήματα ἀποτίνειν· ὥστ' οὐδὲν ἧττον οἱ πολλὰ
ἔχειν δοκοῦντες τῶν πολλὰ ἠδικηκότων φοβοῦνται·
καὶ εἰς χεῖρας οὐδ' οὗτοι ἐθέλουσι τοῖς κρείττοσιν ἰέναι,
οὐδέ γε ἀθροίζεσθαι εἰς βασιλικὴν στρατιὰν θαρροῦσι.
7 Τοιγαροῦν ὅστις ἂν πολεμῇ αὐτοῖς, πᾶσιν ἔξεστιν
ἐν τῇ χώρᾳ αὐτῶν ἀναστρέφεσθαι ἄνευ μάχης ὅπως
ἂν βούλωνται διὰ τὴν ἐκείνων περὶ μὲν θεοὺς ἀσέβειαν,
περὶ δὲ ἀνθρώπους ἀδικίαν. Αἱ μὲν δὴ γνῶμαι ταύτῃ
τῷ παντὶ χείρους νῦν ἢ τὸ παλαιὸν αὐτῶν.

8 Ὡς δὲ οὐδὲ τῶν σωμάτων ἐπιμέλονται ὥσπερ πρόσθεν,
νῦν αὖ τοῦτο διηγήσομαι. Νόμιμον γὰρ δὴ ἦν αὐτοῖς
μήτε πτύειν μήτε ἀπομύττεσθαι· δῆλον δὲ ὅτι ταῦτα
οὐ τοῦ ἐν τῷ σώματι ὑγροῦ φειδόμενοι ἐνόμισαν, ἀλλὰ
βουλόμενοι διὰ πόνων καὶ ἱδρῶτος τὰ σώματα στε-
ρεοῦσθαι. Νῦν δὲ τὸ μὲν μὴ πτύειν μηδὲ ἀπομύττεσθαι

unterwarf oder eine andere schöne oder gute Leistung für ihn vollbrachte, dann wurden diese Leute mit Ehrungen überhäuft. Heute hingegen erhält man die höchsten Auszeichnungen, wenn man wie Mithridates, der seinen Vater Ariobarzanes verriet, oder wie Rheomitres, der seine Frau, seine Kinder und die Söhne seiner Freunde beim Ägypterkönig als Geiseln zurückließ und die heiligsten Eide brach, seinem König einen guten Dienst zu erweisen schien. (5) Als Zeugen dieser Vorgänge haben sich alle Menschen in Asien auf den Weg der Gottlosigkeit und Ungerechtigkeit begeben. Denn wie die Herren sind, so werden auch meistens ihre Untertanen. Deshalb haben sie heute weniger Achtung vor Recht und Gesetz als früher.

(6) Ja, auch in Geldangelegenheiten sind sie heutzutage weniger redlich. Denn nicht nur die großen Verbrecher, sondern sogar die völlig Unschuldigen sperren sie ein und zwingen sie ohne rechtliche Handhabe, Bußgelder zu bezahlen. Daher haben diejenigen, die viel Geld zu besitzen scheinen, nicht weniger Angst als diejenigen, die sich viel zuschulden kommen ließen. Sie wollen auch nichts mit Mächtigeren zu tun haben und wagen es auch nicht mehr, sich dem Heer des Großkönigs anzuschließen. (7) Folglich kann jeder, der sich mit den Persern im Kriegszustand befindet, in ihrem Land umherziehen, wie er Lust hat, ohne kämpfen zu müssen, weil sie es an Frömmigkeit gegenüber den Göttern und an Gerechtigkeit gegenüber den Menschen fehlen lassen. Ihre Ansichten und Überzeugungen sind heute auch hier in jeder Hinsicht schlechter als in früheren Zeiten.

(8) Daß sie sich aber auch nicht mehr wie früher um ihre körperliche Leistungsfähigkeit kümmern, werde ich jetzt noch ausführen. Denn es war bei ihnen verboten, auszuspucken und sich zu schneuzen. Sie hielten früher offensichtlich nicht deshalb daran fest, um mit der Körperflüssigkeit schonend umzugehen, sondern weil sie ihre Körper durch Anstrengung und Schweiß abhärten wollten. Heute halten sie zwar an der Sitte fest, nicht auszuspucken und sich zu schneuzen. Doch nirgend-

ἔτι διαμένει, τὸ δ' ἐκπονεῖν οὐδαμοῦ ἐπιτηδεύεται. 9 Καὶ μὴν πρόσθεν μὲν ἦν αὐτοῖς μονοσιτεῖν νόμιμον, ὅπως ὅλῃ τῇ ἡμέρᾳ χρῷντο καὶ εἰς τὰς πράξεις καὶ εἰς τὸ διαπονεῖσθαι. Νῦν γε μὴν τὸ μὲν μονοσιτεῖν ἔτι διαμένει, ἀρχόμενοι δὲ τοῦ σίτου ἡνίκαπερ οἱ πρωαίτατα ἀριστῶντες μέχρι τούτου ἐσθίοντες καὶ πίνοντες διάγουσιν ἔστεπερ οἱ ὀψιαίτατα κοιμώμενοι.

10 Ἦν δ' αὐτοῖς νόμιμον μηδὲ προχοίδας εἰσφέρεσθαι εἰς τὰ συμπόσια, δῆλον ὅτι νομίζοντες τὸ μὴ ὑπερπίνειν ἧττον ἂν καὶ σώματα καὶ γνώμας σφάλλειν · νῦν δὲ τὸ μὲν μὴ εἰσφέρεσθαι ἔτι αὖ διαμένει, τοσοῦτον δὲ πίνουσιν ὥστε ἀντὶ τοῦ εἰσφέρειν αὐτοὶ ἐκφέρονται, ἐπειδὰν μηκέτι δύνωνται ὀρθούμενοι ἐξιέναι.

11 Ἀλλὰ μὴν κἀκεῖνο ἦν αὐτοῖς ἐπιχώριον τὸ μεταξὺ πορευομένους μήτε ἐσθίειν μήτε πίνειν μήτε τῶν διὰ ταῦτα ἀναγκαίων μηδὲν ποιοῦντας φανεροὺς εἶναι. Νῦν δ' αὖ τὸ μὲν τούτων ἀπέχεσθαι ἔτι διαμένει, τὰς μέντοι πορείας οὕτω βραχείας ποιοῦνται ὡς μηδέν' ἂν ἔτι θαυμάσαι τὸ ἀπέχεσθαι τῶν ἀναγκαίων.

12 Ἀλλὰ μὴν καὶ ἐπὶ θήραν πρόσθεν μὲν τοσαυτάκις ἐξῇσαν ὥστε ἀρκεῖν αὐτοῖς τε καὶ ἵπποις γυμνάσια τὰς θήρας · ἐπεὶ δὲ Ἀρταξέρξης ὁ βασιλεὺς καὶ οἱ σὺν αὐτῷ ἥττους τοῦ οἴνου ἐγένοντο, οὐκέτι ὁμοίως οὔτ' αὐτοὶ ἐξῇσαν οὔτε τοὺς ἄλλους ἐξῆγον ἐπὶ τὰς θήρας · ἀλλὰ καὶ εἴ τινες φιλόπονοι γένοιντο καὶ σὺν τοῖς περὶ αὑτοὺς ἱππεῦσι ἅμα θηρῷεν, φθονοῦντες αὐτοῖς δῆλοι ἦσαν καὶ ὡς βελτίονας αὑτῶν ἐμίσουν.

13 Ἀλλά τοι καὶ τοὺς παῖδας τὸ μὲν παιδεύεσθαι ἐπὶ ταῖς θύραις ἔτι διαμένει · τὸ μέντοι τὰ ἱππικὰ μανθάνειν καὶ μελετᾶν ἀπέσβηκε διὰ τὸ μὴ εἶναι ὅπου ἂν ἀποφαινόμενοι εὐδοκιμοῖεν. Καὶ ὅτι γε οἱ παῖδες ἀκούοντες

wo legt man Wert auf schwere körperliche Anstrengungen.
(9) Früher war es üblich bei ihnen, nur einmal am Tag zu
essen, damit sie den ganzen Tag für ihre Tätigkeiten und Anstrengungen zur Verfügung hatten. Heute ist es zwar auch
noch Sitte, nur eine einzige Mahlzeit einzunehmen. Aber sie
beginnen mit dem Essen, wenn die ersten frühstücken, und
essen und trinken so lange, bis die letzten zu Bett gehen.

(10) Früher war es bei ihnen üblich, keine Nachttöpfe zu
den Festgelagen mitzubringen, weil sie der Meinung waren,
daß der Verzicht auf übermäßiges Trinken für Körper und
Geist weniger abträglich sei. Heute aber halten sie zwar noch
daran fest, keine Nachttöpfe hereinzubringen, trinken aber so
viel, daß sie, statt Nachttöpfe hereinzubringen, selbst hinaus-
gebracht werden müssen, wenn sie nicht mehr fähig sind, aufrecht hinauszugehen.
(11) Es war bei ihnen früher auch nicht üblich, auf der Straße zu essen oder zu trinken oder den daraus erwachsenden
Bedürfnissen in der Öffentlichkeit nachzugehen. Heute bleibt
es zwar noch bei diesem Verzicht, doch sie legen nur so kurze
Strecken zurück, daß ihre Enthaltsamkeit angesichts der notwendigen Bedürfnisse von niemandem mehr bewundert werden kann.
(12) Andererseits gingen sie früher so oft auf die Jagd, daß
die Jagd ihnen und ihren Pferden genug körperliche Übung
bot. Als sich aber der König Artaxerxes und seine ständigen
Begleiter dem Weingenuß hingaben, gingen sie nicht mehr so
häufig auf die Jagd und schickten auch die anderen nicht mehr
los. Im Gegenteil – wenn irgendwelche Leute die Anstrengungen gern auf sich nahmen und gemeinsam mit ihren Reitern
auf die Jagd gingen, ernteten sie nichts als Neid und Haß, weil
sie tüchtiger waren als die anderen.
(13) Die Söhne bei Hofe erziehen zu lassen, ist zwar immer
noch Brauch. Doch das Erlernen und Ausüben der Reitkunst
hat aufgehört, weil es keine Gelegenheit mehr gibt, wo sie ihre
Kunst beweisen könnten. Auch die in früheren Zeiten verbrei-

ἐκεῖ πρόσθεν τὰς δίκας δικαίως δικαζομένας ἐδόκουν
μανθάνειν δικαιότητα, καὶ τοῦτο παντάπασιν ἀνέστραπται ·
σαφῶς γὰρ ὁρῶσι νικῶντας ὁπότεροι ἂν πλεῖον διδῶσιν.
14 Ἀλλὰ καὶ τῶν φυομένων ἐκ τῆς γῆς τὰς δυνάμεις
οἱ παῖδες πρόσθεν μὲν ἐμάνθανον, ὅπως τοῖς μὲν ὠφε-
λίμοις χρῷντο, τῶν δὲ βλαβερῶν ἀπέχοιντο · νῦν δὲ
ἐοίκασι ταῦτα διδασκομένοις, ὅπως ὅτι πλεῖστα κακο-
ποιῶσιν · οὐδαμοῦ γοῦν πλείους ἢ ἐκεῖ οὔτ' ἀποθνήσκου-
σιν οὔτε διαφθείρονται ὑπὸ φαρμάκων.

15 Ἀλλὰ μὴν καὶ θρυπτικώτεροι πολὺ νῦν ἢ ἐπὶ
Κύρου εἰσί · τότε μὲν γὰρ ἔτι τῇ ἐκ Περσῶν παιδείᾳ καὶ
ἐγκρατείᾳ ἐχρῶντο, τῇ δὲ Μήδων στολῇ καὶ ἁβρότητι ·
νῦν δὲ τὴν μὲν ἐκ Περσῶν καρτερίαν περιορῶσιν ἀποσβεν-
νυμένην, τὴν δὲ τῶν Μήδων μαλακίαν διασῴζονται.
16 Σαφηνίσαι δὲ βούλομαι καὶ τὴν θρύψιν αὐτῶν.
Ἐκείνοις γὰρ πρῶτον μὲν τὰς εὐνὰς οὐ μόνον ἀρκεῖ
μαλακῶς ὑποστρώννυσθαι, ἀλλ' ἤδη καὶ τῶν κλινῶν
τοὺς πόδας ἐπὶ ταπίδων τιθέασιν, ὅπως μὴ ἀντερείδῃ
τὸ δάπεδον, ἀλλ' ὑπείκωσιν αἱ τάπιδες. Καὶ μὴν τὰ
πεττόμενα ἐπὶ τράπεζαν ὅσα τε πρόσθεν ηὕρητο, οὐδὲν
αὐτῶν ἀφῄρηται, ἄλλα τε ἀεὶ καινὰ ἐπιμηχανῶνται ·
καὶ ὄψα γε ὡσαύτως · καὶ γὰρ καινοποιητὰς ἀμφοτέρων τούτων κέκτηνται.

17 Ἀλλὰ μὴν καὶ ἐν τῷ χειμῶνι οὐ μόνον κεφαλὴν
καὶ σῶμα καὶ πόδας ἀρκεῖ αὐτοῖς ἐσκεπάσθαι, ἀλλὰ
καὶ περὶ ἄκραις ταῖς χερσὶ χειρῖδας δασείας καὶ δακ-
τυλήθρας ἔχουσιν. Ἔν γε μὴν τῷ θέρει οὐκ ἀρκοῦσιν
αὐτοῖς οὔθ' αἱ τῶν δένδρων οὔθ' αἱ τῶν πετρῶν σκιαί,
ἀλλ' ἐν ταύταις ἑτέρας σκιὰς ἄνθρωποι μηχανώμενοι
αὐτοῖς παρεστᾶσι.
18 Καὶ μὴν ἐκπώματα ἢν μὲν ὡς πλεῖστα ἔχωσι,
τούτῳ καλλωπίζονται · ἢν δ' ἐξ ἀδίκου φανερῶς ᾖ μεμη-

tete Meinung, daß die Knaben dort Gerechtigkeit lernten, wo
sie sich gerechte Entscheidungen anhörten, ist völlig abhanden
gekommen. Denn sie müssen deutlich sehen, daß diejenigen
den Prozeß gewinnen, die mehr bezahlen. (14) Früher lernten
die Knaben noch, welche Eigenschaften die Erzeugnisse der
Erde haben, um die nützlichen zu gebrauchen und die schädli-
chen nicht anzurühren. Heute aber hat man den Eindruck, daß
sie darin unterrichtet werden, möglichst viel Unheil anzurich-
ten. Nirdendwo auf der Welt sterben oder erkranken mehr
Menschen durch Gift als dort.

(15) Heute sind sie allerdings auch viel weichlicher als zu
Kyros' Zeiten. Denn damals waren sie noch geprägt von der
persischen Erziehung und Abhärtung, kannten aber auch
schon medische Kleidung und Luxus. Heutzutage lassen sie es
zu, daß die persische Standhaftigkeit verloren geht, die medische Weichlichkeit aber pflegen sie weiter. (16) Ich will ihre
Verweichlichung veranschaulichen: Zunächst reicht es ihnen
nicht, nur einfach weiche Betten zu haben, sondern sie stellen
jetzt die Füße der Betten sogar auf Teppiche, damit sie nicht
auf dem harten Fußboden stehen, dafür aber durch weiche
Teppiche abgefedert werden. Auf keine Speisen, die man sich
in früherer Zeit für die Mahlzeiten ausgedacht hatte, wurde bis
heute verzichtet; man denkt sich aber ständig neue aus. Das
gilt auch für die Beilagen; denn sie haben für beides Fachleute,
die unentwegt neue Genußmöglichkeiten erfinden.

(17) Im Winter genügt es ihnen nicht, nur den Kopf, den
Körper und die Füße zu bedecken, sondern sie haben auch
Fellhüllen um die Finger und Handschuhe. Im Sommer geben
sie sich nicht mit dem Schatten der Bäume und Felsen zufrieden, sondern in diesem Schatten stehen Leute neben ihnen,
die ihnen noch zusätzlich Schatten spenden.

(18) Sie sind stolz darauf, möglichst viele Trinkgefäße zu
besitzen. Wenn sie sie aber offensichtlich auf unrechtmäßige

χανημένα, οὐδὲν τοῦτο αἰσχύνονται · πολὺ γὰρ ηὔξηται
ἐν αὐτοῖς ἡ ἀδικία τε καὶ αἰσχροκέρδεια.

19 Ἀλλὰ καὶ πρόσθεν μὲν ἦν ἐπιχώριον αὐτοῖς μὴ
ὁρᾶσθαι πεζῇ πορευομένοις, οὐκ ἄλλου τινὸς ἕνεκα
ἢ τοῦ ὡς ἱππικωτάτους γίγνεσθαι · νῦν δὲ στρώματα
πλείω ἔχουσιν ἐπὶ τῶν ἵππων ἢ ἐπὶ τῶν εὐνῶν · οὐ γὰρ
τῆς ἱππείας οὕτως ὥσπερ τοῦ μαλακῶς καθῆσθαι ἐπιμέλονται.

20 Τά γε μὴν πολεμικὰ πῶς οὐκ εἰκότως νῦν τῷ
παντὶ χείρους ἢ πρόσθεν εἰσίν; Οἷς ἐν μὲν τῷ παρελθόντι
χρόνῳ ἐπιχώριον εἶναι ὑπῆρχε τοὺς μὲν τὴν γῆν ἔχοντας ἀπὸ ταύτης ἱππότας παρέχεσθαι, οἳ δὴ καὶ ἐστρατεύοντο εἰ δέοι στρατεύεσθαι, τοὺς δὲ φρουροῦντας
πρὸ τῆς χώρας μισθοφόρους εἶναι. Νῦν δὲ τούς τε θυρω-
ροὺς καὶ τοὺς σιτοποιοὺς καὶ τοὺς ὀψοποιοὺς καὶ οἰνο-
χόους καὶ λουτροχόους καὶ παρατιθέντας καὶ ἀναι-
ροῦντας καὶ κατακοιμίζοντας καὶ ἀνιστάντας, καὶ τοὺς
κοσμητάς, οἳ ὑποχρίουσί τε καὶ ἐντρίβουσιν αὐτοὺς
καὶ τἆλλα ῥυθμίζουσι, τούτους πάντας ἱππέας οἱ δυ-
νάσται πεποιήκασιν, ὅπως μισθοφορῶσιν αὐτοῖς. 21 Πλῆθος μὲν οὖν καὶ ἐκ τούτων φαίνεται, οὐ μέντοι ὄφελός
γε οὐδὲν αὐτῶν εἰς πόλεμον · δηλοῖ δὲ καὶ αὐτὰ τὰ
γιγνόμενα · κατὰ γὰρ τὴν χώραν αὐτῶν ῥᾷον οἱ πολέμιοι ἢ οἱ φίλοι ἀναστρέφονται. 22 Καὶ γὰρ δὴ ὁ Κῦρος τοῦ μὲν ἀκροβολίζεσθαι ἀποπαύσας, θωρακίσας
δὲ καὶ αὐτοὺς καὶ ἵππους καὶ ἓν παλτὸν ἑκάστῳ δοὺς
εἰς χεῖρα ὁμόθεν τὴν μάχην ἐποιεῖτο · νῦν δὲ οὔτε ἀκρο-
βολίζονται ἔτι οὔτ' εἰς χεῖρας συνιόντες μάχονται. 23 Καὶ
οἱ πεζοὶ ἔχουσι μὲν γέρρα καὶ κοπίδας καὶ σαγάρεις
ὥσπερ ἐπὶ Κύρου τὴν μάχην ποιησάμενοι · εἰς χεῖρας
δὲ ἰέναι οὐδ' οὗτοι ἐθέλουσιν. 24 Οὐδέ γε τοῖς δρεπανη-

Weise erworben haben, so ist dies kein Grund für sie, sich zu schämen. Denn Unrecht und schändlicher Eigennutz haben bei ihnen stark zugenommen.

(19) Früher war es bei ihnen verpönt, sich zu Fuß auf der Straße sehen zu lassen, und sie wollten auf diese Weise nur erreichen, daß sie möglichst gute Reiter wurden. Jetzt aber haben sie auf ihren Pferden mehr Decken als auf ihren Betten. Denn sie interessieren sich weniger für das Reiten als für das weiche Sitzen.

(20) Wie sollte es überraschen, daß sie sich heutzutage viel weniger auf das Kriegshandwerk verstehen als früher? Denn in früheren Zeiten herrschte bei ihnen die Sitte, daß die Grundeigentümer von den Erträgen ihrer Ländereien Berittene unterhielten und zur Verfügung stellten, die dann auch wirklich an Feldzügen teilnahmen, wenn es erforderlich war, und daß die Wächter an den Grenzen des Landes ihren Dienst gegen Sold verrichteten. Heute hingegen gibt es die Torwächter, Bäcker, Köche und Weinschenken, Bademeister, Servierer, Diener zum Abräumen der Tische, Helfer beim Schlafengehen und Aufstehen und Schönheitspfleger, die sie eincremen, schminken und auch sonst noch zurechtmachen. Die Mächtigen haben diese Leute allesamt zu Reitern gemacht, auf daß sie ihnen gegen Bezahlung dienen. (21) Auch diese stellen zwar eine große Mannschaft dar, sind aber für einen Einsatz im Krieg völlig nutzlos. Die Tatsachen liefern die Beweise dafür: Denn in ihrem Land können sich die Feinde freier bewegen als die eigenen Leute. (22) Nachdem Kyros das Vorgefecht abgeschafft, die Panzerung der Reiter und Pferde eingeführt und jeden einzelnen Mann mit einer Lanze bewaffnet hatte, schuf er die Voraussetzungen für den Kampf Mann gegen Mann. Jetzt aber gibt es beides nicht mehr: weder das Vorgefecht noch den Nahkampf. (23) Die Fußsoldaten haben zwar noch einen Schild, Schwerter und Streitäxte, womit sie zu Kyros' Zeiten gekämpft hatten. Aber sie sind nicht mehr bereit, den Nahkampf aufzunehmen. (24) Sie verwenden auch die Sichel-

φόροις ἅρμασιν ἔτι χρῶνται ἐφ' ᾧ Κῦρος αὐτὰ ἐποιήσατο. Ὁ μὲν γὰρ τιμαῖς αὐξήσας τοὺς ἡνιόχους καὶ
ἀγαστοὺς ποιήσας εἶχε τοὺς εἰς τὰ ὅπλα ἐμβαλοῦν-
τας · οἱ δὲ νῦν οὐδὲ γιγνώσκοντες τοὺς ἐπὶ τοῖς ἅρμασιν οἴονται σφίσιν ὁμοίους τοὺς ἀνασκήτους τοῖς ἠσκηκό-
σιν ἔσεσθαι. 25 Οἱ δὲ ὁρμῶσι μέν, πρὶν δ' ἐν τοῖς πολεμίοις εἶναι οἱ μὲν ἑκόντες ἐκπίπτουσιν, οἱ δ' ἐξάλλον-
ται, ὥστε ἄνευ ἡνιόχων γιγνόμενα τὰ ζεύγη πολλάκις
πλείω κακὰ τοὺς φίλους ἢ τοὺς πολεμίους ποιεῖ.
26 Ἐπεὶ μέντοι καὶ αὐτοὶ γιγνώσκουσιν οἷα σφίσι
τὰ πολεμιστήρια ὑπάρχει, ὑφίενται, καὶ οὐδεὶς ἔτι ἄνευ
Ἑλλήνων εἰς πόλεμον καθίσταται, οὔτε ὅταν ἀλλήλοις
πολεμῶσιν οὔτε ὅταν οἱ Ἕλληνες αὐτοῖς ἀντιστρα-
τεύωνται · ἀλλὰ καὶ πρὸς τούτους ἐγνώκασι μεθ' Ἑλλήνων τοὺς πολέμους ποιεῖσθαι.

27 Ἐγὼ μὲν δὴ οἶμαι ἅπερ ὑπεθέμην ἀπειργάσθαι
μοι. Φημὶ γὰρ Πέρσας καὶ τοὺς σὺν αὐτοῖς καὶ ἀσε-
βεστέρους περὶ θεοὺς καὶ ἀνοσιωτέρους περὶ συγγενεῖς καὶ ἀδικωτέρους περὶ τοὺς ἄλλους καὶ ἀνανδρο-
τέρους τὰ εἰς τὸν πόλεμον νῦν ἢ πρόσθεν ἀποδεδεῖχθαι.
Εἰ δέ τις τἀναντία ἐμοὶ γιγνώσκοι, τὰ ἔργα αὐτῶν ἐπισ-
κοπῶν εὑρήσει αὐτὰ μαρτυροῦντα τοῖς ἐμοῖς λόγοις.

wagen nicht mehr zu dem Zweck, für den Kyros sie eingeführt
hatte. Denn indem er die Wagenlenker mit Auszeichnungen
belohnte und heraushob, ließ er sie zu Kämpfern werden, die
es mit den Schwerbewaffneten aufnehmen konnten. Die heutigen Perser kümmern sich nicht mehr um die Wagenkämpfer
und sind der Meinung, daß die Ungeübten über die gleiche
Kampfkraft verfügten wie die Ausgebildeten. (25) Sie rücken
zwar vor, doch bevor sie mit den Feinden in Berührung kommen, lassen sie sich teils absichtlich von ihren Wagen fallen,
teils springen sie ab, so daß die führerlosen Gespanne den
eigenen Leuten oft mehr Schaden zufügen als den Feinden.
(26) Da sie allerdings auch selbst erkennen, wie es um ihre
militärischen Möglichkeiten steht, trauen sie sich nichts mehr
zu, und kein Perser läßt sich mehr ohne Hilfe der Griechen auf
einen Krieg ein, ob sie nun untereinander Krieg führen oder
die Griechen gegen sie zu Felde ziehen; sie sind tatsächlich der
Meinung, auch gegen die Griechen nur mit Hilfe der Griechen
Krieg führen zu können.

(27) Ich glaube, daß die Aufgabe, die ich mir gestellt hatte,
erfüllt ist. Denn ich meine bewiesen zu haben, daß die Perser
und ihre Bündnispartner heutzutage weniger Ehrfurcht vor
den Göttern empfinden, weniger Rücksicht auf ihre Verwandten nehmen, weniger Gerechtigkeit gegenüber anderen üben
und weniger Tapferkeit im Krieg zeigen als in früheren Zeiten.
Sollte aber jemand meine Beurteilung nicht übernehmen können, so braucht er nur ihr Handeln und Verhalten zu untersu-
chen, um herauszufinden, daß meine Darstellung den Tatsachen entspricht.

ANHANG

ANMERKUNGEN

ERSTES BUCH

I.

(1) *so zu führen:* Unter den vielen Themen und Motiven, die in der Kyrupädie behandelt werden, steht das Begriffspaar „Führen und Gehorchen" im Mittelpunkt. Xenophon beabsichtigt, an der Gestalt des Kyros zu veranschaulichen, unter welchen Voraussetzungen Führung und Gehorsam zum Wohle aller Betroffenen korrelieren können, und Kyros' Erfolg bei der Lösung des Problems, unter welchen Bedingungen Menschen Führung akzeptieren, verständlich zu machen. Vgl. dazu auch Leo Strauss: Über Tyrannis. Eine Interpretation von Xenophons ‚Hieron' mit einem Essay über Tyrannis und Weisheit von Alexandre Kojève, Neuwied/Berlin 1963, 201. – Daß die Lösung dieses Problems nach Xenophons Auffassung nur mit der Einzigartigkeit der Erziehung und der Persönlichkeit des (xenophontischen) Kyros gegeben war, verschweigt Xenophon nicht; denn schon mit Kyros' Nachfolgern entsteht das Problem erneut (vgl. 8, 8, 2).

(3) *freiwillig gehorcht haben:* Platon bezeichnet die Herrschaftsform des Kyros in Persien als „die rechte Mitte zwischen Sklaverei und Freiheit" (Nomoi III 694a). Hier seien die Perser selbst „frei" und zugleich die Herren über andere geworden. Grundlage der Regierung des Kyros waren nach Platon Freiheit, Freundschaft und Gemeinsamkeit der Vernunft (694b). – In der Kyrupädie wird Kyros' Fähigkeit, die Menschen zum freiwilligen Gehorsam (= Freiheit) zu motivieren, vielfach erwähnt (z. B. durch Lob, Belohnung, Überzeugung und Ermunterung, Fürsorge und Einsatz zugunsten der Untergebenen: 1, 6, 10; 1, 6, 20f.; 4, 1, 19; 4, 2, 10–11; 5, 1, 25). Hervorzuheben sind die Ausführungen über die grundlegende Bedeutung des Gehorsams. Zum Thema vgl. auch Xenophons „Hieron", bes. Kap. 11 über die Möglichkeiten des

Tyrannen, bei seinen Untertanen die Bereitschaft zum Gehorsam zu erzeugen. Im ,Oikonomikos' (4, 19) bezeichnet Xenophon die Bereitschaft zum freiwilligen Gehorsam als einen großen Beweis für die Tüchtigkeit eines Herrschers.

(4) *König der Skythen:* Die Skythen waren ein den Persern verwandtes iranisches Volk, das uns am besten durch Herodot (Historien 4, 1ff.) bekannt ist. Um 600 vor Chr. beherrschten sie den nördlichen Iran und Armenien.

Thraker: Sie lebten in dem Gebiet östlich von Makedonien bis zum Schwarzen Meer, zwischen Donau und Ägäischem Meer, und galten als wilde Krieger.

Illyrer: Ihr Siedlungsgebiet war die nordwestliche Balkanhalbinsel und die nördliche und östliche Adriaküste. Sie waren als Seeräuber gefürchtet.

Hyrkanier: Sie bewohnten den südöstlichen Rand des Kaspischen Meeres, standen zunächst unter assyrischer Herrschaft (Kyrup. 1, 5, 2) und schlossen sich dann Kyros an (Kyrup. 4, 2, 1–8; 9–26). Sie gehörten zu den ersten und wichtigsten Bündnispartnern des Kyros.

Syrer ... Babylonier: Die Ausdehnung des persischen Reiches unter Kyros wird Kyrup. 8, 8, 1 (vgl. schon 8, 6, 21) beschrieben.

Araber: Dabei handelt es sich nicht um die Bewohner der arabischen Halbinsel, sondern um die Menschen, die am rechten Ufer des Euphrat lebten.

Hellenen in Asien: Gemeint sind die Bewohner der griechischen Städte an der kleinasiatischen Küste.

(5) *Autorität:* Im griechischen Originaltext steht eigentlich „die von ihm ausgehende Furcht" bzw. „die Furcht, die er verbreitete". Da Kyros laut Xenophon gerade nicht mit dem Mittel der „Furcht" regierte, wurde für die Übersetzung der Begriff „Autorität" gewählt. Welche Methoden Kyros anwandte, um seine von seiner Autorität getragene Herrschaft zu konsolidieren, ist das zentrale Thema der Schrift. Vgl. Anm. zu 1, 1, 1.

Hauptstadt: Xenophon berichtet 8, 6, 22, daß Kyros in Babylon, Susa und Ekbatana residierte. Seine (von Xenophon in der Kyrupädie nicht erwähnte) Hauptstadt in Persien war Pasargadai in der Nähe von Persepolis. Der historische Kyros hatte Pasargadai zwischen 559 und 550 gegründet, und dort befindet sich auch sein Grab.

(6) *Herrscher über die Menschen:* Hier formuliert Xenophon das Thema, das den Mittelpunkt der Kyrupädie bildet: die Darstellung der Bedingungen und Voraussetzungen, die dazu führten, daß Kyros „ein so außerordentlich tüchtiger Herrscher über die Menschen" wurde. Die Erziehung und Ausbildung, die der junge Kyros genoß (Buch 1 der Kyrupädie), ist nur eine dieser Voraussetzungen.

was wir erfuhren: Der Autor deutet mit dieser Bemerkung an, daß er sowohl historisches Material als auch eigene Gedanken, Vorstellungen und Schlußfolgerungen in seine Darstellung einbezog. Mit dem letzten Teil des Satzes: „... und über ihn herausgefunden zu haben glauben" gibt der Autor zu erkennen, daß er historische Fakten mit literarischer Fiktion verknüpfte.

II.

(1) *Kambyses:* In Herodots Historien 1, 107–122 wird erzählt, daß Astyages, der König von Medien, seine Tochter Mandane dem Perser Kambyses zur Frau gab, der zwar aus gutem Hause stammte, aber an Rang weit unter einem Meder mittleren Standes einzuordnen war. Astyages hatte diese Entscheidung getroffen, weil er durch einen Traum verängstigt wurde: Von seiner Tochter sei so viel Wasser ausgegangen, daß es seine Stadt und schließlich ganz Asien überschwemmte. – Als Mandane und Kambyses verheiratet waren, träumte Astyages, aus dem Schoß seiner Tochter sei ein Weinstock hervorgewachsen, der ganz Asien zu bedecken schien. Die Traumdeuter erklärten, daß Mandanes Sohn einst König werde an Astyages' Statt. Er ließ Mandane nach Medien holen und gab einem Diener den Auftrag, das Kind zu töten, sobald es geboren sei. Der Diener befahl einem Rinderhirten, den Knaben auszusetzen, damit er umkomme. Die Frau des Rinderhirten aber nahm den Knaben als ihr eigenes Kind an, weil sie gerade ein totes Kind geboren hatte. Der Junge wuchs in der Familie des Rinderhirten auf, ohne von seiner Herkunft zu wissen. Nach zehn Jahren kommt die Wahrheit an den Tag. Astyages, der in seinem wiedererkannten Enkel keine Gefahr mehr sieht – Kyros hatte mit seinen Spielkameraden „König" gespielt, und die Traumdeuter beruhigten

Astyages mit dem Hinweis, daß dadurch seine Träume bereits in Erfüllung gegangen seien –, schickt den jungen Kyros nach Persien in das Haus seines Vaters zurück. – Später wird der historische Kyros Medien mit Gewalt erobern (Herodot 1, 123ff.), während der xenophontische Kyros das Land seines Großvaters als Mitgift überlassen bekommt (Kyrup. 8, 5, 19f.; 28).

Perseus: Er ist der Sohn des Zeus und der Danaë. Der Gott nahte sich ihr in Gestalt eines Goldregens, da sie von Akrisios, ihrem Vater, der aufgrund eines Orakelspruches Angst vor einem Enkel hatte, in einem unterirdischen Gemach eingeschlossen war. Nach der Entdeckung des Perseus warf Akrisios den Enkel und seine Tochter in einer Kiste ins Meer. Aus dieser wurden die Eingeschlossenen von dem Fischer Diktys befreit. – Der Bruder des Fischers, Polydektes, wollte aus Liebe zu Danaë Perseus beseitigen und veranlaßte ihn daher, für ihn das Haupt der Medusa zu holen, deren Blick jeden Betrachter versteinerte. Perseus konnte jedoch Medusa töten. Dann brachte er Polydektes um und machte Diktys zum König. Auf der Suche nach seinem Großvater Akrisios tötete er diesen versehentlich, floh daraufhin nach Kleinasien, gründete dort mehrere Städte und wurde zum Stammvater der Perser. – Daß der Stammvater und sein größter Nachkomme vergleichbare Schicksale haben, wird von Xenophon allerdings nicht erwähnt.

erzählen und singen: Möglicherweise gibt Xenophon hiermit einen Hinweis auf eine altiranische Überlieferung der Kyros-Legende, die er selbst – mittelbar über andere Quellen – benutzt haben könnte.

menschenfreundlich: Kyros' Menschenfreundlichkeit wird im folgenden vielfach erwähnt und belegt: z.B. 1, 4, 1; 4, 2, 10; 8, 2, 1; 8, 4, 7f.; 8, 7, 25.

lernbegierig: Zu Kyros' Lerneifer vgl. 1, 4, 3; 1, 6, 38.

ehrgeizig: Vgl. 1, 3, 3; 1, 4, 1. Kyros' menschliche Eigenschaften und Qualitäten werden übrigens nur selten expressis verbis genannt, sondern meist an seinem Handeln indirekt sichtbar gemacht.

Anstrengung: Die medizinisch-diätetische Funktion, aber auch der ethische Wert der Anstrengung wird in der Kyrupädie (u.a. 1, 5, 9–12; 1, 6, 25; 2, 1, 29; 3, 3, 8; 7, 5, 80), aber

auch an anderen Stellen des xenophontischen Werkes (vgl.
bes. Memorabilien 2, 1, 21 ff.) immer wieder thematisiert.
Achtung und Anerkennung: Vgl. 1, 3, 12.

(2) *nach den Gesetzen der Perser:* In Platons Alkibiades I 121 c–
122 a schildert Sokrates das Heranwachsen und die Erziehung eines persischen Königssohnes. Denn auf der Suche
nach möglichen Vorbildern für Alkibiades' Erziehung zum
besten Staatsmann erweist es sich als sinnvoll, auch die historischen Gegner Athens zu berücksichtigen. Denn schließlich
sind die Könige sowohl der Spartaner als auch der Perser
Abkömmlinge der Götter. Die Spartaner führen sich auf Herakles, die Perser auf Perseus zurück: „. . . Ist aber der älteste
Sohn geboren, auf den die Herrschaft kommt, so feiern zuerst alle in des Königs Reich, über die er herrscht, ein Fest,
und von da an begeht hernach immer an diesem Tage ganz
Asien feierlich und gottesdienstlich das Geburtsfest des Königs . . . Dann wird der Knabe auferzogen nicht von einem
Weibe, die immer nur eine schlechte Wärterin ist, sondern
von Eunuchen, welche eben für die vortrefflichsten von denen um den König gehalten werden, welchen aufgegeben ist,
nicht nur übrigens den Neugeborenen zu pflegen, sondern
auch darauf zu denken, daß er recht schön werde, indem sie
die Glieder des Knaben bearbeiten und einrichten müssen.
Und dieses Geschäfts wegen stehen sie in hohen Ehren. Sind
dann die Knaben siebenjährig, so besuchen sie die Pferde
und die Lehrer der Reitkunst und fangen an, auf die Jagd zu
gehen. Und sind sie zweimal sieben Jahre, dann übernehmen
den Knaben die, welche man die königlichen Erzieher nennt.
Diese sind ausgewählt aus allen Persern die Viere, welche für
die vortrefflichsten gehalten werden in der Blüte des Alters,
der Weiseste, der Gerechteste, der Besonnenste und der
Tapferste, wovon der eine ihn die geheime Weisheit des Zo-
roasters, Sohn des Oromazes, lehrt, welches die Verehrung
der Götter ist; er lehrt ihn aber auch die königlichen Geschäf-
te. Der Gerechteste lehrt ihn die Wahrheit sein ganzes Leben
hindurch heilig zu halten; der Besonnenste, sich nicht von
einer Lust beherrschen zu lassen, damit er sich gewöhne, frei
zu sein und wahrhaft ein König, indem er zuerst, was in ihm
selbst ist, alles beherrscht und keinem dient; der Tapferste
aber bildet ihn furchtlos und der Angst unfähig, weil, wenn er

sich je fürchtete, er ein Knecht wäre." (Übersetzung von Friedrich Schleiermacher in der Bearbeitung von Heinz Hofmann). – Die hier genannten Bildungs- und Erziehungsziele waren auch für den xenophontischen Kyros maßgebend. Das gilt vor allem für die vier Tugenden der Weisheit (Frömmigkeit), Gerechtigkeit, Besonnenheit und Tapferkeit, die der xenophontische Kyros vorbildlich verkörperte.

(3) *einen sogenannten freien Platz:* Anscheinend handelt es sich um einen Platz, wo nichts geschehen darf, was eines freien Mannes unwürdig ist.

(5) *Bürger:* Die Verwendung des Begriffs „Politai", Bürger, Polisbewohner, ist ein Beispiel dafür, daß Xenophon hier und an vielen anderen Stellen des Werkes mit spezifisch griechischer Terminologie persische Verhältnisse beschreibt. Auch bei der Benutzung spezifisch griechischer „Wertbegriffe" (Dikaiosýne, Eleuthería, Areté usw.) beweist der Autor, daß er Kyros mit den Augen eines Griechen sieht und an griechischen Wertmaßstäben mißt.

(6) *Gerechtigkeit:* Vgl. 1, 3, 6 ff., wo der junge Kyros einen Beweis dafür ablegt, daß er Gerechtigkeit gelernt hat.

(7) *Undankbarkeit:* In den Memorabilien (2, 2) berichtet Xenophon über ein ausführliches Gespräch, das Sokrates mit seinem Sohn Lamprokles über die Undankbarkeit (Acharistía) führte. Anlaß dieses Gesprächs war das ungehörige Benehmen des Sohnes gegenüber seiner Mutter. Sokrates erklärt seinem Sohn, daß man zwar für die Undankbarkeit nicht bestraft werden könne, aber doch mit der Verachtung durch seine Mitmenschen zu rechnen habe. Zum Topos „Dankbarkeit" vgl. u. a. Kyrup. 1, 3, 7, wo der junge Kyros seine Dankbarkeit beweist. Seine tief empfundene Dankbarkeit zeigt Kyros auch in einem Gebet an die Götter am Ende seines Lebens (8, 7, 3).

(8) *Lernen der Selbstbeherrschung:* Das Lernen durch ein Vorbild und das Handeln nach einem Vorbild ist ein in der Kyrupädie verbreiteter Topos: vgl. u. a. 4, 5, 58; 7, 5, 86; 8, 1, 12; 8, 1, 21; 8, 1, 39. Kyros zeigt seine Selbstbeherrschung (Sophrosyne) z. B. nach der Gefangennahme der schönen Pantheia aus Susa (4, 6, 11 – 5, 1, 17). Als Gegenfigur zu Kyros tritt Araspas auf, der sich in Pantheia verliebt (6, 1, 31–49) und damit ein Beispiel für fehlende Sophrosyne gibt.

Maß zu halten: In den Memorabilien (4, 5) hebt Sokrates die Bedeutung des Maßhaltens für die Leistungsfähigkeit des Menschen hervor. Maßhalten können ist die Voraussetzung für persönliche Freiheit. Vgl. auch Kyrup. 1, 2, 16.

Kresse: Cicero spielt in seinen Tuskulanischen Gesprächen auf diese Ernährungsgewohnheiten der Perser an (5, 99). Die einfache Nahrung führe zu Abhärtung, Selbstbeherrschung und Gesundheit. Die Einfachheit verringere aber nicht die Lust, die man beim Essen empfinde (vgl. auch Cicero, De finibus 2, 93, wo ebenfalls auf den Genuß der Kresse bei den Persern hingewiesen wird, um die Möglichkeit zum höchsten Lustgewinn durch primitivste Mittel zu veranschaulichen).

Bogenschießen: Herodot 1, 136 erzählt, die Perser unterrichteten ihre Kinder vom 5. bis zum 20. Lebensjahr in drei Dingen: Reiten, Bogenschießen und die Wahrheit zu sagen.

Wasser aus dem Fluß: Der Wertbegriff des einfachen, naturgemäßen Lebens wird an vielen Stellen der antiken Literatur reflektiert. Vgl. Rüdiger Vischer: Das einfache Leben. Wort- und motivgeschichtliche Untersuchungen zu einem Wertbegriff der antiken Literatur, Göttingen 1965.

(9) *um die Stadt zu beschützen:* Dabei handelt es sich wahrscheinlich um eine Bewachung der Stadt bei Nacht.

(10) *Jagd die beste Vorbereitung:* Die Möglichkeit des Lern- und Verhaltenstransfers von der Jagd auf den Krieg wird von Xenophon häufig hervorgehoben: z.B. Kyrup. 1, 6, 39; 8, 1, 34–36; Oikonomikos 11, 17; Hipparchikos 1, 18.

Kälte und Hitze zu ertragen: Das Ertragen von Entbehrungen und Anstrengungen auf der Jagd ist nicht nur ein Training im Ertragen entsprechender Strapazen im Krieg, sondern für Xenophon auch eine grundlegende Voraussetzung der allgemeinen Lebenstüchtigkeit. Wer mit scheinbar übermächtigen Anstrengungen fertig wird, erbringt nicht nur hervorragende Leistungen, sondern schafft auch die Grundlage für ein zwar entbehrungsreiches, letztlich aber erfülltes, glückliches Leben. Diese Form der Askese hat bei Xenophon auch eine medizinisch-diätetische Begründung: Körperliches Wohlgefühl setzt körperliche Anstrengung voraus: Kyrup. 1, 2, 1; 1, 2, 16; 1, 5, 9–12; Oikonomikos 11, 12f.; Memorabilien 1, 3, 5–8; 2, 1, 1ff. Zum Ertragen von Hitze und Kälte: Kyrup. 1, 6, 25; Anabasis 3, 1, 23; Agesilaos 5, 3; Oikonomikos 5, 4.

Mut beweisen: Die griechische Formulierung bedeutet soviel wie „die Seele wetzen/schärfen".

(11) *Unterschied:* Gemeint ist der Unterschied zwischen dem Alltagsleben und dem Leben auf der Jagd.

köstliches Getränk: Durch einfaches Leben wird wahre Lust (Hedoné) erreicht (vgl. Memorabilien 2. 1. 21 ff.). Das ist ein Gedanke, wie er auch von Epikur und seinen Schülern formuliert wird: Vgl. z. B. Seneca, Epist. 21, 10: Hier interpretiert Seneca die Inschrift am Tor zum Garten Epikurs: Hospes, hic bene manebis, hic summum bonum voluptas est (Fremder, hier wirst du gut aufgehoben sein, hier ist die Lust das höchste Gut). Wer diesen Garten betrete – so Seneca –, werde gastfreundlich und menschlich mit Gerstenbrot und Wasser bewirtet. „Dieser Garten weckt nicht den Hunger, sondern er stillt ihn, und er macht mit diesem Trank den Durst nicht größer, sondern er besänftigt ihn mit einem natürlichen, kostenlosen Mittel. In dieser Lust bin ich alt geworden." Vgl. auch Seneca, Epist. 18, 9; ferner Epikur, Fragment 602 Us.

(12) *Wettkämpfe:* Die Durchführung von Wettkämpfen erwähnt Xenophon in der Kyrupädie mehrfach (z. B. 2. 1. 20–24). Sie dienten dazu, die körperliche Leistungsfähigkeit zu erhalten und den Ehrgeiz der Teilnehmer zu wecken, was vor allem durch entsprechende Siegespreise gefördert wurde. Vgl. auch Staat der Lakedämonier 4. 1–7.

(13) *Abbildungen:* Derartige Abbildungen hat Xenophon selbst in Persien sehen können. Vgl. auch A. Godard: Die Kunst des Iran, Berlin 1964, bes. 76 ff. Die Bilder waren vermutlich in Stein, auf Münzen oder in Silberschmuck eingeritzt (vgl. Godard, Tafel 54 und 76). – Es kann sich aber auch um Bilder handeln, die in Athen zu sehen waren und Szenen aus den Perserkriegen darstellten.

(14) *ehrlos:* Der Ehrlose war nicht mehr im Besitz der Rechte eines freien Bürgers; er war geächtet und vogelfrei.

(15) *einhundertzwanzigtausend:* Mit dieser überraschend niedrigen Zahl sind wohl nur die erwachsenen freien Männer gemeint, die Militärdienst leisten und öffentliche Ämter übernehmen konnten.

Schulen: Vgl. 1, 2, 6.

(16) *maßvolle Lebensweise:* Vgl. 1, 2, 8; 1, 2, 11; 1, 3, 4. Es

handelt sich hier wieder um einen medizinisch-diätetischen
Gedankengang über das richtige Verhältnis zwischen Essen
und körperlicher Bewegung. – Zur richtigen „Verarbeitung"
der Nahrung s. auch 1, 6, 17.

III.

(1) *Astyages:* Im Gegensatz zu Herodot 1, 107–122 beschreibt
Xenophon Kyros' Großvater und König von Medien als ei-
nen sympathischen älteren Mann, der es versteht, mit seinem
Enkel einfühlsam und liebevoll umzugehen.

schön und charaktervoll: Ein „Kalokagathós" ist in Athen ein
Mensch, der sowohl über körperliche Schönheit als auch über
einen guten Charakter verfügt und den sittlichen Normen
gerecht wird.

(2) *mit ... geschminkter Haut:* Vgl. 8, 1, 40f. Im Oikonomikos
10 wird das Schminken als Vortäuschung falscher Tatsachen
abgelehnt. Vgl. auch Memorabilien 2, 1, 22.

der ... schönste aller Meder: Später wird auch Kyros denselben Schmuck tragen, wie er ihn jetzt an seinem Großvater
sieht (8, 3, 13).

(3) *sich gern beschenken ließ:* Das griechische Wort philótimos
ist mehrdeutig; es kann auch heißen „ehrgeizig".

(4) *viel einfacher:* Zum Topos des „einfachen Lebens": 1, 2, 8;
1, 2, 11; 1, 2, 16.

(6) *nach Belieben verwenden:* Hier klingt der von Xenophon
vielfach verwendete Topos des „richtigen Gebrauches" an.
Kyros gebraucht das Fleisch nicht zum Essen, sondern als
Geschenk. Vgl. u.a. Oikonomikos 1: Ein Besitz wird erst
durch „richtigen Gebrauch" ein „guter" Besitz.

(7) *für dich:* Zum Begriff der Dankbarkeit vgl. 1, 2, 7, wo Undankbarkeit als strafbares Verhalten dargestellt wird.

(8) *noch nicht eingeschüchtert:* D. h. Kyros war noch nicht durch
eine repressive Erziehung zur Anerkennung einer Autorität
gezwungen worden; er hatte noch den Mut zum Widerspruch.

(10) *Redefreiheit:* Es handelt sich wohl um eine Anspielung auf
ein Grundrecht der athenischen Demokratie: Die Redefreiheit (Isegoría) gab jedem Bürger die Möglichkeit, seine Meinung in politischen und rechtlichen Fragen frei zu äußern. In

einer Monarchie gab es normalerweise keine Isegoría. Vgl. schon Herodot 5, 78: Die politische Stärke der Athener zeigte sich an der Tatsache, daß alle das gleiche Recht zum Reden hatten. S. ferner Herodot 3, 80, wo im Rahmen eines Plädoyers zugunsten demokratischer Verhältnisse die Gleichheit vor dem Gesetz (Isonomie) als höchster politischer Wert genannt wird.

(11) *betrunken:* Der medische Großvater Astyages ist aufgrund seines luxuriösen Lebensstiles und seiner ausschweifenden Lebensweise eine Kontrastfigur zu Kyros, der bereits als Knabe dem persischen Ideal des einfachen Lebens nacheifert. Andere Kontrastfiguren zu Kyros sind übrigens auch Kyaxares, Kyros' Onkel und Sohn des Astyages, und schließlich Kroisos, der König von Lydien (s. u.).

(12) *gefällig zu sein:* Vgl. 1, 2, 1.

(14) *maßvoll:* Vgl. 1, 3, 4–5.

Tiergarten: Das griechische Wort „Paradeisos" ist persischer Herkunft und bedeutet soviel wie „großes königliches Landgut", das auch Parks mit Tiergärten und Jagdgründen umfaßte. Vgl. A. Christensen: Die Iranier, in: Handbuch der Altertumswissenschaft III, München 1933, 265.

(16) *Gerechtigkeit lernen:* Vgl. 1, 2, 6.

(17) *Richter ... über das Passende:* Diese Entscheidung des jungen Kyros über das Passende deutet auf den Grundsatz voraus, jedem das Seine zuzuweisen: u. a. 2, 2, 18–21; 2, 3, 4–6; 2, 3, 16; 7, 3, 1; 7, 5, 35; 8, 3, 5.

(18) *gilt nicht dasselbe als gerecht:* Diese Aussage klingt an den Homo-mensura-Satz des Protagoras an: „Aller Dinge Maß ist der Mensch, der seienden, daß (wie) sie sind, der nicht seienden, daß (wie) sie nicht sind." (Protagoras B 1 Diels-Kranz). Vgl. Wilhelm Nestle: Xenophon und die Sophistik, in: Philologus 94, 1941, 31–50, bes. 32. Auch die Feststellung, daß das Recht in Medien und Persien nicht dasselbe sei, entspricht dem Denken des Protagoras, der ja die Existenz eines allgemeingültigen Begriffs des Gerechten bestritt (vgl. Platon, Protagoras 320c–d).

Maßstab seines Handelns: Die persische Monarchie ist im Sinne dieser Aussage im Gegensatz zur medischen eine konstitutionelle Monarchie.

königliches ... tyrannisches Verhalten: Die Gegenüberstel-

lung „königlich" – „tyrannisch" liegt auch Memorabilien 4, 6, 12 vor.

mehr haben zu wollen: Die hier demonstrierte sophistische Spitzfindigkeit bezieht sich auf einen Begriff (Pleonexía), der weiter unten noch intensiver erörtert wird: Im militärischen Bereich ist die Pleonexía, das Sich-Durchsetzen ohne Rücksicht auf moralische Bedenken, ein Ziel für die Anwendung von Kriegslisten, die den Gegner vernichten sollen: 1, 6, 27.

IV.

(1) *Menschenfreundlichkeit:* Vgl. 1, 2, 1, wo Kyros' persönliche Qualitäten zum ersten Mal ausdrücklich genannt werden.

(3) *Kritik:* Daß Kyros später seine Untergebenen immer wieder zur Stellungnahme zu seinen Entscheidungen auffordert, erwähnt Xenophon mehrfach: z. B. 4, 4, 8; 6, 2, 24; 6, 2, 39.

(4) *heranwuchs:* Der folgende Abschnitt gibt sehr feine und einfühlsame jugendpsychologische Beobachtungen des Autors wieder.

(5) *Mißerfolge:* Mißerfolge führten bei Kyros nicht zu Frustration oder Leistungsverweigerung. Xenophon erwähnt diese Tatsache, weil sich auch hierin Kyros' außergewöhnliches Verhalten zeigte.

Onkel: Der Onkel des Kyros ist Kyaxares. Er ist der Bruder seiner Mutter und der Sohn seines Großvaters Astyages. Im Gesamtaufbau des Werkes hat Kyaxares eine Schlüsselstellung; denn Kyros führt alle seine militärischen Unternehmungen im Auftrag bzw. im Einvernehmen mit Kyaxares durch. Die Gestalt des Kyaxares ist allerdings nicht historisch, sondern von Xenophon erfunden. Nach Breitenbach (RE Sp. 1710) bestand der primäre Grund für die Erfindung der Kyaxares-Gestalt darin, daß Xenophon eine Kontrastfigur zu Kyros gestalten wollte. Denn Kyaxares ist als ein verweichlichter, ängstlicher, mißgünstiger und eifersüchtiger Meder dargestellt, um Kyros' Persönlichkeit in ihren vielen Vorzügen noch stärker hervortreten zu lassen.

Jagd: Gemeint ist die Jagd außerhalb des Tierparks.

(9) *schimpfte ... sein Onkel:* Auch hier wird wieder deutlich, daß Xenophon Kyaxares als Kontrastfigur zu Kyros gestaltete (vgl. auch Breitenbach, RE Sp. 1730–1732). Es entsteht

mehrfach Streit zwischen Kyros und Kyaxares: z.B. 4, 5, 8ff., wo Kyaxares empört darüber ist, daß fast alle Meder Kyros gefolgt sind und ihn allein zurückgelassen haben; ferner 5, 5, 1–43, wo Kyros seinen eifersüchtigen Verbündeten beschwichtigt.

(13) *für ein paar Stück Fleisch:* Kyros will nicht deshalb auf die Jagd, um Fleisch zu beschaffen. Im Gegensatz zu Astyages (Kontrastfigur!) ist Kyros vom Jagdfieber gepackt; er sucht die Gefahr im Kampf mit den wilden Tieren (vgl. 1, 4, 11 und 15).

(15) *wie ein edler Hund:* Zum Hunde-Vergleich s. auch 1, 4, 21. Vgl. Memorabilien 4, 1, 3, wo die Erziehung junger Menschen mit der Erziehung von Jagdhunden verglichen wird. Sokrates will hier sagen, wie notwendig eine gute Erziehung und Ausbildung ist.

(16) *der Sohn des Assyrerkönigs:* Der stets nur als „Assyrer" bezeichnete Assyrerprinz und spätere König (nach dem Tod seines Vaters: 4, 1, 8) ist der Hauptgegner der Meder und letzte Herrscher des neubabylonisch-assyrischen Reiches. In 4, 6, 2–7 wird er als Mörder geschildert. In 5, 2, 27–28 ist von seiner Arroganz und Grausamkeit die Rede. Vgl. auch 5, 3, 5–10; 5, 4, 1–6; 5, 4, 35–36; 6, 1, 25; 6, 1, 45. In 7, 5, 30 wird sein gewaltsamer Tod nach der Einnahme von Babylon erwähnt.

Dieser „Assyrer" ist wohl identisch mit dem biblischen König Belsazar (Daniel 5, 30).

wegen des Krieges: Gemeint sind offenbar die Grenzkonflikte zwischen Assyrien und Medien. Hiermit wird bereits auf den großen Krieg zwischen Medien und Assyrien hingewiesen, der mit der Vernichtung der neubabylonisch-assyrischen Herrschaft endet und Kyros zum Herrn über den gesamten vorderasiatischen Raum werden läßt.

(18) *Rüstung:* Kyros hätte es nie für möglich gehalten, daß sein sehnlichster Wunsch so schnell in Erfüllung gehen konnte. Der Intensität des Wunsches entspricht der Grad der Befürchtung, daß es nie zur Erfüllung dieses Wunsches kommen könne – eine psychologisch überzeugende Beobachtung.

(21) *edler Hund:* Vgl. 1, 4, 15.

dessen er habhaft werden konnte: Die griechische Formulierung kann auch bedeuten „der gefangen genommen wurde".

Es ist aber nicht anzunehmen, daß Kyros Gefangene ermordete oder ermorden ließ. Vgl. 23.

(25) *seinen Freunden zu nützen:* Vgl. 1, 5, 13.

(26) *geschenkt:* Daß Kyros Geschenke, die er erhält, an andere weitergibt, wird auch schon 1, 3, 6–7 hervorgehoben. Vgl. auch 1, 4, 10–11; 5, 1, 1.

jemandem: Es handelt sich um den Meder Araspas. Vgl. 5, 1, 2.

(27) *Liebesgeschichte:* Das folgende Stück (27–28) ist eine in sich geschlossene scherzhafte Kurzgeschichte, die die Erzählung auflockern und den Leser unterhalten oder entspannen soll. In 4, 1, 22 wird diese Geschichte wieder aufgegriffen.

auf den Mund geküßt: Herodot 1, 134 erzählt, daß sich zwei Perser, wenn sie sich auf der Straße begegnen, auf den Mund küssen, falls sie beide demselben hohen Stand angehören. Sollte der eine geringeren Standes sein, küssen sie sich auf die Wange. Sollte der eine von beiden gesellschaftlich weit unter dem anderen stehen, so begrüßt er den Höherstehenden dadurch, daß er sich vor ihm zu Boden wirft und ihm die Füße küßt.

Meder: Es handelt sich um Artabazos, der in der Kyrupädie mehrfach genannt wird, und von dem es heißt, er sei mit Kyros verwandt (4, 1, 22; 5, 1, 24; 6, 1, 9).

V.

(1) *Gruppe der jungen Männer:* Vgl. 1, 2, 8.

Pflichten erfüllte: In diesem Satz faßt Xenophon offensichtlich das persische Erziehungsziel zusammen. Zumindest erscheint hier Kyros als der ideale „Éphebos".

(2) *nach einiger Zeit:* Breitenbach, RE Sp. 1719, weist darauf hin, daß die Zeitangaben innerhalb der Kyrupädie im Gesamtaufbau des Werkes keine Rolle spielen; sie kommen nur sporadisch vor und sind nur für den unmittelbaren Zusammenhang von Bedeutung.

Assyrerkönig: Vater des in 1, 4, 16 erwähnten Assyrerprinzen. Assyrien umfaßte das Gebiet von Nordmesopotamien bis nach Babylonien.

Syrien ... Baktrien: Syrien = etwa das heutige Syrien; Arabien = das Gebiet auf dem rechten Ufer des Euphrat; Hyrka-

nien = das Gebiet südöstlich des Kaspischen Meeres; Baktrien = der Norden des heutigen Afganistan.

(3) *Lydien ... Kilikien:* Lydien = westliches Kleinasien bis zur Küste des Ägäischen Meeres; Kappadokien = Osten der heutigen Türkei; Phrygien = Gebiet zwischen Lydien und Kappadokien (Groß-Phrygien) und Gebiet am Hellespont (Klein-Phrygien); Paphlagonien = Land an der Südküste des Schwarzen Meeres; Indien = das Gebiet, das am linken Ufer des Indus beginnt; Karien = das Gebiet südlich von Lydien; Kilikien = das südöstlichste Küstenland Kleinasiens.

(4) *König von Persien:* Nach Herodot (1. 123ff.) wurde Medien durch die Perser erobert. Xenophon erwähnt diesen historisch bewiesenen Tatbestand nicht. Vielmehr erhält Kyros' Frau Medien als Mitgift (8, 5, 19f.). Daß die Meder die Perser gegen die Assyrer um Hilfe rufen, dürfte also unhistorisch sein.

(5) *Homotimen:* Die H. sind die Angehörigen der höchsten persischen Adelsklasse, die im Heer und in der Staatsverwaltung die Führungspositionen bekleideten. Vgl. auch 2, 1, 3. In 2, 3, 13–14 werden die Homotimen mit den einfachen Persern verglichen.

(6) *Gottesdienst:* Kyros' Frömmigkeit wird in der Kyrupädie sehr häufig erwähnt. Kyros hält vor jedem wichtigen Vorhaben Opfer ab und achtet auf die Zeichen der Götter: z. B. 1, 5, 14; 1, 6, 1–6; 1, 6, 44–46; 2, 1, 1; 3, 3, 21–23; 7, 5, 35; 8, 1, 23–25.

(9) *vielfältige Freuden:* Vgl. die Erörterung über die Verbindung von Anstrengung (Pónos), Selbstbeherrschung (Enkráteia) und Freude (Hēdoné) in Memorabilien 2, 1.

ein tüchtiger Redner: Die im folgenden ausgeführten Beispiele (Redner, Soldat, Bauer, Sportler) beziehen sich auf Xenophons eigene Tätigkeitsbereiche. Daran wird auch deutlich, daß die hier entwickelte Ponos-Idealisierung nicht von einem anderen Sokrates-Schüler (z. B. Antisthenes) übernommen wurde. Hier kommen spezifisch xenophontische Gedanken zum Ausdruck, so z. B. Xenophons ethisch-diätetisches Lebensideal mit seiner Bejahung der Anstrengung und Entbehrung (Pónos) als Voraussetzung für das Telos der Hēdoné und Eudaimonía.

(11) *von Kindheit an:* Möglicherweise Anspielung auf 1, 4, 16–24,

wo Xenophon Kyros' tollkühnen Angriff gegen die assyrischen Grenzverletzer schildert.

Anstrengungen: Die Fähigkeit zum Ertragen von Anstrengungen ist die notwendige Voraussetzung für den Erfolg. Vgl. z. B. 1, 2, 1; 1, 6, 25; 3, 3, 8; 7, 5, 80.

(12) *mit Freude:* Zur Koexistenz von Anstrengung und Freude (Pónos und Hēdonē) vgl. Memorabilien 2, 1, 33.

(13) *mit unseren Gegnern:* Vgl. 1, 4, 16–24.

(14) *den Göttern:* Vgl. 1, 5, 6. Kyros' erste Aktion nach seiner Wahl zum Befehlshaber ist ein Opfer für die Götter.

Zum Schluß sagte er: Die Rede wird hier also nicht weiter referiert; der (fiktive) Berichterstatter geht gleich zum Schluß über. Dadurch wirkt die fingierte Szene noch echter. – Kyros nennt in seiner ersten Rede an seine Soldaten vier grundlegende Eigenschaften des guten Soldaten: Genügsamkeit/Fähigkeit zum Verzicht (Enkráteia), Ehrgeiz, Einsatzbereitschaft für die Freunde und Frömmigkeit.

VI.

(1) *Hestia:* Griechischer Name für die Göttin des Herdfeuers. Ihr Herd ist bei den Griechen der religiöse Mittelpunkt in Haus und Gemeinde. Vor jeder Mahlzeit wurde der Göttin ein kleines Opfer dargebracht. Herodot (4, 59) bezeugt auch für die Skythen den Feuerkult und die hochrangige Stellung der Herdgöttin. Die Vorstellung von der Göttlichkeit des Feuers ist wohl schon altiranisch und hatte bei den Medern und Persern eine hervorragende Bedeutung.

Zeus: Der Glaube an einen höchsten Himmelsgott ist ein indoiranisches Erbe. Nach Herodot (1, 131) haben die Perser keine menschlichen Bilder von ihren Göttern. Sie nennen den ganzen Himmel „Zeus" und bringen ihm Opfer dar.

(2) *Seherkunst:* Naturerscheinungen (z.B. Blitz und Donner) werden als himmlische Zeichen verstanden, deren Deutung mit Hilfe der Seherkunst (griech.: Mantik) vor einer geplanten Handlung Auskunft über den Ausgang des Vorhabens geben soll. Kyros versteht die Deutung dieser Zeichen und ist von Sachverständigen unabhängig, die als Seher die Beschlüsse der Götter aus den himmlischen Zeichen ablesen. Ein Beispiel für ein göttliches Zeichen und seine Deutung: 2, 4, 19f.

(5) *Glück:* Man darf die Götter erst dann um etwas bitten, wenn man selbst bereits die Voraussetzungen für die Erfüllung der Bitte geschaffen hat. Vgl. Memorabilien 2, 1, 28: Die Götter geben den Menschen nichts, wenn diese sich vorher nicht dafür angestrengt und eingesetzt haben.

(7) *Menschen so zu führen:* Die Kunst der Menschenführung zu beschreiben, ist ein zentrales Ziel der Kyrupädie. An der Persönlichkeit des Kyros werden die Bedingungen und Voraussetzungen veranschaulicht, die ein Mensch erfüllen muß, um andere Menschen führen zu können. Vgl. Anm. zu 1, 1, 1.

(8) *das richtige Herrschen:* Der Inhalt des richtigen Herrschens war schon in § 7 beschrieben worden: Menschen so zu führen, daß sie über alles Lebensnotwendige reichlich verfügen und den Normen und Gesetzen gemäß leben.
unterscheiden: Der Unterschied zwischen einem Herrscher und seinen Untergebenen ist ein wesentliches Thema des xenophontischen „Hieron" und wird auch in der Kyrupädie immer wieder beschrieben. Vgl. u. a. 1, 6, 25; 7, 5, 78; 8, 1, 37.

(10) *ohne fremde Hilfe:* Die Autarkie auch gegenüber den Verbündeten ist unerläßlich. Vgl. dazu die Unabhängigkeit von den Sehern (§ 2). Man muß sich zuallererst auf sich selbst verlassen können und dafür Vorsorge treffen (vgl. § 5–6).
Versorgung: Die Lösung der Versorgungsprobleme ist für den Feldherrn ebenso notwendig wie für den Verwalter eines Hauses. Auf diesem Gebiet bestehen deutliche Parallelen zwischen Strategie und Ökonomie (Strategía und Oikonomía).
Autorität: A. setzt Handlungsfähigkeit voraus, die wiederum auf materielle Voraussetzungen angewiesen ist. Macht beruht auch auf der Fähigkeit zu ausreichender Versorgung der Untergebenen. Im „Hieron" führt Xenophon aus, daß die Bereitschaft zum Gehorsam auf materiellem Wohlstand beruht (Hieron 8–11). Prosperität garantiert dem Herrscher den freiwilligen Gehorsam, die Liebe und die Opferbereitschaft seiner Untertanen.

(11) *Freunden Gutes tun:* Vgl. 1, 4, 25; 1, 5, 13.
Möglichkeiten zu nutzen: Auf die Nutzung gegebener Möglichkeiten geht Xenophon bei jeder sich bietenden Gelegenheit ein. Wer über Mittel verfügt, mit denen er z. B. seinen Freunden nützlich sein kann, muß sich bemühen, sie entspre-

chend zu nutzen. Materieller Besitz ist grundsätzlich nur dann sinnvoll, wenn er vernünftig genutzt wird. Körperliche und geistige Fähigkeiten sind anzuwenden, damit sie nicht verloren gehen. Vgl. z. B. Kyrup. 8, 2, 15–23.

(12) *Feldherrnkunst:* Über welche Kenntnisse der Feldherr verfügen muß, beschreibt Xenophon in dem folgenden Teil des Gesprächs zwischen Kambyses und Kyros. Die notwendigen Kenntnisse beschränken sich nicht auf „Taktik" (vgl. Memorabilien 3, 1, 1–7); sie umfassen noch weitere Bereiche: (1) Ökonomie, (2) Gesundheitspflege, (3) Kriegslisten, (4) Wekkung von Mut und Einsatzbereitschaft, (5) Gehorsam des Heeres.

Ökonomie: Die Versorgung des Heeres sicherzustellen, wird auch in Memorabilien 3, 1, 6 als wichtige Aufgabe des Feldherrn genannt. Xenophon versteht unter „Ökonomie" also in erster Linie die Kunst, Lebensmittel zu beschaffen: Der Feldherr muß sich davor hüten, die Beschaffung der Lebensmittel zu vernachlässigen. Dieser Gedanke wird in dem erzählten Geschehen der Kyrupädie mehrfach aufgegriffen (z. B. wird der Armenienfeldzug als eine Maßnahme zur Beschaffung von Geldmitteln begründet: 2, 4, 9–11. In 4, 2, 34–37 hat Kyros nach der Eroberung des assyrischen Lagers für die Verpflegung des Heeres zu sorgen. Die Perser müssen dem Gegner die Lebensmitteldepots abnehmen: 4, 1, 13 ff.).

Gesundheit: Die Gesundheitspflege ist eine unerläßliche Aufgabe des Feldherrn. Was darunter zu verstehen ist, wird besonders in 1, 6, 16–17 ausgeführt. Im Verlauf der Erzählung treten die verschiedenen Gesichtspunkte der Gesundheitspflege immer wieder in den Vordergrund (z. B. 5, 4, 17 f., wo sich Kyros um die verwundeten Kadusier kümmert; in 4, 5, 4 geht es um die Notwendigkeit der körperlichen Hygiene; in 2, 4, 26–29 wird Chrysantas angewiesen, die Soldaten nicht zu überanstrengen; in 6, 2, 26–29 wird die Gewöhnung an das Trinken von Wasser – anstelle von Wein – beschrieben). Das Training der körperlichen Leistungsfähigkeit hat selbstverständlich ein besonderes Gewicht im Rahmen der von Kyros organisierten Gesundheitsvorsorge. Vgl. dazu bes. 2, 1, 20 ff.; 2, 3, 17–24; 2, 4, 1–6.

(13) *Kriegslisten:* Die Beherrschung und Anwendung von Kriegslisten setzt bestimmte Eigenschaften des Feldherrn voraus: 1,

6. 27. Vgl. auch Memorabilien 3. 1. 6. – Der Feldzug gegen die Armenier basiert auf einer Kriegslist: Er wird als Jagdveranstaltung getarnt (2. 4. 15–17 und 18–32); Gadatas verschafft den Persern mit Hilfe einer Kriegslist eine assyrische Festung (5. 3. 9–14 und 15–18). Auch die Aktion des Araspas ist eine Kriegslist (6. 1. 38 und 6. 3. 13ff.). Schließlich wird die Eroberung von Babylon nur durch eine Kriegslist möglich (7. 5. 10ff.).

Mut und Einsatzbereitschaft: Dieser Bereich der Feldherrnkunst umfaßt die Methoden der Menschenführung. Ein wichtiges Mittel ist die ermunternde Rede des Feldherrn (z. B. 6. 2. 13–20, wo Kyros u. a. an frühere Siege erinnert und auf die physisch-moralische Unterlegenheit des Gegners hinweist). Mitunter werden auch gute Vorzeichen erwähnt (3. 3. 34; 4. 4. 13). Vgl. auch 2. 3. 1–16.

Gehorsam: Der Gedanke wird ausgeführt in 1. 6. 20–25.

(16) *Gesundheit:* Es folgt die Beschreibung einzelner Maßnahmen der Gesundheitspflege. Vgl. 8. 2. 24, wo ebenfalls von einer vorsorgenden Pflege der Gesundheit die Rede ist.

der körperliche Zustand und die Hautfarbe: Das im griechischen Text vorkommende Wortspiel „Sómata – Chrómata" ist wie „Páthēma – Máthēma" (3. 1. 17) ein Beispiel für eine vom Sophisten Gorgias gepflegte Ausdrucksweise. Im „Symposion" (2. 26) läßt Xenophon seinen Sokrates gelegentlich „in gorgianischen Wendungen" sprechen. – Zu Xenophons Stil und dessen Beeinflussung durch die sophistische Rhetorik vgl. H. Schacht: De Xenophontis studiis rhetoricis. Diss. Berlin 1890.

Vorsorge: Die Diätetik des Feldherrn und seiner Soldaten konzentriert sich auf folgende Punkte: (1) Herstellung des richtigen Verhältnisses zwischen Nahrungsaufnahme und körperlicher Anstrengung, (2) körperliches Training, (3) Verhinderung von Tatenlosigkeit, (4) Übung der militärischen Disziplinen durch Wettkämpfe.

(17) *körperliches Training:* Das Training dient der körperlichen Gesundheit in besonderem Maße. Damit ist nichts anderes gemeint als der dauernde Gebrauch des Körpers im Sinne des „rechten Gebrauchs". In einer protreptischen Rede (Memorabilien 3. 12) weist Sokrates einen Gesprächspartner darauf hin, welchen Nutzen die richtige Gymnastik für das körperli-

che Wohlbefinden hat, das für alle Tätigkeit wichtig ist. Denn der Mangel an körperlichem Wohlbefinden behindere auch das Denken (Memorabilien 3, 12, 6). Xenophon beteiligt sich mit diesen Überlegungen an der zeitgenössischen Diskussion über der Gymnastik und Diätetik für Körper und Geist. Vgl. E. Kornexl: Begriff und Einschätzung der Gesundheit des Körpers in der griechischen Literatur von ihren Anfängen bis zum Hellenismus, Innsbruck/München 1970, bes. 90–94.

(19) *verleiten lassen:* Mit der Konjektur ἐνετοί (statt ἐνίοτε) – das Wort ist in der Anabasis 7, 6, 41 belegt und bedeutet „verleitet/angestiftet zu falscher Aussage" – lautet der Text: ".... mögen auch andere dasselbe erreichen (wie derjenige, der sich an die Wahrheit hält), wenn sie sich zu falschen Aussagen haben verleiten lassen." – Mit ἐνίοτε (Überlieferung) lautet der Text: „... mögen auch andere mit ihren Worten manchmal dasselbe erreichen" oder „... mögen auch andere manchmal dasselbe erreichen, was sie angekündigt haben." Die Entscheidung fiel hier zugunsten der lectio difficilior, die zudem besser in den Zusammenhang paßt.

(20) *Antrieb zum Gehorchen:* Der Kerngedanke der kurzen Abhandlung über den Gehorsam (1, 6, 20–25) ist die Feststellung, daß Gehorsam im Idealfall freiwillig zu leisten ist (vgl. auch Memorabilien 3, 3, 8ff.) und daß freiwilliger Gehorsam auf dem Vertrauen zum Feldherrn beruht, der sich aufgrund seiner Qualitäten als Vertrauensperson erweist. Ein Beispiel wird in 3, 3, 68 – 4, 1, 4 geschildert.

(22) *wirklich ein Sachverständiger:* Schein und Sein müssen übereinstimmen, wenn man als Sachverständiger anerkannt werden will. Vgl. Memorabilien 2, 6, 39: Wer als tüchtig erscheinen wolle, müsse sich darum bemühen, tatsächlich tüchtig zu werden. – Das ist ein Leitgedanke des xenophontischen Sokrates. Vgl. noch Oikonomikos 10.
Prahler: Vgl. denselben Gedanken in Memorabilien 1, 7, 2.

(23) *Seherkunst:* Vgl. 1, 6, 2.

(24) *Zuneigung:* Vgl. 8, 2, 1–4 und 7–13, wo geschildert wird, auf welche Weise Kyros die Zuneigung seiner Freunde zu gewinnen sucht.

(25) *Kälte erträgt:* Vgl. auch 2, 4, 1–6. Der ideale Herrscher zeichnet sich durch Enthaltsamkeit und Selbstbeherrschung aus. Diese Eigenschaften beweist Kyros durch sein Handeln und

Verhalten, und Xenophon hebt sie auch durch mehrere Kontrastfiguren hervor (Astyages, Kyaxares, Kroisos).

seine Untergebenen: Den Unterschied zwischen Befehlshaber und Untergebenen, Führer und Gefolgsleuten hebt Xenophon immer wieder hervor. Der Führer ist seinen Untergebenen in vielfacher Hinsicht überlegen. Ein Leitgedanke ist seine Fähigkeit, in höchstem Maße Anstrengungen ertragen zu können (vgl. u. a. 7, 5, 78).

Anstrengungen: Unter Bezugnahme auf diese Textstelle spricht Cicero, Tuskulanische Gespräche 2, 62, über die Erträglichkeit aller edlen und vornehmen Anstrengungen: „Daher hatte Scipio Africanus immer den Sokratiker Xenophon zur Hand, den er vor allem deshalb zu loben pflegte, weil er sagte, daß dieselben Anstrengungen für den Feldherrn und den einfachen Soldaten nicht gleichermaßen bedrückend seien, da der Ruhm die Anstrengungen des Feldherrn leichter erträglich werden lasse." Daß Scipio Africanus Xenophons Kyrupädie „aus gutem Grund nie aus der Hand zu legen pflegte, weil in dieser Schrift die Aufgaben eines klugen und maßvollen Führers umfassend beschrieben sind", erwähnt Cicero in seinem Brief an seinen Bruder Quintus (1, 1, 23). Cicero stellt in diesem Zusammenhang auch fest, daß Xenophon seinen „Cyrus" nicht um der historischen Wahrheit willen verfaßt habe, sondern um das Idealbild eines gerechten Herrschers zu zeichnen.

(27) *Vorteil:* Vgl. 1, 3, 18.

zugleich der gerechteste: Wilhelm Nestle (Xenophon und die Sophistik, in: Philologus 94, 1941, 31–50, bes. 36) macht darauf aufmerksam, daß Xenophon hier die „doppelte Moral" des Sophisten Gorgias vertritt: Gegenüber dem Feind ist das Streben nach Überlegenheit in jeder Form erlaubt. Man darf diesem gegenüber ein Betrüger, Dieb und Räuber sein und bleibt dennoch ein sehr gerechter und gesetzestreuer Mann.

(28) *gegenüber Freunden:* Hier wird wieder auf die Pflicht verwiesen, alles daran zu setzen, den Freunden zu nützen und den Feinden zu schaden. Vgl. 1, 4, 25; 1, 5, 13; 1, 6, 11.

(29) *Täuschung:* Auch Platon rechtfertigt den Gebrauch der Lüge, der Falschheit und der Heuchelei, um den vollkommenen Staat zu realisieren: „Den Regenten des Staates also ...

kommt es zu, sei es wegen der Feinde oder wegen der Bürger, zum Nutzen des Staates die Unwahrheit zu sagen ..." (Politeia III 389 b).

(31) *Lehrer:* Ein Lehrer dieses Schlages war der Sophist Gorgias, auf den sich Xenophon hier beziehen könnte (vgl. W. Nestle: Xenophon und die Sophistik, in: Philologus 94, 1941, bes. 39). In der Anabasis (2, 6, 16) wird Gorgias als der Lehrer des böotischen Söldnerführers Proxenos genannt. – Xenophon könnte allerdings auch an Lykurg gedacht haben (Staat der Lakedämonier 2, 7).

zu ihrem Nutzen: Vgl. Platon, Protagoras 331c–e, wo die Frage erörtert wird, ob es eine absolute Gerechtigkeit (Díkaion) gebe. Die Frage wird verneint; denn „wenn man von einem Mann, der bei Verstand war, eine Waffe auslieh und dieser dann verrückt wird und sie zurückfordert, so ist es nicht gerecht, sie ihm zurückzugeben ..." Das ist ein sophistisches Schulbeispiel für die nicht nur erlaubte, sondern auch erforderliche Aneignung fremden Eigentums. – Daß in bestimmten Situationen Lügen und Betrügen gerecht sein können, veranschaulicht Sokrates in den Memorabilien 4, 2, 17.

(33) *ganz einfach:* „ganz einfach" bedeutet hier, daß die Jungen zunächst lernen, daß eine Handlung grundsätzlich gerecht oder ungerecht ist und nicht das eine Mal gerecht und das andere Mal ungerecht. Sie sollen also zunächst nicht wissen, daß es z.B. ein Stehlen um einer guten Sache willen (vgl. § 31) gibt.

(38) *neue Formen:* Die Notwendigkeit kreativer Fortentwicklung überkommener Formen im literarischen Bereich unterstreicht z.B. auch Quintilian (10, 2, 28).

(39) *übertragen:* Die Möglichkeit, Kenntnisse und Fertigkeiten, die auf einem bestimmten Sachgebiet erworben wurden, auch auf andere Sachgebiete anzuwenden (transfer of learning), wird von Xenophon nicht in Frage gestellt. Daher ist er auch davon überzeugt, daß die „Kunstgriffe", die man auf der Jagd anzuwenden lernt, auch im Krieg Anwendung finden können. Vgl. auch 1, 6, 29. Folglich ist es für Xenophon unproblematisch, Jagd und Krieg in Analogie zueinander zu setzen (vgl. 1, 2, 10; 8, 1, 34–36). Daß Xenophon, indem er Jagd und Krieg in der Kyrupädie und an anderen Stellen seines Werkes in Beziehung zueinander setzt, seine eigene Leidenschaft für

die Jagd zum Ausdruck bringt, braucht nicht erwähnt zu werden.

(40) *Jagd auf Hasen:* Vgl. Memorabilien 3, 11, 8 über die Mittel der Hasenjäger.

(43) *Wie man ein Heer* ...: Der folgende Katalog der Probleme, die ein Feldherr zu lösen hat, könnte auf eine militärwissenschaftliche Quelle zurückgehen. Der Katalog gleicht einem Inhaltsverzeichnis eines entsprechenden Sachbuches. Die erwähnten Gesichtspunkte kommen in 6, 3, 21–36 zum Tragen, wo die Vorbereitung auf die Schlacht gegen die Assyrer und deren Verbündete beschrieben wird.

ein Lager aufschlagen: Dazu ausführlich 8, 5, 2–16, wo die Anlage eines Lagers detailliert beschrieben wird.

(44) *niemals etwas wagen:* Dieser Aussage liegt die Überzeugung zugrunde, daß eine politische wie eine militärische Gemeinschaft vorrangig als eine Kultgemeinschaft verstanden wurde, woraus die strenge Beachtung göttlicher Zeichen und Weisungen zu erklären ist.

ZWEITES BUCH

I.

(1) *Grenze:* Es handelt sich um die Nordgrenze Persiens nach Medien hin.

(5) *Kaÿstros-Ebene:* Kaÿstros ist ein kleiner Fluß, der im Tmolos-Gebirge entspringt und in der Nähe von Ephesos in das Ägäische Meer mündet.

(6) *den Armeniern:* Armenien liegt nordwestlich von Medien zwischen Euphrat und Tigris.

(17) *Schluß:* Xenophon suggeriert hiermit dem Leser, daß er nicht die ganze Rede wiedergibt, sondern einiges fortläßt.

(18) *Taxiarchen:* Ein Taxiarch ist der Anführer einer Taxis, einer Abteilung von 100 Mann.

in den untergeordneten Einheiten: Dazu gehören die Schleuderer, die Bogenschützen und die Speerwerfer. Schleuder, Bogen und Speer sind die Waffen der Knechte, die nicht den ehrenvollen Kampf Mann gegen Mann ermöglichen wie z. B.

das Schwert oder die Lanze. An späterer Stelle (7, 4, 15) wird die Schleuder als die Waffe bezeichnet, die am besten zu einem Sklaven passe.

(21) *den Helfern:* Bei den Helfern (oder Adjutanten) handelte es sich um Männer, die nicht zur kämpfenden Truppe gehörten, sondern für die Versorgung der Soldaten zuständig waren (vgl. 2, 1, 31) oder dem Feldherrn für besondere Aufgaben zur Verfügung standen.

(22) *Wettkämpfe:* Vgl. 8, 2, 26
Pempadarch: Führer einer Pempade (= 5 Mann); Dekadarch, Führer einer Dekade (= 10 Mann); Lochage, Führer eines Lochos (= 20 Mann); Taxiarch, Führer einer Taxis (= 100 Mann).

(23) *Chiliarchen:* Ein Chiliarch war Führer von 1000 Mann.

(29) *ohne geschwitzt zu haben:* Vgl. 2, 4, 6: Kyros „schmückt" sich selbst mit „Schweiß" und „Einsatzfreude". Bei Hesiod, Erga 289, heißt es, vor den Erfolg hätten die Götter den Schweiß gesetzt. In Xenophons Memorabilien (2, 1, 21 ff.) wird ausgeführt, daß der Weg zur Arete mit größten Anstrengungen verbunden sei. Die Ziele des „Tugendhaften" seien nur mit Anstrengungen und unter Schweiß zu erreichen (§ 28). Vgl. auch Hipparchikos 8, 6. Daß derjenige, der etwas leisten wolle, zuvor ins Schwitzen kommen müsse, setzt auch medizinisch-diätetische Gedanken voraus: Körperliches Wohlbefinden beruht auf schweißtreibender Anstrengung.
Anstrengungen: Hier wirken die Anstrengungen als Mittel einer „Psycho-Hygiene", indem sie Aggressionen abbauen helfen und das Sozialverhalten verbessern.

(31) *den Helfern:* Vgl. 2, 1, 21 m. Anm.

II.

(12) *Prahler:* Grundlage für die Definition des Prahlers ist die Unterscheidung von „scheinen" und „sein". Vgl. Theophrast, Charaktere 23 (Der Prahler): Die Prahlerei erscheine als eine Vorspiegelung nicht vorhandener Vorzüge. – Xenophon hat den Charakter des Prahlers treffend beobachtet.

(17) *Chrysantas:* Persischer Adliger, der im folgenden noch eine große Rolle spielt und sich hervorragende Verdienste in Kyros' Heer erwirbt. Er wird 2, 3, 5 vorgestellt.

(18) *Ungerechtigkeit:* Hier klingt zum ersten Mal in der Kyrupädie der Gedanke an, daß es ungerecht sei, wenn für ungleiche Leistungen gleicher Lohn beansprucht wird. Vgl. 2, 3, 7–16, wo der Perser Pheraulas eine Belohnung beansprucht, die seinen Leistungen entspricht. Jeder solle nach seinen Verdiensten belohnt werden. Dieses für den xenophontischen Kyros wichtige Prinzip der Menschenführung wird mehrfach wieder aufgegriffen und in der Praxis verwirklicht: u. a. 2, 3, 4–6; 4, 1, 2; 7, 3, 1; 7, 5, 35; 8, 3, 5; 8, 4, 30. – Platon erklärt in den Nomoi IV 757a, mechanische Gleichmacherei erzeuge Aufruhr, da die Menschen nicht gleich seien. Ebenso sagt Aristoteles, Nikomachische Ethik V 1131a 22–24: „Denn wenn die Menschen nicht gleich sind, werden sie auch keine gleichen Anteile haben können; hieraus ergeben sich vielmehr Streitigkeiten und Vorwürfe, wenn entweder Gleiche Nicht-Gleiches oder Nicht-Gleiche Gleiches haben und erhalten." Gleichheit kann demnach nur bei Gleichen gerecht sein. Aristoteles spricht in diesem Zusammenhang von einer proportionalen Gerechtigkeit. Im konkreten Fall der Verteilung von Belohnungen kann nur dadurch Gerechtigkeit hergestellt werden, daß zwischen Leistung und Belohnung das Verhältnis der Proportionalität besteht: Je größer die Leistung, desto größer die Belohnung. Auch für Kyros beruht die Motivation seiner Soldaten auf der Berücksichtigung dieser Proportionalität.

(22) *stets großzügig jedermann nachgibt, der ...:* Eine Variante der Textüberlieferung lautet: „den heftigen Wunsch verspürt, weniger zu haben als jeder andere."

(24) *Schlechtigkeit:* Vgl. Memorabilien 2, 1, 21–34.

(25) *Drohnen:* Vgl. 5, 1, 24; Oikonomikos 17, 14. Schon bei Hesiod, Erga 304ff. und Theogonie 592ff., sind die Drohnen ein Symbol der Nutzlosigkeit. Siehe auch Platon, Politeia VIII 552c.

(26) *so wählt euch aus allen Leuten:* Xenophons „Barbarenfreundlichkeit" ist ein Grundzug der Kyrupädie. Wie hätte er sonst einen persischen König als Beispiel hellenischer Kalokagathie

darstellen können? Hier wurde ein Nicht-Grieche zum Vertreter einer Gesittung und Kultur, die eben nicht mehr nur ein spezifisch griechisches Eigentum war, sondern von allen Menschen verwirklicht werden konnte. Vgl. dazu auch C. Schneider: Kulturgeschichte des Hellenismus. Bd. 1, München 1967, bes. 7. – Die vorliegende Textstelle veranschaulicht diesen „vorhellenistischen Hellenismus" des Atheners Xenophon, für den die Kalokagathie, die menschliche Bestform, nicht mehr von der Zugehörigkeit zu einer bestimmten Nation abhängig ist. Was zählt, ist die individuelle Leistung. Vgl. dazu auch die Worte des persischen Soldaten Pheraulas in 2, 3, 8–15.

Haus: Gemeint ist ein landwirtschaftlicher Großbetrieb, wie er z. B. in Xenophons „Oikonomikos" beschrieben wird.

III.

(4) *alle dasselbe bekommen:* Vgl. 2, 2, 18 mit Anm.

(5) *Chrysantas:* Vgl. auch Chrysantas' Worte: 2, 2, 18–20.

(7) *Pheraulas:* Mehr über Pheraulas: 8, 3, 2 und 5–8; 8, 3, 28–32 und 35–50.

(16) *nach seinen Verdiensten:* Vgl. die Verwirklichung dieses Beschlusses z. B. in 7, 3, 1, und 7, 5, 35 nach der Eroberung von Sardes und Babylon. S. auch die Anm. zu 2, 2, 18.

IV.

(4) *Dodekadarchen:* Ein Dodekadarch ist ein Führer von 12 Mann.

(5) *ärgerte sich:* Kyaxares als Kontrastfigur zu Kyros: Vgl. Anm. zu 1, 4, 9.

(6) *Schweiß:* Vgl. 2, 1, 29.

(17) *Täuschungsmanöver:* Kyros will also eine Kriegslist anwenden. Vgl. 1, 6, 13.

(19) *Vorzeichen:* Vgl. 1, 6, 2. Der Adler war übrigens auch das Zeichen der persischen Könige.

(20) *Wildesel:* Vgl. Anabasis 1, 5, 2.

(21) *Parasangen:* Eine Parasange ist ein persisches Längenmaß und entspricht etwa 5–6 km.

DRITTES BUCH

I.

(9) *kaum verzeiht:* Das Motiv der Verzeihung (Syngnómē) wird in 3, 1, 40 wieder aufgegriffen.

(14) *ein weiser Mann:* Vgl. 3, 1, 38.

(17) *seelische Regung:* Hier werden die Wörter Páthēma (seelische Regung) und Máthēma (Ergebnis eines Lernvorgangs) gegenübergestellt. Vgl. die Anm. zu 1, 6, 16.

(23) *heftige Angst:* Die überwältigende Angst wird später zum Zentralthema der epikureischen Philosophie. Für die Epikureer hat das menschliche Glück eine unerläßliche Voraussetzung: die Freiheit der Seele von der Angst. Die Philosophie soll den Menschen von der Angst befreien, um sein Glück zu ermöglichen (vgl. Epikur, Brief an Menoikeus, und bes. Lukrez, De rerum natura 1, 62-79; 3, 1-30; 5, 1-12, dessen Ziel es war, die Seele von der Angst zu befreien). – Tigranes' Ausführungen über die existentielle Bedrohung des Menschen durch die Angst können wiederum als ein Beispiel für Xenophons „vorhellenistischen Hellenismus" angesehen werden. Vgl. die Anm. zu 2, 2, 26. Eine gewisse Nähe zu hellenistisch-epikureischem Denken wurde auch in der Anm. zu 1, 2, 11 konstatiert. – Eine weitere Abhandlung über die „Angst" findet sich auch in Kyrup. 5, 2, 31-37.

(33) *Talente:* Das Talent war eine griechische Rechnungseinheit im Geldverkehr. Ein Talent entsprach in Attika einem Gewicht von 26, 2 kg.

(34) *die chaldäischen Grenznachbarn:* Die Chaldäer waren ursprünglich ein Nomadenvolk im südlichen Euphratgebiet. Bei ihrem Vordringen nach Norden wurden sie in dauernde Kämpfe mit den Assyrern verwickelt. Sie begründeten gegen Ende des 7. Jahrhunderts ein neues babylonisches Reich, das nach Kyros' Eroberung von Babylon im Jahre 539 vor Chr. an Persien fällt. Seit Alexander d. Großen wird mit dem Namen „Chaldäer" eine Priesterkaste bezeichnet, die vor allem über astrologische Kenntnisse verfügt.

(38) *der Mann:* Der folgende Abschnitt (38–40) enthält eine Anspielung auf die Hinrichtung des Sokrates in Athen (399 vor Chr.). (Vgl. E. Schwartz: Fünf Vorträge über den griechi-

schen Roman, Berlin 1896, 57; K. Münscher: Xenophon in
der griechisch-römischen Literatur, Philologus Suppl. 13, 2,
1920, 118.) Wenn Xenophon den weisen Lehrer vor seinem
Tode zu Tigranes sagen läßt, er solle seinem Vater nicht grollen, da seine Tat nicht auf bösem Willen (Kakónoia), sondern
auf Unwissenheit (Ánoia) zurückzuführen sei und da die
Menschen alles, was sie aus Unwissenheit falsch machten,
ohne Vorsatz täten, dann (so Münscher) spreche aus diesen
Worten auch ein Xenophon, der den Athenern die Tötung
seines verehrten Lehrers verziehen habe. Konrad Gaiser
(Griechisches und christliches Verzeihen: Xenophons Kyrupädie 3, 1, 38–40 und Lukas 23, 24a, in: Latinität und alte
Kirche. Festschrift f. R. Hanslik, Wien/Köln/Graz 1977, 78–
100) bestätigt diese Übereinstimmung zwischen Sokrates und
dem Weisheitslehrer und hebt hervor, daß das Motiv des Verzeihens ein eigentümlich xenophontisches Anliegen sei. Xenophon habe damit nicht nur in den Auseinandersetzungen
um die Schuld am Tod des Sokrates zur Versöhnung auffordern, sondern auch sein eigenes Verzeihen gegenüber Athen
zum Ausdruck bringen wollen.
der Mann verderbe mich: Vgl. die Anklage gegen Sokrates:
Er tue Unrecht, indem er die jungen Leute verderbe (Platon,
Apologie 24bc; 26b; Xenophon, Memorabilien 1, 1, 1; 1, 2,
1ff.).
(40) *verzeih deinem Vater:* Tigranes hat seinem Vater schon längst
verziehen; andernfalls hätte er nicht so engagiert für ihn eintreten können (s. o. §§ 15–30).
(41) *Kyros' Weisheit:* Xenophon beschreibt zuerst Kyros' Handeln; dann nennt er die „Tugenden" (Aretaí), die diesem
Handeln entsprechen.

II.

(16) *Dankbarkeit:* Über die moralische Pflicht zur Dankbarkeit
vgl. z. B. 1, 2, 7: Undankbarkeit ist Unrecht.
(18) *Land in Armenien zu bebauen:* Aus diesen Worten spricht
Xenophon selbst, der Besitzer eines Gutshofes und Verfasser
des „Oikonomikos": Kyros hat nicht nur vordergründig militärische Ziele; er sorgt auch dafür, daß das Land in seinem
Einflußbereich landwirtschaftlich genutzt wird (s. auch § 19).

Später vereinbart Kyros sogar mit seinem Kriegsgegner, dem Assyrerkönig, daß die Bauern trotz des Krieges ihr Land bebauen dürfen: 5, 4, 24. Vgl. auch 6, 2, 22; 7, 4, 5–6; Vgl. auch Oikonomikos 4, 4; 4, 12; 4, 17: Kyros sei nicht weniger stolz darauf gewesen, Land ertragreich zu bewirtschaften, als ein guter Soldat zu sein.

III.

(3) *Geld:* An dieser Stelle wird der Topos vom „richtigen Gebrauch" eines Besitzes verwendet, um zu veranschaulichen, daß materieller Besitz (Land, Geld) wertlos ist, wenn er nicht für bestimmte Zwecke gebraucht wird. Über die Notwendigkeit des vernunftgeleiteten, richtigen Gebrauchs handelt Xenophon an vielen Stellen seines Werkes. Je besser ein Gegenstand im richtigen Gebrauch seinen Zweck erfüllt, desto nützlicher und schöner ist er. Darum ist selbst ein Mistkorb wertvoll und schön, wenn er zweckmäßig ist (Memorabilien 3, 8, 6). Der optimale Gebrauchswert steht auch im Mittelpunkt des Gesprächs zwischen Sokrates und dem Panzerschmied Pistias (Memorabilien 3, 10, 9–15). Diese Auffassung entspricht dem praxisorientierten und auf materiellen Nutzen bedachten Sinn des tüchtigen Gutsverwalters und Landwirtes (vgl. Oikonomikos 1, 1–5 mit der Definition der Oikonomía als Wissen um den richtigen Gebrauch von Besitz) und dem erfolgsorientierten Sinn des militärischen Führers.

(5) *verabredungsgemäß:* Vgl. 2, 4, 17.

(8) *Bereitschaft zum Verzicht:* Vgl. 1, 5, 9–12; 1, 6, 25; 2, 1, 29.

(9) *Soldaten:* Hier faßt Xenophon die Bedingungen zusammen, die den Soldaten den Erfolg garantieren: (1) ein guter körperlicher Zustand, (2) eine gute seelische Verfassung, (3) die Beherrschung der Waffen, (4) die Bereitschaft zum Gehorsam.

(11) *Myriarchen:* Befehlshaber über zehntausend Mann.
Dodekadarchen: Befehlshaber über 12 Mann.
Hexarchen: Führer von 6 Mann.

(21) *opferte zuerst Zeus:* Vgl. 1, 5, 6 m. Anm.

(29) *Kroisos:* Vgl. schon 1, 5, 3 und 2, 1, 5.
Kyaxares: S. Anm. zu 1, 4, 9.

(34) *Wahrsager:* Vgl. 1, 6, 2.

(38) *tüchtiger Mann:* Tüchtigkeit ist erst vollkommen, wenn sie dazu befähigt, auch andere tüchtig werden zu lassen. Dieser Forderung entsprach Kyros.

(39) *Wort … Tat:* Das Streben nach Übereinstimmung zwischen Wort und Tat ist ein Grundzug der Persönlichkeit des Kyros. Xenophon bemüht sich, diese Tatsache immer wieder hervorzuheben: z. B. 8, 2, 23. Wer nicht nur durch das Wort, sondern auch durch die Tat seine Einsatzbereitschaft beweist, ist ein überzeugendes Vorbild für andere: 1, 2, 8; 4, 5, 58; 7, 5, 86; 8, 1, 12; 8, 1, 21; 8, 1, 39.

(40) *mit Kränzen:* Der Kranz ist eigentlich der Schmuck des Siegers; hier aber dient er als äußeres Zeichen der Frömmigkeit (man bekränzte sich während der Opferhandlung).

(43) *König:* Es handelt sich um den älteren König, den Vater des in 1, 4, 16 zum ersten Mal erwähnten Assyrerprinzen (vgl. Anm. zu 1, 4, 16). Nach Xenophon fällt der Vater im Kampf gegen die Perser (4, 1, 8).

(51) *eine einzige Rede:* Kyros hält zwar zahlreiche Reden, die seine Befehlshaber und Soldaten aufmuntern oder ermahnen sollen. Hier ist er sich aber der Grenzen bewußt, die der Wirkung eines Lógos Protreptikós gesetzt sind. Das mahnende Wort erfüllt seinen Zweck nur dann, wenn entsprechende Voraussetzungen (z. B. Erziehung, Gewohnheit, Einstellungen) vorhanden sind.

(53) *Wissen:* Mit Wissen (Máthēsis) ist die Summe aller durch Erziehung und Übung erworbenen Fähigkeiten und Einstellungen gemeint, die die Kampfbereitschaft begründen. Vgl. dazu auch 3, 1, 17. Die Aussage klingt an die sokratische Gleichung „Tugend gleich Wissen" an (vgl. Platon, Protagoras 361 ab: Gerechtigkeit, Besonnenheit und Tapferkeit sind ein lehrbares, vermittelbares Wissen).

(58) *Kriegsgesang:* Das griechische Wort lautet „Päan", das gewöhnlich ein Bitt- oder Danklied an Gottheiten bezeichnet und als Siegeslied oder auch zu Beginn einer Schlacht gesungen wurde (vgl. Homer, Ilias 1, 471 ff.).
Dioskuren: „Söhne des Zeus", die Zwillinge Kastor und Polydeukes, die sich durch viele Heldentaten auszeichneten. Man verehrte sie als Helfer in allen Nöten.

(70) *sie gehorchten sofort:* Gehorsam wurde in der persischen Erziehung nicht nur gelehrt und in Kyros' Heer gefordert (vgl.

z. B. 1, 6, 20), sondern auch in kritischen Situationen praktisch bewiesen.

Gruppe von Tänzern: Mit diesem Vergleich wird die Ordnung, die in Kyros' Heer herrschte, veranschaulicht. In 8, 5, 7
wird die Ordnung im Hauswesen mit der Ordnung im Heer
verglichen. Vgl. auch Memorabilien 3, 1 und Oikonomikos
8–9.

VIERTES BUCH

I.

(2) *die ihm zustehende Belohnung:* Zu dem Prinzip, jeden nach
seinen Leistungen und Verdiensten zu belohnen, vgl. 2, 2,
18–20 m. Anm.

(3) *gehorchte er mir auf der Stelle* Vgl. 3, 3, 70. Die unverzügliche Ausführung des Befehls brachte die Betroffenen aus akuter Lebensgefahr.

(8) *König:* Es handelt sich um den in 1, 5, 2 bereits erwähnten
Assyrer. Vgl. auch 3, 3, 43–45 m. Anm.

Kroisos: Auch in dieser Situation erweist sich Kroisos als
Kontrastfigur zu Kyros.

(11) *besonders angebracht:* Wenn Kyros Pferde hätte, wäre jetzt
eine „besonders günstige Gelegenheit/der passende Augenblick" (Kairós), die geplante Aktion durchzuführen. Xenophon vewendet den Begriff „Kairós" in der Kyrupädie sehr
häufig, um eine Situation/eine Gelegenheit zu bezeichnen, die
es zu nutzen gilt. Denn die Stärke einer Führerpersönlichkeit
besteht auch darin, Gelegenheiten nutzen zu können. Vgl.
z. B. noch 5, 1, 17; 5, 3, 56; 5, 5, 43 u. 45; 6, 1, 6; 6, 1, 38 u.
43; 6, 3, 17 u. 21.

Pferde: Vgl. 2, 1, 5, wo darauf hingewiesen wird, daß die
Kavallerie der Assyrer und ihrer Verbündeten aus sechzigtausend Mann bestand, während die medische und armenische
Reiterei nur über ein Viertel der feindlichen Streitmacht verfügte. Die Perser besaßen überhaupt keine Reiterei von Bedeutung. Das war für Kyros Grund genug, von jetzt an den
Aufbau der persischen Kavallerie in Angriff zu nehmen. Vgl.
4, 3, 4–14.

(13) *eifersüchtig:* Dieser Charakterzug des Kyaxares tritt später (5, 5, 6–10 und 25–34) noch deutlicher zutage.

(19) *Erlaubnis:* Hier klingt wieder das Motiv des „freiwilligen Gehorsams" an, der die Freiwilligen zu höchsten Leistungen anspornt. Vgl. 1, 1, 3; 1, 6, 10; 1, 6, 20f.

(22) *mit Kyros verwandt:* Vgl. 1, 4, 27 m. Anm. Vielleicht wird Artabazos deshalb als Verwandter des Kyros erwähnt, weil der historische Artabazos, der Feldherr und Satrap Artaxerxes' II., mit diesem verwandt war.

(24) *Abkömmling der Götter:* Kyros ist ein Abkömmling der Götter, weil Perseus, der Stammvater der Perser, ein Sohn des Zeus ist. Vgl. 1, 2, 1 m. Anm.

II.

(1) *Hyrkanier:* Volksstamm im nordwestlichen Teil der Hochebene von Iran an der Südostküste des Kaspischen Meeres: vgl. 1, 1, 4; 1, 5, 2.

Grenznachbarn: Hier irrt Xenophon, da die Hyrkanier nicht die Grenznachbarn der Assyrer sein können. Vgl. vorige Anm.

Skiriten: Angehörige eines von den Spartanern unterworfenen Stammes. Die Skiriten waren eine Elitetruppe und dienten als Leichtbewaffnete auf dem linken Flügel des spartanischen Heeres. Sie wurden für besonders gefährliche Aufgaben verwendet.

(10) *Charakter:* Kyros' edler Charakter wird vielfach von seinen Freunden und Verbündeten gerühmt. Vgl. z. B. 5, 4, 33.

Menschenfreundlichkeit: Kyros' Menschenfreundlichkeit (Philanthropía) wird abgesehen von seinen sonstigen Tugenden und Qualitäten immer wieder hervorgehoben: u. a. 1, 4, 1; 7, 5, 73; 8, 4, 7–8. Xenophon konstatiert diese Eigenschaft auch bei dem Spartanerkönig Agesilaos (Agesilaos 1, 22).

viel Gutes: Vgl. 1, 4, 11.

(11) *freiwillig:* Vgl. 4, 1, 19. In 4, 2, 10–11 werden einige Motive für den freiwilligen Gehorsam aufgeführt.

(15) *ein Licht:* Zu den göttlichen Zeichen und der Kunst, sie zu deuten: 1, 6, 2. Als Zeichen werden u. a. erwähnt: Adler (2, 4, 19), Blitz und Donner (1, 6, 1) und eine Traumerscheinung (8, 7, 2).

(23) *jeder von euch:* Gemeint sind die Führer der Meder und der Hyrkanier (der Verbündeten).

(38) *Taxiarchen:* Die Taxiarchen sind die Chefs der einzelnen Zeltgemeinschaften, die aus 100 Mann bestanden.

unsere Verbündeten: Daß Kyros auch beim Umgang mit seinen Verbündeten besondere Geschicklichkeit bewies, zeigt die vorliegende Szene paradigmatisch (4, 2, 38–47). Zugleich werden wieder die Selbstbeherrschung und Selbstbeschränkung der Perser hervorgehoben, die mit dem Essen und dem Verteilen der Beute auf die Rückkehr ihrer Verbündeten warten (vgl. auch 4, 5, 1–7; 5, 2, 2–21; 5, 4, 1–14).

(44) *woraus der Reichtum erwächst:* Reichtum erwächst aus der Treue und Zuverlässigkeit von Freunden und Verbündeten, die durch gute Behandlung, Fürsorglichkeit und Großzügigkeit zu erreichen ist. (Vgl. das Gespräch zwischen Kyros und Kroisos über den wahren Reichtum 8, 2, 15–23).

(45) *gute Erziehung beweisen:* Die hier beschriebene Situation ist für Kyros' Bemühung um die Übereinstimmung von Wort und Tat, die Einheit von Denken und Handeln, beispielhaft. Vgl. auch 2, 2, 30; 8, 2, 23.

(46) *Hystaspas:* 2, 2, 2.

auf der Jagd: 1, 2, 11.

III.

(4) *keine eigene Reiterei:* Diesen Mangel hatte Kyros bereits 4, 1, 11 beklagt.

(12) *Verpflichtungen:* Mit dieser Bemerkung ist keine Abwertung dieser Tätigkeiten gegenüber dem Militärdienst verbunden: Kyros stellt nur fest, daß seine Soldaten Zeit haben, reiten zu lernen, weil sie gegenwärtig keine anderen Verpflichtungen haben. Demnach steht diese Feststellung auch nicht im Gegensatz zu Xenophons Bemerkung im Oikonomikos (4, 4; 4, 12; 4, 17), daß Kyros die Landwirtschaft und die Kriegskunst zu den ehrenvollsten und notwendigsten Beschäftigungen zählte. Vgl. auch Anm. zu 3, 2, 18.

(14) *reiten lernern:* Wie Xenophon berichtet, stellte auch Agesilaos eine Reiterei auf (Agesilaos 1, 23–24). Vgl. auch Hellenika 3, 4, 15: Xenophon selbst sorgte für die Aufstellung einer griechischen Reiterei während des Rückzugs der Zehn-

tausend (Anabasis 3, 3, 16–20). Er benutzte dort ähnliche Argumente, wie er sie hier Kyros in den Mund legt. Vgl. auch Kyrup. 4, 5, 46–49.

(15) *Mensch mit Flügeln:* Die griechische Formulierung „geflügelter Mensch" für den Reiter (vgl. Hipparchikos 8, 6) entspricht auch der Ausdrucksweise des Sophisten Gorgias, der Xenophons Sprache beeinflußt zu haben scheint.

(17) *Kentauren:* Vielleicht entwickelte sich die Vorstellung von mythischen Wesen, die aus dem Körper eines Pferdes und eines Menschen zusammengesetzt sind, aus der Existenz eines wilden thessalischen Reitervolkes, dessen Angehörige die meiste Zeit ihres Lebens auf dem Pferderücken verbrachten. – In der älteren Kunst wurden die Kentauren als menschliche Gestalten dargestellt, an die sich hinten der Körper eines Pferdes anschloß. Später wurden sie so abgebildet, daß nur der Oberkörper eines Mannes an den Rumpf eines Pferdes angefügt war. – Der berühmteste Kentaur des Mythos ist Cheiron, der zum Erzieher des Achilleus und anderer Helden wurde (Homer, Ilias 11, 831). Er unterrichtete sie in Musik, Heilkunde, Gymnastik und Weissagekunst.

IV.

(8) *eine bessere Lösung:* Kyros erwartet Kritik an seinen Plänen und Vorschlägen. Vgl. auch 1, 4, 3; 6, 2, 24 und 39.

V.

(1) *Kyros:* Vgl. dazu auch 4, 2, 38–47 m. Anm.

(4) *noch im Überfluß davon:* Das war ein Mißverständnis der Meder und Hyrkanier: Kyros verzichtete auf Fleisch und Wein (4, 5, 1), um die karge Lebensweise der Perser zu demonstrieren. Vgl. 1, 2, 8; 1, 2, 11; 1, 2, 16.

(14) *nicht vor Tagesanbruch:* Vgl. Kyros' Befehl, daß man das Lager nur bei Tage betreten dürfe (4, 2, 26). Diese Maßnahme gehört in den Zusammenhang der Belehrung des Kambyses über die Pflichten und Aufgaben des Feldherrn bei der Anlage und Sicherung des Feldlagers (1, 6, 43).
Magier: Es handelt sich ursprünglich um medische Priester und Traumdeuter. Ohne sie durfte kein Opferritual vollzogen

werden. Dabei trugen sie ein Lied über die Entstehung der Götter vor (Herodot 1, 132). Vgl. auch Kyrup. 8, 1, 28, wo Xenophon berichtet, daß die Magier von Kyros den Auftrag bekamen, jeden Morgen die Götter in hymnischen Gesängen zu preisen.

(26) *was er schon zuvor ... dargelegt hatte:* 4, 5, 16.

(34) *die Perser:* Gemeint sind die Perser, die Kyros aus der Heimat zu Hilfe geschickt und Kyaxares zur Verfügung gestellt werden sollen, falls er Bedarf haben sollte (§ 31).

(46) *reiten lassen:* Vgl. Kyros' Eintreten für die Aufstellung einer persischen Kavallerie: 4, 3, 4–14 und 15–23.

(52) *Frauen:* Kyaxares wird hier wiederum als Kontrastfigur zu Kyros charakterisiert. Vgl. auch 5, 5, 2.

(58) *Vorbild:* Kyros hatte bereits reiten gelernt, als er am Hofe seines Großvaters Astyages in Medien lebte. Schon als Junge hatte er seiner Mutter erklärt, er wolle ein tüchtiger Reiter werden (1, 3, 15). – Zum Topos „Vorbild" und „Lernen am Vorbild" vgl. z. B. 1, 2, 8; 7, 5, 86; 8, 1, 12; 8, 1, 21; 8, 1, 39.

VI.

(11) *Frau aus Susa:* Die Geschichte von der schönen Frau aus Susa, die zu den novellistischen Elementen in der Kyrupädie gehört, besteht aus vier Teilen: (1) 4, 6, 11–5, 1, 17; (2) 6, 1, 31–49; (3) 6, 4, 2–11; (4) 7, 3. – Zu den novellistischen Elementen gehören auch der Bericht des Gobryas über die Ermordnung seines Sohnes durch den Assyrerprinzen (4, 6, 3–7), die Schilderung der Entmannung des Gadatas durch den Assyrer (5, 2, 28) und die Geschichte vom Aufenthalt des jungen Kyros bei seinem Großvater in Medien (1, 3).

FÜNFTES BUCH

I.

(2) *Araspas:* Vgl. schon 1, 4, 26.
Frau des Abradatas: Vgl. Anm. zu 4, 6, 11.

(4) *das habe ich noch nicht:* Kyros erklärt 5, 1, 8, er wolle sich die Frau auch gar nicht ansehen.

(8) *immer nur ansehen:* Kyros verzichtet darauf, sich die schöne Frau anzusehen, um seine Selbstbeherrschung zu beweisen und sich nicht von seinen Pflichten als Feldherr ablenken zu lassen.

(9) *Pflichten zu vergessen:* Vgl. 8, 3, 39–50.

(10) *nicht in die Schwester verliebt:* Das war bei den Griechen der Fall. Die Perser, Ägypter und Assyrer kannten durchaus die Ehe zwischen Geschwistern. Vgl. Euripides, Andromache 173–176.

(18) *bei passender Gelegenheit:* Eine andere Version: „Denn vielleicht steht uns diese Frau auch noch in einem günstigen Augenblick (Kairos) zur Verfügung." Zur häufigen Verwendung des Begriffs „Kairos" in der Kyrupädie vgl. Anm. zu 4, 1, 11. Der „günstige Augenblick" bzw. die „passende Gelegenheit" ist 6, 1, 45 gegeben, wo die Frau Kyros anbietet, ihm die Freundschaft ihres Mannes zu vermitteln.

(24) *Bienenkönigin:* Derselbe Vergleich wird im Oikonomikos vewendet (7, 17). Vgl. auch Vergil, Georgica 3, 211. Daß die Bienenkönigin weiblich ist, wußte man in der Antike noch nicht. Hier sprach man nur von einem „Bienenkönig".

(25) *dir zu folgen:* 1, 4, 25.
freiwillig: Zum Motiv des freiwilligen Gehorsams: 1, 1, 3; 1, 6, 10; 1, 6, 20f.; 4, 1, 19; 4, 2, 10–11.

II.

(1) *zu Reitern ausgebildet:* Vgl. 4, 3, 21.

(7) *in Trauer:* 4, 6, 17-7 und 9.

(8) *versprochen:* 4, 6, 7.

(10) *die Möglichkeit gegeben:* Um Gutes zu tun und seine Redlichkeit zu beweisen, müssen die Menschen über entsprechende Mittel verfügen. Gobryas' Geschenk besteht darin, daß er Kyros seinen gesamten Besitz überläßt und ihm sogar die Gelegenheit gibt, seine guten Absichten durch die Tat zu beweisen. – Hier kommt Kyros' Bestreben zur Geltung, zwischen Wort und Tat Übereinstimmung herzustellen. Vgl. z. B. auch 2, 2, 30; 4, 2, 45; 5, 3, 31; 8, 2, 23.

(12) *wird sie heiraten:* Der Auserwählte wird Hystaspas sein (8, 4, 15–16 und 24–27).

(13) *jemand anders zu zeigen:* D. h. die Männer werden sofort

auffallen, und dann kannst du ohne weiteres auch einem anderen zeigen, um wen es sich handelt.

(15) *Reisig:* Der Topos „einfaches Leben" war schon mehrfach benutzt worden, um das maßvolle und gesunde Leben der Perser und besonders des Kyros hervorzuheben: u. a. 1, 2, 8; 1, 2, 11; 1, 2, 16; 1, 3, 4.

(17) *Bescheidenheit:* Daß Kyros auf einem Strohsack sitzt (5, 2, 15), demonstriert bereits seine und der Perser Bescheidenheit (Metriótēs) und Einfachheit (Phaulótēs). Vgl. auch 7, 1, 1, wo Kyros sich vor der Schlacht kaum ein Frühstück gönnt.
ein wohlerzogener persischer Mann: Vgl. 3, 3, 70, wo von den „wohlerzogenen" persischen Homotimen die Rede ist, die in kritischen Situationen zuverlässig und gehorsam sind.

(25) *Kadusier:* Das Volk der Kadusier lebte zwischen dem Kaspischen und dem Schwarzen Meer im nördlichen Teil von Medien.
Saken: Ein Stamm in Skythien am Schwarzen Meer (Herodot, 4. Buch).

(32) *Angst:* Eine psychologische Abhandlung über die „Angst" liegt auch in 3, 1, 23–25 vor.

III.

(11) *von ihrem Kommandanten:* Das griechische Wort lautet „Phrúrarchos", Festungskommandant, dessen militärischer Rang von der Größe der ihm unterstellten Truppen abhing.

(12) *Feinde des Assyrers:* Es handelt sich um Saken und Kadusier (5, 2, 25).

(15) *Festung:* Gemeint ist die Festung, von der in § 11 bereits die Rede war und deren Einnahme in den §§ 16–18 geschildert wird. Mit dem letzten Satz wird also auf den Inhalt von 16–18 vorverwiesen.

(16) *um darüber zu berichten:* Er will verabredungsgemäß dem Festungskommandanten über die Vorgänge berichten, um dessen Vertrauen zu gewinnen. Vgl. § 12. Diese Maßnahme ist Teil der von Kyros und Gobryas geplanten Kriegslist (vgl. 1, 6, 13).

(31) *Dank erwiesen:* Hier beweist Kyros wieder sein Streben, Worte und Taten in Übereinstimmung zu bringen. Vgl. 5, 2, 9–11 mit Anm. zu 5, 2, 10.

(32) *durch gute Taten überbieten:* Wenn Kyros Wert darauf legt, „alle anderen" durch gute Taten zu überbieten, dann bedeutet dies, daß er aus dem heroischen Rivalitätsprinzip, das sich im Kampf Mann gegen Mann entfaltet, ein ethisches Gebot ableitet: Er empfindet es als seine Pflicht, nicht nur Dankbarkeit zu zeigen (so § 31), sondern auch eine Gegenleistung zu erbringen, die den Anlaß der Dankbarkeit in ihrem Umfang und Wert übersteigt. Vgl. dazu auch 5, 4, 32, wo Kyros Gadatas' Geschenke zurückweist: Er müsse sich schämen, dessen Geschenke anzunehmen, weil er noch nicht im Schenken mithalten könne. Offensichtlich hielt er es für eine „Ehrensache", auf ein Geschenk nur mit einem angemessenen oder besser noch größeren Gegen-Geschenk zu reagieren.

(35) *mit desto größerer Lust:* Zu dieser Auffassung, daß der Lustgewinn durch Entbehrung zu steigern sei bzw. daß vorherige Entbehrung die Lust steigere, wenn das Entbehrte schließlich zur Verfügung stehe, vgl. Memorabilien 1, 3, 5, wo es von Sokrates heißt, an Speise habe er nur so viel zu sich genommen, wie es ihm schmeckte, und zum Essen sei er stets so hungrig gegangen, daß der Appetit für ihn die Zukost zum Essen gewesen sei; auch jedes Getränk sei ihm angenehm gewesen, da er nur trank, wenn er Durst hatte.

(46) *das gute Gedächtnis:* Die große Zahl der Namen in dem vorausgegangenen Abschnitt (38–42) sollte Kyros' Namensgedächtnis demonstrieren.

(56) *was ihnen angebracht erschien:* Vgl. 4, 1, 11 m. Anm.

IV.

(24) *die Bauern in Ruhe zu lassen:* Kyros' Umsicht als militärischer Befehlshaber erstreckt sich nicht nur auf alle Maßnahmen, die die Schlagkraft seiner Truppen im Augenblick der Schlacht betreffen. Er trifft auch Vorkehrungen, die die längerfristige Versorgung seiner Soldaten und der ortsansässigen Bevölkerung sichern sollen. Er will auf diese Weise auch sicherstellen, daß die Bevölkerung das Land nicht verläßt. Vgl. dazu auch Oikonomikos 4, 4; 4, 8; 4, 13–15.

(32) *im Schenken mithalten:* Vgl. Anm. zu 5, 3, 32.

(33) *Charakter:* Vgl. 4, 2, 10.

(42) *angekündigt:* 5, 3, 6.

V.

(2) *auf das Schönste ausstatten:* Im griechischen Text heißt es wörtlich, daß das Zelt mit dem sonstigen Luxus und mit dem Hineinführen der Frauen auf das Schönste ausgestattet wurde. Die Frau und die Musikantinnen, die Kyaxares bekommt, können nicht Pantheia und die beiden Musikantinnen sein, die laut 4, 6, 11 für Kyros bestimmt waren.

(4) *Brief:* 4, 5, 26–34.

(6) *Ärger:* Vgl. Kyaxares' Eifersucht 4, 1, 13 und 4, 5, 8ff.

(9) *lieber zehnmal in die Unterwelt gehen:* Die entgegengesetzte Meinung vertritt Achilleus bei Homer (Odyssee 11, 488–491), als ihn Odysseus als Herrscher über das Totenreich preist: „Ach, tröste mich nicht über meinen Tod hinweg, strahlender Odysseus. Ich wollte lieber ein einfacher Landarbeiter sein und einem anderen dienen, einem Mann ohne Grundbesitz, der nicht viel zum Leben hat, als über alle nichtigen Toten herrschen." Kyaxares, der Anti-Achilleus, übersieht aus einem nichtigen Grund den unersetzlichen Wert des Lebens.

(16) *Oberbefehl:* 1, 5, 4–5.

(41) *mit ihm zu essen:* Kyaxares hatte offenbar den Wunsch, mit Kyros auch noch über andere Dinge zu sprechen als nur über die Folgen, die sich aus Kyros' Leistungen für ihn ergaben.

(43) *Zeitpunkt:* Vgl. 4, 1, 11 zum Begriff des Kairós.

(47) *durch ihr Handeln beweisen:* Das Streben nach der Einheit von Denken und Handeln bzw. nach Übereinstimmung von Wort (Absicht) und Tat ist ein Persönlichkeitsmerkmal des Kyros und ein Grundmotiv der Kyrupädie: vgl. 2, 2, 30; 4, 2, 45; 5, 2, 9–11; 5, 3, 31; 8, 2, 23.

SECHSTES BUCH

I.

(1) *Zelt:* nach orientalischer Sitte wurden vor den Toren des Königspalastes Bittgesuche entgegengenommen. Während eines Feldzuges spielte sich diese Szene allmorgendlich vor dem Zelt des Königs ab. Vgl. Herodot 3, 119.

Gewänder anzulegen: Auch mit dieser Feststellung – im griechischen Text steht, Kyaxares habe sich „geschmückt" – wird der Mederkönig wieder als Gegenbild zu Kyros charakterisiert. Erst nach Abschluß der Kriegszüge findet auch Kyros die Zeit, „sich zu schmücken" (8, 2, 7). In 8, 3, 4 hingegen „schmückt" sich Kyros, indem er seine Freunde „schmückt".

(8) *auf eigene Faust operierten:* Anspielung auf die eigenmächtige Aktion der Kadusier in 5, 4, 15–16.

(9) *Artabazos:* 1, 4, 27; 4, 1, 22; 5, 1, 24; 7, 5, 48.

(11) *Versprechungen:* Vgl. 4, 6, 8: Kyros versprach, den Mord an Gobryas' Sohn zu rächen.

(15) *sich belagern lassen:* Auf diese Weise kann ein Heer den Winter überstehen: Wenn es über ausreichende Vorräte verfügt, ist es innerhalb seines Stützpunktes praktisch unangreifbar.

(23) *am gesündesten:* Vgl. 1, 6, 16.

(27) *den trojanischen Wagentyp:* Die Trojaner benutzten ihre Wagen nur als Transport- oder Fortbewegungsmittel. Sie sprangen ab, um den Kampf aufnehmen zu können.
kyrenäische Wagenkampftechnik: Die Streitwagen der Kyrenäer waren Vierspänner. In jedem Wagen befand sich ein Wagenlenker und ein Kämpfer. Beide verließen den Wagen nicht, um zu kämpfen.

(30) *Sicheln:* Vgl. Anabasis 1, 7, 10; 1, 8, 10, wo auch vom Einsatz der Sichelwagen die Rede ist.

(31) *die schöne Frau:* Vgl. 5, 1, 2–18.

(32) *abwesend:* Vgl. 5, 1, 3.

(33) *ihren Eunuchen:* Es handelt sich um einen Diener der Prinzessin.

(34) *behauptet hatte:* 5, 1, 17.

(36) *Sklaven der Liebe:* Wilhelm Nestle: Xenophon und die Sophistik, in: Philologus 94, 1941, 31–50, weist darauf hin, daß hier eine Berührung mit der „Helena" des Gorgias vorliege: Denn genauso entschuldige Gorgias den Fehltritt der Helena (19). – Auf Xenophons Beziehungen zu Gorgias konnte schon in d. Anm. zu 1, 6, 27 u. 31 hingewiesen werden. Vgl. auch Anm. zu 4, 3, 15.

(41) *Erkenntnis:* Vgl. Memorabilien 1, 2, 23; Platon, Symposion 203d; Phaidros 237d und andere Stellen bei Platon.
Eros: Die Personifikation abstrakter Begriffe entspricht der

Redeweise der Sophisten. Vgl. Platon, Kratylos 403e, wo Hades als Sophist bezeichnet wird; Xenophon, Hipparchikos 7, 7, wo die Angst (Phobos) ein gewaltiger Wächter ist.

(47) *Zurückhaltung:* Kyros hat vom Recht des Siegers keinen Gebrauch gemacht. Möglicherweise war er hiermit ein Vorbild auch für Alexander d. Großen nach der Gefangennahme der Frauen des Dareios (nach der Schlacht bei Issos im Jahre 333 vor Chr.). Nach É. Delebecque (zu dieser Stelle) hat Alexander die Kyrupädie bestimmt gelesen.

(54) *etwa 25 Talente:* 1 Talent entspricht etwa 36 kg. Also entsprechen 25 Talente etwa 900 kg.

von weniger als fünfzehn Talenten: Der gesamte Turm hatte mit Soldaten und Waffen demnach ein Gewicht von 8 mal 540 kg (ca. 4 Tonnen), das sich auf die acht Ochsengespanne verteilte.

(55) *Wille zum Sieg:* Die Türme demonstrieren Kyros' Willen zum Sieg. Während dieser Wille zum Sieg im Krieg legitim und mit allen Mitteln durchgesetzt werden darf, ist er in Friedenszeiten, in der Familie und in der Polis zu verwerfen: 1, 3, 18; 1, 6, 27–37; 2, 2, 20 u. 27; 4, 3, 21; 5, 5, 19.

II.

(1) *Indien:* Vgl. 3, 2, 27; 3, 3, 1.

(5) *die Besten ... auszeichnete:* Vgl. auch 2, 1, 22–24; 8, 2, 26. Der Wetteifer, das Sich-gegenseitig-übertreffen-Wollen, gehört zu Kyros' Mitteln, den Kampfgeist seiner Leute zu steigern.

(9) *Oberbefehlshaber:* Xenophon hat in seiner Beschreibung der Eroberungen und Siege des Kyros die historisch zutreffende Reihenfolge nicht eingehalten: Der Feldzug gegen Kroisos ging dem Feldzug gegen Babylon voraus. Bei Xenophon aber erobert Kyros zuerst das babylonische Flachland. Dann findet der Krieg gegen Kroisos und seine Verbündeten statt, der mit der Eroberung von Lydien und seiner Hauptstadt beendet wird. Anschließend zieht der xenophontische Kyros wieder nach Babylonien (Assyrien) und erobert Babylon (7, 5, 1–36). Durch diese Kombination der Ereignisse werden Kyros' militärische Leistungen besonders deutlich hervorgehoben (vgl. Breitenbach, RE Sp. 1710f.).

(10) *Kroisos zu folgen:* Vgl. Herodot 1, 26 ff. und 71–91.

(11) *Paktolos:* Goldhaltiger Fluß in Lydien bei Sardes. Vgl. die Midas-Episode bei Ovid, Metamorphosen 11, 136–145. *Versammlungsplatz:* Vgl. 1, 5, 3; 3, 3, 6.

(15) *was hättet ihr ... denn getan:* Kyros will mit dieser bis § 20 reichenden Periode seinen deprimierten Soldaten Mut machen. Er fordert sie auf, sich in die Situation des Feindes zu versetzen und sich vorzustellen, welche Stimmung im feindlichen Heer herrschen muß, nachdem es vor kurzem eine schwere Niederlage hinzunehmen hatte.

(17) *nicht so wie früher:* Vor der Heeresreform des Kyros (6, 1, 27–30) dienten die Wagen nur den zu Fuß kämpfenden Soldaten als Transportmittel. Wenn die Wagen in der Nähe des Feindes angekommen waren, wurden sie gewendet, damit die aufgesessenen Kämpfer zu Fuß in Aktion treten konnten. Der Wagenlenker blieb auf dem Wagen, um gegebenenfalls den schnellen Rückzug der Kämpfer ermöglichen zu können.

(19) *Oberbefehlshaber der Feinde:* Nachdem Kyros die Überlegenheit des fiktiven Gegners, d. h. der eigenen Streitkräfte, geschildert hat, verweist er auch noch auf die Schwäche des gegnerischen Feldherrn Kroisos: Kyros' Männer sollen sich schließlich auch noch vorstellen, welche Wirkung ein so unqualifizierter Oberbefehlshaber auf seine schon durch die erwiesene Kampfkraft des Gegners demoralisierten Soldaten haben muß.

(24) *eine andere Möglichkeit:* Kyros gibt mehrfach zu erkennen, daß er Kritik an seinen Vorschlägen akzeptieren will: Vgl. schon 1, 4, 3 und 4, 4, 8.

(30) *Teppiche:* Es handelt sich dabei offensichtlich um überflüssiges Gepäck. Mit diesen Teppichen wurden die Zelte wohnlicher gemacht. Selbstverständlich verlangt Kyros nicht, daß seine Soldaten und Offiziere auf ihre Schlafdecken verzichten sollen.

(31) *Appetit:* Vgl. dagegen Hieron 1, 22: Hier heißt es, daß die verwöhnten Tyrannen scharfes Essen, pikante und saure Speisen zu sich nähmen, was laut Simonides ganz und gar widernatürlich sei. Denn derartige Speisen dienten nur den Gelüsten eines verwöhnten und verdorbenen Geschmacks, und wer mit Lust esse, sei auf diese ausgeklügelte Zubereitung der Speisen nicht angewiesen. – Offensichtlich geht es Kyros darum, den

Soldaten während des langen Marsches eine eintönige Ernährung zu ersparen und die Haltbarkeit der Lebensmittel zu sichern.

unberührtes Gebiet: Vgl. § 25: Es handelt sich um Gebiete, die weder vom Heer des Kyros, noch von der feindlichen Armee geplündert wurden.

(38) *beim Verkaufen ertappt werden:* Kyros wollte seine Soldaten dazu zwingen, sich möglichst lange Zeit mit eigenen Mitteln zu versorgen (vgl. 30 ff.) und auf jeglichen Luxus zu verzichten. Die Kaufleute hingegen hatten ein Interesse daran, ihre Waren möglichst schnell zu verkaufen und sich zurückzuziehen, bevor man sich im Kampfgebiet befand.

III.

(8) *Reisewagen:* Es handelte sich um vierrädrige Kutschen mit Verdeck für den Transport der Frauen (vgl. 3, 1, 8 und 4, 4, 1).

(10) *etwa zwei Parasangen:* Rund 10–11 km.

(11) *ein Grieche:* Kroisos hatte Griechen in seinem Heer: 6, 2, 10.
ein Meder: Es handelt sich wohl um Araspas: vgl. 6, 1, 38–44 und 6, 3, 14–20.

(13) *entgegenkommen:* Es wird sich um Araspas und seine Begleiter handeln. Zum Hochheben der rechten Hand als Zeichen einer friedlichen Absicht vgl. 4, 2, 17.

(16) *er begab sich ... in Gefahr:* Vgl. 6, 1, 38–44.

(19) *einen Raum von vierzig Stadien:* Die Schlachtreihe mit einer Tiefe von 30 Mann hatte also eine Länge von 40 Stadien = 40 mal 180 m = 7200 m. Wenn man davon ausgeht, daß auf einer Strecke von 180 m etwas mehr als 200 Soldaten nebeneinander stehen können, dann befinden sich auf einer Strecke von 7200 m gut 8000 Männer nebeneinander. Da 30 Reihen von mehr als 8000 Männern pro Reihe hintereinanderstehen, handelt es sich insgesamt um 240–250000 Mann ohne die ägyptischen Truppen. Vgl. die Angaben in 2, 1, 6.

(20) *Ägypter:* Es handelt sich laut 6, 2, 10 um 100000 Mann.

(21) *wenn das Rennen:* Es handelt sich bei diesem Satz offensichtlich um eine sprichwörtliche Redensart.
zwei Reihen je Abteilung: Bei dieser Aufstellung einer Abteilung (Lochos) standen zwei Reihen zu je 12 Mann hintereinander.

(23) *mit sehr wenigen zu kämpfen:* Je tiefer eine Schlachtreihe gestaffelt ist, desto geringer ist die Zahl derer, die in unmittelbaren Kontakt mit dem Gegner treten, bzw. desto schmaler ist die Frontlinie. Aber diese Überlegung ist nur scheinbar richtig; denn im Verlaufe des Kampfes können die vorderen Reihen durch die hinteren entlastet oder ersetzt werden.

(25) *die sogenannten „Letzten":* Es handelt sich wohl um kampferfahrene Veteranen. Ihre Funktion wird in § 27 beschrieben. Vgl. auch 7, 1, 34.

IV.

(1) *in der Farbe des Purpurs:* Daß dies die vorherrschende Farbe der Soldatenkleidung im Heer des älteren Kyros war, wird nirgendwo sonst erwähnt. Aber die spartanischen Soldaten und die Männer des jüngeren Kyros trugen purpurrote Kleider (Staat der Lakedämonier 11, 3; Anabasis 1, 2, 16).

(2) *Pantheia:* Der Abschied Pantheias (6, 4, 2–11) von Abradatas ist nach dem Vorbild der homerischen Ilias gestaltet (Hektors Abschied von Andromache, Ilias 6, 369–493). Es handelt sich um das 3. Stück der Pantheia-Novelle (vgl. 4, 6, 11–5, 1, 17; 6, 1, 31–49). Das vierte Stück findet sich in 7, 3. Die Beschreibung der Ausrüstungsgegenstände, die Abradatas erhält, geben der Szene einen märchenhaften Charakter.

(6) *der höchsten Erfüllung für würdig:* Die höchste Erfüllung wäre der gemeinsame ehrenvolle Tod.

(14) *Verräter:* Damit könnte nach 6, 2, 19 auch Kroisos gemeint sein, der sich schon einmal absetzte und seine Verbündeten im Stich ließ.

SIEBTES BUCH

I.

(1) *Erstlingsopfer:* In diesem Falle wurden z. B. die Erstlinge der Früchte oder Blumen geopfert.

(3) *Donnern:* Vgl. 1, 6, 1–2 m. Anm.

(4) *Zeichen:* Vgl. Anabasis 1, 6, 12.

(5) *von überall her:* Genauer beschrieben müßte es heißen: „von drei Seiten her". Denn durch die Schwenkung der beiden Flügel entsteht die Figur eines doppelten Gamma bzw. eines Rechtecks, das auf einer Seite offen ist.

(12) *Festessen:* Zu diesem Festessen (griech. Éranos) bringt jeder Teilnehmer einen Beitrag mit. Das Wort „Éranos" kann auch soviel wie „Beitrag zur Unterstützung Hilfsbedürftiger" oder „Gesellschaft/Gemeinschaft zur gegenseitigen Unterstützung" bedeuten.

(16) *bei weitem am sichersten:* Abradatas hätte es vorgezogen, eine gefährlichere Position im Kampfgeschehen einzunehmen, z.B. an den seiner Auffassung nach besonders gefährdeten Flanken des Heeres, weil er meint, sein eigener Standort an der Spitze des Heeres sei bei weitem der sicherste Platz.

(21) *Spitze:* Kyros meint die Spitze des rechten Flügels (vgl. § 26).

(24) *ein kleines Pi:* Vgl. 7, 1, 5, wo von den beiden Gamma die Rede ist, die gegeneinandergestellt die Form eines Pi haben. Die Figur eines kleinen und eines großen Pi sähe so aus: ⊓⊓. Was man sich unter einem Pi aus Stein vorstellen soll, sei dahingestellt. – Die Lesart π λίθινον geht auf eine Konjektur von É. Delebecque zurück. Überliefert ist die Lesart πλιν-θίον (kleiner Ziegel, länglicher Kasten, Viereck). Legt man den überlieferten Text zugrunde, so kann man übersetzen: „Denn wie ein kleiner Kasten, der in einen großen hineingeschoben wurde ..."

(26) *Enyalios:* Beiname des Kriegsgottes Ares.

(30) *Schlachtreihe ... aus Freunden:* Vgl. Xenophon, Symposion 8, 32–33: Hier wird die Behauptung des Pausanias in Frage gestellt, daß ein Heer von Jungen mit ihren Liebhabern besonders stark werde, weil die Freunde sich davor scheuten, einander zu verlassen.

(32) *sich tapfer gewehrt hatten:* Vgl. 6, 4, 6.

(34) *Brustschilde:* Die geflochtenen Schilde hatten keinen besonderen Griff.
die „Letzten": 6, 3, 25.

(38) *auf seinem eigenen Pferd aufzusitzen:* Die Hilfe beim Aufsitzen besteht darin, den Reiter hinaufzuwerfen. Diese Hilfe war notwendig, weil die Perser keine Steigbügel benutzten.

(44) *dem sie bekannt seien:* Die Ägypter wollen damit sagen, daß sie sich nur Kroisos verpflichtet fühlten und daher nicht gegen

ihn kämpfen könnten. Eine andere Version (Delebecque): „Denn sie sagten, daß Kyros nur unter dieser Bedingung (als Sieger) anerkannt werden könne."

(46) *dieselbe Ausrüstung:* Vgl. Anabasis 1, 8, 6–7.

(47) *bis auf den heutigen Tag:* Vgl. Anabasis 1, 8, 10.

II.

(1) *Sardes:* Alte Hauptstadt von Lydien und Residenz der Könige. Die Stadt liegt am Ufer des Paktolos und am nördlichen Abhang des Tmolos-Gebirges. Wie Sardes von Kyros eingenommen wurde, erzählt Herodot 1, 84.

die übrigen Truppen: Vgl. 6, 2, 10, wo sie aufgezählt wurden.

(6) *ein Stärkerer:* Kyros erklärt den Chaldäern auf diese Weise, daß er sie nach Hause schicken und ihnen auf dem Rückweg ihre Beute aus der Plünderung von Sardes wieder abnehmen werde.

(10) *Kroisos:* Die Darstellung des Kroisos als eines weisen Ratgebers (so auch Herodot 1, 88f.) steht im Gegensatz zu seiner Charakterisierung als Herausforderer der Gottheit (7, 2, 15ff.).

(11) *zur Plünderung:* Nach Herodot 1, 88 läßt Kyros die Perser die eroberte Stadt plündern. Kroisos rät Kyros, den Soldaten die Beute wieder abzunehmen, damit sie ihm nicht, vom Reichtum berauscht, den Gehorsam verweigern (1, 89).

(17) *auf die Probe:* Herodot 1, 46–48 über Kroisos' Erprobung verschiedener Orakel.

(20) *stumm:* Das berichtet auch Herodot 1, 85; aber – so Herodot – er konnte von dem Augenblick an sprechen, als er mitansehen mußte, wie ein Perser nach dem Fall von Sardes auf seinen Vater losging. In dieser dramatischen Situation schrie er: „Mensch, töte Kroisos nicht."

in der Blüte seiner Jahre: Kroisos' Sohn Atys (vgl. Herodot 1, 43–46) starb durch einen Jagdunfall.

wenn du dich selbst erkennst: Der apollinische Imperativ „Erkenne dich selbst" schließt die Aufforderung ein, die Grenzen zu erkennen, die dem Menschen aufgrund seiner Sterblichkeit gesetzt sind. Seneca, Epist. 82, 6 konkretisiert die Anweisung des Gottes: „Der Mensch soll wissen, wohin er geht, woher er kommt, was für ihn gut, was schlecht ist, wonach er streben,

was er meiden soll, was die Vernunft leistet, die unterscheidet, was zu tun und was zu lassen ist, wie der Wahnsinn der Leidenschaften und Begierden eingeschränkt und das Wüten der Ängste bezwungen wird." In seiner „Trostschrift an Marcia" (11, 1–3) gibt Seneca eine noch deutlichere Interpretation des delphischen Spruches: Der Mensch sei der Vernichtung preisgegeben, ein Gefäß, das durch beliebige Erschütterung und beliebigen Stoß zu zerbrechen sei.– Diese Deutung entzog sich zunächst dem Bewußtsein des Kroisos. Er machte sich nicht die Mühe, seine vordergründige und oberflächliche Interpretation in Frage zu stellen. Das war die Ursache seines Scheiterns. Erst nach seiner Niederlage erkannte er, daß er die Mahnung des Apoll mißverstanden hatte.– Bei Herodot (1, 86) wird Kroisos von Kyros auf den Scheiterhaufen gesetzt und erkennt erst im Angesicht des Todes die Nichtigkeit der menschlichen Existenz. Daraufhin ließ Kyros den lydischen König nicht hinrichten, weil er sich dessen bewußt wurde, daß auch er, der Sieger, ein Mensch sei, dem es nicht zustehe, Kroisos wegen seines Irrtums so zu bestrafen.

(24) *göttlicher Herkunft:* Der Perser Kyros stammt von Perseus ab, dessen Vater Zeus war. Vgl. 1, 2, 1.

der erste König: Bei Herodot (1, 8) wird Gyges, der erste König in der Familie des Kroisos, als Leibwächter bzw. Lanzenträger, bei Platon, Politeia II 359 d als Hirte bezeichnet.

(28) *in dieselbe Lage:* Kyros überläßt dem besiegten Kroisos ein Leben ohne Kampf und Krieg, d. h. ein Leben der Bequemlichkeit und des Luxus. Hiermit erweist er sich wiederum als Kontrastfigur zu Kyros, dessen Leben in der Anstrengung und Entbehrung seine Verwirklichung findet.– Der Besiegte bleibt auf Dauer gefügig, wenn seine Kraft durch das Verbot jeglicher „Anstrengung" geschwächt wird. Nur die Herrschenden haben das Recht und Pflicht, sich dem ständigen Training ihrer Leistungsfähigkeit zu unterziehen – das ist eines der Prinzipien, auf denen Kyros' Herrscherideal beruht. Vgl. auch 8, 1, 43 m. Anm.

(29) *für sicherer hielt:* Kyros schließt nicht aus, daß Kroisos trotz der guten Behandlung, die er von ihm erhält, auch ein Sicherheitsrisiko ist.

III.

(2) *Abradatas:* Hier beginnt der vierte und letzte Teil der Pantheia-Novelle, die mit Pantheias Selbstmord endet.

(4) *Paktolos:* S. Anm. zu 6, 2, 11.

(6) *an die Hüfte:* Zeichen des Schmerzes und der Verzweiflung, Vgl. z. B. Homer, Odyssee 13, 198, wo Odysseus auf diese Weise seine Mutlosigkeit zum Ausdruck bringt, nachdem er in seiner Heimat angekommen war, ohne es zu wissen.

(8) *mit einem Beil abgehauen:* Das makabre Detail ist für Breitenbach, RE Sp. 1718, ein Indiz dafür, das Xenophon die gesamte Novelle aus einer unbekannten Quelle übernommen habe.

(13) *zu wem ich will:* Es handelt sich bei dieser Aussage um „tragische Ironie" (Pantheia erklärt hiermit ihre Absicht, Selbstmord zu begehen). Es ist unwahrscheinlich, daß Kyros die Zweideutigkeit der Worte nicht verstanden haben sollte.

(15) *in assyrischer Schrift:* Vgl. Thukydides 4, 50, 2. Hier ist die Rede von einem Perser, der auf seiner Reise vom Großkönig nach Sparta von den Athenern gefangen genommen und nach Athen gebracht wurde. Die Briefe, die der Perser bei sich hatte, wurden aus der assyrischen Sprache übersetzt und vorgelesen.– Die Assyrer und Babylonier benutzten die sog. Keilschrift.

„den Skepterträgern". Die Eunuchen waren offenbar hohe Würdenträger und trugen daher ein Skepter. Allerdings ist zu bezweifeln, daß Pantheias Eunuchen wirklich bedeutende Amtsträger waren.

IV.

(1) *bei den Karern:* Nach Herodot 1, 28 waren die Karer von Kroisos unterworfen worden. Karien liegt im Südwesten Kleinasiens und ist ein gebirgiges Land. An der karischen Küste befinden sich zahlreiche bedeutende Städte (z. B. Milet, Halikarnaß, Knidos und Priene).

verschanzt: Folglich konnte es in diesem Bürgerkrieg zu keiner Entscheidung kommen.

Adusios: Er wird später zum Satrapen von Karien ernannt (8, 6, 7).

(8) *Phrygien am Hellespont:* Auch „Klein-Phrygien" genannt, liegt südlich von Bithynien. Groß-Phrygien liegt noch weiter südlich und östlich von Lydien.

(9) *an der Küste:* Vgl. Herodot 1, 169–177.

Barbaren: Gemeint sind aus Xenophons (griechischer) Sicht die Perser.

(11) *mit Schleudern bewaffnet:* Die Schleuder gehörte neben Bogen und Speer zu den Waffen der Knechte, weil sie nicht den ehrenvollen Kampf Mann gegen Mann ermöglichte. Vgl. 2, 1, 18.

(14) *mit... Pferden:* Daß die Lyder exzellente Reiter waren, erwähnt Herodot 1, 79.

von Anfang an: Vgl. 1, 5, 5, wo Xenophon berichtet, wie Kyros seine erste Armee bekam.

mit Schleudern: Vgl. 7, 4, 11.

(16) *in die Nähe von Babylon:* Die Entfernung zwischen Sardes und Babylon ist bemerkenswert: sie beträgt etwa 2.700 km. Xenophon hat die historisch richtige Reihenfolge – zuerst fand der Feldzug gegen Kroisos, dann gegen Babylon statt – zwar beibehalten; aber den Kampf gegen Babylon in mehrere Phasen unterteilt: Zuerst erobert Kyros das babylonische Flachland (3, 3 – 4, 1 ff.), dann besiegt er Kroisos, den Oberbefehlshaber der assyrisch-babylonischen Koalition (7, 1); darauf erobert er Sardes (7, 2), Lydien und das übrige Kleinasien (7, 3–4), und schließlich geht er gegen die Stadt Babylon vor, um sie am Ende einzunehmen (7, 5, 1–34).

V.

(1) *vor Babylon:* Vgl. Herodot 1, 178–183, der die Größe und Schönheit dieser Stadt beschreibt. Xenophon (Anabasis 1, 7, 1 und 2, 4, 12) hat die Stadt wahrscheinlich mit eigenen Augen gesehen.

(2) *keineswegs verwunderlich:* Das ist Xenophons eigener Kommentar zur Lage.

(3) *zusammenträfen:* Die hier geschilderte Bewegung lief etwa folgendermaßen ab:

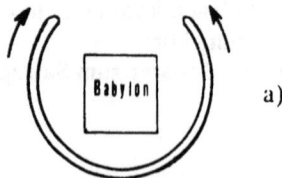

a)

Aufstellung des Heeres vor dem Befehl des Kyros (a) (die Pfeile kennzeichnen die durch den Befehl bewirkte Bewegung)

Aufstellung des Heeres nach dem Befehl des Kyros (b).

(5) *die letzten die besten:* Vgl. schon 6, 3, 25.

(6) *mit Blick auf die Mauer:* Auf diese Weise könnten sie auf einen feindlichen Angriff besonders rasch reagieren. Vgl. Staat der Lakedämonier 11, 7.

(7) *die Stadt:* Nach Herodot 1, 178 hatte Babylon einen quadratischen Grundriß mit einer Seitenlänge von über 20 km.

(8) *der Fluß:* Schon Herodot (1, 180) berichtet, daß der Euphrat Babylon in zwei Teile teilt.

(17) *in Zweierreihen:* Vgl. 2, 3, 21; 6, 3, 21.

(22) *Hephaistos:* Indem Kyros den Gott des Feuers zum Bundesgenossen erklärt, stellt er das Risiko für seine Soldaten als einen Vorteil dar. Wenn die Babylonier nicht überrascht worden wären, hätten sie die Eindringlinge gefangen nehmen können wie die Fische in einer Reuse (vgl. Herodot 1, 191).

(32) *den gottlosen König:* Der letzte babylonisch-assyrische Herrscher war Belsazar. Er führte die Regierung von 549–539 für seinen Vater Nabonid (=Labynetos, Herodot 1, 188), war also nicht dessen Nachfolger, sondern nur sein Statthalter. Für Xenophon ist Belsazar jedoch der Nachfolger seines Vaters nach dessen Tod (Kyrup. 4, 6, 2).– Belsazars Tod im Jahre 539 erwähnt auch der Prophet Daniel (5, 30). Daniel hatte dem König zuvor noch die geheimnisvolle Schrift an der Wand seines Palastes zu deuten: Mene mene tekel upharsin (Daniel 5, 25ff.): „Und dies ist die Deutung: 'Mene': Gott hat die Tage deines Königtums zusammengezählt und ihr Ende bestimmt. 'tekel': Du bist auf der Waage gewogen und zu leicht befunden. 'upharsin': Dein Königtum ist zerrissen und den Medern und Persern gegeben."

(35) *Magier:* Vgl. 4, 5, 14; 7, 3, 1. Die Magier sind Priester, die u. a. bestimmte Vorgänge in der Natur und die Träume deuten.

wie es seinem Grundsatz entsprach: 2, 2, 18–20; 2, 3, 4–6; 2, 3, 8–16; 4, 1, 2; 7, 3, 1; 8, 3, 5; 8, 4, 30.

(37) *wie es . . . einem König zustand:* Mit dem Abschluß des Assyrienkrieges (3, 3, 9–7, 5, 36) und der Einnahme von Babylon (7, 5, 1–36) kann Kyros beginnen, die Früchte seiner Siege zu ernten und sich der Organisation seines Reiches zuzuwenden. Diesem Thema ist der letzte Hauptteil der Kyrupädie (7, 5, 37–8, 7) gewidmet. Kyros' Residenz ist vorläufig Babylon, erst 8, 5 erwähnt Xenophon, daß Kyros die Stadt verläßt.

(40) *ihre natürlichen Bedürfnisse:* Gemeint sind wohl Hunger und Durst. Mit dem Verzicht auf Essen und Trinken wurden sie für das lange Warten bei Kyros „bestraft".

(48) *der einst behauptet hatte:* 1, 4, 27; 4, 1, 22; 5, 1, 24.

(49) *Botschaft:* Vgl. 4, 1, 22.

(50) *Hyrkanier:* Vgl. 4, 2, 1–8.
das feindliche Lager: 4, 2, 27–33.

(51) *Gobryas unser Freund:* 4, 6, 1–10.
Gadatas: 5, 3, 15.
Saken und Kadusier: 5, 3, 22–24.

(53) *Mithras:* Mithras wurde von den Persern als Sonnengott verehrt.
fiel es schon allgemein auf: Artabazos will damit sagen, daß er von dem Zusammensein mit Kyros nichts weiter hatte als die Genugtuung darüber, daß jedermann davon wußte. Aber er war schon glücklich darüber, wenigstens in Kyros' Nähe gewesen zu sein.

(56) *das Wesen eines Einzelgängers:* Diese Übersetzung setzt die Konjektur von Delebecque τρόπον μόνον voraus. Die Textüberlieferung bietet u. a. auch τρόπου μόνου. Dann könnte der Text folgendermaßen übersetzt werden: „Aber da du nicht nur dies im Sinne hast (d. h. die Masse mit allen Mitteln – ἐκ παντὸς τρόπου – zu gewinnen), sondern auch andere Menschen für dich einnehmen kannst. . .".
andere Menschen für dich einnehmen kannst: Chrysantas versucht, Kyros taktvoll auf die Möglichkeit einer Eheschließung hinzuweisen; darum verwendet er hier auch den Plural „andere Menschen", meint aber doch wohl nur eine künftige Ehefrau.

(57) *Hestia:* Vgl. 1, 6, 1.

(70) *Söldner:* Die in § 69 genannte Besatzung in Babylon, die von

den Babyloniern zu unterhalten war, ist der Bevölkerung zahlenmäßig unterlegen.

(72) *fruchtbares Land:* Vgl. Herodot 1, 193 über die Fruchtbarkeit von Assyrien.

(73) *Menschlichkeit:* Die „Menschlichkeit" wird in einen Gegensatz zum „Gesetz" gestellt. Was nach dem Gesetz (dem Recht des Siegers) erlaubt sein kann, wird aus Menschlichkeit nicht vollzogen. Der Verzicht auf das Recht des Stärkeren ist Ausdruck der Menschlichkeit. Vgl. schon 1, 4, 1.

(75) *ein anständiger Mensch zu werden:* Vgl. Platon, Protagoras 344 b–c, wo Sokrates über den Unterschied zweier Aussagen reflektiert: (a) Es ist schon schwer, ein tüchtiger Mann zu werden. (b) Es ist aber unmöglich, ein tüchtiger Mann zu sein.– Der xenophontische Kyros, der ebenfalls den Unterschied zwischen „werden" und „sein" sieht, hält es unter bestimmten Umständen für möglich, auch auf Dauer tüchtig zu sein: Die Tüchtigkeit bedarf ständiger Übung.
Anwendung und Übung: Daß Fähigkeiten, die nicht geübt bzw. angewandt werden, wieder verloren gehen, ist eine Lebenserfahrung. Alles, was man kann oder besitzt, bedarf der Anwendung oder des Gebrauchs, wenn es erhalten bleiben oder von Nutzen sein soll.

(78) *besser zu sein als die Beherrschten:* Vgl. u. a. 1, 6, 8; 1, 6, 25 über den Unterschied zwischen Herrschern und Beherrschten.

(80) *Anstrengungen:* Zur Idealisierung der Anstrengung (Pónos): 1, 2, 1; 1, 5, 9–12; 1, 6, 25; 2, 1, 29; 3, 3,8.

(81) *möglichst lustvoll:* Wenn der Mensch selbst dafür verantwortlich ist, daß ihm das, was er von den Göttern bekommt, auch Freude bereitet, dann wird man alles, was einem fehlt, als Quelle der Lust empfinden, wie der Hungrige sein Essen mehr genießt als der Satte oder der Durstige mehr von seinem Getränk hat als derjenige, der trinkt, ohne durstig zu sein. Der Mangel wird zur Steigerung des Genusses genutzt. Vgl. 1, 2, 11.

(82) *wenn man es verliert:* Die Möglichkeit, sein Glück wieder zu verlieren, wird Kroisos von Solon (Herodot 1, 32) vorgehalten: Der Reiche ist nicht glücklicher als der Arme, wenn er seinen Reichtum vor seinem Tode wieder verliert. Schon vielen Menschen habe die Gottheit das Glück gezeigt, sie dann

aber in die tiefste Tiefe gestürzt.– Perikles stellt bei Thukydides (2, 44, 2) fest, es sei nicht schmerzhaft, Güter zu verlieren, von denen man nie etwas hatte; schmerzhaft sei es jedoch, sich von Liebgewordenem trennen zu müssen.

(86) *erziehen:* Die Kyrupädie ist hier nicht mehr die Erziehung des Kyros (wie im 1. Buch), sondern die Erziehung durch Kyros, der seine Aufgabe darin sieht, seine eigene Erziehung auch an andere weiterzugeben.
Vorbilder: Ein die ganze Kyrupädie durchziehendes Motiv: u. a. 1, 2, 8; 4, 5, 58; 8, 1, 12; 8, 1, 21; 8, 1, 39.

ACHTES BUCH

I.

(2) *welches ungehorsame Heer:* Offensichtlich spielt Chrysantas mit diesen Bemerkungen darauf an, daß sich im Heer des Kyros nach der langen Zeit der Untätigkeit in Babylon Disziplinlosigkeit feststellen ließ. Vielleicht hat Xenophon in diesem Zusammenhang auch die politischen Verhältnisse seiner Heimatstadt vor Augen. In den Poroi (4, 51) weist er darauf hin, daß die Verfügbarkeit reicherer Geldmittel auch dazu dienen könnte, die Polis insgesamt „gehorsamer" und „disziplinierter" werden zu lassen, als es der Fall ist.

(3) *Gehorsam:* Vgl. 1, 1, 3; 1, 6, 10; 1, 6, 20f.; 4, 1, 19; 4, 2, 10–11; 5, 1, 25.

(4) *Stadt ... nicht von einem König regiert:* Mit diesem Hinweis könnte Xenophon auch auf Athen zielen.

(6) *am Hofe der Mächtigen:* Damit sind die Satrapen gemeint, die über eine ähnliche Hofhaltung verfügen wie der Großkönig.

(7) *in meinem Bericht:* 7, 5, 72–85. Zur Formulierung vgl. 4, 5, 26.
als verbindlich anerkennen: Im griechischen Text steht wörtlich, daß die späteren Könige die von Kyros getroffenen Maßnahmen als „gesetzmäßig", „dem Herkommen entsprechend" und damit als „verbindlich" beibehalten. Im folgenden spielt Xenophon bereits auf den inneren Verfall des persischen Reiches an, auf den er in 8, 8 ausführlich eingeht: Der Respekt

vor dem Traditionell–Verbindlichen steht in Relation zur Kompetenz des jeweiligen Herrschers.

(12) *andere ... anspornen:* Zum Vorbild-Gedanken s. schon 1, 2, 8.

(13) *Staatseinkünfte:* In seiner 355/354 verfaßten Schrift „Poroi" reflektiert Xenophon die ökonomischen Probleme seiner Heimatstadt Athen. Er entwickelt hier solide Vorschläge für die Finanzierung des athenischen Staatshaushalts. Als Fachmann für Ökonomie muß Xenophon auch Kyros unterstellen, daß er sich persönlich um die Staatseinkünfte kümmerte, während er viele andere Aufgaben delegieren mußte.

(20) *der gegenwärtige Großkönig:* Der „gegenwärtige Großkönig" ist wohl Artaxerxes II. Mnemon (404–359), der seinen Thron gegen seinen Bruder, den jüngeren Kyros, verteidigen mußte. In der Schlacht bei Kunaxa unterlag Kyros dem älteren Bruder (i. J. 401 vor Chr.).– Die Expedition des jüngeren Kyros und deren Folgen ist das Thema der xenophontischen „Anabasis".– Wenn hier von Artaxerxes II. Mnemon die Rede ist, müßte der Text spätestens im Jahre 359 von Xenophon verfaßt worden sein, Vgl. auch die Anm. zu 8, 8, 4, wo darauf hingewiesen wird, daß das Schlußkapitel der Kyrupädie nach dem Jahre 362/361 entstanden sein dürfte.– Plutarch verfaßte eine Biographie des Artaxerxes.

(21) *ein strahlendes Vorbild:* Die pädagogische Bedeutung des Vorbilds wird in der Kyrupädie vielfach reflektiert: vgl. Anm. zu 7, 5, 86 (mit Stellenangaben). Wenn Kyros ein Vorbild ist, dann wird er auch dem Prinzip gerecht, Wort und Tat in Übereinstimmung zu bringen: 2, 2, 30; 4, 2, 45; 5, 2, 9–11; 5, 3, 31; 5. 5, 47; 8, 2, 23,

(23) *Pflichten gegenüber den Göttern:* Vgl. 1, 5, 6; 1, 5, 14; 1, 6, 1–6; 1, 6, 44–46; 2, 1, 1; 3, 3, 21–23; 7, 5, 35.

(25) *lieber mit frommen Menschen in See gehen:* Vgl. den Schluß der euripideischen „Elektra": „Wer Frömmigkeit nur und Gerechtigkeit stets im Leben geübt, dem stehen wir bei, aus quälender Drangsal retten wir ihn. Drum möge vor Unrecht jeder sich scheun, er geselle sich nie Meineidigen bei: Das ruf ich den Menschen als Gott zu" (Übers. von Donner-Kannicht).

(28) *Frauen:* Xenophon beweist stets größtes Feingefühl, wenn er von Frauen spricht. Vgl. z. B. die Pantheia-Novelle.

(29) *wie er die Dinge sah:* Übereinstimmung von Denken und Handeln als Grundzug des xenophontischen Kyros: z. B. auch 2, 2, 30; 4, 2, 45 (s. o. Anm. zu § 21).

(32) *nach vorheriger Anstrengung:* Hier kommt wieder die Idealisierung der Anstrengung zum Ausdruck. Vgl. Anm. zu 7, 5, 80.

(33) *voll bewußt:* Im griechischen Text ist die Rede von „viel" Eutaxía und „viel" Aidós und Eukosmía: Dies soll durch die Formulierung „voll bewußt" und „ganz ... bestimmt" wiedergegeben werden.
Schönheit: Die Schönheit war für sie Lebensinhalt, den sie verwirklichen wollten. Sie war Maßstab und Ziel ihres Handelns.

(34) *Jagd:* Vgl. Oikonomikos 11, 17; Hipparchikos 1, 18.

(37) *tüchtiger:* Über den Unterschied zwischen Herrscher und Beherrschten, Führer und Geführten vgl. u. a. 1, 6, 8; 1, 6, 25; 7, 5, 78.

(38) *Tierparks:* Vgl. 1, 3, 14.
ins Schwitzen gekommen: Vgl. 2, 1, 29 und 8, 6, 12. Im Oikonomikos 4, 24 sagt Xenophon auch von dem jüngeren Kyros, er habe sich nie zu Tisch begeben, bevor er nicht durch irgendeine körperliche Tätigkeit ins Schwitzen gekommen sei. Vgl. auch Memorabilien 2, 1, 28: Die Ziele, die der Kalokagathós erstrebt, können nur durch Anstrengungen und Schweiß erreicht werden.

(39) *Vorbild:* Vgl. 8, 1, 12, wo Kyros' Überzeugung von der notwendigen Vorbildfunktion der Führerpersönlichkeit erwähnt wird. Siehe aber auch schon 1, 2, 8; 4, 5, 58; 7, 5, 86; 8, 1, 12; 8, 1, 21.

(40) *bezaubern:* Das Wort καταγοητεύειν klingt an Gorgias' Begriff der γοητεία an, mit dem der sophistische Rhetor auf sein Publikum wirkt. Es darf als sicher gelten, daß Xenophon die Lehre und die Schule des Gorgias kannte. Vgl. W. Nestle: Xenophon und die Sophistik, in: Philologus 94, 1941, 31–50.– Zu Xenophons Beziehungen zu Gorgias vgl. Anm. zu Kyrup. 1, 6, 31 und 5, 5, 36.
die medische Kleidung: Vgl. 1, 3, 2 über die medische im Gegensatz zur persischen Kleidung.

(41) *das Schminken:* Xenophon lehnt in den Memorabilien 2, 1, 22 und im Oikonomikos 10 das Schminken ab, da es eine

Form des „Betrügens" und des „Täuschens" sei, d. h. keine Übereinstimmung zwischen Schein und Sein herbeiführe.

(42) *nicht ausspuckten:* Dieses Verbot erwähnt auch Herodot 1, 133.

Ansehen: Eine Maßnahme zur Erhöhung des Ansehens ist auch der großartige Auszug des Kyros aus seinem Palast (8, 3, 1 ff.).

(43) *keine Waffen:* Die Entwaffnung der Unterworfenen und das Verbot körperlich ertüchtigender Tätigkeiten ist laut 8, 1, 45 eine Voraussetzung für die innere Sicherheit des Reiches. Vgl. auch 7, 2, 28, wo der besiegte Kroisos sich damit abgefunden hat, daß er nach seiner Niederlage mit Krieg und Kampf nichts mehr zu tun haben wird. Offensichtlich ist die bewußte Verweichlichung des besiegten und unterworfenen Feindes ein Mittel der Herrschaftsausübung. Entsprechendes gilt auch für den Umgang mit Sklaven, denen die Anstrengungen und Entbehrungen ihrer Herren erspart bleiben sollen.
wegen der Tätigkeiten ihrer Herren: Eigentlich: „wegen der höheren Tätigkeiten", d. h. der eines freien Mannes würdigen Tätigkeiten, bei denen die Sklaven zur Unterstützung herangezogen wurden (z. B. als Treiber auf der Jagd).

(44) *nicht erlaubte:* Vgl. 1, 2, 10–11 und 8, 1, 34: Jagd als Schule des Krieges.
Vater: Vgl. auch 8, 2, 9.

(45) *auf diese Weise:* Hiermit deutet Xenophon auf seine ausführlichen Ausführungen über Kyros' Verfahren voraus, sich Freunde zu verschaffen. Denn Sicherheit beruht für Kyros auch auf Freundschaft (vgl. 8, 2, 22).

II.

(1) *Herzensgüte und Menschlichkeit:* Es handelt sich um Kyros' persönliche Eigenschaften, seine „Privattugenden" (Hegel), die von Xenophon besonders hervorgehoben werden, weil sie in Xenophons Augen Kyros' menschliche Größe ausmachen. Vgl. auch 1, 2, 1; 1, 4, 1; 4, 2, 10; 7, 5, 73; 8, 4, 7f.; 8, 7, 25.

(3) *Zuneigung beweisen:* Vgl. Anabasis 1, 9, 25–26; Agesilaos 5, 1; Staat der Lakedämonier 14, 2.

(4) *bei den Hunden:* Der Vergleich soll die Diener keinesfalls verächtlich machen, denn wie Kyros mit seinen Sklaven um-

ging, zeigt 8, 1, 44.– In 1, 4, 15 vergleicht Xenophon den jungen Kyros mit einem Jagdhund.(Xenophon weist auch an anderen Stellen seines Werkes darauf hin, daß der Untergebene seinem Herrn gegenüber eine „gute Gesinnung" (Eúnoia) haben, d. h. ihm ergeben sein müsse: Oikonomikos 12, 5–8; Anabasis 1, 8, 29.– Auch in einer Freundschaft, d. h. in einem auf Gleichheit und Gleichseitigkeit beruhenden Abhängigkeitsverhältnis, muß eine „gute Gesinnung" herrschen (vgl. Kyrup. 8, 2, 22); diese wird dadurch erzeugt, daß man sich gegenseitig „Gutes tut".

(7) *Fürsorge:* Mit seiner Großzügigkeit auf dem Gebiet der Gastronomie gewann Kyros offensichtlich sehr viele Freunde und erreichte damit auch den eigentlichen Zweck seiner Großzügigkeit.

(9) *Vater:* Vgl. schon 8, 1, 44 und unter 8, 8, 1.

(10) *Augen und Ohren:* Mit den „Augen und Ohren" ist eine Art von Geheimpolizei oder auch ein nicht-professioneller Spitzeldienst gemeint. Der König verschaffte sich durch großzügige Gaben und Belohnungen einen großen Kreis loyaler Informanten. Daß der König über Späher und Horcher im ganzen Reich verfügte, berichtet auch Herodot 1, 100 (vgl. auch 1, 114).

(12) *kleine Gefälligkeiten:* Laut Xenophon dient der Spitzeldienst nicht der Sicherheit des Reiches oder des Herrschers, sondern gibt Kyros die Möglichkeit, seine Untertanen zu beschenken bzw. ihnen Wohltaten zu erweisen (für „kleine Gefälligkeiten").

(14) *die Pflichten eines guten Hirten:* Vgl. 1, 1, 2; Memorabilien 1, 2, 32 und 3, 2, 1.
ein glückliches Leben: Dieser Auffassung widerspricht Thrasymachos bei Platon (Politeia I 343 a ff.) Es sei ein Irrtum anzunehmen, daß Hirten und Herrscher einen anderen Zweck verfolgten als ihren eigenen Vorteil.

(15) *Kroisos:* Das folgende Gespräch (15–23) zwischen Kyros erinnert an das Gespräch zwischen Solon und Kroisos bei Herodot (1, 29 ff.). Der Grundgedanke des Gespräches ist die auch im ps.-platonischen Eryxias geäußerte Auffassung des Sophisten Prodikos, daß eine Sache nur dann ein Gut ist, wenn man sie auch richtig zu gebrauchen versteht. Der richtige Gebrauch von Reichtum – das ist Kyros' Meinung – be-

steht darin, daß man mit diesem seine Großzügigkeit und Freigebigkeit beweist und sich auf diesem Wege Freunde erwirbt.

(18) *die anderen:* Die „anderen" (Schätze) sind Kyros' andere Freunde (außer Hystaspas).

(19) *wenn ich meine Freunde reich mache:* Xenophon sagt im Hieron 11, 13, der Tyrann mache sich selbst reich, wenn er seine Freunde reich werden lasse.

(21) *vergraben:* Gegen das Verstecken von Geld, ohne es zu nutzen, polemisierte auch der Sophist Antiphon (Diels-Kranz B 54): „Ein Mann sah einmal, wie ein anderer Mann viel Geld erwarb, und bat, es ihm auf Zinsen zu leihen. Der aber wollte nicht, sondern war einer von der Art, die mißtrauisch ist und keinem helfen will, und so trug er es fort und versteckte es irgendwo. Ein anderer beobachtete ihn bei diesem Tun und nahm es heimlich fort. Als zu späterer Zeit der, der das Geld aufbewahrt hatte, hinkam, fand er es nicht. Er war nun überaus betrübt über das Unglück, vor allem auch, weil er es jenem auf seine Bitte nicht geliehen hatte, denn dann wäre es ihm erhalten geblieben und hätte noch anderes dazugebracht. Als er dem Mann einmal begegnete, klagte er über sein Unglück: Er habe gefehlt, und es reue ihn, daß er ihm keinen Gefallen getan habe ... Der aber riet ihm, sich keine Sorgen zu machen, sondern zu glauben, es gehöre ihm noch und sei nicht verloren, er brauche nur einen Stein an dieselbe Stelle zu legen: ,Denn auch als es dir gehörte, hast du ja keinen Gebrauch davon gemacht; daher glaube auch jetzt nicht, du gingest einer Sache verlustig.' Denn was man nicht gebraucht hat noch gebrauchen wird, daran leidet man weder mehr noch weniger Schaden, mag es einem gehören oder nicht. Denn wenn Gott einem Mann lauter Gutes geben will – indem er ihm nämlich nur Reichtum an Geld gewährt, ihn aber am rechten Denken arm macht –, den beraubt er beider Dinge dadurch, daß er ihm das eine entzieht" (Übersetzung von Diels-Kranz).

(22) *Ruhm:* Vgl. 1, 6, 25: Das Verlangen nach Ruhm macht es den Herrschenden leicht, Anstrengungen zu ertragen. Wer Ruhm besitzt, wird insofern „leichter" bzw. lebensfroher, als er Schwierigkeiten und Probleme leichter bewältigt und sein

Leben leichter nehmen kann. Im Gegensatz zu materiellem Besitz stellt Ruhm keine vergleichbare Belastung dar.

(23) *auf schöne Weise zu gebrauchen:* Dieser weit verbreitete Gedanke wird z. B. auch von Horaz poetisch reflektiert: „Nicht denjenigen, der vieles besitzt, dürftest du mit gutem Recht einen glücklichen Menschen nennen: Mit größerem Recht besitzt derjenige das Prädikat „glücklich", der die Gaben der Götter mit Klugheit gebraucht ..." (Ode 4, 9, 45–48).
in Übereinstimmung mit seinen Worten: Vgl. 8, 1, 29 m. Anm.

(28) *in den demokratischen Staaten:* Gemeint sind die griechischen Städte, wo man sich als Politiker um die Gunst und das Wohlwollen der Bürger bemühte.

III.

(1) *mit Ehrfurcht:* Vgl. 8, 1, 42.
die medischen Gewänder: Vgl. 8, 1, 40 und 1, 3, 2.
zu den heiligen Plätzen: 7, 5, 35.

(2) *Pheraulas:* Ein einfacher persischer Soldat, der von Kyros sehr geschätzt wurde (2, 3, 7–16).

(4) *schön erscheinen:* Diese Aussage erinnert an Kyros' Ausführungen über den wahren Reichtum in seinem Gespräch mit Kroisos (8, 2, 16–23).

(5) *nach seinem Verdienst:* Vgl. 2, 3, 7–16; 7, 3, 1; 7, 5, 35; 8, 4, 29–30.

(8) *einen anderen Gepäckträger:* Pheraulas meint damit, daß er beim nächsten Mal keine Ratschläge für die Auswahl geben werde.

(12) *dem Sonnengott zu opfern:* Vgl. Anabasis 4, 5, 35, wo darüber berichtet wird, daß dieser Brauch auch in Armenien herrschte. Vgl. auch Herodot 1, 216: Er erzählt, daß die Massageten die Sonne als einzige Gottheit verehren, der sie Pferde opfern. Der Sinn dieses Opfers besteht darin, daß die Menschen dem schnellsten der Götter das schnellste sterbliche Wesen opfern wollen.
mit weißen Pferden: Im Text steht nur: ein weißer Wagen. Vgl. aber Herodot 7, 40, wo von einem ähnlichen Zug die Rede ist, den der Perserkönig Xerxes durchführte, als er Sardes verließ, um nach Griechenland zu ziehen. Herodot be-

richtet hier, daß der heilige Wagen des Zeus von acht Schimmeln gezogen wurde; der Wagenlenker folgte zu Fuß mit den Zügeln in der Hand, weil kein Mensch den Wagen besteigen durfte.

(13) *eine aufrecht stehende Tiara:* Nur der persische Großkönig hatte das Recht, eine derartige Tiara zu tragen.

ganz aus Purpur: Vgl. 1, 3, 2, wo das Aussehen von Kyros' Großvater Astyages beschrieben wird. Offensichtlich hat sich Kyros ganz der medischen Mode angepaßt.

(14) *auf den Boden geworfen:* Der Fußfall, die Proskynese, wobei man sich vor dem König zu Boden warf und mit dem Gesicht den Boden berührte, galt bei den Griechen als Zeichen „barbarischer" Unterwürfigkeit und Selbstdemütigung. Daher haben die Griechen diese Form der Begrüßung fast immer verweigert. Vgl. z. B. Herodot 7, 136: Nach der Ermordung persischer Diplomaten in Sparta zogen zwei Lakedämonier freiwillig zum persischen Großkönig Dareios, um mit ihrem Leben das Verbrechen zu sühnen. Vor dem Thron des Dareios sollten sie zur Proskynese gezwungen werden. Sie weigerten sich mit Erfolg. Dareios begnadigte daraufhin die beiden Lakedämonier.

(15) *die hohen Würdenträger:* Gemeint sind die Skeptuchen (Szepterträger), die hohen Beamten am Hofe des Großkönigs.

(16) *aus der Anfangszeit:* Vgl. 2, 1, 6 und 7, 4, 14.

(19) *außerhalb der abgegrenzten Strecke:* Die Menschen blieben hinter der Kette der Soldaten, die die Straße säumten, um zu verhindern, daß die Menge auf die Straße lief und dem Zug in die Quere kam.

Wunsch: Die Bittsteller liefen offensichtlich auf gleicher Höhe mit Kyros jenseits der Postenkette.

(20) *besonders geachtet:* Kyros wollte diesen Freunden die Gelegenheit verschaffen, allgemeine Sympathie zu gewinnen, indem sie die Wünsche der Bittsteller an Kyros weiterleiteten. Vgl. schon 8, 2, 4, wo Kyros durch eine bestimmte Maßnahme dafür sorgt, daß seine Freunde Ansehen gewinnen.

(24) *Brandopfer:* Das Brandopfer ist für die himmlischen Götter, das Opferblut für die Erdgötter bestimmt.

den assyrischen Heroen: Vgl. 3, 3, 22.

(25) *Pferderennen:* Vgl. Anabasis 4, 8, 28.

(26) *einen Gefallen zu tun:* Er will auf diese Weise erreichen, daß der Beschenkte auch ihm eine Gunst erweist.

(46) *Gast:* Pheraulas will also auf alles verzichten und nur noch von der Fürsorge bzw. Unterstützung des Saken leben. Als „Gast" hätte er die soziale Stellung eines „Unterhaltsberechtigten".

(48) *was ihm Freude bereitete:* In dem Gespräch zwischen Pheraulas und dem jungen Saken (8, 3, 35–48) wird der zweifelhafte Wert des Reichtums dem einfachen Leben des arbeitenden Menschen (37f.) und dem hohen Gut der persönlichen Freiheit (48) gegenübergestellt. Die Kennzeichnung des Reichtums als Last und Gegenstand der Sorge, das Lob der Arbeit und Anstrengung und die Hochschätzung persönlicher Unabhängigkeit entsprechen kynischem Denken, wie es auch in Xenophons Symposion (4, 34ff.) und bei Epiktet (Diss. 3, 24) zum Ausdruck kommt.

(50) *sich ganz seinen Freunden zu widmen:* Vgl. Memorabilien 2, 4–6.

IV.

(4) *auch als der Beste:* Vgl. Oikonomikos 9, 13, wo es heißt, daß die Pflichtbewußten höher geschätzt werden als die Unredlichen und ein reichlicheres und freieres Leben führen als die Ungerechten.

(7) *Menschenfreundlichkeit:* Vgl. Anm. zu 8, 2, 1. Siehe auch 1, 4, 1; 4, 2, 10; 7, 5, 73.

(12) *den persischen Tanz tanzen:* Der „persische Tanz" wird mit starken akrobatischen Bewegungen durchgeführt. Eine Stelle in der Anabasis (6, 1, 10) zeigt, daß die Tänzer nicht etwa in die Hände klatschen, sondern auf ihre Schilde klopfen. Es handelt sich zweifellos um einen wilden Tanz.

(15) *zahlreiche Becher:* Vgl. 5, 2, 7, wo Gobryas Kyros seine Tochter vorstellt und ihm zugleich eine große Zahl wertvoller Gegenstände zeigt, die seinen Reichtum veranschaulichen sollen.

(16) *eine große Sammlung derartiger Gedanken:* Nicht selten legten sich auch gebildete Griechen und Römer Sammlungen von Lebensweisheiten an, die sie den Texten ihrer Schriftsteller entnahmen. Vgl. Memorabilien 4, 2, 8: Sokrates fragt

Euthydem, ob er wirklich viele Texte von den als weise gel-
tenden Männern gesammelt habe. Euthydem erwidert, er
sammle sogar noch weiter, bis er möglichst viele davon besitze. Vgl. auch Sueton, Augustus 89, wo es von Augustus heißt,
er habe sich bei der Lektüre lateinischer und griechischer Au-
toren heilsame Beispiele und Lehren wörtlich herausgeschrie-
ben und in seine Briefe eingeflochten.

den Ehrenplatz weggenommen: Gobryas will Chrysantas nicht
noch zusätzlich dadurch ehren, daß er ihm auch noch die von
Hystaspas abgelehnten Becher schenkt, wo er doch schon den
von Hystaspas so begehrten Ehrenplatz hat.

(22) *zu einem kalten König:* Das Attribut „kalt" ist wohl mehrdeutig: einerseits bezeichnet es jemanden, der nicht witzig ist,
andererseits jemanden, der von Liebe und Heirat nichts wissen will. Kyros war bis zu diesem Zeitpunkt noch nicht verheiratet. Demnach dürfte die Bemerkung des Chrysantas auf
Kyros' Ehelosigkeit anspielen.

(24) *an dem Feldzug teilgenommen:* Vgl. 3, 1, 43.

(25) *der du mein Freund bist:* Hystaspas will damit sagen, daß sein
Vermögen auf der Freundschaft mit Kyros beruht. Vgl. Memorabilien 2, 4, 1: Das höchste Gut ist ein Freund.

(26) *küßte ihn:* Vgl. 1, 4, 26–28. Die Geschichte des schüchternen
Meders, der sich scheut, von Kyros mit einem Kuß Abschied
zu nehmen, dient der Auflockerung der Darstellung.

(27) *Artabazos:* Offensichtlich ist Artabazos eifersüchtig, als er
mitansehen mußte, wie Kyros Chrysantas küßt. Denn Artabazos ist der schüchterne junge Mann, von dem 1, 4, 26–28 die
Rede ist.

Gastmahl im Zelt: Die Erwähnung des Zeltes paßt eigentlich
nicht zu der Tatsache, das Kyros nach der Eroberung von
Babylon im Königspalast wohnte. Aber wie auch sonst
kommt es Xenophon auch hier nicht auf eine genaue Chrono-
logie der Ereignisse an. Die Schilderung der Einzelszene
(hier: des Gastmahls in Kyros' Tafelrunde: vgl. Xenophons
„Symposion") hat für ihn Vorrang vor der Darstellung einer
chronologisch korrekten Abfolge.– Vgl. auch § 22 m. Anm.

(30) *wie es deren Leistungen entsprach:* Vgl. 2, 2, 17–20; 2, 3, 7–
16; 7, 3, 1; 7, 5, 35 und 8, 3, 5 zu dem Prinzip, jedem das
Seine zuzuteilen.

(34) *Menschlichkeit:* 1, 4, 1; 7, 5, 73; 8, 4, 7–8.

V.

(7) *Ordnung:* Auch im Oikonomikos (8–9) handelt Xenophon vom Nutzen der Ordnung. Das Wort für „Ordnung" ist schon bei Hesiod, Erga 471, belegt: Euthemosýne.

(12) *in der Schlacht:* Im Text steht „in Schlachtordnung", „in Formation": Jeder einzelne schlief dort, wo er auch zu stehen hatte, wenn es zum Kampf kam.

(15) *Kunst:* Vgl. schon 1, 6.

(19) *Medien:* Daß Kyros Medien als Mitgift erhält, ist mit Sicherheit unhistorisch. Laut Herodot 1, 123 ff. wurde Medien von Kyros erobert. Auch andere historische Quellen bestätigen diesen Tatbestand (vgl. Breitenbach, RE Sp. 1709).

(21) *in die Stadt:* Es könnte sich um Pasargadai oder Persepolis, die Hauptstadt von Persien, handeln.
wenn er nach Persien kommt: D. h. wenn er eine seiner Residenzstädte (Babylon, Ekbatana und Susa) verläßt (8, 6, 22).

(23) *Oberbefehl:* 1, 5, 4–5.
eine persische Reiterei: 4, 3, 4–14.

(28) *Geschichtsschreiber:* Zu diesen gehört Ktesias von Knidos, der 405–398/97 Leibarzt des Königs Artaxerxes II. war und nach seiner Rückkehr aus Persien 23 Bücher „Persica" verfaßte (FGrH 688).– Der eingeklammerte Satz ist wohl interpoliert.

VI.

(1) *Satrapen:* Herodot 3, 89 berichtet, daß erst Dareios I. zwanzig Satrapien im persischen Reich einrichtete.
gehorchten: Zur Organisation der persischen Provinzen vgl. auch Xenophon, Oikonomikos 4, 6–10.

(3) *Steuern:* Bei Herodot 3, 89 heißt es allerdings, unter Kyros seien noch keine Steuern erhoben worden. Der Staatshaushalt wurde durch „Geschenke" finanziert.

(7) *Adusios:* Vgl. 7, 4, 7.

(11) *die Dienerschaft ernährt:* Vgl. 8, 1, 43.

(12) *Tiergärten:* Vgl. 8, 1, 38.
ohne euch vorher angestrengt zu haben: Vgl. 8, 1, 38 m. Anm.

(15) *Feldzug:* Vgl. 8, 6, 19–20.

(16) *zu den königlichen Aufsehern:* Im Oikonomikos, wo Xenophon auch über die Verwaltung des Perserreiches spricht (4,

6–8), tragen diese Inspektoren des Königs die Bezeichnung „Pistoí", d. h. die „Treuen", die „Zuverlässigen", die anstelle des Königs die Teile des Landes bereisen und besichtigen, die der König selbst nicht aufsuchen kann.

sofort abzubrechen: Auf Befehl des Königs haben die Inspektoren nach Babylon zurückzukehren oder ihr Reiseziel zu ändern. Dadurch werden auch unerwartete Besuche der Inspektoren möglich. Insofern begründet der mit „denn" beginnende Satz Xenophons Hinweis auf die zeitweilige „Unsichtbarkeit" der Inspektoren.

(20) *bis zum Erythaïschen Meer:* Dieses Meer ist nicht das Rote Meer, das Ägypten von der arabischen Halbinsel trennt, sondern das Arabische Meer zwischen der arabischen Halbinsel, dem heutigen Iran, Pakistan und Indien.

Unterwerfung Ägyptens: Nach Herodot hat erst Kyros' Sohn Kambyses II. den Ägypten-Feldzug unternommen (3, 1).

VII.

(1) *Regierungszeit:* In den „Persica" des Dinon von Kolophon – so Cicero, De divinatione 1, 46 – wird von einem Traum des Kyros berichtet: Der Perserkönig habe dreimal vergeblich nach der Sonne, die zu seinen Füßen erschienen sei, gegriffen. Die Magier hätten dieses Traumbild folgendermaßen gedeutet: Das dreifache Greifen nach der Sonne bedeute, daß Kyros dreißig Jahre regieren werde. So geschah es auch, fährt Cicero fort, denn er wurde 70 Jahre alt, nachdem er im Alter von 40 Jahren König geworden war. (Kyros regierte von 559 bis 529 vor Chr.)

(3) *nach persischem Brauch:* Vgl. Herodot 1, 131: Die Perser hatten keine Götterbilder, Tempel und Altäre, sondern pflegten Zeus auf den höchsten Gipfeln der Berge Opfer darzubringen.

himmlische Zeichen: Vgl. Memorabilien 1, 4, 3–4 und 9; Kyrup. 1, 6, 2; 3, 3, 34.

(9) *Schwierigkeiten:* Hiermit deutet Xenophon bereits an, wie es in Wirklichkeit gekommen ist: 8, 8.

(14) *Tischgenossen:* Vielleicht denkt Xenophon hier an die Syssitien in Sparta (Staat der Lakedämonier 5). Unter „Syssitien" versteht man die Zelt- und Speisegemeinschaften der Spartaner.

(17) *wenn ich mein menschliches Leben beschließe:* In seiner Schrift „De senectute" (Über das Alter) gibt Cicero eine paraphrasierende Übersetzung dieser Kyrupädie-Stelle (De senect. 17–22).

(21) *wie der Schlaf:* Diese Vorstellung geht auf Homer. Ilias 14, 231 zurück und ist in der Literatur weit verbreitet. Vgl. z. B. auch Hesiod, Theogonie 212; 756–59; Vergil, Äneis 6, 278; Cicero, Tuskulanische Gespräche 1, 92; Platon, Apologie 40 d.

(25) *in die Erde:* Herodot (1, 140) erzählt, daß die Perser ihre Toten, bevor sie sie begraben, den Vögeln und Hunden aussetzen. Die Körper werden anschließend mit Wachs überzogen (zur Konservierung). Cicero nimmt diese Mitteilung auf (Tusk. 1, 108), um zu veranschaulichen, daß die Körper der Toten keine Empfindung mehr haben.– Das Verbrennen der Toten war bei den Persern verboten (Herodot 3, 16).

(26) *zuerst entweicht:* Kyros will damit sagen, daß er in seinen Armen und Beinen kein Leben mehr fühlt.
verhüllt: Xenophon erinnert hiermit vielleicht auch an den Tod des Sokrates. Platon berichtet darüber am Schluß des „Phaidon".– Laut Herodot 1, 214 fällt Kyros im Krieg gegen die Massageten (1, 201–214).

(27) *üblich:* Dazu gehörten die Gewährung der Gastfreundschaft, die Bewirtung während des Aufenthalts und die Überlassung von Geschenken zur Erinnerung an den Verstorbenen.

VIII.

(1) *das Reich des Kyros:* Das Schlußkapitel, das die Gegenwart mit der erzählten Vergangenheit konfrontiert, erweckt den Eindruck, daß es erst nach Abschluß des Werkes hinzugefügt wurde. Allerdings ist es nach wie vor unsicher, ob Xenophon selbst der Autor war. Vgl. dazu grundlegend É. Delebecque: Essai sur la Vie de Xénophon, Paris 1957, 405–409, mit Argumenten für die Echtheit; M. Bizos; Xénophon. Cyropédie. Bd. 1., Paris 1972, XXVI–XXXVI, mit Argumenten gegen die Echtheit des Schlußkapitels.
Grenzen: Vgl. schon 8, 6, 21.
Vater: Vgl. schon 8, 1, 44; 8, 2, 8.

(2) *zum Schlechten hin:* Vgl. Platon, Nomoi III 695 d über die

Unfähigkeit der Kyros-Söhne, die von Platon auf ihre schlechte Erziehung zurückgeführt wird. Kyros sei zwar ein guter Feldherr und König gewesen, aber seinen Pflichten als Familienvater nicht nachgekommen (694a–695b). Diese Feststellung steht in folgendem Zusammenhang: Der Athener weist darauf hin, daß die Demokratie in Athen, die Monarchie in Persien ihre höchste Vollendung erfahren habe. Darauf wird Persien als Beispiel für die Gefahren der extremen Monarchie genannt. Unter Kyros war die Idealform der Monarchie verwirklicht: „Als nämlich die Perser zur Zeit des Kyros noch mehr die rechte Mitte zwischen Sklaverei und Freiheit hielten, da wurden sie zuerst selbst frei und dann auch Herren über viele andere. Denn da die Herrscher den Beherrschten an der Freiheit Anteil gaben und sie zur Gleichheit hinführten, waren die Krieger mit ihren Befehlshabern enger befreundet und zeigten sich kampfesmutiger in den Gefahren; und wenn es unter ihnen einen verständigen Mann gab, der Rat zu erteilen fähig war, so konnte er, da der König nicht eifersüchtig war, sondern Redefreiheit gewährte und diejenigen ehrte, die über etwas Rat zu erteilen wußten, die Fähigkeit seines Denkens der Allgemeinheit zugute kommen lassen, und so gedieh alles bei ihnen durch Freiheit, Freundschaft und Gemeinsamkeit der Vernunft." Die Entartung der Monarchie wurde durch die falsche Erziehung der Nachfolger des Kyros verursacht. Kyros sei zwar ein guter Feldherr gewesen und habe sein Land geliebt, er habe sich jedoch überhaupt nicht mit richtiger Erziehung befaßt und der Verwaltung seines Hauswesens keine Beachtung geschenkt. Kyros habe seinen Söhnen alles erworben, dabei aber nicht bemerkt, daß diejenigen, denen er sein Reich übergeben wollte, nicht in der väterlichen Lebensweise erzogen wurden. „… in der persischen nämlich, welche, da die Perser Hirten und Sprößlinge eines rauhen Bodens waren, hart war und dazu geeignet, recht kräftige Hirten aus ihnen zu machen, die imstande wären, im Freien zu leben, auf Schlaf zu verzichten und, wenn nötig, zu Felde zu ziehen" (695a; Übers. Schöpsdau).– Hier erhebt sich die Frage, ob diese Bemerkungen (vor allem 694c) über Kyros und seine Nachfolger gegen Xenophons Kyrupädie gerichtet sind (vgl. Breitenbach, RE 1902; Münscher 33). Platons Vorwurf richtete sich in diesem Falle vor

allem gegen die Tatsache, daß Kyros seine vielgerühmte Paideia nicht an seine Söhne weitergeben konnte.

(3) *die sich dem jüngeren Kyros anschlossen:* Der jüngere Kyros versuchte, seinen Bruder Artaxerxes II. vom Thron zu stoßen. An der Expedition des Kyros nahmen auch die zehntausend griechischen Söldner teil. Nach Kyros' Tod in der Schlacht bei Kunaxa (nördlich von Babylon) im Jahre 401 führte Xenophon, selbst Teilnehmer an der Expedition, die Zehntausend von Babylon noch Thrakien und rettete sie so vor dem Untergang.

enthauptet: Das Ereignis fand statt, als die griechischen Söldner sich bereits auf dem Rückzug befanden. Der Satrap Tissaphernes, der Unterhändler des Großkönigs, hatte den Griechen den freien Abzug aus Persien versprochen (vgl. Xenophon, Anabasis 2, 3). Da die Griechen Tissaphernes nicht trauten, suchten sie ein klärendes Gespräch mit ihm. Der Perser lockte fünf griechische Feldherrn, zwanzig Hauptleute und 200 Soldaten in sein Lager. Die Hauptleute und Soldaten wurden von den Persern niedergemacht, die fünf Feldherrn enthauptet (Xenophon, Anabasis 2, 5–6, 1).

(4) *einen guten Dienst zu erweisen schien:* Im Jahre 362/361 vor Chr. rebellierten die westlichen Provinzen des Perserreiches gegen Artaxerxes II. Unter den Aufständischen befand sich Ariobarzanes, der von seinem Sohn Mithridates an den Großkönig ausgeliefert und in Susa gekreuzigt wurde.– Rheomitres war der Anführer der aufständischen Satrapen. Er bat den Ägypterkönig um Hilfe und erhielt 500 Talente und 50 Schiffe und überließ ihm dafür seine Frau, seine Kinder und die Söhne mehrerer rebellierender Satrapen als Geiseln. Nach Asien zurückgekehrt, übergab er Geld und Schiffe dem Perserkönig und lieferte ihm mehrere Rebellen aus. Dafür wurde er von Artaxerxes belohnt (vgl. Diodor 15, 92).– Mit der Erwähnung dieser Vorgänge gibt Xenophon zu erkennen, daß er das letzte Kapitel der Kyrupädie nach 362/361 vor Chr. verfaßte. Breitenbach, RE Sp. 1742: „Die Erwähnung des Satrapenaufstandes gibt auch einen terminus post quem (jedenfalls für das Schlußkapitel, eher aber für das ganze Werk), 362/1, der auch zur gesamten Haltung und Tendenz der Schrift paßt, weist doch alles auf eine späte Abfassungszeit hin." Vgl. auch zu 8, 1, 20.

(8) *sich zu schneuzen:* Vgl. 8, 1, 42.

(12) *und schickten auch die anderen nicht mehr los:* Diese Feststellung steht im Gegensatz zu 8, 1, 36, wo es heißt, daß „auch heute noch" der Großkönig mit seinem Gefolge auf die Jagd gehe. Dieser Widerspruch ließe sich dadurch auflösen, daß man unterstellte, Xenophon habe 8, 1, 36 in einer Zeit verfaßt, als er die Perser noch bewunderte, während er das Schlußkapitel verfaßte, als er die Perser nüchterner und wirklichkeitsgerechter sah.

(13) *erziehen zu lassen:* Vgl. 8, 6, 10.

hat aufgehört: In 4, 3, 23 hatte Xenophon jedoch festgestellt, daß die Perser „auch heute noch" jeden Weg auf dem Pferderücken zurücklegen.

(15) *die medische Weichlichkeit:* Vgl. 1, 3, 1.

(18) *Trinkgefäße:* Vgl. 8, 4, 15. Der Besitz von Trinkgefäßen galt als Zeichen besonderen Reichtums. Vgl. auch Thukydides 6, 46, 3: Mit Gold- und Silberbechern versuchten die Menschen in Egesta den Athenern ihren Reichtum zu demonstrieren.

(22) *Vorgefecht:* Im Vorgefecht wurden weitreichende Waffen eingesetzt (z.B. Pfeile und Speere), die allerdings keine besondere Wirkung hatten.

Panzerung: Vgl. 2, 1, 9; 6, 2, 16; 7, 1, 31.

(26) *untereinander Krieg führen:* Xenophon spielt hiermit auf den Feldzug an, den der jüngere Kyros mit Unterstützung der griechischen Söldner gegen seinen Bruder Artaxerxes unternahm (vgl. Xenophon, Anabasis).

(27) *die Aufgabe:* Die Erledigung dieser „Aufgabe" ist mit der Abfassung des Schlußkapitels erfolgt. Die Bemerkung kann sich nicht auf das ganze Werk beziehen. Das geht aus der nachfolgenden Begründung hervor.

NACHWORT

I.

Gegen Ende des Jahres 60 vor Chr. schreibt Marcus Tullius Cicero an seinen Bruder Quintus, der über die übliche Dienstzeit hinaus das Amt des römischen Statthalters in der Provinz Asia bekleidet, einen ausführlichen Brief. Offensichtlich hatte Quintus bei der Verwaltung dieser Provinz im westlichen Kleinasien eine glückliche Hand. Zumindest bewies er in den Augen des älteren Bruders, daß er über Tugenden verfügte, die ihm eine kluge und erfolgreiche Amtsführung ermöglichten. Dazu gehörten nicht zur Weisheit (sapientia), Menschlichkeit (humanitas) und Umsicht (diligentia), sondern auch Vernunft (ratio), Mäßigkeit (moderatio), Redlichkeit (integritas), Selbstbeherrschung (continentia) und Milde (lenitas). Dennoch möchte Cicero nicht darauf verzichten, den jüngeren Bruder zu mahnen, seine verantwortungsvolle Stellung auch weiterhin auf die eigene Redlichkeit und Selbstbeherrschung, die Anständigkeit seiner unmittelbaren Umgebung, die sorgfältige Auswahl seiner freundschaftlichen Verbindungen und die strenge und beständige Ordnung in seinem Hauswesen zu gründen (Ad Q.fr.1, 1, 18).

Wer sein hohes Amt so versieht und noch dazu eine Provinz verwaltet, die wichtige Gebiete des früheren Perserreiches wie Lydien und Karien umfaßt, muß sich an den großen König erinnern. So verweist denn auch Cicero den Bruder auf den xenophontischen Kyros (Ad Q.fr.1, 1, 23), der – wie Cicero bemerkt – nicht mit dem Anspruch dargestellt wurde, der historischen Wahrheit gerecht zu werden, sondern das *Idealbild* eines gerechten Herrschers zu sein (non ad historiae fidem scriptus, sed ad effigiem iusti impe-

rii), der in der Schrift des Sokratikers Xenophon ein Höchstmaß an Würde (gravitas) mit einzigartiger Güte (comitas) verbindet. „Übrigens", fügt Cicero hinzu, „pflegte unser Scipio Africanus dieses Buch nicht ohne Grund nie aus den Händen zu legen." Denn in diesem Werk sei keine Pflicht eines gewissenhaften und maßvollen Herrschers unerwähnt geblieben. „Wenn nun Kyros, der sich niemals wieder in das Privatleben zurückziehen sollte, diese Tugenden so sehr gepflegt hat, wie müssen sie dann erst von denjenigen praktiziert werden, denen ein Amt nur unter der Bedingung, daß sie es wieder abgeben, und aufgrund derselben Gesetze, denen sie sich wieder zu unterstellen haben, übertragen wurde?" Cicero fährt dann ganz im Geiste der xenophontischen Kyrupädie fort, um den Bruder daran zu erinnern, daß er das Kyros-Bild nicht aus den Augen verlieren dürfe: „Wie mir scheint, muß jeder, der über andere Menschen Macht ausübt, sein ganzes Denken und Handeln darauf ausrichten, daß diejenigen, die ihm unterstellt sind, ein Höchstmaß an Glück gewinnen (vgl. Kyrupädie 8, 2, 14). Daß du dies als deine wichtigste Aufgabe ansiehst und seit jeher angesehen hast, seitdem du in der Provinz Asia Statthalter wurdest, weiß alle Welt. Doch wer Verantwortung nicht nur für Bundesgenossen und römische Bürger, sondern auch für Sklaven und für das stumme Vieh übernommen hat, ist verpflichtet, dem Vorteil und dem Nutzen derer zu dienen, für die er Verantwortung übernommen hat ..." Cicero beschreibt im folgenden die segensreichen Auswirkungen, die die Amtsführung seines Bruders auf die Provinz hat: „Jedermann kann ohne weiteres zu dir kommen, du hörst jedem zu, der eine Beschwerde vorzubringen hat; immer und zu jeder Zeit bist du für die Menschen da (vgl. Kyrup. 7, 5, 37–38), die in Not sind; in deinem Amtsbereich gibt es nirgendwo Hartherzigkeit oder Grausamkeit; überall herrschen Milde (clementia), Sanftmut (mansuetudo) und Menschlichkeit (humanitas)" (vgl. Kyrup. 8, 2, 1; 8, 2, 9).

Ciceros Verständnis des xenophontischen Kyros als Idealbild eines gerechten Herrschers dürfte für die Interpretation der Kyrupädie ein wichtiger Ansatzpunkt sein. Denn obwohl Xenophon historische Quellen berücksichtigt – dazu gehören Herodots Historien, die Schriften der Logographen (Hekataios von Milet, Ktesias), militärwissenschaftliche Fachliteratur, medizinische Schriften und wohl auch altiranische Überlieferung –, dient ihm das historische Material nur als ein Rahmen für die Zeichnung des Idealbildes. Xenophon konnte sich bei seiner Gestaltung der Kyros-Figur allerdings auch schon an eine idealisierende Tradition anschließen, wie sie z. B. in den „Persern" (768–772) des Aischylos faßbar ist, wo Kyros in der Reihe der persischen Könige als „glückgesegnetes Haupt" bezeichnet wird. Kyros „gab, da er herrschte, Frieden allem Volk, gewann der Lyder und Phryger reiches Land und unterwarf Jonia mit Gewalt sich ganz; weil er besonnen, zürnte nicht auf ihn der Gott" (Übers. J. G. Donner). Auch Herodot (1, 123) berichtet, Kyros sei, als er zum Mann heranwuchs, unter seinen Altersgenossen der tapferste und beliebteste gewesen, und etwas später (3, 89) weist Herodot darauf hin, die Perser hätten Kyros einen Vater genannt, weil er milde war und alles nur erdenkliche Gute für sie ersann. Im vierten unter Platons Namen überlieferten Brief wird Kyros als ein Beispiel für politische Weisheit bezeichnet. Schließlich nennt Isokrates (Euagoras 37) den Perserkönig einen Herrscher, der die größte Bewunderung der meisten Menschen auf sich zog.

II.

Mit der Feststellung, daß die Kyrupädie kein Werk der Historiographie, sondern ein idealisiertes Herrscherbild sei, ist die Frage nach den *Intentionen* des Autors noch nicht beantwortet. Egidius Schmalzriedt geht im Rahmen

seiner Werkbeschreibung in „Kindlers Literaturlexikon"
dieser Frage nach: „Zum einen wurde Xenophon mit der
‚Kyrupädie' so etwas wie der Schöpfer des Romans, spe-
ziell des historischen Romans; denn das Seltsamste an dem
Buch ist, daß der Autor ... hier alles andere als historische
Wahrhaftigkeit anstrebt. Mit den geschichtlichen Tatsachen wird vielmehr frei geschaltet – man könnte geneigt
sein zu sagen, nach Belieben, wenn nicht alle Variationen
der realen Fakten bewußte Umformungen um des pädago-
gisch-humanen Tenors willen wären. Und in diesem
Grundton wiederum, der dem Ganzen wie seinen Teilen
die entscheidende Prägung verleiht, offenbart sich das andere literarhistorische Moment: Xenophon hat mit der
‚Kyrupädie' den ersten Erziehungsroman unseres Kultur-
kreises geschrieben.- Parzival, Simplicius, Émile, Anton
Reiser, Wilhelm Meister, selbst noch Oskar Matzerath, der
Blechtrommler – sie alle erscheinen, trotz ihrer Verschie-
denheit untereinander und ihrer Diskrepanz insgesamt gegenüber dem antiken Urbild, als verborgene Nachkommen
des xenophontischen Kyros, berücksichtigt man nur den
kardinalen Unterschied der literarischen Gestaltung, der
der andersartigen Auffassung von der Bildung entspricht"
(Kindlers Literaturlexikon, Bd. VI Sp. 5443).
Xenophon (so Schmalzriedt) habe in der Kyrupädie,
gleichsam als Summe eines reichen Lebens, noch einmal
alles vereint, was für sein langes literarisches Schaffen be-
stimmend gewesen sei: die Reverenz vor dem persischen
Nachbarvolk, die Neigung zu historischen Studien, die
Freude an den pragmatischen und militärischen Disziplinen
feudaladliger Lebensweise, das Streben nach moralischer
Durchdringung des Daseins und das politische Ideal des
gerechten und starken Monarchen. So sei die Kyrupädie
ein Werk rückschauender Reife, doch zugleich auch ein
Werk des Alters und der Resignation: „Das Alter: es tritt
vor allem in Stil und Darstellung hervor, in der breiten,
gemachvoll-ruhigen Erzählung, im Verzicht auf kunstrei-

che Komposition, in der Neigung zum Episodischen ...
Die Resignation: sie zeigt sich in einer allgemeinen Abkehr
vom Geschehen des Augenblicks, im Verzicht auf modi-
sche Aktualität, in der Hinwendung vom Griechischen zum
Persischen, von der Gegenwart in die Vergangenheit, von
der Realität zum Ideal, von der unmittelbaren Paränese
zum verklärten Postulat" (a.a.O. Sp. 5442).

Daß die Kyrupädie in der Tat sehr spät zu datieren ist,
wird allgemein akzeptiert. Breitenbach (RE, Sp. 1742)
nennt die Erwähnung des Satrapenaufstands im Jahre 362/
1 (Kyrup. 8, 8, 4) als terminus post quem, jedenfalls für
das Schlußkapitel, will dieses Datum aber für die ganze
Schrift gelten lassen, da ihn Delebecques Argumente für
die Echtheit des Schlußkapitels überzeugen (Delebecque
1957, 384–410, bes. 405ff.). Allerdings sollte man auch
die Einwände berücksichtigen, die Marcel Bizos (S.
XXVI–XXXVI seiner Edition der Kyrupädie) gegen Delebecque erhebt: Im Schlußkapitel werde nicht behauptet,
daß sich die politische Organisation des „heutigen" Perserreiches verändert habe. Kyros' Nachfolger hielten an den
Einrichtungen fest, die dieser begründet habe (Kyrup. 8, 1,
7); verändert habe sich allein die Moral, d.h. auch die
„Paideía", der Oberschicht: An die Stelle der Anständigkeit sei das Verbrechen, an die Stelle des einfachen Lebens
der Luxus getreten. Aber die Begründungen für diese Feststellung des moralischen Verfalls seien nur wenig überzeu-
gend (vgl. bes. 8, 8, 14). Denn auch schon an Kyros' Hof
habe der Luxus geherrscht (vgl. 8, 1, 40 und 8, 2, 8). Die
drei Fälle von Grausamkeit und Verrat (8, 8, 3–4) wurden,
wie Bizos bemerkt, nicht von Artaxerxes II. selbst begangen, und man müsse die Ermordung der griechischen Söld-
nerführer auch vor dem Hintergrund der Tatsache sehen,
daß sie die Helfer eines Hochverräters gewesen seien, der
seinen Bruder habe umbringen wollen. Xenophon selbst
erkläre in der Anabasis (1, 9, 3), daß sich die Erziehung
der Homotimen seit der Zeit des älteren Kyros nicht geän-

dert habe: Alle Söhne der vornehmen Perser würden am Hof des Großkönigs erzogen. Sie lernten dort Besonnenheit und Selbstbeherrschung, und es gebe dort nichts Schändliches zu hören oder zu sehen ...

Die Tatsache, daß auch der „Staat der Lakedämonier" nach einer vergleichbar idealisierten Darstellung des spartanischen Staatswesens eine kritische Gegenüberstellung früherer und gegenwärtiger Verhältnisse biete und im Sparta der Gegenwart deutliche Zeichen der Dekadenz konstatiert würden, sei ebenso ein Argument für die Echtheit wie für die Unechtheit des letzten Kyrupädie-Kapitels; denn es könne durchaus der Fall sein, daß ein Nachahmer Xenophons durch den „Staat der Lakedämonier" dazu angeregt wurde, der Kyrupädie ein Dekadenz-Kapitel anzuhängen. Bizos nimmt zu der Echtheitsfrage nicht abschließend Stellung, warnt aber davor, die Echtheit als bewiesen anzunehmen. Demnach ist die Datierung des Werkes ein nur bedingt brauchbarer Anhaltspunkt für die Ermittlung der Autor-Intention.

Der Versuch, die Absicht des Autors vom *Titel* des Werkes her zu erhellen, setzt voraus, daß der Titel nicht nur zum ersten Buch, wie z. B. Breitenbach, RE Sp. 1707 meint, sondern zum gesamten Werk paßt. Denn wenn man unter „Paideía" nur die Erziehung versteht, die Kyros als Kind und junger Mann genoß, trifft der Titel „Kyrupädie" tatsächlich nur den Inhalt des ersten Buches. Das Wort „Paideía" bezeichnet aber nicht nur den Vorgang, sondern auch das Ergebnis eines Bildungsprozesses. Der Mensch ist nicht nur Objekt, sondern auch Subjekt der „Paideía", indem er durch sein Handeln und Verhalten beweist, daß er „Paideía" besitzt. Im platonischen Gorgias (470e) erklärt Sokrates, er könne das „Glück" des persischen Großkönigs nicht beurteilen, weil er nicht wisse, wie es um dessen „Paideía" und Dikaiosýne (Gerechtigkeit) stehe. Hier ist mit „Paideía" ohne Zweifel das Ergebnis eines Lern- und Bildungsprozesses gemeint und nicht der Vorgang. Wenn man

nun den Doppelaspekt des Wortes „Paideía" auch dem Titel „Kyrupädie" unterstellt, der übrigens schon von Cicero (Ad fam. 9, 15, 1) und von Gellius (Noctes Atticae 14, 3, 3,) genannt wird, dann steht außer Frage, daß der Titel seine volle Bedeutung für die gesamte Schrift hat. Es ist sogar möglich, drei Abschnitte zu unterscheiden, in denen die „Paideía" des Kyros unter verschiedenen Perspektiven betrachtet wird:

1. Das 1. Buch ist der Erziehung des jungen Kyros gewidmet. Hier schildert Xenophon die Grundlagen und Voraussetzungen, aus denen die Persönlichkeit des Kyros allmählich erwächst.

2. Die folgenden Bücher (2–7, 5, 36) bilden den Hauptteil der Kyrupädie; sie veranschaulichen die Anwendung des Gelernten auf die Lebenspraxis, die sich vordergründig als eine Kette militärischer Leistungen und Erfolge darstellt. Hier zeigt der Autor, wie sich Kyros' Bildung in der Wirklichkeit bewährt. Der Einschnitt nach 7, 5, 36 ist mit den äußeren Ereignissen gegeben: Mit der Eroberung von Babylon ist die Kriegszeit beendet.

3. Mit 7, 5, 37 beginnt für Kyros ein neuer Lebensabschnitt, der ihn nicht mehr vor überwiegend militärische Aufgaben stellt. Er hat jetzt an die Verwaltung seines Reiches zu denken. Hier (7, 5, 37–8, 7) wird Kyros selbst zum Lehrer und Erzieher seiner Untertanen, indem er seine Bildung, bereichert durch die Erfahrungen seines Lebens, weitergibt und auf diese Weise die von seiner Autorität getragene Herrschaft konsolidiert. In diesem letzten Teil, der übrigens um etwa ein Drittel umfangreicher ist als der erste Teil, hebt Xenophon Kyros' Vorbildhaftigkeit besonders deutlich hervor (vgl. 7, 5, 86; 8, 1, 12; 8, 1, 21; 8, 1, 39).

Wenn es zutrifft, daß Xenophon in diesen drei Teilen der Kyrupädie die Paideía des Kyros unter den drei genannten Aspekten betrachtet, dann dürfte zumindest folgendes feststehen: Das Thema der gesamten Kyrupädie (bis auf das

Schlußkapitel) ist – wie der Titel ankündigt – die Paideía
des Kyros unter den Gesichtspunkten (1) ihres Erwerbs,
(2) ihres Besitzes und ihrer Anwendung und (3) ihrer Vermittlung, wobei diese drei Gesichtspunkte den drei durch
die äußeren Ereignisse abgegrenzten Lebensabschnitten
des Kyros entsprechen: (1) Jugendzeit, (2) Eroberung des
Reiches und (3) Verwaltung und innere Organisation.

III.

Die Gliederung des Werkes in drei Abschnitte und die
Feststellung, daß diesen drei Abschnitten drei Aspekte des
Paideía-Begriffs entsprechen, läßt sich auch mit Ciceros
Aussage über den Zweck der Kyrupädie sehr gut vereinba-
ren: Xenophon veranschaulicht an der Persönlichkeit des
Perserkönigs das Ideal einer *Paideía,* die sich unter optimalen Voraussetzungen entwickeln und entfalten konnte. Dazu gehörten nicht nur Herkunft, Anlage und Erziehung
(Kyrup. 1, 1, 6), sondern auch die äußeren Bedingungen
für eine unbeschränkte Entfaltung aller in der Persönlichkeit des Kyros liegenden Möglichkeiten, die ihr Telos in
der gerechten Herrschaft, dem *iustum imperium,* über die
anderen Menschen erreichte. Daß Kyros' Paideía vor allem
in der umfassenden Nutzung aller Möglichkeiten ihrer Be-
währung besteht, ist ein Grundgedanke, der die ganze Kyrupädie durchzieht. Alle Taten des Kyros werden von Xenophon als Beweise seiner Paideía dargestellt. Eine Schlüs-
selszene für das Verständnis dieses Grundgedankens ist das
Gespräch zwischen Kyros und Gobryas im 2. Kapitel des
5. Buches, das nicht von ungefähr in die Mitte des Werkes
gestellt wurde: Kyros nimmt die Geschenke des Gobryas
als Beweise seiner Loyalität in Empfang, erklärt dem Assyrer jedoch, er habe darüber hinaus ein unvergleichlich
wertvolleres Geschenk erhalten: die Möglichkeit, seine
Paideía zu beweisen (Kyrup. 5, 2, 8–11).

Was der xenophontische Kyros aufgrund seiner Paideía vor allem beherrscht und immer wieder beweist, ist seine Kunst der Menschenführung. Er versteht es, mit seinen Mitmenschen so umzugehen, daß sie ihm freiwillig folgen und gehorchen. Kyros' Legitimation für seine Herrschaft über sein Volk und die unterworfenen Völker beruht auf seiner Überzeugung, daß er nie einen Eroberungskrieg geführt, sondern eine unberechtigte Aggression abgewehrt habe (vgl. Kyrup. 1, 5, 13 und 7, 5, 77). Darüber hinaus begründet er sein Recht auf Herrschaft mit seiner Überlegenheit über seine Untertanen (7, 5, 78) und seiner daraus resultierenden Fähigkeit zu väterlicher Fürsorge für die Beherrschten (8, 1, 1). Dabei bleibt er ein absoluter Herrscher, der sich von anderen orientalischen Königen mit vergleichbarer Machtfülle nur aufgrund seiner Weisheit und Menschenfreundlichkeit, d. h. seiner Paideía, unterscheidet und nicht zum Despoten entartet.

An zahlreichen Stellen der Kyrupädie hebt Xenophon hervor, welche Bedeutung das Vorbild für die Stabilisierung von Autorität hat. Das gilt ebenso für Kyros selbst wie für die Männer in seiner unmittelbaren Umgebung, die in ihren Wirkungsbereichen Verantwortung zu tragen haben (vgl. u. a. 1, 2, 8; 4, 5, 58; 7, 5, 86; 8, 1, 12; 8, 1, 21; 8, 1, 39). Diese starke Akzentuierung der Vorbildfunktion legt die Vermutung nahe, Xenophon habe die Vorbildlichkeit nicht nur als ein Wesensmerkmal der Paideía des Kyros darstellen wollen. Kyros' Vorbildlichkeit – so könnte man annehmen – sollte auch für Xenophons Lesepublikum wegweisend wirken, und zwar weniger in dem Sinne, daß man Kyros' Vorbild folgen solle. Von viel größerem Gewicht könnte die politische Aussage sein, die der Erwartung Ausdruck verleiht, daß das Heil der Völker von der großen Führerpersönlichkeit zu erwarten sei, die wie Kyros über ein Höchstmaß an Paideía verfügt. Unter diesem Gesichtspunkt wäre die Kyrupädie ein politisches Programm.

In der Tat spricht vieles dafür, daß Xenophon „in einer

Welt, in der es keine festgegründeten staatlichen Verhältnisse und keine bürgerliche Sicherheit mehr gibt" (Jaeger, Paideia III 234), nur noch die große Persönlichkeit für fähig hält, den Menschen ein würdiges Dasein zu ermöglichen. Voraussetzung dafür bliebe allerdings die Bereitschaft der Menschen, die Autorität dieser Persönlichkeit zu akzeptieren (vgl. Kyrup. 8, 1, 2–5) und zu erkennen, daß ihr Recht auf Herrschaft auf ihrer überlegenen Paideía beruht. Die Areté des Herrschers ist das Fundament der staatlichen Gemeinschaft und die Garantie dafür, daß niemand auf die väterliche Fürsorge des anerkannten Besten unter ihnen verzichten muß.

Im „Agesilaos" (7, 2) und im „Staat der Lakedämonier" (15, 7–8) befürwortet Xenophon mit Entschiedenheit die konstitutionelle Monarchie. Diese Einstellung ist gewiß durch persönliche Erfahrungen geprägt. Das Erlebnis des Kyreerzuges mußte Xenophon in seiner Hochschätzung der soldatischen Lebensform bestärken. Das militärische Gefolgschaftsverhältnis und der Gemeinschaftsgeist der Kriegskameradschaft hatten sich in den schwierigsten Situationen auf dem Rückzug der Zehntausend bewährt. Der militärische Führer, den Xenophon selbst darstellte, erwies sich als die rettende, alle Schwierigkeiten und Gefahren meisternde Persönlichkeit. Es liegt nahe, daß Xenophon die Heeresgemeinde der Zehntausend (vgl. Nussbaum 1967) als Modell einer neuen staatlichen Gemeinschaft sehen lernte, die sich von der demokratischen Polis erheblich unterschied. An der Spitze dieser Gemeinschaft steht der soldatische Herrscher (vgl. Jaeger, Paideia III 234; Breitenbach 1950, 47–104), der überragende Staatsmann und Feldherr in einer Person, wie ihn übrigens schon Perikles in Athen verkörperte.

Xenophons Vorstellungen erwiesen sich letzten Endes als wirklichkeitsgerecht; sie waren nur ihrer Zeit ein wenig voraus. Denn der soldatische Herrschertyp konnte sich erst in hellenistischer Zeit allmählich durchsetzen, wo viele

Herrscherpersönlichkeiten soldatisches Können und wissenschaftliche Bildung in einer Person vereinten (vgl. Jaeger, Paideia III 424, Anm. 34). Die von Xenophon und zahlreichen seiner Zeitgenossen empfundene Sehnsucht nach einer politischen Gesundung durch die starke, mitreißende Persönlichkeit, nach dem „Retter", erfüllt sich zeitweilig in der Erscheinung Alexanders, und es ist nicht unwahrscheinlich, daß vor allem die Kyrupädie und das Enkomion auf Agesilaos der „geistigen Vorbereitung der Monarchie, deren große Weltstunde mit dem Hellenismus anbrechen sollte" (Lesky ³1971, 694), dienen konnten.

In Xenophons „Hieron" wird das politische Ideal des gerechten und starken Monarchen auf der Grundlage einer Theorie der Transformation der Tyrannis in eine ideale Monarchie entwickelt. Diese muß möglichst vielen Menschen ein glückliches Leben bieten. Dabei kommt es nicht darauf an, daß die Untertanen frei sind. Die Freiheit stellt keinen politischen Wert an sich dar, solange sie nicht zur Verwirklichung eines sittlichen Lebens unerläßlich ist (vgl. Strauss 1963, 96).

Indem Xenophon seinen griechischen Lesern das Ideal politischer Paideía an der Gestalt eines persischen Königs veranschaulicht, bringt er ihnen zum Bewußtsein, daß diese Paideía nicht mehr nur als Eigentum der Griechen anzusehen ist, sondern daß auch Perser von hellenischer Kalokagathie durchdrungen sein können. Aufgrund dieser „Barbarenfreundlichkeit" (vgl. dazu auch Kyrup. 2, 2, 26) gewann Xenophon eine Schlüsselstellung in der Phase des „vorhellenistischen Hellenismus": „Hier wurde der Barbar zum Vertreter griechischer Gesittung und Kultur, und damit war der kulturgeschichtliche Gang des Hellenismus gleichsam seherisch vorausgeschaut und praktisch vorbereitet. Kyros vertritt Menschlichkeit und Maß, Größe und echte Agonistik, ihm gehorcht die Welt gern und aus freiem Willen, denn er ist gütig selbst gegen den Sklaven, er arbeitet mehr als seine Untertanen und hat jedermann zum

Freunde, er verbietet Plünderungen und erscheint an einigen Stellen fast als Pazifist (Kyrup. 1, 1, 3–5; 7, 2, 11; 8, 4, 8). Neben ihm stehen andere edle Barbaren wie ... der Armenier Tigranes, der die Sophrosyne als höchste Tugend preist und auch Unrecht zu verzeihen vermag (Kyrup. 3, 1, 16; 38)" (Schneider 1967, 7).

Xenophon habe – so Schneider – im Grunde mit seinem Eintreten für die Perser Alexander den Weg bereitet: die Kyrupädie wollte der absinkenden griechischen Adelsschicht sagen, daß sie von den Persern lernen könne, wenn auch ihre Idealpersönlichkeiten ganz mit griechischen Augen gesehen seien.

IV.

Das Porträt des Kyros ist von Merkmalen geprägt, die man unschwer als Xenophons *Lieblingsgedanken* identifizieren kann, da sie auch in anderen seiner Schriften in verschiedenartigen Zusammenhängen geäußert werden. Es entspricht offensichtlich Xenophons Arbeitsweise, diese Lieblingsgedanken wiederholt als Versatzstücke zu gebrauchen. Breitenbach bezeichnet einen derartigen Lieblingsgedanken als einen „Topos", um zum Ausdruck zu bringen, daß es sich dabei um einen Gedanken oder Gedankengang handelt, der ohne wesentliche Veränderung wiederholt verwendet wird. Mit dieser Wiederholung gibt der Autor zu erkennen, daß er dem Gedanken ein besonderes Gewicht beimißt; er erhebt ihn sozusagen zu einem Leitgedanken. Da ein literarischer Topos Erfahrungen und Überzeugungen zusammenfaßt und widerspiegelt, die der Autor zur Erklärung unterschiedlicher Zusammenhänge heranzieht, liefert seine Analyse einen wichtigen Beitrag zum Verständnis nicht nur des Werkes, sondern auch des Autors.

Man hat sich schon mit den Topoi in Xenophons Werken

auseinandergesetzt, bevor man den Begriff als solchen in die Xenophon-Forschung einführte. So befaßte sich z. B. Heinrich Maier (Sokrates. Sein Werk und seine geschichtliche Stellung, Tübingen 1913, 324f.) mit dem Topos der Selbstbeherrschung (Enkráteia), den Xenophon an vielen Stellen seines Werkes in das Zentrum seiner Argumentation stellt. Maier sucht anhand dieses Topos zu veranschaulichen, daß Xenophon einerseits von Antisthenes abhängig sei und dem kynischen Ideal der Selbstbeherrschung anhänge, andererseits jedoch die schroff asketische Tendenz des Antisthenes nicht vertrete. Die Beobachtung des Enkráteia-Topos führt hier also zu Hypothesen sowohl über die Tradition, in die sich Xenophon gestellt zu haben scheint, als auch über Xenophons Verhältnis zu dieser Tradition. So stellt Maier u. a. fest, worin die Enkráteia bei Xenophon besteht: Mäßigkeit im Essen, Trinken und Liebesgenuß; die Fähigkeit, Mühen und Strapazen, Hunger und Durst, Kälte und Hitze zu ertragen; Bedürfnislosigkeit und Unempfindlichkeit gegenüber den Versuchungen des Reichtums (zu den zahlreichen Belegen in der Kyrupädie kommen z. B. noch hinzu: Memorabilien 1, 2, 1f.; 1, 3, 5ff.; 1, 5; 1, 6; 2, 1; 4, 5).

Die xenophontische Enkráteia zeigt laut Maier eine ausgesprochen soldatische und sportliche Färbung. Zugleich mischt sich in diese Enkráteia etwas von Xenophons romantischer Sehnsucht nach dem einfachen Leben, von seiner Vorliebe für spartanische Rauheit und von seiner Abneigung gegen städtischen Komfort (vgl. Maier 1913, 66). Werner Jaeger weist u. a. auf die kulturgeschichtliche Bedeutung hin, die dem Topos der Enkráteia zukomme: Der Begriff der Selbstbeherrschung sei durch die Sokratik ein Zentralgedanke der ethischen Kultur geworden. Er fasse das sittliche Handeln als etwas im Innern des Individuums Entspringendes, nicht als die Unterwerfung unter das Gesetz, wie es der herrschende Begriff der Gerechtigkeit forderte (Jaeger, Paideía II 103). Da aber das ethische

Denken der Griechen von dem Gemeinschaftsleben und von dem politischen Begriff der Herrschaft ausgehe, erfasse es den inneren Vorgang durch die Übertragung des Bildes einer wohlregierten Polis auf die Seele des Menschen. Man könne diese Verlegung des politischen Ideals in das Innere erst dann in ihrer wahren Bedeutung erkennen, wenn man an die Auflösung der äußeren Autorität des Gesetzes in der Zeit der Sophisten denke. Sie habe das innere Gesetz zum Durchbruch gebracht. In dem Augenblick, da Sokrates sein Augenmerk auf die Natur des sittlichen Problems richte, erscheine das neue Wort „Enkráteia". Jaeger hält den Begriff aufgrund folgender Überlegung für sokratisch: Da das Wort gleichzeitig bei den Sokratesschülern Xenophon und Platon auftrete, sei der Schluß unabweisbar, daß der neue Begriff im ethischen Denken des Sokrates seinen Ursprung habe. Schon Sokrates habe die Enkráteia nicht als eine besondere Tugend aufgefaßt, sondern als die „Grundlage aller Tugend", wie Xenophon richtig sage (Memorabilien 1, 5, 4). Denn Enkráteia bedeute die Emanzipation der Vernunft von der Tyrannei der animalischen Natur des Menschen und die Stabilisierung der gesetzlichen Herrschaft des Geistes über die Triebe (vgl. Memorabilien 1, 5, 5–6).

Im sokratischen Prinzip der inneren Selbstherrschaft des Menschen liege ein neuer Begriff der Freiheit. Der wahrhaft Freie stehe im Gegensatz zu einem Menschen, der der Sklave seiner Begierden sei (vgl. Memorabilien 1, 5, 5–6; 4, 5, 2–5). Für die politische Freiheitsidee sei dieser Aspekt insofern von Bedeutung, als er die Möglichkeit in sich berge, daß ein freier Mensch oder ein Herrscher im sokratischen Sinne ein Sklave sein könne.

Enkráteia bedeute jedoch nicht die bloße Unabhängigkeit von irgendwelchen außerhalb des Individuums bestehenden Normen, sondern die Wirksamkeit der Herrschaft, die der Mensch über sich selbst ausübt.

Mit dem moralischen Phänomen der Enkrateia hänge die

sokratische Autarkie und Bedürfnislosigkeit zusammen. „Sie kommt vor allem bei Xenophon stark zur Geltung, vielleicht unter dem Eindruck der Schriften des Antisthenes. Bei Plato tritt dieser Zug weniger stark hervor, doch ist seine geschichtliche Echtheit nicht zu bezweifeln. Er ist mehr in der kynischen Richtung der nachsokratischen Ethik fortentwickelt worden; dort wird er zum entscheidenden Kennzeichen des wahren Philosophen, doch fehlt er auch bei Plato und Aristoteles keineswegs im Bilde der philosophischen Eudämonie" (Jaeger, Paideia II 105f.).

Wie man sieht, führt Jaegers Auseinandersetzung mit dem Topos der Enkráteia, die ja auch einen wesentlichen Bereich der Paideía des Kyros ausmacht (vgl. 1, 6, 25; 7, 5, 76; 8, 1, 30–32), nicht nur zur Einsicht in kultur- oder geistesgeschichtliche Prozesse. Sie schafft auch einen Zugang zu Xenophon selbst, indem sie dessen Standort innerhalb dieser Prozesse erhellt. In methodischer Hinsicht – das zeigen Jaegers Überlegungen – weist die Analyse des Topos auch einen Weg zum historischen Sokrates und bestätigt die Vermutung, daß auch die Paideía des xenophontischen Kyros sokratische Züge trägt.

Es ist schon bemerkenswert, daß sich die „Topoi" des Kyros-Porträts und der Sokrates-Darstellung in den Memorabilien kaum voneinander unterscheiden. Der Enkráteia-Topos ist nur ein Beispiel für diese Übereinstimmung. Die Unterschiede zwischen Kyros und Sokrates ergeben sich aus den unterschiedlichen Rollen, die die beiden Persönlichkeiten spielen: Kyros war kein Philosoph und Sokrates kein Feldherr, der ein Reich gründen sollte. Sokrates konnte nach Belieben mit jedermann Gespräche führen, während Kyros unter dem Druck seiner Regierungsgeschäfte keine Zeit für seine Freunde hatte. Kyros war ein Mann der Tat, Sokrates ein Mann des Geistes usw. (vgl. Higgins 1977, 44–59).

Neben dem Topos der Enkráteia in ihren verschiedenen Erscheinungsformen sind in das Persönlichkeitsbild des

Kyros noch andere Lieblingsgedanken Xenophons eingegangen: Der xenophontische Kyros ist ein vorbildlicher
Führer seiner Soldaten und Herrscher über seine Untertanen, weil er durch sein eigenes Handeln und Verhalten
beweist, daß Leistung und Wohlbefinden ohne Anstrengung (Ponos) nicht zu erreichen sind, daß Leistung und
Lohn korrelieren müssen, weil andernfalls die Motivation
zur Leistung verloren ginge, und daß das „einfache Leben"
und der Verzicht auf Bequemlichkeit die besten Voraussetzungen für die körperliche Gesundheit bildet. Zu den wichtigsten Leitgedanken der Kyrupädie gehört ferner der
Grundsatz, daß in allen Lebenssituationen die Einheit von
Denken und Handeln, die Übereinstimmung von Wort und
Tat hergestellt werden muß – ein Grundsatz, den Xenophon in der Person des Kyros verwirklicht sieht. Die Fähigkeit und die Bereitschaft, die Einheit von Denken und Tun
zu erzielen, erwachsen aus Kyros' Paideía. Entsprechendes
gilt für den Anspruch, zwischen Schein und Sein keinen
Widerspruch zuzulassen.

Obwohl Kyros als Feldherr seine Macht mit dem Mittel
der Gewalt erwirbt und jeder Sieg die gewaltsame Unterwerfung seiner Gegner voraussetzt, ist sein Handeln ge-
prägt von Menschenfreundlichkeit und Menschenliebe
(Philanthrōpía), wie Xenophon immer wieder hervorhebt.
Das zeigt sich z. B. auch in der Behandlung seiner Gegner:
Obwohl es dem Gesetz des Krieges entspricht, daß sich die
Besiegten dem Sieger bedingungslos ausliefern müssen (so
der König der Assyrer 3, 3, 45) und alle, die Widerstand
leisten, getötet werden sollen (so Kyros 4, 4, 6), beweist
Kyros immer wieder seine Humanität: Er läßt verwundete
Kriegsgefangene ärztlich versorgen (3, 2, 12); er verzeiht
den Verrat des Armenierkönigs (3, 1, 34); er schont die
tapfer kämpfenden Ägypter (7, 1, 41); er behandelt den
geschlagenen Kroisos ehrenvoll und nimmt ihn unter seine
Verbündeten auf (7, 2, 10); und grundsätzlich bringt er
seine Gegner dazu, seine Bündnispartner oder gar seine

Freunde zu werden. Der „rechte Gebrauch" seines Reichtums dient nicht nur der Belohnung tüchtiger Untertanen, sondern auch der tatkräftigen Unterstützung seiner Freunde. Diese bewußt praktizierte Großzügigkeit ist ein entscheidender Faktor seiner Machtausübung.

Über die Notwendigkeit des vernunftgeleiteten richtigen Gebrauchs (kalè Chrésis) handelt Xenophon an vielen Stellen seines Werkes. Der „richtige Gebrauch" ist ein Schlüsselbegriff seines Denkens im allgemeinen und seiner individualistisch-utilitaristischen Ethik im besonderen. Mit diesem Begriff erhält die Ethik nicht nur ein rationales Prinzip, sondern auch eine empirisch-praktische Ausrichtung. Die Gleichsetzung von „gut, richtig", „schön" und „nützlich" setzt einen engen Bezug zur Wirklichkeit des täglichen Lebens voraus. Denn richtiger Gebrauch ist auf genaueste Kenntnis des Gebrauchsgegenstandes und auf Erfahrung mit seiner Brauchbarkeit angewiesen. Nur unter dieser Voraussetzung kann der Gebrauchsgegenstand seine Nützlichkeit erweisen und seinen Zweck erfüllen. Je besser ein Gegenstand im richtigen Gebrauch seinen Zweck erfüllt, desto wertvoller, nützlicher und schöner ist er. Darum ist sogar ein Mistkorb wertvoll und schön, wenn er zweckmäßig ist und im richtigen Gebrauch seinen Zweck erfüllt (Memorabilien 3, 8, 6). Xenophon wählt dieses derbe Beispiel, um die Ansicht ganz entschieden zurückzuweisen, daß Schönheit ein von irgendeinem Nutzen unabhängiges, rein ästhetisches Phänomen sei. Durch die Gleichsetzung des Schönen mit dem Nützlichen will der xenophontische Sokrates beweisen, daß er, der scheinbar Häßliche, schöner sei als der schöne Kritobulos. Sokrates ist eben darum schöner, weil er seine Glieder und Organe zweckmäßiger zu gebrauchen versteht als der schöne Kritobulos.

Der optimale Gebrauchswert steht im Mittelpunkt des Gesprächs zwischen Sokrates und dem Panzerschmied Pistias (Mem. 3, 10, 9–15). Der Gebrauchswert des Panzers beruht auf seinem guten Sitz und seiner Ausgewogenheit.

Wenn der Panzer seinem Besitzer paßt, dann erfüllt er das Kriterium der Euchrēstía (des optimalen Gebrauchswertes). Denn damit ist er im Kampf gut zu gebrauchen. An einer anderen Stelle (Mem. 4, 6, 9) betont Sokrates, daß es nichts absolut Schönes gebe. Jeder Gegenstand sei nur insofern schön, als er sich für den Zweck, für den er bestimmt sei, gut gebrauchen lasse, und umgekehrt sei das Brauchbare in Relation zu dem, wozu es brauchbar ist, grundsätzlich schön. Das gilt im übrigen auch für Tugenden und Fähigkeiten. Tapferkeit ist eine schöne Tugend, wenn sie zu richtigem Verhalten in der Gefahr befähigt. Tapfer sind demnach alle, die mit bedrohlichen und gefährlichen Umständen gut fertig zu werden verstehen. Doch auch diese Fähigkeit hängt von einem entsprechenden Wissen ab. Tapferkeit ist also letztlich ein Wissen vom richtigen Umgang mit gefährlichen Situationen.

Durch den Begriff vom richtigen Gebrauch werden alle Dinge, Haltungen und Handlungen zu ihrem Nutzen und Zweck in Beziehung gesetzt. Diese Auffassung entspricht dem praxisorientierten und auf materiellen Nutzen bedachten Sinn des tüchtigen Gutsverwalters und Landwirtes und dem erfolgsorientierten, strategischen Denken des militärischen Führers. Darum besteht eigentlich kein Grund zu der Annahme, Xenophon sei hierin von irgendeinem Vorgänger abhängig. Alles, was er Sokrates in diesem Zusammenhang sagen läßt, kann er aus eigener Erfahrung und ohne weitgespannte philosophische Spekulation gewonnen haben.

Entsprechendes gilt auch für einen ähnlichen Topos, dem Xenophon ein beinahe ebenso großes Gewicht gibt. Es handelt sich um die Voraussetzungen und Bedingungen für die Brauchbarkeit des menschlichen Körpers: Xenophon verarbeitet nicht nur an vielen Stellen seines Werkes diätetisch-medizinisches Gedankengut; für ihn ist auch die körperliche Gesundheit ein unbestreitbarer Wert. Diese bedarf aufmerksamster und gründlichster Pflege, die auch

zu den wichtigsten Aufgaben des Feldherrn und Herrschers gehört (vgl. u. a. Kyrup. 1, 6, 16 ff.; 2, 1, 20 ff.). Das Training des Körpers dient der Gesundheit in besonderem Maße, damit ist eigentlich nichts anderes gemeint als der richtige Gebrauch der körperlichen Kräfte. In einer protreptischen Rede (Mem. 3, 12) weist Sokrates den Epigenes auf den Nutzen hin, den die richtige Gymnastik für das körperliche Wohlbefinden (Euhexía) bedeutet. Abgesehen davon sei es für alle menschlichen Betätigungen wichtig, daß sich der Körper in bestem Zustand befinde (Mem. 3, 12, 5). Denn es sei bekannt, daß auch das Denken durch körperliche Beeinträchtigungen behindert werde (Mem. 3, 12, 6). Xenophon beteiligt sich mit diesen Äußerungen über den Nutzen von Gymnastik und Diätetik an einer zu seiner Zeit eifrig geführten einschlägigen Diskussion über die Grundlagen gesunder Lebensführung. Wie stark diese Gedanken auch in die Kyrupädie eingegangen sind, veranschaulichen nicht nur die oben genannten Stellen, sondern auch die Ausführungen über die Funktion des militärischen Drills (z. B. 2, 1, 20 ff.) und über den Wert der Anstrengung (u. a. 1, 5, 9–12; 1, 6, 25; 2, 1, 19; 3, 3, 8; 7, 5, 80).

Die besondere Wertschätzung der Gesundheit und ihrer Pflege hat im Kontext der Kyrupädie naheliegende Gründe. Daß sich Xenophon aber auch in anderen Zusammenhängen mit der Gesundheit als einer wesentlichen Voraussetzung eines menschenwürdigen Lebens beschäftigt, ist wiederum ein Zeichen für seinen durch und durch pragmatischen Sinn.

V.

Daß die Kyrupädie keine historische Darstellung und auch keine Biographie ist, dürften die Ausführungen über Xenophons Lieblingsgedanken im Kyros-Porträt bestätigt haben. Es bliebe aber noch zu fragen, ob die Kyrupädie –

wie Schmalzriedt meinte – ein *Roman* ist, sei es nun ein historischer oder ein Erziehungsroman. Die Kyrupädie enthält eine durchgehende Erzählung chronologisch aneinandergereihter Vorgänge, die mit der Jugend des Kyros beginnt und mit dessen Tod endet. An diesen Vorgängen ist Kyros als handelnde Person beteiligt; in den meisten Fällen ist er ihr Verursacher. Es handelt sich im wesentlichen um militärische Vorgänge wie z. B. Schlachten, Marschbewegungen, Eroberungen, Kriegslisten. In die Gesamtdarstellung dieser Ereignisse sind zahlreiche Reden eingestreut, die auch als Reden des Feldherrn meist in schlichtem und oft familiärem Ton gehalten werden. Sie dienen der Instruktion, der Information und der Exhortation der Soldaten und Offiziere. Hinzu kommen zahlreiche Dialoge von großer Lebendigkeit. Für die Kyrupädie typisch ist die Einfügung vieler lebendig erzählter Episoden mit ganz unterschiedlicher Thematik: Es sind mitunter heitere und anmutige, aber auch ernste Szenen (Beispiele: Das Gespräch zwischen Astyages und Kyros über den Mundschenken Sakas, 1, 3, 8–14; eine „Liebesgeschichte", 1, 4, 27–28; die Schilderung der Übung einer Taxis, 2, 3, 17–20; die Tigranes-Episode, 3, 1, 7–30; Gobryas, 4, 5, 2–7; Gadatas, 5, 2, 28; Kyros und Kroisos, 8, 2, 15–23; Pheraulas und der junge Sake, 8, 3, 26–32 und 35–50). Eine Sonderstellung nimmt die über große Teile des Werkes verstreute Pantheia-Novelle ein (4, 6, 11–5, 1, 17; 6, 1, 31–49; 6, 4, 2–11; 7, 3). „Diese Novelle bietet durch ihre Zerlegung in vier Stücke einerseits und ihren sentimental-pathetischen Inhalt andererseits eine sehr gewünschte Auflockerung des militärischen Grundgeschehens" (Breitenbach, RE Sp. 1717).

Für das Thema des Werkes, die Paideía des Kyros, sind alle diese Reden, Gespräche, Episoden und novellistischen Stücke von größter Bedeutung, da sie Kyros Gelegenheit geben, seine Paideía zu beweisen. Aber ist dieser Kyros der Held eines Romans? Wenn man von einem Romanhelden

Glaubwürdigkeit erwartet, ist diese Frage eindeutig zu verneinen. Kyros ist kein glaubwürdiger Romanheld, weil er nicht authentisch ist, d. h. weil er dem Leser nicht als ganzer Mensch gegenübertritt. Der xenophontische Kyros ist, wie Cicero es seinem Bruder mit Recht gesagt hat, ein Ideal, kein Mensch von Fleisch und Blut. Er ist tadellos – und eben darum nicht vollkommen, weil ihm die menschliche Seite des Menschlichen fehlt: Was er in Angriff nimmt, gelingt ihm. Er kommt nie vom rechten Weg ab, begeht keinen Fehler, kennt keinen Konflikt, hat keine ernsthaften Schwierigkeiten, geschweige denn Leidenschaften und Gefühle. Gewiß erträgt er Anstrengungen, aber er leidet nicht darunter; er zweifelt nie an ihrem Sinn. Er braucht keine Niederlage, keine Demütigung hinzunehmen, fühlt weder Kummer noch Schmerz, obwohl er durchaus zeigt, daß er Mitleid zu empfinden vermag. Leid und Unglück, Enttäuschungen und Rückschläge bleiben ihm erspart. Die Götter meinen es gut mit ihm; sie beneiden ihn nicht um sein Glück. Sie haben keinen Grund, ihn zu bestrafen, weil er ein frommer Mann ist und sich nicht gegen sie auflehnt. Wer keine Niederlagen erfährt, hat auch keine Möglichkeit, sie zu überwinden. Wer keine Fehler begeht, hat keinen Grund, sein Handeln und Verhalten in Frage zu stellen.

Was dem xenophontischen Kyros fehlt, sind die Gelegenheiten, menschliche Größe im Scheitern, in der Not, in der Anfechtung zu beweisen und Stärke im Kampf gegen die Schwäche zu zeigen. Dann wäre er eine authentische Romanfigur wie etwa seine Kontrastfiguren Kyaxares, Kroisos, der assyrische Tyrann oder der verliebte Araspas. Aufgrund seiner Tadellosigkeit und Vorbildlichkeit ist der xenophontische Kyros kein Held eines „historischen Romans" oder eines „Erziehungsromans" und alles andere als das Urbild eines Parzival oder Oskar Matzerath. Die Kyros-Gestalt ist die Verkörperung eines Lebensideals oder auch eines politischen Programms, das trotz seiner Einbet-

tung in einen geschichtlich-biographischen Zusammenhang weniger über den historischen Kyros aussagt als über den Autor der Kyrupädie und seine politischen Vorstellungen; und darin könnte auch Xenophons Absicht bestanden haben: das eigene Lebensbild auf eine große, bewundernswerte Persönlichkeit der Geschichte zu projizieren, um es auf diese Weise aus der Mittelmäßigkeit des gelebten Lebens herauszuheben und überleben zu lassen. Daß auch Cicero (Ad Q.fr. 1, 1, 23) den xenophontischen Kyros so verstanden haben könnte, läßt seine Wortwahl vermuten: Kyros ist kein echtes *exemplum*, kein wirkliches Vorbild, das zur unmittelbaren Nachahmung aufruft, sondern eine „effigies", ein Idealbild, ein Phantasiegebilde, das der Orientierung oder Sinngebung dienen kann und insofern eine utopische Funktion hat. Cicero fordert seinen jüngeren Bruder, den Repräsentanten der römischen Republik in Kleinasien, dazu auf, sein Handeln und Verhalten im Blick auf dieses Ideal eines *iustum imperium* zu reflektieren, wie es nach Ciceros Auskunft schon Scipio zu tun pflegte (vgl. dazu auch Cicero, Tusk. Gespräche 2, 62). Der xenophontische Kyros kann dem römischen Statthalter eine Perspektive geben, die ihm Handlungssicherheit verschafft und ihn davor bewahrt, seine Machtstellung zu mißbrauchen. Wenn Cicero selbst im Jahre 50 vor Chr. während seiner eigenen Statthalterschaft in der Provinz Kilikien an seinen Freund Lucius Papirius Paëtus schreibt, er habe Xenophons Kyrupädie vollständig zerlesen und während seines dortigen Kommandos in jeder Hinsicht in die Praxis umgesetzt (Ad fam. 9, 15, 1), so ist dies als scherzhafte Bemerkung zu verstehen, wie Cicero selbst bemerkt, und beweist nicht, daß Cicero in Kyros das große Vorbild sah; vielmehr spielt er damit selbstironisch auf seine militärische Rolle als römischer Imperator im Einsatz gegen feindliche kilikische Bergstämme an. Obwohl er Kyros ein Höchstmaß an Gerechtigkeit und Weisheit zuerkennt (De re publica 1, 43) und seine Herrschaft als Beispiel für eine ge-

lungene Monarchie rühmt, ist Cicero weit davon entfernt,
den Perserkönig zum Vorbild für den römischen Politiker
zu erheben. „Denn in jenem erträglichen und, wenn ihr
wollt, sogar liebenswürdigen König Kyros steckt, wenn
man an die Möglichkeit zu plötzlicher, unberechenbarer
Verhaltensänderung denkt, ein Phalaris, der grausamste
Tyrann ..." (De re publica 1, 44). Im Gegensatz zu Xenophon kann Cicero den Perserkönig der Kyrupädie nicht als
Verkörperung eines politischen Programms, das die Monarchie als die Lösung aller politischen Probleme anbietet,
akzeptieren. In Xenophons Kyrupädie ist die Gefahr einer
Entartung der Monarchie zur Tyrannis kein Thema. Der
xenophontische Kyros gibt keinen Anlaß zu der Befürchtung, daß in ihm ein Phalaris verborgen sei. Die Makello-
sigkeit ihres Helden ist offensichtlich ein besonderes Merk-
mal der Darstellung. Von Anfang an sind die Tugenden
und Taten des Kyros das alles beherrschende Thema. Darüber hinaus bringt Xenophon weitere Gesichtspunkte zur
Geltung, die zum Repertoire des Enkomions, der literarischen Verherrlichung einer bedeutenden Persönlichkeit,
gehören (z. B. außer den Taten die Herkunft, die charakterliche Veranlagung und die besonderen Qualitäten des
Helden, ferner der Vergleich [Synkrisis] und die Kontra-
stierung mit anderen Personen). Es steht demnach außer
Frage, daß Xenophon seine Kyrupädie als ein Enkomion
auf Kyros entwarf. Doch anders als im „Agesilaos", dem
Enkomion auf den Spartanerkönig, geht Xenophon in der
Kyrupädie von einer verhältnismäßig knappen Beschreibung der Tugenden seines Helden aus, um dann im Hauptteil des Werkes seine Taten darzustellen – und zwar aus der
Perspektive des Erzählers, der außerhalb und über der
Darstellung steht.

Der große Umfang der Tatenbeschreibung, die das gesamte Werk außer den drei Kapiteln 1, 1–2 und 8, 8 umfaßt, gab dem Autor die Möglichkeit, in den Entwurf des
Kyros-Enkomions auch romanhafte und novellistische Ele-

mente einzubetten. Gerade aufgrund dieser Einbettung konnte die Kyrupädie zu einer Vorläuferin des neuzeitlichen Erziehungs- und Entwicklungsromans werden (vgl. Brinkmann 1989). Wenn auch die Gestalt des xenophontischen Kyros keine exemplarische Romanfigur ist, so dürfte doch die Kyrupädie das früheste uns bekannte Prosawerk sein, das die für den späteren Erziehungs- und Entwicklungsroman typischen Gattungsmerkmale aufweist.

VI.

Die Erforschung von Xenophons *Lebenslauf* ist eine entscheidende Voraussetzung für das Verständnis seiner Werke, und die Beurteilung seiner Leistung und Bedeutung hängt nicht zuletzt von der Kenntnis seines Lebensschicksals ab. Diesen Gesichtspunkt hat in neuerer Zeit Édouard Delebecque (Paris 1957) zur Geltung gebracht. Delebecque unternimmt den großangelegten Versuch, Xenophons „materielles" und sein „intellektuelles" Leben darzustellen, um das Verständnis seiner Persönlichkeit zu fördern und zu veranschaulichen, wie sein bewegtes Schicksal sein Denken beeinflußte. Müsse ein Mann wie Xenophon, der die aufregendste Epoche der athenischen Geschichte miterlebt und Männer wie Sokrates, Thukydides, Platon, Kallias, Phaidon, Antisthenes, Isokrates, Kritias, Theramenes, Thrasybulos, Kyros, Seuthes und Agesilaos persönlich gekannt habe und außerdem ein begeisterter Schriftsteller gewesen sei, nicht faszinieren? Wenn man aber den Menschen Xenophon kennenlernen wolle, könne man nicht umhin, sein schriftstellerisches Werk gründlich zu erforschen; das Verständnis des Werkes sei jedoch wiederum auf die Kenntnis seines Lebens angewiesen. Denn für das Verständnis z. B. der „Anabasis" sei es wichtig zu wissen, ob das Werk als Tagebuch während des Zuges der Zehntausend oder als ein Erinnerungsbuch in athenischem oder

spartanischem Milieu geschrieben sei. Um die ersten beiden Bücher der „Hellenika" zu verstehen, müsse man wissen, ob sie vor oder nach dem Zug der Zehntausend oder vor, während oder nach dem Exil geschrieben seien. Man verzichte zu leichtfertig darauf, Xenophons Spuren zu folgen, weil sie angeblich unsichtbar seien, und man gebe zu schnell auf, sie zu suchen.

Delebecque verkennt freilich nicht, daß Einblicke in Xenophons Leben nicht so ohne weiteres zu gewinnen sind. Die wichtigsten Quellen bleiben seine Werke, wenn man von Diogenes Laertius' Hinweisen (2, 48–59) absieht.

Aus Delebecques ausführlicher Darstellung läßt sich etwa folgendes Bild entnehmen: Xenophon hat zwei Jahrhunderte und zwei Welten erlebt. Er bildete einen „Bindestrich" zwischen dem großen fünften Jahrhundert und dem beginnenden Abstieg Athens einerseits und zwischen griechischer und orientalischer Kultur andererseits. Er war nicht nur ideell „le partisan passionné de Sparte", sondern auch der tapfere Soldat, der die Zehntausend aus Asien heil nach Hause zurückbrachte. Er war außerordentlich begabt, und es ist nicht verwunderlich, daß er sogar Cäsar gefiel, der ja ebenso wie Xenophon ein „homme de lettres et d'action" war. In den ersten beiden Büchern der „Hellenika" sah er sich als Thukydides' Nachfolger und stellte auf diese Weise eine geistige Verbindung zwischen dem großen Historiker und Sokrates her. Das Ende des Peloponnesischen Krieges und des Bürgerkrieges, die politischen Erschütterungen, die leidenschaftlichen Anfeindungen in Athen trotz Amnestie, die Polarisierung der Gegensätze brachten Xenophon in eine gefährliche Lage. Die Teilnahme an der Expedition des jüngeren Kyros, der das Eldorado versprach, wurde zu einer großen Illusion. Das Leben im persischen Wunderland und die hervorragende Position am Hofe eines Königs oder an der Spitze einer griechischen Kolonie blieben unerfüllte Wünsche. Xenophon wurde mit der bitteren Wirklichkeit der Niederlage, des Verrats, der

Anarchie konfrontiert. Es genügte ihm aber nicht, nur seinen Willen zum Überleben zu beweisen. Er nutzte die Gelegenheit, die Länder und Menschen kennenzulernen, um erfüllt von seinen Eindrücken seinen Freunden in den Mauern von Athen davon zu berichten. Die Quittung dafür war seine Verbannung. Diese wurde laut Delebecque damit begründet, daß er einem offiziellen Feind der Stadt Athen an der Seite gewisser unliebsamer Spartaner gedient hatte. Das Exil dauerte 36 Jahre (399–365). Xenophon trat zunächst in spartanische Dienste und begann, den spartanischen Staat und die Disziplin seiner Menschen zu bewundern. Er beschrieb das spartanische System im „Staat der Lakedämonier". Die Spartaner überließen ihm ein Landgut in Skillus. Allmählich aber gewann er eine kritischere Haltung gegenüber Sparta; obwohl er Agesilaos weiterhin bewunderte, äußerte er in der „Anabasis" gewisse Vorbehalte gegenüber der spartanischen Außenpolitik und dem kurzsichtigen politischen Egoismus Spartas. Die Ruhe des Landlebens in Skillus konnte er nicht lange genießen: Die peloponnesischen Söldner, die Veteranen der Zehntausend, die mit ihrer Beute aus dem Feldzug offensichtlich nicht hatten haushalten können, beneideten Xenophon um seinen Wohlstand und griffen ihn mit allen möglichen Vorwürfen an. Um diesen Söldnern zu antworten und um sich zu rechtfertigen, verfaßte er die „Parabasis" (= Anabasis 5, 3, 7–Schluß), in der auch die spartanische Seite nicht gerade positiv geschildert wird. Die Beziehungen zu Sparta verschlechterten sich.

Auch im Exil hielt er Kontakt zu seinen athenischen Freunden. Nachdem er bereits in den ersten beiden Büchern der „Hellenika" eine historische Arbeit begonnen, eine technische Schrift über die Jagd (?) verfaßt, mit der „Anabasis" Memoiren und eine Selbstrechtfertigung geschrieben hatte, konnte er nun die Vorarbeiten zu den „Memorabilien" und zum „Oikonomikos" in Angriff nehmen. Er schrieb zuvor noch eine fachliche Abhandlung

über die Reitkunst und arbeitete weiter an den „Hellenika"
– zum Ruhm des Agesilaos, des Befreiers der Griechen in
Asien.

Als die Eleer nach der Niederlage Spartas bei Leuktra
ihr Territorium wieder in Besitz nahmen, mußte Xenophon
Skillus verlassen. Er ging nach Korinth. Spartas Stern war
offenbar zugunsten von Athen im Sinken begriffen. Xenophon brachte seine kritische Haltung gegenüber Sparta im
letzten Kapitel des „Staates der Lakedämonier" zum Ausdruck. Er fügte außerdem den „Hellenika" ein nicht mehr
ganz so spartafreundliches Kapitel (5, 4) hinzu.

Infolge personeller Veränderungen, durch Intervention
seiner Freunde und aufgrund der langen Jahre, die den
Anlaß der Verbannung allmählich in Vergessenheit geraten ließen, erhielt Xenophon die Möglichkeit zur Rückkehr
nach Athen. In den letzten zehn oder zwölf Jahren seines
Lebens widmete er sich mit jugendlichem Elan ausschließlich der Arbeit für seine Vaterstadt. Er vollendete die
„Reitkunst", den „Oikonomikos", die „Hellenika" und die
„Memorabilien". Er verfaßte das „Symposion", die „Kyrupädie" und den „Hieron". Nach Agesilaos' Tod versuchte
er, mit dem „Agesilaos" die Öffentlichkeit auf die persische Gefahr hinzuweisen. Seine militärischen und finanz-
politischen Vorstellungen formulierte er im „Hipparchikos" und in den „Poroi". Die Bücher 3 und 4 der „Memorabilien" waren wohl sein letztes Werk. Sie enthalten seine
Gedanken über die großen politischen und pädagischen
Fragen der Gegenwart.

Xenophons Lebensmitte, die Quelle seines Denkens und
Handelns, waren die Freude am Kampf und an der Anstrengung und der Wille zum Widerstand gegen das Unglück. Aufgrund dessen ist er wohl auch ein Vorbild der
Stoiker geworden. Seine Schriften sind ein Dokument des
Mutes, des vernünftigen Optimismus, der Aufgeschlossen-
heit. Aus seinem Werk spricht die Hoffnung auf eine Verbesserung widriger Umstände, die er mehr aus eigener

Kraft als mit Hilfe der Götter überlebte. Seine typisch griechische Lebenskunst befähigte ihn, auch im Unglück nicht unterzugehen.

Delebecques anziehende Xenophon-Biographie stützt sich sowohl auf gesicherte Überlieferung als auch auf schwer beweisbare Hypthesen. Das scheinbar geschlossene Xenophon-Bild darf nicht darüber hinwegtäuschen, daß Delebecque viele Fragen offenließ oder leichtfertig beantwortete. Selbst dort, wo er überzeugende Lösungen vorlegt, ist nicht auszuschließen, daß auch andere Antworten vertretbar sind. So bot z. B. der Zeitpunkt von Xenophons Geburt immer wieder Anlaß zu heftigen Meinungsverschiedenheiten (vgl. Breitenbach, RE Sp. 1571–1573). Dieser läßt sich aber nur aus der „Anabasis" mit einiger Sicherheit gewinnen: In einer Rede vor den Hauptleuten des Proxenos erklärt Xenophon, er sei alt genug, um die Führung nach Proxenos' Tod zu übernehmen (3, 1, 25). Folglich kann er zu diesem Zeitpunkt nicht älter als Proxenos gewesen sein, der als Stratege im Alter von ungefähr 30 Jahren umkam (2, 6, 20). Demnach fiele die Geburt in die Zeit zwischen 430 und 425. Daß Xenophon etwa so alt war wie Platon, wird übrigens von Hesych bestätigt, bei dem er als „Platons Mitschüler" bezeichnet wird.

Hinsichtlich des Todesjahres stimmen Delebecque und Breitenbach weitgehend überein. Der terminus post quem ist aus Hellenika 6, 4, 37 zu nehmen: Der Text kann nur nach 358/57, der Regierungsübernahme des hier erwähnten Tisiphonos von Pherai verfaßt sein. In den Poroi 5, 9 ist davon die Rede, daß die Phokäer Delphi besetzt hielten. Das war zwischen 356 und 346 der Fall. Demnach kann diese Textstelle nur nach 356 geschrieben sein. Wahrscheinlich starb Xenophon nicht lange nach 356 im Alter von ungefähr 70 Jahren.

Die Diskussion um Zeitpunkt und Anlaß der Verbannung Xenophons soll hier nicht referiert werden. Es sei nur darauf hingewiesen, daß Breitenbach Xenophons Teil-

nahme an der Schlacht bei Koroneia im Jahre 394 auf der Seite der Spartaner unter Agesilaos für die Verbannung verantwortlich macht – schließlich waren die Boioter, die Agesilaos unterlagen, Freunde und Verbündete der Athener. Dagegen schließt sich Hartmut Erbse (1966) der traditionellen Auffassung an, die schon Pausanias (5, 6, 5) und Dio Chrysostomus (8, 1) vertreten hatten, daß Xenophon verbannt worden sei, weil er an dem Feldzug gegen den persischen Großkönig auf der Seite des jüngeren Kyros im Jahre 401 teilgenommen habe. Den Frühansatz vertritt auch Hans Baden (1966), der Diogenes Laertios' Bemerkung (2, 51) aufgreift, Xenophon sei „wegen Spartafreundlichkeit" verbannt worden; diese bestand vor allem darin, daß er sich dem Spartafreund Kyros anschloß. Diese Möglichkeit läßt sich auch mit Hilfe einer Anabasis-Stelle stützen (3, 1, 5): Nach der Einladung zur Teilnahme an der Kyros-Expedition durch Proxenos beriet sich Xenophon mit Sokrates; dieser fürchtete, die Athener könnten ihm die Freundschaft mit Kyros zum Vorwurf machen, weil Kyros die Spartaner während des Peloponnesischen Krieges unterstützt hatte.

Xenophon teilte im übrigen Sokrates' Furcht vor der Empfindlichkeit des athenischen Demos nicht. Deshalb fragte er in Delphi auch nicht, ob er am Kyreerzug teilnehmen solle, sondern nur, wie er am glücklichsten reisen könne.

Delebecque hatte zu Recht hervorgehoben, daß alle Schriften Xenophons autobiographische Informationen enthalten. Es gibt außerdem einige Stellen in seinem Werk, die den Charakter von *Selbstporträts* zu haben scheinen. So deutet Werner Jaeger z. B. die Gestalt des Ischomachos im „Oikonomikos" als „ein zur Dichtung gesteigertes Selbstporträt des Verfassers". Das Gespräch des Ischomachos mit Sokrates (Oikonomikos 7–21) verdeutlicht, was Xenophon unter Kalokagathie versteht: „Was sich uns hier als die echte Kalokagathie enthüllt, ist nichts anderes als das

Leben eines vortrefflichen Landwirts, der seinen Beruf mit
wahrer Freude und vollem Veständnis ausübt und das Herz
auf dem rechten Fleck hat" (Jaeger, Paideia III 247). In
diesem Bild sind Xenophons eigene Erfahrungen und sein
beruflich menschliches Ideal zu einer Einheit zusammenge-
flossen, die uns in anschaulicher Weise über ihn selbst Auskunft zu geben vermag. Das eigentlich Xenophontische an
dieser bäuerlichen Kalokagathie ist die Verbindung kriege-
rischer und landwirtschaftlicher Tüchtigkeit und Pflichtauf-
fassung. Das besagt nicht zuletzt auch der Name des idea-
len Landwirts: Ischomachos. Ivo Bruns gibt für die Darstellung des Ischomachos eine psychologische Begründung:
Xenophons Phantasie ergehe sich gern darin, breite, glän-
zende, wohlgeordnete Verhältnisse auszumalen. Weil es
ihm persönlich so schlecht gegangen sei, weil sich seine
Träume von Wohlstand und Einfluß, die er im Osten habe
verwirklichen wollen, nicht erfüllt hätten, weil er sein Vaterland darüber verloren und seinen Landbesitz in Skillus
wieder habe aufgeben müssen und weil er nirgends Gelegenheit gehabt habe, auf seine Umgebung positiv zu wirken, habe er sich in die Theorie geflüchtet und sich in der
Ausmalung von Zuständen getröstet, die mit seiner eigenen Lage merkwürdig kontrastierten (vgl. Bruns 1896,
bes. 416). Daß sich auch das Idealbild des Herrschers in
der Gestalt des Kyros so erklären lasse, wurde oben ange-
deutet.

In der „Anabasis" (2, 1, 12) verbirgt sich Xenophon
offenbar hinter dem Namen des Theopompos. Dieser weist
den persischen Unterhändler Phalinos darauf hin, daß die
Griechen nach Kyros' Tod nur noch ihre Waffen und ihre
Areté besäßen. Lieferten sie den Persern ihre Waffen aus,
so könnten sie auch ihre Areté nicht mehr anwenden und
verlören ihr Leben: „Glaubt nicht, daß wir euch unsere
einzigen Güter übergeben. Wir wollen damit sogar noch
um eure Güter kämpfen." Darauf antwortete Phalinos (2,
1, 13): „Junger Mann, du gleichst einem Philosophen, und

was du sagst, imponiert mir. Aber wisse, daß du ein Tor bist, wenn du glaubst, eure Aretē könne die Macht des Großkönigs besiegen." Erbse (1966, 500) weist darauf hin, daß man in mehreren Handschriften – vermutlich schon in der Antike – den vom Autor gewünschten Schluß gezogen und vermutet habe, daß der Athener Theopompos niemand anders als Xenophon selbst sei, „der von Gott auf jenen Zug Geschickte" oder besser „der von Gott Geleitete". Dies wird auch dadurch wahrscheinlich gemacht, daß Xenophon sich von Anfang an unter göttlichen Schutz gestellt sah, wie aus Anabasis 6, 1, 23 hervorgeht. Dort erzählt der Autor, er habe, als er von Ephesos aus zu Kyros reiste, auf der rechten Seite einen schreienden Adler sitzen sehen. Der daraufhin um Rat gefragte Priester habe ihm eröffnet, das Zeichen bedeute Ruhm und hohe Stellung, verbunden mit Mühe und Arbeit.

Es spricht vieles dafür, daß auch der armenische Prinz Tigranes in der Kyrupädie (3, 1, 38-40) ein Selbstporträt des Autors ist: Tigranes' Vater ließ dessen geliebten und bewunderten Weisheitslehrer hinrichten, weil er den Sohn verderbe. Wenn Xenophon den weisen Lehrer vor seinem Tode noch zu Tigranes sagen läßt, er solle seinem Vater nicht grollen, da seine Tat nicht auf bösem Willen (Kakónoia), sondern auf Unwissenheit (Ágnoia) beruhe, und was die Menschen aus Unwissenheit falsch machten, das täten sie nicht mit Absicht, dann spricht aus diesen Worten (vgl. Münscher 1920, 118) ein mit seiner Heimatstadt Athen versöhnter Xenophon, der den Athenern die Tötung des Sokrates verziehen zu haben scheint. Konrad Gaiser (1977) bestätigt diese Übereinstimmung zwischen Sokrates und dem Weisheitslehrer des Kyrupädie und hebt hervor, daß das Motiv des Verzeihens ein eigentümlich xenophontisches Anliegen sei. Xenophon habe damit nicht nur in den Auseinandersetzungen um die Schuld am Tod des Sokrates zur Versöhnung auffordern und Frieden stiften, sondern auch sein eigenes Verzeihen gegenüber Athen zum

Ausdruck bringen wollen. Außerdem diene die Episode dem Zweck der Rehabilitierung des Autors als eines vorbildlichen, im politischen Streit vermittelnden Bürgers.

VII.

Xenophons *politisches Denken* ist durch die geschichtliche Situation, in der er sich zur Teilnahme am Feldzug des jüngeren Kyros entschloß, durch den Feldzug selbst und durch die Folgen, die dieses Abenteuer für ihn hatte, entscheidend geprägt worden. Während die Ereignisse, die ihn zum Verlassen seiner Vaterstadt im Jahre 401 veranlaßt und seine Rückkehr nach Athen unmöglich gemacht hatten, ihn in seiner Abneigung gegen die Verhältnisse im demokratischen Athen bestärkten, haben ihm die Erfahrungen, die er auf dem Rückzug der Kyreer sammeln konnte, Einsichten in andersartige politische Möglichkeiten vermittelt.

Warum sich Xenophon so schnell bereitfand, der Einladung seines Gastfreundes Proxenos zu folgen und sich den Kyreern anzuschließen, läßt sich leicht erklären. Als Angehöriger des Ritterstandes hatte er wahrscheinlich den Dreißig Tyrannen als Reiter gedient. Die Reiterei wurde nach der Wiederherstellung der Demokratie aufgelöst. Trotz allgemeiner Amnestie waren die Reiter, die den Dreißig gedient hatten, weiterhin den Anfeindungen der Demokraten ausgeliefert. Diese Situation wird durch Xenophons Bericht in den Hellenika (3, 1, 4) illustriert: Der Spartaner Thribon forderte im Jahre 399 athenische Kavallerie an. Daraufhin schickten die Athener, die als Besiegte und Verbündete der Spartaner zur Befolgung dieser Weisung verpflichtet waren, dreihundert Reiter, die unter den Dreißig gedient hatten. „Denn sie glaubten", schreibt Xenophon, „es könne nur von Vorteil für die Demokratie sein, wenn jene die Stadt verließen und vernichtet würden." Die de-

mokratische Amnestie war offenbar nur formell erfolgt.
Der Demos konnte niemandem verzeihen, daß er dem Regime der Dreißig gedient hatte (vgl. Erbse 1966, 495).

Es war wahrscheinlich nicht Xenophons Absicht, den athenischen Demos durch seine Teilnahme am Kyreerzug zu provozieren. Xenophon erfuhr von der wahren Absicht des Kyros erst während des Zuges. Doch die Athener, die an einem guten Einvernehmen mit dem persischen Großkönig interessiert waren, reagierten mit Xenophons Verbannung. Diese Erfahrungen mit dem athenischen Demos wurden durch die Nachricht von Sokrates' Prozeß und Hinrichtung nur noch verstärkt. Xenophon konnte aufgrund dessen für die athenische Demokratie keine Sympathie mehr empfinden. Dennoch hat er sie nie aktiv bekämpft, sondern nur nach einer Alternative gesucht. Darin unterscheidet er sich nicht von Platon oder Antisthenes.

Xenophons kritische Einstellung gegenüber der Demokratie kommt an einigen Stellen seines Werkes deutlich zum Ausdruck: Wenn er berichtet (Memorabilien 1, 2, 9), Sokrates habe es für töricht gehalten, die Führer des Staates durch das Los zu bestimmen, so entspricht dies wohl auch seiner eigenen Überzeugung. Sicherlich stimmt er mit Sokrates darin überein, daß nur diejenigen wirkliche Könige und Herrscher seien, die auch zu herrschen verständen, d. h. über entsprechende moralische und intellektuelle Qualitäten verfügten (Mem. 3, 9, 10).

In dem Gespräch des Perikles mit dem jungen Alkibiades (Mem. 1, 2, 40–46) geht es um das Problem der gesetzlichen Ordnung. Alkibiades stellt die Frage, inwieweit eine derartige Ordnung nicht auch Gewalt bedeute: Wenn eine Mehrheit etwas zum Schaden einer Minderheit beschließe, ohne deren Zustimmung zu gewinnen, dann bedeute dies doch Gewaltanwendung, obwohl es formal gesetzlich sei. Die hierin zum Ausdruck kommende Problematik jeder Demokratie wird zwar nicht weiter diskutiert. Sie bleibt aber für Xenophon weiterhin bestehen.

Xenophons immanente Demokratiekritik, wie sie diese Beispiele veranschaulichen, richtet sich nicht gegen mehr oder weniger leicht zu behebende Mißstände der demokratischen Praxis, sondern hier geht es um ungelöste Grundfragen der Demokratie. Daß Xenophon im Herrscherideal des Kyros eine Alternative zur Demokratie sah, ist nicht von der Hand zu weisen.

STIMMEN ZU XENOPHON

Xenophons „Kyrupädie", von ihrem Autor nicht als Geschichtswerk mit Wahrheitsanspruch verfaßt, sondern um das Idealbild eines gerechten Herrschers darzustellen, in welchem der Philosoph ein Höchstmaß an Würde mit einzigartiger Leutseligkeit verknüpft – dieses Werk pflegte unser Scipio Africanus wirklich nie ohne Grund aus der Hand zu legen; denn in der Schrift blieb keine Pflicht eines gewissenhaften und maßvollen Herrschers unerwähnt.

(Marcus Tullius Cicero: Ad Quintum fratrem 1, 1, 23;
60/59 vor Chr.)

Durch Xenophons Mund haben, so kann man sagen, die Musen gesprochen.

(Marcus Tullius Cicero: Orator 62; 46 vor Chr.)

Für viele Zwecke sind Xenophons Schriften sehr nützlich; lest sie bitte eifrig wie bisher. Mit welcher Gedankenfülle rühmt Xenophon die Landwirtschaft in seinem „Oikonomikos"!

(Marcus Tullius Cicero: Cato. De senectute 59; um 45 vor Chr.)

Xenophon, der Schüler des Sokrates – was für ein Mann er war und wie bedeutend!

(Marcus Tullius Cicero: De divinatione 1, 52; 44 vor Chr.)

Eigentum aber muß man mit den Mitteln erwerben, die mit Niederträchtigkeit nichts zu tun haben; erhalten und vermehren aber muß man es mit Sorgfalt und Sparsamkeit. Xenophon, der Schüler des Sokrates, hat dieses Thema sehr ansprechend in seinem „Oikonomikos" dargestellt,

den ich ... aus dem Griechischen ins Lateinische übersetzt habe.

(*Marcus Tullius Cicero: De officiis 2, 87;* 44 vor Chr.)

Kaum hättest du eine Möglichkeit zu glücklicherer Wahl, wenn du unter Männern wie Platon und Xenophon und jenem Vorrat an Nachfolgern des Sokrates tüchtige Leute suchtest.

(*Seneca: De tranquillitate animi 7, 3;* um 50 nach Chr.)

Jene Heroen, Xenophon und Platon, die aus der Schule des Sokrates stammen ...

(*Pseudo-Longinos: Über das Erhabene 4, 4;* 1. Jahrh. nach Chr.)

Warum soll ich noch Xenophons ungekünstelte Anmut erwähnen, die doch niemand mit noch so großer Anstrengung erreichen könnte? Scheinen doch die Göttinnen der Anmut selbst Xenophons Sprache geformt zu haben, und es ließe sich mit größtem Recht auf ihn übertragen, was nach dem Zeugnis der Alten Komödie für Perikles gilt: Auf seinen Lippen habe sich gewissermaßen die Göttin der Überzeugungskraft niedergelassen.

(*Quintilian: Institutio oratoria 10, 1, 82;* um 95 nach Chr.)

Die Schriftsteller, welche uns in sehr vielen Stücken (und nach fast allen Richtungen hin) gründliche Schilderungen vom Leben wie vom Charakter des Xenophon und des Plato geliefert haben, waren der Ansicht, daß diese (zwei großen Geister) nicht ganz frei gewesen seien von gewissen geheimen und verborgenen Empfindungen gegenseitiger Eifersucht und Mißgunst, und sie haben uns dafür einige auf Vermutung beruhende Beweise aus ihren Schriften angeführt. Sie laufen ungefähr auf Folgendes hinaus: Weil weder von Plato in seinen vielen und zahlreichen Schriften irgendwo des Xenophon Erwähnung geschieht, noch von diesem in seinen Schriften des Plato, obgleich beide, am meisten aber Plato in den von ihm abgefaßten Dialogen

viele Schüler des Socrates erwähnt hat. Auch glaubten sie,
daß dies für kein Zeichen aufrichtiger und freundschaftlicher Zuneigung angesehen werden könne, daß Xenophon,
nachdem er die beiden ersten, öffentlich neu erschienenen
Bücher von jenem berühmten Werke, welches Plato über
die beste Form einer freien Staatsverwaltung schrieb, gelesen hatte, diesem Werke sogleich ein anderes entgegensetzte und durch seine Feder die entgegengesetzte Regierungsform einer „Monarchie" verherrlichte und sie betitelte: von der Erziehung des Cyrus. Durch diese Handlungsweise und durch diese Schrift soll Plato sich so unangenehm
berührt gefühlt haben, daß er in einer andern Schrift, bei
Erwähnung des Königs Cyrus, zur Herabsetzung und Verkleinerung der xenophonteischen Schrift gesagt haben soll,
Cyrus sei zwar ein rühriger und unternehmender Mann gewesen, aber, so lauten Platos Worte über den Cyrus weiter,
„die rechte Erziehung durchaus nicht berührt habe."

(*Aulus Gellius: Die Attischen Nächte 14, 3, 1–4;* 2. Jahrh.
nach Chr.
[Übersetzung: Fritz Weiß])

   Der Feldzug der Zehntausend mit Kyros gegen den persischen Großkönig Artaxerxes ... und deren Rückmarsch
unter Xenophons Führung ist eben wegen Xenophon bedeutend bekannter bei den Menschen als Alexander und
seine Taten.

(*Arrian: Anabasis 1,12, 3;* um 75–175 nach Chr.)

   Xenophon war der Sohn des Gryllos, Athener, aus dem
Demos Erchia, Achtung gebietend und von außerordentlich stattlichem Äußern. Ihn soll Sokrates bei einer Begegnung in einem engen Gäßchen mit vorgestrecktem Stock
angehalten und gefragt haben, wo man die verschiedentlichen Nahrungsmittel einkaufen könne; nach erhaltener
Antwort fragte er weiter, wo denn die Stätten zu finden
wären für Bildung der Menschen zur Tugendhaftigkeit. Als
jener darüber nicht Auskunft geben konnte, soll Sokrates

gesagt haben: „So folge mir denn und laß dich belehren."
Von Stund an ward er der Schüler des Sokrates ...

Ein Mann von großer Tüchtigkeit auf vielen Gebieten,
besonders hervorragend auch durch seine liebevolle Ver-
trautheit mit Pferdezucht, Jagd und Taktik, wie aus seinen
Schriften hervorgeht. Zudem war er gottesfürchtig, gewis-
senhaft im Opferdienst, kundig der Auslegung der Opfer-
zeichen und streng ergebener Nacheiferer des Sokrates. Er
schrieb an die vierzig Bücher, über deren Einteilung die
Meinungen weit auseinandergehen: die Anabasis, in der
jedes einzelne Buch sein besonderes Prooemium hat, während das Ganze ohne Einleitung ist, die Kyrupädie, die
Hellenika und die Memorabilien, das Symposion, den
Oikonomikos, über die Reitkunst, den Kynegetikos und
den Hipparchikos, die Apologie des Sokrates, über die
Einkünfte, den Hieron oder Tyrannikos, den Agesilaos
und die Staatsverfassung der Athener und Lakedaimonier,
von der der Magnesier Demetrios behauptet, sie sei kein
Werk des Xenophon. Er soll es auch gewesen sein, der die
der Welt noch unbekannten Bücher des Thukydides ans
Licht zog, und obschon er sie als die seinigen hätte ausgeben können, selber den Grund zu ihrem Ruhme legte. Man
nannte ihn auch die „Attische Muse" wegen der Anmut der
Darstellung. Daher stammt auch die gegenseitige Eifersucht zwischen ihm und Platon ...

(Diogenes Laertius: Leben und Meinungen berühmter
Philosophen 2, 48 und 56–57; 3. Jahrh. nach Chr.
[Übersetzung: Otto Apelt])

Seit ich nichts von Euch gehört habe, sind die Griechen
mein einzig Studium. Zuerst schränckt' ich mich auf den
Homer ein, dann um den Sokrates forsch' ich in Xenophon und Plato. Da gingen mir die Augen über meine Un-
würdigkeit erst auf.

(Goethe: An Herder; 10. 7. 1772.)

Neulich versicherte mich jemand, Xenophon habe eben
so schlechte Prosa geschrieben als ich; welches mir denn zu
einigem Troste dienen sollte.

(Goethe: An Zelter; 19. 3. 1818.)

Die Memorabilien und die übrigen sokratischen Schriften Xenophons geben ... nach unserer Ansicht ... das
treuste Bild vom wirklichen Wesen des Weisen. Einen großen Schritt seitwärts tut der Autor mit der Kyropädie, indem er eine geschichtliche Grundlage zu einem freien Ten-
denzbild benützt. Kyros ist hier das Ideal eines nach sokratischen Begriffen gebildeten Monarchen, nach den Vorstellungen eines Hellenen, wie der der attischen Demokratie
feindlich gesinnte und zum Dorismus hinneigende Xenophon war ...; bei der scheinbar völligen Naivität erinnert
nichts an eine Kunstabsicht. Unter den ganz großen Leistungen Xenophons dagegen wird immer das Vorbild von
Cäsars Kommentarien, die Anabasis, genannt werden müssen. In diesem ... Werke ... wird mit herodoteischem
Geiste eine unbeschreibliche Reihe von Bildern vor uns
entrollt ... Dabei ist das Werk schmucklos, ohne alle ge-
suchte Beredsamkeit; die Wirkung wird völlig dem Gesche-
henen überlassen ... Man fragt sich, ob vor Xenophon
irgendetwas von diesem Wert an Gegenstand und Darstellung zugleich vorhanden war.

(Jacob Burckhardt: Gesammelte Werke. Band VII = Grie-
chische Kulturgeschichte. 3. Band [1818–1897]; postum er-
schienen 1898–1902], Darmstadt 1962, 417–418.)

Wahrlich, einen ausgearteteren Sohn hat kein Staat jemals ausgestoßen als diesen Xenophon. Plato war auch
kein guter Bürger, Athens werth war er nicht, unbegreifli-
che Schritte hat er gethan, er steht wie ein Sünder gegen
die Heiligen, Thukydides und Demosthenes, aber doch wie
ganz anders als dieser alte Thor. Wie widerlich ist der mit

seiner Plauderhaftigkeit und der lispelnden Naivität eines kleinen Mädchens.

(Barthold Niebuhr: Kleine historische und philologische Schriften I, Bonn 1828, 467.)

Lesen wir die Werke dieses Mannes, so werden wir seiner reinen und ehrenwerten Gesinnung, seinem ritterlichen Wesen, seinem gesunden Verstand unsere Achtung nicht versagen; aber seine philosophische Begabung können wir nicht hoch anschlagen. Xenophons Schilderung des Sokrates ist voll Bewunderung für die Größe seines Charakters, seine philosophische Bedeutung dagegen und seine wissenschaftlichen Gedanken hat er nur unvollkommen verstanden. Er teilt nicht bloß die Beschränktheit des sokratischen Standpunkts, wenn er z. B. die abschätzigen Urteile seines Lehrers über die Naturwissenschaft als einen Beweis von Frömmigkeit und Einsicht behandelt; sondern er verkennt auch das wahrhaft Philosophische von Bestimmungen, die er selbst berichtet.

(Eduard Zeller: Die Philosophie der Griechen in ihrer geschichtlichen Entwicklung [1844–52]. Zweiter Teil, erste Abteilung, Leipzig (5. Aufl.) 1922, 235–236).

Auch die ausführliche Schrift über das Staatswesen, die Cyropädie, ist als philosophische und politische Leistung unbedeutend. Xenophon will hier das sokratische Ideal des sachverständigen Herrschers ausführen, der für sein Volk sorgt, wie ein guter Hirte für seine Herde; aber was er wirklich gibt, ist fast nur eine Schilderung des tapfern und umsichtigen Feldherrn, des gerechten Mannes, des ritterlichen Eroberers; die Aufgabe des Staats schärfer zu bestimmen, sie in höherem Sinne zu fassen, ihre Lösung durch dauernde Einrichtungen zu sichern, macht er keinen nennenswerten Versuch; und läßt sich auch in der Forderung einer sorgfältigen Erziehung der Sokratiker wiedererkennen, so ist es doch dabei so wenig aufs Wissen abgesehen, daß diese Erziehung weit eher eine spartanische, als eine

sokratische, zu nennen ist. Sonst aber hängt alles an der Persönlichkeit des Fürsten; der Staat ist ein asiatisches Reich, sein höchster Zweck ist Macht und Reichtum des Herrschers und des kriegerischen Hofadels; hierauf sind alle seine Einrichtungen berechnet, selbst dieser Standpunkt ist aber sehr ungenügend ausgeführt, und viele wichtige Teile des Staatslebens sind ganz unbeachtet geblieben.

(*Eduard Zeller: Die Philosophie der Griechen in ihrer geschichtlichen Entwicklung [1844–52].* Zweiter Teil, erste Abt., Leipzig (5. Aufl.) 1922, 239.)

Mit Xenophons Namen haben wir uns gewöhnt, die Vorstellung einfacher Grazie, also der spezifisch attischen Eigenschaft, zu verbinden. Auch dem Altertum galt er als Typus schlichter Natürlichkeit ... Ich möchte es lieber so ausdrücken: bei Xenophon ist die natürliche Schlichtheit sowohl des einfachen Ausdrucks wie des Satzbaus stark und absichtlich ... beeinflußt durch Anwendung aller Mittel der zeitgenössischen Rhetorik, und nur dadurch unterscheidet er sich sehr zu seinem Vorteil von manchen gleichzeitigen Schriftstellern, daß er mit seinem gesunden Gefühl für das Einfache und Schlichte die Natur nicht durch die Kunst verdrängt, sondern beide zu einem harmonischen Ganzen verbunden hat.

(*Eduard Norden: Antike Kunstprosa. Band I [1898]*, Darmstadt [5. Aufl.] 1959, 101.)

Xenophon war wohl nicht mehr allzu jung – wahrscheinlich schon Mitte der Zwanziger – gewesen, als er mit Sokrates in Verkehr getreten war. Bis dahin hatte er zur jeunesse dorée Athens gehört. Er war ein eifriger Sportsmann, ein gewandter Jäger und Reiter und, wie es scheint, auch in galanten Abenteuern nicht unerfahren. Wenigstens war er wegen seiner Schönheit gefeiert, und er selbst hörte nicht ungern davon reden. Zu den noblen Passionen aber gesellten sich politische Neigungen und Abneigungen, eine aus-

gesprochene Vorliebe für das aristokratisch verfaßte Sparta und eine tiefe Verachtung für den athenischen Demos. Vielleicht führten ihn schon solche Stimmungen in die Nähe des Sokrates. Aber es gehörte damals in dem geistig angeregten Teil der vornehmen Welt überhaupt zum guten Ton, mit dem merkwürdigen Sonderling Berührung zu suchen. Und weiche, eindrucksfähige Naturen wie Xenophon vermochten sich dem Zauber dieser Persönlichkeit nicht zu entziehen. Es fehlte dem jungen, gutgearteten Lebemann weder an Geist noch an ernstem Streben. So ging sein Verhältnis zu Sokrates weit über das bei seinen Standesgenossen übliche Maß oberflächlicher und vorübergehender Beziehungen hinaus. Zu den Intimen des sokratischen Kreises hat er indessen sicher nicht gehört.

(Heinrich Maier: Sokrates. Sein Werk und seine geschichtliche Stellung, Tübingen 1913, 6.)

Der Schwerpunkt seiner Interessen und seiner Begabung lag weit ab von dem sokratischen Gedankenkreis. Und daß auch die kurze Episode seines Verkehrs mit dem Meister aus ihm keinen Anderen, keinen verständnisvollen Jünger zu machen vermocht hat, zeigt der weitere Verlauf seines Lebens. Ein Mann, der von Sokrates' Wort wirklich gepackt war, hätte Besseres zu tun gewußt, als einem aufständischen Barbarenprinzen nachzulaufen und dann noch lange Jahre in einem zwecklosen Abenteurerleben zu vergeuden.

(Maier, a. a. O., 9.)

Xenophon war ein redlicher, aber herzlich beschränkter Mensch.

(Ulrich von Wilamowitz-Moellendorff: Platon. Sein Leben und seine Werke [1919]; Berlin [5. Aufl.] 1959, 68.)

Xenophon ... hat die Einladung, an dem Zuge des Kyros teilzunehmen, möchte es gern, fragt aber Sokrates um Rat ... Dieser weicht aus, verweist ihn an den delphischen

Gott ... Offenbar hatte er durchschaut, nicht nur, was der
junge Mann wollte, sondern auch, daß die kriegerische
Laufbahn für ihn paßte ...; ob er einen anderen als den
naivgläubigen und naivschlauen Xenophon nach Delphi geschickt haben würde, möge dahingestellt bleiben. Jedenfalls schob er so einen Schüler ab, dahin, wohin er seiner
Begabung nach gehörte.

(Wilamowitz, a. a. O., 77–78.)

Xenophon, der als Soldat die realen Mächte des Lebens
besser zu würdigen wußte als Antisthenes, hat in einem militärischen aufgeklärten Despotismus das Heil gesehen
... Xenophon hatte den Sokrates nur in wenigen Jahren
seiner Jugend gekannt, war dann Soldat geworden und hat
die Heimat nicht wiedergesehen. Er hat die entscheidenden Tage der Verurteilung und des Todes nicht miterlebt;
darin allein liegt schon, daß er das Beste überhaupt nicht
ahnte. So kommt nur eine kleine Schrift in Betracht, die
jetzt den Anfang der ungefügen Masse seiner Erinnerungen bildet, verfaßt als Gegenschrift gegen Polykrates, also
wohl schon während Platons Reise, in ehrlicher Entrüstung
darüber, daß der fromme und unsträfliche Mann den Ver-
leumdern erlegen war. Dies Zeugnis des ganz unphiloso-
phischen, beschränkten, aber kreuzbraven Soldaten ist für
uns wertvoll; Platon hatte keine Veranlassung, es besonders zu beachten.

(Wilamowitz, a. a. O., 203–204.)

Fast in allen erhaltenen Resten der sophistischen Litera-
tur der drei ersten nachchristlichen Jahrhunderte finden
wir ... zahlreiche Spuren der intensiven Beschäftigung mit
Xenophons Werken, der weitgehenden Verwendung xeno-
phontischen Sprachgutes nicht minder wie xenophontischer
Gedanken: Xenophon gilt als der Klassiker des schlichten
Stils neben Herodotos, als der wichtigste Sokratiker neben
Platon, als der bedeutendste Historiker neben Thukydides:

seine Lektüre gehört zu den unbedingten Erfordernissen der rhetorisch-sophistischen Jugendausbildung.

(Karl Münscher: Xenophon in der griechisch-römischen Literatur. Philologus Suppl. 13, 2, 1920, 152.)

Das 1. Jahrhundert zeigt uns ein allmähliches Steigen und Wachsen der Schätzung Xenophons und seiner Werke in Übereinstimmung mit dem siegreichen Umsichgreifen der attizistischen Bewegung und der Anerkennung ihrer auf Nachahmung der Klassiker gerichteten Bestrebungen. Xenophon wird im 2. Jahrhundert – unverdientermaßen – neben die größten der Alten, als Philosoph neben Platon, als Geschichtsschreiber neben Herodot und Thukydides gestellt. Als unübertroffenes Vorbild des schlichten Stils gilt er, unbeschadet der allzeit von den Grammatikern mit Recht bezweifelten Reinheit seines Attizismus. Als Musterschriftsteller wird er von allen Vertretern der zweiten Sophistik im Unterrichte empfohlen, und so sind seine bedeutenderen Schriften tatsächlich fast allen Schriftstellern jenes Zeitalters mehr oder minder vertraut; auch seines Lebens Gang ist allen Gebildeten wenigstens in groben Umrissen bekannt. Selbst die Dichter der Zeit kennen seine Werke und schöpfen daraus, sogar die junge Christenheit bleibt nicht unberührt von ihnen. Xenophon ist in der Hochblüte der zweiten Sophistik vom 2. bis zum sinkenden 3. Jahrhundert hin einer der meist gelesenen griechischen Schriftsteller gewesen.

(Münscher, a. a. O., 181.)

Xenophon ist uns ganz besonders wichtig, weil der kreuzbrave Mann sich über metaphysische Dinge keine Gedanken gemacht, aber den Glauben an die alten Götter festgehalten und mit seinem moralischen Verhalten in vollem Einklang gefunden hat.

(Ulrich von Wilamowitz-Moellendorff: Der Glaube der Hellenen [1931]. Bd. II, Darmstadt [3. Aufl.] 1959, 237.)

Die wertvollste von ihnen (sc. den philosophischen Schriften Xenophons) sind zweifellos die „Erinnerungen an Sokrates" ... In den hierin mitgeteilten Sokratischen Dialogen birgt sich kostbares Erinnerungsgut aus den Jahren des Verkehrs mit Sokrates ..., zwar gefärbt durch des Berichterstatters biederutilitaristisches, gesetzesfrommes Wesen, aber gewisse Züge des Sokrates gibt er sicher schärfer wieder, als Platon es tut und tun will.

(Walther Kranz: Geschichte der griechischen Literatur,
Bremen [3. Aufl.] o. J., 305.)

(Der Stoiker Musonius) war ein Mann vom Schlage Xenophons, dessen Schriften er auch eifrig gelesen hat, ein Praktiker, der die Philosophie nur brauchte, um für das, was ihm sein gesunder Menschenverstand vorschrieb, eine theoretische Rechtfertigung und eine feste weltanschauliche Grundlage zu gewinnen.

(Max Pohlenz: Die Stoa. Geschichte einer geistigen Bewegung [1948], Göttingen [2. Aufl.] 1959, 300.)

Auch der hyperkonservative Xenophon war bei all seinem verknöcherten Ritualismus und plakatierten Lakonismus in seiner erfolganbetenden Nützlichkeitsmoral Sophist.

(Egon Friedell: Kulturgeschichte Griechenlands, München
1949, 252.)

Auch Hellas war für die Monarchie reif. Ihre Heraufkunft wetterleuchtete bereits in der Literatur, zum Beispiel in Xenophons monarchistischem Tendenzroman von der Jugend des Kyros, der einen großen Leserkreis fand, obgleich er, wie Beloch bemerkt, „abschreckend langweilig" ist: eine Kritik, deren Vorurteilslosigkeit aus der Feder einer Fachgröße doppelt erfrischend wirkt; noch unverblümter nennt Wilamowitz Xenophon einen „Major a. D.", und in der Tat ist er lesenswert nur in seiner Eigenschaft als Landwirt, Bereiter und Troupier, während seine Politik

und Philosophie sich auf dem Niveau eines gebildeten Stammtischs bewegt.

(*Friedell*, a. a. O., 292.)

Es ist gewiß kein bloßes Spiel des Zufalls, daß von den Schriftstellern des sokratischen Kreises außer dem alles überragenden Genius Platos, dessen literarische Schöpfung von seiner Schule erhalten wurde, nur der Außenseiter Xenophon in zahlreichen Werken überliefert ist, während die ausschließlich den Moraldiatriben ihres Meisters nacheifernden Jünger wie Antisthenes, Aischines, Aristippos nicht viel mehr für uns bedeuten als bloße Namen. Xenophon ist durch die Vielseitigkeit seiner Interessen und seiner Darstellungsform wie durch die lebendige, auch in ihrer Begrenzung anziehende Persönlichkeit stets ein Liebling des Lesepublikums gewesen. Er galt dem Zeitalter des spätantiken Klassizismus mit Recht als einer der charakteristischen Vertreter attischer Charis.

(Werner Jaeger: Paideia. Die Formung des griechischen Menschen. Band III, Berlin [3. Aufl.] 1959, 226.)

Xenophon war ein philosophisch interessierter Oberst a. D., der den festen Rahmen einer praktischen Ethik schätzte, ein Denker und Philosoph war er nicht. Er hat das ihm vorliegende Material als Literat exzerpiert und nach Gesichtspunkten gegliedert. Seine Arbeitsmethode verkündet er uns durch den Mund des Sokrates in den Memorabilien (I 6, 14): Ich bin gewohnt, die Schätze der Weisheit, welche kluge Männer der früheren Zeiten in ihren Büchern niedergelegt haben, in Gemeinschaft mit meinen Freunden zu lesen, und wenn wir etwas Gutes finden, machen wir Auszüge. In seinen „Erinnerungen" wollte er den Sokrates im Gegensatz zu Platon so darstellen, wie er ihn auffaßte. Inwieweit er ihn verstanden hat, ist eine andere Frage. Als Form wählt er die Dialogform, deren Primitivität allerdings zeigt, daß er den wahren sokratischen Dialog, „das Geschenk der Götter", wenig verstanden hat. Was er

dem Sokrates als positive Lehrsätze zuschreibt, sind meist
oft sehr biedere Meinungen des Herrn Oberst selbst, der
sicher mehr von Rosenzucht verstand, als von Philosophie.
(Franz Eckstein: Abriß der griechischen Philosophie,
Frankfurt 1955, 75.)

Er zählte zu den eher praktisch gesinnten Schülern des
Sokrates. Er schätzte den behenden Geist seines Lehrers
und liebte ihn wie einen philosophischen Heiligen; aber er
hatte am Handeln geradesoviel Freude wie am Denken und
wurde ein Glücksritter, während andere, wie Aristophanes
verächtlich sagt, die Luft ausmaßen. Etwa im Alter von
dreißig Jahren trat er in die Dienste des jüngeren Kyros,
kämpfte bei Kunaxa und führte die Zehntausend in Sicherheit. Bei Byzantion schloß er sich den Spartanern in ihrem
Krieg gegen Persien an, nahm einen reichen Meder gefangen, ließ sich ein großes Lösegeld für ihn auszahlen und
lebte den Rest seines Lebens davon. Er wurde ein Freund
und Bewunderer des Spartanerkönigs Agesilaos und machte ihn zum Gegenstand einer verehrungsvollen Biographie.
Als er mit Agesilaos nach Griechenland zurückkehrte,
nachdem Athen Sparta den Krieg erklärt hatte, zog er es
vor, ihm statt der Stadt treu zu sein, worauf Athen ihn als
verbannt erklärte und sein Vermögen beschlagnahmte. Er
kämpfte auf der Seite der Lakedaimonier bei Koroneia und
erhielt zur Belohnung ein Gut bei Skillus in Elis, das damals unter spartanischer Herrschaft stand. Dort verbrachte
er zwanzig Jahre als Landedelmann, trieb Ackerbau, jagte,
schrieb und erzog seine Söhne streng in spartanischer Weise.

Dieser Verbannung haben wir die verschiedenen Werke
zu verdanken, die ihn in die erste Reihe der Schriftsteller
seiner Zeit aufrücken ließen. Er schrieb, was ihm gerade
einfiel, über das Abrichten von Hunden, die Aufzucht von
Pferden, die Erziehung der Gattin, die Ausbildung von
Fürsten, das Kämpfen mit Agesilaos oder das Steuerein-

nehmen für Athen. In der *Anabasis* berichtet er mit dem lebendigen Stile desjenigen, der die beschriebenen Dinge selbst gesehen oder getan hat, die spannende (aber durchaus nicht bestätigte) Geschichte von dem langen Zug der Zehntausend zum Meer. In den *Hellenika* nahm er die Geschichte Griechenlands dort auf, wo Thukydides aufgehört hatte, und führte sie bis zur Schlacht von Mantineia fort, in der sein Sohn nach tapferem Kampfe gefallen war, nachdem er Epameinondas tödlich getroffen hatte. Das Buch ist eine öde Chronik, worin die Geschichte nur als eine endlose Kette von Schlachten aufgefaßt wird, ein sinnloses Hin und Her von Sieg und Niederlage. Der Stil ist lebhaft, die Charakterzeichnungen lebendig; aber die Tatsachen sind absichtlich ausgesucht, um die Überlegenheit der spartanischen Lebensweise zu bezeugen. Der Aberglaube, der bei Thukydides aus der Geschichtsschreibung verschwunden war, kehrt bei Xenophon zurück, und übernatürliche Einwirkungen werden in Anspruch genommen, um den Gang der Ereignisse zu erklären. Mit gleicher Einfalt oder Falschheit verwandeln die *Erinnerungen* Sokrates in ein Ungeheuer an Vollkommenheit, strenggläubig in Religion, Ethik und geschlechtsloser Liebe, in allem außer in der Mißachtung der Demokratie, die ihn dem verbannten und spartafreundlichen Xenophon besonders lieb macht. Noch weniger verläßlich ist das *Symposion*, das Gespräche wiedergibt, die angeblich geführt wurden, als Xenophon noch ein Kind war.

Im *Oikonomikos* spricht Xenophon jedoch in eigener Sache und mit solch freimütigem Konservativismus, daß er uns in seinen Bann schlägt, ob wir wollen oder nicht. Um Unterweisung im Ackerbau befragt, bekennt Sokrates bescheiden seine Unwissenheit, wendet sich aber um Rat und Beispiel an den reichen Grundeigentümer Ischomachos. Dieser gibt der Verachtung des Ritters Xenophon für alles, was nicht Ackerbau und Krieg ist, Ausdruck. Er legt nicht nur die Geheimnisse der erfolgreichen Bodenbewirtschaf-

tung, sondern auch die Kunst der Leitung seines Besitz-
tums und seiner Frau dar. In Seiten, die zeitweise mit Platons Anmut wetteifern, berichtet uns Ischomachos, auf
welche Weise er seine junge Frau – sie ist nur halb so alt
wie er – lehrt, wie sie die Hauswirtschaft betreiben, alle
Dinge an ihrem Platze halten, ihre Dienerschaft mit
Freundlichkeit, aber ohne Vertraulichkeit anleiten und sich
nicht durch eine künstliche Schönheit, sondern durch die
getreuliche Erfüllung ihrer Obliegenheiten als Frau, Mutter und Freundin einen guten Namen machen soll. Nach
Ansicht des Ischomachos-Xenophon ist die Ehe ein wirt-
schaftlicher so gut wie ein körperlicher Bund und zerfällt,
wenn der stille Teilhaber die ganze Arbeit allein tun muß.
Vielleicht ist die Bereitwilligkeit, mit der die junge Frau all
das hinnimmt, nur der fromme Wunsch eines Feldherrn,
der auf dem häuslichen Schlachtfeld keine Siege errang;
wir sind aber doch geneigt, alles an der Erzählung zu glauben, nur das nicht, daß sich die Frau des Ischomachos nach
einem kurzen Augenblick des Zögerns dazu habe überreden lassen, Puder und Lippenstift aufzugeben.

Nach dieser Darstellung der Kunst der Ehe beschreibt
Xenophon in der *Kyru paideia* (d. h. der „Erziehung des
Kyros“) seine Idealvorstellungen von Schulung und Regierung, gleichsam in Entgegnung auf Platons *Staat*. Er paßt
geschickt eine erdichtete Biographie den Zwecken der Philosophie an und gibt einen erfundenen Bericht von der
Erziehung, der Laufbahn und der Regierung Kyros’ des
Großen. Er macht die Geschichte auf dramatische Weise
persönlich, belebt sie mit Dialogen und schmückt sie mit
der ältesten romantischen Liebesgeschichte der erhaltenen
Literatur aus. Die kulturelle Ausbildung übergeht er fast
vollständig; er richtet sein Hauptaugenmerk darauf, aus
dem Knaben einen gesunden, tüchtigen und ehrenwerten
Mann zu machen. Der Jüngling erlernt männliche Sportar-
ten und die Kriegskunst, wird an schweigenden Gehorsam
gewöhnt und erwirbt schließlich die Fähigkeit, Untergebe-

nen wirkungsvolle und überzeugende Befehle zu erteilen. Nach Xenophons Ansicht ist die beste Regierungsform eine aufgeklärte Monarchie, welche von einer Aristokratie getragen und unter Kontrolle gehalten wird, die sich landwirtschaftlichen und militärischen Aufgaben widmet. Er bewundert die Gesetze Persiens, da sie ebenso das Gute belohnen wie das Böse bestrafen, und verweist das individualistische Griechenland auf das Beispiel Persiens, wo viele Städte und Staaten in einem einzigen Reiche zusammenleben, das sich der inneren Ordnung und des Friedens erfreut. Xenophon begann wie Philipp mit einer Vision der Eroberung; er endet wie Alexander als Gefangener des Volkes, das er zu erobern beabsichtigte.

Er ist ein meisterhafter Geschichtenerzähler. Er ist Dilettant in allem außer dem Krieg; er befaßt sich mit hundert Themen, aber immer vom Standpunkte des Feldherrn aus. Er übertreibt die Vorzüge der Ordnung und hat nicht ein einziges Wort zugunsten der Freiheit zu sagen; wir können daraus ersehen, wie weit die Unordnung in Athen fortgeschritten war. Wenn die Antike ihn Herodot und Thukydides gleichstellte, so wohl wegen seines Stiles: der anmutigen Frische seiner attischen Reinheit, des harmonischen Flusses einer Prosa, die Cicero „süßer Honigseim" nannte, der menschlichen Ansätze der Persönlichkeitsdarstellung, der durchsichtigen Einfachheit der Sprache, die es dem Leser erlaubt, durch den vermittelnden Stoff hindurch klar den behandelten Gedanken zu erkennen. Xenophon und Platon stehen zu Thukydides und Sokrates in dem gleichen Verhältnis wie Apelles und Praxiteles zu Polygnotos und Pheidias – der Höhepunkt der Kunstfertigkeit und Anmut nach einem Zeitalter schöpferischer Ursprünglichkeit und Kraft.

(Will Durant: Das Leben Griechenlands, Bern [2. Aufl.] 1957, 473–475.)

Es wird nicht so gewesen sein, wie Diogenes erzählt, daß Sokrates eines Tages den jungen Mann mit vorgehaltenem Stock auf der Straße anhielt und zur Gefolgschaft veranlaßte, aber angezogen hat ihn der seltsame Prüfer und Wegweiser in nicht geringem Maße. Schüler des Sokrates wie jene anderen, die Zeit ihres Lebens vom Philosophieren nicht mehr loskamen, ist er nicht gewesen, aber die Eindrücke, die er damals empfing, dauerten, ohne freilich zu formenden Kräften seines Lebens zu werden. Dafür bot seine durch und durch untragische Natur keinerlei Voraussetzung.

(Albin Lesky: Geschichte der griechischen Literatur [1957/ 58], Bern/München [3. Aufl.] 1971, 690.)

Xenophon ... nahm 394 an dem Treffen bei Koroneia teil. Daß er damals die Waffen gegen seine Vaterstadt geführt hat, ist mit nichts, auch nicht mit der prospartanischen Gesinnung jener Kreise, aus denen er stammte, zu entschuldigen. Wegen dieser Handlungsweise und nicht, wie die antiken Quellen sagen, wegen der Teilnahme am Kyroszuge hat Athen ihn verbannt.

(Lesky, a. a. O., 690.)

Die attische Biene, wie die *Suda* ihn nennt, ist Xenophon gewiß nicht gewesen. Sein Attisch ist nicht völlig rein, und manches weist bereits auf die Koine vor. Aber die klare Schlichtheit seiner Sprache (ἀφέλεια) und die leichte Faßlichkeit seiner Gedanken haben ihm die Leser gewonnen, und wir verstehen, daß sein Licht gerade in der späteren Antike leuchtet. Niemand soll ihm sein beträchtliches und vielseitiges Talent bestreiten, aber es war ein Talent ohne jeden Funken des Genialen.

(Lesky, a. a. O., 697.)

Xenophon war schon lange von Athen abwesend, er hätte mit seiner simplen Art dem Platon auch nicht behagt.

(Ernst Hoffmann: Platon. Eine Einführung in sein Philosophieren, Reinbek 1961, 107.)

Für diesen Autor ... gelten grundsätzlich dieselben Gesichtspunkte wie für die Caesarlektüre. Nur ist zu berücksichtigen, daß ... Xenophon weder das literarische noch
das weltgeschichtliche Format eines Caesar hat, sondern
nicht mehr ist als ein liebenswürdiger Mensch und geistig
gebildeter Athener.

(Albert Klinz: Griechisch-Ausbildung im Studienseminar,
Frankfurt 1963, 19.)

Vom verklärten Bild, das Plato gibt, ist das nüchterne
Bild, das Xenophon darstellt, sehr verschieden, aber nicht
im Wesentlichen widersprechend. Xenophon sieht Erscheinungen der Vordergründe, Plato die Tiefe. Xenophon zeigt
einen moralischen Menschen, der aus der Liberalität des
Menschenkenners des Rigorismus entbehrt. Plato sieht das
Menschliche einer unerschöpflichen Natur und darin mehr
als Natur. Xenophon sieht lauter Einzelheiten und einzelne
Gedanken, sieht Tüchtigkeit und Gesundheit und Verständigkeit, ist bereit, das Fehlerhafte in Sokrates mit gleicher
Verständigkeit zu beurteilen, findet aber nichts. Plato
dringt in die Mitte des Sokratischen Wesens, das im Gleich-
nis fühlbar zu machen ist, in seinen Erscheinungen nur
symbolisch faßbar wird, und er steht vor den Grenzen, wo
das Urteil aufhört in der Anschauung des Außerordentli-
chen. Xenophon weiß Bescheid, er hat den Sokrates, indem er alles von ihm sammelt und berichtet. Plato ist ergriffen und gerät durch Sokrates in eine Bewegung, die erst
durch das ganze Platonische Leben zutage bringt, was alles
in der Wirklichkeit und Wahrheit des Sokrates lag. Xenophon schildert einen etwas pedantischen Rationalisten, der
an das Nützliche denkt, Plato den im Denken vom Eros
Gelenkten, der das Licht des schlechthin Guten denkend
berührt. Beide bleiben beim Menschen, beide vergöttern
nicht; aber der Mensch selbst und seine mögliche Wahrheit
ist bei Xenophon ein durchsichtiges, erschöpfbares ratio-
nal-moralisches Wesen, bei Plato ein aus unerschöpflicher

Tiefe sprechendes, im Aufschwung aus der Unergründlichkeit ins Unergründliche hin lebendes Wesen.

(Karl Jaspers: Die maßgebenden Menschen. Sokrates, Buddha, Konfuzius. Jesus, München 1964, 96.)

Wir besitzen die Schriften Xenophons, eines schlichten und redlichen Geistes, dem man wohl ein Verschweigen und Dämpfen, aber kein Erfinden von Falschem zutrauen wird . . ., aber man wird bei ihm nie den Verdacht los, daß er Wesentliches gar nicht erfaßt hat. Wenn Sokrates so gewesen wäre, wie Xenophon ihn zeichnet, ist es fast unverständlich, wie es zu dem Prozeß und wie es zu dem Urteil kam.

(Heinrich Naumann: Die Gestalt des Sokrates und ihre Wirkungen auf die Weltliteratur, in: Der altsprachliche Unterricht 12, 2, 1969, 72.)

In der Kyrupädie beweist Xenophon das unbestreitbar faszinierende Talent eines Romanschriftstellers oder vielmehr noch eines Erzählers. *(Marcel Bizos: Xénophon. Cyropédie. Tome I, Paris (2. Aufl.) 1972, XXXVI.)*

Philosoph, Biograph, Essayist, Novellist, Historiker – Xenophon war ein vielseitiges Talent und, was man nicht vergessen sollte, oft auch ein Wegbereiter. Doch ist es gerade seine Vielseitigkeit, die den Zugang zu ihm zu verstellen droht und Zweifel an ihm aufkommen läßt. Kann ein Novellist Philosoph sein oder ernsthaft Geschichte schreiben wollen? Ist es möglich und auch lohnend, die unterschiedlichen Erscheinungsformen dieser Proteus-Gestalt zu einem einheitlichen Bild zusammenzufassen? Wenn Xenophons Vielseitigkeit zur Auseinandersetzung mit ihm anregt, bietet sie vielleicht Ansatzpunkte für eine neue Deutung.

(William Edward Higgins: Xenophon the Athenian. The Problem of the Individual and the Society of the Polis, Albany 1977, 2.)

ZUR TEXTGESTALTUNG UND ÜBERSETZUNG

Die vorliegende Übersetzung basiert auf der französisch-griechischen Textausgabe der Société d'Édition „Les belles lettres" von Marcel Bizos (Bd. I mit den Büchern 1–2, Bd. II mit den Büchern 3–5) und Édouard Delebecque (Bd. 3 mit den Büchern 6–8), Paris 1972–1978. Für die Geschichte der Textüberlieferung sei auf die „Introduction" in Bd. I dieser Ausgabe verwiesen.

Der Wortlaut des griechischen Textes wurde ohne Änderungen von Bizos und Delebecque übernommen mit Ausnahme der folgenden Stellen (einige Druckfehler wurden stillschweigend korrigiert):

Bizos	*Tusculum*
1, 6, 19: ἐνίοτε	ἐνετοὶ
1, 6, 38: τὰ μέλη	τὰ νέα καὶ
2, 1, 30: πάντας	αὐτός
2, 3, 3: τοῖς τοιούτοις	τούτοις
4, 2, 13: ἡμᾶς	ὑμᾶς
4, 5, 23: δι' ἔχθους	ἐχθίονες
5, 3, 12: ἐπὶ στρατεύματος	ἐπὶ στράτευμα
ἔρχονται	ἀπέρχονται

Delebecque	
7, 1, 33: μακρὰ ἔτι	μακρά, ἃ ἔτι
7, 5, 4: οἵ τε ὄπισθε διὰ τοὺς ἔμπροσθε	del.
8, 1, 10: ὡς βέλτιστοι ἔσοιντο οὐκέτι	ὡς βέλτιστοι ἔσοιντο, αὐτὸς ἐσκόπει, καὶ οὐκέτι

8, 5, 17: ἔλθῃ εἰς οἰκεῖα   ἔλθῃ. ὡς οἰκεῖα
8, 6, 14: πᾶσαι   πᾶσι
8, 7, 12: παρέχει   παρέχειν

Bei der Anfertigung der Übersetzung wurde die französische Version von Bizos und Delebecque zur Unterstützung herangezogen, während die deutschen Übersetzungen von Christian Walz (Stuttgart [4]1887) und Curt Woyte (Leipzig 1911) sich als weniger hilfreich erwiesen. Auch bei der Abfassung der Anmerkungen, die die Lektüre des Textes erleichtern und zum Verständnis des Textes beitragen sollen, konnten wertvolle Hinweise von Bizos und Delebecque aufgegriffen und verwertet werden.

LITERATURHINWEISE

Baden, H.: Untersuchungen zur Einheit der Hellenika Xenophons. Diss. Hamburg 1966.

Bizos, M.: Xénophon. Cyropédie. Tome I, Paris 1973, V–LX.

Breitenbach, H. R.: Historiographische Anschauungsformen Xenophons, Diss. Basel 1950.

Breitenbach, H. R.: Xenophon von Athen. Sonderdruck aus Pauly's Realencyclopädie der classischen Altertumswissenschaften. Bd. IX A 2, Stuttgart 1966, Sp. 1707–1742.

Bruell, Chr.: Xenophons Politische Philosophie. Erweiterte Fassung eines Vortrages, gehalten in der Carl Friedrich von Siemens Stiftung am 11. Juli 1988, Miesbach 1990.

Bruns, I.: Das literarische Porträt der Griechen im fünften und vierten Jahrhundert vor Christi Geburt, Berlin 1896.

Christensen, A.: Les gestes des rois dans les traditions de l'Iran antique, Paris 1936.

Delebecque, É.: Essai sur la vie de Xénophon, Paris 1957.

Erbse, H.: Xenophons Anabasis, in: Gymnasium 73, 1966, 485–505.

Gaiser, K.: Griechisches und christliches Verzeihen: Xenophons Kyrupädie 3, 1, 38–40 und Lukas, 23, 24a, in: Latinität und alte Kirche. Festschrift f. R. Hanslik, Wien/Köln/Graz 1977, 78–100.

Higgins, W. E.: Xenophon the Athenian. The Problem of the Individual and the Society of the Polis, New York 1977.

Jaeger, W.: Paideia. Bd. III, Berlin 1947, 233–238.

Lefèvre, E.: Die Frage nach dem βίος εὐδαίμων. Die Begegnung zwischen Kyros und Kroisos bei Xenophon, in: Hermes 99, 1971, 283–296.

Lesky, A.: Griechische Literaturgeschichte, Bern ³1971, 555–567 und 689–697.

Maier, H.: Sokrates. Sein Werk und seine geschichtliche Stellung, Tübingen 1913.

Meyer, K.: Xenophons Oikonomikos, Übersetzung und Kommentar, Diss. Marburg 1975.

Münscher, K.: Xenophon in der griechisch-römischen Literatur, Philologus Suppl. 13, 2, 1920.

Nestle, W.: Xenophon und die Sophistik, in: Philologus 94, 1941, 31–50.

Nussbaum, G. B.: The Ten Thousand. A Study in Social Organisation and Action in Xenophon's Anabasis, Leiden 1967.

Schacht, H.: De Xenophontis studiis rhetoricis, Diss. Berlin 1890.

Scharr, E.: Xenophons Staats- und Gesellschaftsideal und seine Zeit, Halle 1919.

Schmalzriedt, E.: Kyrou Paideia, in: Kindlers Literaturlexikon, Bd. VI, Darmstadt (Sonderausgabe) 1972, Sp. 5442–5443.

Schneider, C.: Kulturgeschichte des Hellenismus. Bd. I, München 1967.

Schütrumpf, E.: Xenophon. Vorschläge zur Beschaffung von Geldmitteln oder über die Staatseinkünfte, Darmstadt 1982.

Schwartz, E.: Fünf Vorträge über den griechischen Roman, Berlin 1896, ²1943.

Strauss, L.: Über Tyrannis. Eine Interpretation von Xenophons Hieron mit einem Essay über Tyrannis und Weisheit v. A. Kojève, Neuwied/Berlin 1963.

Tatum, J.: Xenophon's Imperial Fiction. On „The Education of Cyrus", Princeton 1989.

Zimmermann, B.: Roman und Enkomion – Xenophons „Erziehung des Kyros", in: Würzburger Jahrbücher N. F. 15, 1989, 97–105.

NAMENSVERZEICHNIS

2–1, 4, 28; 1, 4, 16–1, 5, 3;
1, 5, 5; 1, 5, 14; 1, 6, 10; 2,
1, 1–2; 2, 1, 6; 2, 4, 7; 3, 2,
1–6; 3, 3, 6; 4, 1, 13; 4, 1,
18; 4, 2, 10–11; 4, 3, 1; 4, 3,
3; 4, 4, 1–8; 4, 5, 1; 4, 5, 4;
4, 5, 7–12; 4, 5, 18–22; 4, 5,
35; 4, 5, 38–58; 5, 1, 1; 5, 1,
19–29; 5, 4, 51; 6, 1, 27; 6,
2, 8; 8, 1, 40; 8, 3, 18; 8, 4,
28; 8, 5, 17–20; 8, 7, 11; 8,
8, 15.
Megabyzos: 8, 6, 7.
Mithras: 7, 5, 53.
Mithridates: 8, 8, 4.

Paktolos: 6, 2, 11; 7, 3, 4.
Pantheia: 4, 6, 11; 5, 1, 2–8; 5,
1, 18; 6, 1, 31–41; 6, 1, 45–
49; 6, 3, 14; 6, 4, 2–11; 7, 3,
4–16.
Paphlagonier: 1, 1, 4; 1, 5, 3;
2, 1, 5; 6, 2, 10; 8, 6, 8.
Persepolis (nicht namentlich
genannt): 8, 5, 21.
Perser: 1, 1, 4; 1, 2, 2–16; 1,
3, 2–4; 1, 3, 18; 1, 5, 3; 1, 5,
5; 1, 5, 12; 2, 1, 1; 2, 1, 3; 2,
1, 8; 2, 1, 14–19; 2, 4, 5; 3,
3, 63–64; 4, 1, 2–6; 4, 3, 4–
23; 4, 5, 4–7; 4, 5, 35; 4, 5,
54; 4, 5, 56; 5, 1, 30; 5, 2, 1;
5, 2, 16–17; 5, 4, 32; 6, 1,
26; 6, 2, 7; 6, 3, 36; 7, 1, 2;
7, 1, 15; 7, 1, 32–38; 7, 5,
2–7; 7, 5, 67; 8, 1, 24; 8, 3,
1; 8, 3, 11; 8, 4, 12; 8, 5,
22–27; 8, 7, 3; 8, 8, 1–27.
Perseus: 1, 2, 1.
Persiden: 1, 2, 1.

Persien: 1, 3, 3; 1, 4, 25; 1, 5,
1; 1, 5, 4; 2, 1, 1; 2, 1, 8; 4,
5, 56; 7, 5, 67; 8, 7, 7.
Pharnuchos: 6, 3, 32; 7, 1, 22;
8, 6, 7.
Pheraulas: 2, 3, 7–16; 8, 3, 2;
8, 3, 5–8; 8, 3, 28–32; 8, 3,
35–50.
Phönikier: 1, 1, 4; 6, 2, 10.
Phrygien (Groß-), Phrygier: 1,
1, 4; 1, 5, 3; 2, 1, 5; 6, 2, 10;
7, 4, 16; 7, 5, 14; 8, 6, 7.
Phrygien (am Hellespont),
Phrygier: 1, 1, 4; 1, 5, 3; 2,
1, 5; 4, 2, 30; 6, 2, 10; 7, 4,
8–11; 7, 5, 14; 8, 6, 7.

Rhambakas: 5, 3, 42.
Rhatines: 8, 3, 32.
Rheomitres: 8, 8, 4.

Sabaris: 3, 1, 2; 3, 1, 4.
Sakas: 1, 3, 8–14.
Sake (einfacher Soldat): 8, 3,
25–32; 8, 3, 35–50.
Saken: 1, 1, 4; 5, 2, 25; 5, 3,
11; 5, 3, 22–24; 5, 3, 38; 5,
3, 42; 5, 4, 13; 7, 5, 51.
Sambaulas: 2, 2, 28–31.
Sardes: 7, 2, 1–14; 7, 3, 1; 7,
4, 1; 7, 4, 12; 8, 4, 29–31.
Schwarzes Meer: 8, 6, 21; 8, 8,
1.
Skiriten: 4, 2, 1.
Skythen, Skythien: 1, 1, 4.
Sonnengott: 8, 3, 12; 8, 3, 24.
Sparta: 6, 2, 10.
Susa: 4, 6, 11; 5, 1, 3; 6, 2, 7;
6, 3, 14; 6, 3, 35; 8, 6, 22.
Syrer, Syrien (= Assyrer, As-

Antike Geschichtsschreibung in der Sammlung Tusculum

Arrian, Der Alexanderzug/Indische Geschichte
Griechisch-deutsch. Herausgegeben von G. Wirth und
O. von Hinüber. 1159 Seiten, Leinen

Caesar, Der Bürgerkrieg
Lateinisch-deutsch. Herausgegeben von O. Schönberger.
424 Seiten, 2. Auflage, Leinen

Caesar, Der Gallische Krieg
Lateinisch-deutsch. Herausgegeben von O. Schönberger.
764 Seiten, Leinen

Herodot, Historien
Griechisch-deutsch. Herausgegeben von Josef Feix.
Insgesamt 1448 Seiten in 2 Bänden, Dünndruck, Leinen

Sallust, Werke
Lateinisch-deutsch. Herausgegeben von W. Eisenhut und
J. Lindauer. 520 Seiten, Leinen

Tacitus, Agricola/Germania
Lateinisch-deutsch. Herausgegeben von A. Städele.
421 Seiten, Leinen

Tacitus, Annalen
Lateinisch-deutsch. Herausgegeben von E. Heller.
976 Seiten, 2. Auflage, Leinen

Tacitus, Historien
Lateinisch-deutsch. Herausgegeben von J. Borst, H. Borst
und H. Hross. 640 Seiten, 5. Auflage, Leinen

Xenophon, Anabasis
Griechisch-deutsch. Herausgegeben von W. Müri.
515 Seiten, Leinen

Xenophon, Erinnerungen an Sokrates
Griechisch-deutsch. Herausgegeben von G. Jaerisch.
408 Seiten, 4. Auflage, Leinen

Xenophon, Hellenika
Griechisch-deutsch. Herausgegeben von G. Strasburger.
830 Seiten, 2. Auflage, Leinen

Titus Livius
Römische Geschichte

AB URBE CONDITA

**Erste lateinisch-deutsche Gesamtausgabe
in 11 Bänden.**

Herausgegeben, übersetzt und erläutert von
Hans Jürgen Hillen und Josef Feix.

Jeder Band enthält eine historische Einführung,
eine Inhaltsübersicht mit Zeittafel, Anmerkungen
zum Textverständnis, Literaturhinweise,
eine Textkonkordanz und Register.

Titus Livius (59 v. Chr. – 17 n. Chr.)
hat in seiner »Römischen Geschichte« die Ereignisse
von der Gründung der Stadt bis zum Tod des Drusus 9 v. Chr.
dargestellt. Das Werk umfaßte 142 Bücher, von denen
35 erhalten sind:

Buch 1 – 10 (bis 293 v. Chr.) und 21 – 45 (219 – 167 v. Chr.).

Seine hohe Sprach- und Darstellungskunst und sein
Einführungsvermögen ließen ein Werk entstehen,
das rasch allgemeine Anerkennung fand und alle früheren
Darstellungen der römischen Geschichte in Vergessenheit geraten ließ.

Bisher sind erschienen:

Buch I – III
Von der Gründung Roms bis zum Jahre 446 v. Chr.
Herausgegeben von Hans Jürgen Hillen.
2. Auflage 1991, 682 Seiten, Leinen.

Buch IV – VI
Die Jahre 445 – 367 v. Chr.
Herausgegeben von Hans Jürgen Hillen.
1991, 538 Seiten, Leinen.

Buch XXI – XXIII
Die Jahre 219 – 215 v. Chr.
Herausgegeben von Josef Feix.
4. Auflage 1991, 520 Seiten, Leinen.

Buch XXIV – XXVI
Die Jahre 215 – 210 v. Chr.
Herausgegeben von Josef Feix.
3. Auflage 1991, 488 Seiten, Leinen.

Buch XXXI – XXXIV
Die Jahre 201 – 193 v. Chr.
Herausgegeben von Hans Jürgen Hillen.
3. Auflage 1991, 601 Seiten, Leinen.

Buch XXXV – XXXVIII
Die Jahre 193 – 187 v. Chr.
Herausgegeben von Hans Jürgen Hillen.
2. Auflage 1991, 663 Seiten, Leinen.

Buch XXXIX – XLI
Die Jahre 187 – 174 v. Chr.
Herausgegeben von Hans Jürgen Hillen.
2. Auflage 1993, 473 Seiten, Leinen.

Buch XLII – XLIV
Die Jahre 173 – 168 v. Chr.
Herausgegeben von Hans Jürgen Hillen.
1988, 464 Seiten, Leinen.

Subskription:
Alle Bestellungen auf die Gesamtausgabe werden bei
Erscheinen eines Bandes mit einem Vorzugspreis geliefert.